exposition of jeokcheonsu

적천수강해

적천수강해

글쓴이 ǀ 구경회
펴낸이 ǀ 유재영
펴낸곳 ǀ 주식회사 동학사

기 획 ǀ 이화진
편 집 ǀ 나진이
디자인 ǀ 문정혜

1판 1쇄 ǀ 2013년 6월 10일
1판 6쇄 ǀ 2023년 1월 31일
출판등록 ǀ 1987년 11월 27일 제10-149

주소 ǀ 04083 서울 마포구 토정로 53(합정동)
전화 ǀ 324-6130, 324-6131 · 팩스 ǀ 324-6135

E-메일 ǀ dhsbook@hanmail.net
홈페이지 ǀ www.donghaksa.co.kr
www.green-home.co.kr

ISBN 978- 89-7190-405-3 03150

滴天髓講解

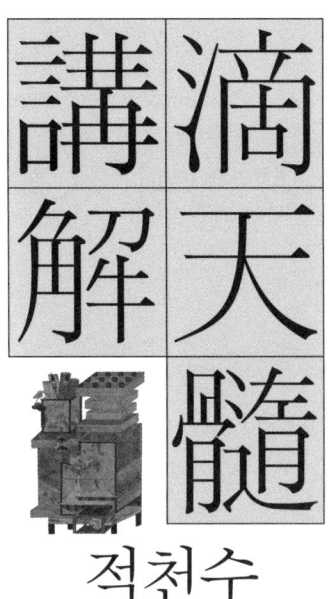

적천수 강해 講解

expinition of
jeokcheonsu

구경회

🐢동학사

적천수滴天髓를 알면 사주가 보인다

십여 년 전 건강 때문에 단전호흡을 배우면서 스승을 만나 예기치 않게 명리학(알기 쉽게 사주공부라고 하자)을 공부하게 되었다. 처음 사주팔자라는 단어를 접하면서 갖게 되었던 의구심은 사람의 운명을 사주 여덟 글자로 풀이하는 것이 과연 가능할까 하는 것이었고, 만약 그것이 가능하다면 무엇을 근거로 어느 정도 배워야 사람의 운명이 내 눈에 보일까 하는 것이었다. 전자의 의구심은 내 사주 여덟 글자를 놓고 나의 성격, 적성, 배우자 및 자식과의 관계, 성공 여부, 재물운 등을 나의 현 상황과 비슷하게 추리해내는 스승의 통변을 통해 어느 정도 해소시킬 수 있었으나, 후자에 대해서는 도무지 감을 잡을 수 없었다.

돌이켜볼 때 그 원인은 다음 몇 가지로 요약할 수 있을 것 같다.

첫째, 인간 운명의 이치를 분석하려면 어떤 논리적 근거를 바탕으로 해야 할 텐데, 사람의 운명을 알아보는 여러 방법 중에서(삼명학, 당사주, 자평명리학 등) 과연 어떤 것이 가장 보편적 논리에 근거한 방법인가에 대한 심각한 고민 없이 사주공부를 시작했다는 점이다.

둘째, 모든 사주에, 논리에 기초한 공통된 기본원리를 적용하여 이를 근거로 기초 분석을 할 줄 아는 능력을 배양해야 함에도 불구하고, 고서에서 언급한 각 사례별 독특한 해석방법(신살류 등)을 당연한 해법인 양 손쉽게 마구 적용하는 등 기본논리를 등한시한 점이다.

셋째, 가장 적중률이 높고 논리적인 방법을 적용한 학문이라 여겨지는 자평명리학(子平命理學)을 택하여 공부를 시작한다 하더라도, 관련 서적 대부분이 한문으로 씌어져 있고, 한문에 익숙하지 못한 초보자들이 명리학을 쉽게 깨우칠 수 있도록 그 기본원리를 한글로 쉽게 풀이한 한국어판 교재가 거의 없다는 점(중국의 고서를 해석한 책은 여러 권 있으나, 해석 자체에 치중하여 초보자들에게는 명리학이 어렵다는 부담만 가중시킴)이다.

사주 여덟 글자 사이의 미묘한 상호작용을 제대로 파악하기 위해서는 사주해석의 기본논리를 튼튼히 한 후에 명리의 바다에 뛰어들어야 한다. 그러나 이를 위해서는 부단한 한문공부가 필수불가결하기 때문에 이에 대한 부담감으로 인해 공부를 중간에 포기하고 고민만 하게 되는 경우가 허다하게 발생한다.

이러한 문제를 해소할 수 있을까 하여 시중에 나와 있는 여러 종류의 사주 관련 책을 들여다보았으나, 필자가 원하는 방향으로 정리되어 있는 책을 만나기가 힘들었다. 고민하던 끝에 한번 손쉽게 볼 수 있는 책을 내 나름대로 꾸며보면 어떨까 하는 욕심이 생겼고, 사주해석에 가장 논리적으로 접근하는 학문이 자평명리학이라는 판단 아래, 자평명리학의 원리를 가장 잘 배울 수 있는 책을 만들어볼 계획을 세웠다.

유백온(劉伯溫)이 지었다고 전해지는 『적천수(滴天髓)』는 자평명리학의 기본적이고도 심오한 원리를 간략한 문구로 표현한 책이다. 하지만 그 표현이 너무 추상적이고 난해하여 비록 원문(原文)에 유백온 자신이 원주(原注)를 달아 부연 설명을 했다고는 하더라도 이를 제대로 이해하기란 여간 힘든 일이 아니다. 이에 『적천수』를 처음 접하는 사람들이 이해하기 쉽도록 주해를 달아 부활시킨 사람이 임철초(任鐵樵)이다. 『적천수징의(滴天髓徵義)』와 『적천수천미(滴天髓闡微)』라는 이름은 임철초가 증주(增註)한 『적천수』를 후세에 편집한 사람들이 지은 것으로, 『적천수징의』라고 이름지은 사람은 서낙오(徐樂吾)이고 『적천수천미』라고 이름지은 사람은 원수산(袁樹珊)이다. 이 둘은 이름만 다를 뿐 그 내용은 거의 동일한 것으로 보아 하나의 원본이 후세에 전해지는 과정에서 일부는 누락되고 일부는 수정 보완된 것으로 보인다. 옛날에는 대량으로 인쇄하는 기술이 없었으니, 내용을 전파하기 위해서는 일일이 손으로 베껴 썼을 것이다. 그 과정에서 중요하지 않다고 여겨지는 부분은 과감히 생략했을 수도 있고 옮겨 적는 과정에서 오자와 탈자가 발생할 수도 있었을 것이다.

필자는 상당 기간 명리학의 기본논리를 충분히 터득하지 못한 상태로 사주풀이를 하였고, 나름대로 사주풀이를 하면서도 계속 마음 한구석에 답답함을 느끼던 차에,『적천수징의』를 수십 번 읽어가면서 시야가 훤히 밝아오는 것을 느끼게 되었다. 명리학의 모든 것이『적천수』안에 다 들어 있다는 생각을 하게 된 것이다. 이를 계기로『적천수』를 제대로 공부하면 사주해석의 기본원리를 터득할 수 있게 되며, 피상적인 임상 경험에 의한 주먹구구식 사주풀이나 직관과 영감에만 의존한 사주풀이가 아니라 논리에 기초한 사주풀이를 할 수 있다는 확신을 갖게 되었다. 이와 같은 확신은 명리학을 공부하려는 사람들이『적천수』를 제대로 이해할 수 있는 책을 집필해야겠다는 결심으로 발전하게 되었다.

한국에서도『적천수징의』와『적천수천미』가 여러 사람들에 의해 번역되었고, 번역자가 나름대로 주석을 단 책도 있으나, 이 책들은 명리학에 처음 입문한 초보자뿐만 아니라 명리학을 상당 기간 공부한 사람들조차 이해하기 어려운 경향이 있다. 이러한 번역서 또는 편역서들이 한문의 차구(字句) 해석에 오류를 범하여 원문의 뜻을 잘못 전달하거나, 한문 자구를 한글로 풀어쓰지 않고 그대로 인용하여 우리말로 된 글을 읽고 있음에도 불구하고 그 의미를 깨우치기가 쉽지 않기 때문이다.

따라서 이 책은『적천수징의』를 원전에 충실하게 번역하되, 한문을 잘 모르는 사람들과 명리학 공부를 처음 시작한 초보자로부터 상당한 수준에 오른 독자에 이르기까지 다양한 수준의 독자들이 유용하게 활용할 수 있도록, 쉽게 풀어쓰고 재구조화하는 데 중점을 두었다. 이를 위해서 한문으로 된『적천수』원문은 그대로 제시하고 그 아래에 번역문을 달았으나, 이해하는 데 많은 시간과 노력이 필요한 장문의『적천수징의』한문 본문은 과감히 생략하고(필요한 경우에만 별도로 삽입) 곧바로 한글 번역문을 제시하였다. 번역은 되도록 한문과 한자를 한글로 풀어쓰는 것을 원칙으로 하되, 풀어쓰는 것이 오히려 부적절하다고 생각되는 경우에는 괄호 안에 한자와 한문 원문을 함께 표기하여 이해를 돕도록 하였다. 명리학을 공부하기 위해 꼭 알아두어야 할 사자성어나 문구 등은 반복적으로 등장하더라도 독자들이 눈에 익히도록 하기 위해 한문 원문을 함께 표기하였다.

또한 『적천수징의』의 내용만으로는 독자들이 이해하기가 어렵다고 생각되는 부분이나, 해석상 표기가 잘못되었다고 여겨지는 한자 등에 대해서는 『적천수천미』와 비교해가며 올바른 해석과 표기가 되도록 수정하였다. 『적천수징의』만으로는 부족하다고 생각되는 부분은 『적천수천미』의 내용을 별도로 삽입하여 부연 설명하였다. 각 장에 등장하는 사례들은 그것들이 본문 내용 중 어느 부분에 대한 사례인지를 명확히 하기 위해 별도로 제목을 달아 본문의 이해에 도움이 되도록 하였다. 책 내용의 전반적인 순서는 『적천수징의』 원본의 배열에 맞추는 것을 기본으로 하였으나, 원본 내용의 흐름상 자연스럽지 못하다고 판단되는 부분에 한하여 그 순서를 바꾸었고, 본문 중간 중간에 삽입되어 있는 오백여 개의 사례도 『적천수징의』 본문의 내용에 가장 적합한 것들만 발췌하여 이해에 도움이 되도록 하였다.

필자의 경험에 의하면 여러 책을 한 번씩 읽는 것보다 좋은 책을 여러 번 반복하여 읽는 것이 이해에 더 많은 도움이 되었다. 이 책 한 권을 반복해서 읽는 것이 독자들로 하여금 자평명리학의 기본논리를 터득하여 명리의 바다에서 유유히 헤엄칠 수 있는 그 날을 앞당기는 데 기여하기 바란다. 또한 명리학이 철학관에서 운명을 풀이해주는 하나의 기법에 머물지 않고, 체계적인 학문으로 발전해 나가는 데 이 책이 작은 기반이 되기를 기대한다.

끝으로 시중에 나와 있는 적천수 저서들에 만족하지 못하던 나에게 스스로 책을 집필해보도록 권유하고, 집필 과정에서 많은 격려와 조언을 아끼지 않은 나의 사랑하는 아내에게 감사한 마음을 전한다.

2013년 계사년(癸巳年) 6월
구경회

이 책의 구성과 읽는 방법

이 책은 총 3부로 구성되어 있다.

제1부는 유백온(劉伯溫)의 『적천수(滴天髓)』 원문(原文)을 그대로 인용하여 음(音)을 달았다. 단, 이해하는 데 도움이 되도록 순서를 다소 조정하였다.

제2부는 『적천수』 원문을 한글로 번역한 것이다. 원문에 충실하게 번역하려고 하였으나, 한문의 특성상 원문 그대로의 해석보다 의역하는 것이 도움이 된다고 판단될 경우 의역을 하였다.

제3부는 『적천수징의(滴天髓徵義)』를 바탕으로 『적천수』가 의미하는 내용을 한글로 번역한 것이 주된 내용으로서 모두 18장으로 구성되어 있다. 가독성을 높이기 위하여 이해할 독자가 많지 않을 것으로 보이는 『적천수징의』 원문은 과감히 생략하였다.

제3부의 각 장(章)은 〈적천수 원문〉, 〈적천수 해설〉, 〈적천수 사례연구〉의 셋으로 구성하였다. 〈적천수 원문〉은 『적천수』의 한문 원문과 이에 대한 해석이다. 제2부에서 기술한 내용을 각 장별로 나누어 한 번 더 제시한 것으로서, 이는 독자들이 반복하여 공부할 수 있도록 하는 동시에 『적천수』 원문을 보려고 책장을 앞으로 넘기는 수고를 덜어주기 위함이다.

〈적천수 해설〉은 『적천수징의』 본문을 한글로 풀어서 해석한 것이다. 되도록 본문 그대로 직역하려고 노력하였으나, 독자들의 이해를 돕기 위하여 의역이 더 낫다고 생각될 경우 의역을 하되 괄호 안에 그 본문 한자를 표기하여 각자 나름대로 해석할 수 있는 여지를 남겨두었다. 또한 이 본문이 너무 길어 나누어야 할 필요가 있다고 생각되는 경우에는 이를 〈적천수 해설 1〉, 〈적천수 해설 2〉 등으로 구분하여 해석하였다.

〈적천수 사례연구〉는 『적천수징의』 본문을 해석한 〈적천수 해설〉에 대한 사례연구이다. 『적천수징의』에 있는 사례 중에는 오히려 본문 해석에 혼란을 불러일으키는 것들이 포함되어 있다. 따라서 이들은 과감히 배제하고 본문의 내용을 쉽게 이해하는 데 도움이 된다고 판단되는 사례들만 발췌하여 제시하였다.

『적천수』 원문에는 〈심화학습〉을 달지 않았으나 『적천수징의』 본문 해석인 〈적천수 해설〉과 사례연구인 〈적천수 사례연구〉에는 반드시 〈심화학습〉을 달아 해석상 이해가 잘 되지 않거나, 관점에 차이가 있거나, 추가적인 설명과 보완이 필요하다고 생각되는 경우에 필자의 견해와 본문의 내용에 대한 보충설명을 하였다.

또한 본문을 이해하기 위해서 사전에 미리 알아두어야 할 명리학의 기초지식 및 중점적으로 암기해야 할 사항들은, 그것들이 필요한 각 절이 시작되기 전에 〈명리학 기초이론〉으로 삽입하였다. 아울러 앞에서 설명한 내용을 반복적으로 강조함으로써 독자들이 해당 내용을 충분히 숙달할 수 있도록 하였고, 지나간 내용을 찾아보기 위하여 책장을 앞으로 넘기는 수고를 덜어주고자 하였다.

책을 읽는 순서는 다음과 같이 하는 것이 가장 바람직한 방법일 것이다.

첫째, 제1부는 한 번 훑어보고 넘어간다.

둘째, 제2부는 그 내용을 음미하며 이 단어들이 무엇을 의미하는가를 생각해보는 정도로 넘어간다.

셋째, 제3부를 중점적으로 반복하여 읽어 나간다. 사람에 따라 차이가 있겠지만, 힘들더라도 책의 첫 장부터 책의 마지막 장까지 반복하여 읽는 것이 효율적일 것이라는 생각이다. 처음에는 따분하고 이해가 잘 가지 않는 것이 당연할 터이다. 그러나 한 번 두 번 반복해서 읽다 보면 자신도 모르게 눈이 떠지게 됨을 느끼게 될 것이다. 우선 제2부에서 한 번 음미한 〈적천수 원문〉을 다시 읽으면서 그 밑의 한글 해석을 읽은 후 물음표를 마음 속에 달아둔다. 『적천수』 원문은 표현이 시적(詩的)이기 때문에 그 의미가 상당히 함축적이어서 『적천수징의』 본문을 읽지 않고서는 이해하기가 힘들기 때문이다. 그 물음표가 많을수록 『적천수징의』 본문을 이해하기 쉬워지는 것이다.

그리고 나서 〈적천수 해설〉을 읽어 나간다. 한자에 익숙해질 수 있도록 한글 옆에 괄호를 달아 한자를 병기하였으니, 한글만 읽지 말고 한자를 눈에 익히도록 하며 읽어 나가도록 한다. 그 다음으로 사례연구인 〈적천수 사례연구〉를 풀어본다. 가능한 한 사주해석을 미리 보지 말고 우선 이 사례가 앞의 〈적천수 해설〉에서 말한 어느 부분에 해당하는지 챙겨본다.

그 다음으로 자기 나름대로 최소한 사주의 용신과 희신 정도는 찾아보려고 노력한 후에, 원문의 사주해석과 어느 정도 일치하는지 맞추어가며 사주풀이를 해본다. 수학 문제풀이를 할 때 잘 모른다고 해서, 이해가 잘 가지 않는다고 해서, 해답을 미리 들추어 보면 수학 실력이 잘 늘지 않는 것과 마찬가지 이치이다. 많이 고민할수록 명리에 눈이 트이는 기간은 단축되는 것이다.

넷째, 제3부를 중점적으로 반복하여 읽은 후에는 제1부부터 차분하게 그 내용을 음미하며 마지막까지 읽어 나간다.

다섯째, 책의 내용을 쉽게 이해하기 위해서는 책의 앞부분에 집중되어 있는 〈명리학 기초이론〉을 가능한 한 암기하도록 해야 한다. 〈명리학 기초이론〉은 수학 문제를 풀기 위해서 기본적으로 암기해야 하는 공식에 비유할 수 있는 것이므로, 이를 모르고서는 명리학의 바다를 헤엄칠 수 없다.

여섯째, 각 장의 사례연구인 〈적천수 사례연구〉는 각 장의 〈적천수 해설)에서 말하고자 하는 논리를 확실히 이해시켜주기 위한 사례들이니, 이미 읽은 내용을 확인하는 의미에서 세밀히 살펴보아야 한다. 그 해석의 순서를 자세히 들여다보면 모든 사례에서 대동소이하다는 것을 알 수 있을 것이다. 이를 반복하여 읽다 보면 사주풀이의 기본방법을 습득할 수 있게 되는 것이다.

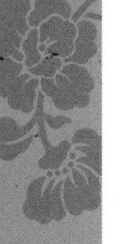

차
례

명리학 기초이론

滴天髓 講解

적천수강해

—— 제1부 ——

적천수 원문

滴天髓 原文

적천수 원문

제1장 : 통신송(通神頌)

欲識三元萬法宗　先觀帝載與神功
욕식삼원만법종　선관제재여신공

坤元合德機緘通　五氣偏全定吉凶
곤원합덕기함통　오기편전정길흉

戴天履地人爲貴　順則吉兮凶則悖
대천리지인위귀　순즉길혜흉즉패

要與人間開聾瞶　順悖之機須理會
요여인간개롱외　순패지기수리회

理承氣行豈有常　進兮退兮宜抑揚
이승기행기유상　진혜퇴혜의억양

配合干支仔細詳　定人禍福與災祥
배합간지자세상　정인화복여재상

제2장 : 천간(天干)

五陽皆陽丙爲最　五陰皆陰癸爲至
오양개양병위최　　오음개음계위지

五陽從氣不從勢　五陰從勢無情義
오양종기부종세　　오음종세무정의

갑목(甲木)

甲木參天　脫胎要火　春不容金　秋不容土
갑목참천　　탈태요화　　춘불용금　　추불용토

火熾乘龍　水蕩騎虎　地潤天和　植立千古
화치승룡　　수탕기호　　지윤천화　　식립천고

을목(乙木)

乙木雖柔　刲羊解牛　懷丁抱丙　跨鳳乘猴
을목수유　　규양해우　　회정포병　　과봉승후

虛濕之地　騎馬亦憂　藤蘿繫甲　可春可秋
허습지지　　기마역우　　등라계갑　　가춘가추

병화(丙火)

丙火猛烈　欺霜侮雪　能煅庚金　逢辛反怯
병화맹렬　　기상모설　　능단경금　　봉신반겁

土衆成慈　水猖顯節　虎馬犬鄉　甲來焚滅
토중성자　　수창현절　　호마견향　　갑래분멸

정화(丁火)

丁火柔中　內性昭融　抱乙而孝　合壬而忠
정화유중　　내성소융　　포을이효　　합임이충

旺而不烈　　衰而不窮　　如有嫡母　　可秋可冬
왕이불렬　　쇠이불궁　　여유적모　　가추가동

무토(戊土)

戊土固重　　旣中且正　　靜翕動闢　　萬物司命
무토고중　　기중차정　　정흡동벽　　만물사명

水潤物生　　火燥物病　　若在艮坤　　怕沖宜靜
수윤물생　　화조물병　　약재간곤　　파충의정

기토(己土)

己土卑濕　　中正蓄藏　　不愁木盛　　不畏水狂
기토비습　　중정축장　　불수목성　　불외수광

火少火晦　　金多金光　　若要物旺　　宜助宜幫
화소화회　　금다금광　　약요물왕　　의조의방

경금(庚金)

庚金帶殺　　剛健爲最　　得水而清　　得火而銳
경금대살　　강건위최　　득수이청　　득화이예

土潤則生　　土乾則脆　　能贏甲兄　　輸於乙妹
토윤즉생　　토건즉취　　능영갑형　　수어을매

신금(辛金)

辛金軟弱　　溫潤而清　　畏土之疊　　樂水之盈
신금연약　　온윤이청　　외토지첩　　요수지영

能扶社稷　　能救生靈　　熱則喜母　　寒則喜丁
능부사직　　능구생령　　열즉희모　　한즉희정

壬水通河	能洩金氣	剛中之德	周流不滯
임수통하	능설금기	강중지덕	주류불체
通根透癸	沖天奔地	化則有情	從則相濟
통근투계	충천분지	화즉유정	종즉상제

계수(癸水)

癸水至弱	達於天津	得龍而運	功化斯神
계수지약	달어천진	득룡이운	공화사신
不愁火土	不論庚辛	合戊見火	化象斯眞
불수화토	불론경신	합무견화	화상사진

제3장 : 지지(地支)

陽支動且强	速達顯災祥
양지동차강	속달현재상

陰支靜且專	否泰每經年
음지정차전	비태매경년

生方怕動庫宜開	敗地逢沖仔細推
생방파동고의개	패지봉충자세추

支神只以沖爲重	刑與穿兮動不動
지신지이충위중	형여천혜동부동

暗沖暗會尤爲喜	我沖彼沖皆沖起
암충암회우위희	아충피충개충기

旺者沖衰衰者拔	衰神沖旺旺神發
왕자충쇠쇠자발	쇠신충왕왕신발

제4장 : 간지총론(干支總論)

陰陽順逆之說　洛書流行之用
음양순역지설　　낙서류행지용

其理信有之也　其法不可執一
기리신유지야　　기법불가집일

故天地順遂而精粹者昌　天地乖悖而混亂者亡
고천지순수이정수자창　　천지괴패이혼란자망

不論有根無根　俱要天覆地載
불론유근무근　　구요천복지재

天全一氣　不可使地德莫之載
천전일기　　불가사지덕막지재

地全三物　不可使天道莫之容
지전삼물　　불가사천도막지용

陽乘陽位陽氣昌　最要行程安頓
양승양위양기창　　최요행정안돈

陰承陰位陰氣盛　還須道路光亨
음승음위음기성　　환수도로광형

天戰猶自可　地戰急如火
천전유자가　　지전급여화

合有宜不宜　合多不爲奇
합유의불의　　합다불위기

地生天者　天衰怕沖　天合地者　地旺喜靜
지생천자　　천쇠파충　　천합지자　　지왕희정

甲申戊寅　眞爲殺印相生
갑신무인　　진위살인상생

庚寅癸丑　也坐兩神興旺
경인계축　　야좌양신흥왕

上下貴乎情和　左右貴乎氣協
상하귀호정화　　좌우귀호기협

始其所始　終其所終　富貴福壽　永乎無窮
시기소시　　종기소종　　부귀복수　　영호무궁

제5장 : 형상(形象)

兩氣合而成象　象不可破也
양기합이성상　　상불가파야

五氣聚而成形　形不可害也
오기취이성형　　형불가해야

獨象喜行化地　而化神要昌
독상희행화지　　이화신요창

全象喜行財地　而財神要旺
전상희행재지　　이재신요왕

形全者宜損其有餘　形缺者宜補其不足
형전자의손기유여　　형결자의보기부족

종상(從象)

從得眞者只論從　從神又有吉和凶
종득진자지론종　　종신우유길화흉

화상(化象)

化得眞者只論化　化神還有幾般話
화득진자지론화　　화신환유기반화

가종(假從)

眞從之象有幾人　假從亦可發其身

진종지상유기인　가종역가발기신

가화(假化)

假化之人亦多貴　孤兒異姓能出類

가화지인역다귀　고아이성능출류

군상(君象)

君不可抗也　貴乎損上以益下

군불가항야　귀호손상이익하

신상(臣象)

臣不可過也　貴乎損下以益上

신불가과야　귀호손하이익상

모상(母象)

知慈母恤孤之道　始有瓜瓞無疆之慶

지자모휼고지도　시유과질무강지경

자상(子象)

知孝子奉親之方　始克諧成大順之風

지효자봉친지방　시극해성대순지풍

제6장 : 격국(格局)

팔격(八格)

正官, 偏官, 正財, 偏財, 正印, 偏印, 傷官, 食神是也
정관, 편관, 정재, 편재, 정인, 편인, 상관, 식신시야

財官印綬分偏正　兼論食傷八格定
재관인수분편정　겸론식상팔격정

影響遙繫旣爲虛　雜氣財官不可拘
영향요계기위허　잡기재관불가구

관살(官殺)

官殺相混須細論　殺有可混不可混
관살상혼수세론　살유가혼불가혼

상관(傷官)

傷官見官最難辨　官有可見不可見
상관견관최난변　관유가견불가견

방국(方局)

方是方兮局是局　方要得方莫混局
방시방혜국시국　방요득방막혼국

局混方兮有純疵　行運喜南還喜北
국혼방혜유순자　행운희남환희북

若然方局一齊來　須是干頭無反覆
약연방국일제래　수시간두무반복

成方干透一元神　生地庫地皆非福
성방간투일원신　생지고지개비복

成局干透一官星　左邊右邊空碌碌
성국간투일관성　좌변우변공록록

一出門來只見兒　吾兒成氣構門閭
일출문래지견아　오아성기구문려

從兒不管身强弱　只要吾兒又遇兒
종아불관신강약　지요오아우우아

君賴臣生理最微　兒能求母洩天機
군뢰신생리최미　아능구모설천기

母慈滅子關頭異　夫健何爲又怕妻
모자멸자관두이　부건하위우파처

제7장 : 체용정신(體用精神)

체용(體用)

道有體容　不可以一端論也　要在扶之抑之得其宜
도유체용　불가이일단론야　요재부지억지득기의

정신(精神)

人有精神　不可以一偏求也　要在損之益之得其中
인유정신　불가이일편구야　요재손지익지득기중

쇠왕(衰旺)

能知衰旺之眞機　其於三命之奧　思過半矣
능지쇠왕지진기　기어삼명지오　사과반의

중화(中和)

旣識中和之正理　而於五行之妙　有能全焉
기식중화지정리　이어오행지묘　유능전언

월령(月令)

月令乃提綱之府　譬之宅也
월령내제강지부　비지택야

人元爲用事之神　宅之定向也　不可以不卜
인원위용사지신　택지정향야　불가이불복

생시(生時)

生時乃歸宿之地　譬之墓也
생시내귀숙지지　비지묘야

人元爲用事之神　墓之穴方也　不可以不辨
인원위용사지신　묘지혈방야　불가이불변

진신(眞神)

令上尋眞聚得眞　假神休要亂眞神
영상심진취득진　가신휴요란진신

眞神得用生平貴　用假終爲碌碌人
진신득용생평귀　용가종위록록인

가신(假神)

眞假參差難辨論　不明不暗受迍邅
진가참치난변론　불명불암수둔전

提綱不與眞神照　暗處尋眞也有眞
제강불여진신조　암처심진야유진

청기(淸氣)

一清到底有精神　管取生平富貴眞
일청도저유정신　관취생평부귀진

澄濁求淸淸得去　時來寒谷也回春
징탁구청청득거　시래한곡야회춘

탁기(濁氣)

滿盤濁氣令人苦　一局淸枯也孤人
만반탁기령인고　일국청고야고인

半濁半淸猶是可　多成多敗度晨昏
반탁반청유시가　다성다패도신혼

원류(源流)

何處起根源　流到何方住　機括此中求　知來亦知去
하처기근원　유도하방주　기괄차중구　지래역지거

통관(通關)

關內有織女　關外有牛郎　此關若通也　相邀入洞房
관내유직녀　관외유우랑　차관약통야　상요입동방

은원(恩怨)

兩意情通中有媒　雖然遙立意尋追
양의정통중유매　수연요립의심추

有情却被人離間　怨起恩中死不灰
유정각피인리간　원기은중사불회

기반(羈絆)

出門要向天涯遊　何事裙釵恣意留
출문요향천애유　하사군채자의류

不管白雲與明月　任君策馬朝天闕
불관백운여명월　　임군책마조천궐

一二閑神用去麼　不用何妨莫動他
일이한신용거마　　불용하방막동타

半局閑神任閑着　要緊之場自作家
반국한신임한착　　요긴지장자작가

第8장 : 사주총론(四柱總論)

한난(寒暖)

天道有寒暖　發育萬物　人道得之　不可過也
천도유한난　　발육만물　　인도득지　　불가과야

조습(燥濕)

地道有燥濕　生成品彙　人道得之　不可偏也
지도유조습　　생성품휘　　인도득지　　불가편야

강유(剛柔)

剛柔不一也　不可制者　引其性情而已矣
강유불일야　　불가제자　　인기성정이이의

순역(順逆)

順逆不齊也　不可逆者　順其氣勢而已矣
순역부제야　　불가역자　　순기기세이이의

은현(隱顯)

吉神太露　起爭奪之風　凶物深藏　成養虎之患
길신태로　　기쟁탈지풍　　흉물심장　　성양호지환

중과(衆寡)

强衆而敵寡者　勢在去其寡
강중이적과자　　세재거기과

强寡而敵衆者　勢在成乎衆
강과이적중자　　세재성호중

진태(震兌)

震兌主仁義之眞機　勢不兩立　而有相成者存
진태주인의지진기　　세불량립　　이유상성자존

감리(坎離)

坎離宰天地之中氣　成不獨成　而有相持者在
감리재천지지중기　　성불독성　　이유상지자재

재덕(才德)

德勝才者　局全君子之風
덕승재자　　국전군자지풍

才勝德者　用顯多能之象
재승덕자　　용현다능지상

분울(奮鬱)

局中顯奮發之機者　神舒意暢
국중현분발지기자　　신서의창

象內多沈埋之氣者　心鬱志灰
상내다침매지기자　　심울지회

제9장 : 운세(運勢)

休咎係乎運　尤係乎歲
휴구계호운　　　우계호세

戰沖視其孰降　和好視其孰切
전충시기숙항　　　화호시기숙절

何爲戰　何爲沖　何爲和　何爲好
하위전　　하위충　　하위화　　하위호

제10장 : 육친(六親)

부부(夫婦)

夫妻姻緣宿世來　喜神有意傍天財
부처인연숙세래　　　희신유의방천재

자녀(子女)

子女根枝一世傳　喜神看與殺相連
자녀근지일세전　　　희신간여살상련

부모(父母)

父母或隆與或替　歲月所關果非細
부모혹륭여혹체　　　세월소관과비세

형제(兄弟)

兄弟誰廢與誰興　提用財神看重輕
형제수폐여수흥　　　제용재신간중경

제11장 : 부귀빈천(富貴貧賤)

부빈(富貧)

何知其人富　財氣通門戶　何知其人貧　財神反不眞
하지기인부　재기통문호　하지기인빈　재신반부진

귀천(貴賤)

何知其人貴　官星有理會　何知其人賤　官星還不見
하지기인귀　관성유리회　하지기인천　관성환불현

길흉(吉凶)

何知其人吉　喜神爲輔弼　何知其人凶　忌神輾轉攻
하지기인길　희신위보필　하지기인흉　기신전전공

수요(壽夭)

何知其人壽　性定元氣厚　何知其人夭　氣濁神枯了
하지기인수　성정원기후　하지기인요　기탁신고료

제12장 : 성정(性情)

五氣不戾　性正情和　濁亂偏枯　性乖情逆
오기불려　성정정화　탁란편고　성괴정역

火烈而性燥者　遇金水之激
화렬이성조자　우금수지격

水奔而性柔者　全金木之神
수분이성유자　전금목지신

木奔南而軟怯　金見水以流通
목분남이연겁　　　금견수이류통

最拗者西水還南　至剛者東火轉北
최요자서수환남　　지강자동화전북

順生之機　遇擊神而抗　逆生之序　見閑神而狂
순생지기　우격신이항　　역생지서　　견한신이광

陽明遇金　鬱而多煩　陰濁藏火　包而多滯
양명우금　울이다번　　음탁장화　　포이다체

陽刃局　戰則逞威　弱則怕事
양인국　전즉령위　약즉파사

傷官格　淸則謙和　濁則剛猛
상관격　청즉겸화　탁즉강맹

用神多者　性情不常　時支枯者　虎頭蛇尾
용신다자　성정불상　시지고자　호두사미

제13장 : 질병(疾病)

五行和者　一世無災　血氣亂者　生平多疾
오행화자　일세무재　혈기란자　생평다질

忌神入五臟而病凶　客神遊六經而災小
기신입오장이병흉　객신유육경이재소

木不受水者血病　土不受火者氣傷
목불수수자혈병　토불수화자기상

金水傷官　寒則冷嗽　熱則痰火
금수상관　한즉랭수　열즉담화

火土印綬　熱則風痰　燥則皮痒
화토인수　열즉풍담　조즉피양

論痰多木火　生毒鬱火金
논담다목화　　생독울화금

金水枯傷而腎經虛　水木相勝而脾胃泄
금수고상이신경허　　수목상승이비위설

제14장 : 여명(女命)

論夫論子要安祥　氣靜平和婦道彰
논부론자요안상　　기정평화부도창

三奇二德虛好語　咸池驛馬半推詳
삼기이덕허호어　　함지역마반추상

제15장 : 소아(小兒)

論財論煞論精神　四柱和平易養成
논재론살론정신　　사주화평이양성

氣勢攸長無斬喪　關星雖有不傷身
기세유장무착상　　관성수유불상신

제16장 : 출신(出身)

巍巍科第邁等倫　一個元機暗裏存
외외과제매등륜　　일개원기암리존

淸得盡時黃榜客　雖存濁氣亦中式
청득진시황방객　　수존탁기역중식

秀才不是塵凡子　淸氣還嫌官不起
수재불시진범자　　청기환혐관불기

異路功名莫說輕　日干得氣遇財星
이로공명막설경　　일간득기우재성

제17장 : 지위(地位)

臺閣勳名百世傳　天然淸氣發機權
대각훈명백세전　　천연청기발기권

兵權獬豸弁冠客　刃殺神淸氣勢特
병권해치변관객　　인살신청기세특

分藩司牧財官和　格局淸純神氣多
분번사목재관화　　격국청순신기다

便是諸司幷首領　也從淸濁分形影
편시제사병수령　　야종청탁분형영

제18장 : 정원(貞元)

造化起於元　亦止於貞

조화기어원　　역지어정

再造貞元之會　胚胎嗣續之機

재조정원지회　　배태사속지기

滴天髓講解

적천수강해

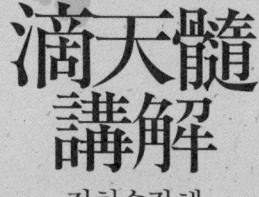

제2부

적천수 원문 해석

滴天髓 原文 解釋
적천수 원문 해석

제1장 : 통신송(通神頌)

1. 통신송(通神頌)이란

통신송(通神頌)은 신(神)과 소통하는 노래라는 의미이다. 여기서 신이란 하늘, 즉 우리 인간이 감히 범할 수 없는 존재를 말한다. 인간이 이 세상에 태어나는 것은 모두 이 하늘의 뜻이다. 우주(宇宙)에는 음양(陰陽)과 오행(五行)의 기운(氣運)이 흐르고 있어서 인간은 태어나는 장소, 연, 월, 일, 시에 따라 서로 다른 음양과 오행의 기운을 부여받는데, 이것이 곧 하늘의 뜻이며 바로 인간의 운명이다. 따라서 인간의 육체와 정신에는 이 음양과 오행의 기운이 돌고 있어서 인간 그 자체가 하나의 소우주(小宇宙)를 이룬다고 볼 수 있으므로, 각자가 부여받은 이 음양오행의 흐름만 잘 연구하면 그 사람의 운명을 예측할 수 있다.

필자는 경험을 통해 이 통신송만 완전히 이해하면『적천수(滴天髓)』의 나머지 내용은 읽어볼 필요도 없을 정도로 명리학(命理學)의 기본원리가 여기에 모두 들어 있음을 알 수 있었다. 그만큼 이 노래 안에 명리학에 대한 유백온(劉伯溫)의 생각이 함축적이고 명료하게 담겨져 있다고 말할 수 있다. 따라서 총 84글자의 한자로 이루어진 이 통신송의 의미를 충분히 이해하고 난 후『적천수』의 세부내용을 공부하기 바라며, 이 책을 통독한 후 다시 한 번 더 이 노래를 읊어보면 그 때마다 새로운 느낌을 받을 것이라고 확신한다.

2. 통신송(通神頌)

欲識三元萬法宗　先觀帝載與神功
욕식삼원만법종　선관제재여신공

坤元合德機緘通　五氣偏全定吉凶
곤원합덕기함통　오기편전정길흉

戴天履地人爲貴　順則吉兮凶則悖
대천리지인위귀　순즉길혜흉즉패

要與人間開聾瞆　順悖之機須理會
요여인간개롱외　순패지기수리회

理承氣行豈有常　進兮退兮宜抑揚
이승기행기유상　진혜퇴혜의억양

配合干支仔細詳　定人禍福與災祥
배합간지자세상　정인화복여재상

삼원(三元) 즉 천지인(天地人)이 만법의 근본임을 알려면[欲識三元萬法宗]
먼저 제재(帝載) 즉 음양(陰陽)과 신공(神功) 즉 오행(五行)을 알아야 한다
[先觀帝載與神功].
땅[坤元, 곤원]이 하늘[天元, 천원]과 그 덕을 합하여 기밀이 서로 통하는데
[坤元合德機緘通]
오행의 기운[五氣, 오기]의 치우침과 온전함에 따라 인간의 길흉이 정해진다
[五氣偏全定吉凶].
하늘을 이고[戴天, 대천] 땅을 밟은[履地, 이지] 모든 것 중에서 인간이 가장 귀한데
[戴天履地人爲貴]
그 사람의 사주가 오행의 흐름을 따르면[順, 순] 길하고 어그러지면[悖, 패] 흉하다
[順則吉兮凶則悖].
인간의 귀가 멀어 어리석음[聾瞆, 농외]을 깨우쳐주는 것이 중요한데[要與人間開聾瞆]

이를 위해서는 따르고[順, 순] 어그러짐[悖, 패]의 기틀을 깨달아 알아야 한다

[順悖之機須理會].

만물의 본질인 이(理)는 기(氣)를 이어받아 움직이는데 어찌 항상 일정하겠는가

[理承氣行豈有常].

이 흐름의 나아가고 물러남에 따라 때로는 눌러주고 때로는 북돋워주어야 한다

[進兮退兮宜抑揚].

사주(四柱)의 천간(天干)과 지지(地支)의 배합을 자세히 살펴보면[配合干支仔細詳]
그 배합에 따라 그 사람의 길흉화복이 정해진다는 것을 알아낼 수 있다

[定人禍福與災祥].

제2장 : 천간(天干)

1. 십간(十干)의 특징 분석

五陽皆陽丙爲最　　五陰皆陰癸爲至
오양개양병위최　　오음개음계위지

五陽從氣不從勢　　五陰從勢無情義
오양종기부종세　　오음종세무정의

오양(五陽 : 甲丙戊庚壬)은 모두 양(陽)이지만 그 중 병화(丙火)가 최고이고

[五陽皆陽丙爲最]

오음(五陰 : 乙丁己辛癸)은 모두 음(陰)이지만 그 중 계수(癸水)가 지극하다

[五陰皆陰癸爲至].

오양(五陽)인 갑병무경임(甲丙戊庚壬)은 기(氣)를 따르되 세력을 좇지 않고

[五陽從氣不從勢]

오음(五陰)인 을정기신계(乙丁己辛癸)는 정과 의리가 없이 세력을 좇는다

[五陰從勢無情義].

2. 갑목(甲木)

甲木參天　脫胎要火　春不容金　秋不容土
갑목참천　　탈태요화　　춘불용금　　추불용토

火熾乘龍　水蕩騎虎　地潤天和　植立千古
화치승룡　　수탕기호　　지윤천화　　식립천고

갑목(甲木)은 하늘을 찌를 듯이 강직하다[甲木參天].
어린 나무가 껍질을 벗으려면(겨울과 봄에는) 화(火)가 필요하고[脫胎要火]
목기(木氣)가 강한 봄에는 금(金)으로 극(剋)해서는 안 되며[春不容金]
금기(金氣)가 성한 가을에는 토(土)를 용납하지 않는다[秋不容土].
사주에 화기(火氣)가 많을 때는 지지에 용[辰土, 진토]이 필요하고[火熾乘龍]
사주에 수기(水氣)가 넘칠 때는 지지에 호랑이[寅木, 인목]가 필요하니[水蕩騎虎]
지지가 윤택하고 천간이 화평하면[地潤天和]
뿌리 곧게 내려 오랜 세월 굳건히 견뎌낸다[植立千古].

3. 을목(乙木)

乙木雖柔　刲羊解牛　懷丁抱丙　跨鳳乘猴
을목수유　　규양해우　　회정포병　　과봉승후

虛濕之地　騎馬亦憂　藤蘿繫甲　可春可秋
허습지지　　기마역우　　등라계갑　　가춘가추

을목(乙木)은 비록 여리고 약하다고 하지만[乙木雖柔]
월일지(月日支)에 미토(未土)나 축토(丑土)를 만나도 마음대로 뿌리를 내릴 수 있고

[刲羊解牛]

병화(丙火)나 정화(丁火)가 천간에 떠 있으면[懷丁抱丙]
지지의 유금(酉金)이나 신금(申金)을 감당할 수 있다[跨鳳乘猴].
지지에 겨울[水旺節, 수왕절]의 습기가 과하면[虛濕之地]
지지에 오화(午火)가 있어도 추위가 걱정되며[騎馬亦憂]
천간에 갑목(甲木)이 있어 이를 의지할 수 있으면[藤蘿繫甲]
넝쿨이 소나무를 감고 엉켜 오르듯 봄[木]도 좋고 가을[金]도 괜찮다[可春可秋].

4. 병화(丙火)

丙火猛烈　欺霜侮雪　能煅庚金　逢辛反怯
병화맹렬　　기상모설　　능단경금　　봉신반겁

土衆成慈　水猖顯節　虎馬犬鄕　甲來焚滅
토중성자　　수창현절　　호마견향　　갑래분멸

병화(丙火)는 화기(火氣)가 매우 뜨겁고 세차니[丙火猛烈]
가을의 서리[霜, 상]나 겨울의 눈[雪, 설]을 기만하고 업신여기며[欺霜侮雪]
경금(庚金)을 보더라도 능히 이를 불려 녹여버릴 수 있지만[能煅庚金]
신금(辛金)을 만나는 것은 오히려 겁을 낸다[逢辛反怯].
사주에 토(土)가 많으면 자애로움을 이루고[土衆成慈]
사주에 수(水)가 미쳐 날뛰어도 절개를 지키며[水猖顯節]
지지가 인오술(寅午戌)의 화국(火局)을 이룰 때[虎馬犬鄕]
천간에 갑목(甲木)이 투출하면 불태워 없애버린다[甲來焚滅].

5. 정화(丁火)

丁火柔中　內性昭融　抱乙而孝　合壬而忠
정화유중　　내성소융　　포을이효　　합임이충

旺而不烈　衰而不窮　如有嫡母　可秋可冬
왕이불렬　　쇠이불궁　　여유적모　　가추가동

음(陰)의 불인 정화(丁火)는 유연하고 중화(中和)를 이루고 있지만[丁火柔中]
그 안에는 사물을 밝히고 녹이는 화(火)의 성질을 갖추고 있으며[內性昭融]
을목(乙木) 어머니를 품에 안아 신금(辛金)으로부터 보호하여 효도하고[抱乙而孝]
군주(君主)인 임수(壬水)와 합(合)하여 무토(戊土)로부터 지켜내어 충성한다[合壬而忠].
그 기운이 왕성해도 병화(丙火)처럼 치열하지는 않고[旺而不烈]
그 기운이 쇠하여 줄어들더라도 소멸하지는 않으며[衰而不窮]
천간이나 지지에 어머니[嫡母, 적모]인 목(木)이 있어 함께 한다면[如有嫡母]
가을[金旺節, 금왕절]이나 겨울[水旺節, 수왕절]에 태어나도 걱정할 것 하나 없다

[可秋可冬].

6. 무토(戊土)

戊土固重　旣中且正　靜翕動闢　萬物司命
무토고중　　기중차정　　정흡동벽　　만물사명

水潤物生　火燥物病　若在艮坤　怕沖宜靜
수윤물생　　화조물병　　약재간곤　　파충의정

무토(戊土)는 단단하여 두텁고 무거우며[戊土固重]
본래 오행의 가운데에 위치하여 올바름을 갖추고 있으니[旣中且正]
가을과 겨울에 기(氣)가 고요하면 합쳐져 닫히고 봄여름에 기가 움직이면 열려서

[靜翕動闢]
만물의 생명을 맡아 다스린다[萬物司命].
수(水)가 있어 촉촉이 적셔주면 만물이 소생하나[水潤物生]
화(火)가 강해 너무 메마르면 만물이 병이 들고[火燥物病]
일지(日支)나 월지(月支)에 간곤(艮坤) 즉 인신(寅申)을 깔고 있으면[若在艮坤]
기(氣)가 허약하여 충(沖)을 만날까 두려우니 안정되어야 마땅하다[怕沖宜靜].

7. 기토(己土)

己土卑濕　中正蓄藏　不愁木盛　不畏水狂
기토비습　　중정축장　　불수목성　　불외수광

火少火晦　金多金光　若要物旺　宜助宜幇
화소화회　　금다금광　　약요물왕　　의조의방

기토(己土)는 낮고 축축하며[己土卑濕]
치우침이 없이 바르게 사물을 모아서 갈무리하고[中正蓄藏]
자신을 극하는 목(木)이 왕성해도 걱정하지 않고[不愁木盛]
수(水)가 미쳐 날뛰어도 두려워하지 않는다[不畏水狂].
화(火)가 적으면 그 불빛은 어두워 음습한 땅을 밝히기 힘들고[火少火晦]
금(金)이 많으면 그 금(金)은 습기를 얻어 더욱 빛을 내게 되며[金多金光]
만약 만물이 꽉 차서 충실하고 왕성하게 되기를 원한다면[若要物旺]
생하여 도와주고 힘을 보태 도와줌이 마땅하다[宜助宜幇].

8. 경금(庚金)

| 庚金帶殺 | 剛健爲最 | 得水而淸 | 得火而銳 |
| 경금대살 | 강건위최 | 득수이청 | 득화이예 |

| 土潤則生 | 土乾則脆 | 能嬴甲兄 | 輸於乙妹 |
| 토윤즉생 | 토건즉취 | 능영갑형 | 수어을매 |

경금(庚金)은 살(殺)을 차고 있어 그 기운이 살벌하고[庚金帶殺]
굳세고 튼튼하기가 십간(十干) 중 최고이며[剛健爲最]
수(水)를 얻으면 살기(殺氣)를 흘려보내 맑아지고[得水而淸]
화(火)를 얻으면 몸을 달궈 날카롭게 변화한다[得火而銳].
축축한 토[濕土, 습토]를 보게 되면 도움을 받아 생기를 얻고[土潤則生]
메마른 토[燥土, 조토]를 만나봐야 도움이 없어 약해지며[土乾則脆]
갑목(甲木)을 만나면 여지없이 떨쳐내 이기지만[能嬴甲兄]
을목(乙木)을 보면 사랑으로 받아들여 화합한다[輸於乙妹].

9. 신금(辛金)

| 辛金軟弱 | 溫潤而淸 | 畏土之疊 | 樂水之盈 |
| 신금연약 | 온윤이청 | 외토지첩 | 요수지영 |

| 能扶社稷 | 能救生靈 | 熱則喜母 | 寒則喜丁 |
| 능부사직 | 능구생령 | 열즉희모 | 한즉희정 |

신금(辛金)은 부드럽고 약하지만[辛金軟弱]
온화하고 윤기가 나며 맑은 빛이 선명하다[溫潤而淸].
토(土)가 쌓여 토(土) 속에 묻히는 것을 두려워하고[畏土之疊]
수(水)가 가득 차 넘쳐흘러 그 속에 잠기는 것을 좋아한다[樂水之盈].
능히 군(君)인 병화(丙火)를 도와 나라[社稷, 사직]를 편안하게 떠받치고[能扶社稷]
능히 병화(丙火)와 힘을 합쳐 백성인 갑목(甲木)을 구원하며[能救生靈]
여름철 더위에는 어머니인 기토(己土)의 생해줌을 기뻐하고[熱則喜母]
겨울철 추위에는 따스한 정화(丁火)의 보살핌을 기뻐한다[寒則喜丁].

10. 임수(壬水)

壬水通河　能洩金氣　剛中之德　周流不滯
임수통하　능설금기　강중지덕　주류불체

通根透癸　沖天奔地　化則有情　從則相濟
통근투계　충천분지　화즉유정　종즉상제

임수(壬水)는 은하수에 견줄 만큼 큰물인데[壬水通河]
강하다는 금(金)의 기운[金氣, 금기]을 능히 흘려보낼 수 있고[能洩金氣]
굳건한 가운데 덕 또한 갖추고 있어[剛中之德]
두루두루 흘러내려 막힘이 없다[周流不滯].
지지에 뿌리를 내리고 천간에 계수(癸水)가 투출하면[通根透癸]
그 기세가 하늘을 비우고 땅을 내달릴 만큼 강력하며[沖天奔地]
정화(丁火)를 만나 합(合)을 하면 정이 생겨나고[化則有情]
기세가 약해 종(從)을 해도 서로 구제하여 해가 없다[從則相濟].

11. 계수(癸水)

癸水至弱　達於天津　得龍而運　功化斯神
계수지약　달어천진　득룡이운　공화사신

不愁火土　不論庚辛　合戊見火　化象斯眞
불수화토　불론경신　합무견화　화상사진

계수(癸水)는 지극히 약하고 은근하나[癸水至弱]
고요히 흐르고 흘러 하늘 나루터에 도달하고[達於天津]
지지에 용[辰土, 진토]을 얻어 움직이게 되면[得龍而運]
그 공로가 화(化)하여 오묘한 신의 조화를 이룬다[功化斯神].
화(火)와 토(土)가 많아도 걱정하지 않으며[不愁火土]
경금(庚金)과 신금(辛金) 어느 것도 흘려보낼 수 있다[洩, 설]고 말 못하며[不論庚辛]
무토(戊土)와 합을 하고 화(火)를 또 보게 되면[合戊見火]
그 합화(合化)의 상(象)은 진정한 화(化)를 이루게 된다[化象斯眞].

제3장 : 지지(地支)-십이지(十二支)의 구성 및 특징 분석

1. 양지(陽支)와 음지(陰支)

陽支動且强　速達顯災祥
양지동차강　　속달현재상

陰支靜且專　否泰每經年
음지정차전　　비태매경년

> 양지(陽支)인 자인진오신술(子寅辰午申戌)은 동적이고 강하여[陽支動且强]
> 재앙과 상서로움이 신속히 나타나지만[速達顯災祥]
> 음지(陰支)인 축묘사미유해(丑卯巳未酉亥)는 정적이고 집중되어[陰支靜且專]
> 곤궁함과 형통함이 항상 오랜 세월이 지난 후에 나타난다[否泰每經年].

2. 생지(生地) · 왕지(旺地) · 고지(庫地)의 충(沖)

生方怕動庫宜開　敗地逢沖仔細推
생방파동고의개　　패지봉충자세추

> 생지(生地)인 인신사해(寅申巳亥)는 충(沖)으로 동(動)하게 됨을 두려워하고[生方怕動]
> 고지(庫地)인 진술축미(辰戌丑未)는 충으로 열려야 마땅하며[庫宜開]
> 왕지(旺地)인 자오묘유(子午卯酉)의 충은 자세히 살펴야 한다[敗地逢沖仔細推].

3. 사주원국 지지간의 형(刑) · 충(沖) · 파(破) · 해(害)

支神只以沖爲重　刑與穿兮動不動
지신지이충위중　　형여천혜동부동

> 지지에서는 단지 충(沖)만이 중요하며[支神只以沖爲重]
> 형(刑), 천(穿) 즉 해(害), 그리고 파(破)는 그다지 중요하지 않다[刑與穿兮動不動].

4. 암충암회(暗沖暗會) – 사주원국과 운의 지지간의 충(沖)과 합(合)

暗沖暗會尤爲喜　我沖彼沖皆沖起
암충암회우위희　　　아충피충개충기

旺者沖衰衰者拔　衰神沖旺旺神發
왕자충쇠쇠자발　　　쇠신충왕왕신발

운(運)과 사주원국(四柱原局)의 지지가 충(沖)과 합(合)을 하면 더욱 반가운데
[暗沖暗會尤爲喜]
내가 상대방을 충하든 상대방이 나를 충하든 충은 모두 일어나지만[我沖彼沖皆沖起]
왕(旺)한 자가 쇠(衰)한 자를 충하면 쇠한 자는 뿌리가 뽑혀 나가고[旺者沖衰衰者拔]
쇠한 자가 왕한 자를 충하면 왕한 자는 더욱 발흥(發興)하게 된다[衰神沖旺旺神發].

제4장 : 간지총론(干支總論) – 천간과 지지의 상호작용

1. 음양순역설(陰陽順逆說) – 십이운성(十二運星)

陰陽順逆之說　洛書流行之用
음양순역지설　　　낙서류행지용

其理信有之也　其法不可執一
기리신유지야　　　기법불가집일

음생양사(陰生陽死) 양순음역(陽順陰逆) 즉 십이운성(十二運星)의 논리는[陰陽順逆之說]
낙서(洛書)의 운행 작용에서 흘러나와 사용되고 있는 것인데[洛書流行之用]
그 음양순역(陰陽順逆)의 이치는 믿을 만하다 하더라도[其理信有之也]
오로지 그 논리 한 가지에만 집착해서는 안 된다[其法不可執一].

2. 천복지재(天覆地載)

故天地順遂而精粹者昌　天地乖悖而混亂者亡
고천지순수이정수자창　　　천지괴패이혼란자망

不論有根無根　俱要天覆地載
불론유근무근　　　구요천복지재

> 원래 천간과 지지가 순리를 따라 순수한 사람은 창성할 것이나[故天地順遂而精粹者昌]
> 사주의 천간지지가 어그러지고 혼란한 사람은 망할 것이니[天地乖悖而混亂者亡]
> 사주의 뿌리가 있고 없음을 논하기보다는[不論有根無根]
> 천간에서 덮어주고 지지에서 실어주는 것이 더욱 중요하다[俱要天覆地載].

3. 천전일기(天全一氣)

天全一氣　不可使地德莫之載
천전일기　　　불가사지덕막지재

> 사주의 천간 네 글자가 한 기운(氣運)으로 몰려 있다 하더라도[天全一氣]
> 지지에서 덕으로 그 힘을 실어주지 않으면 아무런 소용이 없으며[不可使地德莫之載]

4. 지전삼물(地全三物) − 지지의 삼합(三合)과 방합(方合)

地全三物　不可使天道莫之容
지전삼물　　　불가사천도막지용

> 지지에 방합(方合)이나 삼합(三合)을 이루고 있더라도[地全三物]
> 천간이 이를 허락해 받아주지 않으면 아무런 쓸모가 없다[不可使天道莫之容].

5. 지지의 양한(陽寒)·양난(陽暖)과 운의 음난(陰暖)·음한(陰寒)의 상호작용

陽乘陽位陽氣昌　最要行程安頓
양승양위양기창　　　최요행정안돈

> 양(陽)의 천간이 양의 지지를 타고 그 기(氣)가 창성한다면[陽乘陽位陽氣昌]
> 운의 흐름[行運, 행운]이 안정되고 편안함[安頓, 안돈]이 가장 필요하다[最要行程安頓].

6. 지지의 음한(陰寒)·음난(陰暖)과 운의 양난(陽暖)·양한(陽寒)의 상호작용

陰承陰位陰氣盛　還須道路光亨
음승음위음기성　　　환수도로광형

> 음(陰)의 천간이 음의 지지를 타고 그 기(氣)가 번성한다면[陰承陰位陰氣盛]
> 모름지기 운의 흐름[行運, 행운]이 빛나고 형통해야 한다[還須道路光亨].

7. 천극지충(天剋地沖)

天戰猶自可　地戰急如火
천전유자가　　지전급여화

> 천간의 싸움[相剋, 상극]은 오히려 그런대로 괜찮다 할 수 있겠으나[天戰猶自可]
> 지지의 싸움[相沖, 상충]은 급하기가 마치 불과 같다[地戰急如火].

8. 천합지합(天合地合)

合有宜不宜　合多不爲奇
합유의불의　　합다불위기

> 합(合)에도 마땅한 것과 마땅하지 않은 것이 있는데[合有宜不宜]
> 합이 많으면 아름답지 못하다 하겠대[合多不爲奇].

9. 지생천(地生天) - 지지가 천간을 생하는 일주(日柱)

地生天者　天衰怕沖
지생천자　천쇠파충

> 일지(日支)가 일간(日干)을 생해주는 경우에[地生天者]
> 일주(日主)의 기운이 약하면 일지가 충(沖)을 당함을 두려워하고[天衰怕沖]

10. 간지암합(干支暗合) - 무자(戊子) · 신사(辛巳) · 정해(丁亥) · 임오(壬午) 일주

天合地者　地旺喜靜
천합지자　지왕희정

> 일간이 일지에 숨어 있는 천간[支藏干, 지장간]과 합을 할 경우[天合地者]
> 지지의 기운이 일지의 세력으로 왕(旺)하면 고요함을 반기고 충은 두려워한다[地旺喜靜].

11. 갑신(甲申) · 무인(戊寅) · 경인(庚寅) · 계축(癸丑) 일주

甲申戊寅　眞爲殺印相生
갑신무인　진위살인상생

庚寅癸丑　也坐兩神興旺
경인계축　야좌양신흥왕

> 갑신(甲申)과 무인(戊寅)은 깔고 앉은 자리[日支, 일지]의 지장간(支藏干)이 참된 살인상생이고[甲申戊寅 眞爲殺印相生]
> 경인(庚寅)과 계축(癸丑)은 깔고 앉은 자리[坐下, 좌하]의 지장간 중에서 살(殺)과 인성(印星) 두 신(神)이 모두 흥왕하다[庚寅癸丑 也坐兩神興旺].

12. 간지불배(干支不背)

上下貴乎情和　左右貴乎氣協
상하귀호정화　좌우귀호기협

始其所始　終其所終　富貴福壽　永乎無窮
시기소시　　　종기소종　　　부귀복수　　　영호무궁

> 천간과 지지가 서로 거스르거나 어긋나지 않고 정으로 화합하면 귀하고[上下貴乎情和]
>
> 천간과 천간끼리, 지지 또한 지지끼리 서로 협력하면 이 또한 귀하니[左右貴乎氣協]
>
> 기운(氣運)이 시작할 곳에서 시작하여 끝날 곳에서 끝난다면[始其所始　終其所終]
>
> 재산과 지위는 물론 복을 누리며 오래 사는 것이 영원토록 끝이 없을 것이다
>
> [富貴福壽　永乎無窮].

제5장 : 형상(形象)

1. 양상(兩象) – 양기상생(兩氣相生) · 양기상적(兩氣相敵)

兩氣合而成象　象不可破也
양기합이성상　　　상불가파야

> 두 개의 기운[兩氣, 양기]이 합하여 하나의 모양새[形象, 형상]를 이루고 있다면
>
> [兩氣合而成象]
>
> 그 모양새[形象, 형상]를 결코 깨뜨려서는 안 되며[象不可破也]

2. 오상(五象) – 오기성형(五氣成形)

五氣聚而成形　形不可害也
오기취이성형　　　형불가해야

> 다섯 개의 기운[五氣, 오기]이 모여 하나의 모양새[形象, 형상]를 이루고 있다면
>
> [五氣聚而成形]
>
> 그 모양새[形象, 형상]를 결코 손상시켜서는 안 된다[形不可害也].

3. 독상(獨象) - 곡직(曲直) · 염상(炎上) · 가색(稼穡) · 종혁(從革) · 윤하(潤下)

獨象喜行化地　而化神要昌
독상희행화지　　이화신요창

한 가지 기운으로 이루어진 사주는 화(化)하는 지지[化地, 화지]로 기운이 흐름을 반기니
[獨象喜行化地]

화하는 기운[化神, 화신]인 식상(食傷)이 사주와 운에서 창성해야 한다[而化神要昌].

4. 전상(全象) - 상관생재(傷官生財) · 관인상생(官印相生) · 재관병현(財官竝見)

全象喜行財地　而財神要旺
전상희행재지　　이재신요왕

세 가지가 있어 완전한 사주는 재성의 지지[財地, 재지]로 흐르는 것을 반기니
[全象喜行財地]

일주가 왕(旺)하면 재신(財神)이 왕성하여 그 역할을 충실히 수행할 수 있어야 한다
[而財神要旺].

5. 억부(抑扶) - 자평명리학(子平命理學)의 정수(精髓)

形全者宜損其有餘　形缺者宜補其不足
형전자의손기유여　　　형결자의보기부족

형상이 완전하여 강왕(强旺)한 자는 그 넘쳐나는 기운을 덜어주어야 하고
[形全者宜損其有餘]

형상에 결함이 있어 쇠약(衰弱)한 자는 그 부족한 기운을 보태주어야 한다
[形缺者宜補其不足].

6. 종상(從象)

從得眞者只論從　從神又有吉和凶
종득진자지론종　　종신우유길화흉

> 진정으로 종(從)을 한 사주[眞從, 진종]는 단지 종으로만 논해야 하며[從得眞者只論從]
> 종을 하는 신[從神, 종신]에도 좋은 것과 나쁜 것이 있다[從神又有吉和凶].

7. 화상(化象) − 천간의 오합(五合)

化得眞者只論化　化神還有幾般話
화득진자지론화　　화신환유기반화

> 천간이 합(合)을 이루어 참으로 화(化)한 사주는 단지 화(化)를 논하되[化得眞者只論化]
> 화를 하는 신[化神, 화신]에도 또한 그 몇 가지 이야기가 있다[化神還有幾般話].

8. 가종(假從)

眞從之象有幾人　假從亦可發其身
진종지상유기인　　가종역가발기신

> 진정으로 종(從)하는 형상이 과연 몇이나 되겠는가[眞從之象有幾人].
> 가종(假從) 또한 진종(眞從)과 마찬가지로 부귀공명을 얻을 수 있다[假從亦可發其身].

9. 가화(假化)

假化之人亦多貴　孤兒異姓能出類
가화지인역다귀　　고아이성능출류

> 가화(假化)를 이룬 사람 또한 귀하게 될 수 있으니[假化之人亦多貴]
> 고아나 성이 다른 사람도 역시 같은 무리들 가운데서 뛰어날 수 있다[孤兒異姓能出類].

10. 군상(君象) − 비겁이 많고 재성이 적은 경우[劫重財寡, 겁중재과]

君不可抗也　貴乎損上以益下
군불가항야　　귀호손상이익하

임금[日主, 일주]이 왕(旺)하면 이에 항거해서는 안 되는 것이니[君不可抗也]
위[日主, 일주]를 덜어서[洩, 설] 아래[財星, 재성]에 보태는 것이 귀한 것이며

[貴乎損上以益下]

11. 신상(臣象) - 비겁이 왕하고 관성이 약한 경우[劫旺官弱, 겁왕관약]

臣不可過也　貴乎損下以益上
신불가과야　　　귀호손하이익상

신하[日主, 일주]가 왕하고 임금[官星, 관성]이 약하면 신하가 지나쳐 극(剋)은 안 되니

[臣不可過也]

아래[日主, 일주]를 덜어[洩, 설] 위[官星, 관성]를 도와주어야 귀한 것이다

[貴乎損下以益上].

12. 모상(母象) - 비겁이 많고 식상이 적은 경우[劫衆食寡, 겁중식과]

知慈母恤孤之道　始有瓜瓞無疆之慶
지자모휼고지도　　　시유과질무강지경

어미[日主, 일주]가 외로운 자식[食傷, 식상]을 걱정하는 도리를 안다면[知慈母恤孤之道]
비로소 오이의 넝쿨이 끝없이 뻗어가듯 자손이 번성하는 경사가 시작되며

[始有瓜瓞無疆之慶]

13. 자상(子象) - 비겁이 많고 인성이 적은 경우[劫衆印寡, 겁중인과]

知孝子奉親之方　始克諧成大順之風
지효자봉친지방　　　시극해성대순지풍

효자[日主, 일주]가 어머니[印星, 인성]를 받들어 모시는 방법을 안다면[知孝子奉親之方]
비로소 난관을 극복하고 화합하여 따르니[從, 종] 순종하며 화평한 기풍을 이룬다

[始克諧成大順之風].

제6장 : 격국(格局)

1. 팔격(八格)

正官, 偏官, 正財, 偏財, 正印, 偏印, 傷官, 食神是也
정관, 편관, 정재, 편재, 정인, 편인, 상관, 식신시야

財官印綬分偏正　兼論食傷八格定
재관인수분편정　　　겸론식상팔격정

> 팔격(八格)이란 정관, 편관, 정재, 편재, 정인, 편인, 상관, 식신을 이르는 말이다
> [正官 偏官 正財 偏財 正印 偏印 傷官 食神是也].
> 재관(財官)과 인수(印綬)는 편(偏)과 정(正)으로 나누고[財官印綬分偏正]
> 더불어 식신(食神)과 상관(傷官)을 논함으로써 팔격(八格)이 정해진다[兼論食傷八格定].

2. 외격(外格) – 정격(正格)과 변격(變格) 이외의 잡격(雜格)

影響遙繫旣爲虛　雜氣財官不可拘
영향요계기위허　　　잡기재관불가구

> 영향을 미치는 것이 멀리 묶여 있다는 것[外格, 외격]은 원래 헛된 것일 뿐이고
> [影響遙繫旣爲虛]
> 진술축미(辰戌丑未)가 월령을 잡은 잡기재관은 충(沖)에 구애받아서는 안 된다
> [雜氣財官不可拘].

3. 관살(官殺) – 정관(正官)과 편관(偏官)

官殺相混須細論　殺有可混不可混
관살상혼수세론　　　살유가혼불가혼

> 관살(官殺)이 서로 섞여 있으면 모름지기 자세히 살펴보아야 하니[官殺相混須細論]
> 관살이 서로 섞여 있음이 좋을 때도 있고 좋지 않을 때도 있다[殺有可混不可混].

4. 상관(傷官) − 상관(傷官)과 관성(官星)의 상호작용

傷官見官最難辨　官有可見不可見
상관견관최난변　　관유가견불가견

> 상관(傷官)이 관성(官星)을 보고 있을 때 가장 분별하기 힘드니[傷官見官最難辨]
> 관성을 보아도 될 경우와 안 될 경우가 있다[官有可見不可見].

5. 방국(方局) − 지지의 사방국(四方局)과 사회국(四會局)

方是方兮局是局　方要得方莫混局
방시방혜국시국　　방요득방막혼국

局混方兮有純疵　行運喜南還喜北
국혼방혜유순자　　행운희남환희북

若然方局一齊來　須是干頭無反覆
약연방국일제래　　수시간두무반복

成方干透一元神　生地庫地皆非福
성방간투일원신　　생지고지개비복

成局干透一官星　左邊右邊空碌碌
성국간투일관성　　좌변우변공록록

> 방(方)은 방국(方局)이고 국(局)은 회국(會局)인데[方是方兮局是局]
> 지지가 방국으로 이루어져 있는데 회국이 섞여서는 안 되고[方要得方莫混局]
> 회국에 방국이 섞이면 허물이 될 수도 있고 혹은 안 될 수도 있으니[局混方兮有純疵]
> 운(運)의 흐름은 남방(南方)이 반가울 수도 혹은 북방(北方)이 반가울 수도 있다
> [行運喜南還喜北].
> 만약 방국과 회국이 사주의 지지에 함께 온다면[若然方局一齊來]
> 모름지기 천간은 그 세력에 순응하되 결코 거스르고 어긋남이 없어야 한다
> [須是干頭無反覆].
> 방국을 이루었는데 일간(日干)에 방국의 원신(元神)이 투출했다면[成方干透一元神]
> 방과 같은 성분인 국의 생지(生地)와 고지(庫地)는 모두 복이 되지 못하며
> [生地庫地皆非福]

회국을 이루고 일간에 회국의 원신이 투출했는데 천간에 또 하나의 관성이 투출했다면

[成局干透一官星]

왕지(旺地)의 좌우에서 이 관성을 돕지 못하면 평범하고 하잘것없이 세상을 살아간다

[左邊右邊空碌碌].

6. 순국(順局) − 아생지국(我生之局) 즉 종아격(從兒格)

一出門來只見兒　吾兒成氣構門閭
일출문래지견아　오아성기구문려

從兒不管身强弱　只要吾兒又遇兒
종아불관신강약　지요오아우우아

한 번 대문을 나서니 단지 자식[食傷, 식상]만 보이는데[一出門來只見兒]

내 자식의 기운이 마을 어귀의 문간[月令, 월령]에 왕성하게 모여 있구나

[吾兒成氣構門閭].

종아(從兒)는 일주(日主)의 강약을 가지고 왈가왈부하지 않으며[從兒不管身强弱]

단지 내 자식[食傷, 식상]이 다시 자식[財星, 재성]을 만나기만 하면 된다[只要吾兒又遇兒].

7. 반국(反局) − 반생지묘(反生之妙)

君賴臣生理最微　兒能救母洩天機
군뢰신생리최미　아능구모설천기

母慈滅子關頭異　夫健何爲又怕妻
모자멸자관두이　부건하위우파처

임금[日主, 일주]이 신하[財星, 재성]에게 의지하여 생(生)하는 이치는 가장 미묘하고

[君賴臣生理最微]

자식[食傷, 식상]이 능히 어미[日主, 일주]를 구하는 것은 하늘의 기밀을 누설함이다

[兒能救母洩天機].

어미의 사랑이 지나쳐 자식을 파멸로 이끈다는 것은 사주의 상황에 따라 다르고

[母慈滅子關頭異]

남편이 강건한데 어찌하여 아내를 두려워하는가[夫健何爲又怕妻].

제7장 : 체용정신(體用精神)

1. 체용(體用) – 형상격국(形象格局)과 용신(用神)

道有體用　不可以一端論也　要在扶之抑之得其宜
도유체용　　불가이일단론야　　요재부지억지득기의

> 도(道)에는 체(體)와 용(用)이 있으니 한 가지만 가지고 논해서는 안 된다
>
> [道有體用 不可以一端論也].
>
> 억누르고 도와주되[抑扶, 억부] 그 중 마땅한 방법을 얻는 것이 중요하다
>
> [要在扶之抑之得其宜].

2. 정신(精神) – 정(精)·기(氣)·신(神)

人有精神　不可以一偏求也　要在損之益之得其中
인유정신　　불가이일편구야　　요재손지익지득기중

> 사람에게는 정(精)과 신(神)이 있는데 한쪽만 가지고 구하려 해서는 안 된다
>
> [人有精神 不可以一偏求也].
>
> 덜어주고 보태주되[損益, 손익] 그 중화(中和)를 얻는 것이 중요하다
>
> [要在損之益之得其中].

3. 쇠왕(衰旺) – 그 진기(眞機)와 오행전도(五行顚倒)

能知衰旺之眞機　其於三命之奧　思過半矣
능지쇠왕지진기　　기어삼명지오　　사과반의

> 일주(日主)의 쇠약함과 왕성함[衰旺, 쇠왕]을 판별하는 올바른 기틀을 능히 알아냈다면
>
> [能知衰旺之眞機]
>
> 삼명(三命)의 오묘함을 이미 반 이상은 터득했다고 할 수 있으며
>
> [其於三命之奧 思過半矣]

4. 중화(中和) − 사주팔자의 올바른 이치[命中正理, 명중정리]

旣識中和之正理　而於五行之妙　有能全焉
기식중화지정리　　　이어오행지묘　　　유능전언

> 사주 가운에 치우침이 없음[中和, 중화]의 올바른 이치를 이미 깨달았다면
> [旣識中和之正理]
> 오행(五行)의 흐름의 오묘함을 완전히 깨달았다고 할 수 있다[而於五行之妙 有能全焉].

5. 월령(月令) − 월지(月支)와 그 지장간(支藏干)

月令乃提綱之府　譬之宅也
월령내제강지부　　비지택야

人元爲用事之神　宅之定向也　不可以不卜
인원위용사지신　　택지정향야　　　불가이불복

> 월령(月令)은 사주(四柱)에서 가장 중심이 되는 곳으로 집에 비유할 수 있고
> [月令乃提綱之府 譬之宅也]
> 지장간(支藏干)인 인원(人元)은 일을 처리하는 신(神)으로 집의 정해진 방향과 같으니
> [人元爲用事之神 宅之定向也]
> 이들을 헤아리지 않고서는 그 사람의 운명을 알아낼 수 없다[不可以不卜].

6. 생시(生時) − 시지(時支)와 그 지장간(支藏干)

生時乃歸宿之地　譬之墓也
생시내귀숙지지　　비지묘야

人元爲用事之神　墓之穴方也　不可以不辨
인원위용사지신　　묘지혈방야　　　불가이불변

> 태어난 시간[時支, 시지]은 돌아가 머무를 곳으로 무덤에 비유할 수 있고
> [生時乃歸宿之地 譬之墓也]

지장간(支藏干)인 인원(人元)은 일을 처리하는 신(神)으로 무덤의 좌향(坐向)과 같으니

[人元爲用事之神 墓之穴方也]

이들을 가려내지 않고서는 그 사람의 운명을 분별할 수 없다[不可以不辨].

7. 진신(眞神)

令上尋眞聚得眞　　假神休要亂眞神
영상심진취득진　　가신휴요란진신

眞神得用生平貴　　用假終爲碌碌人
진신득용생평귀　　용가종위록록인

월령(月令)에서 참된 용신[眞神, 진신]을 찾아 얻고 이것이 천간에 투출하면

[令上尋眞聚得眞]

가신(假神)은 이 진신(眞神)을 어지럽히는 짓을 그만두어야 한다[假神休要亂眞神].

진신이 용신(用神)이 되면 일평생 귀함을 누릴 수 있으니[眞神得用生平貴]

가신으로 용신을 삼으면 별 볼일 없이 살다 인생을 마치게 된다[用假終爲碌碌人].

8. 가신(假神)

眞假參差難辨論　　不明不暗受迍邅
진가참치난변론　　불명불암수둔전

提綱不與眞神照　　暗處尋眞也有眞
제강불여진신조　　암처심진야유진

진신(眞神)과 가신(假神)이 서로 어긋나서 똑같지 않아 분별하기 어려우면

[眞假參差難辨論]

드러나지도 숨어 있지도 않은 상황이 되어 이를 가려내는 데 어려움을 겪게 된다

[不明不暗受迍邅].

제강(提綱) 즉 월령(月令)이 진신을 도와 비춰주지 않는다 하더라도[提綱不與眞神照]

다른 지지에서 진신을 찾아 얻을 수 있다면 진신이 있다 할 것이다[暗處尋眞也有眞].

9. 청기(淸氣) − 사주오행의 협조[四柱相協, 사주상협]

一淸到底有精神　管取生平富貴眞
일청도저유정신　　관취생평부귀진

澄濁求淸淸得去　時來寒谷也回春
징탁구청청득거　　시래한곡야회춘

사주 안이 온통 맑은 기운으로 가득하고 정(精과) 신(神)이 있어[一淸到底有精神]
이를 취해서 관리하면 한평생의 부귀가 참될 것이며[管取生平富貴眞]
탁한 것을 맑게 하여 청기(淸氣)를 구하고 이를 얻어 나아가면[澄濁求淸淸得去]
때가 되면 추운 골짜기에도 봄이 다시 돌아올 것이다[時來寒谷也回春].

10. 탁기(濁氣) − 사주오행의 혼잡[四柱混雜, 사주혼잡]

滿盤濁氣令人苦　一局淸枯也孤人
만반탁기령인고　　일국청고야고인

半濁半淸猶是可　多成多敗度晨昏
반탁반청유시가　　다성다패도신혼

사주에 탁한 기운이 가득 차 있으면 그 사람의 인생은 고달프고[滿盤濁氣令人苦]
한바탕 사주는 맑으나 메마르다면 그 삶은 고독한 사람이며[一局淸枯也孤人]
탁함과 맑음이 서로 반씩 섞여 있으면 그런대로 한 세상 살 수는 있으나
[半濁半淸猶是可]
성공과 실패를 거듭하면서 새벽을 맞이하고 황혼을 흘려보내게 된다[多成多敗度晨昏].

11. 원류(源流) − 구슬을 꿰듯 서로 생해 이어진다[連珠相生, 연주상생]

何處起根源　流到何方住
하처기근원　　유도하방주

機括此中求　知來亦知去
기괄차중구　　지래역지거

> 사주 오행의 흐름의 근원이 어디서부터 생겨나[何處起根源]
> 흐르고 흐른 후 이르러 멈추는 방향은 어디인가[流到何方住].
> 그 흐름 가운데 담겨 있는 기틀을 찾아낸다면[機括此中求]
> 오는 것뿐만 아니라 가는 것 또한 모를 리 있겠는가[知來亦知去].

12. 통관(通關) - 이끌어 통하게 한다[引通剋制, 인통극제]

關內有織女　關外有牛郎
관내유직녀　　관외유우랑

此關若通也　相邀入洞房
차관약통야　　상요입동방

> 하늘의 관문[天關, 천관] 안에 직녀가 있고[關內有織女]
> 하늘의 관문 밖에 견우가 있으니[關外有牛郎]
> 만약 이 관문(關門)이 열려 길이 서로 통하게 되면[此關若通也]
> 서로 반갑게 맞이하여 침실로 들어가네[相邀入洞房].

13. 은원(恩怨) - 희신(喜神)과 기신(忌神)과 한신(閑神)의 합

兩意情通中有媒　雖然遙立意尋追
양의정통중유매　　수연요립의심추

有情却被人離間　怨起恩中死不灰
유정각피인리간　　원기은중사불회

> 일주(日主)와 희신(喜神)이 정(情)으로 통하고 그 사이에 이를 이어주는 매체가 있으면
>
> [兩意情通中有媒]
>
> 비록 멀리 떨어져 있다 해도 그 뜻한 바를 찾아 이루려 하지만[雖然遙立意尋追]
> 정이 있다 해도 중간에서 이간질로 서로를 갈라놓으려는 자가 있으면[有情却被人離間]
> 은혜로운 가운데 원한이 생겨나니 죽어도 재가 되어 사그라지지 않으리라
>
> [怨起恩中死不灰].

14. 기반(羈絆) − 합이불화(合而不化)와 봉충득용(逢沖得用)

出門要向天涯遊　何事裙釵恣意留
출문요향천애유　　　　하사군채자의류

不管白雲與明月　任君策馬朝天闕
불관백운여명월　　　　임군책마조천궐

대문을 나서 아주 먼 낯선 곳까지 유람하려고 하는데[出門要向天涯遊]
어찌하여 아녀자가 방자하게 장부의 뜻을 머뭇거리게 하는가[何事裙釵恣意留].
흰 구름과 밝은 달에 정신을 빼앗기지 않고[不管白雲與明月]
그대로 하여금 말을 채찍질하여 대궐로 향하게 한다[任君策馬朝天闕].

15. 한신(閑神) − 용신(用神)·희신(喜神)·기신(忌神) 이외의 신(神)

一二閑神用去麼　不用何妨莫動他
일이한신용거마　　　　불용하방막동타

半局閑神任閑着　要緊之場自作家
반국한신임한착　　　　요긴지장자작가

사주에 한두 개의 한신(閑神)뿐이라면 이들이 무슨 작용을 하겠으며[一二閑神用去麼]
작용하지 않는데 어찌 남이 움직이지 못하게 방해할 수 있겠는가[不用何妨莫動他].
사주의 절반을 차지하는 한신은 제멋대로 한가롭게 자리를 잡고 있지만

[半局閑神任閑着]
요긴하게 쓰일 상황에 이르면 자기 스스로 제 할 일을 하게 될 것이다[要緊之場自作家].

제8장 : 사주총론(四柱總論)

1. 한난(寒暖) – 만물생성(萬物生成)의 원리

天道有寒暖　發育萬物　人道得之　不可過也
천도유한난　발육만물　인도득지　불가과야

> 천간에는 차가움과 따뜻함이 있어 만물을 자라나게 하니[天道有寒暖 發育萬物]
> 사람이 이를 얻되 너무 지나쳐서는 안 되고[人道得之 不可過也]

2. 조습(燥濕) – 수화상성(水火相成)의 원리

地道有燥濕　生成品彙　人道得之　不可偏也
지도유조습　생성품휘　인도득지　불가편야

> 지지에는 건조함과 축축함이 있어 만물의 성품을 만들어내니[地道有燥濕 生成品彙]
> 사람이 이를 얻되 한쪽으로 치우쳐서는 안 된다[人道得之 不可偏也].

3. 강유(剛柔) – 극설인종(剋洩引從)

剛柔不一也　不可制者　引其性情而已矣
강유불일야　불가제자　인기성정이이의

> 굳세다는 것과 부드럽다는 것은 한 가지로 말할 수 없으니[剛柔不一也]
> 제어할 수 없으면 타고난 본성을 이끌어 다스려야 하고[不可制者 引其性情而已矣]

4. 순역(順逆) – 나아가고 물러섬에 어그러짐이 없다[進退不悖, 진퇴불패]

順逆不齊也　不可逆者　順其氣勢而已矣
순역부제야　불가역자　순기기세이이의

5. 은현(隱顯) − 길신태로(吉神太露)와 흉물심장(凶物深藏)

吉神太露　起爭奪之風　凶物深藏　成養虎之患
길신태로　　기쟁탈지풍　　흉물심장　　성양호지환

길신이 천간에 투출하면 한바탕 서로 다투어 빼앗으려는 바람이 일고
[吉神太露 起爭奪之風]
흉물이 지지에 깊숙이 감추어져 있으면 호랑이를 길러 화를 당하게 된다
[凶物深藏 成養虎之患].

6. 중과(衆寡) − 일주(日主)와 사주(四柱)의 강약

强衆而敵寡者　勢在去其寡
강중이적과자　　세재거기과

强寡而敵衆者　勢在成乎衆
강과이적중자　　세재성호중

강한 것이 무리를 이루고 이에 맞서는 적들이 적으면[强衆而敵寡者]
세력은 그 적음을 제거하는 편에 있고[勢在去其寡]
강한 것이 적고 이에 맞서는 적들이 무리를 이루면[强寡而敵衆者]
세력은 그 무리를 이루는 편에 있다[勢在成乎衆].

7. 진태(震兌) − 목(木)과 금(金)의 생존원리

震兌主仁義之眞機　勢不兩立　而有相成者存
진태주인의지진기　　세불량립　　이유상성자존

진목(震木)과 태금(兌金)은 어짊과 옳음의 참된 기틀을 주관하는데[震兌主仁義之眞機]
두 세력은 함께 할 수 없다 해도 서로 뜻을 이루어 공존하는 경우가 있고

[勢不兩立 而有相成者存]

8. 감리(坎離) - 수(水)와 화(火)의 생존원리

坎離宰天地之中氣　成不獨成　而有相持者在
감리재천지지중기　　　성불독성　　이유상지자재

감수(坎水)와 이화(離火)는 천간과 지지의 중간 기운을 맡아 다스리는데

[坎離宰天地之中氣]

혼자서는 이룰 수 없다 해도 서로 지켜 지지하여 보존하는 경우가 있다

[成不獨成 而有相持者在].

9. 재덕(才德) - 군자지풍(君子之風)과 다능지상(多能之象)

德勝才者　局全君子之風
덕승재자　　국전군자지풍

才勝德者　用顯多能之象
재승덕자　　용현다능지상

덕이 재능을 이기는 사람은 사주원국에 군자의 풍모가 가득하고

[德勝才者 局全君子之風]

재능이 덕을 이기는 사람은 용신(用神)이 다양한 능력을 지닌 형상으로 나타난다

[才勝德者 用顯多能之象].

10. 분울(奮鬱) - 사주 생동감의 유무(有無)

局中顯奮發之機者　神舒意暢
국중현분발지기자　　신서의창

象內多沈埋之氣者　心鬱志灰
상내다침매지기자　　　심울지회

> 사주에 드러내 떨쳐 보이고자 하는 기틀이 나타나는 사람은[局中顯奮發之機者]
> 정신이 열려 그 뜻을 화창하게 펼 수 있으나[神舒意暢]
> 사주에 가라앉아 묻히는 기운이 많은 사람은[象內多沈埋之氣者]
> 마음에 맺힌 것이 많아 통하지 않으니 그 뜻을 펴지 못한다[心鬱志灰].

제9장 : 운세(運勢)

休咎係乎運　尤係乎歲
휴구계호운　　　우계호세

戰沖視其孰降　和好視其孰切
전충시기숙항　　　화호시기숙절

何爲戰　何爲沖　何爲和　何爲好
하위전　　하위충　　하위화　　하위호

> 재앙을 덜고 더하는 것은 대운(大運)에 달렸고, 특히 세운(歲運)에 달려 있다
> 　　　　　　　　　　　　　　　　　[休咎係乎運　尤係乎歲].
> 충(沖)이 일어나 서로 싸움을 한다면 누가 항복하는지를 보아야 하고[戰沖視其孰降]
> 합(合)이 일어나 서로 화목하기를 원한다면 누가 절실한가를 보아야 한다[和好視其孰切].
> 무엇을 일러 전(戰)이라 하고[何爲戰]
> 무엇을 일러 충(沖)이라 하며[何爲沖]
> 무엇을 일러 화(和)라고 하며[何爲和]
> 무엇을 일러 호(好)라고 하는가[何爲好].

제10장 : 육친(六親) - 부부·자녀·부모·형제

1. 부부(夫婦) - 재성(財星)이 처(妻)

夫妻姻緣宿世來　喜神有意傍天財
부처인연숙세래　　희신유의방천재

남녀가 혼인을 하여 인연을 맺는 것은 전생(前生)으로부터 오는 것인데[夫妻姻緣宿世來]
재성(財星)이 희신(喜神)으로 곁에서 돕는다면 하늘의 재물[妻福, 처복]을 얻으리라
[喜神有意傍天財].

2. 자녀(子女) - 식상(食傷)이 자식(子息.)*

子女根枝一世傳　喜神看與殺相連
자녀근지일세전　　희신간여살상련

자식은 나무가 뿌리를 내려서 가지를 치듯 한 세대에 전해지는 것이니[子女根枝一世傳]
희신(喜神)이 관살(官殺)과 어떻게 연관되어 이를 돕고 있는가를 살펴야 한다
[喜神看與殺相連].

* 『적천수징의(滴天髓徵義)』의 해석에 논란의 소지가 있다.

3. 부모(父母) - 인성(印星)이 부모*

父母或隆與或替　歲月所關果非細
부모혹륭여혹체　　세월소관과비세

부모가 혹은 융성하거나 혹은 쇠퇴하는 것은[父母或隆與或替]
세월(연주와 월주)이 관계하는 바가 과연 적지 않다[歲月所關果非細].

* 『적천수징의(滴天髓徵義)』의 해석에 논란의 소지가 있다.

4. 형제(兄弟) – 비겁(比劫)이 형제*

兄弟誰廢與誰興　提用財神看重輕
형제수폐여수흥　　　제용재신간중경

> 형[比肩, 비견]과 아우[劫財, 겁재] 둘 중에 누가 망하고 누가 흥하는가는
>
> [兄弟誰廢與誰興]
>
> 제강(提綱) 즉 월령에서 작용하는 재성과의 경중(輕重)을 살펴보아야 한다
>
> [提用財神看重輕]

*『적천수징의(滴天髓徵義)』의 해석에 논란의 소지가 있다.

제11장 : 부귀빈천(富貴貧賤)

1. 부빈(富貧) – 재성(財星)의 역할

何知其人富　財氣通門戶
하지기인부　　　재기통문호

何知其人貧　財神反不眞
하지기인빈　　　재신반부진

> 그 사람이 부유한지 어떻게 알 수 있는가[何知其人富].
> 그것은 재성의 기운이 문호(門戶)를 통해야[生化流通, 생화유통] 함이고[財氣通門戶]
> 그 사람이 가난한지 어떻게 알 수 있는가[何知其人貧].
> 그것은 재성이 기신(忌神)이거나 용신(用神)의 역할을 잘 못하여 참되지 못함이다
>
> [財神反不眞].

2. 귀천(貴賤) − 관성(官星)의 역할

何知其人貴　官星有理會
하지기인귀　관성유리회

何知其人賤　官星還不見
하지기인천　관성환불현

> 그 사람이 귀한지 어떻게 알 수 있는가[何知其人貴].
> 그것은 관성이 다른 신(神)을 모아 다스리는 이치[理會, 이회]를 얻었음이요
> [官星有理會]
>
> 그 사람이 천한지 어떻게 알 수 있는가[何知其人賤].
> 그것은 관성이 다른 신의 도움을 받지 못해 제 구실을 제대로 하지 못함이다
> [官星還不見].

3. 길흉(吉凶) − 희신(喜神)과 기신(忌神)의 역할

何知其人吉　喜神爲輔弼
하지기인길　희신위보필

何知其人凶　忌神輾轉攻
하지기인흉　기신전전공

> 그 사람이 길한지 어떻게 알 수 있는가[何知其人吉].
> 용신(用神)이 희신(喜神)의 보살핌을 받고 있기 때문이며[喜神爲輔弼]
> 그 사람이 흉한지 어떻게 알 수 있는가[何知其人凶].
> 기신(忌神)이 돌아가며 공격하기 때문이다[忌神輾轉攻].

4. 수요(壽夭) − 사주의 청순(淸純)·혼탁(混濁)

何知其人壽　性定元氣厚
하지기인수　성정원기후

何知其人夭　氣濁神枯了
하지기인요　기탁신고료

그 사람이 오래 살 것인지 어떻게 알 수 있는가[何知其人壽].
오행이 조화를 이루어 성품이 반듯하고 원기가 두텁기 때문이며[性定元氣厚]
그 사람이 일찍 죽을 것인지 어떻게 알 수 있는가[何知其人夭].
사주의 기운이 탁하고 사주의 신(神)이 메말랐기 때문이다[氣濁神枯了].

제12장 : 성정(性情) - 성격 및 심리구조

1. 성정(性情)이 이루어지는 기본원리

五氣不戻　性正情和　濁亂偏枯　性乖情逆
오기불려　　　성정정화　　　탁란편고　　　성괴정역

오행의 기운이 어그러지지 않고 순리에 맞게 흐르면[五氣不戻]
타고난 본성은 올바르고 표출되는 감정도 순리를 따라 중화할 것이지만[性正情和]
오행의 흐름이 탁하고 어지러우며 치우치고 메마르다면[濁亂偏枯]
타고난 본성은 어그러지고 표출되는 감정도 순리를 거스를 것이다[性乖情逆].

2. 사주화왕(四柱火旺) - 사주에 화기(火氣)가 넘칠 때

火烈而性燥者　遇金水之激
화렬이성조자　　　우금수지격

사주에 화(火)가 강하여 그 사람의 성격이 메마르고 조급한 것은[火烈而性燥者]
금(金)과 수(水)가 화(火)의 기운을 거슬러 부딪치기 때문이고[遇金水之激]

3. 사주수왕(四柱水旺) - 사주에 수기(水氣)가 넘칠 때

水奔而性柔者　全金木之神
수분이성유자　　　전금목지신

> 사주에 수(水)가 넘쳐 내달려도 그 사람의 성격이 화평하고 순할 수 있는 것은
>
> [水奔而性柔者]
>
> 오로지 금(金)과 목(木)을 온전하게 갖추고 있는 덕분이다[全金木之神].

4. 목화상관(木火傷官) – 약(弱)한 목(木) 일주가 여름에 태어났을 때

木奔南而軟怯
목분남이연겁

> 목(木)이 남방(南方)으로 내달리면(火를 보면) 성격이 연약하고 겁이 많으며
>
> [木奔南而軟怯]

5. 금왕우수(金旺遇水)·금쇠수왕(金衰水旺) – 금(金) 일주가 수(水)를 만났을 때

金見水以流通
금견수이류통

> 금(金)이 수(水)를 만나면 그 기(氣)를 흘려보내 통하게[流通, 유통] 된다[金見水以流通].

6. 수왕우화(水旺遇火) – 왕(旺)한 수(水) 일주가 화(火)를 만났을 때

最拗者西水還南
최요자서수환남

> 성질이 가장 고집스럽고 비뚤어지는 것은[最拗者]
>
> 서방(西方) 즉 가을의 물이 남방(南方)으로 돌아가 화(火)를 만난 것이고[西水還南]

7. 화왕우수(火旺遇水) – 왕(旺)한 화(火) 일주가 수(水)를 만났을 때

至剛者東火轉北
지강자동화전북

성질이 지극히 굳센 것은[至剛者]
동방(東方) 즉 봄의 불이 북방(北方)으로 돌아가 수(水)를 만난 것이다[東火轉北].

8. 순생지기(順生之機)

順生之機　遇擊神而抗
순생지기　　우격신이항

사주가 흐름을 따라 생(生)하여 일주의 기운을 유통(流通)시키는 기틀에서[順生之機]
사주에서 이를 방해하는 신[擊神, 격신]을 만나면 이에 항거하게 되고[遇擊神而抗]

9. 역생지서(逆生之序)

逆生之序　見閑神而狂
역생지서　　견한신이광

사주가 흐름을 거슬러 생하여 일주의 기운을 유통시키는 구조에서[逆生之序]
사주에서 한신(閑神)을 보게 되면 그 사람은 거칠고 사납게 된다[見閑神而狂].

10. 양명우금(陽明遇金)

陽明遇金　鬱而多煩
양명우금　　울이다번

사주에 환하고 밝은 기운이 가득한데 금(金)을 만나면[陽明遇金]
그 사람은 우울하고 번민이 많으며[鬱而多煩]

11. 음탁장화(陰濁藏火)

陰濁藏火　包而多滯
음탁장화　　포이다체

사주에 침침하고 탁한 기운이 가득한데 화(火)가 감추어져 있으면[陰濁藏火]
그 사람은 안으로 싸여 있어 내성적이고 막힘이 많아 답답하다[包而多滯].

12. 양인국(陽刃局)

陽刃局　戰則逞威　弱則怕事
양인국　　전즉령위　　약즉파사

월지(月支)를 양인(陽刃) 즉 겁재(劫財)가 차지하여 국(局)을 이루고 있을 때[陽刃局]
일주(日主)가 왕(旺)한데 극(剋)을 받으면 더욱 방자하여 위협적이 되겠으나[戰則逞威]
일주가 약(弱)하면 그 사람은 일을 수행해 나가기를 두려워하게 된다[弱則怕事].

13. 상관격(傷官格) – 진가(眞假)와 청탁(淸濁)의 구분

傷官格　淸則謙和　濁則剛猛
상관격　　청즉겸화　　탁즉강맹

상관(傷官)이 월령(月令)을 차지하여 격(格)을 이루고 있을 때[傷官格]
사주가 맑으면[淸, 청] 그 사람은 겸손하고 온화하며 예의바르나[淸則謙和]
사주가 탁하면[濁, 탁] 굳세고 사납고 오만하며 무례하다[濁則剛猛].

14. 다용신(多用神) · 시지고(時支枯)

用神多者　性情不常
용신다자　　성정불상

時支枯者　虎頭蛇尾
시지고자　　호두사미

사주에 용신이 많으면[用神多者]
그 사람은 성정이 흔들려 변덕이 심하고[性情不常]
시지가 메마르면[時支枯者]

그 사람은 시작은 거창하나 마무리가 아쉽다[虎頭蛇尾].

제13장 : 질병(疾病)

1. 오행불배(五行不背) – 오행이 서로 배반하지 않을 때

五行和者　一世無災
오행화자　　일세무재

> 사주의 오행이 조화를 이루어 화목하다면[五行和者]
> 오장(五臟)이 온전하여 일평생 재앙이 없이 무병장수(無病長壽)할 것이고[一世無災]

2. 오행불순(五行不順) – 오행이 순조롭게 이어지지 않을 때

血氣亂者　生平多疾
혈기란자　　생평다질

> 사주의 오행이 순리를 거역하여 혈기가 어지럽다면[血氣亂者]
> 오장이 해를 입어 평생 많은 질병에 시달릴 것이다[生平多疾].

3. 음탁지기(陰濁之氣) – 기신(忌神)이 지지에 암장되어 있을 때

忌神入五臟而病凶
기신입오장이병흉

> 기신(忌神) 즉 음탁지기(陰濁之氣)가 지지의 오장에 깊숙이 들어간다면[忌神入五臟]
> 그 병(病)은 아주 심하여 재앙이 될 것이고[病凶]

4. 양허지기(陽虛之氣) - 객신(客神)이 천간에 떠 있을 때

客神遊六經而災小
객신유육경이재소

객신(客神) 즉 양허지기(陽虛之氣)가 천간의 육경(六經) 즉 육부(六腑)에서 노닌다면

[客神遊六經]

그 병으로 인한 재앙은 그다지 심하지 않을 것이다[災小].

5. 목불수수(木不受水) - 계절에 따라 목(木)이 수(水)를 받아들이지 못할 때

木不受水者血病
목불수수자혈병

목(木) 일주가 수(水)를 받아들이지 못한다면[木不受水者]

이는 수기(水氣)와 관련된 혈병의 원인이 되고[血病]

6. 토불수화(土不受火)
　　- 토(土)의 상태에 따라 토(土)가 화(火)를 받아들이지 못할 때

土不受火者氣傷
토불수화자기상

토(土) 일주가 화(火)를 받아들이지 못한다면[土不受火者]

기(氣)가 이지러져 병이 된다[氣傷].

7. 금수상관(金水傷官) - 금(金) 일주가 겨울에 태어났을 때[冬金, 동금]

金水傷官　寒則冷嗽　熱則痰火
금수상관　　한즉랭수　　열즉담화

> 수왕절(水旺節)인 겨울에 태어난 금(金) 일주가[金水傷官]
> 사주에 찬 기운이 지나치면 냉기침을 하는 병에 걸리고[寒則冷嗽]
> 사주에 뜨거운 기운이 지나치면 담으로 인해 가슴이 답답해지는 병에 걸릴 것이다
> [熱則痰火].

8. 화토인수(火土印綬) – 토(土) 일주가 여름에 태어났을 때[夏土, 하토]

火土印綬　熱則風痰　燥則皮痒
화토인수　　열즉풍담　　조즉피양

> 화왕절(火旺節)인 여름에 태어난 토(土) 일주가[火土印綬]
> 사주에 뜨거운 기운이 지나치면 풍증을 일으키는 담병에 걸리고[熱則風痰]
> 사주가 지나치게 메마르면 피부병에 걸린다[燥則皮痒].

9. 화왕봉목(火旺逢木) – 왕(旺)한 화(火)가 목(木)을 만났을 때

論痰多木火
논담다목화

> 담(痰)과 관련된 병[痰病, 담병]이 생기게 되는 것은[論痰]
> 사주에 목(木)과 화(火)가 많기 때문이고[多木火]

10. 취금봉화(脆金逢火) – 무르고 약한 금(金)이 화(火)를 만났을 때

生毒鬱火金
생독울화금

> 몸 안에 독(毒)이 생기게 되는 것은[生毒]
> 금(金)이 화(火)에 막혀 통하지 못하기 때문이다[鬱火金].

11. 금수고상(金水枯傷) – 금(金)과 수(水)가 메마르고 이지러졌을 때

金水枯傷而腎經虛
금수고상이신경허

> 사주의 오행 중에서 금(金)과 수(水)가 이지러지고 메마르면[金水枯傷]
> 신장(腎臟)의 경락(經絡)이 허약해져 병이 생기고[腎經虛]

12. 수목상승(水木相勝) – 수(水)와 목(木)이 토(土)와 싸워 이길 때

水木相勝而脾胃泄
수목상승이비위설

> 사주의 오행 중에서 수(水)와 목(木)이 지나쳐 토(土)와 싸워 이기면[水木相勝]
> 비장(脾臟)과 위장(胃臟)의 기운이 새어 나가 병이 생긴다[脾胃泄].

제14장 : 여명(女命)

1. 여명(女命)을 보는 요령

論夫論子要安祥　氣靜平和婦道彰
논부론자요안상　기정평화부도창

> 지아비[夫星, 부성]를 논한 후에 자식[子星, 자성]을 논하되[論夫論子]
> 그들이 평안하고 상서로운가를 보아야 하고[要安祥]
> 사주의 기세(氣勢)가 고요하고 화평하면[氣靜平和]
> 아녀자의 나아갈 길은 밝게 드러날 것이다[婦道彰].

2. 신살(神殺)의 부정(否定)

三奇二德虛好語　咸池驛馬半推詳
삼기이덕허호어　　함지역마반추상

> 삼기(三奇)와 이덕(二德)은 말하기 좋아하는 사람들의 헛된 소리이며[三奇二德虛好語]
> 함지(咸池)와 역마(驛馬) 같은 신살(神殺)들은 그 반만 받아들여 살펴야 한다
>
> [咸池驛馬半推詳].

제15장 : 소아(小兒)

1. 유통불패(流通不悖) － 사주가 흘러 통하여 어그러짐이 없다

論財論煞論精神　四柱和平易養成
논재론살론정신　　사주화평이양성

> 재(財)를 논하고 살(煞)을 논하며 정신(精神)을 논하지만[論財論煞論精神]
> 그 아이의 사주가 화평하면 기르기가 쉬우니[四柱和平易養成]

2. 기세유장(氣勢攸長) － 사주의 기세가 이어진다

氣勢攸長無暫喪　關星雖有不傷身
기세유장무착상　　관성수유불상신

> 사주의 기세가 오래도록 길게 이어지고 중간에 운이 꺾여 죽지 않는다면
>
> [氣勢攸長無暫喪]
> 비록 어떤 관련된 살[關煞, 관살]이 있다 해도 몸을 상하게 하지 못한다[關星雖有不傷身].

제16장 : 출신(出身)

1. 원기존언(元機存焉) – 사주에 원기(元機)가 있다

巍巍科第邁等倫　一個元機暗裏存
외외과제매등륜　　　일개원기암리존

> 높고 높은 과거시험에서 같은 무리 중에서 빼어날 수 있는 것은[巍巍科第邁等倫]
> 하나의 근본이 되는 틀[元機. 원기]이 사주 속에 은밀히 존재하고 있기 때문이니
> [一個元機暗裏存]

2. 청기득진(淸氣得盡) – 사주에 청기(淸氣)가 있다

淸得盡時黃榜客　雖存濁氣亦中式
청득진시황방객　　　수존탁기역중식

> 사주가 맑은 기운[淸氣. 청기]을 얻어 그 기를 다하면[淸得盡時]
> 그는 아주 귀한 사람이 되어 높은 벼슬을 누릴 것이고[黃榜客]
> 비록 그 사람의 사주 안에 탁한 기운이 함께 있다 하더라도[雖存濁氣]
> 아주 귀하게는 못 되어도 중간 정도의 벼슬은 할 수 있을 것이다[亦中式].

3. 청기유 관불기(淸氣有 官不起) – 청기는 있으나 관성의 역할이 아쉽다

秀才不是塵凡子　淸氣還嫌官不起
수재불시진범자　　　청기환혐관불기

> 평생 글공부만 하고 벼슬을 못하는 사람[秀才. 수재]도 결코 평범한 사람은 아닌데
> [秀才不是塵凡子]
> 청기는 있으나 불만스럽게도 관성이 떨쳐 일어나지 못하기 때문이다[淸氣還嫌官不起].

4. 일간득기 재관상통(日干得氣 財官相通) - 재성과 관성이 서로 통한다

異路功名莫說輕　日干得氣遇財星
이로공명막설경　　　일간득기우재성

과거를 치르지 않고 벼슬을 하여 공명을 얻었다고 함부로 말하지 말지니

[異路功名莫說輕]

일간이 기운을 얻고 관성이 재성을 만나면 이 또한 가능한 것이다[日干得氣遇財星].

제17장 : 지위(地位)

1. 청기발기권(淸氣發機權) - 맑은 기운이 주도권을 잡는다

臺閣勳名百世傳　天然淸氣發機權
대각훈명백세전　　　천연청기발기권

세상에 태어나 공적을 남기고 후세에 그 이름을 떨치는 경우는[臺閣勳名百世傳]

사주에 맑은 기운이 자연스럽게 일어나 사주의 주도권을 잡고 있을 것이며

[天然淸氣發機權]

2. 인살신청(刃殺神淸) - 양인(陽刃)이 왕(旺)하고 월령(月令)을 잡는다

兵權獬豸弁冠客　刃殺神淸氣勢特
병권해치변관객　　　인살신청기세특

병권을 잡거나 형벌을 담당하는 권력을 지닌 벼슬을 하는 것은[兵權獬豸弁冠客]

양인(陽刃)과 편관(偏官)의 기운이 맑고 그 기세가 특별한 경우이다[刃殺神淸氣勢特].

3. 희용유정 정기신족(喜用有情 精氣神足) – 사주에 막힘이 없다

分藩司牧財官和　格局淸純神氣多
분번사목재관화　　격국청순신기다

> 한 지역을 맡아 다스리는 사람은 사주의 재성과 관성이 서로 화합하고[分藩司牧財官和]
> 격국이 맑고 순수하며 정기신(精氣神) 세 가지가 두루 갖춰져 있다[格局淸純神氣多].

4. 사주청탁 형영구분(四柱淸濁 形影區分)
– 사주의 청탁에 따라 지위가 정해진다

便是諸司幷首領　也從淸濁分形影
편시제사병수령　　야종청탁분형영

> 제사(諸司)나 수령(首領)과 같은 모든 하급관리들도 그러한 것은 당연하겠으나
> [便是諸司幷首領]
> 단지 사주의 청탁을 좇아서 그 형체와 그림자[形影, 형영]를 분별해야 한다
> [也從淸濁分形影].

第18장 : 정원(貞元) – 원형이정(元亨利貞)·생로병사(生老病死)

造化起於元　亦止於貞
조화기어원　　역지어정

再造貞元之會　胚胎嗣續之機
재조정원지회　　배태사속지기

> 만물을 창조하고 기르는 대자연의 이치[造化, 조화]는 원(元)에서 일어나[造化起於元]
> 정(貞)에서 멈추지만[亦止於貞]
> 다시 정원(貞元)의 만남이 시작되는 것이[再造貞元之會]
> 자식을 잉태하여 대를 이어가는 기틀이라 하겠다[胚胎嗣續之機].

滴天髓講解

적천수강해

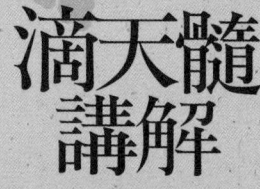

제3부

적천수 실전풀이

적천수징의를 바탕으로

제 1 장

通神頌
통신송

1. 통신송(通神頌)이란

『적천수(滴天髓)』에서 통신송(通神頌)이 차지하는 비중은 매우 크다. 따라서 본격적으로 『적천수』 실전풀이를 시작하기 앞서 다시 한 번 통신송에 대해 일러두고자 한다.

통신송은 신(神)과 소통하는 노래라는 의미이다. 여기서 신이란 하늘, 즉 우리 인간이 감히 범할 수 없는 존재를 말한다. 인간이 이 세상에 태어나는 것은 모두 이 하늘의 뜻이다. 우주(宇宙)에는 음양(陰陽)과 오행(五行)의 기운(氣運)이 흐르고 있어서 인간은 태어나는 장소, 연, 월, 일, 시에 따라 서로 다른 음양과 오행의 기운을 부여받는데, 이것이 곧 하늘의 뜻이며 바로 인간의 운명이다. 따라서 인간의 육체와 정신에는 이 음양과 오행의 기운이 돌고 있어서 인간 그 자체가 하나의 소우주(小宇宙)를 이룬다고 볼 수 있으므로, 각자가 부여받은 이 음양오행(陰陽五行)의 흐름만 잘 연구하면 그 사람의 운명을 예측할 수 있다.

필자는 경험을 통해 이 통신송만 완전히 이해하면 『적천수』의 나머지 내용은 읽어볼 필요도 없을 정도로 명리학(命理學)의 기본원리가 여기에 모두 들어 있음을 알 수 있었다. 그만큼 이 노래 안에 명리학에 대한 유백온(劉伯溫)의 생각이 함축적이고 명료하게 담겨져 있다고 말할 수 있다. 따라서 총 84글자의 한자로 이루어진 이 통신송의 의미를 충분히 이해하고 난 후 『적천수』의 세부내용을 공부하기 바라며, 이 책을 통독한 후 다시 한 번 더 이 노래를 읊어보면 그 때마다 새로운 느낌을 받을 것이라고 확신한다.

2. 통신송(通神頌) 해석

적천수 원문 ▌ 천도(天道)

欲識三元萬法宗　先觀帝載與神功
욕식삼원만법종　　　선관제재여신공

> 삼원(三元) 즉 천지인(天地人)이 만법의 근본임을 알려면[欲識三元萬法宗]
> 먼저 제재(帝載) 즉 음양(陰陽)과 신공(神功) 즉 오행(五行)을 알아야 한다
> [先觀帝載與神功].

적천수 해설 ▌ 음양(陰陽)과 오행(五行)

여기서 삼원(三元)이란 천원(天元), 지원(地元), 인원(人元)을 말한다. 사주(四柱)를 구성하는 연월일시(年月日時) 네 가지는 각각 천간(天干)과 지지(地支)로 나뉘는데 천간은 천원이 되고, 지지는 지원이 되며, 지지에 암장되어 있는 천간인 지장간(支藏干)은 인원이 된다. 사람들이 부여받은 운명은 하나도 같은 것이 없지만 모두가 삼원의 이치를 벗어나지 못하니, 이른바 이것을 모든 법의 근본 즉 만법종(萬法宗)이라고 한다.

　음양(陰陽)은 태극(太極)을 근본으로 하는데 이를 제재(帝載)라고 하고, 오행(五行)은 사계절에 퍼뜨려져 펼쳐지는데[播於四時 파어사시] 이를 신공(神功)이라고 한다. 삼원은 모두 음양과 오행으로 이루어져 있고 이들의 관계는 일정한 원칙에 따라 움직이고 있으니 이들이 만물의 근본이 된다. 따라서 이들의 관계를 제대로 알아내야만 삼원의 상호작용을 정확히 풀어낼 수 있고, 이를 제대로만 알아낸다면 그것으로 한 사람 인생의 오묘함[四柱八字 사주팔자]을 풀어내는 데 부족함이 없을 것이다.

제재(帝載)를 말 그대로 풀어보면 '하느님이 맡아서 주관한다'는 뜻이다. 따라서 우주의 음양이 생겨나고 없어지는 것은 모두가 하늘의 뜻이라는 의미로 해석하면 되겠다. 신공(神功)은 '신(神)의 공덕(功德)'이란 뜻이며, 오행이 사계절에 펼쳐져 있어 이에 따라 오묘한 조화를 이루는 것은 신의 공로라는 의미로 해석하면 된다.

명리학 기초이론 1　**음양(陰陽)**

① 천간의 음양

천간은 모두 10개로 십간(十干)이라고 하며 음양에 따라 다음과 같이 구분한다.

오양(五陽)	갑(甲) · 병(丙) · 무(戊) · 경(庚) · 임(壬)
오음(五陰)	을(乙) · 정(丁) · 기(己) · 신(辛) · 계(癸)

② 지지의 음양

지지는 모두 12개로 십이지(十二支)라고 하며 음양에 따라 다음과 같이 구분한다.

육양(六陽)	자(子) · 인(寅) · 진(辰) · 오(午) · 신(申) · 술(戌)
육음(六陰)	축(丑) · 묘(卯) · 사(巳) · 미(未) · 유(酉) · 해(亥)

단, 다음 네 지지는 체(體)는 양(陽)이지만 용(用)은 음(陰)이거나, 이와 반대로 체는 음이지만 용은 양인 경우로 꼭 알아두어야 한다.

체음용양(體陰用陽)	사(巳) · 해(亥)
체양용음(體陽用陰)	자(子) · 오(午)

따라서 지지의 음양은 다음과 같이 다시 정리할 수 있다.

육양(六陽)	해(亥) · 인(寅) · 사(巳) · 신(申) · 진(辰) · 술(戌)
육음(六陰)	자(子) · 묘(卯) · 오(午) · 유(酉) · 축(丑) · 미(未)

이와 같은 지지의 체용과 음양 변화는 지장간으로 인해 생겨난 현상으로, 차후에 자세하게 다루기로 한다. 여기서는 암기만 하고 넘어간다.

지도(地道)

坤元合德機緘通　五氣偏全定吉凶
곤원합덕기함통　　　오기편전정길흉

> 땅[坤元, 곤원]이 하늘[天元, 천원]과 그 덕을 합하여 기밀이 서로 통하는데
>
> [坤元合德機緘通]
>
> 오행의 기운[五氣, 오기]의 치우침과 온전함에 따라 인간의 길흉이 정해진다
>
> [五氣偏全定吉凶].

적천수 해설 **천간(天干)·지지(地支)·지장간(支藏干)**

『역(易)』에서 이르기를, "크도다! 하늘이여[大哉乾元 대재건원]! 만물은 하늘로부터 부여받은 것으로 건원(乾元)에서 비롯되고[萬物資始 만물자시], 지극하도다! 땅이여[至哉坤元 지재곤원]! 만물은 이에 의지하여 생을 얻는다[萬物資生 만물자생]"라고 하였다. 만물이 태어난다[生 생]는 것은 바로 그 물체의 형상(形象)이 시작되는 것을 말한다. 사람도 하늘[乾元 건원]로부터 기(氣)를 받아 그 형상을 얻게 되는데, 천지(天地)가 서로 그 덕을 합하여 기밀이 서로 은밀하게 통하는 것이다.

　다만, 오행의 기운[五氣 오기]의 흐름은 한 사람이 태어난 연월일시에 따라 모두 다르고, 그 흐름에는 치우침과 온전함이 있으니, 이로 인해 그 사람의 운명에 길(吉)함과 흉(凶)함이 정해진다.

심화학습

이 부분은 『적천수천미(滴天髓闡微)』와 『적천수징의(滴天髓徵義)』의 본문 내용에 약간의 차이가 있다. 『적천수천미』에는 만물자생(萬物資生) 다음에 "하늘은 강건함을 주관하고[乾主健 건주건] 땅은 온순함을 주관하는데[坤主順 곤주순] 땅은 온순히 하늘을 이어받아[順承天 순승천] 하늘과 더불어 덕을 합하여[德與天合 덕여천합] 천지가 따뜻하고 정성스럽게 만물을 살피고 길러서[煦嫗覆育 후구복육] 기밀이 서로 은밀하게 통하는 것이다"라고 되어 있다. 그러나 『적천수징의』에서는 이 말이 빠져 있고, 단지 위에서 해석한 바와 같이 "만물이 태어난다[生 생]는 것은 바로 그 물체의 형상(形

象)이 시작되는 것을 말한다. 사람도 하늘[乾元 전원]로부터 기(氣)를 받아 그 형상을 얻게 되는데, 천지(天地)가 서로 그 덕을 합하여 기밀이 서로 은밀하게 통하는 것이다"라고만 되어 있어 내용이 비약하는 느낌을 받게 된다. 첨부한 『적천수천미』의 내용이 도움이 되기를 바란다.

또한 『적천수징의』에는 공자(孔子)의 『십익(十翼)』 중 「설괘전(說卦傳)」을 언급하며 "진괘(震卦)에서 나온 것을 제(帝)라고 하고[震出日帝 진출왈제] 만물이 오묘하게 발생하는 것을 신(神)이라고 한다"는 말이 있는데, 앞뒤 문맥상 연결이 매끄럽지 않아 생략하였다. 이 내용을 자세히 알고 싶으면 『주역(周易)』 「설괘전(說卦傳)」 중에서 〈5장 제출호진(帝出乎震)〉과 〈6장 신야자(神也者)〉를 읽어보기 바란다. 이 두 장(章)은 후천팔괘(後天八卦)의 방위(方位)와 그 공용(功用)에 대한 설명으로, 아마도 서낙오(徐樂吾)가 보주(補註)하며 집어넣은 것이 아닐까 생각한다.

명리학 기초이론 2	오행(五行)

① 십간의 오행

오양(五陽)의 오행	갑목(甲木) · 병화(丙火) · 무토(戊土) · 경금(庚金) · 임수(壬水)
오음(五陰)의 오행	을목(乙木) · 정화(丁火) · 기토(己土) · 신금(辛金) · 계수(癸水)

② 십이지의 오행
체음용양(體陰用陽) 원리를 대입한 오행 구분이다.

육양(六陽)의 오행	해수(亥水) · 인목(寅木) · 사화(巳火) · 신금(申金) · 진술토(辰戌土)
육음(六陰)의 오행	자수(子水) · 묘목(卯木) · 오화(午火) · 유금(酉金) · 축미토(丑未土)

인도(人道)

戴天履地人爲貴　順則吉兮凶則悖
대천리지인위귀　　순즉길혜흉즉패

> 하늘을 이고[戴天, 대천] 땅을 밟은[履地, 이지] 모든 것 중에서 인간이 가장 귀한데
> [戴天履地人爲貴]
> 그 사람의 사주가 오행의 흐름을 따르면[順, 순] 길하고 어그러지면[悖, 패] 흉하다
> [順則吉兮凶則悖].

길흉(吉凶) 판단의 원리

인간은 하늘과 땅 사이에서 하늘을 이고 땅을 밟고 살아가는데, 팔자가 귀하게 되려면 그 사람 사주의 천간과 지지가 순리를 따라 흐름을 타고 서로 어그러지지 않아야[順而不悖 순이불패] 한다. 순(順)은 연달아 이어져 서로 돕는[接續相生 접속상생] 것을 말하고, 패(悖)는 거슬러 극하여 방해가 되는[反剋爲害 반극위해] 것을 말한다. 따라서 사주의 천간과 지지가 순(順) 하는가 패(悖)하는가에 따라 그 사람의 길흉(吉凶)이 분명하게 나뉘게 된다.

　예를 들어, 천간의 기(氣)가 허약할 때 지지에서 생(生)해주고 지지의 신(神)이 쇠약할 때 천간에서 도와준다면, 이 모두가 천간과 지지가 서로 유정(有情)하고 순리를 따라 흐름을 타니[順 순] 길(吉)하다고 할 것이다. 만약 천간의 기운이 허약한데 지지가 오히려 더 억누르고 지지의 기운이 쇠약한데 천간이 극(剋)을 한다면, 이 모두가 천간과 지지가 무정(無情)하고 어그러져[悖 패] 흉(凶)하다고 할 것이다. 이와 같이 사람의 팔자는 사주가 유통(流通)하면서 오행이 서로 생하고 화해주는[生化 생화] 것이 가장 중요하고, 사주에 결함이 있고 오행이 치우쳐 메마른[偏枯 편고] 것을 가장 꺼린다.

『적천수천미(滴天髓闡微)』에서는 천간과 지지의 순패(順悖)를 예를 들어 설명하고 있다. 가령 천간이 목(木)이고 금(金)의 극(剋)을 두려워하는데

지지에 해자수(亥子水)가 있어 목(木)을 생해주거나, 지지에 해자수(亥子水)가 없지만 천간에 임계수(壬癸水)가 있어 금(金)을 이끌어 화하거나[引化 인화], 지지에 인묘목(寅卯木)이 없지만 천간에 병정화(丙丁火)가 있어 금(金)을 극하여 제하면[尅制 극제] 목(木)에 생기(生氣)가 있어 길하다는 것 등이다. 흉한 경우는 이와 반대로 금(金)을 도와주는 무기토(戊己土)나 진술축미(辰戌丑未)나 신유금(申酉金)을 생각하면 된다.

　또한 사주와 오행의 유통생화(流通生化)와 결함편고(缺陷偏枯)가 한 사람의 길흉에 지대한 영향을 미치는 이유를 다음과 같은 예를 들어 설명하고 있다. "만물은 모두가 하늘을 이고 땅을 밟고 있으며[戴天履地 대천리지], 오행을 얻지 않고 존재하는 것은 없다. 우(羽), 모(毛), 인(鱗), 개(介)는 모두가 각각 하나의 기운으로 이루어져 있다[專氣 전기]. 날짐승과 곤충[羽蟲 우충]은 화(火)에 속하고, 털이 있는 짐승[毛 모]은 목(木)에 속하며, 물고기[鱗 인]는 금(金), 갑각류의 짐승이나 벌레[介 개]는 수(水)에 속한다. 오직 사람만이 토(土)에 속하는데, 토(土)는 중앙에 위치하여[土居中央 토거중앙] 목화금수(木火金水)의 중심에 자리잡은 기[中氣 중기]로 이루어진 것이니 홀로 오행을 모두 갖추어 귀하다. 따라서 사람의 팔자에서는 사주의 유통(流通)과 오행의 생화(生化)가 가장 마땅하고, 사주의 결함(缺陷)과 오행의 편고(偏枯)를 크게 꺼린다."

　그리고 마지막으로 사주는 중화(中和)되어야 귀하고 편고(偏枯)하면 해를 입는다고 하며, 그 이치(理致)는 공평하고 바른 것[平正 평정]에서 얻어야지 기괴하고 이상야릇한 것[奇異 기이]에서 얻는다는 것은 신빙성이 없다고 하여 기격(奇格)이나 이국(異局)으로 사주를 해석하려는 데 일침을 가하고 있으니, 결론을 보면 『적천수징의(滴天髓徵義)』와 크게 다름이 없음을 알 수 있다.

要與人間開聾瞶　順悖之機須理會
요여인간개롱외　　　순패지기수리회

> 인간의 귀가 멀어 어리석음[聾瞶, 농외]을 깨우쳐주는 것이 중요한데[要與人間開聾瞶]
> 이를 위해서는 따르고[順, 순] 어그러짐[悖, 패]의 기틀을 깨달아 알아야 한다
> [順悖之機須理會].

적천수 해설　　**자평명리학(子平命理學)의 원리**

이 말 속에는 지극한 이치가 들어 있다. 오직 염려스러운 것은 명리(命理)를 배우는 후세 사람들이 '따르고 어그러짐의 기틀[順悖之機 순패지기]'이 어떻게 작용하는지는 세밀히 살펴보지도 않고 사람의 운명을 허황되게 말하며 그릇되게 전하는 것이 적지 않다는 것이다. 기격(奇格)이나 이국(異局)을 섞어서 사주를 보고, 일체의 신살(神殺)을 황당하게 적용하여 도화(桃花)니 함지(咸池)니 하면서 이것이 있는 여자는 무조건 간사하고 음란하다고 논하며, 귀신으로부터 책망을 듣는 것[受責鬼神 수책귀신]은 금쇄(金鎖)와 철사(鐵蛇) 때문이라고 하고, 어린아이와 관련된 살[小兒關殺 소아관살]을 잘못 가리켜 부모를 걱정하게 만든다.

일주(日主)의 쇠왕(衰旺)은 논하지 않고서 무조건 재관(財官)은 좋은 것이고 상관(傷官)과 칠살(七殺)은 꺼리는 것이라면서 사람의 평생 운명을 단정해버리며, 일주의 강약(强弱)은 논하지 않고서 무조건 식신(食神)과 인수(印綬)는 복이 되고 편인(偏印)과 겁재(劫財)는 재앙이라고 하며, 재(財)나 관(官) 등의 명칭은 단지 육친(六親)의 용도만을 취하여 나열한 것뿐임을 알지 못하고 '재는 삶을 넉넉하게 하고[養命 양명], 관은 몸을 영화롭게 한다[榮身 영신]'고 하니 이 얼마나 어리석은 일인가. 만약 재가 가히 양명(養命)하게 한다면 사주에 재가 많으나 일주가 약한[財多身弱 재다신약] 사람은 부잣집에서 태어났으나 가난하게 된 사람[富屋貧人 부옥빈인]이 아니라 거부(巨富)가 되어야 하며, 관이 영신(榮身)하게 한다면 사주에 관이 많으나 일주가 약한[身衰官重 신쇠관중] 사람은 요절하거나 천하게 되지 않고 반드시 귀하게 되어야 할 것이다.

고서(古書)를 자세히 살펴본 결과, 자평명리학의 원리[子平之法 자평지법]는 전적으로 사주오행(四柱五行)에 있음을 알 수 있었다. 즉 그 사주가 왕성한지 쇠약한지[衰旺 쇠왕]를 살피고, 천간과 지지가 순리를 따라 흐름을 타는지 서로 어그러졌는지[順悖 순패]를 연구하며, 기운이 나아가는지 물러서는지[進退 진퇴]를 알아보고, 일주가 반기고 꺼리는[喜忌 희기] 것이 무엇인가를 논하는 데 있다. 이것을 일컬어 '이치를 깨달아 안다[理會 이회]'고 한다. 기이한 격국[奇格異局 기격이국]이나 신살, 납음(納音) 등의 이름을 가진 것들은 모두가 일을 벌이기를 좋아하는 사람들이 허황되게 지어낸 말[好事者妄造 호사자망조]들에 불과하다. 이들은 오행의 올바른 이치[五行正理 오행정리]에 부합하지 않으니 모두가 믿을 수 없는 것들이다. 만약 이들을 근거로 길흉을 논한다면 반드시 올바른 것을 틀렸다고 하고 바른 것을 그르다고 하여, 사실과 다른 것이 사실처럼 전해지고 또 전해지게 될 것이다. 그렇게 된다면 길흉의 이치를 깨닫지 못하고 혼미하여 더욱 밝히기가 어려워지게 된다.

서(書)에서 이르기를, 재가 용신(用神)이면 겁탈해서는 안 되고[用之爲財不可劫 용지위재불가겁], 관이 용신이면 손상시켜서는 안 되고[用之爲官不可傷 용지위관불가상], 인수가 용신이면 무너뜨려서는 안 되고[用之印綬不可壞 용지인수불가괴], 식신이 용신이면 빼앗아서는 안 된다[用之食神不可奪 용지식신불가탈]고 하여 이 네 구절에 원래 지극한 이치가 들어 있는데[原有至理 원유지리], 그 중에서 중요한 것은 '용(用)'이라는 글자 하나에 있다고 하였다.

그러나 명리학(命理學)을 공부한다는 사람들이 용이라는 글자의 근원은 연구하지도 않고 전적으로 재관만 중요하다고 여기는데, 이는 다음과 같이 재성이 용신이 아니면 겁탈되어도 괜찮고[不用財星儘可劫 불용재성진가겁], 관성이 용신이 아니면 손상되어도 괜찮고[不用官星儘可傷 불용관성진가상], 인수가 용신이 아니면 무너뜨려도 괜찮고[不用印綬儘可壞 불용인수진가괴], 식신이 용신이 아니면 빼앗아도 괜찮다[不用食神儘可奪 불용식신진가탈]는 것을 알지 못하는 것이다.

이것은 따르고[順 순] 어그러짐[悖 패]의 기틀을 깨달아 알지 못하는 것

[順悖之機不理會 순패지기불리회]이라 할 수 있으니 귀가 멀어 어리석은 것과 다를 바 없다. 그러니 어찌 길흉을 논하고 어질고 어질지 않음[賢否 현부]을 분별하여 세상에 공을 세울 수 있겠는가. 오히려 세상을 그릇되게 하고 사람의 정신만 헷갈리게 만드는[誤世惑人 오세혹인] 일만 많을 것이다.

『적천수천미(滴天髓闡微)』에는 순패지기(順悖之機)가 순역지기(順逆之機)로 되어 있으나, 같은 의미로 보면 될 것이다. 이 구절의 해석은 『적천수천미』의 내용을 기본으로 하였다. 『적천수징의(滴天髓徵義)』에는 매우 간략하게 자평명리학의 원리[子平之法 자평지법]만 설명되어 있기 때문이다.

여기서 꼭 기억해야 할 내용은 '네 가지 지극한 이치가 있다[原有至理 원유지리]'는 것이다. 이 원리는 뒤에 〈명리학 기초이론 23 : 간명첩결(看命捷訣) - 사주풀이의 핵심 비결〉에서 다시 한 번 언급되므로 잘 기억해두기 바란다. 서(書)에서 말한 네 구절에서 겁(刦)은 겁재(劫財)를, 상(傷)은 상관(傷官)을, 괴(壞)는 재성(財星)을, 그리고 탈(奪)은 편인(偏印)을 의미함을 기억해두면 도움이 될 것이다.

적천수 원문 **이기(理氣)**

理承氣行豈有常　　進兮退兮宜抑揚
이승기행기유상　　　진혜퇴혜의억양

만물의 본질인 이(理)는 기(氣)를 이어받아 움직이는데 어찌 항상 일정하겠는가
[理承氣行豈有常].
이 흐름의 나아가고 물러남에 따라 때로는 눌러주고 때로는 북돋워주어야 한다
[進兮退兮宜抑揚].

적천수 해설 **진퇴지기(進退之機)**

사주를 제대로 알려면 이기(理氣)가 들고 나는 진퇴의 기틀[進退之機 진퇴지기]을 몰라서는 안 된다. 이는 장생(長生)은 왕(旺)하고, 사절(死絕)은 쇠(衰)하다는 의미가 아니다. 반드시 이기가 나아가고 물러서는[進退 진퇴]

이치를 제대로 알아야만 사주쇠왕(四柱衰旺)의 올바른 기틀[眞機^{진기}]을 알았다고 할 수 있다. 무릇 오행의 왕상휴수(旺相休囚)는 사계절의 변화에 의해 정해지니 이것이 자연의 법칙이다.

앞으로 나아가 곧 다가오는 것[進^진]을 '상(相)'이라 하고, 이미 나아가 도달해 당령(當令)한 것을 '왕(旺)'이라 한다. 원하는 바를 얻어 공(功)을 이루어 물러나는[退^퇴] 것을 '휴(休)'라 하고, 물러나 기운이 없어진[無氣^{무기}] 것을 '수(囚)'라고 한다. 따라서 이 왕상휴수를 제대로 분별해야만 진퇴의 올바른 기틀[進退之機^{진퇴지기}]을 알 수 있다.

일주(日主)와 희신(喜神)은 왕상해야 함이 마땅하고 휴수가 되면 마땅하지 않으며, 일주의 흉살(凶殺)이나 기신(忌神)은 휴수되어야 함이 마땅하고 왕상이 되면 마땅하지 않다. 그런데 상은 왕보다 묘(妙)하다 하겠다. 왕은 그 기운이 가득 차서 극에 달한 상태[極盛之物^{극성지물}]이므로 그 물러남이 오히려 빠르지만, 상은 바야흐로 커 나가는 기운[方長之氣^{방장지기}]이므로 그 나아감에 거칠 것이 없기 때문이다. 휴는 수보다 심(甚)하다 하겠다. 수는 이미 그 기세가 극에 달해 조만간에 반드시 차츰 살아나겠지만[必將漸生^{필장점생}], 휴는 바야흐로 물러나는 기운[方退之氣^{방퇴지기}]이므로 갑자기 다시 돌아올 수가 없기[未能遽復^{미능거복}] 때문이다.

이것이 이(理)와 기(氣)가 나아가고 물러서는[理氣進退^{이기진퇴}] 올바른 논리[正論^{정론}]이다. 이에 두 개의 명조(命造)를 사례로 들어 살펴보겠다.

심화학습

『적천수(滴天髓)』 원주(原注)에서는 진퇴지기(進退之機)를 다음과 같이 설명하고 있다.

"닫히고 열리며 가고 오는[闔闢往來^{흡벽왕래}] 것이 모두 기(氣)이며, 이(理)는 그 사이에서 움직인다. 움직임이 시작되면 나아가고[行之始而進^{행지시이진}], 나아감이 극에 달하면 물러남의 기틀이 되는데[進之極則爲退之機^{진지극즉위퇴지기}], 예를 들면 3월[辰月^{진월}]의 갑목(甲木)이 바로 그것이다. 움직임이 가득 차면 물러나고[行之盛而退^{행지성이퇴}], 물러남이 극에 달하면 나아감의 기틀이 되는데[退之極則爲進之機^{퇴지극즉위진지기}], 예를 들면

9월[戌月술월]의 갑목(甲木)이 바로 그것이다."

임철초(任鐵樵)는 진퇴지기를 설명하기 위해 두 개의 명조를 사례로 제시하였다. 바로 다음에 소개하는 명조들로, 원주의 해석에 따른 진퇴지기를 설명하기 위한 진월(辰月)과 술월(戌月)에 태어난 갑목(甲木) 일주의 명조이다.

또한 두 명조의 해석을 보면, 『적천수징의(滴天髓徵義)』에 등장하는 500여 개 다른 사례들의 경우와는 달리 사주의 왕약(旺弱)을 구분하여 용신(用神)을 찾는 것에서부터 해석을 시작하는 것이 아니라, 진퇴지기를 설명하는 데 치중하고 있음을 알 수 있을 것이다. 이로 인해 사주의 용신에 대한 언급이 상당히 모호하여 자평명리학을 새롭게 공부하는 사람들에게는 다소 혼란을 가져올 수 있다고 본다. 따라서 여기서는 단지 진퇴지기의 작용 원리를 이해하는 것에 만족하고 다음으로 넘어가는 것이 바람직하리라 생각한다.

적천수 사례연구 **진퇴지기(進退之機)**

❶ 술월(戌月)에 태어난 갑목(甲木)의 경우

	壬	甲	庚	丁
	申	辰	戌	亥

壬	癸	甲	乙	丙	丁	戊	己
寅	卯	辰	巳	午	未	申	酉

갑목(甲木) 일주가 술월(戌月)에 태어나 휴수(休囚)는 이미 극에 달했다. 경금(庚金)이 지지에 녹왕(祿旺)을 깔고 일주를 극(剋)하니 한 점 정화(丁火)는 이를 대적하기가 어렵다. 더군다나 지지에 자리한 두 개의 재성(財星)인 진술토(辰戌土)가 살(殺)을 생하여 도우니, 살이 왕(旺)하고 일주가 약(弱)한 살중신경(殺重身輕)인 것 같다.

그런데 모르겠는가. 9월인 술월(戌月)은 갑목(甲木)의 진기(進氣)이고,

임수(壬水)가 옆에 바짝 붙어서 갑목(甲木)을 생해주고 멀리 떨어진 정화(丁火)를 손상시키지 않는다는 사실을. 비록 정화(丁火)가 약하지만 신고(身庫)인 술토(戌土)에 통근(通根)하였다. 술토(戌土)는 메마른 토[燥土 조토]로 화(火)의 본뿌리[本根 본근]이고, 진토(辰土)는 축축한 토[濕土 습토]로 목(木)의 여기(餘氣)이다. 천간에서 하나[壬水 임수]가 생해주고 하나[丁火 정화]가 극하여 제(制)해주며 또한 지지에서 해수(亥水)의 장생(長生)을 만났으니, 사주가 서로 생하고 화하여 유정하며[生化有情 생화유정] 오행이 시기함과 다툼이 없다[不爭不妬 부쟁불투] 하겠다.

정화(丁火)운에 이르러 향시(鄕試)와 전시(殿試)에 잇달아 합격했으니 [科甲聯登 과갑연등] 화(火)를 용신(用神)으로 하여 살에 대적하는 것이 분명하다 하겠다. 비록 오랫동안 중앙의 관리[京官 경관]로 근무했으나, 관리로서 벌어들인 재물[官資 관자]이 풍성했던 것은 모두가 운(運)이 남방(南方)을 달렸기 때문이라고 하겠다.

심화학습

『적천수(滴天髓)』를 혼자 공부할 만큼 실력을 쌓은 사람들에게 사례연구에 소개된 명조들은 그다지 어렵지 않으리라 생각한다. 하지만 아직 명리학의 초보 독자들이 처음부터 이런 사례를 공부하기에는 무리일 것이다. 이러한 어려움을 해소시키기 위해 중간 중간에 〈명리학 기초이론〉을 넣었다. 해당 장(章)을 공부하기 위해 필수적으로 알아야 할 사항들을 요약 정리하였으므로 되도록 각각의 기초이론을 숙지하는 것이 유용하리라 생각한다. 따라서 명리학을 처음 접하는 독자라면 이 사례연구는 일단 가볍게 한번 읽으면서 사주 해석에 등장하는 단어들만 익혀놓고, 나중에 다시 읽어보기를 권한다.

본 사주가 정화(丁火)를 용신(用神)으로 삼아 살(殺)에 대적했다고 하면, 술월(戌月)에 태어난 일주(日主)가 약한데 살이 왕하여 상관(傷官)을 용신으로 삼은 상관제살(傷官制殺)로 보아야 할 것 같다. 하지만 『적천수』 원주(原注)에서 언급했듯이 술월(戌月)이 갑목(甲木)의 진기(進氣)라면 곧 이어 해월(亥月)이 될 것이고, 일지(日支)에 목(木)의 여기(餘氣)인 진토(辰土)를 깔고 앉은 갑목(甲木)은 천간과 지지에서 인성(印星)이 도와주니, 일주는 약하지 않다고 볼 수도 있다. 그렇다면 이 사주는 상관생재(傷官生財)의 흐름을 탄다고 볼 수도 있을 것이다.

물론 두 경우 모두 상관 정화(丁火)를 용신으로 삼는 것은 다르지 않다. 다만, 신약(身弱)하다면 인성인 임수(壬水)를 용신으로 삼는 것이 우선이라는 점이 문제가 되지 않을까 생각한다. 임수(壬水)를 용신으로 삼는 경우 운의 흐름상 사주주인공이 큰 벼슬을 하고 재산을 모으는 것은 불가능해 보이기 때문이다. 따라서 이 사주는 갑목(甲木)이 술월(戌月)에 태어나 신약하다고 보고, 사주에 살이 왕하니 상관을 용신으로 삼은 것이라 생각하면 되겠다. 다만, 여기서 중요한 것은 좀 이른 감이 없지 않지만 술월(戌月)이 갑목(甲木)의 진기라는 사실이다.

이 사주주인공이 살던 때에는 중앙 부처에서 근무하는 관리가 지방관리보다 재물을 취하는 데 불리했다고 한다. 따라서 이 사람은 운이 좋아 경관(京官)을 하면서도 관자(官資)를 넉넉히 모을 수 있었다고 볼 수 있다.

❷ 진월(辰月)에 태어난 갑목(甲木)의 경우

壬	甲	庚	乙
申	戌	辰	亥

壬	癸	甲	乙	丙	丁	戊	己
申	酉	戌	亥	子	丑	寅	卯

이 명조와 앞의 명조는 대동소이(大同小異)하다. 흔히 말하기를, 갑목(甲木)이 누이인 을목[乙妹 을매]을 경금(庚金)의 처(妻)로 삼아 흉함이 길함으로 바뀌었고, 합(合)을 탐하여 충(沖)을 잊어버리니[貪合忘沖 탐합망충] 앞의 것과 비교하여 더욱 아름답다고 할 것이다. 그런데 어찌하여 앞 사람은 한원(翰苑)의 벼슬을 했는데 이 사람은 빈곤한 선비[寒衿 한금]에 지나지

않았을까.

　모르겠는가. 을목(乙木)이 경금(庚金)과 합을 하여 금(金)으로 화해버리니[乙庚合而化金 을경합이화금] 오히려 경금(庚金)의 난폭함만 도와줄 뿐이다. 앞 명조는 갑진(甲辰) 일주인데 진토(辰土)는 습토(濕土)로 능히 목(木)을 생(生)해줄 수 있지만, 이 명조는 갑술(甲戌) 일주인데 술토(戌土)는 조토(燥土)이므로 목(木)을 생해줄 수 없다.

　또한 앞 명조는 신금(申金)과 진토(辰土)가 서로 껴안아 화하여[拱化 공화] 수회국(水會局)이 되지만, 이 명조는 신금(申金)과 술토(戌土)가 금방국(金方局)을 이루어 살(殺)을 생한다.

　앞 명조는 술월(戌月)에 태어나 갑목(甲木)의 진기(進氣)이고 경금(庚金)이 물러나지만, 이 명조는 진월(辰月)에 태어나 경금(庚金)의 진기이고 갑목(甲木)이 물러난다.

　이렇게 두 개의 명조를 추론해보면 하늘과 땅만큼 차이가 나는 것을 알수 있으니, 진퇴의 기틀[進退之機 진퇴지기]이 어떻게 작용하는지 알지 못하면 안 된다.

심화학습

오히려 이 사주는 진월(辰月)에 태어난 갑목(甲木)이 사주에 인성(印星)과 비겁(比劫)이 많으니 신왕(身旺)하다고 볼 수 있다. 이 경우 경금(庚金)을 용신(用神)으로 삼고 토(土)는 희신(喜神)이 되며, 운이 받쳐주지 않아서 한금(寒衿)에 지나지 않았다는 해석이 가능하다.

　하지만 진퇴지기(進退之機)에 입각하여 해석하면 다음과 같다. 비록 목(木)의 여기(餘氣)인 진월(辰月)에 태어났다고 하지만 갑목(甲木)이 물러나는 시기이고, 경진(庚辰)월이므로 진토(辰土)는 경금(庚金)의 뿌리가되어버리며, 을목(乙木)은 경금(庚金)에 막혀 힘을 못 쓰고, 일지(日支)또한 술토(戌土)로 갑목(甲木)을 받쳐주지 못하니, 신약(身弱)하여 인성인 임수(壬水)를 용신으로 삼는다.

　그렇다면 운(運)의 지지가 수목(水木)으로 흘러 그다지 나쁘지 않다고볼 수 있는데 벼슬을 하지 못한 것은 무슨 까닭인지 의문이 든다. 이는 사주원국(四柱原局)이 워낙 불량했기 때문이라고 설명할 수밖에 없을 것 같다. 게다가 운도 자세히 살펴보면 간지(干支)가 따로 놀아 그다지 좋다고만 할 수도 없는 형국이다. 결론적으로 말하면 이 두 명조는 진퇴지기의 논리에 따라 비교해야 한다.

회국(會局)이나 방국(方局), 합(合)과 충(沖) 등에 대해서는 차후 〈명리학 기초이론〉에서 상세히 설명한다. 여기서는 이러한 용어들을 익히는 것으로 충분하다는 생각이다.

적천수 원문　　　**배합(配合)**

配合干支仔細詳　定人禍福與災祥
배합간지자세상　　　　정인화복여재상

> 사주(四柱)의 천간(天干)과 지지(地支)의 배합을 자세히 살펴보면[配合干支仔細詳]
> 그 배합에 따라 그 사람의 길흉화복이 정해진다는 것을 알아낼 수 있다
>
> [定人禍福與災祥].

적천수 해설　　　**간지 배합의 중요성**

이 장(章)은 잘못된 사주풀이 방법을 피하는 중요한 이치[闢謬之要領 벽류지요령]를 가르쳐주고 있다. 한 사람의 길흉화복을 제대로 알아내려면 반드시 사주의 천간과 지지 배합의 바른 이치[正理 정리]를 상세하게 살펴보아야 하고, 쇠하고 왕함[衰旺 쇠왕]의 법칙과 더불어 반기고 꺼리는[喜忌 희기] 원리도 확실히 파악해야 한다. 이들 사주간지의 배합은 버려두고 논하지도 않고[置之弗論 치지불론], 오로지 기이한 격국[奇格異局 기격이국]나 신살(神殺) 등 허망한 이야기만 논한다면 어찌 길흉화복을 제대로 알아낼 수 있겠는가. 사주의 지극한 이치[命中至理 명중지리]는 오로지 용신(用神)에 있으니 사주풀이에서 가장 중요한 것은 용신을 찾는 것이다.

재관(財官), 인수(印綬), 비겁(比劫), 식상(食傷), 편인(偏印), 칠살(七殺) 등 그 명칭과 상관 없이 모두가 용신이 될 수 있다. 각자의 이름이 아름답다고 해서 좋은 것이 아니고, 이름이 나쁘다고 해서 나쁜 것이 결코 아니다. 중요한 것은 일주(日主)의 쇠왕(衰旺)과 용신의 희기(喜忌)를 자

세히 살핀 후에 이에 따라 눌러야 마땅한 것은 눌러주고[當抑則抑 당억즉억] 북돋워주어야 할 것은 당연히 북돋워주는[當扶則扶 당부즉부], 이른바 '둘 것은 두고 보낼 것은 보내 적절히 배합하는[去留舒配 거류서배]' 것이다. 다시 말해 보내고 남기는 것을 확실하게 헤아린다면 운이 편한지 아닌지[運途否泰 운도비태]를 확실히 알게 되고, 그 사람의 화복(禍福)과 재상(災祥)을 알아내는 데 틀림이 없을 것이다.

적천수 사례연구 **간지 배합의 중요성**

❶ 간지 배합이 제대로 이루어지지 않은 경우

壬	庚	戊	甲
午	申	辰	子

丙	乙	甲	癸	壬	辛	庚	己
子	亥	戌	酉	申	未	午	巳

흔히들 이 명조는 천간에 삼기(三奇)가 투출하여 아름답고 지지에 공귀(拱貴)를 만나 영화를 누리는데, 지지가 신자진(申子辰)의 수회국(水會局)을 이루어 충(沖)하지 않으니, 관성(官星)을 용신(用神)으로 삼게 되어 명예와 재물[名利 명리]을 모두 얻을 수 있다고 말한다.

그러나 경신(庚申) 일주가 늦은 봄인 진월(辰月)에 태어나 목(木)은 본래 휴수(休囚)이다. 원래는 관성을 용신으로 삼을 수 있지만, 불만스러운 것은 지지가 수회국(水會局)을 이루어 수(水)의 세력에 눌려 화(火)가 그 위력을 잃는다는 것이다. 따라서 관성은 반드시 손상을 입게 되어 용신으로 삼기에는 부족하다.

일주(日主)의 세력은 강하고 이에 대적하는 관살(官殺)이 적으니[强重敵寡 강중적과] 임수(壬水)를 용신으로 삼는다면, 더욱 불만스럽게도 삼기 중에서 투출한 무토(戊土)가 뿌리를 깊이 내려 식신을 극하니[奪食 탈식] 이 또한 용신으로 삼기 어렵다.

재성(財星)인 갑목(甲木)은 본래는 빌려온 용신[借用 차용]이라 할 수 있다. 토(土)를 뚫어 통하게 하고 수(水)를 호위하며[疏土衛水 소토위수], 상관을 설하고 관을 생해주니[洩傷生官 설상생관] 유정한 것처럼 보인다. 하지만 이것은 진월(辰月) 갑목(甲木)은 퇴기(退氣)이고 무토(戊土)가 권력을 잡았으니[當權 당권], 왕성한 토(土)를 퇴기인 목(木)이 뚫어 통하게 하기란 불가능한 것을 모르고 하는 소리이다.

설령 갑목(甲木)을 용신으로 삼는다고 해도 이는 가용신(假用神)에 불과하니, 이 사주주인공은 평범하고 별 볼일 없는 사람[庸碌之人 용록지인]에 불과하다. 게다가 운마저 갑목(甲木)의 휴수에 해당하는 지지인 서남(西南)으로 달리니, 비록 조상으로부터 물려받은 유산이 있었지만 한 번의 실패로 모두 날려버리고 처자식을 모두 잃게 되어 그 외롭고 고단함은 이루 감당할 수 없는 지경에 이르렀다.

이러한 상황에 처했는데도 삼기나 공귀 등의 격(格)을 논하며 용신을 살피기를 소홀히 한다면 모두 헛되고 그릇된 잘못을 범하는 것일 뿐이다.

심화학습

삼기(三奇)란 기문둔갑(奇門遁甲)에서 나온 말로 재관인(財官印)을 의미하기도 하고 갑무경(甲戊庚)과 을병정(乙丙丁)을 의미하기도 하는데, 여기서는 갑무경(甲戊庚)을 말한다. 공귀(拱貴)란 지지에 끼어 있어 보이지 않는 것을 의미하는데, 이 사주의 천을귀인(天乙貴人)인 미토(未土)를 지지에 있는 오화(午火)와 신금(申金)이 끼고 있어 좋다고 한다. 여기서는 『연해자평』, 『명리정종』, 『자평진전』, 『궁통보감』 등에 있는 이론들을 비판하고 있다고 보면 된다.

결국 이 사주는 신왕(身旺)하다고 보아 갑목(甲木)을 용신으로 삼고 식신생재(食神生財)로 흐름을 탄다는 말이다. 간지 배합(干支配合)이 제대로 이루어지지 않고 운의 흐름도 좋지 않아 별 볼일 없는 인생을 살게 되었으니, 이를 두고 신살(神殺)을 동원하여 사주를 왜곡시키지 말라는 강력한 의도가 담겨 있다고 하겠다.

	壬	乙		己		丙
	午	丑		亥		子

丁	丙	乙	甲	癸	壬	辛	庚
未	午	巳	辰	卯	寅	丑	子

이 명조를 처음 살펴보면 무엇 하나 용신(用神)으로 취할 만한 것이 없어 보인다. 일단 천간의 임수(壬水)와 병화(丙火)가 서로 극(剋)하고, 지지의 자수(子水)와 오화(午火)가 멀리서 충(沖)하고 있다. 또한 겨울의 추운 나무는 햇볕을 반기는데[寒木喜陽 한목희양] 바로 범람하는 수(水)의 세력을 만나 화(火)의 기운은 극을 받아 끊어지니[剋絶 극절], 명예와 재물[名利 명리]은 얻을 수 없을 것 같다.

하지만 자세히 살펴보면 수(水)가 셋에 토(土)와 화(火)가 둘씩 있음을 알 수 있다. 수(水)의 세력이 비록 왕(旺)하다고는 하지만, 반가운 것은 금(金)이 없다는 것이다. 화(火)는 본래 휴수(休囚)이지만 다행스럽게도 토(土)의 호위를 받으니, 이를 일러 '자식이 어미를 구한다[兒能救母 아능구모]'고 한다. 하물며 천간의 임수(壬水)는 을목(乙木)을 생(生)하고 병화(丙火)는 기토(己土)를 생하여 각각 문호(門戶)를 세우고 서로 생하여 유정하니, 다투고 극하려는 의도[爭剋之意 쟁극지의]가 전혀 없음이 틀림없다. 비록 지지가 북방(北方)이라고는 하나 반갑게도 기토(己土)의 원신(元神)이 투출하여 녹왕(祿旺)에 통근하고 서로 보호해주니 그 세력이 족히 수(水)를 멈추고 화(火)를 호위할 수 있다 하겠는데, 이것이 바로 '병이 있는데 약을 얻었다[有病得藥 유병득약]'고 하는 것이다. 또한 일양(一陽)이 지나면 만물이 잉태하고[萬物懷胎 만물회태] 목화(木火)의 진기(進氣)이니 상관(傷官)의 빼어난 기운[秀氣 수기]을 용신으로 삼는다.

중년에 운이 동남(東南)으로 달리니 용신인 화(火)가 생왕(生旺)을 만나게 되어 반드시 과거에 수석으로 합격할 것이다. 인목(寅木)운으로 바

꾀자 화(火)는 생을 받고 목(木)은 왕하게 되어 전시(殿試)에 잇달아 합격하여[連登甲榜 연등갑방] 한원(翰苑)에 들어갔으며, 벼슬이 빠르게 올랐다. 이 두 개의 명조로 미루어 본다면 어찌 간지 배합의 이치를 소홀히 할 수 있겠는가.

심화학습

약간 과장되었다는 느낌은 있지만, 그 해석의 의도는 충분히 이해할 수 있다 하겠다. 한 예로 '일양(一陽)이 지나면 만물이 잉태하고[萬物懷胎 만물회태]'라고 했는데, 일양이 생을 시작하려면[一陽始生 일양시생] 동지(冬至) 즉 자월(子月)이 지나야 한다. 이 사주는 해월(亥月)인데도 이런 논리를 펼치는 것은 과장으로밖에 볼 수 없다는 생각이다. 엄밀히 말하면 사주의 간지 배합이 좋아서라기보다는 운이 너무 좋았기 때문이라고 할 수 있을 것이다. 위에 나오는 한목희양(寒木喜陽), 아능구모(兒能救母) 등의 용어는 차후에 자세하게 설명할 것이므로 잘 기억해두기 바란다.

天干
천간

1. 십간(十干)의 특징 분석

五陽皆陽丙爲最　五陰皆陰癸爲至
오양개양병위최　　오음개음계위지

> 오양(五陽:甲丙戊庚壬)은 모두 양(陽)이지만 그 중 병화(丙火)가 최고이고
>
> [五陽皆陽丙爲最]
>
> 오음(五陰:乙丁己辛癸)은 모두 음(陰)이지만 그 중 계수(癸水)가 지극하다
>
> [五陰皆陰癸爲至]

오양(五陽)과 오음(五陰)이란

술수학(術數學), 즉 역학(易學)의 원류는 주역(周易)이다. 복희(伏羲)가 만든 선천팔괘(先天八卦)는 하늘과 땅[乾坤전곤]을 위주로 하여 체(體)가 되고, 문왕(文王)이 만든 후천팔괘(後天八卦)는 용(用)이 되며 물과 불[坎離감리]이 주(主)가 된다. 건곤(乾坤)은 천지(天地)를 말하며, 감리(坎離)는 수화(水火)를 말한다. 사주의 천간(天干)과 지지(地支)는 체가 아닌 용을 논하며, 오양(五陽) 중 병화(丙火)가 가장 양(陽)답고 오음(五陰) 중 계수(癸水)가 가장 음(陰)답다고 하겠다.

병(丙)은 순수한 양의 불인데[純陽之火 순양지화] 병화(丙火)로 말미암아 만물이 일어나고[發 발] 이를 얻어 만물을 거두어들인다[斂 염]. 계(癸)는 순수한 음의 물로서[純陰之水 순음지수] 계수(癸水)로 말미암아 만물이 생겨나고[生 생] 이를 얻어 만물이 무성해진다[茂 무].

양이 극에 달하면 음이 생하니 병신(丙辛)이 합하면 수(水)로 변하게 되고[化水 화수], 음이 극에 달하면 양이 생하니 무계(戊癸)가 합하면 화(火)로 변하게 되므로[化火 화화], 음양이 서로 도와 조화를 이루면[相濟 상제] 만물이 생하고 또 생하는 오묘한 이치[生生之妙 생생지묘]를 얻게 된다.

십간의 기운[十干之氣 십간지기]은 음양으로 나누어지지만, 본래 하나의 근원[一原 일원]으로부터 생겨난 것이다. 갑을(甲乙)은 하나의 목(木)이고, 병정(丙丁)은 하나의 화(火)이며, 무기(戊己)는 하나의 토(土)이고, 경신(庚辛)은 하나의 금(金)이며, 임계(壬癸)는 하나의 수(水)이니, 즉 진태감리(震兌坎離)가 그것이다. 다만, 이러한 명칭들은 임시로 정한[假定 가정] 것일 따름이다. 기(氣)란 원래 형체가 없으므로[氣本無形 기본무형] 그 작용하는 곳을 나누어 구별해보면[分別所用 분별소용], 양은 강건(剛健)하고 음은 유순(柔順)하다는 것에 불과할 뿐이다.

명리학자들 중 기이한 것을 좋아하는 사람들이 노래와 시라고 만들어 놓은 것을 훔쳐내어[竊怪命家作爲歌賦 절괴명가작위가부] 도리에 어긋나게 비유하건대[比擬失倫 비의실륜], 갑목(甲木)은 대들보[棟梁 동량]요 을목(乙木)은 화초나 과일나무[花果 화과]이고, 병화(丙火)는 태양(太陽)이요 정화(丁火)는 등불[燈燭 등촉]이라고들 하는데, 이는 모두가 한마디로 아주 웃기는 이야기다.

하지만 이를 배운 후학(後學)들이 여기에 빠져들어[拘泥執着 구니집착] 원래의 의미를 왜곡하여 알리고[以詞害意 이사해의] 억지로 갖다 붙여 옳다고들 하니[於是穿鑿府會 어시천착부회], 온갖 잘못된 논리들이 여기에서부터 생겨나게 되고 명리학을 배운 사람들 중 이에 통달한 사람이 적은 것은 바로 이런 까닭이다.

심화학습

『적천수천미(滴天髓闡微)』에서는 오양(五陽)과 오음(五陰)의 잘못된 비유를 다음과 같이 상세히 밝히면서 주의를 환기시키고 있다.

"갑목(甲木)은 동량(棟梁)이고 을목(乙木)은 화과(花果)이며, 병화(丙火)는 태양(太陽)이고 정화(丁火)는 등촉(燈燭)이며, 무토(戊土)는 성곽이나 담장[城牆 성장]이고 기토(己土)는 논밭이나 동산[田園 전원]이며, 경금(庚金)은 무쇠덩어리[頑鐵 완철]이고 신금(辛金)은 주옥(珠玉)이며, 임수(壬水)는 강과 하천[江河 강하]이고 계수(癸水)는 비와 이슬[雨露 우로]이다. 이러한 비유는 이미 오랫동안 답습되어 굳어져 깨뜨릴 수가 없으니, 이것을 사용하여 명(命)을 논한다면 크게 그르치게 될 것이다. 또한 갑(甲)은 뿌리가 없는 사목(死木)이고 을(乙)은 뿌리가 있는 활목(活木)이라고 하며 같은 목(木)을 생사(生死)로 나누는데, 어찌 양목(陽木)은 단지 사기(死氣)만 받고 음목(陰木)은 생기(生氣)만 받아 가지고 있겠는가. 이런 것들은 모두 맞지 않는 논리이니 모두 고쳐 바로잡아야 장차 닥쳐올 오류를 막을 수 있다."

명리학 기초이론 3 **팔괘(八卦)**

팔괘(八卦)란 중국의 상고시대에 복희(伏羲)라는 황제가 만들었다는 8개의 괘, 즉 건(乾)·곤(坤)·감(坎)·이(離)·진(震)·태(兌)·간(艮)·손(巽)을 말한다.

선천팔괘(先天八卦)는 음양오행을 연구할 때 그 본보기[體, 체]로 삼고 건곤(乾坤)을 위주로 하며, 후천팔괘(後天八卦)는 음양오행을 연구할 때 그 활용방안[用, 용]으로 삼고 감리(坎離)를 위주로 한다.

팔괘는 각자 정해진 방위가 있으며, 후천팔괘의 방위를 따른다.

진 (震)	태 (兌)	감 (坎)	이 (離)	건 (乾)	곤 (坤)	간 (艮)	손 (巽)
동방 (東方)	서방 (西方)	북방 (北方)	남방 (南方)	북서 (北西)	남서 (南西)	북동 (北東)	남동 (南東)

십간(十干)을 후천팔괘에 배정하면 다음과 같다.

· 병정(丙丁)은 이괘(離卦)이고, 임계(壬癸)는 감괘(坎卦)이다.

· 갑(甲)은 봄날의 따뜻한 기운[陽和之氣, 양화지기]으로 손괘(巽卦)이고, 을(乙)은 진괘(震卦)이다.

> - 경(庚)은 가을의 스산한 기운[肅殺之氣, 숙살지기]으로 건괘(乾卦)이고, 신(辛)은 태괘(兌卦)이다.
> - 무(戊)는 양(陽)으로 간괘(艮卦)이고, 기(己)는 음(陰)으로 곤괘(坤卦)이다.
>
> 팔괘에서 금목토(金木土)는 각각 둘이고 수화(水火)는 하나이니, 바로 후천팔괘는 수화(水火)를 위주로 하는 것이다.

적천수 원문

五陽從氣不從勢　五陰從勢無情義
오양종기부종세　　　오음종세무정의

> 오양(五陽)인 갑병무경임(甲丙戊庚壬)은 기(氣)를 따르되 세력을 좇지 않고
> [五陽從氣不從勢]
> 오음(五陰)인 을정기신계(乙丁己辛癸)는 정과 의리가 없이 세력을 좇는다
> [五陰從勢無情義].

적천수 해설　　**오양(五陽)과 오음(五陰)의 성격 분석**

오양(五陽)은 그 기가 열려[氣闢 기벽] 활발하게 빛나는 형상을 쉽게 알아볼 수 있으나, 오음(五陰)은 그 기가 거두어들여져[氣翕 기흡] 속에 싸여 감취져 있으니 속을 헤아리기 어렵다. 오양은 그 성질이 강건(剛健)하여 재(財)와 살(殺)을 두려워하지 않고, 어려운 사람을 측은하게 생각하는 마음[惻隱之心 측은지심]이 있으며, 그 처세(處世)가 구차스럽지 않다. 오음은 그 성질이 유순(柔順)하여 왕성한 세력을 보면 의리를 망각하고 쉽게 순종해버리고, 인색하고 탐욕스러운 마음[鄙吝之心 비린지심]이 있으며, 그 처세가 교만하고 아첨을 잘한다. 따라서 부드러움은 능히 굳셈을 제어하여 극할 수 있지만[柔能制剋剛 유능제극강], 굳셈은 부드러움을 제어할 수 없는[剛不能制剋柔 강불능제극유] 것이다.

대체로 순수한 양의 기운[純陽 순양]을 가진 사람은 성격이 호탕하고 명쾌하여 불의를 보면 참지 못하지만[豪爽慷慨 호상강개], 순수한 음의 기운[純陰 순음]을 가진 사람은 성격이 속마음을 털어놓지 않고 담을 쌓아 매우

침체되어 있다[城府深沈 성부심침]. 일의 형편에 따라 의리를 저버리고[趨勢忘義 추세망의] 그 처세가 교만과 아첨을 일삼는 것은 모두 사주의 음기(陰氣)가 허물이 된 것이고, 그 성격이 호탕하고 시원스러우며 의협심이 있는 것은 모두 사주 내 양기(陽氣)의 독특한 특징이라 하겠다.

그러나 양 안에 있는 음[陽中之陰 양중지음]이 있고 음 안에 있는 양[陰中之陽 음중지양]이 있으며, 겉은 양인데 속은 음[陽外陰內 양외음내]이 있고 겉은 음인데 속은 양[陰外陽內 음외양내]이 있으니, 이 역시 분별해야 함이 마땅하다. 양 안에 있는 음[陽中之陰 양중지음]은 겉으로는 어질고 의롭게 보여도 속으로는 간사하고, 음 안에 있는 양[陰中之陽 음중지양]은 겉으로는 흉폭하고 험상궂게 보여도 속으로는 인자하다. 겉은 양인데 속은 음[陽外陰內 양외음내]인 사람은 속에 남을 해하려는 마음을 품고 있으며[包藏禍心 포장화심], 겉은 음인데 속은 양[陰外陽內 음외양내]인 사람은 살아가야 할 바른 도리를 지키려는 마음을 지니고 있다[秉持直道 병지직도].

이와 같은 방법으로 사람의 인품이 단정한지 간사한지[端邪 단사]를 분별할 수 있겠으나, 너무 그것에만 매달려서는[執着 집착] 안 된다. 중요한 것은 그 사람의 사주의 기세(氣勢)가 거스르지 않고 바른지[順正 순정], 사주의 오행이 고르게 조화를 이루어[停均 정균] 치우침이 없는지[不偏倚 불편의]를 살펴보는 것이 우선되어야 한다. 그러면 남에게 해를 끼치고 자신의 이익만 구하려는 마음[損人利己之心 손인이기지심]이 당연히 없을 것이다.

무릇 자신의 몸을 지키면서 이 세상을 살아나가기[持身涉世 지신섭세] 위해서는 반드시 먼저 상대방이 어떤 사람인지를 알아야 한다[必先知人 필선지인]. 그리고 나서 먼저 사람을 선택하고 그와 함께 길을 갈지를 결정해야 하는[擇先而從之道 택선이종지도] 것이 중요하니 사람을 몰라서는 안 된다.

심화학습

『적천수징의(滴天髓徵義)』에는 '먼저 사람을 선택하고 그와 함께 길을 갈지를 결정해야 하는[擇先而從之道 택선이종지도]'이라고 되어 있으나, 『적천수천미(滴天髓闡微)』에는 '올바른 사람을 선택하여 좇아야 한다[擇其善者

而從之 택기선자이종지'라고 되어 있다. 따라서『적천수징의』의 '선(先)'은 '선(善)'으로 표기하는 것이 앞뒤 문맥상 더 적절하다는 생각이다.

이 장(章)을 잘못 이해하게 되면 양간(陽干)인 사람은 영웅이고, 음간(陰干)인 사람은 아주 못된 놈이란 선입견에 사로잡힐 수 있다. 따라서 '너무 그것에만 매달려서는[執着 집착] 안 된다'는 말에 정신을 집중해야 할 것이다. 천간의 음양도 영향을 미치겠지만, 그보다는 '오행이 고르게 조화를 이루어[停均 정균] 치우침이 없는지[不偏倚 불편의]'가 더 중요하다는 말이다.

2. 갑목(甲木)

적천수 원문

甲木參天　脫胎要火　春不容金　秋不容土
갑목참천　　　탈태요화　　　춘불용금　　　추불용토

갑목(甲木)은 하늘을 찌를 듯이 강직하다[甲木參天].
어린 나무가 껍질을 벗으려면(겨울과 봄에는) 화(火)가 필요하고[脫胎要火]
목기(木氣)가 강한 봄에는 금(金)으로 극(剋)해서는 안 되며[春不容金]
금기(金氣)가 성한 가을에는 토(土)를 용납하지 않는다[秋不容土].

적천수 해설　　　**갑목(甲木)의 특성 1**

갑(甲)은 순수한 양[純陽 순양]의 목(木)이다. 그 체(體)는 원래 견고하고 기세는 하늘을 찌를 듯이 웅장하다[參天之勢 참천지세]. 이른 봄[春初 춘초]인 인월(寅月)에 태어난 목(木)은 아직 어리고 주변의 기(氣)가 아직 차가우니 따스한 온기[火 화]를 얻어야 싹이 터 꽃을 피울 수 있다[發榮 발영]. 봄이 한창인[仲春 중춘] 묘월(卯月)에 태어난 목(木)은 그 왕한 세력이 극에 달해 있어[旺極之勢 왕극지세] 그 강한 기운을 흘려[洩 설] 보내야 꽃이 만발하니[菁英 청영], 소위 강한 목(木)은 화(火)를 얻어야[强木得火 강목득화] 그 모남을 갈아 무디게 만들 수 있다[方化其頑 방화기완]고 하는 것이다.

목(木)을 극하는 것은 금(金)이다. 하지만 봄철의 금(金)은 갇혀 쉬고 있으므로[春金休囚춘금휴수] 이 쇠약한 금(金)으로 왕성한 목(木)을 극하다가는 오히려 자신이 이지러지는[木堅金缺목견금결] 것이 당연한 이치이다[必然之勢필연지세]. 따라서 봄의 갑목(甲木)은 강하니, 금(金)을 써서 극하는 것을 용납하지 않는다[春不容金춘불용금].

가을에 태어난 갑목(甲木)은 때를 잃어 쇠약해진 상태이다. 가지의 잎은 비록 시들어 떨어져 점점 앙상해지지만[凋落漸稀조락점희], 줄기를 지탱하기 위해 뿌리는 기운을 거두어 모아들여 아래까지 도달하니[收斂下達수렴하달], 극을 받는 것은 토(土)가 된다. 한편, 가을의 토(土)는 금(金)을 생해주기 위해 자신의 기운을 설(洩)하게 되어[生金洩氣생금설기] 가장 허약한 토(土)가 되어버린다. 이와 같이 허약함이 극에 달한 토(土)가 목(木)의 공격을 받으면 목(木)의 뿌리를 배양하는 것은 불가능할 뿐만 아니라 오히려 땅이 기울어 꺼져버리게 된다[遭其傾陷조기경함]. 따라서 가을의 갑목(甲木)은 토(土)를 용납하지 않는다[秋不容土추불용토].

명리학 기초이론 4   **오행의 상호관계**

오행(五行)은 서로 생(生)하고 극(剋)하는 관계를 유지하고 있다. 즉, 오행은 목(木)→화(火)→토(土)→금(金)→수(水)의 순으로 흐르면서 이웃한 오행은 생해주고 건너뛴 오행은 극한다.

① 상생(相生)

상생은 목생화(木生火)→화생토(火生土)→토생금(土生金)→금생수(金生水)→수생목(水生木)로 이어진다.

목생화(木生火)	나무[木]가 몸을 살라 불[火]을 만들고,
화생토(火生土)	불[火]이 타고 나면 재로 남아 흙[土]이 되고,
토생금(土生金)	흙[土]이 오랜 세월 다져지면 굳어서 무쇠와도 같은 굳은 바위[金]가 되고,
금생수(金生水)	바위[金]도 아주 강한 압력을 받으면 녹아 흐르고[水],
수생목(水生木)	위의 물[水]을 빨아들여 나무[木]가 자란다.

이와 같은 논리로 오행상생(五行相生)의 이치를 기억하면 될 것이다.

② 상극(相剋)

상극은 목극토(木剋土) → 토극수(土剋水) → 수극화(水剋火) → 화극금(火剋金) → 금극목(金剋木)으로 이어진다.

목극토(木剋土)	나무[木]는 뿌리를 뻗기 위해 흙[土]을 헤집고,
토극수(土剋水)	흙[土]은 물[水]을 빨아들여 습기를 되찾고,
수극화(水剋火)	물[水]은 불[火]을 꺼 나무가 타버리는 것을 막아주고,
화극금(火剋金)	불[火]은 쇠[金]를 녹여 도끼를 만들고,
금극목(金剋木)	쇠로 만든 도끼[金]로 나무[木]를 베어낸다.

이와 같은 논리로 오행상극(五行相剋)의 이치를 기억하면 될 것이다.

적천수 원문

火熾乘龍　水蕩騎虎　地潤天和　植立千古
화치승룡　　　수탕기호　　　지윤천화　　　식립천고

> 사주에 화기(火氣)가 많을 때는 지지에 용[辰土, 진토]이 필요하고[火熾乘龍]
> 사주에 수기(水氣)가 넘칠 때는 지지에 호랑이[寅木, 인목]가 필요하니[水蕩騎虎]
> 지지가 윤택하고 천간이 화평하면[地潤天和]
> 뿌리 곧게 내려 오랜 세월 굳건히 견뎌낸다[植立千古].

적천수 해설　　　**갑목(甲木)의 특성 2**

사주의 지지에 인오술(寅午戌)이 있어 화국(火局)을 이루고 천간에 병정화(丙丁火)가 투출하면, 이것은 목생화(木生火)로 인한 설기가 너무 심한[洩氣太過 설기태과] 정도로 그치는 것이 아니라 그 도가 지나쳐 목(木)을 완전히 불살라버리는 지경에 이르렀다고 할 수 있다. 이 경우 갑목(甲木)은 축축한 습토(濕土)인 진토(辰土)를 깔고 앉아야만 한다. 진(辰)은 신자진(申子辰) 수국(水局)의 물창고[水庫 수고]로 그 성분이 습(濕)한데, 이 습토는 능히 목(木)의 뿌리를 잡아주어 목(木)을 살리고[生木 생목] 강력한 화기(火氣)를 흘려보낼 수 있다[洩 설]. 이를 일러 사주에 화기가 강할 때는 자신의 지지에 용[辰土 진토]을 깔고 있어야 한다는 것이다[火熾乘龍 화치승룡].

사주의 지지에 신자진(申子辰)이 있어 수국(水局)을 이루고 천간에 임계수(壬癸水)가 투출하면, 수(水)가 범람하여 목(木)이 떠버리는 지경에 이르렀다[水泛木浮 수범목부]고 할 수 있다. 이 경우 갑목(甲木)은 인목(寅木)을 깔고 앉아야만 마땅하다. 인(寅)은 인오술(寅午戌) 화국(火局)의 생지(生地)로서 화(火)를 생해주는[木生火 목생화] 한편, 자신의 몸 안에 토(土)를 생해줄 수 있는 능력을 갖추어[寅中丙火生土 인중병화생토] 토기(土氣)를 강하게 하며, 갑목(甲木)의 녹왕(祿旺)이니 그의 튼튼한 뿌리가 되어 수기(水氣)를 능히 거두어들여 수(水)가 범람해 목(木)이 떠버리는 것을 막을 수 있다. 이를 일러 사주에 수기가 강할 때는 자신의 지지에 호랑이[寅木 인목]를 깔고 있어야 한다는 것이다[水蕩騎虎 수탕기호].

만약 갑목(甲木) 일주로 태어났을 경우, 금(金)이 지나치게 날카롭지도 않고[金不銳 금불예] 토(土)가 너무 건조하지도 않으며[土不燥 토부조] 화(火)가 너무 뜨겁지도 않고[火不烈 화불렬] 수(水)가 미쳐 날뛰지만 않는다면[水不狂 수불광], 지지는 윤택하고 천간은 화평할 것이다[地潤天和 지윤천화]. 이렇게만 된다면 뿌리를 곧게 내려 오랜 세월 굳건히 견뎌내지 못할 나무가 어디 있겠는가[植立千古 식립천고].

심화학습

『적천수(滴天髓)』의 간지(干支) 해석을 쉽게 이해하려면 각 지지가 상징하는 동물을 알아두어야 한다. 자(子)는 쥐[鼠 서], 축(丑)은 소[牛 우], 인(寅)은 호랑이[虎 호], 묘(卯)는 토끼[兔 토], 진(辰)은 용[龍 용], 사(巳)는 뱀[蛇 사], 오(午)는 말[馬 마], 미(未)는 양[羊 양], 신(申)은 원숭이[猴 후], 유(酉)는 닭[鳳 봉], 술(戌)은 개[犬 견], 해(亥)는 돼지[猪 제]이다. 따라서 본문의 화치승룡(火熾乘龍)에서 용(龍)은 진토(辰土)를 말하고, 수탕기호(水蕩騎虎)의 호(虎)는 인목(寅木)을 말한다.

명리학 기초이론 5 **지지의 방국(方局)과 회국(會局)**

12개 지지[十二支, 십이지]의 오행은 서로 짝을 지어 방국(方局)과 회국(會局)을 이룬다. 앞에서 이미 언급했듯이 팔괘(여기서는 후천팔괘를 말한다)는 각자 정해진 방위가 있는데, 진(震)은 동방(東方), 태(兌)는 서방(西方), 감(坎)은 북방(北方), 이(離)는 남방(南方)을 가리킨다. 오행 중에서 진목(震木)은 동방, 태금(兌金)은 서방, 감수(坎水)는 북방, 이화(離火)는 남방을 차지한다.

① 지지의 방국

지지는 셋이 짝을 지어 하나의 방위로 세력을 형성하는데 이를 지지의 사방국(四方局)이라고 하고, 이는 같은 성향의 무리가 모여 세력을 형성하면 따라야 하는 이치와 같다.

인묘진(寅卯辰)	목방국(木方局). 향은 동방으로 봄[春]을 의미하는 목왕절(木旺節)이다.
사오미(巳午未)	화방국(火方局). 향은 남방으로 여름[夏]을 의미하는 화왕절(火旺節)이다.
신유술(申酉戌)	금방국(金方局). 향은 서방으로 가을[秋]을 의미하는 금왕절(金旺節)이다.
해자축(亥子丑)	수방국(水方局). 향은 북방으로 겨울[冬]을 의미하는 수왕절(水旺節)이다.

여기서 각 방국의 첫 글자인 인신사해(寅申巳亥)와 두 번째 글자인 자오묘유(子午卯酉)는 같은 기운으로 음양만 다를 뿐 그 방(方)을 대표하는 기운인 본기(本氣)이며, 마지막 글자인 진술축미(辰戌丑未)는 중방(中方)으로 각 방의 본질이 남아 있어 다음 방으로 넘어가는, 즉 계절과 계절을 이어주는 연결고리 역할을 하는 기운으로 여기(餘氣)에 해당한다.

② 지지의 회국

또한 지지는 셋이 짝을 지어 회국(會局)을 이루는데 이를 지지의 사회국(四會局)이라고 하고, 각 회국의 첫 오행을 생지(生地), 가운데 오행을 왕지(旺地), 마지막 오행을 고지(庫地)라고 하며, 이들은 지장간(支藏干)에 그들이 모여 이루는 회국의 공통된 기운을 가지고 있다.

해묘미(亥卯未)	목회국(木會局). 향은 동방이며, 이들은 지장간에 목(木)을 가지고 있다.
인오술(寅午戌)	화회국(火會局). 향은 남방이며, 이들은 지장간에 화(火)를 가지고 있다.
사유축(巳酉丑)	금회국(金會局). 향은 서방이며, 이들은 지장간에 금(金)을 가지고 있다.
신자진(申子辰)	수회국(水會局). 향은 북방이며, 이들은 지장간에 수(水)를 가지고 있다.

여기서 각 회국의 첫 글자인 인신사해(寅申巳亥)가 각 회국의 왕지를 생해주는 역할을 하고[生地, 생지], 두 번째 글자인 자오묘유(子午卯酉)가 그 회국을 나타내는 대표자 역할을 하며[旺地, 왕지], 마지막 글자인 진술축미(辰戌丑未)는 대표자를 갈무리해 저장하는 창고 역할을 한다[庫地, 고지].

3. 을목(乙木)

적천수 원문

乙木雖柔　刲羊解牛　懷丁抱丙　跨鳳乘猴
을목수유　　규양해우　　회정포병　　과봉승후

> 을목(乙木)은 비록 여리고 약하다고 하지만[乙木雖柔]
> 월일지(月日支)에 미토(未土)나 축토(丑土)를 만나도 마음대로 뿌리를 내릴 수 있고
> [刲羊解牛]
> 병화(丙火)나 정화(丁火)가 천간에 떠 있으면[懷丁抱丙]
> 지지의 유금(酉金)이나 신금(申金)을 감당할 수 있다[跨鳳乘猴].

적천수 해설 **을목(乙木)의 특성 1**

을목(乙木)은 갑목(甲木)의 질(質)로서 갑목(甲木)의 활발한 기운[生氣 생기]을 이어받았다. 봄에는 복숭아나 오얏나무[桃李 도리]와 같아서 서리[金]가 내리면 시들어버리고[金剋則凋 금극즉조], 여름에는 벼이삭[禾稼 화가]과 같아서 물을 보태주어야 잘 자란다[水滋得生 수자득생]. 가을에는 오동과 계수나무[桐桂 동계]와 같아서 싸늘한 기운[金]을 불로 데워주어야 하고[金旺火制 금왕화제], 겨울에는 기이한 화초[奇葩 기파]와 같아서 불로 데우고 흙으로 북돋워주어야 한다[火暖土培 화난토배].

을목(乙木)이 봄에 태어나면 화(火)가 마땅한 것은 꽃이 피는 것을 기뻐하기 때문이고[喜其發榮 희기발영], 여름에 태어나면 수(水)가 마땅한 것은 마른 땅을 적셔주기 때문이다[潤地之燥 윤지지조]. 가을에 태어나면 화(火)가 마땅한 것은 그것으로 왕(旺)한 금(金)을 극할 수 있기 때문이고[使火剋金 사화극금], 겨울에 태어나면 화(火)가 마땅한 것은 꽁꽁 얼어붙은 하늘을 녹여주기 때문이다[解天之凍 해천지동].

양을 찌르고 소를 가른다[刲羊解牛 규양해우]는 말은, 을목(乙木)이 축미월(丑未月)이나 을미일(乙未日) 또는 을축일(乙丑日)에 태어났다고 하더라도 미토(未土)는 해묘미(亥卯未) 목국(木局)의 창고[木庫 목고]이므로 여기에 뿌리를 내릴 수 있고, 축토(丑土)는 습토(濕土)이니 목(木)의 기운을

받아들일 수 있어서 괜찮다는 말이다.

병정(丙丁)을 품고 있으면[懷丁抱丙 회정포병] 봉황과 원숭이에 올라탈 수 있다[跨鳳乘猴 과봉승후]는 말은, 을목(乙木)이 신유월(申酉月)이나 을유일(乙酉日)에 태어났는데 병정화(丙丁火)가 천간에 투출한 경우, 수(水)가 있다 하더라도 화(火)와 다투거나 극하지 않으면[有水不相爭剋 유수불상쟁극] 화(火)로 금(金)을 제(制)하고 수(水)로 금(金)을 화(化)함을 마땅히 얻을 수 있으니[制化得宜 제화득의] 금(金)이 강해도 두려울 게 없다는 말이다.

심화학습

규양해우(刲羊解牛)를 말 그대로 해석하면 '양을 찌르고 소를 가른다'이다. 여기서 양(羊)은 미토(未土)를 말하고, 우(牛)는 축토(丑土)를 의미한다. 따라서 규양해우는 을목(乙木)은 월지나 일지에서 미토(未土)나 축토(丑土)를 만나도 마음대로 뿌리를 내릴 수 있다는 의미로 볼 수 있다.

또한 과봉승후(跨鳳乘猴)는 말 그대로 해석하면 '봉황과 원숭이에 올라탄다'인데, 봉(鳳)은 유금(酉金)을 의미하고, 후(猴)는 신금(申金)을 말한다. 그러므로 과봉승후는 지지의 유금(酉金)이나 신금(申金)을 감당할 수 있다는 의미로 볼 수 있다. 『적천수(滴天髓)』 원문(原文)은 대부분 그 의미를 함축적으로 표현하고 있다. 따라서 이를 그대로 해석하기보다는 그 안에 담겨진 뜻을 풀어서 보여주는 것이 독자들에게 더 바람직한 방법이라는 생각이 들어『적천수』 원문을 풀어서 해석하였다.

이 장(章)에서는 을목(乙木)에 대해 한 가지 특이한 점을 발견할 수 있다. 바로 을목(乙木)은 유난히도 화(火)의 도움을 필요로 한다는 것이다. 사계절 중에서 여름철에 수(水)를 반기는 것을 제외하고는 다른 계절에 태어난 을목(乙木)은 모두가 화(火)를 반기고 있는데, 정말 을목(乙木)은 이렇게나 화(火)를 좋아하는 것 같다. 이를 일러 '을목(乙木)은 수화(水火)와 떼어놓을 수 없다[乙木不離坎離宮 을목불리감리궁]'고 한다.

虛濕之地　騎馬亦憂　藤蘿繫甲　可春可秋
허습지지　기마역우　등라계갑　가춘가추

> 지지에 겨울[水旺節, 수왕절]의 습기가 과하면[虛濕之地]
> 지지에 오화(午火)가 있어도 추위가 걱정되며[騎馬亦憂]
> 천간에 갑목(甲木)이 있어 이를 의지할 수 있으면[藤蘿繫甲]
> 넝쿨이 소나무를 감고 엉켜 오르듯 봄[木]도 좋고 가을[金]도 괜찮다[可春可秋].

적천수 해설　　**을목(乙木)의 특성 2**

지지가 허하고 습하면[虛濕之地 허습지지] 말을 타도 근심이 된다[騎馬亦憂 기마역우]는 말은, 을목(乙木)이 해자월(亥子月)에 태어났는데 사주 천간에 병정화(丙丁火)가 없고 지지에 술미(戌未)의 메마른 토[燥土 조토]가 없으면, 비록 연지에 오화(午火)가 있다 해도 이 오화(午火)는 해자수(亥子水)의 극(剋)을 받으니 생함을 얻기가 어렵다[亦難發生 역난발생]는 뜻이다.

사주 천간에 갑목(甲木)이 투출하고 지지에서 인목(寅木)이 뿌리가 되어 받쳐준다면, 이를 일컬어 '등나무 넝쿨이 소나무와 잣나무를 감아 타고 올라간다[藤蘿繫松柏 등라계송백]'고 한다. 따라서 봄에는 갑목(甲木)의 도움을 받는 것이 확실하고[春固得助 춘고득조], 가을에는 목(木)이 서로 힘을 합쳐 도우니[秋亦合扶 추역합부] 뿌리가 튼튼한 을목(乙木)이 가을의 금(金)을 이겨낼 수 있으므로 봄과 가을 모두 좋다[可春可秋 가춘가추]고 하는데, 이는 사계절 모두가 좋다[四季皆可 사계개가]는 말이라고 보면 될 것이다.

심화학습

기마역우(騎馬亦憂)의 마(馬)는 이미 앞에서 설명한 바와 같이 지지 오화(午火)를 의미한다. 등라계송백(藤蘿繫松柏)의 송백(松柏)은 갑목(甲木)을 의미하므로 등라계갑(藤蘿繫甲)으로 이해하면 될 것이다.

음양과 기질(氣質)

앞서 〈적천수 해설 : 을목(乙木)의 특성 1〉에서 을목(乙木)은 갑목(甲木)의 질(質)로서
갑목(甲木)의 활발한 기운[生氣, 생기]을 이어받았다고 언급하였다. 여기서 알 수 있듯
이, 오행의 음양을 질(質)과 기(氣)로 구분하여 양은 그 오행의 기이고 음은 질이라 하
여, 기는 질을 생성하는 근원이며 음은 양으로부터 그 기운을 이어받아 이루어진다고
본다.

4. 병화(丙火)

적천수 원문

丙火猛烈　欺霜侮雪　能煆庚金　逢辛反怯
병화맹렬　　기상모설　　능단경금　　봉신반겁

> 병화(丙火)는 화기(火氣)가 매우 뜨겁고 세차니[丙火猛烈]
> 가을의 서리[霜, 상]나 겨울의 눈[雪, 설]을 기만하고 업신여기며[欺霜侮雪]
> 경금(庚金)을 보더라도 능히 이를 불려서 녹여버릴 수 있지만[能煆庚金]
> 신금(辛金)을 만나는 것은 오히려 겁을 낸다[逢辛反怯].

적천수 해설　　**병화(丙火)의 특성 1**

병(丙)은 순수한 양[純陽^{순양}]의 화(火)로서 그 기세가 매우 뜨겁고 세차다
하겠다. 서리나 눈을 기만하고 업신여긴다[欺霜侮雪^{기상모설}]는 것은, 병화
(丙火)의 양기(陽氣)가 지극히 강렬하므로 능히 차가운 기운을 제거하고
언 것을 녹이는[除寒解凍^{제한해동}] 공(功)이 있다는 말이다.

경금(庚金)을 보더라도 능히 이를 불려서 녹여버릴 수 있다[能煆庚金^능
^{단경금}]는 것은, 그 힘이 강하고 폭력적인 경금(庚金)을 극(剋)하여 쳐버릴
수 있다[火剋金^{화극금}]는 말이다.

신금(辛金)을 만나는 것은 오히려 겁을 낸다[逢辛反怯^{봉신반겁}]는 말은,
겁을 낸다기보다는 합[丙辛合^{병신합}]을 통해 둘 사이에 화평을 유지한다는
의미로 받아들임이 옳다.

土衆成慈　水猖顯節　虎馬犬鄉　甲來焚滅
토중성자　　　수창현절　　　호마견향　　　갑래분멸

> 사주에 토(土)가 많으면 자애로움을 이루고[土衆成慈]
> 사주에 수(水)가 미쳐 날뛰어도 절개를 지키며[水猖顯節]
> 지지가 인오술(寅午戌)의 화국(火局)을 이룰 때[虎馬犬鄉]
> 천간에 갑목(甲木)이 투출하면 불태워 없애버린다[甲來焚滅].

적천수 해설　　**병화(丙火)의 특성 2**

사주에 토(土)가 많으면 자애로움을 이룬다[土衆成慈^{토중성자}]는 것은, 병화(丙火) 일주가 사주에 식상(食傷)인 토(土)가 많아도 병화(丙火)는 그 기세가 맹렬하기 때문에 화생토(火生土)의 작용을 유지하여, 어미가 자식을 생각하듯 자애심을 잃지 않아 아랫사람을 능멸하지 않는다[不凌下^{불능하}]는 말이다.

　사주에 수(水)가 미쳐 날뛰어도 절개를 지킨다[水猖顯節^{수창현절}]는 것은, 사주에 수(水)가 많아 병화(丙火)를 극하는[水剋火^{수극화}] 관살(官殺), 즉 군(君)의 압력이 거세더라도 이에 매달리지 않는다[不援上^{불원상}]는 말이다.

　호랑이와 말과 개의 고향[虎馬犬鄉^{호마견향}]이란 지지에 인오술(寅午戌)이 있어서 화국(火局)을 이루어 화(火)의 세력이 이미 그 도가 넘쳐 맹렬함이 극에 달했다는 말이다. 이런 경우에 천간에 갑목(甲木)이 나타나 다시 병화(丙火)를 생조(生助)한다면, 이는 활활 타는 불에 부채질을 하는 꼴이 되어 갑목(甲木)을 불태워 없애버리니[甲來焚滅^{갑래분멸}] 병화(丙火)를 더욱 날뛰게 할 뿐이다.

심화학습

본문에서 설명한 것처럼, 호마견(虎馬犬)은 인목(寅木)과 오화(午火) 그리고 술토(戌土)를 의미한다. 따라서 호마견향(虎馬犬鄉)은 인오술(寅午戌)의 화국(火局)이 됨을 의미한다.

본문에서 보이는 식상(食傷)이니 관살(官殺)이니 하는 용어는 이해에 도움을 주기 위해 임의로 쓴 것이다. 이들의 의미는 〈제6장 1. 팔격(八格)〉에서 상세히 설명할 것이니 명리학을 처음 접하는 사람이라면 인내심을 가지고 일단 그 용어들을 눈에 익혀놓기 바란다.

적천수 해설 병화(丙火)의 특성 3

이와 같이 논한다면, 강한 병화(丙火)가 그 위세를 흘려보내려면[洩其威 설기위] 기토(己土)를 사용해야 하고[火生土 화생토], 그 타오르는 불꽃을 억누르려면[遏其焰 알기염] 반드시 임수(壬水)가 필요하며[水剋火 수극화], 본래의 자기 성질을 거스르지 않고 따르려면[順其性 순기성] 모름지기 신금(辛金)이 돌아와야 한다[丙辛合 병신합].

그 이유를 들자면, 기토(己土)는 그 자체가 낮고 축축한 성질을 지녔으므로[卑濕之體 비습지체] 능히 떠오르는 태양의 기운[亢陽之氣 항양지기]인 병화(丙火)를 거두어들일 수 있으나, 무토(戊土)는 그 성질이 높고 메말라[高燥 고조] 병화(丙火)를 보면 갈라져 터져버리기[焦坼 초탁] 때문이다.

임수(壬水)는 강한 가운데 어진 면이 있으므로[强中之德 강중지덕] 능히 매섭고 사나운 병화[暴烈丙火 폭렬병화]를 제어할 수 있으나, 계수(癸水)는 음(陰)의 수(水)로 그 성질이 아주 약하여[陰柔 음유] 병화(丙火)를 만나면 그대로 말라버리기[燥乾 한건] 때문이다.

신금(辛金)은 그 본성이 부드럽고 연하여[柔軟之物 유연지물] 겉으로는 병화(丙火)와 합을 이루어 서로 친근하게 되고 속으로는 수(水)로 화하여[丙辛合化水 병신합화수] 서로 조화를 이루지만[相濟 상제], 경금(庚金)은 그 성질이 강건(剛健)한데 이런 경금(庚金)이 병화(丙火)를 본다면 강(剛)이 다시 강(剛)을 만나는 모양새가 되어 두 세력이 양립할 수 없기[勢不兩立 세불량립] 때문이다.

대체로 병화(丙火)는 태양의 불[太陽之火 태양지화]이라 하여 임계수(壬癸水)를 만나더라도 뜬구름이 태양을 가릴 수 없듯이 이 양의 강한[陽剛 양강] 불을 끌 수 없어 수(水)가 극하는 것[水剋火 수극화]을 두려워하지 않는다. 단지 무토(戊土)를 만나는 것을 아주 싫어할 따름이다. 이는 화

(火)가 아주 강렬한데 토(土)가 메마르면[火烈土燥 화렬토조] 이 토(土)는 더욱 메말라버릴 것이니 화생토(火生土)란 생의 기틀[生機 생기]의 의미가 모두 없어져버리기 때문이다. 이것이 병화(丙火)가 다른 십간(十干)들과 다른 점이며, 오양(五陽) 중에서 병화(丙火)가 가장 강한 양의 성분이라고 하는 이유이다.

심화학습

본문 해석 중 병화(丙火)와 합을 이루어 서로 친근하게 되고 속으로는 수(水)로 화하여[丙辛合化水 병신합화수] 서로 조화를 이룬다[相濟 상제]는 말은 수화기제(水火旣濟)를 이룬다는 말로 보면 되겠다.

이 장을 읽다 보면 병화(丙火)는 다른 천간에 비해 아주 강하다는 느낌을 받게 된다. 물론 '오양(五陽)은 모두 양(陽)이지만 그 중 병화(丙火)가 최고이다[五陽皆陽丙爲最 오양개양병위최]'라고 했으니 달리 이를 말은 없다.

그러나 서리나 눈을 기만하고 업신여긴다[欺霜侮雪 기상모설]는 말이나, 임계수(壬癸水)를 만나더라도 뜬구름이 태양을 가릴 수 없듯이 양의 강한[陽剛 양강] 화(火)를 끌 수 없어 이들이 극하는 것을[水剋火 수극화] 두려워하지 않는다는 말들을 글자 그대로 받아들여서는 안 될 것이다. 이러한 논리들은 앞에 언급한 '대체로'란 말에 주의를 기울여 사주 구성을 면밀히 검토하여 병화(丙火)의 강약을 정확히 판별한 후에 적용해야 한다. 아무리 강렬한 병화(丙火)라 해도 사주 오행의 구성에 따라 수(水)가 극(剋)하는 것을 감당하지 못할 정도로 약해질 수 있기 때문이다.

5. 정화(丁火)

적천수 원문

丁火柔中　內性昭融　抱乙而孝　合壬而忠
정화유중　　내성소융　　포을이효　　합임이충

> 음(陰)의 불인 정화(丁火)는 유연하고 중화(中和)를 이루고 있지만[丁火柔中]
> 그 안에는 사물을 밝히고 녹이는 화(火)의 성질을 갖추고 있으며[內性昭融]
> 을목(乙木) 어머니를 품에 안아 신금(辛金)으로부터 보호하여 효도하고[抱乙而孝]
> 군주(君主)인 임수(壬水)와 합(合)하여 무토(戊土)로부터 지켜내어 충성한다[合壬而忠].

적천수 해설 **정화(丁火)의 특성 1**

정화(丁火)는 불 중에서 약하다 할 수 있는 등불이나 촛불[燈燭 등촉]이 결코 아니다. 단지 병화(丙火)와 비교할 때 그 성질이 유연하고 중화(中和)를 이루고 있을 뿐이다[丁火柔中 정화유중].

　그 안에 사물을 밝히고 녹이는 화(火)의 성질을 갖추고 있다[內性昭融 내성소융]는 것은, 정화(丁火)가 미개한 사람들을 깨우쳐 이 세상을 환하게 밝히는 형상[文明之象 문명지상]을 하고 있다는 말이다.

　정화(丁火)가 을목(乙木)을 품에 안아 보호하여 효도한다[抱乙而孝 포을이효]는 것은, 을목(乙木)이 비록 정화(丁火)의 적모(嫡母)는 아니지만 을목(乙木)은 신금(辛金)으로부터 극(剋)을 당하는 것을 두려워하니, 겉으로는 정화(丁火)가 신금(辛金)을 극하여[火剋金 화극금] 신금(辛金)으로부터 을목(乙木)이 극을 받는 것[金剋木 금극목]을 막아준다는 말이다.

　정화(丁火)가 임수(壬水)와 합하여 충성한다[合壬而忠 합임이충]는 것은, 정화(丁火) 스스로가 자신을 극하는[水剋火 수극화] 군주(君主)인 임수(壬水)와 뜻을 같이하여[丁壬合 정임합] 무토(戊土)로부터 임수(壬水)를 지켜냄으로써[木剋土 목극토] 충성을 다한다는 말이다.

심화학습

정화(丁火)가 미개한 사람들을 깨우쳐 이 세상을 환하게 밝히는 형상[文

明之象^{문명지상}]을 하고 있다고 하여 어떤 사람들은 정화(丁火)를 선비라 말하기도 한다.

을목(乙木)은 정화(丁火)를 생(生)해주니[木生火 ^{목생화}] 정화(丁火)의 어머니이다. 엄밀히 말하면 편인(偏印)이므로 계모(繼母)이다. 정화(丁火)의 적모(嫡母)는 정인(正印)인 갑목(甲木)이 되어야 할 것이다. 그럼에도 불구하고 여기서 정화(丁火)가 신금(辛金)을 극하여[火剋金 ^{화극금}] 그로부터 을목(乙木)이 극(剋)을 당하는 것을 막아 자신의 계모를 보호하고 효도를 다하니 적모인 갑목(甲木)에게는 오죽하겠는가. 한편으로는 정화(丁火)보다 강한 병화(丙火)가 더 낫지 않을까 생각해볼 수도 있다. 하지만 이는 이미 앞에서 말한 바와 같이 병신합(丙辛合)이 일어나 병화(丙火)가 제 역할을 못하게 되므로 불가능하다.

정화(丁火)가 임수(壬水)와 합하여 충성한다[合壬而忠.^{합임이충}]는 것은 정임합(丁壬合)을 하여 목(木)으로 화하는[丁壬合化木 ^{정임합화목}] 것을 전제로 하는 말이라 하겠다. 다만, 여기서 주목해야 할 글자는 화(化)이다. 뒤에 나오는 〈제5장 형상(形象)〉에서 자세히 설명하겠지만, 천간의 합(合)이 모든 경우에 화(化)를 이루지는 않는다. 단지 그만큼 정화(丁火)를 좋게 평가하여 음의 불[陰火 ^{음화}]이지만 많은 역할을 한다는 것을 보여주기 위한 의도로 이해하면 될 것이다.

적천수 원문

旺而不烈　衰而不窮　如有嫡母　可秋可冬
왕이불렬　　　쇠이불궁　　　여유적모　　　가추가동

그 기운이 왕성해도 병화(丙火)처럼 치열하지는 않고[旺而不烈]
그 기운이 쇠하여 줄어들더라도 소멸하지는 않으며[衰而不窮]
천간이나 지지에 어머니[嫡母, 적모]인 목(木)이 있어 함께 한다면[如有嫡母]
가을[金旺節, 금왕절]이나 겨울[水旺節, 수왕절]에 태어나도 걱정할 것 하나 없다

[可秋可冬].

정화(丁火)의 특성 2

정화(丁火)는 음의 불[陰火 음화]이라 약하지만, 유연하고 중화(中和)를 이루고 있어서 지나치거나 모자람[太過不及 태과불급]으로 인한 폐단은 없다. 비록 여름[火旺節 화왕절]에 태어나 자신의 때를 만나[當令 당령] 그 기운이 왕성해도 음의 불[陰火 음화]답게 은근히 타올라 시뻘건 불꽃[赫炎 혁염]까지 이르지는 않고[旺而不烈 왕이불렬], 때를 놓쳐 자신의 기운이 쇠약한 겨울[水旺節 수왕절]에 태어나도 그 불이 완전히 꺼지지는[熄滅 식멸] 않는다[衰而不窮 쇠이불궁].

사주 천간에 갑목(甲木)이나 을목(乙木)이 투출하면[如有嫡母 여유적모] 가을[金旺節 금왕절]에 태어나도 금(金)을 두려워하지 않는다. 또한 사주 지지에 인묘목(寅卯木)이 있으면[如有嫡母 여유적모] 겨울[水旺節 수왕절]에 태어나도 수(水)를 두려워하지 않는다[可秋可冬 가추가동].

왕이불렬(旺而不烈)과 쇠이불궁(衰而不窮)이라는 말에서도 정화(丁火)의 유연하고 중화(中和)를 이룬 면만 너무 부각시킨 것 같은 느낌을 받게 된다. 정화(丁火)도 사주 구성에 따라 화기(火氣)가 많으면 병화(丙火)와 같아지기 때문이다. 그리고 약함이 극에 달하면 꺼지기도 한다. 따라서 사주를 해석할 때에는 정화(丁火)도 병화(丙火)와 마찬가지로 왕(旺)하면 힘이 넘치고, 약(弱)하면 꺼질 수 있다는 것을 주의해야 한다.

천간의 오합(五合)

간합(干合)의 근원은 옛날 중국의 삼황인 복희(伏羲)·신농(神農)·황제(皇帝) 시대의 한 사람인 황제 때 지었다고 하는 『황제내경(皇帝内經)』이란 책의 「소문편(素問篇)」에서 찾아볼 수 있다.

단지 짚고 넘어가야 할 것은 합(合)을 한다고 해서 모두 화(化)를 하는 것은 아니라는 사실이다. 합은 두 오행의 물리적인 결합으로 보고, 화는 두 오행이 합을 이룬 후 다른 오행으로 변하는 화학적 결합이 이루어진 것으로 보면 된다. 따라서 합이 이루어졌을 경우 이 합이 화를 할 것인가 아닌가는 사주 내 천간과 지지의 오행간의 관계를 면밀히 살핀 후 결정해야 한다. 합이 이루어진다고 해도 그 합이 진정한 합을 이루기는 힘들고, 화를 이루기는 더욱 어렵다고 보면 될 것이다.

사주풀이를 하다 보면 합이 이루어지지 못하고 서로 묶여 있는 경우가 대부분임을 알 수 있다. 이런 경우를 기반(羈絆)이라고 하는데 잘 알아두어야 한다. 어떤 사람들은 합을 이루는 두 오행만 보이면 합이라고 주장하는데, 그래서는 제대로 된 사주 해석이 절대 이루어질 수 없으니 주의해야 한다.

『황제내경』「소문편」에 언급된 천간의 오합은 다음과 같다.

갑기합화토(甲己合化土)	갑목(甲木)과 기토(己土)가 만나 합하면 토(土)로 변한다.
을경합화금(乙庚合化金)	을목(乙木)과 경금(庚金)이 만나 합하면 금(金)으로 변한다.
병신합화수(丙辛合化水)	병화(丙火)와 신금(辛金)이 만나 합하면 수(水)로 변한다.
정임합화목(丁壬合化木)	정화(丁火)와 임수(壬水)가 만나 합하면 목(木)으로 변한다.
무계합화화(戊癸合化火)	무토(戊土)와 계수(癸水)가 만나 합하면 화(火)로 변한다.

6. 무토(戊土)

적천수 원문

戊土固重　旣中且正　靜翕動闢　萬物司命
무토고중　　　기중차정　　정흡동벽　　만물사명

무토(戊土)는 단단하여 두텁고 무거우며[戊土固重]
본래 오행의 가운데에 위치하여 올바름을 갖추고 있으니[旣中且正]
가을과 겨울에 기(氣)가 고요하면 합쳐져 닫히고 봄여름에 기가 움직이면 열려서
[靜翕動闢]
만물의 생명을 맡아 다스린다[萬物司命].

적천수 해설 **무토(戊土)의 특성 1**

무토(戊土)는 양(陽)의 토(土)이니 그 기(氣)가 단단하여 두텁고 무거우며[戊土固重 무토고중], 어느 쪽에도 치우치지 않고 오행(五行)의 가운데에 위치하여 그 올바름을 유지한다[旣中且正 기중차정]. 봄과 여름에는 그 기가

움직여 열리니[氣動而闢 기동이벽] 만물이 생겨나고[發生 발생], 가을과 겨울에는 그 기가 고요히 합쳐져 닫히니[氣靜而翕 기정이흡] 만물을 거두어 갈무리하므로[收藏 수장], 이를 일컬어 만물의 생명을 맡아 다스린다[萬物司命 만물사명]고 한다.

만물이 생겨난다[發生 발생]는 말은 목왕절(木旺節)인 봄과 화왕절(火旺節)인 여름에는 목생화(木生火)와 화생토(火生土)가 되어 생하고 또 생하는 묘함[生生之妙 생생지묘]이 있다는 의미이고, 만물을 거두어 갈무리한다[收藏 수장]는 말은 금왕절(金旺節)인 가을과 수왕절(水旺節)인 겨울에는 토생금(土生金)과 금생수(金生水)가 되어 무토(戊土)가 자신의 기(氣)를 설(洩)하여 흘려보내 약해지므로 이를 가두어두려고 한다는 의미로 받아들이면 된다.

水潤物生　火燥物病　若在艮坤　怕沖宜靜
수윤물생　　화조물병　　약재간곤　　파충의정

> 수(水)가 있어 촉촉이 적셔주면 만물이 소생하나[水潤物生]
> 화(火)가 강해 너무 메마르면 만물이 병이 들고[火燥物病]
> 일지(日支)나 월지(月支)에 간곤(艮坤) 즉 인신(寅申)을 깔고 있으면[若在艮坤]
> 기(氣)가 허약하여 충(沖)을 만날까 두려우니 안정되어야 마땅하다[怕沖宜靜].

　　무토(戊土)의 특성 2

무토(戊土)의 기(氣)는 높고 두터워서[高厚 고후] 봄여름에 태어나 화(火)가 왕성하면[木生火 목생화] 이 강한 화(火)로 인해 토(土)가 메말라버리기 쉬우니 수(水)로 적셔주면 만물이 생명력을 얻어 자라날 수 있지만[水潤物生 수윤물생], 수(水)가 부족하여 메마른 땅에 수분을 보태주지 못하면 만물은 가뭄 속에서 말라버려 그 생명력을 잃게 될 것이니[火燥物病 화조물병] 수(水)가 필요하다.

가을과 겨울에 태어나 수(水)가 너무 많으면[金生水 금생수] 축축한 땅에 온기를 내려 따뜻하게 만들어줄 화(火)가 있어야 만물을 길러 자라게 할 수 있지만[火暖化成 화난화성], 화(火)가 없어 토(土)의 습기를 제거할 수 없으면 이로 인해 만물은 병들게 되니[濕則物病 습즉물병] 오히려 화(火)의 도움이 있어야 한다.

간곤(艮坤)은 인신월(寅申月)을 의미한다. 봄[寅月 인월]에는 무토(戊土)가 극(剋)을 받아[木剋土 목극토] 그 기가 허약하니 조용히 안정되어야 마땅하고[氣虛宜靜 기허의정], 가을[申月 신월]에는 자신의 기가 흘러나감[洩 설]이 많아[土生金 토생금] 일주가 박약해지니 충(沖)을 당함을 두려워한다[體薄怕沖 체박파충]. 혹시 무신(戊申)일이나 무인(戊寅)일에 태어났다고 하더라도 이와 마찬가지로 안정됨을 좋아하고 충을 두려워한다[若在艮坤 怕沖宜靜 약재간곤 파충의정].

또한 무토(戊土)가 사계월(四季月)인 진술축미(辰戌丑未)월에 태어났다면 경신(庚申) 또는 신유(辛酉)의 금(金)을 가장 반기는데, 이는 금(金)이 무토(戊土)의 빼어난 기운을 흘려보내[秀氣流行 수기류행] 귀격(貴格)이 되기 때문이며, 기토(己土) 또한 마찬가지다. 만약 사주원국에 목화(木火)가 보이거나 운(運)의 흐름에서 목화(木火)를 만난다면 그 격(格)은 깨어져 파격(破格)이 된다.

심화학습

『적천수징의(滴天髓徵義)』에는 '그 기(氣)가 높고 건조해서[高亢 고항]'로 되어 있고, 『적천수천미(滴天髓闡微)』에는 '그 기(氣)가 높고 두터워서[高厚 고후]'로 되어 있는데, 후자의 표현이 뒤에 나오는 기토(己土)의 성질인 '낮고 엷으며 부드럽고 습하다[卑薄軟濕 비박연습]'와 대비되어 더욱 적절한 것 같아 고쳐 해석하였다.

『적천수(滴天髓)』 원문(原文)에서는 단지 '수윤물생 화조물병(水潤物生 火燥物病)'이라고 해서 무토(戊土)에게 수(水)는 약(藥)이 되고, 화(火)는 병(病)이 된다고 오해할 수 있다. 따라서 『적천수징의』에서는 계절에 따른 수(水)와 화(火)의 필요성을 나누어 설명함으로써 이를 보완해주고 있다.

약재간곤 파충의정(若在艮坤 怕沖宜靜)을 다시 한 번 더 간단히 설명하면, 무토(戊土) 일주의 사주가 인신월(寅申月)에 태어나거나 일지(日支)가 인신(寅申)이면 사주 지지에서 인신충(寅申沖)을 만나는 것을 꺼린다는 말이다.

| 명리학 기초이론 8 | **사주의 왕약(旺弱)** |

자평명리학(子平命理學)의 가장 큰 특징은 사주의 일간(日干), 즉 일주(日主)를 그 사람의 주체로 보아 사주 해석을 시도한 최초의 학문이라는 것이다. 자평명리학의 논리에 따라 사주풀이를 하려면 우선 그 사주의 용신(用神)을 밝혀야 하고, 용신을 알아내려면 그 사주의 왕약(旺弱)을 먼저 가려야 한다. 사주가 왕(旺)하다는 것은 사주 여덟 글자 중 일주를 도와주는 오행이 많음을 의미하고, 사주가 약(弱)하다는 것은 사주 여덟 글자 중 일주를 도와주기보다는 극(剋)하거나 일주의 기운을 흘려보내는[洩, 설] 오행이 더 많음을 의미한다고 보면 된다.

단, 사주가 왕하다고 해서 그 사람의 사주가 좋고, 약하다고 해서 그 사람의 사주가 나쁘다는 의미가 결코 아님을 분명히 알고 넘어가야 한다. 사주 여덟 글자 중에서 사주의 왕약에 가장 큰 영향을 미치는 것이 월지(月支)인 월령(月令)이다. 흔히들 그 사주의 월지 즉 월령에 일주를 도와주는 오행이 있으면 그 사주는 왕하다고 하지만, 이는 크게 잘못된 논리임을 임철초(任鐵樵)는 『적천수징의(滴天髓徵義)』에서 강하게 주장하고 있다. 물론 사주의 왕약 구분은 월지와 일주의 관계를 파악하는 것에서 시작되어야 함이 당연하지만, 최종 판정은 사주 여덟 글자의 상호관계를 면밀히 살핀 후 내려져야 한다. 이에 대해서는 뒤에서 자세하게 설명하겠지만, 우선 오해를 막기 위해 다음과 같이 간략하게 정리하였다.

- 모든 사주풀이는 월령으로부터 시작한다.

- 월령에 일주를 생해주거나[印星, 인성] 일주와 같은 오행[比劫, 비겁]이 있으면 사주는 왕할 가능성이 많다. 인성(印星)과 비겁(比劫) 모두 차후 설명하겠지만 여기서는 용어만 알아두기 바란다.

- 일지(日支)에 인성이나 비겁이 추가되면 그 가능성은 더욱 커진다(이 경우 웬만하면 사주가 왕하다고 할 수 있다).

- 일지에는 없지만 월령을 포함한 사주의 나머지 간지 중에서 일주를 도와주는 성분(인성과 비겁)이 절반을 넘으면 왕할 가능성이 있다. 단, 그 오행들이 일주에 얼마나 가까이 위치하는가에 따라 사주의 왕약은 달라질 수 있다.

- 월령을 차지하지 못하더라도 일지에 인성이나 비겁이 있어 일주를 도와주고, 사주의 나머지 간지 중에서 일주를 도와주는 성분(인성과 비겁)이 절반을 넘으면 왕할 가능성이 있다. 단, 그 오행들이 일주에 얼마나 가까이 위치하는가에 따라 사주의 왕약이 달라질 수 있다.

- 월령과 일지에 일주를 도와주는 성분(인성과 비겁)이 없으면 사주의 나머지 간지 중에서 일주를 도와주는 성분(인성과 비겁)이 절반을 넘는다 해도 왕할 가능성은 극히 희박하며, 거의 불가능하다고 해도 과언이 아니다.

이러한 기준에 따라서 사주의 왕약을 구분한 후 일주가 필요로 하는 신(神) 즉 용신을 찾고, 이를 적용함으로써 그 사람의 사주풀이가 시작되는 것이다(용신에 대한 자세한 설명은 차후에 다시 하기로 한다).

7. 기토(己土)

적천수 원문

己土卑濕　中正蓄藏　不愁木盛　不畏水狂
기토비습　　　중정축장　　　불수목성　　　불외수광

기토(己土)는 낮고 축축하며[己土卑濕]
치우침이 없이 바르게 사물을 모아서 갈무리하고[中正蓄藏]
자신을 극하는 목(木)이 왕성해도 걱정하지 않고[不愁木盛]
수(水)가 미쳐 날뛰어도 두려워하지 않는다[不畏水狂].

적천수 해설　　**기토(己土)의 특성 1**

기토(己土)는 습기가 많은 음의 토[陰濕之土 음습지토]로서 그 성질은 낮고 축축하며[己土卑濕 기토비습], 치우침이 없이 바르게 사물을 모아서 갈무리한다[中正蓄藏 중정축장]. 그 기운은 팔방(八方)에 두루 통하고 사계절(四季節) 모두에 왕성하여, 만물이 태어나 끊임없이 번식하게 하는[滋生不息 자생불식] 오묘한 능력을 지니고 있다.

자신을 극하는 목(木)이 왕성해도 걱정하지 않는다[不愁木盛 불수목성]는 것은, 그 성질이 부드럽고 온화하여[柔和 유화] 목(木)의 뿌리를 배양하는 밑거름이 되니 목(木)이 이를 극(剋)하지 않는다는 말이다.

수(水)가 미쳐 날뛰어도 두려워하지 않는다[不畏水狂 불외수광]는 것은,

그 체(體)가 바르고 엉겨붙는[端凝^{단응}] 성질이 있어 수(水)를 거두어 저장할 수 있으니[納藏^{납장}] 서로 충(沖)하지 않는다는 말이다.

『적천수(滴天髓)』 원주(原注)에서는 기토(己土)를 무토(戊土)와 다음과 같이 비교하였다. 먼저 무토(戊土)는 높고 두터우며[高厚^{고후}] 굳세고 메마른[剛燥^{강조}], 기토(己土)가 시작되는 땅[發源之地^{발원지지}]이라고 하였다. 그리고 기토(己土)는 낮고 엷으며[卑薄^{비박}] 부드럽고 축축한[軟濕^{연습}], 무토(戊土)가 뻗어내려 끝나는 부분의 땅[枝葉之地^{지엽지지}]이라고 하였다. 기토(己土)의 이런 성질로 인해 목(木)과 수(水)를 두려워하지 않는다고 이해하면 될 것이다.

적천수 원문

火少火晦　金多金光　若要物旺　宜助宜幇
화소화회　　금다금광　　약요물왕　　의조의방

> 화(火)가 적으면 그 불빛은 어두워 음습한 땅을 밝히기 힘들고[火少火晦]
> 금(金)이 많으면 그 금(金)은 습기를 얻어 더욱 빛을 내게 되며[金多金光]
> 만약 만물이 꽉 차서 충실하고 왕성하게 되기를 원한다면[若要物旺]
> 생하여 도와주고 힘을 보태 도와줌이 마땅하다[宜助宜幇].

적천수 해설　　**기토(己土)의 특성 2**

화(火)가 적으면 그 불빛은 어둡다[火少火晦^{화소화회}]는 것은 정화(丁火)를 두고 하는 말이다. 이는 음토(陰土)인 기토(己土)는 습(濕)하여 능히 화기(火氣)을 거두어들여 불을 어둡게 하니 기토(己土)가 약한 경우 불이 필요하지만[火生土^{화생토}], 정화(丁火)는 음화(陰火)여서 그 역할을 제대로 수행하기 힘들다는 의미이다.

　금(金)이 많으면 그 금(金)은 습기를 얻어 더욱 빛을 낸다[金多金光^{금다금광}]는 것은 신금(辛金)을 두고 하는 말이다. 이는 습토(濕土)인 기토(己土)는 능히 신금(辛金)을 생해주고[土生金^{토생금}] 윤택하게 해준다는 의미이다.

사주 안에 토(土)의 기운이 매우 견고하고, 또 병화(丙火)가 있어서 기토(己土)의 음습한 기운을 제거하여 만물이 꽉 차서 충실하고 왕성해지기를 원한다면[若要物旺 약요물왕], 기토(己土)를 어미가 자식을 낳아 기르듯 도와주고 친구가 힘을 보태 도와주듯 돕는 것이 마땅하다[宜助宜幇 의조의방].

심화학습

유백온(劉伯溫)의 『적천수(滴天髓)』 원주(原注)를 보면 '화소화회(火少火晦)'를 설명하며 "뿌리가 없는 화[無根之火 무근지화]는 습토(濕土)를 생할 수 없으니 화(火)가 적으면 화(火)가 어두워진다[火少火晦 화소화회]"라고 하였다. 그러나 임철초(任鐵樵)는 이를 정화(丁火)라고 해석하고 있다. 아마도 정화(丁火)는 음화(陰火)이니 약하여 쉽게 기토(己土)에 흡수된다고 본 것 같다. 필자도 이를 염두에 두고 처음 사주풀이를 할 때 왜 정화(丁火)는 기토(己土)를 생할 수 없다고 하는지 의문을 가졌던 것이 사실이다. 하지만 원주와 비교해본 후에는 '화소(火少)'를 '뿌리가 없는 화[無根之火 무근지화]'로 해석하는 것이 바람직하다는 쪽으로 생각이 기울었다. 여러분도 고민해보기 바란다.

맨 마지막 '의조의방(宜助宜幇)'에서 조(助)와 방(幇)은 모두 '돕는다'는 의미이지만, 그 돕는 방법에는 차이가 있음을 알아야 한다. '조(助)'는 인성(印星)이 일주(日主)를 생하여 도와주는 것을 의미하고, '방(幇)'은 비겁(比劫)이 무리를 이루어 힘을 합쳐 도와주는 것을 의미한다. 따라서 '조(助)'를 어머니가 자식을 돕듯이 돕는 것으로, '방(幇)'을 친구가 힘을 보태 돕는 것으로 해석하였다. 이렇게 보면 기토(己土)의 특성은 한마디로 자애로운 어머니[正印 정인]와 같다고 할 수 있겠다.

8. 경금(庚金)

적천수 원문

庚金帶殺　剛健爲最　得水而淸　得火而銳
경금대살　　강건위최　　득수이청　　득화이예

> 경금(庚金)은 살(殺)을 차고 있어 그 기운이 살벌하고[庚金帶殺]
> 굳세고 튼튼하기가 십간(十干) 중 최고이며[剛健爲最]
> 수(水)를 얻으면 살기(殺氣)를 흘려보내 맑아지고[得水而淸]
> 화(火)를 얻으면 몸을 달궈 날카롭게 변화한다[得火而銳].

적천수 해설　　**경금(庚金)의 특성 1**

경금(庚金)은 양의 금[陽金 양금]이며 가을 하늘의 강하고 살벌한 기운[秋天肅殺之氣 추천숙살지기]과 같아서 굳세고 단단하기가[剛健 강건] 십간(十干) 중에서 최고이다[剛健爲最 강건위최].

수(水)를 얻으면 맑아진다[得水而淸 득수이청]는 것은 임수(壬水)를 말한다. 경금(庚金)이 임수(壬水)를 만나면 그에게 생기를 불어넣어[金生水 금생수] 임수(壬水)는 생(生)을 얻게 되고, 또한 임수(壬水)는 강력한 살기(殺氣)를 띠는 경금(庚金)의 기운을 끌어내 유통시키니[引通剛殺之性 인통강살지성] 경금(庚金)을 갈고 다듬어 수정같이 맑고 투명하게 만든다는 사실을 마땅히 깨달을 수 있는[便覺淬礪晶瑩 편각쉬려정영] 것이다.

화(火)를 얻으면 날카롭게 변한다[得火而銳 득화이예]는 것은 정화(丁火)를 말한다. 경금(庚金)이 정화(丁火)를 만나면 정화(丁火)는 음의 불[陰火 음화]로 그 성질이 유연하니[陰柔 음유] 병화(丙火)와는 달리 경금(庚金)을 적으로 생각하지 않고 잘 녹이고 달구어[良冶銷鎔 양야소용] 칼과 창으로 만들고[遂成劍戟 수성검극], 큰 화로에서 불려서[洪爐煅煉 홍로단련] 때가 되면 그 날카로움을 드러내게 만드는[時露鋒鋩 시로봉칙] 것이다.

土潤則生　土乾則脆　能嬴甲兄　輸於乙妹
토윤즉생　　토건즉취　　능영갑형　　수어을매

축축한 토[濕土, 습토]를 보게 되면 도움을 받아 생기를 얻고[土潤則生]
메마른 토[燥土, 조토]를 만나봐야 도움이 없어 약해지며[土乾則脆]
갑목(甲木)을 만나면 여지없이 떨쳐내 이기지만[能嬴甲兄]
을목(乙木)을 보면 사랑으로 받아들여 화합한다[輸於乙妹].

적천수 해설　　## 경금(庚金)의 특성 2

경금(庚金)이 봄여름에 태어나면 그 기세는 점점 약해지니[稍弱 초약] 진축토(辰丑土)와 같은 축축한 토[濕土 습토]를 만나야 여름철의 강한 화기(火氣)를 흡수하며[火生土 화생토] 경금(庚金) 또한 이로부터 생기(生氣)를 얻어[土生金 토생금] 살아나고[土潤則生 토윤즉생], 술미토(戌未土)와 같은 메마른 토[燥土 조토]를 보게 되면 이는 여름철의 강한 화기(火氣)를 흡수하지 못하고 갈라져서 터져버리니 경금(庚金)을 도와 생기를 불어넣어주기는커녕 오히려 경금(庚金)을 약하게 만든다[土乾則脆 토건즉취].

갑목(甲木)은 경금(庚金)의 천적이므로 갑목(甲木)을 만나면 경금(庚金)은 그 힘이 강하여 갑목(甲木)을 능히 베어버리지만[能嬴甲兄 능영갑형], 을목(乙木)을 보게 되면 합을 이루어[乙庚合 을경합] 서로 정이 생기게 된다[輸於乙妹 수어을매]. 다만 을목(乙木)이 경금(庚金)과 합을 제대로 이루지 못하면 경금(庚金)을 도와 더욱 난폭하게 만들며[乙非盡合庚而助暴 을비진합경이조폭], 경금(庚金) 또한 을목(乙木)과 제대로 합을 이루지 못하면 자신의 본질을 잃고 오히려 약해지므로[庚非盡合乙而反弱 경비진합을이반약] 상세하게 분별해야 함이 마땅하다.

명리학 기초이론 9　　## 갑목(甲木)과 경금(庚金)의 관계

『적천수(滴天髓)』의 저자인 유백온(劉伯溫)은 기문둔갑(奇門遁甲)의 대가이다. 기문둔갑은 말 그대로 임금[君, 군]인 갑목(甲木)을 숨겨서 보호한다는 의미이다. 앞서 〈명리학 기초이론 4 : 오행의 상호관계〉에서 살펴본 것처럼 경금(庚金)은 갑목(甲木)을 극한

다[金剋木, 금극목]. 특히 이 둘은 모두 양(陽)의 오행으로, 갑목(甲木)이 입을 피하는 아주 심하다고 볼 수 있다.

〈적천수 해설 : 경금(庚金)의 특성 1〉을 보면 유백온은 경금(庚金)을 추천숙살지기(秋天肅殺之氣)라고 강하게 표현하고 있다. 이와 관련하여 기문둔갑에 능통한 유백온이 경금(庚金)에 대해 임금[君, 군]인 갑목(甲木)을 시해하려는 역적의 우두머리 정도로 상당히 부담스럽게 생각했기 때문이라고 보는 견해도 있음을 알려둔다.

9. 신금(辛金)

辛金軟弱　溫潤而淸　畏土之疊　樂水之盈
신금연약　　　온윤이청　　　외토지첩　　　요수지영

신금(辛金)은 부드럽고 약하지만[辛金軟弱]
온화하고 윤기가 나며 맑은 빛이 선명하다[溫潤而淸].
토(土)가 쌓여 토(土) 속에 묻히는 것을 두려워하고[畏土之疊]
수(水)가 가득 차 넘쳐흘러 그 속에 잠기는 것을 좋아한다[樂水之盈].

신금(辛金)의 특성 1

신금(辛金)은 음의 금[陰金음금]으로서 인간세상의 다섯 가지 금속[五金오금] 본연의 성질[質질]을 가지고 있다. 따라서 그 온화하고 윤기가 흐름이 가히 볼 만하다[淸潤可觀 청윤가관] 하겠다.

토(土)가 쌓여 토(土) 속에 묻히는 것을 두려워한다[畏土之疊 외토지첩]는 것은, 메마른 흙인 무토(戊土)의 힘이 지나치게 많으면[太重태중] 수(水)를 마르게 하고 금(金)을 파묻어버린다[涸水埋金학수매금]는 말이다.

수(水)가 가득 차 넘쳐흘러 그 속에 잠기는 것을 좋아한다[樂水之盈 요수지영]는 것은, 임수(壬水)가 여유가 있어 넉넉하면[有餘유여] 토(土)를 축축하게 적셔 금(金)을 생하게 해준다[潤土養金 윤토양금]는 말이다.

인간세상의 다섯 가지 금속[五金오금]은 금(金), 은(銀), 동(銅), 철(鐵), 주석(朱錫)을 말하고, 색깔로는 각각 황(黃), 백(白), 적(赤), 흑(黑), 청(靑)을 나타낸다.

『적천수징의(滴天髓徵義)』에서는 외토지첩(畏土之疊)의 토(土)를 무토(戊土)로, 요수지영(樂水之盈)의 수(水)를 임수(壬水)라고 해석했으나, 『적천수(滴天髓)』 원주(原注)에서는 "무기토(戊己土)가 많으면 능히 파묻히고, 임계수(壬癸水)가 많으면 반드시 빼어나니 좋아한다"라고 하여 두 사람의 의견에 차이가 있다. 무토(戊土)든 기토(己土)든, 임수(壬水)든 계수(癸水)든 사주에 토(土)나 수(水)가 많다면 모두 적용하는 것이 맞지 않을까. 필자의 생각은 후자(後者)이지만, 판단은 각자에게 맡긴다.

적천수 원문

能扶社稷　能救生靈　熱則喜母　寒則喜丁
능부사직　　능구생령　　열즉희모　　한즉희정

> 능히 군(君)인 병화(丙火)를 도와 나라[社稷, 사직]를 편안하게 떠받치고[能扶社稷]
> 능히 병화(丙火)와 힘을 합쳐 백성인 갑목(甲木)을 구원하며[能救生靈]
> 여름철 더위에는 어머니인 기토(己土)의 생해줌을 기뻐하고[熱則喜母]
> 겨울철 추위에는 따스한 정화(丁火)의 보살핌을 기뻐한다[寒則喜丁].

적천수 해설　　신금(辛金)의 특성 2

신금(辛金)은 갑목(甲木)의 군주[君군]인데[金剋木 금극목], 병화(丙火)는 강렬한 양화(陽火)이므로 능히 갑목(甲木)을 불태워 없애버릴 수 있지만, 신금(辛金)이 병화(丙火)와 합을 하여 수(水)로 화함으로써[合而化水 합이화수] 병화(丙火)로 하여금 갑목(甲木)을 불태우지 못하게 하고 오히려 상생의 형상을[水生木 수생목] 갖게 한다[相生之象 상생지상]. 또한 신금(辛金)은 병화(丙火)의 신하[臣신]인데, 병화(丙火)가 능히 무토(戊土)를 생(生)한다 하더라도 신금(辛金)이 병화(丙火)와 합을 하여 수(水)로 화함으로써[合而化水 합이화수] 병화(丙火)가 무토(戊土)를 생하지 못하게 하고 오히려 서로 도와주는 아름다움[相助之美 상조지미]이 있게 하니, 어찌 사직을 돕고 백성을 구하는 것이 아니겠는가[能扶社稷 能救生靈 능부사직 능구생령].

신금(辛金)이 여름에 태어나 화(火)가 많은데 인성(印星) 즉, 어머니인 기토(己土)가 있으면 화(火)를 어둡게 하고 금(金)을 생해줄 수 있으니[晦火生金 회화생금], 이를 일러 여름철 더위에는 어머니인 기토(己土)의 생해줌을 기뻐한다[熱則喜母 열즉희모]고 한다. 신금(辛金)이 겨울에 태어나 수(水)가 왕(旺)한데 정화(丁火)가 있으면 수(水)를 따뜻하게 하고 금(金)을 배양해줄 수 있으니[暖水養金 난수양금], 이를 일러 겨울철 추위에는 따스한 정화(丁火)의 보살핌을 기뻐한다[寒則喜丁 한즉희정]고 한다.

심화학습

마치 신금(辛金)은 병화(丙火)를 만나면 합(合)을 하여 무조건 수(水)로 변하는[丙辛合而化水 병신합이화수] 것처럼 설명하고 있다. 하지만 두 개의 천간(天干)이 합을 하더라도 화(化)하는 것은 상당히 어려운 일임을 사주 임상을 통해 알 수 있으니, 천간합(天干合)을 너무 확대해석한 것이 아닌가 한다. 다만, 사주는 시대의 변천에 따라 그 해석 방법이 달라질 수 있는 만큼, 여기에서는 그 당시 절대군주제의 시대적 상황이 반영되었다고 가정하고 그 흐름을 이해하고 넘어감이 바람직하리라 생각한다.

『적천수징의(滴天髓徵義)』의 해석으로는 어느 것이 능부사직(能扶社稷)이고 어느 것이 능구생령(能救生靈)인지 분간하기 어렵고, 해석 자체도 무척이나 이해하기 어렵다. 능부사직과 능구생령의 설명이 혼재되어 있는 것 같기도 하고, 순서가 뒤바뀌어 설명된 것 같기도 하여 글을 읽는 사람들에게 혼동을 일으킬 수 있다.

이 문구들에 대한 해석은 오히려 『적천수(滴天髓)』 원주(原注)의 설명이 더욱 간단명료하여 이해하기 쉬울 것 같다. 다음은 그 내용이니 참고하기 바란다. 신(辛)은 병(丙)의 신하[臣 신]인데, 병(丙)과 합을 하여 수(水)로 화하면 병화(丙火)로 하여금 임수(壬水)에게 신하로서 복종하게 하니 사직(社稷)인 병화(丙火)를 편안하게 하도록 돕는다[能扶社稷 능부사직]. 또한 신(辛)은 갑(甲)의 군주[君 군]인데, 병(丙)과 합을 하여 수(水)로 화하면 병화(丙火)로 하여금 갑목(甲木)을 불사르지 않게 하니 백성인 갑목(甲木)을 구원한다[能救生靈 능구생령].

10. 임수(壬水)

적천수 원문

壬水通河　能洩金氣　剛中之德　周流不滯
임수통하　　능설금기　　강중지덕　　주류불체

> 임수(壬水)는 은하수에 견줄 만큼 큰물인데[壬水通河]
> 강하다는 금(金)의 기운[金氣, 금기]을 능히 흘려보낼 수 있고[能洩金氣]
> 굳건한 가운데 덕 또한 갖추고 있어[剛中之德]
> 두루두루 흘러내려 막힘이 없다[周流不滯].

적천수 해설　　**임수(壬水)의 특성 1**

임수(壬水)는 양의 수[陽水 양수]이다. 통하(通河)는 천하(天河)를 말하며, 천하는 은하수를 의미한다. 임수(壬水)는 지지의 신금(申金)에서 장생(長生)하는데, 신금(申金)은 천하의 입구로서 곤방(坤方)에 위치한다. 임수(壬水)는 이곳에서 생(生)하여 서방(西方) 가을 하늘의 강하고 살벌한 기운[肅殺之氣 숙살지기]인 금(金)의 기운을 능히 흘려보낼[洩 설] 수 있으니[能洩金氣 능설금기], 굳센 가운데 덕을 겸비하고 있다[剛中之德 강중지덕].

　임수(壬水)는 모든 하천의 근원으로서[百川之源 백천지원] 두루두루 흘러내려 막힘이 없고[周流不滯 주류불체], 한 번 나아가기는 쉬우나 절대 뒤로 물러서지 않는다[易進難退 이진난퇴].

심화학습

곤방(坤方)은 서남방(西南方)을 의미한다. 『적천수(滴天髓)』 원주(原注)에서는 임수(壬水)를 계수(癸水)의 발원(發源)으로 보아 서방(西方)의 곤륜지수(崑崙之水)라고 하였고, 계수(癸水)를 임수(壬水)가 돌아가 머무는 [歸宿 귀숙] 동방(東方)의 부상지수(扶桑之水)라고 하였다. 이들은 나누어지고 합하여 그 흐름에 쉼이 없어[運行不息 운행불식] 온갖 하천[百川 백천]과 비와 이슬[雨露 우로]이 되므로 이들을 둘로 나눌 수 없다고 하였다. 부상(扶桑)은 해가 뜨는 동쪽 바다를 의미한다.

적천수 원문

通根透癸　沖天奔地　化則有情　從則相濟
통근투계　　　충천분지　　　화즉유정　　　종즉상제

> 지지에 뿌리를 내리고 천간에 계수(癸水)가 투출하면[通根透癸]
> 그 기세가 하늘을 비우고 땅을 내달릴 만큼 강력하며[沖天奔地]
> 정화(丁火)를 만나 합(合)을 하면 정이 생겨나고[化則有情]
> 기세가 약해 종(從)을 해도 서로 구제하여 해가 없다[從則相濟].

적천수 해설　　　**임수(壬水)의 특성 2**

지지에 신자진(申子辰)의 수국(水局)이 완전하고 천간에 계수(癸水)가 투출하면 수(水)의 세력이 범람하게 되니, 천간에 무기토(戊己土)가 있다고 해도 그 흐름을 막을 수 없다. 만약 강제로 그 흐름을 멈추려 한다면, 오히려 임수(壬水)의 성질만 거스르게 되어 반격을 당하고[沖激 충격] 이로 인한 재난[水患 수환]만 생겨날 뿐이다. 따라서 반드시 목(木)을 이용하여 수(水)를 흘려보내야만[用木洩水 용목설수] 그 기세에 순응하여 미쳐 날뛰지[沖奔 충분] 않게 될 것이다.

임수(壬水)가 정화(丁火)와 합(合)을 하여 목(木)으로 화(化)하면 능히 불을 생할 수 있어[木生火 목생화] 오행의 기운이 생하고 생함이 그치지 않는[生生不息 생생불식] 묘함이 있으니, 화하면 유정한 것이다[化則有情 화즉유정].

임수(壬水)가 음력 사오유월 즉 사오미월(巳午未月)에 태어났는데 사주에 화토(火土)가 함께 왕(旺)하고 별도로 금수(金水)의 도움이 없는 경우, 왕한 화(火)가 천간에 투출하면 화(火)를 따라 종(從)하게 되고[從財格 종재격] 왕한 토(土)가 투출하면 토(土)를 따라 종하게 되는데[從殺格 종살

격], 촉촉이 적셔주어 조화를 이루니[調和潤澤 조화윤택] 거듭 서로 도와 구
제하는 공이 있다[相濟之功 상제지공].

임수(壬水)가 화(火)를 따라 종하면 종재격(從財格)이 되고, 토(土)를 따
라 종하면 종살격(從殺格)이 되는데, 종격(從格)에 대해서는 차후 〈제6장
격국(格局)〉에서 상세히 설명하도록 하겠다.

　또한 본문에서는 단순히 '촉촉이 적셔주어 조화를 이루니[調和潤澤 조화
윤택]'라고만 하여 그 의미가 제대로 전달되지 않는 것 같아 『적천수(滴天
髓)』 원주(原注)의 해석을 다음과 같이 첨부한다. "임수(壬水)가 여름에
태어나면 사오미(巳午未) 중에 있는 화토(火土)의 기운[火土之氣 화토지기]
이 임수(壬水)를 훈증(薰蒸)하여 우로(雨露)를 이루니, 비록 화토(火土)를
따라 종한다고 하더라도 상제(相濟)라고 하지 않을 수 없다." 여기서 상
제는 수화기제(水火旣濟)를 말한다.

11. 계수(癸水)

癸水至弱　達於天津　得龍而運　功化斯神
계수지약　　　달어천진　　　득룡이운　　　공화사신

> 계수(癸水)는 지극히 약하고 은근하나[癸水至弱]
> 고요히 흐르고 흘러 하늘 나루터에 도달하고[達於天津]
> 지지에 용[辰土, 진토]을 얻어 움직이게 되면[得龍而運]
> 그 공로가 화(化)하여 오묘한 신의 조화를 이룬다[功化斯神].

　　　계수(癸水)의 특성 1

계수(癸水)는 빗물이나 이슬[雨露 우로]이 아니라 순수한 음의 물[純陰之

水 순음지수]이다. 그 발원(發源)이 비록 길다고 할지라도 그 본성은 지극히 약하여 기세(氣勢)가 십간(十干) 중에서 가장 고요하지만[靜 정], 능히 토(土)를 적셔 금(金)을 길러줌으로써[潤土養金 윤토양금] 토(土)로 하여금 만물을 발육시킬 수 있게 해준다. 계수(癸水)가 용(龍)을 얻어 움직이면 변화를 예측하기가 불가능하니, 이는 소위 계수(癸水)가 용을 만나면 화(化)한다[逢龍卽化 봉룡즉화]는 것을 의미하며, 용은 진토(辰土)를 의미한다. 그러나 이는 진짜 용이 변화를 일으킬 수 있다는 말이 아니다. 진(辰)을 얻어 화한다는 것은 진(辰)의 원신(原神)이 드러나 나타난다[發露 발로]는 것이다. 무릇 십간이 진토(辰土)의 위치에 이르면 진토(辰土)를 깔고 앉은 천간에 천간합(天干合)의 화신(化神)이 투출한다는 것을 말한다. 이것은 한번 정해져 바뀔 수 없는 이치[一定不易之理 일정불역지리]이다.

不愁火土　不論庚辛　合戊見火　化象斯眞
불수화토　　불론경신　　합무견화　　화상사진

> 화(火)와 토(土)가 많아도 걱정하지 않으며[不愁火土]
> 경금(庚金)과 신금(辛金) 어느 것도 흘려보낼 수 있다[洩, 설]고 말 못하며[不論庚辛]
> 무토(戊土)와 합을 하고 화(火)를 또 보게 되면[合戊見火]
> 그 합화(合化)의 상(象)은 진정한 화(化)를 이루게 된다[化象斯眞].

적천수 해설　　**계수(癸水)의 특성 2**

화(火)와 토(土)가 많아도 걱정하지 않는다[不愁火土 불수화토]는 것은, 계수(癸水)는 그 성질이 지극히 약하여 화토(火土)가 많으면 이를 감당하지 못하고 이를 따라 종(從)하여 화(化)한다는 말이다.

　경금(庚金)과 신금(辛金) 어느 것도 흘려보낼 수 있다[洩 설]고 말 못한다[不論庚辛 불론경신]는 것은, 약한 수(水)는 금기(金氣)를 흘려보내기[洩 설]에는 힘이 너무 부치니 경금(庚金)이냐 신금(辛金)이냐를 논할 필요도 없다는 말이다. 소위 금(金)이 많으면 물이 흐려진다[金多反濁 금다반탁]는 말은 즉 계수(癸水)를 일컬어 하는 말이다.

계수(癸水)가 무토(戊土)와 합을 한 후 화(火)를 또 보게 된다[合戊見火 합무견화]는 것은, 음(陰)이 극에 달하면 양이 생겨난다[陰極則陽生 음극즉양생]는 말이다. 무토(戊土)는 건조하고 두터운[燥厚 조후] 성질인데, 사주에 병화(丙火)가 투출되어 있다면 무계합(戊癸合)의 화신(化神)인 화(火)를 끌어내[引出 인출] 참된 화[眞化 진화]가 된다. 만약 가을과 겨울의 금수(金水)의 기운이 지지에 왕성하다면, 비록 지지에서 진룡(辰龍)을 보고 천간에 병정화(丙丁火)가 투출했다 하더라도 종화(從化)는 어려우니 자세히 살펴보는 것이 마땅하다.

심화학습

계수(癸水)를 너무나 약해서 강한 자의 힘에 쉽게 휘둘려 자신의 주체성을 전혀 발휘하지 못하는 존재인 양 취급하고 있다. 여기에는 임철초(任鐵樵)의 편견이 상당히 크게 작용하고 있다고 보여진다. 아마도 음(陰)의 물인 계수(癸水)의 음습한 면이 임철초로 하여금 부정적으로 평가하게 만들지 않았나 생각된다.

여기서 짚고 넘어가야 할 것은 계수(癸水)도 세력을 얻으면 임수(壬水) 못지않은 큰물이 될 수 있다는 사실이다. 계수(癸水)가 지극히 약한 것은 인정하더라도, 불(火)만 보면 이에 대항하지[水剋火 수극화] 못하고 불을 따라 화(化)해버리는 성분은 결코 아닌 것이 사실이다. 과연 금(金)이 많으면 계수(癸水)는 이를 받아들이지 못하고 탁해지고 마는가. 과연 임수(壬水)는 경신금(庚辛金)을 설(洩)할 수 있어도 계수(癸水)는 설할 수 없단 말인가. 이 논리를 그대로 적용하면 오행의 기본적 원리인 금생수(金生水)의 이치를 부정하는 오류를 범하게 된다.

임철초는 자신의 풀이 마지막에 이렇게 여운을 남겨두었다. "만약 가을과 겨울의 금수(金水)의 기운이 지지에 왕성하다면, 비록 지지에서 진룡(辰龍)을 보고 천간에 병정화(丙丁火)가 투출했다 하더라도 종화(從化)는 어려우니 자세히 살펴보는 것이 마땅하다." 여기서 중요한 것은 '자세히 살펴보는 것이 마땅하다[宜細詳之 의세상지]'라는 말이다. 이는 기본이론을 바탕으로 사주를 해석하되, 사주의 상황에 따라 적절하게 판단해야 함을 다시 한 번 강조하는 것으로 여겨진다. 임철초는 이렇게 자신의 논리는 강력하게 주장하되 항상 말미에 여운을 남긴다. 그래서 사람의 말은 끝까지 들어보아야 하는가 보다.

명리학 기초이론 10   **득룡이운 공화사신(得龍而運 功化斯神)**

앞의 〈적천수 해설 : 계수(癸水)의 특성 1〉에서 십간이 진토(辰土)의 위치에 이르면 진토(辰土)를 깔고 앉은 천간에 천간합(天干合)의 화신(化神)이 투출한다고 했는데, 이는 진월(辰月)이나 진시(辰時)가 되면 각자 천간의 오합(五合)이 화하는 성분이 자신의 천간에 나타나게 된다는 득룡이운 공화사신(得龍而運 功化斯神)의 원리를 말한다.

월(月)을 정하는 월건법(月建法)에는 일정한 법칙이 있다. 먼저 갑기년(甲己年)에는 갑기합(甲己合)이 되어 화(化)하는 토(土)를 생하는 양의 불인 병화(丙火)가 그 해를 시작하는 월의 천간이 되므로, 갑기년의 인월(寅月)은 병인월(丙寅月)이 된다. 마찬가지로 을경년(乙庚年)에는 을경합(乙庚合)이 되어 화하는 금(金)을 생하는 양의 흙인 무토(戊土)가, 병신년(丙辛年)에는 병신합(丙辛合)이 되어 화하는 수(水)를 생하는 양의 금(金)인 경금(庚金)이, 정임년(丁壬年)에는 정임합(丁壬合)이 되어 화하는 목(木)을 생하는 양의 수(水)인 임수(壬水)가, 무계년(戊癸年)에는 무계합(戊癸合)이 되어 화하는 화(火)를 생하는 양의 목(木)인 갑목(甲木)이 그 해를 시작하는 월의 천간이 된다. 각 해의 진월(辰月)은 그 해의 천간이 합을 이루어 화하는 양의 오행이 천간이 되므로, 갑기년은 무진월(戊辰月), 을경년은 경진월(庚辰月), 병신년은 임진월(壬辰月), 정임년은 갑진월(甲辰月), 무계년은 병진월(丙辰月)이 되어 득룡이운 공화사신의 원리가 적용된다.

시(時)를 정하는 데에도 일정한 법칙이 있다. 이때는 각 천간이 합을 이루어 화하는 오행을 극하는 오행이 그 날을 시작하는 자시(子時)의 천간이 되므로 갑기일은 갑자시(甲子時), 을경일은 병자시(丙子時), 병신일은 무자시(戊子時), 정임일은 경자시(庚子時), 무계일은 임자시(壬子時)가 된다. 따라서 진시(辰時)는 각각 무진시(戊辰時), 경진시(庚辰時), 임진시(壬辰時), 갑진시(甲辰時), 병진시(丙辰時)가 되어 득룡이운 공화사신의 원리가 적용되는 것이다. 표로 정리하면 다음과 같다.

연간(일간)	진월(辰月)·진시(辰時)	육십갑자(六十甲子) 간지의 진행
甲己年(日)	戊辰	甲子 乙丑 丙寅 丁卯 戊辰 己巳 ……
乙庚年(日)	庚辰	丙子 丁丑 戊寅 己卯 庚辰 辛巳 ……
丙辛年(日)	壬辰	戊子 己丑 庚寅 辛卯 壬辰 癸巳 ……
丁壬年(日)	甲辰	庚子 辛丑 壬寅 癸卯 甲辰 乙巳 ……
戊癸年(日)	丙辰	壬子 癸丑 甲寅 乙卯 丙辰 丁巳 ……

〈명리학 기초이론 7 : 천간의 오합(五合)〉과 〈명리학 기초이론 13 : 사주명식(四柱命式) 작성요령〉을 참조하면 이해에 도움이 될 것이다.

제 3 장

地支
지지 - 십이지(十二支)의 구성 및 특징 분석

1. 양지(陽支)와 음지(陰支)

적천수 원문

陽支動且强　速達顯災祥
양지동차강　　속달현재상

陰支靜且專　否泰每經年
음지정차전　　비태매경년

> 양지(陽支)인 자인진오신술(子寅辰午申戌)은 동적이고 강하여[陽支動且强]
> 재앙과 상서로움이 빠르게 나타나지만[速達顯災祥]
> 음지(陰支)인 축묘사미유해(丑卯巳未酉亥)는 정적이고 집중되어[陰支靜且專]
> 곤궁함과 형통함이 항상 오랜 세월이 지난 후에 나타난다[否泰每經年].

적천수 해설 **양지(陽地)와 음지(陰地)의 특성**

자(子)·인(寅)·진(辰)·오(午)·신(申)·술(戌)을 일컬어 양지(陽支)라고 한다. 그 성질은 동적이며[其性動 기성동] 그 세력은 강하고[其勢强 기세강] 나타남이 빠르다[其發至速 기발지속]. 따라서 이로 인한 재앙과 상서로움이 신속히 나타난다[其災祥至顯 기재상지현].

축(丑)·묘(卯)·사(巳)·미(未)·유(酉)·해(亥)를 일컬어 음지(陰支)라고 한다. 그 성질은 정적이고[其性靜 기성정] 그 기운은 집중되어[其氣

專 기기전] 나타남이 빠르지 못하다[發之不速 발지불속]. 따라서 곤궁함과 형통함[否泰 비태]의 증험은 항상 오랜 세월이 지난 후에 나타난다[每至經年而後見 매지경년이후견]. 여기까지는 원주(原注)를 인용한 것이다.

자수(子水)는 그 속[支藏干 지장간]에 음수(陰水)인 계수(癸水)가 암장(暗藏)되어 있고[癸藏子 계장자], 오화(午火)는 그 속에 음화(陰火)인 정화(丁火)가 암장되어 있으니[丁藏午 정장오], 이는 체(體)는 양(陽)이지만 용(用)은 음(陰)이라는 말이다. 또한 해수(亥水)는 그 속에 양수(陽水)인 임수(壬水)가 암장되어 있고[壬藏亥 임장해], 사화(巳火)는 그 속에 양화(陽火)인 병화(丙火)가 암장되어 있으니[丙藏巳 병장사], 이는 체는 음이지만 용은 양이라는 말이다. 따라서 이들을 취하여 사용할 때에는 잘 분별해야 한다.

또한 굳세고 부드럽고 강건하고 유순함[剛柔健順 강유건순]의 이치도 있으니, 이는 천간 음양의 성질과 크게 다를 바 없다. 다만, 생하고 극하고 억누르고 따르는[生剋制化 생극제화] 이치는 천간과 비교하면 아주 다양하니, 이는 하나의 지지 안에 적어도 두세 개의 천간이 포함되어 있어 이들이 서로 영향을 미치기 때문이다. 그러나 그들 중 본기(本氣)를 우선으로 함이 원칙이다.

예를 들어, 지지의 인목(寅木) 안에는 무토(戊土), 병화(丙火), 갑목(甲木)이 암장되어 있으나, 이들 중 인목(寅木)의 본기인 갑목(甲木)의 성질이 우선하고 그 후에 병화(丙火)의 순으로 거론해야 한다. 신금(申金)을 예로 들면 그 안에는 무토(戊土), 임수(壬水), 경금(庚金)이 암장되어 있으나, 이들 중 신금(申金)의 본기인 경금(庚金)의 성질이 우선하고 이어서 임수(壬水)를 논해야 한다. 나머지 지지들도 이와 같은 기준을 따르면 된다.

다시 한 번 강조하지만 양지는 그 성격이 동적이고 강하여 길흉의 맞고 틀림[應驗 응험]이 즉시 나타나지만, 음지는 그 성격이 정적이고 약해서 불행과 행복[禍福 화복]의 응험이 비교적 더디게 나타난다. 사주원국(四柱原局)에서나 운(運)에서나 지지의 이러한 성향은 동일하므로 같은 기준에 따라 판단하면 별 무리가 없을 것이다.

『적천수징의(滴天髓徵義)』에서는 양지(陽支)와 음지(陰支)를 설명하면서 맨 앞부분에 『적천수(滴天髓)』원주(原注)를 인용하였다. 이것이 오히려 지지를 단순명료하게 이해하는 데 도움이 된다고 보았던 것 같다. 하지만 『적천수천미(滴天髓闡微)』에서는 지지의 음양을 구분하는 방법을 다음 몇 가지로 구분하여 예를 들고 있다.

"지지의 자(子)에서 사(巳)까지가 양이고 오(午)에서 해(亥)까지가 음이라고 하는 것은 동지(冬至)에서 양이 생하고 하지(夏至)에서 음이 생한다는 논리를 따른 것이고, 인(寅)에서 미(未)까지가 양이고 신(申)에서 축(丑)까지가 음이라고 하는 것은 목화(木火)가 양이고 금수(金水)가 음이 된다는 논리를 따른 것이다. 명리학(命理學)에서는 자(子)·인(寅)·진(辰)·오(午)·신(申)·술(戌)을 양이라 하고, 축(丑)·묘(卯)·사(巳)·미(未)·유(酉)·해(亥)를 음(陰)이라 한다……."

서낙오(徐樂吾)는 보주(補註)에서 『적천수』원문이 후세 사람들에 의해 전해지는 과정에서 잘못 표기되었다고 주장하고 있다. 원문은 마땅히 '양간동차강(陽干動且强) 음지정차전(陰支靜且專)'이 되어야 한다는 것이다. "천간만 따로 논한다면 갑(甲)은 양이고 을(乙)은 음이며, 지지만 따로 논한다면 자(子)가 양이고 축(丑)은 음이지만, 간지를 통합하여 논한다면 천간이 양이고 지지가 음이다. 『자평진전(子平眞詮)』에서 갑을인묘(甲乙寅卯)를 통합하여 음양을 나누면 갑을(甲乙)이 양이고, 인묘(寅卯)가 음이라고 말하는데 바로 이런 뜻이다. 따라서 천간의 길흉은 쉽게 드러나지만, 지지의 화복(禍福)은 곧바로 나타나지 않는다"라는 주장인데, 상당히 일리가 있다는 생각이 들어 고민스럽게 만든다.

지지 안에 암장되어 있는 천간을 지장간(支藏干)이라고 하는데 이들에 대한 설명은 바로 다음에 이어진다.

명리학 기초이론 11 지장간(支藏干)이란

지장간(支藏干)이란 지지가 품고 있는 천간의 기운을 말한다. 예를 들면 자수(子水)는 그 안에 임수(壬水)와 계수(癸水)를 10 : 20의 비율로 가지고 있는데, 그 중에서 상대적으로 많은 비중을 차지하고 있는 계수(癸水)를 자수(子水)의 본기(本氣)라고 한다. 즉 자수(子水)는 그 안에 임수(壬水)와 계수(癸水)의 특징을 함께 지니고 있으나 그 중에서 계수(癸水)의 특징이 먼저 드러나는 음수(陰水)로 작용하게 되는 것이다.

축토(丑土)는 그 안에 계수(癸水), 신금(辛金), 기토(己土)를 9 : 3 : 18의 비율로 가지고 있는데, 그 중에서 상대적으로 많은 비중을 차지하고 있는 기토(己土)를 축토(丑土)의 본기라고 한다. 즉 축토(丑土)는 그 안에 계수(癸水), 신금(辛金), 기토(己土)의 특징이 혼재되어 있으나 그 중에서 기토(己土)의 특징이 우선하는 음토(陰土)로 작용하게 되는 것이다.

인목(寅木)은 그 안에 무토(戊土), 병화(丙火), 갑목(甲木)을 7 : 7 : 16의 비율로 가지고 있는데, 그 중에서 상대적으로 많은 비중을 차지하고 있는 갑목(甲木)을 인목(寅木)의 본기라고 하고, 무토(戊土)를 초기(初氣) 또는 여기(餘氣), 병화(丙火)를 중기(中氣)라 하여 본기인 갑목(甲木)의 특징이 우선하는 양목(陽木)으로 작용하게 되는 것이다.

그렇다면 7 : 7 : 16 등의 비율은 무엇을 의미하는가. 이는 1달을 이 비율로 나누어, 달이 바뀌어 새로운 달이 시작되는 절입일(節入日)이 시작된 후 7일 동안은 무토(戊土)의 기운이 작용력이 강하고, 그 후 7일은 병화(丙火), 그 다음 16일간은 본기인 갑목(甲木)의 작용력이 강하다는 것을 의미한다. 다만, 앞서 본문에서 언급한 바와 같이 인목(寅木)의 특성에 가장 우선적으로 영향력을 행사하는 것은 두 말할 나위 없이 인목(寅木)의 본기인 갑목(甲木)임을 명심해야 한다.

각 지지별 지장간의 구성을 다음 표로 정리할 수 있다. 다만, 그 비율에 대해서는 책마다 약간씩 차이가 있는데, 여기서는 가장 흔하게 통용되는 것을 소개한다.

지지	초기 또는 여기	중기	본기
자수(子水)	임수(壬水) : 10일	–	계수(癸水) : 20일
축토(丑土)	계수(癸水) : 9일	신금(辛金) : 3일	기토(己土) : 18일
인목(寅木)	무토(戊土) : 7일	병화(丙火) : 7일	갑목(甲木) : 16일
묘목(卯木)	갑목(甲木) : 10일	–	을목(乙木) : 20일
진토(辰土)	을목(乙木) : 9일	계수(癸水) : 3일	무토(戊土) : 18일
사화(巳火)	무토(戊土) : 5일	경금(庚金) : 9일	병화(丙火) : 16일
오화(午火)	병화(丙火) : 10일	기토(己土) : 9일	정화(丁火) : 10일
미토(未土)	정화(丁火) : 9일	을목(乙木) : 3일	기토(己土) : 18일
신금(申金)	무토(戊土) : 7일	임수(壬水) : 7일	경금(庚金) : 16일
유금(酉金)	경금(庚金) : 10일	–	신금(辛金) : 20일
술토(戌土)	신금(辛金) : 9일	정화(丁火) : 3일	무토(戊土) : 18일
해수(亥水)	무토(戊土) : 7일	갑목(甲木) : 7일	임수(壬水) : 16일

2. 생지(生地) · 왕지(旺地) · 고지(庫地)의 충(沖)

적천수 원문

生方怕動庫宜開　敗地逢沖仔細推
생방파동고의개　　　패지봉충자세추

> 생지(生地)인 인신사해(寅申巳亥)는 충(沖)으로 동(動)하게 됨을 두려워하고[生方怕動]
> 고지(庫地)인 진술축미(辰戌丑未)는 충으로 열려야 마땅하며[庫宜開]
> 왕지(旺地)인 자오묘유(子午卯酉)의 충은 자세히 살펴야 한다[敗地逢沖仔細推].

적천수 해설　　　생지(生地) · 왕지(旺地) · 고지(庫地)의 충(沖)

예로부터 금수(金水)는 능히 목화(木火)를 충(沖)할 수 있으나, 목화(木火)는 금수(金水)를 충할 수 없다고 여겨왔다. 이 논리는 천간에 적용할 경우에는 옳다고 할 수 있어도, 지지를 논할 때에는 옳다고 할 수 없다. 대개 지지의 기(氣)는 한 가지만으로 이루어지지 않고 다양하여[氣多不專 기다부전], 그 안에서 서로 다른 두세 개의 기운을 함께 가지고 있기 때문이다. 따라서 목화(木火)가 다른 기운을 만나 그것으로부터 자신의 기운을 강하게 만들어주는 세력을 얻는다면 어찌 목화(木火)라고 금수(金水)를 충할 수 없다고 할 수 있겠는가.

인신사해(寅申巳亥) 즉 생방(生方)은 충으로 동(動)하게 됨을 두려워한다[生方怕動 생방파동]는 것은, 둘이 충을 하면 양쪽 모두 이득이 없이 상처만 입게 된다[兩敗俱傷 양패구상]는 말이다. 예를 들어, 인목(寅木)과 신금(申金)이 만나 충을 하여[寅申沖 인신충] 신금(申金) 안의 경금(庚金)이 인목(寅木) 속의 갑목(甲木)을 극한다고 한다면, 인목(寅木) 속의 병화(丙火)는 신금(申金) 안의 경금(庚金)을 극하지 않는다고 할 수 없다. 또한 신금(申金) 안의 임수(壬水)가 인목(寅木) 속의 병화(丙火)를 극한다고 한다면, 인목(寅木) 속의 무토(戊土)가 신금(申金) 안의 임수(壬水)를 극하지 않는다고 할 수 없다. 따라서 생방끼리 충을 하게 되면 겉으로뿐만 아니라 지장간의 기운들도 서로 극하여 싸워 조용할 날이 없다[戰剋不靜 전극부정]는 말이다.

고지(庫地)인 진술축미(辰戌丑未)는 충으로 열려야 마땅하다[庫宜開 고의개]는 것은 마땅한 경우와 마땅하지 못한 경우가 있으니, 상세한 설명은 〈제6장 2. 외격(外格)〉의 잡기재관(雜氣財官)에서 다루기로 한다.

패지(敗地)인 자오묘유(子午卯酉)의 충은 자세히 살펴야 한다[敗地逢沖仔細推 패지봉충자세추]는 것은, 패지 즉 왕지(旺地)인 자오묘유(子午卯酉)는 그 지장간의 기운이 한 오행으로 몰려 있어[專氣 전기] 금수(金水)를 용신(用神)으로 할 때는 충이 있어도 별 지장을 받지 않으나, 목화(木火)를 용신으로 삼을 경우에는 충을 해서는 안 된다는 말이다. 그러나 이를 실제로 사주풀이에 적용할 때에는 위의 논리 한 가지에 집착하지 말고 융통성 있게 살펴보아야[活看 활간] 하고, 한 가지만 고집해서는[執一 집일] 안 된다. 예를 들어, 봄[木旺節 목왕절]이나 여름[火旺節 화왕절]에 금수(金水)를 용신으로 한다면, 금수(金水)의 기운은 휴수(休囚)가 되고 목화(木火)의 기운이 왕상(旺相)이 되니 어찌 도리어 금수(金水)가 상한다 하지 않겠는가. 마땅히 헤아려서 깊이 연구해야 한다.

명리학 기초이론 12   **사주팔자(四柱八字)의 구성**

사주(四柱)란 사람이 태어난 연월일시(年月日時)의 네 기둥인 연주(年柱), 월주(月柱), 일주(日柱), 시주(時柱)를 말하며, 각 기둥[柱, 주]은 천간과 지지로 나뉘어 각각 둘씩 짝을 이루어 팔자(八字)가 된다. 연간(年干, 연주의 천간)을 연상(年上) 또는 세간(歲干)이라고도 하고, 연지(年支, 연주의 지지)를 연하(年下) 또는 세지(歲支)라고도 한다. 태어난 달을 의미하는 월주는 월건(月建)이라고도 하는데 월주에서 천간인 월간(月干)을 월상(月上), 지지인 월지(月支)를 월령(月令)이라고도 한다. 사주를 논할 때 사주의 주인이 되는 일간(日干)은 신(身) 또는 일주(日主)라고도 하고, 일지(日支)는 좌하(坐下)라고도 한다. 시간(時干)은 시상(時上)이라고도 한다.

사주는 다음과 같이 표현한다. 예를 들어, 2004년 갑신년(甲申年) 양력 3월 28일 진시생(辰時生)이라면 갑신년의 양력 3월은 정묘월(丁卯月), 28일은 병오일(丙午日), 진시(辰時)는 임진시(壬辰時)인데, 이것을 사주의 오른쪽에서부터 왼쪽으로 연월일시 순으로 써 내려가며, 대운(大運) 또한 같은 방법으로 오른쪽에서 왼쪽으로 써 내려간다.

時柱	日柱	月柱	年柱
壬	丙	丁	甲
辰	午	卯	申

생지(生地)·왕지(旺地)·고지(庫地)의 충(沖)

❶ 생지인 인신사해(寅申巳亥)의 충으로 인해 망한 경우

癸	癸	壬	甲
亥	巳	申	寅

庚	己	戊	丁	丙	乙	甲	癸
辰	卯	寅	丑	子	亥	戌	酉

계수(癸水)가 가을[申金신금]에 태어나 당령(當令)하니 그 근원을 얻었고, 사주에 물(水)이 많아 사주는 매우 왕(旺)하다.

가을의 목(木)은 갇히고[囚수] 충을 당하니[寅申沖인신충] 용신(用神)으로 쓰기에는 부족하다. 화(火)는 비록 쉬고 있으나[休휴] 일지(日支)를 차지하여 일간(日干)에 바짝 붙어 있고, 하물며 초가을이니 화(火)의 여기(餘氣)가 완전히 식지는 않았으니 용신은 반드시 사화(巳火)에 있다 하겠다.

하지만 이 역시 충을 당하고[巳亥沖사해충], 계수(癸水)를 도와주는 비겁(比劫)들이 많아 자신들의 재물인 사화(巳火)를 서로 차지하려 달려드는 군겁쟁재(群劫爭財)의 형상을 하고 있으니, 처를 셋이나 잃고 자식도 없었다. 게다가 운(運)마저 북방(北方) 수(水)의 지지로 달리니 재물이 깨지고 줄어듦이 남달랐으나[破耗異常파모이상], 무인(戊寅)과 기묘(己卯)대운에 이르러 운이 동방(東方)의 목(木)운으로 돌아드니 희신과 용신이 마땅함을 얻어[喜用合宜희용합의] 등 따뜻하고 배불리 먹을 수 있게 되었다. 그러나 경(庚)운에 이르러 상관(傷官)인 목(木)을 극하고 비겁인 수(水)를 생하며 세운(歲運)마저 유년(酉年)을 맞으니, 희용신(喜用神)이 모두 상하여 죽고 말았다.

가을에 태어난 계수(癸水)가 신왕(身旺)하여 화(火)를 용신(用神)으로 삼고, 목(木)을 희신(喜神)으로 하여 상관생재(傷官生財)의 흐름을 탄다고

하겠다.

다만, 희신과 용신이 모두 충을 당하고 운마저 금수(金水)로 흘러 망해버렸으니, 생방파동(生方怕動)의 적절한 사례라 할 것이다.

❷ 생지인 인신사해(寅申巳亥)의 충을 합으로 벗어난 경우

壬	甲	癸	癸
申	寅	亥	巳

乙	丙	丁	戊	己	庚	辛	壬
卯	辰	巳	午	未	申	酉	戌

갑인(甲寅) 일주가 초겨울인 해월(亥月)에 태어났으니 추운 겨울의 나무는 불이 절대적으로 필요하다[寒木向陽 한목향양]. 따라서 사화(巳火)가 용신(用神)이 된다. 하지만 사주에 왕한 물[水]은 넷이나 있는데 이를 막아 다스릴 토(土)는 전혀 보이지 않아[無土砥定 무토지정] 사주가 별로 좋아 보이지 않는다. 하지만 묘하게도 인목(寅木)이 해수(亥水)와 합을 하여[寅亥合 인해합] 사화(巳火)의 끊어진 생명줄을 다시 이어주니[絕處逢生 절처봉생], 이것이 바로 일으켜 떠나게 하는 기틀[興發之機 흥발지기]이라 하겠다.

다만, 초운(初運)이 서방(西方)의 금지(金地)로 가게 되자, 일주와 용신 즉 체용(體用)이 모두 손상을 입게 되어 모진 세상을 살아가기가 무척 힘들어[碌碌風霜 녹록풍상] 이리저리 미친 척 뛰어다녀봐도 무엇 하나 제대로 되는 일이 없었다[奔馳未遇 분치미우]. 나이 사십이 지나 운이 남방(南方)으로 바뀌어 대운의 지지가 화토(火土)로 되자, 용신을 도와 일으키고 인성을 버리고 재성을 따르니[棄印就財 기인취재] 모은 재산만 수만이요 첩을 얻어 낳은 자식이 넷이나 되었다.

이상과 같이 살펴보건대, 인수(印綬)가 용신일 경우 재성(財星)을 만나면 재앙이 적지 않겠지만, 인성을 버리고 재성을 용신으로 삼는[棄印就財 기인취재] 경우 재성을 만난다면 가장 크게 발복(發福)할 것이다.

해월(亥月)의 갑목(甲木) 일주가 사주원국에 인성(印星)이 중중(重重)하여 신왕(身旺)하다 하겠다. 인성을 극해줄 토(土)는 보이지 않고 용신인 사화(巳火)마저 멀리 떨어져 있으니 그다지 좋은 사주라고는 할 수 없으나, 인해합(寅亥合)으로 해수(亥水)가 사화(巳火)를 충하는 것을 막아주고 운이 화토(火土)로 흘러 도와주어 살아난 사례라 할 것이다.

❸ 왕지인 자오묘유(子午卯酉)의 충으로 인해 망한 경우

戊	戊	丁	辛
午	子	酉	卯

己	庚	辛	壬	癸	甲	乙	丙
丑	寅	卯	辰	巳	午	未	申

이 사주는 상관용인(傷官用印)이다. 월지(月支)가 상관(傷官)인 유금(酉金)이고 일지(日支) 또한 일주에 힘이 될 수 없으니 인성(印星)인 화(火)를 용신(用神)으로 하고, 화(火)가 약하니 이를 도와 생해주는 관성(官星)인 목(木)이 희신(喜神)이 된다. 소위 '토금(土金) 상관은 관성을 보기를 꺼린다[土金傷官忌官星 토금상관기관성]'는 말은 여기에 해당하지 않는다.

묘유충(卯酉沖)으로 인해 인성을 도와줄 희신은 날아가고, 자오충(子午沖)으로 인해 상관은 더욱 방자하게 날뛰게 되는데[肆逞 사령], 지지의 왕한 금(金)은 수(水)를 생하고 목화(木火)는 충극(沖剋)으로 탈진하게 되니 천간의 화토(火土)는 허탈할 따름이다. 이로 인해 글을 읽어도 그 목표를 이루지 못하고[讀書未遂 독서미수] 경영을 해도 제대로 굴러 가질 않았다[碌碌經營 녹록경영].

반가운 것은 천간에 수(水)가 투출(透出)하지 않은 것이니, 그 사람의 문장은 고상하고 멋스러웠으며[文采風流 문채풍류] 서법에 정통하였다[精於書法 정어서법].

다시 중간운[中運^{중운}]의 천간이 일주가 꺼리는 금수(金水)로 흘러 뜻이 있어도 펼치기가 힘들었으니[有志難伸 ^{유지난신}], 대개 상관이 인성을 차고 있는 경우[傷官佩印 ^{상관패인}] 희용신이 목화(木火)에 있다면 금수(金水)를 보기를 꺼리기 때문이다.

유월(酉月)에 태어난 무토(戊土) 일주가 신약(身弱)하여 인성(印星)인 정화(丁火)를 용신으로 삼고 목(木)을 희신으로 하였으나, 지지의 목화(木火)가 충으로 흔들려 발흥(發興)하지 못한 사주라 하겠다.

운의 지지가 화토(火土)로 흐른 것은 다행스럽지만, 천간이 이를 받아주질 못하여 바탕은 있으나 그 뜻을 펼치기는 불가능했다고 생각된다.

❹ 왕지인 자오묘유(子午卯酉)의 충으로 인해 흉한 경우

丙	庚	丁	辛
子	午	酉	卯

己	庚	辛	壬	癸	甲	乙	丙
丑	寅	卯	辰	巳	午	未	申

천간이 경신병정(庚辛丙丁)으로 이루어지고 유월(酉月)에 태어났으니, 이는 화(火)가 가을의 금(金)을 단련시키는 형상[火練秋金^{화련추금}]의 배열이라 하겠다. 지지의 자오묘유(子午卯酉)는 감리진태(坎離震兌)의 배열로 북남동서 네 방위를 다 차지하여 그 기(氣)가 팔방(八方)으로 뻗어 나간다고 하겠다. 다만 아쉬운 것은 오행 중에서 토(土)가 빠졌으니, 금왕절(金旺節)인 가을에 태어났다 하더라도 왕(旺)하다고 하기는 어렵다.

가장 반가운 것은 오화(午火)가 충을 만난 것이다[子午沖^{자오충}]. 수극화(水剋火)의 원리에 따라 자수(子水)의 극을 받은 오화(午火)는 유금(酉金)을 깨뜨리지 못하니 유금(酉金)은 일주를 족히 도와줄 수 있고, 묘하게도 묘유(卯酉) 또한 충을 하여 금극목(金剋木)이 되어 묘목(卯木)으로 하여 금 오화(午火)를 도와주지 못하도록 방해하므로, 이를 일컬어 '상대를 굴복시켜 마땅함을 얻었다[制伏得宜^{제복득의}]'고 한다.

일지[坐下^{좌하}]에 오화[端門^{단문}]를 깔고 앉아 자수(子水)와 수화기제(水火旣濟)를 이루어 서로 이미 구제를 받았고, 묘유(卯酉)는 진태(震兌)요 자오(子午)는 감리(坎離)이니 영원히 소멸하지 않고 나날이 윤택하고 밝게 될 것이다. 이는 청나라 건륭황제의 사주이다.

심화학습

'패지(敗地)인 자오묘유(子午卯酉)의 충은 자세히 살펴야 한다[敗地逢沖仔細推^{패지봉충자세추}]'의 사례라 하겠다. 비록 지지가 자오묘유(子午卯酉)의 충을 만났으나, 이것이 오히려 좋은 방향으로 작용했다는 말이다.

보기에는 별로 좋을 것 같지 않은 사주인데, 건륭황제의 사주라고 하니 그냥 그런가 보다 하는 정도이다. 만약 이 사주의 주인공이 누구인지 모르고 풀이를 한다면 위 본문처럼 풀이하기는 어렵다는 생각이다. 어느 책에서는 이 사주는 도화살(桃花殺)이 많아 많은 여성과 사랑을 나누었다고 설명한다.

하지만 그것은 이 사람이 황제였기 때문이지 지지에 자오묘유(子午卯酉)가 있기 때문은 아니라는 것이 필자의 생각이다. 사주에서 팽팽한 긴장감을 느낄 수 있는 것은 사실인 것 같다.

❺ 고지인 진술축미(辰戌丑未)의 충과 무관한 경우

壬	戊	辛	辛
戌	辰	丑	未

癸	甲	乙	丙	丁	戊	己	庚
巳	午	未	申	酉	戌	亥	子

이 명조(命造)는 '지지에 사고(四庫)인 진술축미(辰戌丑未)가 있으면 그 사주는 아름답다'는 경우에 해당하지 않는다. 반가운 것은 신금(辛金)이 천간에 투출하여 빼어난 기운[秀氣 수기]을 토해내는 것인데, 지지의 축토(丑土) 안에 있는 신금(辛金)의 원신(元神)이 투출하여 그 정영(精英)을 흘려보내고[洩 설] 있다. 더욱 묘한 것은 목화(木火)가 지지 속에 암장(暗藏)되어 나타나지 않으니 사주가 혼잡함이 없이 순수하고 맑다[純淸不混 순청불혼]는 것이다.

유(酉)운에 이르러 신금(辛金)이 득지(得地)하여 힘을 얻으니 향시(鄕試)에 합격하였다[中鄕榜 중향방]. 나중에 운이 남방(南方)으로 흘러 목화(木火)의 기운이 함께 왕하게 되어[竝旺 병왕] 용신인 신금(辛金)이 손상을 입으니, 비록 향시합격자로서 벼슬길에 나아가고자 했으나[由擧而進 유거이진] 임용되지 못했다.

심화학습

사주원국에 비겁(比劫)이 중중(重重)하니 목(木)을 용신으로 삼으면 오히려 강중적과(强重敵寡)가 되어 극을 받는다. 따라서 상관생재(傷官生財)로 흐름을 타는 것이 마땅하여 용신(用神)은 토(土)를 설(洩)하는 신금(辛金)이 되고, 수(水)는 희신(喜神)이 된다 하겠다.

여기서 짚고 넘어가야 할 것은 사고(四庫)의 충이 사주에 미친 영향에 대해서는 전혀 언급이 없다는 것이다. 이는 '사고(四庫)는 충으로 열려야 마땅하다[庫宜開 고의개]'라는 이론이 여기에서는 적용되지 않는다는 의미로 받아들일 수 있겠다.

향시(鄕試)는 3년에 한 번씩 각 성(省)에서 실시하던 과거를 말한다. 합격자에게는 거인(擧人)의 칭호가 주어지며, 예부(禮部)에서 시행하는 회시(會試)에 응시할 자격이 주어졌다고 한다. 국학(國學)에 입학하면 수재(秀才)라는 칭호가 주어지는데, 여기서 치르는 시험에 합격하면 늠공(廩貢)이 되어 녹봉(祿俸)을 받는다. 수재들이 향시에 합격하면 다시 회시에 응시하였고, 여기서 합격하면 다시 황제 앞에서 치르는 전시(殿試)에 응시했는데 이에 합격하면 진사(進士)라는 칭호가 주어졌다고 한다. 이것이 옛날 중국의 과거절차이다. 향시와 회시에 합격하면 발과(發科)라고 하고, 전시에 합격하면 발갑(發甲)이라고 한다.

❻ 고지인 진술축미(辰戌丑未)의 충으로 흉해진 경우

己	辛	壬	戊
丑	未	戌	辰

庚	己	戊	丁	丙	乙	甲	癸
午	巳	辰	卯	寅	丑	子	亥

사주에 인수(印綬)인 토(土)가 그득하니[滿局印綬 만국인수] 금(金)이 파묻혀버리는[土重金埋 토중금매] 형상이다. 용신(用神)인 임수(壬水)는 토(土)의 극을 받아 이미 그 기운이 다하였고, 비록 미토(未土)와 진토(辰土)가 그 안에 을목(乙木)을 간직하고 있어서 충이 없다면 빌려서 용신으로 삼을 수 있지만 충으로 인해 불가능하니, 운이 목(木)운으로 흘러 끌어내주기[引出 인출]를 기다릴 수밖에 없다. 하지만 이미 축술토(丑戌土)의 충으로 창고가 부서져버린 상태여서 그 속에 있던 신금(辛金)에 의해 목(木)의 뿌리가 찍혀 베어져버렸으니[斫伐 작벌], 운이 돌아온들 무슨 소용이 있겠는가. 처는 죽어버리고 자식 또한 없었다.

이렇게 살펴보면, 사고(四庫)인 진술축미(辰戌丑未)는 반드시 충으로 열려야 마땅하다[庫宜開 고의개]고 주장하지만, 이는 오직 한 가지 이론에 너무 집착하는 것이라고 할 수밖에 없다. 오로지 천간이 조절하여 균형을 잡아주어야 마땅함을 얻고[調劑得宜 조제득의], 더불어 용신 또한 힘이 있어야 하며, 세운(歲運)에서 이를 거두어 도와주어야 비로소 사주가 치우쳐 말라버리는 불상사[偏枯之病 편고지병]가 없다.

> **심화학습**
> 진술충(辰戌沖)과 축미충(丑未沖)에 대해 언급하고 있다. 사고(四庫)는

충으로 열려야 마땅하다[庫宜開 고의개]는 이론이 적절하지 못하다는 말이다. 오로지 생극제화(生剋制化)의 기본이론에 충실하게 사주를 해석하라는 의미로 받아들이면 될 것이다.

사주명식(四柱命式) 작성요령

앞서 〈명리학 기초이론 12〉에서 사주팔자의 구성에 대해 설명하였다. 여기에서는 사주명식을 작성하는 방법으로 연월일시와 대운(大運) 찾기를 다룬다. 이에 대해서는 문답을 통해 알아보는 것이 가장 이해하기 쉽다고 생각한다. 〈명리학 기초이론 12〉에서 예로 든 생년월일시로 사주명식을 작성하는 요령을 알아보자.

Q1 >>> 2004년 갑신년(甲申年)의 경우 새해의 시작은 언제인가?

A1 >>> 사주명리학(四柱命理學)에서는 양력(陽曆)도 음력(陰曆)도 아닌 절기력(節氣曆)을 기준으로 삼는다. 따라서 연(年)이 바뀌는 것은 절기(節氣)가 기준이 되므로 입춘(立春)이 되어야 비로소 새해가 시작된다고 본다. 따라서 입춘 후에 태어난 사람은 그 해의 간지를 연주로 쓰면 되고, 입춘 전에 태어난 사람은 그 전 해의 간지를 연주로 쓴다.

예를 들어, 2004년의 입춘이 시작되는 정확한 시간[節入日, 절입일]은 2월 4일 20시 55분이므로 그 전에 태어난 사람은 계미년(癸未年)생이고, 그 후에 태어난 사람은 갑신년(甲申年)생이 된다.

Q2 >>> 사계절이란 무엇인가?

A2 >>> 〈명리학 기초이론 5 : 지지의 방국(方局)과 회국(會局)〉에서 언급한 바와 같이, 12개의 지지는 셋씩 짝을 지어 사계절(四季節)을 나타낸다.

12지지 중 음력 1월은 인월(寅月), 2월은 묘월(卯月), 3월은 진월(辰月)로 봄의 시작은 인월(寅月)의 입춘(立春)이고, 인묘진(寅卯辰)은 목왕절(木旺節)로 봄을 의미하며, 방위는 동방(東方)이다.

음력 4월은 사월(巳月), 5월은 오월(午月), 6월은 미월(未月)로 여름의 시작은 사월(巳月)의 입하(立夏)이고, 사오미(巳午未)는 화왕절(火旺節)로 여름을 의미하며, 방위는 남방(南方)이다.

음력 7월은 신월(申月), 8월은 유월(酉月), 9월은 술월(戌月)로 가을의 시작은 신월(申月)의 입추(立秋)이고, 신유술(申酉戌)은 금왕절(金旺節)로 가을을 의미하며, 방위는 서방(西方)이다.

음력 10월은 해월(亥月), 11월은 자월(子月), 12월은 축월(丑月)로 겨울의 시작은 해월(亥月)의 입동(立冬)이고, 해자축(亥子丑)은 수왕절(水旺節)로 겨울을 의미하며, 방위는 북방(南方)이다.

여기서 사계절을 이어주는 월[季間, 계간]은 진술축미(辰戌丑未)로, 그 오행은 토(土)임을 잘 기억해두기 바란다.

A3 >>> 사계절의 12지지를 각각 둘로 나눈 것이 다음 24개 절기이다.

지지	해 (亥)	자 (子)	축 (丑)	인 (寅)	묘 (卯)	진 (辰)	사 (巳)	오 (午)	미 (未)	신 (申)	유 (酉)	술 (戌)
음력월	10월	11월	12월	1월	2월	3월	4월	5월	6월	7월	8월	9월
절기	입동 (立冬)	대설 (大雪)	소한 (小寒)	입춘 (立春)	경칩 (驚蟄)	청명 (淸明)	입하 (立夏)	망종 (亡種)	소서 (小暑)	입추 (立秋)	백로 (白露)	한로 (寒露)
	소설 (小雪)	동지 (冬至)	대한 (大寒)	우수 (雨水)	춘분 (春分)	곡우 (穀雨)	소만 (小滿)	하지 (夏至)	대서 (大暑)	처서 (處暑)	추분 (秋分)	상강 (霜降)
오행	水	水	土	木	木	土	火	火	土	金	金	土
계절	겨울[冬]			봄[春]			여름[夏]			가을[秋]		

Q4 >>> 지지가 자(子)부터 시작하는 이유는?

A4 >>> 새해의 시작[正月, 정월]은 인월(寅月)이니 인목(寅木)이 십이지지(十二支地)의 시작이 되는 것이 맞다.

그럼에도 불구하고 자수(子水)에서부터 시작하는 이유는 '일양시생(一陽始生) 태양출발(太陽出發)'이라 하여 한 점 양의 기운은 지극히 음한 것에서부터 시작하는데 그 양의 기운이 시작되는 절기가 바로 동지이다. 즉 입춘이 새해의 시작이지만, 이미 양의 기운은 동지에서부터 태동(胎動)하니 십이지지의 시작을 겨울의 음 기운이 지극한 동지가 있는 자월(子月)로 놓은 것이다.

이와 마찬가지로 음의 기운은 '일음시생(一陰始生) 태양출발(太陽出發)'이라 하여 한 점음의 기운은 지극히 양한 것에서부터 시작하니 여름의 양 기운이 지극한 오월(午月)의 하지로부터 시작한다.

Q5 >>> 갑신년(甲申年)의 정월(正月)인 인월(寅月)은 왜 병인월(丙寅月)인가?

A5 >>> 월(月)을 정하는 월건법(月建法), 즉 태어난 달[月]의 간지를 정하는 법은 그 사람이 태어난 해[年]에 따라 각기 다르게 나타나는데 여기에는 일정한 법칙이 있다. 갑기년(甲己年)에는 병인두(丙寅頭), 을경년(乙庚年)에는 무인두(戊寅頭), 병신년(丙辛年)에는 경인두(庚寅頭), 정임년(丁壬年)에는 임인두(壬寅頭), 무계년(戊癸年)에는 갑인두(甲寅頭)로 나타난다. 즉, 갑년(甲年)이나 기년(己年)의 정월은 병인월(丙寅月)이 된다. 참고로 두(頭)는 시작을 의미한다.

이에 대한 해답은 〈명리학 기초이론 10 : 득룡이운 공화사신(得龍而運 功化斯神)〉에서 얻을 수 있다. 즉, 각각 해당 연(年)의 천간이 합(合)을 하여 화(化)하는 기운이 진월(辰月)에 나타나므로 갑기년(甲己年)의 진월(辰月)은 갑기합토(甲己合土)가 이루어지는 무진월(戊辰月)이 된다. 3월인 무진월(戊辰月)에서 인월(寅月)까지 육십갑자를 거꾸로 세면 병인월(丙寅月)이다. 따라서 갑기년(甲己年)의 정월인 인월(寅月)은 병인월(丙寅月)이 된다.

Q6 >>> 일주(日柱)는 어떻게 작성하는가?

A6 >>> 만세력을 참조하여 그 사람이 태어난 날[日]에 해당하는 간지를 일주로 쓰면 된다. 따라서 2004년 3월 28일은 병오일(丙午日)이므로 일주는 병오(丙午)가 된다.

Q7 >>> 병오일(丙午日)의 시작인 자시(子時)는 왜 무자시(戊子時)인가?

A7 >>> 시(時)는 그 사람이 태어난 날[日]에 따라 각기 다르게 나타나는데 여기에도 일정한 법칙이 있다. 갑기일(甲己日)은 갑자시(甲子時)로 시작하고, 을경일(乙庚日)은 병자시(丙子時)로 시작한다. 갑기일(甲己日)은 갑기합(甲己合)이 되어 화하는 토(土)를 극하는 갑목(甲木)이 하루를 시작하는 시의 천간이 되니 갑자시(甲子時)가 된다. 을경일(乙庚日)은 을경합(乙庚合)이 되어 화하는 금(金)을 극하는 병화(丙火)가 하루를 시작하는 시의 천간이 되니 병자시(丙子時)가 된다.

나머지도 이와 같은 원리로 풀어가면 된다. 병오일(丙午日)은 병신합(丙申合)이 되어 화하는 수(水)를 극하는 무토(戊土)가 하루를 시작하는 시의 천간이 되니 무자시(戊子時)가 병오일(丙午日)의 시작이 된다.

월생년(月生年) 시극일(時剋日)
– 월(月)은 연(年)을 생(生)하고 시(時)는 일(日)을 극(剋)한다.

생월(生月)과 생시(生時)를 쉽게 찾아낼 수 있는 방법을 소개한다. Q5와 Q7의 답을 잘 살펴보면 해당 월(月)의 천간과 해당 시(時)의 천간은 해당 연(年)의 천간과 해당 일(日)의 천간을 따라다닌다는 사실을 알 수 있다. 생월 즉 해당 월(月)의 천간은 그 해[年]의 천간이 합을 하여 화한 오행을 생해주고, 반대로 생시 즉 해당 시(時)의 천간은 그 일[日]의 천간이 합을 하여 화한 오행을 극한다.

따라서 예로 든 갑신년(甲申年)의 사주에서 그 해의 천간인 갑목(甲木)이 갑기합(甲己合)을 하여 화한 토(土)를 생해주는 병화(丙火)가 그 해의 정월인 인월(寅月)의 천간이 되어 병인월(丙寅月)이 된다. 같은 원리로 갑신년(甲申年) 병오일(丙午日)의 사주에서 그 날의 천간인 병화(丙火)가 병신합(丙辛合)을 하여 화한 수(水)를 극하는 오행인 무토(戊土)가 그 날을 시작하는 자시(子時)의 천간이 되어 무자시(戊子時)가 된다.

Q8 >>> 대운(大運)이란 무엇인가?

A8 >>> 대운은 사람이 태어날 때 타고나는 사주에 의해 정해지며, 살면서 10년 간격으로 바뀌는 그 사람의 운(運)의 흐름의 변화를 나타낸다(대운의 천간과 지지를 나누어 5년 간격으로 살피는 경우도 있다). 사주와 대운의 흐름을 비교 분석하면 그 사람의 길흉화복의 변화를 예측할 수 있다. 대운의 시작은 월건(月建, 월의 간지)에 근거를 두는데, 그 이유는 태어난 월(月)이 그 사람의 사주에서 큰 비중을 차지하기 때문이다. 이는 앞의 〈명리학 기초이론 8 : 사주의 왕약(旺弱)〉에서 언급한 바와 같이 사주풀이의 기본인 신왕약(身旺弱)을 판단할 때 월령(月令)을 기준으로 삼기 때문이다.

Q9 >>> 대운은 어떻게 작성하는가?

A9 >>> 대운은 남녀에 따라 그 흐름이 바뀐다. 남자가 태어난 해의 천간이 양이거나, 여자가 태어난 해의 천간이 음일 경우 대운은 순행(順行)한다. 이와 반대로 남자가 태어난 해의 천간이 음이거나, 여자가 태어난 해의 천간이 양일 경우 대운은 역행(逆行)한다. 따라서 앞서 예로 든 갑신년(甲申年) 정묘월(丁卯月)생이 남자일 경우 태어난 해의 천간인 갑(甲)이 양이므로 대운은 순행하여 정묘월(丁卯月)을 기준으로 제1부운(部運)은 무진(戊辰)이 되어 기사(己巳), 경오(庚午), 신미(辛未)의 순서로 진행한다.

여자일 경우 남자와 반대이다. 즉 태어난 해의 천간인 갑(甲)이 양이므로 대운은 역행하여 정묘월(丁卯月)을 기준으로 제1부운은 병인(丙寅)이 되어 을축(乙丑), 갑자(甲子), 계해(癸亥)의 순서로 진행한다.

남녀 모두 그 다음 대운은 육십갑자의 순서에 따라 표시하면 된다.

Q10 >>> 대운의 세수(歲數)는 어떻게 구하는가?

A10 >>> 대운이 순행하면 태어난 날[生日]로부터 가장 가까운 미래의 절입일(節入日)까지의 일수(日數)를 계산하여 이를 3으로 나눈 몫이 대운의 세수가 되며, 나머지가 2이면 반올림하고 1이면 버린다. 예를 들어, 절입일과 태어난 날[生日]의 차가 14일 경우 3으로 나눈 몫이 4이고 나머지가 2이니 반올림하여 대운의 세수는 5가 되고, 대운 주기는 10년이므로 5세, 15세, 25세……로 나타낸다.

대운이 역행하면 태어난 날로부터 가장 가까운 과거의 절입일까지의 일수를 계산하여 이를 3으로 나눈 몫이 대운의 세수가 되며, 나머지가 2이면 반올림하고 1이면 버린다. 예를 들어, 절입일과 태어난 날의 차가 23일 경우 3으로 나눈 몫이 7이고 나머지가 2이니 반올림하여 대운의 세수는 8이 되고, 대운 주기는 10년이므로 8세, 18세, 28세……로 나타낸다. 여기서 3이란 숫자는 천지인(天地人)을 말하고 조화를 의미한다.

앞서 대운 작성법과 대운의 세수를 적용하면 2004년 갑신년(甲申年) 양력 3월 28일 진시생(辰時生)의 대운은 다음과 같이 나타낼 수 있다.

예) 사주주인공이 남자일 경우의 대운

72	62	52	42	32	22	12	2
乙	甲	癸	壬	辛	庚	己	戊
亥	戌	酉	申	未	午	巳	辰

예) 사주주인공이 여자일 경우의 대운

78	68	58	48	38	28	18	8
己	庚	辛	壬	癸	甲	乙	丙
未	申	酉	戌	亥	子	丑	寅

3. 사주원국 지지간의 형(刑)·충(沖)·파(破)·해(害)

적천수 원문

支神只以沖爲重
지신지이충위중

> 지지에서는 단지 충(沖)만이 중요하며[支神只以沖爲重]

적천수 해설 **사주원국 지지간의 충(沖)**

지지에서 충(沖)을 만나는 것은 천간에서 극(尅)을 만나는 것과 같은데, 반드시 어느 신(神)이 강한지 혹은 약한지[強弱 강약], 충을 만나는 것을 반기는지 꺼리는지[喜忌 희기]를 분간하여 그 충이 미치는 영향력을 판단해야 한다. 또한 사고(四庫)인 진술축미(辰戌丑未)의 충 역시 마땅한 경우와 그렇지 못한 경우가 있다.

예를 들어, 3월인 진월(辰月)의 진토(辰土)가 지장간의 을목(乙木)이 당령(當令)을 하고[乙木司令 을목사령] 술토(戌土)를 만나 충을 할 경우, 술(戌) 중 신금(辛金)이 을목(乙木)을 상하게 할 것이 틀림없다. 6월인 미월(未月)의 미토(未土)가 지장간의 정화(丁火)가 사령(司令)하고 축토(丑土)를 만나 충을 할 경우, 축(丑) 중 계수(癸水)가 능히 정화(丁火)를 상하게 할 것이다. 그렇다면 봄의 마지막 달인 진월(辰月)의 을목(乙木)과 여름의 마지막 달인 미월(未月)의 정화(丁火)가 비록 각 계절의 해당 기운인 목(木)과 화(火)가 물러나는 기운[退氣 퇴기]이라고는 하지만 당령을 했으니 용신이 될 수 있으나, 충을 당해 손상을 입었다면 용신으로 쓰기에는 부족하다고 하지 않을 수 없다.

이른바 '묘고(墓庫)는 충을 만나 열려야 꺼내 쓸 수 있다[墓庫逢沖則發 묘고봉충즉발]'고 하는 것은 후세 사람들의 그릇된 논리에 불과하다. 묘(墓)는 무덤을 의미하고, 고(庫)는 그 안에 목화금수(木火金水)의 뿌리를 거두어 저장하는 창고와 같은 곳인데, 비유하자면 기(氣)를 얻은 무덤을 파헤쳐 그 기를 움직이게 하여 복을 받은[開動而發福 개동이발복] 경우는 아직까지 없는 것과 같다.

만약 사주의 천간에 목화금수(木火金水)가 있는데 지지에 목화금수(木火金水)의 뿌리에 해당하는 인묘목(寅卯木), 사오화(巳午火), 신유금(申酉金) 해자수(亥子水)라는 녹왕(祿旺)이 없다면, 천간의 목화금수(木火金水)는 오로지 사고(四庫)인 지지의 진술축미(辰戌丑未)에 뿌리를 내릴 수 있기를[身庫通根 신고통근] 기대할 수밖에 없다. 하지만 이들이 충을 만나 그나마 미약한 뿌리마저 뽑혀버린다면 어찌 충을 만나 동(動)하니 강하게 된다고 할 수 있겠는가. 다만 당령한 지장간의 오행을 용신으로 삼지 않고 토(土) 자체를 희신으로 쓴다면 이는 충을 받아도 도움은 될지언정 손해는 없다 하겠으니, 이는 토(土)는 동해야 살아나는[發生 발생] 성질을 갖고 있기 때문이라 하겠다.

심화학습

지지의 인신충(寅申沖), 사해충(巳亥沖), 자오충(子午沖), 묘유충(卯酉沖)은 천간의 갑경(甲庚), 을신(乙辛), 병임(丙壬), 정계(丁癸)가 극하는 것과 마찬가지로 달리 언급할 필요 없이 타당하다고 보아 상세한 설명을 생략하고 있다. 다만, 진술축미(辰戌丑未)의 충에 대한 논리는 후인(後人)들에 의해 잘못 전달되었으니 바로잡아야 한다는 강력한 의지의 표현으로 받아들이면 될 것이다.

적천수 사례연구　　**사주원국 지지간의 충(沖)**

❶ 지지의 충이 없어 잘 풀린 경우

丁	庚	乙	辛
亥	辰	未	未

丁	戊	己	庚	辛	壬	癸	甲
亥	子	丑	寅	卯	辰	巳	午

경진(庚辰) 일주가 늦여름인 미월(未月)에 태어나 금(金)의 진기(進氣)이

고, 토(土)가 월령(月令)을 잡았다. 반가운 것은 미토(未土) 중의 정화(丁火)가 당령(當令)한 것이다. 원신(元神)인 정화(丁火)가 천간에 투출했으므로 이를 용신(用神)으로 삼는다. 정화(丁火)는 능히 겁재(劫財)인 신금(辛金)을 극(剋)하여 제(制)할 수 있고, 미토(未土)는 화(火)의 남은 기운[餘氣 여기]이며 진토(辰土)는 목(木)의 여기(餘氣)이니 재관(財官)이 모두 지지에 뿌리를 내려 기운이 있다[通根有氣 통근유기] 하겠다. 더욱 묘한 것은 해수(亥水)가 토(土)를 적셔 금(金)을 배양해주고[潤土養金 윤토양금] 목(木)을 불려주니[滋木 자목] 사주에 결함이 없다는 것이다.

운(運)이 남동(南東)으로 달리니 금수(金水)는 허(虛)하고 목화(木火)는 실(實)하게 되어 일생 동안 재앙과 어려움[凶險 흉험]이 없었다. 진토(辰土)운 오화(午火)년에 재관이 모두 생하여 도움[生扶 생부]을 받으니, 향시에 합격하여[中鄕榜 중향방] 벼슬이 금당(琴堂)을 거쳐 사마(司馬)에 올랐으며 수명은 축토(丑土)운까지 이르렀다.

심화학습

미월(未月)의 경금(庚金) 일주가 신왕(身旺)하여 관성(官星)인 정화(丁火)를 용신(用神)으로 삼고, 재성(財星)인 을목(乙木)을 희신(喜神)으로 삼았다는 말이다. 지지의 미토(未土)와 진토(辰土)는 서로 충을 하지 않으니 재관(財官)이 모두 뿌리가 튼튼하고, 운마저 목화(木火)로 달리니 잘 풀렸다는 것은 당연하다. 지지에 충이 없어 잘 풀린 경우라 하겠다.

금당(琴堂)은 현령(縣令)을 말한다. 이는 공자의 제자인 복자천(宓子賤)이 선보(宣父)를 다스릴 때 거문고만 타고 현청의 마루를 내려가지 않고도 그 고을을 잘 다스렸다는 고사(故事)에서 유래했다고 한다.

❷ 지지의 축미충(丑未沖)으로 인해 망한 경우

```
          丁        庚        乙        辛
          丑        辰        未        丑

      丁   戊   己   庚   辛   壬   癸   甲
      亥   子   丑   寅   卯   辰   巳   午
```

이 명조(命造)는 앞의 사주와 대동소이하다. 재관(財官)이 모두 지지에 뿌리를 내려 기운이 있다[通根有氣 통근유기]. 다만 앞의 사주는 미토(未土) 안의 정화(丁火)가 당령(當令)했지만, 이 사주는 기토(己土)가 당령했다. 더욱 불만스러운 것은 축시(丑時)에 태어난 것이다. 정화(丁火)가 꺼져 없어져버리니[熄滅 식멸] 연간(年干)의 신금(辛金)은 방자하게 날뛰고[肆逞 사령], 미토(未土) 안의 미약한 목화(木火)의 뿌리를 축미충(丑未沖)으로 날려보내니 비록 재관이 있다 해도 없는 것과 마찬가지다.

초운(初運)인 갑오(甲午)운에는 목화(木火)가 함께 왕(旺)하여 부모의 도움이 넉넉했으나[蔭庇有餘 음비유여], 계사(癸巳)운으로 바뀌자 정화(丁火)를 극하고 축토(丑土)와 합을 하여 겁재(劫財)와 상관(傷官)이 함께 왕하게 되니 식구들이 죽고 재물은 깨어져 없어지고[刑傷破耗 형상파모] 결국은 머리를 깎고 중이 되었다. 속된 사람들은 흔히들 이를 일컬어 '축미충(丑未沖)으로 재관의 창고가 열렸으니 명예와 재물이 모두 따를 것이다'라고 할 것이다.

심화학습

경진(庚辰) 일주가 미월(未月)에 태어나 월령을 잡고, 지지는 금(金)을 생해주는 토(土)로 그득하니 사주는 왕하다. 따라서 앞의 사주와 마찬가지로 관성(官星)인 정화(丁火)를 용신으로 삼고, 재성(財星)인 을목(乙木)을 희신으로 삼는다.

하지만 아쉬운 것은 미토(未土)의 지장간 중 기토(己土)가 당령했다는 것이며, 더욱 불만스러운 것은 축토(丑土)와 미토(未土)가 충을 한다는 것이다. 이로 인해 미토(未土) 안의 미약한 목화(木火)의 뿌리는 날아가버리니, 천간에 재관(財官)이 있다 하더라도 없는 것과 다를 바 없다.

흔히들 말하는 '고지(庫地)인 진술축미(辰戌丑未)는 충으로 열려야 함이 마땅하다[庫宜開 고의개]'는 논리를 부정하는 사례라 하겠다.

刑與穿兮動不動
형여천혜동부동

형(刑), 천(穿) 즉 해(害), 그리고 파(破)는 그다지 중요하지 않다[刑與穿兮動不動].

사주원국 지지간의 형(刑)·파(破)·해(害)

지지(地支)의 형(刑)은 아무런 의미가 없다. 예를 들어, 해형해(亥刑亥), 진형진(辰刑辰), 유형유(酉刑酉), 오형오(午刑午)를 일컬어 자형(自刑)이라고 한다. 하지만 이는 자신이 자신을 보는[本支見本支 본지견본지] 것으로 자신과 같은 기운[同氣 동기]일진데 어찌 서로 죽인다[刑 형] 할 것인가. 자형묘(子刑卯)와 묘형자(卯刑子)는 서로 생하는[相生 상생] 관계인데 어찌 서로 죽인다[刑 형] 할 것인가. 술형미(戌刑未)와 미형축(未刑丑)은 모두 본기(本氣)인데 서로 죽인다[刑 형]고 하는 것은 더욱 이치에 맞지 않는 말이다. 인형사(寅刑巳) 역시 상생(相生)이고, 인신(寅申)의 형은 이미 충을 하고 있는데 이를 다시 형이라 할 필요가 있겠는가. 또한 자묘(子卯)는 일형(一刑)이고, 인사신(寅巳申)은 이형(二刑)이며, 축술미(丑戌未)는 삼형(三刑)이니 이들을 삼형(三刑)이라고 칭한다고 하면서 다시 자형(自刑)이 있다고들 하는데, 이것들은 모두가 세간에 잘못 전해진 논리[俗謬 속류]인데 아직도 그대로 방치되고 있는[姑置 고치] 것이다.

천(穿)은 해(害)를 말하는 것이다. 육해(六害)는 지지의 육합(六合)에서 유래한 것으로, 내가 합하려는 신(神)을 충하므로[沖我合神 충아합신] 해(害)가 된다고 한다. 예를 들면, 자축(子丑)이 합을 하려는데 미토(未土)가 있으면 축미충(丑未沖)이 일어나니 미토(未土)는 자수(子水)의 해가 되고,

이와 같은 원리로 오화(午火)는 자오충(子午沖)으로 축토(丑土)의 해가 된다고 한다. 그러나 자미(子未)의 해는 서로 극하지 않는 것이 아니며(토극수의 원리에서 벗어나지 않으며)[無非相剋 무비상극], 축오(丑午)와 인해(寅亥)의 해는 서로 생해주는데[相生 상생] 이를 어찌 해가 된다고 할 수 있겠는가. 이미 앞에서 살펴본 바와 같이 형도 그 근거로 삼기에는 논리가 부족한데, 하물며 해는 그 논리가 더욱 이치에 닿지 않는 말이다.

한마디로 말하면, 오로지 생극제화(生剋制化)의 논리에 의거하여 사주를 풀어 나가야 한다는 것이다. 특히 파(破)라고 하는 것은 모두가 해가 아니면 형이고 더더욱 이치에 맞지 않으니, 아예 명리학(命理學)을 다루는 책에서 삭제해버려야 옳을 것이다.

심화학습

아주 간단명료하게 결론을 내리고 있다. 지지에서는 충(沖)을 제외한 어느 것도 아무런 의미를 갖지 못하니 모두 쓸어 없애버려야 한다는 말이다. 하지만 지금까지도 지지의 형(刑)·충(沖)·파(破)·해(害)는 신살(神殺) 못지않게 명리학을 공부하는 사람들을 괴롭히는 부분이다. 신살은 무시하면서도 형·파·해의 논리는 적용해야 한다고 주장하는 사람들이 의외로 많기 때문이다. 『적천수(滴天髓)』를 공부하는 독자들은 지금 이 순간부터 이에 대한 미련은 모두 버리고, 오로지 생극제화(生剋制化)의 논리에 의거하여 사주를 풀어 나가야 할 것이다.

"또한 자묘(子卯)는 일형(一刑)이고, 인사신(寅巳申)은 이형(二刑)이며, 축술미(丑戌未)는 삼형(三刑)이니 이들을 삼형(三刑)이라고 칭한다고 하면서 다시 자형(自刑)이 있다고들 하는데, 이것들은 모두가 세간에 잘못 전해진 논리[俗謬 속류]인데 아직도 그대로 방치되고 있는[姑置 고치] 것이다"라는 말은 『적천수징의(滴天髓徵義)』에는 누락되어 있는 부분이다. 본문의 이해를 돕기 위해 『적천수천미(滴天髓闡微)』의 내용을 첨부한 것이니 도움이 되기 바란다.

사주원국 지지간의 형(刑)·파(破)·해(害)

· **지지의 형이 무의미한 경우**

```
  癸       壬       辛       丙
  卯       子       卯       子

  己   戊   丁   丙   乙   甲   癸   壬
  亥   戌   酉   申   未   午   巳   辰
```

임자(壬子) 일주가 지지에 양인(兩刃)인 두 개의 자수(子水)를 만났고, 천간에는 신금(辛金)과 계수(癸水)가 투출하였다. 오행 중 토(土)는 보이지 않고, 연간(年干)의 병화(丙火)는 자신의 지지에서 힘을 실어주지 못하니 [臨絶 임절] 신금(辛金)과 합(合)을 하여 수(水)로 화(化)하는 형상이다.

가장 반가운 것은 묘목(卯木)이 월령(月令), 즉 제강(提綱)을 차지해 왕(旺)하다는 것이다. 강력한 수기(水氣)를 흘려보내[洩 설] 능히 겁재(劫財)인 계수(癸水)와 양인인 두 자수(子水)의 완강한 기운을 해소시켜주고 있다[秀氣流行 수기류행]. 그 사람됨이 공손하고 예의바르며 온화한 가운데 행동에 절도가 있었다.

갑(甲)운에 이르러 목(木)의 원신(原神)이 천간에 나타나니[發露 발로] 향시(鄕試)와 전시(殿試)에 연이어 합격하였다[科甲聯登 과갑연등]. 오(午)운에는 묘목(卯木)이 수(水)를 흘려보내고[洩 설] 화(火)를 생하며 그 운이 을미(乙未)와 병화(丙火)운에 이를 때까지 이어져 벼슬이 군수(郡守)에 이르렀고 벼슬길은 평탄하고 순조로웠다.

흔히들 말하는 바대로라면 '자묘(子卯)는 무례지형(無禮之形)이고, 상관(傷官)과 양인(陽刃)이 형(刑)을 만났으니 반드시 오만하고 무례하고 흉악스럽다'고 해야 하지 않겠는가.

심화학습

임자(壬子) 일주가 비록 봄기운이 왕성한 묘월(卯月)에 태어났다고 하더라도 사주에 겁재(劫財)와 인성(印星)이 중중(重重)하니 신왕(身旺)하다 하겠다. 사주원국에 토(土)가 보이지 않으니 상관(傷官) 묘목(卯木)을 용신(用神)으로 삼아 상관생재(傷官生財)로 흐름을 타는 것이 바람직해 보인다. 비록 토(土)가 있다고 하더라도 막강한 수(水)의 세력을 멈추기에는 역부족이며, 오히려 수(水)의 성질만 건드릴 것이라는 생각이다.

지지의 형(刑)이 무의미하다는 것을 자묘형(子卯刑)을 예로 들어 설명하고 있다.

명리학 기초이론 14 　지지의 합(合)과 충(沖)

① 지지의 합

지지의 기운(氣運)은 이웃끼리 합(合)한다. 이웃사촌의 좋은 본보기인 셈이다. 둘이 합하여 다른 오행으로 화(化)하면 다른 데로 간다 하여 합거(合去)라고 하고, 화하여 바뀐 오행은 그 곳으로 왔다 하여 합래(合來)라고 한다. 둘이 합을 하여 다른 오행으로 빠져나가면 가까이 있는 오행끼리 또 합을 이루어 빠져 나간다.

예를 들어, 자(子)와 축(丑)이 합을 하여 토(土)로 화하면 빠져 나가고, 인(寅)은 그 옆의 해(亥)와 합을 하여 목(木)으로 화하여 빠져 나간다. 이와 같은 원리로 묘술(卯戌)은 합하여 화(火)로 화하고, 진유(辰酉)는 합하여 금(金)으로 화하며, 사신(巳申)은 합하여 수(水)로 화하고, 오미(午未)는 합하여 화(和)가 된다. 이러한 지지의 합을 다음 표로 정리할 수 있다.

丑	寅	卯	辰	巳	午
子	亥	戌	酉	申	未

② 지지의 충

지지의 기운은 먼 것끼리 충(沖)한다. 멀리 사는 친척은 가까운 이웃보다 못한 것과 마찬가지다. 지지는 땅의 기운이니 그 땅을 딛고 살아가는 인간 삶의 이치를 적용해보면 이해하기 쉬울 것이다.

예를 들어, 자(子)는 오(午)와 충하고, 축(丑)은 미(未)와 충하며, 인(寅)은 신(申)과 충한다. 묘(卯)는 유(酉)와 충하고, 진(辰)은 술(戌)과 충하며, 사(巳)는 해(亥)와 충한다. 이러한 지지의 충을 표로 만들면 다음과 같다.

子	丑	寅	卯	辰	巳
午	未	申	酉	戌	亥

4. 암충암회(暗沖暗會)
– 사주원국과 운의 지지간의 충(沖)과 합(合)

적천수 원문

暗沖暗會尤爲喜　　我沖彼沖皆沖起
암충암회우위희　　　아충피충개충기

운(運)과 사주원국(四柱原局)의 지지가 충(沖)과 합(合)을 하면 더욱 반가운데
[暗沖暗會尤爲喜]
내가 상대방을 충하든 상대방이 나를 충하든 충은 모두 일어나지만[我沖彼沖皆沖起]

적천수 해설　　**암충암회(暗沖暗會)**

지지에서 충(沖)을 만나면 본래 좋은 일이라 할 수 없다. 다만 사주팔자에 결함이 있는 경우가 대부분이고 오행이 균형을 이루고 있는 경우는 극히 적으니, 사주에 목화(木火) 기운이 왕(旺)하다면 금수(金水) 기운이 결핍되어 있을 것이고, 금수(金水) 기운이 왕하다면 목화(木火) 기운이 결핍되어 있음이 틀림없다. 만약 사주가 왕하여 기운이 넘쳐나는 것을[旺而有餘 왕이유여] 충으로 보내버린다거나[沖去 충거], 사주가 쇠해서 기운이 모자라는 것을[衰而不足 쇠이부족] 합으로 도와준다면[會助 회조] 이는 좋은 것이다. 만약 사주원국에는 충하고 합하는 신[沖會之神 충회지신]이 없지만 세운(歲運)에서 합신(合神)이나 충신(沖神)이 온다면[暗沖暗會 암충암회] 더욱 반가운 일이다. 이는 마치 병(病)을 앓고 있는 사람이 좋은 약을 구해 그 병을 치료하는[有病得良劑而生 유병득량제이생] 이치와 같다.

　여기서 유의할 점은 충에는 상대방과 나의 구분[彼我之分 피아지분]이 있고, 합에는 가고 오는 이치[去來之理 거래지리]가 있다는 것이다. 다만 피아(彼我)를 연월일시(年月日時)에 따라 연시(年時)를 상대방[彼 피]으로, 일월(日月)을 나[我 아]로 구분할 필요도 없고, 사주원국을 나[我 아]로, 세운을 상대방[彼 피]으로 구분할 필요도 없다. 결론적으로 말하면 희신(喜神)이 나[我 아]이고, 기신(忌神)이 상대방[彼 피]이라고 구분하면 된다.

　예를 들어, 오화(午火)가 희신일 경우 자수(子水)를 만나면 상대방

[彼^피]이 나[我^아]를 충한 것이고[彼沖我 ^{피충아}], 이때 오화(午火)는 인술(寅戌)을 만나 인오술합(寅午戌合)이 되면 길하니 이를 반기는[喜 ^희] 것이다. 이와 반대로 자수(子水)가 희신일 경우 오화(午火)를 만나면 내[我^아]가 상대방[彼^피]을 충한 것이고[我沖彼 ^{아충피}], 이때 자수(子水)는 오화(午火)가 인술(寅戌)을 만나 합을 하면 흉하니 이를 꺼리는[忌 ^기] 것이다.

한 가지 예를 더 들어본다면, 자수(子水)가 희신이고 지지에 신금(申金)이 있을 경우 진토(辰土)를 만나 합[申子辰 ^{신자진}]을 이루어 온다면[會而來 ^{회이래}] 길하니 좋은 것이고, 해수(亥水)가 희신이고 지지에 미토(未土)가 있을 경우 묘목(卯木)을 만나 합[亥卯未 ^{해묘미}]을 이루어 간다면[會而去 ^{회이거}] 흉하니 나쁜 것이다.

차라리 내가 가서 상대방을 충하면[我去沖彼 ^{아거충피}] 그런대로 괜찮다 하겠지만, 상대방이 와서 나를 충하면[彼來沖我 ^{피래충아}] 안 된다. 내가 가서 상대방을 충하면[我去沖彼 ^{아거충피}] 충이 일어난다[沖起 ^{충기}]고 하고, 상대방이 와서 나를 충하면[彼來沖我 ^{피래충아}] 충이 일어나지 않는다[不起 ^{불기}]고 한다.

이와 같이 수화(水火)를 예로 들어 충회(沖會)를 설명한 바, 나머지도 이에 준하여 추론하면 된다.

심화학습

여기에서는 운과 사주원국의 지지 사이에 발생하는 충(沖)과 합(合)에 대해서 말하고 있다. 사주원국의 충과 합을 명충(明沖)과 명합(明合)이라고 하고, 사주원국과 운의 지지 사이의 충과 합을 암충(暗沖)과 암합(暗合)이라고 이해하면 될 것이다. 따라서 앞의 구절은 명충에 대해서 이야기한 것이고, 이 장(章)은 암충과 암합에 대해 논한 것이라 하겠다.

'아충피충개충기(我沖彼沖皆沖起)'가 『적천수천미(滴天髓闡微)』에는 '피충아혜개충기(彼沖我兮皆沖起)'라고 되어 있다. 이는 상대방이 나를 충하면 모두 충이 일어난다고 해석할 수 있으나, 다른 한편으로는 내가 상대방을 충하면 충이 일어나지 않는다라고도 해석할 수 있다. 따라서 상대방이 나를 충하더라도 모두 충이 일어난다고 해석하는 것이 옳다는 생각이다. 그러면『적천수(滴天髓)』원주(原注)의 해석과 일치하여 '내가 상대방을 충하거나[我沖彼 아충피], 상대방이 나를 충하거나[彼沖我 피충아] 모두 충이 일어난다'가 된다.

하지만『적천수징의(滴天髓徵義)』의 맨 마지막 부분을 보면 임철초(任鐵樵)의 생각은 유백온(劉伯溫)의 생각과 다름을 알 수 있다.『적천수징의』에서 임철초는 '내가 가서 상대방을 충하면[我去沖彼 아거충피] 충이 일어난다[沖起 충기]고 하고, 상대방이 와서 나를 충하면[彼來沖我 피래충아] 충이 일어나지 않는다[不起 불기]고 한다'라고 주장한다.

필자는 두 사람의 주장 차이가 아(我)와 피(彼)를 무엇으로 보는가에서 비롯된다고 생각한다.『적천수』원주에서 유백온은 아(我)와 피(彼)를 일간(日干)과 제강(提綱), 제강(提綱)과 연시(年時), 사주(四柱)와 운도(運途), 운도(運途)와 세월(歲月)로 구분하고 있으나,『적천수징의』에서 임철초는 이를 나눌 필요가 없고 오직 희신이 아(我)이고, 기신이 피(彼)라고 주장하고 있다. 따라서 임철초와 같이 아(我)와 피(彼)를 단순히 희신과 기신으로만 구분할 경우 임철초의 주장이 더 타당하다는 생각이다.

적천수 사례연구 ▌ **암충암회(暗沖暗會)**
❶ 지지의 합이 암충으로 좋아진 경우

庚	甲	乙	庚
午	寅	酉	戌

癸	壬	辛	庚	己	戊	丁	丙
巳	辰	卯	寅	丑	子	亥	戌

가을이 한창인 유월(酉月)의 갑인(甲寅) 일주가 천간에서 두 개의 경금(庚金)을 만났고, 지지는 인오술(寅午戌)의 화국(火局)을 이루어 일주는 약하다. 비록 화(火)가 살(殺)인 경금(庚金)을 제어하는 공로는 있으나 극설(剋洩)이 함께 나타나 있고[剋洩竝見 극설병현] 경금(庚金)의 살벌한 기운이

왕성한 형상이니, 이 경금(庚金)을 화(火)의 힘으로 억누르려는[制제] 것이 덕(德)으로 화(化)하여 수(水)의 기운으로 흘려보내는 것만 못하다 하겠다. 덕으로 이끌어 화하면[引化 인화] 인성(印星)인 수(水)로 인해 일주를 강하게 할 수 있으나, 제(制)하면 일주의 기운을 흘려보내게 되어[洩氣 설기] 오히려 일주를 약하게 만들기 때문이다. 따라서 본 사주는 화국으로 합하는 것이 반갑지 않으니 오히려 화(火)가 병이 되어버린다.

자(子)운 진년(辰年)에 장원급제하였다[大魁天下 대괴천하]. 이는 자오충(子午沖)으로 화국을 깨뜨려[沖破 충파] 왕신(旺神)인 오화(午火)를 보내버리고, 경금(庚金)의 기운을 설(洩)하여 그 기운이 갑목(甲木)으로 통하게 되어 일주를 도와주기 때문이다. 또한 진년(辰年)의 습토(濕土)는 능히 화기(火氣)를 흘려보낼[洩 설] 수 있고, 나[我 아]인 자수(子水)와 자진(子辰)으로 합을 하여 일주인 갑목(甲木)을 더욱 견고하게 해준다.

유월(酉月)의 갑목(甲木) 일주가 사주에 관살(官殺)이 중중(重重)하니, 화(火)로 극하는 것보다는 인성(印星)인 수(水)를 용신(用神)으로 하여 막힌 기운을 유통(流通)시키는 살중용인(殺重用印)의 형상이라는 말이다. 사주 원국의 병(病)인 화(火)를 운에서 충으로 해소하니, '내가 가서 상대방을 충하면[我去沖彼 아거충피] 충이 일어난다[沖起 충기]'가 되어 잘 풀린 사주라 하겠다.

❷ 암충암회에 따라 길흉이 달라진 경우

丙	丁	癸	丁
午	卯	丑	巳

乙	丙	丁	戊	己	庚	辛	壬
巳	午	未	申	酉	戌	亥	子

정화(丁火)가 비록 늦겨울인 축월(丑月)에 태어났으나 비겁(比劫, 비견과 겁재)인 화(火)의 위력이 상당하고[重重중중], 이미 축월(丑月)의 계수(癸水)는 물러나는 기운[退氣퇴기]인지라 이 많은 비겁을 제어[制제]하기에는 힘이 벅차니 용신(用神)으로 삼기에는 부족하다. 반드시 축토(丑土) 속의 신금(辛金)을 용신으로 삼아야 할 형편이다. 축토(丑土)는 신금(辛金)을 품어 저장하고 있고, 비겁인 화(火)를 설(洩)하며, 재성(財星)인 금(金)을 생하니 용신을 도와주는 희신(喜神)이라 하겠다. 불만스러운 것은 묘목(卯木)이 비겁인 화(火)를 생하고, 식신(食神)인 축토(丑土)를 극하는 병이 되는 것이다.

일찍이 처자를 잃었지만 초운(初運)인 임자(壬子)와 신해(辛亥)대운에는 지지의 사오화(巳午火)를 충하여 보내니[暗沖암충] 부모의 도움이 있었는데[蔭庇有餘음비유여], 경술(庚戌)대운에 들어서는 지지의 오화(午火)와 합[暗合암합]을 하여 식구들이 죽고 재물은 깨어져 없어졌다[刑傷破耗형상파모]. 기유(己酉)대운에 이르러서는 지지의 사축(巳丑)과 합을 하여[巳酉丑사유축] 금국(金局)을 이루니, 사주의 병인 묘목(卯木)을 충으로 보내[沖去충거] 재산을 수십만 일으켰다.

이렇게 살펴볼 때 운(運)에서 지지의 기신(忌神)을 충으로 보내버리거나[暗沖암충] 희신과 합하여 그 힘을 보탠다면[暗會암회] 발복할 가능성이 적지 않지만, 그와 반대로 희신을 충해 보내버리거나[暗沖암충] 기신과 합하여 그 힘을 보탠다면[暗會암회] 그 재앙이 가볍지 않을 것이니, 운과 지지에서 합하고 충하는 이치[暗沖暗會암충암회]를 어찌 소홀히 다룰 수 있겠는가.

심화학습

정화(丁火)가 비록 축월(丑月)에 태어났으나 사주에 비겁(比劫)이 중중(重重)하고 일지에 인성(印星)을 깔고 앉았으니 신왕하다 하겠다. 계수(癸水)를 용신으로 생각해볼 수도 있으나, 워낙 화기(火氣)가 강하니 오히려 성질만 건드리게 될까 두렵다. 따라서 식신생재(食神生財)로 흐름을 타는 것이 바람직하다는 생각이다. 용신은 축토(丑土) 속의 신금(辛金)이

되고, 희신은 축토(丑土)가 되겠다. 물론 운에서 수(水)를 만나도 도움이
된다 하겠다.

암충암회(暗沖暗會)에 따라 길흉이 달라지는 것을 보여주는 사례라 하
겠다.

旺者沖衰衰者拔　衰神沖旺旺神發
왕자충쇠쇠자발　　　쇠신충왕왕신발

> 왕(旺)한 자가 쇠(衰)한 자를 충하면 쇠한 자는 뿌리가 뽑혀 나가고[旺者沖衰衰者拔]
> 쇠한 자가 왕한 자를 충하면 왕한 자는 더욱 발흥(發興)하게 된다[衰神沖旺旺神發].

왕자충쇠 쇠신충왕(旺者沖衰 衰神沖旺)

십이지(十二支)가 서로 충(沖)을 할 경우 지장간(支藏干)인 오행들도 서
로 극(剋)하게 된다. 이 충이 사주원국에 있을 경우를 명충(明沖), 사주원
국과 세운(歲運) 사이에서 일어날 경우를 암충(暗沖)이라고 한다.

월령(月令)을 얻어 강한 자가 쇠약한 자를 충하면 그는 뽑혀 나가게 되
지만[拔 발], 월령을 얻지 못하고 세력이 약한 자가 왕한 자를 충해도 그는
손상을 받지 않는다. 충하는 자가 힘이 있으면[有力 유력] 능히 상대방을
제거할 수 있으니 제거되는 것이 흉신(凶神)이라면 이롭다 하겠지만, 제
거되는 것이 길신(吉神)이라면 이롭지 못하다[不利 불리] 할 것이다. 충하
는 자가 힘이 없다면[無力 무력] 상대방을 자극하여 오히려 더욱 격렬하게 만
들어버리니[激 격] 그것이 흉신이라면 오히려 재앙이 될 것이고, 길신이라면
비록 재앙이 되지는 않는다 하더라도 복도 또한 되지 못한다 할 것이다.

예를 들어, 오화(午火)가 일주의 지지에 자리잡고 있거나[日主是午 일주
시오] 오화(午火)가 희신(喜神)인데 사주의 다른 지지에 인묘사오술미(寅卯
巳午戌未)와 같은 오화(午火)를 도와주는 오행이 있을 경우, 오화(午火)
가 자수(子水)를 만나 충을 당하더라도 오화(午火)는 이미 왕(旺)하니 약
한 자수(子水)가 충을 해도[衰神沖旺 쇠신충왕] 오화(午火)는 손상을 받지 않
을 것이다. 하지만 만약 다른 지지에 신유해자진축(申酉亥子辰丑)과 같

이 자수(子水)를 도와주는 오행이 있을 경우, 오화(午火)가 자수(子水)를 만나 충을 당하면 자수(子水)는 이미 왕하니 약한 오화(午火)는 견디지 못하고[旺者沖衰 왕자충쇠] 그 뿌리가 뽑혀 나가게 될 것이다. 나머지 지지들도 이와 같은 원리에 의해 풀어 나가면 될 것이다.

다만, 자오묘유(子午卯酉)와 인신사해(寅申巳亥)의 8개 지지는 충을 깊이 고려해야 하지만[重 중], 진술축미(辰戌丑未)는 충을 비교적 가볍게 여겨도[輕 경] 별 문제가 없을 것이다.

예를 들어, 자오충(子午沖)이 일어났을 경우 자수(子水)의 지장간인 계수(癸水)는 오화(午火)의 지장간인 정화(丁火)를 충하게 되는데, 오화(午火)가 월령을 차지하여 왕하고 사주에 금(金)은 없고 목(木)이 있다면 오화(午火)는 능히 자수(子水)를 충할 수 있다. 이와 같은 원리로 묘유충(卯酉沖)의 경우 유중신금(酉中辛金)이 묘중을목(卯中乙木)을 충하게 되는데, 묘목(卯木)이 월지를 차지하여 왕하고 사주에 토(土)는 없고 화(火)가 있다면 이는 유금(酉金)을 극하여 쇠약하게 만드니 묘목(卯木) 또한 유금(酉金)을 능히 충할 수 있다.

인신충(寅申沖)의 경우 인중갑목(寅中甲木)과 인중병화(寅中丙火)는 신중경금(申中庚金)과 신중임수(申中壬水)에게 극을 받을 것이나, 인목(寅木)이 제강(提綱) 즉 월령을 차지하여 왕하고 사주에 화(火)가 있다면 인목(寅木) 또한 신금(申金)을 능히 충할 수 있다. 같은 원리로 사해충(巳亥沖)의 경우 사중병화(巳中丙火)와 사중무토(巳中戊土)는 해중갑목(亥中甲木)과 해중임수(亥中壬水)에게 극을 받을 것이나, 사화(巳火)가 월령을 차지하여 왕하고 사주에 목(木)이 있다면 사화(巳火) 역시 해수(亥水)를 능히 충할 수 있다.

여기서 다시 한 번 짚고 넘어가야 할 것은 지지에서 충을 만났을 경우 무엇보다도 어느 것이 왕하고 어느 것이 약한지[衰旺 쇠왕]를 먼저 살펴보고, 그 문제점을 해결할 수 있는 방안의 유무를 확인해야 한다는 것이다. 그 후에 충을 눌러야 할지[抑沖 억충] 충을 도와야 할지[助沖 조충]를 결정하고, 대세(大勢)를 잘 관찰한 후 그 충이 사주에 좋은지 나쁜지[喜忌 희기]를 알아낸다면 사주의 길흉(吉凶)의 징조가 저절로 맞게 될[吉凶自驗 길흉자험]

것이다.

사고(四庫)인 진술축미(辰戌丑未)의 충은 형제간의 충[兄弟之沖 형제지충]이라 하겠다. 따라서 그 속에 모아서 갈무리하고 있는 오행[蓄藏之物 축장지물]들은 그들이 사주의 천간과 지지[干支 간지]에 드러나 있는지 없는지[引出有無 인출유무]에 따라 충의 결과가 달라지니 이를 잘 살펴보아야 한다. 예를 들어, 사주의 천간과 지지에 사고(四庫)의 축장지물(蓄藏之物) 즉 지장간들이 드러나 있지도[引出 인출] 않고 그들이 당령(當令)도 하지 않았으며, 또한 일주와 절실한 관계가 아니어서[不關切 불관절] 용신으로 쓰이는 것도 아니라면, 설사 충을 당했다 하더라도 해는 없다[無害 무해]할 것이고 합을 하여 용신으로 쓰이면 이 역시 반갑다 할 것이다.

이러한 '왕자충쇠 쇠신충왕(旺者沖衰 衰神沖旺)'의 이치는 사주원국에서든 사주원국과 세운 사이에서든 모두 같은 방법으로 논하면 될 것이다.

심화학습

『적천수징의(滴天髓徵義)』 본문에서는 충(沖)이 사주원국에 있을 경우를 명충(明沖), 세운에서 일어날 경우를 암충(暗)이라고 한다고 하였다. 하지만 다음에 나오는 사례연구를 보면 여기서 말하는 '세운(歲運)'이란 대운과 대비되는 연운(年運)을 의미하는 것이 아니라, 사주원국과 대비되는 운을 통틀어 가리키고 있음을 알 수 있다. 따라서 세운을 그냥 운이라고 해석하는 것이 바람직하다는 생각이다.

사고(四庫)의 충 중에서 '사주의 천간과 지지에 사고(四庫)의 축장지물(蓄藏之物) 즉 지장간들이 드러나 있지도[引出 인출] 않고 그들이 당령(當令)도 하지 않았으며, 또한 일주와 절실한 관계가 아니어서[不關切 불관절] 용신으로 쓰이는 것도 아닌' 경우는 그들의 본기(本氣)인 토(土)끼리의 충으로 보면 될 것이다. 같은 어머니의 한 배에서 태어난 형제끼리의 충[兄弟之沖 형제지충] 또는 친구 사이의 충[朋沖 붕충]이라고 하니 무슨 해가 되겠는가. 오히려 다른 오행과 합을 하거나 그 자신이 스스로 용신이 된다면 그대로 좋은 것으로 보면 그만이라는 말이라 하겠다.

왕자충쇠 쇠신충왕(旺者沖衰 衰神沖旺)

❶ 왕자충쇠쇠자발(旺者沖衰衰者拔)인 경우

癸	丙	辛	戊
巳	午	酉	辰

己	戊	丁	丙	乙	甲	癸	壬
巳	辰	卯	寅	丑	子	亥	戌

병오(丙午) 일주가 가을이 한창인 유월(酉月)에 태어나 왕성한 재성(財星)이 월령을 얻었고, 연간(年干)의 식신(食神) 무토(戊土)가 이를 생해준다. 일지(日支)와 시지(時支)에 비겁(比劫)인 사오화(巳午火)를 얻어 뿌리가 없다고는 할 수 없으니 부유한 집에서 태어났다. 시간(時干)에 계수(癸水)가 투출하여 사화(巳火)는 그 세력을 잃었고, 비록 멀지만 유금(酉金)과 합을 하여 금(金)이 되고 싶은 마음도 있다. 사주에 목(木)이 없어 일주는 오로지 오화(午火)의 도움만 바랄 뿐이니 계수(癸水)는 병(病)이 됨에 틀림없다.

자(子)운에 들어서 계수(癸水)가 뿌리를 얻고 자진합(子辰合)과 유금(酉金)의 도움으로 수기(水氣)가 강해지고 자수(子水)가 오화(午火)를 충하지만, 사주에는 목(木)이 보이질 않아 이를 해결하여 구해줄 수 있는 방법이 없으니, 이를 일컬어 '왕한 자가 쇠한 자를 충하면 쇠한 자는 뿌리가 뽑혀 나간다[旺者沖衰衰者拔 왕자충쇠쇠자발]'고 하는 것이다.

가산은 탕진하고 본인은 죽었는데[破家亡身 파가망신], 만약 대운이 동남(東南)방의 목화(木火)로만 달렸다면 어찌 부귀와 명예를 얻지 못했을까 보냐.

심화학습

병오(丙午) 일주가 가을이 한창인 유월(酉月)에 태어나고 사주에 재성(財星)이 왕하니 신약(身弱)하다고 하겠다. 일주를 생해주는 인성(印星)이 필요한데, 사주에 목(木)이 없어 일단 비겁(比劫)인 화(火)를 용신으로 삼고 운에서 목(木)이 들어오기를 기다린다 하겠다.

용신이 되어야 할 목(木)이 희신이 되어버렸으니 아쉽다 하겠다. 게다가 초운(初運)이 기신인 수(水)로 흘러 목(木)운이 돌아오기도 전에 이미 탈이 나버렸던 것이다. 왕한 자가 쇠한 자를 충하면 쇠한 자는 뿌리가 뽑혀 나간다[旺者沖衰衰者拔 왕자충쇠쇠자발]는 것을 보여주는 사례이다.

❷ 쇠신충왕왕신발(衰神沖旺旺神發)인 경우

	癸	丁	壬	庚
	卯	卯	午	寅

庚	己	戊	丁	丙	乙	甲	癸
寅	丑	子	亥	戌	酉	申	未

정묘(丁卯) 일주가 오월(午月)에 태어나고 지지에 목화(木火)가 즐비하여 신왕(身旺)하다. 천간에 경금(庚金)과 임계수(壬癸水)의 재관(財官)이 투출하여 용희신(用喜神)으로 삼으려 하나, 지지에 이들을 받쳐줄 뿌리가 없어[無根 무근] 허약하니 아쉬울 따름이다. 편인(偏印)과 비견(比肩)이 세력을 얻고 월령을 잡았으니[當權得勢 당권득세] 사주를 살펴보면 가난하고 요절할 운명이다.

헌데 어찌하여 앞의 명조(命造)는 일주(日主)가 뿌리를 얻어 왕하고 재성 역시 왕함[身財並旺 신재병왕]에도 불구하고 가산을 탕진하고 일찍 죽었는데, 이 사주는 용희신인 재관이 휴수(休囚)임에도 불구하고 가업이 번창하고 오래 살 수 있었는가.

이는 앞의 명조는 목(木)이 없어 일주인 병화(丙火)의 뿌리인 오화(午火)가 왕한 자수(子水)를 만났을 때 이를 흘려보내지 못하고 충을 당해 그 뿌리가 뽑혀 나갔기 때문이고, 이 사주는 수(水)가 있어 겁재(劫財)인 화(火)를 만나도 일단 견뎌낼 수 있었음을 모르고서 하는 말이다.

갑신(甲申)운과 을유(乙酉)운에 이르러 경금(庚金)이 비겁(比劫)인 녹왕(祿旺)을 만나고, 임계수(壬癸水)는 생을 받으며, 인묘목(寅卯木)은 충을 받아 떠나가니[沖去 ^{충거}], 이를 일러 '쇠한 자가 왕한 자를 충하면 왕한 자는 더욱 발흥하게 된다[衰神沖旺旺神發 ^{쇠신충왕왕신발}]'고 한다. 그 재산이 수만금에 이르렀으니 이른바 '사주가 좋은 것이 운 좋은 것만 못하다[命好不如運好 ^{명호불여운호}]'는 말이 참으로 믿을 만하다고 하겠다.

심화학습

이 사주를 『적천수징의(滴天髓徵義)』에서 쇠신충왕왕신발(衰神沖旺旺神發)의 사례로 들었으나, 『적천수(滴天髓)』의 본문 내용과는 약간 어긋난다고 할 수 있겠다. 단지 사주의 병인 목(木)을 금(金)이 충하여 잘되었다는 것으로 해석하면 되겠고, 그보다는 사주가 좋은 것이 운 좋은 것만 못하다[命好不如運好 ^{명호불여운호}]는 것의 사례로 더 적합하지 않은가 생각한다.

제 4 장

干支總論

간지총론 - 천간과 지지의 상호작용

1. 음양순역설(陰陽順逆說) - 십이운성(十二運星)

적천수 원문

陰陽順逆之說　洛書流行之用
음양순역지설　　　낙서류행지용

其理信有之也　其法不可執一
기리신유지야　　　기법불가집일

음생양사(陰生陽死) 양순음역(陽順陰逆) 즉 십이운성(十二運星)의 논리는[陰陽順逆之說]
낙서(洛書)의 운행 작용에서 흘러나와 사용되고 있는 것인데[洛書流行之用]
그 음양순역(陰陽順逆)의 이치는 믿을 만하다 하더라도[其理信有之也]
오로지 그 논리 한 가지에만 집착해서는 안 된다[其法不可執一].

명리학 기초이론 15　　**낙서(洛書)란**

낙서(洛書)란 옛날 중국의 하(夏)나라 우(禹)왕이 홍수를 다스릴 때[治水, 치수] 지금의
황하(黃河)강을 일컫는 낙수(洛水)라는 강에서 나온 거북이의 등에 그려져 있었다는
45개의 점(占)을 말하며, 팔괘(八卦)의 법이 여기서 만들어졌다고 전해진다.

적천수 해설　　**음양순역설(陰陽順逆說) - 십이운성(十二運星)**

음양(陰陽)이 순행하고 역행하는[陰陽順逆 음양순역] 이치는 낙서(洛書)에

서 유래했다고 한다. 오행이 흘러 작용한다[流行之用 유행지용]는 것은, 양(陽)은 모이는 것을 주관하니[陽主聚 양주취] 나아감으로써 물러섬이 되고[以進爲退 이진위퇴], 음(陰)은 흩어지는 것을 주관하니[陰主散 음주산] 물러섬으로써 나아감이 되는[以退爲進 이퇴위진] 원리를 적용한 것에 불과하다. 만약 명리(命理)를 논하려 한다면 결코 이러한 순역(順逆)의 논리에만 집착해서 문제를 해결하려고 해서는 안 된다. 모름지기 일주(日主)의 쇠왕(衰旺)을 자세히 살펴보고 태어난 절기와 시간[生時 생시]의 깊고 얕음[深淺 심천]을 잘 헤아려 사주의 용신(用神)을 찾아낸 후, 이에 따라 그 사람의 길흉을 논한다면 그 결과는 정확하게 맞을 것이다. 장생(長生)이나 목욕(沐浴) 등의 이름은 사주의 형상을 표현하기 위해 임시로 빌려서 쓴 말[假借形容之辭 가차형용지사]에 지나지 않는다.

사람의 일주는 반드시 음양순역설(陰陽順逆說)에서 말하는 건록(建祿)이나 제왕(帝旺)에 해당하는 절기에 태어나야 왕한 것이 아니다. 비록 월령(月令)은 휴수(休囚)일지라도 연일시에서 장생(長生)이나 녹왕(祿旺)을 얻으면 약하지 않을 수 있다. 월(月)에서 사고(四庫)인 진술축미(辰戌丑未)를 만났다고 하더라도 이들이 일주의 뿌리가 될 수 있으니, 흔히들 말하는 '묘(墓)에 빠졌으니 충(沖)으로 꺼내야 한다[投墓必沖 투묘필충]'는 말은 속되고 저급한 책[俗書 속서]에서 잘못 언급한 것이다.

옛 법을 보면, 그 안에는 오직 사장생(四長生)만 언급되어 있을 뿐 자오묘유(子午卯酉)가 음간(陰干)의 장생[陰長生 음장생]이라는 말은 보이지 않는다. 수(水)가 목(木)을 생하는[水生木 수생목] 것은, 신(申)은 하늘의 빗장이요[天關 천관] 해(亥)는 하늘의 문[天門 천문]인데 하늘에서 제일 먼저 수(水)를 생하고 곧이어 생하고 생함이 그침 없이 이어지니[生生不息 생생불식], 목(木)은 모두가 이 해수(亥水)로부터 생겨난다. 오(午)는 불의 세력이 강한 지지[火旺地 화왕지]이니, 목(木)이 오(午)에 이르면 그 기운은 이미 다 흘러나와[發洩 발설] 소진되니 목(木)은 오(午)에 이르러 그 생을 마치게 된다. 목(木)이 이러하므로 그 밖의 나머지 오행도 이에 견주어 생각하면 될 것이다.

대저 오양(五陽)은 생방(生方)에서 자라고[育 육] 본방(本方)에서 왕성해지다가[盛 성] 설방(洩方)에서 쓰러져[弊 폐] 극방(剋方)에서 그 목숨을 다하니[盡 진], 이러한 이치가 순리에 맞는다. 하지만 '오음(五陰)이 설방에서 생(生)하고 생방에서 죽는다[死 사]'는 것은 이치에 맞지 않으니 왜곡된 학설이라 하겠다. 따라서 십이운성(十二運星)의 장생과 같이 자(子)의 지지가 신금(辛金)을 생하고 오(午)의 지지가 을목(乙木)을 생한다는 도리는 절대로 없고, 인(寅)의 지지에서 정화(丁火)가 다하고[滅 멸] 해(亥)의 지지에서 을목(乙木)이 다한다는 이치는 절대로 없다.

옛 사람들이 격(格)을 취할 때 정화(丁火)가 유금(酉金)을 만나면 재(財)라고 논하였고, 을목(乙木)이 오화(午火), 기토(己土)가 유금(酉金), 신금(辛金)이 자수(子水), 계수(癸水)가 묘목(卯木)을 만나면 식신(食神)으로 기를 흘려보낸다[洩氣 설기]고 했지 생(生)으로 논하지 않았다. 을목(乙木)이 해수(亥水)를 만나거나 계수(癸水)가 신금(申金)을 만나면 인수(印綬)라고 논했지, 십이운성에서처럼 사(死)라고 논하지 않았다. 또한 기토(己土)가 인목(寅木)을 만나도 그 안에 병화(丙火)가 암장(暗藏)되어 있고, 신금(辛金)이 사화(巳火)를 만나도 그 안에 무토(戊土)가 암장되어 있으니, 이 역시 인수로 논했지 사라고 논하지 않았다.

이렇게 비추어볼 때, 음양은 같이 살고 같이 죽는[同生同死 동생동사] 것임을 알 수 있다. 이를 무시하고 십이운성에서와 같이 양은 순행하고 음은 역행한다는 양순음역(陽順陰逆)의 논리에만 집착하여, 양이 생하면 음이 죽고 음이 생하면 양이 죽는다[陽生陰死 陰生陽死 양생음사 음생양사]는 논리로 사람의 운명을 감정한다면 큰 오류를 범하게 된다. 따라서 음양순역설의 한 가지 논리에 집착해서는 안 되니[其法不可執一 기법불가집일], 앞의 통신송(通神頌)의 지명장(知命章)에서 이미 언급한 바와 같이 '따르고[順 순] 어그러짐[悖 패]의 기틀을 깨달아 알아야 한다[順悖之機須理會 순패지기수리회]'는 것이 바로 이것을 의미하는 말이라 하겠다.

심화학습

『적천수천미(滴天髓闡微)』에서는 장생과 목욕 등의 용어에 대해서 "장생(長生)은 사람이 처음 태어나는 것[人之初生 인지초생]과 같고, 목욕(沐浴)

은 사람이 처음 태어나면 몸을 닦아 때를 벗겨내는 것[去垢^{거구}]과 같다. 관대(冠帶)는 형상과 기운[形氣^{형기}]이 점점 자라는 것을 말하는데 사람이 성장하여 의복을 입는 것과 같다. 임관(臨官)은 자라나 왕성한[由長而旺^{유장이왕}] 것을 말하는데 사람이 장성하여 벼슬을 하는 것[出仕^{출사}]과 같고, 제왕(帝旺)은 장성함이 극에 달한 것을 말하는데 사람이 제왕을 보좌하여 크게 되는 것과 같다"라고 설명하고 있다.

이 밖에도 쇠(衰), 병(病), 사(死), 묘(墓), 절(絕), 태(胎), 양(養) 등에 대한 설명이 있으니, 쇠란 왕성함이 극에 달한 후 쇠퇴하는 것으로 사물이 처음 변하는 것이고, 병은 쇠가 심해진 것이며, 사는 기(氣)가 다하여 남은 것이 없는 상태를 말한다. 묘는 사람이 죽어 땅에 묻히는 것처럼 대자연의 이치에 따라 만들어진 만물에 거두어 간직함이 있는 것이고[造化有收藏^{조화유수장}], 절은 앞의 기는 끊어지고 장차 뒤의 기를 이으려는 상태를 말하고, 태란 뒤의 기가 이어져 어머니의 태 안[母胎^{모태}]에 있는 것과 같으며, 양이란 사람이 어머니 뱃속에서 자라는 것과 같은 것으로 이로부터 다시 장생하여 순환함에 단절이 없는 것을 말한다. 다만 이러한 용어들은 음양순역설(陰陽順逆說)에 등장하는 형용사들에 불과하다는 정도로만 알고 있으면 충분하리라 생각한다.

설명은 상당히 복잡하나 결론은 하나라 하겠다. 십이운성(十二運星)에서 주장하는 음양순역설에 집착하지 말고 음양은 같이 살고 같이 죽는[同生同死^{동생동사}] 것이니 '생극제화(生剋制化)'라는 기본 논리에 충실할 것이며, 일주(日主)가 월령(月令)을 잡았다고 해서 그 사주가 무조건 왕(旺)한 것이 아니니 일주의 쇠왕(衰旺)을 자세히 살펴보라는 말이다.

양간(陽干)의 사장생(四長生)은 인신사해(寅申巳亥)를 말한다.

명리학 기초이론 16　　**육신(六神)과 육친(六親)의 생극(生剋)**

자평명리학(子平命理學)에서는 사주(四柱) 여덟 글자[八字] 중에서 일주(日主)를 그 사주의 주체(主體)로 한다는 사실은 이미 앞에서 밝힌 바 있다. 이 일주를 기준으로 자신과 다른 일곱 글자와의 관계, 그리고 대운(大運) 및 세운(歲運)과의 관계를 음양오행의 생극(生剋)으로 풀어 나가는 것이 자평명리학의 기본 원칙이라고 할 때, 육신(六神)을 알고 이를 기준으로 삼아 사주를 분석하면 그 해석이 쉽고 명확해진다.

오행의 생극은 정재(正財), 편재(偏財), 정관(正官), 편관(偏官) 혹은 칠살(七殺), 정인(正印), 편인(偏印), 식신(食神), 상관(傷官), 비견(比肩), 겁재(劫財)의 10종류에서 일어나는데 이를 십성(十星)이라고 하고, 비견과 겁재는 격(格)이 될 수 없으므로 이 둘은 제외하고 나머지를 팔격(八格)이라고 한다. 정재와 편재를 재(財), 정인과 편인을 인(印)이라고 부르고, 이들과 정관, 편관 혹은 칠살, 식신, 상관을 육신(六神)이라고 한다.

편(偏)과 정(正)을 설명하자면, 일주와 사주팔자 중 나머지 일곱 글자의 관계에서 일주가 양(陽)일 경우 다른 양의 글자와는 기운이 한편으로 치우쳤다고 하여 편이라고 하고, 다른 글자가 음(陰)이라면 이 둘은 음양의 조화를 바르게 이루었으므로 정이라고 한다. 이와 마찬가지로 일주가 음일 경우에는 다른 글자가 음이면 편이라고 하고, 양이면 정이라고 한다.

자세한 내용은 뒤에 이어질 〈제6장 격국(格局)〉과 〈제10장 육친(六親)〉에서 다룬다.

육친(六親)이란 십성을 가족관계에 대입했을 때 각 십성이 의미하는 가족관계를 말한다. 즉, 부(父), 모(母), 형(兄), 제(弟), 처(妻) 혹은 남편[夫, 부], 자식(子)을 말하는데 육신으로 이들을 표현할 수 있다. 사주 해석을 처음 접할 때 육신의 오행생극(五行生剋)의 원리를 쉽고 명확하게 설명하기란 결코 쉬운 일이 아니지만, 이를 육친에 비유해 설명하면 쉽게 이해할 수 있다.

① 육신(혹은 육친)이 서로 생(生)하는 관계 : 일주를 내[我, 아]라고 할 때

- · 내[我, 아]는 식신과 상관을 생하고[我生食傷, 아생식상]

- · 식신과 상관은 재를 생하고[食傷生財, 식상생재]

- · 재는 편관(칠살)과 정관을 생하고[財生官殺, 재생관살]

- · 편관(칠살)과 정관은 인을 생하고[官殺生印, 관살생인]

- · 인은 내[我, 아]를 생한다[印生我, 인생아].

② 육신(혹은 육친)이 서로 극(剋)하는 관계 : 일주를 내[我, 아]라고 할 때

- · 내[我, 아]는 재를 극하고[我剋財, 아극재]

- · 재는 인을 극하고[財剋印, 재극인]

- · 인은 식신과 상관을 극하고[印剋食傷, 인극식상]

- · 식신과 상관은 편관(칠살)과 정관을 극하고[食傷剋官殺, 식상극관살]

- · 편관(칠살)과 정관은 내[我, 아]를 극한다[官殺剋我, 관살극아].

③ 오행생극과 육신(혹은 육친) 관계

- · 나의 기운을 나누어 내가 극하여 얻는 것이 처와 재물[財]이다.

- 남편[夫, 부]은 나를 극하는 관살이라 할 수 있다.

- 형제나 친구는 나와 다르지만 나와 같은 기운을 가진 비겁(비견과 겁재)이 된다.

- 나를 낳아준[生, 생] 어머니는 인수(印綬)이다.

- 나를 물심양면으로 뒷받침해 길러준 아버지는 나의 재물[財]이라 할 수 있다.

- 어머니에게 자식은 내가 생하는 식상이 되지만, 아버지에게 자식은 나를 물심양면으로 괴롭히니 나를 극하는 관살이 된다.

이러한 방법으로 유추해 나가면 육친뿐만 아니라 며느리, 시어머니 등 모든 가족관계를 육신으로 나타낼 수 있음을 알 수 있다.

심화학습

자식과 부모 및 형제에 해당하는 육신(六神)에 대해서는 『적천수징의(滴天髓徵義)』에서 내린 정의(定義)와 본 해석 사이에 차이가 있음을 미리 밝혀둔다. 상세한 내용은 〈제10장 육친(六親)〉에서 설명한다.

적천수 사례연구　　**음양순역설(陰陽順逆說)**

❶ 십이운성의 부당함을 알리는 사례 1

丙	乙	己	丙
子	亥	亥	子

丁	丙	乙	甲	癸	壬	辛	庚
未	午	巳	辰	卯	寅	丑	子

을해(乙亥) 일주가 겨울인 해월(亥月)에 태어났고, 지지에 을목(乙木)을 생하는 수기(水氣)가 그득하니 일주(日主)는 강하다 아니할 수 없다.

다행인 것은 천간에 두 개의 병화(丙火)가 떠올라 다가올 봄의 따사로움을 잃지 않고 있는 것이다. 이것이 바로 '겨울 나무는 태양을 반긴다[寒木向陽^{한목향양}]'이니 사주는 청(淸)하고 순수하다.

아쉽게도 사주 천간의 화토(火土)는 뿌리가 없고 수목(水木) 기운이 너무 강하니 공부를 해도 써먹질 못했고, 이와 더불어 중년운마저 수목(水木)으로 흘러버려 일주를 너무 과하게 생하고 도와주니[生扶생부] 사주의 희용신(喜用神)인 화토(火土)는 오히려 손상을 입어 모은 재물은 쉽게 나가고 그 뜻을 펴질 못했다. 다만, 사주에 금(金)이 없어 화(火)를 극하지 않음[剋洩交加극설교가]이 반가우니, 사주주인공이 하는 일은 사욕이 없이 고고[淸高청고]하였다.

만약 십이운성(十二運星)의 논리에 따라 연시지(年時支)의 자수(子水)가 을목(乙木)의 병(病)이고 월일지(月日支)의 해수(亥水)가 을목(乙木)의 사지(死地)라면, 이 사주는 어찌 그 허약함이 극에 달하지 않았겠는가 말이다. 그렇다면 일주를 생하고 도와주는[生扶생부] 운을 만났으니 잘되었어야 함이 마땅하다. 따라서 여기서는 해수(亥水)를 을목(乙木)을 생하는 인성(印星)으로 보아야 함이 타당하니, 또 다시 수목(水木) 기운을 보는 것이 마땅치 않았던 것이다.

심화학습

십이운성(十二運星)의 부당함을 확인시켜주는 좋은 사례이다. 더 이상 부연 설명할 필요가 없다 하겠다. 용신(用神)은 병화(丙火)가 될 것이고, 말년에 화토(火土)의 운이 돌아오지만 사주원국의 용신이 너무 약하고 초중운(初中運)이 수목(水木)으로 흐르니 잘될 수가 없는 것이 당연하다 하겠다.

❷ 십이운성의 부당함을 알리는 사례 2

癸			癸			乙			戊	
亥			卯			卯			午	

癸	壬	辛	庚	己	戊	丁	丙
亥	戌	酉	申	未	午	巳	辰

계수(癸水) 일주가 봄인 묘월(卯月)에 태어났고 사주에 목(木)이 많아 설기(洩氣)가 과하니 일주(日主)는 약해지지 않을 수 없다. 사주 오행에 일주를 생해줄 금(金)이 없으니 오로지 비겁(比劫)인 시주(時柱)의 해수(亥水)와 계수(癸水)에 의지할 수밖에 없는 처지이나, 불만스럽게도 해묘(亥卯)가 합을 이루어 목국(木局)으로 화하려 하고 천간에 무토(戊土)가 투출하여 극설(剋洩)이 함께 보인다[剋洩竝見 극설병현]. 무오(戊午)운에 들어 목숨이 다하였다.

만약 속설에 의한다면 일주인 계수(癸水)가 장생(長生)인 두 묘목(卯木)을 만났고, 시(時)에 왕지(旺地)인 해수(亥水)를 보았는데 어찌 목숨이 다할 수 있겠는가. 또한 사주에 식신(食神)이 있으면 오래 살고 처자식이 많다[食神有壽妻多子 식신유수처다자]고 하여 식신이 왕하면 재관보다 낫다[食神生旺勝財官 식신생왕승재관]고 했거늘, 이 사주는 명예와 재물을 얻고 많은 자식을 거느리고 오래 살 팔자라고 해야 할 것이다.

따라서 십이운성에서 말하는 음이 생하는[陰生 음생] 곳에서는 양이 죽는다[陽死 양사]는 음양생사(陰陽生死)의 논리는 믿을 게 못 된다고 결론지을 수밖에 없다.

심화학습

묘월(卯月)에 태어난 계수(癸水) 일주가 신약하니 인성(印星)인 금(金)이 필요하지만, 사주에 금(金)이 없어 비견(比肩)인 계수(癸水)를 용신(用神)으로 삼고 운(運)에서 금(金)이 들어오기를 기다리는 형상이다.

십이운성(十二運星)의 논리에 의하면, 묘목(卯木)은 계수(癸水)의 장생(長生)이니 신왕하므로 식신(食神)을 용신으로 삼으면 인생이 잘 풀려야 한다. 하지만 그렇지 못하다는 점에서 이 사례는 음양순역설(陰陽順逆說)이 잘못된 논리임을 잘 보여주고 있다고 하겠다. 따라서 십이운성에서 주장하는 음양순역설에 집착하지 말고, 음양은 같이 살고 같이 죽는 것이니 '생극제화(生剋制化)'라는 기본 논리에 충실할 것을 다시 한 번 강조하고 있다고 하겠다.

2. 천복지재(天覆地載)

적천수 원문

故天地順遂而精粹者昌　天地乖悖而混亂者亡
고천지순수이정수자창　　　　천지괴패이혼란자망

不論有根無根　俱要天覆地載
불론유근무근　　구요천복지재

> 원래 천간과 지지가 순리를 따라 순수한 사람은 창성할 것이나[故天地順遂而精粹者昌]
> 사주의 천간지지가 어그러지고 혼란한 사람은 망할 것이니[天地乖悖而混亂者亡]
> 사주의 뿌리가 있고 없음을 논하기보다는[不論有根無根]
> 천간에서 덮어주고 지지에서 실어주는 것이 더욱 중요하다[俱要天覆地載].

적천수 해설　　**천복지재(天覆地載) – 사주의 용신이 힘을 얻는 법**

사주의 간지(干支)에서 용신(用神)을 취할 때 그 용신이 힘을 얻기 위해서는 나름대로 따라야 하는 법이 있다. 용신이 천간(天干)에 있을 경우에는 지지(地支)에서 실어주는[地載 지재] 것이 절대로 필요하다. 또한 용신이 지지에 있을 경우에는 천간에서 덮어주는[天覆 천복] 것이 절대로 필요하다.

　우선 지지에서 실어주는[地載 지재] 예를 들어보자. 천간의 갑을목(甲乙木)을 반기는데 이들이 지지에서 해자수(亥子水)나 인묘목(寅卯木)에 실리면 갑을목(甲乙木)은 생을 얻고 왕하게[生旺 생왕] 되지만, 지지에서 신유금(申酉金)에 실리면 이들을 극하여 손상시켜버릴[剋敗 극패] 것이다. 또한 천간의 병정화(丙丁火)를 꺼리는데 이들이 지지에서 해자수(亥子水)에 실리면 극하여 제함으로써 이들을 복종시킬[制伏 제복] 수 있지만, 지지에서 사오화(巳午火)나 인묘목(寅卯木)에 실리면 방자하게 날뛰게[肆逞 사령] 될 것이다.

　다음으로 천간에서 덮어주는[天覆 천복] 예를 들어보자. 지지의 인묘목(寅卯木)을 반기는데 천간에서 갑을목(甲乙木)이나 임계수(壬癸水)가 덮어주면 인묘목(寅卯木)은 생을 얻고 왕하게[生旺 생왕] 되지만, 천간에서 경신금(庚辛金)이 덮어주면 이들을 극하여 손상시켜버릴[剋敗 극패] 것이다. 또한 지지의 사오화(巳午火)를 꺼리는데 이들을 천간에서 임계수(壬癸水)가 덮어주면 극하여 제함으로써 이들을 복종시킬[制伏 제복] 수 있지만, 천간에서 병정화(丙丁火)나 갑을목(甲乙木)이 덮어준다면 방자하게 날뛰게[肆逞 사령] 될 것이다.

이뿐만이 아니다. 천간이 지지에 통근했는데[干通於支 간통어지] 지지가 생을 만나 도움을 얻으면[支逢生扶 지봉생부] 천간의 뿌리는 튼튼하지만, 지지가 충하여 극함을 만난다면[支逢沖剋 지봉충극] 천간의 뿌리는 뽑혀버릴 것이다. 또한 지지가 천간의 그늘[蔭 음]을 얻어 도움을 받는데 천간이 생을 만나 도움을 얻으면[干逢生扶 간봉생부] 지지를 덮어주는 천간의 그늘은 더욱 무성할 것이고, 천간이 극하여 제함을 만난다면[干逢剋制 간봉극제] 지지를 덮어주는 천간의 그늘은 쇠약해질 것이다.

무릇 사주의 간지 중에 길신(吉神)임에 틀림없다고 생각했으나 길신 역할을 제대로 하지 못하고, 흉신(凶神)임에 틀림없다고 생각했으나 흉신 역할을 제대로 하지 않는 경우가 있으니 바로 이런 까닭이다. 이것은 사주에서 천간이 하나의 오행으로 이루어졌으니[天干一氣 천간일기] 사주가 좋고 지지가 두 개의 오행으로 이루어져 맑으니[地支雙淸 지지쌍청] 사주가 좋다고 말하는 것이 아니라, 오직 '천간에서 덮어주고 지지에서 실어주는 천복지재(天覆地載)가 가장 중요하다'는 말이라 할 것이다.

심화학습

천지(天地)란 천간(天干)과 지지(地支)를 의미한다. 순수(順遂)는 체용(體用)과 오행의 배합(配合)이 적절하여 서로 정으로 생해주고[相生有情 상생유정] 어그러짐이 없음을 말한다 할 것이다. 이와 대비되는 상황을 괴패혼란(乖悖混亂)이라고 보면 될 것이다. 한마디로 말하면 순수정수(順遂精粹)는 '사주가 청(淸)한 것'이고, 괴패혼란(乖悖混亂)은 '사주가 탁(濁)한 것'으로 보면 된다.

여기에서는 사주의 용신(用神)이 뿌리가 있느냐 없느냐[有根無根 유근무근]보다는, 사주의 간지가 서로 유정(有情)한가 아닌가[天覆支載 천복지재]가 그 사주의 품질을 결정하는 데 더욱 중요한 요인이라는 것을 강조하고 있다고 하겠다.

천복지재(天覆地載)

❶ 천지순수이정수자창(天地順遂而精粹者昌)인 경우

庚	庚	丁	己
辰	申	卯	亥

己	庚	辛	壬	癸	甲	乙	丙
未	申	酉	戌	亥	子	丑	寅

경신(庚申) 일주가 봄인 묘월(卯月)에 태어났다. 일지에 비견(比肩)인 신금(申金)을 깔고 시지에 인성(印星)인 진토(辰土)가 있어 일주를 도와주고, 천간에 경금(庚金)과 기토(己土)가 투출했으니 일주는 왕(旺)하다 하겠다. 족히 관(官)인 정화(丁火)를 용신(用神)으로 삼을 수 있다.

정화(丁火)는 묘목(卯木)을 깔고 있어 재성(財星) 묘목(卯木)이 관성 정화(丁火)를 생하여 실어주고[地載^{지재}], 연지의 해수(亥水)로부터 생을 받아 서로 유정하니 정화(丁火)의 뿌리는 더욱 견고해진다. 이른바 '천간과 지지가 순리를 따라 순수한 사람은 창성할 것이다[天地順遂而精粹者昌^{천지순수이정수자창}]'의 구조이다.

세운(歲運)에서 임계해자(壬癸亥子)의 수(水)운을 만나더라도 천간에 기토(己土)가 있어 관성인 정화(丁火)를 보호하고, 지지에는 묘목(卯木)이 있어 재성이 식상(食傷)을 화(化)하므로 평생 어려움이 없었다. 어려서 전시(殿試)에 합격하여[科甲^{과갑}] 벼슬이 봉강(封疆)에 이르렀다.

서(書)에서 이르기를 "일주는 건왕한 것이 가장 마땅하고 용신이 손상을 입어서는 안 된다[日主最宜健旺 用神不可損傷^{일주최의건왕 용신불가손상}]"라고 했는데, 그 말을 믿을 만하다고 하겠다.

경금(庚金) 일주가 묘월(卯月)에 태어났으나, 사주에 인성(印星)과 비겁(比劫)이 일주를 바로 옆에서 돕고 있으니 사주는 왕하다고 하겠다. 관성(官星)인 정화(丁火)가 용신인데 재성(財星)을 깔고 앉아 도움을 받으므로 재자약살(財滋弱殺)의 형상이다. 또한 묘목(卯木)은 해수(亥水)로부터 생을 받고, 정화(丁火)는 묘목(卯木)으로부터 생을 받으니 사주의 오행이 서로 상생유정(相生有情)하여 사주가 청(淸)하다 하겠다. 이른바 '천간과 지지가 순리를 따라 순수한 사람은 창성할 것이다[天地順遂而精粹者昌 ^{천지순수이정수자창}]'의 좋은 사례라 하겠다.

❷ 천지괴패이혼란자망(天地乖悖而混亂者亡)인 경우

```
        甲        庚        丁        己
        申        辰        卯        酉

    己   庚   辛   壬   癸   甲   乙   丙
    未   申   酉   戌   亥   子   丑   寅
```

앞의 사주와 마찬가지로 관성(官星)인 정화(丁火)를 용신으로 삼을 수 있다. 지지에서 역시 묘목(卯木)이 관성인 정화(丁火)를 생하여 실어주고[地載 ^{지재}] 앞의 사주와 비교하여 별반 다른 것이 없어 보인다.

다만, 지지의 묘목(卯木)이 유금(酉金)과 묘유충(卯酉沖)이 되어 정화(丁火)의 뿌리를 극하여 손상시켜버린다[剋敗 ^{극패}]. 사주의 지지에 수(水)가 없으니 재성(財星)인 묘목(卯木)은 오직 극을 받을 뿐 생함을 얻지 못한다[有剋無生 ^{유극무생}]. 비록 시간(時干)에 갑목(甲木)이 투출했다 하더라도 신금(申金) 위에 앉아 있어 지지에서 실어주지 못하니[不載 ^{부재}], 그 힘이 약해서 있다고 해도 없는 것과 마찬가지다.

명망 있는 집안에서 태어났으나 학문을 계속하지 못하고 온갖 고초를 다 겪었으며[刑傷破耗 ^{형상파모}], 술(戌)운이 오자 지지가 서방(西方)으로 바

꿰어 신유술(申酉戌) 금국(金局)이 되니 가난의 고통을 견딜 수 없었다.

이 명조(命造)도 앞의 사례와 마찬가지로 재자약살격(財滋弱殺格)이라 할 수 있겠다. 다만 사주의 오행이 서로 상생유통(相生流通)하지 못하고 충(沖)을 만나 서로 어그러져 사주가 탁(濁)하다 하겠다. '사주의 천간지지가 어그러지고 혼란한 사람은 망할 것이다[天地乖悖而混亂者亡 천지괴패이혼란자망]'의 사례라 하겠다.

3. 천전일기(天全一氣)

天全一氣　不可使地德莫之載
천전일기　　불가사지덕막지재

> 사주의 천간 네 글자가 한 기운(氣運)으로 몰려 있다 하더라도[天全一氣]
> 지지에서 덕으로 그 힘을 실어주지 않으면 아무런 소용이 없으며[不可使地德莫之載]

　　천전일기(天全一氣)

천전일기(天全一氣)란 사주의 천간 네 글자가 사갑(四甲), 사을(四乙), 사병(四丙), 사정(四丁), 사무(四戊), 사기(四己), 사경(四庚), 사신(四辛), 사임(四壬), 사계(四癸)와 같이 하나의 기운(氣運)으로 몰려 있는 것을 말한다.

　지지가 실어주지 못한다[地支不載 지지부재]는 말은 지지와 천간 사이에 서로 생해주고 화하려는[生化 생화] 정(情)이 전혀 없다는 의미이다. 단지 사갑(四甲)과 사을(四乙)이 신유금(申酉金)을 만나는 것만이 지지부재(地支不載)를 의미하는 것은 아니다. 즉, 지지가 천간을 극(剋)하거나 혹은 천간이 지지를 극하거나, 천간이 지지를 돌보지 않거나 혹은 지지가 천간을 돌보지 않는 경우 모두를 '실어주지 않는다[不載 부재]'라고 한다.

　예를 들어, 사주의 네 간지가 모두 을유(乙酉)인 경우는 지지가 천간을 극하는 것이고, 네 간지가 모두 신묘(辛卯)인 경우는 반대로 천간이 지지를 극하는 것이다. 지지의 기운[地支之氣 지지지기]은 반드시 상승하여 천간으로 올라가고 천간의 기운[天干之氣 천간지기]은 하강하여 지지로 내려와야 함이 마땅하니, 이것이 바로 천지의 기운이 흘러 통하고 서로 생조하여 따르는[流通生化 유통생화] 이치이므로 한쪽으로 치우쳐서 말라버리는[偏枯 편고] 상황에 이르지 않게 된다. 이에 더하여 세운(歲運)마저 편하고 안정된다면[歲運安頓 세운안돈] 부유하거나 귀하게 된다.

　만약 사주에 지지의 기운이 상승하여 천간으로 올라가고 천간의 기운은 하강하여 지지로 내려오는 정[昇降之情 승강지정]이 없고 도리어 충극(沖剋)의 세력만 보인다면, 그 사람은 사주의 기운이 치우쳐 메말라[偏枯 편고] 가난하고 천한[貧賤 빈천] 삶을 살게 될 것이니 자세하게 연구해봄이 마땅하다.

심화학습

『적천수천미(滴天髓闡微)』에서는 '지지가 실어주지 못한다[地支不載 지지부재]'의 사례를 사갑(四甲)과 사을(四乙)이 지지에서 신유인묘(申酉寅卯)를 만난 경우로 들고 있으나, 『적천수징의(滴天髓徵義)』에서는 사갑(四甲)과 사을(四乙)이 지지에서 신유금(申酉金)을 만난 경우라고 하였다. 『적천수천미』의 경우 유백온(劉伯溫)의 『적천수(滴天髓)』 원주(原注)를 그대로 인용하여 "천간의 갑을목(甲乙木)이 지지에서 인신(寅申)과 묘유(卯酉)를 만나면 인신충(寅申沖)과 묘유충(卯酉沖)으로 인해 인묘목(寅卯木)이 천간의 갑을목(甲乙木)을 제대로 도와주지 못해 지지부재(地支不載)가 된다"라고 했지만, 이어지는 문장을 보면 오히려 『적천수징의』의 해석이 더 적절하다는 생각이다.

　고전격국론에서는 천전일기(天全一氣)를 아주 좋은 사주라고 평하고 있으나, 이는 사주의 주변 상황을 고려하지 않고 내린 결론이므로 일고의 가치도 없다는 말이다. 사주의 좋고 나쁨을 평가할 때 가장 중시해야 할 것은 사주의 천간과 지지의 기운이 흘러 서로 통하고 생조(生助)하여 따르는[流通生化 유통생화] 이치임을 다시 한 번 강조하고 있다.

천전일기(天全一氣)

❶ 천전일기(天全一氣)이나 천간불복(天干不覆)인 경우

戊	戊	戊	戊
午	戌	午	子

丙	乙	甲	癸	壬	辛	庚	己
寅	丑	子	亥	戌	酉	申	未

무술(戊戌) 일주가 오월(午月)에 태어나 사주가 화토(火土)로 그득하니 자수(子水)는 쇠(衰)하고 오화(午火)는 왕(旺)하다. 자수(子水)가 오화(午火)를 충하면 오화(午火)가 일어나서 더욱 맹렬해지니, 한 방울의 물은 심한 가뭄에 바짝 말라버렸다[熱乾滴水 오전적수]. 이를 일컬어 '천간이 지지를 덮어주지 않는다[天干不覆 천간불복]'라고 한다.

초운인 기미(己未)운에는 외롭고 쓸쓸하기 그지없었으나, 경신(庚申)운과 신유(辛酉)운에 이르러 무토(戊土)의 기운을 유통시켜주니[引通 인통] 매우 좋은 인연을 만나[大得際遇 대득제우] 처를 얻어 자식을 낳고 사업이 크게 성공하여 집안을 일으켰다[立業成家 입업성가].

임술(壬戌)대운으로 바뀌자 임수(壬水)는 뿌리를 내리지[通根 통근] 못하고, 술토(戊土)는 오화(午火)를 만나 화국(火局)으로 화하니[暗拱火局 암공화국], 화재를 당하여 다섯 식구가 모두 타 죽었다. 만약 천간에 경신(庚辛) 중 하나만이라도 투출했거나, 지지에 신유(申酉) 중 하나만이라도 있었다면 어찌 이러한 인생의 결말을 맞이했겠는가.

오월(午月)의 무토(戊土)가 사주에 인성(印星)과 비겁(比劫)이 중중(重重)

하니 신왕(身旺)하다 하겠다. 연지(年支)의 자수(子水)를 용신(用神)으로 삼았으나 사주에 금수(金水)가 전혀 보이질 않으니 자수(子水)는 아주 쇠약하고, 자오충(子午沖)으로 오화(午火)만 더욱 활발하게 만들어[衰神沖旺旺神發 쇠신충왕왕신발] 화기(火氣)가 더욱 강해져서 그나마 있는 물마저 말려버리니 '천간이 지지를 덮어주지 않는다[天干不覆 천간불복]'라고 하겠다.

대운은 금수(金水)운으로 흘러 아주 좋다고 할 수 있다. 하지만 사주가 너무 치우치고 메말라[偏枯 편고] 중간에 임술(壬戌)대운을 만나니 도저히 견디지 못한 것 같다. 사주풀이에 사주 좋은 것이 운 좋은 것만 못하다[命好不如運好 명호불여운호]는 말이 있다고 앞서 말했지만, 이렇게 사주가 좋지 않으면 운이 좋아도 별 수 없는 모양이다. 또한 운을 살필 때는 항상 술토(戌土)나 진토(辰土)운을 잘 살펴보아야 한다는 것을 명심하기 바란다.

❷ 천전일기(天全一氣)이나 지지부재(地支不載)인 경우

甲		甲		甲		甲	
戌		寅		戌		申	
壬	辛	庚	己	戊	丁	丙	乙
午	巳	辰	卯	寅	丑	子	亥

연지(年支)의 신금(申金)이 일지(日支)의 인목(寅木)을 충하고, 월령(月令)을 잡은 술토(戌土)는 둘씩이나 있어 편관(偏官) 신금(申金)을 토생금(土生金)으로 생하여 돕고 있는 형상이니, 이를 일컬어 '지지가 천간을 돌아보지 않는다[地支不顧天干 지지불고천간]'라고 한다.

얼핏 보면 천간의 사갑(四甲)을 지지에서 인목(寅木)이 실어주니 사주가 강왕(强旺)해 보인다. 하지만 가을인 술월(戌月)의 목(木)은 휴수(休囚)이므로 약하고, 녹왕(祿旺)인 인목(寅木)이 충을 받아 가버려[沖去 충제] 그 뿌리가 이미 뽑혀버렸으니 일주(日主)는 왕하다 할 수 없다. 따라서 희용신(喜用神)인 인묘해자(寅卯亥子)운에는 먹고 입는 것이 넉넉했으나, 경진(庚辰)운으로 바뀌자 살(殺)의 원신(元神)인 경금(庚金)이 천간에 투출하여 아들 넷이 모두 죽고 가산을 탕진하며 자신도 수명을 다하였다. '천간에 많은 것이 지지에 많은 것과 같지 못하다[干多不如地重^{간다불여}^{지중}]'라는 말이 당연한 이치임을 알 수 있다.

심화학습

사주에 비견(比肩)이 중중(重重)하니 일주가 왕하다고 판단하기 쉬우나, 갑목(甲木)이 늦가을인 술월(戌月)에 태어났고 지지에서 실어주질 못하니 [地支不載^{지지부재}] 신약(身弱)하다고 보는 것이 마땅하다 하겠다. 따라서 용신(用神)으로는 인성(印星)이 절대로 필요하지만 사주에 보이질 않으니, 일단 비견(比肩)인 목(木)을 용신으로 하고 운(運)에서 수(水)가 들어오기를 기다려야 하는 형상이다.

　인신충(寅申沖)은 중간에 술토(戌土)가 자리잡고 있으므로 무리한 해석으로 봐야겠지만, 술토(戌土) 또한 인목(寅木)을 도와주는 오행은 아니므로 충과 마찬가지 역할을 한다고 보면 된다.

　여기서 꼭 기억해야 할 것은 '천간에 많은 것이 지지에 많은 것과 같지 못하다[干多不如地重^{간다불여지중}]'라는 말이다.

❸ 천전일기(天全一氣)이며 천복지재(天干地覆)인 경우

戊	戊	戊	戊
午	子	午	申

丙	乙	甲	癸	壬	辛	庚	己
寅	丑	子	亥	戌	酉	申	未

이 사주는 앞의 첫 번째 사주와 비교하여 술토(戌土)만 신금(申金)으로

바뀌었을 뿐이다. 하지만 이 신금(申金)으로 인해 천간의 토기(土氣)가 하강하여 지지의 자수(子水)로 유통되어 그 근원이 되어주는 형상이다. 비록 오화(午火)가 맹렬하다고는 해도 신금(申金)을 손상시키기는 불가능해 보이니, 신금(申金)을 용신(用神)으로 삼을 수 있음이 확실하다. 하물며 자수(子水)가 있어 이 사주의 병(病)인 오화(午火)를 보내버리는 희신(喜神) 역할을 해주니 더욱 반갑다.

신(申)대운 무진년(戊辰年) 4월에 입학하여 9월에 등과(登科)했는데, 여기에는 세운(歲運)의 진토(辰土)가 사주의 신자(申子)와 암합(暗合)을 하여 신자진(申子辰) 수회국(水會局)을 이루는 묘함이 있기 때문이다.

다만 한 가지 아쉬운 것은, 다가올 임술(壬戌)대운에 천간의 비겁들이 임수(壬水)를 두고 서로 다투는 군비쟁재(群比爭財)의 형상을 이루고, 지지의 술토(戌土)는 사주원국에서 오화(午火)를 만나 암합을 하여 화국(火局)으로 화하려 할 것이므로[暗會火局 암회화국] 길함을 보기는 어려울 것이라 여겨진다.

심화학습

무토(戊土)가 오월(午月)에 태어나 사주에 인성(印星)과 비견(比肩)이 중중(重重)하니 신왕(身旺)하다 하겠다. 식신생재(食神生財)격으로 용신(用神)은 신금(申金)이고, 희신(喜神)은 자수(子水)로 보면 될 것이다. 천복지재(天覆支載)의 사례라 하겠다.

등과(登科)는 향시(鄕試)나 회시(會試)에서 합격하는 것을 말하고, 발갑(發甲)은 전시(殿試)에서 합격하는 것을 말하므로, 등과와 발갑은 마땅히 구분해야 한다.

❹ 천전일기(天全一氣)인 사신묘(四辛卯)의 경우[天干不覆, 천간불복]

辛	辛	辛	辛
卯	卯	卯	卯

癸	甲	乙	丙	丁	戊	己	庚
未	申	酉	戌	亥	子	丑	寅

이 명조(命造)는 지지에 있는 네 묘목(卯木)의 세력이 강하여[當權 당권] 천간의 네 신금(辛金)의 기운이 가로막혔으니[臨絶 임절], 비록 천간의 신금(辛金)이 지지의 묘목(卯木)을 극한다고는 하나 실제로는 무력하여 극할 수가 없는 형상이다. 만약 신금(辛金) 일주가 왕하다고 하면 편재(偏財)인 묘목(卯木)을 용신으로 삼을 수 있으니, 어찌 제대로 되는 일이 하나도 없었겠는가.

이 사람은 태어난 지 불과 몇 년 만에 부모를 여의고, 도사(道士)를 따라가서 제자가 되었다. 기축(己丑)운과 무자(戊子)운에는 인수(印綬)인 기축무토(己丑戊土)의 도움[生扶 생부]을 받으니 먹고 입는 것에 아쉬움이 없었으나, 대운이 정해(丁亥)로 바뀌자 지지의 해수(亥水)는 묘목(卯木)을 생하고 묘목(卯木)은 천간의 정화(丁火)를 생하며 정화(丁火)는 신금(辛金)을 극(剋)하니, 그 도사가 죽자 남아 있던 재물을 노름과 주색으로 다 날리고 죽고 말았다.

심화학습

신금(辛金) 일주가 봄이 한창인 묘월(卯月)에 태어나 지지에는 재성(財星)인 목(木)만 그득하니 신약하다고 하겠다. 재다신약(財多身弱)으로 용신은 신금(辛金)이 되겠고, 희신은 토(土)라 할 수 있겠다. 비록 천전일기(天全一氣)의 형상을 하고 있지만, 천간이 지지를 덮어주지 않으니[天干不覆 천간불복] 제대로 되는 일이 하나도 없었다고 하겠다.

4. 지전삼물(地全三物) – 지지의 삼합(三合)과 방합(方合)

적천수 원문

地全三物　不可使天道莫之容
지전삼물　　불가사천도막지용

> 지지에 방합(方合)이나 삼합(三合)을 이루고 있더라도[地全三物]
> 천간이 이를 허락해 받아주지 않으면 아무런 쓸모가 없다[不可使天道莫之容].

적천수 해설　**지전삼물(地全三物) – 지지의 삼합(三合)과 방합(方合)**

지전삼물(地全三物)이란 사주의 지지에 인묘진(寅卯辰), 사오미(巳午未), 신유술(申酉戌), 해자축(亥子丑)의 방합(方合)을 얻은 것을 말한다. 이 경우 일주(日主)가 어떤 오행인가에 따라 천간에 필요한 기운이 정해진다. 예를 들어 지지가 인묘진(寅卯辰)의 목방국(木方局)으로 이루어져 있을 때 일주가 목(木)이면 천간에 이를 설(洩)하는 화(火)가 많아야[多 다] 하고, 일주가 화(火)이면 천간에 목(木)을 극(剋)하는 금(金)이 왕성해야[旺 왕] 하며, 일주가 금(金)이면 천간에 금(金)을 생(生)하는 토(土)가 두터워야[重 중] 한다.

대체로 지전삼물은 그 기세가 왕성하니, 일주가 지지의 방국(方局)과 같은 오행일 경우 그 일주는 세력이 아주 강하므로 그 세력을 약하게 하는 것이 필요하다. 따라서 왕신(旺神)이 제강(提綱), 즉 월령(月令)을 잡았을 경우에는 천간은 반드시 그 기세에 순응하여 기(氣)를 흘려보내는[洩 설] 것이 마땅하고, 왕신이 다른 지지[別支 별지]에 있을 경우에는 일주 이외의 다른 천간[制神 제신]의 세력이 일주에 대항할 힘이 있다고 판단되면 일주를 극하여 제어하는[制 제] 것이 마땅하다.

그렇다면 어째서 왕신이 제강, 즉 월지(月支)를 잡았을 경우 제(制)하는 것은 마땅하지 않고 설(洩)하는 것이 마땅한가. 그 이유는 왕신이 제강에서 일주를 돕는 경우 반드시 그 일주를 제어하는 천간 오행[制神 제신]의 뿌리[地支 지지]는 끊겨져 있을[絶地 절지] 것이므로, 만약 억지로 그 일주를 극하여 제하려 든다면 오히려 그 성질을 건드려 거슬려 부딪쳐[激發 격벌] 더욱 방자하게 날뛰게[肆逞 사령] 만들 뿐이기 때문이다.

여기서 왕신(旺神)은 목방국의 경우 제강에 인묘목(寅卯木)을 얻은 것을 말한다. 제신(制神)은 천간의 경신금(庚辛金)을 말하는데, 인묘목(寅卯木)은 경신금(庚辛金)의 절지(絶地)이다. 만약 인묘진(寅卯辰) 목방국의 진토(辰土)가 제강 즉 월령을 차지하고 사주의 다른 간지에서 경신금(庚辛金)을 도와준다면, 비로소 일주와 방국을 극하여 제하는 것이 가능하다 하겠다. 이것이 이른바 '사주의 기세를 좇아 조절하고 배합하여 마땅함을 얻는다[循其氣勢 調劑得宜 순기기세 조제득의]'는 것이니, 사주가 이런 형상을 하고 있을 경우 그 사주는 완전한 아름다움을 얻었다고 한다. 목방국이 이와 같으니 나머지도 같은 원리로 추론하면 될 것이다.

심화학습

지지의 방합(方合)과 삼합(三合)을 방국(方局)과 회국(會局)이라고도 한다. 서낙오(徐樂吾)는 그의 『적천수보주(滴天髓補註)』에서 삼물(三物)을 삼합(三合)으로 설명하기도 한다. 임철초(任鐵樵)는 삼물을 방합으로 해석하였으나 결론은 마찬가지다. 즉, 왕성한 세력이 무리를 이루어 지지에 모여 있는 상황은 같으므로 방합이든 삼합이든 상관 없다고 이해하면 되겠다. 유백온(劉伯溫)도 『적천수(滴天髓)』 원주(原注)에서 "인묘진(寅卯辰)과 해묘미(亥卯未)가 갑경을신(甲庚乙辛)을 만나면 천간불복(天干不覆)이다"라고 하여 방합과 삼합을 같이 설명하고 있다.

적천수 사례연구　　**지전삼물(地全三物)**

❶ 지전삼물 중 왕신(旺神)이 월령(月令)을 차지한 경우

丙	甲	庚	辛
寅	辰	寅	卯

壬	癸	甲	乙	丙	丁	戊	己
午	未	申	酉	戌	亥	子	丑

이 사주는 갑목(甲木)이 인월(寅月)에 태어나 지지가 인묘진(寅卯辰) 동방(東方)에 시지(時支) 또한 인시(寅時)여서 사주의 왕(旺)함이 극에 이르렀다. 연월간(年月干)의 경신금(庚辛金)은 인묘목(寅卯木)의 절지(絕地)에 임했고, 왕신(旺神)이 제강(堤綱) 즉 월지(月支)를 차지했으니 기운 없는 금[休金 휴금]이 목(木)을 극하는 것은 어렵다 하겠다. 더욱이 병화(丙火)가 시간(時干)에 투출하여 목화(木火)는 한마음이니[木火同心 목화동심], 이를 일러 '일주를 강하게 해주는 것은 많고 이에 대적하는 것은 적다[强衆而敵寡 강중이적과]'라고 한다. 따라서 그 기세는 적은 경신금(庚辛金)을 제거하는 쪽으로 흘러야 하니[勢在去其寡 세재거기과], 강한 목(木)을 설(洩)하고 약한 금(金)을 극(剋)하는 병화(丙火)를 용신(用神)으로 삼는다.

일찍이 초운이 기축무토(己丑戊土)의 토(土)운으로 흘러 금(金)을 생하니 고생이 많았으나, 서울[京 경]로 진출하여 관청에 들어가 공무를 담당하였다[入部辦事 입부판사]. 병술(丙戌)운에 이르러 광동에 파견되어[分發廣東 분발광동] 군공(軍功)을 세워 지현(知縣)에 올랐는데, 이는 병화(丙火)가 경신금(庚辛金)을 극하여 다하게 만드는[極盡 극진] 아름다움이 있었기 때문이다. 유(酉)운에 이르면 경신금(庚辛金)이 지지에 뿌리를 얻으니[得地 득지] 세상을 떠나는[不祿 불록] 것이 마땅할 것이다.

심화학습

갑목(甲木) 일주가 인월(寅月)에 태어나고 지지에 인묘진(寅卯辰)의 목방(木方)을 이루었으니 일주는 왕하다 하겠다. 일주를 강하게 해주는 것은 많고 이에 대적하는 것은 적을 경우[强衆而敵寡 강중이적과] 그 기세는 적은 것을 제거하는 쪽으로 흘러야 하니[勢在去其寡 세재거기과] 식신(食神)인 병화(丙火)를 용신(用神)으로 삼는다. 희신(喜神)은 용신인 화(火)를 생해주는 목(木)이 될 것이다.

'강중이적과자 세재거기과(强衆而敵寡者 勢在去其寡)'에 대해서는 나중에 〈제8장 6. 중과(衆寡)〉에서 상세하게 설명하므로 여기서는 그 뜻만 기억해두고 넘어가도록 한다.

❷ 지전삼물 중 왕신(旺神)이 월령(月令)을 차지하지 못한 경우

```
        丁        甲        庚        庚
        卯        寅        辰        寅

    戊  丁  丙  乙  甲  癸  壬  辛
    子  亥  戌  酉  申  未  午  巳
```

이 사주 역시 갑목(甲木)이 지지가 인묘진(寅卯辰) 동방(東方)의 목방국(木方局)이어서 왕(旺)하다 할 수 있으나, 진월(辰月)에 태어나 왕신(旺神)이 월령(月令)을 차지하지 못했다. 월지(月支)를 잡은 진토(辰土)가 경금(庚金)의 뿌리가 되어 실어주니[庚金得載 경금득재], 그 역량은 족히 목(木)을 극(剋)하여 제(制)할 수 있는 제신(制神)의 역할을 하기에 충분하다 하겠다. 따라서 정화(丁火)가 비록 천간에 투출하여 목기(木氣)를 흘려보낼[洩 설] 수 있다 하더라도 경금(庚金)의 적수가 되지는 못하니 편관(偏官), 즉 살(殺)인 경금(庚金)을 용신으로 삼는 것이 분명하다 할 것이다.

갑신(甲申)운에 이르러 경금(庚金)이 비견(比肩), 즉 녹왕(祿旺)인 신금(申金)을 만나고 지지의 인목(寅木)을 충하니[暗沖 암충] 과거에 연이어 급제하고 벼슬이 군수(郡守)에 이르렀다. 병(丙)운으로 바뀌자 식신(食神) 병화(丙火)가 살(殺)인 경금(庚金)을 제어하니[食神制殺 식신제살] 벼슬에서 물러나 고향으로 돌아가게 되었다.

이 사주를 '왕신이 다른 지지[別支 별지]에 있을 경우에는 일주 이외의 다른 천간[制神 제신]의 세력이 일주에 대항할 힘이 있다고 판단되면 일주를 극하여 제어하는[制 제] 것이 마땅하다'는『적천수(滴天髓)』의 논리를 따라서 풀이한다면 당연히 편관(偏官)인 경금(庚金)을 용신으로 삼아야 한다.

그렇다면 상관(傷官)인 정화(丁火)를 용신으로 삼는 것은 전혀 불가능한지 의문이 들지 않을 수 없다. 시대의 흐름에 따라 사주 해석의 방법도 달라져야 하지 않겠는가. 특히 현재처럼 이 세상을 살아가는 사람들의 의식구조가 급격히 변하고, 그와 함께 이들이 선호하는 직업도 더욱 다양해지는 경우에는 더욱 그래야 한다는 생각이 든다.

흔히 '현대는 식상(食傷)의 시대'라고 하여 특히 젊은 사람들은 보다 더 현실적이 되어 옛사람들이 금기로 생각하던 자신의 끼를 마음껏 발산할 수 있는 직업, 예를 들어 연예인, 아나운서, 개그맨, 예능인 등을 선호하는 것 같다. 또한 그 일을 통해 재물을 모아 부(富)를 쌓을 수 있는 가능성이 관직에 나가거나 대기업에 취직하여 평범한 직장인으로 벌 수 있는 것과는 비교할 수 없을 정도이니 더욱 그럴 수밖에 없지 않나 생각된다.

옛날처럼 그 사람의 빈부(貧富)보다는 직업의 귀천(貴賤)을 더 중시하고 직업 또한 다양하지 못했던 시절에는 과거(科擧)를 통해 관직[官]을 얻는 것 외에는 그 사회에서 출세할 수 있는 뾰족한 방법이 없었다. 게다가 태어나면서부터 반상(班常)의 구별이 있어서 아무리 능력 있고 똑똑해도 출세할 수 있는 길은 아주 좁고 험난했다. 결국 장사꾼이 되어 재물을 모아 부를 쌓아 권세를 누리거나, 관직을 사들여[異路出身 ^{이로출신}] 출세하는 것이 거의 유일한 방법이었으므로 족히 '관살(官殺)의 시대'라고 할 수 있었다.

따라서 요즘 같으면 이 사주를 편관에만 집착하지 말고 상관인 정화(丁火)를 용신으로 삼아 이를 활용하는 직업을 택한다면 잘살 수도 있지 않을까 생각한다.

5. 지지의 양한(陽寒)·양난(陽暖)과 운의 음난(陰暖)· 음한(陰寒)의 상호작용

陽乘陽位陽氣昌　最要行程安頓
양승양위양기창　　　최요행정안돈

> 양(陽)의 천간이 양의 지지를 타고 그 기(氣)가 창성한다면[陽乘陽位陽氣昌]
> 운의 흐름[行運, 행운]이 안정되고 편안함[安頓, 안돈]이 가장 필요하다[最要行程安頓].

　　지지와 운의 음양한난(陰陽寒暖)의 관계

열두 개의 지지 중에서 자(子)·인(寅)·진(辰)·오(午)·신(申)·술(戌)은 양의 지지[陽支 양지]인데, 모름지기 이들은 양이면서 차갑고[陽寒 양한] 양이면서 따뜻한[陽暖 양난] 것으로 구분하여 논해야 한다. 서북(西北)은 한(寒)이고 동남(東南)은 난(暖)이 된다. 만약 사주의 지지에 신술자(申戌子)가 모두 있으면[申戌子全 신술자전] 서북의 양한(陽寒)이니, 이때는 운의 흐름[行運 행운]에서 동남의 음난(陰暖) 지지인 묘사미(卯巳未)를 만나는 것이 가장 필요하다. 만약 지지에 인진오(寅辰午)가 모두 있으면[寅辰午全 인진오전] 동남의 양난(陽暖)이니 행운(行運)에서는 서북의 음한(陰寒) 지지인 유축해(酉丑亥)를 만나는 것이 가장 필요하다. 이것은 사주 간지의 전반적인 형세에 따라 어떤 운이 오는 것이 마땅한가를 예를 들어 논한 것이다.

만약 일주(日主)의 희용신(喜用神)이 목(木)이나 화(火)나 토(土)이고 이들이 동남의 양난일 경우, 세운(歲運)은 마땅히 서북의 음수(陰水)나 음목(陰木)이나 음화(陰火)를 만나야 이들이 용신과 희신을 생하고 도와주어[生助 생조] 친구끼리 술잔을 주고받듯[酬酌 수작] 반가운 것이다. 만약 세운에서 서북의 양수(陽水)나 양목(陽木)이나 양화(陽火)를 만난다면, 양이 같은 양을 만나게 되어 음이 없는 외로운 양은 생을 받는 것이 어렵다[孤陽不生 고양불생] 하겠다. 따라서 설령 희용신이 그의 도움을 매정하게 뿌리치지는 못한다[亦難切當 역난절당] 하더라도 이치에는 어긋나니, 그의 인생은 험한 것을 겨우 면하고 평탄하게 가는 정도에 지나지 않을 것이다.

이와 같이 양난의 경우를 예로 든 바, 양한의 경우도 여기에 견주어 해석하면 될 것이다. 이른바 '사주에 양기(陽氣)가 왕성하여 그 기세가 밖으로 뻗치고 강건한[光昌剛健 광창강건] 경우는 반드시 운은 음기(陰氣)가 성하여 그 기운을 감싸고 품어 안아 유순하게 하는[包含柔順 포함유순] 방향으로 흘러야 한다[陽乘陽位陽氣昌 最要行程安頓 양승양위양기창 최요행정안돈]'는 말이 바로 이것을 의미한다. 만약 이러한 이치를 깊이 있게 연구하지 않는다면 누가 그 미세하고도 오묘한[精微 정미] 비결을 깨달을 수 있겠는가.

심화학습

유백온(劉伯溫)은 『적천수(滴天髓)』 원주(原注)에서 지지의 육양(六陽)인 자인진오신술(子寅辰午申戌) 중에서 자인진(子寅辰)만이 양방(陽方)으로 순수한 양[純陽 순양]의 위치에 있다고 하여, 천간의 오양(五陽)인 갑병무경임(甲丙戊庚壬)이 자인진(子寅辰)에 자리잡고 만약 이들이 왕신(旺神)이라면 이때는 운의 흐름[行運 행운]이 음순하고 안정되고 편안한 지지[陰順安頓之地 음순안돈지지]로 가는 것이 가장 필요하다고 하였다.

하지만 임철초(任鐵樵)는 『적천수천미(滴天髓闡微)』에서 육양은 모두가 양이고[六陽皆陽 육양개양] 자인진(子寅辰)만이 순수한 양[純陽 순양]이 아니니, 반드시 양한(陽寒)과 양난(陽暖)으로 나누어 논해야 하는데 서북은 한(寒)이고 동남은 난(暖)이라고 주장하고 있어 두 사람의 견해차를 살펴볼 수 있다. 『적천수징의(滴天髓徵義)』에는 단순히 '열두 개의 지지 중에서 자(子)·인(寅)·진(辰)·오(午)·신(申)·술(戌)은 양의 지지[陽支 양지]인데'라고만 표기되어 있다.

논리적으로는 임철초의 의견이 타당하다는 생각이다. 다만 이러한 논리를 일일이 사주에 대입시키려다 보면 무척이나 골치 아플 것은 틀림없는 사실이다. 운에서 용신의 운이 들어온다면 음양에 관계 없이 그 자체로 좋은 현상인데, 이를 다시 양난(陽暖)과 양한(陽寒)으로 구분하여 따진다면 더욱 미세한 분석 결과를 얻을 수는 있겠지만 그렇게까지 할 필요가 있을까 하는 것이 필자의 생각이다. 따라서 실력을 쌓아 여유가 생기면 적용해보는 것이 좋으리란 말로 대신하고 넘어간다.

적천수 사례연구 **지지와 운의 음양한난(陰陽寒暖)의 관계**
· 양난(陽暖)의 사주가 음한(陰寒)의 운을 만난 경우

庚	丙	丙	癸
寅	午	辰	巳

戊	己	庚	辛	壬	癸	甲	乙
申	酉	戌	亥	子	丑	寅	卯

병오(丙午) 일주가 봄인 진월(辰月)에 태어나니 동남의 양난(陽暖)이다. 천간의 경금(庚金)과 계수(癸水)는 뿌리가 없는[無根 무근] 것처럼 보이지만, 반갑게도 월지(月支)에 진토(辰土)가 있어 화(火)를 흘려보내고[洩火 설화] 수(水)를 저장하며[蓄水 축수] 금(金)을 생하고[生金 생금] 있다. 경금(庚金)은 비록 시간(時干)에 걸려 진토(辰土)로부터 멀리 떨어져 있지만 진토(辰土)의 생을 받는다[卦角逢生 괘각봉생]고 보아 경금(庚金)을 용신(用神)으로 삼는다. 계수(癸水)는 경금(庚金)의 희신(喜神)으로 병화(丙火)로부터 경금(庚金)을 보호해준다.

초운(初運)인 을묘(乙卯)와 갑인(甲寅)에는 금(金)은 끊어지고[金絕 금절] 화(火)는 생을 받으며[火生 화생] 수(水)는 설기를 당하니[水洩 수설], 그 외로움과 고통을 이루 감당할 수 없었다[孤苦不堪 고고불감]. 마침내 북방의 음습지지(陰濕之地)인 계축(癸丑)운으로 바뀌자, 묘하게도 사주의 경금(庚金)과 계수(癸水)는 축토(丑土)에 뿌리를 내리고[通根 통근] 사축(巳丑)이 금(金)을 껴안아[拱金 공금] 금국(金局)을 이루니, 외지로 나아가 뜻밖의 인연을 만나 모은 재산이 수십만이었다. 이는 양난(陽暖)의 사주가 음한(陰寒)의 운을 만나서 그 배합이 아름다웠기 때문이라고 하겠다.

병오(丙午) 일주가 늦은 봄인 진월(辰月)에 태어나 사주에 인성(印星)과 비겁(比劫)이 중중(重重)하니 일주는 왕(旺)하다 하겠다. 위 사주의 본문 해석에서는 경금(庚金)이 용신이고 계수(癸水)가 희신이라고 했지만, 사주에 비겁이 많으니 관살을 용신으로 삼아[劫重用殺 겁중용살] 계수(癸水)가 용신이 되고 경금(庚金)은 이를 생해주는 희신으로 보는 것이 더 타당하지 않을까 하는 생각이다. 여름철 더위에 금(金)의 역할이 의심스럽기 때문이다.

아쉬운 것은 임자(壬子)운에 대한 해석이 없다는 것이다. 추측컨대 임자(壬子)운에 더욱 발(發)했을 가능성이 높다고 본다. 아마도 '양난(陽暖)의 사주가 음한(陰寒)의 운을 만난 것'을 강조하기 위해서 생략했으리라.

6. 지지의 음한(陰寒)·음난(陰暖)과 운의 양난(陽暖)·양한(陽寒)의 상호작용

적천수 원문

陰承陰位陰氣盛　　還須道路光亨
음승음위음기성　　　환수도로광형

> 음(陰)의 천간이 음의 지지를 타고 그 기(氣)가 번성한다면[陰承陰位陰氣盛]
> 모름지기 운의 흐름[行運, 행운]이 빛나고 형통해야 한다[還須道路光亨].

적천수 해설　　**지지와 운의 음양한난(陰陽寒暖)의 관계**

열두 개의 지지(地支) 중에서 축(丑)·묘(卯)·사(巳)·미(未)·유(酉)·해(亥)는 음의 지지[陰支 음지]이다. 모름지기 이들은 음이면서 차갑고[陰寒 음한] 음이면서 따뜻한[陰暖 음난] 것으로 구분하여 논해야 한다. 앞에서 이미 언급한 바와 마찬가지로 서북(西北)은 한(寒)이고, 동남(東南)은 난(暖)이 된다고 할 것이다.

가령 사주의 지지에 유해축(酉亥丑)이 모두 있으면[酉亥丑全 유해축전] 서북의 음한(陰寒)이니, 행운(行運)에서는 동남의 양난(陰暖) 지지인 인진오(寅辰午)를 만나는 것이 가장 필요하다. 만약 지지에 묘사미(卯巳未)가 모두 있으면[卯巳未全 묘사미전] 동남의 음난(陰暖)이니, 행운에서는 서북의 양한(陰寒) 지지인 신술자(申戌子)를 만나는 것이 가장 필요하다. 이것은 사주 간지(干支)의 전반적인 형세에 따라 어떤 운이 오는 것이 마땅한가를 예를 들어 논한 것이다.

만약 일주(日主)의 희용신(喜用神)이 금(金)이나 수(水)나 토(土)이고 이들이 서북의 음한일 경우, 세운(歲運)은 마땅히 동남의 양토(陽土)나 양금(陽金)이나 양화(陽火)를 만나야 이들이 용신과 희신을 생하고 도와주어[生助 생조] 복을 누리는 힘[福力 복력]이 크게 더해진다. 만약 세운에서 동남의 음토(陰土)나 음금(陰金)이나 음화(陰火)를 만난다면 음이 같은 음을 만나게 되어 양이 없는 순수한 음은 자랄 수 없다[純陰不育 순음불육]하겠다. 따라서 복을 넉넉히 얻기는 어렵고, 그의 인생은 화평하고 재앙이 없는 것에 불과할 것이다.

이와 같이 음한의 경우를 예로 든 바, 음난의 경우도 여기에 견주어 해석하면 될 것이다. 이른바 '사주에 음기(陰氣)가 성하여 그 기운을 감싸고 품어 안아 유순하게 하는[包含柔順 포함유순] 경우는, 모름지기 운은 양기(陽氣)가 왕성하여 그 기세가 밖으로 뻗치고 강건한[光昌剛健 광창강건] 방향으로 흘러야 한다[陰承陰位陰氣盛 還須道路光亨 음승음위음기성 환수도로광형]'고 하는 말이 바로 이것을 의미한다.

심화학습

바로 앞 장(章)과 마찬가지로 유백온(劉伯溫)은 『적천수(滴天髓)』 원주(原注)에서 지지의 육음(六陰)인 축묘사미유해(丑卯巳未酉亥) 중에서 유해축(酉亥丑)만이 음방(陰方)으로 순수한 음[純陰 순음]의 위치에 있다고 하여, 천간의 오음(五陰)인 을정기신계(乙丁己辛癸)가 유해축(酉亥丑)에 자리잡고 만약 이들이 왕신(旺神)이라면 이때 가장 필요한 것은 운의 흐름[行運 행운]이 양순하고 빛나고 형통한 지지[陽順光亨之地 양순광형지지]로 가는 것이라고 하였다.

하지만 임철초(任鐵樵)는 『적천수천미(滴天髓闡微)』에서 육음은 모두가 음이고[六陰皆陰 육음개음] 유해축(酉亥丑)만이 왕성한 음[盛陰 성음]이 아니라고 주장하고 있다. 한편 『적천수징의(滴天髓徵義)』에는 단순히 '열두 개의 지지 중에서 자(子)·인(寅)·진(辰)·오(午)·신(申)·술(戌)은 양의 지지[陽支 양지]인데'라고만 씌어 있다.

적천수 사례연구　**지지와 운의 음양한난(陰陽寒暖)의 관계**

· 음한(陰寒)의 사주가 양난(陽暖)의 운을 만난 경우

壬	乙	己	丙
午	酉	亥	子

丁	丙	乙	甲	癸	壬	辛	庚
未	午	巳	辰	卯	寅	丑	子

이 사주는 지지에 서북의 음한(陰寒)인 유해자(酉亥子)가 모두 있다. 추운 겨울의 나무는 따뜻한 햇빛을 원하니[寒木向陽 한목향양] 연간(年干)의 병화(丙火)를 용신(用神)으로 삼게 되며, 시간(時干) 임수(壬水)는 이를 극(剋)하는 병(病)이 된다. 다만 반가운 것은 임수(壬水)가 병화(丙火)로부터 멀리 떨어져[遠隔 원격] 있고, 기토(己土)가 월간(月干)에 투출하여 중간에서 임수(壬水)를 막아주고 있다는 것이다. 임수(壬水)는 일주에 바짝 붙어[緊貼 긴첩] 일주를 생해주니, 본래 약했던 일주가 이를 반가워하지 않는다고 할 수는 없다.

또한 기쁘게도 천간은 수목화토(水木火土)가 각 오행의 문호(門戶)를 세워[各立門戶 각립문호] 서로 통하여 상생하니 유정(有情)하고, 지지는 오화(午火)가 편관 즉 칠살(七殺)인 유금(酉金)을 곁에서 극하여 제(制)하고 있으며, 연월의 화토(火土)는 녹왕(祿旺)에 통근(通根)했다. 더욱 반가운 것은 운의 흐름[行運 행운]이 동남의 양난(陰暖) 지지로 흐르는 것이니, 사

주가 유정할 뿐만 아니라 행운(行運) 또한 빛나고 형통하다[光亨 광형] 하겠다.

젊은 나이[早年 조년]에 잇달아 과거에 장원급제하였고[聯登甲第 연등갑제] 벼슬이 봉강(封疆)에 이르렀으니, 이는 음한의 사주가 양난의 운을 만나 음양배합(陰陽配合)의 오묘함을 얻었기 때문이라고 하겠다.

심화학습

을목(乙木) 일주가 초겨울인 해월(亥月)에 태어나 사주에 인성(印星)인 수(水)가 그득하니 신왕(身旺)하다 하겠다. 특히 추운 계절의 을목(乙木)은 그 특성상 화(火)를 좋아하니[寒木向陽 한목향양] 병화(丙火)를 용신(用神)으로 삼는 것이 당연하다. 사주에 화(火)가 약하니 희신(喜神)은 이를 도와주는 목(木)이 될 것이다. 다만 사주원국에 목(木)이 보이질 않으니 아쉬울 뿐이다.

젊은 나이[早年 조년]가 몇 살을 말하는지는 잘 모르겠으나, 초운(初運)이 수(水)운이니 대운 흐름상 젊은 나이에 과거에 연달아 장원급제했다는 말은 다소 수긍하기 어렵다. 다만, 위에서 언급한 대로 사주 자체가 유통(流通)되고 유정하여 운이 비록 나쁘더라도 일을 이룰 수 있었고, 운의 전반적인 흐름이 동남방의 목화(木火)로 흘러가니 결코 나쁘지 않았다고 이해하면 되겠다.

이 사주 해석에서 서북의 음한(陰寒)인 유해자(酉亥子)가 모두 있다고 한 것은 명백한 오류라 하겠다. 서북의 음한은 유해축(酉亥丑)이기 때문이다. 다만 병화(丙火) 일주의 신왕한 사주인 임철초가, 을목(乙木) 일주가 겨울인 해월(亥月)에 태어나고 일지에 유금(酉金)을 깔고 있는 본 명조의 서북의 음한을 너무 강조한 나머지 표현이 지나치게 과격해져서 이렇게 해석했다고 이해하고 넘어가도록 하자. 또한 연월(年月)의 화토(火土)는 녹왕(祿旺)에 통근(通根)했다는 말도 잘 이해되지 않는다. 오히려 '연간(年干)의 병화(丙火)는 오화(午火)에 통근했다'고 하는 것이 올바른 해석이라는 생각이다.

7. 천극지충(天剋地沖)

적천수 원문

天戰猶自可 地戰急如火
천전유자가   지전급여화

> 천간의 싸움[相剋, 상극]은 오히려 그런대로 괜찮다 할 수 있겠으나[天戰猶自可]
> 지지의 싸움[相沖, 상충]은 급하기가 마치 불과 같다[地戰急如火].

적천수 해설   **천극지충(天剋地沖)**

천간에서 갑목(甲木)이 경금(庚金)을 보거나, 을목(乙木)이 신금(辛金)을 만날 경우를 일컬어 '천전(天戰)'이라고 한다. 이때 지지가 거스름이 없고 고요하면[順靜 순정] 일주(日主)는 해를 입지 않는다[無害 무해]. 지지가 인신(寅申), 묘유(卯酉)면 이를 일컬어 '지전(地戰)'이라고 한다. 이렇게 되면 천간은 힘을 발휘할 수 없으니[不能爲力 불능위력] 그 세(勢)가 급속히 흉하게 된다[速凶 속흉]. 이는 천간은 대체로 활발히 움직임을 주관하고[天主動 천주동], 지지는 고요함을 주관하기[地主靜 지주정] 때문이다.

천간은 그 기가 한 가지로만 이루어져 있으므로[天干氣專 천간기전] 지지가 편안하고 고요하면[安靜 안정] 천간의 싸움은 통제하여 따르게[制化 제화] 하기가 쉬울 것이니, 이를 가리켜 '천간의 싸움[相剋 상극]은 오히려 그런대로 괜찮다[天戰猶是可 천전유시가]'고 하는 것이다. 지지의 기운은 지장간(支藏干)의 기운이 섞여 있으므로[地支氣雜 지지기잡] 비록 천간이 순리를 따라 거스름이 없고 고요하다[順靜 순정]고 하더라도 제화(制化)가 어려울 것이니, 이를 가리켜 '지지의 싸움[相沖 상충]은 급하기가 마치 불과 같다[地戰急如火 지전급여화]'고 하는 것이다.

또한 천간은 움직이는[動 동] 것이 마땅하고 조용히 있는[靜 정] 것은 마땅치 않으니, 동(動)하면 쓸모가 있으나[有用 유용] 정(靜)하면 더욱 한 가지로 집중되어[愈專 유전] 버리기 때문이다. 지지는 조용히 있는[靜 정] 것이 마땅하고 움직이는[動 동] 것은 마땅치 않으니, 정하면 쓸모가 있으나[有用 유용] 충(沖)을 당해 동하면 그 뿌리가 뽑혀버리기[動卽根拔 동즉근발] 때문이다. 따라서 이를 방지하기 위해서는 반드시 다른 지지와 합(合)을 하여 힘을 얻거나[合神有力 합신유력], 다른 지지들과 모여 국(局)을 이루어[會神成局 회신성국] 자신을 충하여 동하게 만드는 기운을 가라앉혀야[息其動氣 식기동기] 한다. 혹은 고신(庫神)인 진술축미(辰戌丑未)가 그 충하는 동신(動神)을 거두어들여서[收其動神 수기동신] 그 정신을 편안하게 하면[安其靜神 안기정신], 이를 일컬어 '충하여 동(動)한 가운데 정(靜)을 돕는다[動中助靜 동중조정]'고 하여 충의 흉함이 오히려 길함으로 변한다[以凶化吉 이흉화길]고 하니 그 충은 무난히 견뎌낼 수 있다.

예를 들어, 갑인(甲寅)과 경신(庚申), 을묘(乙卯)와 신유(辛酉), 병인(丙寅)과 임신(壬申), 정묘(丁卯)와 계유(癸酉) 등의 경우를 소위 천간도 서로 싸우고 지지도 서로 싸운다는 천지교전(天地交戰), 즉 '천극지충(天剋地沖)'이라고 한다. 이런 경우에는 비록 합신(合神)이나 회신(會神)이 있어 합을 하거나 국을 이루었다[會局 회국] 할지라도 그 동하는 기운[動氣 동기]을 가라앉히기란 불가능하여 그 세가 급속히 흉해진다.

만약 '두 개는 하나를 충할 수 없다[兩不沖一 양불충일]'고 한다면 이는 잘못된 것이다. 두 개의 인목(寅木)이 하나의 신금(申金)을 만나면 하나의 인(寅)은 충하여 가버리고[沖去 충거], 다른 하나의 인(寅)은 남는다. 만약 두 개의 신금(申金)이 하나의 인목(寅木)을 만나면 비록 충이 일어나지 않는다고 하더라도, 금(金) 기운은 많고 목(木)은 적은 형상이니[金多木少 금다목소] 역시 신금(申金)은 능히 인목(寅木)을 극해 없애버리는[剋盡 극진] 것이다. 따라서 천간에서는 극이라 논하고 지지에서는 충이라고 논하더라도, 따지고 보면 결국 충은 극과 같은 의미임이 분명한데 이러한 이치를 어찌 의심할 수 있겠는가.

용신(用神)이 지장간에 암장되어 있거나[伏藏 복장] 용신이 합을 당해 사주 중에서 이끌어낼 용신[引用之神 인용지신]이 보이지 않는다면, 오히려 마땅히 충을 하여 동하게 해야 용신으로 써먹을 수 있는[方能發用 방능발용] 것이다. 따라서 합에도 마땅한 것과 마땅하지 못한 것이 있고, 충에도 또한 마땅한 것과 마땅하지 못한 것이 있으니 반드시 깊이 연구해야만 할 것이다.

천간은 원래 동(動)을 주관하는 성분이므로 오히려 극을 받아 동하는 것이 마땅하고, 지지는 원래 정(靜)을 주관하는 성분이므로 충을 받아 동하게 되면 마땅하지 않다는 말이다.

'천전(天戰)'은 갑(甲)이 경(庚)을 만나거나, 을(乙)이 신(辛)을 만나거나, 병(丙)이 임(壬)을 만나거나, 정(丁)이 계(癸)를 만나는 것을 말한다. '지전(地戰)'은 인신사해(寅申巳亥), 자오묘유(子午卯酉)의 사충(四沖)을 말한다. 천전의 경우 지지에서 회합(會合)을 하여 힘이 있으면 이를 해소할 수 있으나 지전의 경우 천간은 힘을 쓸 수 없으니, 천간의 극은 가볍고[輕경] 지지의 충은 무겁다[重중] 할 것이다. 또한 흔히 명리서에서 접할 수 있는 '두 개는 하나를 충할 수 없다[兩不沖一양불충일]'고 하는 것은 말도 안 되는 이야기임을 강조하고 있다.

천극지충(天剋地沖)

❶ 일주가 천극지충을 하는 경우

己	乙	辛	癸
卯	卯	酉	酉

癸	甲	乙	丙	丁	戊	己	庚
丑	寅	卯	辰	巳	午	未	申

사주의 천간은 을목(乙木), 신금(辛金), 기토(己土), 계수(癸水)이고, 지지는 두 개의 묘목(卯木)과 두 개의 유금(酉金)으로 이루어져 있다. 가을인 유월(酉月)에 태어나서 금(金)은 날카롭고 목(木)은 시들하다[金銳木凋금예목조]. 을신충(乙辛沖)과 묘유충(卯酉沖)으로 천지가 서로 싸우는 천지교전(天地交戰), 즉 천극지충(天剋地沖)의 형상을 이루고 있다. 유금(酉金)이 월령을 잡았는데[當令당령], 신금(辛金)과 기토(己土)의 도움까지 있어 금기(金氣)는 더욱 왕성해진다. 가을의 목(木)은 휴수(休囚)로 약해 계수

(癸水)의 도움이 절실하나, 금(金)에 가로막혀 도울 수가 없다.

중운(中運)이 남방(南方)의 화(火)운으로 흘러 금(金)을 극하니[火旺制殺 화왕제살] 돈을 내고 벼슬을 하여[異路出身 이로출신] 지현(知縣)에 올랐으나, 진(辰)운에 이르러 금(金)을 생해[土生金 토생금] 살(殺)을 도우니 국법을 어겨 사형을 당했다.

심화학습

가을이 한창인 유월(酉月)에 태어나 사주에 살(殺)이 중중(重重)하니 신약하여 인성(印星)인 계수(癸水)를 용신으로 삼는다 하겠다. 일주(日主)와 용신(用神)은 멀리 떨어져 있고, 일간(日干)과 일지(日支)가 극과 충을 받으니 사주가 무정(無情)하고 탁(濁)하다 하겠다. 다행히 화(火)운에 식상(食傷)이 살을 제어하여[食神制殺 식신제살] 약간의 도움을 받았다 하겠다. 이로출신(異路出身)이란 과거를 보지 않고 돈을 내고 벼슬을 사는 것을 말한다.

❷ 사주 여덟 글자가 모두 극하고 충하는 경우

庚	甲	辛	乙
午	子	巳	亥

癸	甲	乙	丙	丁	戊	己	庚
酉	戌	亥	子	丑	寅	卯	辰

천간은 갑을목(甲乙木)과 경신금(庚辛金)이 서로 극하고, 지지는 사해(巳亥)와 자오(子午)의 충으로 천지교전(天地交戰)의 형상이다.

초여름인 사월(巳月)에 태어나 사주에 화(火)가 왕하고 수(水)는 쇠약하니, 일주(日主)를 생하는 인수(印綬)인 수(水)는 자신을 생해주는 관살(官殺)인 경신금(庚辛金)이 있어 기쁘지 아니하다 할 수 없다.

하지만 이는 경신금(庚辛金)이 사오화(巳午火)에 앉아 있어 해자수(亥

子水)와는 전혀 관계가 없음[茫無關切 망무관절]을 모르고 하는 말이다. 사오화(巳午火)의 극을 받은 경신금(庚辛金)은 자수(子水)와 해수(亥水)를 도와줄 수 없고, 자수(子水)와 해수(亥水) 또한 사오화(巳午火)로부터 충을 당하니 말 그대로 극설(剋洩)이 번갈아 일주를 괴롭히는[剋洩交加 극설교가] 형상을 이룬다. 이와 더불어 초운(初運) 또한 수(水)의 지지를 만나지 못했으니, 그 고통은 이루 말할 수 없어 세 명의 처와 네 명의 자식을 잃었다.

정축(丁丑)운에 이르러 자수(子水)와 합을 이루어 떠나가니[合去子水 합거자수] 화(火)를 설(洩)하여 어둡게 만들고 금(金)을 생하여[晦火生金 회화생금], 한 가지도 이루지 못하고[一事無成 일사무성] 죽고 말았다.

심화학습

갑목(甲木) 일주가 초여름인 사월(巳月)에 태어났는데, 일주를 생하고 도와주는 을해(乙亥)는 멀리 연주(年柱)에서 마음만 졸일 뿐 도움이 되지 못하니 신약하다 하겠다. 따라서 용신은 수(水)이고, 희신은 이를 생하여 도와주는 금(金)이 된다.

이 명조(命造)는 천간의 네 글자와 지지의 네 글자가 모두 극과 충을 하고 있어 그야말로 사주 간에 생화유통(生化流通)의 정(情)이라고는 전혀 찾아볼 수 없으니 답답한 삶을 살다 갈 수밖에 없었던 모양이다.

8. 천합지합(天合地合)

적천수 원문

合有宜不宜　合多不爲奇
합유의불의　　합다불위기

> 합(合)에도 마땅한 것과 마땅하지 않은 것이 있는데[合有宜不宜]
> 합이 많으면 아름답지 못하다 하겠다[合多不爲奇].

천합지합(天合地合) – 합이 마땅한 경우

합(合)은 참으로 아름다운 일이라고들 하지만[合固美事 합고미사] 항상 그런 것만은 아니다. 다만 합을 반길 때 합이 이루어져야[喜合而合 희합이합] 그 합이 아름답지, 합을 꺼릴 때 합이 이루어진다면[忌合而合 기합이합] 이는 오히려 충(沖)보다 더 흉하다[比沖愈凶 비충유흉] 하겠다. 어찌된 까닭인가. 이는 충을 받고 있을 때 합을 얻어 고요하게[靜 정] 되는 것은 쉬우나[易 이], 합을 이루고 있을 때 충을 얻어 움직이게[動 동] 하는 것은 어렵기[難 난] 때문이다.

따라서 희신(喜神)이 능히 합을 하여 그 합으로 인한 결과가 희신에게 도움이 된다면 아름다운 일이니, 경금(庚金)이 그 사주의 희신인데 이 경금(庚金)이 을목(乙木)을 만나 합을 이루어 금(金)으로 화(化)하여 도움을 주는 경우[乙庚合化金 을경합화금]가 그것이다.

흉신(凶神)이 능히 합을 하여 떠나가는 것[合去 합거]은 더욱 아름다운 일이니, 갑목(甲木)이 그 사주의 흉신인데 이 갑목(甲木)이 기토(己土)를 만나 합을 이룬 후 토(土)로 화하여 떠나가버리는 경우[甲己合化土 갑기합화토]가 그것이다.

한신(閑神)과 흉신이 능히 합을 이루어 희신으로 화한다면 이 또한 아름다운 일이니, 계수(癸水)가 흉신이고 무토(戊土)가 한신인데 이 둘이 합을 이루어 희신인 화(火)로 화하는 경우[戊癸合化火 무계합화화]가 그것이다.

한신과 기신(忌神)이 능히 합을 이루어 희신으로 화한다면 이 또한 아름다운 일이니, 임수(壬水)가 한신이고 정화(丁火)가 기신인데 이 둘이 합을 이루어 희신인 목(木)으로 화하는 경우[丁壬合化木 정임합화목]가 그것이다.

희신이 충을 받고 있을 때 충을 하는 오행이 합을 하여 떠나가는 경우[合去 합거]나 희신이 합을 얻어 자신을 스스로 돕는다면 이 또한 아름다운 일이니, 자수(子水)와 오화(午火)가 충을 하고 있고[子午沖 자오충] 오화(午火)가 그 사주의 희신인데 자수(子水)가 축토(丑土)를 만나 합을 하여 떠나가는[合去 합거] 경우[子丑合土 자축합토]나, 인목(寅木)과 신금(申金)이 충을 하고 있고[寅申沖 인신충] 인목(寅木)이 사주의 희신인데 인목(寅木)이 해수(亥水)와 합을 하여 목(木)으로 화하는 경우[寅亥合木 인해합목]가 그것이다.

이상은 모두 합이 마땅한[合皆是宜 합개시의] 경우의 예를 들어본 것이다.

적천수 해설 2 ▐ 천합지합(天合地合) – 합이 마땅하지 않은 경우

그렇다면 합이 오히려 충보다 더 흉한 것은 어떤 경우인가. 기신이 합을 하여 그 합으로 인한 결과가 기신에게 도움이 된다면 흉한 일이니, 기토(己土)가 그 사주의 기신인데 기토(己土)가 갑목(甲木)을 만나 합을 이룬 후 토(土)로 화하여[甲己合化土 갑기합화토] 기신에게 도움을 주는 경우가 그것이다.

희신이 기신과 합을 하여 떠나간다면[合去 합거] 이 또한 흉한 일이니, 을목(乙木)이 그 사주의 희신인데 경금(庚金)을 만나 사랑에 빠져 금(金)으로 화하여[乙庚合化金 을경합화금] 재앙에 빠지는[戀凶之合 연흉지합] 경우가 그것이다.

희신과 한신이 합을 이루어 기신으로 화하는 것 또한 흉한 일이니, 병화(丙火)가 희신이고 신금(辛金)이 한신인데 병화(丙火)와 신금(辛金)이 합을 이루어 수(水)로 화하여[丙辛合化水 병신합화수] 기신이 되는 경우가 그것이다.

한신과 기신이 합을 이루어 흉신으로 화하는 것 또한 흉한 일이니, 임수(壬水)가 한신이고 정화(丁火)가 기신인데 정화(丁火)와 임수(壬水)가 합을 이루어 목(木)으로 화하여[丁壬合化木 정임합화목] 흉신이 되는 경우가 그것이다.

희신이 충을 받고 있을 때 충을 하는 오행이 합을 하여 오는[合來 합래] 것 또한 흉한 일이니, 묘목(卯木)과 유금(酉金)이 충을 하고 있고 묘목(卯木)이 그 사주의 희신인데 유금(酉金)이 진토(辰土)를 만나 합을 이루어 금(金)으로 화하여[辰酉合金 진유합금] 묘목(卯木)을 극(剋)하는 경우가 그것이다.

희신 스스로 합을 이루어 자신을 잃는다면 이 또한 흉한 일이니, 사화

(巳火)와 해수(亥水)가 충을 하고 있고 사화(巳火)가 그 사주의 희신인데 사화(巳火)가 신금(申金)을 만나 합을 이루어 수(水)로 화하여[巳申合水 사신합수] 해수(亥水)를 도와 화(火)를 극하는 경우가 그것이다.

이상은 모두가 합이 마땅하지 않은[合皆是不宜 합개시불의] 경우의 예를 들어본 것이다.

적천수 해설 3　　**천합지합(天合地合)의 기반조애(羈絆阻礙)**

대체로 기신이 합을 이루면 화하여 떠나가게 되고[合而化去 합이화거], 희신이 합을 이루면 화하여 오게 된다[合而化來 합이화래]. 만약 기신이 합을 하되 떠나가지 않는다면[合而不去 합이불거] 기뻐하기에는 부족하고, 희신이 합을 하되 오지 않는다면[合而不來 합이불래] 아름답다 하기에는 부족하다. 이는 오히려 희신에게 재갈을 물려 구속하고 방해하는[羈絆阻礙 기반조애] 것이 되어버리니 아무 소용이 없다. '와도 온 것 같지 않다[來而不來 내이불래]'는 것은 곧 '화(化)를 해도 화(化)하지 않았다[化而不化 화이불화]'는 것을 의미하는데, 이는 합을 한다고 하더라도 모두가 화하지는 않는다는 말이니 자세히 살펴보아야 한다.

심화학습

'희신에게 재갈을 물려 구속하고 방해하는[羈絆阻礙 기반조애]'이 『적천수천미(滴天髓闡微)』에는 '희신에게 재갈을 물려 구속하고 서로 사모하여 탐하기만 하게 되어 쓸모 없다[羈絆貪戀而無用 기반탐연이무용]'라고 표현되어 있다. 둘 다 같은 의미이지만 『적천수천미』가 합이불화(合而不化)의 미묘한 의미를 잘 표현하고 있는 것 같아 여기에서 밝혀둔다.

천합지합(天合地合)의 경우에 합이 되어 마땅한 경우와 마땅하지 않은 경우, 그리고 합은 하였으나 화(化)를 이루지 못하는 경우를 사례를 들어가며 자세히 설명하고 있다. 여기서 가장 주의해야 할 것은 합을 하더라도 모두가 화를 하지는 않는다는 사실이다. 사주의 천간과 지지에서 합을 이루고 있다고 하더라도 성급하게 화한 것으로 간주하여 사주를 해석해서는 안 된다는 말이다.

천합지합(天合地合)

❶ 사주의 합이 마땅한 경우

乙	丙	庚	辛
未	子	寅	亥

壬	癸	甲	乙	丙	丁	戊	己
午	未	申	酉	戌	亥	子	丑

병자(丙子) 일주가 초봄인 인월(寅月)에 태어나 병화(丙火)는 약하고 목(木)은 여리다. 용신(用神)은 목(木)에 있고 기신(忌神)은 금(金)이 된다.

가장 반가운 것은 해수(亥水)가 사주의 금(金) 기운을 흘려보내주는 것[流通 유통]인데, 인목(寅木)과 합을 하여[寅亥合 인해합] 목(木)을 생하므로 마땅하다 하겠다. 시지(時支)의 미토(未土)는 을목(乙木)의 뿌리가 되는 한편, 자수(子水)를 억제하는 역할도 수행하여[土剋水 토극수] 탁한 것을 보내고 맑은 것은 머물게 하니[去濁留淸 거탁류청] 이 사람의 사주는 중화되어 순수하다[中和純粹 중화순수]. 사람이 마음 씀씀이가 너그럽고 화평하며[寬厚和平 관후화평] 일생의 벼슬길도 순조로웠다.

심화학습

병화(丙火) 일주가 비록 초봄인 인월(寅月)에 태어났지만 사주에 인성(印星)과 비겁(比劫)인 목화(木火)가 약하니 신약하다 하겠다. 용신은 목(木)이고, 희신은 수(水)라 할 수 있겠다. 화(火)는 한신이 되겠으나, 기신인 금(金)을 제어하니 희신에 가깝다고 볼 수 있겠다. 희신인 해수(亥水)가 인해합(寅亥合)을 이루어 자신을 스스로 돕는 경우가 되겠다.

❷ 사주의 충을 운에서 합으로 풀어 마땅한 경우

辛	壬	庚	戊
丑	寅	申	子

戊	丁	丙	乙	甲	癸	壬	辛
辰	卯	寅	丑	子	亥	戌	酉

임인(壬寅) 일주가 초가을인 신월(申月)에 태어나 가을의 물이 제철을 만나[秋水通源 ^{추수통원}] 튼튼하다. 임수(壬水)를 생해주는 인수(印綬)인 금(金)이 중중(重重)하고 무축토(戊丑土)는 능히 금(金)을 생하느라 수(水)를 제(制)하기 어려우니, 버려두고 용신으로 쓰지 않는다[置之不用 ^{치지불용}]. 다만 임수(壬水)의 성질에 순응하여 인목(寅木)을 용신으로 삼는다.

계수(癸水)운에 이르러 금(金)을 설(洩)하고 목(木)을 생하니 국학(國學)에 입학하였고[入泮 ^{입반}], 해수(亥水)운에는 지지의 운은 북방으로 흐르지만 인목(寅木)과 합을 하여[寅亥合 ^{인해합}] 병(病)이 되는 축토(丑土)의 습기를 제거하여 향시(鄕試)와 전시(殿試)에 연달아 합격하고[科甲聯登 ^{과갑연등}] 한원(翰苑)에 그 명성이 드높았다[名高翰苑 ^{명고한원}]. 단지 불만스러운 것은 인목(寅木)이 신금(申金)으로부터 충을 당하는 것이니, 빼어난 기운[秀氣 ^{수기}]인 인목(寅木)이 손상을 받아 벼슬이 지현(知縣)으로 강등되었다. 갑자(甲子)운에는 수목(水木)이 함께 들어와 벼슬길이 평탄하였으나, 을목(乙木)운에는 경금(庚金)과 합을 하여 기신(忌神)인 경금(庚金)의 사나움만 도와주게 되어[助虐 ^{조학}] 파직을 당해 집에 돌아가게 되었고, 축(丑)운에 기신인 금(金)을 생하니 죽고 말았다.

심화학습

임인(壬寅) 일주가 초가을인 신월(申月)에 태어나 사주에 인성(印星)이 중중(重重)하니 신왕(身旺)하다 하겠다. 무토(戊土)는 그 뿌리가 없으니 쓰지 못하고, 임수(壬水)의 성질인 '두루두루 흘러내려 막힘이 없다[周流

不滯^{주류불체}'에 순응하여 식신(食神)인 인목(寅木)을 용신(用神)으로 삼는다. 희신(喜神)은 수(水)가 되겠고, 기신(忌神)은 금(金), 구신(仇神)은 토(土)가 되겠다. 화(火)는 한신(閑神)이지만, 희신에 가깝다 할 수 있겠다.

사주의 인신충(寅申沖)을 운(運)에서 인해합(寅亥合)으로 풀어주어 마땅하게 된 경우라 하겠다. 다만 을목(乙木)운에 용신이 을경합(乙庚合)이 되어 기신을 도우니 아쉬울 뿐이다.

❸ 사주의 합이 마땅하지 않은 경우 1

丁	丙	壬	丁
酉	午	寅	亥

甲	乙	丙	丁	戊	己	庚	辛
午	未	申	酉	戌	亥	子	丑

병오(丙午) 일주가 초봄인 인월(寅月)에 태어나 천간에 두 개의 정화(丁火)가 투출했으니 일주가 왕(旺)함을 알 수 있다. 임수(壬水)는 해수(亥水)에 통근(通根)했으니 바로 살인상생(殺印相生)이라 하겠다.

불만스러운 것은 정임(丁壬)과 인해(寅亥)가 합을 이루어 목(木)으로 화하여 기신(忌神)으로 변하는 것이니, 이로 인해 양인(陽刃)과 겁재(劫財)가 방자하게 날뛰는[肆逞^{사령}] 군겁쟁재(群劫爭財)의 형상이 된다.

초운(初運)은 북방(北方)의 금수(金水)로 흘러 물려받은 재산이 풍성하였으나, 무술(戊戌)운에 들어 지지가 인오술(寅午戌)의 화국(火局)을 이루니 금수(金水)를 극하여 없애버리게[剋盡^{극진}] 되어 가산을 탕진하고 죽고 말았다.

심화학습

인월(寅月)의 병화(丙火) 일주가 사주에 겁재(劫財)가 중중하여 신왕하므로 살(殺)인 임수(壬水)를 용신으로 하고[劫重用殺^{겁중용살}] 금(金)이 희신이 된다고 하겠다.

천간의 임수(壬水)와 지지의 해수(亥水)가 모두 합을 하여 한신으로 화해버리니 기구신(忌仇神)인 화토(火土)운에서 수명을 다하게 되었던 모양이다. 사주의 합이 마땅하지 않은 경우의 사례라 하겠다.

❹ 사주의 합이 마땅하지 않은 경우 2

	甲		甲		壬		丁
	子		戌		寅		亥
甲	乙	丙	丁	戊	己	庚	辛
午	未	申	酉	戌	亥	子	丑

갑목(甲木)이 초봄인 인월(寅月)에 태어나 시(時)를 얻고 월령을 잡았다[得時當令 득시당령]. 만약 정화(丁火)를 용신으로 삼는다면 임수(壬水)와 합을 하여 떠나버리고[合去 합거], 술토(戌土)를 용신으로 삼는다면 인해(寅亥)가 합을 하여 술토(戌土)를 극한다. 따라서 일생 동안 성패가 한결같지 않았고[成敗不一 성패불일] 온갖 고통이 따랐다[刑耗多端 형모다단]. 그래도 반가운 것은 중운(中運)이 어긋나지 않는 것인데, 따뜻하게 입고 배불리 먹을 정도[溫飽而已 온포이이]는 되었다.

이와 같이 합이 마땅한[合之宜 합지의] 경우는 명리가 넉넉하고 여유가 있지만[名利裕餘 명리유여], 합이 마땅하지 않은[合之不宜 합지불의] 경우는 온갖 고통이 따른다[刑傷破敗 형상파패] 할 것이다.

심화학습

갑목(甲木)이 초봄인 인월(寅月)에 태어나고 사주에 인성(印星)이 중중하니 신왕하다 하겠다. 따라서 재성(財星)인 술토(戌土)를 용신으로 하고[印重用財 인중용재] 화(火)가 희신이 된다고 하겠다.

하지만 사주의 술토(戌土)는 목(木)의 극을 받고, 정화(丁火)는 정임합

(丁壬合)으로 떠나버리니 인생의 부침(浮沈)이 심했다고 하겠다. 사주의
합이 마땅하지 않은 경우의 사례라 하겠다.

9. 지생천(地生天) - 지지가 천간을 생하는 일주(日柱)

적천수 원문

地生天者　天衰怕沖
지생천자　　천쇠파충

> 일지(日支)가 일간(日干)을 생해주는 경우에[地生天者]
> 일주(日主)의 기운이 약하면 일지가 충(沖)을 당함을 두려워하고[天衰怕沖]

적천수 해설　　**지생천(地生天) - 지지가 천간을 생하는 일주(日柱)**

지지(地支)가 천간(天干)을 생해주는 것은[地生天者 지생천자] 갑자(甲子),
병인(丙寅), 정묘(丁卯), 기사(己巳), 무오(戊午), 임신(壬申), 계유(癸酉),
을해(乙亥), 경진(庚辰), 신축(辛丑)이다. 이런 사주도 일주(日主)가 월령
(月令)을 얻지 못하고 사주 중에 일주를 도와주는[幫扶 방부] 오행이 적다
면 그 사주는 약하니 당연히 인성(印星)을 용신(用神)으로 삼는데, 이 인
성이 충(沖)을 받아 뿌리가 뽑혀버린다면[根拔 근발] 삶의 기틀[生機 생기]이
완전히 끊겨버리니 그 재앙이 아주 심할 것이다.

　만약 일주가 월령을 잡았거나[得時當令 득시당령], 연시지(年時支)에 모두
녹왕(祿旺)인 비겁(比劫)을 만났거나, 천간에 비겁이 많거나[重重 중중], 관
성(官星)이 쇠약하여 도리어 인수(印綬)가 그 관성을 설(洩)하는 것을 꺼
리는 형상인 사주는 왕(旺)하니, 충을 받아 깨지더라도 이를 두려워하지
않을 것이다[不怕沖破 불파충파].

　한마디로 말하면 그 일주의 기세를 살펴보아 왕상(旺相)에 속하면 충을
반길 것이나, 휴수(休囚)에 속하면 충을 두려워할 것이다[旺相者喜沖 休
囚者怕沖 왕상자희충 휴수자파충]. 비록 일주를 가지고 논했지만, 세운(歲運)에

서의 충 역시 마찬가지 논리로 해석하면 될 것이다.

심화학습

위 해설을 잘 살펴보면 앞서 〈명리학 기초이론 8 : 사주의 왕약(旺弱)〉에서 일러둔 사주의 왕약 구분을 더욱 확실하게 이해할 수 있으므로 다시 한 번 기억을 더듬어 정리하기 바란다.

여기에서는 천간과 지지의 상황 중에서 일지(日支)가 일간(日干)을 생해주는 사주의 경우에 일주가 왕(旺)한가 약(弱)한가에 따라 일지의 충이 그 사주에 미치는 영향에 대해 언급하고 있다. 사주 간지의 이런 상황을 분석하다 보면 점점 사주의 전체 구조가 한눈에 들어오는 것을 느낄 수 있을 것이다.

적천수 사례연구 **지생천(地生天)**

❶ 일주가 왕하여 충이 두렵지 않은 경우

丙	丙	戊	甲
申	寅	辰	寅

丙	乙	甲	癸	壬	辛	庚	己
子	亥	戌	酉	申	未	午	巳

병화(丙火) 일주가 좌하(座下), 즉 일지(日支)에 인수(印綬)인 인목(寅木)을 깔고 앉아 있다. 늦은 봄[季春 ^{계춘}]인 진월(辰月)에 태어나 인성(印星)인 목(木) 기운이 아직은 남아 있고, 또한 연주에 갑인(甲寅)을 만났으니 사주의 목기(木氣)가 너무 지나치다[太過 ^{태과}] 하겠다. 토(土)가 비록 월지를 잡았으나[當令 ^{당령}] 진토(辰土)는 목(木)의 여기(餘氣)라 목(木)은 더욱 견고하니, 인신충(寅申沖)을 만난 것이 오히려 반갑다 하겠다. 재성(財星)인 신금(申金)을 용신(用神)으로 삼는다. 다만 불만스러운 것은 비겁(比劫)인 병화(丙火)가 천간을 덮고 있어[蓋頭 ^{개두}] 신금(申金)을 극하니

인신충(寅申沖)의 위력이 사라지는 것이다.

일찍이 운이 남방(南方)의 화(火)운으로 달리니 인생의 기복이 심했으나, 임신(壬申)운과 계유(癸酉)운 20년 동안은 지지가 신금(申金)을 도와 인목(寅木)을 충하여 보내버리고[沖去^{충거}] 천간은 비견(比肩)인 병화(丙火)를 극하여 보내버리니[剋去^{극거}] 사업을 시작하여 집안을 일으켰다[刱業興家^{창업흥가}]. 이를 일러 '인성을 버리고 재성을 좇는다[棄印就財^{기인취재}]'라고 한다.

심화학습

병화(丙火) 일주가 진월(辰月)에 태어나 사주에 인성(印星)과 비견(比肩)이 중중(重重)하니 신왕(身旺)하다 하겠다. 따라서 기인취재격(棄印就財格)이 되어 재성(財星)인 신금(申金)을 용신으로 삼고, 희신은 재성을 도와주는 토(土)가 된다. 사주가 왕(旺)하니 오히려 일지의 인신충(寅申沖)을 반기는 형상이 되는 것이다.

개두(蓋頭)에 대해서는 뒤의 〈제9장 운세(運勢)〉에서 상세히 설명할 것이다. 간단히 언급하고 넘어가자면, 지지를 극하는 신[剋神^{극신}]이 천간에 있는 경우인데, 예를 들어 목(木)운을 반기는데 경인(庚寅), 신묘(辛卯)를 만나거나 화(火)운을 반기는데 임오(壬午), 계사(癸巳)를 만나는 등의 경우가 여기에 해당한다.

❷ 일주가 약하여 충이 두려운 경우

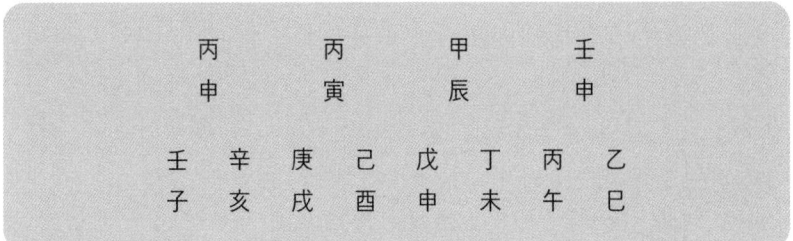

이 사주 또한 일지, 즉 좌하(坐下)에 인성(印星)인 인목(寅木)을 깔고 늦

봄에 태어나 인수(印綬)의 여기(餘氣)가 없지 않다 하겠다. 칠살(七殺)인 연간의 임수(壬水)는 인성인 갑목(甲木)을 생하여 유정(有情)하니 두려워할 정도는 아니다. 오직 불만스러운 것은 두 개의 신금(申金)이 인목(寅木)을 충하여 갑목(甲木)의 뿌리가 뽑혀버린[根拔 근발] 것인데, 이로 인해 이 사주는 약해졌다고 하겠으니 오히려 임수(壬水)가 신금(申金)을 설(洩)하여 갑목(甲木)을 생하는 구조가 반갑다 하겠다.

병오(丙午)운에 들어서 비견(比肩)인 병화(丙火)가 재성(財星)인 신금(申金)을 보내버리니 국자감에 입학하여 보름(補廩)하였으며, 등과(登科)하였다. 정미(丁未)운에는 정화(丁火)가 임수(壬水)와 합하여 가는 바람에[合去 합거] 세 차례에 걸쳐 춘위(春闈)에 나아갔으나 낙방하였다. 무신(戊申)운에 들어 무토(戊土)가 임수(壬水)를 극하여 보내버리고[剋去 극거] 세 개의 신금(申金)이 인목(寅木)을 충하여 완전히 날려버리니 노상에서 죽었다.

이 사주의 임수(壬水)는 갑목(甲木)의 원신(元神)이므로 결코 손상을 입어서는 안 되는데 이 임수(壬水)가 손상을 입었으니, 갑목(甲木) 혼자서는 외로우므로 어찌 힘이 있겠는가. 무릇 사주에 살(殺)이 하나 있어 용신인 인성을 돕는[獨殺用印 독살용인] 형태의 사주에서 가장 꺼리는 것은 그 살을 제어하는[制殺 제살] 것이다.

심화학습

여기서 한 가지 짚고 넘어가야 할 것은 늦봄인 진월(辰月)에 태어나 인성(印星)인 목(木)의 기운이 아직 남아 있는 병인(丙寅) 일주가 월시간(月時干)에 갑목(甲木)과 병화(丙火)가 투출했음에도 불구하고 과연 약하다고 할 수 있는지 의문이라는 점이다. 사주의 구조도 연주상생(連珠相生)의 형태를 보여 그리 나쁘지 않은 것 같아서 더욱 그런 생각이 든다. 다만, 이 사람의 인생살이가 위와 같았다면 인정하지 않을 수 없다.

지지의 양신(兩申)의 인신충(寅申沖)의 위력을 실감할 수밖에 없는 경우라 하겠다. 따라서 살인상생(殺印相生)격의 구조를 하고 있으므로 용신(用神)은 갑목(甲木)이 되고, 희신(喜神)은 임수(壬水)라 하겠다. 사주도 사주이지만 운(運)마저 토금(土金)으로 흐르니 발(發)하지 못했다 하겠다.

보름(補廩)은 국자감의 학생이 시험에 합격하여 장학금으로 식량을 보조받는 것을 말하며, 이런 사람을 늠공(廩貢)이라고 부른다. 등과(登科)는 이미 앞에서 설명한 바와 같이 향시(鄕試)나 회시(會試)에 합격하는 것을 말하고, 춘위(春闈)란 봄에 치러지는 전시(殿試)를 말하는데 이와 구분하여 가을에 치러지는 전시는 추위(秋闈)라고 한다.

10. 간지암합(干支暗合) – 무자(戊子)·신사(辛巳)·정해(丁亥)·임오(壬午) 일주

적천수 원문

天合地者　地旺喜靜
천합지자　　지왕희정

> 일간이 일지에 숨어 있는 천간[支藏干, 지장간]과 합을 할 경우[天合地者]
> 지지의 기운이 일지의 세력으로 왕(旺)하면 고요함을 반기고 충은 두려워한다[地旺喜靜].

적천수 해설　　**간지암합(干支暗合) – 무자(戊子)·신사(辛巳)·정해(丁亥)·임오(壬午) 일주**

천간 십간의 합[十干之合 십간지합]은 음양(陰陽)이 서로 짝을 이루는[陰陽相配 음양상배] 것이다. 오양(五陽)이 오음(五陰)과 합을 하면 오음은 오양의 재성(財星)이고, 오음이 오양과 합을 하면 오양은 오음의 관성(官星)이다. 이렇게 둘이 짝을 지으면 반드시 합을 하게 된다. 다만 음이 왕(旺)하여 양을 따르지 않고[不從 부종] 양이 왕하여 음을 따르지 않는 경우가 있으니, 이때는 비록 합을 했다고 하더라도 화(化)를 이루지 못하고[雖合不化 수합불화] 오히려 쟁합(爭合)과 투합(妬合)과 분합(分合)으로 구분된다.

만약 천간(예를 들어 일간)이 지지(예를 들어 일지)에 암장된 천간[支藏

干 지장간]과 합을 한다면, 사주의 상황[局 국]에 따라 합을 하지 않는 경우가 없거나[無所不合 무소불합] 합을 나누고 다투고 시기하고 꺼리지 않는 경우가 없다고 할 수 있겠는가[無所不分爭妬忌矣 무소불분쟁투기의]. '천합지자 지왕희정(天合地者 地旺喜靜)'이라는 구절에는 본래 지극한 이치가 담겨 있는[本有至理 본유지리] 것이다. 다만 유백온(劉伯溫)이 『적천수(滴天髓)』 원주(原注)에서 사주의 상황에 따라 이를 융통성 있게 다루는[變通 변통] 것이 적었을 뿐이다.

'천간과 지지의 합[天合地 천합지]'이라는 세 글자는 모름지기 융통성 있게 잘 살펴보되 가볍게 보아야 하고[活看輕看 활간경간], 정말 중요한 것은 그 다음의 '지지가 왕하면 고요한 것을 반긴다[地旺喜靜 지왕희정]'라는 네 글자에 있다. 대체로 지지가 왕(旺)하면 천간은 반드시 쇠(衰)하기 마련이다. '고요함을 반긴다[喜靜 희정]'라는 말은 지지의 네 글자 중 서로 충극하는 것[沖剋之物 충극지물]이 없고 오로지 서로 생하고 도와주는 오행[生助之神 생조지신]만 보인다는 말이다. 일주(日主)가 천간이 쇠하여 천간에서 도움을 받지 못하고[無助 무조] 지지는 왕하여 지장간(支藏干)이 지지의 도움을 받는다면[有生 유생], 일주는 반드시 흔쾌히 지장간과 합하려는 마음을 품을 것이다. 만약 암장된 지지의 원신(元神)이 천간에 투출(透出)하고 그것으로 인해 천간과 지지[上天下地 상천하지]가 서로 오르내리는 정이 있다면[昇降有情 승강유정] 이러한 합은 종을 한다는 의미와 같다[此合似從之意 차합사종지의] 하겠다. 재(財)와 합을 하면 종재(從財)와 같고, 관(官)과 합을 하면 종관(從官)과 같다. 다만, 이는 천간의 십간이 합하여 화하는 원리[十干合化之理 십간합화지리]와는 다른 이치이다. 따라서 지지가 서로 충극(沖剋)하는 것이 없이 고요하면[靜 정] 편안함을 얻은 것이니 그 편안함을 지키고 견딜 수 있지만[尙堪保守 상감보수], 충극이 있어 움직이면[動 동] 위태롭게 되어 보전하여 지탱하기가 어려워진다[難以支持 난이지지].

그러나 이러한 간지합이라고 할 수 있는 것은 무자(戊子)·신사(辛巳)·정해(丁亥)·임오(壬午)의 네 일주뿐이다. 만약 갑오(甲午) 일주라면 일지인 오화(午火)의 지장간은 병화(丙火)·기토(己土)·정화(丁火)이지만, 이 중에서 본기(本氣)인 정화(丁火)가 우선하고 그 다음이 기토(己

土)인데 기토(己土)가 어찌 자기 마음대로 전권(全權)을 가지고 갑목(甲木)과 합을 할 수 있겠는가. 기해(己亥) 일주라면 일지인 해수(亥水)의 지장간은 무토(戊土)·갑목(甲木)·임수(壬水)이나, 이 중에서 본기인 임수(壬水)가 갑목(甲木)에 우선하니 갑목(甲木)이 어찌 튀어나와 기토(己土)와 합을 할 수 있겠는가. 계사(癸巳) 일주의 경우 지지인 사화(巳火)의 지장간은 무토(戊土)·경금(庚金)·병화(丙火)로 이 중에서 본기인 병화(丙火)가 무토(戊土)에 우선하니 무토(戊土)가 어찌 병화(丙火)를 뛰어넘어 계수(癸水)와 합을 할 수 있겠는가. 따라서 이 세 개의 일주는 합으로 논하지 않는다.

그리고 앞에서 언급한 천간 십간이 서로 합을 이루어 화하는 것은 화격(化格)이 되며, 그 상호작용의 원리는 따로 있으니 나중에 〈제5장 7. 화상(化象) – 천간의 오합(五合)〉에서 상세히 설명하도록 한다.

심화학습

유백온은 『적천수(滴天髓)』 원주(原注)에서 정해(丁亥)·무자(戊子)·신사(辛巳)·임오(壬午)·갑오(甲午)·기해(己亥)·계사(癸巳) 일주를 지장간(支藏干)이 천간과 서로 합하는[相合 상합] 천합지자(天合地者) 일주의 예로 들고 있다. 이들은 모두 일간이 일지의 지장간 중 재(財) 또는 관(官)과 합을 하고 있다. 이런 경우 일지의 재관(財官)이 왕하면 안정됨이 마땅하고, 충은 마땅하지 않다는 것이다.

하지만 임철초는 이 일곱 개 중에서 단지 정해(丁亥)·무자(戊子)·신사(辛巳)·임오(壬午)의 네 개만이 진정한 천합지자라고 할 수 있다고 주장하고 있다. 천간이 지지의 지장간 중에서 재관과 합을 한다고 하면 일곱 개 일주가 모두 해당한다고 볼 수 있지만, 지지의 본기(本氣)와 우선적으로 합을 한다고 하면 앞의 네 가지 일주만 해당한다고 할 수 있으니 임철초의 해석이 더욱 타당하다는 생각이다.

간지암합(干支暗合)

❶ 임오(壬午) 일주

乙	壬	辛	己
巳	午	未	巳

癸	甲	乙	丙	丁	戊	己	庚
亥	子	丑	寅	卯	辰	巳	午

지지는 사오미(巳午未) 남방(南方)의 화방국(火方局)을 이루어 권력을 잡고 월령을 차지했으니[乘權當令 승권당령] 지지의 왕(旺)함이 극에 달했다. 불길은 치솟고 흙은 메말라버렸다[火炎土燥 화염토조]고 하겠다. 뿌리가 없어 취약한 신금(辛金)이 임수(壬水)의 수원(水源)을 불려주기는 어려우므로 일주(日主)인 임수(壬水)는 쇠약함이 극에 이르렀다 하겠다. 따라서 일간(日干)인 임수(壬水)의 마음은 신금(辛金)에 있는 것이 아니라 일지(日支) 오화(午火)의 지장간인 정화(丁火)로 향하여 정임합(丁壬合)을 이루어 종(從)하려 하지 않겠는가[合從 합종].

기사(己巳)운과 무진(戊辰)운에 금(金)을 생하고 화(火)를 설하니[洩火生金 설화생금] 고생이 심했으나[刑傷破耗 형상파모], 정묘(丁卯)운과 병인(丙寅)운에는 목화(木火)가 함께 왕성하여[竝旺 병왕] 신금(辛金)을 극하여 없애버리니[剋盡 극진] 사업을 경영하여 수많은 재물을 벌었다.

심화학습

임오(壬午) 일주가 늦여름인 미월(未月)에 태어났다. 지지는 완전한 화방국(火方局)을 이루어 화기(火氣)의 왕함이 극에 달했다. 일주는 천간이 쇠하여 천간에서 도움을 받지 못하고[無助 무조] 지지는 왕하여 지장간이 지지의 도움을 받으니[有生 유생], 일주는 반드시 흔쾌히 지장간(支藏干)과 합하려는 마음을 품을 것이다. 따라서 일주는 오화(午火)의 지장간 중 본기(本氣)인 정화(丁火)와 합을 하여 종재(從財)를 했다는 말이다. 용신(用

神)은 화(火)가 되고, 희신(喜神)은 토(土)가 되며, 목(木)도 나쁘지 않다고 볼 수 있겠다.

물론『적천수(滴天髓)』의 논리에 따르면 종재(從財)격이 되는 것이 당연하다. 하지만 요즘 기준으로 사주를 해석한다면 비록 신금(辛金)이 뿌리가 없어 약하다고 하더라도 신약(身弱)하니, 일단은 인성(印星)인 신금(辛金)을 용신으로 놓고 사주를 해석해보는 것이 필요하지 않을까 한다. 현실적으로 신약한 사주가 이와 같이 인성을 바로 곁에 두고 종(從)을 하는 경우는 거의 없기 때문이다.

❷ 정해(丁亥) 일주

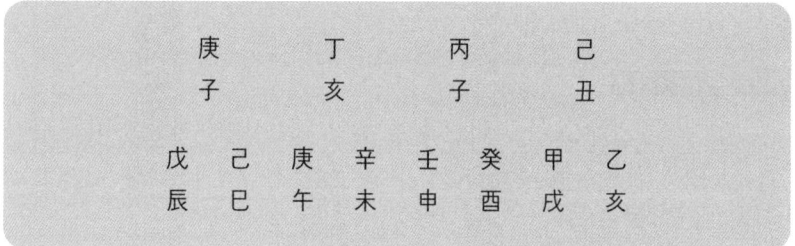

정해(丁亥) 일주가 겨울인 자월(子月)에 태어났다. 지지는 해자축(亥子丑) 북방(北方)의 수방국(水方局)을 이루어 지지의 왕함이 극에 달했다. 따라서 천간의 화(火)는 허(虛)하고 사주에 목(木)이 없어 화(火)를 생하여 도와주지[生扶 생부] 못하며 습토(濕土)는 화(火)를 설(洩)하여 어둡게 만드니[晦火 회화], 일주인 정화(丁火)는 쇠약하기 그지없다 하겠다.

이 사주를 두고 사람들은 살이 중중하여 일주가 약하니[殺重身輕 살중신경] 화(火)를 취하여 일주를 돕고 살에 맞서야 한다[取火幇身敵殺 취화방신적살]고 하였다. 하지만 이것은 이미 이 사주는 지지의 관성(官星)이 왕함의 극치에 이른 것을 모르고서 하는 말이다. 지지는 관방(官方)의 무리를 이루었고 천간에는 인성(印星)이 없으며 기토(己土) 또한 병정화(丙丁火)의 기운을 설하니, 이를 두고 천간의 정화(丁火)가 지지의 지장간(支藏干)인 임수(壬水)와 합을 이루어 관성인 임수(壬水)를 따라 종한다[天地合而從

官 천지합이종관]고 한다.

갑술(甲戌)운에 화(火)를 생하고 수(水)를 극하여 고통이 극심하여 물려받은 가업(家業)을 모두 탕진하였다. 계유(癸酉)운과 임신(壬申)운에 들어서며 병화(丙火)를 완전히 극하여 없애버리고 재관(財官)을 일으키는 데 도움을 주어 상당한 재물을 모았으나, 미(未)운 병자년(丙子年)에 화재를 만나[遭回祿 조회록] 그 절반이 날아가버렸다. 뭇사람들은 이를 두고 화토(火土)운이 일주를 도우니[幇身 방신] 오미(午未)운에 좋을 것이라고 했으나, 이는 비겁(比劫)이 재성을 빼앗아[奪財 탈재] 오히려 더욱 흉하게 된다는 사실을 몰라서 하는 말이다. 무인년(戊寅年)에 인목(寅木)은 금(金)의 절지(絶地)에 해당하고 화(火)를 생하는 한편 해수(亥水)와 합을 이루어 가버리니[合去 합거], 그해 미월(未月)에 죽었다.

심화학습

앞의 두 사주주인공들이 그러한 삶을 살았다면 사주해석상 전혀 오류가 없다고 여겨진다. 『적천수(滴天髓)』에서 말한 '천합지자 지왕희정(天合地者 地旺喜靜)'의 원리가 그대로 적용된다고 할 수 있다.

다만, 일주의 왕약(旺弱)을 기본으로 하여 그 사주의 용신을 찾아야 한다는 『적천수』의 기본 논리를 적용한다면 임오(壬午) 일주의 사주는 인성(印星)인 신금(辛金)을 용신으로 잡을 수 있고, 정해(丁亥) 일주의 사주는 겁재(劫財)인 병화(丙火)를 용신으로 삼고 목화(木火)운을 기다린다고 볼 수 있다. 현실적으로도 아무리 용신이 힘이 없더라도 사주에 있으면 일단은 그 글자를 용신으로 삼고 사주를 풀어보는 것이 우선되어야 한다. 종(從)을 생각해보는 것은 그 후의 문제라고 생각한다.

여기서 무자(戊子)·신사(辛巳)·정해(丁亥)·임오(壬午) 일주의 사주를 별도로 언급한 것은 그 나름대로 수많은 임상을 거친 후에 내린 결과라 여겨진다. 갑오(甲午), 기해(己亥), 계사(癸巳) 일주를 이 논리에서 배제시킨 것을 보면 쉽게 짐작할 수 있다. 그렇다고 이 네 일주가 무조건 천지합(天地合)이 되어 종한다고 성급히 판단하는 것은 금물이다.

여기서 다시 한 번 짚고 넘어가야 할 매우 중요한 말이 있다. '천간과 지지의 합[天合地 천합지]'이라는 세 글자는 모름지기 융통성 있게 잘 살펴보되 가볍게 보아야 하고[活看輕看 활간경간], 정말 중요한 것은 그 다음의 '지지가 왕하면 고요한 것을 반긴다[地旺喜靜 지왕희정]'라는 네 글자에 있다는 말이다. 바로 앞의 두 사례와 같은 경우이다. 지왕희정인 경우에만 이 원리를 적용해야 한다는 것을 매우 강조했다고 여겨진다. 또한 그것도 오직 무자(戊子)·신사(辛巳)·정해(丁亥)·임오(壬午) 네 개의 일주에만 국한해서 말이다.

명리학 기초이론 17　　**『적천수(滴天髓)』의 저자는 누구인가**

『적천수』의 저자가 누구인가에 대해서는 두 가지 설(說)이 있다. 하나는 『적천수』 원문(原文)은 경도(京圖)라는 사람이 지었고, 나중에 유백온(劉伯溫)이 여기에 원주(原注)를 달았다는 설이다. 다른 하나는 서낙오(徐樂吾)가 『적천수보주(滴天髓補註)』의 서문(序文)에서 밝혔듯이, 유백온이 『적천수』를 지었으나 자신의 주군(主君)인 주원장(朱元璋)이 시기(猜忌)하고 오해할까 두려워서 경도(京圖)라는 가명을 사용하고 자신은 단지 앞 사람의 학설을 전수할 뿐 새로운 학설을 주장하지 않은 것처럼 보이게 했다는 것이다.

경도는 연대 미상의 인물이고, 유백온은 절강성(浙江省) 출신으로 본명은 기(基)이고 자(字)가 백온(佰溫)이다. 유백온은 주원장의 책사(策士)로서 제갈량에 버금가는 인재로 평가받는데, 주원장을 도와 중원을 얻어 명(明)나라를 건국하는 데 큰 공헌을 하여 나중에 성의백(誠意伯)에 봉해졌으며, 기문둔갑(奇門遁甲)에도 능통했다고 한다. 저서로 『적천수』를 비롯하여 『성의백문집(誠意佰文集)』, 『천금부(千金賦)』, 『백전기략』 등이 있으며, 그의 사주는 신해(辛亥)·을미(乙未)·을묘(乙卯)·임오(壬午)이다.

이 두 가지 설 중에서 원문과 원주를 모두 유백온이 지었다는 주장은 바로 다음에 설명할 갑신(甲申)·무인(戊寅)·경인(庚寅)·계축(癸丑) 일주를 보면 오류임을 짐작할 수 있다. 원주를 살펴보면, "경금(庚金)이 인목(寅木)의 지장간(支藏干)인 무병갑(戊丙甲) 중 무토(戊土)와 병화(丙火)를 만난다고 하더라도 도리어 갑목이 많아[却多甲木, 각다갑목] 재(財)로 논하고, 계수(癸水)가 축토(丑土)의 지장간인 계신기(癸辛己) 중 신금(辛金)과 기토(己土)를 만난다고 하더라도 도리어 계수가 많아[却多癸水, 각다계수] 패거리를 이루어 일주를 도우니[幇身, 방신], 갑목(甲木)이 신금(申金) 중의 임수(壬水)와 경금(庚金)을 보고 무토(戊土)가 인목(寅木) 중의 병화(丙火)와 갑목(甲木)을 보아 진정한 살인상생(殺印相生)이 되는 것에 미치지 못한다"라고 하였다.

이렇듯 원문에서는 갑신(甲申)·무인(戊寅)·경인(庚寅)·계축(癸丑)이 모두 살인상생이라고 주장하고 있으나, 원주에서는 갑신(甲申), 무인(戊寅)과 경인(庚寅), 계축(癸丑)을 구분하여 차이를 두어 해석하고 있다. 이로 미루어 볼 때 원문과 원주의 저자는 서로 다른 사람으로 보는 것이 합당하다는 생각이다. 즉, 『적천수』 원문은 경도라는 사람이 지었고, 유백온은 여기에 주(註)를 달았다고 보는 것이 올바르다는 생각이다. 여기에 나중에 임철초(任鐵樵)가 다시 주를 달아 『적천수천미(滴天髓闡微)』 또는 『적천수징의(滴天髓徵義)』라고 부르게 되었다고 하겠다.

11. 갑신(甲申) · 무인(戊寅) · 경인(庚寅) · 계축(癸丑) 일주

적천수 원문

甲申戊寅　眞爲殺印相生
갑신무인　　진위살인상생

庚寅癸丑　也坐兩神興旺
경인계축　　야좌양신흥왕

> 갑신(甲申)과 무인(戊寅)은 깔고 앉은 자리[日支, 일지]의 지장간(支藏干)이 참된 살인상
> 생이고[甲申戊寅 眞爲殺印相生]
> 경인(庚寅)과 계축(癸丑)은 깔고 앉은 자리[坐下, 좌하]의 지장간 중에서 살(殺)과 인성(印
> 星) 두 신(神)이 모두 흥왕하다[庚寅癸丑 也坐兩神興旺].

적천수 해설　　**갑신(甲申) · 무인(戊寅) · 경인(庚寅) · 계축(癸丑) 일주**

양신(兩神)이라 함은 편관(偏官) 즉 칠살(七殺)과, 인수(印綬) 즉 인성(印星)을 말한다. 지지의 지장간(支藏干)에 살(殺)과 인성이 함께 있는 일주(日柱)가 위에 열거한 갑신(甲申), 무인(戊寅), 경인(庚寅), 계축(癸丑)의 네 개만 있는 것은 아니다. 가령 을축(乙丑), 신미(辛未), 임술(壬戌) 등도 지지의 지장간에 양신이 들어 있다. 원주(原注)에서 말하는 것처럼 계축(癸丑)에 비견(比肩)이 많다고 한다면 무인(戊寅)에는 어찌 비견이 없다고 하겠으며, 경인(庚寅)에 재성(財星)이 많다면 어찌 갑신(甲申)에는 재성이 없다고 하겠는가. 오직 경인(庚寅)과 계축(癸丑)만 참되지 않은 것이 아니고, 갑신(甲申)과 무인(戊寅)도 살인상생(殺印相生)의 증거로 삼기는 어려운 것이다[亦難作據 역난작거]. 만약 단지 일주 한 글자만을 가지고 그 사주의 격(格)을 논한다면, 연월시(年月時)로 인해 사주가 안정되고 모여서 통하는 이치[安頓理會 안돈리회]는 어찌할 것인가. 여기에서 거론한 네 개의 일주는 단지 설명을 위해 여러 일주 중에서 선발된 것에 불과하다.

　일주가 왕(旺)하여 편관을 용신으로 삼는다면[用殺 용살] 이를 도와주어야 하고[扶 부], 일주가 약(弱)하여 편관을 용신으로 삼지 않는다면[不用 불

용] 이를 눌러주어야[抑 억] 하되, 모름지기 사주 전체의 기세(氣勢)를 잘 살펴 일주의 약하고 강함[衰旺 쇠왕]을 구분해야 한다. 만약 일주가 강하고 살이 약하다면[身强殺淺 신강살천] 재성으로 살을 불려주고[財滋弱殺 재자약살], 일주와 살이 세력이 비슷하다면[神殺兩停 신살양정] 식신으로 살을 제어해야 하며[食神制殺 식신제살], 살이 강하고 일주가 약하다면[殺强身弱 살강신약] 인수로 살을 화(化)해야 한다[印綬化殺 인수화살].

사주원국을 논할 경우, 살이 강하고 일주가 약한[殺重身輕 살중신경] 사람은 가난하지 않으면 요절하고[非貧卽夭 비빈즉요], 살을 제어하는 식신이 너무 지나치면[制殺太過 제살태과] 비록 학문을 한다고 하더라도 이루는 것이 없을 것이다[雖學無成 수학무성].

운의 흐름[行運 행운]을 논할 경우, 사주에 살이 왕한데 다시 살의 지지로 운이 흘러가면 그 즉시 재앙을 입을 것이고[立見凶災 입견흉재], 사주에 살을 제어하는 식신이 지나친데 다시 살을 제어하는[制殺 제살] 지지로 운이 흘러가면 반드시 궁핍함을 면하지 못할 것이다[必遭窮乏 필조궁핍].

명리서(命理書)에서 이르기를, "사주의 격(格)을 하나하나 자세히 살펴본 결과 살(殺)이 중요하니, 살이 있으면 단지 살로 논하고 살이 없으면 그때는 용신으로 논한다[有殺只論殺 無殺方論用 유살지론살 무살방론용]"라고 하였으니 어찌 살을 소홀히 취급할 수 있겠는가.

『적천수징의(滴天髓徵義)』의 해석과 『적천수(滴天髓)』 원주(原注)의 해석에 차이가 있음을 알 수 있다. 유백온(劉伯溫)은 원주에서 갑신(甲申)·무인(戊寅)과 경인(庚寅)·계축(癸丑)이 비록 그 차이는 있다 하더라도 모두 지지가 살인상생(殺印相生)의 형상을 이루고 있다고 했으나, 임철초(任鐵樵)는 사주 전체의 기세를 잘 살피는 것이 중요하며 일주(日主)만 가지고 논해서는 안 된다고 주장하고 있다. 임철초의 주장이 더욱 타당하다는 생각이다.

❶ 갑신(甲申) 일주가 살인상생(殺印相生)으로 잘된 경우

甲	甲	己	壬
子	申	酉	午

丁	丙	乙	甲	癸	壬	辛	庚
巳	辰	卯	寅	丑	子	亥	戌

갑신(甲申) 일주가 음력 8월인 유월(酉月)에 태어나 관살(官殺)이 월지(月支)와 일지(日支)를 잡고 있으니 일주가 약하다. 반가운 것은 오화(午火)가 옆에서 유금(酉金)을 제어하고[緊制 긴제], 자수(子水)가 신금(申金)의 기운을 흘려보내 화한다[洩化 설화]는 것이다. 이른바 '관은 떠나고 살은 머무르며[去官留殺 거관유살] 살과 인성이 서로 생한다[殺印相生 살인상생]'고 하겠다. 목(木)은 시들고 금(金)은 왕성한[木凋金旺 목조금왕] 상황이니 약한 갑목(甲木)을 도와주는 인성(印星)인 자수(子水)를 용신(用神)으로 삼는다.

과거에 연이어 장원급제[甲第聯登 갑제연등]하여 그 벼슬이 낭서(郎署)를 거쳐 나아가 관찰(觀察)에 이르렀으며, 얼헌(臬憲)을 거쳐 봉강(封疆)이 되었다.

심화학습

얼헌(臬憲)은 안찰사(按察使)의 다른 말이라 한다. 갑목(甲木) 일주가 가을이 한창인 유월(酉月)에 태어나서 지지에 신금(申金)을 깔고 앉아 관살(官殺)이 권세를 잡으니[當權 당권] 신약하다 하겠다. 따라서 인성(印星)을 용신으로 삼아야 하는데, 일지인 신금(申金)의 지장간(支藏干) 중에서 임수(壬水)와 경금(庚金)이 살인상생(殺印相生)을 이루어 다행이다. 더욱 반가운 것은 시지의 자수(子水)가 용신이 되어 일주를 생(生)해준다는 것이다. 그리고 무엇보다 중요한 것은 운(運)이 수목(水木)의 지지로 흐르는 것이라 하겠다.

❷ 갑신(甲申) 일주가 살인상생(殺印相生)으로 잘못된 경우

甲	甲	己	壬
子	申	酉	辰

丁	丙	乙	甲	癸	壬	辛	庚
巳	辰	卯	寅	丑	子	亥	戌

앞의 사주와 비교하면 연지의 오화(午火)가 진토(辰土)로 바뀌었을 뿐이다. 흔히들 앞의 사주는 관(官)을 제어하여[剋 극] 관은 떠나고 살(殺)은 머무르는 거관유살(去官留殺)의 형태이고, 이 사주는 관이 합(合)을 이루어 살과 함께 머무르는 합관유살(合官留殺)의 형태이니, 공명과 벼슬길[功名仕路 공명사로]에 높고 낮음이 없이[無所高下 무소고하] 같을 것이라고 하지만, 이 둘은 하늘과 땅만큼 그 차이가 크다[天淵之隔 천연지격]는 것을 모르고서 하는 말이다.

대체로 제어한다는[制 제] 것은 상대방을 극하여 떠나보내는[剋去 극거] 것이지만, 합을 한다는 것은 합해서 가는[合去 합거] 것과 합을 해도 가지 않는[合不去 합불거] 것이 있다. 가령 재성(財星)인 진토(辰土)는 진유합(辰酉合)을 하여 금(金)으로 화하여 살을 돕고[助殺 조살], 관성(官星)인 유금(酉金)도 진유합(辰酉合)을 하여 금(金)으로 화하여 살과 짝을 이루어 돕고[黨殺 당살] 있다. 이렇게 보면 맑은 가운데 탁한 기운을 두르게 되니[淸中帶濁 청중대탁] 재성인 진토(辰土)가 병이 된다 하겠다. 이로 인해 공적과 얻은 명성은 흔들리고[功名蹭蹬 공명층등] 식구들은 죽고 재물은 깨어져 줄게 되니[刑傷破耗 형상파모] 이로 인한 고통은 이루 말로 다할 수 없었다.

오직 해(亥)운에 일주가 생(生)을 만나니 말단자리라도 하나 얻을 것이고, 임자(壬子)대운 중 목(木) 세운(歲運)을 만나면 가을 과거인 전시(殿試)[秋闈 추위]에 유망할 것이다. 계축(癸丑)대운에는 인성(印星)인 자수(子水)가 축토(丑土)와 합을 하여 떠나가니[合去 합거] 벼슬길이 막히고 흉한 일만 있고 길한 일은 없을[有凶無吉 유흉무길] 것이며, 갑인(甲寅)대운에는 인목(寅木)이 신금(申金)에게 충을 당해 부서지니[沖破^{충파}] 수명에도 장애가 있을 것이다.

심화학습

두 사주가 대운의 흐름이 같고 사주 구성도 거의 같은데 두 사람의 운명이 이렇게 극단적으로 다른 것을 오로지 거관유살(去官留殺)과 합관유살(合官留殺)의 차이로 설명하였다.

　하지만 계축(癸丑)대운에 인성(印星)인 자수(子水)가 축토(丑土)와 합을하여 떠나가는 바람에 한 사람이 잘못됐다면, 다른 사람도 같은 운명이어야 하지 않을까. 본인의 사주 이외에 그 사람의 운명에 영향을 미치는 다른 요소가 있지 않았나 다시 한 번 생각하게 만드는 사례이다.

12. 간지불배(干支不背)

적천수 원문

上下貴乎情和
상하귀호정화

> 천간과 지지가 서로 거스르거나 어긋나지 않고 정으로 화합하면 귀하고[上下貴乎情和]

적천수 해설　　**간지불배(干支不背) − 상하귀호정화(上下貴乎情和)**

위아래가 정으로 화합한다[上下情和 ^{상하정화}]는 것은 천간(天干)과 지지(地支)가 서로 거스르거나 어긋나지 않고 감싸고 지켜준다[互相衛護 ^{호상위호}]는 말이다. 이를 예를 들면 다음과 같다.

　사주에 관이 쇠약하고 이를 극(剋)하여 제(制)하는 상관이 왕한데[官衰傷旺 ^{관쇠상왕}], 지지의 재성이 국을 이루어[財星得局 ^{재성득국}] 상관(傷官)을 설(洩)하고 관(官)을 생(生)하여 사주를 유통(流通)시켜주는 경우. 사주에 관이 왕성하고 이를 생하는 재성도 많은데[官旺財多 ^{관왕재다}], 지지의 비겁이 국을 이루어[比劫得局 비겁득국] 재성(財星)을 극하여 제하는 경우. 사주에 살이 중중(重重)하여 이를 설하는 인성을 용신으로 하니[殺重用印 살중용인] 재성을 꺼리는데[忌財 기재], 재성이 겁재를 지지에 깔고 앉아 있는[財臨劫地 재임겁지] 경우. 일주가 강하여 이를 극하여 제해줄 살의 도움이 절실하나 살이 약하여[身强殺淺 신강살천] 재성을 반기는데[喜財 희재], 재성이 식신을 깔고 앉아 있는[財坐食鄕 재좌식향] 경우. 재성은 가볍고 비겁은 무거운데[財輕劫重 재경겁중] 관성이 있어 비겁을 극하여 제하거나[官星制劫 관성제겁], 관성이 없더라도 식상이 있어 비겁을 설하여 화(化)하는[食傷化劫 식상화겁] 경우. 이러한 경우 모두를 '사주의 천간과 지지가 유정(有情)하다'라고 한다.

또한 사주에 관이 쇠약하여 만날까 걱정되는 상관을 만났는데[官衰遇傷 관쇠우상], 이들을 유통시켜줄 재성이 나타나지 않는[財星不現 재성불현] 경우. 사주에 관이 왕성하여 인성을 보기를 원하는데, 인성은 보이지 않고[官旺無印 관왕무인] 지지에 재성이 국을 이룬[財星得局 재성득국] 경우. 사주에 살이 중중하여 이를 설하는 인성을 용신으로 하니[殺重用印 살중용인] 재성을 꺼리는데[忌財 기재], 재성이 식신을 깔고 앉아[財坐食位 재좌식위] 생을 받고 있는 경우. 일주가 왕하여 이를 극하여 제해줄 살의 도움이 절실하나 살이 약하여[身旺殺輕 신왕살경] 이를 생해주는 재성을 반기는데, 재성이 겁재를 깔고 앉아 있는[財坐劫地 재좌겁지] 경우. 재성은 가볍고 겁재가 무거운데[財輕劫重 재경겁중] 식상이 없어[無食傷 무식상] 재성을 생해주지도 못하고 겁재(劫財)를 눌러줄 관은 월령을 잡지 못하여[官失令 관실령] 무력하거나, 식상이 있으나[有食傷 유식상] 인성(印星)이 세력을 차지한[當權 당권] 경우. 이러한 경우 모두를 '사주의 천간과 지지가 화합하지 못한다[不和 불화]'라고 한다.

심화학습

『적천수천미(滴天髓闡微)』에는 '상하귀호정화(上下貴乎情和)'가 '상하귀호정협(上下貴乎情協)'이라고 되어 있다. 정화(情和)와 정협(情協)은 같은 뜻으로 보면 되겠다.

사주의 천간과 지지의 관계가 서로 어긋나거나 거스르지 않고[反背^{반배}], 비록 상생(相生)은 되지 못한다고 하더라도 서로 유정(有情)하면 그 사주는 귀하다는 말이라 하겠다.

적천수 사례연구 **간지불배(干支不背) − 상하귀호정화(上下貴乎情和)**

❶ 상하정화(上下情和)인 경우 1

庚	丙	癸	己
寅	寅	酉	巳

乙	丙	丁	戊	己	庚	辛	壬
丑	寅	卯	辰	巳	午	未	申

병인(丙寅) 일주가 유월(酉月)에 태어났으나, 일지(日支)와 시지(時支)에 장생(長生) 즉 인성(印星)을 깔고 연지(年支)에 녹왕(祿旺) 즉 비견(比肩)인 사화(巳火)를 만나서 왕하다 하겠으니 족히 관성(官星)을 용신(用神)으로 삼을 수 있겠다.

관성인 계수(癸水)는 비록 바짝 붙어 있는[貼身^{첩신}] 연간(年干) 기토(己土)로부터 극을 받아 손상을 입으나, 지지에 유금(酉金) 재성(財星)을 깔고 앉아 도움을 받으니 반갑다 하겠다. 더욱 묘한 것은 사유합(巳酉合)으로, 사화(巳火)를 금(金)으로 화(化)하여 가니[巳酉拱金^{사유공금}] 기토(己土)의 기운을 오히려 아래로 설(洩)하고 관성인 계수(癸水)의 뿌리는 더욱 견고해진다. 따라서 일평생 재앙이나 위험[凶險^{흉험}]을 당하지 않고 명예와 이익을 모두 얻을[名利兩全^{명리양전}] 수 있었다.

심화학습

대운이 화목(火木)으로 흘렀음에도 잘나갈 수 있었던 것은 사주가 워낙 좋았기 때문이라고 하겠다. 이 사주에는 '사주가 좋은 것이 운이 좋은 것만 못하다[命好不如運好^{명호불여운호}]'는 말이 적용되지 않을 정도로 말이다. 재자약살격(財滋弱殺格)의 형상이라고 할 수 있다.

다만, 다음과 같이 해석해볼 수도 있을 것 같다. 유월(酉月)의 병화(丙火)가 지지에 사유합(巳酉合)으로 화기(火氣)가 시들어 일주가 약해지니 일지와 시지에서 장생(長生) 즉 인성이 받쳐주어 용신의 역할을 수행하는 신약용인격(身弱用印格)으로 보고, 대운이 희용신(喜用神)의 운인 화목(火木)으로 흐르니 일평생 잘 살았다. 속된 말로 되치나 메치나 마찬가지 결론인데, 여기서는 일단 임철초의 해석에 따르지만 한번쯤 고민해볼 필요가 있지 않나 생각한다.

❷ 상하정화(上下情和)인 경우 2

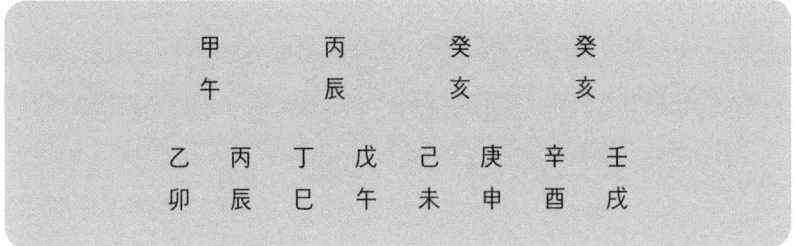

병진(丙辰) 일주가 사주에 관살(官殺)이 중중(重重)하여 왕(旺)하니, 원래는 가히 두려운[原可畏 원가외] 형상이라 하겠다.

하지만 반갑게도 오시(午時)에 태어나 식신인 진토(辰土)를 생하여 살을 제하고[生食制殺 생식제살] 시간(時干)에 갑목(甲木)이 투출하여 화(火)를 생하고 수(水)를 흘려보내니[生火洩水 생화설수], 왕성한 살[旺殺 왕살]이 절반쯤은 인성(印星)으로 화(化)했다. 쇠약한 목[衰木 쇠목]은 지지에서 두 개의 장생(長生)인 해수(亥水)를 만났는데, 이들에게 의지하여 목(木)의 뿌리는 더욱 견고해지니[木根愈固 목근유고] '위아래가 정으로 화합한다[上下情和 상하정화]'는 말은 거짓이 아니라[不誣 불무] 하겠다. 자수성가하여 수만의 재물을 일으켰다.

초겨울인 해월(亥月)에 태어난 병화(丙火)가 사주에 관살이 중중하여 신약(身弱)하니 인성인 갑목(甲木)을 용신으로 삼는 살중용인격(殺重用印格)이라 하겠다.

갑목(甲木)이 강한 수기(水氣)를 설(洩)하여 일주(日主)인 병화(丙火)를 돕고, 초운(初運)은 그다지 좋다고 할 수 없으나 뒤늦게나마 운이 남동(南東)으로 흐르니 원하는 재물을 얻게 되었다 하겠다.

❸ 상하불화(上下不和)인 경우 1

	丙		乙		庚		甲
	子		卯		午		寅
戊	丁	丙	乙	甲	癸	壬	辛
寅	丑	子	亥	戌	酉	申	未

전록일주(專祿日主)인 을묘(乙卯)가 오월(午月)에 태어났다. 시지(時支)의 자수(子水)로부터 생을 받으며, 연간의 갑목(甲木) 또한 지지에 녹왕(祿旺) 즉 비견(比肩)인 인목(寅木)을 깔고 앉아 있으니 사주는 왕(旺)하다 하지 않을 수 없다.

경금(庚金)을 용신(用神)으로 삼으려 하나, 화(火)는 왕하고 토(土)는 없으며[火旺無土 화왕무토] 경금(庚金) 또한 오화(午火) 위에 앉아 있는 것이 더욱 유감스럽다. 병화(丙火)를 용신으로 삼는다면, 그 뿌리라고 할 수 있는 오화(午火)가 자오충(子午沖)으로 날아가버리니 용신인 병화(丙火)가 무슨 힘이 있겠는가. 설령 병화(丙火)를 용신으로 삼는다고 하더라도 운이 금수(金水)로 흘러 편안하지 못하다[亦無安頓 역무안돈]. 따라서 한 번 실패하자 헤어나지 못하고 모든 것이 재가 되어 사라져버렸고[一敗如灰 일패여회], 을해(乙亥)운에 들어 수목(水木)이 함께 오니[水木齊來 수목제래] 결국 거지꼴이 되고 말았다[竟爲乞丐 경위걸개].

을목(乙木)의 특성상 '여름에는 벼[禾稼^{화가}]와 같아 물을 보태야 잘 자란 다[水滋得生 ^{수자득생}]'고 하여 여름에 태어나 화기(火氣)가 강하면 당연히 인성(印星)인 수(水)를 용신으로 삼아야 하지만, 이 사주는 결코 을목(乙 木)이 약하지 않은 형상이니 식상(食傷)을 용신으로 삼는 것이 타당하다 는 생각이다. 하지만 상관(傷官)인 병화(丙火)를 용신으로 삼은 상황에서 관성(官星)인 경금(庚金)이 투출한 것은 바람직한 형상이 아니라 하겠다.

알아두어야 할 것은 을목(乙木)이 오월(午月)에 금(金)을 용신으로 삼는 것은 이치에 맞지 않는다는 사실이다.

❹ 상하불화(上下不和)인 경우 2

```
        壬      乙      己      乙
        午      亥      卯      丑

    辛   壬   癸   甲   乙   丙   丁   戊
    未   申   酉   戌   亥   子   丑   寅
```

이 사주의 기토(己土)는 재성(財星)으로 연지의 축토(丑土)에 통근(通根) 했고 인성(印星)인 오화(午火)를 얻었으니, 일주와 재성이 함께 왕한[身財 竝旺 ^{신재병왕}] 것 같다.

하지만 이는 재성인 기토(己土)가 비견에게 겁탈을 당하고[比肩奪去 ^{비 견탈거}] 또 다른 재성인 축토(丑土)는 묘목(卯木)의 극을 받아 부서져버리 는데[卯木剋破 ^{묘목극파}], 식신(食神)인 오화(午火)는 해수(亥水)로부터 극을 당하고 임수(壬水)가 천간에서 극을 하고 있으니[蓋頭 ^{개두}], 서로 좇아 이 끌고 화하려는 기색이 전혀 없음[無從引化 ^{무종인화}]을 모르고서 하는 말이 다. 이른바 '천간과 지지가 서로 정이 없다[上下無情 ^{상하무정}]'고 하겠다.

처음 무인(戊寅)운과 정축(丁丑)운에는 재성이 생조(生助)를 만나니 물 려받은 재산이 자못 풍족하였다. 병자(丙子)운으로 바뀌자 오화(午火)를 충하여 보내버리니[沖去^{충거}] 한 번의 실패로 모든 것이 다 사라져버렸다[一敗而盡^{일패이진}]. 을해(乙亥)운에는 처와 자식을 모두 팔아먹고 머리를 깎고 중이 되었으나 계율을 지키지 못했고[不守淸規^{불수청규}], 결국 굶주려 얼어 죽었다.

이상과 같이 두 종류의 명조(命造)를 합하여 살펴보면, 천간과 지지가 서로 정으로 화합하느냐 아니냐[上下之情和與不和^{상하지정화여불화}]에 따라 그 사람의 부귀빈천(富貴貧賤)이 판이하게 달라진다는 것을 알 수 있으니, 이로써 그 미묘한 차이를 경험해볼 수 있다.

을목(乙木) 일주가 봄이 한창인 묘월(卯月)에 태어나 사주에 인성(印星)과 비견(比肩)이 왕(旺)하니 신왕(身旺)하다 하겠다. 봄날의 을목(乙木)은 목화통명(木火通明)으로 화(火)를 용신(用神)으로 삼는 것은 당연하다. 토(土)는 희신(喜神)이 되겠다.

하지만 그 화(火)가 귀퉁이에 몰려 인성의 극제(剋制)를 받고 있으니 파격(破格)이라고 하겠다. 게다가 운마저 북서(北西)로 흐르니 어찌해볼 도리가 없었던 모양이다. 만약 이 명조의 월간인 기토(己土)가 정화(丁火)로 바뀌었더라면 이렇게까지 흉하지는 않았으리란 생각이다.

左右貴乎氣協
좌우귀호기협

> 천간과 천간끼리, 지지 또한 지지끼리 서로 협력하면 이 또한 귀하니[左右貴乎氣協]

간지불배(干支不背) – 좌우귀호기협(左右貴乎氣協)

좌우의 기가 서로 협력한다[左右氣協^{좌우기협}]는 것은 천간과 천간, 지지와 지지가 서로 극(剋)하여 제(制)해주거나 설(洩)하여 화(化)함으로써 그 마땅함을 얻으며[制化得宜^{제화득의}], 좌우가 서로 생하여 도와주고[左右生扶^{좌우생부}] 이들을 어지럽히는 글자가 그 사이에 섞여 있지 않은 것[不雜

亂者 부잡란자]을 의미한다.

　좌우기협(左右氣協)의 예를 들면 다음과 같다. 사주에 살이 왕성하여 일주가 약한데[殺旺身弱 살왕신약] 양인(陽刃) 즉 겁재(劫財)가 그 살을 합하거나[合殺 합살], 인수(印綬)가 있어 그 살을 설하여 화하는[化殺 화살] 경우. 일주가 왕하고 살은 약한데[身旺殺弱 신왕살약] 재성(財星)이 있어 살을 생해주거나[生殺 생살], 관성(官星)이 살을 도와줄[助殺 조살] 경우. 일주와 살이 모두 왕한데[身殺兩旺 신살양왕] 식신(食神)이 있어 살을 제어하거나[制殺 제살], 상관(傷官)이 있어 살을 극하는[敵殺 적살] 경우. 이와 같은 경우를 모두 '사주의 천간과 지지의 기가 서로 협력한다[氣協 기협]'고 한다.

　만약 일주가 약한데[身弱 신약] 재성이 있어 살을 불려 도와준다면[滋殺 자살] 재(財)는 오히려 허물이 될 것이고[財爲累矣 재위누의], 신왕(身旺)한데 겁재가 오히려 관(官)과 합을 하면[劫將官合 겁장관합] 이미 그 관은 일주를 극하여 제하려는 자신의 본분을 잊어버린 것이다. 이를 통틀어 요약하면 다음과 같다.

　일주가 반기는 신[所喜之身 소희지신], 즉 사주의 희용신(喜用神)은 반드시 일주에 가까이 붙어 있고 천간에 투출되어야[貼身透露 첩신투로] 한다.

　살을 반기면[喜殺 희살] 그 살은 재성과 가까이 붙어 있어야 하고[殺與財親 살여재친], 살을 꺼리면[忌殺 기살] 그 살은 식신이나 상관이 극하여 제어해줌을 만나야 한다[殺逢食制 살봉식제]. 인성을 반기면[喜印 희인] 그 인성은 앞에, 관은 그 뒤에 있어야 하고[印居官後 인거관후], 인성을 꺼리면[忌印 기인] 인성은 재성에게 그 앞을 양보해야 한다[印讓財先 인양재선]. 재성을 반기면[喜財 희재] 식신이나 상관을 만나야 하고, 재성을 꺼리면[忌財 기재] 비견(比肩)이나 겁재(劫財)를 만나야 한다.

　일주가 반기는 신[所喜之身 소희지신] 즉 사주의 희용신은 한신(閑神)으로부터 도움을 얻어야 하고[相助 상조], 그들과 다투거나 시기하는[爭妬 쟁투] 일이 없어야 한다. 일주가 꺼리는 신[所忌之神 소기지신] 즉 사주의 기구신(忌仇神)은 한신들에게 굴복하여[制伏 제복] 방자하게 날뛰지[肆逞 사령] 않는다면, 이를 일러 '서로 마음을 터놓고 화합한다[和協 화협]'고 하는 것이니 상세히 연구해봄이 마땅하다.

『적천수천미(滴天髓闡微)』에는 '좌우귀호기협(左右貴乎氣協)'이 '좌우귀호 동지(左右貴乎同志)'라고 되어 있다. 기협(氣協)과 동지(同志)는 같은 뜻 으로 보면 되겠다.

사주의 천간과 지지가 모두 천전일기(天全一氣)나 지전일기(支全一氣) 는 아니라고 하더라도, 천간과 지지 사이에 서로 생하여 화해줌[生化, 생 화]이 어긋나지 않으면 그 사주는 귀(貴)하다는 말이라 하겠다.

'재(財)는 오히려 허물이 될 것이고[財爲累矣 재위누의]'라는 구절이 『적천 수징의(滴天髓徵義)』에는 '살(殺)은 오히려 허물이 될 것이고[殺爲累矣 살 위누의]'라고 되어 있으나, 『적천수천미』의 표현이 타당하다고 생각되어 바 꾸어 썼다. 또한 '재성을 반기면 식신이나 상관을 만나야 하고[喜財而遇 食傷 희재이우식상]'는 '희상이우식상(喜傷而遇食傷)'이라고 되어 있으나, '희 재(喜財)'로 고치는 것이 타당하다고 생각되어 바꾸어 썼다.

'인성은 앞에, 관은 그 뒤에 있어야 한다[印居官後 인거관후]'는 관(官)이 연 (年)에 있고, 인성(印星)이 월(月)에 있어야 한다는 말이다.

좌우귀호기협(左右貴乎氣協)

❶ 좌우기협(左右氣協)인 경우

庚			庚			丙		壬
辰			午			午		申

甲	癸	壬	辛	庚	己	戊	丁
寅	丑	子	亥	戌	酉	申	未

경오(庚午) 일주가 오월(午月)에 태어났다. 경금(庚金)의 칠살(七殺) 즉 편관(偏官)인 병화(丙火)가 비록 왕(旺)하다고 하지만, 신금(申金)을 지 지에 깔고 앉은 임수(壬水) 또한 그 뿌리가 견고하다. 일주는 바로 곁에 서 비견(比肩)인 경금(庚金)의 도움을 받고, 경금(庚金) 또한 지지의 습토

인 진토(辰土)로부터 생(生)을 받으니, 이를 일러 '일주와 살이 모두 왕하여 서로 대립한다[神殺兩停 신살양정]'고 한다. 식신인 임수(壬水)를 용신(用神)으로 삼아 살인 병화(丙火)를 극(剋)하여 제(制)해야[食神制殺 식신제살] 하는데, 이것이 바로 '천간이 서로 협력한다[天干之協 천간지협]'고 하는 것이다. 지지가 서로 협력하는[地支之協 지지지협] 것은 진토(辰土)이다. 하나는 천간에서 극하여 제하고, 또 하나는 지지에서 오화(午火)를 설(洩)하고 화(化)하여 유통시키니[一制一化 일제일화], 이른바 서로 유정(有情)하다고 하겠다.

대운이 금수(金水)로 흐를 때 벼슬길이 성대하게 빛났고[顯赫 현혁] 지위는 봉강(封疆)에 이르렀다.

심화학습

이 사주는 앞에서 언급한 '일주와 살(殺)이 모두 왕하여 서로 대립하는데[神殺兩停 신살양정] 식신이나 상관이 있어 살을 극(剋)하여 제(制)해주는 경우'의 예이다. 비겁(比劫)과 인성(印星)이 사주의 절반을 차지해 사주가 왕한 것처럼 보이지만 월일지(月日支)를 살에 빼앗겨 버렸으니 왕하다 할 수 없고, 그렇다고 약하다고 할 수도 없어서 참으로 판단하기 모호한 형상이라 할 수 있다. 이런 경우 임철초는 식상(食傷)을 용신으로 잡는 것을 『적천수징의(滴天髓徵義)』에 등장하는 사주 사례해석들을 통해 알 수 있다. 그것이 바로 '좌우의 기가 서로 협력해야 한다[左右氣協 좌우기협]'는 원리에 따르는 것이라고 생각했기 때문이다.

이를 다음과 같이 해석해볼 수도 있지 않을까 한다. 일단 일주가 월일지를 살에게 빼앗겨버렸으니 왕하다고 보기는 어렵다. 일주가 약하면 그를 거들어 도와주는[幫助 방조] 인성이나 비겁이 용신이 되므로 인성인 진토(辰土)를 용신으로 잡고, 비견(比肩)인 경금(庚金)을 희신으로 삼는다. 살인 화(火)가 비록 강하나 용신인 진토(辰土)가 이를 설(洩)하고 생을 받으니 어찌 보면 지지에서는 희신 역할을 한다고도 볼 수도 있지만, 사주 전체에 너무 강하므로 화(火)를 극하는 수(水)를 약(藥)으로 쓴다. 사주에 목(木)은 전혀 보이지 않으니 매우 반갑고, 대운이 금수(金水)로 흐르니 벼슬길이 빛났고 지위는 봉강(封疆)에 이르렀다.

따라서 일단 이와 유사한 사주를 접하면 식신제살(食神制殺)의 원리를 따르되, 그 사주 안에 인성이 보인다면 이를 용신으로 삼는 것도 한번쯤 고민해볼 가치가 있다고 여겨진다.

❷ 좌우불협(左右不協)인 경우

戊		庚		丙		壬	
寅		申		午		午	

甲	癸	壬	辛	庚	己	戊	丁
寅	丑	子	亥	戌	酉	申	未

이 사주는 앞의 사주와 대동소이한 것처럼 보인다. 하물며 일지(日支)가 녹왕(祿旺) 즉 비견(比肩)이고 임수(壬水) 또한 바로 곁에서 살(殺)인 병화(丙火)를 극(剋)하여 제(制)하는데, 어찌하여 앞의 사주는 명예와 재물을 함께 얻었고 이 사주는 평생 동안 되는 일이 없었는가.

그 이유는 앞의 사주는 임수(壬水)가 지지의 신금(申金)으로부터 생을 받아 힘을 얻었으니 살인 병화(丙火)를 능히 극하여 제할 수 있었으나, 이 사주는 임수(壬水)가 절지(絕地)인 오화(午火)에 앉아 있어 살인 병화(丙火)에 대항할 만한 힘을 얻지 못했기 때문이다. 앞의 사주는 시간(時干)에 비견인 경금(庚金)이 있어 일주를 도와주는 한편 임수(壬水)를 생해주기도 하는데, 이 사주는 시간에 편인(偏印)인 무토(戊土)가 있어 오히려 임수(壬水)를 극하니 식신(食神)인 임수(壬水)를 생해주지 못한다. 이를 일러 '좌우가 서로 마음을 터놓고 화합하지 못한다[左右不協좌우불협]'라고 한다.

심화학습

임철초는 이와 같이 유사한 사주에 같은 운을 타면서도 그 인생의 결과는 판이한 사주를 예로 들어 사주의 원리를 설명하려 노력하였다. 너무나 고마운 일이 아니라 할 수 없다. 다만, 이 사주도 앞의 사주와 마찬가지로 뒤집어 해석해볼 수 있지 않을까.

일주의 인성(印星)인 무토(戊土)를 용신으로 잡고, 인성이 약하니 화(火)를 희신으로 삼는 신약용인(身弱用印)의 형상으로 생각해볼 수 있다. 하지만 안타깝게도 무토(戊土)는 지지인 인목(寅木)의 도움을 받지 못하고, 습토(濕土)인 진토(辰土)가 없으니 강한 화기(火氣)를 설(洩)해주지 못하여 아쉬울 따름이다. 신금(申金) 또한 극과 충을 당해 힘이 되어주기 어려운 상황이다. 더구나 대운(大運)마저 금수(金水)로 흐르니 어찌 견딜 수 있었겠는가. 사주의 용신이 약하면 운이라도 좋아야 하거늘.

같은 용신을 쓴다 해도 각자 처한 상황과 운의 흐름에 따라 인생이 달라진다는 것을 확인해볼 수 있는 좋은 사례라 하겠다.

始其所始　終其所終　富貴福壽　永乎無窮
시기소시　　　종기소종　　　부귀복수　　　영호무궁

> 기운(氣運)이 시작할 곳에서 시작하여 끝날 곳에서 끝난다면[始其所始 終其所終]
> 재산과 지위는 물론 복을 누리며 오래 사는 것이 영원토록 끝이 없을 것이다
> [富貴福壽 永乎無窮].

간지불배(干支不背) – 연주상생(連珠相生)

기운(氣運)이 시작하여 끝나는 이치[始終之理 시종지리]는 천간과 지지[干支 간지]가 서로 흘러 통하여[流通 유통] 사주 오행간에 생하고 화합이 끊임없이 이어지는 것[生化不息 생화불식]을 말한다. 다만, 그 이어짐은 반드시 중간에서 끊어져서는 안 되고 마치 구슬을 꿰듯이 사주의 오행이 함께 갖추어져[五行俱足 오행구족] 연결되어 서로 생해야 한다[接續相生 접속상생]. 설령 오행 중에서 없거나 모자란 것이 많이 있다[多缺乏 다결핍] 하더라도 혹 합하여 화하려는 마음[合化之情 합화지정]이 있어 서로 감싸고 지켜준다면 [互相護衛 호상호위] 그 순수함이 가히 볼 만할[純粹可觀 순수가관] 것이다.

따라서 반기는 것[所喜者 소희자]은 생을 만나고 지지를 얻어야[逢生得地 봉생득지] 하고, 꺼리는 것[所忌者 소기자]은 극을 당하고 뿌리를 얻지 못해야[受剋無根 수극무근] 할 것이다. 또한 한신(閑神)은 기신(忌神)을 돕지 않고[不當忌物 부당기물], 오히려 기신을 합(合)으로 화(化)하는 공을 이루어야 한다. 사주의 간지(干支)에 버릴 것이 하나도 없고, 설령 상관(傷官)이나 편인(偏印), 혹은 겁재(劫財)나 양인(陽刃)이 있다 하더라도 이들이 와서 희신(喜神)이 되어 격(格)을 보좌하고 용신(用神)을 도우며, 희용신(喜用神)이 서로 유정(有情)하면 일주는 힘을 얻으니[日元得氣 일원득기], 부귀수복(富貴壽福)을 누리지 못할 사람이 없다 할 것이다.

심화학습

유백온은 『적천수(滴天髓)』원주(原注)에서 '사주의 연월(年月)이 시(始)인데 일시(日時)가 흐름을 거스르고 어긋나지 않고[不反背 불반배], 사주의 일시가 종(終)인데 연월이 시기하고 꺼리지 않는[不妒忌 불투기] 것이 바로 기운(氣運)이 시작할 곳에서 시작하여 끝날 곳에서 끝이 나는[始其所始 終其所終, 시기소시 종기소종] 것'이라고 하였다.

하지만 임철초는 이러한 '시종지리(始終之理)'를 더욱 확대해석하여 '간지가 유통하여[干支流通 간지유통] 사주가 생하여 화함이 그치지 않는 것[生化不息 생화불식]'이라고 하였다. 따라서 앞에서 언급한 상하정화(上下情和)와 좌우기협(左右氣協)보다 이러한 연주상생(連珠相生)이 더욱 바람직한 사주 형태라고 보면 될 것이다.

❶ 연주상생 1

己	丁	甲	壬
酉	亥	辰	寅

壬	辛	庚	己	戊	丁	丙	乙
子	亥	戌	酉	申	未	午	巳

연간(年干)의 관성(官星)인 임수(壬水)를 시작으로[壬水爲始 임수위시] 일지(日支)의 해수(亥水)에서 끝이 났다[亥水爲終 해수위종]. 관성은 인성(印星)을 생(生)하고, 인성은 일주(日主)를 생하며, 일주는 식신(食神)을 생하여 빼어난 기운[秀氣 수기]을 토해내는데, 이는 다시 재성(財星)을 생하고 일지의 관성인 해수(亥水)는 재성의 생함을 만났다. 비록 상관(傷官)인 진토(辰土)가 월령(月令)을 잡았지만, 인수(印綬)인 인목(寅木)의 극을 받아 유정(有情)하다.

연월(年月)은 흐름을 거스르고 어긋나지 않고[不反背 불반배], 일시(日時) 또한 서로 시기하고 꺼리지 않으니[不妒忌 불투기] 시작과 끝이 자신이 있어야 할 자리를 얻어[始終得所 시종득소] 귀함이 극에 달했다. 재산은 수백이요 자손은 조상의 업을 이어받아 더욱 크게 이루고[子孫濟美 자손제미], 본인의 수명은 팔순(八旬)에 이르렀다.

심화학습

정화(丁火) 일주가 늦은 봄인 진월(辰月)에 태어났다. 월지가 습토(濕土)이니 설기(洩氣)가 심하고, 사주의 극설(剋洩)이 심하니 신약(身弱)하다 하겠다. 관인상생(官印相生)이 되어 갑목(甲木)을 용신으로 삼는다.

임수(壬水)에서 시작하여 목화토금(木火土金)을 거쳐 해수(亥水)에 이르는 연주상생(連珠相生)을 이루어 생하고 생함이 그침이 없으니[生生不息, 생생불식] 사주가 대단히 아름답다 하겠다. 품질로 치면 최상급이다. 어느 운(運)이 오더라도 막히거나 어긋남이 없을 것이다.

❷ 연주상생 2

```
        乙        癸        庚        戊
        卯        亥        申        戌

    戊   丁   丙   乙   甲   癸   壬   辛
    辰   卯   寅   丑   子   亥   戌   酉
```

이 사주는 연간(年干)에서 시작하여 시간(時干)까지, 연지(年支)에서 시작하여 시지(時支)까지 토생금(土生金) → 금생수(金生水) → 수생목(水生木)으로 간지가 같은 방향으로 흘러[干支同流 간지동류] 단지 서로 생해주는 우의[相生之誼 상생지의]만 있고, 싸우고 시기하는 기색[爭妒之風 쟁투지풍]은 전혀 없다.

술토(戌土) 속의 재성(財星)인 정화(丁火)가 화(火)의 창고[火庫 화고]에 들어 있고, 관성(官星)인 무토(戊土)는 맑고 인성(印星)인 경금(庚金)이 바른[官淸印正 관청인정] 것이 분명하며, 식신(食神)인 을목(乙木)은 빼어난 기운[秀氣 수기]을 토해내고 생을 만났다[吐秀逢生 토수봉생].

향방(鄕榜) 출신으로 벼슬은 황당(黃堂)에 이르렀다. 처 하나와 첩 둘을 거느리고 자식이 열세 명이 있었는데 그들의 과거급제가 이어졌고, 재물은 백만금 거부에 수명은 구순(九旬)을 넘었다.

심화학습

신월(申月)에 태어난 계수(癸水) 일주가 신왕(身旺)하여 식신(食神)인 을목(乙木)을 용신으로 삼는다 하겠다. 이 사주는 앞의 것보다 한술 더 뜬다 하겠다. 이러한 사주가 있다는 자체가 신기할 따름이다.

❸ 연주상생 3

```
辛        己        丙        甲
未        巳        寅        子

甲  癸  壬  辛  庚  己  戊  丁
戌  酉  申  未  午  巳  辰  卯
```

이 사주는 천간은 연간(年干)의 관성(官星)인 갑목(甲木)에서 시작하여 목생화(木生火) → 화생토(火生土) → 토생금(土生金)으로 흐르고, 지지는 재성(財星)인 자수(子水)에서 시작하여 수생목(水生木) → 목생화(木生火) → 화생토(火生土) → 토생금(土生金)으로 흐르며, 모든 천간이 자신의 지지로부터 생(生)을 받으니 그 뿌리가 튼튼하다.

지지를 따라가보면 연지(年支) 자수(子水)가 인목(寅木)을 생하는 것을 시작으로[爲始 위시] 시간(時干)의 신금(辛金)에서 그 기(氣)의 흐름이 끝나고[爲終 위종], 천간을 따라가보면 이 또한 연지 자수(子水)가 갑목(甲木)을 생하는 것을 시작으로[爲始 위시] 시간의 신금(辛金)에서 그 기의 흐름이 끝난다[爲終 위종]. 천간과 지지가 같은 흐름을 타고 있어[天地同流 천지동류] 이른바 '기운(氣運)이 시작할 곳에서 시작하여 끝날 곳에서 끝이 난다[始其所始 終其所終 시기소시 종기소종]'고 하겠다.

향시(鄕試)와 전시(殿試)에 연이어 합격하였고[科甲聯登 과갑연등] 벼슬은 극품(極品)에 달했다. 부부의 금슬도 좋았고 자손 또한 번창하여 이들은 향시와 전시 합격이 그치지 않았으며[科甲不絶 과갑부절] 수명은 구순에 이르렀다.

심화학습

사주가 유통(流通)되면 운(運)은 별 문제가 되지 않는 모양이다. 앞에서 이르기를 '사주 좋은 것이 운 좋은 것만 못하다[命好不如運好 명호불여운호]'고 했으나, 이렇게 흐름이 막히지 않고 기운이 흘러 사주 전체에 통한다면[周流不滯^{주류불체}] 일주(日主)의 희용신(喜用神)과 기구신(忌仇神)을 따지는 것 자체가 무의미하니 어떤 운이 오더라도 그 사람의 행복을 막을 수는 없는가 보다.

이러한 사주들은 대부분 약간 신약(身弱)한 구조를 이루고 있고, 현실적으로 이러한 사주를 접하기는 상당히 어렵다고 본다. 하지만 이 사주는 비록 기토(己土) 일주가 인월(寅月)에 태어났으나 인성(印星)이 바로 곁에서 생부(生扶)해주고, 시지(時支)에 뿌리를 두어 신왕(身旺)하다 하겠다. 따라서 재자약살(財滋弱殺)이 되어 월지(月支)를 잡은 목(木)을 용신으로 삼고, 희신은 수(水)가 되겠다. 더 이상 바랄 것이 없는 사주의 형상이므로 부럽다는 생각뿐이다.

제 5 장

形象
형상

1. 양상(兩象) – 양기상생(兩氣相生)·양기상적(兩氣相敵)

적천수 원문

兩氣合而成象　象不可破也
양기합이성상　　　상불가파야

> 두 개의 기운[兩氣, 양기]이 합하여 하나의 모양새[形象, 형상]를 이루고 있다면
> [兩氣合而成象]
>
> 그 모양새[形象, 형상]를 결코 깨뜨려서는 안 되며[象不可破也]

적천수 해설　　**양상(兩象) – 양기상생(兩氣相生)·양기상적(兩氣相敵)**

두 기운이 모두 맑다[兩氣雙清 양기쌍청]는 것은 비단 목화(木火)라는 두 가지 오행으로 이루어진 형상(形象)만을 말하는 것이 아니다. 예를 들어 토금(土金), 금수(金水), 수목(水木), 목화(木火), 화토(火土)가 각각 반반씩 사주에 있는 경우를 서로 생하는 다섯 개의 국[相生五局 상생오국]이라 하고, 목토(木土), 토수(土水), 수화(水火), 화금(火金), 금목(金木)이 각각 반반씩 사주에 있는 경우를 서로 극하여 대적하는 다섯 개의 국[相敵五局 상적오국]이라고 한다.

　서로 생하는 경우에는 일주(日主)인 내가 상대방을 생하는 구조가 되어[相生要我生 상생요아생] 빼어난 기운을 흘려보내야[秀氣流行 수기류행] 하고,

서로 극하는 경우에는 일주인 내가 상대방을 극하는 구조가 되어[相剋要我剋 상극요아극] 일주가 손상을 입지 않아야[日主不傷 일주불상] 한다. 상생(相生)의 경우는 반드시 두 세력이 균등하게 나뉘어서[必欲平分 필욕평분] 한쪽이 조금 많거나 조금 적어서는[稍多稍寡 초다초과] 안 되고, 상극(相剋)의 경우도 반드시 두 세력이 균등하게 대적하여[務須均敵 무수균적] 절대로 어느 한쪽이 지나치거나 모자라서는[偏重偏輕 편중편경] 안 된다. 만약 금수(金水)를 용신(用神)으로 삼으려 한다면 사주에 화토(火土)가 끼어들어 섞이는 것[夾雜 협잡]이 마땅치 않고, 수목(水木)을 용신으로 삼으려 한다면 사주에 화금(火金)이 와서 서로 싸우는 것[交爭 교쟁]을 원하지 않는다.

목화(木火)로 사주의 형상이 이루어졌을 경우[木火成象者 목화성상자]는 사주에 금수(金水)가 와서 국을 깨뜨리는[金水破局 금수파국] 것이 가장 두렵고, 수화(水火)가 서로 구제함을 얻은 경우[水火得濟者 수화득제자]는 사주에 토(土)가 와서 수(水)의 흐름을 멈춰버리는[土來止水 토래지수] 것을 특히 꺼리게 된다. 사주의 격(格)이 이미 이와 같으니 운(運)을 살필 때에도 이와 마찬가지 방법으로 하면 될 것이다.

운이 한결같이 맑고 깨끗한 방향으로 흐르면[一路澄淸 일로징청] 반드시 높은 지위에 오르고 재물 또한 넉넉할 것이지만, 도중에 다른 운이 뒤섞여 어지러워지면[中途混亂 중도혼란] 이루었던 벼슬을 박탈당하고 가세가 기울지[職奪家傾 직탈가경] 않을까 두렵다. 따라서 이러한 격의 사주는 완전히 좋다고 하기가 가장 어려운[最難全美 최난전미] 것이니, 그러한 사주를 볼 때[看法 간법]는 아주 자세히 살펴보아야 한다.

만약 생(生)하는 구조에서 다시 생을 만난다면 이를 유통(流通)의 묘(妙)라고 할 것이고, 극(剋)하는 구조에서 화(化)를 만난다면 이 또한 화합(和合)의 정(情)이라고 할 것이다. 혹시라도 사주가 겨우 두 종류의 오행만 모여 이루어졌으니 사주가 다양하지 못하고[理僅兩神 이근양신], 그 사람의 운명은 오직 두 오행의 상호작용에 의해 정해지니 다양한 삶을 살 수 있는 가능성을 예측해볼 수 있는 범위가 좁아 만족스럽지 못할 것 같다[似嫌狹少 사혐협소]고 한다면, 이는 그 격이 열 종류나 된다[格分十種 격분십종]는 것을 모르고 하는 소리니 함부로 말하지 말고 잘 살펴서 평가해야 한다.

유백온(劉伯溫)은 『적천수(滴天髓)』원주(原注)에서 천간이 목(木)이고 지지가 화(火)인 경우와 천간이 화(火)이고 지지가 목(木)인 경우를 '두 개의 기운이 합하여 하나의 모양새를 이루고 있는[兩氣合而成象 양기합이성상]' 사주의 사례로 들고, 이런 경우 만약 금수(金水)가 나타나면 그 격은 깨어져버린다[破格 파격]고 주장한다.

임철초(任鐵樵)는 이를 보다 더 상세하게 '상생(相生)'과 '상극(相剋)'으로 구분하여 양기성상(兩氣成象)의 사주를 설명하고 있다. 그러니까 일주를 중심으로 사주 절반이 비겁(比劫)인데 나머지 절반이 인성(印星)이거나 식상(食傷)이면 이를 '상생(相生)'이라고 하고, 관살(官殺)이 절반이거나 재성(財星)이 절반이면 이를 '상적(相敵)'이라고 한다는 것이다. 상적은 상극과 같은 의미로 보면 될 것이다.

맨 끝부분의 '생(生)하는 구조에서 다시 생을 만난다면 이를 유통(流通)의 묘(妙)라고 할 것이고, 극(剋)하는 구조에서 화(化)를 만난다면 이 또한 화합(和合)의 정(情)이라고 할 것이다'는 상생지국(相生之局)에서 다시 한 번 더 생하여 나아가는 것과 상극지국(相剋之局)에서 통관(通關)하여 이끌어 화하는[引化 인화] 것을 의미한다고 보면 되겠다.

명리학 기초이론 18   **양신성상격(兩神成象格)**

앞에서 말한 10개의 격[十格, 십격]은 양신성상격(兩神成象格)이라고 하여 다음과 같이 구분한다. 양신성상격을 양기성상격(兩氣成象格) 혹은 양기성형격(兩氣成形格)이라고도 한다.

① 양기상생오국(兩氣相生五局) : 사주의 두 오행이 서로 생한다

수목상생격(水木相生格)	물과 나무가 맑고 기이하다[水木淸奇, 수목청기]라고도 한다.
목화상생격(木火相生格)	아버지는 푸르고 아들은 붉다[靑赤父子, 청적부자]라고도 한다.
화토상생격(火土相生格)	불[火]과 토(土)가 끼어들어 뒤섞인다[火土挾雜, 화토협잡]라고도 한다.

토금상생격(土金相生格)	토금(土金)이 간지(干支)의 각각 반반을 이룬다.
금수상생격(金水相生格)	금(金)은 희고 물[水]은 맑다[金白水淸, 금백수청]라고도 한다.

② 양기상적오국(兩氣相敵五局) : 사주의 두 오행이 서로 극한다

목토상성격(木土相成格)	목토(木土)가 간지의 각각 반반을 이룬다.
토수상성격(土水相成格)	토(土)가 국(局)을 이루고 물[水]이 아래를 적신다[土局潤下, 토국윤하]라고도 한다.
수화상성격(水火相成格)	이미 구제를 받거나 아직 받지 못했다[旣濟未濟, 기제미제]라고도 한다.
화금상성격(火金相成格)	불[火]이 금(金)을 녹여 도장을 만든다[火金鑄印, 화금주인]라고도 한다.
금목상성격(金木相成格)	금목(金木)이 간지의 각각 반반을 이룬다.

적천수 사례연구 1   **양기상생(兩氣相生)**

❶ 양기상생 중 일주가 상대방을 생하는[我生, 아생] 경우 1

```
        丁      甲      丁      甲
        卯      午      卯      午

     乙  甲  癸  壬  辛  庚  己  戊
     亥  戌  酉  申  未  午  巳  辰
```

이 사주는 양기성상격(兩氣成象格) 중 목화(木火)가 각각 반씩 있는 목화상생격(木火相生格)이다. 일주인 갑목(甲木)을 설(洩)하는 빼어난 기운[秀氣 수기]인 상관(傷官) 정화(丁火)를 용신(用神)으로 삼는다. 사주에 금수(金水)는 전혀 보이지 않으니 그 순수함이 볼 만하다[純粹可觀 순수가관]하겠다.

사화(巳火)운에 정화(丁火)가 관에 임하여[丁火臨官 정화임관] 전시(殿試)

에 합격하여[南宮奏捷 남궁주첩] 한원(翰苑)에서 명성이 높았으나, 경금(庚金)운에는 관성이 국을 어지럽히니[官星混局 관성혼국] 지현(知縣)으로 강등되었다. 다행히 남방(南方)인 오화(午火)운의 금(金)이라 극(剋)하는 힘이 부족하여 그 정도로 그쳤는데, 다가올 서방(西方)의 수(水)운에는 재앙이 없다고 말하기는 어렵다.

갑목(甲木)이 봄이 한창인 묘월(卯月)에 태어나 월령(月令)을 잡았고, 사주에 비견(比肩)이 많아 도움을 받으니 사주는 약(弱)하지 않다 하겠다. 서로 생하는 형상에서 일주인 내가 상대방을 생하는 구조가 되어[我生 아생] 빼어난 기운을 흘려보내니[秀氣流行 수기류행] 목화통명(木火通明)으로 정화(丁火)를 용신(用神)으로 삼는다. 목화토(木火土)운은 길하고, 금수(金水)운은 흉하다 하겠다.

'사화(巳火)운에 정화(丁火)가 관에 임하여[丁火臨官 정화임관]'가 무엇을 의미하는지 확실하지 않다. 용신인 정화(丁火)가 도움을 받았다는 정도로 넘어가도록 한다.

❷ 양기상생 중 상대방이 일주를 생하는[生我, 생아] 경우

```
        乙      丁      乙      丁
        巳      卯      巳      卯

    丁   戊   己   庚   辛   壬   癸   甲
    酉   戌   亥   子   丑   寅   卯   辰
```

이 사주 역시 목화(木火)가 각각 반반씩 있어 양기성상격(兩氣成象格)이다. 다만 빼어난 기운[秀氣 수기]인 상관(傷官)을 용신으로 하는 앞의 사주에 비할 수는 없다 하겠다. 정화(丁火) 일주가 여름날인 사월(巳月)에 태어나 불길이 강한데 목(木)은 화(火)의 세력을 좇아 이를 또 생(生)하니 염상격(炎上格)이 되는 형상이므로, 운(運)에서 다시 금(金)을 보는 것은 마땅치 않다 하겠다.

인목(寅木)운에 지지의 사화(巳火)는 생하여 도움[生助 생조]을 받으니 절강성(浙江省)의 순무(巡撫)가 되어 백성들을 돌보았으나, 신금(辛金)운에 이르러 불행히도 세운(歲運)마저 수(水)운이 되자 사주의 목화(木火)가 모두 손상을 입어 재앙을 면하기 어려웠다. 이것이 이른바 '두 사람의 마음이 같다면[二人同心 이인동심] 그대로 따라야지 이를 거스르면 안 된다[可順而不可逆 가순이불가역]'라고 하는 것이다.

심화학습

이 사주는 일주인 정화(丁火)의 세력이 너무 왕(旺)하여 이를 좇아 종(從)하여 염상격(炎上格)이 되었다고 볼 수 있다. 하지만 앞의 사주와 같이 일주가 상대방을 생하는 구조에는 미치지 못한다고 하겠다. 이 사주 또한 목화토(木火土)운은 길하고, 금수(金水)운은 흉하다고 본다.

순무(巡撫)는 성급(省級) 지방정부의 최고 벼슬을 말한다고 한다.

❸ 양기상생 중 일주가 상대방을 생하는[我生, 아생] 경우 2

			戊	丙	戊	丙	
			戌	午	戌	午	
丙	乙	甲	癸	壬	辛	庚	己
午	巳	辰	卯	寅	丑	子	亥

이 사주는 화토(火土)가 각각 반반씩 있는 양기성상격(兩氣成象格)이다. 술월(戌月)에 태어난 병화(丙火) 일주가 왕(旺)하므로 식신수기(食神秀氣)인 무토(戊土)를 용신으로 삼는다.

신축(辛丑)운에는 습토(濕土)인 축토(丑土)가 화(火)를 어둡게 만들어[晦火 회화] 수기(秀氣)를 흘려 통하게 하니[秀氣流通 수기류통] 향시에 합격하였다[登鄕榜 등향방]. 임수(壬水)운의 임수(壬水)년에 회시(會試)에 합격했으나 도성(都城)에서 죽고 말았는데, 임수(壬水)가 병화(丙火)를 극하여 부딪쳐[水激丙火 수격병화] 화(火)가 소멸되었기 때문이다. 만약 지지에 있는 두 개의 술토(戌土)가 진토(辰土)로 바뀌었더라면 사주가 메마르고 치열함에 이르지는 않았을[不致燥烈 불치조렬] 것이니, 비록 수(水)운을 만난다고 하더라도 이렇게까지 크게 흉하게 되지는 않았을 것이다.

심화학습

이 사주는 비록 일주인 내가 상대방을 생하는 구조가 되어[我生 아생] 빼어난 기운을 흘려보내고는[秀氣流行 수기류행] 있다고 하지만, 사주가 지나치게 메마르고 치열한[燥烈 조렬] 것이 병(病)이 되었다고 하겠다.

❹ 양기상생 중 일주가 상대방을 생하는[我生, 아생] 경우 3

辛	戊	辛	戊
酉	戌	酉	戌

己	戊	丁	丙	乙	甲	癸	壬
巳	辰	卯	寅	丑	子	亥	戌

이 사주는 토금(土金)이 각각 반반씩 있는 양기성상격(兩氣成象格)이다. 상관(傷官)인 신금(辛金)을 용신으로 삼는다. 반가운 것은 운(運)의 흐름이 곧장 북방(北方)의 수(水)운으로 향해 금(金)의 수기가 흘러 나가니[秀氣流行 수기류행], 일찍이 전시(殿試)에 합격하였고[少年科甲 소년과갑] 벼슬이 황당(黃堂)에 이르렀다. 병화(丙火)운으로 바뀌자 용신인 신금(辛金)을 극하여 깨뜨리니 세상을 떠나고 말았다[不祿 불록].

무릇 양기성상격인 경우는 일주가 가서 상대방인 식신이나 상관을 생하는[日主去生或食或傷 일주거생혹식혹상] 것이 좋다. 그리하면 '꽃부리가 빼어나게 드러났다[英華秀發 영화수발]'고 하여 부귀를 누리게 된다.

다만 부족한 것은 운이 이러한 국을 깨버리면[運破局 운파국] 재앙을 면하지 못한다는 것이다. 금수(金水)나 수목(水木)과 같이 상대방이 일주를 생하는 인수격(印綬格)은 가히 취할 만한 빼어난 기운[秀氣 수기]이 사주에 없어 부귀한 경우가 없으니, 시험해보면 모두가 잘 맞는다 하겠다.

심화학습

이 사주는 무토(戊土) 일주가 가을이 한창인 유월(酉月)에 태어나 신금(辛金)이 월령(月令)을 잡았고, 지지는 유술(酉戌)의 금방국(金方局)을 이루니 신약(身弱)하다 하겠다. 따라서 상관용겁(傷官用劫)으로 비견(比肩)인 무토(戊土)를 용신으로 삼고, 희신은 화(火)가 된다고 하겠다.

하지만 그렇게 되면 사주 해석이 전혀 맞지 않게 되어버린다. 따라서 이 사주의 주인공은 임술시(壬戌時)에 태어난 것이 아닐까 생각한다. 그러면 이 사주는 신왕(身旺)한 사주가 되어 신금(辛金)을 용신으로 삼는 것이 당연하고, 운(運)의 흐름이 곧장 북방(北方)의 수(水)운을 향해 금(金)의 수기가 흘러 나가니[秀氣流行 수기류행] 잘 풀렸다는 사주의 해석과 일치한다고 하겠다.

어떤 사람들은 양기성상격(兩氣成象格) 중에서 양기상생(兩氣相生)의 경우는 일주가 상대방을 생하든 상대방이 일주를 생하든 상관 없이 일주의 기운을 설(洩)하는 식상(食傷)의 운이 무조건 길운(吉運)이 된다고 보고, 양기상적(兩氣相敵)의 경우는 억부법(抑扶法)의 원칙에 따라 일주의 왕약(旺弱)을 살펴 용신을 정해야 한다고 주장한다. 본 사례의 해석을 살펴보면 이러한 주장과 일치하니 그 나름대로 일리가 있다고 할 수 있겠다. 하지만 두 경우 모두 일단은 억부법의 원칙에 따라 용신을 찾아야 한다는 것이 필자의 생각이다. 따라서 태어난 시(時)를 바꾸어놓고 해석해본 것이다.

황당(黃堂)은 성(省)의 태수(太守)를 말한다고 한다.

❶ 양기상적 중 일주가 상대방을 극하는[我剋, 아극] 경우

```
       癸       戊       癸       戊
       亥       戊       亥       戊

   辛   庚   己   戊   丁   丙   乙   甲
   未   午   巳   辰   卯   寅   丑   子
```

이 사주는 양기성상격(兩氣成象格) 중 토수(土水)가 각각 반반씩 있는 토
수상성격(土水相成格)이다. 반가운 것은 일주 무토(戊土)가 메마른 토[燥
土조토]인 술토(戊土)에 뿌리를 내린[通根통근] 것이다. 일주와 재성(財星)
인 수(水)가 서로 기(氣)를 유지하고 있으나, 초겨울인 해월(亥月)에 태어
난 일주 무토(戊土)의 기세는 날이 갈수록 점점 차가워진다[稍寒초한].

　병인(丙寅)운에 이르러 차가운 토(土)가 햇빛을 보니[寒土逢陽한토봉양]
회시(會試)와 전시(殿試)에 연달아 합격하였고[連登科甲연등과갑], 더욱 묘
하게도 해수(亥水) 안의 갑목(甲木)이 생을 받아 화(火)를 도우니 벼슬은
군수(郡守)에 이르렀고 이후의 벼슬길도 평탄하였다.

심화학습

초겨울인 해월(亥月)에 태어난 무토(戊土)가 월령(月令)을 잡지 못하고
사주에 재성(財星)이 중중(重重)하니 신약(身弱)하다 하겠다. 사주에 인
성(印星)인 화(火)가 없으니 일단은 비견(比肩)인 무토(戊土)를 용신으로
삼고 운(運)에서 화(火)가 들어오기를 기다린다 하겠다. 화(火)와 함께 오
는 목(木)운 또한 나쁘지 않다고 할 수 있다. 이렇게 보면 '양기상적(兩氣
相敵)의 경우는 억부법(抑扶法)의 원칙에 따라 일주의 왕약(旺弱)을 살펴
용신을 정해야 한다'고 주장한 사람들의 논리는 일리가 있다고 하겠다.

❷ 양기상적 중 상대방이 일주를 극하는[剋我, 극아] 경우

```
        己      癸          己          癸
        未      亥          未          亥

    辛   壬   癸   甲   乙   丙   丁   戊
    亥   子   丑   寅   卯   辰   巳   午
```

이 사주 또한 토수(土水)가 각각 반반씩 있어 양기성상격(兩氣成象格) 중 토수상성격(土水相成格)의 구조이다. 일주(日主)와 비겁(比劫)을 제외하고는 모두가 살이고[純殺 순살] 이를 극(剋)하여 제(制)하는 식상(食傷)이 보이질 않으니[無制 무제] 일주는 손상을 입을 수밖에 없다.

초운(初運)이 화토(火土)로 흘러 칠살(七殺)을 생조(生助)하니, 이른바 '청풍명월은 뉘와 더불어 즐기고 높은 산 흐르는 물소리는 알아듣는 사람이 없다[淸風明月誰與共 高山流水小知音 청풍명월수여공 고산류수소지음]'라고 하겠다. 마침내 을묘(乙卯)운으로 돌아들자 운(運)이 동방(東方)으로 바뀌니 식상인 목(木)이 살을 극하여 제함으로써 권세로 바뀌니[制殺化權 제살화권], 기이한 인연을 얻어[得奇遇 득기우] 빠른 속도로 현령(縣令) 자리에 올랐다.

이렇게 살펴본다면 일주가 상대방을 생하는 경우[生局 생국]는 반드시 식상이 아름답지만, 상대방이 일주를 생하는 경우[印局 인국]는 빼어난 기운[秀氣 수기]인 식상이 없으니 그 사주는 아름답다고 하기에는 부족하다. 일주가 상대방을 극하는 경우[財局 재국]는 일주와 재성(財星)이 균형을 이루어 대적해야 하고[身財均敵 신재균적], 일주의 본기(本氣)는 손상을 받지 않아야 하며[本氣無傷 본기무상], 운 또한 반드시 일주를 편안하고 마땅하게 해주는[安頓得好 안돈득호] 방향으로 흘러야만 완전히 아름답다[全美 전미] 할 것이다. 다만, 일단 국이 깨져버리면[破局 파국] 그 즉시 재앙이 생겨날[則禍生 즉화생] 것이다.

이 사주는 계수(癸水)가 미월(未月)에 태어나고, 사주에 살(殺)인 토(土)가 많으니 살중신경(殺重身輕)이 되어 일주는 약하다 하겠다. 여기서는 사주에 인성(印星)인 금(金)과 식상(食傷)인 목(木)이 모두 보이지 않음에도 불구하고 식상인 목(木)을 용신으로 잡아 신약한 식신제살(食神制殺)로 해석한 것 같다. 임철초(任鐵樵)는 일주와 관살이 대립하고 있는 경우 [身殺兩停 신살양정]에는 거의 식상을 용신으로 하는 식신제살로 해석하고 있다.

그렇다면 인성인 금(金)을 용신으로 할 수는 없는가. 사주에 토(土)가 많아 금(金)이 묻히니[土多金埋 토다금매] 금(金)을 용신으로 하기에는 불가능하다고 할 수도 있으나, 토(土)와 수(水)를 유통시켜주는 역할을 할 수 있는 금(金)을 용신으로 삼을 수도 있지 않을까. 운에서 금(金)을 만나지 못했으니 할 말은 없으나, 이런 사주를 접할 경우 한번쯤은 고민해볼 필요는 있을 것 같다는 생각이 든다.

명리학 기초이론 19   오행의 색(色)과 미각(味覺)

앞에서 설명한 〈명리학 기초이론 18 : 양신성상격(兩神成象格)〉을 보면 청적부자(靑赤父子), 금백수청(金白水淸)이란 용어가 나온다. 청적부자는 목화상생격(木火相生格)을 말하고, 금백수청은 금수상생격(金水相生格)을 말한다.

이러한 명칭에서도 알 수 있듯이 각 오행에는 그에 해당하는 색깔이 있다. 목(木)은 청색(靑色), 화(火)는 적색(赤色), 토(土)는 황색(黃色), 금(金)은 백색(白色), 수(水)는 흑색(黑色)을 나타낸다. 또한 각 오행이 나타내는 맛[味覺, 미각]이 있으니, 목(木)은 신맛, 화(火)는 쓴맛, 토(土)는 단맛, 금(金)은 매운맛, 수(水)는 짠맛을 나타낸다. 이 밖에도 오행과 관련된 신체(身體) 및 장부(臟腑), 태도(態度), 냄새[香, 향], 발음(發音) 등이 있는데 한눈에 알 수 있게 표로 정리해보면 다음과 같다.

구분 \ 오행	목(木)		화(火)		토(土)		금(金)		수(水)	
천간	갑(甲)	을(乙)	병(丙)	정(丁)	무(戊)	기(己)	경(庚)	신(辛)	임(壬)	계(癸)
지지	인(寅)	묘(卯)	오(午)	사(巳)	진술(辰戌)	축미(丑未)	신(申)	유(酉)	자(子)	해(亥)

구분 \ 오행	목(木)		화(火)		토(土)		금(金)		수(水)	
수리(數理) 후천(後天)	1	2	3	4	5	6	7	8	9	10
수리(數理) 선천(先天)	3	8	7	2	5	10	9	4	1	6
방위	동방(東方)		남방(南方)		중앙(中央)		서방(西方)		북방(北方)	
계절	춘(春)		하(夏)		계간(季間)		추(秋)		동(冬)	
색	청색		적색		황색		백색		흑색	
미각	신맛		쓴맛		단맛		매운맛		짠맛	
장부(臟腑)	담(膽)	간(肝)	소장(小腸)	심장(心臟)	위장(胃臟)	비장(脾臟)	대장(大腸)	폐장(肺臟)	방광(膀胱)	신장(腎臟)
성정(性情)	인(仁)		예(禮)		신(信)		의(義)		지(智)	
질병	풍(風)		열(熱)		습(濕)		조(燥)		한(寒)	
냄새[香]	누린내		단내		향내		비린내		썩은내	
소리[聲]	한숨 부르짖음		웃음 딸꾹질		흥얼거림 트림		울음 재채기		신음	
감정	분노		환희		고민		우울		공포	
체액(體液)	눈물		땀		군침		콧물		침	
발음	각(角) ㄱ·ㅋ		치(徵) ㄴ·ㄷ·ㄹ·ㅌ		궁(宮) ㅇ·ㅎ		상(商) ㅅ·ㅈ·ㅊ		우(羽) ㅁ·ㅂ·ㅍ	
얼굴[顏]	눈[目, 목]		혀[舌, 설]		입·입술 [口脣, 구순]		코[鼻, 비]		귀[耳, 이]	
신체	근육·발목·손발톱		혈액·얼굴 팔(팔꿈치 위)		살·무릎 허벅지·젖		피부·팔 (팔꿈치아래)·손		머리·발목 종아리	
팔괘(八卦)	손(巽)·진(震)		이(離)		간(艮)·곤(坤)		건(乾)·태(兌)		감(坎)	
증상			핏발		다래끼				안압(眼壓)	

2. 오상(五象) – 오기성형(五氣成形)

적천수 원문

五氣聚而成形　形不可害也
오기취이성형　　　형불가해야

> 다섯 개의 기운[五氣, 오기]이 모여 하나의 모양새[形象, 형상]를 이루고 있다면
> [五氣聚而成形]
>
> 그 모양새[形象, 형상]를 결코 손상시켜서는 안 된다[形不可害也].

적천수 해설　　　**오상(五象) – 오기성형(五氣成形)**

일주가 목(木)으로 이루어진 형상(形象)은 식상(食傷)인 화(火)가 많아 일주의 기를 흘려 내보내면[食傷洩氣 식상설기] 인성(印星)인 수(水)로 일주를 생해주어야 하고[水以生之 수이생지], 관살(官殺)인 금(金)이 번갈아 일주를 극(剋)하면[官殺交加 관살교가] 식상인 화(火)로 흘러 관살인 금(金)을 극해야 하며[火以行之 화이행지], 인성인 수(水)가 중첩되어 있으면[印綬重疊 인수중첩] 재성(財星)인 토(土)로 수(水)를 극하여 일주를 북돋워야 하고[土以培之 토이배지], 재성인 토(土)가 약한데 비겁(比劫)인 목(木)이 많으면[財輕劫重 재경겁중] 관살인 금(金)으로 일주를 극하여 그 형상을 이루어야 한다[金以成之 금이성지].

이렇게 사주가 형상을 이루고[成形 성형] 용신이 그 뿌리를 내릴 수 있는 지지를 얻는다면[得用之地 득용지지], 사주의 오행이 치우치고 메마른 병[偏枯之病 편고지병]에 걸리지 않을 것이니 어찌 명예와 이익이 따르지 않을[名利不遂 명리불수] 것을 걱정하겠는가. 비록 목(木)의 경우를 예로 들어 논했으나, 오행은 모두가 형상을 이룰 수 있으니[成形 성형] 이와 같은 방법으로 추론하면 될 것이다.

만약 사주에서 형상을 이루지 못했다면[無成 무성] 세운(歲運)에서 이를 이루어야 하는데, 세운에서마저 형상을 이루지 못하면 평생을 별 볼일 없이 살아가게 될 것이고[終身碌碌 종신록록], 흉한 일은 많고 길한 일은 적을 것이며[凶多吉少 흉다길소], 뜻이 있어도 이를 펼쳐 보이기가 어려울 것이다

[有志難伸 ^{유지난신}].

심화학습

사주가 두 개의 오행(五行)으로만 이루어져 있으면 양상(兩象)이고, 사주에 다섯 개의 오행이 모두 있으면 오상(五象)이라는 말이 되겠다. 곧이어 나오지만 사주가 하나의 오행으로만 이루어져 있으면 독상(獨象)이라고 부르면 될 것이다.

목(木) 일주인 사주에서 수(水)로 일주를 생해주어야 한다[水以生之 ^{수이생지}]는 것은 사주에 식상이 많으면 인성을 용신으로 삼는다[食傷用印 ^{식상용인}]는 말이고, 화(火)로 흘러 관살인 금(金)을 극해야 한다[火以行之 ^{화이행지}]는 것은 사주에 관살이 많으면 식상을 용신으로 삼는다[食傷制殺 ^{식상제살}]는 말이다. 토(土)로 수(水)를 극하여 일주를 북돋워야 한다[土以培之 ^{토이배지}]는 것은 사주에 인성이 많으면 재성을 용신으로 삼는다[印重用財 ^{인중용재}]는 말이고, 금(金)으로 일주를 극하여 그 형상을 이루어야 한다[金以成之 ^{금이성지}]는 것은 사주에 비겁이 많으면 관살을 용신으로 삼는다[劫重用殺 ^{겁중용살}]는 말이다.

한마디로 요약하면, 오상의 경우 그 형상이 해(害)를 입어서는 안 되므로 사주 오행의 생화유통(生化流通)이 중요하다는 말이라 하겠다.

적천수 사례연구　　**오상(五象)**

❶ 오기성형(五氣成形) 중 인중용재(印重用財)의 형상인 경우

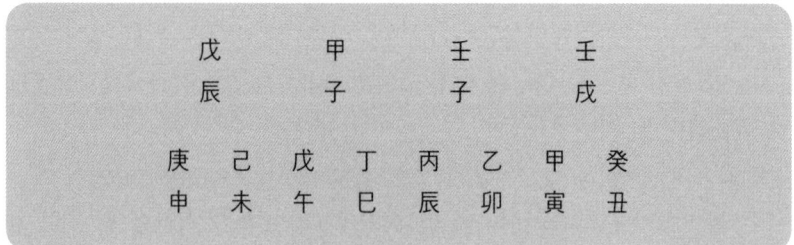

갑자(甲子) 일주가 한겨울인 자월(子月)에 태어났다. 사주에 인성(印星)

인 수(水)의 세력이 미쳐 날뛰니[猖狂 창광] 일간 갑목(甲木)은 강하다 못해 떠버릴 지경이다. 다행히 천간에 홀로 뜬 재성(財星)인 무토(戊土)가 이를 극하고 목(木)을 배양하니[土以培之 토이배지], 수(水)를 막는 공[砥柱之 功 지주지공]을 이루어 허약한 나무가 큰물에 떠올라버리는[浮泛 부범] 불상사를 당하지 않았다.

그런데 무토(戊土) 또한 지지의 술토(戌土)라는 견고한 뿌리에 의존하고 있다. 만약 지지에 술토(戌土)는 없고 오로지 진토(辰土)만 있었더라면 이는 축축한 습토(濕土)로 수(水)를 만나면 진흙탕이 되어버리니, 무토(戊土)가 그 뿌리를 내릴 수 없어[不能植根 불능식근] 허약해졌을 것이다. 뿌리가 없는 토[無根之土 무근지토]가 어찌 이토록 강한 물[百川之源 백천지원]을 막을 수 있겠는가 말이다. 따라서 이 사주에서 중요한 역할을 하고 있는 것은 바로 건조하고 따스한[燥熱 조열] 연지(年支)의 술토(戌土)이다.

다만, 추운 겨울철의 나무는 햇빛을 반기니[寒木向陽 한목향양] 반드시 이를 따뜻하게 해줄 수 있는 화(火)가 있어야 목(木)이 비로소 꽃을 피울 수 있다[方可發榮 방가발영]. 따라서 운이 남방(南方)의 화(火)가 왕한 지지[火 旺之鄕 화왕지향]에 이르러 수만의 재물을 일으켰고, 과거를 치르지 않고 벼슬을 하여 공명을 이루었다[異路功名 이로공명].

심화학습

지주지공(砥柱之功)에서 지주(砥柱)란 중국 황하 중류에 있는 기둥모양의 돌을 말하는데, 격류 속에 우뚝 솟아 꼼짝도 하지 않으므로 난세에 처하여 의연히 절개를 지키는 선비에 비유된다. 무토(戊土)가 그런 역할을 한다는 말이다.

이 사주에 식상(食傷)인 화(火)가 있었더라면 수기(秀氣)가 유통되어 흐르니 재물을 버는 것으로 만족하지는 않았을 것이다. 사주에 식상이 없으니 아쉽지만, 재성(財星)인 무토(戊土)를 용신으로 하고 화(火)운을 기다리는 수밖에 없었을 것이다.

운이 좋은 사주라 할 수 있다. 이 사주는 앞에서 말한 '인성인 수(水)가 중첩되어 재성인 토(土)를 용신으로 하는 사주'의 사례이니, 형상을 제대로 이루려면 식신생재(食神生財)로 그 흐름을 타야[流通 유통] 하므로 식상인 화(火)가 희신(喜神)이 되어야 한다. 재성이 용신(用神)이라 학문보다는 돈벌이에 더 관심이 있었던 것은 아닐까 하는 생각도 해본다.

❷ 오기성형(五氣成形) 중 겁중용살(劫重用殺)의 형상인 경우

辛	甲	乙	戊
未	辰	卯	寅

癸	壬	辛	庚	己	戊	丁	丙
亥	戌	酉	申	未	午	巳	辰

갑진(甲辰) 일주가 봄이 한창인 묘월(卯月)에 태어나 지지에 인묘진(寅卯辰) 목방(木方)을 이루고, 천간에 을목(乙木)까지 떠 있어 사주에 양인(陽刃)과 비겁(比劫)이 방자하게 날뛰고 있다[肆逞 사령]. 시간(時干)의 한 점 미약한 신금(辛金)을 용신(用神)으로 삼지만, 이 많은 비겁을 극하여 형상을 이루기에는 너무나도 부족하여[成之不足 성지부족] 학문을 계속할 수가 없었다.

초운(初運)인 화토(火土)운에 그래도 식상(食傷)으로 목기(木氣)를 설(洩)하고 재성(財星)을 생(生)해주니, 생화(生化)의 정은 잃지 않아 재물에 여유가 있었다. 경신(庚申)과 신유(辛酉) 대운(大運)에 이르러 신금(辛金)이 뿌리를 얻어[得地 득지] 사주의 형상을 이루니, 이로(異路)에서 공명(功名)을 얻어 돈을 내고 벼슬을 얻어[加捐出仕 가연출사] 주목(州牧)에 이르렀다. 계(癸)운에는 용신인 금(金)을 설(洩)하고 목(木)을 생하니 죽고 말았다[不祿 불록].

심화학습

이렇게 강한 목(木)을 이렇게 약한 금(金)으로 극하여 사주의 형상을 이루어야 한다니 무리가 아닐까 하는 생각이 든다. 더구나 앞서 갑목(甲木)

의 특성을 설명할 때 '봄에 태어난 갑목(甲木)은 금(金)을 쓰지 않는다[春不用金^{춘불용금}]'고 했으니 더욱 그렇다. 하지만 이 장(章)에서 '재성(財星)인 토(土)가 약한데 비겁(比劫)인 목(木)이 많으면 관살(官殺)인 금(金)으로 일주인 목(木)을 극하여 그 형상을 이루어야 한다[金以成之^{금이성지}]'고 했으니, 관살인 금(金)을 용신으로 삼는 사례로는 적절하다[劫重用殺^{겁중용살}] 할 수밖에 없다.

다만 이 원리는 사주에 식상(食傷)이 보이지 않을 경우에 적용해야 한다는 생각이 든다. 물론 식상과 관살 중 어느 것의 세력이 더 강한가를 살펴보아야 하겠지만, 사주에 화(火)가 있었더라면 식상인 화(火)를 용신으로 삼는 것이 더 낫지 않았을까. 왜냐하면 위 해석에서 초운(初運)인 화토(火土)운에 그래도 식상으로 목기(木氣)를 설(洩)하고 재성을 생해주니 생화(生化)의 정은 잃지 않아 재물에 여유가 있었다고 했으니 식상의 운도 그다지 나쁘지 않았다는 것을 알 수 있기 때문이다.

사주를 풀이할 때 극이 좋은가 설이 좋은가를 명쾌하게 밝혀내는 일이 제일 어려운 것 같다.

❸ 오기성형(五氣成形)이 되지 않는 경우

乙	甲	乙	癸
亥	戌	卯	未

丁	戊	己	庚	辛	壬	癸	甲
未	申	酉	戌	亥	子	丑	寅

이 명조(命造)는 사주 안에 미토(未土)가 깊이 감추어져[深藏^{심장}] 있고, 일지(日支)에 술토(戌土)를 깔고 앉아 이른바 '재성이 와서 일주를 따른다[財來就我^{재래취아}]'고 하는 것이니 아름답다 하지 않을 수 없다. 다만 사주에 금(金)이 없어 관살(官殺)인 금(金)으로 일주를 극하여 그 형상을 이루지[金以成之^{금이성지}] 못하고, 식상(食傷)인 화(火)로 흘러 관살인 금(金)을

극하는[火以行之 화이행지] 형상도 이루지 못했다.

여기에 다시 해수(亥水)가 더해지니, 계수(癸水)는 해수(亥水)에 통근(通根)하여 비겁(比劫)을 생하고, 지지에 해묘미(亥卯未)가 완전하여 겁재(劫財)와 양인(陽刃)이 미쳐 날뛰는[猖狂 창광] 것을 돕는다. 세운(歲運)을 살펴보아도 형상을 이루는 지지는 보이지 않으니[又無成地 우무성지], 이로 인해 조상으로부터 물려받은 재산은 탕진하고[祖業消磨 조업소마] 처를 잃고 자식은 없었다.

미루어 추론하건대 명(命)의 소중함은 운에 달렸다[命之所重在運 명지소중재운]고 하겠으니 어찌 운(運)을 소홀히 할 수 있겠는가. 속담에 이르기를, 사람에게 구름까지 올라가고자 하는 포부가 있다 하더라도 운이 없으면 이룰 수 없다[人有凌雲之志 無運不能自達 인유능운지지 무운불능자달]고 하였다.

심화학습

사주원국도 형상을 이루지 못하고 운에서마저 형상이 이루어지지 않으니, 자신이 아무리 원대한 포부를 가지고 있다고 하더라도 결코 이룰 수 없었다는 말이다.

갑목(甲木)이 봄이 한창인 묘월(卯月)에 태어나 사주에 비겁(比劫)과 인성(印星)이 그득하니 신왕(身旺)하다 하겠다. 따라서 용신(用神)은 일주를 설(洩)하는 화(火)나 일주를 극(剋)하는 금(金)으로 삼아야 하는데, 사주에 화(火)나 금(金)은 전혀 보이지 않으니 일단은 재성(財星)인 토(土)를 용신으로 삼고 운에서 화(火)가 들어오기를 기다려야 하겠다. 하지만 운마저 목수(木水)로 흐르니 어찌해볼 도리가 없다.

이 사주는 비겁이 용신인 재성을 취하려 달려드는 군겁쟁재(群劫爭財)의 형태를 하고 있는데, 원래 군겁쟁재의 형태는 사주가 탁하고 천하다 하겠다.

3. 독상(獨象) – 곡직(曲直)·염상(炎上)·가색(稼穡)·
종혁(從革)·윤하(潤下)

적천수 원문

獨象喜行化地　而化神要昌
독상희행화지　　　이화신요창

> 한 가지 기운으로 이루어진 사주는 화(化)하는 지지[化地, 화지]로 기운이 흐름을 반기니
> [獨象喜行化地]
> 화하는 기운[化神, 화신]인 식상(食傷)이 사주와 운에서 창성해야 한다[而化神要昌].

적천수 해설　　**독상(獨象) – 일행득기격(一行得氣格)**

하나를 독(獨)이라고 하는데[一者爲獨^{일자위독}], 사주의 모든 기운이 일주로 몰려 있는[權在一人^{권재일인}] 사주를 독상(獨象)이라고 한다. 곡직격(曲直格), 염상격(炎上格), 가색격(稼穡格), 종혁격(從革格), 윤하격(潤下格) 등의 종류가 이것이다.

화(化)한다는 것은 식상(食傷)으로 일주(日主)의 기운을 설(洩)하는 것을 의미한다. 사주에 화신(化神)인 식상의 기운이 창왕(昌王)하고 세운(歲運)이 식상인 화신의 지지[化神之地^{화신지지}]로 흐른다면 명예와 재물[名利^{명리}]이 모두 따를 것이다. 사주에 오행이 전부 갖추어져 있어야 본래 마땅하지만, 하나의 오행만으로 이루어진 사주[獨象^{독상}]라 할지라도 권세를 잡으면[乘權^{승권}] 만사가 형통할[光亨^{광형}] 것이다.

목(木) 일주가 지지에 방(方)이나 국(局)이 완전하고 금(金)이 섞여 있지 않다면 곡직(曲直)이고, 화(火) 일주가 지지에 방이나 국이 완전하고 수(水)가 섞여 있지 않다면 염상(炎上)이며, 토(土) 일주가 지지에 사고(四庫)인 진술축미(辰戌丑未)가 완전하고 목(木)이 섞여 있지 않다면 가색(稼穡)이고, 금(金) 일주가 지지에 방이나 국이 완전하고 화(火)가 섞여 있지 않다면 종혁(從革)이며, 수(水) 일주가 지지에 방이나 국이 완전하고 토(土)가 섞여 있지 않다면 윤하(潤下)이다.

이 모두는 한 방향으로 흐르는 빼어난 기운[一方之秀氣^{일방지수기}]을 좇

은 것이니 육격(六格)의 일반적인 정서[常情 상정]와는 다르다. 따라서 반드시 때를 얻어 월령을 잡는[得時當令 득시당령] 것이 중요하며, 일주를 왕하게 해주거나 생해주는 신(神)을 만나야[遇旺逢生 우왕봉생] 한다. 다만, 그 체질이 지나치게 강하므로 모름지기 이끌어 통해야 묘하게 된다[引通爲妙 인통위묘]. 그리고 그 기세는 반드시 국과 관련되는 바가 있으니[氣勢必有所關 기세필유소관] 모름지기 그 뜻을 자세히 살펴보아야 한다[務須審察其情 무수심찰기정].

예를 들어, 목국(木局)이 운(運)에서 토(土)를 본다면 비록 '재신(財神)이 도와 삶을 누리게 한다[財神資養 재신자양]'고 할지라도 먼저 반드시 사주에 식상이 있어야만 비로소 분쟁의 우려가 없게 된다. 목국이 운에서 화(火)를 본다면 '아름다움이 빼어나게 드러난다[英華發秀 영화발수]'고 하는데, 반드시 사주원국에 재(財)가 있고 인성(印星)이 없어야만 비로소 도리어 극하는[反尅 반극] 재앙을 면할 수 있고 명리(名利)를 이룰 수 있게 된다. 목국이 운에서 금(金)을 본다면 파국(破局)이라고 하며, 흉함은 많고 길함은 적을[凶多吉少 흉다길소] 것이다. 목국이 운에서 수(水)를 본다면, 사주원국에 화(火)가 없어야만 '강한 신을 생하여 돕는다[生助强神 생조강신]'고 하는데 역시 일주가 형통한다 하겠다. 고로 예전의 강함을 좇는다는 이론[從强之說 종강지설]에서는 '재차 생하여 왕하게 해주는 곳으로 가면 아름답다[再行生旺爲佳 재행생왕위가]'고 하는데, 만약 사주에 먼저 식상이 있다면 반드시 일주의 신상에는 흉악한 재앙[凶禍 흉화]이 임할 것이다.

만약 사주원국에 파신이 은밀히 숨어 있다면[微伏破神 미복파신], 운에서 충(沖)과 합(合)의 묘함이 있어 이를 해소해야 마땅하다. 만약 일주가 월령을 잡지 못한 상태에서 국을 이루고 있다면[失時得局 실시득국], 운에서 일주를 생하여 왕하게 해주는 지지[生旺之鄕 생왕지향]를 만나야만 또한 조금이나마 공명을 얻을 수 있다[功名小就 공명소취]. 다만 운의 흐름[行運 행운]에서 우연히 일주를 극하는 관살(官殺)의 지지를 만나면[偶逢尅地 우봉극지] 독상은 그 자리에서 재앙을 보게 되는데[立見凶災 입견흉재], 만약 사주원국에 식상이 있어 도리어 관살을 극할 수 있다면[反尅 반극] 바야흐로 큰 해로움이 없다[方無大害 방무대해]고 할 것이다.

한마디로 말하자면, 천간은 신들의 우두머리[領袖之神 영수지신]인데 양기(陽氣)는 강하고 음기(陰氣)는 약하며, 지지는 회합(會合)을 하여 격을 이루는 것[會格之物 회격지물]인데 방국(方局)의 힘은 비교적 강하지만[方力較重 방력교중] 회국(會局)의 힘은 비교적 약하다[局力較輕 국력교경]고 하겠다. 독상이 비록 아름답다[獨象雖美 독상수미]고 하더라도 다만 두려운 것은 운의 흐름이 그 국을 깨뜨려버리는[運途破局 운도파국] 것이고, 합상이 비록 혼잡하다[合象雖雜 합상수잡]고 하더라도 제하여 화합으로 공을 이루니[制化成功 제화성공] 도리어 반갑다[卻喜 각희] 할 것이다.

독상(獨象)을 일러 일행득기격(一行得氣格)이라고도 한다. 즉, 사주가 한 가지 오행만으로 이루어진 것을 말한다. 또한 곡직격(曲直格)은 곡직인수격(曲直仁壽格)이라고도 한다.

사주가 독상이면 사주원국에 식상(食傷)이 있어야 하고, 운(運) 또한 식상운으로 흘러야 부귀공명을 누린다는 말인데, 이치상 타당하다 하겠다. 다만, 사주원국에 이미 식상이 있다면 이를 어찌 독상이라고 할 수 있겠는가. 이런 경우는 이미 식신격(食神格)이나 상관격(傷官格)이라고 해야할 것이다. 따라서 공연히 격국(格局)에 얽매여서 독상이라고 주장하기보다는, 식신격이나 상관격으로 보아 식상을 용신(用神)으로 삼고 운에서 재성의 지지[財地 재지]가 들어오기를 기다린다고 하는 것이 더 바람직한 해석일 것이다. 따라서 사주원국에 식상이 없어야 비로소 독상, 즉 일행득기격이 된다고 보아야 한다고 생각한다. 다음에 나오는 사례들을 보면 이해가 갈 것이다.

사주풀이 마지막 부분의 '방국(方局)의 힘은 비교적 강하지만[方力較重 방력교중] 회국(會局)의 힘은 비교적 약하다[局力較輕 국력교경]'라는 말은 차후 〈제6장 5. 방국(方局)〉에서 상세히 설명한다.

❶ 독상 중 곡직격(曲直格)의 경우

丙	甲	丁	甲
寅	辰	卯	寅

乙	甲	癸	壬	辛	庚	己	戊
亥	戌	酉	申	未	午	巳	辰

갑진(甲辰) 일주가 봄인 묘월(卯月)에 태어났고, 지지는 인묘진(寅卯辰) 목방국(木方局)을 이루어 동방일기(東方一氣)이다. 화신(化神)은 천간의 식상(食傷)인 병정화(丙丁火)로 강한 목기(木氣)를 설하여 꽃이 만발하게 해주니[發洩菁華 발설청화] 곡직인수격(曲直仁壽格)의 형상을 이루었다.

일찍이 향시(鄕試)와 전시(殿試)에 합격하여[科甲 과갑] 벼슬길이 순조로웠다. 이는 대운(大運)이 재성(財星)의 지지로 흐르는데, 사주원국에 이미 식상이 있어 비겁(比劫)을 설(洩)하여 화(化)하여 재성으로 흐르게 하는 공덕이 있었기 때문이다. 대운의 천간에 금(金)운이 들어섰음에도 무사할 수 있었던 것은 사주 천간의 병정화(丙丁火)가 이를 다시 극해주었기[回剋 회극] 때문이라 하겠다. 임수(壬水)운으로 바뀌자 수기(秀氣)인 식상을 손상시켜 사주의 형상이 깨지니[破局 파국], 벼슬에서 물러나 고향으로 돌아가 죽고 말았다[不祿 불록].

심화학습

이 사주를 일행득기격(一行得氣格)인 곡직격(曲直格)에 식상(食傷)이 천간에 투출한 형상으로 설명하고 있다. 엄격히 따지면 일행득기격은 사주 여덟 글자 모두가 한 가지 오행으로만 이루어져야 한다. 따라서 이 기준에 의하면 이 사주는 일행득기격이라고 할 수 없고 식신격(食神格)이라고 해야 옳을 것이다. 하지만 사주 여덟 글자 모두가 한 가지 오행으로만 이루어진 사주는 현실적으로 접하기 어려우므로 그것에 가장 근접한 형태의 사주를 사례로 들었다고 이해하고 넘어가는 것이 바람직하지 않을까 생각한다.

하지만 임철초는 사주에 식상이나 인성(印星)이 보이더라도 그 형상이 독상(獨象) 형태의 국(局)을 이루고 있으면 일행득기격으로 보고 해석한 것 같다. 비겁(比劫)이 중중(重重)하여 왕한 사주에 식상이 보이면 식상격(食傷格)이요, 인성이 보이면 종강격(從强格)이라고 보는 것이 타당하다는 생각이지만, 그도 자기 나름대로의 임상을 통해 내린 결론일 테니 일단은 『적천수(滴天髓)』의 원리를 따르기로 하되 더 많은 사례를 통해 임상을 해본 후 결론을 내리는 것이 바람직하다는 생각이다.

다만, 한 가지 명심해야 할 것은 독상의 사주에서는 무조건 그 기운이 일주(日土)를 화(化)하는 기운인 식상의 운으로 흘러가야 하고, 사주에 식상이 없는데 재성(財星)의 운으로 흘러가면 비겁들이 떼거지로 달라붙어 재물을 빼앗으려 하는 군겁쟁재(群劫爭財)의 형상이 나타나니 결코 좋지 않다는 사실이다.

❷ 독상 중 가색격(稼穡格)의 경우

己	戊	丁	己
未	子	丑	未

己	庚	辛	壬	癸	甲	乙	丙
巳	午	未	申	酉	戌	亥	子

천간의 무기토(戊己土)가 정화(丁火)를 만났고, 지지에는 축미토(丑未土)가 중중(重重)하다. 자축(子丑)이 합(合)을 하여 토(土)로 화(化)하였으니, 이는 참된 격의 형상[格象 격상]으로 이미 가색격(稼穡格)을 이루었다 하겠다.

불만스러운 것은 축토(丑土)의 지장간인 신금[丑中辛金 축중신금]을 이끌어내지 못했다[無從引出 무종인출]는 것이다. 또한 사주원국에 세 개의 정화

(丁火)가 나타나 신금(辛金)은 암암리에 손상을 입어 생하여 화해주는 오묘함[生化之妙 생화지묘]을 얻지 못하니 자손을 잇기가 어려웠다[嗣息艱難 사식간난]. 만약 천간에 경신(庚辛) 중 하나만이라도 투출했거나, 지지에 신유금(申酉金) 중 하나만이라도 있었다면 반드시 자식이 많았을 것이다.

심화학습

무토(戊土) 일주가 축월(丑月)에 태어나 사주에 비겁(比劫)이 중중하니 신왕(身旺)하다 하겠다. 비록 풀이에서는 가색격(稼穡格)이라고 했으나, 사주에 자수(子水)가 있으니 군겁쟁재(群劫爭財)라고 할 수 있을 것이다. 그렇다면 일단 자수(子水)를 용신으로 삼고, 운(運)에서 식상인 금(金)이 들어오기를 기다려야 하는 형상이라 하겠다. 단지 자손을 잇기가 어려웠다고만 되어 있어 알 수 없지만, 운이 수금(水金)으로 흘러 부귀(富貴)는 누리지 않았을까 하는 생각이다.

❸ 독상 중 염상격(炎上格)의 경우

乙	丙	甲	丙
未	戌	午	寅

壬	辛	庚	己	戊	丁	丙	乙
寅	丑	子	亥	戌	酉	申	未

지지에 인오술(寅午戌)의 화국이 완전하고[支全火局 지전화국] 천간의 목(木)은 화(火)의 세력을 따르니[木從火勢 목종화세] 염상격(炎上格)을 이루었다 하겠다. 아쉬운 것은 목(木)이 왕하여 토(土)를 극하니[木旺剋土 목왕극토], 수기(秀氣)인 식상(食傷)이 손상을 입어 학문을 이루지 못했다는 것이다. 무과에 합격하여[武甲出身 무갑출신] 벼슬이 부장(副將)에 이르렀다.

신유(申酉)운으로 흐르자 술미(戌未)의 조토(燥土)를 이끌어 화하여 유통(流通)시켜주니[引化 인화] 재앙이 없었다. 해수(亥水)운에는 다행히 미토(未土)와 회국(會局)을 이루고 인목(寅木)과 합(合)을 하니 직위가 약간 떨어지는[降職강직] 정도에 불과하였다. 경자(庚子)운으로 바뀌자 천간에는 식상이 없고 지지의 오화(午火)는 충을 만나 부딪치게 되어[沖激충격] 전쟁터에서 죽고 말았다[死在軍中사재군중].

심화학습

이 사주는 술토(戌土)는 인오술(寅午戌)의 화국(火局)을 이루고, 미토(未土)는 오미(午未)로 화방(火方)의 여기(餘氣)가 되어 술미(戌未)의 메마른 토[燥土조토]가 수기(秀氣)를 토해내지 못하니, 상관격(傷官格)이 아니라 염상격(炎上格)이라고 할 수도 있겠다. 하지만 오행에서 금수(金水)만 빠졌으니 독상(獨象)이라고 하기에는 무리가 따른다 하겠다. 따라서 상관격으로 보아 토(土)를 용신으로 하고, 운에서 재성(財星)을 기다린다고 보는 것이 합당하다는 생각이다. 화(火)운도 나쁘다고 할 수는 없다. 다만 사주와 운에 습토(濕土)의 지지가 없는 것이 아쉬울 뿐이다.

부장(副將)은 청(清)시대 종이품(從二品)에 이르는 벼슬로 대장(大將)을 보좌하는 장수라고 한다.

❹ 독상 중 종혁격(從革格)의 경우

庚	庚	乙	庚
辰	戌	酉	申

癸	壬	辛	庚	己	戊	丁	丙
巳	辰	卯	寅	丑	子	亥	戌

이 명조(命造)는 천간의 을경(乙庚)이 합하여 화를 이루었고[乙庚化合을경화합], 지지에는 신유술(申酉戌)이 완전하여 금방국(金方局)을 이루었으니 종혁격(從革格)을 이루었다 하겠다. 아쉬운 것은 사주에 수(水)가 없는 것으로, 금(金)의 숙살지기(肅殺之氣)가 지나치게 날카로워 학문에 불

리했을 뿐만 아니라 편안한 최후를 맞이할 수 없었다.

항오(行伍) 출신으로 벼슬이 참장(參將)에 이르렀으나, 마침내 인목(寅木)운으로 바뀌자 전쟁터에서 죽고 말았다[陣亡 진망]. 이는 사주원국에 식상(食傷)이 없기 때문이고, 또한 인목(寅木)과 술토(戌土)가 합을 하여 사주의 왕신(旺神)을 건드렸기 때문이라 하겠다.

심화학습

사주풀이대로라면 종혁격(從革格)이라 할 수밖에 없다. 하지만 사주원국에 목금토(木金土)가 다 있으니 독상(獨象)이라고 하기에는 어쩐지 섭섭하다는 생각이 든다. 따지자면 식상격(食傷格)이라고 하는 것이 마땅한데, 사주원국에 용신(用神)이 보이지 않는 사주라 하겠다. 식상(食傷)인 수(水)가 없는 것이 무척 아쉽다. 따라서 일단은 금(金)을 용신으로 하고, 운에서 수(水)가 들어오길 기다리는 수밖에 없을 것 같다는 생각이다.

혹자는 신금(申金) 안의 임수(壬水)를 용신으로 삼는다고 하지만, 무리한 해석으로 보인다. 사주의 형태는 비겁(比劫)이 재성(財星)을 탐하여 싸우고 있는 군겁쟁재(群劫爭財)의 구조라 할 수 있겠다. 인목(寅木)운에 죽은 것은 인목(寅木)과 술토(戌土)가 합(合)을 하여 사주의 왕신(旺神)을 건드렸기 때문이라기보다는, 군겁쟁재의 작용 때문으로 보는 것이 더 합당하다는 생각이다. 오화(午火)가 없는 인술합(寅戌合)은 합 작용이 미미하다고 보기 때문이다.

항오(行伍)는 원래 군대를 편성하고 있는 행렬을 말하는데, 여기서는 졸병을 의미한다고 보면 된다. 참장(參將)은 부장(副將) 밑에 위치한 장수를 일컫는 말이라고 한다.

❺ 독상 중 윤하격(潤下格)의 경우

```
        壬      癸      辛      壬
        子      丑      亥      子

    己   戊  丁  丙  乙  甲  癸  壬
    未   午  巳  辰  卯  寅  丑  子
```

계축(癸丑) 일주가 겨울인 해월(亥月)에 태어나 지지는 해자축(亥子丑) 수방국(水方局)을 이루고, 천간에는 임수(壬水)와 신금(辛金)이 투출하여 윤하격(潤下格)을 이루었다. 다행스럽게 운(運)도 사주를 배반하지 않고 일주의 기운을 화(化)하는 방향으로 흐르니 일찍이 학문을 이루었다.

갑인(甲寅)운에 상관(傷官)인 수기(秀氣)가 흘러 통하니[流行 유행] 향시(鄕試)와 전시(殿試)에 합격하였고[登科發甲 등과발갑], 을묘(乙卯)운에는 벼슬길이 평탄하여 현령(縣令)에서 주목(州牧)으로 천거되었다. 재성(財星)운인 병화(丙火)운에 들자 사주원국에 일주를 화하여 재성으로 유통시켜주는 식상(食傷)이 없으니, 비겁(比劫)들이 떼거지로 달라붙어 재물을 빼앗으려 하므로[群劫爭財 군겁쟁재] 녹봉을 받지 못하게 되었다[不祿 불록].

심화학습

계수(癸水) 일주가 해월(亥月)에 태어나 사주에 비겁(比劫)이 중중(重重)하니 윤하격(潤下格)이라고 할 수 있겠다. 하지만 이 사주도 천간에 인성(印星)인 신금(辛金)이 있으니 완전한 독상(獨象)의 형상은 아니다. 독상이라면 용신(用神)은 목(木)이 되고, 희신(喜神)은 수(水)가 되어야 한다. 하지만 사주원국에 목(木)이 보이지 않으니 일단은 수(水)를 용신으로 삼고, 운(運)에서 목(木)이 오기를 기다려야 한다고 하겠다.

혹은 해수(亥水) 중의 갑목(甲木)을 생각해볼 수도 있지만, 이렇게 사주에 수(水)가 그득한데 이를 용신으로 삼을 수 있을까. 다행히도 운이 일주를 화(化)하는 식상(食傷)인 목(木)의 방향으로 흘러 좋았다고 하겠다.

여기서 '불록(不祿)'은 죽고 말았다는 말보다는 녹봉을 받지 못하게 되었다, 즉 관직에서 물러났다[罷職 파직]는 의미로 해석하는 것이 더 적절하다는 생각이다. 등과(登科)는 향시(鄕試)에 합격하는 것이고, 발갑(發甲)은 전시(殿試)에 합격하는 것을 말한다.

명리학 기초이론 20 **용신(用神)이란**

〈명리학 기초이론 8 : 사주의 왕약(旺弱)〉에서 언급한 것처럼 자평명리학(子平命理學)의 논리에 따라 사주풀이를 하려면 그 사주의 왕약(旺弱)을 먼저 구분해야 하고, 그 결과에 따라 왕한 것은 눌러주고 약한 것은 도와주는[旺者宜抑 弱者宜扶, 왕자의억 약자의부] 원리를 적용해야 한다. 이때 적용하는 것이 바로 용신(用神)의 개념이다.

용신이란 말 그대로 일주(日主)가 필요로 하는 신(神), 즉 사주 여덟 글자 중 일주가 필요로 하는 오행을 말한다. 일주가 왕(旺)하면 앞의 원리에 따라 일주를 눌러주어야 하고 약(弱)하면 도와주어야 하는데, 여기에는 크게 네 가지 방법이 있다. 그것은 바로 설(洩), 상(傷), 방(幇), 조(助)이다. 이러한 방법에 따라 구한 용신이 그 사주의 형상(形象)과 운(運)에서 어떻게 작용하는지를 명확히 밝히고, 또한 이를 도와주는 오행 즉 희신(喜神)과 이를 방해하는 기구신(忌仇神)이 어떤 역할을 하는지를 밝힘으로써〈명리학 기초이론 16 : 육신과 육친의 생극〉 참조) 그 사주를 올바르게 풀이할 수 있다. 설, 상, 방, 조에 대해서는 〈제5장 5. 억부(抑扶)〉에서 자세히 설명한다.

---

4. 전상(全象) – 상관생재(傷官生財)·관인상생(官印相生)· 재관병현(財官竝見)

적천수 원문

全象喜行財地　　而財神要旺
전상희행재지　　이재신요왕

세 가지가 있어 완전한 사주는 재성의 지지[財地, 재지]로 흐르는 것을 반기니

[全象喜行財地]

일주가 왕(旺)하면 재신(財神)이 왕성하여 그 역할을 충실히 수행할 수 있어야 한다

[而財神要旺].

　전상(全象) – 상관생재(傷官生財) · 관인상생(官印相生) ·

재관병현(財官並見)

세 가지가 있어 완전하다[三者爲全 삼자위전]는 것은 사주에 일주(日主)와 용신(用神) 및 희신(喜神)이 모두 있는 것을 말하고, 이 세 가지가 모두 있는 사주가 전상(全象)이 된다. 이는 전적으로 일주와 상관(傷官)과 재성(財星)만을 가리켜서 논한 것은 아니다. 상관생재(傷官生財), 관인상생(官印相生), 재관병현(財官並見) 모두가 전상이 되는 것이다.

　일주가 왕하여 재성을 용신으로, 상관을 희신으로 삼았다면[傷官生財 상관생재], 운(運)은 재성의 운으로 흐르는 것이 가장 마땅하다. 만약 사주에 비겁(比劫)이 많아 이들에게 재성이 겁탈을 당하면[財星被劫 재성피겁] 비겁을 극(剋)하는 관성(官星)의 운은 반드시 좋을 것이고, 상관의 운 또한 이들을 흘려[洩 설] 유통시켜줄 수 있으니 이 또한 아름답다 하겠다. 모름지기 사주원국의 의향(意向)이 어디에 있는지 잘 살펴보고 판단한 후에 어느 것을 택할지를 결정해야 한다.

　일주가 왕하고[日主旺 일주왕] 상관이 약한데[傷官輕 상관경] 사주에 인수(印綬)가 있다면, 인성(印星)을 극하는 재성은 반가우나[喜財 희재] 인성을 생하는 관성은 반갑지 않을[不喜官 불희관] 것이다. 일주가 왕하고[日主旺 일주왕] 재성은 약한데[財神輕 재신경] 사주에 비겁이 있다면, 비겁을 극하는 관성은 반가우나[喜官 희관] 비겁에게 극을 당하는 재성은 반갑지 않을[不喜財 불희재] 것이다. 재성과 관성이 함께 나타났는데[財官並見 재관병현] 일주가 왕상하면[日主旺相 일주왕상], 인성을 극하는 재성은 반가우나[喜財 희재] 인성을 생하는 관성은 반갑지 않을[不喜官 불희관] 것이다. 일주가 휴수가 되어 약한데[日主休囚 일주휴수] 관성이 인성을 생조해주고 있다면[官印相生 관인상생], 관성의 생을 받는 인성은 반가우나[喜印綬 희인수] 관성의 극을 받는 비겁은 반갑지 않을[不喜比劫 불희비겁] 것이다.

　무릇 운명을 논할 때에는 절대로 한 가지 논리에 집착해서는 안 된다. 반드시 사주 전체의 의향이 어느 신(神)으로 흐르기를 원하는지를 제대로 파악해야만 일주의 희용신(喜用神)과 기구신(忌仇神)을 확실히 파악할 수 있다.

유백온(劉伯溫)은『적천수(滴天髓)』원주(原注)에서 "세 가지가 있어 완전
하다[三者爲全 삼자위전]는 것은 상관(傷官)이 있고 다시 재성(財星)이 있는
것을 말한다"고 하며, 일주(日主)와 식상(食傷)과 재성의 세 가지가 있는
사주를 전상(全象)이라고 하여 일주가 왕(旺)하면 전상은 재성의 지지[財
地재지]로 흐르는 것을 반긴다고 하였다. 하지만 임철초(任鐵樵)는 이를
확대 해석하여 "삼자위전(三者爲全)은 일주와 용신(用神)과 희신(喜神)
이 모두 있는 것을 말한다"고 하며 상관생재(傷官生財), 관인상생(官印相
生), 재관병현(財官竝見)의 경우를 모두 전상으로 보고 있다.

　다만『적천수천미(滴天髓闡微)』에는 "삼자위전(三者爲全)은 전적으로
상관과 재(財)만을 가리켜 논한 것이 아니다"라고만 되어 있고, 삼자(三
者)가 일주와 용신과 희신을 가리킨다는 말은 빠져 있다. 따라서『적천수
징의(滴天髓徵義)』의 해석이 더 자세하고 타당하다는 생각이다.

　　전상(全象)

❶ 전상인 상관생재(傷官生財)의 경우 1

甲	丁	丙	戊
辰	卯	辰	申

甲	癸	壬	辛	庚	己	戊	丁
子	亥	戌	酉	申	未	午	巳

정묘(丁卯) 일주가 늦은 봄인 진월(辰月)에 태어났다. 상관이 재성을 생
해주는[傷官生財 상관생재] 형상이다. 불만스러운 것은 목(木)이 너무 왕성
하고 토(土)가 허약하여[木盛土虛 목성토허] 학문을 이루기 어려웠다는 것이
다. 다행스러운 것은 상관(傷官)인 토(土)가 겁재(劫財)를 화(化)하여 재
(財)를 다투는 상황[爭財 쟁재]은 일어나지 않았다는 것이다.

　경신(庚申)운과 신유(辛酉)운에 들어 부친의 미미한 사업을 이어받아

그 규모를 크게 일으켜 재산 십여만을 모았다.

정화(丁火) 일주가 늦은 봄인 진월(辰月)에 태어났다. 지지는 묘진(卯辰)의 목방국(木方局)을 이루고, 천간에 인성(印星)인 갑목(甲木)이 시간(時干)에서 일주인 정화(丁火)를 생해주고 겁재(劫財)인 병화(丙火)는 월간(月干)에서 도와주니 일주는 약하지 않다 하겠다. 따라서 일주를 설(洩)하는 토금(土金)을 희용신(喜用神)으로 하여 상관생재(傷官生財)로 흐르는 것이 바람직하다는 생각이다. 묘하게도 운(運)마저 토금(土金)으로 흘러 발(發)할 수 있었다고 본다.

❷ 전상인 상관생재(傷官生財)의 경우 2

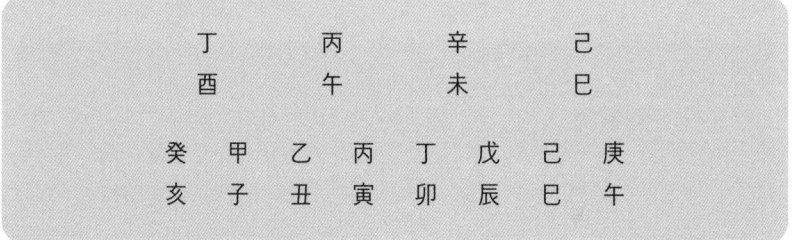

병오(丙午) 일주가 늦여름인 미월(未月)에 태어나고, 지지는 사오미(巳午未) 남방(南方)을 이루며, 천간에 겁재(劫財)인 정화(丁火)까지 투출했으니 왕(旺)함이 극에 달했다고 하겠다. 화토상관(火土傷官)으로 상관생재(傷官生財)의 구조가 되었는데, 불만스러운 것은 양인(陽刃)인 오화(午火) 속의 정화(丁火)가 시간(時干)에 투출하고 사주 안에 습기는 전혀 찾아볼 수가 없으니, 비겁과 양인이 방자하게 날뛰는[肆逞 사령] 것이다.

　물려받은 유산은 오래가지 못했고, 부모는 일찍 돌아가시니 어려서 고아가 되어 고통이 극심했으며, 중운(中運)인 목(木)운에도 추위와 배고픔을 벗어나지 못했다. 육십이 되기 전까지는 운이 동남(東南)의 목화(木火)의 지지로 흘렀으니, 처와 재물 그리고 자식과 녹봉[妻財子祿 처재자록]

에 이르기까지 되는 것이라고는 아무 것도 없었다.

축(丑)운에 들어 북방(北方)의 습토(濕土)를 만나 화(火)를 설(洩)하고 재성(財星)인 금(金)을 생하며[晦火生金 회화생금] 사유축(巳酉丑)의 금국(金局)을 이루니, 좋은 인연을 만나 사업을 일으키고 재산을 모았다. 칠순에 이르러서는 첩을 얻어 두 명의 자식을 얻었다. 갑자(甲子)와 계해(癸亥)의 북방의 수(水)운에는 수만의 재산을 모아 구순까지 살았다. 속담에 "운이 따르면 반드시 그 복을 얻으리라[有其運必得其福 유기운필득기복]"라고 했거늘, 사람의 힘으로 어찌 그 양을 제한할 수 있겠는가.

심화학습

대운(大運)의 흐름으로 본다면 바로 앞의 사례는 중운(中運)부터 토금수(土金水)로 흘렀으나, 본 사례는 목수(木水)로 흘러 전자(前者)가 더 좋아 보인다. 또한 본 사례는 상관(傷官)으로 희신(喜神) 역할을 해주는 토(土)가 너무 조열(燥熱)하여 그 역할을 제대로 할 수 없을 것 같고, 용신(用神)인 신금(辛金) 또한 병신합(丙申合)을 하려 하니 그 역할을 제대로 할 수 있을까 우려된다. 다만, 본 사례는 용신인 재성(財星)이 일주에 바짝 붙어 있고 기토(己土)는 그 옆에서 재성인 신금(辛金)을 생하여 도와 병화(丙火)와의 합을 방해하여 희신 역할을 제대로 해주니 용신이 힘이 있다. 따라서 비록 희신인 습토(濕土)의 도움이 있으나 용신인 신금(申金)은 일주(日主)로부터 너무 멀리 떨어져 있어 그 역할이 아쉬운 앞의 사례보다 사주원국의 형상은 더 낫다고 보여진다.

이렇게 본다면 이른바 '사주 좋은 것이 운 좋은 것만 못하다[命好不如運好 명호불여운호]'는 말도 다시 한 번 새겨보아야 하겠다. 일단 사주가 더 좋으면 운이 조금 못해도 더 나을 수 있다는 논리도 성립될 수 있기 때문이다. 하여튼 사주풀이는 단순한 작업이 아닌 것만은 틀림없다. 다만 앞의 사례에 비해 본 사례의 사주풀이를 대운(大運)의 흐름에 따라 매우 상세히 해놓은 까닭에 후자(後者)의 사주가 더 나아 보일 뿐이다.

본 사례를 보면 '사람은 오래 살고 볼 일이다'라는 말이 떠오른다. 앞서 언급한 '상관생재(傷官生財)'의 형상은 운에서는 재성의 운으로 흐르는 것을 가장 반기며, 만약 사주에 비겁이 많으면 이들이 재성을 빼앗으러 달려들[剋 극] 것이므로 이들을 극하는 관성의 운이 좋을 것이나, 식상의 운 또한 이들을 흘려[洩 설] 유통시켜줄 수 있으니 이 또한 아름답다 하겠다' 라는 논리가 적용된 사례로 이해하면 되겠다.

명리학 기초이론 21　　**희신(喜神)을 정하는 요령**

희신은 일주의 왕약(旺弱)에 따라 다음과 같이 정한다.

① 용신이 극을 받을 경우

· 일주(日主)가 약하여 인성(印星)을 용신으로 삼은 경우 대부분 비겁(比劫)이 희신이 된다. 용신인 인성이 약하면 인성을 생해주는 관살(官殺)을 희신으로 삼는다.

· 일주가 약하여 비겁을 용신으로 삼은 경우 대부분 인성이 희신이 된다. 즉 관살이 비겁을 극(剋)하면 인성이 이를 유통(流通)시켜주고, 식상(食傷)이 비겁을 설(洩)하면 인성이 이를 극하여 억제한다.

② 용신이 약할 경우

· 일주가 왕하여 식상을 용신으로 삼은 경우 대부분 재성(財星)이 희신이 된다. 용신인 식상이 약하면 식상을 생해주는 비겁을 희신으로 삼을 수도 있다.

· 일주가 왕하여 재성을 용신으로 삼은 경우 대부분 식상이 희신이 된다. 비겁이 많아 용신인 재성이 극을 받는데 식상이 없으면 관살을 희신으로 삼아야 하고, 재성이 왕하여 식상의 도움이 필요 없으면 관살을 희신으로 삼을 수도 있다.

· 일주가 왕하여 관살을 용신으로 삼은 경우 대부분 재성이 희신이 된다. 재성이 없고 식상이 용신인 관살을 극하면, 식상을 극하는 인성을 희신으로 삼을 수도 있다.

③ 그 밖의 경우

· 용신(用神)이 용신의 관살로부터 극을 받으면, 이를 극해주는 용신의 식상이 희신이 된다. 예를 들어, 일주가 갑목(甲木)인데 약해서 이를 생해주는 인성인 수(水)를 용신으로 잡은 경우, 사주에서 수(水)의 관살인 토(土)가 수(水)를 극하면 이를 극해주는 용신의 식상인 목(木)이 희신이 된다. 이 목(木)은 일주의 입장에서 보면 비겁이 된다. 따라서 사주가 약할 때는 일주의 인성과 비겁이 희용신(喜用神)이 된다.

· 용신이 약할 경우 용신을 생해주는 용신의 인성이 희신이 된다. 예를 들어, 앞의 경우에서 일주인 갑목(甲木)이 약하여 이를 생해주는 인성인 수(水)를 용신으로 잡았는데, 수(水)가 뿌리가 없어 약하니 이를 강하게 해주는 용신의 인성, 즉 일주의 관살인 금(金)이 희신 역할을 한다.

· 용신이 앞의 두 경우와 무관한 상황이라면 희신의 의미는 그다지 크지 않다고 볼 수 있다.

5. 억부(抑扶) - 자평명리학(子平命理學)의 정수(精髓)

形全者宜損其有餘　形缺者宜補其不足
형전자의손기유여　　　　형결자의보기부족

> 형상이 완전하여 강왕(强旺)한 자는 그 넘쳐나는 기운을 덜어주어야 하고
> [形全者宜損其有餘]
> 형상에 결함이 있어 쇠약(衰弱)한 자는 그 부족한 기운을 보태주어야 한다
> [形缺者宜補其不足].

억부(抑扶) - 왕자의억 약자의부(旺者宜抑 弱者宜扶)

형상이 완전하여 강왕(强旺)한 자는 그 넘쳐나는 기운을 덜어주어야 하고[形全宜損 형전의손], 형상에 결함이 있어 쇠약(衰弱)한 자는 그 부족한 기운을 보태주어야 한다[形缺宜補 형결의보]는 논리를 자평의 법[子平之法 자평지법]에서는 '일주가 왕하면 식상(食傷)으로 설(洩)하거나 관살(官殺)로 극(剋)해야 함이 마땅하고[宜洩宜傷 의설의상], 일주가 약하면 인성(印星)으로 생하여 도와주거나[生助 생조] 비겁(比劫)으로 패거리를 이루어 도와주는[幇扶 방부] 것을 반긴다[喜助喜幇 희조희방]'라고 한다. 이는 왕한 것은 눌러주고 약한 것은 도와준다[旺者宜抑 弱者宜扶 왕자의억 약자의부] 또는 형상이 완전하면 덜어내고 형상에 결함이 있으면 보태준다[形全宜損 形缺宜補 형전의손 형결의보]고 하는 억부법(抑扶法)을 가리켜 하는 말이다.

이 세상 천지에 명리학(命理學)에 관한 책이 수만 권이라고 할지라도, 사주풀이의 기본 원리를 설명하는 데에는 이 두 구절의 의미를 벗어날 수가 없으니, 이 구절을 읊으면 읊을수록 정말로 시원하고[直捷痛快 직첩통쾌] 그 의미가 분명하고 확실해진다[顯然明白 현연명백]. 따라서 사람마다 그 뜻을 이해하고 터득하여 이 말이 지니고 있는 심오하고 오묘한 의미를 속속들이 연구하다 보면, 그 안에 사주의 오행들이 서로 작용하는 지극한 이치가 담겨 있다[實有至理 실유지리]는 사실을 알 수 있다.

용렬하고 속된 사람들은 단지 사주가 왕(旺)하면 설하는 식상이나 극하

는 관살을 용신으로 삼아야 하고[旺用洩傷 왕용설상], 사주가 쇠(衰)하면 패거리를 이루어 도와주는[幫扶 방부] 비겁이나 생하여 도와주는[生助 생조] 인성을 용신으로 삼아야 한다[衰用幫助 쇠용방조]라고만 알고[庸俗祗知 용속지지] '설상방조(洩傷幫助)' 네 글자를 분별 없이 사용하고 있다. 이에 자칫 잘못하면 그 사람의 길흉이 뒤바뀌게 되고[吉凶顚倒 길흉전도], 마땅함과 거리낌이 뒤범벅이 되어 어지럽게 되어버린다[宜忌淆亂 의기효란]. 따라서 내가 여기서 밝히는 바[以余論之 이여론지], 모름지기 '설상방조(洩傷幫助)' 이 네 글자는 그 쓰임새를 분명하게 구분하여 사용해야 하며, 그 변화에 통하는[通變 통변] 기준은 '마땅할 의(宜)'이 한 글자에 있다.

'흘려보냄이 마땅하다[宜洩 의설]'는 것은 설(洩)하는 것의 오묘함[洩之爲妙 설지위묘]을 의미하고, '손상시킴이 마땅하다[宜傷 의상]'는 것은 극하여 상(傷)하는 것의 공로[傷之有功 상지유공]를 의미한다. 설은 식상을 말하고, 상은 극하는 관살을 일컫는다. 이 두 글자가 의미하는 방법은 모두 일주가 왕한 경우에 쓰이는데, 때로는 설이 해롭고[洩之有害 설지유해] 상이 이로울[傷之有利 상지유리] 수도 있고 때로는 설이 이롭고[洩之有利 설지유리] 상이 해로울[傷之有害 상지유해] 수도 있으니, 설과 상 이 두 글자는 마땅히 그 용도를 구분하여 사용해야 한다.

'패거리를 이루어 도움이 마땅하다[宜幫 의방]'는 것은 방부(幫扶)하는 것의 적절함[幫之爲切 방지위절]을 의미하고, '생하여 도움이 마땅하다[宜助 의조]'는 것은 생조(生助)하는 것의 아름다움[助之爲佳 조지위가]을 의미한다. 방(幫)은 비겁을 말하고, 조(助)는 인수를 일컫는다. 이 두 글자가 의미하는 방법은 모두 일주가 쇠한 경우에 쓰이는데, 때로는 방부가 흉하고[幫之則凶 방지즉흉] 생조가 길할[助之則吉 조지즉길] 수도 있고 때로는 방부가 길하고[幫之則吉 방지즉길] 생조가 흉할[助之則凶 조지즉흉] 수도 있으니, 방과 조 이 두 글자 또한 그 용도를 구분하여 사용해야 한다.

만약 일주가 왕상(旺相)하고 사주에 재관이 무기력하다면[財官無氣 재관무기], 식상으로 일주의 강한 기운을 설(洩)하려 하면 관성이 손상을 입겠지만, 관성으로 일주의 강한 기운을 상(傷)하게 하면 비겁의 여유로움을 극하여 보내버리고 재성은 관성의 부족함을 채워줄 수 있으니, 이른바

'설이 해롭고[洩之有害 설지유해] 상이 이로운[傷之有利 상지유리] 경우'라고 하겠다.

일주가 왕상하고 사주에 재관이 보이지 않고 비겁이 그득하다면[滿局 比劫 만국비겁], 관성으로 일주의 강한 기운을 상하게 하려 하면 중중(重重)한 비겁들을 격분시켜 오히려 해롭게 하므로 식상으로 설하여 비겁의 기세에 순응하느니[順其氣勢 순기기세]만 못하니, 이른바 '설이 이롭고[洩之有利 설지유리] 상이 해로운[傷之有害 상지유해] 경우'라고 하겠다.

일주가 쇠약하고 사주에 재성이 중첩되어 있다면, 인수로 약한 일주를 생하여 도우려 하면[生助 생조] 도리어 재성의 무리들로부터 공격을 당해 무너져버리지만[反壞 반괴], 비겁이 패거리를 이루어 서로 도우면[幇扶 방부] 재성의 여유로움을 극하여 보내버리고 일주의 부족함을 채워줄 수 있으니, 이른바 '방부가 길하고[幇之則吉 방지즉길] 생조가 흉한[助之則凶 조지즉흉] 경우'라고 하겠다.

일주가 쇠약하고 사주에 관살이 더불어 더해져 있어[官殺交加 관살교가] 사주 전반에 살의 세력이 그득하다면[滿盤殺勢 만반살세], 비겁이 패거리를 이루어 서로 도우면[幇扶 방부] 도리어 관살의 무리들로부터 극을 받아 서로 무정(無情)하게 될 뿐이라 살(殺)의 난폭함을 인성으로 이끌어 화하여[引化 인화] 일주의 부족함을 채워주는 것만 못하니, 이른바 '방부가 흉하고[幇之則凶 방지즉흉] 생조가 길한[助之則吉 조지즉길] 경우'라고 하겠다.

이상과 같이 언급한 것은 앞 사람들 누구도 언급하지 않은 것을 보충하여 설명한 것이다.

목(木) 일주가 인묘진(寅卯辰) 동방(東方)의 목월(木月)에 태어나고, 화(火) 일주가 사오미(巳午未) 남방(南方)의 화월(火月)에 태어났다고 해서 사주의 형상이 완전하다[形全 형전]고 한다면 이 역시 한쪽으로 치우친 논리라 하겠다.

예를 들어, 목(木) 일주가 인묘진(寅卯辰) 동방의 목월(木月)에 태어났다면, 천간에 경금(庚金)과 신금(辛金)이 투출하고 지지에 신금(申金)과 유금(酉金)이 있음에도 불구하고 사주의 형상이 완전하니[形全 형전] 사주에 넘치는 목기(木氣)를 덜어주어야 한다고 할 수 있겠는가.

화(火) 일주가 사오미(巳午未) 남방(南方)의 화월(火月)에 태어났다면, 천간에 임수(壬水)와 계수(癸水)가 투출하고 지지에 해수(亥水)와 자수(子水)가 있음에도 불구하고 사주의 형상이 완전하니[形全 형전] 사주에 넘치는 화기(火氣)를 덜어주어야 한다고 할 수 있겠는가.

토(土) 일주가 인묘진(寅卯辰) 동방의 목월(木月)에 태어났다면, 천간에 병화(丙火)와 정화(丁火)가 투출하고 지지에 사화(巳火)와 오화(午火)가 있음에도 불구하고 사주의 형상에 결함이 있다[形缺 형결]고 하여 그 부족함을 보태주어야 한다고 할 수 있겠는가.

금(金) 일주가 사오미(巳午未) 남방의 화월(火月)에 태어났다면, 천간에 무토(戊土)와 기토(己土)가 투출하고 지지에 신금(申金)과 유금(酉金)이 있음에도 불구하고 사주의 형상에 결함이 있다[形缺 형결]고 하여 그 부족함을 보태주어야 한다고 할 수 있겠는가.

이 모든 사례는 사주의 왕약을 살피다 보면 월지(月支)에 당령(當令)을 하여 사주가 왕한 것 같으나 약하게 변한[旺中變弱 왕중변약] 경우도 있고, 월령(月令)을 차지하지 못해 약한 것 같으나 왕하게 변한[弱中變旺 약중변왕] 경우도 있으니, 결코 '월령을 차지하면 그 사주는 왕하다'라는 한 가지 논리에만 집착해서는 안 된다는 것을 보여준다. 따라서 덜어주는 것이 마땅한[宜損 의손] 것처럼 보이는 사주가 덜어주는 것이 오히려 해가 되고, 보태주는 것이 마땅한[宜補 의보] 것처럼 보이는 사주가 보태주는 것이 오히려 도움이 안 되는 경우가 있으니, 모름지기 자세히 살펴보고 또 살펴보아야 한다.

심화학습

"이상과 같이 언급한 것은 앞 사람들 누구도 언급하지 않은 것을 보충하여 설명한 것이다"라는 말로 미루어 임철초(任鐵樵) 이전의 자평지법(子平之法)에는 단지 억부법(抑扶法)이라는 논리만 있었을 뿐 설상방조(洩傷幫助)를 구분하여 적용하는 사람이 없었던 모양이다. 『적천수(滴天髓)』 원문(原文)에서는 단지 "남으면 덜어주고 모자라면 보태주라[形全宜損

形缺宜補^{형전의손 형결의보}]"고만 되어 있을 뿐, 어떠한 방법으로 하라는 구체적인 내용은 없다. 따라서 설상방조의 논리는 임철초가 처음으로 적용했다고 보면 될 것이다.

또한 원주(原注)에서 유백온(劉伯溫)은 인묘진(寅卯辰)월에 태어난 갑목(甲木) 일주와 사오미(巳午未)월에 태어난 병정(丙丁) 일주를 '형전(形全)'이라고 하고, 인묘진(寅卯辰)월에 태어난 무토(戊土) 일주와 사오미(巳午未)월에 태어난 경금(庚金) 일주를 '형결(形缺)'이라고 하여 일주의 왕약(旺弱)을 단순히 그 일주가 월령(月令)을 차지했는지 아닌지만으로 구분하고 있다.

하지만 임철초는 '월령을 차지하면 그 사주는 왕하다'라는 단순한 논리에 동의하지 않고, '왕중변약(旺中變弱)'도 있고 '약중변왕(弱中變旺)'도 있으니 한 가지 논리에만 집착해서는 안 된다고 주장하고 있다.

적천수 사례연구 **억부(抑扶)**

❶ 설이 해롭고[洩之有害, 설지유해] 상이 이로운[傷之有利, 상지유리] 경우

甲	庚	庚	丁
申	子	戌	丑

壬	癸	甲	乙	丙	丁	戊	己
寅	卯	辰	巳	午	未	申	酉

경자(庚子) 일주가 술월(戌月)에 태어나 가을의 경금(庚金)이 대단히 날카롭고, 비견(比肩)인 월간(月干) 경금(庚金)과 시지(時支) 신금(申金)이 패거리를 이루어 일간을 도와주니 사주는 약하지 않다 하겠다. 관성(官星)인 정화(丁火)는 허약하여 이들을 극(剋)하여 제(制)할 수 없고, 재성(財星)인 갑목(甲木) 또한 절지(絶地)에 임하여 뿌리가 끊어졌으니 관성인 정화(丁火)를 생해줄 겨를이 있겠는가. 재관(財官)이 모두 무기력하다.

초운(初運)인 기유(己酉)와 무신(戊申)의 토금(土金)운에서는 정화(丁

火)를 설(洩)하여 어둡게 하고 경금(庚金)을 생하여 일간을 더욱 왕하게 하니 온갖 고초를 당하여 차마 눈 뜨고 볼 수 없을 지경이었다. 정미(丁未)운과 병오(丙午)운에 들어 관성인 정화(丁火)가 도움을 받아 집안을 다시 일으키고 을사(乙巳)운에 이르러 뒤늦게 인생의 여유로움을 즐겼으니, 이를 일러 '극(剋)하여 상(傷)하는 것의 공로[傷之有功 상지유공]'라고 한다.

남방(南方) 화(火)운에서 발(發)했다고 하니 관성(官星)이 용신이 된다고 할 수밖에 없다. 그 당시에는 식상(食傷)을 써서 성공할 수 있는 길을 찾기란 거의 불가능했을 테니, 관성과 식상이 용신의 후보자로 겹쳐서 나타날 경우 대부분 관살(官殺)을 취할 수밖에 없는 것이 당연하게 여겨진다. 하지만 요즘 같은 상황이라면, 일지를 차지하고 바로 옆 시지(時支)의 신금(申金)으로부터 생조를 받고 있는 식상인 자수(子水)를 용신으로 삼는 것이 더 낫지 않을까 생각해볼 수도 있을 것 같다. 물론 월지(月支)의 술토(戌土)가 눈에 거슬리기는 하지만 말이다. 수(水)를 용신으로 한다면 운(運)의 흐름은 화목(火木)으로 흐르니 좀 불리해지겠다. 정말 설(洩)과 극(剋)의 선택은 힘들고도 어렵다 하겠다.

❷ 설이 이롭고[洩之有利, 설지유리] 상이 해로운[傷之有害, 상지유해] 경우

乙	庚	壬	戊
酉	申	戌	申

庚	己	戊	丁	丙	乙	甲	癸
午	巳	辰	卯	寅	丑	子	亥

경신(庚申) 일주가 늦가을 술월(戌月)에 태어났다. 을목(乙木)은 경금(庚金)을 따라 금(金)으로 화(化)하고, 관성(官星)인 화(火)는 사주에 보이지 않는다. 지지는 서방(西方)인 신유술(申酉戌)을 이루고, 일간 경금(庚金)

은 일지에 녹왕(祿旺) 즉 비견(比肩)인 신금(申金)을 깔고 앉아 권세가 일간(日干)인 경금(庚金)에 몰려 있으니[權在一人 권재일인] 그 강한 세력을 따라 종(從)한다고 하겠다. 비록 식신(食神)인 임수(壬水)가 있으나 바로 옆의 무토(戊土)로부터 극을 받으니, 경금(庚金)을 설(洩)하여 금(金)의 숙살지기(肅殺之氣)를 흘려보내기에는 부족하다 하겠다.

초운(初運)인 계해(癸亥)와 갑자(甲子) 대운에는 기세를 거스르지 않고 순응하여 흐르니 마음먹은 대로 재물을 모았으나, 마침내 병인(丙寅)운에 들자 병화(丙火)가 왕신(旺神)인 금(金)을 건드리니 한 번의 실패로 모든 것이 재가 되어버렸고[一敗如灰 일패여회], 먹고 입을 것을 구하기가 어려워 스스로 목을 매어 죽었으니, 이른바 '설이 이롭고[洩之有利 설지유리] 상이 해로운[傷之有害 상지유해] 경우'라고 하겠다.

심화학습

사주풀이를 보면 종왕격(從旺格) 또는 화금격(化金格)으로 본 것 같다. 하지만 비록 토(土) 인성(印星)에 둘러싸여 극을 받아 힘이 없다 하더라도 월간(月干)의 임수(壬水)를 용신으로 삼는다고 보아야 한다는 생각이다. 따라서 용신은 식신생재(食神生財)로 흘러야 할 것이다. 물론 종강격이나 화금격으로 보아도 용신은 역시 임수(壬水)가 될 것이다. 식신(食神)은 인성에게 깨지고, 운(運)의 지지로 들어오는 재성(財星)은 비겁(比劫)에게 겁탈당하는 형상이니[群劫爭財, 군겁쟁재] 먹고 살기가 무척 힘들었던 모양이다.

❸ 방부가 길하고[幫之則吉, 방지즉길] 생조가 흉한[助之則凶, 조지즉흉] 경우

乙	丙	辛	庚
未	辰	巳	申

己	戊	丁	丙	乙	甲	癸	壬
丑	子	亥	戌	酉	申	未	午

병진(丙辰) 일주가 여름인 사월(巳月)에 태어났다. 이 명조(命造)를 속되게 논하면, 병화(丙火)가 사월(巳月)에 태어나 비견(比肩)이 월령(月令)을 차지했으니 반드시 재성(財星)을 용신(用神)으로 삼아야 한다고 할 것이다. 하지만 천간에 경금(庚金)과 신금(辛金)이 중첩하였고, 지지에 이들의 뿌리인 금(金)과 토(土)가 중중(重重)하여 하나뿐인 인성(印星)인 을목(乙木)이 손상을 입으니 사주는 약하다는 것을 알 수 있다.

운(運)이 갑신(甲申)과 을유(乙酉)에 이르자 재성인 금(金)이 지지를 차지하여 인성인 목(木)은 뿌리가 없어서 고충이 심했으나, 병술(丙戌)운과 정화(丁火)운에 들어서며 집안의 명성을 떨쳤다. 이를 일컬어 재성이 많아 일주가 약한[財多身弱 재다신약] 상황에서는 '패거리를 이루어 돕는[幫扶 방부] 것이 마땅하다[宜幫 의방]'를 '방부(幫扶)하는 것의 공로[幫之爲功 방지위공]'라고 하는 것이다.

병화(丙火)가 사월(巳月)에 태어나서 인성(印星)의 도움을 받으니 신왕(身旺)하여 재성(財星)을 용신으로 삼아야 하는 것처럼 보일 수 있지만, 자세히 살펴보면 신약(身弱)하니 비겁(比劫)을 용신으로 삼아야 한다는 말이다. 실제로 일주가 병진(丙辰)이니 그 특성상 신약하다고 할 수 있겠다. '이 명조(命造)를 속되게 논하면'은 월령(月令)을 잡으면 무조건 신왕하다고 보는 것을 두고 하는 말로 보면 되겠다.

결론적으로 말하면, 사주에 재성이 많아 신약하니[財多身弱 재다신약] 인성보다는 비겁을 용신으로 삼아 일주를 패거리를 이루어 돕는[幫扶 방부] 것이 바람직한 방법이라 하겠다.

❹ 방부가 흉하고[幇之則凶, 방지즉흉] 생조가 길한[助之則吉, 조지즉길] 경우

壬	丙	癸	壬
辰	午	丑	子

辛	庚	己	戊	丁	丙	乙	甲
酉	申	未	午	巳	辰	卯	寅

병오(丙午) 일주가 늦겨울인 축월(丑月)에 태어나고 사주에 관살인 수(水)가 만연하니[滿局官殺 만국관살] 일주는 외롭고 허약하기 짝이 없다. 비록 이들을 극하여 손상시킬 수 있는 식상(食傷)인 진토(辰土)와 축토(丑土)가 함께 있다[食傷竝見 식상병현]고 하지만, 이들은 모두 축축한 습토(濕土)로 수(水)를 품어 저장할 뿐[蓄水 축수] 이 많은 물을 멈추지는[止水 지수] 못하는 형상이다.

초운(初運)인 갑인(甲寅)과 을묘(乙卯)운에는 관살(官殺)인 수(水)를 화(化)하여 화(火)로 흘려보내 일주인 병화(丙火)를 생하니, 일찍이 반수(泮水)에서 노닐었고 집안의 재산에도 여유가 있었다.

병진(丙辰)운에 들자 사주에 중중(重重)한 관살인 수(水)가 비견(比肩)인 병화(丙火)를 치니, 이 비견은 패거리를 이루어 일주를 도와주지[幇身 방신] 못하고 오히려 관살로부터 극(剋)을 받아 처자식을 모두 잃고 물려받은 재산은 모조리 날아가버렸다. 같은 대운(大運) 신년(申年)에는 지지가 신자진(申子辰) 수국(水局)을 이루어 살국(殺局)이 되니 죽고 말았다. 이른바 '생조(生助)가 길하고 방부(幇扶)가 흉한 경우[助之則吉 幇之反害 조지즉길 방지반해]'이다.

심화학습

축월(丑月)에 태어난 병화(丙火) 일주가 사주에 관살(官殺)이 많아 신약(身弱)하니 인성(印星)을 용신으로 삼아야 하는 살중용인(殺重用印)이 되어야 한다. 하지만 사주원국에 인성이 보이질 않으니 일단은 겁재(劫財)

인 오화(午火)를 용신으로 삼고, 운(運)에서 인성인 목(木)이 들어오기를 기다려야 한다. 이 사주에서 인성이 없는 비겁(比劫)은 그다지 도움이 되지 못한다 할 수 있다. 다만, 초운(初運)이 목(木)으로 흘러 다행이라고 할 수 있지만, 그 밖의 운은 별 볼일 없다 할 것이다.

반수(泮水)란 국학(國學)인 반궁(泮宮) 앞에 반달 모양으로 빙 둘러 파 놓은 연못을 말하는데, 반수에서 노닐었다는 말은 국학에 들어가는 것[入泮, 입반]을 의미한다고 한다.

6. 종상(從象)

적천수 원문

從得眞者只論從　從神又有吉和凶
　종득진자지론종　　　종신우유길화흉

> 진정으로 종(從)을 한 사주[眞從, 진종]는 단지 종으로만 논해야 하며[從得眞者只論從]
> 종을 하는 신[從神, 종신]에도 좋은 것과 나쁜 것이 있다[從神又有吉和凶].

적천수 해설　　**종상(從象)**

종(從)을 하는 형상은 한 가지가 아니며[從象不一 종상불일], 오로지 재관(財官)으로만 논해서는 안 된다. 일주(日主)가 고립되어 기운이 없고[孤立無氣 고립무기] 사주에 일주를 생하여 도우려는 뜻[生扶之意 생부지의]이 전혀 없는데 사주 전체가 관성으로 그득하면[滿局官星 만국관성] '종관(從官)'이라고 하고, 사주 전체가 재성으로 그득하면[滿局財星 만국재성] '종재(從財)'라고 한다.

예를 들어, 일주가 금(金)이면 재성은 목(木)이 된다. 목왕절(木旺節)인 봄에 태어나 목기(木氣)가 왕(旺)한데 수(水)의 생(生)까지 받으면 이를 너무 지나치다[太過 태과]고 하며, 화(火)로 가는 것[行 행]을 반긴다. 화왕절(火旺節)인 여름에 태어나 화기(火氣)가 왕하면 목(木)을 설(洩)하여

297
제5장 형상

허약하게 만드니 수(水)가 생조해주는 것[生 생]을 반긴다. 수왕절(水旺節)인 겨울에 태어나 수기(水氣)가 왕하면 목(木)은 물 위로 떠버리니[水多木 泛 수다목범] 토(土)로 수(水)를 막아 목(木)의 뿌리를 돋워주거나[培 배] 화(火)로 수(水)를 데워주는 것[暖 난]을 반기니 이렇게 되면 반드시 길하고, 그 반대 경우는 반드시 흉할 것이다. 이것이 이른바 '종을 하는 신[從神 종신]에도 좋은 것과 나쁜 것이 있다[從神又有吉和凶 종신우유길화흉]'는 것이다.

또한 종왕(從旺), 종강(從强), 종기(從氣), 종세(從勢)의 이치도 있는데, 이들은 종재나 종관에 비해 추론하여 알아내기가[推算 추산] 더욱 어려우니 자세히 살펴 헤아림이 마땅하다. 이 네 가지 종상(從象)은 아직 어떤 책에도 실린 바 없고[諸書所未載 제서소미재] 내가 세운 학설인데[余之立說 여지입설], 누차 시험해본 결과 확실하고 결코 빈 말이 아니다.

종왕이란 사주가 모두 비겁(比劫)인데 관살(官殺)의 제어[制 제]는 없고 인수(印綬)의 생이 있어 일주의 왕함이 극에 달한[旺極 왕극] 경우[比劫太 旺 비겁태왕]인데, 그 왕신(旺神)인 비겁을 따라 종(從)하게 되는 형상이다. 따라서 비겁이나 인수의 운(運)으로 가면 길할 것이며, 사주원국에 인수가 있으나 힘이 없으면[印綬輕 인수경] 식상(食傷)의 운 역시 좋다 하겠다. 관살의 운은 왕신인 비겁을 범한다[犯旺 범왕]고 하여 흉과 화를 그 즉시 당하게 되며[凶禍立至 흉화입지], 재성(財星)의 운을 만나면 그 재물을 놓고 비겁이 한꺼번에 달려드니[群劫爭財 군겁쟁재] 십중팔구는 망한다고 하겠다.

종강이란 사주에 인수가 중중(重重)하고 비겁이 첩첩(疊疊)한데, 일주는 월령(月令)을 차지하고 사주에 재성과 관살의 기운(氣運)이 털끝만큼도 없어 인성(印星)과 비겁이 한마음을 이루어[二人同心 이인동심] 일주의 강함이 극에 달하니[印綬太旺 인수태왕], 그 강신(强神)을 따라 종하게 되는 형상이다. 따라서 마땅히 기세(氣勢)에 순응하여 흐름을 따라야 하며 이를 거슬러서는 안 된다[可順而不可逆 가순이불가역]. 즉 비겁의 운으로 순행(順行)하면 길할 것이며, 인수의 운 또한 좋다 하겠다. 식상의 운은 인수가 있어 충(沖)하고 극(剋)하니 반드시 흉할 것이고, 재성과 관성의 운은 강신을 건드려 노하게 만들[觸怒 촉노] 것이니 매우 흉할[大凶 대흉] 것이다.

종기란 재성, 관성, 인수, 식상 등을 따지지 않고 사주의 기세를 보아

이에 따라 종하게 되는 형상이다. 만약 사주의 기세가 목화(木火)에 있으면 당연히 목화(木火)의 운으로 가는 것이 좋고, 그 기세가 금수(金水)에 있으면 운도 금수(金水)로 흐르는 것이 중요한데, 이에 반하면 흉하게 될 것이다.

　종세란 일주가 뿌리가 없고[無根 무근] 사주에 재성, 관성, 식상이 함께 왕하여[竝旺 병왕] 어느 것이 더 왕(旺)하고 약(弱)한지 구분하기 어려운데, 인성이나 비겁이 생하여 도와줌[生扶 생부]이 없어 일주가 어느 신(神)을 따라 종할지를 결정하기 어려운 형상이다. 이런 경우는 오로지 서로 화해(和解)하는 방법밖에 없다 할 것이다. 사주의 재관과 식상 중에서 무엇이 유독 왕한지를 살펴서 그를 따라 종해야 한다. 만약 재, 관, 식상의 세 신(神) 모두 그 세력이 균등하여[三者均停 삼자균정] 강약(强弱)을 구분하기 어려우면 반드시 재성의 운으로 가서 화해시켜야 하는데[行財運以和之 행재운이화지], 식상의 기운을 이끌어 통하게 하고[引通食傷之氣 인통식상지기] 재관의 세력을 도와주니[助其財官之勢 조기재관지세] 길하다 하겠다. 그 다음이 관살의 운이며, 식상의 운은 또 그 다음이다. 만약 운이 비겁이나 인수로 흐른다면 반드시 흉할 것은 의심할 여지가 없다 하겠으니, 이미 여러 번 시험해보았는데 증험(曾驗)이 있었다.

심화학습

"이 네 가지 종상(從象)은 아직 어떤 책에도 실린 바 없고[諸書所未載 제서소미재] 내가 세운 학설인데[余之立說 여지입설]"라고 한 것을 보면 종재(從財)나 종관살(從官殺)은 임철초(任鐵樵) 이전의 명리학자들도 주장해왔으나, 종왕(從旺), 종강(從强), 종기(從氣), 종세(從勢)의 이치는 임철초가 처음으로 주장했음을 알 수 있다. 유백온(劉伯溫)의 『적천수(滴天髓)』 원주(原注)에도 종재와 종관살에 대해서만 언급되어 있다.

　종왕과 종강은 '사주에 비겁(比劫)과 인성(印星) 중 어느 것이 많은가'에 따라 구분한 것 같다. 비겁이 지나치게 많으면[比劫太旺 비겁태왕] 종왕이고, 인성이 지나치게 많으면[印綬太旺 인수태왕] 종강이라고 하였다. 하지만 보다 중요한 것은 '사주에 인성이 많으면 식상(食傷)의 운을 못 쓰고, 비겁이 많으면 관살(官殺)의 운을 못 쓴다'는 원리를 항상 명심해야 한다는 것이다. 따라서 종왕에서는 식상의 운이 좋다고 할 수 있지만, 종강에서는 식상의 운은 사주원국에 인수(印綬)가 중중하여 식상을 충하고 극하니 반드시 흉하다는 것이다. 이를 자세히 알기 위해서는 앞에서 언급한 〈명리학 기초이론 16 : 육신(六神)과 육친(六親)의 생극(生剋)〉을 다시 한 번 되새겨보면 될 것이다.

　다음에 언급하는 종상의 사례연구를 살펴보면 알겠지만, 임철초는 유독 종상에 집착했음을 느낄 수 있다. 하지만 종상의 논리를 따르다가 자칫 잘못하면 사주풀이 과정에서 혼란을 일으키게 된다. 따라서 '웬만하면 정격(正格)으로 보아야 한다'는 생각을 항상 염두에 두고 사주풀이를 해야 해석의 오류를 방지할 수 있다.

적천수 사례연구　　**종상(從象)**

❶ 종재(從財)인 경우 1

丙	乙	丙	戊
戌	未	辰	戌

甲	癸	壬	辛	庚	己	戊	丁
子	亥	戌	酉	申	未	午	巳

을미(乙未) 일주가 늦은 봄인 진월(辰月)에 태어났다. 뿌리[蟠根 반근]는 미토(未土)에 두었고, 여기(餘氣)는 진토(辰土)에 있다. 얼핏 보면 재성(財星)이 많아 일간(日干)이 약한 것처럼 보여 재다신약(財多身弱)이라고 할 수 있으나, 사주 대부분이 재성이고 상관(傷官)인 병화(丙火)의 생조를 받으니 그 세력을 좇아 반드시 종(從)할 수밖에 없다.

　봄의 토(土)는 기(氣)가 허(虛)하나 병화(丙火)의 도움을 얻어 실(實)해지고, 화(火)는 목(木)의 빼어난 기운[秀氣 수기]이며, 토(土)는 화(火)의 수기(秀氣)이니, 목화토(木火土) 이 셋이 완전한 형상을 이루었다. 사주에 금(金)이 없어 토(土)를 설(洩)할 염려도 없고, 수(水)가 없으니 쓰러질[靡ᵐⁱ] 염려도 없다.

　더욱 반가운 것은 운(運)이 남방(南方)의 화지(火地)를 달려 빼어난 기운이 흘러 나아간다[秀氣流行 ˢᵘᵍⁱ류ᵗ행]는 것이다. 따라서 대궐에서 과거를 치렀는데[第發丹墀 제발단지] 뛰어난 문장으로 길게 적어 답했고[鴻筆走三千之績 홍필주삼천지적], 전시(殿試)에 합격하여[雁塔題名 안탑제명] 오백여 명의 비범한 인재들 중에서 장원급제하였다[鰲頭冠五百之仙 오두관오백지선].

뒷부분은 매우 난해하여 대충 의역하였음을 이해하기 바란다. 다만 운(運)을 제대로 만나 무척 잘되었다는 뜻인 것만은 확실한 듯하다. 사주에 인성(印星)과 비겁(比劫)이 없고 화토금(火土金)운에 잘되었으니 종재(從財)로 보아야 하겠다. 하지만 미토(未土)와 진토(辰土)를 을목(乙木)의 뿌리와 여기(餘氣)로 보았다면 지장간(支藏干)인 계수(癸水)나 을목(乙木)을 용신으로 삼아 신약용인(身弱用印)으로 보아야 하지 않나 고민될 것이다. 다만 수(水)운이 들어온다고 하더라도 이렇게 왕(旺)한 재성(財星)인 토(土)의 기운을 과연 견뎌낼 수 있는지 의문이다. 따라서 차라리 종재를 하는 것이 더 바람직한 방법이라는 생각이다. 사례의 해석도 종재에 합당하게 이루어져 있으니 그대로 인정할 수밖에 없다고 하겠다.

❷ 종재(從財)인 경우 2

戊	庚	壬	壬
寅	寅	寅	寅

庚	己	戊	丁	丙	乙	甲	癸
戌	酉	申	未	午	巳	辰	卯

경금(庚金) 일주가 초봄인 인월(寅月)에 태어나 지지가 모두 재성(財星)

인 인목(寅木)이다. 비록 무토(戊土)가 생해준다고는 하지만 오히려 죽은 것이나 다름없다[雖生猶死 ^{수생유사}]. 반가운 것은 두 임수(壬水)가 연월(年月)의 천간에 투출하여 경금(庚金)을 이끌어 통하게[引通 ^{인통}] 하고, 어린 목(木)을 생하여 도와주니[生扶嫩木 ^{생부눈목}] 종재(從財)라 하겠다.

이 사주 역시 앞의 사주와 마찬가지로 빼어난 기운이 흘러 나아가는데[秀氣流行 ^{수기류행}], 더욱 반가운 것은 운이 동남(東南)으로 달려 어그러지지 않으니 목(木)이 다시 꽃을 활짝 피우게 된다[木得其敷榮 ^{목득기부영}]는 것이다. 따라서 일찍이 전시(殿試)에 합격하여[甲第 ^{갑제}] 벼슬이 황당(黃堂)에 이르렀다.

심화학습

해설에 따르면 당연히 종재(從財)라고 할 수 있을 것이다. 다만 앞의 〈제4장 11. 갑신(甲申)·무인(戊寅)·경인(庚寅)·계축(癸丑) 일주〉에서 언급한 것처럼 경인(庚寅) 일주는 살(殺)과 인성(印星)이 모두 흥왕(興旺)하다고 했으니, 무토(戊土)가 천간에 투출한 경인(庚寅) 일주가 재성(財星)을 따라 종하기는 어렵지 않나 생각한다. 따라서 이 명조(命造)는 일단 정격(正格)으로 보아 시간(時干)의 인성인 무토(戊土)를 용신으로 삼는 신약용인(身弱用印)으로 보고 풀이하는 것이 바람직하다는 생각이다. 다만 사주 해석에서 동남(東南)운에서 발(發)했다고 하니 종재라고 할 수밖에 없다 하겠다.

❸ 종재(從財)인 경우 3

乙	壬	庚	丙
巳	午	寅	寅

戊	丁	丙	乙	甲	癸	壬	辛
戌	酉	申	未	午	巳	辰	卯

임수(壬水) 일주가 초봄인 인월(寅月)에 태어나 목(木)이 월령을 차지하였고[當令 당령], 화(火)는 생(生)을 만났다. 한 점 경금(庚金)은 절지에 임했고[臨絕 임절], 병화(丙火)가 이를 능히 녹여 없앨 수 있으니[丙火煅煉 병화단련] 종재격이 참되다[從財格眞 종재격진] 하겠다. 수생목(水生木)하고 목생화(木生火)하여 빼어난 기운이 흘러 나아가니[秀氣流行 수기류행], 향시(鄕試)와 전시(殿試)에 합격하여[登科發甲 등과발갑] 벼슬이 시랑(侍郎)에 이르렀다.

무릇 종재격(從財格)은 식상이 빼어난 기운을 흘려보내는[食傷吐秀 식상토수] 것이 필요한데, 그리하면 명성과 공을 이룰 수 있을[功名顯達 공명현달] 뿐만 아니라 일생 동안 큰 재앙으로 인한 기복이 없다 하겠다. 대개 종재(從財)가 가장 꺼리는 것은 비겁(比劫)의 운인데, 사주 안에 식상(食傷)이 있으면 능히 비겁을 화(化)하여 재(財)를 생하는 오묘함이 있다 하겠다. 만약 식상이 빼어난 기운을 흘려보내지[食傷吐秀 식상토수] 못한다면 학문을 이루기 어렵고, 한번 비겁을 만나면 생하여 하려는 뜻[生化之情 생화지정]이 없으니 반드시 인생의 기복과 고통이 따를 것이다.

심화학습

이 사주 또한 월간에 인성(印星)인 경금(庚金)이 투출하고 월주가 경인(庚寅)이니 임수(壬水)가 재성인 화(火)를 따라 종(從)하기는 어렵지 않나 생각한다. 따라서 이 명조는 일단 정격(正格)으로 보아 인성인 경금(庚金)을 용신으로 삼는 신약용인(身弱用印)으로 보고 풀이하는 것이 바람직하다는 생각이다. 다만 사주 해석에는 문제가 없다고 하겠다.

❹ 종살(從殺)인 경우

丙	庚	壬	丁
戌	午	寅	卯

甲	乙	丙	丁	戊	己	庚	辛
午	未	申	酉	戌	亥	子	丑

경오(庚午) 일주가 인월(寅月)에 태어나 지지는 인오술(寅午戌)의 완전한 화국(火局)을 이루었다. 재성(財星)은 살(殺)을 생하여 더욱 왕(旺)하게 하니 사주 전반에서 일간을 생조(生助)해주려는 한 점의 의지도 찾아볼 수 없다. 월간(月干)의 임수(壬水)는 정화(丁火)와 합(合)을 이루어 목(木)으로 화(化)하여 화(火)의 세력을 따르니, 모두가 무리를 이루어 종살(從殺)을 하여 종의 형상이 참되다[從象斯眞 종상사진] 하겠다.

향방(鄕榜)에 합격하여 지현(知縣)에 임명되었는데, 유금(酉金)운에 부모상[丁艱 정간]을 당했다. 병화(丙火)운에는 벼슬길이 계속 올라갔으나[仕版連登 사판연등], 신금(申金)운에는 일을 그르쳐 벼슬자리에서 떨어지고 말았다[註誤落職 괘오낙직].

심화학습

경금(庚金) 일주가 사주에 인성(印星)이라고는 시지(時支)의 술토(戌土) 하나밖에 없는데, 이는 이미 인오술(寅午戌)의 합을 이루어 화국(火局)으로 화(化)하였으니 인성이라고 할 수 없을 것 같다. 천간의 정임합(丁壬合)도 당연히 목(木)으로 화했다고 보고, 금(金)운에 좋지 않았다고 하니 살(殺)을 따라 종(從)했다는 것에 달리 토를 달 수가 없다. 종살(從殺)에 대운(大運)이 원하지 않는 방향으로 흘러 말년이 별로였다고 보면 되겠다.

乙	甲	乙	癸
亥	寅	卯	卯

丁	戊	己	庚	辛	壬	癸	甲
未	申	酉	戌	亥	子	丑	寅

갑목(甲木)이 봄이 한창인[仲春^{중춘}] 묘월(卯月)에 태어나 지지에 두 개의 왕(旺)한 묘목(卯木)을 만나고, 녹왕(祿旺)인 인목(寅木)과 인성(印星)인 해수(亥水)를 보았다. 천간 또한 겁재(劫財)인 을목(乙木)과 인성인 계수(癸水)의 도움이 있으니 이 사주는 왕하기가 극에 달했다고 하겠다. 왕신(旺神)을 좇아 종(從)할 수밖에 없는 형상이다.

초운(初運)이 갑목(甲木)으로 흘러 어려움 없이 어린 시절을 보낼 수 있었고, 계축(癸丑)운으로 바뀌어 북방(北方)의 습토(濕土)가 들어오지만 이는 수(水)라고 논하니 향시(鄕試)와 전시(殿試)에 합격하였다[登科發甲^{등과발갑}]. 임자(壬子)운에는 인성이 비추고, 신해(辛亥)운에는 금(金)은 통근(通根)하지 못하고 지지인 해수(亥水)는 갑목(甲木)을 생왕(生旺)하게 했으니 벼슬이 황당(黃堂)에 이르렀다. 마침내 경술(庚戌)운으로 바뀌어 토금(土金)이 함께 왕해지니 왕신(旺神)을 건드려 노하게 만들어[觸怒^{촉노}] 재앙을 면할 길이 없었다.

심화학습

당연히 인성(印星)을 끼고 있는 종왕(從旺)의 사주라고 하겠다. 신해(辛亥)운을 잘 넘길 수 있었던 것은 사주 천간에 계수(癸水)가 투출하여 신금(辛金)의 기운(氣運)을 흘려보낼 수 있었기[流通^{유통}] 때문이라고 할 수 있다.

여기서 한 가지 명심하고 넘어가야 할 것은 사주에 운(運)을 대입할 때 우선 운의 천간은 사주의 천간에 운의 지지는 사주의 지지에 대입하여 길흉(吉凶)을 판단하고, 그 다음으로 사주 간지(干支)의 형상(形象)을 복합적으로 운과 연결시켜 나가야 한다는 것이다. 이것이 운 대입의 기본 방법이니 잘 기억해두기 바란다.

❻ 종강(從強)인 경우

甲	丙	甲	丙
午	午	午	午

壬	辛	庚	己	戊	丁	丙	乙
寅	丑	子	亥	戌	酉	申	未

병화(丙火) 일주가 한여름[仲夏중하]인 오월(午月)에 태어났다. 사주의 지지는 모두가 양인(陽刃) 즉 겁재인 오화(午火)가 차지하고, 천간에는 갑목(甲木)과 병화(丙火)가 투출하여 강왕(強旺)하기가 극에 달했다. '기세(氣勢)에 순응하여 흐름을 따라야 하며 이를 거슬러서는 안 된다[可順而不可逆 가순이불가역]'는 말 그대로 화(火)를 따라 종(從)을 하여 종강(從強)이 된다.

초운(初運)인 을미(乙未)대운에 일찍이 국학(國學) 즉 반수(泮水)에 들어가 병화(丙火)운에 향시(鄉試)에 합격했으나[登科등과], 신금(申金)운에 큰 병에 걸려 위험하였다. 정화(丁火)운에 전시(殿試)에 합격했으나[發甲발갑], 유금(酉金)운에 부모상을 당했고[丁艱정간], 무술(戊戌)운과 기토(己土)운에는 벼슬길이 평탄하였다[仕途平坦사도평탄]. 해수(亥水)운에 들어 왕신(旺神)인 화(火)를 범하니 군대에서 죽고 말았다.

심화학습

식상(食傷)의 운인 무술(戊戌)과 기토(己土)운을 잘 넘겼다니 다행이나, 앞의 본문에서 언급하기를 종강격(從強格)에서 식상의 운은 사주에 인수가 있어 이를 충(沖)하고 극(剋)하니 반드시 흉할 것이라고 했는데, 이를 잘 극복했다는 것이 조금은 이해되지 않는다. 다만, 무술(戊戌)의 술토(戌土)는 인오술(寅午戌) 화국(火局)의 고(庫)이니 오화(午火)와 합(合)하여 화(火)로 화(化)했다 할 수 있고, 기토(己土)는 천간의 병화(丙火)가 목(木)으로부터 보호해주니 잘 견뎠다고 볼 수는 있겠다. 따라서 비록 종강(從强)의 사례라고는 하나, 오히려 인성을 낀 종왕(從旺)으로 보는 것이 더 적절하다는 생각이다. 사주가 너무 메마르고 뜨거워[燥熱조열] 결코 좋은 사주로 보기 어려우니 이만큼 이룬 것만 해도 다행이라고 해야 할 것 같다.

❼ 종기(從氣)인 경우

丁	庚	癸	癸
亥	申	亥	酉

乙	丙	丁	戊	己	庚	辛	壬
卯	辰	巳	午	未	申	酉	戌

경금(庚金) 일주가 초겨울[孟冬맹동]인 해월(亥月)에 태어났다. 해수(亥水)가 월령(月令)을 잡고 사주에 수기(水氣)가 중중(重重)하니 그 위력이 대단하고, 금(金) 또한 일지(日支)와 연지(年支)에 녹왕(祿旺)을 만났으니 그 기세가 만만치 않다. 시간(時干)에 정화(丁火)가 투출했으나 뿌리가 없다. 사주의 기세가 금수(金水)이므로 이 기세를 따라 종(從)하는 종기(從氣)라 하겠다. 시간의 정화(丁火)는 극설교가(剋洩交加)가 되니 오히려 사주의 병(病)이 된다 하겠다.

처음 임수(壬水)운에 정화(丁火)를 제거하여 보내니 그 즐거움이 저절로 따랐으며, 술토(戊土)운에 반수(泮水)에 들어 학문을 하였으나 줄초상을 당했으니 이는 술토(戊土)가 왕(旺)한 수(水)를 범했기 때문이다. 신유(辛酉)와 경신(庚申)운에 향시(鄕試)에 합격하고 전시(殿試)에도 합격하여[登科發甲 등과발갑] 금당(琴堂)의 벼슬을 하였다. 기미(己未)운에는 운

(運)이 남방(南方)으로 돌아 화토(火土)가 함께 오니 잘못을 저질러 벼슬이 날아가고[註誤落職 괘오낙직], 무오(戊午)운에는 재산을 다 날리고 죽고 말았다[破耗而亡 파모이망].

심화학습

신유(辛酉)운과 경신(庚申)운에 잘 나갔다는 것은 '일주가 약해 인성(印星)을 용신(用神)으로 삼아야 하나, 사주에 인성이 없어 비겁(比劫)을 용신으로 삼고 인성운이 오기를 기다린다'고 하여 신약용겁(身弱用劫)으로 생각해볼 수도 있다. 하지만 인성운인 기미(己未)운에 재앙이 겹친 것을 보면 금수(金水)의 기세를 따라 종(從)했다는 해석이 맞다고 할 수밖에 없을 듯하다. 다만, 이런 사례를 직접 만나게 될 경우에는 양쪽을 모두 고민해보고 결론을 내려야 한다는 생각이 우선한다.

❽ 종세(從勢)인 경우

```
甲        癸        壬        丙
寅        巳        辰        戌

庚   己   戊   丁   丙   乙   甲   癸
子   亥   戌   酉   申   未   午   巳
```

계수(癸水) 일주가 늦은 봄[季春 계춘]인 진월(辰月)에 태어났다. 사주에 재성(財星)과 관성(官星) 및 식상(食傷)이 함께 왕성[竝旺 병왕]하고, 인성은 지장간(支藏干)에 숨어 있어 기운이 없으며, 일주 또한 휴수(休囚)로 뿌리가 없으니 사주는 약하다. 오직 관성이 월령을 잡아[當令 당령] 셋 중 가장 세력이 강하니, 반드시 이를 따라 종(從)하는 형상이라 하겠다. 반가운 것은 좌하(坐下), 즉 일지(日支)에 재성을 깔고 앉아 상관(傷官)의 기운을 이끌어 유통시켜준다[引通 인통]는 것이다.

갑오(甲午)운에 이르러 인오술(寅午戌) 화국(火局)을 이루어 관(官)을 생(生)하니 벼슬길이 가파르게 올라[雲程直上 운정직상] 을미(乙未)운에 벼슬길로 나아갔다. 신금(申金)운과 유금(酉金)운에는 병화(丙火)와 정화(丁火)가 천간에서 덮어주니[蓋頭 개두] 벼슬길이 비교적 평탄하였고, 무술(戊戌)운에 벼슬이 관찰(觀察)에 이르렀다.

해수(亥水)운에 들자 일주를 돕고[幇身 방신] 사화(巳火)를 충(沖)하여 떠나보내니 죽고 말았는데[不祿 불록], 이른바 '사주의 약(弱)함이 극에 달했다면 보태 도와주어선 안 된다[弱之極者不可益也 약지극자불가익야]'는 말이다.

목화토(木火土)운에서 발(發)하고 금수(金水)운에서 고통이 심했다고 하니 관살(官殺)인 토(土)를 따라 종(從)했다고 할 수밖에 없지만, 이 명조(命造)는 아무리 보아도 종세(從勢)라고 하기는 어려운 형상이다.

앞에서 언급한 바와 같이 종세란 일주(日主)가 뿌리가 없고 사주에 재성(財星), 관성(官星), 식상(食傷)이 모두 왕(旺)하여 어느 것이 더 왕하고 어느 것이 더 약한지 구분하기 어려우며, 인성(印星)이나 비겁(比劫)이 생(生)하여 도와줌이 없는 경우에 성립된다고 한다면, 비록 진월(辰月)에 태어났다 하더라도 진토(辰土)는 임수(壬水)의 뿌리라 할 수 있으니 일단 겁재(劫財)인 임수(壬水)를 용신(用神)으로 하고, 인성의 운이 오기를 기다리는 것이[身弱用劫 신약용겁] 맞지 않을까 생각한다. 진술충(辰戌沖)으로 임수(壬水)의 뿌리가 흔들려 약하다고 보아 임수(壬水)를 없는 것과 마찬가지로 판단한 것이 아니라면 신약용겁(身弱用劫)이 되어야 마땅하다는 생각이다.

이 명조를 종세의 사례로 든 것은 그만큼 확실한 종상(從象)의 사례를 구하기 힘들었기 때문으로 생각하고, 이와 유사한 사례가 있을 경우에는 양쪽을 모두 고민해보고 결론을 내리는 것이 마땅하지 않을까 생각한다.

『적천수(滴天髓)』의 종상(從象)과 화상(化象)

학자들 가운데는 종상(從象)과 바로 다음에 나오는 화상(化象)의 이론 때문에 『적천수(滴天髓)』의 가치를 폄하하는 사람들이 있다. 하지만 모든 이론이 다 완벽할 수는 없고, 그 당시의 사회적 여건상 이 논리를 적용해야만 올바른 사주풀이가 되는 상황이었다고 미루어 짐작해볼 수도 있다. 따라서 종상과 화상을 완전히 부정해서도 안 되며, 무조건 따라만 가서도 안 된다는 생각이다. 종상과 화상의 논리를 인정하되, 완벽한 종상이나 화상의 형상을 하고 있는 명조(命造)가 아니라면 우선은 정격(正格)으로 보고 임상(臨床)을 한 후, 그 명조 주인공의 실제 상황과 맞지 않으면 종상과 화상의 논리를 적용해보는 것도 하나의 방법이라는 의미이다.

예를 들어, 현재를 '식상(食傷)의 시대'라고 감히 말한다면, 식상과 관살(官殺)이 모두 용신(用神) 후보가 될 수 있을 경우 '나는 과연 무엇을 용신으로 잡을 것인가'를 한번 생각해볼 필요가 있다. 오래 전 과거에 급제하여 벼슬길로 나가는 것이 인생의 가장 바람직한 방향이라 여기던 『적천수』가 씌어질 당시의 기준으로 따진다면 식상보다는 관살이 용신의 최우선 대상일 것이다. 하지만 사주풀이는 시대의 흐름에 따라 유연하게 그 논리를 적용하는 것이 올바른 방법이라고 한다면, 현재는 현재에 가장 적합한 식상을 용신으로 삼는 것이 당연하다는 생각이다.

이와 같이 어떤 이론을 적용하는 것이 옳은지를 따지기보다는, 어떤 논리를 적용하는 것이 그 사람이 실제로 살아온 인생살이에 더 부합하고 앞으로 남은 인생을 살아가는 데 도움이 될 것인가를 판단해 조언해주는 것이 명리학자들이 해야 할 중요한 과제가 아닐까 생각한다. 사주풀이를 하는 목적이 그 사람의 타고난 운명을 추론해보는 것에서 끝나서는 안 된다. 사주풀이의 궁극적인 목적은 그 사람의 앞날에 예견되는 재앙을 비켜갈 수 있는 최소한의 방법을 같이 고민해보고, 허황된 방법이나 수단을 권유하는 것이 아니라 그 사람에게 실질적인 도움이 되는 조언을 하여 그 사람이 행복한 삶을 누릴 수 있게 도와주는 데 있기 때문이다.

이를 위해서는 명리학(命理學)을 접하는 모든 사람들이 학문으로서의 명리학을 정착시키고 발전시키기 위해 힘을 모아야 할 것이다. 상대방이 주장하는 이론의 모순점을 끄집어내 폄하하고 비판만 할 것이 아니라, 무수한 임상을 통해 그 모순을 극복할 수 있는 이론을 계발하여 이를 발전시키고 체계화하여 정착시킴으로써 보다 정확하고 실질적인 사주풀이가 되도록 힘을 합쳐 연구하고 노력해야 한다.

7. 화상(化象) - 천간의 오합(五合)

적천수 원문

化得眞者只論化　化神還有幾般話
화득진자지론화　　　화신환유기반화

> 천간이 합(合)을 이루어 참으로 화(化)한 사주는 단지 화(化)를 논하되[化得眞者只論化]
> 화를 하는 신[化神, 화신]에도 또한 그 몇 가지 이야기가 있다[化神還有幾般話].

적천수 해설 1　　　**화상(化象) - 천간오합(天干五合)의 생성원리**

합(合)해서 화(化)하는 원리는 『황제내경(黃帝內經)』「소문편(素問篇)」에서 찾아볼 수 있다. 황제(黃帝)가 묻기를 "목(木)·화(火)·토(土)·금(金)·수(水) 오행의 운행(運行), 즉 오운(五運)이 어디에서 시작하는가" 하니, 신하인 기백(岐伯)이 큰 역사책 속의 문장[太史冊文 태사책문]을 인용하여 대답하기를, "오운은 무기(戊己)가 나누어지는 곳에서 시작하는데, 무기(戊己)란 규벽(奎璧)과 각진(角軫)이며 이들은 천지(天地)의 문호(門戶)가 됩니다. 천문(天門)은 술해(戊亥) 사이에 있는데 규벽에 의해 나누어지고, 지호(地戶)는 진사(辰巳) 사이에 있는데 각진에 의해 나누어집니다. 대저 음양(陰陽)은 모두가 진(辰)에서 시작하는데[始於辰 시어진], 오운이 각진에서 일어난다[起於角軫 기어각진]고 하는 것은 이 또한 진(辰)에서 시작한다[始於辰 시어진]는 말입니다"라고 하였다.

갑기(甲己)년에는 무기(戊己)의 누런 기운인 금천지기(黅天之氣)가 각진을 지나므로[經 경] 토(土)운이라 하게 되고,

을경(乙庚)년에는 경신(庚辛)의 하얀 기운인 소천지기(素天之氣)가 각진을 지나므로[經 경] 금(金)운이라 하게 되고,

병신(丙辛)년에는 임계(壬癸)의 검은 기운인 현천지기(玄天之氣)가 각진을 지나므로[經 경] 수(水)운이라 하게 되고,

정임(丁壬)년에는 갑을(甲乙)의 푸른 기운인 창천지기(蒼天之氣)가 각진을 지나므로[經 경] 목(木)운이라 하게 되고,

무계(戊癸)년에는 병정(丙丁)의 붉은 기운인 단천지기(丹天之氣)가 각

진을 지나므로[經경] 화(火)운이라 하게 되니, 이것이 합하여 화하는 화기(化氣)의 원리이다.

또한 낙서(洛書)에 의하면 오(五)는 가운데에 있는데[五居中 오거중], 일(一)이 오(五)를 얻어 육(六)이 되니 갑(甲)이 기(己)와 합하고, 이(二)가 오(五)를 얻어 칠(七)이 되니 을(乙)이 경(庚)과 합하고, 삼(三)이 오(五)를 얻어 팔(八)이 되니 병(丙)이 신(辛)과 합하고, 사(四)가 오(五)를 얻어 구(九)가 되니 정(丁)이 임(壬)과 합하고, 오(五)가 오(五)를 얻어 십(十)이 되니 무(戊)가 계(癸)와 합한다. 합을 하면 화를 하게 되는데, 화는 반드시 오토(五土)를 얻은 이후에 이루어진다.

여기서 말하는 오토(五土)가 바로 진(辰)이다. 진토(辰土)는 봄을 차지하고 있는데[居春 거춘], 때는 바야흐로 삼양(三陽)으로 물질의 체를 생하고[生物之體 생물지체] 기를 열어 움직이게 하니[氣闢而動 기벽이동], 동(動)하면 변(變)하고 변하면 화하게 되는 것이다. 또한 십간(十干)의 합은 다섯 번째 자리인 진시(辰時)에 이르면 화기(化氣)의 원신(元神)이 나타나게[發露 발로] 된다. 따라서 갑기(甲己)는 갑자(甲子)에서 일어나[起기] 다섯 번째 자리인 무진(戊辰)을 만나면 화토(化土)가 되고, 을경(乙庚)은 병자(丙子)에서 일어나[起기] 다섯 번째 자리인 경진(庚辰)을 만나면 화금(化金)이 되며, 병신(丙辛)은 무자(戊子)에서 일어나[起기] 다섯 번째 자리인 임진(壬辰)을 만나면 화수(化水)가 되고, 정임(丁壬)은 경자(庚子)에서 일어나[起기] 다섯 번째 자리인 갑진(甲辰)을 만나면 화목(化木)이 되며, 무계(戊癸)는 임자(壬子)에서 일어나[起기] 다섯 번째 자리인 병진(丙辰)을 만나면 화화(化火)가 되니, 이것이 바로 서로 합하여 서로 화하는[相合相化 상합상화] 참된 근원[眞源 진원]이라 하겠다. 즉, 앞에서 기백이 말한 '대저 음양(陰陽)은 모두가 진(辰)에서 시작하는데[始於辰 시어진], 오운이 각진에서 일어난다[起於角軫 기어각진]'는 의미가 바로 이것이라 하겠다.

하지만 근세(近世)에는 그 의미를 제대로 알고 전달하는 사람이 적으니, 단지 용(龍)을 만나면 화한다는 것만 알고 다섯 번째 자리를 만나야 화한다는 것은 모르고 있다. 진토(辰土)가 용이라는 말[辰龍之說 진룡지설]은 비유하여 인용한 말[供引之意 공인지의]에 불과하다. 만약 진(辰)이 진짜로 용이라면 진(辰)년에 태어난 사람은 용이 되어 비를 내릴 수 있어야 하고, 인(寅)년에 태어난 사람은 호랑이[虎 호]가 되어 반드시 사람을 해쳐야 할 것이다.

심화학습

천간오합(天干五合)의 생성원리 앞부분은 『적천수천미(滴天髓闡微)』와 『적천수징의(滴天髓徵義)』가 서로 다르다. 서낙오(徐樂吾)가 임의로 바꾸었다고 보이지는 않는데, 이렇게 완전히 다르게 그 내용이 전해진 것은 이해하기 어렵다. 여기서는 『적천수징의』의 해석을 기준으로 했는데, 참고로 『적천수천미』에 씌어진 내용을 풀이하면 다음과 같다.

"합화(合化)의 원리는 옛날 황제(黃帝)가 환구(圜邱)에서 하늘에 제사를 지내는데 하늘이 십간(十干)을 내려주니, 이에 대요(大撓)에게 명하여 십이지(十二支)를 만들어 서로 짝을 짓게 한 데서 유래하였다. 따라서 간(干)을 천간(天干)이라고 한다. 그 합으로 말미암아[其所由合 기소유합] 곧 천일(天一), 지이(地二), 천삼(天三), 지사(地四), 천오(天五), 지육(地六), 천칠(天七), 지팔(地八), 천구(天九), 지십(地十)의 뜻이 되었다. 그리고 그 수(數)를 따라 추론하면, 곧 갑일(甲一), 을이(乙二), 병삼(丙三), 정사(丁四), 무오(戊五), 기육(己六), 경칠(庚七), 신팔(辛八), 임구(壬九), 계십(癸十)이 되었다. 또한 낙서(洛書)에 의하면 오(五)는 가운데에 거하는데[五居中 오거중], 일(一)이 오(五)를 얻어 육(六)이 되니 갑(甲)이 기(己)와 합하고……." 그 다음은 내용이 대동소이하다.

이처럼 『적천수천미』 앞부분에 합화의 원리가 아주 단순하게 표현되어 있어 이해하기는 쉬운 것 같지만, 『적천수징의』의 해석이 보다 더 자세한 내용을 함축하고 있어 그 원리를 이해하기에 많은 도움이 될 것 같다는 생각이다. 두 해석을 비교하며 잘 음미해보기 바란다.

적천수 해설 2　　**화상(化象) – 천간오합(天干五合)의 작용원리**

화상(化象)의 작용 역시 그 배합(配合)에 반기고 꺼리는 이치[喜忌之理 희기지리]가 있으니, 이를 '화를 하는 신[化神 화신]'에도 또한 그 몇 가지 이야기가 있다[化神還有幾般話^{화신환유기반화}]'고 한다. 따라서 이러한 화신(化神)에는 이러한 신(神)이 나타나는 것을 반긴다고 하면서 오로지 화신은 생왕(生旺)해야 한다는 한 가지 논리만 고집하고 논해서는 안 된다.

모름지기 화신의 쇠하고 왕함[衰旺^{쇠왕}]을 깊이 연구하고 그 허함과 실함[虛實^{허실}]을 자세히 살펴 과연 반기고 꺼리는[喜忌^{희기}] 것이 무엇인지를 제대로 알아내 적용해야만 그 화(化)의 결과가 사주에 길(吉)하게 작용하는지 흉(凶)하게 작용하는지를 제대로 맞히고[吉凶有驗^{길흉유험}], 화를 함으로써 사주가 평안한지 그렇지 않은지를 명확히 알아낼 수 있다[否泰了然^{비태료연}]. 만약 화신이 왕하고 넉넉하다면[旺而有餘^{왕이유여}] 화신을 설(洩)하여 화(化)하는 신을 용신(用神)으로 삼는 것이 마땅하고, 화신이 쇠하고 모자란다면[衰而不足^{쇠이부족}] 화신을 생하여 도와주는[生助^{생조}] 신을 용신으로 삼는 것이 마땅하다.

예를 들어, 갑기합(甲己合)을 하여 화토(化土)가 되고 미술월(未戌月)에 태어났다면 토(土)는 메마르고 왕하다[土燥而旺^{토조이왕}]. 천간에 병정화(丙丁火)가 투출하고 지지에 사오화(巳午火)가 있다면 화신이 넉넉하다[化神有餘^{화신유여}]고 하는 것이니, 여기에 운(運)마저 화토(火土)로 흐른다면 화신이 너무 지나치게 왕해져서[太過^{태과}] 불길하다 하겠다. 이런 경우에는 반드시 사주의 의향(意向)을 보아 그 흐름에 따라야 한다. 사주 원국에 수(水)가 있다면 운은 금(金)운으로 흘러야 마땅하며, 사주원국에 금(金)이 있다면 운은 수(水)운으로 흘러야 마땅하다. 사주에 금(金)도 없고 수(水)도 없으며 토(土)의 세력이 아주 왕하다면[太旺^{태왕}], 운은 반드시 금(金)운으로 흘러 토(土)를 설해야 마땅하다. 사주 중에 화토(火土)가 지나치게 조열(燥熱)하면 당연히 수(水)를 동반한 금[帶水之金^{대수지금}]으로 운이 흘러야 화신인 토(土)를 적셔 윤택하게 하니 좋다 할 것이다.

만약 진축월(辰丑月)에 태어났다고 한다면 토(土)는 축축하고 약하다. 사주에 비록 화(火)가 있다 하더라도 그 화(火)는 허(虛)할 수밖에 없다. 사주에 수기(水氣)는 원래 없지만 실(實)하여 혹 간지에 금수(金水)라도 섞여 있다면 화신이 부족하다[化神不足^{화신부족}]고 하는 것이니, 이 역시 사주의 의향을 보아 그 흐름에 따라야 한다. 사주원국에 금(金)이 있다면 운은 당연히 화(火)운으로 흘러야 하고, 사주원국에 수(水)가 있다면 운은 당연히 토(土)운으로 흘러야 한다. 사주에 금(金)과 수(水)가 함께 있어[金水竝見 금수병현] 화신인 토(土)가 지나치게 허하고 습하면 화(火)를 동반한 토[帶火之土 대화지토]로 운이 흘러야 토(土)를 실하게 하여 화신을 도와 일으키니[助起 조기] 좋다 할 것이다.

또한 '합을 다투고 합을 시기한다[爭合妬合 쟁합투합]'는 말은 단지 잘못된 이론에 불과하다. 이미 합을 하여 화했다면[合而化 합이화] 마치 정조를 지키는 아내[貞婦 정부]가 의로운 지아비[義夫 의부]를 배필로 만난 것과 같아서, 한번 따르기로 했으면 끝까지 따르며[從一而終 종일이종] 딴 마음을 먹지 않는 것[不生二心 불생이심]이 당연한 이치인데, 어찌 싸우고 투기하는[爭妬 쟁투] 마음이 생기겠는가. 갑기합(甲己合)을 하여 화토(化土)가 되었다면, 천간에 무기(戊己)가 나타난들 이들은 화신과 같은 성분[彼之同類 피지동류]이고, 갑을(甲乙)을 만난들 이들은 일주(日主)인 나의 본기[我之本氣 아지본기]이니 서로 양보하는 마음이 있을 것이다.

만약 합을 했으나 화하지 못했다면[合而不化 합이불화], 이는 강제로 끌고 가는 뜻이 있으니[勉强之意 면강지의] 반드시 아름다운 짝이 되지 못할[必非佳耦 필비가우] 것이다. 무기(戊己)가 많이 나타나면 다투고 투기하는 바람[爭妬之風 쟁투지풍]이 일어날 것이고, 갑을(甲乙)을 많이 만나면 다시 강하고 약함을 따지는 성질[强弱之性 강약지성]이 나타날 것이다. 갑기합(甲己合)이 이와 같으니 나머지 천간오합도 이와 같은 방법으로 추론하면 될 것이다.

심화학습

명리학(命理學)을 처음 접하는 사람들은 화상(化象)에서는 그 화신(化神)을 생하여 도와주는[生助 생조] 신(神)을 용신(用神)으로 삼는다고 잘못 이해할 수 있다. 여기서는 『적천수(滴天髓)』 원문(原文)에서 언급한 '화를 하는 신[化神 화신]에도 또한 그 몇 가지 이야기가 있다[化神還有幾般話 화신환유기반화]'는 말의 의미를 자세히 해석함으로써 이에 대한 우려를 불식시켜 주고 있다. 또한 쟁합(爭合)과 투합(妬合)에 대해 언급하면서 합을 하여 화를 하는 경우[合而化 합이화]와 합을 해도 화를 하지 못하는 경우[合而不化 합이불화]가 있으니, 이를 구분하여 합이불화(合而不化)의 경우에만 쟁합과 투합이 생겨난다고 하였다.

유백온(劉伯溫)은 『적천수』 원주(原注)에서 화가 참된 경우[化得眞 화득진]의 예를 다음과 같이 들고 있다. 가령 갑목(甲木) 일주가 사계월(四季月)인 진술축미(辰戌丑未)월에 태어나고 천간에서 단 하나의 기토(己土)를 만나되 월간(月干)이나 시간(時干)에서 합을 하며, 다른 천간에 임계수(壬癸水)나 갑을목(甲乙木) 또는 무토(戊土)를 만나지 않고 지지에 하나의 진토(辰土)가 있으면 화가 참되다[化得眞 화득진]고 하였다. 또한 병신(丙辛)이 동월(冬月)인 해자월(亥子月)에 태어나고, 무계(戊癸)가 하월(夏月)인 사오월(巳午月)에 태어나며, 을경(乙庚)이 추월(秋月)인 신유월(申酉月)에 태어나고, 정임(丁壬)이 춘월(春月)인 인묘월(寅卯月)에 태어나되, 각자 홀로 서로 합하고[獨自相合 독자상합] 운행하여 용인 진토(辰土)를 만나면[得龍以運 득룡이운] 화가 참되다[化得眞 화득진]고 하였다.

적천수 사례연구 **화상(化象)**

❶ 갑기합(甲己合)이 화(化)를 했는데 화신(化神)이 부족한 경우

己	甲	甲	乙
巳	辰	申	丑

丙	丁	戊	己	庚	辛	壬	癸
子	丑	寅	卯	辰	巳	午	未

연월(年月)의 두 천간에 갑목(甲木)과 을목(乙木) 두 비겁(比劫)이 투출했으나, 신금(申金)이 월령(月令)을 차지했고 축토(丑土)의 지장간(支藏干)인 신금(辛金)이 이들을 극제(剋制)하니 갑을(甲乙)의 뿌리가 약해 쟁투(爭妬)의 바람이 불지 않는다. 시간(時干)의 기토(己土)가 왕지(旺地)에 임하여 일주(日主)와 친절하게 합을 하니, 합신(合神)이 진실하여 진정한

화가 되었다[化得眞 ^{화득진}]고 하겠다. 다만, 가을의 신금(申金)이 당령(當令)을 하니 화신(化神)을 설기(洩氣)하여 화신이 부족하다 하겠다.

오화(午火)운에 이르러 화신을 도와 일으키니 향방에 합격했고[中鄕榜 ^{중향방}], 신사(辛巳)운에는 금화토(金火土)가 함께 왕하니[竝旺 ^{병왕}] 황갑에 올라[登黃甲 ^{등황갑}] 경림에서 여는 잔치를 즐기고[宴瓊林 ^{연경림}] 한원에 들어갔으며[入翰苑 ^{입한원}], 벼슬은 황당(黃堂)에 올랐다. 경진(庚辰)운에는 을목(乙木)과 합을 하여 비겁을 제하여 화하니[制化 ^{제화}] 벼슬이 번얼에 이르렀다[仕至藩臬 ^{사지번얼}].

심화학습

이미 갑기합(甲己合)을 하여 화토(化土)가 되었다고 간주하고 해석하였다. 『적천수(滴天髓)』 원주(原注)에서는 갑기합(甲己合)이 화토(化土)를 하려면 갑목(甲木) 일주가 사계월(四季月)에 태어나고 지지에 진토(辰土)가 있어야 화득진(化得眞)이라고 했는데, 본 명조(命造)는 신월(申月)에 태어났으니 여기에는 못 미치는 화상(化象)이라고 해야겠다.

앞의 본문에서 만약 화신이 왕하고 넉넉하다면[旺而有餘 ^{왕이유여}] 화신(化神)을 설(洩)하여 화(化)하는 신(神)을 용신(用神)으로 삼는 것이 마땅하고, 화신이 쇠하고 모자란다면[衰而不足 ^{쇠이부족}] 화신을 생하여 도와주는[生助 ^{생조}] 신을 용신으로 삼는 것이 마땅하다고 했는데, 본 사주는 가을의 신금(申金)이 당령을 하고 지지에 진축토(辰丑土)가 있으니 화신이 부족하다 하겠다.

오화(午火)운에 이르러 화신을 도와 일으키니 향방에 합격했다는 것을 보면 화신을 도와주는 화(火)를 용신으로 삼았다는 것을 알 수 있고, 경진(庚辰)운에 을목(乙木)과 합을 하고 비겁(比劫)을 제하니 벼슬이 번얼에 이르렀다는 것을 보면 경금(庚金)이 비겁을 합하여 보내버리는[合去 ^{합거}] 약(藥)의 역할을 했다고 보면 될 것이다. 금화토(金火土)운에 모두 좋았던 것으로 보아 화(火)를 용신으로 삼은 것이 확실하다 하겠다.

다만, 본문 해설에서 갑기합(甲己合)을 하여 화토(化土)가 되었다면 갑을(甲乙)을 보아도 이들은 나의 본기(本氣)이니 서로 양보하는 마음이 있을 것이라고 하여 본 명조를 이미 화(化)한 것으로 간주했으니 할 말은 없지만, 신금(申金) 중 임수(壬水)와 축토(丑土) 중 계수(癸水)가 있어 갑목(甲木)과 을목(乙木)의 뿌리가 될 수 있는 마당에 이 둘을 두고 화를 해버린다는 것이 잘 이해되지 않는다. 이 사람의 살아온 인생이 그러하다니 따라갈 수밖에 없으나, 이러한 사주는 일단 정격(正格)으로 보아 신약용겁(身弱用劫)으로 우선 한번쯤 검토해볼 필요가 있을 것 같다는 생각이다.

황갑에 오른다[登黃甲 등황갑]는 것은 전시(殿試)에 합격하는 것을 말하고, 경림연(瓊林宴)은 전시에 합격한 사람들에게 베푸는 잔치를 말한다.

❷ 갑기합(甲己合)이 화(化)를 했는데 화신(化神)이 넉넉한 경우

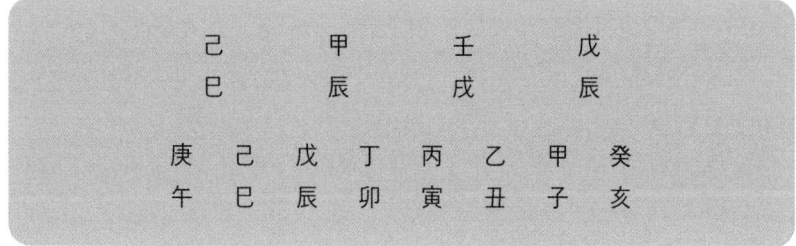

갑목(甲木) 일주가 사계월(四季月)의 늦가을인 술월(戌月)에 태어났다. 사주에 토(土)가 왕(旺)하여 권세를 잡아 임수(壬水)를 극하여 보내버린다[剋去 극거]. 또한 사주에 비겁(比劫)이 없으니 합신(合神)이 더욱 참되고 화기는 넉넉하다[化氣有餘 화기유여] 하겠다. 아쉬운 것은 운(運)이 동북(東北)의 수목(水木)의 지지[水木之地 수목지지]로 달리니, 공명(功名)과 벼슬길[仕路 사로]이 앞의 사주에 미치지 못한다는 것이다.

축토(丑土)운의 정유(丁酉)년에 사유축(巳酉丑) 금국(金局)을 이루어 화신(化神)인 토(土)를 설(洩)하고 빼어난 기운을 토해내니[吐秀 토수] 향시(鄕試)에 합격하였고[登科 등과], 무술(戊戌)년에 전시(殿試)에 합격했으며[發甲 발갑], 벼슬이 주목(州牧)에 이르렀다.

이 사주 또한 갑기합(甲己合)을 하여 화토(化土)가 된 것으로 간주하고 해석하였다. 술월(戌月)에 태어나고 지지에서 사화(巳火)의 생조(生助)를 받으니 화신이 넉넉하다[化神有餘^{화신유여}]고 하겠다. 따라서 운(運)은 금(金)으로 흘러야 길하다 하겠는데, 운이 수목(水木)으로 흘렀음에도 불구하고 등과발갑(登科發甲)하여 벼슬이 주목에 이르렀다는 것은 이해가 가질 않는다. 이에 대해 사유축(巳酉丑)의 합과 무술(戊戌)의 토(土)운으로 설명하고 있으나, 이 두 해의 운으로 그 사람의 인생이 발(發)하게 되었다는 것은 납득하기 어렵다. 따라서 이 명조(命造)는 화토(化土)라기보다는 정격(正格)인 재다신약(財多身弱)으로 보아 임수(壬水)를 용신(用神)으로 삼고, 목(木)을 희신(喜神)으로 삼아야 한다고 보는 것이 더 타당하지 않을까 생각한다. 사주에 목(木)이 없으니 금(金)운도 나쁘지 않다고 할 수 있겠다.

❸ 정임합(丁壬合)이 화(化)를 했는데 화신(化神)이 넉넉한 경우

甲	壬	丁	己
辰	午	卯	卯

己	庚	辛	壬	癸	甲	乙	丙
未	申	酉	戌	亥	子	丑	寅

임수(壬水) 일주가 봄이 한창인 묘월(卯月)에 태어나고 사주에 화신(化神)이 중중(重重)하니 화상(化象)이 진실하다 하겠다. 가장 반가운 것은 화신의 원신(元神)인 갑목(甲木)이 시간(時干)에 투출한 것이다. 화신이 왕(旺)하고 넉넉하다[化神有餘^{화신유여}]고 하겠다. 넉넉하면 설(洩)해야 함이 마땅하니 화신은 수기(秀氣)를 토해내는 것[吐秀^{토수}]이 필요한데, 반갑게도 오화(午火)가 좌하(坐下)에 있어 화신을 설하고 진토(辰土)를 생하니 수기가 흘러 나간다[秀氣流行^{수기류행}] 하겠다.

일찍이 향시(鄕試)와 전시(殿試)에 합격하여[少年科甲 소년과갑] 한원(翰苑)에서 이름을 높였으나, 애석하게도 중운(中運)이 수(水)의 왕지(旺地)로 흐르니 높은 벼슬에는 이를 수 없었고[未能顯秩 미능현질] 한 고을의 벼슬아치[縣宰 현재]로 끝나버렸다.

심화학습

완벽한 정임합화목(丁壬合化木)이라 할 수 있겠다. 종아생재(從兒生財)로 볼 수도 있다. 이런 명조가 있으니 종상(從象)과 화상(化象)을 완전히 무시해버릴 수만은 없다.

　천간의 합(合)이 완벽한 화(化)를 이루는 가장 기본적인 조건은 두 천간의 비겁(比劫)이나 인성(印星)이 사주 내 다른 천간이나 지지에 없어야 한다는 것이다. 즉, 미약하나마 뿌리가 보일 경우는 화(化)하기는 어렵다고 보는 것이 옳다는 생각이다. 이는 『적천수(滴天髓)』의 쟁합투합(爭合妒合)의 논리와는 맞지 않는 부분이라 할 수 있으나, 화상을 이루고 있는 두 천간의 뿌리가 있는 경우는 합을 하더라도 화하기는 어렵다고 보는 것이 타당하다는 생각이다. 바로 앞의 종상에서 이미 언급한 바와 같이 우선은 정격(正格)으로 보고 임상(臨床)을 한 후, 그 명조 본인의 실제 상황과 맞지 않는다면 화상의 논리를 적용해보는 것도 하나의 방법이라는 것이다.

　화상의 사례가 『적천수징의(滴天髓徵義)』에는 몇 가지 더 있으나, 화상의 사례로 들기에는 적합하지 않아 오히려 혼란만 일으킬 것 같다는 생각에서 삭제하였다. 되도록 천간오합(天干五合)의 모든 사례를 하나씩 제시하면 좋겠지만, 임철초(任鐵樵) 본인도 그 사례를 다 구하지 못한 것을 보면 화상은 종상보다도 더 그 사례를 찾아보기가 어려운 사주인 것 같다.

8. 가종(假從)

적천수 원문

眞從之象有幾人　假從亦可發其身
진종지상유기인　　　　가종역가발기신

> 진정으로 종(從)하는 형상이 과연 몇이나 되겠는가[眞從之象有幾人].
> 가종(假從) 또한 진종(眞從)과 마찬가지로 부귀공명을 얻을 수 있다[假從亦可發其身].

적천수 해설　　**가종(假從)**

가종(假從)이란 일주(日主)의 뿌리가 얕아 힘이 없어[根淺力薄^{근천력박}] 스스로 설 수 없는 것[不能自立^{불능자립}]을 말한다. 사주에 비겁(比劫)이나 인성(印星)이 있어도 스스로를 돌보느라 일주를 돌아볼 여유가 없고[自顧不暇^{자고불가}], 일주 또한 이들에게 의지하기 어려워 다른 오행을 따라가야 하는 형상(形象)이다. 가종을 하는 형상은 한 가지가 아니며, 전적으로 종재(從財)나 종관(從官)만을 의미하지 않는 것은 진종(眞從)과 크게 다를 바 없다[大同小異^{대동소이}]고 하겠다.

사주에서 재관(財官)이 때를 얻어 월령(月令)을 잡아[得時當令^{득시당령}] 일주가 허약하고 무기력할 경우, 비록 사주에 비겁이나 인성이 있어 생하고 돕는다[生扶^{생부}] 하더라도 식상(食傷)이 재성(財星)을 생하여 재성이 인수를 깨뜨려버리거나[破印^{파인}] 사주에 관성(官星)이 있어 비겁을 극하여 제한다면[剋制^{극제}], 일주는 기대어 의지할 곳이 없으니 단지 재관의 세력을 빌어 그에 의지할 수밖에 없다. 따라서 재(財)의 세력이 왕(旺)하면 종재(從財)를 하고, 관(官)의 세력이 왕하면 종관(從官)을 하게 된다.

종재는 식상과 재성이 왕한 운(運)으로 흐르고, 종관은 재관의 운으로 흐른다면 능히 발(發)할 수 있을 것이다. 다만 사주의 의향(意向)에 따라 운의 흐름[行運^{행운}]이 짝을 이루어야 하는데, 가종의 형상이라 할지라도 단지 운의 흐름이 어그러지지 않고 편안하여[行運安頓^{행운안돈}] 가종이 진운으로 흐른다면[假行眞運^{가행진운}] 이 역시 부귀를 누릴 수 있다.

그렇다면 무엇을 진운(眞運)이라고 하는가. 예를 들어 종재를 할 때 사주에 비겁이 있어 분쟁을 일으킬 경우 관살(官殺)의 운으로 흐른다면 반드시 귀하게 될 것이고, 식상의 운으로 흐른다면 반드시 부(富)를 얻게 될 것이다. 사주의 인수(印綬)가 일주를 생해주고 있을 경우 당연히 재성의 운으로 흘러야 하고, 사주에 관살이 있어 재성의 기운을 설(洩)한다면 당연히 식상의 운으로 흘러야 한다.

종관살(從官殺)을 할 때 사주에 비겁이 있어 일주를 도와줄[幇身 방신] 경우 관운(官運)을 만나면 명성을 높일[名高 명고] 것이고, 사주에 식상이 있어 관성을 깨뜨려버릴[破官 파관] 경우 재운(財運)으로 흐르면 녹봉(祿俸)이 많아질 것이다. 사주에 인수가 있어 관(官)을 설할 경우 당연히 재운으로 흘러 인성을 깨뜨려버려야[破印 파인] 한다.

이상과 같은 경우들을 일컬어 '가종이 진운으로 흐른다[假行眞運 가행진운]'고 하니 귀하게 되지 못하면 부라도 얻게 될 것이고, 이에 반하면 흉하게 되거나 혹은 권력을 좇아 도리를 잊어버리고[趨勢忘義 추세망의] 마음씀씀이가 바르지 못하게[心術不端 심술부단] 될 것이다. 만약 세운(歲運)이 어그러지지 않고[不悖 불패] 가(假)를 누르고 진(眞)을 도와준다면, 비록 출신은 별 볼일 없더라도[出身寒微 출신한미] 꿋꿋하게 일어나 집안의 명성을 높이고[崛起家聲 굴기가성] 하는 행동도 반드시 바를 것이다[所爲必正 소위필정]. 이것이 이른바 '근원은 탁하나 흘러감에 따라 맑아지는 형상[源濁流淸之象 원탁류청지상]'이라고 하니 자세히 궁구해봄이 마땅하다.

심화학습

가종(假從)이란 사주에 비겁(比劫)이나 인성(印星)이 있다고 하더라도 이들이 뿌리가 없어 너무 허약하여, 일주가 이들에게 의지할 수 없어 이들을 버려두고 다른 오행을 따라 종(從)하는 형상을 말한다. 비록 '가종을 하는 형상은 한 가지가 아니며 전적으로 종재(從財)나 종관(從官)만을 의미하지 않는 것은 진종(眞從)과 크게 다를 바 없다[大同小異 대동소이]'고는 했지만, 사례로는 가종재(假從財)와 가종관살(假從官殺)만을 든 것을 보면 가종왕(假從旺)이나 가종강(假從强)의 경우는 찾기 어려웠던 모양이다. 따라서 가종은 신약(身弱)한 경우에만 적용한다고 보는 것이 마땅하겠다.

　하지만 아무리 무능하다고 하더라도 사주에 비겁과 인성이 있으면 일 단은 정격(正格)으로 보아 이들을 용신(用神)으로 삼고 사주풀이를 해보 는 것이 먼저라는 생각이다. 현실적으로는 이러한 가종의 형상을 하고 있 는 사주들이 그대로 정격으로 풀이되는 것이 거의 전부라고 해도 과언이 아니기 때문이다. 사실 실제로 임상을 하다 보면 가종의 경우를 발견하기 란 상당히 어려운 일임을 느낄 수 있다.

적천수 사례연구　가종(假從)
· **가종살격(假從殺格)인 경우**

癸	戊	己	乙
亥	辰	卯	卯

辛	壬	癸	甲	乙	丙	丁	戊
未	申	酉	戌	亥	子	丑	寅

　무토(戊土) 일주가 봄이 한창인[仲春 중춘] 묘월(卯月)에 태어났다. 목(木) 이 권세를 잡았고 일지(日支)는 습토(濕土)인 진토(辰土)이니 수(水)를 축 적하고 목(木)을 배양한다[蓄水養木 축수양목]. 사주에 금기(金氣)라고는 전 혀 볼 수가 없고, 해시(亥時)에 태어나 수(水)는 왕(旺)하여 목(木)을 생한 다. 또한 사주에 인성(印星)인 화(火)도 전혀 보이질 않아 일주인 무토(戊 土)를 생해주지 못하니 종관(從官)의 형상을 취하게 된다고 보아야지, 이 를 일주가 약하니 비겁(比劫)이나 인성을 용신(用神)으로 삼아야 한다고 해석해서는 안 된다.

　비록 향시(鄕試)와 전시(殿試)에 합격하지는[科甲出身 과갑출신] 못했지 만, 운(運)이 병자(丙子)와 을해(乙亥)로 흐르니 연이어 벼슬이 올라 지 위가 봉강(封疆)에 이르렀다. 그러나 계유(癸酉)운에 이르러 벼슬을 잃고 죽고 말았다.

일주(日主)인 무토(戊土)가 일지(日支)에 습토(濕土)인 진토(辰土)를 깔고 앉아 허약한 모양새이고, 사주에 인성(印星)인 화(火)가 전혀 보이질 않으니 종살(從殺)했다고 할 수도 있겠다.

앞의 본문에서 '사주에 비겁(比劫)이 있다 하더라도 사주에 관성(官星)이 있어 비겁을 극(剋)하여 제(制)한다면 일주는 기대어 의지할 곳이 없으니 재관(財官)의 세력을 빌어 그에 의지할 수밖에 없다'고 했으나, 비견(比肩)이 둘씩이나 일주 옆에 붙어서 도와주고 있으니 일단은 신약용겁(身弱用劫)으로 보고 해석해보는 것이 마땅하지 않을까 생각한다. 하지만 이 명조(命造)의 토(土)는 생동감이 너무 없으니, 고민스러워도 살(殺)을 따라 가종(假從)했다고 보아도 무방할 것 같다.

임철초(任鐵樵)는 이 가종의 장(章)에서 무려 다섯 개의 사례를 들고 있으나, 대부분이 정격(正格)으로 보고 판단해야 할 명조들이고 심지어는 사주가 틀린 것도 있어 모두 생략하고 그 중에서 가종의 논리에 가장 적합하다고 여겨지는 사례 하나만을 예시한다. 물론 나머지 명조들의 해석이 가종으로 흐를 경우에 부합하고 정격으로 보고 해석해서는 맞지 않으니 달리 할 말은 없으나, 이런 경우에 해당하는 말이 '명리학(命理學)만으로 한 사람의 인생 모든 것을 판단할 수 있다는 오만한 생각은 버려야 한다'는 것이다.

자평명리학(子平命理學)을 정식으로 공부하는 사람들은 자평명리학의 이론적 근거에 바탕을 둔 사주풀이와 그 사람의 실제 살아온 인생살이가 맞아 떨어지지 않는다고 하여 결코 이를 가벼이 여기거나 잘못된 이론이라고 치부해서는 안 되며, 그 사람의 운명의 변화에 영향을 미친 다른 요인으로 본인의 사주와 운(運) 이외에 과연 무엇이 더 있었을까를 파악하려고 노력해야 한다. 그리고 그 과정에서 명리학이 학문으로서 인정받을 수 있는 발판을 더욱 견고히 다질 수 있을 것이다.

9. 가화(假化)

적천수 원문

假化之人亦多貴　孤兒異姓能出類
가화지인역다귀　　　고아이성능출류

> 가화(假化)를 이룬 사람 또한 귀하게 될 수 있으니[假化之人亦多貴]
> 고아나 성이 다른 사람도 역시 같은 무리들 가운데서 뛰어날 수 있다[孤兒異姓能出類].

적천수 해설 **가화(假化)**

가화(假化)의 형상(形象)도 한 가지가 아니다. 합신은 참되지만[合神眞 합신진] 일주가 외롭고 약한[日主孤弱 일주고약] 경우, 화신이 넉넉한데[化神有餘 화신유여] 일주가 뿌리와 싹이 있는[日帶根苗 일대근묘] 경우, 합신이 참되지 못하지만[合神不眞 합신부진] 일주가 뿌리가 없는[日主無根 일주무근] 경우, 화신이 부족한데[化神不足 화신부족] 일주도 무기력한[日主無氣 일주무기] 경우, 이미 합을 하여 화를 이루었는데[合化神 합화신] 일주가 비겁(比劫)이나 인성(印星)의 생부(生扶)를 얻는 경우, 이미 합을 하여 화를 이루었는데 한신(閑神)이 나타나 화기(化氣)를 손상시키는 경우가 있다. 따라서 가화는 진화(眞化)에 비해 더욱 어려우니 자세히 살펴봄이 마땅하고, 그래야만 가화의 올바른 기틀을 얻을 수 있다.

　예를 들어 일주가 갑목(甲木)인 갑기합(甲己合)의 경우, 갑목(甲木)이 축술월(丑戌月)에 태어났다면 합신(合神)인 토(土)가 참되더라도[眞 진] 일주가 외롭고 약한데[孤弱 고약] 도움을 받지 못하니 화(化)하지 않을 수 없다. 단지 가을과 겨울의 토기(土氣)인 축술(丑戌)은 기가 닫혀[翕 흡] 차가우며[寒 한], 지장간(支藏干)에 금기(金氣)를 포함하고 있어 토기(土氣)를 설(洩)하니, 세운(歲運)에서 반드시 화기(火氣)를 만나야만 한습(寒濕)한 기운을 보내버리고 사주 안의 기운을 따스하게[中氣和暖 중기화난] 해줄 수 있다.

　갑목(甲木)이 진미월(辰未月)에 태어났다면 화신(化神)인 토(土)는 비록 넉넉하다[化神有餘 화신유여] 하더라도, 진(辰)은 목(木)의 여기(餘氣)이고 미(未)는 목국(木局)의 신고(身庫)로 일주인 갑목(甲木)이 여기에 통근(通根)했으니 갑목(甲木)의 뿌리가 없다고 할 수는 없다. 단지 봄과 여름의 토기(土氣)인 진미(辰未)는 기가 열려[闢 벽] 따스하며[暖 난], 지장간에 수목(水木)의 뿌리인 계수(癸水)와 을목(乙木)이 감추어져[暗藏 암장] 있어 목기(木氣)를 생조(生助)하니, 세운에서 반드시 토금(土金)의 지지를 만나 목(木)의 뿌리와 싹[根苗 근묘]을 보내버려야 갈라서 다투지[分爭 분쟁] 않는다.

예를 들어 일주가 을목(乙木)인 을경합(乙庚合)의 경우, 을목(乙木)이 여름인 화왕절(火旺節)에 태어났다면 비록 합신인 금(金)이 참되지 못하다[不眞 부진] 하더라도 일주는 설기(洩氣)를 하고 뿌리가 없으며 토(土)는 메말라 금(金)을 생하지 못하니, 세운은 반드시 수(水)를 동반한 토[帶水之土 대수지토]로 흘러야 화(火)를 설하고 금(金)을 키울[洩火養金 설화양금] 수 있다. 을목(乙木)이 겨울인 수왕절(水旺節)에 태어났다면 화신인 금(金)은 설기를 하여 부족하고 일주인 을목(乙木)은 왕(旺)한 수(水)를 담아 가두기에는 벅차서 무기력하다. 설령 토(土)가 있다 하더라도 얼어붙어 금(金)을 생하고[生金 생금] 수(水)를 멈출 수[止水 지수] 없으니, 세운은 반드시 화(火)를 동반한 토[帶火之土 대화지토]로 흘러야 언 땅을 녹여[解凍 해동] 토기(土氣)를 온화하게 하니 금(金)은 생(生)을 얻고 추위를 잊게 된다.

예를 들어 일주가 정화(丁火)인 정임합(丁壬合)의 경우, 정화(丁火)가 목왕절(木旺節)인 봄에 태어나고 임수(壬水)가 뿌리가 없다면 반드시 정화(丁火)를 좇아 합을 이룰 것 같지만, 목(木)이 왕하면 화(火)는 생을 받을 것이니 정화(丁火)는 임수(壬水)를 따라 목(木)으로 화(化)하려 하지 않을 것이란 사실을 모르겠는가. 만약 비겁(比劫)이 돕고 있다면 세운에서는 반드시 수(水)를 만나야 화(火)를 제어하고[制 제] 목(木)을 생하여 화(化)를 이룰 것이다.

예를 들어 일주가 병화(丙火)인 병신합(丙辛合)의 경우, 병화(丙火)가 수왕절(水旺節)인 겨울에 태어나고 금수(金水)가 중중(重重)하다면 이미 합하여 화를 하게 된다. 꺼리는 것은 사주 중에 토(土)가 있는 것이니, 이는 화신인 수(水)를 손상시키기 때문이다. 겨울철의 토(土)는 축축하여[濕

土 습토] 비록 수(水)를 멈출 수[止水 지수] 없다고 하더라도 결국에는 수(水)와 한데 섞여 혼탁해지므로[混雜 혼잡] 결국 수(水)는 맑지 못하게 되니[不淸 불청], 세운에서는 반드시 금(金)을 만나야 토기(土氣)를 유통시키고 화신인 수(水)를 생하게 되어 화신이 스스로 참되게[眞 진] 된다.

이렇게 사주와 운의 배합(配合)이 이루어지는 것을 '가화로써 진화를 이룬다[以假成眞 이가성진]'고 하는데, 이 역시 명예와 이익이 모두 온전하고[名利雙全 명리쌍전] 조상을 빛내고 후손을 넉넉하게 할[光前裕後 광전유후] 것이다. 결론적으로 말하면, 사주의 형상[格象 격상]이 참되지 못하면[非眞 비진] 어려서 외롭고 고통스러운 생활[幼遭孤苦 유조고고]을 면하지 못할 것이고, 일찍이 일이 뜻대로 되지 않아 어려움을 겪게 될[早見蹭蹬 조견충등] 것이다. 만약 그런 일이 생기지 않는다면 그 사람은 틀림없이 고집이 세고 오만하거나 게으르고 의심이 많을[執傲遲疑 집오지의] 것이다. 만약 세운에서조차 가(假)를 눌러 진(眞)으로 갈 수 있도록 도와주지[抑假扶眞 억가부진] 못한다면, 그 사람은 일평생 동안 이루는 일이 없이 머뭇거리기만 할[作事逝遭 작사둔전] 테니 명예와 이익을 얻을 수 없을[名利無成 명리무성] 것이다.

심화학습

성이 다른 사람[異姓 이성]이란 아버지가 사망하여 다른 성(姓)을 가진 사람에게 양육되는 사람을 말한다.

가화(假化)의 형상을 여섯 가지로 구분해놓고 각각에 대한 사례를 들어가며 상세히 설명하였다. 아쉬운 것은 천간의 오합(五合) 중에서 무계합(戊癸合)이 빠진 것이다. 또한 사례를 들면서 사주와 세운(歲運)의 배합을 강조하고 있는데, 이는 가화상(假化象)은 운(運)을 제대로 만나야만 명리(名利)를 얻을 수 있음을 알려주기 위한 의도로 보인다.

다만, 여기서 말하는 세운이 10년을 주기로 바뀌는 대운(大運)과 비교되는 해마다 바뀌는 연운(年運)인 세운을 의미하는지, 아니면 일반적으로 운이라 일컫는 대운을 의미하는지가 명확하지 않다. 문맥의 흐름으로 보아서는 대운을 의미하는 것 같아 그렇게 알고 넘어가도록 하겠다.

· 합신(合神)이 진실하며 일주(日主)가 외롭고 약한 경우

己	甲	甲	己
巳	子	戌	卯

丙	丁	戊	己	庚	辛	壬	癸
寅	卯	辰	巳	午	未	申	酉

천간의 두 갑목(甲木)이 두 기토(己土)를 만나 각자 합을 이루고 있다[相合상합]. 지지의 묘목(卯木)과 술토(戌土) 또한 합(合)을 이루나 화(火)로 화(化)하지는 못하여 토(土)를 생해주는 것은 불가능하지만, 서로 다투고 시기하는[爭妬쟁투] 뜻은 없다. 따라서 비록 가화(假化)라고는 하지만 도리어 유정(有情)하고 사주가 어그러지지 않았다[不悖 불패].

　미토(未土)운에 들어 자수(子水)를 깨뜨려버리니 향시(鄕試)에 합격하였고[中鄕榜 중향방], 경오(庚午)대운과 기사(己巳)대운에 화신(化神)인 토(土)를 생조(生助)해주니 금당(琴堂)의 벼슬에 올랐다.

심화학습

이 명조(命造)는 앞에서 언급한 '합신(合神)은 참되지만 일주(日主)가 외롭고 약한 경우'에 해당하는 가화(假化)의 논리를 적용하여 '갑목(甲木)이 축술월(丑戌月)에 태어났다면 합신인 토(土)가 참되더라도[眞 진] 일주가 외롭고 약한데[孤弱 고약] 도움을 받지 못하니 화(化)하지 않을 수 없다'의 예로 든 사주이다.

　하지만 사주에 비겁(比劫)이 적지 않고 일주는 좌하(坐下)에 인성(印星)을 깔고 있는데 갑기합(甲己合)을 이루어 토(土)로 화(化)한다는 것이 잘 이해되지 않는다. 비록 갑목(甲木)이 술월(戌月)에 태어났으나 늦가을이니 잠시 후면 겨울로 접어들므로 이 갑목(甲木)은 약하지 않다고 할 수 있다. 따라서 식신생재(食神生財)로 보아 기토(己土)를 용신(用神)으로 삼고,

목기(木氣)를 설(洩)하는 화(火)를 희신(喜神)으로 삼는다고 해석하는 것이 타당하다는 생각이다. 그렇다면 수(水)는 기신(忌神)이 되니 수(水)운은 반갑지 않다.

이렇게 본다면 가화의 논리를 적용하여 삼은 용신과 정격(正格)으로 해석하여 잡은 용신이 같으니, 방법만 다를 뿐 해석 결과는 마찬가지인 셈이다. 따라서 가화 또한 앞 장(章)의 가종(假從)처럼 일단은 정격으로 보아 해석한 후, 그 결과가 그 사람이 실제 살아온 인생살이에 부합하지 않을 경우에 가화의 논리를 적용해보는 것이 올바른 사주풀이 방법이 아닌가 생각한다. 『적천수징의(滴天髓徵義)』에서는 이 명조 외에 네 개의 사주를 더 예시하고 있으나, 이들 또한 같은 방법으로 해석할 수 있는 사주여서 여기서는 생략한다.

<hr>

적천수 사례연구 2 ▌ **가화(假化)의 사례연구를 통한 결론**

이와 같이 사주 중에 가화의 형상을 한 것들이 가장 많으니[此等假化最多 차등가화최다], 만약 이들을 일주가 약하니 인성을 용신으로 삼는다[若作身弱用印 약작신약용인]고 한다면 오류를 범하게 될 것이 틀림없다[則誤矣 즉오의].

<hr>

심화학습

위와 같은 말을 접하게 되면 당혹스러움을 금할 수 없다. 웬만하면 가화(假化)로 보라는 말이기 때문이다. 이를 두고 『적천수(滴天髓)』를 매도하는 사람들이 많지만, 이 또한 한쪽으로 치우친 편견에 지나지 않는다 하겠다. 임철초(任鐵樵)도 자기 나름대로 임상을 통한 결과로 이러한 논리를 주장하게 되었을 것이다. 다만 오류를 범하게 될 것이 틀림없다고 하더라도 이와 유사한 사주들을 접하면 일단은 정격(正格)인 신약용인(身弱用印)으로 놓고 해석해본 다음에 『적천수』의 논리를 따라도 늦지 않으리란 생각이다.

앞에서 사례로 든 명조(命造)는 술월(戌月)에 태어나 일주인 갑목(甲木)이 월령(月令)을 차지하지 못했으니 신약(身弱)하여 가화가 되었다고 할 수도 있다. 그렇다면 〈제1장 2. 통신송(通神頌) 해석〉의 진퇴지기(進退之氣)를 설명하는 과정에서 임철초가 든 사례를 여기서 다시 들어보기로 하자.

壬	甲	庚	丁
申	辰	戌	亥

壬	癸	甲	乙	丙	丁	戊	己
寅	卯	辰	巳	午	未	申	酉

바로 이 명조이며 그 해석은 다음과 같다.

"갑목(甲木) 일주가 술월(戌月)에 태어나 휴수(休囚)는 이미 극에 달했다. 경금(庚金)이 지지에 녹왕(祿旺)을 깔고 일주를 극(剋)하니 한 점 정화(丁火)는 이를 대적하기가 어렵다. 더군다나 지지에 자리한 두 개의 재성(財星)인 진술토(辰戌土)가 살(殺)을 생하여 도우니, 살이 왕(旺)하고 일주가 약(弱)한 살중신경(殺重身輕)인 것 같다.

그런데 모르겠는가. 9월인 술월(戌月)은 갑목(甲木)의 진기(進氣)이고, 임수(壬水)가 옆에 바짝 붙어서 갑목(甲木)을 생해주고 멀리 떨어진 정화(丁火)를 손상시키지 않는다는 사실을. 비록 정화(丁火)가 약하지만 신고(身庫)인 술토(戌土)에 통근(通根)하였다. 술토(戌土)는 메마른 토[燥土 조토]로 화(火)의 본뿌리[本根 본근]이고, 진토(辰土)는 축축한 토[濕土 습토]로 목(木)의 여기(餘氣)이다. 천간에서 하나[壬水 임수]가 생해주고 하나[丁火 정화]가 극하여 제(制)해주며 또한 지지에서 해수(亥水)의 장생(長生)을 만났으니, 사주가 서로 생하고 화하여 유정하며[生化有情 생화유정] 오행이 시기함과 다툼이 없다[不爭不妒 부쟁불투] 하겠다.

정화(丁火)운에 이르러 향시(鄕試)와 전시(殿試)에서 잇달아 합격했으니[科甲聯登 과갑연등] 화(火)를 용신(用神)으로 하여 살에 대적하는 것이 분명하다 하겠다. 비록 오랫동안 중앙의 관리[京官 경관]로 근무했으나, 관리로서 벌어들인 재물[官資 관자]이 풍성했던 것은 모두가 운(運)이 남방(南方)을 달렸기 때문이라 하겠다."

이 사주는 갑목(甲木)이 비록 늦가을인 술월(戌月)에 태어났으나, 이는 갑목(甲木)의 진기라 할 수 있어 일주가 왕하니 갑목(甲木)의 상관(傷官)인 정화(丁火)를 용신으로 삼는다는 말이다. 하지만 엄밀히 따지면 금왕절(金旺節)인 술월(戌月)을 갑목(甲木)의 진기라고 하기에는 무리가 따른다. 갑목(甲木)의 진기는 수왕절(水旺節)인 해자축(亥子丑)이기 때문이다. 다만, 진퇴지기를 설명하는 사례로 이 명조를 거론한 것을 보면 약간의 무리는 따르더라도 술월(戌月)은 가을에서 겨울로 넘어가는 계절[季秋 계추]이니 곧 수왕절이 온다고 보고 진기라고 한 것 같다.

이렇게 본다면 가화의 예로 제시한 명조 또한 술월(戌月)에 태어난 갑목(甲木)이니 약하지 않다고 볼 수 있어 정격(正格)으로 보아 식상(食傷)인 화(火)를 용신으로 삼는다는 것이다. 다시 말하면 신약한 것처럼 보이나 신약하지 않으니 인성(印星)인 수(水)를 용신으로 삼지 않고 식상인 화(火)를 용신으로 삼는다는 말이다.

흔히 『적천수』의 오류를 종화(從化)에 너무 많은 비중을 두고 사주풀이를 한 것에 두고 있다. 『적천수징의(滴天髓徵義)』에 가화의 사례로 든 명조들 대부분이 이런 형상을 하고 있음을 볼 수 있다. 따라서 위에서 언급한 '이와 같이 사주 중에 가화의 형상을 한 것들이 가장 많으니[此等假化最多 차등가화최다], 만약 이들을 일주가 약하니 인성을 용신으로 삼는다[若作身弱用印 약작신약용인]고 한다면 오류를 범하게 될 것이 틀림없다[則誤矣 즉오의]'라는 말 한마디 때문에 『적천수』 전체를 별 볼일 없다고 폄하하는 사람들이 있으나, 이는 교각살우(矯角殺牛)의 어리석음을 범하는 것이다.

다시 한 번 말해두지만, 어떤 이론을 적용하는 것이 옳은가 그른가를 따지기보다는, 어떤 논리를 적용하는 것이 그 사람이 실제로 살아온 인생살이에 더 부합하고 앞으로 남은 인생을 살아가는데 더 도움이 될지를 판단해 조언해주는 것도 명리학자들이 해야 할 중요한 과제 중 하나가 아닐까 생각한다.

10. 군상(君象) - 비겁이 많고 재성이 적은 경우 [劫重財寡, 겁중재과]

적천수 원문

君不可抗也　貴乎損上以益下
군불가항야　　귀호손상이익하

임금[日主, 일주]이 왕(旺)하면 이에 항거해서는 안 되는 것이니[君不可抗也]
위[日主, 일주]를 덜어서[洩, 설] 아래[財星, 재성]에 보태는 것이 귀한 것이며
[貴乎損上以益下]

적천수 해설　　**군상(君象) - 비겁이 많고 재성이 적은 경우[劫重財寡,
겁중재과]**

임금[日主 일주]이 왕(旺)하면 이에 항거해서는 안 된다[君不可抗 군불가항]는
말은 윗사람을 거역하는 이치는 없다[無犯上之理 무범상지리]는 의미이다.
위를 덜어준다[損上 손상]는 것은 위를 설한다[洩上 설상]는 것이지, 위를 극
하여 제한다[剋制 극제]는 말이 아니다. 윗사람인 임금을 설(洩)하면 아랫
사람인 신하는 보탬을 얻을 것[上洩則下受益 상설즉하수익]이라는 말이다.

　예를 들어 갑을목(甲乙木) 일주(日主)가 임금[君 군]인데 사주 간지가 목
(木)으로 그득한 경우, 사주에는 단지 재성(財星)인 토기(土氣)가 한두 개
있다면 군(君)은 왕(旺)하고 신(臣)은 쇠(衰)함이 극에 달한 형상이라 하
겠다. 그렇다면 신하는 임금의 그 기세(氣勢)를 어찌해야 좋단 말인가.
오직 신하는 임금의 성품을 따라 이에 순종해야 한다. 기세가 식상(食傷)
인 화(火)로 흐른다면 목(木)을 설하고 토(土)는 생을 얻어 도움을 받으니
[生扶 생부], 이를 일러 '위[日主 일주]를 덜어[洩 설] 아래[財星 재성]에 보탠다
[損上以益下 손상이익하]'고 하는 것이다. 그리하면 위로는 임금의 뜻을 거스
르지 않고 아래로는 신하가 편안함을 얻게 된다.

　만약 금(金)으로 목(木)을 막아 토(土)를 지키려[衛 위] 한다면 이는 임
금에 대항하는[抗君 항군] 격이 되어버린다. 왕성한 목(木)은 능히 금(金)
을 스스로 이지러지게[自缺 자결] 만드니 임금에게 맞서서 대항하기는커녕

오히려 그의 성질을 건드려 노하게 만들 뿐이고, 신하는 자신의 기운(氣運)마저 설하게 되어 보태주기는커녕 오히려 해가 될 따름이니[無益而有害 무익이유해], 어찌 임금이 편안하고 신하가 온전할[上安而下全 상안이하전] 수 있겠는가.

심화학습

일주(日主)가 군주이고 재성(財星)이 신하인 형상이라 하겠다. 이른바 '임금은 왕성하고 신하는 쇠약하다[君盛臣衰 군성신쇠]'라고 하는 것이다. 이런 경우에는 관살(官殺)로 일주를 극제(剋制)하려고 해서는 안 되고 '식상(食傷)으로 그 왕성한 기세를 유통(流通)시켜야 한다'는 말이다. 만약 사주원국에 식상이 없다면 운(運)이라도 식상운으로 흘러야 한다. 하지만 유백온(劉伯溫)은 『적천수(滴天髓)』 원주(原注)에서 다양한 방면으로 신하를 도와야 한다면서 화(火)로 생하고[火生之 화생지] 토(土)로 채우며[土實之 토실지] 금(金)으로 호위하면[金衛之 금위지] 임금은 편안하고 신하는 온전할[上安而下全 상안이하전] 것이라고 하여 약간의 의견차를 보이고 있다. 사주에 비겁(比劫)이 워낙 중중(重重)한 상황이니 관살로 극제하는 것은 흐름을 거스른다는 임철초(任鐵樵)의 논리가 더 합당하다는 생각이다.

적천수 사례연구   군상(君象)

❶ 군상인 사주에 식상이 있는 경우

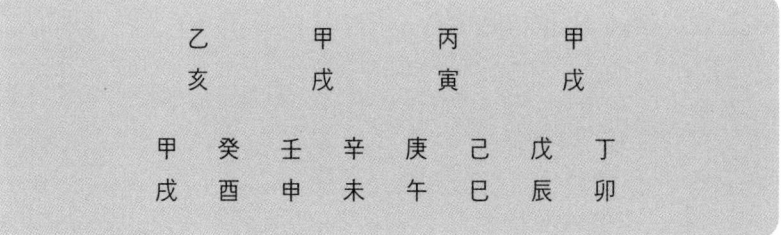

갑목(甲木)이 인월(寅月)에 태어나 해수(亥水)의 생을 받으며 사주 간지에 그득한 비겁(比劫)의 도움을 받고 연지(年支)와 일지(日支)의 술토(戌

土)는 허약하니, 이를 일러 '임금은 왕성하고 신하는 쇠약하다[君盛臣衰^군성신쇠]'라고 한다. 가장 반가운 것은 월간(月干)에 병화(丙火)가 투출(透出)하여 임금의 성품에 따르는[順君之性^{순군지성}] 것이다. 또한 술토(戌土)는 병화(丙火)로부터 껴안아 생해주는 뜻[生拱之情^{생공지정}]을 얻으니 '임금은 편안하고 신하는 온전하다[上安而下全^{상안이하전}]'고 하겠다.

기사(己巳)운에 화토(火土)가 함께 왕하니[竝旺^{병왕}] 향시(鄕試)와 전시(殿試)에 연이어 합격하였다[科甲連登^{과갑연등}]. 경오(庚午)와 신미(辛未)운에는 화(火)가 지지를 차지하니 금(金)은 뿌리가 없으며, 천간의 병화(丙火) 또한 이들을 극(剋)하여 경신(庚辛)은 임금에게 대항하지 못하고[不能抗君^{불능항군}] 오미(午未)는 족히 신하에게 보탬이 되니[足以益臣^{족이익신}] 벼슬이 번얼(藩臬)에 이르렀다. 임신(壬申)운에 이르자 사주 천간의 병화(丙火)와 지지의 인목(寅木)이 극과 충을 받아 임금의 성질을 거스르게 되어[逆君之性^{역군지성}] 죽고 말았다.

심화학습

갑목(甲木)이 초봄인 인월(寅月)에 태어나 사주에 비겁(比劫)이 중중(重重)하고, 인성(印星)인 해수(亥水)의 도움까지 받으니 신왕(身旺)하다고 하겠다. 식신(食神)인 병화(丙火)가 용신(用神)이 되고, 희신(喜神)은 토(土)가 되어 식신생재(食神生財)의 흐름을 타는 것이 바람직할 것이다. 다행스럽게도 운(運)마저 화토(火土)로 흘러 잘 풀렸다는 생각이다.

❷ 군상인 사주에 식상이 없는 경우

乙	甲	甲	甲
亥	寅	戌	子

壬	辛	庚	己	戊	丁	丙	乙
午	巳	辰	卯	寅	丑	子	亥

갑인(甲寅) 일주가 늦가을[季秋 계추]인 술월(戌月)에 태어나 토(土)가 월령(月令)을 잡아 왕(旺)하다. 이는 봄의 허약한 토(土)에 비할 바가 아니다. 이 술토(戌土) 하나가 능히 앞 명조(命造)의 술토(戌土) 두 개와 대적할 만하다. 해시(亥時)에 태어나고 천간이 모두 목(木)으로 그득하니 임금은 왕성하고 신하는 쇠약하다[君盛臣衰 군성신쇠]. 불만스러운 것은 사주에 목(木)을 설(洩)해줄 화(火)가 없는 것이다. 이 때문에 비겁이 재성을 겁탈하려고 달려드는 군비쟁재(群比爭財) 현상이 일어나서 신하인 술토(戌土)에게 보탬을 주지 못하니, 임금은 불안하고 신하는 온전하기 어렵다[上不安而下難全 상불안이하난전]고 하겠다.

초운(初運)에 북방(北方)의 수(水)가 왕하여 임금의 세력을 도와주니 고통이 극심했으며[刑傷破耗 형상파모] 물려받은 가업(家業)을 보존할 수 없었다. 정축(丁丑)운에는 화토(火土)가 함께 오니[火土齊來 화토제래] 가업을 조금 일으켜 세웠으나[稍成家業 초성가업], 무인(戊寅)과 기묘(己卯)운에는 토(土)의 뿌리가 없고 목(木)은 왕지(旺地)에 임하니 겹쳐서 화재를 만나[疊遭回祿 첩조회록] 거꾸러졌다 일어서기가 남달랐으며[起倒異常 기도이상], 처자식을 잃고[刑妻剋子 형처극자] 묘목(卯木)운에 죽고 말았다.

심화학습

갑목(甲木)이 비록 술월(戌月)에 태어났다고 하더라도 사주가 비겁(比劫)과 인성(印星)으로 그득하니 신왕(身旺)하다 하겠다. 사주에 식상이 보이지 않으니 말 그대로 군겁쟁재(群劫爭財)가 되어 재성(財星)은 힘을 쓰지 못하고 운(運)마저 수목(水木)으로 흘러 도움을 주지 못하니 잘 풀릴 수가 없었을 것이다. 앞의 명조와 같은 군상(君象)을 하고 있지만 사주에서 식상의 유무(有無)가 그 사람의 운명에 큰 차이를 가져온다는 것을 보여주기 위한 사례라고 하겠다.

11. 신상(臣象) - 비겁이 왕하고 관성이 약한 경우 [劫旺官弱, 겁왕관약]

적천수 원문

臣不可過也　貴乎損下以益上
신불기과야　　　귀호손하이익상

> 신해[日主, 일주]가 왕하고 임금[官星, 관성]이 약하면 신하가 지나쳐 극(剋)은 안 되니
>
> [臣不可過也]
>
> 아래[日主, 일주]를 덜어[洩, 설] 위[官星, 관성]를 도와주어야 귀한 것이다
>
> [貴乎損下以益上].

적천수 해설　　**신상(臣象) - 비겁이 왕하고 관성이 약한 경우[劫旺官弱, 겁왕관약]**

신하가 너무 지나치면 힘으로 다스려서는 안 된다[臣不可過 신불가과]. 모름지기 덕으로써 교화해야만[化之以德 화지이덕] 비로소 신하들은 임금에 순종하여 따를 것이며, 이로 인해 임금은 편안함을 얻게 될[臣順而君安 신순이군안] 것이다.

예를 들면, 갑을목(甲乙木) 일주(日主)에 사주 간지가 목(木)으로 그득한데[滿局皆木 만국개목] 사주에 관성(官星)인 금기(金氣)는 단지 한두 개뿐이라면 신하는 왕성하고 임금은 쇠약함[臣盛君衰 신성군쇠]이 극에 달했다고 하겠다. 이때 만약 운(運)이 금(金)으로 흘러 일주인 신하를 극(剋)하여 제(制)한다면, 이는 쇠약한 세력으로 위엄 있게 명령을 내리려고 하는[衰勢而行威令 쇠세이행위령] 것과 마찬가지이니 신하들은 틀림없이 임금에게 대항하려는 생각[抗上之意 항상지의]을 품게 될 것이다. 이런 경우에 운은 반드시 화를 동반한 토[帶火之土 대화지토]의 운으로 흘러야만 목(木)이 식상(食傷)인 화(火)를 만나 강한 기운을 설(洩)하여 상생(相生)하게 되니 신하는 임금에게 순종하여 따르게 될[臣心順矣 신심순의] 것이고, 쇠약한 금(金) 또한 재성인 토(土)를 만나 보탬을 얻으니 임금 역시 마음의 편안함을 얻게 될[君心安矣 군심안의] 것이다.

만약 수목(水木)이 함께 왕한데[竝旺 병왕] 화토(火土)가 보이지 않는다면 임금의 자식인 수(水)가 있어 이에 의지함이 마땅하니, 운이 수목(水木)으로 흐른다면 역시 임금의 마음은 편안할 것이다.

만약 목화(木火)가 함께 왕하다면[竝旺 병왕] 신하의 마음을 따르는 것이 마땅하니, 운이 화(火)로 흐르면 이 역시 임금의 마음은 편안할 것이다. 이른바 신하가 왕성한데 성품이 온순하고[臣盛而性順 신성이성순] 임금이 쇠약한데 인자하면[君衰而仁慈 군쇠이인자] 임금도 편안하고 신하도 온전할 수 있다[上安而下全 상안이하전]는 말이다.

만약 순전히 토금(土金)만을 이용하여 일주인 신하의 성질을 거스른다면[激發 격발] 임금의 마음도 편안하지 않고, 신하도 온전하지 못할 것이다.

심화학습

일주(日主)가 신하(臣下)이고 관성(官星)이 주군(主君)인 형상이라 하겠다. 여기서는 두 가지 경우를 이야기하고 있다. 우선 신왕(身旺)한데 사주에 설(洩)하는 신(神)인 식상(食傷)과 극(剋)하는 신인 관살(官殺)이 함께 있을 경우에는 관살로 극하는 것보다는 식상으로 설하여 흐름을 타는 방법을 택하는 것이 바람직하다는 것이다.

그 다음으로는 사주에 인성(印星)이 있을 경우를 말하고 있다. 비록 사주에 관살이 있다 하더라도 인성과 비겁(比劫)이 함께 왕하면[竝旺 병왕], 인성이 관살의 기운을 흘러 통하게 하여 일주를 생해주니 사주의 유통생화(流通生化)가 이루어져 관성(官星)이 일주에 대항하려 하지 않는다는 것이다. 후자의 경우는 종강(從强)을 의미하는 것처럼 보인다.

신상(臣象)

❶ 신상인 사주가 대화지토(帶火之土)의 운으로 흐른 경우

庚	甲	甲	戊
午	寅	寅	寅

壬	辛	庚	己	戊	丁	丙	乙
戌	酉	申	未	午	巳	辰	卯

갑인(甲寅) 일주가 연월(年月)의 지지가 모두 인목(寅木)이고 월간(月干)에 비견(比肩)이 떴으니 사주에 목기(木氣)가 그득하다[滿盤皆木 만반개목]. 시간(時干)의 경금(庚金)은 뿌리가 없으니[無根 무근] 신하는 왕성하고 임금은 쇠약함[臣盛君衰 신성군쇠]이 극에 달했다고 하겠다.

반가운 것은 오시(午時)에 태어나 목(木)을 유통(流通)시켜 흘려보내주는 것이며, 무토(戊土) 또한 약하지만 뿌리가 있으니[弱而有根 약이유근] 신하는 임금에게 순종하여 따르려는 마음[臣心順矣 신심순의]을 갖게 된다. 또한 대운(大運)이 병진(丙辰), 정사(丁巳), 무오(戊午), 기미(己未)의 화를 동반한 토[帶火之土 대화지토]의 지지로 흘러 생(生)하여 화(化)함에 어그러짐이 없으니[生化不悖 생화불패], 신하들은 임금에 순종하여 따를 것이며 이로 인해 임금은 편안함을 얻게 될[臣順而君安 신순이군안] 것이다.

일찍이 향시(鄕試)와 전시(殿試)에 연이어 합격하였고[부登科甲 조등과갑] 벼슬이 시랑(侍郎)에 이르렀으나, 경신(庚申)운에 들어 강한 신하를 극(剋)하여 용납하지 않으니 죽고 말았다[不祿 불록].

갑목(甲木)이 인월(寅月)에 태어나 사주에 비겁(比劫)이 중중(重重)하니 신왕(身旺)하다 하겠다. 사주의 구조를 보면 식상(食傷)과 관살(官殺)이 함께 나타난[竝見 병현] 상황에서 관살을 버리고 식상을 취하는 것으로 이해하면 된다. 화(火)를 용신(用神)으로 삼고, 토(土)를 희신(喜神)으로 하

여 상관생재(傷官生財)로 흐른다고 볼 수 있겠다. 운(運)이 화토(火土)로 흘러 잘 풀렸다는 말이다.

❷ 신상인 사주에 인성이 있는 경우

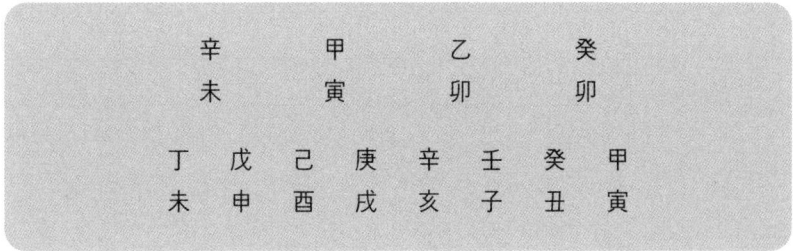

갑인(甲寅) 일주가 연월의 지지가 모두 묘목(卯木)이고, 천간에 을목(乙木)과 계수(癸水)가 투출하였다. 시지의 미토(未土)는 남방(南方)의 조토(燥土)인 동시에 목(木)의 고근(庫根)이니 신금(辛金)을 생(生)해주는 지지라 할 수 없다. 따라서 임금인 신금(辛金)은 무능하기 짝이 없다. 임금의 자식인 계수(癸水)가 있어 이에 의지함이 마땅하니 계수(癸水)를 용신(用神)으로 삼는다.

대운(大運)이 갑인(甲寅)과 계축(癸丑)으로 흘러 물려받은 재산이 풍성하였고, 임자(壬子)와 신해(辛亥)운에는 명예와 이익 또한 넉넉하였다. 마침내 운(運)이 경술(庚戌)로 바뀌면서는 토금(土金)이 함께 왕해지니[竝旺 병왕], 신하를 용납하지 못해[不能容臣 불능용신] 죄를 저질러 벼슬이 떨어지고[犯事落職 범사락직] 재산을 다 날린 후 자식을 잃고 죽고 말았다.

심화학습

앞의 본문에서 수목(水木)이 함께 왕(旺)한데 화토(火土)가 보이지 않는다면 임금의 자식인 수(水)가 있어 이에 의지함이 마땅하니, 운(運)이 수목(水木)으로 흐른다면 역시 임금의 마음은 편안할 것이라고 설명했는데, 그 논리에 딱 들어맞는 사례이다.

관인상생(官印相生)으로 흘러 종강(從强)이 된다는 의미인 것 같다. 종화(從化)에 비중을 많이 두는 『적천수(滴天髓)』의 오류(誤謬)라고 하기에는 너무도 완벽한 종강이다. 그 당시에는 태어난 시(時)가 부정확한 경우가 많으니 시를 바꾸어 임신(壬申)이라 하더라도 신금(申金)이 워낙 무능하니 종강으로 볼 수도 있을 것 같다. 하지만 시간(時干)에 투출한 신금(辛金)이 자꾸만 눈에 거슬린다. 비록 메마르다고는 하지만 시지(時支)에 미토(未土)를 깔고 앉아 있으니 뿌리가 없다고는 할 수 없을 것 같다.

정격(正格)으로 본다면 시간의 정관(正官)인 신금(辛金)을 용신(用神)으로 삼을 수밖에 없으나, 수목(水木)운에 잘 나가고 경술(庚戌)운에 죽고 말았다고 하니 종(從)을 했다고 볼 수밖에 없을 것 같다. 경술(庚戌)운 이후 토금(土金)의 운에 대한 풀이를 할 수 없으니 아쉬울 뿐이다.

12. 모상(母象) – 비겁이 많고 식상이 적은 경우 [劫衆食寡, 겁중식과]

적천수 원문

知慈母恤孤之道　始有瓜瓞無疆之慶
지자모휼고지도　　　시유과질무강지경

> 어미[日主, 일주]가 외로운 자식[食傷, 식상]을 걱정하는 도리를 안다면[知慈母恤孤之道]
> 비로소 오이의 넝쿨이 끝없이 뻗어가듯 자손이 번성하는 경사가 시작되며
> [始有瓜瓞無疆之慶]

적천수 해설　　　**모상(母象) – 비겁이 많고 식상이 적은 경우[劫衆食寡, 겁중식과]**

어미는 많은데 자식이 홀로 외로우면[母重子孤 모중자고] 자식이 어미의 세력에 기대려 할 뿐만 아니라 어미 또한 자식에게 의지하려는 마음이 들게 된다. 따라서 어미와 자식 두 사람 모두 손상을 입거나 억제를 당하는 것은 마땅하지 않다[不宜損抑 불의손억]. 다만 자식이 세력을 얻도록 도와줌

으로써 어미는 자식을 사랑하고 자식은 더욱 창성하게 되는[母慈而子益 昌 모자이자익창] 것이다.

예를 들면, 갑을목(甲乙木) 일주(日主)가 어미[母 모]인데, 사주에 식상 (食傷)인 화기(火氣)는 단지 한두 개뿐이고 그 나머지 간지가 모두 목(木) 이라면, 이는 어미가 너무 많아 자식이 병들어버린[母多子病 모다자병] 형상 이라 할 것이다. 이와 같은 경우는 다음과 같이 되어야 한다.

첫째, 사주에 인성(印星)인 수(水)가 있어서는 안 된다. 만약 수(水)를 본다면 자식인 화(火)는 극(剋)을 당해 반드시 손상을 입기 때문이다.

둘째, 사주에 관성(官星)인 금(金)이 있어서는 안 된다. 만약 금(金)을 본다면 이는 모성(母性)을 건드려 범하니[觸犯 촉범], 어미와 자식은 서로 화목하지 못하고[母子不和 모자불화] 자식은 더욱 외롭게 되기[子勢愈孤 자세 유고] 때문이다.

오로지 운(運)은 반드시 화를 동반한 토[帶火之土 대화지토]의 운으로 흘 러야 한다. 그리하면 모성은 반드시 자애로워질[母性必慈 모성필자] 것이니, 그 마음이 자식에게로 향하고[其性向子 기성향자] 자식은 어미의 뜻에 순응 하여[順母之意 순모지의] 손자를 낳아[生孫 생손] 오이의 넝쿨이 끝없이 뻗어 가듯 경사가 넘쳐나 다음 천 세대까지 번성할 것이다. 만약 운이 수(水) 를 동반한 토[帶水之土 대수지토]의 운으로 흐른다면, 모정(母情)은 변하여 도리어 자식을 용납하지 않을[反不容子 반불용자] 것이다.

심화학습

일주(日主)가 어미이고 식상(食傷)이 자식인 형상이라 하겠다. 대단히 신 왕(身旺)한 형상이므로 일주의 기운을 설하여 화하는[洩化 설화] 식상생재 (食傷生財)의 흐름을 타야 한다는 말이다. 만약 인성(印星)이나 관살(官 殺)을 본다면 자식인 식상과 어미인 일주의 성질을 건드려 꺼리고 피해야 될 일을 저지르게[觸犯 촉범] 되니 이를 피해야 한다는 것이다.

모상(母象)

❶ 모상인 사주가 대화지토(帶火之土)의 운으로 흐른 경우

己	乙	甲	戊
卯	卯	寅	午

壬	辛	庚	己	戊	丁	丙	乙
戌	酉	申	未	午	巳	辰	卯

을묘(乙卯) 일주가 인월(寅月) 묘시(卯時)에 태어나 사주에 목(木)이 그득하고[滿盤皆木 만반개목] 연지(年支)에 오화(午火)가 하나 있으니 '어미는 왕하고 자식은 홀로 외롭다[母旺子孤 모왕자고]'고 하겠다. 사주에 수(水)가 없는 것이 반갑고, 지지에 인오(寅午)의 반회국(半會局)을 이루니 모성(母性)은 자애로워 그 마음이 자식을 향하고 자식 또한 어미의 뜻에 순종하여 따르니 손자인 무토(戊土)를 생(生)하게 된다. 더욱 반가운 것은 운(運)이 화토(火土)로 흐르는 것이다.

일찍이 전시(殿試)에 합격하였고[登龍虎榜 등룡호방], 봉황지(鳳凰池)에 들어가 벼슬이 시랑(侍郞)에 이르렀다. 마침내 경신(庚申)운으로 바뀌자 어미의 성질을 건드려[觸母之性 촉모지성] 죽고 말았다[不祿 불록].

심화학습

을목(乙木)이 인월(寅月)에 태어나 사주에 비겁(比劫)이 중중(重重)하니 신왕(身旺)하다고 하겠다. 사주에 비겁이 많으니 식상(食傷)을 용신(用神)으로 삼겠는데, 이 경우는 사주에 오화(午火)가 무토(戊土)를 동반하고 있으니 식신생재(食神生財)의 구조라 하겠다.

봉황지(鳳凰池)는 중서성(中書省)이란 관청을 말한다고 한다.

❷ 모상인 사주에 인성이 있고 대수지토(帶水之土)의 운으로 흐른 경우

乙	甲	丙	癸
亥	寅	辰	卯

戊	己	庚	辛	壬	癸	甲	乙
申	酉	戌	亥	子	丑	寅	卯

갑인(甲寅) 일주가 늦은 봄인 진월(辰月)에 태어나고, 지지는 인묘진(寅卯辰) 동방(東方)을 이루며, 해시(亥時)에 태어났다. 월간(月干)에 한 점 병화(丙火)가 무력하게 떠 있으니[虛露 허로] '어미는 많은데 자식은 홀로 외롭다[母重子孤 모중자고]'고 하겠다. 월지(月支)의 진토(辰土)는 습토(濕土)이니 화(火)를 어둡게 하고 목(木)을 배양하며[晦火養木 회화양목], 천간에 투출한 계수(癸水)는 시지(時支)에 해수(亥水)를 만나 왕(旺)하여 자식인 병화(丙火)를 극(剋)하니, 어미는 외로운 자식을 사랑하여 걱정하는 마음[慈愛恤孤之心 자애휼고지심]은 전혀 없고 도리어 자식을 없애려는[滅子 멸자] 의도만 엿보인다.

초운(初運)인 을묘(乙卯)와 갑인(甲寅)운에는 오히려 자식을 생하여 도와주려는[生扶 생부] 마음이 있어 그 즐거움이 저절로 따랐으나[其樂自如 기락자여], 운(運)이 계축(癸丑)으로 바뀌어 수를 동반한 토[帶水之土 대수지토]의 운으로 흐르면서 어미의 마음이 변해 자식은 편안함을 누릴 수 없으니 깨지고 부서짐이 이루 말할 수 없을 정도였다[破敗異常 파패이상]. 임자(壬子)운에 이르러 자식인 병화(丙火)를 극하여 완전히 없애버리니[剋絕 극절], 집안은 망하고 사람들은 떠나갔으며[家破人離 가파인리] 스스로 목을 매어 죽었다.

심화학습

앞의 명조(命造)와 마찬가지로 사주의 형상은 식신생재(食神生財)의 구조라고 하겠다. 사주의 인성(印星)이 식신(食神)을 극하니 어미인 일주의 마음이 변하여 도리어 자식을 용납하지 않게[反不容子 반불용자] 되어버렸다는 것이다. 식신격(食神格)에서 인성은 병(病)이라는 사실을 명심해야 할 것이다.

13. 자상(子象) – 비겁이 많고 인성이 적은 경우 [劫衆印寡, 겁중인과]

적천수 원문

知孝子奉親之方　始克諧成大順之風
지효자봉친지방　　　시극해성대순지풍

> 효재[日主, 일주]가 어머니[印星, 인성]를 받들어 모시는 방법을 안다면[知孝子奉親之方] 비로소 난관을 극복하고 화합하여 따르니[從, 종] 순종하며 화평한 기풍을 이룬다 [始克諧成大順之風].

적천수 해설 ■ **자상(子象) – 비겁이 많고 인성이 적은 경우[劫衆印寡, 겁중인과]**

자식은 많은데 어미가 쇠약하면[子重母衰 자중모쇠] 어미의 마음은 자식에게 의지하려 하게 되니, 모름지기 자식은 어미의 마음을 편안하게 해주어야 하며 어미는 자식의 성질을 거슬러서는 안 된다.

예를 들면, 갑을목(甲乙木) 일주(日主)가 사주에 목(木)이 그득하고[滿局皆木 만국개목] 그 중에 인성(印星)인 수기(水氣)가 한두 개 있다면, 이를 일러 '자식은 많은데 어미는 외롭다[子重母孤 자중모고]'라고 한다. 이럴 때 어미는 자식에게 의지하려 하게 되니 모름지기 자식은 어미의 마음을 편안하게 해주어야 한다. 이와 같은 경우는 다음과 같이 되어야 한다.

첫째, 사주에 재성(財星)인 토(土)가 있으면 안 된다. 만약 토(土)를 본다면 자식은 마누라와 재물에 눈이 팔려 어미를 돌보지 않게 되어 어미가 불안해하기 때문이다.

둘째, 사주에 관성(官星)인 금(金)이 보여서는 안 된다. 만약 금(金)을 본다면 어미의 위세를 강하게 하여 자식을 용납하지 않을 것이며, 자식도 틀림없이 어미의 뜻을 거스르려 할 것이기 때문이다.

오로지 운(運)은 수를 동반한 금[帶水之金 대수지금]의 운으로 흘러야 한다. 그러면 관성인 금(金)은 일주인 목(木)을 극(剋)하지 않고 인성인 수(水)를 생(生)하게 되니, 어미의 마음은 틀림없이 자식에게 의지하게 되고 자식 또한 어미의 뜻을 거스르지 않는다. 이로써 순종하며 화평한 기풍을 이룬다[以成大順之風 이성대순지풍]고 하겠다. 만약 운이 토를 동반한 금[帶土之金 대토지금]의 운으로 흐른다면 마누라의 성품은 사나워질 것이 틀림없으므로 어미와 자식 모두를 불안하게 만들 것인데, 사람의 일[人事 인사]에 모두 그러하지 않음이 없다 할 것이다.

이와 같이 군상(君象), 신상(臣象), 모상(母象), 자상(子象) 네 개의 장(章)은 비록 목(木)을 일주를 예로 들어 설명했지만, 화토금수(火土金水) 일주 또한 이와 마찬가지라 할 것이다.

심화학습

일주(日主)가 자식이고 인성(印星)이 어미인 형상이라 하겠다. 사주에 비겁(比劫)이 가득하고 인성이 있으면 어미는 자식인 일주에게 의지하여 종(從)을 한다는 의미로 받아들이면 될 것이다.

목(木) 일주의 자상(子象)인 경우 수를 동반한 금[帶水之金 대수지금]의 운(運)은 나쁘지 않다고 하겠으나, 자식인 일주를 극(剋)하는 관살(官殺)인 금(金)과 어미인 인성을 극하는 재성(財星)인 토(土)가 함께 오는[帶土之金 대토지금] 운은 해롭다는 말이다.

❶ 자상인 사주에 재성인 토(土)가 없는 경우

乙	甲	乙	癸
亥	寅	卯	亥

丁	戊	己	庚	辛	壬	癸	甲
未	申	酉	戌	亥	子	丑	寅

갑인(甲寅) 일주가 봄이 한창인 묘월(卯月)에 태어나 해묘(亥卯)와 인해(寅亥)가 각각 합(合)을 이루니 사주에 목(木)이 그득하다[滿局皆木^{만국개목}]. 연간(年干)의 계수(癸水)는 세력이 없으니 '자식은 왕한데 어미는 외롭다[子旺母孤^{자왕모고}]'라고 하겠다. 어미인 계수(癸水)의 마음은 자식인 목(木)을 의지하게 되고, 목(木) 또한 수(水)를 의지하게 된다. 이를 일컬어 '어미와 자식이 정으로 협력한다[母子情協^{모자정협}]'라고 한다.

초운(初運)인 갑인(甲寅)과 계축(癸丑)운에는 물려받은 재산이 넉넉하였고[蔭庇有餘^{음비유여}] 일찍이 국학에 들어갔으며[早遊泮水^{조유반수}], 임자(壬子)운에는 향시(鄕試)에 합격하였고[中鄕榜^{중향방}], 신해(辛亥)운에는 금수(金水)가 상생하니 현령(縣令)을 거쳐 주목(州牧)에 천거되었다. 경술(庚戌)운에 들어서면서 토금(土金)이 함께 왕하니[竝旺^{병왕}] 어미와 아들은 편안하지 못하여 잘못을 저질러 벼슬을 잃고[註誤落職^{괘오낙직}] 죽고 말았다.

심화학습

갑목(甲木)이 묘월(卯月)에 태어나 사주에 비겁(比劫)과 인성(印星)이 그득하니 신왕(身旺)하다 하겠다. 앞의 본문에서 언급한 바와 같이 자식인 일주를 따라 종(從)을 하여 종강격(從强格)이 되었다는 말이다.

사주에 재성(財星)이 보이지 않아 청(淸)하다 하겠다. 대수지금(帶水之金)의 운(運)인 신해(辛亥)운에는 잘 풀렸으나, 대토지금(帶土之金)의 운인 경술(庚戌)운에는 관성(官星)이 일주를 극(剋)하고 재성이 인성을 극하여 망한 사례이다.

❷ 자상인 사주에 재성인 토(土)가 있는 경우

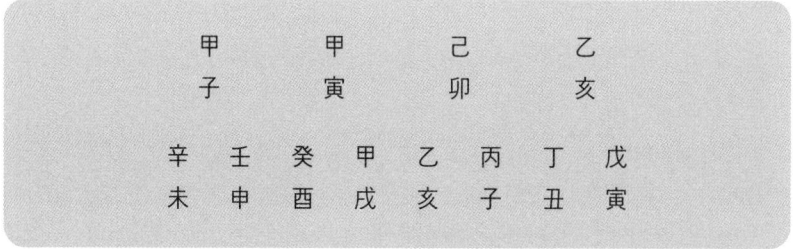

갑인(甲寅) 일주가 봄이 한창인 묘월(卯月)에 태어나고 사주에 목(木)이 그득하다[滿局皆木 ^{만국개목}]. 해묘(亥卯)가 합을 이루니 시지(時支)의 자수(子水)는 쇠약하기 그지없어 그 마음은 목(木)을 향하여 의지하려 한다. 일주인 갑목(甲木)은 사사로운 정으로 재성(財星)인 기토(己土)를 연모하여 어미를 돌보지 않는다.

정축(丁丑)운에는 화토(火土)가 함께 오니 어미를 용납하지 않는데, 속담에 이르기를 "며느리가 어질지 못하면[婦不賢 ^{부불현}] 가정이 화합하지 못한다[家不和 ^{가불화}]"라고 했으니 온갖 고초를 겪었다[刑傷破耗 ^{형상파모}]. 병자(丙子)운에는 화(火)의 뿌리가 없으니 편안하고 재앙이 없었으나, 갑술(甲戌)운에는 다시 왕(旺)한 토(土)를 보게 되어 고통이 심했다. 을해(乙亥)와 계유(癸酉)운은 생하여 화함이 어그러지지 않아[生化不悖 ^{생화불패}] 첩을 들여 자식을 보고 가문을 빛냈으며[重振門楣 ^{중진문미}], 임신(壬申)운에 늘그막의 경치가 더욱 아름다웠는데[晚景愈佳 ^{만경유가}] 그 이유는 금수(金水)가 상생했기 때문이다.

심화학습

종왕격(從旺格)에 재성(財星)이 천간에 투출하여 군겁쟁재(群劫爭財)의 형상을 하고 있으니 사주가 탁(濁)하다 하겠다. 다행스러운 것은 바로 옆에서 을목(乙木)이 이를 극(剋)하고 있다는 것이다.

계유(癸酉)운과 임신(壬申)운에 잘 풀린 것은 대수지금(帶水之金)의 운이었기 때문이라 하겠다.

제 6 장

格局
격국

1. 팔격(八格)

正官, 偏官, 正財, 偏財, 正印, 偏印, 傷官, 食神是也
정관, 편관, 정재, 편재, 정인, 편인, 상관, 식신시야

財官印綬分偏正　兼論食傷八格定
재관인수분편정　　겸론식상팔격정

> 팔격(八格)이란 정관, 편관, 정재, 편재, 정인, 편인, 상관, 식신을 이르는 말이다
> [正官 偏官 正財 偏財 正印 偏印 傷官 食神是也].
> 재관(財官)과 인수(印綬)는 편(偏)과 정(正)으로 나누고[財官印綬分偏正]
> 더불어 식신(食神)과 상관(傷官)을 논함으로써 팔격(八格)이 정해진다[兼論食傷八格定].

　　격국을 정하는 원리

팔격(八格)은 하늘이 내린 인간의 목숨과 자연의 이치[命理 명리]를 설명하기 위해 적용하는 것들 중에서 가장 정당하고 올바른 논리[命中之正理 명중지정리]이다. 명리학(命理學)에서는 이들을 적용하여 격국(格局)을 정하는데 그 원리는 다음과 같다.

먼저 사주의 월령(月令)을 어떤 지지가 차지했는지 살펴본다. 그 다음으로 천간에 어떤 신(神)이 투출(透出)했는지 살펴본 후, 다시 월령을 차지한 신의 지장간(支藏干) 중에서 어느 것이 당령했는가[司令 사령]를 알아보고 그 격(格)의 진가(眞假)를 구분하여 정해야 한다. 그런 연후에 용신을 찾아 취하고[取用 취용] 그 청탁(淸濁)을 가려내야 하니, 이것이 '진실로 법도에 맞게 명리(命理)를 연구하는 올바른 이치[實依經順理 실의경순리]'인 것이다.

만약 월지(月支)에 녹왕(祿旺)이나 양인(陽刃), 즉 비견(比肩)이나 겁재(劫財)가 있으면 격을 취할 수 없으니[無格可取 무격가취], 반드시 일주(日主)가 반기는 것과 꺼리는 것[喜忌 희기]을 살핀 후 다른 지지에서 천간에 투출한 글자를 빌려 용신으로 삼는다[借以爲用 차이위용].

심화학습

한 번 더 일러두고자 한다. 오행의 생극(生剋)은 정재(正財), 편재(偏財), 정관(正官), 편관(偏官) 혹은 칠살(七殺), 정인(正印), 편인(偏印), 식신(食神), 상관(傷官), 비견(比肩), 겁재(劫財)의 열 종류에서 일어나는데, 이를 십성(十星)이라고 한다. 이 중에서 비견과 겁재는 격(格)이 될 수 없으니 이 둘은 제외하고 나머지를 일컬어 팔격(八格)이라고 한다. 정재와 편재를 재(財), 정인과 편인을 인(印)이라고 하고, 이들과 더불어 정관과 편관 혹은 칠살, 식신, 상관을 일러 육신(六神)이라고 한다. 이와 관련해서는 〈명리학 기초이론 16 : 육신(六神)과 육친(六親)의 생극(生剋)〉을 참조하기 바란다.

유백온(劉伯溫)은 『적천수(滴天髓)』 원주(原注)에서 형상(形象)과 기국(氣局) 외에 격이 가장 중요하고, 격이 참되다[格之眞 격지진]는 것은 월령을 잡은 신[月支之神 월지지신]이 천간에 투출하는 것이라고 하였다. 따라서 여러 천간 중에서 오로지 월지(月支) 위에 투출한 경우만을 찾는다면 이는 격이 아니라고 하였다. 또한 팔격 이외에 일행득기(一行得氣)인 곡직(曲直) 등의 오격(五格)은 모두 격이라 할 수 있지만, 방국(方局)과 같이 기(氣)가 형상을 이루어 정해진 것들은 격이라고 말할 수 없다고 하였다. 임철초(任鐵樵)도 여기에는 이견이 없다 하겠으니, 다음 글을 보면 짐작할 수 있을 것이다.

격국(格局)에는 정격(正格)과 변격(變格)이 있다.

정격은 반드시 오행의 당연한 이치를 아우르는[兼五行之常理 겸오행지상리] 것이니, 관인격(官印格), 재관격(財官格), 살인격(殺印格), 재살격(財殺格), 식신제살격(食神制殺格), 식신생재격(食神生財格), 상관패인격(傷官佩印格), 상관생재격(傷官生財格)이라고 하는 것들이다.

변격은 반드시 오행의 기세를 좇는[從五行之氣勢 종오행지기세] 것이니, 종재격(從財格), 종관살격(從官殺格), 종식상격(從食傷格) 즉 종아격(從兒格), 종강격(從強格), 종왕격(從旺格), 종약격(從弱格) 즉 종기격(從氣格), 종세격(從勢格), 일행득기격(一行得氣格) 즉 곡직격(曲直格) · 염상격(炎上格) · 가색격(稼穡格) · 종혁격(從革格) · 윤하격(潤下格)의 오격(五格), 양기성형격(兩氣成形格) 즉 양신성상(兩神成象)의 상생상성십격(相生相成十格)이라고 하는 것들이다.

그리고 이 외에 외격(外格)들이 대단히 많지만, 이들은 모두 오행의 올바른 이치를 따르지 않으므로[不從五行正理 부종오행정리] 모두 그릇된 말들에 지나지 않는다[盡屬謬談 진속류담]고 하겠다. 『난태묘선(蘭台妙選)』이란 책에서 정해놓은 일체의 기이한 격[奇格 기격]과 이상한 국[異局 이국] 및 납음의 모든 법[納音諸法 납음제법]은 더더욱 명리학(命理學)의 이치에 맞지 않으니[尤屬不經 우속불경] 이들을 따져 헤아릴 필요도 없이[不待辨 부대변] 그자체가 황당한 것임을 알 수 있다[知其荒唐 지기황당]. 당송(唐宋)시대 이래만들어진 명리서(命理書)가 대단히 많지만, 모두가 허망한 논리들에 지나지 않는다.

또한 길흉을 나타내는 신살[吉凶神殺 길흉신살]이 있지만 이것이 어떤 사람으로부터 비롯되었는지[起自何人 기자하인] 알 수 없고, 그렇게 지어낸 알아듣기 어려운 말[作此險語 작차험어]들은 종종 전혀 들어맞지 않는다[往往全無應驗 왕왕전무응험]. 성의백(誠意伯) 유백온(劉伯溫)은 『천금부(千金賦)』에서 이르기를 "길흉신살(吉凶神殺)이 대단히 많다[多端 다단]고들 하지만 그 논리가 생극제화의 받아들일 만한 이치[生剋制化之一理 생극제화지일리]와 어찌 같을 수 있겠는가. 일언지하에 폐지해야[一言以蔽之 일언이폐지] 함이 옳다"라고 하였다.

(여기부터는 『적천수천미』에 언급된 내용이다.)

예를 들면, 임진(壬辰) 일주를 임수(壬水)가 용(龍)인 진토(辰土)를 타고 있으니 임기용배격(任騎龍背格)이라 하고, 임인(壬寅) 일주를 임수(壬水)가 호랑이인 인목(寅木)을 타고 있으니 임기호배격(任騎虎背格)이라 한다면, 어찌하여 임오(壬午), 임신(壬申), 임술(壬戌), 임자(壬子) 일주는 임기마후견서배격(任騎馬猴犬鼠背格)이라고 하지 않는가. 또한 육신일(六辛日)인 신미(辛未), 신사(辛巳), 신묘(辛卯), 신축(辛丑), 신해(辛亥), 신유(辛酉)의 신금(辛金) 일주가 자시(子時)에 태어나면 이를 일러 육음조양격(六陰朝陽格)이라고 하는데, 대저 다섯 개의 음간(陰干)인 을정기신계(乙丁己辛癸)가 모두 음(陰)일 텐데 어째서 유독 신금(辛金) 일주만 조양(朝陽)이 가능하고 나머지 음 천간은 조양이 불가능하다는 말인가. 그리고 자수(子水)는 체는 양이고 용은 음이며[體陽用陰 체양용음], 지장간(支藏干)의 계수(癸水)는 여섯 개의 음지(陰支) 중 가장 지극한 음일진데 어찌 양(陽)이라 할 수 있겠는가.

또 한 가지 예를 들면, 육을일(六乙日)인 을축(乙丑), 을묘(乙卯), 을사(乙巳), 을미(乙未), 을유(乙酉), 을해(乙亥)의 을목(乙木) 일주가 자시(子時)에 태어나면 이를 일러 서귀격(鼠貴格)이라고 하는데, 대저 서(鼠) 즉 쥐는 없애야[耗 모] 하는 물건이거늘 어찌 귀하다 할 수 있겠는가. 또한 십간(十干)의 귀함이 시지(時支)의 한 글자에 의해 정해지는 것이라면 어째서 같은 시지의 다른 천간들은 귀할 수 없단 말인가. 따져 헤아릴 필요도 없이[不待辨 부대변] 그 자체가 잘못된 것임을 알 수 있다[知其謬 지기류].

이 외에도 잘못된 격들이 아주 많지만 모두가 지지를 떼어놓고서는 생각할 수도 없는[支離無當 지리무당] 것들이니, 학문을 하는 사람들은 올바른 이치[正理 정리]에 근거하여 오행(五行)의 격을 자세히 살펴 연구하되 그릇된 내용을 담고 있는 책들의 유혹에 빠져서는 안 될 것이다.

『적천수징의(滴天髓徵義)』와『적천수천미(滴天髓闡微)』에 나와 있는 정격(正格)과 변격(變格)의 종류를 보면, 정격은 그 명칭이 일치하지만 변격은 그 명칭에 차이를 보이고 있다. 예를 들면『적천수징의』에는 종약격(從弱格)이란 말은 보이지 않고,『적천수천미』에는 종아격(從兒格), 종기격(從氣格), 종왕격(從旺格)이란 말은 누락되어 있다. 따라서 여기에서는 이 둘을 합쳐 독자들이 가장 이해하기 쉬울 것이라 여겨지는 방법으로 재배열했음을 알려드린다. 그리고 일행득기격(一行得氣格)과 양기성형격(兩氣成形格)에 대해서는 제5장의 〈1. 양상(兩象)〉과 〈3. 독상(獨象)〉, 그리고 〈명리학 기초이론 18 : 양신성상격(兩神成象格)〉을 참조하기 바란다.

　『난태묘선(蘭台妙選)』이란 책은『적천수천미』에는 '난대묘선(蘭臺妙選)'으로 표기되어 있다.

　조양(朝陽)은 볕을 바라본다는 말이다. 육음(六陰)이 극에 달해 양(陽)이 시작된다는 의미인데, 일년 중에서 양은 자월(子月)의 동지(冬至)에서 시작하듯 자시(子時)에서 양이 비로소 생한다[一陽始生 일양시생]는 뜻이다.

　또한 십간(十干)의 귀함이 시지(時支)의 한 글자에 의해서 정해진다는 말은 갑무경(甲戊庚) 일주가 축시(丑時)나 미시(未時)에 태어나고, 을기(乙己) 일주가 자시(子時)나 신시(申時)에 태어나고, 병정(丙丁) 일주가 해시(亥時)나 유시(酉時)에 태어나고, 신(辛) 일주가 오시(午時)나 인시(寅時)에 태어나고, 임계(壬癸) 일주가 사시(巳時)나 묘시(卯時)에 태어나면 그 사람은 귀하다는 말인데, 이를 천을귀인(天乙貴人)이라고 한다.

　이 글을 통해 임철초(任鐵樵)는 격국에 대해서는 그다지 큰 비중을 두고 있지 않음을 짐작할 수 있다. 오직 생극제화(生剋制化)의 이치에 의거하여 사주를 해석해야 하며, 결코 속된 사람들이 주장하는 신살(神殺) 등에 유혹당하지 말아야 한다는 것을 강조하고 있다 하겠다.

❶ 편재격(偏財格)이 관인상생(官印相生)으로 흐른 경우

癸	乙	癸	庚
未	未	未	辰

辛	庚	己	戊	丁	丙	乙	甲
卯	寅	丑	子	亥	戌	酉	申

을미(乙未) 일주가 여름철 미월(未月)에 태어나 지지의 세 미토(未土)에 뿌리를 내렸고[通根 통근], 진토(辰土)가 있으니 여기(餘氣)도 있다고 하겠다. 천간에 두 계수(癸水)가 투출하여 삼복더위에 한기를 느끼게 한다[三伏生寒 삼복생한]. 일주에 바짝 붙어[貼身 첩신] 일주를 생하여 도와주며[生扶 생부], 신자진(申子辰) 수국(水局)의 고(庫)인 진토(辰土)에 통근(通根)하니 힘이 있다.

　관성(官星)인 경금(庚金)이 천간에 홀로 투출하여 계수(癸水)를 생하니 사주가 청(淸)하다 하겠다. 용신(用神)인 계수(癸水)는 마른 토(土)를 적셔주고 이 토(土)는 금(金)을 길러주니[潤土養金 윤토양금], 생하여 화함에 어그러짐이 전혀 없다[生化不悖 생화불패] 하겠다. 재(財)가 왕(旺)하나 관(官)을 생해주니 중화를 이루어 순수하다[中和純粹 중화순수]. 전시(殿試)에 합격하여[科甲出身 과갑출신] 벼슬이 번얼(藩臬)에 이르렀고, 벼슬길이 편안하고 화평하였다.

심화학습

기존의 격국론(格局論)으로 말하자면 월지에 미토(未土)가 자리잡았으니 편재격(偏財格)이라 하겠으나, 용신론(用神論)으로 보면 미월(未月)의 을목(乙木)이 신약하여 인성(印星)을 용신으로 하고 관성(官星)이 이를 도와주는 관인상생격(官印相生格)으로 보아야 하겠다.

　이 사주에서는 진토(辰土)의 역할이 돋보인다. 진토(辰土)는 수(水)의 창고(倉庫)이고 목(木)의 여기(餘氣)인데 경금(庚金)을 생해주고, 경금(庚金)은 계수(癸水)를 생해주며, 계수(癸水)가 다시 일간인 을목(乙木)을 생하니, 연주상생(連珠相生)이 되어 사주가 아름답다 할 것이다.

사주가 워낙 좋아 운(運)이 별로 영향을 미치지 못했는지 이에 대한 부연설명은 전혀 보이지 않아서 아쉬울 뿐이다. 운도 금수(金水)로 흘러 도움이 되었다 하겠다.

❷ 정재격(正財格)이 관인상생(官印相生)으로 흐르지 못한 경우

丙		丁		壬		己	
午		未		申		丑	

甲	乙	丙	丁	戊	己	庚	辛
子	丑	寅	卯	辰	巳	午	未

이 명조(命造)의 대세(大勢)를 살펴보면 관성(官星)이 앞의 사주보다 더 청(淸)하다 하겠으나, 어찌하여 앞 사람은 부귀를 누렸는데 이 사람은 가난하고 구차함을 면치 못했다는 말인가. 그것은 이 명조에는 인성(印星)이 없고 관성인 임수(壬水)가 바로 곁에서 일주를 극(剋)하고 있음을 모르고서 하는 소리이다.

오화(午火)와 미토(未土)가 비록 일주인 정화(丁火)의 녹왕(祿旺)이고 여기(餘氣)라고는 하지만, 축토(丑土) 안의 계수(癸水)가 오화(午火)와 미토(未土)의 화(火)를 손상시키고 천간의 임수(壬水)를 생(生)하니, 생을 만난 임수(壬水)는 병화(丙火)를 극한다.

더욱 불만스러운 것은 기토(己土)가 천간에 투출했으나 임수(壬水)를 제어하지는 못하고 오히려 화(火)만 설(洩)하여 어둡게 만든다는 것이다. 이와 더불어 중운(中運) 또한 무진(戊辰)으로 흘러 토(土)를 만나 화기(火氣)를 설하니, 이른바 극(剋)과 설(洩)이 번갈아 힘을 더하는 극설교가(剋洩交加)가 되어버린다고 하겠다. 공명은 이루지 못하고[功名未遂 공명미수]

재물도 다 날아가버렸으며[耗散資財 ^{모산자재}] 처자식마저 다 잃어버렸으니 [刑妻剋子 ^{형처극자}], 자세히 들여다보면 이 모든 것이 기축(己丑) 두 글자로 인해서 생겨난 재앙임을 알 수 있다.

다행스럽게도 격국이 바른 이치를 따르고[格局順正 ^{격국순정}] 오행의 형상이 치우치지 않았으니[氣象不偏 ^{기상불편}], 장래에 운(運)이 목화지지(木火之地)로 돌아들면 비록 앞에서는 굴욕을 당하고 억눌려 지냈지만[屈抑於前 ^{굴억어전}] 마침내 분발하여 형통할[奮亨於後 ^{분형어후}] 것이다.

심화학습

예전에는 대부분의 역술가들이 한 사람의 부귀공명(富貴功名)을 판단하는 척도를 사주에 있는 관성(官星)의 청탁(淸濁) 여부에 두었던 모양이다. 하지만 임철초(任鐵樵)는 그것보다 사주 오행의 생화불패(生化不悖)를 더욱 중요시했음을 여실히 보여주는 사례라 하겠다.

정화(丁火) 일주가 신월(申月)에 태어나 사주에 비겁(比劫)은 있으나 인성(印星)이 보이지 않으니 신약(身弱)하다 하겠다. 일주를 생해주는 인성을 용신(用神)으로 삼아야 하지만, 사주에서 찾아볼 수 없으니 일단은 비견(比肩)인 병화(丙火)를 용신으로 삼고 운(運)에서 목(木)운이 들어오기를 기다리는 형상[身弱用劫 ^{신약용겁}]으로 보면 될 것이다. 사주에 식상(食傷)이 그득하여 일주의 기운을 설(洩)하는데 관성으로부터 극(剋)을 받는 비겁(比劫)만 있다면 과연 무슨 힘을 쓸 수 있겠는가. 절대적으로 필요한 인성이 없으니 앞의 명조보다 잘 풀리지 못했다 하겠다.

운(運)이 목화지지(木火之地)로 흘러 미래를 기대해볼 수 있다는 말로 위안을 삼는다. 격국론(格局論)으로 말하자면 정재격(正財格)이라 하겠다.

❸ 정인격(正印格)이 비겁을 만나 잘 풀린 경우

```
        壬        癸        丙        辛
        戌        卯        申        卯

   戊    己    庚    辛    壬    癸    甲    乙
   子    丑    寅    卯    辰    巳    午    未
```

이 사주는 인수격(印綬格)이니 신금(申金)을 용신으로 삼는다. 따라서 병화(丙火)는 병(病)이 되고, 임수(壬水)는 약(藥)이 된다. 사주가 중화되어 순수하고[中和純粹 중화순수], 가을의 물이 원류에 통하였다[秋水通源 추수통원] 하겠다.

계사(癸巳)운에 이르러 금수(金水)가 생을 만나 도움을 얻으니[逢生得助 봉생득조] 잇달아 향시(鄕試)와 전시(殿試)에 합격하였고[科甲連登 과갑연등], 임진(壬辰)운에는 병에 약을 만난 셈이 되어[病藥相濟 병약상제] 부속(部屬)을 거쳐 나아가 군수(郡守)가 되었다. 신묘(辛卯)운과 경인(庚寅)운에는 개두(蓋頭)가 되어 천간에 금(金)을 만나니 묘목(卯木)과 인목(寅木)이 화(火)를 생할 수 없어 인성을 무너뜨릴[壞印 괴인] 수 없으므로 명리가 모두 온전하였다[名利兩全 명리양전].

심화학습

이 사주는 계수(癸水) 일주가 신월(申月)에 태어나 인성(印星)이 월령(月令)을 잡았으나, 사주에 식재관(食財官)이 왕(旺)하여 신약(身弱)하다 하겠다. 용신(用神)은 월령을 차지한 인성이 되겠고, 월령을 잡은 신[月支之神 월지지신]이 천간에 투출했으니 격이 참되다[格之眞 격지진]고 하겠다. 격국론(格局論)으로 말하자면 정인격(正印格)이라 하겠으며, 용신격(用神格)으로 말하자면 상관용인격(傷官用印格)이라 하겠다. 따라서 이 사주는 격국론에도 부합하고, 용신론에도 부합하는 구조라 할 수 있겠다. 그러므로 어느 논리를 사용하더라도 사주 해석에 대한 결론은 마찬가지가 된다. 이 사례를 든 이유는 다음에 등장하는 명조(命造)를 보면 알게 될 것이다.

부속(部屬)은 중앙 정부의 각 부(部)에 속한 관리를 말한다고 한다.

❹ 정인격(正印格)이 식상을 만나 잘 풀리지 못한 경우

| 甲 | 癸 | 丙 | 辛 |
| 寅 | 卯 | 申 | 卯 |

| 戊 | 己 | 庚 | 辛 | 壬 | 癸 | 甲 | 乙 |
| 子 | 丑 | 寅 | 卯 | 辰 | 巳 | 午 | 未 |

이 명조 역시 신금(申金)이 용신이고, 병화(丙火)는 병(病)이 된다고 하겠다. 앞의 명조와 비교하면 단지 시주(時柱)만 바뀌었는데, 병이 있으나 약은 없을[有病無藥 유병무약] 뿐만 아니라 병신(病神)을 생하여 도와주기까지 한다[生助病神 생조병신]. 따라서 앞 사람은 과거를 볼 때마다 합격하는 훌륭한 문장을 지녔고[青錢萬選 청전만선] 명리가 모두 온전했으나[名利兩全 명리양전], 이 사람은 학문을 제대로 이루기를 포기하고[機杼空抛 기저공포] 고지식하여 변통을 몰랐다[守株待兎 수주대토].

더욱 불만스러운 것은 인목(寅木)과 신금(申金)이 멀리서 충을 하는[寅申遙沖 인신요충] 것인데, 묘목(卯木)이 인목(寅木)을 도와주니 목(木)이 왕하여 금(金)이 이지러지는[木旺金缺 목왕금결] 꼴이 되어 인수는 오히려 손상을 입게 되었다[印綬反傷 인수반상].

또한 월건(月建), 즉 월지(月支)는 육친(六親)의 자리이니 아내와 헤어지고 그 고생은 이루 말로 다 할 수 없었으며[分荊破斧 분형파부] 재산은 줄어들어 흩어지고 말았다[資財耗散 자재모산]. 오직 임수(壬水)운에 일주를 도와 병을 제거하니[幇身去病 방신거병] 재물에 조금 여유가 생겼다[財源稍裕 재원초유]. 신묘(辛卯)운과 경인(庚寅)운은 동방(東方)의 뿌리가 없는 금(金)이니 나아가 공명을 얻을 수 없었고, 가업이 다소 안정되는 정도[家業小康 가업소강]에 불과하였다.

하지만 격이 바르고 국이 참되며[格正局眞 격정국진] 인성(印星)이 월령을 잡았으니[秉令 병령], 가슴에는 천하를 다스릴 큰 뜻을 품었다[襟懷曠達 금회광달]. 시와 문장에 탁월한 재주[八斗才誇 팔두재과]는 원룡의 기개와 다툴 만했으며[爭似元龍意氣 쟁사원룡의기], 붓으로 토해내는 아름다운 문장[五花筆吐 오화필토]은 사마의 문장과 겨눌 만하였다[渾如司馬文章 혼여사마문장].

다만 불만스러운 것은 월간(月干)에 가을의 태양이 투출하여[月透秋陽 월투추양] 명리(名利)를 이루지 못했는데[難免珠沉滄海 난면주침창해], 이 모든 것은 하늘의 뜻이니 그 바른 이치를 따라야 한다[順受其正 莫非命也 순수기정 막비명야].

심화학습

이 명조 또한 격국론(格局論)으로 말하자면 정인격(正印格)이라 하겠으며, 용신격(用神格)으로 말하자면 상관용인격(傷官用印格)이라 하겠다. 앞의 명조와 비교하면 단지 시주(時柱)만 바뀌었다고 해석하였으나, 원문(原文)에는 '단지 인자(寅字) 하나만 바뀌었는데'라고 되어 있다. 약간 과장된 표현이라는 생각이 들어 시주(時柱)라고 바꾸어 해석하였다.

본 사주풀이에는 다양한 사자성어(四字成語)들이 등장한다. 한자의 뜻을 그대로 풀이하면 이해하기 어려운 것들이 많으므로 의역을 많이 할 수밖에 없었다. 기저공포(機杼空抛)는 말 그대로 해석하면 '베틀의 북만 허공으로 던지고 있다'라고 하겠는데, '학문을 제대로 이루기를 포기하고'를 비유한 말이라고 의역하였다. 수주대토(守株待兎)란 송(宋)나라의 한 농부가 나무 그루터기에 토끼가 부딪쳐 죽는 것을 보고 농사일을 팽개치고 나무 그루터기에 토끼가 나타나기만 기다렸다는 고사(故事)에서 비롯된 말로, 옛날의 관습만 고수하여 변통할 줄 몰라 발전이 없는 것을 비유하는 말이다. 분형파부(分荊破斧)는 말 그대로 해석하면 '싸리나무를 나누고 도끼를 부러뜨리다'인데 '아내와 헤어지고 그 고생은 이루 말로 다 할 수 없었으며'라고 의역하였다. 팔두재과(八斗才誇)는 남조(南朝)의 사령운(謝靈運)이 조식(曹植)의 재주를 칭찬하여 한 말로, 천하의 재주를 한 섬이라고 친다면 조식이 그 중에서 여덟 말(한 섬은 열 말이다)을 차지하고 본인이 한 말을 갖고 나머지 한 말은 천하의 인재들이 나누어 갖는다고 한 것에서 유래하여 '시와 문장에 탁월한 재주를 보인다'는 의미이다. 원룡(元龍)은 위(魏)나라 때의 문장가인 진등(陳登)의 자(字)이다. 사마(司馬)는 전한(前漢)시대의 위대한 문장가인 사마상여(司馬相如)를 이르는데, 그가 지은《자허부(子虛賦)》와《상림부(上林賦)》 등의 작품은 풍유(諷諭)가 뛰어나고 화려하여 한(漢), 위(魏), 육조(六朝)시대 문인들의 모범이 되었다고 한다. 주침창해(珠沉滄海)는 구슬이 바다에 빠졌다는 말인데 '명리(名利)를 이루지 못하였다'로 의역하였다. 순수기정 막비명야(順受其正 莫非命也)는 『맹자(孟子)』의 「진심상(盡心上)」에 나오는 말이라고 한다.

적천수 사례연구 2 ▮ 격국의 사례연구를 통한 결론

이와 같이 여러 명조(命造)의 사례를 통해 살펴본 바에 의하면, 격국(格局) 하나에만 집착하여 사주를 논해서는 안 된다[不可執一論也 불가집일론야]. 재관격(財官格)이나 인수격(印綬格) 등의 격(格)임에도 불구하고 '일주와 더불어 둘이 아니다[與日主無二 여일주무이]'라는 사실을 명심하여, 일주가 왕성하면 눌러줌이 마땅하고[旺則宜抑 왕즉의억] 일주가 쇠약하면 도와줌이 마땅하다[衰則宜扶 쇠즉의부]. 인수(印受)가 왕상(旺相)하여 관성(官星)을 설(洩)하면 재성(財星)이 있어야 마땅하고, 인성(印星)이 쇠약한데 재성을 만나면 비겁(比劫)이 있어야 마땅하니, 이것은 바꿀 수 없는 법[不易之法 불역지법]인 것이다.

심화학습

사주를 볼 때 그 사주가 어떤 격국(格局)을 이루고 있는가는 그다지 중요하지 않다는 의미로 해석할 수 있겠다. 따라서 사주의 실제 상황에 따라 억부법(抑扶法)을 적용하여 사주를 해석하면 되지, 격국의 이름에 현혹되어 일을 그르치지 말라는 의미로 이해하면 될 것이다.

'일주와 더불어 둘이 아니다[與日主無二 여일주무이]'는 『적천수천미(滴天髓闡微)』에는 '일주와 더불어 함께 하는 천간이 없으면[與日主無干, 여일주무간]'이라고 되어 있으나, 문맥상 『적천수징의(滴天髓徵義)』의 문구가 더 적합하다고 생각되어 그대로 표기하여 해석하였다.

간명첩결(看命捷訣) – 사주풀이의 핵심 비결

간명첩결(看命捷訣)은 서낙오(徐樂吾)가 『적천수징의(滴天髓徵義)』를 편집하면서 추가로 보완하여 기술한 내용으로, 자평명리학(子平命理學)의 참된 이치를 잘 간추린 사주풀이의 핵심 비결이라고 할 수 있다. 그 내용은 다음과 같다.

用之官星不可傷　不用官星儘可傷
용지관성불가상　　　불용관성진가상

> 관성(官星)이 용신(用神)이면 식상(食傷)으로 손상시켜서는 안 되나,
> 관성을 용신으로 쓰지 않으면 상관 없다.

用之財星不可劫　不用財星儘可劫
용지재성불가겁　　　불용재성진가겁

> 재성(財星)이 용신이면 비겁(比劫)으로 빼앗아서는 안 되나,
> 재성을 용신으로 쓰지 않으면 상관 없다.

用之印綬不可壞　不用印綬儘可壞
용지인수불가괴　　　불용인수진가괴

> 인수(印綬)가 용신이면 재성으로 무너뜨려서는 안 되나,
> 인성(印星)을 용신으로 쓰지 않으면 상관 없다.

用之食神不可奪　不用食神儘可奪
용지식신불가탈　　　불용식신진가탈

> 식상이 용신이면 인성으로 빼앗아서는 안 되나,
> 식상을 용신으로 쓰지 않으면 상관 없다.

用之七殺不可制　制殺太過反爲凶
용지칠살불가제　　　제살태과반위흉

> 칠살(七殺)이 용신이면 식상으로 제(制)해서는 안 되고,
> 식상이 너무 많아 살(殺)을 너무 과도하게 제하면 오히려 흉해진다.

身殺兩停宜制殺　殺重身輕宜化殺
신살양정의제살　　　살중신경의화살

일주(日主)와 살이 균형을 이루고 있으면 식상으로 살을 제하는 것이 마땅하고, 살이 많아 일주가 약하면 인성으로 살을 화(化)하는 것이 마땅하며,

身强殺淺宜生殺　陽刃重重喜食傷
신강살천의생살　　　양인중중희식상

일주가 강하고 살이 약하면 재성으로 살을 생(生)해주어야 한다.
양인(陽刃), 즉 비겁이 중중(重重)하면 이를 설(洩)하는 식상이 반가우나,

若逢官殺亦生殃　財多身弱宜劫刃
약봉관살역생앙　　　재다신약의겁인

그런 상황에서 관살(官殺)을 본다면 극설교가(剋洩交加)로 인해 재앙이 생겨난다.
재성이 많아 일주가 약하면 이를 극(剋)하는 비겁이 있어야 마땅하나,

劫重財輕喜食神　官旺身衰宜印地
겁중재경희식신　　　관왕신쇠의인지

비겁이 많아 일주가 강한데 재성이 약하면 식상이 도와줌을 반긴다.
관성이 왕(旺)하여 일주가 약하면 이를 생하는 인성의 도움이 마땅하고,

官衰印旺利財鄕　莫道梟神無用處
관쇄인왕리재향　　　막도효신무용처

관성이 약하고 인성이 왕하다면 이를 극하는 재성의 도움이 필요하다.
편인(偏印)이라고 모두 쓸모 없다 해서는 안 되니,

殺多食重最爲良　勿謂陽刃是凶物
살다식중최위량　　　물위양인시흉물

살이 많고 식상도 많으면 가장 좋은 양약(良藥)이 될 수 있기 때문이다.
양인인 겁재(劫財)를 흉한 물건[凶物, 흉물]이라 해서는 안 되니,

財多黨殺亦爲貞　此是子平眞要訣
재다당살역위정　　　차시자평진요결

재성이 많고 살이 무리를 이루고 있을 때 절개와 지조를 지킬 수 있기[貞, 정] 때문이다.
이 모든 것이 자평명리학(子平命理學)의 참된 이치이니,

後之學者細推尋
후지학자세추심

> 후세(後世)의 학자들은 마음 속 깊이 새겨들어야 할 것이다.

사주풀이에서 가장 어려운 것이 강약(强弱)과 쇠왕(衰旺)의 이치이다.

왕(旺)이라 함은 일주(日主)가 당령(當令)을 하고 다른 간지에 비겁(比劫)과 인수(印綬)가 많은 경우를 말한다. 만약 일주가 월령(月令)을 잡았다[當令, 당령] 하더라도, 다른 간지에서 비겁과 인수의 생조(生助)를 받지 못한다면 그 사주는 쇠(衰)하게 된다.

강(强)이라 함은 일주가 당령을 하고 다른 간지에 겁재(劫財)와 인수가 많은 경우를 말한다.

약(弱)이라 함은 일주가 당령을 하지 못해 월지(月支)가 휴수(休囚) 즉 식재관월(食財官月)이고 사주에 인성(印星)과 비겁이 없는 경우를 말한다.

쇠(衰)라고 함은 일주가 당령을 하지 못해 월지가 휴수 즉 식재관월이나, 사주에 미약하나마 인성과 비겁이 있는 경우를 말한다.

만약 일주가 당령을 하지 못했다 하더라도 다른 간지에 겁재와 인수가 많아 일주를 생조하고 있다면 그 사주는 왕하게 되는 것이니, 모름지기 사주의 형상을 적확하게 살펴 왕한 것은 극(剋)하고, 강한 것은 설(洩)하며, 쇠한 것은 부(扶)하고, 약한 것은 억(抑)함이 마땅하니, 이것이 바로 변하지 않는 자평명리학(子平命理學)의 이치라 하겠다.

심화학습

윗글은 아주 당연한 말씀이다. 그러나 자세히 살피다 보면 왕(旺)과 강(强)에 대한 구분이 약간 모호하다는 생각이 든다. 왕은 다른 간지에 비겁(比劫)과 인수(印綬)가 많은 경우이고, 강은 다른 간지에 겁재(劫財)와 인수가 많은 경우를 말한다고 했는데, 어째서 왕은 극(剋)해야 하고 강은 설(洩)해야 하는지 확실히 구분되지 않는다. 〈제5장 5. 억부(抑扶) - 자평명리학(子平命理學)의 정수(精髓)〉에서는 사주에 재관(財官)의 유무, 재관이 있을 경우 이들의 기세(氣勢) 등을 판단한 후 그 결과에 따라 극설(剋洩)을 정해야 한다고 했거늘, 이렇게 단순히 사주의 왕과 강을 구분해 놓고 극설의 논리를 적용하는 것은 무리가 아닌가 하는 생각이다.

자평명리학의 억부법(抑扶法)에서는 사주가 왕상(旺相)하고 재관이 없을 경우 설하는 것이 마땅하고, 사주가 왕상하고 사주에 재관이 무기력하나마 있을 경우 극하는 것이 마땅하다고 하였다. 이 원칙을 기준으로 사주의 왕과 강을 구분한다면, '강은 설해야 한다'고 했으니 사주에 인성은 없고 비겁이 중중한데 재관이 없을 경우가 강이고, '왕은 극해야 한다'고 했으니 사주에 인성과 비겁이 중첩(重疊)하고 재관이 무기력하나마 있을 경우가 왕이라고 해야 옳을 것 같다.

하지만 〈제5장 6. 종상(從象)〉에서는 종왕(從旺)은 사주에 비겁이 그득한 경우이고, 종강(從强)은 사주에 인성과 비겁이 중첩되어 있는 경우라고 하였다. 따라서 사주에 인성이 보이면 설하는 식상이 좋지 않고, 비겁이 많은 경우 극하는 관살이 좋지 않다고 했으니 임철초(任鐵樵)가 말하는 강왕(强旺)의 정의와는 그 의미가 상충한다고 보여진다. 서낙오(徐樂吾)가 강왕의 의미를 혼동하고 있다는 생각이다.

또한 '쇠(衰)한 것은 부(扶)하고 약(弱)한 것은 억(抑)함이 마땅하다'라고 했는데, 약(弱)은 사주에 인성과 비겁이 없어 일주를 생조할 힘이 없으니 식재관(食財官)을 따라 종(從)을 해야 한다는 의미로 이해하면 되겠다.

2. 외격(外格) – 정격(正格)과 변격(變格) 이외의 잡격(雜格)

적천수 원문

影響遙繫旣爲虛　雜氣財官不可拘
영향요계기위허　　　잡기재관불가구

> 영향을 미치는 것이 멀리 묶여 있다는 것[外格, 외격]은 원래 헛된 것일 뿐이고
> [影響遙繫旣爲虛]
> 진술축미(辰戌丑未)가 월령을 잡은 잡기재관은 충(沖)에 구애받아서는 안 된다
> [雜氣財官不可拘].

적천수 해설　　　**외격(外格) – 정격(正格)과 변격(變格) 이외의 잡격(雜格)**

영향요계(影響遙繫)는 암충(暗沖)이나 암합(暗合) 등으로 생기는 격(格)을 말하며, 그 이름을 외격(外格)이라고는 하나 사실 격이라고 할 수도

없다.

예를 들면 속서(俗書)에서 말하는 비천록마(飛天祿馬)가 그것이다. 병오(丙午) 일주가 지지에 세 개의 오화(午火)가 있는 경우 세 개를 만나면 충을 하게 되니[逢三則沖 봉삼즉충] 병오(丙午)의 오화(午火)가 자수(子水)를 암충하여 관(官)으로 삼고, 계유(癸酉) 일주가 지지에 세 개의 유금(酉金)이 있는 경우 세 개를 만나면 합을 하게 되니[逢三則合 봉삼즉합] 계유(癸酉)의 유금(酉金)이 진토(辰土)를 암합하여 관으로 삼는다는 것이다. 오히려 충을 하여 재로 삼고 합을 하여 재로 삼는[沖財合財 충재합재] 것도 있으니, 임자(壬子) 일주가 지지에 세 개의 자수(子水)가 있는 경우 오화(午火)를 암충하여 재(財)로 삼고, 을묘(乙卯) 일주가 지지에 세 개의 묘목(卯木)이 있는 경우 술토(戌土)를 암합하여 재로 삼는다는 것이다.

또한 속서에서 이르기를, 우선 사주에 재관이 나타나지 않아야[先要四柱不見財官 선요사주불현재관] 참된[眞 진] 것이니, 비로소 충과 합을 할 수 있다[方可沖合 방가충합]고 하는데, 대저 충이란 서로 흐트러뜨리는[散 산] 것이고 합이란 서로 변화시키는[化 화] 것인데 어떻게 나의 용신(用神)이 될 수 있다는 말인가. 사주에 본래 재관(財官)이 있으면 충과 합은 마땅하지 않고, 재관이 있는 것이 반가울 수도 반갑지 않을 수도 있는데 하물며 어찌 사주에 재관이 없어야 한다는 말인가.

진술축미(辰戌丑未)가 월령(月令)을 잡은 잡기재관(雜氣財官) 또한 사족(蛇足)에 불과하다. 진술축미(辰戌丑未) 모두는 그 안에 세 가지 천간이 들어 있지 않은 것이 없으므로[無非支藏三干 무비지장삼간] 이를 일컬어 잡기라고 한다면[名爲雜氣 명위잡기], 인신사해(寅申巳亥) 또한 그 안에 삼간(三干)이 들어 있는데 어찌 잡기(雜氣)라고 하지 않는 것인가. 고중여기(庫中餘氣)는 격이라고 하면서[可以言格 가이언격] 어찌하여 생지지신(生地之神)은 오히려 버리는가[莫非反棄 막비반기] 말이다.

또한 잡기재관은 충을 반긴다[喜沖 희충]고 하는데, 이는 더욱 이치에 어긋나는 말이다[尤爲穿鑿 우위천착]. 가령 갑목(甲木) 일주가 축월(丑月)에 태어나면 잡기재관이니 미토(未土)의 충을 반긴다고 하는데, 미토 안의 정화[未中丁火 미중정화]가 관성(官星)인 축토 안의 신금[丑中辛金 축중신금]을 이지러지게 하므로[緊傷 긴상] 그 격은 깨진다. 나머지 지지도 모두 그러한데[餘地皆然 여지개연], 천간에 투출한 것을 가지고[透出天干 투출천간] 격을 취하는 것이 옳다[取格爲是 취격위시]는 것만 같지 못하다[不若 불약] 하겠다.

대저 진토(辰土)와 술토(戌土)의 지장간(支藏干)에 무토(戊土)가 있고, 축토(丑土)와 미토(未土)의 지장간에 기토(己土)가 있는데, 이들은 자신들의 본기(本氣)에 해당하므로 본기인 토(土)를 용신으로 할 경우에는 이를 묘(墓)라고 해서는 안 된다. 진토(辰土)와 술토(戌土)의 지장간에 을목(乙木)과 신금(辛金)이 있고, 축토(丑土)와 미토(未土)의 지장간에 계수(癸水)와 정화(丁火)가 있는데, 이들은 각자 자신들의 방[本方 본방]의 여기(餘氣)가 되니 이 역시 묘라고 하지 않는다. 다만 특별히 진토(辰土)의 지장간 중 계수(癸水), 술토(戌土)의 지장간 중 정화(丁火), 축토(丑土)의 지장간 중 신금(辛金) 그리고 미토(未土)의 지장간 중 을목(乙木)에 대해서만 묘라고 하는 것이다.

따라서 사계월(四季月)인 진술축미(辰戌丑未)월에 태어난 경우, 진술(辰戌) 중의 무토(戊土)나 축미(丑未) 중의 기토(己土)를 용신으로 삼았다면, 이는 인목(寅木) 중의 갑목(甲木)이나 묘목(卯木) 중의 을목(乙木) 등과 같이 다른 여덟 개 지지들이 자신들의 지장간 중 본기를 용신으로 삼은 것과 마찬가지라 하겠다. 또한 진토(辰土) 중의 을목(乙木)이나 술토(戌土) 중의 신금(辛金), 축토(丑土) 중의 계수(癸水)나 미토(未土) 중의 정화(丁火)를 용신으로 삼았다면, 이는 각자 자신들이 속한 방(方)의 여기를 용신으로 삼은 것과 마찬가지이므로 힘을 얻기 위하여 형(形)이나 충(沖)을 기다릴 필요가 없다[不待刑沖而得力 부대형충이득력]. 오로지 진토(辰土) 중의 계수(癸水)나 술토(戌土) 중의 정화(丁火), 축토(丑土) 중의 신금(辛金)이나 미토(未土) 중의 을목(乙木)을 용신으로 삼은 경우에만 갇혀 있는 것으로 간주하여[慮其閉藏 여기폐장] 마땅히 그것들이 투출되어야[當求其透出 당구기투출] 하는데, 이미 천간에 투출되어 있다면 이 또한 힘을 얻기 위하여 형이나 충을 기다릴 필요가 없는[不待刑沖而得力 부대형충이득력] 것이다.

묘를 열어 꺼내기가 불가능할[不能透出 불능투출] 경우 형이나 충을 꾀하게 되는데, 묘신(墓神)이 강왕(强旺)하다면 형을 만나면 동하고[遇刑則動 우형즉동] 충을 만나면 발하여[遇沖則發 우충즉발] 이는 창고가 열렸다고 할 [是爲開庫 시위개고] 것이나, 묘신이 쇠약(衰弱)하다면 형을 만나면 깨지고 [遇刑則敗 우형즉패] 충을 만나면 뽑혀버려[遇沖則拔 우충즉발] 이는 도리어 극을 당해 거꾸러졌다고 할[是爲剋倒 시위극도] 것이다. 만약 진술축미(辰戌丑未)의 토(土)는 본래 형이나 충이 없는[本無刑沖 본무형충] 것이라면, 다시 기다리고 말고 할 필요도 없는[更不待言 갱부대언] 것이다.

사람의 팔자[命 명]는 오행의 이치[五行之理 오행지리]이고, 격은 오행의 올바름[五行之正 오행지정]이다. 따라서 명을 논하고 격을 취할 때는 모름지기 오행의 올바른 이치[五行正理 오행정리]를 궁구하여 그 근원을 철저히 파악해야만 운명의 흐름이 막히고 통함과 장수하고 요절함[窮通壽夭 궁통수요]을 틀림없이 명쾌하게 알아낼 수 있다. 대저 격국(格局)이 진실하고 순수한 경우는 백에 한둘도 되지 않고 격국이 깨지고 기(氣)가 어지러운 경우가 열 가운데 여덟아홉이니, 사주에서 격이라고 취할 것도 없고 용신이라고 찾을 수 있는 것도 없는 경우가 적지 않다 하겠다.

격이 바르고 용신이 월령을 잡아 참되며[格正用眞 격정용진] 운의 흐름마저 어그러지지 않는다면[行運不悖 행운불패] 명예와 이익이 자연스레 따르겠지만[名利自如 명리자여], 격이 깨지고 용신이 손상되면[格破用損 격파용손] 병이 있는[有病 유병] 것이니 근심은 많고 즐거움은 적을[憂多樂少 우다락소] 것이다. 만약 운의 흐름이 마땅하여[行運得所 행운득소] 격을 깨고 용신을 손상시키는 것들을 제거하여 희용신(喜用神)을 도와준다면, 이는 사람이 깊은 병에 걸렸으나[人染沈痾 인염심아] 좋은 약을 얻어 살아나는[得良劑以生 득양제이생] 것에 비유할 수 있으니, 그 사람은 귀(貴)하게 되지 못하면 부(富)라도 얻을 수 있을 것이다.

가히 취할 만한 격이 없는[無格可取 무격가취] 경우는 용신을 찾아야[尋其用神 심기용신] 하는데, 용신이 힘이 있고[用神有力 용신유력] 운의 흐름이 안정되어 도움을 준다면[行運安頓 행운안돈] 이 역시 사업을 시작하여 가문을 일으킬 수 있을[刱業興家 창업흥가] 것이다. 가히 취할 만한 격도 없고[無格可取 무격가취] 가히 찾을 만한 용신도 없으면[無用可尋 무용가심] 단지 사주의 대세(大勢)와 일주(日主)가 지향하는 바를 살펴보아야 하는데, 운의 흐름[運途 운도]이 일주가 반기는 것을 도와주고[補其所喜 보기소희] 꺼리는 것을 보내버린다면[去其所忌 거기소기] 비록 평범하고 보잘 것 없는 인생살이지만[碌碌營生 녹록영생] 추위와 굶주림에 대한 근심[飢寒之患 기한지환]은 면할 수 있을 것이다. 만약 운(運)마저 가히 취할 것이 없다면 가난하지 않으면 천함을 면치 못할[不貧亦賤 부빈역천] 것이다. 만약 격이 바르고 용신이 월령을 잡아 참되다[格正用眞 격정용진] 하더라도 운의 흐름이 거스르고 어그러지면[行運反悖 행운반패] 일생의 뜻은 있으나 그 뜻을 펴기가 쉽지 않을[一生有志難伸 일생유지난신] 것이다.

심화학습

『적천수징의(滴天髓徵義)』에는 영향요계(影響遙繫)의 사례인 비천록마(飛天祿馬)에 대한 예문이 빠져 있어 『적천수천미(滴天髓闡微)』를 참조하여 보충 설명하였다. 하지만 『적천수천미』에도 "세 개를 만나면 충을 하게 되니[逢三則沖 봉삼즉충]"라고만 되어 있어 병오(丙午) 일주의 설명은 가능하지만 계유(癸酉) 일주를 설명하기에는 앞뒤 문맥상 부적절하다는 생각이 들었다. 따라서 '계유(癸酉) 일주가 지지에 세 개의 유금(酉金)이 있는 경우' 다음에 '세 개를 만나면 합을 하게 되니[逢三則合 봉삼즉합]'라는 말을 넣어서 해석했음을 알려드린다. 잡기재관(雜氣財官)에 대한 해설은 『적천수천미』와 다른데, 『적천수징의』의 해설이 보다 적절하고 자세하다고 생각하여 이를 인용하였다.

　격국(格局)이 참된 경우는 찾아보기 힘들다는 말이다. 따라서 격국론(格局論)에만 집착할 것이 아니라 용신(用神)을 찾아 이것이 바르고 참된지를 알아보고, 운(運)의 흐름이 용신에 어떤 영향을 미치는지 잘 살펴보는 것이 사주를 올바르게 해석하는 방법이라는 말이다.

❶ 영향요계(影響遙繫) 중 비천록마(飛天祿馬)가 부당한 경우 1

```
甲      丙      庚      己
午      午      午      巳


壬  癸  甲  乙  丙  丁  戊  己
戌  亥  子  丑  寅  卯  辰  巳
```

이 사주에 대해 흔히들 말하기를, 병오(丙午) 일주가 지지에 오화(午火)가 셋이라 화기(火氣)가 아주 강하며 이를 적셔줄 수(水)는 사주에 보이지 않고 중년(中年)운까지 수(水)운은 전혀 만나지 않으니, 틀림없이 비천록마격(飛天祿馬格)이라 명리(名利)가 모두 따를 것이라고 한다. 하지만 그것은 이 사주는 이미 오화(午火)의 지장간(支藏干) 중 기토(己土)와 사화(巳火)의 지장간 중 경금(庚金)이 연월(年月)의 양간(兩干)에 투출하여 참된 화토(火土) 상관생재격(傷官生財格)을 이루고 있음을 모르고서 하는 소리이다.

처음 기사(己巳)운과 무진(戊辰)운에 화(火)를 설하고 금(金)을 생하니 [洩火生金 설화생금] 물려받은 가업이 자못 풍성했으나, 정묘(丁卯)운과 병인(丙寅)운에 들어서는 희용신(喜用神)인 토금(土金)이 모두 손상을 입으니 잇달아 세 번의 화재를 만났고[連遭回祿三次 연조회록삼차] 두 처와 네 아들을 잃었으며 가업(家業)은 깨져서 날아가버렸다. 을축(乙丑)운이 되어 북방(北方)의 습토(濕土)인 축토(丑土)가 화(火)를 설하여 어둡게 하고 금(金)을 생하며[晦火生金 회화생금], 을목(乙木)은 경금(庚金)과 합화(合化)하여 유정(有情)하니 가업을 다시 운영하여 이익을 얻었고 처를 얻어 자식을 보아 가문의 명성을 다시 떨쳐 일으켰다. 북방수지(北方水地)인 갑자(甲子)운과 계해(癸亥)운에는 지지의 수(水)가 토(土)를 적셔주어 금(金)을 배양하니[潤土養金 윤토양금] 재산이 수만에 달했다. 만약 이 사주를 비천록마격이라고 한다면 수(水)운은 아주 꺼리는 운이 아니겠는가.

앞에서 설명했듯이 병오(丙午) 일주가 지지에 오화(午火) 세 개가 있으니 비천록마(飛天祿馬)라고 하는 속된 사람들에게 일침을 가하는 임철초(任鐵樵)의 목소리가 귀에 생생하게 들리는 것 같다.

병화(丙火) 일주가 오월(午月)에 태어나 사주에 비겁(比劫)이 중중(重重)하고 시간(時干)에서 갑목(甲木)의 생(生)을 받으니 신왕(身旺)하다 하겠다. 따라서 상관생재(傷官生財)로 흘러 용신은 경금(庚金)이고, 희신은 기토(己土)가 된다고 하겠다. 혹은 왕성한 비겁의 기운을 설(洩)하는 기토(己土)를 용신으로 삼아도 무관하다는 생각이다.

❷ 영향요계(影響遙繫) 중 비천록마(飛天祿馬)가 부당한 경우 2

己	乙	癸	丁
卯	卯	卯	丑

乙	丙	丁	戊	己	庚	辛	壬
未	申	酉	戌	亥	子	丑	寅

을묘(乙卯) 일주가 묘월(卯月) 묘시(卯時)에 태어나 왕(旺)함이 극에 달했다. 가장 반가운 것은 정화(丁火)가 홀로 투출하여 발(發)하니 목(木)의 왕성한 기운을 흘려보내는[洩其精英 설기정영] 것이다. 안타까운 것은 계수(癸水)가 정화(丁火)를 극하여 빼어난 기운[秀氣 수기]을 손상시키는 것인데, 시간(時干)의 기토(己土)는 지지에 살(殺)을 깔고 있어 계수(癸水)를 보내버릴 수 없으니 그로 인해 학문을 계승하지 못했다[書香不繼 서향불계].

초운(運)과 중운(中運)은 수목(水木)의 지지를 만났으니 고통이 극심하였고[刑傷破耗 형상파모] 가업이 점차 줄어들었으나[家業漸消 가업점소], 무술(戊戌)운과 정화(丁火)운에는 경영에서 원하는 바를 크게 이루어 수만의 재물을 일으켰다. 만약 이 사주가 비천록마(飛天祿馬)라고 한다면 무술(戊戌)운에서 크게 깨졌어야 마땅할 것이다.

앞에서 설명했듯이 을묘(乙卯) 일주가 지지에 묘목(卯木)이 세 개가 있으
니 비천록마(飛天祿馬)라고 하는 속된 사람들에게 일침을 가하는 임철초
의 목소리가 다시 한 번 더 귀에 생생하게 들리는 것 같다.

　을목(乙木) 일주가 묘월(卯月)에 태어나 사주에 비견(比肩)이 중중(重
重)하고, 월간(月干)에서 계수(癸水)의 생을 받으니 신왕(身旺)하다 하겠
다. 따라서 식신생재(食神生財)로 흘러 용신은 기토(己土)이고, 희신은
정화(丁火)가 된다고 하겠다. 혹은 왕성한 비견의 기운을 설(洩)하는 정
화(丁火)를 용신으로 삼아도 무관하다는 생각이다.

❸ 잡기재관(雜氣財官)의 충이 부당한 경우

甲	甲	癸	丁
戌	辰	丑	未

乙	丙	丁	戊	己	庚	辛	壬
巳	午	未	申	酉	戌	亥	子

이 사주는 지지의 완전한 진술축미(辰戌丑未)의 사고(四庫)가 충(沖)을
만났으니 흔히들 잡기재관격(雜氣財官格)이라 할 것이다. 하지만 이는
축미(丑未)가 충을 만나 관성(官星)인 신금(辛金)만 손상을 입은 것이 아
니라, 해묘미(亥卯未) 목국(木局)의 고(庫)인 미토(未土) 속의 뿌리인 을
목(乙木)까지 충으로 날아가버렸다는 사실을 모르고서 하는 소리이다.
진토(辰土)는 목방(木方)의 여기(餘氣)이며 또한 일주(日主)인 갑목(甲
木)의 뿌리가 되므로 술토(戌土)와의 충을 꺼리는데, 이는 미약한 뿌리
가 손상을 입기 때문이다. 이렇게 본다면 이 사주는 재성(財星)인 토(土)
가 많아 일주가 약한 형상이고[財多身弱 재다신약], 또한 왕(旺)한 토(土)는
충을 하면 더욱 왕해지니 용신이 되는 계수(癸水)는 손상을 받을 것이
분명하다.

초운(初運)인 임자(壬子)와 신해(辛亥)는 지지에 수(水)가 왕한[水旺之地 수왕지지] 운이어서 물려받은 유산에 여유가 있었으나[蔭庇有餘 음비유여], 운이 경술(庚戌)로 바뀌자 재살(財殺)이 함께 왕해지니 부모가 함께 돌아가시고 처자를 잃었다. 기유(己酉)와 무신(戊申)운에 들어서서 토(土)가 천간을 덮어 금(金)이 수(水)를 생하지 못하게 막아버리니 가업은 깨어져 날아가버렸고 자식이 없이 쓸쓸하게 죽고 말았다.

잡기재관(雜氣財官)은 말도 되지 않는 논리이고, '잡기재관은 충을 반긴다[喜沖 희충]'는 말은 더욱 이치에 어긋난다는 것을 보여주기 위한 사례라고 하겠다.

갑목(甲木) 일주가 비록 늦겨울인 축월(丑月)에 태어났으나 사주의 지지에 재성(財星)이 중중하여 신약(身弱)하다는 말이다. 재다신약(財多身弱)의 형상이니 비견(比肩)인 갑목(甲木)을 용신으로 삼아야 하겠다. 희신은 계수(癸水)가 되겠다.

하지만 해석을 보면 신약하여 인성(印星)인 수(水)를 용신으로 삼았다[身弱用印 신약용인]는 말이다. 수(水)운에 편안했다는 것에서 그렇게 볼 수밖에 없다. 뿌리 없는 갑목(甲木)보다는 뿌리 있는 계수(癸水)가 더 나을 것 같다는 생각도 든다.

3. 관살(官殺) - 정관(正官)과 편관(偏官)

官殺相混須細論　殺有可混不可混
관살상혼수세론　　　살유가혼불가혼

관살(官殺)이 서로 섞여 있으면 모름지기 자세히 살펴보아야 하니[官殺相混須細論] 관살이 서로 섞여 있음이 좋을 때도 있고 좋지 않을 때도 있다[殺有可混不可混].

살이 즉 관[殺卽官 살즉관]이라 함은 일주가 왕한 경우[身旺 신왕]에는 살(殺)이 관(官)이 되고, 관이 즉 살[官卽殺 관즉살]이라 함은 일주가 약한 경우[身弱 신약]에는 관이 살이 된다는 의미이다. 일주가 아주 강(强)하면 비록 살을 제어함이 없더라도[無制殺 무제살] 일주는 살로 인해 곤란을 겪지 않고, 정관이 서로 섞여 있다고 하더라도[正官相雜 정관상잡] 뿌리가 없으면[無根 무근] 그 관은 살을 따라간다 하겠다. 관을 떠나보내는[去官 거관] 방법은 단지 두 가지에 불과한데[不過兩端 불과양단], 식신을 이용하든 상관을 이용하든 모두 좋다[用食用傷皆可 용식용상개가] 하겠다. 살과 합한다[合殺 합살]는 것은 모두가 좋은 일인데[總爲美事 총위미사], 합하여 오거나 합하여 떠나보내거나[合來合去 합래합거] 마땅히 맑아야[宜淸 의청] 하겠다.

   사주에 홀로 있는 살이 권세를 잡고 있는데[獨殺乘權 독살승권] 식상(食傷)으로 인해 제어하여 굴복당하는 일이 없다면[無制伏 무제복] 청렴한 벼슬아치로 높고 중요한 직위를 차지할[職居淸要 직거청요] 것이다. 사주에 살이 많은데 식상이 있어 살을 제어함이 있고[重殺有制 중살유제] 일주가 지지에 뿌리를 내렸다면[通根 통근] 권력을 장악할 것이다[身掌權衡 신장권형]. 살이 인성을 생하고[殺生印 살생인] 또한 인성이 일주를 생한다면[印生身 인생신] 전시(殿試)에 합격할 것이고[龍墀高步 용지고보], 일주가 왕(旺)하여 재성을 감당하고[身任財 신임재] 재성이 살을 도와 불려준다면[財滋殺 재자살] 이 또한 전시에 합격할 것이다[雁塔題名 안탑제명]. 만약에 살이 많은데 일주가 약하면[殺重身輕 살중신경] 가난하지 않으면 요절할 것이고[非貧卽夭 비빈즉요], 살이 미약한데 식상의 제함이 지나치면[制殺太過 제살태과] 비록 학문을 한다고 해도 이루지 못할 것이다[雖學無成 수학무성].

   이와 같이 사주에 살이 있을 경우 사주의 모든 신(神)은 이에 굴복하여 사주의 기세(氣勢)의 흐름에 순응하며 살의 세력을 따르는 것이 마땅하고[在四柱總宜降伏 재사주총의항복], 연간(年干)에 있는 약한 살이라 하더라도 제어하지 말아야 하는[休云年逢勿制 휴운년봉물제] 것이니, 그것 하나로 인해 권세와 귀함을 누릴 수 있기 때문이다[以一位取權貴 이일위취권귀]. 그런데 어찌하여 그 살이 시간(時干)에 있어야만 귀하게 여겨 공경을 받을 수 있다고들 하는가[何必時上尊稱 하필시상존칭].

살을 제어하여[制殺 제살] 길(吉)하게 되는 것은 오로지 조절하여 배합하는 공로[調劑之功 조제지공]에 의존하는 것이고, 살을 빌려서[借殺 차살] 권세를 누리게 되는 것은 그 오묘함이 서로 다른 것들이 본래의 성질을 버리고 새로운 것으로 태어나는 이치[中和之理 중화지리]에 있는 것이다. 다만, 살을 본 일주가 쇠약한 경우는[見殺臨衰主 견살임쇠주] 결국에는 반드시 가세가 기울 것이니[究竟必傾家 구경필경가], 사주에 살이 있다고 무조건 살을 길신(吉神)으로 얻었다고 간주하여 벼슬이나 명성이 따를 것이라고[遂許顯達 수허현달] 해서는 안 된다.

서(書)에 이르기를 "각 격마다 상세하게 추론해보면[格格推詳 격격추상] 살이 중요하다는 것을 알 것이다[以殺爲重 이살위중]"라고 하였다. 따라서 살에 대해서는 철저히 연구함이 마땅하고[究之宜切 구지의절], 이를 사용할 때에는 자세하고 면밀하게 대입함이 마땅하다[用之宜精 용지의정]고 할 것이다.

심화학습

『적천수천미(滴天髓闡微)』에는 『적천수』 원문(原文)이 "관살혼잡에 대해 나에게 물어온다면[官殺混雜來問我 관살혼잡래문아] 가능한 것도 있고 불가능한 것도 있다고 말할 것이다[有可有不可 유가유불가]"라고 되어 있다. 하지만 그 의미는 별반 차이가 없는 것 같다는 생각이다.

재사주총의항복(在四柱總宜降伏) 휴운년봉물제(休云年逢勿制)는 사람마다 각자 다르게 해석하고 있다. 필자는 앞뒤 문맥을 맞추어보다가 위와 같이 해석하는 것이 가장 바람직하다는 생각이 들어 그대로 해석하였다. 각자 고민해보기 바란다.

용지고보(龍墀高步)는 말 그대로 해석하면 '임금이 앉아 있는 뜰의 계단을 향해 높은 발걸음을 내딛는다' 정도로 해석할 수 있으나, 임금 앞에서 치르는 과거인 전시(殿試)에서 합격함을 말한다고 한다. 안탑제명(雁塔題名) 또한 말 그대로는 '안탑의 맨 윗자리에 그 이름을 올리다' 정도로 해석할 수 있으나, 이 역시 임금 앞에서 치르는 과거인 전시에서 합격함을 말한다고 한다. 안탑(雁塔)은 진사(進士)로 급제(及第)한 사람들의 이름을 새겨놓던 탑이라고 한다.

정관(正官)과 편관(偏官)의 혼잡[官殺混雜, 관살혼잡]

'살은 서로 섞여 있음이 좋을 때도 있고 좋지 않을 때도 있다[殺有可混不可混 살유가혼불가혼]'는 이치가 무엇을 의미하는지 살펴보도록 하자.

예를 들어 천간에 양간(陽干)인 갑(甲), 병(丙), 무(戊), 경(庚), 임(壬)이 있고 이를 일주(日主)의 살(殺)이라 하면, 지지의 음지(陰支)인 묘(卯), 오(午), 축미(丑未), 유(酉), 자(子)는 살의 왕지(旺地)이므로 이는 관살혼잡(官殺混雜)이라고 하지 않는다. 만약 천간에 음간(陰干)인 을(乙), 정(丁), 기(己), 신(辛), 계(癸)가 있고 이를 일주의 관(官)이라 하면, 지지의 양지(陽支)인 인(寅), 사(巳), 진술(辰戌), 신(申), 해(亥)는 관의 왕지이므로 이는 관살혼잡이라고 하지 않는다.

그런데 만약 천간에 갑을(甲乙) 지지에 인(寅), 천간에 병정(丙丁) 지지에 사(巳), 천간에 무기(戊己) 지지에 진술(辰戌), 천간에 경신(庚辛) 지지에 신(申), 천간에 임계(壬癸) 지지에 해(亥)가 있다면, 이는 관이 살에 혼잡된 것이니 관인 을(乙), 정(丁), 기(己), 신(辛), 계(癸)를 떠나 보내는[去官 거관] 것이 마땅하다 하겠다. 만약 천간에 갑을(甲乙) 지지에 묘(卯), 천간에 병정(丙丁) 지지에 오(午), 천간에 무기(戊己) 지지에 축미(丑未), 천간에 경신(庚辛) 지지에 유(酉), 천간에 임계(壬癸) 지지에 자(子)가 있다면, 이는 살이 관에 혼잡된 것이니 살인 갑(甲), 병(丙), 무(戊), 경(庚), 임(壬)을 떠나 보내는[去殺 거살] 것이 마땅하다 하겠다.

그런데 연월(年月) 양간(兩干) 중 하나에 살이 투출하고 연월의 지지 중 하나에 재성(財星)이 있는데 시간(時干)에 있는 관이 뿌리가 없다면[無根 무근], 이 관은 살의 세력을 따르게 되므로[從 종] 혼잡이라고 하지 않는다. 연월 양간 중 하나에 관이 투출하고 연월의 지지 중 하나에 재성이 있는데 시간에 살이 있으나 뿌리가 없다면[無根 무근], 이 살은 관의 세력을 따르게 되므로 혼잡이라고 하지 않는다.

세력이 관에 있고 이 관은 지지에 녹왕을 얻었는데[得祿 득록] 이 관에 의지하는 살이 연간의 도움을 받아 그도 왕(旺)하다면, 이는 혼잡이라고 한다. 세력이 살에 있고 이 살은 지지에 녹왕을 얻었는데[得祿 득록] 이 살에 의지하는 관이 연간의 도움을 받아 그도 왕하다면, 이는 혼잡이라고 한다.

겁재(劫財)가 살과 합을 하거나[合殺 합살] 비견(比肩)이 살에 대적하여 [敵殺 적살] 살이 무력하면 관은 혼잡이 좋다[可混 가혼]. 비견이 관과 합을 하거나[合官 합관] 겁재가 관을 가로막아[攔官 당관] 관이 약하다면 살은 혼잡이 좋다[可混 가혼].

하나의 관이 인수를 거듭 만나게 되면[印綬重逢 인수중봉] 관은 그 기(氣) 를 빼앗겨 흘리게[洩 설] 되는데, 이때 살이 도우면 이는 혼잡이라고 하지 않는다. 하나의 살이 여러 개의 식상(食傷)을 만나면 이들의 제어가 너무 지나치게 되는데[制殺太過 제살태과], 이때 관이 도우면 이는 혼잡이라고 하지 않는다. 만약 사주의 천간에 관살(官殺)이 함께 투출했으나[並透 병투] 뿌리가 없고[無根 무근] 비겁과 인수를 거듭 만나게 되면[劫印重逢 겁인중봉], 비단 혼잡을 반길[喜混 희혼] 뿐만 아니라 오히려 재성이 관살을 도와주는 것이 마땅하다.

이 모든 것을 한마디로 말하면, '일주가 왕상(旺相)하면 혼잡이 좋고[可 混 가혼], 일주가 휴수(休囚)이면 혼잡이 좋지 않다[不可混 불가혼]'는 것이다. 이제부터 이러한 살을 여섯 가지 경우로 구분하여 상세히 설명해 보이도 록 하겠다.

심화학습

관살(官殺)에 대하여 아주 상세하게 설명하였다. 하나하나 일일이 예를 들어가며 구체적으로 설명했으나 마지막에는 한마디로 결론을 내리고 있 다. '일주(日主)가 왕상(旺相)하면 혼잡이 좋고[可混 가혼], 일주가 휴수(休 囚)이면 혼잡이 좋지 않다[不可混 불가혼]'는 것이다.

사주풀이를 하는 과정에서 꼭 관(官)과 살(殺)을 구분 지으려 애쓸 필요 는 없을 것 같다. 어찌 보면 시간 낭비라 할 수도 있다. 그래도 이렇게 세 세히 구분해놓은 것으로 미루어 보아 그 당시에는 사주에서 관살이 차지하는 비중이 상당히 컸으리라 짐작할 수 있다. 한 사람의 인생에서 가장 중요한 것이 관살을 이용하여 높은 사회적 지위를 얻는 것이었을 테니까 말이다. 곰곰이 새겨볼 필요가 있다고 생각한다. 뒤이어 나오는 여섯 가지의 살을 정리하면 재자약살격(財滋弱殺格), 살중용인격(殺重用印格), 식신제살격(食神制殺格), 합관유살격(合官留殺格), 관살혼잡격(官殺混雜格), 제살태과격(制殺太過格)이다.

여섯 가지 살(殺)

1) 재자약살격(財滋弱殺格)

❶ 재자약살격에 운이 나쁜 경우

庚	庚	丙	己
辰	申	寅	酉

戊	己	庚	辛	壬	癸	甲	乙
午	未	申	酉	戌	亥	子	丑

흔히들 이 사주는 봄의 금(金)이 월령(月令)을 차지하지 못했고, 왕성한 재성(財星)인 인목(寅木)이 살(殺)인 병화(丙火)를 생해주고 이 살이 자신의 장생(長生) 즉 인성(印星)인 인목(寅木)을 깔고 앉았으니, 사주가 약하므로 반드시 일간을 도와주고 살을 눌러주어야 한다고들 한다.

이는 봄의 금(金)이 비록 당령(當令)은 못했다 하더라도 지지에 두 개의 녹왕(祿旺)인 신금(申金)과 유금(酉金)을 만났고, 진시(辰時)에 태어나 인성과 비겁(比劫)이 일간인 경금(庚金)을 도와주고 있으니[幇身 방신], 약한 가운데 왕한 것으로 변해버린[弱中變旺 약중변왕] 형상임을 모르고 하는 소리이다. 이른바 목(木)은 어리고 금(金)은 단단하니[木嫩金堅 목눈금견], 만약 병화(丙火)가 없었더라면 인목(寅木)은 없는 것과 마찬가지이고 인목(寅木)이 없었더라면 병화(丙火)는 그 뿌리를 얻지 못했을 터이니, 반드시 재성을 써서 살을 불려야 하는데[用財滋殺 용재자살] 이 두 글자는 없

377

어서는 안 되는 것들이다.

갑목(甲木)대운에 국학에 들어갔고[入泮 입반], 자수(子水)대운에 신자진(申子辰) 수국(水局)을 이루어 목(木)을 생조(生助)하니 보름(補廩)하였으며, 계수(癸水)대운에는 천간의 기토(己土)가 이를 막아주어 별 재앙이 없었다. 해수(亥水)대운에 인목(寅木)과 합을 하여 병화(丙火)도 끊길 인연을 이어 생을 다시 만나니[絶處逢生 절처봉생] 무과에 합격하였다[棘圍奏捷 극위주첩]. 임술(壬戌)대운에 지지가 서방(西方)인 금(金)으로 되니 간지의 목화(木火)가 동시에 손상을 입게 되어 벼슬길이 막히고 고생이 심했으며, 신유(辛酉)대운에 겁재(劫財)와 양인(陽刃)이 방자하게 날뛰니[肆逞 사령] 죽고 말았다[不祿 불록].

이 사주는 애석하게도 운(運)이 서북방(西北方)의 금수(金水)를 달렸는데, 운이 만약 동남(東南)의 목화(木火)로 흘렀다면 과거에 연달아 합격하고[科甲連登 과갑연등] 벼슬길이 왕성하게 빛났을[仕路顯赫 사로현혁] 것임에 틀림없다.

심화학습

경금(庚金) 일주가 인월(寅月)에 태어났으나 사주에 비겁(比劫)과 인성(印星)이 중중(重重)하니 신왕(身旺)하다고 하겠다. 재성(財星)이 약한 살(殺)을 도와주는 재자약살(財滋弱殺)이니 용신은 병화(丙火), 희신은 인목(寅木)이 되겠다. 용신이 월령을 잡아 사주는 좋지만, 운이 반대로 흘러 아쉬울 따름이다.

보름(補廩)이란 국학에 입학한 학생이 시험에 합격하여 식량을 지원받는 것을 말한다고 한다.

❷ 재자약살격에 운이 좋은 경우

```
辛      庚      庚      丙
巳      申      寅      申

戊   丁   丙   乙   甲   癸   壬   辛
戌   酉   申   未   午   巳   辰   卯
```

이 사주는 천간에 경신금(庚辛金)이 세 개나 투출하고, 지지에도 비견(比肩)인 녹왕(祿旺)을 둘씩이나 만났다. 병화(丙火)가 비록 한 귀퉁이에 매달려 녹왕인 사화(巳火)를 얻었으나, 천간에 지지 신금(申金)의 원신(元神)인 경금(庚金)과 신금(辛金)이 투출했으니 사화(巳火)는 이미 병화(丙火)의 뿌리가 아닌 사유축(巳酉丑) 금(金)의 장생(長生)일 뿐이다. 재성을 써서 살을 불려야 함[用財滋殺 용재자살]이 분명하다.

진토(辰土)대운은 목(木)의 여기(餘氣)이니 국학에 입학하여 두각을 나타냈고[采芹生色 채근생색], 사화(巳火)대운은 병화(丙火)의 녹왕이 되니 과거에 연달아 합격했으며[科甲連登 과갑연등], 갑오(甲午)대운과 을미(乙未)대운에 목화(木火)가 함께 왕성하니 벼슬은 번얼(藩臬)에 올랐다.

사주팔자로만 본다면 이 명조(命造)가 앞의 것에 미치지 못한다 하겠으나, 앞의 명조는 운(運)이 서북(西北)으로 흐른 반면 이 명조는 동남(東南)을 달려 그 결과는 더 좋았으니, 부귀(富貴)는 비록 사주의 격국(格局)에 의해 결정된다고 하더라도 되고 말고[窮通 궁통]는 전적으로 운에 달렸다는 이른바 '사주 좋은 것이 운 좋은 것만 못하다[命好不如運好 명호불여운호]'는 말은 정말 믿을 만하다 하겠다.

심화학습

경금(庚金) 일주가 인월(寅月)에 태어났으나, 사주에 비겁(比劫)이 중중(重重)하여 신왕(身旺)하다 하겠다. 용신인 병화(丙火)가 일주(日主)에서 멀리 떨어져 있고 지지 인목(寅木)의 도움을 제대로 받지 못하는 형상이니 모양새가 앞의 사주에 비해 훨씬 떨어진다고 하겠다. 하지만 운(運)이 제대로 흘러 인생의 결과는 더 좋았다는 말이다.

2) 살중용인격(殺重用印格)
❶ 살중용인격에 운이 좋은 경우

甲	戊	甲	戊
寅	午	寅	子

壬	辛	庚	己	戊	丁	丙	乙
戌	酉	申	未	午	巳	辰	卯

무토(戊土)가 인월(寅月) 인시(寅時)에 태어났다. 토(土)는 쇠약하고 목(木)은 왕성하다. 가장 반가운 것은 좌하(坐下), 즉 일지(日支)에 오화(午火)를 깔고 앉은 것이니 무토(戊土)를 껴안아 생하고 정을 나눈다. 이를 일러 '살이 중중하여 미쳐 날뛰는데[重殺猖狂 중살창광] 한 명의 어진 사람이 이들을 교화시킨다[一仁可化 일인가화]'라고 한다.

재성(財星)인 자수(子水)는 인목(寅木)을 생(生)하고 오화(午火)는 충(沖)하지 않으니 그 정(情)이 서로 협력함이요[和協 화협], 그 기(氣)가 서로 통함이라[關通 관통] 할 것이다. 더욱 부러운 것은 운(運)이 남방(南方)의 화토(火土)로 흐르는 것이니, 일찍이 황갑에 합격하여[부登黃甲 조등황갑] 벼슬길에 나아가 이름을 날렸다[出仕馳名 출사치명].

심화학습

무토(戊土) 일주가 인월(寅月)에 태어나 사주에 살이 중중하여 신약하니 인성을 용신으로 삼는다[殺重用印 살중용인] 하겠다. 한 명의 어진 사람이란 일지(日支)의 인성(印星)인 오화(午火)를 말한다. 오행의 배치가 참 묘하다 하겠다. 황갑(黃甲)은 과거시험 중 전시(殿試)를 말한다.

❷ 살중용인격에 운이 나쁜 경우

```
甲        戊        丙        己
寅        子        寅        亥

戊   己   庚   辛   壬   癸   甲   乙
午   未   申   酉   戌   亥   子   丑
```

이 명조의 격국(格局)을 보면 앞의 사주보다 뛰어난 것처럼 보인다. 이 사주는 인성(印星)인 병화(丙火)가 장생(長生)인 인목(寅木)에 앉아 그 뿌리를 얻었으나, 앞의 사주는 인성인 오화(午火)가 재성(財星)인 자수(子水)의 충(沖)을 만났기 때문이다.

하지만 이는 앞의 사주는 일지(日支)에 인성을 깔고 있고, 두 개의 칠살(七殺)인 인목(寅木)이 양쪽에서 인성인 오화(午火)를 껴안아 생하고 있어 일주(日主)는 평온하고 단단함을 모르고 하는 소리이다. 반면에 이 사주는 좌하(坐下) 즉 일지(日支)에 깔고 있는 재성이 살(殺)을 생하여 도와주니[生助 생조] 마치 주(紂)임금의 잔혹함을 도와주는[助紂爲虐 조주위학] 것 같고, 운(運) 또한 서북(西北)으로 흐르니 앞 사주에 미치지 못한다.

세운(歲運) 무오(戊午)년에 향방(鄕榜)에 합격하고 기미(己未)년에 전시(殿試)에 합격하여 진사(進士)가 되었으니, 이는 그 두 해에 비겁이 일주를 도와[比劫幇身 비겁방신] 재성을 충으로 떠나보냈기[沖去財星 충거재성] 때문이다. 임수(壬水)대운에 병화(丙火)를 극하여 용신(用神)인 인성을 무너뜨리니[壞印 괴인] 부친상을 당했고[丁外艱 정외간] 화재를 만났다[遭回祿 조회록]. 술토(戌土)대운에 인성을 껴안아 비록 생기가 도는 듯했으나, 봄의 달과 가을의 꽃[春月秋花 춘월추화]과 같이 한순간에 불과하였다. 신유(辛酉)대운에 이르니 목(木)이 많아 금(金)이 이지러질 지경이니[木多金缺 목다금결] 감당할 수 없었고, 또한 토(土)를 설(洩)하고 수(水)를 생하며 병화(丙火)와 합을 하여 떠나보내니[合去 합거] 그 재앙을 어찌 면할 수 있었겠는가.

인월(寅月)에 태어난 무토(戊土)가 신약(身弱)하여 인성(印星)인 병화(丙火)를 용신(用神)으로 삼았다는 말이다. 사주 구성이 나쁘다고만 볼 수는 없을 것 같다는 생각이다. 사주 자체는 병화(丙火)가 인목(寅木)을 월지(月支)에 깔고 있어 용신의 뿌리가 튼튼하고, 일주를 바로 곁에서 생조(生助)해주니 나쁘지 않다고 하겠다.

다만 운(運)의 흐름이 서북(西北)으로 향하여 앞의 사주만 못하니 잘 풀리지 않았을 것이라는 생각이다. 그래도 세운인 무오(戊午)와 기미(己未)년의 두 해 동안에 과거에 합격했다 하니 억세게 운이 좋았다고 하겠다.

조주위학(助紂爲虐)은 악한 사람을 도와 포악스러운 일을 행하는 것을 비유하는 말로, 여기서 '주(紂)'는 주(周)나라 무왕(武王)에게 멸망당한 은(殷)나라의 폭군인 주왕(紂王)을 의미한다. 춘월추화(春月秋花)란 제대로 되는 것이 없다는 말이다. 제대로 되려면 춘화추월(春花秋月)이라고 해야 한다.

3) 식신제살격(食神制殺格)

❶ 식신제살격에 식상의 운이 살린 경우

丙	甲	庚	庚
寅	戌	辰	申

戊	丁	丙	乙	甲	癸	壬	辛
子	亥	戌	酉	申	未	午	巳

갑목(甲木)이 진월(辰月)에 태어났다. 비록 목(木)의 여기(餘氣)라 할 수 있지만, 경금(庚金)이 둘씩이나 투출하여 진토(辰土)와 신금(申金)에 뿌리를 내려 강하니 능히 갑목(甲木)을 찍어 베어버린다[斫伐^{작벌}]. 가장 반가운 것은 인시(寅時)에 태어나 지지에 녹왕(祿旺)을 얻은 것이고, 더욱 묘한 것은 시간(時干)에 병화(丙火)가 투출하여 살(殺)인 경금(庚金)을 제

(制)하여 일주를 돕는[扶身 부신] 것이다.

　오화(午火)대운에 지지에 인오술(寅午戌) 화국(火局)을 만들어 향시(鄕試)에 합격하였고[中鄕榜 중향방], 갑신(甲申)과 을유(乙酉) 대운에는 살이 녹왕을 만나 온갖 고초를 겪었으나[刑耗多端 형모다단], 마침내 병술(丙戌)운에 이르러서는 지현(知縣)에 발탁되었다.

심화학습

갑목(甲木)이 늦은 봄인 진월(辰月)에 태어났으나 사주에 살(殺)이 중중(重重)하여 신약(身弱)하다 하겠다. 인성(印星)을 용신으로 삼고 싶지만 사주에 보이질 않으니 식신(食神)인 병화(丙火)를 용신으로 삼아 신약한 식신제살(食神制殺)이 되었다. 따라서 초운(初運)의 식상(食傷)운인 사화(巳火)와 오화(午火)운은 그럭저럭 버틴 것 같고, 말운(末運)인 병술(丙戌)운이 이 사람을 살렸다고 하겠다. 사람은 오래 살고 볼 일이다. 만약 이 병술(丙戌)대운이 없었더라면 바로 앞 갑신(甲申)과 을유(乙酉) 대운의 고초를 극복하지 못했을 것이다.

　반대로 좋은 운의 흐름을 타다가 병술(丙戌)운을 만나 거꾸러지는 경우도 있으니 잘 살펴야 한다. 이와 유사한 경우로 임진(壬辰)대운도 있음을 알아두면 도움이 될 것이다.

❷ 식신제살격에 인성의 운도 좋은 경우

戊	丙	壬	壬
戌	戌	子	子

庚	己	戊	丁	丙	乙	甲	癸
申	未	午	巳	辰	卯	寅	丑

이 사주는 연월(年月)에 두 개의 임자(壬子)를 만나니 살의 기세가 미쳐 날뛰고 있다[殺勢猖狂 살세창광]. 다행스럽게도 일시(日時)에 술토(戌土)를

깔고 앉아 인오술(寅午戌) 화국(火局)의 신고(身庫)에 통근(通根)하였다. 더욱 묘한 것은 시간(時干)에 무토(戊土)가 투출하여 넘치는 수(水)를 족히 가두어 다스릴 수 있는[砥定汪洋 지정왕양] 것이다. 더욱 부러운 것은[尤羨 우선] 운(運)마저 동남(東南)을 달려 일주를 돕고 살을 물리치는[扶身抑殺 부신억살] 것이다.

을묘(乙卯)대운에 수(水)는 절지에 임하고[臨絶 임절] 화(火)는 생을 만나니[逢生 봉생], 녹명에서의 연회를 거쳐 경림에서의 연회에 참석하고[鹿鳴宴罷瓊林宴 녹명연파경림연], 계수나무 향기를 지나 살구나무 향기를 맡았으며[桂花香過杏花香 계화향과행화향], 벼슬이 군수(郡守)에 이르렀다.

심화학습

신약(身弱)한 식신제살격(食神制殺格)에 인성(印星)의 운(運)도 좋다는 것을 보여주는 사례이다.

항상 어려운 것이 바로 이 '신약한 식신제살'이다. 신약하면 인성이나 비겁(比劫)을 용신으로 삼는 것이 당연한 이치이거늘, 이를 용(用)하지 못하고 식상(食傷)을 용신으로 잡을 수밖에 없는 상황을 이해는 한다. 하지만 운(運)에서 인성이 들어오면 용신인 식상은 어떻게 되겠는가. 이에 대한 해답을 주는 것이 바로 이 명조라고 하겠다. 비록 용신인 식상이 극(剋)을 받는 것은 부담스럽지만 인성이 사주를 받쳐주니 크게 나쁘지는 않다고 이해하면 될 것 같다는 생각이다. 을묘(乙卯)운에 운이 틔어 복이 닥치기[發福 발복] 시작했다고 하니 인성의 운이 해롭지 않다는 것을 여실히 증명해주는 사례라 하겠다.

녹명연(鹿鳴宴)은 향시(鄉試)에 합격한 사람들을 축하하기 위해 베푸는 잔치이고, 경림연(瓊林宴)은 전시(殿試)에 합격한 사람들을 축하하기 위해 베푸는 잔치이다. 따라서 향시와 전시에 연달아 합격했다는 의미이다. 또한 계화향(桂花香)은 향시 합격을, 행화향(杏花香)은 전시 합격을 의미한다.

❸ 식신제살격에 비겁의 운이 좋은 경우

丙	庚	丙	壬
戌	午	午	申

甲	癸	壬	辛	庚	己	戊	丁
寅	丑	子	亥	戌	酉	申	未

이 명조(命造)는 천간의 두 살(殺)인 병화(丙火)가 세력을 얻어 왕지에 임했으니[當權臨旺 당권임왕] 살이 너무 왕(旺)하여 원래는 두려운 존재[原可畏 원가외]라 하지 않을 수 없다. 다행스럽게도 연간(年干)의 임수(壬水)가 신금(申金)을 깔고 앉았으니 힘이 있어 족히 살을 제어할[制殺 제살] 수 있다. 더욱 묘한 것은 사주에 목(木)이 없어 용신인 임수(壬水)의 기운이 흘러나가지 않고[水不洩 수불설] 화(火)가 도움을 받지도 않는다는[火無助 화무조] 것이다.

신금(申金)운에 천간의 금수(金水)가 지지를 얻어 힘을 받으니 국학에 입학했고[發軔宮牆 발인궁장], 유금(酉金)운에 지지가 신유술(申酉戌) 서방(西方)이 되니 일찍이 천자를 알현하는 영광을 누리며[早充觀國之光 조충관국지광] 미리 전시(殿試)에 합격함을 뽐냈다[高豫南宮之選 고예남궁지선]. 이 후 운(運)이 금수(金水)로 흘러 체와 용이 모두 마땅하니[體用皆宜 체용개의] 하급문관인 서랑(署郎)을 거쳐 나아가 군수(郡守)가 되었다.

심화학습

경금(庚金) 일주가 한여름인 오월(午月)에 태어나 사주에 관살(官殺)이 중중(重重)하니 신약(身弱)하다 하겠다.

비록 시지(時支)에 인성(印星)인 술토(戌土)가 있으나 이는 이미 오술(午戌)의 반합(半合)이 되어 화국(火局)의 고근(庫根)이라고 해야 할 것이다. 따라서 식신(食神)인 임수(壬水)를 용신으로 삼아 화(火)를 제어하는 식신제살(食神制殺)의 구조라 하겠다. 용신이 지지에 신금(申金)을 깔고 앉아 있어 힘이 있는 것이 다행이다. 따라서 희신은 금(金)이 되겠다.

운(運)이 금(金)의 지지로 흐를 때 모든 것이 이루어졌으니 비겁(比劫)이 사주에 좋은 영향을 미친 사례라 하겠다. 특히 식신제살의 경우에는 비겁의 운이 가장 길(吉)하다고 보면 될 것이다.

4) 합관유살격(合官留殺格)
❶ 합관유살격에 관이 합(合)을 했으나 화(化)하지 않은 경우

壬	丙	戊	癸
辰	午	午	丑

庚	辛	壬	癸	甲	乙	丙	丁
戌	亥	子	丑	寅	卯	辰	巳

이 사주는 한여름인 오월(午月)에 태어난 병화(丙火)가 너무 왕(旺)하다. 무계합(戊癸合)을 이루어 화(火)로 화(化)하는 것이 더욱 꺼려진다. 하지만 오히려 반가운 것은 시간(時干)의 임수(壬水)가 신자진(申子辰) 수국(水局)의 신고(身庫)에 통근(通根)한 것이고, 더욱 묘한 것은 연지(年支)에 축토(丑土)가 자리를 잡고 있는 것이다. 이 축토(丑土)는 족히 화(火)를 설(洩)하여 어둡게 하고 금(金)을 생(生)하여 배양하며[晦火養金 회화양금] 그 안에 수(水)를 저장하고 있어[蓄水 축수] 연간(年干)의 계수(癸水)는 여기에 통근하니, 비록 무토(戊土)와 합을 한다 하더라도 화하지는 않는다[合而不化 합이불화].

화하지 않으니 오히려 그 합을 반기는데, 이는 무토(戊土)가 임수(壬水)에 대항하지 않기 때문이다. 따라서 을묘(乙卯)와 갑인(甲寅)운에 토(土)를 극하여 수(水)를 보호하니 벼슬이 급격히 높아졌고, 계축(癸丑)운에 이르러서는 금당(琴堂) 즉 현령(縣令)을 거쳐 주목(州牧)에 천거되었다. 아울러 임자(壬子)운에 지방장관의 부관인 치중(治中)에서 태수인 황당(黃堂)으로 승진하여 명예와 이익을 여유롭게 누릴 수 있었다[名利裕如 명리유여].

병화(丙火) 일주가 오월(午月)에 태어나고, 일지(日支)에도 오화(午火)가 자리잡아 월일지(月日支)를 모두 겁재(劫財)가 차지했으니 신왕(身旺)하다 하겠다. 시간(時干)의 임수(壬水)가 용신(用神)이 되고, 희신(喜神)은 금(金)이 되어야 한다는 생각이다.

비록 사주에 금(金)은 보이지 않지만, 지지에 진토(辰土)와 축토(丑土)의 습토(濕土)가 있어 임수(壬水)를 도우니 용신은 힘이 있다 하겠다. 이미 살(殺)을 용신으로 삼았으니 식상(食傷)인 토(土)는 기신(忌神)이 되어버린다 하겠다. 구신(仇神)은 화(火)가 되겠고, 목(木)은 한신(閑神)이라 하겠다.

을묘(乙卯)와 갑인(甲寅)운에 잘 나갈 수 있었던 것은 한신인 목(木)이 기신인 토(土)를 극(剋)하여 수(水)를 보호해주었기 때문이라는 말이다. 무토(戊土)가 임수(壬水)에 대항하지 않는 이유는 무토(戊土)가 계수(癸水)와의 합을 탐하여 임수(壬水)를 극하는 것을 잊어버리기[貪合忘剋 탐합망극] 때문이라 하겠다.

❷ 합관유살격에 관이 합(合)을 하여 화(化)한 경우

壬	丙	戊	癸
辰	午	午	巳

庚	辛	壬	癸	甲	乙	丙	丁
戌	亥	子	丑	寅	卯	辰	巳

이 사주 역시 한여름인 오월(午月)의 병화(丙火)가 너무 강하다. 앞의 사주와 오직 한 가지 다른 것은 연지(年支)가 축토(丑土)가 아니라 사화(巳

火)라는 것뿐이다. 하지만 이로 인해 두 사주는 하늘과 땅만큼의 차이가 나게[天淵之隔 천연지격] 된다. 축토(丑土)는 북방(北方)의 습토(濕土)이니 능히 병화(丙火)의 강렬함을 어둡게 하고 오화(午火)의 화염을 거두어들이며 수(水)를 모아두고 금(金)도 저장할 수 있으나, 사화(巳火)는 남방(南方)의 왕성한 불이며 계수(癸水)는 절지(絕地)에 임했으니 한 잔의 물로 짚을 실은 수레의 불을 어찌 끌 수 있겠는가[杯水輿薪 배수여신].

관살(官殺)인 임계수(壬癸水)의 혼잡(混雜)이 반가우며, 임수(壬水)가 혼자서 청(淸)하게 되는 것은 반갑지 않은 일이다. 앞의 사주는 무계합(戊癸合)이 화하지 않으나[合而不化 합이불화], 이 사주는 무계합(戊癸合)이 반드시 화(火)로 화하기[合而必化 합이필화] 때문이다. 이렇게 되면 살(殺)인 임수(壬水)를 도와줄 수 없을 뿐만 아니라 화(火)로 화(化)하여 비겁(比劫)이 되니 오히려 양인이 미쳐 날뛰는[陽刃猖狂 양인창광] 것을 도와주는 꼴이 되어버린다. 사화(巳火) 속의 경금(庚金)은 좇아 나와 돕지를 못하니[無從引助 무종인조], 비록 임수(壬水)가 진토(辰土)에 통근(通根)을 하고는 있으나 사주 전체에 금(金)이라고는 찾아볼 수 없으니 도움을 받을 길이 전혀 없어 사주는 맑으나 메마른 형상[淸枯之象 청고지상]을 하고 있다.

게다가 운(運)마저 40년을 목화(木火)로 흘러 비겁을 생하고 도와주니[生助劫刃 생조겁인], 가까운 혈족은 모두가 그림의 떡이요[骨肉畫餠 골육화병] 하는 일은 모두가 뜬구름과 같았다[事業浮雲 사업부운]. 묘목(卯木)운에 이르러 임수(壬水)는 절지(絕地)에 임하고 양인(陽刃)인 오화(午火)는 생(生)을 만나 가세는 기울고 재산은 다 날아가버렸으니[傾家蕩産 경가탕산] 어찌 운명이 아니라 할 수 있겠는가. 그대로 받아들이는 수밖에.

심화학습

『적천수천미(滴天髓闡微)』에 이 사주는 건륭(乾隆) 38년 4월 18일 진시(辰時)에 태어났다고 되어 있다. 임철초(任鐵樵) 본인의 사주이다. 『적천수천미』에는 보다 상세하게 해석되어 있다. 어느 것이 원본인지는 알 수 없지만 『적천수천미』의 내용이 더 상세하므로 그 내용을 아래에 그대로 옮겨 적는다.

"이 사주 역시 한여름인 오월(午月)에 태어났다. 앞의 사주와는 단지 축자(丑字) 한 글자만 바뀌었으나 하늘과 땅만큼 차이가 있다[天淵之隔 천연지격]. 축(丑)은 북방습토(北方濕土)이니 능히 병화(丙火)의 강렬함을 어둡게 하고 오화(午火)의 화염을 거두어들이며 수(水)를 모아두고 금(金)도 저장할 수 있으나, 사화(巳火)는 남방(南方)의 왕성한 불이며 계수(癸水)는 절지(絶地)에 임했으니 한 잔의 물로 짚을 실은 수레의 불을 어찌 끌 수 있겠는가[杯水輿薪 배수여신].

관살(官殺)인 임계수(壬癸水)의 혼잡(混雜)이 반가우며, 임수(壬水)가 혼자서 청(淸)하게 되는 것은 반갑지 않은 일이다. 앞의 사주는 무계합(戊癸合)이 화하지 않으나[合而不化 합이불화] 이 사주는 무계합(戊癸合)이 반드시 화(火)로 화하기[合而必化 합이필화] 때문이다. 이렇게 되면 살(殺)인 임수(壬水)를 도와줄 수 없을 뿐만 아니라 화(火)로 화(化)하여 비겁(比劫)이 되니 오히려 양인이 미쳐 날뛰는[陽刃猖狂 양인창광] 것을 도와주는 꼴이 되어버린다. 사화(巳火) 속의 경금(庚金)은 좇아 나와 돕지를 못하니[無從引助 무종인조], 비록 임수(壬水)가 진토(辰土)에 통근(通根)을 하고는 있으나 사주 전체에 금(金)이라고는 찾아볼 수 없으니 도움을 받을 길이 전혀 없어 사주는 맑으나 메마른 형상[淸枯之象 청고지상]을 하고 있다.

게다가 운(運)마저 40년을 목화(木火)로 흘러 비겁의 지지를 생하고 도와주니[生助劫刃之地 생조겁인지지], 위로는 부모의 뜻을 계승하여 공명을 이룰 수[繼父志以成名 계부지이성명] 없었고 아래로는 전답을 지키고 창업을 할 수[守田園而刱業 수전원이창업] 없었다. 가까운 혈족[骨肉之親 골육지친]은 바로 그림의 떡이요[骨肉畵餠 골육화병] 반평생의 사업도 역시 뜬구름과 같았다[事業浮雲 사업부운]. 묘목(卯木)운에 이르러 임수(壬水)는 절지(絶地)에 임하고 양인(陽刃)인 오화(午火)는 생(生)을 만나니, 가까운 혈족의 재앙을 만났고[遭骨肉之變 조골육지변] 이로 인해 가세는 기울고 재산은 다 날아가 버렸다[傾家蕩産 경가탕산]. 지금도 여전히 기억하는데[猶憶 유억], 본인이 명리학을 배우기 전에 다른 사람에게 본인의 사주 감정을 의뢰한 결과, 오직 그릇된 칭찬으로[一味虛襃 일미허포] '사주가 아주 좋아서 명예와 재물이 저절로 따를[名利自如 명리자여] 것이다'라고 하였다. 하지만 살아보니 결국은 털끝만큼도 맞는 것이 없이 끝이 났으니[後竟一毫不驗 후경일호불험] 어찌 통탄하지 않을 수 있겠는가.

또한 나의 부여받은 성품은 치우쳐 처세에 능하지 못하고[且子賦性偏拙 차여부성편졸], 성실한 것은 반기지만[喜誠實 희성실] 거짓되고 경박한 것은 반기지 않으며[不喜虛浮 불희허부], 아첨할 줄 모르고[無諂態 무첨태] 오만함이 많아[多傲慢 다오만] 사람들을 사귀고 왕래함에[交遊往來 교유왕래] 늘 화합하기가 어려웠다[每落落難合 매락락난합]. 두려운 것은[所凜凜者 소름름자] 할아버지와 아버지의 진실하고 두터운 가르침[忠厚之訓 충후지훈]이었으니, 감히 이를 실추시킬 수 없었던[不敢失墜 불감실추] 것이다. 부친이 세상을 떠나신 후 가세가 기울자 온 마음을 기울여 명리학에 몰두하여 호구지책(糊口之策)으로 삼았다. 육척이나 되는 체구에 원대한 포부가 없었던 것은 아니지만 변변치 못한 재주로 비웃음을 받게 되었으니[徒以末技見哂 도이말기견신], 스스로 생각해보면 명운이 따르지 못하여[命運不齊 명운부제] 하는 일에 이로움이 없었다[無益于事 무익우사]. 이는 마치 수레바퀴 자국에 고인 물에 있는 붕어[涸轍之鮒 학철지부]가 겨우 한 됫박의 물을 맞이했으니[僅邀升斗之水 근요승두지수], 처한 형편이 따르지 못하고[限于地 한우지] 때를 얻지 못했음이라 하겠다. 한탄스럽지만 '모든 것은 타고난 운명이 아니라고 할 수 없으니[莫非命也 막비명야] 그 올바른 운명을 순리로 받아들여야 한다[順受其正 순수기정]'라고 할 뿐이다."

이상과 같다. 아마도 간명해준 사람이 이 사주를 합관유살격(合官留殺格)이니 크게 귀하게 될 팔자라고 했던 모양이다. 사주 간지의 유통생화(流通生化)는 살펴보지도 않고, 또한 이에 따른 운(運)의 상황도 고려하지 않은 상태에서 무조건 관(官)은 합을 하여 떠나가고 살(殺)이 머무르니 좋은 팔자라고 결론짓는 사람들을 향한 경고의 의미를 되새겨보아야 할 것이다.

5-1) 관살혼잡격(官殺混雜格)

❶ 관살혼잡격에서 거관유살(去官留殺)로 혼잡(混雜)을 제거한 경우

癸	丙	壬	壬
巳	寅	子	辰

庚	己	戊	丁	丙	乙	甲	癸
申	未	午	巳	辰	卯	寅	丑

이 사주는 월간 임수(壬水)가 월령(月令)을 잡고 관살(官殺)이 중첩(重疊)되어 있다. 가장 반가운 것은 일간이 장생(長生)인 인목(寅木)을 깔고 앉은 것이다. 인목(寅木)은 능히 수(水)를 담아두고[納水 납수] 살을 화하여 일주를 생한다[化殺生身 화살생신]. 시지(時支)에는 사화(巳火)가 있어 일주(日主)인 병화(丙火)의 녹왕(祿旺)이 되니 족히 관성과 대적할[敵官 적관]만하다. 더욱 묘한 것은 사주에 금(金)이 없는 것이다. 인성(印星)인 인목(寅木)을 용신(用神)으로 삼으니 살(殺)의 세력이 비록 강하다 하더라도 두려워할 정도는 아니다.

병진(丙辰)대운에 이르러 일주를 도와주고[幫身 방신] 세운(歲運) 기사(己巳)년에 관(官)을 떠나보내 관살혼잡(官殺混雜)을 제거하니, 전시(殿試)에 합격하여[捷報南宮 첩보남궁] 이름난 지역에 부임하여 그 고을을 다스렸다[出宰名區 출재명구].

심화학습

신약(身弱)한 사주에 관살혼잡(官殺混雜)이 되어 부담이 컸는데 거관유살(去官留殺)로 관살혼잡을 제거하여 잘되었다는 결론이나, 그보다는 자월(子月)에 태어난 병화(丙火)가 신약하니 인성(印星)을 용신으로 잡아 살중용인격(殺重用印格)에 운(運)이 동남(東南)으로 흘러 일이 이루어졌다고 보는 것이 더 타당한 풀이가 아닌가 생각한다.

丁	己	乙	甲
卯	巳	亥	子

癸	壬	辛	庚	己	戊	丁	丙
未	午	巳	辰	卯	寅	丑	子

이 사주는 관(官)인 갑목(甲木)이 장생(長生)인 자수(子水)를 만났고, 살(殺)인 을목(乙木)은 녹왕(祿旺)인 묘목(卯木)과 장생인 해수(亥水)를 만났다. 비록 사해충(巳亥沖)이 되어 인성(印星)인 사화(巳火)가 깨지기는 하지만, 반갑게도 묘목(卯木)이 정화(丁火)를 생하여 돕는다.

인목(寅木)대운에 해수(亥水)와 합(合)을 하여 목(木)으로 화(化)하여 인성인 화(火)를 생하니 연이어 과거에 장원급제하였고[連登甲榜 연등갑방], 경진(庚辰)과 신사(辛巳)대운에 관을 제어하고 살을 화하니[制官化殺 제관화살] 붉은 깃발을 휘날리며[朱旛皁蓋 주번조개] 큰 고을을 지키러 나아가[出守大邦 출수대방] 명예와 이익이 모두 온전하였다.

심화학습

관살혼잡격(官殺混雜格)의 사례로 든 두 개의 명조(命造) 모두 앞서의 논리, 즉 '세력이 살(殺)에 있고 이 살은 지지에 녹왕(祿旺)을 얻었는데 이 살에 의지하는 관(官)이 연간의 도움을 받아 그도 왕하다면 이는 혼잡(混雜)이라고 한다'에 부합하니 관살혼잡격임에 틀림없다.

하지만 이 두 개의 사주 모두 인성(印星)을 용신으로 잡아 살중용인격(殺重用印格)에 운(運)이 동남(東南)으로 흘러 일이 이루어졌다고 보는 것이 더 타당한 풀이가 아닌가 생각한다. 본 사주풀이에서 '경진(庚辰)과 신사(辛巳)대운에 관(官)을 제어하고 살(殺)을 화하니'라고 했는데, 경금(庚金)이 갑목(甲木)을 충(沖)하니 관(官)을 극(剋)하여 제어했다는 것은 알 수 있으나 살을 화(化)했다는 것은 무슨 의미인지 아리송하다. 을경합

(乙庚合)을 의미하는 것 같기도 하고……. 그렇다면 신사(辛巳)대운은 어떻게 설명할 것인가. 오직 경진(庚辰)과 신사(辛巳)대운을 잘 넘길 수 있었던 것은 천간에 인성인 정화(丁火)가 있어 경신금(庚辛金)을 제어할 수 있었기 때문이 아닌가 생각한다.

앞서 언급하기를 '일주(日主)가 왕상(旺相)하면 혼잡이 좋고[可混 가혼], 일주가 휴수(休囚)이면 혼잡이 좋지 않다[不可混 불가혼]'라고 했으니, 이를 해결하기 위해 관을 제거하는 쪽으로 논리를 몰고 가는 듯한 생각이 든다. 그보다는 오히려 '살이 인성을 생하고[殺生印 살생인] 또한 인성이 일주를 생한다면[印生身 인생신] 전시(殿試)에 합격할 것이고[龍墀高步 용지고보]'라는 논리를 대입하여 살인상생(殺印相生) 또는 살중용인(殺重用印)으로 논리를 전개하는 것이 더 합리적이라는 생각이 든다.

5-2) 관살혼잡격에 대한 보충설명

관살혼잡격(官殺混雜格)인 사주도 부귀(富貴)를 누리는 경우가 아주 많다. 한마디로 관살이 월령을 차지했다면[官殺當令 관살당령] 반드시 일지(日支)에 인수가 있어야 하니[坐下印綬 좌하인수], 이는 그 인성이 관살의 기운[官殺之氣 관살지기]을 유통(流通)시켜주어 생하고 화하여 서로 정이 있게 되기[生化有情 생화유정] 때문이다. 만약 기(氣)가 시지(時支)에 통하여 이어져도[氣貫生時 기관생시] 이 또한 족히 일주를 도와 살에 대적할 수 있다[扶身敵殺 부신적살]고 하겠다. 만약 기가 시주(時柱)에 통해 있지도 않고 일지도 인수가 아닌 경우는 가난하지 않으면 천할[不貧亦賤 부빈역천] 것이다. 만약 사주에 관살(官殺)이 당령(當令)을 하지 않은 경우는 이와 같이 논하지 않는다.

심화학습

끝에 한 가지 힌트를 남겼다. '관살(官殺)이 당령한 사주에만 관살혼잡격(官殺混雜格)을 적용하라'는 말이다. 이 말은 월지(月支)에 관살이 없는 경우는 이렇게 논하지 않는다는 말이 되는데, 그 이유는 월지가 관살일 경우에만 관살격(官殺格)으로 보았기 때문이 아닌가 생각한다. 하지만 앞의 사례들을 보면 월지에 관살이 없는 경우도 있음을 알 수 있다. 따라서 관살이 당령한 사주가 아니더라도 사주에 관살이 섞여 있으면 관살혼잡으로 간주한 것으로 보아야 할 것 같다. 그렇다면 위에 언급한 사주의 해석을 어느 정도 수긍할 수 있게 된다.

6-1) 제살태과격(制殺太過格)
❶ 제살태과격에 운의 도움이 있는 경우

己	丙	戊	辛
亥	辰	戌	卯

庚	辛	壬	癸	甲	乙	丙	丁
寅	卯	辰	巳	午	未	申	酉

시지(時支)에 살(殺)이 홀로 있어 네 개의 식상(食傷)으로부터 극(剋)을 받고 있다. 연지(年支)의 묘목(卯木)은 신금(辛金)이 위에서 덮고 있고[蓋頭개두], 하물며 가을 술월(戌月)의 나무이니 토(土)를 극하기에는 그 힘이 부족하다. 차선책으로 살을 보호하기 위해서는 해수(亥水) 속의 갑목(甲木)에게 의지하는 수밖에 없다.

을미(乙未)운에 해묘미(亥卯未) 목국(木局)을 이루니 전시(殿試)에 합격하였고[捷報南宮 첩보남궁] 한원(翰苑)에서 명성이 높았다. 갑오(甲午)운에 목(木)은 오화(午火)에 이르러 삶을 마쳤고[木死於午 목사어오](〈제4장 1. 음양순역설〉을 참조하기 바란다), 기토(己土)와 합을 하니 부친상을 당하고[丁外艱 정외간], 세운(歲運) 기사(己巳)년에 또한 해수(亥水)와 충을 하여 떠나보내니 죽고 말았다[不祿 불록].

심화학습

앞에서 언급한 '살이 미약한데 식상의 제함이 지나치면[制殺太過 제살태과] 비록 학문을 한다고 해도 이루지 못할 것이다[雖學無成 수학무성]'라는 말이 그대로 적용되는 사주라 할 수 있다.

병화(丙火) 일주가 술월(戌月)에 태어나고 사주에 식상(食傷)이 중중(重重)하니 인성(印星)인 목(木)이 용신이 되겠는데, 쇠약한 목(木)이 용신 역할을 제대로 하지 못해 어려움을 겪을 수밖에 없었다 하겠다. 다만 을미(乙未)운에 해묘미(亥卯未) 목국(木局)을 이루어 용신을 도와 그나마 벼슬을 했던 것이 아닌가 생각한다.

❷ 제살태과격에 운의 도움이 없는 경우

壬	丙	戊	辛
辰	辰	戌	卯

庚	辛	壬	癸	甲	乙	丙	丁
寅	卯	辰	巳	午	未	申	酉

이 사주 역시 살(殺)이 홀로 있어 네 개의 식상(食傷)으로부터 극(剋)을 받고 있다. 앞의 사주보다 더 못한 것은 해묘(亥卯)의 합(合)이 없기 때문이다. 비록 일찍이 국학에 들어갔지만[早采芹香 조채근향] 가을의 과거에서 매번 떨어졌고[秋闈蹭蹬 추위충등], 재물을 바치고 하급관리가 되었으나[納捐部屬 납연부속] 벼슬길이 그다지 신통하지 못했다. 반가운 것은 살이 시간(時干)에 투출한 것이다. 앞의 사주와는 달리 갑오(甲午)운에 갑기합(甲己合)을 하여 토(土)로 화(化)할 염려는 없지만 고생은 이루 말할 수 없었는데[刑耗多端 형모다단], 그래도 몸에는 큰 화(禍)를 입지 않았다.

심화학습

이 사주 또한 앞의 사주와 마찬가지로 병화(丙火) 일주가 술월(戌月)에 태어나고 사주에 식상(食傷)이 중중(重重)하니 인성(印星)인 목(木)이 용신이 되겠는데, 쇠약한 목(木)이 용신 역할을 제대로 하지 못해 별 볼일 없이 살았던 모양이다.

6-2) 제살태과격에 대한 보충설명

제살태과격(制殺太過格)은 그 아름다움이 관살혼잡격(官殺混雜格)에 비길 수 없다. 왜냐하면 대개 제살태과(制殺太過)는 그 살(殺)이 이미 손상을 입어 다 부서진 상태이니[殺旣傷殘 살기상잔], 운(運)에서 다시 살을 제어하는[制殺 제살] 방향으로 간다면 극(剋)과 설(洩)이 교대로 더해져서[剋洩交加 극설교가] 열에 아홉은 죽는 까닭이다. 이에 반해 관살혼잡(官殺混雜)은 일주가 왕상(旺相)에 앉아 있고 인수(印綬)가 손상을 입지 않으며 운(運)만 편안하게 안정된다면 부귀(富貴)를 얻지 못할 사람이 없을 것이다.

만약 일주가 휴수가 되어 있고[日主休囚 일주휴수] 재성이 인성을 무너뜨리고 있다면[財星壞印 재성괴인], 설령 하나뿐인 살이 아주 맑고[獨殺純淸 독살순청] 관성(官星)이 하나도 혼잡되어 있지 않다고 하더라도 근심이 많고 즐거움은 적으며[憂多樂少 우다락소] 뜻이 있어도 펴지 못하는[屈志難伸 굴지난신] 경우가 이따금 있으니, 학자들은 잘 살펴 헤아려야 함이 마땅하다.

4. 상관(傷官) – 상관(傷官)과 관성(官星)의 상호작용

적천수 원문

傷官見官最難辨　官有可見不可見
상관견관최난변　　　관유가견불가견

> 상관(傷官)이 관성(官星)을 보고 있을 때 가장 분별하기 힘드니[傷官見官最難辨] 관성을 보아서 될 경우와 안 될 경우가 있다[官有可見不可見].

적천수 해설　　**상관(傷官) – 상관(傷官)과 관성(官星)의 상호작용**

상관(傷官)이라 함은 일주의 원신을 훔쳐 가는 성분이니[竊命主之元神 절명주지원신] 본래 착하고 어진[善良 선량] 성분은 아니다. 일간(日干)의 귀한 기운을 손상시키고 거침없이 날뛰니[更肆縱橫 갱사종횡] 선악(善惡)이 한결같지 않다. 다만 모름지기 잘만 다루어 다스리면[駕馭 가어] 귀한 몸이 되어 그 이름을 세상에 떨치게 되어[英華發越 영화발월] 총명한 사람이 많다[多主聰明 다주총명] 하겠다.

상관이 관(官)을 보아서 좋은지 나쁜지는 모름지기 사주원국 내에서 세력의 균형을 보아 판단해야 하는데, 그 사이의 작용은 종종 같지 않으니 오로지 한 가지에만 집착하여 논하는 것은 옳지 않다[不可執一而論 불가집일이론]. 상관용재(傷官用財), 상관용인(傷官用印), 상관용겁(傷官用劫), 상관용상(傷官用傷), 상관용관(傷官用官) 등의 같지 않음[不同 부동]이 있는 것이다.

예를 들어, 상관용재라는 것은 '일주(日主)가 왕(旺)한데 상관 또한 왕하면 재성을 용신으로 삼는[用財 용재] 것이 마땅하다'는 것이다. 이때 사주에 비겁(比劫)이 있으면 관성을 보는 것이 좋으나[可見官 가견관], 사주에 비겁은 없고[無比劫 무비겁] 인수가 있으면[有印綬 유인수] 관성을 보는 것은 좋지 않다[不可見官 불가견관].

상관용인이라는 것은 '일주가 약(弱)하고 상관이 왕하면 인성을 용신으로 삼는[用印 용인] 것이 마땅하다'는 것이다. 이때 관성을 보는 것은 인성(印星)을 생(生)해주니 좋으나[可見官 가견관], 재성을 만나면 인성을 극(剋)하니 좋지 않다[不可見財 불가견재].

상관용겁이라는 것은 '일주가 약하고 상관이 왕하여 인성을 용신으로 삼으려 하나[用印 용인] 사주에 인성이 없으면 비겁을 용신으로 삼는[用比劫 용비겁] 것이 마땅하다'는 것이다. 이때 비겁과 인성을 보는 것은 반가우나[喜見劫印 희견겁인] 재성과 관성을 보는 것은 인성과 비겁을 극하게 되니 꺼린다[忌見財官 기견재관].

상관용상관이라는 것은 '일주가 왕하고 재관(財官)이 없으면 상관을 용신으로 삼는[用傷官 용상관] 것이 마땅하다'는 것이다. 이때 재성이나 상관을 보는 것은 반가우나[喜見財傷 희견재상] 관성이나 인성을 보는 것은 꺼린다[忌見官印 기견관인].

상관용관이라는 것은 '일주가 왕하고 비겁도 많은데 재성(財星)은 쇠약하고 상관도 가벼우면[輕 경] 관성을 용신으로 삼는[用官 용관] 것이 마땅하다'는 것이다. 이때 재성이나 관성을 보는 것은 반가우나[喜見財官 희견재관] 상관이나 인성을 보는 것은 꺼린다[忌見傷印 기견상인].

이른바 '상관격(傷官格)의 사주가 관(官)을 보면 온갖 재앙이 발생한다[傷官見官 爲禍百端 상관견관 위화백단]'는 말은 모두 일주가 쇠약(衰弱)하여 일주의 패거리를 이루어 도와주는[幇身 방신] 비겁을 용신(用神)으로 삼았을 경우인 상관용겁격(傷官用劫格)에 해당한다고 하겠다. 이 경우 관을 보면 비겁이 극을 받으니 재앙이 발생하게 된다. 만약 사주 중에 인성이 있다면 관성을 화(化)하고 식상을 극(剋)하니 관을 보는 것이 재앙이 되지 않을 뿐만 아니라 오히려 복이 된다고 할 수 있다.

상관용인격(傷官用印格)인데 사주원국에 재성이 없으면, 운(運)이 인성이나 비겁이 왕해지는 방향으로 흐를 경우에는 지위가 높고 귀하게 되지 않은 사람이 아직까지 없고[未有不顯貴者 미유불현귀자], 운이 재성이나 상관이 왕해지는 방향으로 흐를 경우에는 빈천하게 되지 않은 사람이 아직까지 없다[未有不貧賤者 미유부빈천자].

상관용재격(傷官用財格)인데 사주의 재성이 힘을 얻으면[財星得氣 재성득기], 운이 재성이나 식상이 왕해지는 방향으로 흐를 경우에는 재물이 넉넉하지 않은 사람이 아직까지 없고[未有不富厚者 미유불부후자], 운이 인성이나 비겁이 왕해지는 방향으로 흐를 경우에는 빈핍(貧乏)하게 되지 않은 사람이 아직까지 없다[未有不貧乏者 미유불빈핍자].

상관용겁격의 경우는 인성이 왕한 운을 만나면 반드시 귀하게 될 것이고, 상관용관격(傷官用官格)의 경우는 재성이 왕한 운을 만나면 반드시 부를 얻을 것이며, 상관용상관격(傷官用傷官格)의 경우는 재성의 운을 만나면 부유하면서도 귀하게 될[富而且貴 부이차귀] 것이다. 다만 이들은 상관용인격이나 상관용재격과 더불어[與用印用財者 여용인용재자] 벼슬에 높고 낮음이 있음[官有高卑 관유고비]과 재물의 많고 적음을 구별하는[財分厚薄 재분후박] 것에 불과하니 자세히 살펴 추론하는 것이 마땅할 것이다.

심화학습

상관격(傷官格)에서 관성(官星)을 보아서 좋은 경우와, 관성을 보아서 나쁜 경우를 아주 상세히 설명하고 있다. 결론은 상관이 관(官)을 보아서 좋은지 나쁜지는 모름지기 사주원국 내에서 세력의 균형을 보아 판단해야 하는데, 그 사이의 작용은 종종 같지 않으니 오로지 한 가지에만 집착하여 논하는 것은 옳지 않다[不可執一而論 불가집일이론]는 것이다.

상관(傷官)

1) 상관용인격(傷官用印格)
❶ 상관용인격에 운이 따른 경우

		己		丙		辛		己	
		丑		寅		未		丑	

癸	甲	乙	丙	丁	戊	己	庚
亥	子	丑	寅	卯	辰	巳	午

병화(丙火) 일주가 미월(未月)에 태어나 화토상관(火土傷官)이며, 사주에 상관(傷官)이 중중(重重)하다. 다행스럽게도 늦여름[季夏 계하]에 태어나 화기가 넉넉하고[火氣有餘 화기유여], 일간인 병화(丙火)는 장생(長生)인 인목(寅木)에 앉아 있으니, 인목(寅木)의 지장간(支藏干) 중 갑목(甲木)을 용신(用神)으로 삼는다.

정묘(丁卯)운에 이르러 정화(丁火)가 신금(辛金)을 극하여 떠나보내고[剋去 극거] 묘목(卯木)이 축토(丑土)를 극하여 깨뜨려버리니[剋破 극파], 이른바 '병이 있는데 약을 얻은[有病得藥 유병득약]' 것이 되어 신분이 상승하여[騰身 등신] 과거시험장에 나아가[登月殿 등월전] 전시(殿試)에 합격하는 경사가 났다[慶集瓊林 경집경림]. 연이어 들어오는 병인(丙寅)운은 일주와 용신에 모두 마땅하니[體用皆宜 체용개의] 벼슬이 황당(黃堂)에 이르렀다.

심화학습

비록 병화(丙火) 일주가 늦여름인 미월(未月)에 태어나고 일지(日支)에 인성(印星)을 깔고 앉았으나, 사주에 상관(傷官)이 중첩(重疊)되어 있어 신약(身弱)하다 하겠다. 따라서 인성을 용신(用神)으로 삼는 상관용인(傷官用印)이 된다. 용신이 약하니 희신(喜神)은 이를 생조(生助)해주는 수(水)가 될 수 있겠다. 여기서 지지의 수(水)운은 사주원국에 인목(寅木)이 있어 유통(流通)이 되니 좋다고 할 수 있으나, 천간의 수(水)는 일주를 극(剋)하니 기신(忌神)에 가깝다 하겠다.

신금(辛金)이 바로 옆에서 병신합(丙辛合)을 이루어 자칫 잘못하면 재성을 탐하여 인성을 깨뜨리는[貪財壞印 탐재괴인] 형태가 될 수도 있으나, 재성(財星)이 인성을 직접 극하고 있지 않는 모양새라 불행 중 다행이라고 하겠다.

❷ 상관용인격에 운이 따르지 않은 경우

丙	乙	癸	丙
子	丑	巳	辰

辛	庚	己	戊	丁	丙	乙	甲
丑	子	亥	戌	酉	申	未	午

을목(乙木)이 사월(巳月)에 태어나 목화상관(木火傷官)이며, 인수(印綬)인 계수(癸水)는 시지(時支) 자수(子水)에 통근(通根)했으니 격국(格局)이 아름답다 하지 않을 수 없다. 비록 재성인 토(土)가 인성을 깨뜨리는[財星壞印 재성괴인] 것이 싫지만, 진토(辰土)와 축토(丑土)는 모두 습토(濕土)이니 능히 수(水)를 저장하고 화(火)를 어둡게 할 수 있다[蓄水晦火 축수회화].

다만 아쉬운 것은 운(運)에서 수(水)를 만나지 못한 것이니, 한낱 가난한 선비[寒儒 한유]에 불과하였다. 신금(申金)운에 들어 화(火)는 끊어지고 수(水)가 생을 받으니[火絕水生 화절수생] 반궁(泮宮)에 이름을 올렸으나, 이후에는 운이 따르지 않으니 아홉 번이나 가을에 치르는 과거[秋闈 추위]에 응시했지만 모두 낙방하고 말았다.

이 사주 역시 인성(印星)을 용신(用神)으로 삼는 상관용인(傷官用印)이다. 다만 인성이 너무 무력하고 운(運)이 제대로 따라주지 않는 것이 흠이다. 비록 진축토(辰丑土)가 습토(濕土)가 되어 일주를 도울 수 있다고는 하지만, 토(土)는 토(土)이다. 따라서 운에서 천간으로 들어오는 수(水)는 좋다 하겠지만, 지지에서 들어오는 수(水)는 사주의 지지에 워낙 화토(火土)가 많아서 별 도움이 되지 못한다고 하겠다. 그래도 신금(申金)운은 신자진(申子辰)의 수국(水局)을 이루어 도움이 되었던 모양이다.

반궁(泮宮)은 나라에서 운영하던 학교인 국학(國學), 즉 성균관(成均館)을 말한다.

2) 상관용재격(傷官用財格)

❶ 상관용재격에 운이 따르지 않은 경우

```
        乙      丁      戊      丙
        巳      卯      戌      申

   丙  乙  甲  癸  壬  辛  庚  己
   午  巳  辰  卯  寅  丑  子  亥
```

정화(丁火) 일주가 술월(戌月)에 태어나 화토상관(火土傷官)이며, 비겁(比劫)과 인수(印綬)가 중중(重重)하니 사주는 왕(旺)하다 하겠다. 따라서 재성(財星)인 신금(申金)을 용신(用神)으로 삼는다.

물려받은 재산은 원래부터 풍성하였고, 신축(辛丑)과 임수(壬水)운에 사업을 벌여 이익을 얻으니 재산이 십여만에 달했다. 인목(寅木)운에 들어 금(金)은 절지(絶地)에 임하고 겁재(劫財)는 장생(長生)을 만나는데 신금(申金)은 충을 받아 깨져버리니[沖破 충파], 이른바 '왕한 자가 쇠한 자를 충하면 쇠한 자는 뽑혀버린다[旺者沖衰衰者拔 왕자충쇠쇠자발]'가 되어 세상을 하직함이 마땅하다 하지 않겠는가[不祿宜矣 불록의의].

상관용재(傷官用財)라는 것은 '일주가 왕(旺)한데 상관(傷官) 또한 왕하면 재성을 용신으로 삼는[用財 용재] 것이 마땅하다'는 것이다. 정화(丁火)가 술월(戌月)에 태어나 술토(戌土)는 월간(月干) 무토(戊土)의 뿌리가 되니 상관이 왕하고, 사주에 인겁(印劫)이 중첩되었으니 일주 또한 왕하다. 따라서 이 사주는 상관용재격(傷官用財格)이 된다.

하지만 용신(用神)도 약하고 운(運)마저 관인(官印)으로 흘러 좋지 않게 되었다 하겠다. 신축(辛丑)운에 잘 풀렸다는 말은 이해가 가지만, 임수(壬水)운까지 좋았다는 말은 잘 이해되지 않는다. 임수(壬水)가 병화(丙火)를 극하여 보내버렸기[剋去 극거] 때문으로 해석하고 넘어가기로 한다.

불록(不祿)이라는 말은 두 가지로 해석된다. 하나는 녹(祿)을 다 타지 않고 죽는다고 하여 선비의 죽음을 뜻하고, 다른 하나는 벼슬을 하던 사람[大夫 대부]이 젊은 나이에 죽는다[夭折 요절]는 뜻이다. 여기서는 사주 해석에 벼슬에 대한 언급이 없으므로 전자(前者)의 의미로 보면 되겠다.

❷ 상관용재격에 운이 따른 경우

丁	戊	辛	戊
巳	午	酉	子

己	戊	丁	丙	乙	甲	癸	壬
巳	辰	卯	寅	丑	子	亥	戌

무토(戊土) 일주가 유월(酉月)에 태어났으므로 토금상관(土金傷官)이나, 사주에 인성(印星)과 비견(比肩)이 중중(重重)하니 일주는 왕(旺)하다 하겠다. 연지(年支)의 한 점 재성(財星)인 자수(子水)는 가을의 물로 유금(酉金)의 생을 받아 흐름이 근원에 통했는데[秋水通源 추수통원], 자수(子水)는 유금(酉金)의 생에 의지하고[子賴酉生 자뢰유생] 유금(酉金)은 자수(子水)의 보호에 의지하니[酉仗子護 유장자호] 물려받은 가업에 여유가 생겨서 살

만하였다[遺業小康 유업소강].

갑자(甲子)와 을축(乙丑)운의 20년 동안 제(制)하고 화(化)함이 모두 마땅하니[制化皆宜 제화개의] 본인 스스로 사업을 일으켜 수만의 재산을 일으켰다[自刱數萬 자창수만]. 병인(丙寅)운에 들어 화토(火土)를 생조(生助)하고 금수(金水)를 극설(剋洩)하니 죽고 말았다[不祿 불록].

무토(戊土) 일주가 신왕(身旺)하고, 상관(傷官) 또한 왕(旺)하여 재성(財星)을 용신(用神)으로 삼았다 하겠다. 비록 재성이 멀리 떨어져 있어 아쉽지만, 상관이 유통시켜주니 사주가 맑다 하겠다. 초운(初運)도 재성운으로 흘러 좋았으나, 사주에 인성(印星)이 많은데 관성운을 만나니 흉하게 되었던 모양이다.

3-1) 상관용겁격(傷官用劫格)

❶ 상관용겁격에 운이 따른 경우

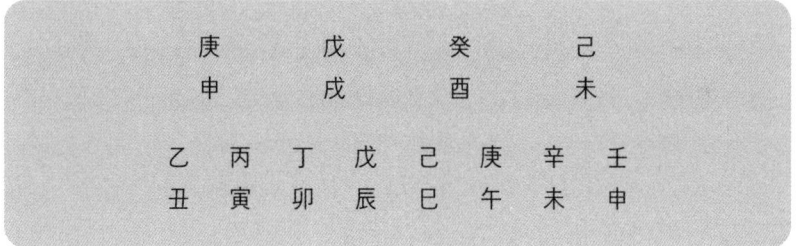

무토(戊土) 일주가 유월(酉月)에 태어나 토금상관(土金傷官)이다. 지지가 신유술(申酉戌) 서방(西方)으로 흐르고, 시간(時干)에 경금(庚金)이 투출하여 금기(金氣)가 지나치게 왕(旺)하다. 따라서 겁재(劫財)를 용신(用神)으로 삼는다.

반가운 것은 겁재인 기토(己土)가 천간에 투출하여[當頭 당두] 계수(癸水)를 바짝 붙여서 극(剋)하는 것이다. 따라서 학문에 뜻을 두고 계속 전념하였다. 더욱 묘한 것은 운(運)이 남방(南方)의 화(火)운을 달리는 것이니 발공(拔貢) 출신으로 현령(縣令)을 거쳐 주목(州牧)에 천거된 후 벼슬이 황당(黃堂)에 이르렀다. 일생 동안 흉함을 만나면 길함으로 변했고[逢凶化吉 봉흉화길], 벼슬길에 거침이 없었다[宦海無波 환해무파].

심화학습

일주(日主)가 약(弱)하고 상관(傷官)이 왕(旺)하여 인성을 용신으로 삼으려 하나[用印 용인], 사주에 인성(印星)이 없어 비겁(比劫)을 용신으로 삼은 상관용겁(傷官用劫)이다. 앞에서 언급한 '상관용겁격(傷官用劫格)의 경우는 인성이 왕한 운을 만나면 반드시 귀하게 될 것이다'라는 말에 잘 어울리는 사례라 하겠다.

❷ 상관용겁격에 운이 따르지 않은 경우

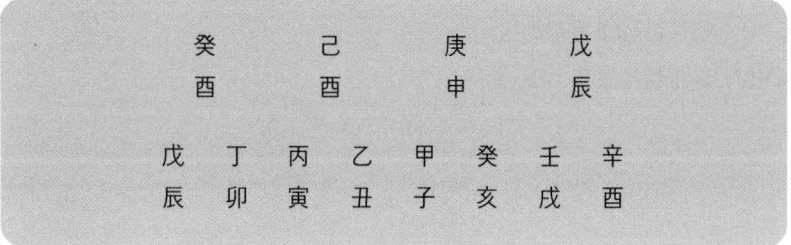

이 사주 또한 상관용겁(傷官用劫)이다. 불만스러운 것은 무토(戊土)의 뿌리가 되는 진토(辰土)가 습토(濕土)라는 것이다. 이는 금(金)을 생하고 수(水)를 껴안아 담아두니[生金拱水 생금공수] 일간을 돕기에는[幫身 방신] 부족하기 때문이다. 더욱 불만스러운 것은 운(運)이 서북(西北)의 금수(金水)를 달리는 것이니, 이 때문에 한 번 실패로 모든 것이 재로 변해버렸고[一敗如灰 일패여회] 집안을 다시 일으켜 세울 수 없었다[不成家室 불성가실].

심화학습

기토(己土)가 신월(申月)에 태어나 사주에 식상(食傷)이 중중하여 일주(日主)는 약하다. 인성(印星)은 보이지 않으니 연간(年干)의 무토(戊土)를 용신으로 삼아 상관용겁격(傷官用劫格)이 되겠다. 하지만 운(運)이 도와주질 않으니 되는 일이 없었던 모양이다.

3-2) 상관용겁격(傷官用劫格)에 대한 보충설명

이상에서 살펴본 사례들은 모두가 비겁을 용신으로 삼은[用劫 용겁] 경우인데, 어째서 앞의 것은 명리가 모두 온전했으나[名利兩全 명리양전] 뒤의 것은 되는 일이 하나도 없었는가[一事無成 일사무성]. 이는 단지 운(運)에서 일주를 인성(印星)과 비겁(比劫)으로 도와주지[幫助 방조] 않았기 때문이다. 따라서 이것으로 미루어 보아 사람이 무능해서가 아니라[非人之無能 비인지무능] 운의 흐름이 그 사람을 곤궁에 빠뜨리는 것이다[實運途困之 실운도곤지]. '사람의 부귀빈천이 사주에 있다고는 하지만 되고 말고는 운에 달렸다[富貴貧賤在命 窮通在運 부귀빈천재명 궁통재운]'는 말과 같이 억지로 끌어다 붙인다고 되는 일이 결코 아닌 것이다.

심화학습

상관용겁(傷官用劫)은 사주에 병이 있는데 이를 치료할 약이 없는 경우[有病無藥 유병무약]이고, 상관용인(傷官用印)은 사주에 병이 있는데 이를 치료할 약이 있는 경우[有病有藥 유병유약]라고 보면 될 것이다. 따라서 상관용겁보다 상관용인이 더 귀격(貴格)이라 할 것이다.

　다만, 상관용겁이라 하더라도 일주(日主)가 상관(傷官)보다 조금 더 약(弱)할 뿐이므로 운(運)에서 인성(印星)과 비겁(比劫)의 방조(幫助)를 만난다면 발복(發福)할 수 있다.

4) 상관용상관격(傷官用傷官格)

❶ 상관용상관격에 운이 따르지 않은 경우

癸	癸	戊	乙
丑	酉	寅	酉

庚	辛	壬	癸	甲	乙	丙	丁
午	未	申	酉	戌	亥	子	丑

계수(癸水)가 인월(寅月)에 태어나 수목상관(水木傷官)이다. 지지에 인성(印星)이 둘씩이나 있어 왕(旺)하고, 유금(酉金)과 축토(丑土)는 합(合)을 하여 금국(金局)을 이루니 반드시 상관(傷官)인 인목(寅木)을 용신(用神)으로 삼는다. 사람이 재주와 능력이 넉넉하였다[才能有餘^{재능유여}].

을해(乙亥)운에 용신인 목(木)이 생(生)을 받아 왕해지니 향시에 합격하였고[中鄕榜^{중향방}], 갑술(甲戌)과 계수(癸水)운에 벼슬길로 나아가 현령(縣令)이 되었다. 유금(酉金)운에 이르러 지지에 유금(酉金)을 셋씩이나 만나는 바람에 목(木)은 어린데 금(金)은 너무 많아[木嫩金多^{목눈금다}] 잘못을 저질러 벼슬자리에서 떨어졌다[註誤落職^{괘오낙직}]. 이는 사주에 금(金)이 너무 많아 병이 깊은데 재성인 화(火)가 없어 약을 제대로 쓸 수 없었기[有病無藥^{유병무약}] 때문이다. 만약 사주에 화(火)가 있었더라면 비록 금(金)운으로 갔다 하더라도 큰 재앙은 없었을 것이다.

심화학습

앞에서 언급한 '상관용상관격(傷官用傷官格)의 경우는 재성(財星)이나 상관(傷官)의 운을 만나면 부와 귀함을 얻을 것이다'라는 말을 다시 한 번 상기해보기 바란다.

$$
\begin{array}{cccc}
丁 & 甲 & 庚 & 己 \\
卯 & 寅 & 午 & 卯
\end{array}
$$

$$
\begin{array}{cccccccc}
壬 & 癸 & 甲 & 乙 & 丙 & 丁 & 戊 & 己 \\
戌 & 亥 & 子 & 丑 & 寅 & 卯 & 辰 & 巳
\end{array}
$$

갑목(甲木)이 오월(午月)에 태어나 목화상관(木火傷官)이다. 연월 양간(兩干)의 토금(土金) 재관(財官)은 뿌리가 없어 허약하니 내버려두고 쓰지 않는다[置之不用 치지불용]. 지지에 두 개의 묘목(卯木)과 하나의 인목(寅木)이 있어 일주는 강왕(强旺)하니, 반드시 상관(傷官)인 정화(丁火)를 용신(用神)으로 삼는다. 따라서 이 사람의 지략과 꾀[權謀術數 권모술수]는 보통사람들과는 달랐다.

정묘(丁卯)운에 반수에 들어가[入泮 입반] 향시에 합격했으며[登科 등과] 현령(縣令)이 되었고, 병인(丙寅)운에는 경금(庚金)을 극하여 없애버리니[剋盡 극진] 벼슬과 재물이 크게 풍족하였다. 을축(乙丑)운에는 경금(庚金)과 합(合)하여 화(火)를 어둡게 하고 금(金)을 생하니[晦火生金 회화생금] 벼슬에서 떨어졌다.

대단한 상관(傷官)이라 하겠다. 한여름 오월(午月)에 태어난 갑목(甲木)이 물이라곤 한 방울도 없는데 그대로 상관을 용신(用神)으로 삼는 것을 보면, 목(木)도 왕(旺)하면 한여름의 화(火)라도 용신으로 쓸 수밖에 없다고 해야겠다.

그렇다면 '목화상관(木火傷官)은 인성인 수(水)를 반긴다[木火傷官喜見印 목화상관희견인]'는 말은 어떻게 해야 하는가. 한여름 나무가 아무리 왕하다 하더라도 살기 위해서는 수분이 필요하지 않을까. 이 사주의 천간에 수(水)가 하나쯤 있었다면, 일주(日主)가 아주 왕하니 자연스럽게 오화(午

火) 상관을 용신으로 삼을 수 있었을 것이다. 그렇게 생각하면 사주에 수(水)가 없는 것이 너무 아쉽다. 비록 이 사람이 벼슬과 재물이 대단했다 하지만, 사주가 너무 조열해 보이는 것은 사실이다. 만약 수(水)가 있었 더라면 더 높은 벼슬과 더 많은 재물을 얻지 않았을까 생각해본다.

5) 상관용관격(傷官用官格)

癸	丙	己	癸
巳	午	未	酉

辛	壬	癸	甲	乙	丙	丁	戊
亥	子	丑	寅	卯	辰	巳	午

병오(丙午) 일주에 지지는 사오미(巳午未) 남방(南方)을 이루고 있어 사주는 왕(旺)하다. 미토(未土)가 월지(月支)를 차지하고 천간에 기토(己土)가 투출했으니 화토상관(火土傷官)이다. 재성(財星)은 지지에 있고 겁재(劫財)의 극(剋)을 받고 있다. 따라서 관성(官星)인 계수(癸水)가 없으면 재성인 유금(酉金)이 존재할 수 없고, 재성인 유금(酉金)이 없으면 관성인 계수(癸水)는 그 뿌리가 없다. 하물며 사주에 화(火)는 뜨겁고 토(土)는 메말랐는데[火炎土燥 화염토조], 관성인 계수(癸水)가 둘씩이나 천간에 투출하여 이를 식혀주고 있으니 관성인 계수(癸水)를 용신(用神)으로 삼아야 하겠다.

처음 화토(火土)운에 고통이 극심했고[刑傷破耗 형상파모], 을묘(乙卯)와 갑인(甲寅)운에는 비록 화(火)를 생(生)하기는 하지만 궁극적으로는 상관인 토(土)를 극(剋)하여 관성인 수(水)를 보호하니, 큰 재물을 얻고 공납을 하여 벼슬길에 나아갔다[納粟出仕 납속출사]. 계축(癸丑)과 임자(壬子)운에는 하급벼슬인 좌이(佐貳)를 거쳐 현령(縣令)에 올랐고, 명예와 재물이 모두 온전했다.

앞에서 언급한 '일주(日主)가 왕(旺)하고 비겁(比劫)도 많은데 재성(財星)은 쇠약하고 상관(傷官)도 무기력하면 관성(官星)을 용신(用神)으로 하는 것이 마땅하다'라는 상관용관격(傷官用官格)의 의미를 다시 한 번 상기해보기 바란다. 이때 재성이나 관성을 보는 것은 반가우나[喜見財官^{희견재관}] 상관이나 인성을 보는 것은 꺼린다[忌見傷印^{기견상인}]고 했는데, 인성운에 잘 풀린 것은 아무리 해석상 그렇다고 하더라도 이해가 잘 되지 않는다. 오래 버티니 좋은 일이 생기는 모양이다.

『적천수징의(滴天髓徵義)』에서는 모두 네 개의 명조(命造)를 상관용관(傷官用官)의 사례로 들었으나, 대부분이 관성을 용신으로 하기에는 완벽하지 못하다는 생각이 들었다. 따라서 그 중에서 가장 적합하다고 판단되는 사주 하나만을 예시하였다.

6) 가상관격(假傷官格)

❶ 가상관격 1

乙	丁	戊	戊
巳	巳	午	申

丙	乙	甲	癸	壬	辛	庚	己
寅	丑	子	亥	戌	酉	申	未

이 사주는 화토상관(火土傷官)이다. 일주 정화(丁火)는 왕(旺)함이 극에 달했으니 상관(傷官)으로 그 화려한 불꽃[菁華^{청화}]을 설(洩)하는 것을 반긴다. 더욱 묘한 것은 연지(年支)에 재성(財星)이 있어 이를 용신(用神)으로 삼을 수 있다는 것이다.

경신(庚申)과 신유(辛酉) 대운에는 젊은 나이에 창업을 하여[少年刱業^{소년창업}] 재물을 십여만이나 모았고, 임술(壬戌)운에는 다행히도 임수(壬水)가 통근을 못해 비록 고통이 심했다고는 하지만[刑傷破耗^{형상파모}]

큰 재앙을 당하지는 않았다. 계해(癸亥)운에 들어 화(火)의 강렬함을 자극하여 격하게 만들고[激火之烈 격화지렬] 재성의 기운을 흘려보내니[洩財之氣 설재지기] 죽고 말았다[不祿 불록].

심화학습

비겁(比劫)이 월령(月令)을 차지한 경우는 사주의 격(格)을 취할 수 없으므로 다른 간지에 있는 상관을 용신(用神)으로 삼았을 경우를 가상관격(假傷官格)이라고 하였다.

　오월(午月)에 태어난 정화(丁火)가 너무 조렬(燥烈)하여 사주 자체는 좋아 보이지 않는다. 상관생재(傷官生財)로 흘러 연지(年支)의 신금(申金)을 용신으로 삼아야 한다는 생각이다.

❷ 가상관격 2

癸	壬	辛	壬
卯	子	亥	子

己	戊	丁	丙	乙	甲	癸	壬
未	午	巳	辰	卯	寅	丑	子

여섯 개의 수(水)가 세력을 탔으니[六水乘權 육수승권] 그 기세가 넘쳐난다[其勢泛濫 기세범람]. 오로지 시지(時支)의 묘목(卯木)에 의지하여 수기(水氣)를 흘려보낸다.

　처음 수(水)운에 목(木)이 생조(生助)를 받아 평안하고 재앙이 없었다. 갑인(甲寅)과 을묘(乙卯)운에는 용신의 마땅함을 바로 얻었으니[正得用神之宜 정득용신지의] 국학에 입학하여 공부도 하고[采芹 채근] 곳간을 채워[食廩 식름] 식구와 재산이 모두 늘었다[丁財竝益 정재병익]. 마침내 병진(丙辰)으로 운(運)이 바뀌자 비겁들이 한꺼번에 달려들어 재물을 가지려 다투니[群劫爭財 군겁쟁재] 세 아들 중 둘이 죽고 부부가 모두 죽고 말았다.

식상(食傷)이 용신(用神)이면 재성(財星)은 희신(喜神)이 되어야 하는데, 본 사주에서 상관(傷官)인 묘목(卯木)이 용신이므로 병화(丙火)는 희신이다. 그런데 병화(丙火)운에 비참한 꼴을 당했으니 이건 희신이라 부르기가 여간 민망하지 않다.

이는 사주원국의 천간에 수기(水氣)를 병화(丙火)로 무리 없이 흘려보내는 역할을 하는 목(木)이 없기 때문이다. 그러니 병화(丙火)운이 오면 사주에 중중한 수(水)들이 벌떼처럼 달려들어 병화(丙火)를 극(剋)하니 군겁쟁재(群劫爭財)의 현상이 발생하는 것이다. 따라서 사주원국에서 희신과 용신이 정해졌다 해도 이들이 운(運)에서 들어올 때 어떻게 작용할지는 다시금 확인해야 한다.

5. 방국(方局) - 지지의 사방국(四方局)과 사회국(四會局)

적천수 원문

方是方兮局是局　方要得方莫混局
방시방혜국시국　　　방요득방막혼국

> 방(方)은 방국(方局)이고 국(局)은 회국(會局)인데[方是方兮局是局]
> 지지가 방국으로 이루어져 있는데 회국이 섞여서는 안 되고[方要得方莫混局]

적천수 해설　　방국(方局) - 지지의 방(方)에 국(局)이 섞인 경우

십이지(十二支) 중에서 인묘진(寅卯辰)은 동방(東方)이고, 사오미(巳午未)는 남방(南方)이며, 신유술(申酉戌)은 서방(西方)이고, 해자축(亥子丑)은 북방(北方)이다. 이들을 지지의 사방국(四方局)이라고 한다. 무릇 세 글자가 온전히 갖추어지면 방을 이루는데[三字全爲成方 삼자전위성방] 그 중 두 글자만 있으면 방(方)으로 간주하지 않는다[二字不取 이자불취]. 이와 더불어 해묘미(亥卯未)는 목국(木局)이고, 인오술(寅午戌)은 화국(火局)이며, 사유축(巳酉丑)은 금국(金局)이고, 신자진(申子辰)은 수국(水局)이다. 이들을 지지의 사회국(四會局)이라고 한다. 방(方)과 국(局)의 역량을 비교한다면, 인묘진(寅卯辰)의 목방(木方)이 온전하면 해묘미(亥卯未) 목국(木局)에 비해 그 역량이 뛰어나다[力量較勝 역량교승]고 하겠다.

무토(戊土) 일주가 인월(寅月)에 태어나서 지지에 인묘진(寅卯辰)이 모두 있다면 이들은 모두 살(殺)로 논한다. 묘월(卯月)에 태어나고 지지에 인묘진(寅卯辰)이 모두 있다면 이들은 관(官)으로 논한다. 기토(己土)가 일주일 경우에는 이와 반대로 논하면 된다. 만약 진월(辰月)에 태어났다면 인목(寅木)과 묘목(卯木)의 세력을 살펴본 후 그 역량의 경중(輕重)을 비교하여 관과 살을 구분하여 취하면 된다. 나머지 방에 대해서도 같은 원리를 따르면 된다.

이른바 『적천수(滴天髓)』 원문(原文)에서 말하는 '방에 국이 섞여서는 안 된다[方局莫混 방국막혼]'는 이치는 그대로 따라야 하는 것은 아니라고 여겨진다[亦不盡然 역부진연]. 예를 들어, 지지가 목방(木方)을 이루었을 때 지지에 해수(亥水)가 있다면 이는 목(木)을 생하여 왕하게 하는 오행[生旺之神 생왕지신]이고, 미토(未土)가 있다면 이는 목(木)이 극하는 재성[我剋之財 아극지재]이면서 다른 한편으로는 목(木)이 뿌리를 내리는 땅[木盤根之地 목반근지지]이 되는데 어찌 섞여서는 안 된다[亦何不可 역하불가]는 말인가. 즉, 삼합(三合)의 목국(木局)을 이용하는 것이 어째서 손해를 끼치고 허물이 된다고 하는가[豈有所損累耶 기유소손누야].

작용면에서도 국은 해묘미(亥卯未)의 서로 다른 오행이 섞여 있어 다양하게 작용할 수 있으나[局之用多 국지용다], 방은 오로지 목(木) 하나의 오행으로 이루어져 있으니 그 범위가 협소하다[方之用狹 방지용협]고 할 수 있다. 따라서 방을 논하면서 억지로 이치에 닿지 않는 논리를 펴서는[別生穿鑿 별생천착] 안 될 것이다.

심화학습

『적천수』 원문의 이론에 동의하지 않는 모습이다. 필자는 방(方)과 국(局)이 같은 성분이라면 국의 글자가 방에 섞여 있다 한들 굳이 허물이 되지는 않을 것 같다는 생각에 동의한다. 하지만 유백온(劉伯溫)이 방을 이루고 있는 지지에 국의 글자가 섞여서는 안 된다고 주장하는 데는 무엇인가 특별한 이유가 있지는 않을까 생각한다. 다음 장에서 이어지는 '회국(會局)에 방국(方局)이 섞이면 허물이 될 수도 있고 혹은 허물이 되지 않을 수도 있으니[局混方兮有純疵 국혼방혜유순자]'라는 말에서 알 수 있듯이, 유백온은 국에 방의 글자가 하나 섞여 있는 경우와 방에 국의 글자가 하나 섞여 있는 경우를 구분하여, 지지가 회국을 이루고 있는데 방국의 글자가 하나 섞여 있는 경우는 지지가 방국을 이루고 있는데 회국의 글자가 하나 섞여 있는 경우보다 사주풀이에 융통성이 더 많다고 주장하는 것 같아 하는 말이다. 여하튼 임철초(任鐵樵)는 두 경우를 구별할 필요 없이 둘 다 원래의 기운을 강하게 해준다고 주장한다. 사주 사례를 보면 이해에 도움이 될 것이다.

명리학 기초이론 24 **반회국(半會局)이란**

방(方)을 방국(方局), 국(局)을 회국(會局)이라고도 한다. 방은 두 글자만 있어서는 성립하지 않는다고 했지만, 국은 두 글자만 있을 경우 반회국(半會局)이라고 하여 회국에 비하여 세력은 약하지만 역시 큰 세력을 형성한다.

예를 들어, 인오술(寅午戌) 화국(火局)의 경우 인오(寅午), 오술(午戌), 인술(寅戌)의 경우를 반회국이라고 하며, 이들 중 오화(午火)가 들어가지 않은 인술(寅戌)의 경우는 인오(寅午), 오술(午戌)보다 세력이 약하다. 나머지 국들도 같은 기준으로 해석하면 된다.

적천수 사례연구 **지지의 방(方)에 국(局)이 섞인 경우**

❶ 인묘진(寅卯辰) 목방(木方)에 목국(木局)의 미토(未土)가 섞여 있는 경우

己	戊	丁	甲
未	辰	卯	寅

乙	甲	癸	壬	辛	庚	己	戊
亥	戌	酉	申	未	午	巳	辰

이 사주는 목방(木方)이 온전하고 하나의 미토(未土)가 섞여 있다. 만약 이 글자가 없었더라면 일주는 허탈했을 것이다. 또한 비록 묘월(卯月)에 태어나 인묘진(寅卯辰)을 관(官)으로 논할 구색을 갖추고 있다 하더라도, 천간에 일주의 살(殺)인 갑목(甲木)이 투출했고 미토(未土)는 갑목(甲木)이 뿌리를 내리는 땅[盤根之地 반근지지]이 되니, 관이 아닌 살로 논하게 된다. 이것이 미토(未土)가 반드시 필요한 이유이다.

일주와 기가 통하고[日主氣貫 일주기관] 일주와 살이 균형을 이루었는데[身殺兩停 신살양정] 인성(印星)인 정화(丁火)가 두 기운을 유통시키니 명예와 부를 함께 얻었다[名利雙輝 명리쌍휘]. 정갑(鼎甲) 출신으로 벼슬은 극품(極品)에 이르렀으니, 이로써 방(方)에 국(局)이 섞여 있는 것은 아무런 허물이 되지 않음을 알 수 있다.

심화학습

무토(戊土) 일주에 지지는 인묘진(寅卯辰) 목방(木方)을 이루고 묘월(卯月)에 태어났으니 신약(身弱)하다 하겠다. 월간(月干)의 정화(丁火)를 용신(用神)으로 삼는 살인상생(殺印相生)의 구조이다.

앞의 본문 해석에서는 무토(戊土) 일주가 인월(寅月)에 태어나서 지지에 인묘진(寅卯辰)이 모두 있다면 이들은 모두 살(殺)로 논하고, 묘월(卯月)에 태어나고 지지에 인묘진(寅卯辰)이 모두 있다면 이들은 관(官)으로 논한다고 하였다. 이 사주는 묘월(卯月)에 태어나고 지지에 인묘진(寅卯辰)이 있으니 관으로 논해야 할 것 같은데, 여기서는 천간에 일주의 살(殺)인 갑목(甲木)이 투출했고 미토(未土)는 갑목(甲木)이 뿌리를 내리는 땅[盤根之地 반근지지]이 되니 관이 아닌 살로 논한다고 한 것을 보면, 비록 구색은 갖추었더라도 천간의 상황에 따라 관살(官殺)을 다시 구분해야 한다는 의미로 이해해야 하겠다.

명리쌍휘(名利雙輝)는 명리가 함께 빛난다고 해석했는데, 명리양전(名利兩全)이나 명리쌍수(名利雙收)와 같은 의미로 보면 되겠다. 정갑(鼎甲)은 전시(殿試)에서 삼등 이내로 합격한 사람을 말하는데, 솥에는 다리가 3개 있는 것에 비유한 말이라 한다. 이 중 일등으로 합격한 사람은 오두

(鰲頭), 이등은 방안(榜眼), 삼등은 탐화(探花)라고 하는데 차후 사주를 풀이할 때 나오니 잘 기억해두면 도움이 될 것이다.

❷ 인묘진(寅卯辰) 목방(木方)에 목국(木局)의 해수(亥水)가 섞여 있는 경우

丁	乙	庚	丙
亥	卯	寅	辰

戊	丁	丙	乙	甲	癸	壬	辛
戌	酉	申	未	午	巳	辰	卯

을묘(乙卯) 일주에 지지는 동방(東方)의 인묘진(寅卯辰)을 이루었다. 화(火)는 밝고 목(木)은 빼어나다[火明木秀 화명목수]. 가장 반가운 것은 연간(年干)의 병화(丙火)가 탁한 경금(庚金)을 바로 곁에서 극하고 있다[緊剋 긴극]는 사실이다. 하지만 초봄의 목(木)은 어리니[春初木嫩 춘초목눈] 을목(乙木)은 반드시 해수(亥水)의 생조(生助)가 필요하다. 사람이 풍류를 즐기고 학문도 깊이가 있었다.

계사(癸巳)운 정해(丁亥)년에 목(木)을 생하고 화(火)를 도우니[生木助火 생목조화] 국학에 입학하여 향시(鄕試)에 합격했으며[采芹攀桂 채근반계], 사화(巳火)운에는 전시(殿試)에 합격하고[捷報南宮 첩보남궁] 한원에서 명성을 높였다[名高翰苑 명고한원]. 오화(午火)운에는 인목(寅木)과 합(合)을 이루어 화국(火局)을 이루니, 등림에서 좋은 목재를 캐는데[採棟梁於鄧林 채동량어등림] 우러러볼 만한 뛰어난 장인[是睢哲匠 시휴철장]이 되었고, 요포에서 아름다운 옥을 가리는데[搜琳琅於瑤圃 수림랑어요포] 이에 의탁하는 뛰어난 장인[爰藉宗工 원자종공]이 되었다. 병신(丙申)운에 들어 금(金)이 지지를 얻어[得地 득지] 동방의 빼어난 기운[東方秀氣 동방수기]을 충하여 깨뜨리니[沖破 충파], 죄를 지어 벼슬자리에서 물러나게 되었다[犯事落職 범사락직]. 만약 해수(亥水)가 신금(申金)을 설(洩)하고 묘목(卯木)과 합하여 목국(木局)으로 화(化)하지 않았다면 어찌 큰 재앙을 면할 수 있었겠는가.

앞의 사주는 신약(身弱)하여 인성(印星)인 정화(丁火)를 용신으로 삼는 형상이고, 본 사주는 신왕(身旺)하여 식신(食神)인 정화(丁火)를 용신으로 삼는 형상이다. 둘 다 화(火)운에 발(發)했으니 틀림없는 사실이다. 두 사례 모두 '방(方)에 국(局)이 섞여도 허물이 되지 않는다'는 것을 증명하고 있다. 풀이에 큰 무리는 없는 것 같아 그대로 이해하고 넘어가도 충분하겠다.

다만, 본 사주를 풀이하는 과정에서 '초봄의 어린 을목(乙木)은 반드시 해수(亥水)의 생조가 필요하다'는 말은, 앞서 을목(乙木)의 성질을 분석할 때 '을목(乙木)이 봄에 태어나면 화(火)가 마땅한 것은 꽃이 피는 것을 기뻐하기 때문이고[喜其發榮 희기발영]'라고 한 것과 모순이 되지 않나 생각한다. 물론 초봄의 목(木)이라도 약하다면 인성인 수(水)가 필요하겠지만, 여기서처럼 월지(月支)와 일지(日支)에 일주 을목(乙木)의 녹왕(祿旺)인 인묘목(寅卯木)을 깔고 앉아 있고 진토(辰土)까지 힘을 보태 인묘진(寅卯辰) 목방(木方)을 이루어 상당히 강한데도 불구하고 해수(亥水)의 도움이 또 필요하다는 것은, 방에 국이 섞여도 허물이 안 된다는 논리를 증명하기 위한 무리한 밀어붙이기 같다는 생각이 든다. 차라리 해수(亥水)가 묘목(卯木)과 합을 하여 목(木)으로 반회국(半會局)을 이루어 천간의 용신 정화(丁火)를 극하지 않아서 좋았다는 병신(丙申)운의 해석만 있었더라면 하는 아쉬움이 있다.

채근(采芹)이란 반수(泮水)의 미나리를 캔다는 말인데, 반궁(泮宮) 즉 국학(國學)에 입학하는 것을 의미하며 입반(入泮) 또는 유반(鍮盤)과 같은 말이다. 참고로 반수(泮水)는 반궁을 빙 둘러 반달모양으로 파놓은 연못을 말하며, 국학에 입학하여 학문을 익히는 사람들을 수재(秀才)라고 한다.

등림(鄧林)은 과보(夸父)가 버린 지팡이가 변해 이루어졌다는 신화 속의 숲을 말한다고 한다. 과보는 고대의 신화에 나오는 인물로, 과보가 해를 쫓아가다가 갈증이 나서 하수(河水)와 위수(渭水)의 물을 다 마셨으나, 부족하여 북쪽의 대택(大澤)으로 가다가 죽었다고 한다. 그때 그가

버린 지팡이가 등림이 되었다고 한다.

　요포(瑤圃)는 신선들이 사는 동산을 말한다고 한다. 등림에서 좋은 목재를 캐는데[採棟梁於鄧林 채동량어등림] 우러러볼 만한 뛰어난 장인[是睢哲匠 시휴철장]이 되었고 요포에서 아름다운 옥을 가리는데[搜琳琅於瑤圃 수림랑어요포] 이에 의탁하는 뛰어난 장인[爰藉宗工 원자종공]이 되었다는 말은 인재를 양성하는 데 탁월한 능력을 발휘했음을 의미한다고 보면 될 것이다.

적천수 원문

局混方兮有純疵　行運喜南還喜北
국혼방혜유순자　　　　행운희남환희북

> 회국(會局)에 방국(方局)이 섞이면 허물이 될 수도 있고 혹은 안 될 수도 있으니
> [局混方兮有純疵]
> 운(運)의 흐름은 남방(南方)이 반가울 수도 혹은 북방(北方)이 반가울 수도 있다
> [行運喜南還喜北].

적천수 해설　**방국(方局) ― 지지의 국(局)에 방(方)이 섞인 경우**

지지(地支)에 있는 세 자리가 서로 합을 하여[三位相合 삼위상합] 국(局)을 이루는 것에는 앞에서 언급한 것처럼 해묘미(亥卯未)의 목국(木局), 인오술(寅午戌)의 화국(火局), 사유축(巳酉丑)의 금국(金局), 신자진(申子辰)의 수국(水局)이 있다. 이들은 모두 생왕묘(生旺墓)의 형태를 취한 것으로[取生旺墓 취생왕묘], 하나의 기운의 시작과 끝[一氣始終 일기시종]이라 하겠다. 사주 중에서 세 개의 지지가 만나 세력을 합하면[三支合勢 삼지합세] 길흉(吉凶)의 힘이 비교적 크게 나타나며, 방(方)과는 달리 두 글자만 있어도 국을 이루었다고 한다. 다만, 왕지(旺支)인 자오묘유(子午卯酉)를 위주로 하며, 해묘미(亥卯未) 목국(木局)의 경우를 예로 들면 해묘(亥卯)와 묘미(卯未)는 국을 취했다 할 수 있으나, 해미(亥未)는 그 다음이며 취했다 하더라도 앞의 둘에 비해 그 질(質)이 떨어진다.

　국을 회국(會局)이라고도 하는데, 무릇 회국은 충(沖)을 꺼린다. 해묘미(亥卯未) 목국(木局)의 경우를 예로 들면, 유금(酉金)이나 축토(丑土)가

그 중간에 섞여 있는데 묘목(卯木)이나 미토(未土)를 바로 곁에 붙어서 충을 하고 있다면[緊沖 긴충] 이로 인해 국은 깨져버린다[破局 파국]. 그러나 비록 충하는 글자가 회국 사이에 섞여 있다 하더라도 바로 곁에 붙어서 충을 하고 있는[緊沖 긴충] 형상이 아니거나, 충하는 글자가 회국의 바깥에서 바로 붙어[緊貼 긴첩] 충을 하고 있는 형상이라면 회국과 손국(損局)을 겸하여 논해야 한다.

두 개의 지지가 반회국(半會局)을 이루고 있는[二支會局 이지회국] 경우는 서로 붙어 있어야 묘하지만[以相貼爲妙 이상첩위묘], 충을 당하면 그 즉시 깨져버린다[逢沖卽破 봉충즉파]. 반회국을 이루려고 하는 두 개의 지지 사이에 다른 글자가 섞여 있다면, 그 둘은 멀리 떨어지게 되어 무력하다[遙隔無力 요격무력]. 모름지기 천간에 합(合)을 이루려는 요긴한 글자가 투출되어야만 쓸 수 있다[天干領出可用 천간영출가용].

'회국에 방국이 섞이면 허물이 될 수도 있고 혹은 안 될 수도 있으니[局混方兮有純疵 국혼방혜유순자]'라는 말은 지지가 방국으로 이루어져 있는데 회국이 섞여서는 안 된다[方要得方莫混局 방요득방막혼국]는 말과 비슷한데, 그 이치를 탐구해보면 이 역시 해가 되지 않는다는 것을 알 수 있다. 예를 들어, 해묘미(亥卯未) 목국(木局)이 인목(寅木)을 보면 같은 기운[同氣 동기]이라고 하고, 진토(辰土)를 보면 인묘진(寅卯辰) 목방(木方)의 여기(餘氣)라고 하며, 이는 또한 동방(東方)의 습토(濕土)로 능히 목신(木神)을 생하여 도와주니[生助 생조] 어찌 허물이 된다고 할 수 있다는 말인가.

'운(運)의 흐름은 남방(南方)이 반가울 수도 혹은 북방(北方)이 반가울 수도 있다[行運喜南還喜北]'는 말은 모름지기 사주원국의 의향을 살펴보아야만 옳은 것이다. 예를 들어, 목국(木局)의 일주(日主)가 갑을목(甲乙木)이고 사주팔자 모두가 목[純木 순목]이고 다른 오행이 섞여 있지 않는 경우, 운이 남방으로 흐르면 빼어난 기운인 식상(食傷)으로 사주의 기운이 흘러 통한다[秀氣流通 수기유통]고 말하니 즉 순(純)이다. 운이 북방으로 흐르면 사주의 강한 신을 생하여 도와준다[生助强神 생조강신]고 말하니 즉 허물이 되지 않는다[無疵 무자] 하겠다.

만약 사주의 간지에 이미 화(火)가 섞여 있어 빼어난 기운을 토해내고 있다면[吐秀 토수], 운이 화(火)운인 남방으로 흘러 수기(秀氣)인 식상이 사주의 기운을 유통시켜야 명예와 이익을 넉넉히 누리겠지만[名利裕如 명리유여], 운이 수(水)운인 북방으로 흐르면 운에서 오는 인성(印星)인 수(水)가 사주에 있는 식상인 화(火)를 극(剋)하게 되니 그 자리에서 흉함을 보게 될[凶災立見 흉재입견] 것이다. 이는 이미 사주가 왕(旺)하여 수기인 식상을 용신(用神)으로 잡아 사주의 기운을 흘려보내기로 결정했는데, 다시 운에서 인성이 찾아와 일주를 왕하게 만드니 허물이 된다[疵 자]는 것이다.

목(木)을 논하는 것이 이와 같으니 나머지 다른 오행(五行)의 일주도 이런 원리로 미루어 짐작하면 될 것이다.

심화학습

『적천수천미(滴天髓闡微)』에는 '행운희남환희북(行運喜南還喜北)'이 '행운희남혹희북(行運喜南或喜北)'으로 표기되어 있으나 그 의미는 같다.

운(運)의 흐름은 남방(南方)이 반가울 수도 혹은 북방(北方)이 반가울 수도 있다[行運喜南還喜北 행운희남환희북]는 말은 일주(日主)가 목(木)인데 지지가 목국(木局)을 이루고 있는 경우를 예로 들었을 때를 말하니 오해가 없기 바란다. 자칫 잘못하면 모든 경우에 해당하는 이치로 해석하여 헷갈릴 수 있기 때문이다.

앞서 〈제3장 2. 생지(生地)·왕지(旺地)·고지(庫地)의 충(沖)〉에서 설명한 바와 같이 묘(墓)는 고(庫)라고도 한다. 다만 '삼합(三合)의 생왕묘(生旺墓)'라는 말보다 '삼합의 생왕고(生旺庫)'라는 말이 더 잘 어울린다 하겠다. 묘란 무덤의 의미로 파묻혀 있다는 느낌이 들지만, 고는 곳간의 의미로 언제든지 필요하면 꺼내 쓸 수 있다는 느낌이 들기 때문이다.

이 장(章)에서도 앞 장과 마찬가지로 국(局)에 방(方)이 섞여 있다 하더라도 해(害)가 되지 않는다고 주장하고 있다. 유금(酉金)이나 축토(丑土)가 그 중간에 섞여 있는데 묘목(卯木)이나 미토(未土)를 바로 곁에 붙어서 충을 하고 있다[緊沖 긴충]는 말은 해묘유미(亥卯酉未)와 같이 지지가 배열되어 있음을 의미한다. 충하는 글자가 회국(會局) 사이에 섞여 있다 하더라도 바로 곁에 붙어서 충을 하고 있는[緊沖 긴충] 형상이 아니라는 말은 묘해유미(卯亥酉未)와 같은 지지 배열을 의미하고, 충하는 글자가 회국의 바깥에서 바로 붙어[緊貼 긴첩] 충을 하고 있는 형상이라는 말은 해미묘유(亥未卯酉)와 같은 지지 배열을 의미한다.

적천수 사례연구 ▌ **지지의 국(局)에 방(方)이 섞인 경우**

❶ 해묘미(亥卯未) 목국(木局)에 운의 흐름이 남북방 모두 좋은 경우

癸	乙	乙	甲
未	卯	亥	寅

癸	壬	辛	庚	己	戊	丁	丙
未	午	巳	辰	卯	寅	丑	子

이 명조는 지지가 해묘미(亥卯未)의 온전한 목국(木局)을 이루고, 하나의 인목(寅木)이 섞여 있다. 사주에 금(金)이 보이지 않으니 세력은 목(木)을 따라가는 종강(從强)의 형상이다. 따라서 한 방향을 따라가는 빼어난 기운을 깊이 얻었다[深得一方秀氣 심득일방수기]고 하겠으니 일찍이 과거에 급제하였다.

오직 경진(庚辰)과 신사(辛巳)운에는 비록 천간에 계수(癸水)가 있어 금(金)의 기운을 이끌어 목(木)으로 화(化)해준다 할지라도 일족이 죽는 등 인생의 기복이 많았으며[刑喪起倒 형상기도], 벼슬길도 평탄하지 못했다 [仕路蹭蹬 사로충등]. 육순(六旬)을 지나 운(運)이 임오(壬午)와 계미(癸未)로 달리자 현령(縣令)을 거쳐 사마(司馬)에 올랐고, 황당(黃堂)을 거쳐 관찰(觀察)에 올랐다.

이렇게 볼 때, 종강의 목국(木局)에서는 동남북(東南北) 방향의 운이 모두 좋으며, 오로지 서방(西方)의 금(金)운만 꺼리는 것은 목국(木局)을 극해 깨뜨려버리기[剋破 극파] 때문이다.

을묘(乙卯) 일주가 겨울인 해월(亥月)에 태어났다. 사주에 계수(癸水)가 섞여 있으니 완벽한 목국(木局)을 이루고 있다고는 할 수 없으나, 목국(木局)으로 종왕(從旺)을 했다고 보면 남북 방향의 운이 모두 좋게 작용했다는 해석에 의견을 달리할 수는 없을 것 같다. 종왕의 경우 식상(食傷)과 인성(印星)의 운이 모두 좋게 작용하기 때문이다. 사주가 완벽하게 하나의 오행으로만 이루어져 있는 사례를 찾기 힘들어 이에 가장 근접한 사주를 예로 들었다고 이해하면 되겠다.

이미 〈제5장 6. 종상(從象)〉에서 설명한 바와 같이, 사주에 인수(印綬)가 태왕(太旺)하여 종격(從格)이 된 것을 종강(從强)이라고 하고, 비겁(比劫)이 태왕하여 종격이 된 것을 종왕(從旺)이라고 한다면, 이 사주는 종강이 아니라 인성이 포함된 종왕의 형상이라고 해야 옳다는 생각이다. 종왕의 형상에서 사주원국에 인성이 보이면 식상의 운은 좋지 않은 것이 사실이지만, 간지의 비겁이 이를 유통(流通)시켜주어 해를 입지 않았다고 보면 될 것이다.

❷ 해묘미(亥卯未) 목국(木局)에 운의 흐름이 북방은 흉한 경우

丁	乙	丁	甲
亥	未	卯	寅

乙	甲	癸	壬	辛	庚	己	戊
亥	戌	酉	申	未	午	巳	辰

이 사주 역시 해묘미(亥卯未)의 완벽한 목국(木局)을 이루고, 인목(寅木) 한 글자가 섞여 있다. 하지만 식신의 빼어난 기운[食神秀氣 식신수기]인 정화(丁火)가 천간에 있어 이를 용신(用神)으로 삼으니, 앞의 사주처럼 종강(從强)이라 논하지 않는다.

사(巳)운에 들어 정화(丁火)가 힘을 받아 향시(鄕試)와 전시(殿試)에 합격하였고[登科發甲 등과발갑], 경오(庚午)와 신미(辛未) 대운에는 지지가 남방(南方)의 절지(絶地)에 임하니 경신금(庚辛金)은 그 뿌리가 없어 약하므로 일주와 용신이 손상을 입지 않아[體用不傷 체용불상] 벼슬길이 평탄하였다. 임신(壬申)대운에 접어들자 목화(木火)가 모두 극(剋)을 당해 손상을 입고 국은 깨져[破局 파국], 군중(軍中)에서 죽고 말았다.

앞의 사주는 종강이라 운의 흐름이 남북 방향 모두 좋았으나, 이 사주는 목화상관(木火傷官)이라서 식신(食神)인 남방 정화(丁火)가 용신이므로 이를 손상시키는 서북(西北)의 금수(金水)운은 해가 된 것이다. 이렇게 두 개의 사주를 살펴보아 알 수 있듯이, 국(局)으로 지지가 이루어져 있는데 방(方)이 섞여 있어도 해가 되지 않는다.

을미(乙未) 일주가 묘월(卯月)에 태어나 지지는 해묘미(亥卯未)의 완벽한 목국(木局)을 이루고, 인목(寅木) 한 글자가 섞여 있어 일주는 왕(旺)하다. 천간에 강한 목기(木氣)를 설(洩)해주는 식신(食神)인 정화(丁火)가 투출했으니 이를 용신(用神)으로 삼는다.

이렇게 두 가지 사례를 들어 비교해 가면서 끝까지 지지의 국(局)과 방(方)의 혼잡은 원래의 형상을 흔들지 않는다고 강조하고 있으니 그대로 믿고 따르는 수밖에 없을 것 같다. 혹시라도 사주풀이를 하다가 유백온(劉伯溫)의 논리에 일치하는 사주를 발견하기 전까지는 말이다.

若然方局一齊來　須是干頭無反覆
약연방국일제래　　수시간두무반복

만약 방국(方局)과 회국(會局)이 사주의 지지에 함께 온다면[若然方局一齊來]
모름지기 천간은 그 세력에 순응하되 결코 거스르고 어긋남이 없어야 한다
[須是干頭無反覆].

'방과 국이 함께 온다[方局齊來 방국제래]'는 것은 앞에서 언급한 지지의 방에 국이 섞인 경우[方混局 방혼국]나 지지의 국에 방이 섞인 경우[局混方 국혼방]를 말한다. 예를 들어, 인묘진(寅卯辰) 목방(木方)에 해미(亥未)가 있거나 해묘미(亥卯未) 목국(木局)에 인진(寅辰)이 있는 경우, 사오미(巳午未) 화방(火方)에 인술(寅戌)이 있거나 인오술(寅午戌) 화국(火局)에 사미(巳未)가 있는 경우, 신유술(辛酉戌) 금방(金方)에 사축(巳丑)이 있거나 사유축(巳酉丑) 금국(金局)에 신술(申戌)이 있는 경우, 해자축(亥子丑) 수방(水方)에 신진(申辰)이 있거나 신자진(申子辰) 수국(水局)에 해축(亥丑)이 섞인 경우가 바로 여기에 해당한다.

'천간은 그 세력에 순응하되 결코 거스르고 어긋남이 없어야 한다[干頭無反覆 간두무반복]'는 것은 지지에 방과 국이 함께 오면[方局齊來 방국제래] 그 기세가 왕성하므로 응당 천간은 그 세력을 거스르지 않고 따라야[順其氣勢 순기기세] 묘하다는 말이다. 예를 들어, 일주(日主)가 목(木)이라고 가정할 때, 지지가 인묘진(寅卯辰) 목방(木方)을 이루었는데 혹 목(木)의 장생(長生)인 해수(亥水)나 목국(木局)의 창고[木庫 목고]인 미토(未土)를 다시 만난 경우, 또는 지지가 해묘미(亥卯未) 목국(木局)을 이루었는데 혹 목(木)의 녹왕(祿旺)인 인목(寅木)이나 목방(木方)의 여기(餘氣)인 진토(辰土)를 다시 만난 경우가 바로 여기에 해당한다.

이런 경우 목(木)의 기세는 왕(旺)함이 극에 달했다고 할 수 있는 형상이니, 금(金)으로 이 왕한 목(木)을 극(剋)할 수는 없다. 모름지기 천간에 화(火)가 투출하여 왕성한 목(木)의 기운을 설해주는[洩其精英 설기정영] 수밖에 없다. 이렇게 화(火)로 목(木)의 기운을 설(洩)하고 있을 때 천간에 금수(金水)가 보이지 않는 경우를 일컬어 '천간은 그 세력에 순응하되 거스르고 어긋남이 없다[干頭無反覆 간두무반복]'라고 한다. 그리고 나서 다시 운(運)마저 토(土)로 흐른다면 사주는 완벽히 식상생재(食傷生財)의 흐름을 따라 순리대로 온전히 순응하니[全順得序 전순득서], 사주에 어그러짐이 없게[不悖 불패] 된다.

그런데 만약 천간에 화(火)는 없고 수(水)가 있다면 어떻게 되는가. 이

423
제6장 격국

런 경우를 앞의 사례에서 언급한 바와 같이 세력이 강한 목(木)을 따라가는 종강(從强)의 형상이라고 한다. 이때는 운이 수(水)로 흐른다면 왕신(旺神)인 목(木)의 기세에 순응하니 가장 좋다[最美 최미]고 할 것이며, 운이 금(金)으로 흘러도 금생수(金生水) → 수생목(水生木)으로 기운을 흘려보낼[流通 유통] 수 있으니 흉함을 만나더라도 이를 해소할 방법이 있다[逢凶有解 봉흉유해].

하지만 만약 천간에 화(火)가 있어 목(木)의 기운을 설하는데 수(水) 또한 있어 다시 목(木)을 생(生)하거나 화(火)가 없는데 금(金)을 만나면, 이를 일컬어 '천간이 그 세력을 거스르고 어긋난다[干頭反覆 간두반복]'라고 한다. 이때 운의 흐름이 편안하게 안정되어[運程安頓 운정안돈] 토(土)를 만나 가히 그 흐름을 거스르는 수(水)를 멈추게 하고[可止其逆水 가지기역수] 화(火)를 만나 가히 그 미약한 금(金)을 보내버린다면[可去其微金 가거기미금], 이 또한 잃은 것이 없으니 길하게 된다는 것이다[不失爲吉耳 부실위길이].

만약 지지에 목(木)의 방과 국이 함께 왔는데[方局齊來 방국제래] 일주가 토(土)인 경우 다른 천간에서 화(火)를 얻었다면[別干得火 별간득화] 목생화(木生火) → 화생토(火生土)의 상생의 올바름[相生之誼 상생지의]이 있으니, 이 또한 세력을 거스르고 어긋나는 것이 아니다[亦不反覆 역부반복]. 다만, 천간에서 금(金)을 본다면 적은 금(金)으로 무리를 이룬 목(木)에 대적하려 하는[以寡敵衆 이과적중] 것이고, 천간에서 수(水)를 본다면 강한 목(木)을 생하여 도와주는[生助强神 생조강신] 것이니, 이는 세력을 거스르고 어긋나는 것[反覆 반복]이라 하겠다.

강제로 상대방을 극(剋)하여 제(制)하려고 하는[制之以威 제지이위] 것은 덕으로 설(洩)하여 화(化)하는[化之以德 화지이덕] 것만 같지 못하니 그 흐름에 온전히 순응하여 따르는[流行全順 유행전순] 것이 가장 좋은 방법이다. 나머지 경우도 이와 같이 판단하면 될 것이다.

심화학습

일주(日主)의 세력이 지나치게 왕성한데[太旺 태왕] 사주에 식상(食傷)이 있어 기(氣)를 흘려보내고 있으면 이를 거스르는 금수(金水)가 사주에 있어서는 안 되고, 사주에 식상이 보이지 않으면 그 왕성한 세력을 따라 종(從)을 해야 한다는 말이다. 또한 태왕(太旺)한 사주에 설(洩)하는 식상과 생(生)하는 인성(印星)이 겹쳐 나타나거나, 설하는 식상은 없고 극하는 관살만 보인다면 좋지 않다는 말도 되겠다.

끝부분에 일주가 토(土)인 경우를 추가했으나 그 이치는 같다고 보면 될 것이다.

적천수 사례연구 ┃ **간두무반복(干頭無反覆)**

❶ 간두반복(干頭反覆)인 경우

癸	乙	丁	甲
未	亥	卯	寅

乙	甲	癸	壬	辛	庚	己	戊
亥	戌	酉	申	未	午	巳	辰

지지에 국과 방이 함께 왔다[方局齊來 방국제래]. 월간(月干)에 정화(丁火)가 홀로 투출하여 왕성한 목기(木氣)를 설(洩)해주고 있으니[發洩菁英 발설청영] 이 어찌 묘하다 아니할 수 있겠는가.

아쉬운 것은 시간(時干)에 계수(癸水)가 함께 투출한 것이다. 해수(亥水)에 뿌리를 내리고 수기(秀氣)인 식상(食傷) 정화(丁火)를 극(剋)하여 손상시키고 있으니, '천간이 그 세력을 거스르고 어긋난다[干頭反覆 간두반복]'라고 하겠다.

국학(國學)에 입학하여 학문을 익혔으나[一衿 일금] 이를 더 넓히지 못했고[尚不能博 상불능박], 가난했으며 자식도 없었다. 만약 계수(癸水)가 화토(火土)로 바뀌었다면 명예와 이익을 모두 이루었을[名利皆遂 명리개수] 것이다.

을목(乙木) 일주가 지지에 목국(木局)을 이루었고 목방(木方)의 인목(寅木)이 함께 있으니 일주는 왕(旺)하다 하겠다. 따라서 이를 설(洩)하는 정화(丁火)를 용신(用神)으로 삼는다. 시간(時干)에 계수(癸水)가 투출하여 흐름을 거스르게 되어 잘 풀리지 못했다는 말이다.

❷ 간두무반복(干頭無反覆)인 경우

乙	甲	甲	丁
亥	寅	辰	卯

丙	丁	戊	己	庚	辛	壬	癸
申	酉	戌	亥	子	丑	寅	卯

이 사주 또한 지지에 국과 방이 함께 왔다[方局齊來 방국제래]. 천간에 수(水)는 없고 수기(秀氣)인 식상(食傷) 정화(丁火)가 강한 목기(木氣)를 흘려보내고 있다[秀氣流行 수기류행].

운(運)도 심하게 어그러지지 않았으니[不甚反悖 불심반패] 향시에 합격하고[中鄕榜 중향방] 벼슬은 주목(州牧)에 이르렀다. 자식도 많았으며 재물도 넉넉하였고, 타고난 성품이 어질고 자애로웠으며[賦性仁慈 부성인자], 품행도 단정하였다. 수명은 팔십을 넘겼고 부부가 서로 깊이 공경하고 사랑하며 오래 살았으니[夫婦齊眉 부부제미], 이른바 '목(木)은 인(仁)을 주관하고, 마음이 어진 사람[仁者 인자]은 오래 사는 것이니, 격의 이름을 곡직인수격(曲直仁壽格)이라고 한다'는 말은 믿을 만한 것이다.

이렇게 두 개의 사주를 비교해보면, 간두반복(干頭反覆)의 경우와 흐름을 따라 순리대로 온전히 순응하는[全順得序 전순득서] 간두무반복(干頭無反覆)의 경우는 하늘과 땅만큼 차이가 난다는 것을 명확히 알 수 있다.

사주 해설에서는 운(運)도 심하게 어그러지지 않았다고 했으나, 두 사주 모두 정화(丁火)를 용신(用神)으로 잡아야 할 것 같고 그렇다면 운은 목화(木火)로 흐르는 것이 좋았을 텐데 금수(金水)로 흐르니 별로 좋아 보이지 않는다.

　사주 해설을 보면 이 명조(命造)를 일행득기(一行得氣)인 곡직인수격(曲直仁壽格)으로 간주한 것 같다. 그렇다면 운은 수목화(水木火)가 다 좋으니 사주의 운의 흐름으로 보아 해설에 토를 달 수가 없다. 하지만 두 사주가 운의 흐름이 대동소이하니 두 사람의 인생에 운이 미친 영향은 별반 차이가 없다고 보고, 단지 천간의 상황이 이 두 사람의 운명을 이렇게 갈라놓았다는 것을 보여주기 위해 이 두 명조를 사례로 들었다고 이해하고 넘어가도록 한다.

成方干透一元神　　生地庫地皆非福
성방간투일원신　　　생지고지개비복

　방국(方局)을 이루었는데 일간(日干)에 방국의 원신(元神)이 투출했다면
[成方干透一元神]
　방(方)과 같은 성분인 국(局)의 생지(生地)와 고지(庫地)는 모두 복이 되지 못하며
[生地庫地皆非福]

　　방국(方局) – 성방간투일원신(成方干透一元神)

'지지에 방국(方局)을 이루었는데 천간에 으뜸이 되는 신이 투출했다[成方干透一元神 성방간투일원신]'는 것은 일간(日干), 즉 일주(日主)가 이 방(方)과 같은 기운의 오행이라는 말이다. 예를 들어, 지지가 인묘진(寅卯辰)의 목방(木方)을 이루었는데 일주가 갑을목(甲乙木)이거나, 지지가 사오미(巳午未)의 화방(火方)을 이루었는데 일주가 병정화(丙丁火)인 경우를 으뜸이 되는 신이 투출했다[元神透出 원신투출]고 한다.

　'생지와 고지는 모두 복이 되지 못한다[生地庫地皆非福 생지고지개비복]'는

것은, 지지에 방을 이루고 일주가 그 방과 같은 오행이면 그 일주는 왕(旺)한데, 나머지 지지 하나가 그 방과 같은 성분인 국(局)의 생지(生地)나 고지(庫地)가 되어 일주를 다시 도와주는 것은 마땅치 않다[身旺不宜再助 신왕불의재조]는 말이다. 다만, 역시 중요한 것은 반드시 그 사주의 기세를 자세히 살펴보고[看其氣勢 간기기세] 결론을 내려야지 한 가지 논리에만 집착해서 추론해서는 안 된다[不可一例而推 불가일례이추]는 것이다.

지지가 방을 이루고 원신(元神)이 투출했다면 그 사주는 이미 왕하다는 것을 알고도 남음이 있으니, 구태여 거듭 생지나 고지가 지지에 들어와 방을 도와주는 것[幇方 방방]이 마땅치 않은 것은 확실하다. 다만, 만약 연월시주의 천간[年月時干 연월시간]에 재성(財星)과 관성(官星)이 섞여 있지 않고 또 비겁(比劫)이나 인성(印星)이 있다면 이는 종강(從强)이라 하니, 생지나 고지가 지지에 들어와 방을 도와주더라도 역시 발복(發福)할 수 있다.

종강인 경우 다른 것이 섞이지 않은[純一 순일] 화(火)운인 식상(食傷)의 운을 만나면, 진실로 '빼어난 기운이 흘러간다[秀氣流行 수기류행]'가 되어 명예와 이익을 모두 이룰 것이다[名利皆遂 명리개수]. 그러나 만약 연월시주의 천간[年月時干 연월시간]에 재성과 관성이 섞여 있어 종강은 안 되고 재관이 무력한데[財官無氣 재관무기] 운이 거듭 생지나 고지의 운으로 흐르면, 발복할 수 없을 뿐 아니라 일족이 죽고 재산이 부서져 날아가는 온갖 고통을 당할[刑耗多端 형모다단] 것이니, 이는 수차례 임상시험을 통해 증명된 것이므로 여기에 알려둔다.

심화학습

'생지(生支)와 고지(庫支)가 모두 복이 되지 못한다[生地庫地皆非福 생지고지개비복]'의 예를 들면, 지지가 인묘진(寅卯辰)의 목방(木方)을 이루고 일주가 갑목(甲木)인데 지지에 해묘미(亥卯未) 목국(木局)의 생지인 해수(亥水)나 고지인 미토(未土)가 있어 일주를 도와 더 왕(旺)하게 만들어주는 경우이다.

하지만 임철초(任鐵樵)는 여기에 덧붙여 "다만, 역시 중요한 것은 반드시 그 사주의 기세를 자세히 살펴보고[看其氣勢^{간기기세}] 결론을 내려야지 한 가지 논리에만 집착해서 추론해서는 안 된다[不可一例而推^{불가일례이추}]"고 주장하고 있다. 이는 유백온(劉伯溫)은 종왕(從旺)의 이론을 배제했으나, 임철초는 종왕의 논리를 포함시킨 데 따르는 해석상의 차이로 비롯되었다고 하겠다. 서낙오(徐樂吾)는 한술 더 떠서『적천수보주(滴天髓補註)』에서 '개비복(皆非福)'을 '개위복(皆爲福)'으로 고쳐서 생지와 고지가 모두 복이 된다고 주장하고 있으나, 이 또한 너무 지나친 해석이라는 생각이다.

적천수 사례연구　　**성방간투일원신(成方干透一元神)**

❶ 성방간투일원신에 식상을 용신으로 삼은 경우

丁	甲	甲	戊
卯	辰	寅	寅

壬	辛	庚	己	戊	丁	丙	乙
戌	酉	申	未	午	巳	辰	卯

이 사주는 지지에 인묘진(寅卯辰) 목방(木方)을 이루고 일주(日主)가 이 방(方)과 같은 오행인 갑목(甲木)이므로, 방을 이루고 하나의 원신이 투출했다[成方干透一元神^{성방간투일원신}]고 한다. 사주에 금수(金水)가 섞여 있지 않고 시간(時干)에 정화(丁火)가 투출하여 수기(秀氣)를 토해내니[丁火吐秀^{정화토수}] 사주의 순수함이 과히 볼 만하다[純粹可觀^{순수가관}] 하겠다.

초중운(初中運)에 화토(火土)운으로 흐르니 향시에 합격하고[中鄕榜^{중향방}] 이름난 지역의 우두머리로 나아갔다[出宰名區^{출재명구}]. 다만 아쉽게도 사주에 목(木)이 많아 화(火)를 거세게 만들고[木多火熾^{목다화치}] 정화(丁火)가 이를 설(洩)하기에는 힘이 모자라니, 경신(庚申)운에 이르러 재난을 면하지 못했다. 만약 이 사주의 시주(時柱)가 병인(丙寅)이었더라면 틀림없이 전시에 합격하여[甲方^{갑방}] 벼슬길이 창창했을 것이며, 경신(庚

申)운에도 병화(丙火)가 능히 금(金)을 대적할 수 있어 크게 흉하지는 않았을 것이다.

심화학습

지지에 방국(方局)을 이루었는데 천간에 으뜸이 되는 신이 투출한[成方干透一元神 성방간투일원신] 경우의 사례이다. 갑목(甲木)이 인월(寅月)에 태어나 지지가 목방(木方)으로 온전히 이루어졌으니 신왕(身旺)하여 상관(傷官)인 정화(丁火)를 용신(用神)으로 삼는다 하겠다. 다만, 아쉽게도 지지에 목국(木局)의 생지(生地)인 해수(亥水)나 고지(庫地)인 미토(未土)가 없어 '생지와 고지가 모두 복이 되지 못한다[生地庫地皆非福 생지고지개비복]'는 논리를 입증할 수는 없다.

'목(木)이 많으면 화(火)를 거세게 만든다[木多火熾 목다화치]'고 했는데, 이는 '사주에 목(木)이 많으면 오히려 화(火)를 꺼트린다[木多火熄 목다화식]'로 써야 할 것을 '치(熾)'와 '식(熄)'을 잘못 쓴 것이 아닌가 하는 생각이 든다. 그래야만 해석에 문제가 없기 때문이다. 나무가 많으면 불이 활활 타오르는 것이 당연한 이치이고, 또한 사주에 목(木)이 많으면 화(火)를 거세게 만든다[木多火熾 목다화치]고 했으면서 왜 정화(丁火)의 힘이 모자란다고 했는지 잘 이해되지 않는다. 따라서 목(木)이 많으면 오히려 화(火)를 꺼트린다[木多火熄 목다화식]는 말이 이 경우에 더 적합하지 않을까 한다. 하지만 뒷부분에 병인(丙寅)을 예로 들어 병화(丙火)였다면 이를 감당할 수 있었을 것이라고 한 것을 보면, 정화(丁火)는 음(陰)의 불인 까닭에 강한 목(木) 기운을 주체할 수 없다고 판단한 듯하다. 과연 음화(陰火)는 양화(陽火)와 달리 강한 목(木)을 설(洩)할 수 없는가.

어릴 적 기억을 한번 더듬어보자. 시골에서 자란 사람들은 잘 알겠지만, 아궁이에 불을 지필 때 장작을 아궁이 속으로 한꺼번에 밀어넣으면 연기만 나고 불이 잘 붙지 않는 것을 경험한 적이 있는가. 장작을 뒤집어가며 조금씩 나누어 장작을 밀어넣으며 살살 불을 달래야 불길이 살아나는 것을 아느냐는 말이다. 이것이 바로 목(木)이 많으면 오히려 화(火)를 꺼트린다[木多火熄 목다화식]의 사례가 아닐까 한다. 목(木)이 너무 많으면 양화건 음화건 다 꺼지는 것은 아닌지 한번쯤 생각해볼 필요가 있을 것 같다.

'금(金)이 많으면 물[水]이 탁해진다[金多水濁 금다수탁]'는 말도 음수(陰水) 인 계수(癸水)에 해당한다고 하지만, 이 또한 사주에 금(金)이 중중(重重) 하면 양수(陽水)인 임수(壬水)에도 해당하지 않을까. 다 같이 고민해볼 필요가 있다는 생각이다.

❷ 성방간투일원신에 재성을 용신으로 삼은 경우

```
        丙        甲        丙        癸
        寅        辰        辰        卯

    戊   己   庚   辛   壬   癸   甲   乙
    申   酉   戌   亥   子   丑   寅   卯
```

이 명조(命造)는 재성이 왕하고 월령을 잡았으며[財旺提綱 재왕제강] 식신 (食神)인 병화(丙火)의 생조(生助)를 받으니, 당연히 이를 용신(用神)으 로 삼는다. 병화(丙火)는 희신(喜神)이 되고, 연간(年干)의 계수(癸水)는 기신(忌神)이라 하겠다. 신왕하여 재성(財星)을 용신으로 삼으니[身旺用 財 신왕용재] 물려받은 재산이 십여만이나 되었으나, 중년의 수(水)운에 들 어서자 한 번의 실패로 모든 재산을 날려 모든 것이 한 줌의 재가 되었고 [一敗如灰 일패여회], 신해(辛亥)운에 이르러 화(火)는 끊어지고 목(木)은 생 조를 받으며[火絕木生 화절목생] 수(水)는 왕지(旺地)에 임하니 굶주리다 얼 어 죽고 말았다.

이렇게 살펴볼 때, 지지가 방(方)을 이루거나 혹은 국(局)을 이룬 것을 논하지 말고 반드시 먼저 사주 안에 있는 재관(財官)의 기세를 잘 살펴본 후에 용신을 정하는 것이 우선되어야 한다고 하겠다. 만약 재성이 왕하고 월령을 차지한[財旺提綱 재왕제강] 경우에는 재성을 용신으로 삼고, 관성이 있어 이러한 재성으로부터 도움을 받고 있다면[官得財助 관득재조] 관성(官

星)을 용신으로 삼는다. 만약 재성이 월지에 뿌리를 내리지 못했다면[財不通月支^{재불통월지}] 관성이 있다 하더라도 왕한 재성의 생을 받지 못하니[官無旺財生^{관무왕재생}], 반드시 '적은 것을 버리고 많은 것을 따라야[棄寡從衆^{기과종중}]' 한다. 나머지는 이에 준한다 하겠다.

심화학습

이 명조는 『적천수』 해설 내용에 적합한 사례는 아닌 것 같고, 사주풀이 역시 본문 해석에 도움을 주려는 의도에서 벗어난 것처럼 보인다. 앞의 본문 해설에서는 '연월시간(年月時干)에 재관(財官)이 섞여 있어 종강(從強)이 안 되나 재관이 무기력한 경우'를 언급했으나, 이 명조는 천간에는 재관이 없고 지지에 재성만 있는 경우이다. 오히려 앞의 명조가 '종강의 형상이지만 천간에 무기력한 재성인 무토(戊土)가 섞여 있으니 운이 생지(生支)나 고지(庫支)의 운으로 흐르면 발복(發福)할 수 없다'의 사례로 적합한 것 같다. 두 명조 모두 신왕(身旺)하니 일주(日主)를 극(剋)하기보다는 설(洩)하는 방향으로 운이 흘러야 하는데, 전자는 운이 목화(木火)로 흘러 잘되었으나 후자는 운이 금수(金水)로 흘러 망했다고 하는 편이 더 이해하기 쉽다고 생각된다. 따라서 위 사주 해석 뒷부분에서 '재성이 왕하고 월령을 차지한[財旺提綱^{재왕제강}] 경우에는 재성을 용신으로 삼고……'가 뜻하는 바는 비록 이해는 되지만, 여기서 언급하기에는 조금은 부적절하지 않나 하는 생각이다.

    연간(年干)의 계수(癸水)를 기신(忌神)이라고 했으나 엄밀히 따지면 구신(仇神)이라고 해야 하며, 그렇다면 기신은 목(木)이 되어야 할 것이다.

成局干透一官星　左邊右邊空碌碌
성국간투일관성　　　좌변우변공록록

회국(會局)을 이루고 일간에 회국의 원신(元神)이 투출했는데 천간에 또 하나의 관성이
투출했다면[成局干透一官星]
왕지(旺地)의 좌우에서 이 관성을 돕지 못하면 평범하고 하잘것없이 세상을 살아간다
[左邊右邊空碌碌].

방국(方局) – 성국간투일관성(成局干透一官星)

만약 지지가 해묘미(亥卯未)의 목국(木局)을 이루고 천간에 원신(元神)이
투출하여 일주(日主)가 이 국(局)과 같은 오행인 갑목(甲木)인데 다른 천
간에 관성(官星)인 신금(辛金)이나 칠살(七殺)인 경금(庚金)이 보인다면,
이들은 지지에서 받쳐주지 못하니 허탈하고 무기력하다. 비록 다른 천간
에 토(土)가 있다 하더라도 이 역시 휴수(休囚)이니 금(金)을 생(生)해주
기는 어렵다 하겠다.

　이런 경우에는 모름지기 지지에서 신유축(申酉丑) 중 하나가 받쳐주어
야 좋다고 할 수 있는데, 이들은 없고 오히려 인목(寅木)이나 진토(辰土)
가 가세한다면 오히려 목(木)의 세력만 더욱 왕성해지고[木勢愈旺 목세유왕]
금(金)의 세력은 더욱 쇠약해지니[金勢愈衰 금세유쇠], 평범하고 하잘것없
이 세상을 살아가며[碌碌終身 녹록종신] 명예와 이익은 얻을 수 없을[名利無
成 명리무성] 것이다.

　만약 세운(歲運)에서 사주원국 천간의 관성을 보내버린다면[去其官
星 거기관성] 발(發)할 수 있으나, 이때는 반드시 사주원국에 먼저 식상이 있
어야만[先見食傷 선견식상] 한다. 그런 다음 세운에서 식상(食傷)의 운(運)을
만나 관살의 뿌리를 깨끗하게 제거해준다면[去淨官殺之根 거정관살지근] 명
리를 모두 이루게 될[名利皆遂 명리개수] 것이다.

　목국(木局)이 이와 같으니 나머지도 여기에 비추어 논하면 될 것이다.

성국간투일관성(成局干透一官星)

❶ 성국간투일관성에 운에서 도운 경우

丁	乙	辛	辛
亥	未	卯	未

癸	甲	乙	丙	丁	戊	己	庚
未	申	酉	戌	亥	子	丑	寅

을목(乙木) 일주가 당령했고[歸垣 귀원] 지지가 해묘미(亥卯未)의 완전한 목국(木局)을 이루니 목(木)의 세력이 왕성하고, 살(殺)인 신금(辛金)은 지지에서 받쳐주지 못하여 허탈하다. 가장 반가운 것은 시간(時干)에 식신(食神)인 정화(丁火)가 투출하여 살을 제압하니, 이를 용신(用神)으로 삼는다는 것이다.

초운(初運)은 토금(土金)으로 흘러 이리저리 분주하게 뛰어다녔으나 되는 일이 없었다[奔馳未遇 분치미우]. 정해(丁亥)운에 들어 목(木)을 생하고 살인 신금(辛金)을 제압하니[生木制殺 생목제살] 군(軍)에서 공을 세워 현좌(縣佐)가 되고, 병술(丙戌)운 중에 용신인 정화(丁火)를 도와 신금(辛金)을 극(剋)하여 현령(縣令)으로 승진했으니, 이른바 '일주와 같은 세력이 많고 이에 대적하는 세력이 적을 경우 세력은 적은 것을 제거하는 방향으로 가야 한다[强衆而敵寡 勢在去其寡 강중이적과 세재거기과]' 또는 바로 앞 장에서 언급한 '적은 것을 버리고 많은 것을 따른다[棄寡從衆 기과종중]'라고 하는 것이지, '살이 왕하므로 이를 제거하는 것이 마땅하다[殺旺宜制 살왕의제]'라고 추론해서는 안 된다.

유금(酉金)운에 이르러 살이 비겁(比劫)을 만나 힘을 얻으니 목국(木局)을 충하여 깨뜨리게[沖破 충파] 되어 죽고 말았다[不祿 불록].

심화학습

을목(乙木) 일주가 봄이 한창인 묘월(卯月)에 태어났다. 지지가 완전한 목국(木局)을 이루었으니 신왕(身旺)하다 하겠다. 천간에 식신(食神)인 정화(丁火)와 칠살(七殺)인 신금(辛金)이 함께 투출했으니 어느 것을 용신(用神)으로 삼아야 할지 고민스러운 상황이다. 일단은 뿌리가 없는 신금(辛金)보다는 왕성한 목기(木氣)를 흘려보내주는 정화(丁火)가 더 적합하다는 생각이다.

천간에 살(殺)인 신금(辛金)이 투출했는데, 월령(月令)을 잡은 목국(木局)의 왕지(旺地)인 묘목(卯木)의 좌우에 신금(辛金)의 뿌리가 되어줄 신유축(申酉丑)이 보이질 않으니 일생을 평범하고 하잘것없이 살아갈[碌碌終身 녹록종신] 뻔했으나, 운(運)의 중간에서 사주원국 천간의 살인 신금(辛金)을 제거하여 잘 풀렸다는 말이다. '유금(酉金)운에 이르러 살이 비겁(比劫)을 만나 힘을 얻으니 목국(木局)을 충하여 깨뜨리게[沖破 충파] 되어 죽고 말았다[不祿 불록]'는 것은 사주원국에 식상(食傷)이 있어 이미 이를 용신으로 삼았는데 관살(官殺)의 운이 들어오는 것은 좋지 않다는 말이라 하겠다.

'일주와 같은 세력이 많고 이에 대적하는 세력이 적을 경우 세력은 적은 것을 제거하는 방향으로 가야 한다[强衆而敵寡 勢在去其寡 강중이적과 세재거기과]'에 대해서는 〈제8장 6. 중과(衆寡)〉에서 다룰 것이므로 미리 알아두면 도움이 되겠다. 하지만 관살을 중시하던 시절에 식상을 용신으로 삼기가 쉽지 않았을 텐데 이렇게 할 수 있었던 것에서, 앞의 〈제5장 5. 억부(抑扶)〉에서 밝힌 바와 같이 '왕한 것은 눌러주고 약한 것은 도와준다[旺者宜抑 弱者宜扶 왕자의억 약자의부]'는 자평명리학(子平命理學)의 기본 원리를 적용하되, 사주의 형상에 따라 '설상방조(洩傷幇助)' 네 글자를 구분하여 사용해야 한다는 논리에 충실하려는 의도를 엿볼 수 있다.

❷ 성국간투일관성에 운에서 돕지 못한 경우

癸	乙	己	庚
未	亥	卯	寅

丁	丙	乙	甲	癸	壬	辛	庚
亥	戌	酉	申	未	午	巳	辰

본 명조(命造)는 '회국(會局)을 이루고 일간에 회국의 원신(元神)이 투출했는데 천간에 또 하나의 관성이 투출했다면[成局干透一官星 성국간투일관성] 왕지(旺地)의 좌우에서 이 관성을 돕지 못하면 평범하고 하잘것없이 세상을 살아간다[左邊右邊空碌碌 좌변우변공록록]'는 『적천수(滴天髓)』 원문(原文) 내용에 그대로 부합하는 사주이다.

사주의 오행간에 정(情)이라고는 한 점도 보이지 않는다[一無情致 일무정치]고 하겠다. 재성(財星)인 미토(未土)를 용신(用神)으로 삼으려 하나 해묘미(亥卯未) 합을 이루어 목국(木局)이 되고, 관성(官星)인 경금(庚金)을 용신으로 삼으려 하나 인목(寅木)의 절지(絶地)에 임했으며, 식상(食傷)인 화(火)는 사주에 보이지도 않으니, 어느 것을 용신으로 잡아야 할지 도무지 정할 수가 없는 형상이다.

사람이 무엇 하나 꾸준히 하는[恒一之志 항일지지] 것이 없고 변덕이 죽 끓듯 하니[遷變之心 천변지심], 물려받은 가업(家業)을 다 말아먹고 말았다. 공부를 했으나 과거에 합격은 하지 못하고[讀書未就 독서미취], 의학을 배웠으나 의술도 이루지 못했으며[醫又不就 의우불취], 재물은 다 날아가고 사람들도 떠나가니[財散人離 재산인리] 머리를 깎고 중이 되었다[削髮爲僧 삭발위승].

심화학습

묘월(卯月)에 태어난 을목(乙木) 일주가 지지에 해묘미(亥卯未) 목국(木局)을 이루고 천간에 관성(官星)인 경금(庚金)이 투출했는데[成局干透一

官星 ^{성국간투일관성}], 월령(月令)을 잡은 목국(木局)의 왕지(旺地)인 묘목(卯木)의 좌우에 경금(庚金)의 뿌리가 되어줄 신유축(申酉丑)은 보이질 않고 오른쪽에서 인목(寅木)이 목국(木局)을 도와 쓸데없이 더욱 강하게 만드니, 일생을 평범하고 하잘것없이 살아갔다[左邊右邊空磧磧 ^{좌변우변공록록}]는 말이다.

운(運)에서 식상(食傷)인 화(火)가 왔지만, 사주원국에 식상이 없으니 어찌 명리(名利)가 따를 수 있었겠는가 생각하면 너무도 안타까울 뿐이다.

6. 순국(順局) – 아생지국(我生之局) 즉 종아격(從兒格)

적천수 원문

一出門來只見兒　　吾兒成氣構門閭
일출문래지견아　　　오아성기구문려

從兒不管身强弱　　只要吾兒又遇兒
종아불관신강약　　　지요오아우우아

한 번 대문을 나서니 단지 자식[食傷, 식상]만 보이는데[一出門來只見兒]
내 자식의 기운이 마을 어귀의 문간[月令, 월령]에 왕성하게 모여 있구나
[吾兒成氣構門閭],
종아(從兒)는 일주(日主)의 강약을 가지고 왈가왈부하지 않으며[從兒不管身强弱]
단지 내 자식[食傷, 식상]이 다시 자식[財星, 재성]을 만나기만 하면 된다
[只要吾兒又遇兒].

적천수 해설　　**순국(順局) – 아생지국(我生之局) 즉 종아격(從兒格)**

순(順)이란 '내가 그것을 생한다[我生之 ^{아생지}]'는 말이니 식상(食傷)으로 흐른다는 의미이다. '단지 자식만 보인다[只見兒 ^{지견아}]'는 말은 식상이 많다는 것을 의미한다. '마을 어귀의 문간[月令 ^{월령}]에 왕성하게 모여 있다

[構門閭구문려]'는 말은 식상이 월건(月建), 즉 월령(月令)을 차지했다는 의미이다. 월(月)은 기(氣)가 드나드는 통로[門戶 문호]이므로 마을의 출입구와 같은 것인데, 종아(從兒)가 되려면 반드시 식상이 월지(月支)인 제강(提綱)에 있어야 한다.

'일주(日主)의 강약을 가지고 왈가왈부하지 않는다[不論身强弱 불론신강약]'는 말은 비록 사주에 비겁(比劫)이 있다 하더라도 이는 자신을 설(洩)하여 식상을 생조한다[去生助食傷 거생조식상]는 의미이다. '내 자식이 다시 자식을 얻는다[吾兒又得兒 오아우득아]'는 말은 반드시 사주에 재성(財星)이 있어야 생하여 기르는 뜻을 이룬다[成生育之意 성생육지의]는 의미이다. 이는 일주가 식상을 생하고 식상이 재성을 생하는 생화유통(生化流通)을 의미한다 할 것이다. 예를 들어 자신은 고생하며 별 볼일 없이 살며[己身碌碌庸庸 기신록록용용] 하는 일도 되는 일도 없는데[無作無爲 무작무위] 자손이 크게 번성하여[子孫昌盛 자손창성] 가문의 명성을 떨쳐 일으키려면[振起家聲 진기가성], 반드시 운이 재성의 지지로 흘러야[運行財地 운행재지] 자식이 다시 손자를 낳아[兒又生孫 아우생손] 자손의 복을 누린다는 것이니, 이를 '순국(順局)'이라고 한다.

종아(從兒)는 종재(從財)나 종관(從官)과 같지 않다. 식상이 재를 생한다[食傷生財 식상생재]는 것은 옮겨가며 자식을 낳고 길러 이루는[轉成生育 전성생육] 것과 같아서 식상의 빼어난 기운이 재성으로 흐르니[秀氣流行 수기류행] 명예와 이익을 모두 이룬다[名利皆逐 명리개수] 할 것이다. 따라서 식상은 자식이 되고[食傷爲子 식상위자] 재성은 손자가 되는데[財卽是孫 재즉시손], 손자는 할아버지를 극할 수 없으니[孫不能剋祖 손불능극조] 가히 안녕과 영화를 누릴 수 있을 것이다.

만약 운(運)에서 관성(官星)을 본다면 이는 '손자가 다시 자기 자식을 낳았다[孫又生兒 손우생아]'고 하는데, 증조부인 일주는 틀림없이 극(剋)을 받아 손상을 입을 것이다. 따라서 종아의 사주에서 관살(官殺)을 본다면 반드시 일주는 피해를 입을 것이다.

만약 운에서 인수(印綬)를 본다면 이는 일주, 즉 나의 아버지[我之父 아지부]이다. 아버지는 능히 나를 생하게 하는 존재인데[父能生我 부능생아] 내가 스스로 존재한다고[我自有爲 아자유위] 한다면 어찌 자식을 용납할 수 있겠는가[焉能容子 언능용자]. 따라서 자식은 필히 재앙을 만날 것이며, 생하여 기르려는 뜻[生育之意 생육지의]이 없으니 그 자리에서 화(禍)를 면하지 못할 것이다. 따라서 종아격(從兒格)에서 가장 꺼리는 것은 인성(印星)의 운이며, 그 다음으로 꺼리는 것이 관성의 운이다. 관성은 능히 재성을 설(洩)하고, 일주를 극하며, 식상과 관성은 서로 화합할 수 없어 생하여 기르려는 뜻[生育之意 생육지의]은 잊어버리고 싸우고 다투는 풍파[爭戰之風 쟁전지풍]만 일으키니 사람이 다치지 않으면[不傷人丁 불상인정] 재산을 다 날려버리게 될[散財 산재] 것이다.

심화학습

여기서 말하는 순국(順局)은 종아격(從兒格)을 의미한다고 보아야 한다. 종아격은 앞서 〈제5장 4. 전상(全象)〉에서 설명한 식상생재(食傷生財)의 형상과 매우 흡사하다고 할 수 있으며, 그 차이는 일주(日主)가 왕(旺)한가 약(弱)한가에 있을 뿐이다. 식상생재란 일주가 왕하고 강하여[旺相 왕상] 재성(財星)을 용신으로 식상(食傷)을 희신으로 잡은 형상이고, 종아격은 일주가 약해 생육(生育)의 뜻을 따라 식상생재로 흘러가는 것이라 하겠다.

앞의 『적천수(滴天髓)』 원문에서 말하는 '종아불관신강약(從兒不管身强弱)'은 사주에서 비겁(比劫)의 유무(有無)를 말하는 것이지 사주가 왕함을 의미하는 것이 아님을 알 수 있다. 따라서 사주가 왕할 때는 식상생재로 보면 될 것이고, 약하면 식상을 따라 종아(從兒)를 한다고 보면 될 것이다. 다만, 실제로 사주를 임상(臨床)할 때 사주가 약하고 비겁이 있으면 비겁을 용신으로 삼아 버티는 경우를 이따금 볼 수 있다. 그러므로 이를 염두에 두고 일단은 정격(正格)인 신약용겁(身弱用劫)으로 풀이해본 후에 종아의 이론을 적용하는 것이 바람직한 방법이 아닐까 생각한다.

❶ 종아생재(從兒生財)에 겁재가 합을 한 경우

丙	癸	壬	丁
辰	卯	寅	卯

甲	乙	丙	丁	戊	己	庚	辛
午	未	申	酉	戌	亥	子	丑

계수(癸水) 일주가 초봄[孟春 맹춘]인 인월(寅月)에 태어나고, 지지는 인묘진(寅卯辰) 목방(木方)의 동방일기(東方一氣)를 이루니 일주(日主)는 목(木)을 좇아 종하였다[水木從兒 수목종아]. 따라서 시간(時干)의 병화(丙火)를 용신(用神)으로 삼으니 이를 일컬어 '자식이 다시 자식을 낳는다[兒又生兒 아우생아]'라고 한다. 단지 불만인 것은 월간(月干)의 임수(壬水)가 병(病)이 된다는 것인데, 반갑게 정화(丁火)가 임수(壬水)와 합(合)을 이루어 목(木)으로 화하여[化木 화목] 오히려 병화(丙火)를 생해주고 있으니[反生丙火 반생병화], 앞에서 언급한 '옮겨가며 자식을 낳고 길러 이루는[轉成生育 전성생육]' 뜻이 있다 하겠다.

일찍이 전시에 합격하여[早登科甲 조등과갑] 한원에 몸을 두었으며[置身翰苑 치신한원] 벼슬은 봉강(封疆)에 이르렀다. 신금(申金)운은 목화(木火)의 절지(絶地)이니 죽고 말았다.

심화학습

정임합(丁壬合)은 목(木)으로 화(化)하는 것이 틀림없으니 종아생재(從兒生財)라 하겠다. 하지만 사주의 해석과 운(運)의 흐름이 맞지 않는다. 사주풀이대로 가려면 운은 목화(木火)로 흘러야 하지만 대운은 수금(水金)의 지지로 흘렀기 때문이다. 종아격(從兒格)의 사주가 일찍이 과거에 급제하려면 초운(初運)에 목화(木火)를 만나야 하는데 수금(水金)을 보았으니, 종아격에서는 가장 꺼리는 인성(印星)의 운을 만났음에도 잘 풀린 것은 무슨 까닭일까. 세운(歲運)이 좋아서였을까. 우선 신약용겁(身弱用劫)으로 보아야 하지 않을까 하는 생각이다. 하지만 신금(申金)운에 죽었다니 달리 할 말은 없다.

❷ 종아생재(從兒生財)에 비견이 합을 하지 못한 경우

丙	癸	癸	丁
辰	卯	卯	巳

乙	丙	丁	戊	己	庚	辛	壬
未	申	酉	戌	亥	子	丑	寅

계수(癸水) 일주가 봄이 한창인[仲春 중춘] 묘월(卯月)에 태어나 목(木)이 왕하고 권세를 잡았는데[木旺乘權 목왕승권] 사주에 금(金)이 없으니 이 사주 역시 수목종아(水木從兒)라 하겠다. 인목(寅木)운에 지지가 동방(東方)으로 모이니, 갑술(甲戌)년에 반궁에 들어가[入泮 입반] 학문을 익혔고, 병자(丙子)년에 향시에 합격하였다[中鄕榜 중향방].

앞의 명조(命造)에 미치지 못한 이유는 월간(月干)의 계수(癸水)가 재성을 두고 다투는데[爭財 쟁재] 이를 제하거나 합하는[制合 제합] 아름다움이 없는 까닭이라 하겠다. 반가운 것은 재성이 세력이 있다[財星有勢 재성유세]는 것이니 벼슬길은 반드시 형통할 것이다.

심화학습

계수(癸水) 일주가 묘월(卯月)에 태어나고 사주에 식신(食神)과 재성(財星)이 그득하니 신약(身弱)하다 하겠다. 사주에 인성(印星)이 없고 비견(比肩)인 계수(癸水)는 뿌리가 없어 종아(從兒)했다는 말이다. 비록 사주에 비겁이 있다 하더라도 이는 자신을 설(洩)하여 식상을 생조한다[去生助食傷 거생조식상]는 종아불론신강약(從兒不論身强弱)의 논리에 들어맞는 사례라 하겠다.

하지만 이 사주 역시 대운은 수금(水金)의 지지로 흘렀으니 좋지 않다 하겠다. 다만 앞의 명조와의 차이를 사주원국에 투출한 비겁(比劫)이 합(合)을 했는가에만 두고 있어 아쉬울 뿐이다. 이 사주도 일단은 신약용겁(身弱用劫)으로 보아야 하지 않을까 하는 생각이다.

❸ 종아격이 아우생아(兒又生兒)로 흐르지 못한 경우

丙	甲	丁	丁
寅	午	未	巳

己	庚	辛	壬	癸	甲	乙	丙
亥	子	丑	寅	卯	辰	巳	午

갑오(甲午) 일주가 늦여름[季夏 계하]인 미월(未月)에 태어나고, 지지에는 남방(南方)의 사오미(巳午未)와 인목(寅木)이 있으며, 천간에는 두 개의 정화(丁火)와 한 개의 병화(丙火)가 투출하였다. 화기(火氣)가 그 세력을 잡았으니[火勢乘權 화세승권] 목화종아(木火從兒)라 하겠다. 다만, 불만스러운 것은 화기가 지나치게 조열(燥熱)하다는 것이다. 이로 인해 세운 공로와 이룬 명성도 그 빛을 잃었다.

사화(巳火)운에 발공(拔貢)이 되었으며, 갑진(甲辰)운에 습토(濕土)가 화(火)를 어둡게 하여[濕土晦火 습토회화] 잘되었으나, 임수(壬水)운에 맹렬한 화(火)를 거스르고[激火之烈 격화지렬] 인목(寅木)을 도와 재성을 두고 다투니[爭財 쟁재] 죽고 말았다[不祿 불록].

심화학습
갑목(甲木)이 늦여름인 미월(未月)에 태어나 사주에 화기(火氣)가 그득하니 신약(身弱)하다 하겠다. 비록 비견(比肩)인 인목(寅木)이 지지에 있다 하더라도 이는 인오합(寅午合)을 이루어 화국(火局)으로 화(化)했다고 보아야 할 것이다. 따라서 이 사주는 목화종아(木火從兒)로 보는 것이 타당하다는 생각이다.

　사주 해석을 보면 갑진(甲辰)운에 습토(濕土)가 화(火)를 어둡게 하여
[濕土晦火 습토회화] 그 다음에 어떻게 되었는지 설명이 없다. 하지만 종아
생재(從兒生財)로 흘러 잘되었다고 이해하면 될 것이다. 이어진 인성(印
星)의 운이 문제였던 것 같다. 앞에서 말한 '종아격(從兒格)에서 가장 꺼
리는 것은 인성(印星)의 운이다'라는 논리에 딱 들어맞는 사례이다. 다만,
'인목(寅木)을 도와 재성을 두고 다투니[爭財 쟁재]'라는 말은 적절하지 못
한 풀이라 여겨진다.

　이 명조는 『적천수천미(滴天髓闡微)』에는 나오지 않는다. 어떤 연유로
『적천수징의(滴天髓徵義)』에만 등장하게 되었는지는 알 수 없지만, 다음
에 등장하는 명조와 비교하기 위한 적절한 사례이니 있는 것이 타당하다
하겠다.

❹ 종아격이 아우생아(兒又生兒)로 흐른 경우

丙	甲	丁	甲
寅	午	丑	午

乙	甲	癸	壬	辛	庚	己	戊
酉	申	未	午	巳	辰	卯	寅

　갑목(甲木) 일주가 늦겨울[季冬 계동]인 축월(丑月)에 태어나 화(火)가 허
(虛)하다. 다행히도 통근을 하여 불꽃을 살렸으니[通根有焰 통근유염] 종아
격(從兒格)이라 하겠다. 비록 목(木)이 진기(進氣)이고 사주에 비견이 있
어 일주를 도와준다[祿比幇身 녹비방신]고 하더라도, 이른바 '종아불론신강
약(從兒不論身強弱)'이라고 하지 일주가 약하다[身弱 신약]고 논하지 않는
다. 앞의 사주는 지나치게 메마르고 뜨거우나[過於燥烈 과어조렬], 이 사주
는 습토인 진토(辰土)가 건조함을 만나[濕土逢燥 습토봉조] 땅은 촉촉하고
하늘은 온화하여[地潤天和 지윤천화] 생하여 기르는 정이 어그러지지 않으

니[生育不悖 생육불패] 연달아 전시에 합격하여[聯登甲第 연등갑제] 벼슬은 시랑(侍郎)에 이르렀다.

대체로 종아격을 이루었는데 운도 어긋나지 않고[行運不背 행운불배] 재성(財星)의 운을 만난다면 부귀하지 않은 경우가 없다 할 것이다. 또한 빼어난 기운이 흐름을 타게 되어[秀氣流行 수기류행] 그 사람은 총명함이 뛰어나고[聰明出類 총명출류] 학문도 진국이라[學問精醇 학문정순] 할 것이다.

심화학습

갑목(甲木)이 늦겨울인 축월(丑月)에 태어나 사주에 습기(濕氣)를 보태주고 화기(火氣)를 유통시켜 종아생재(從兒生財)가 되었다는 말이다. 연간(年干)에 비견(比肩)인 갑목(甲木)이 있지만 워낙 뿌리가 약해서 종아불론신강약(從兒不論身强弱)의 논리를 대입한다 하더라도 달리 반박하기 어려운 형상이라 하겠다. 앞의 명조와 달리 월지(月支)의 축토(丑土)가 지대한 공헌을 하고 있음을 알 수 있다.

7. 반국(反局) - 반생지묘(反生之妙)

적천수 원문

君賴臣生理最微
군뢰신생리최미

> 임금[日主, 일주]이 신하[財星, 재성]에게 의지하여 생(生)하는 이치는 가장 미묘하고
> [君賴臣生理最微]

적천수 해설　　**반국(反局) 중 인중용재(印重用財)**

'임금이 신하에게 의지하여 생한다[君賴臣生 군뢰신생]'는 것은 인수가 지나치게 왕하다[印綬太旺 인수태왕]는 의미이다. 이것은 일주(日主)를 임금[君 군]이라고 할 경우의 논리이다.

예를 들어, 갑을(甲乙)의 목(木)이 일주이고 이를 임금이라 한다면[日主是木爲君 일주시목위군] 사주 중의 토(土)는 재성(財星)으로 일주가 극(剋)하여 다루는 성분이니 신[土爲臣 토위신]이 된다. 사주에 임계(壬癸)나 해자(亥子)의 수(水)를 거듭 만나[重逢 중봉] 수세가 넘쳐나면[水勢泛濫 수세범람] 목기는 오히려 허약해진다[木氣反虛 목기반허]. 이렇게 되면 수(水)는 목(木)을 생할 수 없을[不能生木 불능생목] 뿐 아니라 목(木) 또한 그 수(水)를 받아들일 수 없으니[不能納水 불능납수], 목(木)은 틀림없이 물 위로 떠버리게[木必浮泛 목필부범] 될 것이다.

이런 경우에는 반드시 재성인 토(土)를 용신으로 삼아 인성(印星)인 수(水)를 멈추어야 한다[用土止水 용토지수]. 그러면 목(木)은 뿌리를 맡겨 의지할 곳을 갖게 되어[木可託根 목가탁근] 수(水)는 비로소 목(木)을 생할 수 있게 되고[水方能生木 수방능생목], 목(木) 또한 그 수(水)를 받아들일 수 있게 되는[木亦受其水 목역수기수] 것이 아니겠는가. 이와 같이 인수를 깨뜨리고[破其印 파기인] 재성을 취하는[就其財 취기재] 것은 아랫사람이 윗사람을 거스른다는 뜻이니[犯上之意 범상지의], 이를 일러 반국(反局)이라고 한다. 이상은 비록 일주를 임금[君 군]이라고 할 경우의 논리이지만, 사주 전체를 놓고 보더라도 역시 마찬가지다.

예를 들어, 사주 중의 수(水)가 관성(官星)일 경우 목(木)은 인수(印綬)가 된다. 관성인 수(水)가 지나치게 왕하면[水勢太旺 수세태왕] 역시 목(木)을 물 위로 떠버리게 할 수 있으니[亦能浮木 역능부목] 이 또한 모름지기 사주에 토(土)가 있어야 목(木)은 뿌리를 내려 의지할 곳이 생기므로 능히 수(水)를 받아들일 수 있게[見土而能受水 견토이능수수] 되는데, 이는 극(剋)함으로써 오히려 생(生)하게 하는 묘한 이치[反生之妙 반생지묘]를 이룬다. 따라서 '그 이치가 가장 미묘하다[理最微 이최미]'라고 하는 것이다. 목(木)이 이러하니 화토금수(火土金水) 또한 마찬가지로 논하면 된다.

심화학습

첫 번째 예에서는 사주에 인성이 태왕(太旺)하여 일주가 왕(旺)하면 재성을 용신으로 하여 이를 극해주어야 한다[印重用財 인중용재]는 것을 설명하고 있다. 두 번째 예에서는 사주에 관살이 태왕하여 일주가 약(弱)하면 인성을 용신으로 삼아야 하나[殺重用印 살중용인], 이 일주를 제대로 생해주려면 사주에 식상(食傷)이 있어 관살(官殺)을 극해주어야 한다는 것을 설명하고 있다.

다만, 첫 번째 예는 일주를 군(君)으로 하고 재성을 신(臣)으로 하는 군뢰신생(君賴臣生)의 이치를 간명하게 보여줌으로써 반국(反局)을 설명하고 있고, 두 번째 예는 사주 전체의 형상을 놓고 극(剋)함으로써 오히려 생(生)하게 하는 묘한 이치[反生之妙 반생지묘]를 보여줌으로써 반국을 설명하고 있다고 보면 될 것이다.

적천수 사례연구　　**반국(反局) 중 인중용재(印重用財)**

❶ 인중용재에 재성이 있는 경우

戊	甲	壬	壬
辰	寅	子	辰

庚	己	戊	丁	丙	乙	甲	癸
申	未	午	巳	辰	卯	寅	丑

갑목(甲木) 일주가 한겨울[仲冬 중동]인 자월(子月)에 태어났다. 비록 일주가 녹왕인 인목(寅木)을 일지(日支)에 깔고 있어[日坐祿地 일좌록지] 물 위로 떠버리지는 않겠으나[不致浮泛 불치부범], 수(水)의 세력이 지나치게 왕하다[水勢太旺 수세태왕]. 비록 진토(辰土)가 능히 수(水)를 쌓아둘 수 있다[蓄水 축수]고는 하지만, 반가운 것은 무토(戊土)가 천간에 투출했다는 것이다. 진토(辰土)는 목(木)의 여기(餘氣)이므로 족히 수(水)를 멈추게 하고 목(木)은 뿌리를 맡겨 의지할 수 있으니[止水託根 지수탁근], 이른바 임금이 신하에게 의지하여 생한다[君賴臣生 군뢰신생]고 한다. 따라서 일찍이 전시(殿試)에 합격하고[早登科甲 조등과갑] 한원(翰苑)에서 이름을 높였는데, 더욱 묘한 것은 운(運) 또한 남방(南方)의 화토(火土)로 흐르니 그 녹봉과

지위[祿位 녹위]가 어디까지 이를지 알 수 없다 하겠다.

갑목(甲木)이 자월(子月)에 태어나 사주에 인성(印星)과 비겁(比劫)이 그득하니 신왕(身旺)하다 하겠다. 시간(時干)의 무토(戊土)를 용신으로 하는 인중용재(印重用財)가 되겠으며, 사주에 식상(食傷)이 보이지 않는 것이 아쉽지만 말년운이 화토(火土)로 흐르니 무척이나 다행스럽다 하겠다.

❷ 인중용재에 재성이 없는 경우

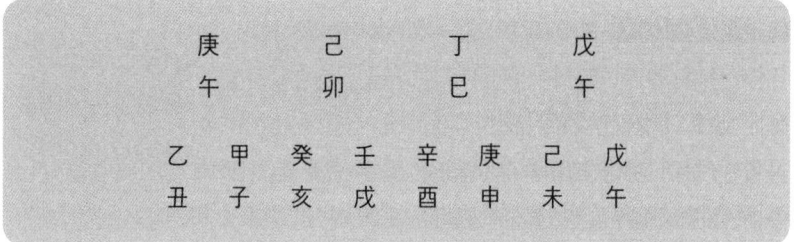

기토(己土) 일주가 초여름[孟夏 맹하]인 사월(巳月)에 태어났다. 사주에 인성(印星)이 월령(月令)을 잡아 화(火)는 왕(旺)하여 토(土)는 말라 갈라지며[火旺土焦 화왕토초] 능히 목(木)을 불사른다[焚木 분목].

　경자년(庚子年)에 봄에 치르는 과거[春闈 춘위]에 합격할 수 있었던 것은 세운(歲運)이 금을 동반한 수[帶金之水 대금지수]로 흘러 족히 화(火)의 맹렬함을 제거하고[制火之烈 제화지렬] 토(土)의 메마름을 촉촉하게 적실 수 있었기[潤土之燥 윤토지조] 때문이다. 높은 벼슬[顯秩 현질]에 오르지 못하고 벼슬길이 평탄치 않았던[仕路蹭蹬 사로층등] 것은 사주 중에 재성(財星)인 수(水)가 없기 때문이다.

군뢰신생(君賴臣生)에 어울리지 않는 사주이다. 인성(印星)이 태왕(太旺)

한데 재성(財星)은 없고 상관(傷官)만 있으니 상관격(傷官格)이라고 해야 옳을 것 같다. 인수(印綬)가 과다한 경우에 상관을 쓰려면 재성이 선행되어야 하는데, 사주에 재성이라고는 찾아볼 수 없으니 불만스럽기 그지없다. 운(運)이 금수(金水)로 흐른 것이 다행이라 하겠다.

兒能救母洩天機
아능구모설천기

> 자식[食傷, 식상]이 능히 어미[日主, 일주]를 구하는 것은 하늘의 기밀을 누설함이다
>
> [兒能救母洩天機].

반국(反局) 중 식상제살(食傷制殺)

'자식[食傷 식상]이 능히 어미[日主 일주]를 살린다[兒能生母 아능생모]'는 것은 모름지기 사계절의 절후[時候 시후]를 구분해서 논해야 한다.

예를 들어 목(木) 일주가 겨울에 태어나[木生冬令 목생동령] 차갑고 시들었는데[寒而且凋 한이차조] 사주에 금수(金水)가 있다면 목(木)은 반드시 얼어버릴 것이니, 단지 금(金)만이 목(木)을 극(剋)하는 것이 아니라 수(水) 또한 능히 목(木)을 극할 수 있다. 이런 경우에는 반드시 식상(食傷)인 화(火)로 관살(官殺)인 금(金)을 극하고 인성(印星)인 수(水)가 언 것을 풀어주어야만[解水之凍 해수지동] 목(木)은 온화한 양기와 화합하여[木得陽和 목득양화] 생기를 발하게 된다[發生 발생].

화(火) 일주가 수(水)로부터의 극을 만났는데[火遭水剋 화조수극] 늦은 겨울인 축월(丑月)이 지나 이른 봄인 인월(寅月)에 태어나면[生於春初冬盡 생어춘초동진], 겨울이 다하고 봄은 되었으나 아직 목(木)은 어리고 화(火)는 허하여[木嫩火虛 목눈화허] 단지 화(火)만 수(水)를 꺼리는[火忌水 화기수] 것이 아니라 목(木) 또한 수(水)를 꺼린다[木亦忌水 목역기수]. 이런 경우에는 반드시 식상인 토(土)가 와서 관살인 수(水)를 막고 인성인 목(木)의 정신(精神)을 배양해주어야만 화(火)는 생을 얻고[火得生 화득생] 목(木) 또한 꽃을 피워 번성할[木亦榮 목역영] 것이다.

토(土) 일주가 목(木)으로부터의 손상을 만났는데[土遇木傷토우목상] 늦은 봄인 진월(辰月)이나 초겨울인 해월(亥月)에 태어나면[土生春末冬初토생춘말동초], 목(木)은 단단하고 토(土)는 허하여[木堅土虛목견토허] 비록 화(火)가 있어도 습토(濕土)를 생(生)하기는 불가능하다. 이런 경우에는 반드시 식상인 금(金)을 써서 관살인 목(木)을 베어내야만 인성인 화(火)는 불길을 당기고[火有焰화유염] 토(土)는 생을 얻을[土得生토득생] 것이다.

금(金) 일주가 화(火)로부터의 달구어 불림을 만났는데[金逢火煉금봉화련] 늦은 봄인 진월(辰月)이나 초여름인 사월(巳月)에 태어나면[金生春末夏初금생춘말하초], 목(木)은 왕성하고 화(火)는 무성하다[木旺火盛목왕화성]. 이런 경우에는 반드시 식상인 수(水)가 와서 관살인 화(火)를 극해야 하고, 또한 목(木)을 적시며 인성인 토(土)를 촉촉하게 해주어야[濕木潤土습목윤토] 금(金)은 생을 얻게 될[金得生금득생] 것이다.

수(水) 일주가 토(土)로 인해 막혔다[水因土塞수인토색]는 것은, 가을이나 겨울에 태어나고[水生秋冬수생추동] 금(金)은 많고 수(水)가 허약한데[金多水弱금다수약] 토(土)가 곤방에 들어가면[土入坤方토입곤방] 능히 수(水)를 막을 수 있다[塞水색수]는 말이다. 이런 경우에는 반드시 식상인 목(木)으로 관살인 토(土)를 터주어야만[疎土소토] 수(水)의 세력은 통하게 되어[水勢通達수세통달] 막혀서 서로 통하지 않음이 없을 것이다[無阻隔矣무조격의].

이상과 같이 함으로써 어미와 자식은 서로 의지하려는 정[母子相依之情모자상의지정]을 이루게 되니, 이를 일러 '자식[食傷식상]이 능히 어미[日主일주]를 살린다[兒能生母아능생모]'고 한다. 만약 목(木)이 여름이나 가을[夏秋하추]에 태어나거나, 화(火)가 가을이나 겨울[秋冬추동]에 태어나거나, 금(金)이 겨울이나 봄[冬春동춘]에 태어나거나, 수(水)가 봄이나 여름[春夏춘하]에 태어나면, 이들은 휴수의 계절[休囚之位휴수지위]에 태어난 것이니 여기(餘氣)가 없는데 어찌 내가 생하는 신[我生之神아생지신]인 식상을 용신(用神)으로 삼아 나를 극하는 신[剋我之神극아지신]인 관살을 제(制)하게 할 수 있겠는가. 이 모든 것은 일주를 기준으로 논했을 경우이니 사주의 신(神)도 이와 같은 논리로 해석하면 될 것이다.

반국(反局) 중에서 조후(調候)이론에 근거한 식상제살(食傷制殺)인 구조의 사주를 '아능구모(兒能救母)'라고 하였다. 조후(調候)란 말 그대로 온도를 조절(調節)한다는 말이다. 본문 끝부분에 사주에 관살(官殺)이 많더라도 일주가 휴수(休囚)의 계절에 태어나면 식상(食傷)을 용신으로 삼을 수 없다고 한 것은 비겁(比劫)이나 인성(印星)이 월령(月令)을 차지하지 못하고 사주가 아주 약한 경우에는 식신제살(食神制殺)보다는 인성을 용신으로 잡아 살인상생(殺印相生)으로 흐름을 타는 것이 더 낫다는 의미로 볼 수 있겠다. 그렇다면 식신제살의 사주에서 인성의 운(運)은 상황에 따라 그 역할을 달리 해석해야 한다는 말이 된다. 다만, 『적천수징의(滴天髓徵義)』에 등장하는 사주 사례들을 보면, 비록 비겁이나 인성이 월령을 차지하지 못한 경우에도 사주에 관살이 왕성하고 식상이 있으면 이를 아능구모라고 했음을 알 수 있다.

수(水) 일주가 토(土)로 인해 막혀버린[水因土塞 수인토새] 현상을 설명하면서 '토(土)가 곤방에 들어가면[土入坤方 토입곤방]'이라는 말이 나오는데, 이것은 지지의 토(土) 중에 남서방(南西方)인 곤방(坤方)을 차지하고 있는 미토(未土)가 있음을 의미한다.

본문 맨 마지막 부분의 '내가 생하는 신[我生之神 아생지신]'은 『적천수징의』에는 '나를 생하는 신[生我之神 생아지신]'으로 되어 있다. 하지만 나를 생(生)하는 것은 인성이고 내가 생하는 것은 식상이니 문맥상 식상을 의미한다고 본다면 내가 생하는 신[我生之神 아생지신]이라고 해야 올바른 것 같아 임의로 바꾸어놓았다.

반국(反局) 중 식상제살(食傷制殺)

❶ 식신제살 중 목(木) 일주가 겨울에 태어난 경우[木生冬令, 목생동령]

丙	乙	丙	甲
戌	酉	子	申

甲	癸	壬	辛	庚	己	戊	丁
申	未	午	巳	辰	卯	寅	丑

을목(乙木) 일주가 한겨울[仲冬 ^{중동}]인 자월(子月)에 태어나 비록 인성(印星)이 월령(月令)을 차지하기는 했으나, 결국 한겨울의 을목(乙木)은 시들어 무성하지 못함[冬凋不茂 ^{동조불무}]을 알 수 있다. 또한 지지는 신유술(申酉戌) 서방(西方)의 금(金)으로 이루어져 재성과 관살이 방자하게 날뛰고 있다[財殺肆逞 ^{재살사령}]. 반가운 것은 천간에 두 개의 병화(丙火)가 투출하여 금(金)은 차갑지 않고[金不寒 ^{금불한}] 수(水)는 얼지 않았으며[水不凍 ^{수부동}], 추운 겨울의 나무는 햇볕을 바라게 되어[寒木向陽 ^{한목향양}] '자식[食傷 ^{식상}]이 능히 어미[日干 ^{일간}]를 구한다[兒能救母 ^{아능구모}]'가 되었다.

　사람의 성품이 올곧고 호탕했으며[性情慷慨 ^{성정강개}], 비록 사업을 했으나 그 규모는 속됨을 벗어나 십여만의 재물을 일으켰다. 다만 글공부에는 맞지 않았으니, 이는 술토(戌土)가 살(殺)인 유금(酉金)을 생(生)하고 인성인 자수(子水)를 깨뜨렸기[壞印 ^{괴인}] 때문이다.

본문에서 설명한 '목(木) 일주가 겨울에 태어나[木生冬令 ^{목생동령}] 차갑고 시들었는데[寒而且凋 ^{한이차조}] 사주에 금수(金水)가 있다면 목(木)은 반드시 얼어버릴 것이니'에 아주 잘 어울리는 명조이다. 이 논리에 따르면 당연히 화(火)를 용신으로 삼아 관살(官殺)인 금(金)을 극(剋)해야 한다.

　대운(大運)의 흐름에 따른 운세 변화는 구체적으로 언급하지 않았으나, 운(運)이 목화(木火)로 흘러 잘 풀렸다고 보는 것이 맞겠다. 또한 '글공부에는 맞지 않았으니, 이는 술토(戌土)가 살(殺)인 유금(酉金)을 생(生)하고 인성인 자수(子水)를 깨뜨렸기 때문이다'라고 했으나, 사주 지지의 구조는 술토(戌土)와 자수(子水) 사이에 유금(酉金)이 있어 재(財)는 살(殺)을 생하고, 살은 다시 인성(印星)을 생하여 흐름이 발생하여 기(氣)를 유통시켜주니 이 해석은 합당하지 않다는 생각이다. 물론 학문을 하기 위해서는 인성이 받쳐주어야 함은 당연하지만, 사주주인공이 학문보다 사업에서 성공을 거두게 된 이유는 사주의 월간(月干)과 시간(時干)에 상관(傷官)이 겹쳐 있고 초운(初運)에 재성(財星)이 보이니 공부보다는 노는 것과 돈벌이에 더 관심이 있었으며, 운 또한 식상과 재성으로 흘렀기 때문이라고 풀이해볼 수 있다. 결과적으로 관성(官星)을 중요시하는 당시 상황에도 불구하고 직업 선택이 탁월하지 않았나 하는 생각이다.

을목(乙木)이 겨울에 태어나면 사주의 강약을 따지기에 앞서 웬만하면 식상인 화(火)를 용신으로 삼으니[寒木向陽한목향양] 그런대로 이해가 가지만, 사주가 그다지 왕(旺)하게는 보이지는 않으니 인성을 용신으로 삼는 것도 한번쯤 생각해볼 필요가 있을 것 같다. 사주 해석을 통해서도 알 수 있듯이, 임철초(任鐵樵) 역시 사주에 술토(戌土)가 없었더라면 인성인 자수(子水)는 좋은 방향으로 작용했으리라고 생각한 것 같아서 해보는 말이다. 결론적으로 말하면, 이 명조를 식신제살(食神制殺)인 아능구모(兒能救母)의 형상으로 본다고 하더라도, 대운에서 오는 지지의 인성은 사주에 그다지 해로운 역할을 하지 않는다고 볼 수 있겠다.

❷ 식신제살 중 수(水) 일주가 토(土)로 인해 막힌 경우[水因土塞, 수인토새]

甲	壬	乙	丙
辰	辰	未	辰

癸	壬	辛	庚	己	戊	丁	丙
卯	寅	丑	子	亥	戌	酉	申

임수(壬水) 일주가 휴수(休囚)의 계절인 늦여름[季夏 계하]의 미월(未月)에 태어났다. 반가운 것은 지지에 세 개의 습토(濕土)인 진토(辰土)를 만나 신자진(申子辰) 수국(水局)의 신고(身庫)에 뿌리를 내린 것이다.

진토(辰土)는 능히 수(水)를 저장하여 목(木)을 배양할 수 있다[蓄水養木 축수양목]. 갑목(甲木)과 을목(乙木)이 천간에 함께 투출하고, 지지에 뿌리를 얻고 토(土)를 제(制)하니 아능구모(兒能救母)이다. 약간 불만스러운 것은 병화(丙火)가 목(木)을 설하고 토(土)를 생한다[洩木生土 설목생토]는 것이니, 공명(功名)은 벼슬을 하지 못한 수재[一衿 일금]에 불과하였다. 묘하게도 중운(中運)과 만운(晚運)의 지지가 동북(東北)의 수목(水木)으로 흘러 돈을 내고 벼슬을 얻어[捐納出仕 연납출사] 지위는 번얼(藩臬)에 이르렀다.

심화학습

본문에서 말한 '수(水) 일주가 토(土)로 인해 막힌[水因土塞 수인토새]' 사주의 사례로 든 것 같다. 하지만 '가을이나 겨울에 태어나고[水生秋冬 수생추동] 금(金)은 많고 수(水)가 허약한데[金多水弱 금다수약] 토(土)가 곤방에 들어가면[土入坤方 토입곤방] 능히 수(水)를 막을 수 있는[塞水 새수] 상황은 아니라 하겠다. 다만, 월지의 미토(未土)로 인해 토(土)의 세력이 왕성해졌는데 사주에 인성(印星)은 보이질 않으니, '식상(食傷)인 목(木)으로 관살인 토(土)를 터주어야만[疎土 소토] 수(水)의 세력은 통하여[水勢通達 수세통달] 막힘이 없을 것이다'라는 논리를 적용할 수는 있다고 하겠다. 수인토새(水因土塞)의 사례로는 무리가 따른다고 하겠다.

본문에서 수(水)가 봄이나 여름[春夏 춘하]에 태어났다면 이들은 휴수(休囚)의 계절에 태어나 여기(餘氣)가 없으니 식상을 용신으로 삼을 수 없다고 했는데, 미월(未月)에 태어난 임수(壬水)의 용신을 목(木)으로 삼는다는 것은 당초 논리에 부합하지 않는다는 생각이다. 다만, 세 개의 진토(辰土)를 거론하며 이들을 신자진(申子辰) 수국(水局)의 신고(身庫)라 하여 이들로 인해 임수(壬水)가 힘을 얻었다고 간주하고, 또한 미월(未月)은 곧 이어 가을인 신월(申月)로 이어지니 식상인 목(木)을 용신으로 삼을 수 있다고 한다면, 이를 반박할 수만은 없을 것 같다.

사주가 약해 보여 인성을 용신으로 삼고 싶으나 인성이 사주 안에 보이질 않으니 진토(辰土) 안의 겁재(劫財)인 계수(癸水)를 일단 용신으로 하고, 운(運)에서 인성인 금(金)을 만나기를 기다리는 신약용겁(身弱用劫)으로 보아도 대운의 흐름상 이 사주의 원문 해석과 동일한 결과를 예측할 수 있으니, 어느 이론을 적용할지 고민되는 사주라고 아니할 수 없다.

이와 같이 신약한 사주에 조후이론에 근거한 식상제살(食傷制殺)인 아능구모(兒能救母)의 사례를 들어보았으나, 꼭 반국(反局)으로 보아야 하는가에 대해서는 약간의 의문이 남는다. 따라서 본 장(章)에서 주장하는 논리에 부합하는 사주를 접한다면 본 이론을 적용하여 해석하되, 일단은 정격(正格)인 신약용인(身弱用印)을 항상 염두에 두고 사주풀이에 임하는 것이 올바른 방법이라는 생각이 든다.

적천수 원문

母慈滅子·關頭異
모자멸자관두이

> 어미의 사랑이 지나쳐 자식을 파멸로 이끈다는 것은 사주의 상황에 따라 다르고
>
> [母慈滅子關頭異]

적천수 해설　**반국(反局) 중 종강(從强)**

'어미의 사랑이 지나쳐 자식을 파멸로 이끈다[母慈滅子 모자멸자]'는 이치는 임금이 신하에게 의지하여 생한다[君賴臣生 군뢰신생]는 것과 비슷한 상황이다. 자세히 살펴보면 두 경우 모두 사주 안에 인성(印星)이 왕(旺)함을 알 수 있다.

'사주의 상황에 따라 다르다[關頭異 관두이]'는 것은, 군뢰신생(君賴臣生)은 비록 사주 안에 인수(印綬)가 왕하나 재성 또한 기운이 있으니[財星有氣 재성유기] 재성을 용신으로 삼아 인성을 깨뜨릴 수 있다[用財破印 용재파인]는 뜻이고, 모자멸자(母慈滅子)는 비록 사주에 재성이 있다 하더라도[縱

有財星^{종유재성}] 기운이 없으니[無氣 ^{무기}] 재성을 용신으로 삼아 인성을 깨뜨릴 수 없다는 뜻이므로 단지 어미인 인성의 성질에 순응하여[順母之性 ^{순모지성}] 그 자식인 일주(日主)를 도와야 한다[助其子 ^{조기자}]. 이 경우 세운(歲運)이 거듭 비겁(比劫)의 지지로 흐르면 여러 어미[庶母 ^{서모}]는 자애로워 자식이 편안할[庶母慈而子安 ^{서모자이자안}] 것이다. 하지만 운(運)에서 재성이나 식상을 일단 만나게 되면 어미의 성질을 거스르게 되어[逆母之性 ^{역모지성}] 자식을 낳아서 기르려는 마음[生育之意 ^{생육지의}]이 없어지니 반드시 재앙을 면하지 못할 것이다.

반국(反局) 중에서 종강(從强)의 구조를 모자멸자(母慈滅子)라고 하였다. 인중용재(印重用財)의 구조인 군뢰신생(君賴臣生)과의 차이는 재성(財星)의 기세가 있느냐 없느냐이다.

적천수 사례연구　　　반국(反局) 중 종강(從强)

❶ 모자멸자(母慈滅子)에 비겁운을 만난 경우

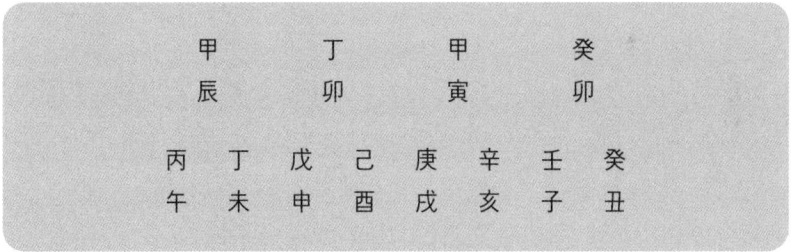

이 명조(命造)를 흔히 살인상생(殺印相生)인데 일주는 강하고 살은 약하니[身强殺淺 ^{신강살천}] 금수(金水)운에서 명리(名利)를 모두 얻을 것이라고 한다. 하지만 이는 계수(癸水)의 기운(氣運)은 이미 갑목(甲木)으로 모두 흘러들었고, 지지는 인묘진(寅卯辰)의 완전한 목방(木方)을 이루어 '목(木)이 많아 불이 꺼지는[木多火熄 ^{목다화식}]' 상황이 되어 모자멸자(母慈滅子)가 되었음을 모르고 하는 소리이다.

초운(初運)인 계축(癸丑)과 임자(壬子)운에는 목(木)을 생하고 화(火)를 극하니[生木剋火 생목극화] 일족이 죽고 재산이 날아가 고생이 심했고[刑傷破耗 형상파모], 신해(辛亥)와 경술(庚戌), 기유(己酉), 무신(戊申)운에는 토(土)가 금(金)을 생하여 왕하게 하고[土生金旺 토생금왕] 사주의 왕신인 목(木)을 범하는 잘못을 저지르니[觸犯旺神 촉범왕신] 엎어지고 자빠짐이 보통과 남달라서[顚沛異常 전패이상] 몸 둘 곳이 없었다. 따라서 육순 이전에는 되는 일이 하나도 없었으나[一事無成 일사무성], 정미(丁未)운에는 일주를 도와 일으키고[助起日元 조기일원] 어미의 성질에 순응하니[順母之性 순모지성] 기회를 잡아[得際遇 득제우] 첩을 얻어 연달아 두 아들을 낳았으며, 병오(丙午)운까지 20년 동안 수만의 재물을 일으켰으며[發財數萬 발재수만] 수명은 구순(九旬)을 넘겨 살았다.

심화학습

인월(寅月)에 태어난 정화(丁火) 일주가 비록 천간에 계수(癸水)가 투출하고 지지에 진토(辰土)가 있음에도 불구하고 인성(印星)의 뜻을 좇아 종강(從强)이 되었다는 말이다. 사주에 인성이 많은데 관살(官殺)이 온다한들 이는 인성의 기운에 흡수되어버리므로 용신(用神)으로 삼기에는 마땅하지 않다 하겠다.

금수(金水)운에 고생이 이루 말할 수 없었으나 말년의 비겁운(比劫運)인 화(火)운에 모든 것을 이루었다고 하니, 사람은 오래 살고 볼 일이란 말밖에는 달리 할 말이 없다.

❷ 모자멸자(母慈滅子)에 비겁운을 만나지 못한 경우

壬	甲	壬	壬
申	子	寅	子

庚	己	戊	丁	丙	乙	甲	癸
戌	酉	申	未	午	巳	辰	卯

이 사주는 흔히 갑목(甲木)이 이른 봄[孟春 맹춘]에 태어나 시지에 살이 홀로 맑으니[時殺獨淸 시살독청] 명성도 높고 녹봉도 많을[名高祿重 명고록중] 것이라고 한다. 하지만 이는 초봄의 목(木)은 어리고[春初嫩木 춘초눈목] 기 또한 얼어붙어[氣又寒凝 기우한응] 수(水)를 거두어 저장하지 못하는데[不能納水 불능납수], 시지(時支)의 신금(申金)은 임수(壬水)의 생지(生地)가 되고 신자(申子)의 반회국(半會局)을 이루니 모다멸자(母多滅子)가 되는 것을 모르고 하는 소리이다. 아쉽게도 운(運)에서 비겁(比劫)인 목(木)의 도움을 받지 못하고 화(火)을 만나 사주의 수(水)와 싸움을 벌이니 명리(名利)를 이루지 못할까[名利無成 명리무성] 더욱 두렵다.

초운(初運)인 계묘(癸卯), 갑진(甲辰)의 동방의 목운[東方木地 동방목지]에서는 어미의 뜻에 순응하여 자식을 도우니[順母助子 순모조자] 조상의 음덕이 아주 좋았으나[陰庇大好 음비대호], 을사(乙巳)운에 남방(南方)으로 운이 바뀌니 부모가 함께 죽고 재물은 날아가고 사람은 흩어져 떠나갔으며[財散人離 재산인리], 병오(丙午)운에 수(水)와 화(火)가 서로 싸우니[水火交戰 수화교전] 가업(家業)은 완전히 부서져 날아가버리고 죽고 말았다.

심화학습

인월(寅月)에 태어난 갑목(甲木)이 사주에 인성(印星)이 중중(重重)하여 비록 사주에 칠살(七殺)인 신금(申金)이 있음에도 불구하고 어미의 뜻을 따라 종(從)을 했다는 말이다. 그 이유는 앞에서 설명한 바와 같이 인성이 살(殺)의 기운을 흡수해버리기 때문이다.

앞의 사주와는 달리 초운(初運)의 비겁운(比劫運)에서는 좋았으나, 중운(中運)이 식상(食傷)의 운(運)으로 흘러 망한 형국이다. 이렇게 보면 모다멸자(母多滅子)에서는 비겁운이 가장 좋다는 것을 알 수 있다. 인성운은 그저 그렇다는 말이 되겠다.

夫健何爲又怕妻
부건하위우파처

남편이 강건한데 어찌하여 아내를 두려워하는가[夫健何爲又怕妻].

적천수 해설 1　　반국(反局) 중 신건(身健)에 유재관(有財官)

목(木)을 남편[夫 부]이라 한다면 토(土)는 아내[妻 처]가 된다. 일주(日主)인 목(木)이 왕하고 토(土)가 많은데[木旺土多 목왕토다] 금(金)이 없다면 토(土)가 많음을 두려워할 이유가 없다[無金不怕 무금불파]. 하지만 경신(庚申)과 신유(辛酉) 중 하나라도 사주에 있다면 토(土)는 금(金)을 생하고[土生金 토생금] 금(金)은 목(木)을 극하게 되는데[金克木 금극목], 이를 일러 '남편이 강건한데도 아내를 두려워하게 된다[夫健怕妻 부건파처]'고 한다. 운(運)에서 금(金)을 만나도 이와 마찬가지로 논한다.

　예를 들어, 갑인(甲寅)이나 을묘(乙卯) 일주이면 이를 남편이 강건하다[夫健 부건]고 하는데 사주에 토(土)가 많은데 다시 금(金)이 있거나, 혹은 인월(寅月)의 갑목(甲木) 또는 묘월(卯月)의 을목(乙木) 일주가 연(年)과 시(時)에 토(土)가 많고 천간에 경신금(庚辛金)이 투출했다면 이른바 부건파처(夫健怕妻)가 된다. 만약 목(木) 일주가 기운이 없는데[無氣 무기] 토(土)가 중중(重重)하다면 사주에 금(金)이 없다 하더라도 남편은 쇠약하고 아내는 왕하니[夫衰妻旺 부쇠처왕] 이 또한 아내를 두려워한다[怕妻 파처]. 목(木) 일주뿐만 아니라 다른 오행에도 이와 동일한 논리를 적용시키면 된다.

심화학습

부건파처(夫健怕妻)의 논리는 마치 결혼초에는 얌전하고 남편에게 순종하던 아내가 자식(특히 우리의 전통적 사고방식에 의하면 시부모들이 바라던 손자)을 낳게 되면 자식을 무기로 하여 남편에 대한 무서움은 사라지고 그 기세가 하늘을 찌르게 되어 남편에게 과감하게 대들 수 있게 되는 것에 비유할 수 있겠다.

여기서 남편을 일주(日主)라 하면 아내는 남편이 극(剋)하는 재성(財星)이며, 자식은 아내인 재성이 생(生)한 관성(官星)이 된다. 이렇게 볼 때 앞의 비유는 일주가 왕하면 재성이 많더라도 두려워하지 않다가 사주에 관성이 나타나면 재성을 두려워하게 되는 부건파처의 경우와 일치함을 알 수 있다. 매우 흥미로운 비유인 것 같아 여기에 적어둔다. 이렇게도 명리학(命理學)이라는 학문이 우리의 인생과 밀접한 관계가 있다는 사실을 다시 한 번 확인시켜주는 좋은 사례가 아닌가 한다.

적천수 해설 2 　반국(反局)의 오행전도(五行顚倒)의 원리

수(水)가 토(土)를 생할 수 있는[水生土 ^{수생토}] 경우가 있는데, 이는 수(水)가 화(火)의 맹렬함을 제어할 수 있기 때문이다[制火之烈 ^{제화지렬}]. 화(火)가 수(水)를 생할 수 있는[火生水 ^{화생수}] 것은 화(火)가 금(金)의 차가운 기운에 대적할 수 있기 때문이다[敵金之寒 ^{적금지한}]. 수(水)가 금(金)을 생할 수 있는[水生金 ^{수생금}] 것은 수(水)가 토(土)의 메마름을 촉촉이 적셔줄 수 있기 때문이다[潤土之燥 ^{윤토지조}]. 화(火)가 목(木)을 생할 수 있는[火生木 ^{화생목}] 것은 화(火)가 수(水)의 얼어붙음을 녹여줄 수 있기 때문이다[解水之凍 ^{해수지동}].

이와 더불어 역으로 극할 수 있는[反剋 ^{반극}] 경우도 있다. 화(火)가 왕한데 메마른 토(土)를 만나면[火旺逢燥土 ^{화왕봉조토}] 수(水)는 마르게 되니[水竭 ^{수갈}] 화(火)도 수(水)를 능히 극할 수 있다[火能剋水 ^{화능극수}]. 토(土)가 메말랐는데 금(金)을 거듭 만나면[土燥遇金重 ^{토조우금중}] 목(木)이 꺾이니[木折 ^{목절}] 토(土)도 목(木)을 능히 극할 수 있다[土能剋木 ^{토능극목}]. 금(金)이 많은데 수(水)가 범람함을 만나면[金重見水泛 ^{금중견수범}] 화(火)는 꺼져버리니[火熄 ^{화식}] 금(金)도 능히 화(火)를 극할 수 있다[金能剋火 ^{금능극화}]. 수(水)가 왕한데 목(木)이 성하면[水旺得木盛 ^{수왕득목성}] 토(土)에 스며드니[土滲 ^{토삼}] 수(水)도 능히 토(土)를 극할 수 있다[水能剋土 ^{수능극토}]. 목(木)이 많은데 화(火)의 치열함을 만나면[木衆逢火烈 ^{목중봉화렬}] 금(金)을 녹이니[金鎔 ^{금용}] 목(木)도 능히 금(金)을 극할 수 있다[木能剋金 ^{목능극금}].

이상과 같이 언급한 모든 것이 오행이 서로 생하고 극하는[相生相剋 ^상

생상극] 원리가 뒤바뀌는[五行顚倒 오행전도] 심오한 기틀[深機 심기]이니, 이를 일컬어 반국(反局)이라고 한다. 따라서 공부하는 사람들은 이와 같은 오묘한 이치[元妙之理 원묘지리]를 자세히 살펴보아야 함이 마땅하니, 명리학의 미묘하고도 심오한 논리들은[命學之微奧 명학지미오] 모두 이것으로부터 새어 나오는 것이다[其盡洩於此 기진설어차].

심화학습

반국(反局)의 오행전도(五行顚倒)의 원리를 부연 설명한 두 번째 단락, 즉 "화(火)가 왕한데 메마른 토(土)를 만나면[火旺逢燥土 화왕봉조토]……"부터 "금(金)을 녹이니[金鎔 금용] 목(木)도 능히 금(金)을 극할 수 있는 것이다[木能剋金 목능극금]"까지가 『적천수천미(滴天髓闡微)』에는 다르게 해석되어 있다. 하지만 『적천수징의(滴天髓徵義)』의 해석이 훨씬 더 이해하기 쉽다는 생각이다.

적천수 해설 3   부건파처(夫健怕妻)와 재다신약(財多身弱)

부건파처(夫健怕妻) 이론에서 중요한 것은 튼튼함을 의미하는 '건(健)'이라는 한 글자에 있다. 만약 일주(日主)가 튼튼하지 않다면 이는 사주에 재성(財星)이 많아 일주가 약한 형상, 즉 재다신약(財多身弱)이 되겠다. 이런 경우는 일생을 가난하게 고생만 할 것이나, 일주가 튼튼하면서[健 건] 아내를 두려워하는 부건파처는 비록 겉으로는 두려워하지만 실제로는 두려워하지 않으므로[怕而不怕 파이불파] 운(運)에서 일주를 생하고 도와주는 인성(印星)이나 비겁(比劫)을 만나면 자연스럽게 출세를 할 수 있을 것이다.

심화학습

부건파처(夫健怕妻)는 일주가 좌하(坐下)에 비겁(比劫)을 차고 앉아 있거나 비겁이 월령(月令)을 차지하여 튼튼한데[健 건], 사주에 관살(官殺)을 만나 가뜩이나 많은 재성(財星)을 제어하기에 정신이 없는 일주를 더욱 힘들게 하는 형상을 의미한다. 따라서 일주가 왕하고 재성도 왕한 사주[身旺財旺 신왕재왕]보다는 약하고, 사주에 재성이 많아 일주가 약한 사주 [財多身弱 재다신약]보다는 강한 구조라고 보면 되겠고, 인성(印星)과 비겁의 운(運)을 반기기는 마찬가지라 보면 될 것이다.

적천수 사례연구 **반국(反局) 중 신건(身健)에 유재관(有財官)**

❶ 부건파처(夫健怕妻)가 비겁을 깔고 있는 경우

辛	甲	戊	己
未	寅	辰	亥

庚	辛	壬	癸	甲	乙	丙	丁
申	酉	戌	亥	子	丑	寅	卯

갑인(甲寅) 일주가 늦은 봄[季春 계춘]인 진월(辰月)에 태어났다. 사주에 재성(財星)인 토(土)가 많은데 시간(時干)에 금(金)이 투출하여 토생금(土生金)과 금극목(金剋木)을 하니 '남편이 강건한데도 아내를 두려워하게 된다[夫健怕妻 부건파처]'고 하는 것이다.

초운(初運)이 목화(木火)이니 토금(土金)을 극(剋)하여 보내버려 일찍이 반궁(泮宮)에 입학하였고[早遊泮水 조유반수] 연달아 향시(鄕試)와 전시(殿試)에 합격했으며[連登科甲 연등과갑], 갑자(甲子)와 계해(癸亥)운에는 인성이 왕하여 일주가 생을 만나니[印旺逢生 인왕봉생] 일주는 능히 그 재관(財官)을 감당할 수 있어 벼슬이 급격히 올라갔다.

심화학습

앞에서 설명한 부건파처(夫健怕妻)의 이치에 딱 들어맞는 사례라 하겠다. 일주가 진월(辰月)에 태어나 일지(日支)에 비견(比肩)인 인목(寅木)을 깔고 앉았으니 재다신약(財多身弱)보다는 조금 나은 상황이다. 신약용겁(身弱用劫)격이라 할 수 있겠다. 따라서 용신(用神)은 일지의 인목(寅木)으로 삼고, 희신(喜神)은 목(木)을 생하여 도와주는 수(水)가 된다 하겠다. 다행스럽게도 운(運)이 비겁(比劫)과 인성(印星)의 지지로 흘러 잘 풀렸다고 보면 될 것이다.

❷ 부건파처(夫健怕妻)가 인성을 깔고 있는 경우

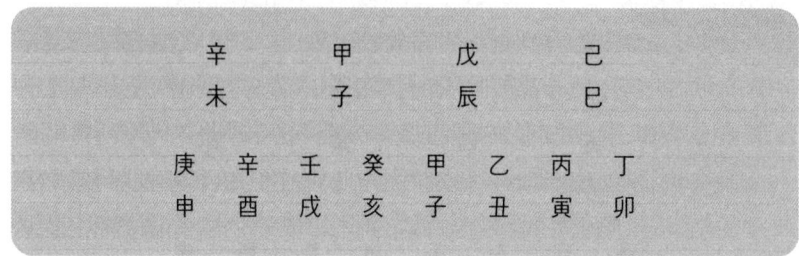

갑목(甲木)이 늦은 봄인 진월(辰月)에 태어나 목(木)은 여기(餘氣)가 있고, 일지(日支)에 인성(印星)을 깔고 앉아 중화된 형상[中和之象 중화지상]을 하고 있다. 재성(財星)이 중첩(重疊)하여 월령(月令)을 잡았으며, 시간(時干)에 관성(官星)인 신금(辛金)이 투출하여 왕한 토(土)가 금(金)을 생하니[旺土生金 왕토생금] 부건파처(夫健怕妻)이다.

초운(初運)인 목화(木火)운에는 토금(土金)을 극(剋)하여 보내버려 일찍이 반궁(泮宮)에 입학하였고[早年入泮 조년입반] 연달아 향시(鄕試)와 전시(殿試)에 합격했으나[科甲連登 과갑연등], 앞의 사주와는 달리 벼슬길이 뛰어나지 못한 것은 단지 토(土)가 병(病)이 되었기 때문이다. 앞의 사주는 해수(亥水)가 있고 일지에 비견(比肩)이 있어 지지가 이 사주보다 더욱 힘이 있다[支更健於此 지갱건어차]. 이 사주는 자수(子水)와 미토(未土)가 상천(相穿)이 되어 인성이 무너졌으나[壞印 괴인], 앞의 사주는 비견인 인목(寅木)이 능히 토(土)를 제어하여 인성을 보호해주었기[制土護印 제토호인] 때문이다.

심화학습

두 사주의 차이는 지지에 비겁(比劫)이 있느냐 없느냐에 있다. 두 사주 모두 일주(日主) 자체가 튼튼하고[健 건] 사주의 천간에 관살(官殺)이 있으니 부건파처(夫健怕妻)라 할 수 있다. 다만, 사주에 재성(財星)이 많고 관살이 투출했을 경우 비겁을 쓸 수 있느냐 없느냐를 먼저 보아야 하니, 지지에서 도와주는 비겁이 없으면 그 사주의 질(質)은 떨어진다는 것을 보여주는 사례이다.

상천(相穿)은 육해(六害)의 다른 말이라고 한다.

제 7 장

體用精神

체용정신

1. 체용(體用) – 형상격국(形象格局)과 용신(用神)

적천수 원문

道有體用　不可以一端論也　要在扶之抑之得其宜
도유체용　　불가이일단론야　　요재부지억지득기의

> 도(道)에는 체(體)와 용(用)이 있으니 한 가지만 가지고 논해서는 안 된다
> [道有體用 不可以一端論也].
> 억누르고 도와주되[抑扶, 억부] 그 중 마땅한 방법을 얻는 것이 중요하다
> [要在扶之抑之得其宜].

적천수 해설　　**체용(體用) – 형상격국(形象格局)과 용신(用神)**

체(體)란 형상과 격국[形象氣局 형상기국]을 이르는 말인데, 만약 형상(形象)과 격국(格局)이 없으면 일주(日主)가 체가 된다. 용(用)이란 용신(用神)을 이르는 말인데, 체용(體用) 외에 달리 용신이 있는 것은 아니다. 『적천수(滴天髓)』 원주(原注)에서 "체용과 용신에는 분별이 있다[體用與用神有分別 체용여용신유분별]"라고는 했으나, 이에 대한 상세한 설명 없이 모호하게 끝을 맺으니 체용을 제외하고 다른 곳에서 별도로 용신을 구할 수 없음을 알 수 있다. 『적천수』 원문(原文) 마지막 구절에서 "중요한 것은 억누르고 도와주되[抑扶 억부] 그 중 마땅한 방법을 얻음에 있다[要在扶之抑之得其

宜 요재부지억지득기의]"고 말한 것으로 미루어 보아, 체용의 쓰임새가 나타나 보이면[顯見體用之用 현견체용지용] 곧 용신으로서 의심할 여지가 없는 것이 아니겠는가[卽用神無疑矣 즉용신무의의].

왕한 것은 눌러주고[旺者抑 왕자억] 약한 것은 도와주는[弱者扶 약자부] 것이 비록 바꾸어 고칠 수 없는 법[不易之法 불역지법]이라고는 하지만, 바꾸어 고칠 수 없는 것[不易 불역] 중에도 변하여 바뀌는[變易 변역] 것이 있으니, 오직 마땅한 방법을 얻는다[得其宜 득기의]는 '득기의(得其宜)' 세 글자를 면밀히 살펴야 한다.

왕(旺)한 것은 눌러주어야[抑 억] 하지만 누를 수 없을 경우에는 오히려 도와주는 것이 마땅하고[宜扶 의부], 약(弱)한 것은 도와주어야[扶 부] 하지만 도와줄 수 없는 경우에는 오히려 눌러주는 것이 마땅하다[宜抑 의억]는 것이 명리학(命理學)의 진정한 기틀[眞機 진기]이며, 오행이 서로 생하고 극하는[相生相剋 상생상극] 이치가 뒤바뀌는[五行顚倒 오행전도] 오묘한 작용이다. 대개 왕함이 극(極)에 달하면 눌러주어야[抑 억] 하지만 오히려 노여움을 일으키게 되어[反激 반격] 해(害)를 입게 되므로 그 강함을 좇아 도와주어야 함이 마땅하다[宜從其强而扶 의종기강이부]. 약함이 극에 달하면 도와주어야[扶 부] 하지만 헛수고만 하고 별 소용이 없으므로[徒勞無功 도로무공], 그 약함을 좇아 눌러주어야 함이 마땅하다[宜從其弱而抑 의종기약이억]. 이것이 바로 한 가지만으로 논해서는 안 된다[不可以一端論 불가이일단론]는 것이다.

만약 일주가 왕하다면 제강(提綱), 즉 월지(月支)에 관살(官殺)이나 재성(財星)이나 식상(食傷)이 있다면 이들 모두가 용신이 될 수 있다. 일주가 쇠(衰)하다면 별도로 사주 간지에서 일주를 도와줄[幫身 방신] 인성(印星)이나 비겁(比劫)을 찾아서 용신으로 삼는다. 월지 즉 제강을 녹인(祿刃) 즉 비겁이 차지하면 곧 제강이 체가 되는데, 그 대세(大勢)를 살펴보아 사주 간지의 식상이나 재관(財官) 중에서 자리를 제대로 잡은 것을 찾아[尋其得所者 심기득소자] 용신으로 삼는다. 만약 사주 간지에 재성이나 관살이 지나치게 왕하다면[財殺過旺 재살과왕] 제강을 비겁이 차지하여 일주가 왕한 것 같더라도 약으로 변할 것이니[旺中變弱 왕중변약], 모름지기 일주를 도와[幫身 방신] 재살을 제어하여 따르게 할 수 있는[財殺制化 재살제화] 인성이나 비겁을 찾아 용신으로 삼아야 한다.

일주가 체가 될 경우 일주가 왕하고 인수가 많다면[印綬多 인수다] 반드시 재성을 용신으로 삼고, 일주가 왕하고 관살이 가벼우면[官殺輕 관살경] 이 또한 재성을 용신으로 삼아야 한다. 일주가 왕한데 비겁이 많고 재성이 없으면[比劫多而無財星 비겁다이무재성] 식상이 용신이 되고, 일주가 왕한데 비겁이 많고 재성이 가벼우면[比劫多而財星輕 비겁다이재성경] 이 또한 식상이 용신이 된다. 일주가 왕한데 관성이 가볍고 인수가 무거우면[官星輕而印綬重 관성경이인수중] 재성이 용신이 된다.

일주가 약하고 관살이 왕하면[官殺旺 관살왕] 인수(印綬)가 용신이 되고, 일주가 약하고 식상이 많으면[食傷多 식상다] 이 또한 인수가 용신이 된다. 일주가 약하고 재성이 왕하면[財星旺 재성왕] 비겁이 용신이 된다. 일주와 관살의 세력이 서로 균등하게 머무르면[身殺兩停 신살양정] 식상이 용신이 되고, 일주와 재성의 세력이 서로 균등하게 대적하면[身財均敵 신재균적] 비겁이 용신이 된다. 이 모두는 용신이 타당한 것이라 하겠다.

만약 일주가 힘을 쓸 수 없어서[不能爲力 불능위력] 사주의 다른 천간과 합(合)을 하여 화(化)를 했는데[合別干而化 합별간이화] 그것이 참되다면[化之眞 화지진] 그 화신(化神)이 체가 된다. 화신이 넉넉하다면[化神有餘 화신유여] 화신을 설(洩)하는 신(神)을 용신으로 삼으며, 화신이 모자란다면[化神不足 화신부족] 화신을 생조(生助)하는 신을 용신으로 삼는다.

방국(方局)과 회국(會局) 및 곡직(曲直), 염상(炎上), 가색(稼穡), 종혁(從革), 윤하(潤下)의 오격(五格)은 일주가 원신(元神)이니 곧 격의 형상[格象 격상]이 체가 된다. 이들은 그 기상(氣象)을 생하여 도와주는[生助 생조] 인성을 용신으로 삼거나, 혹은 기상을 설하는 식상을 용신으로 삼거나, 인성을 극(剋)하는 재성을 용신으로 삼을 수 있다. 다만 관살을 용신으로 삼는 것은 마땅하지 않다 하겠다. 나머지는 격국의 기세(氣勢)와 의향(意向)을 판단하여 이에 따라 용신을 정하되, 한 가지를 너무 고집해서는 안 된다는 말이다.

만약 격(格)도 없고 국(局)도 없으며 사주에서 취할 용신마저 없거나,

설령 사주에서 용신을 취했다 하더라도 한신(閑神)에 의해 합을 당해버렸거나[合住 합주], 혹은 충신(沖神)에 의해 충을 당해 깨졌거나[損傷 손상], 혹은 기신(忌神)에 의해 위협을 받아 점령당했거나[劫占 겁점], 혹은 객신(客神)에 의해 중간이 가로막혀서 통하지 못하면[阻隔 조격], 용신이 일주를 돌볼 수 없을 뿐만 아니라 일주 또한 용신을 돌볼 수 없게 된다. 만약이런 경우에 세운(歲運)에서 그 합신(合神)을 충으로 깨뜨려버리거나, 그충신과 합을 해버리거나, 그 기신의 겁점(劫占)을 제거해버리거나[制其劫占 제기겁점], 그 객신을 제거해 막힌 통로를 뚫어준다면[通其阻隔 통기조격], 이를 일러 '세운이 안정되고 편안하여[歲運安頓 세운안돈] 세운을 따라 용신을 취한다[隨歲運取用 수세운취용]'고 하니 사주의 길(吉)함을 잃지 않을 것이다.

『적천수』원주에 보면, "한 사주에 용신이 2, 3, 4, 5개씩 있다면[二三四五處用神者 이삼사오처용신자] 이는 틀림없이 묘한 사주가 아니다[的非妙造 적비묘조]"라고 했으나, 이러한 말씀은 크게 잘못된 것이다[此說大謬 차설대류]. 사주에는 단지 여덟 글자만 있는데 만약 그 중에서 네댓 개의 글자를 용신으로 삼는다면, 일간(日干)을 제외하고 겨우 두 글자만 용신으로 쓰이지 않고 남으니 결단코 이런 이치는 없다는 것이다.

결론적으로 말하면, 사주에 용신이 있건 없건 간에 하나를 용신으로정했다면 그것으로 이미 확정된 것이니 바꿀 수 없다. 사주 중에는 단지희용(喜用)의 두 글자가 있어야 하는데, 용신이란 일주가 반기는[日主所喜 일주소희] 것으로 처음부터 끝까지 의지하는[始終依賴 시종의뢰] 신(神)을 말한다. 희신(喜神)이란 용신을 거들어 도와주는[幇助用神 방조용신] 신을 말하며, 기신이란 용신을 극하고 해치는[剋害用神 극해용신] 신을 말한다. 이들을 제외한 것들은 모두 한신이나 객신인데 명리학을 공부하는 사람들은 자세히 살펴 연구함이 마땅하다.

대개 천간(天干)의 작용은 생은 곧 생이고[生則生 생즉생] 극은 곧 극이며[剋則剋 극즉극] 합은 곧 합이고[合則合 합즉합] 충은 곧 충이니[沖則沖 충즉충] 단순 명료하여 이들의 이치를 헤아리기가 쉬우나[易於取財 이어취재], 지지(地支)의 작용은 지장간(支藏干)의 상호작용으로 인해 종종 같지 않을 경우가 있다. 따라서 천간은 보기가 쉽지만[天干易見 천간이견] 지지는 추리하기 어려운[地之難推 지지난추] 것이다.

심화학습

한마디로 형상격국(形象格局)과 용신(用神)을 따로 생각해서는 안 된다는 말이다. 오로지 사주 전체의 형상을 살펴 억부(抑扶)를 논함으로써 왕한 것은 눌러주고[旺者抑 왕자억] 약한 것은 도와주는[弱者扶 약자부] 기본적인 원칙에 준거하여 용신을 찾으라는 것이다. 다만, 오행이 서로 생하고 극하는[相生相剋 상생상극] 이치와 함께 이것이 뒤바뀌는[五行顚倒 오행전도] 오묘한 이치가 또한 존재하고 있으므로 그 중 가장 합리적인 방법을 적용하여 용신을 찾아 나가야 한다는 것을 강조하고 있다. 또한 용신과 희신(喜神)을 정의하면서 용신은 일주가 필요로 하는 신이고, 희신은 용신을 도와주는 신이라고 하였다. 따라서 신약용인(身弱用印)의 희신은 비겁(比劫)이 될 수도 있지만, 용신이 약할 경우에는 관살(官殺)도 희신 역할을 할 수 있는 것이다. 잘 기억해두기 바란다.

『적천수징의(滴天髓徵義)』에는 '체(體)란 형상기국(形象氣局)을 말한다'라고 되어 있으나, 여기서는 '기국(氣局)'을 '격국(格局)'으로 바꾸어 표기하였다. 또한 세운(歲運)이란 말이 계속 나오는데, 이는 매해의 운인 연운(年運)을 말하는 것이 아니라 대운(大運)을 의미한다고 보면 될 것이다.

적천수 사례연구 **체용(體用)의 오행전도(五行顚倒)**

❶ 왕(旺)함이 극(極)에 달하여 종(從)하는 경우

癸	丙	甲	丙
巳	午	午	寅

壬	辛	庚	己	戊	丁	丙	乙
寅	丑	子	亥	戌	酉	申	未

병오(丙午) 일주가 한여름인 오월(午月)에 태어나 월지(月支)와 일지(日支)에 양인(陽刃)을 깔고 앉았다. 연지(年支)에서 생(生)을 만나고 시지(時支)에 비견(比肩)을 얻었으며, 연월(年月) 양간(兩干)에 병화(丙火)와 갑목(甲木)이 투출하여 맹렬한 화(火)가 목(木)을 불사르니 왕(旺)하기가 극(剋)에 달했다 하겠다. 시간(時干)의 한 점 계수(癸水)는 말라붙었으니 강한 화(火)의 세력을 좇아 종(從)할 수밖에 없다 하겠다.

운(運)에서 목화토(木火土)를 만날 때에 재물이 날로 늘어나는 것이 기뻤으나, 신유(申酉)운 중에 일가족이 죽고 재산이 날아가 고생이 극심했고[刑傷破耗^{형상파모}], 해수(亥水)운에 이르러 맹렬한 화(火)를 격분하게 하니 가업은 다 깨어지고 죽고 말았다. 소위 왕함이 극에 달한 경우 눌러주면[抑^억] 오히려 노여움을 일으키게 되어[反激^{반격}] 해(害)를 입게 된다는 것이다.

심화학습

이 명조(命造)는 본 장(章)에서 언급한 체용(體用)의 논리에 의하면 '월지(月支)를 겁재(劫財)가 차지하여 제강(提綱)이 체(體)가 된 경우'로, 일주(日主)가 왕하니 사주 간지의 식상(食傷)이나 재관(財官) 중에서 자리를 제대로 잡은 것을 찾아 용신으로 삼아야 한다. 하지만 사주에는 오직 관성(官星)인 계수(癸水)만 시간(時干)에 유일하게 투출했고 이 또한 맹렬한 화(火)의 공격으로 말라붙어버렸으니, 왕(旺)함이 극(極)에 달하면 눌러주어야[抑^억] 하지만 오히려 노여움을 사 해(害)를 입게 되므로 그 강함을 따라 종(從)하여 도와주어야 함이 마땅하다[宜扶^{의부}]는 오행전도(五行顚倒)의 논리를 적용하여 종왕(從旺)이 된 것으로 해석하였다.

살아온 과정으로 보아 해석상 문제점이 없으니 종왕이라고 볼 수 있으나, 한번쯤 시간의 관성을 용신으로 삼는 것도 고민해볼 필요가 있다는 생각이다.

❷ 약(弱)함이 극(極)에 달하여 종(從)하는 경우

丙	丙	庚	戊
申	申	申	寅

戊	丁	丙	乙	甲	癸	壬	辛
辰	卯	寅	丑	子	亥	戌	酉

병화(丙火) 일주가 초가을인 신월(申月)에 태어나 가을의 금(金)이 당령(當令)하고, 지지에 3개의 신금(申金)이 인목(寅木)을 충(沖)하여 병화(丙火)의 뿌리는 이미 뽑혀버렸다. 시간(時干)의 비견(比肩) 역시 일주에 힘을 보태주기는 불가능하고 연월(年月) 양간(兩干)에 또 금토(金土)가 투출했으니, 오로지 일주는 그 일주를 약하게 하는 세력을 좇아 종(從)하는 수밖에 없다.

재성(財星)인 금(金)을 좇아 종재(從財)를 하게 되니 비견인 병화(丙火)가 병(病)이 된다. 따라서 지지에 수(水)가 왕한 운에서는 비견을 제거하여 사업이 잘되었으나 병인(丙寅)운에 들어 일주를 도와주어[幇身 방신] 고생이 이루 말할 수 없었으니[刑傷破耗 형상파모], 이른바 '약(弱)함이 극(極)에 달하면 도와주어야[扶 부] 하지만 헛수고만 하고 별 소용이 없으므로[徒勞無功 도로무공] 오히려 해(害)가 된다'는 말이다.

이러한 격국(格局)이 자못 많은데 흔히들 앞의 명조(命造)는 반드시 금수(金水)를 용신으로 삼아야 하고, 본 명조는 반드시 목화(木火)를 용신으로 삼아야 한다고 말하지만, 그렇게 하면 사람의 길흉(吉凶)이 뒤바뀌어[顚倒 전도] 도리어 명리학(命理學)이란 믿을 것이 못 된다고 탓할까 염려되어 특별히 이 두 명조를 그 증거로 제시한다.

심화학습

이와 같이 단정적으로 이야기하니 뭐라 토를 달기가 겁이 날 정도이다. 그 이유는 '웬만하면 사주를 정격(正格)으로 보고 용신(用神)을 찾아본다'

는 기본 원칙이 흔들리기 때문이다. 다만 앞에서 언급한 두 명조의 해석이 그 사람의 살아온 과정과 일치하니 이 두 사주는 종(從)의 논리로 해석하는 것이 옳다고 본다.

하지만 이것은 오행전도(五行顚倒)의 논리를 내세워 우리가 간과하기 쉬운 '도(道)에는 체(體)와 용(用)이 있으니 한 가지만으로 논해서는 안 된다[道有體容 不可以一端論也 도유체용 불가이일단론야]'는 사실을 다시 한 번 더 강조하기 위해 예외적인 사례를 골라내 제시한 것은 아닌지 생각해볼 수도 있다. 따라서 이와 유사한 사주를 접하게 될 경우 일단은 정격으로 분석해본 후에 그 결과가 그 사주주인공이 살아온 과정과 일치하지 않을 경우에는 종의 논리로 해석해도 늦지 않을 것이라는 생각이다.

2. 정신(精神) – 정(精)·기(氣)·신(神)

적천수 원문

人有精神　　不可以一偏求也　　要在損之益之得其中
인유정신　　불가이일편구야　　요재손지익지득기중

> 사람에게는 정(精)과 신(神)이 있는데 한쪽만 가지고 구하려 해서는 안 된다
> [人有精神 不可以一偏求也].
> 덜어주고 보태주되[損益, 손익] 그 중화(中和)를 얻는 것이 중요하다
> [要在損之益之得其中].

적천수 해설 1　　　**정신(精神)의 손익적중(損益適中) – 중화(中和)를 얻는다**

정(精)이란 나를 생하는 신[生我之神 생아지신]이고, 신(神)이란 나를 극하는 것[剋我之物 극아지물]이며, 기(氣)란 나의 본기가 넉넉히 이어지는[本氣貫足 본기관족] 것이다. 이들 셋 중에서 정이 주(主)가 되니, 정이 넉넉하면 기가 왕하고[精足則氣旺 정족즉기왕] 기가 왕하면 신이 왕하다[氣旺則神旺 기왕즉신왕]. 오로지 금수(金水)가 정기(精氣)이고 목화(木火)가 신기(神氣)라는

것은 아니다. 원문(原文) 말미에서 이르기를, "덜어주고 보태주되 그 중화를 얻는 것이 중요하다[要在損之益之得其中 요재손지익지득기중]"라고 했는데, 이것은 금수(金水)가 정이고 목화(木火)가 신이라는 것은 분명히 아님을 드러내주는 말이다. 반드시 오행의 기운이 흘러 통하여 생성하고 변화하여[流通生化 유통생화], 그 덜어주고 보태줌이 중화를 이루어야만[損益適中 손익적중] 사주에 정기신(精氣神) 세 성분이 모두 제대로 갖추어지는 것이 아니겠는가.

자세히 살펴보면 이러한 정신(精神)은 일주(日主)나 용신(用神) 또는 체상(體象)에만 있는 것이 아니라 사주의 오행(五行) 모두에 있음을 알 수 있다. 따라서 남으면 덜어주고[有餘卽損 유여즉손] 모자라면 보태주는[不足卽益 부족즉익] 것이 정해져 바뀔 수 없는 이치[一定不易之理 일정불역지리]라고는 하지만, 정해진 이치 중에서 그렇지 않은 것[一定中之不定 일정중지부정]도 있으니 자세히 살펴야 할 것은 오직 '그 중화를 얻는 것[得其中 득기중]'이란 세 글자이다.

덜어준다[損 손]는 것은 극하여 제하는[剋制 극제] 것을 말하고, 보태준다[益 익]는 것은 생하여 도와주는[生扶 생부] 것을 말한다. 남는 것이 너무 많아 덜어주는 것이 허물이 되면[有餘損之過 유여손지과] 오히려 흘려보내는[洩 설] 것이 마땅하고, 너무 모자라 보태주는 것이 허물이 되면[不足益之過 부족익지과] 오히려 떠나보내는[去 거] 것이 마땅하다. 이것이 바로 덜어주고 보태주는 이치의 오묘한 운용법[損益之妙用 손익지묘용]이다. 대개 남는 것이 지나친데[過於有餘 과어유여] 이를 극하여 덜어내려다 보면[損 손] 도리어 그를 노하게 하여 성질만 건드리게 되니[反觸其怒 반촉기로] 그 남음에 순응하여[順其有餘 순기유여] 설(洩)하는 것이 마땅하고, 모자란 것이 지나치면[過於不足 과어부족] 이를 보태주려 해봐야 별 도움이 되지 못하니[益不受補 익불수보] 오히려 모자람을 좇아[從其不足 종기부족] 떠나보내는 것[去 거]이 마땅하다. 이것이 바로 '한쪽만 가지고 구하려 해서는 안 된다[不可以一偏求 불가이일편구]'는 것이다.

결론적으로 말하면, 정이 지나치게 넉넉하면[精太足 정태족] 그 기를 보태주는[益其氣 익기기] 것이 마땅하고, 기가 지나치게 왕성하면[氣太旺 기태

왕] 그 신을 도와주는[助其神 조기신] 것이 마땅하며, 신이 지나치게 새어 나
가면[神太洩 신태설] 그 정을 불려주는[滋其精 자기정] 것이 마땅하다. 이렇게
하면 생화유통(生化流通)이 제대로 이루어져 신은 맑고 기는 굳세게 되
는 것이다[神淸氣壯 신청기장]. 만약 정이 지나치게 넉넉한데[精太足 정태족]
오히려 그 기를 덜어주거나[反損其氣 반손기기], 기가 지나치게 왕성한데[氣
太旺 기태왕] 오히려 그 신을 손상시키거나[反傷其神 반상기신], 신이 지나치게
새어 나가는데[神太洩 신태설] 오히려 그 정을 누른다면[反抑其精 반억기정],
이는 곧 치우쳐 메마르고 뒤섞여 어지러울 테니[偏枯雜亂 편고잡란] 정은 꼬
이고 신은 메마르게[精索神枯 정삭신고] 될 것이다. 따라서 수(水)가 넘쳐 목
(木)이 떠오르면[水泛木浮 수범목부] 목(木)에 정신(精神)이 없고, 목(木)이
많아 화(火)가 거세지면[木多火熾 목다화치] 화(火)에 정신이 없으며, 화(火)
가 많아 토(土)가 갈라 터지면[火炎土焦 화염토초] 토(土)에 정신이 없고, 토
(土)가 많아 금(金)이 파묻히면[土重金埋 토중금매] 금(金)에 정신이 없으며,
금(金)이 많아 수(水)가 약해지면[金多水弱 금다수약] 수(水)에 정신이 없는
것이다. 따라서 덜어주고 보태줌이 중화를 이루는[損益適中 손익적중] 것
이 중요하며, 그리하면 정신은 자연스레 넉넉하게[精神自足 정신자족] 될
것이다.

심화학습

『적천수(滴天髓)』 원주(原注)에는 "오행은 대체로 금수(金水)가 정기(精
氣)이고 목화(木火)가 신기(神氣)이며 토(土)는 그것으로 인해 결실을 맺
는 것이다[所以實之者 소이실지자]"라고 되어 있다. 하지만 『적천수천미(滴
天髓闡微)』에서는 "오로지 금수(金水)가 정기이고 목화(木火)가 신기라는
것은 아니다. 원문(原文) 말미에서 이르기를, '덜어주고 보태주되[損益 손
익] 그 중화를 얻는 것이 중요하다[要在損之益之得其中 요재손지익지득기중]'라
고 했는데, 이것은 금수(金水)가 정(精)이고 목화(木火)가 신(神)이라는
것은 분명히 아님을 드러내주는 말이다"라면서 유백온(劉伯溫)의 이론을
반박하고 있음을 알 수 있다. 『적천수징의(滴天髓徵義)』에는 이 말이 누
락되어 있으나 독자들의 이해를 돕기 위해 윗글에 삽입하여 부연 설명하

였음을 밝혀둔다.

본문에서 정신(精神)은 일주(日主)나 용신(用神) 또는 체상(體象)에만 있는 것이 아니라 사주의 오행(五行) 모두에 있다고 하였다. 따라서 자칫 잘못하여 본 장(章)에서 언급한 나[我아]를 일주로 국한시켜 해석하면 혼란을 불러일으킬 수 있으니 주의해야 한다. 다만 앞의 사례는 일주를 나[我아]로 대입한 것이다. 이 경우 정(精)은 일주를 생(生)하는 인성(印星)이 되고, 기(氣)는 일주와 같은 비겁(比劫)이 되며, 신(神)은 일주를 극(剋)하는 관살(官殺)이라고 할 수 있다.

다만 뒤에서 추가로 언급한 손익적중(損益適中)의 두 가지 방법에서 극설(剋洩)을 구분해놓은 것으로 미루어 보아 식상(食傷)도 신(神)으로 간주하고 있다고 보아야 한다. 그렇다면 신이란 나를 극하는 것[剋我之物극아지물]일 뿐 아니라 나를 설하는 것[洩我之物설아지물]도 된다는 말이다.

적천수 해설 2　　**이발어표(裏發於表)와 표달어리(表達於裏)**

『적천수』 원주(原注)에서 "금수(金水)가 정기(精氣)이고 목화(木火)가 신기(神氣)이다"라고 한 것은 인체의 오장(五臟)을 가지고 정신(精神)을 논한 것에서 비롯하였다. 폐(肺)는 금(金)에 속하고 신장(腎臟)은 수(水)에 속하는데, 금수(金水)는 상생(相生)하되 속으로 모여 쌓이므로[藏於裏장어리] 정기(精氣)라고 하였다. 간(肝)은 목(木)에 속하고 심장(心臟)은 화(火)에 속하는데, 목화(木火)는 상생하되 겉으로 나가므로[發於表발어표] 신기(神氣)라고 하였다. 비장(脾臟)은 토(土)에 속하는데, 두루 온몸으로 이어지니[貫於周身관어주신] 토(土)는 그것으로 인해 결실을 맺는다[所以實之소이실지]. 만약 사주 중에 드러난 이치로서의 정신[命中之表理精神명중지표리정신]을 논한다면, 금수(金水)가 정(精)이고 목화(木火)가 신(神)이라고 논하지 않았을 것이다.

예를 들어 비유하면, 왕한 것을 설하는 것이 마땅한[旺者宜洩왕자의설] 경우에 설신이 기를 얻으면[洩神得氣설신득기] 정이 넉넉해지니[精足정족], 이는 속에서 겉으로 따라 나가는[從裏發於表종이발어표] 것이고 신도 저절로 넉넉해지는[神自足신자족] 것이다. 왕한 것을 극하는 것이 마땅한[旺者

474

제3부 적천수 실전풀이

宜剋 ^{왕자의극}] 경우에 극신이 힘이 있으면[剋神有力 ^{극신유력}] 신이 넉넉해지니[神足 ^{신족}], 이는 겉에서 비롯되어 속에 다다르는[由表達於裏 ^{유표달어리}] 것이고 정도 저절로 넉넉해지는[精自足 ^{정자족}] 것이다.

예를 들어 토(土) 일주가 사계월(四季月)인 진술축미(辰戌丑未)월에 태어나 사주에 토(土)가 많고 목(木)이 없으며[土多無木 ^{토다무목}] 천간에 경신(庚辛)이 투출하거나[干透庚辛 ^{간투경신}] 지지에 신유(申酉)를 간직하고 있다면[支藏申酉 ^{지장신유}], 이를 일러 '속에서 겉으로 나간다[裏發於表 ^{이발어표}'고 하고, 정이 넉넉하고 신은 안정되었다[精足神定 ^{정족신정}]고 하겠다. 만약 토(土)가 많고 금(金)이 없으며[土多無金 ^{토다무금}] 천간에 갑을(甲乙)이 투출하거나[干透甲乙 ^{간투갑을}] 지지에 인묘(寅卯)를 간직하고 있다면[支藏寅卯 ^{지장인묘}], 이를 일러 '겉이 속에 다다른다[表達於裏 ^{표달어리}]'고 하고, 신이 넉넉하고 정은 편안하다[神足精安 ^{신족정안}]고 하겠다. 토(土)를 예로 들어 논하면 이와 같으니, 다른 오행(五行)도 마찬가지 논리로 해석하면 되므로 자세히 연구해봄이 마땅할 것이다.

심화학습

첫 단락인 "『적천수』 원주(原注)에서 '금수(金水)가 정기(精氣)이고 목화(木火)가 신기(神氣)이다'라고 한 것은……"부터 "……금수(金水)가 정(精)이고 목화(木火)가 신(神)이라고 논하지 않았을 것이다"까지는 『적천수징의(滴天髓徵義)』에는 누락되어 있어 앞뒤 문맥의 연결이 매끄럽지 않아 이해하기에 어려움이 있었다. 따라서 『적천수천미(滴天髓闡微)』를 참조하여 윗글에 삽입하여 부연 설명했음을 밝혀둔다.

맨 마지막에 언급한 이발어표(裏發於表)와 표달어리(表達於裏)의 논리는 일주(日主)가 왕(旺)한 경우에 그 왕한 기운을 식상(食傷)으로 설(洩)할 것인가[裏發於表 ^{이발어표}] 혹은 관살(官殺)로 극(剋)할 것인가[表達於裏 ^{표달어리}]의 구분으로, 사주의 형상(形象)에 따라 적절한 방법을 적용하라는 의미라고 보면 되겠다. 여기에서 짐작할 수 있는 것은 육신(六神) 중 식상은 속에 지니고 있는 생각이나 감정을 밖으로 표현하려는 성질을 지닌 신(神)이고, 관살은 밖으로 드러난 자신의 생각이나 감정을 가급적 억제하려는 성질을 지닌 신이라는 것이다. 이는 〈제12장 성정(性情) – 성격 및 심리구조〉에서 자세히 다루어질 것이다.

적천수 사례연구 　 **정(精)·기(氣)·신(神)**

❶ 오행이 유통생화(流通生化)하는 경우

戊	丙	甲	癸
戌	寅	子	酉

丙	丁	戊	己	庚	辛	壬	癸
辰	巳	午	未	申	酉	戌	亥

이 명조(命造)는 인성(印星)인 갑목(甲木)이 정(精)이 된다. 쇠약한 목(木)이 수(水)의 생(生)을 받고 일지(日支)에 녹왕(祿旺)인 인목(寅木)을 만나 정이 넉넉하다 하겠다. 따라서 무토(戊土)는 신(神)이 되는데, 지지의 술토(戌土)에 통근(通根)하고 인목(寅木)을 잡아 인오술(寅午戌) 화국(火局)의 반회국(半會局)을 이루니 신도 왕(旺)하다 하겠다.

관은 인을 생하고[官生印 관생인] 인은 일주를 생하며[印生身 인생신] 일지(日支)에 장생(長生)을 깔고 앉아 기(氣)가 넉넉히 통하니[貫足 관족], 사주의 기운은 흘러 통하고 생성하여 변화를 얻었고[流通生化 유통생화] 오행(五行)을 두루 갖추어 상하좌우가 정으로 협력하고 어그러짐이 없다[情協不悖 정협불패]. 관(官)이 와도 감당할 수 있고, 겁재(劫財)가 오면 관이 있으며 상관(傷官)이 오면 인성이 있으니, 동서남북(東西南北)의 어느 운(運)이 오더라도 상관 없다. 따라서 일생을 부귀(富貴)와 수복(壽福)을 누리고 살았으니 가히 아름답다 할 수 있지 않겠는가.

심화학습

간단히 말해서 연지(年支)의 유금(酉金)에서 시작하여 금생수(金生水) → 수생목(水生木) → 목생(木生火) → 화생토(火生土)로 흐르는 연주상생(連珠相生)의 형상이니 매우 좋은 사주라는 것이다. 오행의 흐름이 막히지 않으면 어떤 운이 오더라도 상관 없다는 말이다.

❷ 오행이 유통생화(流通生化)하지 못한 경우

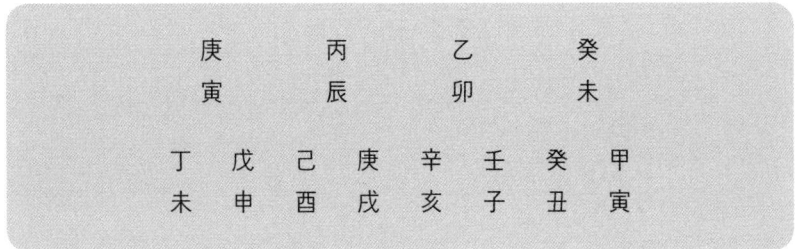

이 명조(命造)의 대세(大勢)를 살펴보고 관인상생(官印相生)에 시간(時干)에 편재(偏財)가 있으며 오행 중에 빠진 것이 없어 사주가 순수하니 귀격(貴格)이라고 한다면 이는 모르고 하는 소리이다.

재관(財官) 두 글자는 휴수(休囚)이고, 둘이 멀리 떨어져 있어 서로를 돌보지 못한다. 지지는 인묘진(寅卯辰) 목방(木方)을 이루고, 묘월(卯月) 봄의 토(土)는 극(剋)을 받아 목숨이 다하니 금(金)을 생(生)할 수 없으며, 금(金)은 절지(絶地)에 임하여 수(水)를 생할 수 없다. 또한 수(水)의 기운은 목(木)에게 설(洩)을 당해 완전히 고갈되었고 목(木)의 기운은 더욱 왕(旺)하게 되었으니, 이로 인해 화(火)는 더욱 치열하게 되고, 화(火)가 치열하면 기(氣)는 넘어지고[斃 폐], 기가 넘어지면 신(神)은 메마르게 [枯 고] 된다.

운이 북방(北方)으로 흘러 기인 병화(丙火)를 손상시키고, 오히려 정(精)인 목(木)을 도와주게 된다. 금(金)운에 들어 이른바 '남는 것이 지나친데[過於有餘 과어유여] 이를 극하여 덜어내려다 보면[損 손] 도리어 그를 노하게 하여 성질만 건드리게 되어[反觸其怒 반촉기로]' 평생을 되는 일 하나 없이 고생만 했고[終身碌碌 종신록록] 명리를 이루지 못하였다[名利無成 명리무성].

일주(日主)인 병화(丙火)를 기(氣), 인성(印星)인 목(木)을 정(精), 관성(官星)인 수(水)를 신(神)으로 본 것 같다. 각 오행이 골고루 있으니 손익적중(損益適中)이라 할 수도 있겠으나, 앞의 사주와는 달리 상생유통(相生流通)의 형태를 갖추지 못해 사주의 질(質)이 떨어졌다고 볼 수 있다.

인성이 과다하여 정이 지나치게 남는데, 재성(財星)으로 이를 극(剋)하여 덜어내려다[損손] 힘없는 재성이 오히려 목(木)을 노하게 하여 성질만 건드린 꼴이 되었다고 해석된다. 따라서 묘월(卯月)에 태어난 병화(丙火)가 지지에 인묘진(寅卯辰)의 완전한 목방(木方)을 이루어 신왕(身旺)하여 종강(從强)이 된 것으로 보고 있음을 알 수 있다.

하지만 시간(時干)의 재성인 경금(庚金)을 용신으로 하는 인중용재(印重用財) 또는 기인취재(棄印取財)로 보고, 수(水)운을 만나 설(洩)을 당하니 재성은 더욱 약해지고 식상(食傷)의 도움 또한 과다한 인성으로 인해 기대할 수 없어 뜻을 이루지 못했다고 해석해도 무리가 따르지 않는다 하겠다.

3. 쇠왕(衰旺) - 그 진기(眞機)와 오행전도(五行顚倒)

能知衰旺之眞機　其於三命之奧　思過半矣
능지쇠왕지진기　　기어삼명지오　　사과반의

일주(日主)의 쇠약함과 왕성함[衰旺, 쇠왕]을 판별하는 올바른 기틀을 능히 알아냈다면
[能知衰旺之眞機]

삼명(三命)의 오묘함을 이미 반 이상은 터득했다고 할 수 있으며
[其於三命之奧 思過半矣]

월령(月令)을 얻으면[得時득시] 모두 왕(旺)하다고 하고 월령을 얻지 못하면[失令실령] 곧 쇠(衰)하다고 보는 것이 비록 지극한 이치[至理지리]라고는 하지만, 이 역시 그 효력을 잃은 법[死法사법]이다. 대체로 오행(五行)의 기(氣)는 사계절을 따라 흐르는데[流行於四時유행어사시], 비록 각 일간(日干)에는 자기만의 월령이 있다 하더라도[各有專令각유전령] 그 월령 중에는 다른 오행들도 함께 있을 수 있다[並存者在병존자재].

　예를 들어, 목(木)이 봄에 태어나 당령(當令)을 했다면[春木司令춘목사령] 갑목(甲木)과 을목(乙木)이 비록 왕하다고 하더라도 이때가 절기(節氣)상 휴수(休囚)인 무토(戊土)와 기토(己土) 또한 천지간에 그 기(氣)가 완전히 끊겼다고 할 수는 없고, 수(水)가 겨울에 태어나 당령을 했다면[冬水司令동수사령] 임수(壬水)와 계수(癸水)가 비록 왕하다고 하더라도 이때가 휴수인 병화(丙火)와 정화(丁火) 또한 천지간에 그 기가 완전히 끊겼다고 할 수는 없다. 다만, 특정한 계절을 만나니 잠시 물러나 피해 있고[特時當退避특시당퇴피] 감히 먼저 나서서 싸움을 걸려 하지 않을 따름이니[不敢爭先불감쟁선], 봄에 태어난 토[春土춘토]라 하여 어찌 만물을 생하지 못한다고 하겠으며[何嘗不生萬物하상불생만물] 겨울에 태어난 화(火)라 하여[冬日동일] 어찌 온 누리를 비추지 못한다[不照萬國부조만국] 하겠는가.

　하물며 사주팔자(四柱八字) 중에서 월령이 가장 중요하다고는 하지만, 이의 왕상휴수(旺相休囚)에 따라 연일시(年日時) 중에도 덜어주고 보태주는 권세[損益之權손익지권]가 있다. 그러므로 비록 태어난 월(月)에 당령을 하지 못했다 하더라도 연일시에서 보태줄 수 있으니 어찌 월령을 얻으면 모두 왕하다고 하고 월령을 얻지 못하면 곧 쇠하다고 하는 한 가지 논리에만 집착한단 말인가.

　예를 들어, 목(木)이 봄에 태어나 비록 왕하다 하더라도[春木雖旺춘목수왕] 사주에 금(金)이 지나치게 많으면[金太重금태중] 목(木)은 역시 위태롭다[木亦危목역위]. 이때 천간의 경신금(庚辛金)과 지지의 신유금(辛酉金)을 화(火)가 없어 극하여 제할 수 없다면[無火制무화제] 부자가 되지 못하고[不富불부], 토(土)의 생을 만나면[逢土生봉토생] 반드시 요절할[必夭필요] 것이다. 이것이 월령을 얻고도 왕하지 못한[得時不旺 득시불왕] 경우이다.

목(木)이 가을에 태어나 비록 약하다 하더라도[秋木雖弱 추목수약] 목(木)의 뿌리가 깊다면[木根深 목근심] 이 목(木)은 역시 강하다[木亦强 목역강]. 이때 천간에 갑을목(甲乙木)이 있고 지지에 또한 인묘목(寅卯木)이 있으면 천간에 관성(官星)인 금(金)이 투출하더라도 능히 감당할 수 있으며, 수(水)의 생을 만난다면 오히려 너무 지나치게 될[太過 태과] 것이다. 이것이 월령을 잃고도 약하지 않은[失時不弱 실시불약] 경우이다. 따라서 일간(日干)은 월령이 휴수인가 아닌가를 막론하고 단지 사주에 그 뿌리가 있는가[四柱有根 사주유근]가 중요하니, 일간이 뿌리만 얻었다면 능히 재관(財官)이나 식신(食神)을 받아들이고 상관(傷官)이나 칠살(七殺)도 능히 감당할 수 있다.

장생(長生)과 녹왕(祿旺)은 일간의 뿌리가 깊은[根之重 근지중] 것을 말하고, 묘고(墓庫)와 여기(餘氣)는 일간의 뿌리가 얕은 것[根之輕 근지경]을 말한다.

천간에 비견(比肩) 하나를 얻은 것은 지지에 여기나 묘고 하나를 얻은 것만 못하다 할 것이다. 묘고란 갑을목(甲乙木)이 미토(未土)를 만나거나, 병정화(丙丁火)가 술토(戌土)를, 경신금(庚辛金)이 축토(丑土), 임계수(壬癸水)가 진토(辰土)를 만나는 것과 같이 사회국(四會局)의 고근(庫根)이 지지에 있는 것을 말한다. 여기란 갑을목(甲乙木)이 진토(辰土)를 만나거나, 병정화(丙丁火)가 미토(未土)를, 경신금(庚辛金)이 술토(戌土), 임계수(壬癸水)가 축토(丑土)를 만나는 것처럼 사방국(四方局)의 마지막 글자가 지지에 있는 것을 말한다.

천간에 비견 둘을 얻은 것은 지지에 하나의 장생이나 녹왕을 얻은 것만 못하다 할 것이니, 예를 들면 갑을목(甲乙木)이 지지에서 해수(亥水), 인목(寅木), 묘목(卯木) 등의 인성(印星)이나 비겁(比劫)을 만나는 것과 같은 경우이다. 대개 천간의 비견은 친구끼리 서로 돕는[朋友之相扶 붕우지상부] 것과 같고 지지에 통근(通根)을 한다는 것은 한집에 사는 가족에게 의지하는[家室之可託 가실지가탁] 것과 같으므로, 아무리 천간에 비견이 많다

한들 지지에 뿌리가 깊은 것과는 비교할 수 없으니 바로 이와 같은 이치 때문이다.

하지만 요즈음 사람들은 이와 같은 이치를 알지 못하고, 오로지 토(土)가 봄에 태어나거나[春土 춘토] 수(水)가 여름에[夏水 하수], 목(木)이 가을에[秋木 추목], 화(火)가 겨울에 태어나면[冬火 동화] 그 뿌리의 유무[有根無根 유근무근]를 따져보지도 않고 무조건 약하다고 하고, 목(木)이 봄에 태어나거나[春木 춘목] 화(火)가 여름에[夏火 하화], 금(金)이 가을에[秋金 추금], 수(水)가 겨울에 태어나면[冬水 동수] 극함의 중경[剋重剋輕 극중극경]을 따져보지도 않고 무조건 왕하다고 한다.

또한 임계수(壬癸水)가 진토(辰土)를 만나거나 병정화(丙丁火)가 술토(戌土)를, 갑을목(甲乙木)이 미토(未土)를, 경신금(庚辛金)이 축토(丑土)를 만나도 일주가 신고(身庫)에 통근했다고 하지 않고, 심지어는 형충(刑沖)을 하여 고를 열어야 한다[庫開 고개]고까지 하니, 이는 결국에는 형충이 자신의 본기의 뿌리[本根之氣 본근지기]를 손상시키는 것을 생각하지 못하고 하는 말이다.

반드시 이와 같은 잘못된 논리들은 모조리 쓸어 없애버려야 마땅하다[必宜一切掃除也 필의일체소제야]. 이상에서 언급한 모든 것들이 쇠왕의 이치의 바르고도 쉬움[衰旺之正而易 쇠왕지정이이]을 논한 것들이다.

삼명(三命)이란 자신의 명(命)대로 복(福)을 누리는 것[受命 수명], 선(善)한 일을 하고도 해(害)를 입는 것[遭命 조명], 선악(善惡)에 대한 인과응보(因果應報)가 있는 것[隨命 수명]의 세 가지를 말한다고 한다.

'이와 같은 잘못된 논리들은 모조리 쓸어 없애버려야 마땅하다[必宜一切掃除也 필의일체소제야]'는 말은 당시의 명리학자들이 월령(月令)만 얻으면 사주팔자(四柱八字)의 주변 상황에는 상관없이 무조건 신왕(身旺)하다고 판단해버리는 세태(世態)에 경종을 울리는 한마디라 하겠다. 이미 이 당시에 이렇게 강력하게 주장했음에도 불구하고 요즘에도 이 논리에 집착하는 학자들이 있다는 것은 참으로 묘한 일이다.

이와 더불어 쇠왕(衰旺)에는 오행의 생극(生剋)이 뒤바뀌어 거꾸로 되는 이치[顚倒之理 전도지리]도 있으니, 지나치게 왕하면 설함이 마땅하고[太旺宜洩 태왕의설], 왕함이 극에 달하면 생함이 마땅하며[旺極宜生 왕극의생], 지나치게 쇠하면 극함이 마땅하고[太衰宜剋 태쇠의극], 쇠함이 극에 달하면 설함이 마땅하다[衰極宜洩 쇠극의설]는 것이다. 그 이치는 다음 열 가지가 있다.

목(木)이 지나치게 왕하면[太旺 태왕] 금(金)과 같으니 화(火)로 불리는[煉 연] 것이 반갑고[洩 설], 목(木)이 왕함이 극에 달하면[旺極 왕극] 화(火)와 같으니 수(水)로 극(剋)하는 것이 반갑다[生 생].

화(火)가 지나치게 왕하면[太旺 태왕] 수(水)과 같으니 토(土)로 멈추는[止 지] 것이 반갑고[洩 설], 화(火)가 왕함이 극에 달하면[旺極 왕극] 토(土)와 같으니 목(木)으로 극하는 것이 반갑다[生 생].

토(土)가 지나치게 왕하면[太旺 태왕] 목(木)과 같으니 금(金)으로 극하는 것이 반갑고[洩 설], 토(土)가 왕함이 극에 달하면[旺極 왕극] 금(金)과 같으니 화(火)로 불리는[煉 연] 것이 반갑다[生 생].

금(金)이 지나치게 왕하면[太旺 태왕] 화(火)와 같으니 수(水)로 구해주는[濟 제] 것이 반갑고[洩 설], 금(金)이 왕함이 극에 달하면[旺極 왕극] 수(水)와 같으니 토(土)로 멈추는[止 지] 것이 반갑다[生 생].

수(水)가 지나치게 왕하면[太旺 태왕] 토(土)와 같으니 목(木)으로 제(制)하는 것이 반갑고[洩 설], 수(水)가 왕함이 극에 달하면[旺極 왕극] 목(木)과 같으니 금(金)으로 극하는 것이 반갑다[生 생].

목(木)이 지나치게 쇠하면[太衰 태쇠] 수(水)와 같으니 금(金)으로 생(生)해주는 것이 마땅하고[剋 극], 목(木)이 쇠함이 극에 달하면[衰極 쇠극] 토(土)와 같으니 화(火)로 생하는 것이 마땅하다[洩 설].

화(火)가 지나치게 쇠하면[太衰 태쇠] 목(木)과 같으니 수(水)로 생해주는 것이 마땅하고[剋 극], 화(火)가 쇠함이 극에 달하면[衰極 쇠극] 금(金)과 같으니 토(土)로 생하는 것이 마땅하다[洩 설].

토(土)가 지나치게 쇠하면[太衰 태쇠] 화(火)와 같으니 목(木)으로 생해주는 것이 마땅하고[剋 극], 토(土)가 쇠함이 극에 달하면[衰極 쇠극] 수(水)와 같으니 금(金)으로 생하는 것이 마땅하다[洩 설].

금(金)이 지나치게 쇠하면[太衰 태쇠] 토(土)와 같으니 화(火)로 생해주는 것이 마땅하고[尅 큭], 금(金)이 쇠함이 극에 달하면[衰極 쇠극] 목(木)과 같으니 수(水)로 생하는 것이 마땅하다[洩 설].

수(水)가 지나치게 쇠하면[太衰 태쇠] 금(金)과 같으니 토(土)로 생해주는 것이 마땅하고[尅 큭], 수(水)가 쇠함이 극에 달하면[衰極 쇠극] 화(火)와 같으니 목(木)으로 생하는 것이 마땅하다[洩 설].

이것이 오행의 생극이 뒤바뀌어 거꾸로 되는[五行顚倒 오행전도] 올바른 기틀[眞機 진기]이니, 학자들은 근본이 되는 이치의 오묘함[元元之妙 원원지묘]을 자세히 살펴 밝혀야 할 것이다.

심화학습

오행전도(五行顚倒)의 이치는 너무 자세하게 설명하여 오히려 혼란을 불러일으킨다. 따라서 이를 '신왕(身旺)하면 설(洩)과 생(生)을 생각하고, 신약(身弱)하면 극(極)과 설(洩)을 생각한다'는 단순한 논리로 암기하는 것이 오히려 효과적이라는 생각이다.

임철초(任鐵樵)는 이 모든 경우가 종격(從格)을 의미하고, 앞의 다섯 개는 종왕(從旺)과 종강(從强)이고, 뒤의 다섯 개는 종관살(從官殺)과 종아(從兒)라고 보고 있는 것 같다. 하지만 앞의 종왕은 신왕에 식상생재(食傷生財)의 의미로 받아들이는 것도 생각해볼 필요가 있다고 본다.

적천수 사례연구 1　　**쇠왕(衰旺)의 오행전도(五行顚倒)**

❶ 목(木)이 지나치게 왕한[太旺, 태왕] 경우

戊	甲	丁	甲
辰	子	卯	辰

乙	甲	癸	壬	辛	庚	己	戊
亥	戌	酉	申	未	午	巳	辰

갑자(甲子) 일주가 묘월(卯月)에 태어났다. 지지에는 두 개의 진토(辰土)가 있으니 이들은 목(木)의 여기(餘氣)라 하겠다. 진묘(辰卯)는 목방(木方)인 동방(東方)이며, 자진(子辰)은 수국(水局)의 반합(半合)을 이루니 목(木)이 지나치게 왕하여[太旺 태왕] 금(金)과 같다고 하겠다. 따라서 금(金)을 불리는[煉 연] 정화(丁火)가 용신(用神)이 된다.

사화(巳火)운에 들어 정화(丁火)가 왕지(旺地)에 임하니 대궐담에 이름을 붙였고[名列宮牆 명렬궁장], 경신(庚辛) 두 운(運)에는 남방(南方)의 지지인 화(火)가 천간을 극하는 이른바 절각(截脚)이 되는 금(金)이므로 식솔들이 죽고 재산이 날아가는 고통은 있었으나[刑傷破耗 형상파모] 큰 재앙은 없었다. 미토(未土)운에는 자수(子水)를 극하여 떠나보내니[剋去 극거] 곳간을 가득 채웠으나[食廩天儲 식름천저], 오화(午火)운에는 자수(子水)와 충을 하여 극을 받아 가을의 과거에서 뜻을 이루지 못했다[秋闈失意 추위실의]. 임신(壬申)운에는 금수(金水)가 함께 오니 처자식을 잃는 등 고통이 극심했고[破耗多端 파모다단], 계수(癸水)운에 이르러 죽고 말았다[不祿 불록].

지나치게 신왕하니[太旺 태왕] 종왕(從旺)이 되어 일주(日主)의 기운을 설(洩)하는 식상(食傷)이 용신이 된다는 말로도 해석되고, 신왕(身旺)하여 상관(傷官)을 용신으로 삼아 상관생재(傷官生財)로 흐른다는 말로도 해석된다. 뒤의 해석에 힘이 더 실린다고 하겠다.

명렬궁장(名列宮牆)이란 그대로 풀이하면 대궐 담장에 이름을 붙인다는 뜻으로, 궁장(宮牆)은 스승의 문하[師門 사문]를 의미하는데 여기서는 국학(國學)인 국자감(國子監)을 말한다. 따라서 명렬궁장은 국자감에 입학하다로 해석하면 될 것이다.

식름천저(食廩天儲)란 글자 그대로 풀이하면 곳간을 그득 채우다 정도가 되겠다. 식름(食廩)은 국자감에서 공부하는 학생인 수재(秀才)가 시험에 합격하여 식량을 보조받는 것을 의미한다고 한다. 이는 이미 앞에서도 언급한 보름(補廩)과 같은 뜻이며, 이러한 사람을 늠공(廩貢)이라고 불렀다고 한다.

❷ 목(木)의 왕함이 극에 달한[旺極, 왕극] 경우

```
乙        甲        乙        癸
亥        寅        卯        卯

丁   戊   己   庚   辛   壬   癸   甲
未   申   酉   戌   亥   子   丑   寅
```

이 명조(命造)는 네 지지가 모두 목(木)이라 할 수 있다. 또한 천간 계수(癸水)의 생을 받아 사주는 6개의 목에 2개의 수[六木兩水 육목양수]로 구성되고 다른 오행(五行)은 찾아볼 수 없어 목(木)의 왕함이 극에 달했으니 [旺極 왕극] 화(火)와 같다고 하겠다.

출신도 좋고 조상의 유산도 풍부하였으며, 오직 축토(丑土)운에만 가족이 죽는 고통[刑傷 형상]이 있었다.

임자(壬子)운에는 수세(水勢)가 왕성하고 신해(辛亥)운에는 금(金)이 통근(通根)하지 못하고 지지에 수(水)가 왕(旺)하니, 이 20년 동안에 사업을 경영하여 벌어들인 돈이 수만에 이르렀다. 마침내 경술(庚戌)운으로 바뀌자 토금(土金)이 함께 왕하여[竝旺 병왕] 재산을 날리고 죽고 말았다.

심화학습

목(木)의 왕함이 극에 달하니[旺極 왕극] 수(水)를 용신으로 삼아 일주를 생하여 종왕(從旺)한다는 말이다. 인성(印星)이 포함되어 있는 종왕격(從旺格)으로 보면 될 것이다.

❸ 화(火)가 지나치게 쇠한[太衰, 태쇠] 경우

```
辛        丁        丁        辛
丑        酉        酉        巳

己  庚  辛  壬  癸  甲  乙  丙
丑  寅  卯  辰  巳  午  未  申
```

정화(丁火)가 유월(酉月)에 태어나 가을의 금(金)이 당령(當令)하고 일지
(日支)에도 자리를 잡았다. 지지가 사유축(巳酉丑)의 완전한 금국(金局)
을 이루니 화(火)는 지나치게 쇠하여[太衰태쇠] 목(木)과 같다고 하겠다.
일주(日主)인 화(火)를 극(剋)하는 수(水)를 용신(用神)으로 삼아야 한다.

초운 중 을미(乙未), 갑오(甲午)에는 목화(木火)가 함께 왕하니 형제는
그림의 떡이요 부모는 뜬구름과 같았다. 마침내 계사(癸巳)운으로 바뀌
어 천간에 수(水)가 투출하고 지지에 금국(金局)을 이루니[拱金공금] 밖으
로 나아가 사업을 경영하다가[出外經營 출외경영] 좋은 기회를 얻었고[大得
際遇 대득제우], 임진(壬辰)운에 재산을 십여만이나 일으켰다[發財十餘萬 발재
십여만].

심화학습

정화(丁火) 일주가 수(水)를 용신(用神)으로 삼아야 하나 사주에 수(水)
가 없으니 일단 재(財)를 따라 종(從)한 후 운에서 수(水)를 만나 잘 풀렸
다는 말이다. 목화(木火)운에서 고통이 많았다고 하니 달리 할 말은 없으
나, 아무리 뿌리가 없다고 하더라도 월간(月干)의 정화(丁火)를 용신으로
삼고 목화(木火)운을 기다리는 경우가 많은 것 또한 임상을 통해 알 수 있
다. 따라서 요즘 같으면 정격(正格)으로 우선 대입한 다음 오행전도(五行
顚倒)의 논리를 적용해보는 것이 어떨까 한다.

❹ 화(火)가 쇠함이 극에 달한[衰極, 쇠극] 경우

己	丙	壬	辛
亥	申	辰	亥

甲	乙	丙	丁	戊	己	庚	辛
申	酉	戌	亥	子	丑	寅	卯

이 명조는 재(財)는 살(殺)을 생하고, 살은 일주(日主)를 공격한다. 일간(日干) 병화(丙火)는 지지에 신금(申金)을 깔고 앉아 있고 신금(申金)과 진토(辰土)는 수국(水局)을 이루니, 화(火)가 쇠함이 극에 달해[衰極 쇠극] 금(金)과 같다고 하겠다. 토(土)를 용신(用神)으로 삼는다.

지지가 동방(東方)의 목(木)인 신묘(辛卯), 경인(庚寅)운에 부모가 돌아가시고[椿萱凋謝 춘훤조사] 물려받은 재산을 유지하지 못했으나[祖業無恒 조업무항], 기축(己丑)운에 이르러 밖으로 나아가 사업을 하니[出外經營 출외경영] 동전이 수레의 널 안에 그득 쌓였고[靑蚨槵轜 청부츤련] 은전을 담은 포대가 수레를 따랐다[白繈隨輿 백강수여]. 더불어 무자(戊子)운까지 20년 동안 봄바람에 버들가지가 흔들리듯[春風吹柳 춘풍취류] 공자들이 입는 붉은 비단옷으로 갈아입었고[紅綾易公子之裳 홍릉역공자지상], 살구나무 이슬이 옷을 적시듯[杏露沾衣 행로첨의] 왕손들과 같이 향수로 옷소매를 적셨다[膏雨沐王孫之袖 고우목왕손지수]. 이른바 '운이 따르면[有其運 유기운] 반드시 그 복을 누린다[必得其福 필득기복]'는 말이라 하겠다.

너무나 신약(身弱)하여 종아생재(從兒生財)했다는 말이다. 사주에 인성(印星)이나 비겁(比劫)이 전혀 보이지 않으니 가능한 해석이라 하겠다.

사주풀이에 너무나도 어려운 문장들을 갖다 붙이며 자신의 지식을 자랑하고 있는 것 같아 임철초(任鐵樵)의 성격을 되짚어볼 수 있는 좋은 기회가 되기는 하지만, 한문에 약한 독자들에게는 그 해석에 아까운 시간을 지나치게 소비하게 만들고 있다는 생각이다. 한마디로 초반의 목(木)운에는 고생했으나 중후반에 운(運)이 토금수(土金水)로 흐르자 모든 것이 뜻대로 풀려 재물을 모아 여유로운 생활을 즐겼고 그 사치가 극에 달했다는 말이라 하겠다.

❺ 토(土)가 지나치게 왕한[太旺, 태왕] 경우

己	戊	戊	戊
未	申	午	辰

丙	乙	甲	癸	壬	辛	庚	己
寅	丑	子	亥	戌	酉	申	未

이 명조는 두터운 토(土)가 겹겹이 쌓여 있다[厚土重重 후토중중]. 여름인 오월(午月)에 태어나 토(土)가 지나치게 왕한[太旺 태왕] 경우이니 목(木)과 같다고 하겠다. 토(土)를 설(洩)하는 신금(申金)을 용신(用神)으로 삼는다.

경신(庚申)운에 일찍이 국자감에 입학하였고[早采芹香 조채근향], 신유(辛酉)운 신축(辛丑)년에 향시(鄉試)에 합격하여 음식을 먹고[飲鹿鳴 음록명] 전시(殿試)에 합격하여 잔치를 베풀어[宴瓊林 연경림] 벼슬이 급격히 올랐다[雲程直上 운정직상]. 임술(壬戌)운에 들어 식솔이 죽고 좌절을 당하니[刑喪挫折 형상좌절] 병오(丙午)년에 죽고 말았다.

심화학습

오월(午月) 무토(戊土)가 신왕(身旺)하여 일지(日支)의 식신(食神)을 용신으로 삼았다는 말이다. 사주에 식신이 없다면 인성(印星)을 낀 종왕(從旺)이라고 보고 식상(食傷)의 운(運)이 좋다고 할 수 있겠지만, 이 사주는 이미 사주에 신금(申金)이 있으니 식신생재(食神生財)로 보는 것이 합당하다는 생각이다. 사주에 수기(秀氣)인 식신을 유통시켜줄 재성(財星)이 보이지 않아 너무 아쉽다. 임술(壬戌)운을 잘 버텼으면 재운(財運)이 들어와 잘 되었을 것 같다는 생각이다.

녹명연(鹿鳴宴)과 경림연(瓊林宴)은 이미 앞에서 언급한 바와 같이 향시(鄕試)와 전시(殿試)에 합격한 사람들을 위해 베푸는 잔치를 말한다.

❻ 토(土)가 왕함이 극에 달한[旺極, 왕극] 경우

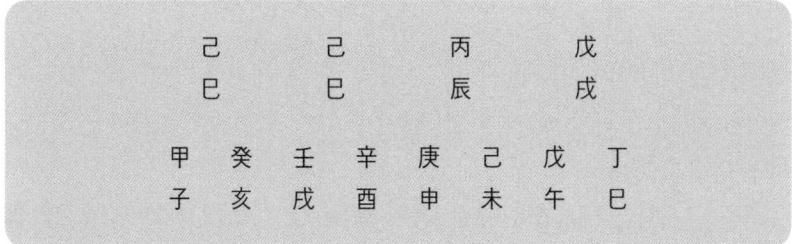

이 명조는 사주 전체가 화토(火土)로 이루어져 극설(剋洩)이 전혀 없으니 토(土)의 왕함이 극에 달해[旺極 왕극] 금(金)과 같다고 하겠다.

초운이 남방(南方)으로 흘러 물려받은 재산이 넉넉하였다[遺業豊盈 유업풍영]. 오화(午火)대운에 반수에 들어[入泮 입반] 기미(己未)운에 무과[棘闈 극위]에 합격하였으나 벼슬은 못하였다[拔而不擧 발이불거]. 마침내 경신(庚申)으로 운이 바뀌자 돈이 나비로 변하여 날아가듯[靑蚨化蝶 청부화접] 재물은 줄고 가업은 점점 쇠해졌고[家業漸消 가업점소], 신유(辛酉)운에 들어 재물은 봄날의 서리와 눈처럼 사라지고[春後霜雪 춘후상설] 사업은 시들하였다[事業蕭條 사업소조]. 임수(壬水)운에 병화(丙火)를 극(剋)하니 죽고 말았다[不祿 불록].

심화학습

사주에 인성(印星)과 비겁(比劫)이 그득하여 일주(日主)가 너무 강왕하고 사주에 식상(食傷)이 없으니 종강(從强)이 되었다는 말이다. 그럴 수밖에 없었을 것 같다.

甲	辛	庚	己
午	卯	午	卯

壬	癸	甲	乙	丙	丁	戊	己
戌	亥	子	丑	寅	卯	辰	巳

신금(辛金)이 한여름[仲夏 중하]인 오월(午月)에 태어나고 지지는 모두가 재살(財殺)인 목화(木火)이니 금(金)이 지나치게 쇠하여[太衰 태쇠] 토(土) 와 같다고 하겠다.

　초운인 기사(己巳), 무진(戊辰)운에 화(火)를 어둡게 하고 금(金)을 생 하니[晦火生金 회화생금] 명성을 얻어보려 했으나 막힘이 많았고[求名多滯 구 명다체], 일을 도모해도 이루어지는 것이 적었다[作事少成 작사소성]. 마침내 정묘(丁卯)운으로 바뀌니 목화(木火)가 함께 왕하여 메마른 싹이 단비를 만난 듯[枯苗得雨 고묘득우] 갑자기 집안이 일어났고[浡然而興 발연이흥], 기러 기털이 바람을 만난 듯[鴻毛遇風 홍모우풍] 회오리바람을 타고 높이 일으켜 [飄然而起 표연이기] 가산이 풍성하고 여유로웠다[家業豊裕 가업풍유]. 운(運)이 축토(丑土)로 바뀌자 금(金)을 생하고 화(火)를 설하니[洩火生金 설화생금] 죽고 말았다[不祿 불록].

심화학습

천간의 경금(庚金)과 기토(己土)가 뿌리가 없어 약하니 종살격(從殺格)으 로 해석한 것이 이해는 가지만, 일단은 정격(正格)으로 놓고 토금(土金) 의 상황을 살핀 후 결정하는 것이 바람직한 방법이 아닌가 생각한다.

❽ 금(金)이 쇠함이 극에 달한[衰極, 쇠극] 경우

丙	庚	丁	己
子	寅	卯	亥

己	庚	辛	壬	癸	甲	乙	丙
未	申	酉	戌	亥	子	丑	寅

이 명조는 왕한 목(木)이 월령(月令)을 잡아 수(水)의 생(生)함을 얻었고 사방에 재살(財殺)을 만났으니, 금(金)의 쇠함이 극에 달해[衰極 쇠극] 목(木)과 같다고 하겠다. 따라서 을축(乙丑)운에 토금(土金)이 왕성해지니 가업은 깨어져 다 날아갔고[家業破盡 가업파진], 갑자(甲子)운에 이르러 북방(北方)의 수(水)가 왕하니 재물이 크게 넉넉해졌다[財源通裕 재원통유]. 계해(癸亥)운에 벼슬길로 나아가 명예와 이익을 모두 얻었으나[名利兩全 명리양전], 임술(壬戌)운에 들어 수(水)가 절지(絶地)에 임하니 파직을 당해 고향으로 돌아갔다.

심화학습

연간(年干)의 기토(己土)가 너무나 무력하여 도움이 되지 못한다고 보아 종아생재(從兒生財)로 풀이한 것 같다. 일리가 있는 말씀이나, 그래도 인성(印星)이 사주에 보이니 한번쯤은 살펴보고 넘어가는 것이 좋을 것 같다는 생각이다.

❾ 수(水)가 지나치게 왕한[太旺, 태왕] 경우

```
辛      壬      辛      壬
丑      子      亥      寅

己  戊  丁  丙  乙  甲  癸  壬
未  午  巳  辰  卯  寅  丑  子
```

이 명조는 임수(壬水)가 초겨울[孟冬 맹동]인 해월(亥月)에 태어나 지지는 북방(北方)이고 천간은 모두 금수(金水)이니, 수(水)가 지나치게 왕하여 [太旺 태왕] 토(土)와 같다고 하겠다. 반가운 것은 식상(食傷)인 인목(寅木)이 수기(秀氣)를 토해내고 있는 것이다.

갑인(甲寅)운에 이르러 일찍이 청운의 뜻[靑雲之志 청운지지]을 이루었는데, 가히 글재주가 펄펄 날아[才藻翩翩 재조편편] 행단의 문하생들 중에서 눈부시게 빛났고[輝映杏壇桃李 휘영행단도리], 글 속에 담긴 사상이 거대하였으며[文思奕奕 문사혁혁], 약장 안의 인삼과 복령처럼 빛나게 치켜 올려졌다[光騰藥籠參苓 광등약롱삼령]. 을묘(乙卯)운에 들어 벼슬길이 순탄했으나, 운이 병화(丙火)로 바뀌자 죽고 말았다.

심화학습

해월(亥月)의 임수(壬水)가 사주에 금수(金水)가 중중(重重)하니, 비록 멀리 떨어져 있지만 지지의 식신(食神)인 인목(寅木)을 용신(用神)으로 삼았다는 말이다. 단, 사주에 재성(財星)이 보이지 않고 천간에 목(木)이 없어 군겁쟁재(群劫爭財)의 형상을 이루게 되어 병화(丙火)운을 버티지 못한 것이 안타까울 뿐이다.

너무 어려운 표현들이 많아 해석하기가 여간 곤혹스럽지 않다. 그냥 학문에 남보다 탁월했고 그들로부터 추앙을 받았다고 쉽게 설명하면 되는데 무엇 때문에 이다지도 어렵게 표현했어야 하는지 알다가도 모를 일이다.

행단(杏壇)이란 공자(孔子)가 은행나무로 만든 단 위에서 학생들을 가르쳤다는 고사에서 유래하여 학문을 닦는 곳을 의미한다고 한다.

⑩ 수(水)가 매우 쇠한[太衰, 태쇠] 경우

```
        癸      壬      乙      丙
        卯      午      未      辰

   癸   壬   辛   庚   己   戊   丁   丙
   卯   寅   丑   子   亥   戌   酉   申
```

이 명조는 화토(火土)가 권세를 잡고[火土當權 화토당권] 또한 목(木)의 도움을 만났는데, 사주에 금(金)이 없으니 수(水)가 매우 쇠하여[太衰 태쇠] 금(金)과 같다고 하겠다. 토(土)를 용신(用神)으로 삼는다.

초운인 병신(丙申), 정유(丁酉) 대운은 천간의 화(火)가 지지의 금(金)을 덮어씌워 극(剋)하는 개두(蓋頭)이니, 신금(申金)과 유금(酉金)은 수(水)를 생하지 못해 재물과 즐거움이 함께하였다[財喜竝旺 재희병왕]. 무술(戊戌)운에 가업은 풍요로워 넉넉하였고[家業饒裕 가업요유], 기해(己亥)운에 들어 토(土)는 뿌리가 없으나 해수(亥水)가 묘목(卯木)과 합(合)을 하여 목국(木局)을 이루는 것이 오히려 반가울 뿐이다. 따라서 비록 가산이 깨지고 줄어들기는 했으나 큰 근심은 없었는데, 마침내 운(運)이 경자(庚子)로 바뀌자 집안은 망하고 사람은 죽었다.

심화학습

일리가 있는 해석이라 하겠다. 다만, 시간(時干)의 겁재(劫財)인 계수(癸水)로 자꾸 눈길이 가는 것은 무슨 일일까. 따라서 종살격(從殺格)으로 결론을 내리기에 앞서 한 번 더 정격(正格)으로 생각해볼 필요가 있을 것 같다.

이상과 같이 중화(中和)의 기(氣)를 얻지 못하고 사주 오행(五行)의 쇠왕(衰旺)이 한쪽으로 치우친 20개 명조(命造)를 살펴보았다.

『적천수(滴天髓)』 원주(原注)에서 이르기를, "왕한 가운데 쇠한 것이 있고 쇠한 가운데 왕한 것이 있다[旺中有衰 衰中有旺 왕중유쇠 쇠중유왕]"라고 했으니, 이것이 바로 지나치게 왕하면 설함이 마땅하고[太旺宜洩 태왕의설], 지나치게 쇠하면 극함이 마땅하다[太衰宜剋 태쇠의극]는 설극(洩剋)의 이치이다. 또한 "왕함이 극에 달하면 덜어주어서는 안 되고 쇠함이 극에 달하면 보태주어서는 안 된다[旺極不可損 衰極不可益 왕극불가손 쇠극불가익]"라고 했으니, 이것이 바로 왕함이 극에 달하면 생함이 마땅하고[旺極宜生 왕극의생], 쇠함이 극에 달하면 설함이 마땅하다[衰極宜洩 쇠극의설]는 생설(生洩)의 이치이다. 따라서 그 증거로 특별히 여기에 해당하는 사례들을 선별하여 예시하였다.

지나치게 왕하면 설함이 마땅하고[太旺宜洩 태왕의설] 왕함이 극에 달하면 생함이 마땅하다[旺極宜生 왕극의생]는 것은 종왕(從旺)과 종강(從强)을 의미하고, 지나치게 쇠하면 극함이 마땅하고[太衰宜剋 태쇠의극] 쇠함이 극에 달하면 설함이 마땅하다[衰極宜洩 쇠극의설]는 것은 종관살(從官殺)과 종아(從兒)를 의미한다. 또한 해석 중에 목(木)과 같으니, 화(火)와 같으니, 토(土)와 같으니 등의 표현은 단지 이해를 돕기 위한 비유이므로 그 뜻을 알아 새겨들으면 되고 그것에 너무 집착할 필요는 없다 하겠다.

심화학습

『적천수징의(滴天髓徵義)』에서는 각 오행별로 4개씩 모두 20개의 쇠왕(衰旺)의 오행전도(五行顚倒) 사례를 보여주고 있다. 하지만 여기서는 그 중 10개만 추려내어 보여드리기로 하였다. 모두를 보고 싶으면 『적천수징의』 원문의 사례를 보면 되겠으나, 각 오행별로 2개씩 골고루 선별했으니 이것들만 제대로 연구하면 공부에 별다른 지장은 없으리라 생각한다.

위에서 '오행(五行)의 쇠왕(衰旺)이 한쪽으로 치우친 20개의 명조(命造)'라고 한 것은 원문 그대로의 해석을 따른 것이니 착오 없기 바란다.

4. 중화(中和) - 사주팔자의 올바른 이치
[命中正理, 명중정리]

적천수 원문

旣識中和之正理　而於五行之妙　有能全焉
기식중화지정리　　이어오행지묘　　유능전언

> 사주 기운에 치우침이 없음[中和, 중화]의 올바른 이치를 이미 깨달았다면
> [旣識中和之正理]
> 오행(五行)의 흐름의 오묘함을 완전히 깨달았다고 할 수 있다[而於五行之妙 有能全焉].

적천수 해설　　**중화(中和)의 바른 이치**

중화란 사주팔자의 올바른 이치[命中正理 ^{명중정리}]를 말한다. 이미 중화의 올바른 기운[正氣 ^{정기}]을 얻은 사주라면 어찌 명예와 재물을 이루지 못한다[名利不遂 ^{명리불수}]고 걱정하겠는가. 일생 동안 막힘이 없이 넉넉하고 편안하게 일을 성취해 나가는[無抑鬱而暢遂 ^{무억울이창수}] 사람, 걱정근심 없이 복된 길로 나아가는[少險阻而迪吉 ^{소험조이적길}] 사람, 부모에게 효도하고 형제간에 우애 있고 교만하거나 아첨하지 않는[孝友而無驕諂 ^{효우이무교첨}] 사람, 마음가짐이 당당하고 깨끗하며 구차스럽지 않은[耿介而不苟且 ^{경개이불구차}] 사람들은 모두가 사주에 중화의 올바른 기운[正氣 ^{정기}]을 얻은 것이다.

만약 신약(身弱)하여 일주를 왕하게 해주는 지지[旺地 ^{왕지}]에서 부귀(富貴)를 얻거나, 신왕(身旺)하여 일주를 약하게 해주는 지지[弱地 ^{약지}]에서 부귀를 얻는 것은 반드시 사주에 결함이 있다 할 것이다. 예를 들어 재가 약한데 비겁이 많거나[財輕劫重 ^{재경겁중}], 관이 쇠한데 상관이 왕하거나[官衰傷旺 ^{관쇠상왕}], 살이 강한데 식신의 극하여 제함이 약하거나[殺强制弱 ^{살강제약}], 식신의 극하여 제함이 강한데 살이 약하면[制强殺弱 ^{제강살약}], 이러한 사주들은 비록 중화의 이치[中和之理 ^{중화지리}]를 얻지는 못했다 하더라도 그 기(氣)가 물러나 순수하고 올바르게 된다면[却亦純正 ^{각역순정}] 그 사람은 은혜와 원수를 분명히 구분할 수 있을[恩怨分明 ^{은원분명}] 것이다.

오직 사주원국에 결함이 있고 운(運) 또한 어그러지고 틀어지면[乖違 ^괴

위] 이로 인해 처나 자식 혹은 재물과 벼슬[妻子財祿 ^{처자재록}]에 부족함이 있을 것이다. 예를 들어 재가 약한데 비겁이 많으면[財輕劫重 ^{재경겁중}] 처가 부족하고[妻不足 ^{처부족}], 식신의 극하여 제함이 강한데 살이 약하면[制強殺弱 ^{제강살약}] 자식이 부족하며[子不足 ^{자부족}], 관이 쇠한데 상관이 왕하면[衰傷旺 ^{관쇠상왕}] 명예가 부족하고[名不足 ^{명부족}], 살이 강한데 식신의 극하여 제함이 약하면[殺强制弱 ^{살강제약}] 재물이 부족할[財不足 ^{재부족}] 것이다. 그러나 그 사람이 뜻이 높고 기세가 웅장하여[志高氣傲 ^{지고기오}] 비록 가난하지만 아첨하지 않다가[雖貧無諂 ^{수빈무첨}] 나중에 세운(歲運)에서 그 모자람을 보태주거나[補其不足 ^{보기부족}] 넘쳐남을 덜어준다면[去其有餘 ^{거기유여}], 거듭 중화의 이치[中和之理 ^{중화지리}]를 얻게 되어 반드시 나중에는 떨쳐 일어나게 될 것이다.

부귀한 사람을 보면 안면을 바꾸어 아첨하고[見富貴生諂容 ^{견부귀생첨용}], 가난하고 구차한 사람을 보면 교만한 태도를 취하는[遇貧窮作驕態 ^{우빈궁작교태}] 사람들이 있다. 이들은 반드시 사주의 기운이 한편으로 치우쳐 기괴하고[偏氣古怪 ^{편기고괴}] 오행이 그 올바름을 얻지 못하여[不得其正 ^{부득기정}], 그 마음 씀씀이가 간사하고 탐욕스러우며[心事奸貪 ^{심사간탐}] 하는 일마다 요행만 바랄[作事僥倖 ^{작사요행}] 것이다.

만약 이른바 '사주에 병이 있고 약이 있다면[有病有藥 ^{유병유약}] 길흉을 쉽게 알 수 있고[吉凶易驗 ^{길흉이험}], 사주에 병도 없고 약도 없다면[無病無藥 ^{무병무약}] 화복을 알아내기가 어렵다[禍福難知 ^{화복난지}]'고 한다면, 한쪽으로 치우쳐 오히려 중화의 이치를 잃어버린 논리라 하겠다. 대개 사주에 병이 있으면 드러나서 알아내기 쉽지만[顯而易取 ^{현이이취}] 병이 없으면 숨겨져서 알아내기가 어려우니[隱而難推 ^{은이난추}], 모름지기 중화의 이치를 위주로 해야 할 것이다.

오히려 사람에게 병이 없다면 사지가 튼튼할 테니[四肢健旺 ^{사지건왕}] 사람들과 잘 어울리고[營衛調和 ^{영위조화}] 행동거지가 자유로울 것이므로[行止自如 ^{행지자여}] 모든 면에서 편안하겠지만[諸多安適 ^{제다안적}], 병이 있다면 걱정은 많고 즐거움은 적으며[憂多樂少 ^{우다락소}] 거동도 어렵고 고생스러울 것이니[擧動艱難 ^{거동간난}], 만약 좋은 약을 얻는다면 좋다 하겠지만[遇

良藥則可 우량약즉가] 좋은 약이 없어 치료할 수 없다면[無良藥醫之 무량약의지] 어찌 죽을 때까지 걱정이 되지 않겠는가[不爲終身之患 불위종신지환].

마지막에 언급한 '사주에 병이 있고 약이 있다면[有病有藥 유병유약] 길흉을 쉽게 알 수 있고[吉凶易驗 길흉이험], 사주에 병도 없고 약도 없다면[無病無藥 무병무약] 화복을 알아내기가 어렵다[禍福難知 화복난지]'는 말은 병약용신(病藥用神)에 대한 언급이다.

　진소암(陳素庵)은 병(病)이 없고 약(藥)이 없으면 좋은 사주가 아니라고 했으나, 임철초(任鐵樵)는 이에 대해 부정적 견해를 가지고 있다고 보여진다. 오로지 중화(中和)의 이치를 근간으로 하여 사주 해석을 해야 한다는 것이다. 『적천수(滴天髓)』 원주(原注)에서 유백온(劉伯溫)이 병이 있어야 비로소 귀하고[有病方爲貴 유병방위귀] 상함이 없으면 기이하지 않다[無傷不是奇 무상불시기]는 것은 한쪽으로 치우친 논리라고 한 말에 동의하고 있는 것이다.

　　중화(中和)의 바른 이치

❶ 중화를 이루지 못한 경우

戊	癸	丙	己
午	未	子	酉

戊	己	庚	辛	壬	癸	甲	乙
辰	巳	午	未	申	酉	戌	亥

계수(癸水) 일주가 자월(子月)에 태어나 왕상(旺相)해 보이지만 재(財)와 살(殺)인 화토(火土)가 사주에 중중(重重)함을 모르고 하는 소리이다. 사주는 왕(旺)한 가운데 약(弱)한 것으로 변했다.

　사주에 목(木)이 없으니 사주는 혼탁하여 맑지 못하며, 속으로 음흉함을 감추고 밖으로는 밝고 환한 척하는 형상[陰內陽外之象 음내양외지상]이라 하겠다. 월간(月干)에 재성(財星)인 병화(丙火)가 투출하여 틀림없이 그 마음은 재물로 향해 그것을 탐하고 있을 것이며, 시(時)에서는 관살(官殺)을 만나니 필히 그 마음은 합(合)을 하고자 할 것이다. 이 사람의 권모술수는 일반 사람들과는 달라 재주와 계략이 뛰어났으며, 본래 출신이 미천하고 마음 씀씀이가 바르지 않았다.

　계유(癸酉)운에 좋은 인연을 만나 좌이(佐貳)로 시작하여 관찰(觀察)에 이르렀고, 사치스럽고 화려하기[奢華 사화]와 남의 뜻에 영합함[逢迎 봉영]이 그 누구도 따라갈 수 없었다[無出其右 무출기우]. 미토(未土)운에 이르러 화(禍)를 면할 수 없었으니, 이는 이른바 욕심을 주체 못하고[欲不除 욕부제] 불을 보고 달려드는 나방과 같아[似蛾撲燈 사아박등] 자신의 몸을 불태우고 나서야 멈출 수 있었다.

심화학습

이른바 앞에서 언급한 '신약(身弱)하여 일주를 왕하게 해주는 지지[旺地 왕지]에서 부귀(富貴)를 얻는 것은 사주에 결함이 있는 것이다'의 사례로 적합한 명조(命造)라 할 수 있겠다.

　비록 중화의 이치[中和之理 중화지리]를 얻지는 못했지만, 운(運)이 인성(印星)의 운으로 흘러 그 기(氣)가 순수하고 올바르게 되어[純正 순정] 잘 풀렸다고 하겠다. 사람의 심성(心性)이 별로 좋지 않은데 잘나간 것을 달갑게 생각하지 않는 것 같다.

❷ 중화를 이룬 경우

戊	戊	庚	庚
午	辰	辰	申

戊	丁	丙	乙	甲	癸	壬	辛
子	亥	戌	酉	申	未	午	巳

무토(戊土) 일주가 늦봄인 진월(辰月)의 오시(午時)에 태어났으니 왕상(旺相)해 보이지만, 봄의 토(土)는 허(虛)하니 6월이나 9월의 실(實)한 토(土)에는 비할 바가 못 된다 하겠다. 또한 두 개의 진토(辰土)는 수(水)를 모아두어 습(濕)하니, 족히 화(火)를 설(洩)하고 금(金)을 생(生)한다. 천간에는 두 개의 경금(庚金)이 투출했고, 지지에는 신금(申金)과 진토(辰土)가 반회국(半會局)을 이루어 일주(日主)의 기운을 지나치게 설하니 용신(用神)은 필히 오화(午火)에 있다. 반가운 것은 수목(水木)이 사주에 없어 일주와 용신인 인수(印綬)가 손상을 받지 않는다는 것이다. 정신(精神)이 넉넉하고 사주가 순수하여 중화(中和)를 이루었다고 하겠다.

일생 동안 벼슬길에 어려움이 없었고 30여 년 동안 태평성대의 재상(宰相)의 지위를 누렸으며, 자수(子水)운에 이르러 신자진(申子辰) 수국(水局)을 이루어 죽었으나 이미 나이는 팔십을 지난 후였다.

심화학습

진토(辰土)가 습토(濕土)이므로 일주(日主)가 약(弱)하다고 보았으나, 사주의 지지에 인성(印星)과 비견(比肩)이 중중(重重)하고 천간에 비견이 바짝 붙어 도와주니 약하지 않다고 보아야 할 것 같다. 금수(金水)운 30년 동안 크게 발했다고 하니 더욱 더 그런 생각이 강해진다. 말 그대로 자수(子水)운에 죽은 것은 이미 천수(天壽)를 다했기 때문이라고 보는 것이 타당하다는 생각이다. 서낙오(徐樂吾)도 『적천수보주(滴天髓補註)』에서 이 사주를 신왕(身旺)으로 보고 식신(食神)을 용신으로 해야 한다고 했다니 한번쯤 생각해볼 만한 일이다.

사주가 참으로 맑아[淸 청] 보인다. 정신(精神)이 넉넉하고 사주가 순수하여 중화(中和)를 이루었다고 하겠다는 말에 저절로 공감이 가는 사주라 하겠다.

5. 월령(月令) – 월지(月支)와 그 지장간(支藏干)

月令乃提綱之府　譬之宅也
월령내제강지부　　비지택야

人元爲用事之神　宅之定向也　不可以不卜
인원위용사지신　　택지정향야　　불가이불복

> 월령(月令)은 사주(四柱)에서 가장 중심이 되는 곳으로 집에 비유할 수 있고
> [月令乃提綱之府 譬之宅也]
> 지장간(支藏干)인 인원(人元)은 일을 처리하는 신(神)으로 집의 정해진 방향과 같으니
> [人元爲用事之神 宅之定向也]
> 이들을 헤아리지 않고서는 그 사람의 운명을 알아낼 수 없다[不可以不卜].

월령(月令) – 월지(月支)와 그 지장간(支藏干)

월령(月令)은 사주 중에서 가장 중요한 역할을 하는 것[命中之主要 명중지
주요]이다. 기상(氣象)과 격국(格局) 그리고 용신(用神) 모두가 제강(提綱)
즉 월령을 잡았고[皆屬提綱司令 개속제강사령] 천간(天干)에 이를 이끌어 도
와줄 신[引助之神 인조지신]이 투출했다면, 이는 옮길 수 없을 정도로 큰 저
택과 같은 형상[廣廈不移之象 광하불이지상]에 비유할 수 있다. 인원용사(人
元用事)란 월령의 지장간(支藏干) 중 이 달의 이 날에 당령(當令)한 신[此
月此日之司令神 차월차일지사령신]을 의미하며, 이는 집의 향과 도로[宅之向
道 택지향도]와 같으니 이들을 헤아리지 않고서는 그 사람의 운명을 알아낼
수 없다[不可不卜 불가불복].

　『지리현기(地理玄機)』에서 이르기를 "우주에는 크게 경맥이 모이는 곳
[大關會 대관회]이 있는데 기운이 주관하고[氣運爲主 기운위주], 산천에는 참
된 성정[眞性情 진성정]이 있는데 기세가 우선이다[氣勢爲先 기세위선]. 따라서
천기(天氣)가 위에서 움직이면[動於上 동어상] 인원(人元)이 이에 응답하고
[應 응] 지세(地勢)가 아래에서 움직이면[動於下 동어하] 천기가 이를 좇아간
다[從 종]"라고 한다. 이러한 논리에 따르면, 비록 인원 즉 월령의 지장간

중 당령한 글자[人元司令之神 인원사령지신]가 격을 돕고 용신을 보좌하는[助格補用 조격보용] 우두머리[首領 수령]라고 할지라도 천지(天地)가 서로 상응(相應)해야 오묘한 것이다. 따라서 지지(地支)의 인원은 반드시 천간으로부터 자신을 이끌어 도와줌[天干引助 천간인조]을 받아야 하고, 천간이 용신이 되면[天干爲用 천간위용] 반드시 지지에서 그 신이 월령을 잡아야[地支司令 지지사령] 한다.

총괄하여 말하면, 인원 즉 월령의 지장간은 반드시 당령해야만[人元必須司令 인원필수사령] 능히 길함을 이끌어오고 흉함을 제거할 수 있고[引吉制凶 인길제흉], 인원 중 당령한 신(神)은 반드시 천간에 투출해야만[司令必須出現 사령필수출현] 비로소 격을 돕고 용신을 보좌할 수 있다[助格補用 조격보용]. 만약 인월(寅月)의 무토(戊土)나 사월(巳月)의 경금(庚金)이 당령도 하지 않았고 천간에 투출도 하지 않았다면[無司令出現 무사령출현], 이는 내버려두고 논하지 않는다[可置勿論 가치물론].

예를 들어 비유하면, 인월(寅月)에 태어난 사람이 그 인원 중 무토(戊土)가 당령한[戊土司令 무토사령] 경우, 비록 지장간 중 갑목(甲木)은 때에 이르지 못했고 무토(戊土)가 당령했다고 하더라도 천간에 화토(火土)가 투출하지 않고 수목(水木)이 투출했다면, 이를 일러 '지는 쇠하고 문은 왕하다[地衰門旺 지쇠문왕]'라고 한다. 만약 천간에 수목(水木)이 투출하지 않고 화토(火土)가 투출했다면, 이를 일러 '문은 왕하고 지는 쇠하다[門旺地衰 문왕지쇠]'라고 한다. 이 두 가지 모두 길흉이 반반[吉凶參半 길흉참반]이라 하겠다.

만약 인월(寅月)의 지장간 중 병화(丙火)가 당령한[丙火司令 병화사령] 경우, 사주에 수(水)가 없다면 추운 나무가 화(火)를 얻어[寒木得火 한목득화] 번영하고 상(相)의 상태인 화(火)는 목(木)을 얻어[相火得木 상화득목] 생조(生助)를 받으니 이를 일러 '문과 지가 모두 왕하다[門地兩旺 문지양왕]'라고 하는데, 복을 누리는 힘이 예사롭지 않을[福力非常 복력비상] 것이다.

만약 인월(寅月)의 지장간 중 무토(戊土)가 당령한[戊土司令 무토사령] 경우, 천간에 목(木)이 투출하고 지지에 수(水)가 있다면 이를 일러 '문과 지가 모두 쇠하다[門地同衰 문지동쇠]'라고 하는데, 화(禍)를 당할 것은 예측할 수 없을 정도일 것이다. 다른 모든 월지(月支)도 이와 같은 방법으로 논하면 될 것이다.

위에서 '인월(寅月)의 무토(戊土)나 사월(巳月)의 경금(庚金)이 당령도 하지 않았고 천간에 투출도 하지 않았다면[無司令出現 무사령출현], 이는 내버려두고 논하지 않는다[可置勿論 가치물론]'의 '무사령출현(無司令出現)'이 『적천수천미(滴天髓闡微)』에는 '사령출현(司令出現)'으로 되어 있다. 그래서 그 해석이 '인월(寅月)의 무토(戊土)나 사월(巳月)의 경금(庚金)은 당령하고 천간에 투출해도[司令出現 사령출현], 이는 내버려두고 논하지 않는다'가 되어 정반대의 의미가 되어버린다. 또한 인월(寅月)의 무토(戊土)나 사월(巳月)의 경금(庚金)이 이들의 지장간(支藏干)인 무토(戊土)와 경금(庚金)을 의미하는지, 아니면 인월(寅月)과 사월(巳月)에 태어난 일주(日主)로서 무토(戊土)와 경금(庚金)을 의미하는지도 헷갈린다. 여기서는 무사령출현(無司令出現)과 지장간으로 해석했음을 밝혀둔다.

지쇠문왕(地衰門旺), 문왕지쇠(門旺地衰) 등의 단어는 단지 월령(月令) 중 당령(當令)한 지장간이 어느 것인가에 따라 사주의 왕약(旺弱)이 달라질 수 있고, 용신으로 삼을 수 있는지 없는지가 정해진다는 것을 설명하기 위한 것으로만 받아들이면 된다. 공연히 여기에 집착하다 보면 오히려 더 헷갈릴 염려가 있어 하는 말이다. 지장간에 대해서는 이미 앞에서 언급한 〈명리학 기초이론 11: 지장간(支藏干)이란〉을 한 번 더 살펴보고 완전히 외워두기 바란다.

❶ 인원(人元)이 용신을 도와준 경우

丙	戊	丙	甲
辰	寅	寅	戌

甲	癸	壬	辛	庚	己	戊	丁
戌	酉	申	未	午	巳	辰	卯

무인(戊寅) 일주가 입춘(立春)이 지난 후 15일 만에 태어났으니 인목(寅木)의 지장간(支藏干) 중 갑목(甲木)이 당령(當令)한 시기이다. 지지에서는 두 인목(寅木)이 진토(辰土)와 술토(戌土)를 바로 곁에서 긴극(緊剋)하고 있으며, 천간의 갑목(甲木) 또한 일간(日干)의 무토(戊土)를 제(制)하고 있으니, 살(殺)은 왕(旺)하고 일주(日主)는 쇠(衰)하다.

사주에 금(金)이 보이지 않는 것이 반가운데, 이는 약한 일주의 기운을 설(洩)하지 않기 때문이다. 또 한 가지 묘한 것은 수(水)도 없다는 것이니, 인성(印星)인 병화(丙火)를 무너뜨리지 않기 때문이다. 더욱 부러운 것은 천간에 투출한 병화(丙火)가 일주에 바짝 붙어 살을 화(化)하여 일주를 생(生)해주고 있다는 것이다.

따라서 전시(殿試)에 합격하여[甲榜 갑방] 벼슬길로 나갔는데[懸靑綬 현청수], 부윤(副尹)을 거쳐 황당(黃堂)에 올랐으니 명리를 모두 얻었음이라[名利雙收 명리쌍수].

심화학습

살인상생(殺印相生)으로 용신이 병화(丙火)인데, 인원(人元)도 인목(寅木) 중의 갑목(甲木)이 되어 병화(丙火)를 생해주고 시간(時干)의 병화(丙火) 또한 용신을 도와주니 금상첨화란 말이다. 대운(大運) 또한 목화(木火)로 흘렀으니 인생이 잘 풀린 것 같다.

❷ 인원(人元)이 용신을 도와주지 않은 경우

庚	戊	丙	甲
申	辰	寅	戌

甲	癸	壬	辛	庚	己	戊	丁
戌	酉	申	未	午	巳	辰	卯

무진(戊辰) 일주가 입춘이 지난 후 6일 만에 태어났으니 무토(戊土)가 당령하였다. 월간(月干)에 병화(丙火)가 투출하여 생화(生化)가 유정(有情)하며, 일지(日支)에 진토(辰土)를 깔고 앉아 통근(通根)했으니 신왕(身旺)하고, 또한 사주에 식신(食神)이 있어 살(殺)을 제(制)해주니, 흔히들 이 사주가 앞의 사주보다 훨씬 낫다고들 한다.

하지만 이는 인월(寅月)의 어린 목과 차가운 토[嫩木寒土 눈목한토]는 화(火)를 반긴다는 사실을 모르고서 하는 소리이다. 하물며 이미 병화(丙火)가 살을 화(化)했는데 이를 다시 금(金)으로 제한다는 것은 마땅하지 않은 일이다. 따라서 불만스러운 것은 신시(申時)에 태어나 일주의 기운을 설(洩)하고, 용신인 병화(丙火)는 무토(戊土)가 당령하여 절지(絶地)에 임했다는 것이다.

학문을 이루기에는 어려움이 따랐고[書香難遂 서향난수], 일생을 거꾸러졌다 일어서기를 반복하며 편안한 날이 하루도 없었으며[起倒不寧 기도불령], 반평생 동안 온갖 고통을 면할 수가 없었다.

심화학습

앞의 명조와 같은 살인상생(殺印相生)이나, 용신인 병화(丙火)가 도움을 제대로 받지 못하고 극설(剋洩)이 겹치는 것이 부담이라고 하겠다.

6. 생시(生時) - 시지(時支)와 그 지장간(支藏干)

적천수 원문

生時乃歸宿之地　譬之墓也
생시내귀숙지지　　비지묘야

人元爲用事之神　墓之穴方也　不可以不辨
인원위용사지신　　묘지혈방야　　불가이불변

태어난 시간[時支, 시지]은 돌아가 머무를 곳으로 무덤에 비유할 수 있고

[生時乃歸宿之地 譬之墓也]

지장간(支藏干)인 인원(人元)은 일을 처리하는 신(神)으로 무덤의 좌향(坐向)과 같으니

[人元爲用事之神 墓之穴方也]

이들을 가려내지 않고서는 그 사람의 운명을 분별할 수 없다[不可以不辨].

적천수 해설　　　생시(生時) - 시지(時支)와 그 지장간(支藏干)

자시(子時) 중 앞의 삼각삼분(三刻三分)은 자수(子水)의 지장간(支藏干) 중 임수(壬水)가 당령(當令)하여 일을 처리하는데[壬水用事 임수용사], 이는 해수(亥水)의 여기(餘氣)가 작용하는[用事 용사] 것이니 이른바 야자시(夜子時)라고 하는 것이다. 이것은 대설(大雪) 후 10일까지는 임수(壬水)가 당령하여 일을 처리하는[壬水用事 임수용사] 것과 같은 이치이다. 자시(子時) 중 뒤의 육각칠분(六刻七分)은 자수(子水)의 지장간 중 계수(癸水)가 당령하여 일을 처리한다[癸水用事 계수용사]. 나머지 시(時)들도 이와 같이 앞뒤로 당령하여 일을 처리하는 지장간들이 있으니, 모름지기 그 사령(司令)한 지장간을 좇아서 추론하면 될 것이다.

　시지(時支)의 당령한 지장간[生時用事 생시용사]은 월지(月支)의 당령한 지장간[月令人元用事 월령인원용사]과 서로 관련되어 있다[相附 상부]. 따라서 월지와 시지에 당령한 신(神)들이 모두 일주(日主)가 반기는 것이라면 그 길(吉)함은 갑절로 늘어날 것이고, 일주가 꺼리는 것이라면 흉(凶)함이 갑절로 늘어날 것이다. 태어난 시의 좋고 나쁨[生時之美惡 생시지미오]은 무덤의 앉은 자리[結穴 결혈]에 비유할 수 있고, 시지의 당령한 지장간[生時

用事[생시용사]은 무덤의 앉은 방향[坐向좌향]에 비유할 수 있으니, 이들을 가려내지 않고서는 그 사람의 운명을 분별할 수 없다[不可以不辨불가이불변]. 따라서 혈은 길하나 향이 흉하면[穴吉向凶혈길향흉] 반드시 그 길함이 줄어들 것이고[必減其吉필감기길], 혈은 흉하나 향이 길하면[穴凶向吉혈흉향길] 반드시 그 흉함이 줄어들 것이다[必減其凶필감기흉].

예를 들어 병화(丙火) 일주가 해시(亥時)에 태어났을 경우, 해수(亥水)의 지장간인 임수(壬水)는 병화(丙火)의 살(殺)이지만 갑목(甲木)이 당령했다면[甲木用事갑목용사] 이를 일러 '혈은 흉하나 향이 길하다[穴凶向吉혈흉향길]'라고 한다. 또한 신금(辛金) 일주가 미시(未時)에 태어났을 경우, 미토(未土)의 지장간인 기토(己土)는 신금(辛金)의 인성(印星)이지만 정화(丁火)가 당령했다면[丁火用事정화용사] 이를 일러 '혈은 길하나 향이 흉하다[穴吉向凶혈길향흉]'라고 한다. 하지만 이치는 비록 이와 같다 하더라도 태어난 시(時)가 정확하지 않은 사람이 열이면 네댓 명은 되니, 시가 이렇게 정확하지 않다면 어찌 이를 근거로 그 생극(生剋)을 분별할 수 있겠는가. 만약 시가 정확하다면 시지의 당령한 지장간[人元인원]을 논하지 않고서도 그 길흉의 규모를 판단할 수 있지 않겠는가.

예를 들어 비유하면 천연(天然)의 용(龍)에는 천연의 혈이 있고, 천연의 혈에는 반드시 천연의 향 즉 좌향(坐向)이 있을 것이며, 천연의 향에는 반드시 천연의 수(水)가 있다. 단지 중요한 것은 그 태어난 시가 틀리지 않아야 하는[時不錯시불착] 것인데, 그렇다면 그 사람의 길흉은 당연히 잘 들어맞을 것이다. 그러니 시지의 당령한 지장간[生時人元用事생시인원용사]의 중요함은 월지에 당령한[提綱司令제강사령] 지장간의 중요함과는 도저히 비교할 수 없는 것이다.

또한 사람마다 태어난 산천이 다르고[山川之異산천지이] 조상의 음덕(蔭德)도 다르니[世德之殊세덕지수], 이들의 차이로 인해 발복(發福)에도 두터움과 박함[厚薄후박]이 있고 재앙에도 심함과 가벼움[重輕중경]이 있다. 심지어는 그 사람의 인품이 단정한지 간사한지[人品端邪인품단사]의 차이에 따라서도 재앙과 복이 뒤바뀌게 된다[轉移禍福전이화복]. 이러한 것들은 명리(命理) 이외의 요인들이라 명리학(命理學)으로는 풀어낼 수 없는 것[非

命理所得而拘 비명리소득이구]들이니, 이에 알려드리는 것이 마땅하다[宜消息 之 의소식지].

명리학(命理學)의 한계를 솔직하게 털어놓고 있다. 존경스러운 말씀이라 아니할 수 없다. 이 한계를 인정하지 않으려는 사람들로 인해 온갖 신살 (神殺)과 영향요계(影響遙繫)들이 생겨나지 않았나 생각한다. 이러한 한 계를 솔직히 인정하고 이를 극복할 수 있는 보다 더 오묘한 이치가 사주 팔자 안에 숨겨져 있지는 않은가를 밝혀내려고 노력하는 것이 명리학을 공부하는 사람들의 사명일 것이다.

풍수(風水)에서는 용(龍), 혈(穴), 사(沙), 수(水), 향(向)을 살피는데, 용 은 뻗어 내린 산맥, 혈은 용맥(龍脈)의 정기(精氣)가 모인 자리, 사란 청 룡(靑龍), 백호(白虎), 안산(案山) 등을 가리킨다고 한다.

7. 진신(眞神)

令上尋眞聚得眞　　假神休要亂眞神
영상심진취득진　　　가신휴요란진신

眞神得用生平貴　　用假終爲碌碌人
진신득용생평귀　　　용가종위록록인

월령(月令)에서 참된 용신[眞神, 진신]을 찾아 얻고 이것이 천간에 투출하면
[令上尋眞聚得眞]

가신(假神)은 이 진신(眞神)을 어지럽히는 짓을 그만두어야 한다[假神休要亂眞神].

진신이 용신(用神)이 되면 일평생 귀함을 누릴 수 있으나[眞神得用生平貴]

가신으로 용신을 삼으면 별 볼일 없이 살다 인생을 마치게 된다[用假終爲碌碌人].

진신(眞神)이라 함은 때를 얻어 월령을 차지한[得時秉令 득시병령] 신(神)을 말하며, 가신(假神)이란 때를 잃어 월령을 놓치고 물러난 기운[失時退氣 실시퇴기]의 신을 말한다. 말하자면 일주가 필요로 하는 신[日主所用之神 일주소용지신] 즉 용신(用神)이 월지를 차지해 당령했고[提綱司令 제강사령] 천간에도 투출한 경우[透出天干 투출천간], 이를 일러 '진신을 얻어 모았다[聚得眞 취득진]'라고 하는데, 가신에 의해 부서지거나 훼손당하지만 않으면 평생 부귀가 보장된다고 할 것이다. 설령 가신이 있다 하더라도[縱有假神 종유가신] 사주팔자의 배열이 안정되어 마땅함을 얻어서[安頓得好 안돈득호], 진신에 바짝 붙어 얽어매지 않거나[不與眞神緊貼 불여진신긴첩], 혹은 한신에 합을 당해 살거나[被閑神合住 피한신합주], 진신과 멀리 떨어져 있어 무력하다면[遙隔無力 요격무력] 그 가신은 해(害)가 되지 않는다 할 것이다.

혹시 가신이 진신에 바짝 붙어 얽어매고 있거나[倘與眞神緊貼 당여진신긴첩], 진신과 서로 극하고 충하거나[相剋相沖 상극상충], 진신과 합을 하여 기신으로 화한다면[暗化忌神 암화기신] 끝내 그 사람은 일생을 평탄치 못하고 보잘 것 없이 살아갈 것이다[碌碌庸人 녹록용인]. 만약 운에서 도움을 받아[行運得助 행운득조] 가신을 눌러주고 진신을 도와준다면[抑假扶眞 억가부진] 공명을 어느 정도는 이룰[功名小遂 공명소수] 것이고, 자신의 몸도 편안할[身獲康寧 신획강녕] 것이다.

따라서 희신은 사생의 생지(生地)를 얻어야 마땅하고[喜神宜四生 희신의사생], 기신은 사절의 절지(絕地)에 임해야 마땅하며[忌神宜四絕 기신의사절], 사주원국에서는 진신의 상황을 살펴보아야 하고[看眞神 간진신], 행운(行運)에서는 원국의 흐름을 가로막는 기운을 풀어줄 해신의 동태를 살펴보아야 하는[看解神 간해신] 것이다.

심화학습

사주의 월령(月令)을 차지하여 당령(當令)한 신을 진신(眞神)이라고 하는데, 진신이 천간에 투출(透出)하고 가신(假神)에 의해 손상을 입지 않는다면 좋다는 말이다.

'때를 얻어 월령을 차지한[得時秉令 득시병령]'에서 시(時)는 시지(時支)가 아니라 절기(節氣)인 시령(時令)을 말한다. 잘못하면 시지와 월지를 얻는다는 의미로 착각할 수 있으니 주의해야 한다.

적천수 해설 2　　**사주풀이 순서**

선천은 지원(地元)의 법칙이 되므로[先天而爲地紀 선천이위지기] 이에 지지를 헤아리는[所以測地 소이측지] 것이니, 우선 먼저 월령을 살펴보아[先看提綱 선간제강] 그 격국(格局)을 정해야 한다. 중천은 인원(人元)의 법칙이 되므로[中天而爲人紀 중천이위인기] 이에 인원을 규범 짓는[所以範人 소이범인] 것이니, 그 다음으로 월령의 지장간 중 당령한 신(神)을 살펴[次看人元司令 차간인원사령] 이것이 용신(用神)이 되는가를 알아보아야 한다. 후천은 천원(天元)의 법칙이 되므로[後天而爲天紀 후천이위천기] 이에 하늘을 살펴보는[所以觀天 소이관천] 것이니, 마지막으로 월령의 지장간 중 당령한 신이 천간에 투출하여[天元發露 천원발로] 이것이 격과 용신을 도와주는가[補格助用 보격조용]를 살펴보아야 한다.

이 천지인(天地人)의 세 가지 법칙[三式 삼식]이 합해져 사용됨으로써 자연의 섭리에 따라 인간이 만들어지는 일[造化之功 조화지공]이 이루어지고, 이로 인해 한 사람의 부귀의 기틀[富貴之機 부귀지기]이 정해진다. 그런 다음에 다시 운의 흐름에 마땅함과 거리낌[運程之宜忌 운정지의기]이 정해짐으로써 이로 인해 그 부귀의 흐름이 막히느냐 통하느냐[窮通 궁통]가 명확하게 드러난다. 따라서 후학(後學)들은 모름지기 천지인 삼원(三元)의 올바른 이치[正理 정리]를 궁구하여 그 진가(眞假)를 살피고 그 희기(喜忌)를 알아내어야 하며, 충(沖)과 합(合)이 일주(日主)에 좋게 작용하는지 아닌지와 운(運)의 흐름이 마땅한지 아닌지를 논한다면 틀림없을 것이다[斯爲的當 사위적당]. 그러므로 사주풀이의 기본적인 법칙은 비록 말로 전해줄 수 있다 하더라도[規矩雖可言傳 규구수가언전], 이를 실제로 적용할 때의 미묘함은 그 사람이 얼마나 이 원리를 깨우쳤는가에 달려 있으니[妙用由人心悟 묘용유인심오] 마음으로 깨달아야 할 것이다.

위에서 언급한 바와 같이 사주풀이의 원칙은 매우 간단하다. 다만 사주의 형상이 너무나 다양하고 용신(用神)을 찾기가 너무나 모호한 명조들이 많아서 어려움을 느끼게 되는 것이다. 이를 해결하는 데는 별다른 뾰족한 수가 없다. 『적천수(滴天髓)』를 반복해서 공부하고 임상을 통해 논리를 정리해 나가는 것 이외에는 말이다. 임철초(任鐵樵)가 마지막에 한 말, '사주풀이의 기본적인 법칙은 비록 말로 전해줄 수 있다 하더라도[規矩雖可言傳규구수가언전], 이를 실제로 적용할 때의 미묘함은 그 사람이 얼마나 이 원리를 깨우쳤는가에 달려 있으니[妙用由人心悟묘용유인심오]'가 정답이라 하겠다.

규구(規矩)는 규구준승(規矩準繩)의 준말로 목수가 쓰는 그림쇠, 자, 수준기와 먹줄 또는 일상생활에서 지켜야 할 법도를 의미한다.

적천수 사례연구   **진신(眞神)**

❶ 진신이 월령을 차지한 경우 1

甲	己	丙	甲
子	丑	寅	子

甲	癸	壬	辛	庚	己	戊	丁
戌	酉	申	未	午	巳	辰	卯

기토(己土)는 습기가 많고 얇은[卑薄비박] 토(土)인데 초봄인 인월(寅月)에 태어나 그 체(體)는 차갑고 습하며[寒濕之體한습지체] 그 기(氣)는 허약하다. 갑목(甲木)과 병화(丙火)가 천간에 함께 투출하여 인성은 바르고 관성은 맑다[印正官淸인정관청] 하겠으니, 진신을 얻어 모였다[聚得眞취득진]고 할 수 있다.

사주에 금(金)은 보이지 않고 수(水)는 목(木)을 얻어 화(化)했으니 가신(假神)이 진신(眞神)을 어지럽히지 않는다. 더욱 반가운 것은 운(運)이 동남(東南)의 인성이 왕한 지지[印旺之地^{인왕지지}]로 흐르는 것이다. 벼슬이 상서(尚書)에 이르렀다.

심화학습

인중병화(寅中丙火)가 용신인데 월령을 잡고 당령하여[人元用事^{인원용사}] 천간에 투출했으니 취득진(聚得眞)이라 하겠다. 연지(年支)의 자수(子水)에서 시작하여 수생목(水生木) → 목생화(木生火) → 화생토(火生土)를 하는 흐름이 청(淸)해 보인다. 운도 목화(木火)로 흘러 도우니 좋은 사주라 하겠다.

❷ 진신이 월령을 차지한 경우 2

乙	丙	壬	壬
未	子	寅	申

庚	己	戊	丁	丙	乙	甲	癸
戌	酉	申	未	午	巳	辰	卯

살은 방자하게 날뛰고 재성 또한 힘이 있으며[殺逞財勢^{살령재세}], 어린 나무인 인목(寅木)이 금(金)을 만났다[嫩木逢金^{눈목봉금}]. 가장 반가운 것은 인목(寅木)의 진신(眞神)이 당령(當令)하고, 시간(時干)에 인목(寅木)의 원신(元神)인 을목(乙木)이 투출(透出)한 것이다. 인신(寅申)의 충(沖)은 이른바 병이 있다[有病^{유병}]는 것인데, 다행히 운(運)이 남방(南方)의 화지(火地)로 흘러 병(病)인 신금(申金)을 보내버리니 벼슬은 봉강(封疆)에 이르렀고 명성이 드높았다.

심화학습

인월(寅月)의 병화(丙火)가 사주에 수(水)가 중중(重重)하여 신약하다 하겠다. 비록 진신(眞神)이 월령(月令)을 차지했으나, 사주의 배열이 앞의 명조(命造)보다 못하다 하겠다. 용신(用神)인 인목(寅木)이 신금(申金)의 충(沖)을 받으니 더욱 그렇게 보인다. 운(運)이 큰 도움이 된 사주라 하겠다.

8. 가신(假神)

적천수 원문

眞假參差難辨論　不明不暗受迍邅
진가참치난변론　　　불명불암수둔전

提綱不與眞神照　暗處尋眞也有眞
제강불여진신조　　　암처심진야유진

> 진신(眞神)과 가신(假神)이 서로 어긋나서 똑같지 않아 분별하기 어려우면
> [眞假參差難辨論]
> 드러나지도 숨어 있지도 않은 상황이 되어 이를 가려내는 데 어려움을 겪게 된다
> [不明不暗受迍邅].
> 제강(提綱) 즉 월령(月令)이 진신을 도와 비춰주지 않는다 하더라도[提綱不與眞神照]
> 다른 지지에서 진신을 찾아 얻을 수 있다면 진신이 있다 할 것이다[暗處尋眞也有眞].

적천수 해설　가신(假神)

기(氣)에는 진가(眞假)가 있는데, 진신(眞神)이 세력을 잃고 가신(假神)이 국(局)을 얻으면, 법칙에 따르면 당연히 진이 가가 되고[以眞爲假 이진위가] 가가 진이 된다[以假爲眞 이가위진]. 또한 기에는 선후(先後)가 있으니 진기(眞氣)가 도달하기 전에 가기(假氣)가 먼저 도달한다면, 법칙에 따르면 당연히 진으로 가를 삼고[以眞作假 이진작가] 가를 진으로 삼는다[以假作眞 이가작진].

　예를 들어, 인월(寅月)에 태어난 사람이 천간(天干)에 갑목(甲木)이 투출하지 않고 무토(戊土)가 투출했는데 연일시지(年日時支)에 진술축미(辰

戊丑未) 등이 있다면 무토(戊土)가 용신(用神)이 될 수 있다. 만약 무토 (戊土)가 투출하지 않고 금(金)이 투출했는데, 인목(寅木)의 지장간 중 병화(丙火)나 갑목(甲木)이 당령했다[木火司令 목화사령] 하더라도 연일시지에 신금(申金)이 있어 인목(寅木)을 충(沖)하거나 유축(酉丑)이 금국(金局)을 이루거나 혹은 천간에 무기토(戊己土)가 있어 금(金)을 생(生)한다면, 이를 일러 '진신이 세력을 잃고[眞神失勢 진신실세] 가신이 국을 얻었다[假神得局 가신득국]'라고 하니 금(金) 역시 용신이 될 수 있다.

만약 사주에서 진신이 부족하고 가신 또한 그 기(氣)가 허약한데 일주 (日主)가 가신을 좋아하고 진신을 미워한다면[愛假憎眞 애가증진], 반드시 세운(歲運)에서 가신을 도와주고 진신을 눌러주어야[扶假抑眞 부가억진] 이 역시 운이 틔어 복이 닥칠[發福 발복] 것이다. 만약 세운에서 진신을 돕고 가신을 손상시킨다면[助眞損假 조진손가] 흉과 화를 그 자리에서 당할 것이니[凶禍立至 흉화입지], 이를 일러 '실이 허로 뛰어들고[以實投虛 이실투허] 허가 실을 올라탔다[以虛乘實 이허승실]'라고 한다. 이것은 마치 의사가 인삼과 황기[參芪 삼기]가 사람을 살릴 수 있다는 것만 알고 이들이 능히 사람을 해칠 수 있다는 것은 모르는 것과 같고, 비상(砒霜)과 등에[砒虻 비맹]가 사람을 죽일 수 있다는 것만 알고 이들이 능히 사람을 구할 수 있다는 것은 모르는 것과 같다. 사람이 병(病)이 있어 이러한 약(藥)을 복용하면 살아나지만, 병도 없는데 이러한 약을 먹는다면 오히려 죽게 된다. 사람의 명(命)의 귀함과 천함은 한결같지 않고[貴賤不一 귀천불일] 정당함과 사악함은 정해진 바 없으니[邪正無常 사정무상], 사주의 기운(氣運)이 흘러 움직이고 멈추는 가운데[動靜之間 동정지간] 진신과 가신의 변화의 자취[眞假之跡 진가지적]가 없다고 할 수 없는 것이다. 격국(格局)에 오히려 진가(眞假)가 있는데 어찌 용신에 진가가 없다고 할 수 있겠는가.

대체로 하늘이 내린 평안함과 물려받은 음덕에 의해 이루어진 복을 누리는[安享蔭庇現成之福 안향음비현성지복] 사람은 진신을 용신으로 삼은[眞神得用 진신득용] 경우가 많고, 자신의 힘으로 사업을 일구고 가문을 일으키느라 힘들게 일하면서[刱業興家勞碌 창업흥가로록] 편안함이 적은[小安逸 소안일] 사람은 가신이 국을 얻은[假神得局 가신득국] 경우가 많은데 혹은 진신이 손상을 입은[眞神受傷 진신수상] 경우도 있다. 물려받은 것은 적지만 스스로 일군 것이 많으나[薄承厚刱 박승후창] 일이 뒤섞여 번거로운[駁雜 박잡] 사람은 진신이 용신이 되었으나 그 힘이 모자라는[眞神不足 진신부족] 경우가 많고, 일생 동안 일어났다 기복이 심하고[一生起倒 일생기도] 세상살이가 험하고 평탄치 못한[世事崎嶇 세사기구] 사람은 가신이 국을 얻었으나 그 힘이 모자라는[假神不足 가신부족] 경우가 많다. 자세히 살펴보면 맞지 않는 경우가 없을 것이다.

심화학습

내용을 간단히 요약하면 사주의 용신(用神)이 월령(月令)을 잡고 힘이 있으면 가장 바람직하지만, 비록 그렇지 못하다 하더라도 사주 오행(五行)의 구성이나 운(運)의 흐름에 따라 어느 정도 보상이 이루어진다는 말이다. 또한 인삼과 황기, 비상과 등에의 비유는 월령을 잡은 진신(眞神)의 사주는 무조건 좋은 것이고 그렇지 못하여 가신(假神)을 활용하는 사주는 무조건 나쁜 것이라고 받아들이는 당시의 명리학자들에게 따끔한 일침을 가하는 것이라 생각한다. 따라서 월지(月支)의 진신(眞神)에 너무 집착하지 말고 사주 전체의 형상을 관찰하여 일주(日土)의 마음이 어느 곳을 향하고 있는지를 잘 살펴본 후에 최종적인 결론을 내리는 것이 가장 현명한 방법임을 다시 한 번 더 강조하고 있다고 하겠다.

　참치(參差)란 『시경(詩經)』에 나오는 말로 서로 어긋나다, 똑같지 않고 들쑥날쑥하다는 의미이다. 참차(參差)로 읽지 않길 바란다. 둔전(迍邅)이란 머뭇거려 나아가기 어려운 모양 또는 어렵고 불리한 처지 정도로 해석할 수 있다. 또한 『적천수징의(滴天髓徵義)』에는 '연월일시지(年月日時支)'로 되어 있으나, 인월(寅月)에 태어난 사람이라고 했으므로 월(月)을 빼고 '연일시지(年日時支)'로 쓰는 것이 마땅하다고 생각하여 그리했으니 알아두기 바란다.

❶ 진신실세(眞神失勢) 가신득국(假神得局)의 경우 1

庚	壬	戊	乙
戌	午	寅	酉

庚	辛	壬	癸	甲	乙	丙	丁
午	未	申	酉	戌	亥	子	丑

임수(壬水)가 입춘(立春) 후 22일 만에 태어나 진신인 갑목(甲木)이 당령했다[眞神司令 진신사령]. 천간에 토금(土金)이 함께 투출하여 지지의 술토(戌土)와 유금(酉金)에 통근(通根)했으니, 이를 일러 '진신이 세력을 잃고[眞神失勢 진신실세] 가신이 국을 얻었다[假神得局 가신득국]'고 한다. 경금(庚金)을 용신(用神)으로 삼아 살(殺)인 토(土)를 화(化)하니 법칙에 따르면 당연히 가를 진으로 삼는[以假作眞 이가작진] 것이라 하겠으며, 사주의 순수함이 볼 만하다 하겠다. 비록 지지가 인오술(寅午戌)의 화국(火局)을 이루어 금(金)을 극하고 수(水)를 불사르는[剋金灼水 극금작수] 것이 불만스럽지만, 화(火)가 천간에 투출하지 않았고 또한 무토(戊土)를 얻어 생화(生化)하는 것이 반갑다. 더욱 묘한 것은 운(運)이 서북(西北)으로 달리는 것이다.

　일찍이 벼슬길로 나아가[早登雲路 조등운로] 장원급제하여 이름을 날렸으며[甲第蜚聲 갑제비성] 벼슬은 봉강(封疆)에 이르렀으나, 결국 화국(火局)이 병(病)이 되어 벼슬길 마지막에 일어나고 넘어짐[起倒 기도]을 면치 못했다.

심화학습

임수(壬水)가 인월(寅月)에 태어나 사주에 식재관(食財官)이 그득하니 신약(身弱)하다 하겠다. 인성(印星)인 경금(庚金)을 용신(用神)으로 삼는데, 비록 유금(酉金)이 지지에 있다고는 하지만 너무 멀리 떨어져 있어 도움이 된다고 보기 어렵다. 사주에 습토(濕土)가 없는 것이 무척 아쉽다. 운(運)이 살려준 경우라 하겠다. 용신이 월령(月令)을 잡지 못했으니 가신

(假神)이 득세(得勢)하여 기복이 심했던 모양이다.

❷ 진신실세(眞神失勢) 가신득국(假神得局)의 경우 2

癸	癸	戊	庚
丑	未	寅	戌

丙	乙	甲	癸	壬	辛	庚	己
戌	酉	申	未	午	巳	辰	卯

계수(癸水)가 입춘 후 26일 만에 태어나 진신인 갑목(甲木)이 당령했다 [眞神司令 진신사령]. 천간에 토금(土金)이 함께 투출하여 지지의 축술토(丑戌土)에 통근(通根)했으니, 비록 상관(傷官)이 당령(當令)했다고 하더라도 관살(官殺)의 세력이 거침없이 방자하게 오간다[縱橫 종횡]. 설령 상관으로 대적해보려 한들[傷官敵殺 상관적살] 오히려 일주(日主)를 설(洩)하여 약하게 만들어버리는 꼴이 되니 어찌 대적할 수 있겠는가. 비록 경금(庚金)이 가신(假神)이라고는 하나 일주가 가신을 좋아하고 진신을 미워하므로[愛假憎眞 애가증진] 경금(庚金)을 용신으로 삼는다. 경금(庚金)에게는 두 가지 묘한 것이 있으니, 첫째는 강력하고 포악한[剛暴 강포] 관살을 설하여 화(化)하는 것이고, 둘째는 약한 일주를 도와 생(生)하는 것이다. 시간(時干)의 비견(比肩) 또한 일주를 도와주고[幇身 방신] 또한 능히 토(土)를 적셔 금(金)을 길러 도와준다[潤土養金 윤토양금].

다만 중운(中運)이 남방으로 흘러 살을 생하고 인성을 무너뜨려[生殺壞印 생살괴인] 열심히 노력했으나 뜻을 이루지 못하였다[奔馳未遇 분치미우]. 갑신(甲申)운에 이르러 운(運)이 서방(西方)으로 바뀌면서 용신이 득지(得地)하니 군대에서 공을 세워 지현(知縣)으로 뛰어올랐고, 을유(乙酉)운에는 더욱 좋아져 벼슬이 주목(州牧)에 이르렀다. 하지만 마침내 병화(丙火)운으로 바뀌자 인성(印星)인 경금(庚金)을 무너뜨려 죽고 말았다[不祿 불록].

계수(癸水) 일주가 인월(寅月)에 태어나 사주에 관살(官殺)이 그득하니 신약(身弱)하다 하겠다. 인성(印星)인 연간(年干)의 경금(庚金)을 용신으로 삼으니 진신실세(眞神失勢)이다. 시주(時柱)인 계축(癸丑)이 많은 도움을 준다 하겠다. 가신(假神)이 득세하여 기복이 심한 사례이다.

❸ 진신무정(眞神無情) 가신허탈(假神虛脫)의 경우

己	辛	己	丙
亥	酉	亥	子

丁	丙	乙	甲	癸	壬	辛	庚
未	午	巳	辰	卯	寅	丑	子

이런 사주를 흔히 신금(辛金) 일주가 겨울인 해월(亥月)에 태어나 차가운 금(金)은 화(火)를 반기니[寒金喜火 한금희화] '금수상관은 관을 반긴다[金水傷官喜見官 금수상관희견관]'라고 하고, 또한 일주(日主)는 녹왕(祿旺)을 깔고 앉아 왕(旺)하니 틀림없이 병화(丙火)를 용신(用神)으로 삼는 것은 의심할 바 없다고 한다.

하지만 이는 수세(水勢)가 미쳐 날뛰니[猖狂 창광], 그 병(病)은 수(水)가 일주의 원신을 훔쳐 떠나가는[竊去命主元神 절거명주원신] 데 있다는 것을 모르고서 하는 소리이다. 관성(官星)인 병화(丙火)를 용신으로 삼을 수 없을 뿐만 아니라, 혹시 삼는다 하더라도 그 뿌리에 기운이 전혀 없으니[全無根氣 전무근기] 반드시 인성(印星)인 기토(己土)를 용신으로 삼아 수(水)를 멈추고 금(金)을 생하며 화(火)를 보호해야[生金衛火 생금위화] 한다.

그러나 기토(己土)는 절지(絶地)인 해수(亥水)에 임했으니, 병화(丙火)로 하여금 이를 생해주고자 하지만 병화(丙火) 또한 먼저 자수(子水)로부터 극(剋)을 받으니 어찌 토(土)를 생해줄 수 있겠는가. 오히려 기토(己土)는 수(水)로부터 손상을 입는 꼴이니 진신은 무정하고[眞神無情 진신무정] 가신은 허탈할[假神虛脫 가신허탈] 뿐이다.

초운(初運)인 경자(庚子), 신축(辛丑)운에 비겁(比劫)이 일주를 도우니 [幇身 방신] 물려받은 것이 넉넉하여[蔭庇有餘 음비유여] 먹고 입는 것이 자못 여유로웠으나[衣食頗豊 의식파풍], 임수(壬水)운에 부모의 상을 당했고[丁 艱 정간], 마침내 인목(寅木)운으로 돌아들어 동방(東方)의 목지(木地)가 되니 허약한 토(土)가 손상을 입어 조상의 유산은 다 말아먹고[破蕩 祖業 파탕조업] 처자식을 모두 잃고[刑妻剋子 형처극자] 밖으로 떠나간 후 종래 그 소식을 알 수가 없었다.

자세한 설명은 나중에 다루겠지만 겨울의 금(金)이 모두 화(火)를 용신(用神)으로 삼는 것이 아님은 틀림없는 사실이다. 여기서는 일주가 약하여 가신(假神)인 기토(己土)를 용신으로 삼았으나, 그 힘이 모자라고 운(運)마저 도와주지 않아 망한 사주라 하여 신약용인(身弱用印)으로 해석한 것 같다.

화(火)의 뿌리가 없으니 당연한 말이지만, 조후(調候)를 생각한다면 병화(丙火)를 버리기에는 너무나 아쉽다. 따라서 비록 병화(丙火)가 약하다 하더라도 신금(辛金) 일주를 에워싸고 있는 겁재(劫財)와 인성(印星)이 있으니 일주가 약하지는 않다고 보고 '금수상관희견관(金水傷官喜見官)'의 논리를 적용할 수는 없을까. 고향을 떠나 소식을 모르니 화(火)운을 어떻게 지냈는지 검증할 수 없어 아쉬울 따름이나, 토(土)를 용신으로 삼더라도 희신(喜神)은 화(火)가 되니 화(火)운이 결코 나쁘지는 않을 것이라고 생각한다.

다만, 초운(初運)을 잘 보내고 목(木)운에 망했다고 하니 원주(原註)의 해석이 옳다는 데는 이견이 없다.

9. 청기(淸氣) - 사주오행의 협조[四柱相協, 사주상협]

적천수 원문

一淸到底有精神　管取生平富貴眞
일청도저유정신　관취생평부귀진

澄濁求淸淸得去　時來寒谷也回春
징탁구청청득거　시래한곡야회춘

사주 안이 온통 맑은 기운으로 가득하고 정(精과) 신(神)이 있어[一淸到底有精神]
이를 취해서 관리하면 한평생의 부귀가 참될 것이며[管取生平富貴眞]
탁한 것을 맑게 하여 청기(淸氣)를 구하고 이를 얻어 나아가면[澄濁求淸淸得去]
때가 되면 추운 골짜기에도 봄이 다시 돌아올 것이다[時來寒谷也回春].

적천수 해설 ## 청기(淸氣) - 사주오행의 협조[四柱相協, 사주상협]

사주를 해석할 때 가장 밝혀내기 어려운 것이 바로 이 청탁(淸濁)이라는 두 글자이다. 이 장(章)에서 소중한 것은 '탁한 것을 맑게 하여 청기(淸氣)를 구한다[澄濁求淸^{징탁구청}]'의 네 글자이다. 사주가 청하고 기운이 있으면[淸而有氣^{청이유기}] 정신(精神)이 넉넉하게 이어질[貫足^{관족}] 것이고, 사주가 청하나 기운이 없으면[淸而無氣^{청이무기}] 정신은 시들고 메마를[枯槁^{고고}] 것이다. 정신이 메마르면 나쁜 기운[邪氣^{사기}]이 들어오게 되고, 사기(邪氣)가 들어오면 맑은 기운[淸氣^{청기}]이 흩어지게 되며, 청기(淸氣)가 흩어지면 가난하지 않으면 천하게 될[不貧亦賤^{부빈역천}] 것이다.

대저 청탁이라는 것은 사주팔자에 모두 있는 것이니, 정관(正官) 하나만을 가지고 논하는 것이 아니다. 예를 들어, 정관격(正官格)에서 일주가 약한데 인성이 있다면[身弱有印^{신약유인}] 재성(財星)을 꺼리는데, 사주에 재성이 없다면 이 사주는 청(淸)함을 가히 알 수 있다. 설령 재성이 있다고 해도 무조건 탁(濁)하다고 논해서는 안 되니, 모름지기 그 사주의 정황과 형세[情勢^{정세}]를 살펴보고 결론을 내리는 것이 중요하다. 만약 재성이 관성(官星)과 붙어 있고 관성은 인성(印星)과 붙어 있으며 인성은 일주(日主)와 붙어 있다면, 재는 관을 생하고[財生官^{재생관}] 관은 인을 생하며[官生印 관생인] 인은 일주를 생하여[印生身 인생신] 인성의 원두(源頭)가 더욱 늘어나게 되니, 운(運)에서 다시 인성을 돕는다면 부귀(富貴)가 따르는 것은 당연한 이치이다.

또한 사주에 재성이 없다고 해서 무조건 청하다고 논해서는 안 되니, 이런 경우도 모름지기 그 사주의 정세를 살펴보고 결론을 내리는 것이 중요하다. 혹 인성이 기(氣)가 없어 약한데 관성과 서로 통(通)하지도 못하거나, 혹 인성이 지나치게 왕하고[太旺 태왕] 일주는 메말라 약하여[枯弱 고약] 인성의 생(生)을 받을 수 없거나, 관성은 일주에 붙어 있고 인성은 멀리 떨어져 있어 일주가 관성으로부터 먼저 극(剋)을 당하여 인성이 일주를 생(生)하여 화(化)할 수 없는데, 운에서 다시 재관(財官)을 만나게 된다면 가난하지 않으면 요절할[不貧亦夭 부빈역요] 것이다.

만약 정관격에서 일주가 왕하여 재성을 반긴다면[身旺喜財 신왕희재] 가장 꺼리는 것은 인수(印綬)이고 그 다음으로 꺼리는 것이 상관(傷官)이겠지만, 이 또한 사주의 정세를 살펴보고 결론을 내려야 한다. 만약 상관과 재성이 서로 붙어 있고 재성은 관성과 붙어 있으며 관성은 비견(比肩)과 붙어 있다면, 특별히 이 상관은 관성에게 방해가 되지 않을 것이다. 오히려 이 상관이 겁재를 화하여 재성을 생하고 이 재성은 관성을 생하여 왕하게 하여 관성의 원두가 더욱 늘어나게 되니, 운에서 다시 재관의 지지로 흐른다면 명예와 이익 모두가 온전할[名利兩全 명리양전] 것이다.

만약 상관이 재성과는 멀리 떨어져 있고 오히려 관성과 바짝 붙어 있다면[緊貼 긴첩] 재성은 상관의 생을 받지 못하니 힘이 없을 것인데, 여기에 운마저 상관의 지지를 만나게 된다면 그 사람은 가난하지 않으면 천할[不貧亦賤 부빈역천] 것이다. 만약 상관은 천간에 있고 재성은 지지에 있다면 반드시 천간이 재성인 운이 들어와야 유통하여 풀릴[解 해] 것이고, 상관은 지지에 있고 재성은 천간에 있다면 반드시 지지가 재성인 운이 들어와야 관성을 통하게 할 것이다.

혹 재성과 관성이 서로 붙어 있다고 하더라도, 재성이 다른 합신(合神)에 의해 묶이거나[絆住 반주] 또는 한신(閑神)으로부터 합을 당하여 겁탈되면[劫占 겁점] 이 또한 반드시 운에서 충(沖)을 하여 그 합신을 보내버리거나 그 한신을 극(剋)하여 제(制)해버려야 하는데, 이를 일러 '탁한 것을 맑게 하여 청기(淸氣)를 구한다[澄濁求淸 징탁구청]'라고 한다. 이상은 비록 정관을 예로 들어 논하였으나, 이러한 논리는 팔격(八格)에 모두 적용되는 것이다.

결론적으로 말하면, 사주의 희신(喜神)은 지지를 얻어[得地 득지] 생을 만나는[逢生 봉생] 것이 마땅한데 일주와 가까이 붙어 있어야[緊貼 긴첩] 그 사주는 아름답고, 사주의 기신(忌神)은 절지에 임하여[臨絶 임절] 세력을 잃는[失勢 실세] 것이 마땅한데 일주와 멀리 떨어져 있어야[遠隔 원격] 아름답다.

일주가 인성을 반기는데 인성이 일주와 붙어 있거나[貼身 첩신], 혹은 일지가 인성이면[坐下印綬 좌하인수] 이것이 곧 일주의 정신(精神)이다. 관성이 인성에 붙어 있거나[貼印 첩인], 혹은 인성이 관성 위에 앉아 있으면[坐下官星 좌하관성] 이것은 곧 인수의 정신이다. 나머지에 대해서도 이와 같은 방법으로 추론하면 될 것이다.

심화학습

원두(源頭)에 대해서는 〈제7장 11. 원류(源流)〉에서 상세하게 설명할 것이니 참조하기 바란다.

여기서 말하는 정관격(正官格)이란 월지(月支)에 정관(正官)이 자리잡은 경우를 말한다. 상세한 내용은 〈제6장 1. 팔격(八格)〉에서 이미 설명했으니 참조하기 바란다.

또한 사주의 청(淸)함이란 한마디로 사주의 희용신(喜用神)이 기구신(忌仇神)으로부터 극제(剋制)를 받지 않고, 혹시 받는다 하더라도 흐름이 이어져 유통생화(流通生化)를 이루어 연주상생(連珠相生)으로 이어지는 것을 의미한다. 물론 격(格)의 청탁(淸濁)도 있을 수 있으나, 희용신의 상황을 기본으로 청탁을 이해한다면 그 나머지는 저절로 이해할 수 있게 될 것이다.

청기(淸氣)

❶ 탁한 것을 맑게 하여 청기를 구한[澄濁求淸, 징탁구청] 경우 1

乙	丙	甲	癸
未	寅	子	酉

丙	丁	戊	己	庚	辛	壬	癸
辰	巳	午	未	申	酉	戌	亥

병화(丙火) 일주가 겨울인 자월(子月)에 태어났다. 일지에 인성(印星)인 장생을 깔고 앉았고[坐下長生 좌하장생] 또한 양 천간에 투출하고 그 뿌리가 깊으니[印透根深 인투근심] 약한 가운데 왕하게 되었다[弱中之旺 약중지왕]. 관성(官星)인 자수(子水)가 당령(當令)한 것이 반갑고 천간에도 계수(癸水)가 투출하여 재성인 유금(酉金) 위에 앉아 인성을 생하니[坐財生印 좌재생인], 이른바 '사주 안이 온통 맑은 기운으로 그득하고 정(精)과 신(神)이 있다[一淸到底有精神 일청도저유정신]'고 하겠다. 더욱 묘한 것은 원류가 어그러지지 않는[源流不悖 원류불패] 것이다. 사주의 순수함이 이루 말할 수 없다[純粹可觀 순수가관].

금수(金水)운에 향시와 전시에 합격했으며[登科發甲 등과발갑] 한원에서 명성이 자자했으나[名高翰苑 명고한원], 애석하게도 중간에 운(運)이 화토(火土)로 바뀌니 결국에는 벼슬은 하지 못하고 사림(詞林)에서 노후를 마쳤다.

병화(丙火) 일주가 비록 자월(子月)에 태어났으나 신왕(身旺)하니 재자약살(財滋弱殺)이 되어 계수(癸水)를 용신(用神)으로, 유금(酉金)을 희신(喜神)으로 삼았다는 말이다. 유금(酉金)에서 시작하여 금생수(金生水) → 수생목(水生木) → 목생화(木生火)를 하는 것이 매우 청(淸)해 보인다. 더욱 묘한 것은 이 흐름이 지지뿐만 아니라 천간으로도 이어진다는 것이다. 다만 아쉬운 것은 이 흐름이 일간(日干)에서 끝나버린다는 것이다. 시간(時干)에 토(土)가 없는 것이 너무 아쉽다. 기미(己未)운 이후 화토(火土)운에 그래도 사림(詞林)에서 여생을 보낼 수 있었던 것은 사주가 너무 좋았기 때문이라는 생각이다.

사림(詞林)은 한원(翰苑) 즉 국학(國學)인 국자감(國子監)을 의미한다고 보면 되겠다.

❷ 탁한 것을 맑게 하여 청기를 구한[澄濁求淸, 징탁구청] 경우 2

辛		己		丙		甲	
未		亥		寅		子	

甲	癸	壬	辛	庚	己	戊	丁
戌	酉	申	未	午	巳	辰	卯

봄인 인월(寅月)에 태어난 기토(己土)가 해수(亥水) 위에 앉아 있다. 사주에 재관(財官)이 지나치게 왕하여[太旺 태왕] 일주가 약하니, 천간에 홀로 투출한 인성인 병화(丙火)가 생을 만난[獨印逢生 독인봉생] 것이 가장 반갑다. 지지에서 재성이 관성인 인목(寅木)을 생하여[財藏生官 재장생관] 인성의 원신이 더욱 왕해지고[元神愈旺 원신유왕], 그 기는 일주를 거쳐 시간(時干)으로 이어지니[氣貫生時 기관생시] 일주의 기(氣)는 빈약하지 않다[不薄 불박] 하겠다.

더욱 묘한 것은 생화(生化)가 구슬처럼 이어져 있는[連珠相生 연주상생] 것이며, 운 또한 어그러지지 않는다[運途不悖 운도불패]는 것이다. 따라서 임금의 은전(恩典)를 입어 아름다운 무늬가 새겨진 비단을 받았고[恩分雕錦 은분조금], 임금의 총애(寵愛)로 금으로 만든 연꽃모양 횃불을 받았으며[寵錫金蓮 총석금련], 대궐 옆에 머물며 [地近禁城 지근금성] 벼슬을 하되 사욕이 없이 맑고 편안하게 살았다[職居淸要 직거청요].

초운(初運)이 화토(火土)로 흘러 남방(南方)의 운(運)에서 모든 것을 이루고, 사주의 아름다움이 받쳐주어 말년을 편안하게 보낼 수 있었다는 생각이다.

금련(金蓮)은 말 그대로 금으로 꾸며진 연꽃모양의 조명용 횃불인데, 당(唐) 선종(宣宗)이 궁궐에서 신하인 영호도(令狐綯)와 이야기하던 중 밤이 늦어지자 가마와 금련을 내어주어 귀가하게 했다는 고사에서 유래했으며, 금련화거(金蓮華炬)의 준말이다. 은분조금(恩分雕錦)이나 총석금련(寵錫金蓮)은 모두 임금이 신하를 예우하여 임금의 총애를 받았다는 의미로 해석하면 될 것이다.

❸ 탁한 것을 맑게 하여 청기를 구하지[澄濁求淸, 징탁구청] 못한 경우

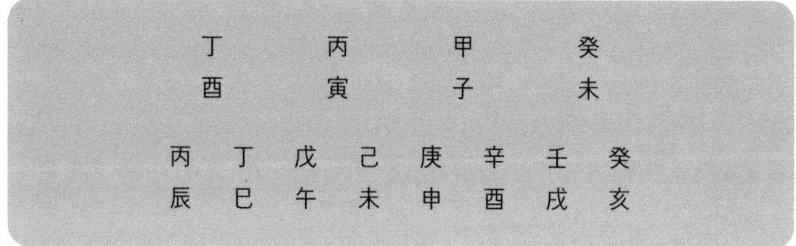

丁	丙	甲	癸
酉	寅	子	未

丙	丁	戊	己	庚	辛	壬	癸
辰	巳	午	未	申	酉	戌	亥

이 명조(命造)는 앞의 계유(癸酉)년 병인(丙寅) 일주의 사주와 대동소이하다. 앞의 사주는 관성(官星)인 계수(癸水)가 재성(財星)인 유금(酉金) 위에 앉아 있으나, 이 사주는 관성이 상관(傷官)인 미토(未土) 위에 앉아 있고 월지(月支)의 자수(子水)마저 미토(未土)와 서로 붙어 있어 천간의 관(官)이 극(剋)을 받을 뿐 아니라 지지의 관 또한 손상을 입고 있다. 더욱 불만스러운 것은 겁재가 재성 위에 앉아 있는[劫入財鄕 겁입재향] 것이니, 이른바 '재는 겁탈당하고 관은 손상을 입는[財劫官傷 재겁관상]' 형상이라 하겠다. 일찍이 반궁에 들어가 학문을 하였으나[芹香早探 근향조채] 가을의 과거에 거듭 낙방하였다[蹭蹬秋闈 충등추위].

신유(辛酉), 경신(庚申)운에 들어 간지(干支)가 모두 재성인 운(運)으로 되니, 재물은 봄날의 대나무가 뻗어 오르듯[放梢春竹 ^{방초춘죽}] 불어났고 이익은 덩굴이 가지를 치듯[蔓草生枝 ^{만초생지}] 늘어났다. 마침내 기미(己未)운으로 바뀌자 처자식을 잃고 화재를 당해[遭回祿 ^{조회록}] 가업이 크게 부서지게 되었으니, 과연 '되고 안 되고는 운에 달렸다[窮通在運 ^{궁통재운}]'는 말을 실감할 수 있는 사주라 하겠다.

심화학습

이 명조와 첫 번째 사례인 계유(癸酉)년생의 명조는 앞의 『적천수징의(滴天髓徵義)』 본문 해석에서 언급한 '정관격(正官格)에서 일주가 왕하여 재성(財星)을 반긴다면 가장 꺼리는 것은 인수(印綬)이고 그 다음으로 꺼리는 것이 상관(傷官)이겠지만, 이 또한 사주의 정세를 살펴보고 결론을 내려야 한다'는 이치를 가장 확실하게 보여주고 있다.

　두 사주 모두 상관이 지지에 있으나, 앞의 사주는 인성(印星)에 의해 갇혀 극(剋)을 받으니 용신인 자수(子水)가 온전하고 또한 재성이 옆에 붙어 관(官)을 생해주고 있으니 사주의 흐름이 자연스럽게 이어지지만, 이 사주는 상관인 미토(未土)가 바로 옆에서 관성(官星)을 극하여 손상시키고 재성 또한 멀리 떨어져 관을 생하지 못하며 심지어 겁재(劫財)인 정화(丁火)의 극까지 받고 있으니 유통생화(流通生化)의 흐름이 깨져버린다. 이와 같이 두 사주의 운(運)의 흐름은 동일하나 말년 인생이 완전히 갈라지는 것으로 미루어 보아, 사주의 청탁(淸濁)이 그 사람의 인생에 미치는 결과가 얼마나 큰지를 한눈에 알아볼 수 있는 사례로 아주 적절한 사주들이라고 생각한다.

10. 탁기(濁氣) – 사주오행의 혼잡[四柱混雜, 사주혼잡]

적천수 원문

滿盤濁氣令人苦　一局淸枯也孤人
만반탁기령인고　　일국청고야고인

半濁半淸猶是可　多成多敗度晨昏
반탁반청유시가　　다성다패도신혼

사주에 탁한 기운이 가득 차 있으면 그 사람의 인생은 고달프고[滿盤濁氣令人苦]
한바탕 사주는 맑으나 메마르다면 그 삶은 고독한 사람이며[一局淸枯也孤人]
탁함과 맑음이 서로 반씩 섞여 있으면 그런대로 한 세상 살 수는 있으나

[半濁半淸猶是可]
성공과 실패를 거듭하면서 새벽을 맞이하고 황혼을 흘려보내게 된다[多成多敗度晨昏].

적천수 해설　**탁기(濁氣) – 사주오행의 혼잡[四柱混雜, 사주혼잡]**

사주가 탁(濁)하다는 것은 사주의 신(神)들이 뒤섞여 어수선하다[四柱混雜사주혼잡]는 의미이다. 만약 올바른 신 즉 용신(用神)이 세력을 잃고[正神失勢정신실세] 나쁜 기운이 권세를 탄다면[邪氣乘權사기승권] 이것은 '기(氣)가 탁하다'라고 한다. 혹은 월령(月令)이 파손되어[提綱破損제강파손] 다른 간지(干支)에서 용신을 구해야 한다면 이것은 '격(格)이 탁하다'라고 한다.

만약 관이 왕하여 인성을 반기는데[官旺喜印관왕희인] 재성이 인성을 무너뜨리면[財星壞印재성괴인] 이것은 '재(財)가 탁하다'라고 하고, 혹은 관이 약하여 재성을 반기는데[官衰喜財관쇠희재] 비겁이 재를 놓고 싸우면[比劫爭財비겁쟁재] 이것은 '비겁(比劫)이 탁하다'라고 한다. 만약 재가 왕하여 비겁을 반기는데[財旺喜劫재왕희겁] 관성이 비겁을 누르면[官星制劫관성제겁] 이것은 '관(官)이 탁하다'는 것이고, 혹 재가 약하여 식상을 반기는데[財輕喜食傷재경희식상] 인성이 권세를 잡아 식상을 빼앗으면[印綬當權奪食인수당권탈식] 이것은 '인(印)이 탁하다'는 것이며, 혹 일주가 강하고 살이 약한데[身强殺淺신강살천] 식상이 세력을 얻으면[食傷得勢식상득세] 이것은 '식상(食傷)이 탁하다'는 것이다. 모쪼록 사주의 형상을 보아 사주 내 십성(十

星)의 역할을 구분하여 적용하고 이에 따라 명리(名利)의 얻음과 잃음[得失 득실]과 육친(六親)의 마땅함과 꺼림[宜忌 의기]을 판단한다면 맞지 않는 것이 없을 것이다.

그리고 '탁(濁)'과 '청고(淸枯)' 이 두 글자를 비교하여 헤아려보면, 이 둘은 상세히 분별하여 사용함이 마땅하다는 것을 알 수 있다. 차라리 청한 가운데 탁한 것[淸中濁 청중탁]은 받아들일 수 있어도, 청한 가운데 메마른 것[淸中枯 청중고]은 받아들일 수 없기 때문이다.

'사주가 탁(濁)하다'는 것은 성공과 실패가 한결같지 않고[成敗不一 성패불일] 삶의 과정에서 여러 가지 험한 일들을 많이 겪게 되더라도[多有險阻 다유험조] 운에서 때를 만나[行運得所 행운득소] 사주의 탁기를 쓸어 없애버리면[掃除濁氣 소제탁기] 이 역시 떨쳐 일어날 수 있는 기틀[起發之機 기발지기]을 마련할 수 있는 것이다. 하지만 운에서조차 편안하고 안정된 지지[安頓之地 안돈지지]를 만나지 못한다면 그 사람의 인생은 괴롭고 고달플[困苦 곤고] 것이다.

'사주가 청고(淸枯)하다'는 것은 단지 일주가 뿌리가 없다[日主無根 일주무근]는 것만을 말하는 것이 아니다. 즉 일주가 기(氣)가 있다고 하더라도 용신이 기가 없다면 이 또한 청고이다.

'메마르다[枯 고]'는 것은 '약하다[弱 약]'는 것에 비할 바가 아니다. 메마르다[枯 고]는 것은 뿌리가 없을 뿐만 아니라 썩어버린[無根而朽 무근이후] 상태이므로, 설령 일주나 용신에 힘을 보태 도와줄 수 있는 운[滋助之鄕 자조지향]을 만난다 하더라도 생기를 발하기가 불가능한[不能發生 불능발생] 상태를 말한다. 반면에 약하다[弱 약]는 것은 뿌리는 있으나 아직은 어린[有根而嫩 유근이눈] 상태이므로, 북돋워준다면 그 즉시 발하게 되고[扶之卽發 부지즉발] 도와만 준다면 그 즉시 왕하게 되니[助之卽旺 조지즉왕], '뿌리가 있으면 먼저 싹을 틔우려고 한다[根在苗先 근재묘선]'는 의미가 바로 이것이다.

대저 사주의 일주가 메마르면[日主枯 일주고] 가난하지 않으면 요절할 것이고[非貧卽夭 비빈즉요], 용신이 메마르면[用神枯 용신고] 가난하지 않으면 외로울 것이다[非貧卽孤 비빈즉고]. 따라서 사주가 청하고 사주에 정신이 있으면[淸有精神 청유정신] 끝내는 반드시 떨쳐 일어날[發 발] 것이고, 사주가 치우쳐 메마르고 사주에 기가 없으면[偏枯無氣 편고무기] 단연코 외롭고 가난할[孤貧 고빈] 것이다. 사주 전체가 탁한 기운으로 가득 찼다면[滿盤濁氣 만반탁기] 반드시 운을 살펴보되, 운에서 탁기를 누르고 청기를 도와준다면[抑濁扶淸 억탁부청] 가히 형통할 수 있으니 시험해보면 잘 맞는다는 것을 알 수 있을 것이다.

심화학습

여기서 꼭 기억하고 넘어가야 할 것은 '기탁신고(氣濁身枯)'와 '근재묘선(根在苗先)'이란 말이다. 뿌리가 있으면 먼저 싹을 틔우려고 한다[根在苗先 근재묘선]는 말은 행운(行運)보다 사주원국의 정세(情勢)가 먼저라는 의미가 되겠다. 사주가 약(弱)하면 그래도 사주 안에 미약하나마 뿌리가 있으니 운(運)에 따라 떨쳐 일어나 인생이 잘 풀려 나갈 수 있지만[勃興 발흥], 일주가 말라버리면[身枯 신고] 그 뿌리마저 없으니 어찌해볼 도리가 없다는 말이다. 명리(命理) 이외의 다른 방법을 찾아볼 수밖에 없으니 너무도 안타까운 상황이라 아니할 수 없다.

일국청고야고인(一局淸枯也孤人)의 '고(孤)'가 『적천수천미(滴天髓闡微)』에는 '고(苦)'로 표기되어 있다. 외롭다와 괴롭다의 차이인데, 둘 다 좋지 않다는 의미로 해석하면 별 문제 없을 것 같다. 다만, 앞 문장인 만반탁기령인고(滿盤濁氣令人苦)에서 이미 고(苦)가 한번 나왔으니, 뒷문장에서는 고(孤)를 쓰는 것이 문맥 흐름상 보다 나을 것 같고, 『적천수징의(滴天髓徵義)』 원문에도 '사주가 청고(淸枯)하면 가난하지 않으면 외롭거나[非貧卽孤 비빈즉고]', '외롭고 가난하다[孤貧 고빈]' 등의 말이 계속 이어지는 것으로 미루어 고(孤)라고 표기하는 것이 마땅하다는 생각이다.

❶ 사주가 탁(濁)한데 운에서 도와준 경우

己	丙	己	癸
丑	午	未	亥

辛	壬	癸	甲	乙	丙	丁	戊
亥	子	丑	寅	卯	辰	巳	午

병화(丙火) 일주가 음력 유월[長夏 장하]에 태어났으니 원래는 왕(旺)하다고 하겠다. 하지만 늦여름[季夏 계하]인 미월(未月)은 이미 화기(火氣)가 물러가는 여름의 끝물이고, 상관(傷官)인 토(土)의 설(洩)함이 너무 중첩되며, 축토(丑土)는 습토(濕土)이므로 능히 병화(丙火)의 빛을 어둡게 하니 왕이 약(弱)으로 변했다고 하겠다.

　탁기(濁氣)인 토(土)가 권세를 잡았고[當權 당권], 청기(淸氣)는 세력을 잃었다[失勢 실세]. 게다가 처음 30년 동안은 화토(火土)운으로 흘러 쓰러졌다 일어나기를 수차례 거듭하였다[起倒多端 기도다단]. 을묘(乙卯), 갑인(甲寅)운에 이르러 목(木)이 막힌 두터운 토(土)를 뚫어 통하게 하여[木疎厚土 목소후토] 탁기를 깨끗이 쓸어 없애고[掃除濁氣 소제탁기], 일주를 도와 살리고[生扶日元 생부일원] 관성을 지켜 감싸주니[衛護官星 위호관성], 독서를 즐기고 학문을 좋아했으며[左圖右史 좌도우사] 재물은 풍족하고 가업은 번성하였다.

사주에 상관(傷官)이 중중(重重)하니 용신(用神)으로는 인성(印星)인 목(木)이 절대적으로 요구되지만[傷官用印 상관용인], 사주에 목(木)이라고는 지장간 이외에는 보이질 않으니 아쉽지만 일지(日支)의 오화(午火)를 용신으로 삼고[傷官用劫 상관용겁] 운에서 목(木)이 들어오기를 기다릴 수밖에 없는 상황이라 하겠다.

사주에 극과 설이 교차하면[剋洩交加 극설교가] 가장 필요한 것은 비겁(比劫)이 아니라 인성이니 이 사주는 탁(濁)하다 하겠고, 다행히 신고(身枯)까지는 이르지 않았으니 운에서 도와 발복(發福)할 수 있었다 하겠다.

❷ 사주가 청고(淸枯)하고 운의 도움도 없는 경우

己	庚	丁	丁
卯	午	未	卯

己	庚	辛	壬	癸	甲	乙	丙
亥	子	丑	寅	卯	辰	巳	午

이 명조(命造)를 대략 살펴보면 재생관(財生官) → 관생인(官生印) → 인생신(印生身)으로 기(氣)가 흘러 사주가 청(淸)하고 아름다워 보인다. 하지만 오미(午未)는 남방(南方)으로 화(火)가 치열하여 토(土)가 갈라 터지니[火烈土焦 화렬토초], 능히 금(金)을 무르게 만들고[脆金 취금] 생(生)할 수는 없다. 또한 목(木)은 화(火)의 세력을 따라가고 인성을 무너뜨려[壞印 괴인] 생화(生化)의 정(情)이라고는 찾아볼 수 없으니 어찌 이를 청고(淸枯)하다고 아니 말할 수 있겠는가.

더욱 불만스러운 것은 운(運)마저 동남(東南)의 목화(木火)로 흘러 평생 뜻을 이루지 못했으니, 이른바 '밝은 달과 맑고 시원한 바람은 뉘와 함께 할 것이며[明月淸風誰與共 명월청풍수여공] 높은 산의 흐르는 물소리는 알아듣는 이가 적구나[高山流水少知音 고산류수소지음]'라고 하겠다.

심화학습

용신(用神)인 인성(印星)이 월령(月令)을 차지했으니 좋아해야 하는데, 여름의 메마른 미토(未土)로는 금(金)을 무르게 만들 뿐 생(生)할 수 없으니 너무나 갑갑한 상황이다. 시간(時干)에 기토(己土)가 있으나, 이 또한 뿌리가 없으니 사주가 청고(淸枯)하다 아니할 수 없다. 게다가 운(運)마저 이 모양이니 어쩔 도리가 없었던 모양이다.

　명월청풍수여공(明月淸風誰與共)은 재능은 뛰어나지만 이를 알아주는 사람이 없다는 말이다. 고산류수소지음(高山流水少知音) 또한 같은 의미라 하겠는데, 고산류수(高山流水)는 거문고의 명인인 백아(伯牙)가 높은 산을 그리며 거문고를 타면 종자기(鍾子期)가 "높고 높음이 태산과 같다"라고 하고, 흐르는 물을 상상하며 타면 "도도히 흐름이 양자강과 황하와 같다"라고 했다는 고사에서 유래한 말이고, 지음(知音)은 마음이 서로 통하는 벗을 말한다.

11. 원류(源流) – 구슬을 꿰듯 서로 생해 이어진다 [連珠相生, 연주상생]

적천수 원문

何處起根源　流到何方住
하처기근원　　유도하방주

機括此中求　知來亦知去
기괄차중구　　지래역지거

> 사주 오행의 흐름의 근원이 어디로부터 생겨나[何處起根源]
> 흐르고 흐른 후 이르러 멈추는 방향은 어디인가[流到何方住].
> 그 흐름 가운데 담겨 있는 기틀을 찾아낸다면[機括此中求]
> 오는 것뿐만 아니라 가는 것 또한 모를 리 있겠는가[知來亦知去].

적천수 해설 1　　**연주상생(連珠相生)과 연월일시의 사흉신(四凶神)**

근원이 되는 머리[源頭 원두]란 사주에서 가장 강력한 성분인 왕신(旺神)을 말한다. 재관(財官)이나 인수(印綬), 식상(食傷), 비겁(比劫)을 막론하고 어느 것이나 원두(源頭)가 될 수 있다. 한마디로 사주에서 중요한 것은 사주의 기운(氣運)이 흘러 서로 통하여 생을 이루어 화합하는[流通生

化 유통생화] 것이다. 이렇게 사주가 가지런히 정리되어 아름다움을 얻는다면[收局得美 수국득미] 좋은[佳가] 일이다. 다만 원두가 비겁에서 일어나[起於比劫 기어비겁] 재성이나 관성에서 머무른다면[止於財官 지어재관] 반기지만, 재성이나 관성에서 일어나[起於財官 기어재관] 비겁에서 머무른다면[止於比劫 지어비겁] 꺼릴 것이다.

예를 들어 산천의 정기(精氣)가 흐르는 줄기, 즉 맥이 떨쳐 일어나는 곳에서 뛰어난 인물이 태어난다[山川之發脈來龍 산천지발맥래용]는 이치를 근거로 하여 부모의 위대함[大父母 대부모]의 기(氣)를 알아보려면 존성(尊星)을 살펴보고, 자식의 참됨[眞子息 진자식]의 기를 알아보려면 주성(主星)을 살펴보며, 부부간 교합[方交媾 방교구]의 기를 알아보려면 태복성(胎伏星)을 살펴보고, 잉태하여 양육하는[成胎育 성태육] 기를 알아보려면 태식성(胎息星)을 살펴보며, 살을 화하여 권세를 잡는[化殺爲權 화살위권] 기를 알아보려면 해성(解星)을 살펴보고, 절박한 상황에서 도움을 얻는[絶處逢生 절처봉생] 기를 알아보려면 은성(恩星)을 살펴보되, 기의 근원을 인식함으로써 그 세력을 알고[認源之氣以勢 인원지기이세] 기의 흐름을 인식함으로써 그 본성을 알게 된다[認流之氣以情 인류지기이정]. 따라서 원두가 흘러 머무는 곳[源頭流住之地 원두류주지지]이 바로 산천의 정기가 모인 자리[山川結穴之所 산천결혈지소]가 되는 것이니 깊이 연구하지 않으면 안 된다.

원두의 기운이 가로막힌 곳[源頭阻節之處 원두조절지처]은 산천의 정기가 흐르는 줄기, 즉 용맥(龍脈)이 파손되어 끊겼다[來龍破損隔絶 내룡파손격절]는 것을 의미하니 잘 살펴보지 않으면 안 된다. 원두가 흘러 머무는 곳이 어느 곳인가를 잘 살펴보면 누가 흥하고 누가 쇠할지[誰興誰替 수흥수체]를 알 수 있고, 원두의 흐름을 끊어 막고 있는 신[阻節之神 조절지신]이 어떤 신(神)인지를 잘 살펴보면 무엇이 길하고 무엇이 흉할지[何吉何凶 하길하흉]를 논할 수 있다.

예를 들어 원두가 연월(年月)의 식신(食神)이나 인수(印綬)에서 일어나 일시(日時)의 재관(財官)에서 머문다면 위로는 조상의 음덕(蔭德)을 입고 아래로는 자손이 복을 누리겠지만, 혹 원두가 연월의 재관에서 일어나 일시의 상관(傷官)이나 겁재(劫財)에서 머문다면 조상의 업적을 망치고 손상시키며 처자식을 잃게 될 것이다. 만약 원두가 일시의 재관에서 일어나 연월의 식신이나 인수에서 머문다면 위로는 조상의 영광을 다투고 아래로는 자손이 가업을 일으키겠지만, 혹 원두가 일시의 재관에서 일어나 연월의 상관이나 겁재에서 머문다면 조상의 업적을 이어받아 누리기가 어렵고 스스로 새롭게 가업을 일으킬 것이다.

원두가 흘러가 머무는 곳이 연(年)인데, 이것이 관성(官星)이나 인수라면 그 사람의 조상은 청렴하고 고귀함[淸高 청고]을 알 수 있고, 이것이 상관이나 겁재라면 그 사람의 조상은 가난하고 지체가 변변치 못함[寒微 한미]을 알 수 있다. 또한 원두가 흘러가 머무는 곳이 월(月)인데, 이것이 재성(財星)이나 관성이면 그 사람의 부모가 창업(創業)을 한 것을 알 수 있고, 이것이 상관이나 겁재라면 그 사람의 부모가 사업에 실패하여 망해버렸음[破敗 파패]을 알 수 있다. 한편 원두가 흘러가 머무는 곳이 일시(日時)인데, 이것이 재관이나 식신이나 인수라면 그 사람은 반드시 자수성가(自手成家)하거나 처는 현숙하고 자식은 귀하게 될 것이고, 이것이 상관이나 겁재나 편인(偏印)이면 그 사람은 반드시 처는 누추하고 자식은 못나거나 처로 인해 화(禍)를 초래하여 패가망신할 것이다.

그러나 반드시 일주가 이들을 반기는지 꺼리는지[日主之喜忌 일주지희기]를 잘 살펴보고 판단하는 것이 또한 중요하니, 이렇게 한다면 맞지 않는 일이 없을 것이다.

심화학습

원두(源頭)의 흐름을 풍수지리(風水地理)에 연관시켜 비유하였다. 이렇게 본다면 산천 기운의 흐름과 인간 사주의 흐름은 동일한 오행(五行)의 흐름의 이치를 따른다고 짐작할 수 있으니, 이런 연유로 인간의 몸을 소우주(小宇宙)라고 하는가 보다. 이미 앞의 〈제7장 6. 생시(生時)〉에서 "사람마다 태어난 산천(山川)이 다르고 조상의 음덕(蔭德)도 다르니 이들의 차이로 인해 발복(發福)에도 두터움과 박함[厚薄 후박]이 있고 재앙에도 심함과 가벼움[重輕 중경]이 있다. 심지어는 그 사람의 인품이 단정한지 간사한지의 차이에 따라서도 재앙과 복[禍福 화복]이 뒤바뀌게 된다. 이러한 것들은 명리(命理) 이외의 요인들이라 명리학(命理學)으로는 풀어낼 수 없는 것[非命理所得 비명리소득]들이니, 이에 알려드리는 것이 마땅하다"라고 했으니, 사람의 팔자는 자신이 태어난 곳 주변의 자연환경에 의해서도 많은 영향을 받는다는 사실을 인정해야 할 것 같다. 따라서 풍수학(風水學)의 논리를 명리학에 접목시켜 그 논리를 발전시킨다면 사주를 공부하는 학자들의 시야는 보다 넓어지지 않을까 한다.

한편 사주의 연월(年月)을 조상과 부모, 일시(日時)를 본인과 자식으로 구분하여 논리를 전개해 나간 것에 대해서는 어느 정도 공감하지만, 단지 사흉신(四凶神)이라고 하는 상관(傷官), 겁재(劫財), 편인(偏印), 칠살(七殺)이 사주의 어느 곳을 차지하고 있는가만 가지고 해당 육친(六親)의 길흉(吉凶)을 판단한다는 것에는 동의할 수 없다. 다만, 해설 마지막 부분에 "그러나 반드시 일주가 이들을 반기는지 꺼리는지[日主之喜忌 일주지희기]를 잘 살펴보고 판단하는 것이 또한 중요하니"라고 했으니, 이로써 앞의 논리를 보완하고 있다고 이해하고 넘어가면 되겠다.

적천수 해설 2　　**연주상생(連珠相生)에 막힘이 있는 경우**

원두(源頭)의 흐름이 멈추어 머무를 곳에 이르지 못하는 것은 중간을 가로막아 끊어버리는 신[阻節隔絶之神 조절격절지신]이 있기 때문이다. 이것이 편인(偏印)과 정인(正印)이라면 반드시 윗사람으로 인해 재앙을 당할[長輩之禍 장배지화] 것이다. 다만 사주 중에 재성이 있어 이를 제어해준다면[財星相制 재성상제] 반드시 어진 처의 도움[妻賢之助 처현지조]을 받을 것이고, 만약 비겁이 있어 이를 화해준다면[比劫之化 비겁지화] 혹 형제의 도움[兄弟相扶 형제상부]을 얻을 수 있을 것이다.

만약 조절지신(阻節之神)이 비겁(比劫)이라면 반드시 형제가 허물이 되거나[兄弟之累 형제지루] 혹은 형제간에 불화(不和)가 생길 것이다. 다만 사주 중에 관성이 있어 이를 제어해준다면[官星相制 관성상제] 반드시 어진 귀인을 만나 해결할[賢貴之解 현귀지해] 것이고, 만약 식상이 있어 이를 화해준다면[食傷之化 식상지화] 혹 자식이나 조카의 도움[子姪之助 자질지조]을 받을 수 있을 것이다.

만약 조절지신이 재성(財星)이라면 반드시 처첩으로 말미암아 재앙을 당할[妻妾之禍 처첩지화] 것이다. 다만 사주 중에 비겁이 있어 이를 제어해 준다면[比劫相制 비겁상제] 반드시 형제의 도움을 얻거나 형제의 우애가 있을 것이고, 만약 관성이 있어 이를 화해준다면[官星之化 관성지화] 혹 어진 귀인의 이끌어줌[賢貴提攜 현귀제휴]을 얻을 수 있을 것이다.

만약 조절지신이 식상(食傷)이라면 반드시 자손이 허물이 될[子孫之累 자손지루] 것이다. 다만 사주 중에 인수가 있어 이를 제어해준다면[印綬相制 인수상제] 반드시 윗사람[長輩 장배]의 복을 받아 해결하거나 부모의 도움으로 구제받을[親長提拔 친장제발] 것이고, 만약 재성이 있어 이를 화해준 다면[財星之化 재성지화] 반드시 아름다운 처를 얻거나 혹 처가 재능이 많을 [中饋多能 중궤다능] 수 있을 것이다.

만약 조절지신이 관살(官殺)이라면 반드시 관청으로부터 형벌을 받는 재앙[官刑之禍 관형지화]을 당할 것이다. 다만 사주 중에 식상이 있어 이를 제어해준다면[食傷相制 식상상제] 반드시 자식이나 조카의 힘[子姪之力 자질 지력]을 얻을 것이고, 만약 인수가 있어 이를 화해준다면[印綬之化 인수지화] 반드시 윗사람의 도움[長輩之助 장배지조]에 의지할 수 있을 것이다.

그러나 반드시 용신이 이들을 마땅해하는지 꺼리는지[用神之宜忌 용신 지의기]를 잘 살펴보고 논하는 것이 또한 중요하니, 이렇게 한다면 맞지 않 는 일이 없을 것이다.

심화학습

여기서는 원두(源頭)의 흐름을 막고 있는 십성(十星) 및 이를 뚫어 통하 게 해주는 십성이 가리키는 육친(六親)의 길흉(吉凶)에 대해 비교적 상세 히 설명하고 있다. 육친에 대해서는 앞의 〈명리학 기초이론 16 : 육신(六 神)과 육친(六親)의 생극(生剋)〉 및 〈제10장 육친(六親)〉을 참조하기 바 란다.

적천수 해설 3　　**연주상생(連珠相生)과 용신(用神) 및 기신(忌神)**

만약 원두(源頭)가 흘러 머무는 곳이 관성(官星)이고 이것이 일주(日主)

의 용신(用神)이라면, 그 사람은 명성을 좇아 지위가 높고 귀하게 되는[就名貴顯 취명귀현] 경우가 십중팔구는 될 것이다. 만약 원두가 흘러 머무는 곳이 재성(財星)이고 이것이 일주의 용신이라면, 그 사람은 이익을 좇아 재물을 모으게 되는[就利發財 취리발재] 경우가 십중팔구는 될 것이다. 만약 원두가 흘러 머무는 곳이 인성(印星)이고 이것이 일주의 용신이라면, 그 사람은 문장에 대한 명망이 있고[有文望 유문망] 청렴하고 고귀하게 될 [淸高 청고] 경우가 십중팔구는 될 것이다. 만약 원두가 흘러 머무는 곳이 식상(食傷)이고 이것이 일주의 용신이라면, 그 사람은 재물과 자손이 모두 좋게 될[財子兩美 재자양미] 경우가 십중팔구는 될 것이다.

만약 관성이 일주의 기신(忌神)이 된다면, 관직으로 인해 화를 당하여 집안이 기우는[爲官遭禍傾家 위관조화경가] 경우가 있다. 만약 재성이 일주의 기신이 된다면, 재물로 인해 죽거나 명예와 절개가 꺾이는[爲財喪身敗名 節 위재상신패명절] 경우가 있다. 만약 인성이 일주의 기신이 된다면, 문서로 인해 시국을 어지럽히고 윗사람에게 몹쓸 짓을 하여[爲文書傷時犯上 위문 서상시범상] 재앙을 당하는[受殃 수앙] 경우가 있다. 만약 식상이 일주의 기신이 된다면, 자손으로 인해 허물을 당하고[爲子孫受累 위자손수루] 대가 끊어지는[絶嗣 절사] 경우가 있다.

궁극적으로 이 모든 것이 원류(原流)의 올바른 이치이며 속서(俗書)의 잘못된 논리와 다른 것이다.

심화학습

연주상생(連珠相生)이 아무리 중요하다고 해도 여기에 용신(用神)의 논리가 접목되지 않으면 그 의미는 약해진다는 것을 마지막에 다시 한 번 강조하고 있다. 이런 내용을 일일이 암기하기란 무척 힘들고 짜증나는 일이다. 다만, 십성(十星)의 생극(生剋) 관계를 논리적으로 이해하고 각 경우별로 대입해 나가면 무척 흥미로울 것이다.

❶ 연주상생으로 유통생화(流通生化)를 이룬 경우

癸	丙	庚	辛
巳	寅	子	酉

壬	癸	甲	乙	丙	丁	戊	己
辰	巳	午	未	申	酉	戌	亥

이 명조(命造)는 금(金)을 원두(源頭)로 하여 흘러 머무는 곳이 인성(印星)인 인목(寅木)이며, 이것이 용신이 되어 일주(日主)를 생(生)해준다. 더욱 묘한 것은 일주 병화(丙火)가 사시(巳時)에 비견(比肩)을 얻은 것이고, 재성(財星) 또한 생을 만나고 천간에 관성(官星)이 투출했으니 사주는 청(淸)하고 정신(精神)도 있어 중화(中和)되어 순수(純粹)하다. 원두가 일어난 곳도 아름답고 돌아가는 곳은 더욱 아름다우니 사림(詞林) 출신으로 벼슬은 통정(通情)에 이르렀으며, 평생 동안 험한 것을 보지 않고 명리가 모두 온전하였다[名利雙輝 명리쌍휘].

심화학습

사주에서 자수(子水)의 역할이 대단하다고 판단된다. 재성(財星)이 과다한데 이를 유통(流通)시켜 인성(印星)을 생해주니 신약용인(身弱用印)에 관인상생(官印相生)이라 하겠다. 운(運) 또한 남방(南方)으로 흘러주니 인생 말년(末年)이 더욱 아름답다고 하겠다. 다만, 위의 풀이에서 재성이 생(生)을 만났다고 한 것은 잘 이해되지 않는다.

❷ 막힘이 있어 연주상생이 되지 않는 경우

甲	丙	辛	辛
午	子	卯	卯

癸	甲	乙	丙	丁	戊	己	庚
未	申	酉	戌	亥	子	丑	寅

이 명조는 목(木)을 원두(源頭)로 하였으나, 오행에 토(土)가 없어 금(金)으로 흘러 이를 수가 없으며, 재관(財官) 또한 사이가 뜨고 가로막혀 있으니 [隔絶격절] 충(沖)과 설(洩)을 당해 생화(生化)의 정(情)이 없다.

초운(初運)인 경인(庚寅)운에는 조상의 도움으로 복을 누렸으며, 기축(己丑)운에는 자수(子水)와 합(合)을 하고 화(火)를 설하며 금(金)을 생하니[洩火生金설화생금] 재물과 복이 나란히 이르렀다[財福駢臻재복병진]. 무자(戊子)운에 이르러 토(土)는 허약하고 수(水)가 왕하여[土虛水旺토허수왕] 목신(木神)을 생조(生助)하니 가족이 죽는 등 고통이 극심했다[刑傷破耗형상파모]. 정해(丁亥)운에 금(金)을 극(剋)하고 목(木)과 반회국(半會局)을 이루니 집안이 깨지고 죽고 말았다[家破人亡가파인망].

심화학습

사주가 왕(旺)하여 재성(財星)인 신금(辛金)을 용신(用神)으로 삼고 신금(辛金)이 뿌리가 없어 약하니 이를 돕는 식상(食傷)을 희신(喜神)으로 삼아 식신생재(食神生財)로 흐르고 싶으나, 사주에 토(土)가 보이질 않는다. 따라서 일지(日支)의 관성(官星)을 용신으로 삼고 재성인 신금(辛金)을 희신으로 삼아 재자약살(財滋弱殺)을 생각해볼 수도 있으나, 관성인 자수(子水)는 인성(印星)인 목(木)을 생조(生助)하니 무리라는 생각이 든다. 따라서 재성인 신금(辛金)을 용신으로 삼고, 운(運)에서 식상인 토(土)를 기다린다고 본 것 같다.

연주상생(連珠相生)의 사례연구에 덧붙여

무릇 부귀(富貴)라는 것은 아직까지 원두(源頭)를 따르지 않는 것이 없다. 그 귀천(貴賤)을 나눔은 전적으로 국을 거두어들이는[收局 수국] 한 글자에 의하여 정해진다. 일주의 탁기를 떠나보내고[去我濁氣 거아탁기] 일주의 희신을 일으키면[作我喜神 작아희신] 귀하지 않으면 역시 부유할[不貴亦富 불귀역부] 것이고, 일주의 청기를 떠나보내고[去我淸氣 거아청기] 일주의 기신을 일으키면[作我忌神 작아기신] 가난하지 않으면 역시 천할[不貧亦賤 부빈역천] 것이다. 명리학을 연구하는 사람들은 자세히 살펴봄이 마땅하다.

12. 통관(通關) - 이끌어 통하게 한다
[引通剋制, 인통극제]

關內有織女　關外有牛郎
관내유직녀　　관외유우랑

此關若通也　相邀入洞房
차관약통야　　상요입동방

> 하늘의 관문[天關, 천관] 안에 직녀가 있고[關內有織女]
> 하늘의 관문 밖에 견우가 있으니[關外有牛郎]
> 만약 이 관문(關門)이 열려 길이 서로 통하게 되면[此關若通也]
> 서로 반갑게 맞이하여 침실로 들어가네[相邀入洞房].

통관(通關) - 인통극제(引通剋制)

통관(通關)이라 함은 극하여 제하는 신[剋制之神 극제지신]을 이끌어 통하게 해주는[引通 인통] 것을 말한다. 이른바 '음양 이 둘의 작용은[陰陽二用 음양이용] 서로의 기가 흘러 통하는 데 그 묘미가 있다[妙在氣交 묘재기교]'고 하는 것은 천간의 기운[天干之氣 천간지기]은 아래로 내려오고[下降 하강] 지지의 기운[地支之氣 지지지기]은 위로 올라간다[上昇 상승]는 말이다. 천간지기(天干之氣)는 동적이며 다른 기운이 섞이지 않았는데[動而專 동이전], 지지지기(地支之氣)는 정적이고 여러 기운이 섞여 있다[靜而雜 정이잡]. 이런 까닭에 지지의 행운[地運 지운]은 시간의 흐름에 따라 변하는데[推移 추이] 천기가 그것을 좇아가고[天氣從 천기종], 천간의 기[天氣 천기]는 변하지는 않고 옮겨 다니는데[轉徙 전사] 지운이 그것에 호응하는[地運應 지운응] 것이다. 천기(天氣)가 위에서 움직이면[動於上 동어상] 지지(地支)의 인원은 그것에 호응하고[人元應 인원응], 지지의 인원(人元)이 아래에서 움직이면[動於下 동어하] 천기는 그것을 좇아간다[天氣從 천기종]. 따라서 음이 이기다가도 양을 만나면 멈추고[陰勝逢陽則止 음승봉양즉지], 양이 이기다가도 음을 만나면 머무른다[陽勝逢陰則住 양승봉음즉주]. 이를 일컬어 '하늘과 땅이 서로 사귀어 넉넉하고 편안하게 된다[天地交泰 천지교태]'라고 하니, 천간과 지지가 서로 정이 있고[干支有情 간지유정] 천간끼리 지지끼리 서로 어그러지지 않으며[左右不悖 좌우불패] 음양은 낳고 길러 서로 통하게 되는[陰陽生育相通 음양생육상통] 것이다.

예를 들어 사주에 살이 많아 인성을 반기는 경우[殺重喜印 살중희인], 살이 천간에 있는데 인성 역시 천간에 투출했거나[殺露印亦露 살로인역로] 살이 지지에 있는데 인성 역시 지지에 암장되었다면[殺藏印亦藏 살장인역장], 이들은 막힘없이 통할 것이 분명하니[顯然通達 현연통달] 달리 더 말할 필요가 없다[不必節外生枝 불필절외생지]. 만약 사주원국에 인성(印星)이 없다면 반드시 세운(歲運)에서 인성을 만나 서로 통하거나, 아니면 사주원국과 세운이 합을 이루거나[暗會 암회] 사주원국의 오행끼리 합을 이루어[明合 명합] 서로 통해야 한다. 사주원국에 인성이 있는데 재성(財星)이 이를 부숴버린다면[損壞 손괴], 관성이 있어 재성을 설(洩)하여 화해주거나[官星化之 관성화지] 비겁이 재성을 극(剋)하여 해소해주어야[比劫解之 비겁해지] 한다. 혹 인성이 합을 당하여 머무른다면[合住 합주] 충으로 열어주어야[沖開 충개] 하며, 충을 당하여 무너진다면[沖壞 충괴] 합으로 화해주어야[合化 합화] 한다. 혹 사주의 살(殺)과 인성 둘 사이를 가로막는 신(神)이 있다면[隔一物 격일물] 극하여 보내버려야[剋去 극거] 한다.

원국(原局)의 전후상하(前後上下) 어느 곳에서도 이끌어 도움을 받을[援引 원인] 신을 찾을 수 없는데 세운에서 이를 만난다면 더욱 아름답다 할 것이다. 예를 들어 연에 인성이 있고 시에 살이 있거나[年印時殺 연인시살], 천간에 살이 있고 지지에 인성이 있다면[干殺支印 간살지인] 전후가 멀리 떨어져 있고[前後遠立 전후원립] 상하가 멀리 늘어진[上下懸隔 상하현격] 모양이 된다. 혹시 이들 사이를 한신(閑神)이나 기신(忌神)이 가로막고 있다면 이러한 사주는 원국에서는 서로 통(通)하게 할 방법이 없으니, 반드시 세운에서 충이나 합을 만나[暗沖暗會 암충암회] 한신과 기신을 극하여 제어해주어야[剋制 극제] 한다. 충이 갖춰지면 충을 하고[該沖則沖 해충즉충] 합이 갖춰지면 합을 하여[該合則合 해합즉합] 살과 인성 사이에서 서로 극하고 있는 세력을 이끌어 통하게[通相剋之勢 인통상극지세] 해야 한다.

　이렇게 막혔던 관문이 일단 통하게 되면[此關一通 차관일통] 이른바 거문고가 종자기를 만나고[琴遇子期 금우자기] 말이 백락을 만난[馬逢伯樂 마봉백락] 것과 같아서, 명예를 얻기 원하는 사람[求名者 구명자]은 시험을 치를 때마다 합격할 것이고[靑錢萬選 청전만선] 재물을 가지기 원하는 사람[問利者 문리자]은 계획하고 예상한 대로 일이 잘 진행될[億則屢中 억즉루중] 것이다. 이것은 마치 견우와 직녀가 서로 반갑게 맞이하여 침실로 들어가는[入洞房 입동방] 것과 같으니 그들이 원하는 바를 이루지 못하는 경우가 없다. 살과 인성으로써 이와 같이 논했으니, 식상(食傷)과 재관(財官)도 이와 같은 방법으로 논하면 될 것이다.

　원국에 통관을 해주는 신(神)이 없을 경우에 운에서 이를 만나면 또한 길(吉)하다는 말을 잘 살펴보면, 원국에 미약하나마 뿌리가 있는 것에는 미치지 못함을 알 수 있다. 미약하더라도 원국에 뿌리가 있는 것이 운에서 도움을 받으면 더욱 아름답게 될 것이니, 이른바 '뿌리가 있으면 먼저 싹을 틔우려 한다[根在苗先 근재묘선]'는 말이 바로 이것을 의미한다.

심화학습

　『적천수(滴天髓)』원주(原注)에서는 음양(陰陽)의 논리는 적용하지 않고, 오직 천간과 지지의 기(氣)의 흐름과 오행(五行)의 생극(生剋)관계를 운의 흐름[行運^{행운}]과 결부시켜 통관(通關)의 논리를 설명하였다. 유백온(劉伯溫)은 단순히 사주팔자의 상하좌우가 멀리 떨어져[遠隔 ^{원격}] 그 사이에 이들을 갈라놓는 신[隔絕之神 ^{격절지신}]이 있거나 형충(刑沖)이나 겁점(劫占)을 당하면 이를 '관(關)'이라고 하고, 사주원국이나 운에서 이러한 현상들을 해소해주는 것을 '통관(通關)'이라고 하였다. 임철초(任鐵樵)는 여기에 음양의 논리를 더하여 통관의 논리를 설명하고 있으나, 간명한 이치를 오히려 더 복잡하게 만들어버렸다는 느낌을 받게 된다.

사주원국에서의 작용을 명(明)이라고 하고, 운에서의 작용을 암(暗)이라고 한다. 또한 천간에서의 작용을 명이라고 하고, 지지암장(地支暗藏)에서의 작용을 암이라고 하는 경우도 있다. 여기서 말하는 암회(暗會)와 명합(明合)은 앞의 경우로 해석했음을 알려드린다.

『적천수징의(滴天髓徵義)』에는 '양이 이기다가도 음을 만나면 아름답다[陽勝逢陰則佳 ^{양승봉음즉가}]'라고 되어 있으나, 『적천수천미(滴天髓闡微)』에는 '양이 이기다가도 음을 만나면 머무른다[陽勝逢陰則住 ^{양승봉음즉주}]'라고 되어 있다. '주(住)'로 해석하는 것이 앞 구절의 '지(止)'란 글자와 이어질 때 더 부드럽고, 아무리 생각해보아도 '아름다울 가(佳)'보다는 '살 주(住)'가 앞뒤 문맥 연결에 더 합당하다는 생각이다.

금우자기 마봉백락(琴遇子期 馬逢伯樂)은 거문고를 다루는 데는 자기(子期)가 최고이고 말을 다루는 데는 백락(伯樂)이란 사람이 최고인 것에서 유래한 말로, 천생연분(天生緣分)을 뜻한다고 보면 되겠다. 종자기(鍾子期)에 대해서는 이미 〈제7장 10. 탁기(濁氣)〉의 두 번째 사례에서 언급한 바 있다. 백락(伯樂)은 춘추시대 진(晉)나라 사람으로 말을 잘 감정했다고 한다.

그리고 맨 마지막의 '뿌리가 있으면 먼저 싹을 틔우려 한다[根在苗先 ^{근재묘선}]'는 말은 서낙오(徐樂吾)가 첨부한 것이니 그리 알고 참고하기 바란다.

❶ 사주가 막힘이 없이 통한 경우

| 丙 | 丁 | 甲 | 癸 |
| 午 | 卯 | 子 | 酉 |

| 丙 | 丁 | 戊 | 己 | 庚 | 辛 | 壬 | 癸 |
| 辰 | 巳 | 午 | 未 | 申 | 酉 | 戌 | 亥 |

이 명조(命造)는 천간과 지지가 모두 살생인(殺生印) → 인생신(印生身)의 살인상생(殺印相生)의 구조를 하고 있다. 시(時)에 비겁(比劫) 즉 녹왕(祿旺)을 만났고, 더욱 묘한 것은 지지에 자오묘유(子午卯酉)의 사충(四沖)이 있으나 전후 배열이 오히려 도움이 되는[四助 사조] 형상이다. 금(金)이 수(水)를 보니 목(木)을 극(剋)하지 않고 수(水)를 생(生)하고, 수(水)가 목(木)을 보니 화(火)를 극하지 않고 목(木)을 생하여, 자연스레 떨어지거나 겁탈하여 차지하지도 않고[不隔不占 불격부점] 중간에서 끊어 막는 신[阻節之物 조절지물]도 없으니, 일주(日主)는 약한 가운데 왕(旺)으로 변했다[弱中變旺 약중변왕]. 운(運)에서 수(水)를 만나면 여전히 목(木)을 생해주고 금(金)을 만나면 여전히 수(水)를 생해주니 인수(印綬)가 상하지 않는다. 일찍이 가을 과거인 전시(殿試)에 합격하여[秋闈早捷 추위조첩] 벼슬은 관찰(觀察)에 이르렀다.

심화학습

비록 자월(子月)에 태어났으나 병오(丙午)시이고 묘목(木)과 갑목(甲木)이 바로 곁에서 일주를 도와주고 자수(子水)를 설(洩)하니 일주가 약하지 않다 하겠다. 따라서 자수(子水)를 용신(用神)으로 삼고, 유금(酉金)을 희신(喜神)으로 삼는다.

　초운(初運)이 금수(金水)로 흘러 일찍이 잘나갔으나, 말년(末年)의 운이 화토(火土)로 흐르니 모르긴 몰라도 기미(己未)운부터는 부담이 되지 않았을까 짐작해볼 수 있다. 다만, 사주가 워낙 청(淸)하다 할 수 있어 웬만하면 잘 견디지 않았을까 하는 생각도 든다. 말운(末運)에 대한 언급이 없어 너무도 아쉬운 사주이다.

❷ 사주원국의 오행끼리 합을 이루어[明合, 명합] 막힘이 풀려 통한 경우

	辛	丁	癸	戊
	亥	未	亥	寅

辛	庚	己	戊	丁	丙	乙	甲
未	午	巳	辰	卯	寅	丑	子

이 사주는 계수(癸水)가 왕지(旺地)에 임하고 일주에 바짝 붙어 극하고 있으나[貼身相剋 첩신상극], 무토(戊土)와 합을 하여 떠나가니[合去 합거] 오히려 일주를 도와주게 된다[幇身 방신]. 월지(月支)의 해수(亥水)는 본래 살(殺)인 계수(癸水)를 돕는 것이지만, 연지(年支)의 인목(寅木)과 합을 하여 오니[合來 합래] 일주를 생해주게[生身 생신] 된다. 인목(寅木)은 원래 멀리 떨어져 있었으나[遙隔 요격] 오히려 가까워져 친해지게[親近 친근] 되었다. 시지(時支)의 해수(亥水)는 미토(未土)를 만나 합하여 반회국(半會局)을 이루니 재앙이 오히려 은혜가 되었다. 하나는 오고 하나는 가니[一來一去 일래일거] 이 어찌 정으로써 협력한다 하지 않을 수 있겠으며, 하나는 가고 하나는 모이니[一往一會 일왕일회] 통관에 막힘이 없다[通關無阻 통관무조]고 하겠다. 향시와 전시에 연달아 합격하여[科甲連登 과갑연등] 벼슬은 황당(黃堂)에 이르렀다.

심화학습

'하나는 오고 하나는 가니[一來一去 일래일거]'는 인해합(寅亥合)의 인목(寅木)과 무계합(戊癸合)의 계수(癸水)를 의미하고, '하나는 가고 하나는 모이니[一往一會 일왕일회]'는 인해합(寅亥合)의 해수(亥水)와 해미반합(亥未半

合)의 해수(亥水)를 의미한다고 생각하면 쉽게 이해될 것이다.

해월(亥月)의 정화(丁火) 일주가 수(水)가 많아 약하고, 용신(用神)인 인목(寅木)은 멀리 떨어져 있어 힘이 없으며 중간에 살(殺)이 있어 일주를 도와주는 것을 방해하고 있는 형상이다. 하지만 반갑게도 천간과 지지의 수(水)를 합(合)을 하여 보내버리니 용신은 일주와 가까워지고 힘을 얻어 잘 풀렸다는 말이다. 통관(通關)의 논리에 정확하게 들어맞는 사례라 할 수 있다.

다만, 천간의 계수(癸水)와 지지의 해수(亥水)가 합을 하여 화(火)와 목(木)으로 화(化)했다고 단정하기는 어려운 것이 사실이다. 사주 구조상 계수(癸水)는 그 뿌리가 튼튼하여 화하기는 거의 불가능하다고 보는 것이 마땅하다. 따라서 통관의 논리보다는 운(運)이 목화(木火)로 흘러 너무도 좋았기 때문에 잘 풀렸다고 보는 것이 더 타당한 해석이 아닌지 생각해보는 것도 필요할 것 같다.

❸ 운에서 비겁이 재성을 극하여[比劫解之, 비겁해지] 막힘이 풀린 경우

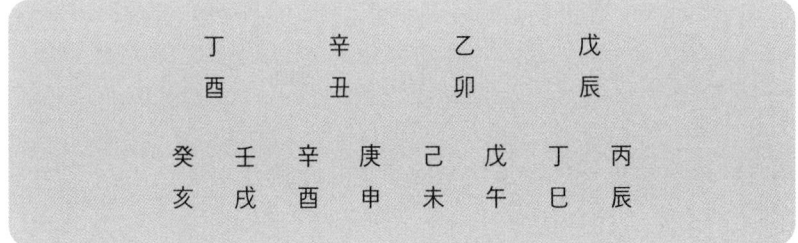

신금(辛金)이 봄인 묘월(卯月)에 태어나 기운(氣運)이 약하다. 시간(時干)의 살(殺)인 정화(丁火)가 바로 옆에서 일주를 극하고[緊剋 긴극] 있으며, 연주(年柱)의 인성(印星)인 토(土)는 멀리 떨어져 일주와 통하지 못한다[遠隔不通 원격불통]. 또한 중간에서 왕성한 목(木)이 토(土)를 극하여 인성을 무너뜨리니[剋土壞印 극토괴인], 무토(戊土)가 일주를 생화(生化)할 수 없을 뿐 아니라 일지(日支)의 축토(丑土)마저 묘목(卯木)에 의해 무너져버려 이 사주 안에서 통관(通關)의 이치는 전혀 찾아볼 수 없다 하겠다.

중운(中運)은 남방(南方)의 살지(殺地)인 화(火)로 흘러 모진 풍파를 겪었고[碌碌風霜 녹록풍상], 이리저리 뛰어다녀봐도 좋은 기회를 잡지 못해[奔馳未遇 분치미우] 되는 일이 하나도 없었다. 경신(庚申)운으로 바뀌어 목(木)을 극하여 보내니[剋去 극거], 뜻밖에 좋은 기회를 얻어 섬서성으로 파견을 나가[分發陝西 분발섬서] 전쟁터에서 여러 차례 공을 세웠으며[屢得軍功 누득군공], 이어지는 신유(辛酉)운까지의 이 10년 동안에 벼슬은 부윤(副尹)에 이르렀다. 이는 천간이 금(金)으로 덮여 있는 지지의 금[蓋金 개금]은 왕(旺)하니 능히 목(木)을 극하고 일주를 도와주며[剋木幫身 극목방신], 인성이 살을 화(化)하여 통관이 되었기 때문이다.

심화학습

지지에 인성(印星)과 비겁(比劫)이 중중(重重)하고, 비록 멀지만 천간에도 인성이 있으니 약해 보이지 않는 사주이다. 다만, 월령(月令)을 차지하지 못했고 월간(月干)의 을목(乙木)이 중간에서 인성을 가로막고 있으며 시간(時干)의 정화(丁火)가 일주를 극하니 약하다고 본 것 같다. 다행히 운(運)에서 둘 사이를 가로막는 신(神)을 극하여 보내버려 잘 풀렸다는 말이다.

이런 형상을 가진 사주의 왕약(旺弱)을 판별해야 할 때가 가장 힘들다. 십성(十星)의 개수로는 분명히 신왕(身旺)하다고 할 수 있으나, 인성이 월령을 차지하지 못했고 또한 월령을 차지한 재성(財星)이 너무 강하여 연주(年柱)와 일지(日支)의 인성을 극하고 시간(時干)의 살(殺)이 일주를 극하고 있으니 일주와 가까이 붙어 있는 신들이 멀리 떨어져 있는 인성과 비견의 흐름을 막고 힘을 쓰지 못하게 하는 형상이다. 앞의 〈제6장 7. 반국(反局)〉에서 언급한 재다신약(財多身弱)보다는 왕(旺)하고, 신왕재왕(身旺財旺)보다는 약한 부건파처(夫健怕妻)의 형상이라고 보면 되겠다.

사주 임상(臨床)을 할 때 이와 유사한 명조들을 종종 접하게 될 것이다. 따라서 본 명조를 잘 기억해두면 차후 사주의 왕약을 판별할 때 많은 도움이 될 것이다.

13. 은원(恩怨) – 희신(喜神)과 기신(忌神)과 한신(閑神)의 합

적천수 원문

兩意情通中有媒　雖然遙立意尋追
양의정통중유매　　　　수연요립의심추

有情却被人離間　怨起恩中死不灰
유정각피인리간　　　　원기은중사불회

> 일주(日主)와 희신(喜神)이 정(情)으로 통하고 그 사이에 이를 이어주는 매체가 있으면
> [兩意情通中有媒]
> 비록 멀리 떨어져 있다 해도 그 뜻한 바를 찾아 이루려 하지만[雖然遙立意尋追]
> 정이 있다 해도 중간에서 이간질로 서로를 갈라놓으려는 자가 있으면[有情却被人離間]
> 은혜로운 가운데 원한이 생겨나니 죽어도 재가 되어 사그라지지 않으리라
> [怨起恩中死不灰].

적천수 해설　　**은원(恩怨) – 희신(喜神)과 기신(忌神)과 한신(閑神)의 합**

은혜와 원한[恩怨은원]은 사주의 희신(喜神)과 기신(忌神)을 의미한다. 일주(日主)가 자신이 반기는 신 즉 희신과 멀리 떨어져 있으나 중간에 합신을 얻어 화를 이루어 일주와 가까워진다면[得合神化而近 득합신화이근], 이른바 '두 사람의 뜻과 정이 통하였다[兩意情通 양의정통]'고 하는데 이는 마치 둘 사이에 중매쟁이가 있는 것과 같다[如中有媒 여중유매].

희신이 비록 멀리 떨어져 있으나[喜神遠隔 희신원격] 곁에 있는 신이 이를 이끌어 통하게 하여[旁神引通 방신인통] 서로 사이가 좋고 친해진다면[和好 화호], 은혜는 있으나 원한은 없게[有恩而無怨 유은이무원] 된다. 다만 사주에 한신(閑神)과 기신(忌神)만 있고 희신은 없는데 이 한신과 기신이 합화(合化)하여 희신으로 변하면, 이른바 '서로 오랫동안 헤어졌다가 우연히 다시 만난다[邂逅相逢 해후상봉]'고 한다.

희신이 멀리 떨어져 있고[遠隔 원격] 비록 일주와 유정(有情)하다고 하더라도 한신과 기신에 의해 가로막혀 끊어진다면[隔絶 격절] 일주와 희신은

서로 돌보지 못하게 되는데[各不能顧각불능고], 이 한신과 기신이 합을 하여 회국(會局)을 이루어[合會합회] 희신으로 변하면, 이른바 '사사로운 정에 끌려 합한다[私情牽合사정견합]'고 하며 다시 유정하게 된다.

희신과 일주가 바짝 붙어 있으면[緊貼긴첩] 가히 서로 유정하다고 하겠는데 희신이 합을 만나 화하여[合化합화] 기신이 되거나, 희신과 일주가 비록 바짝 붙어 있지는 않지만[不緊貼불긴첩] 도리어 일주와 유정한데 중간에서 기신이 둘 사이를 끊어 막거나[隔占격점] 혹은 희신과 한신이 합을 하여 기신을 돕게 된다면, 이른바 타인으로부터 이간질을 당한[被人離間피인리간] 것과 같으니 은혜가 원한으로 변하여[以恩爲怨이은위원] 죽어도 그 원한이 재처럼 사그라지지 않는다[死不灰心사불회심]는 것이다.

예를 들어 시간(時干)에 있는 병화(丙火)가 일주의 희신이라고 한다면, 월간(月干)에 투출한 임수(壬水)는 기신이 된다. 이때 연간(年干)에 정화(丁火)가 있어 임수(壬水)와 합(合)을 하여 목(木)으로 화(化)한다면 기신인 임수(壬水)를 떠나보낼 뿐만 아니라 도리어 희신인 병화(丙火)를 생조(生助)해주게 된다. 또 다른 예로 연간에 경금(庚金)이 있어 일주의 희신이 된다면 비록 유정하다 하더라도 멀리 떨어져 있는 것이다. 이때 월간(月干)에 을목(乙木)이 있어 경금(庚金)과 합을 하여 가까워진다면 한신이 화(化)하여 희신이 되는 것이니, 이것이 바로 '둘 사이에 중매쟁이가 있는 것과 같다[如中有媒여중유매]'고 하는 것이다.

일주의 희신이 화(火)인데 사주에 화(火)는 없고 오히려 기신인 계수(癸水)가 있을 경우, 한신인 무토(戊土)를 얻어 계수(癸水)와 합을 하여 화한다면 희신이 되는 것이니, 이를 일러 '서로 오랫동안 헤어졌다가 우연히 다시 만난다[邂逅相逢해후상봉]'고 하는 것이다.

일주의 희신이 금(金)인데 오직 연지(年支)에만 유금(酉金)이 자리를 잡아 일주와 멀리 떨어져 있고[遠隔원격], 일지(日支)에 사화(巳火)를 깔고 앉아서 기신이 바짝 붙어 있는[緊貼긴첩] 경우, 축토(丑土)를 얻어 사유축(巳酉丑)의 회국을 이루어 희신인 금국(金局)이 되어버리면, 이를 일러 '사사로운 정에 끌려 합한다[私情牽合사정견합]'고 하는 것이다.

나머지는 이와 같은 예를 보면서 추론하면 될 것이다.

희신(喜神)과 기신(忌神)과 한신(閑神)이 합화(合化)를 통해 일주(日主)에 미치는 영향이 변한다는 말이다. 단지 십성(十星)의 개수만으로 일주의 희기(喜忌)를 판단해서는 안 되고, 전후상하(前後上下)의 상황을 고려하여 판단해야 한다는 것은 아무리 강조해도 지나친 말이 아니다.

다만 위에서 언급한 은원(恩怨)의 논리를 잘못 받아들이면 '합(合)'을 하면 무조건 화(化)를 한다'고 착각할 수 있으니 주의를 기울여야 하며, 이는 화(化)한 경우를 전제로 하고 있음을 잊어서는 안 될 것이다. 사주 여덟 글자가 처해진 상황에 따라 화를 할 수도 있고 단지 합으로 묶여 있을 뿐일 수도 있으니 이를 면밀히 연구한 후에 최종 결론을 내야 할 것이다.

적천수 사례연구 희신(喜神)과 기신(忌神)과 한신(閑神)의 합

❶ 둘 사이에 중매쟁이가 있는[如中有媒, 여중유매] 경우

戊	戊	甲	丁
午	戌	辰	酉

丙	丁	戊	己	庚	辛	壬	癸
申	酉	戌	亥	子	丑	寅	卯

이 사주는 두터운 토[厚土 후토]가 중중(重重)하다. 진월(辰月)의 갑목(甲木)은 물러나는 기운[退氣 퇴기]이니 겹겹이 쌓인 토(土)를 트이게 하기에는 불가능하다[不能疏土 불능소토]. 따라서 일주(日主)의 정(情)은 반드시 연지(年支)의 유금(酉金)에 있으니 토(土)를 설(洩)하여 꽃이 무성하게 한다[發洩菁英 발설청영]. 또한 유금(酉金)은 천간에 자신을 덮고 있는[蓋頭 개두] 화(火)를 만나 극(剋)을 당하므로 일주의 생(生)을 바라게 되니, '비록 멀리 떨어져 있다 해도[雖然遠隔 수연원격] 둘이 정으로 통한다[兩意情通 양의정통]'고 하겠다. 반가운 것은 진유합(辰酉合)으로 일주와 희신(喜神)이 가까워지는 것이니, 이것이 바로 '둘 사이에 중매쟁이가 있는 것과 같다[如中

有媒여중유매]'는 것이 아니겠는가.

초운(初運)인 계묘(癸卯), 임인(壬寅)운에는 희신인 유금(酉金)을 이간(離間)하여 진토(辰土)로부터 떼어놓으니 공명이 흔들렸고[功名蹭蹬 공명층등] 괴롭고 고통스러운 일이 많았다[困苦刑傷 곤고형상]. 신축(辛丑)운에는 화(火)를 어둡게 하고 금국(金局)을 이루니[晦火會金 회화회금] 입반(入泮)하고 향시와 전시에 연달아 합격하였고[連登科甲 연등과갑], 경자(庚子)와 기해(己亥), 무술(戊戌)의 서북방(西北方) 토금(土金)의 운(運)에는 벼슬이 상서(尙書)에 이르렀다.

진유합(辰酉合)으로 일주(日主)와 희신(喜神)이 가까워졌다고는 하나 이 사주는 상당히 메말라 보이는 것이 사실이다. 명리학자들 중에는 지지의 육합(六合)을 인정하지 않는 경우도 있으니, 그렇다면 이 사주는 은원(恩怨)의 논리를 증명하기 위해 가져다 끼워 맞춘 사례라고밖에 할 수 없을 것이다. 하지만 해석의 논리상 하자는 전혀 발견할 수 없으니 그대로 인정하고 따라가는 것이 타당하다 하겠다.

다만 용신(用神)이 너무 멀리 떨어져 있고 극설교가(剋洩交加)이니 사주 자체가 그다지 좋아 보이지 않는 것은 사실이다. 운(運)에서 도와주지 않았더라면 이렇게까지 성공할 수는 없지 않았을까 하는 생각이다.

❷ 사사로운 정에 끌려 합한[私情牽合, 사정견합] 경우

丙	丁	乙	丁
午	丑	巳	酉

丁	戊	己	庚	辛	壬	癸	甲
酉	戌	亥	子	丑	寅	卯	辰

정화(丁火)가 사월(巳月) 오시(午時)에 태어났다. 비겁(比劫)이 함께 왕하

고[竝旺 병왕] 다시 을목(乙木)의 도움을 받으니 기세가 맹렬하다. 연지(年支)의 유금(酉金)은 원래 일주(日主)의 희신(喜神)이나 멀리 떨어져 있고, 개두(蓋頭)한 정화(丁火)의 극(剋)을 받는 한편 월지(月支)의 사화(巳火)로부터도 겁탈을 당하니 무정(無情)한 것처럼 보인다.

가장 반가운 것은 일지(日支)의 축토(丑土)이니 치열한 화(火)는 습토(濕土)를 만나 낳아서 기르는 자애로운 마음[生育慈愛之心 생육자애지심]을 이루었다는 것이다. 또한 사유(巳酉)는 합(合)을 하여 금국(金局)을 이루어 고지(庫地)인 축토(丑土)로 돌아가니, 그 정(情)은 서로 사이가 좋고 친해지는[和好 화호] 모습이다. 단지 재가 일주를 따라올[財來就我 재래취아] 뿐만 아니라 화(火)를 설(洩)하여 수기(秀氣)를 토해내니, 전시(殿試)에 합격할 수 있었고[發甲 발갑] 벼슬은 번얼(藩臬)에 올랐으며 명리가 모두 온전하였다[名利雙全 명리쌍전].

심화학습

정화(丁火) 일주가 신왕(身旺)하므로 축토(丑土) 안의 신금(辛金)을 용신(用神)으로 삼는다 하겠다. 연지(年支)의 유금(酉金)은 이미 그 힘을 잃었다고 볼 수 있기 때문이다.

운(運)에 따라 어떠한 변화가 있었는지에 대한 언급이 없어 확실히 알 수는 없으나 앞 사주에 비해 훨씬 편안하고 좋았을 것이라고 생각해볼 수 있다. 그 이유는 일지(日支)의 축토(丑土)와 술토(戌土)의 차이라고 보면 될 것이다.

❸ 타인으로부터 이간질을 당한[被人離間, 피인리간] 경우

甲	丙	戊	癸
午	辰	午	酉

庚	辛	壬	癸	甲	乙	丙	丁
戌	亥	子	丑	寅	卯	辰	巳

병화(丙火)가 오월(午月) 오시(午時)에 태어났으니 왕(旺)하다는 것은 말하지 않아도 알 수 있지 않겠는가. 한 점 계수(癸水)가 원래는 탁(濁)하다 할 수 없으나, 무토(戊土)와 합(合)을 하여 가뜩이나 치열한 화(火)를 돕는 꼴이 되어버렸다. 연지(年支)의 유금(酉金) 또한 원래 일주(日主)와 유정(有情)하고 진토(辰土)와 합(合)도 할 수 있었으나 중간에서 오화(午火)가 끼어들어 이 둘을 갈라놓아[離間 이간] 합을 하려고 해도 할 수 없으니, 이른바 '은혜로운 가운데 원한이 생겨난다[怨起恩中 원기은중]'고 하는 것이다.

게다가 운(運)마저 동남(東南) 목화(木火)의 지지로 흐르니 일생 동안 온갖 고통에 시달렸으며[刑傷破耗 형상파모], 재물은 모이지 않고 기뻐할 일도 없었다. 세 명의 처(妻)와 일곱 명의 자식을 잃었고, 화재를 당하기를[遭回祿 조회록] 네 차례씩이나 하다가 인목(寅木)운에 이르러 죽고 말았다.

심화학습

병화(丙火) 일주가 오월(午月)에 태어나 시주(時柱)인 갑오(甲午)의 방조(幇助)를 받으니 신왕(身旺)하다고 하겠다. 사주 해석으로 미루어 보아 재자약살(財滋弱殺)로 본 것 같다.

하지만 일지(日支)의 진토(辰土)를 용신으로 보는 식신격(食神格)이 더 적절하지 않을까 한다. 계수(癸水)가 비록 유금(酉金)의 도움을 받지만 무토(戊土)에 막혀 힘을 쓸 수 없는 상황이기 때문이다. 식신생재(食神生財)로 흐름을 타지 못하는 것과 운(運)에서 도움을 받지 못하는 것이 아쉬울 뿐이다.

14. 기반(羈絆) - 합이불화(合而不化)와 봉충득용(逢沖得用)

적천수 원문

出門要向天涯遊　何事裙釵恣意留
출문요향천애유　　　　하사군채자의류

> 대문을 나서 아주 먼 낯선 곳까지 유람하려고 하는데[出門要向天涯遊]
> 어찌하여 아녀자가 방자하게 장부의 뜻을 머뭇거리게 하는가[何事裙釵恣意留].

적천수 해설　　　　**기반(羈絆) - 합이불화(合而不化)**

위 원문(原文)의 의미는 '합(合)을 탐내지만 화(化)를 하지는 않는다[貪合不化 탐합불화]'는 것, 즉 기반(羈絆)을 말한다. 이미 합을 했다면 화를 이루는 것이 마땅하다. 화를 이루어 희신(喜神)이 되면 명예와 이익이 자연스럽게 따를 것이지만[名利自如 명리자여], 화를 이루어 기신(忌神)이 되면 반드시 재앙과 허물이 도래할 것이다[災咎必至 재구필지].

합을 했으나 화를 이루지 않는[合而不化 합이불화] 것은, 이른바 짝을 지어 살지만 계속 이어지는 것은 망설이는[伴住留連 반주류련] 것과 같아 저 사람을 탐하여 이 사람을 잊어버리는[貪彼忘此 탐피망차] 상황을 의미한다. 따라서 마음에 품은 큰 뜻[大志 대지]도 없고, 일을 성취하려는 의지[有爲 유위]가 있는 것도 아니다. 일주에 합이 있으면[日主有合 일주유합] 용신(用神)이 자기를 돕는다는 사실을 돌아보지 않을[不顧 불고] 테니, 원래 마음 속에 품었던 큰 뜻을 잊어버리게 될[忘其大志 망기대지] 것이다. 용신에 합이 있으면[用神有合 용신유합] 일주가 일을 성취하려는 의지[有爲 유위]를 갖고 있다는 사실을 돌아보지 않을[不顧 불고] 테니, 일주의 성공을 돕지 않을 것이다.

이와 더불어 합신이 참되어[合神眞 합신진] 본래는 화할 수 있는[本可化 본가화] 것인데, 도리어 좇아 합하려는 신을 도와주어[反助其從合之神 반조기종합지신] 화를 하지 않는 경우가 있다. 또한 일주가 휴수(休囚)가 되어 본래는 종할 수 있는[本可從 본가종] 것인데, 도리어 합신의 도움을 만나[反逢合

神之助 반봉합신지조] 종하지 않는 경우도 있다. 이 모든 것들이 유정한 사이가 도리어 무정하게 되어버린[有情而反無情 유정이반무정] 것인데, 마치 '아녀자가 방자하게 장부의 뜻을 머뭇거리게 하는[裙釵之恣意留 군채지자의류]' 것과 같다고 하겠다.

군채(裙釵)는 말 그대로는 '치마와 비녀'로 아녀자를 일컫는 말인데, 여기서는 합(合)을 하는 음간(陰干)을 의미한다고 보면 된다. '저 사람을 탐하여 이 사람을 잊어버리는[貪彼忘此 탐피망차]'이 『적천수천미(滴天髓闡微)』에는 '저 사람을 탐하고 이 사람은 꺼리는[貪彼忌此 탐피기차]'이라고 되어있으나, 『적천수징의(滴天髓徵義)』의 표현이 더 적절하다는 생각이다. 옮겨 적는 과정에서 '망(忘)'과 '기(忌)'를 혼동한 것 같다는 생각이다. '원래 마음 속에 품었던 큰 뜻을 잊어버리는[忘其大志 망기대지]' 또한 '원래 마음 속에 품었던 큰 뜻을 꺼리는[忌其大志 기기대지]'으로 되어 있으나, 이 또한 마찬가지다.

　사주의 두 오행(五行)이 합(合)을 이루고 있는 경우 대부분을 기반(羈絆)이라고 보아도 과언이 아니다. 그만큼 합을 하더라도 화(化)하기는 어렵다는 것이 수많은 임상을 통해 증명되고 있다. 『적천수징의』 본문에서 언급한 바와 같이 일주(日主)가 합을 이루었으나 화하지 못하면 용신(用神)을 고려하지 않게 되고, 용신이 합을 이루었으나 화하지 못하면 일주를 고려하지 않을 것이니, 두 경우 모두 원래 자신의 모습을 잃게 되어 흉한 조짐이 아니라 할 수 없다. 이 둘 중 용신이 합을 이룬 경우가 더욱 흉하다 하겠으니, 특히 병화(丙火)를 용신으로 삼았는데 신금(辛金)을 만나 병신합(丙辛合)을 이룬 경우가 가장 나쁘다 하겠다. 이를 해결할 수 있는 방법은 사주원국이나 운(運)에서 정화(丁火)를 만나 신금(辛金)을 극(剋)하여 보내버리는 것뿐인데, 만약 사주의 천간에 정화(丁火)가 신금(辛金) 옆에 바짝 붙어 극해준다면 다행이라 할 수 있겠지만, 사주에 정화(丁火)가 없다면 운에서 정화(丁火)를 만나기를 기다릴 수밖에 없다. 하지만 이 정화(丁火)는 일생에 한 번밖에 오지 않으니 이를 만나지 못하는 운의 흐름이라면 그 사람의 인생은 무척이나 고달플 것이다. 따라서 사주를 풀이하는 과정에서 용신의 기반은 아주 세심하게 살펴야 한다.

합이불화(合而不化)

❶ 용신이 기반(羈絆)이 된 경우

丙	戊	庚	乙
辰	辰	辰	未

壬	癸	甲	乙	丙	丁	戊	己
申	酉	戌	亥	子	丑	寅	卯

무토(戊土) 일주가 늦은 봄[季春 계춘]인 진월(辰月)에 태어났다. 관성(官星)인 을목(乙木)이 연간(年干)에 투출하여 미토(未土)에는 뿌리를 내리고 진토(辰土)에는 여기(餘氣)를 두고 있으니 가히 용신(用神)으로 삼을 만하다고 하겠다.

불만스러운 것은 경금(庚金)과 합(合)을 이루고 있다는 것이다. 이른바 '합을 탐하다가 극하는 것을 잊어버렸다[貪合忘剋 탐합망극]'고 하는 것이니, 일주(日主)가 자신을 반긴다는 것을 돌아보지 않게 되고, 그 뿌리가 튼튼하니 합을 해도 화를 이루지 않는다[合而不化 합이불화]. 식신(食神)인 경금(庚金) 또한 용신으로 생각해볼 수 있으나, 이 또한 시간(時干)에 병화(丙火)가 투출하여 극(剋)하고 있으니 역할을 제대로 수행하기는 힘들다고 하겠다.

나이 스물한 살에 소시(小試)에 낙방한 후 학문을 포기하고 생산적인 일이라고는 일절 하지 않았으며 무슨 일을 해보고자 하는 의지는 털끝만큼도 없었으니, 늙을 때까지 이루어놓은 일이라곤 하나도 없었다.

용신기반(用神羈絆)의 폐해를 적나라하게 보여주는 사례라 할 수 있겠다. 관성(官星)인 을목(乙木)과 식신(食神)인 경금(庚金) 모두 용신의 후보이나 둘 다 기반(羈絆)으로 묶여 있으니 이 사람의 인생은 이럴 수밖에 없었을 것이 눈앞에 선하다.

❷ 일주가 기반(羈絆)이 된 경우

辛	丙	癸	丁
卯	戌	卯	丑

乙	丙	丁	戊	己	庚	辛	壬
未	申	酉	戌	亥	子	丑	寅

병화(丙火) 일주가 봄이 한창인[仲春^{중춘}] 묘월(卯月)에 태어났다. 인성(印星)은 바르고 관성(官星)은 청(淸)하며 일주(日主)는 인성의 생(生)을 받아 왕(旺)하니, 족히 관성인 계수(癸水)를 용신(用神)으로 삼을 수 있겠다.

불만스러운 것은 일주가 병신합(丙辛合)을 이루는 것이니, 일주인 병화(丙火)는 용신이 자신을 돕는다는 것을 돌아보지 않게 된다. 신금(辛金)의 성질이 비록 부드럽고 연약하나[柔軟 ^{유연}] 병화(丙火)는 이를 만나면 두려워하니, 부드러운 것이 능히 굳센 것을 제압하는데[柔能制剛 ^{유능제강}] 사랑하는 사람을 버리지 못해[戀戀不捨 ^{연연불사}] 일주가 일을 성취하려는 의지[有爲 ^{유위}]를 갖고 있다는 사실을 잊어버리게 된다[忘有爲之志 ^{망유위지지}]는 것이다. 더욱 불만스러운 것은 지지의 묘목(卯木)과 술토(戌土)가 합(合)을 이루어 겁재(劫財)로 화(化)한다는 것이다.

어려서는 책을 보면 그 즉시 모두 외울 정도로[過目成誦 ^{과목성송}] 특출했으나, 그 후에 주색(酒色)에 빠져 학문을 전폐하고 재산을 탕진하였다. 결국에는 자신의 몸까지 상하고 이루어놓은 것이라고는 하나도 없었다[一事無成 ^{일사무성}].

일주(日主)가 엉뚱한 곳에 정신이 팔려 있으니 무슨 큰일을 할 수 있었겠느냐는 말이다. 운(運)이 수금(水金)으로 흘렀음에도 불구하고 망해버렸으니, 일주기반(日主羈絆)의 폐해를 적나라하게 보여주는 사례라 할 수 있겠다.

적천수 원문

不管白雲與明月　　任君策馬朝天闕
불관백운여명월　　　임군책마조천궐

> 흰 구름과 밝은 달에 정신을 빼앗기지 않고[不管白雲與明月]
> 그대로 하여금 말을 채찍질하여 대궐로 향하게 한다[任君策馬朝天闕].

적천수 해설　　**봉충득용(逢沖得用)**

위 원문(原文)의 의미는 '충을 만나 용신을 얻는다[逢沖得用 봉충득용]'는 것이다. 충하면 움직이고[沖則動 충즉동] 움직이면 달리게[動則馳 동즉치] 마련이다. 사주 중의 용신(用神)과 희신(喜神)을 내버려두고[除外 제외] 일주(日主)가 다른 신(神)과 서로 탐하여 사랑에 빠진[貪戀 탐련] 경우, 용신과 희신이 충(沖)을 하여 이를 보내버리면 일주는 사사로운 뜻에 의한 견제를 받지[私意牽制 사의견제] 않고 희신의 세력을 올라타고 달려나가게[馳驟 치취] 된다. 또 한편으로 사주 중의 용신과 희신이 다른 신과 서로 탐하여 사랑에 빠진[貪戀 탐련] 경우가 있는데, 일주가 능히 이를 충극(沖剋)하여 보내버리면 용신과 희신은 사사로운 정에 묶이지[私情羈絆 사정기반] 않고 일주를 따라 달려나가게[馳驟 치취] 되는 것이다.

　이것은 무정한 사이가 도리어 유정하게 되는[無情而反有情 무정이반유정] 것인데, 마치 장부의 의지[丈夫之意 장부지의]가 사사로운 정에 연연하지 않고[不戀私情 불련사정] 마음에 품은 큰 뜻으로 일을 성취하려는[大志有爲 대지유위] 것과 같다고 하겠다.

『적천수천미(滴天髓闡微)』에는 '백운(白雲)'이 '백설(白雪)'로 되어 있으나, 아마도 옮겨 적는 과정에서 발생한 차이인 것 같다. 하지만 그 의미는 별반 다르지 않다고 볼 수 있다.

한마디로 말하면 일주(日主)나 용신(用神)이 기반(羈絆)이 된 것을 충(沖)으로 풀어준다는 의미이다. 혹시 충은 무조건 나쁜 것이라고 기억하고 있다면 그 오해를 풀 수 있는 좋은 기회로 삼아야 하겠다.

적천수 사례연구　　봉충득용(逢沖得用)

❶ 일주의 기반(羈絆)을 충으로 풀어준 경우

丙	丙	辛	丁
申	寅	亥	卯

癸	甲	乙	丙	丁	戊	己	庚
卯	辰	巳	午	未	申	酉	戌

이 사주는 비록 살인 해수(亥水)가 월령을 잡았으나[殺雖秉令 살수병령], 인수(印綬) 또한 왕(旺)하고 비겁이 천간에 함께 투출했으니[比劫竝透 비겁병투] 신왕(身旺)하여 족히 살을 용신으로 삼을[用殺 용살] 수 있겠다. 용살(用殺)하면 살이 인목(寅木)과 합을 이루는 것이 마땅치 않으니[不宜合殺 불의합살], 합이 되면 나타내지 못하기[不顯 불현] 때문이다. 게다가 신금(辛金)이 일간 옆에 바짝 붙어 있으니[辛金貼身 신금첩신] 일주(日主)의 정(情)은 반드시 신금(辛金)을 연모하여 묶이게[貪戀羈絆 탐련기반] 될 것이다.

반가운 것은 정화(丁火)가 옆에서 신금(辛金)을 극하여 보내버리는[劫去 겁거] 것이니, 이로 인해 일주는 사사로운 연정에 이끌리지 않게 된다[無貪戀之私 무탐련지사]. 더욱 묘한 것은 시지(時支)의 신금(申金)이 살인 해수(亥水)를 돕는 것이니 일주는 희용신(喜用神)에 의지하여 내달리게 된다[馳驟 치취].

무신(戊申)운에 이르러 향시와 전시에 합격하여[登科發甲 등과발갑] 마음에 품은 큰 뜻을 가지고 일을 성취하였다[大志有爲 대지유위].

겁재(劫財)인 정화(丁火)의 역할이 돋보인다 하겠다. 하지만 말운(末運)의 흐름은 그다지 좋아 보이지 않는다. 무신(戊申)운 이후에 어떻게 되었는지가 상당히 궁금해지는 사주이다.

❷ 용신의 기반(羈絆)을 충으로 풀어준 경우

庚	壬	丙	辛
戌	寅	申	巳

戊	己	庚	辛	壬	癸	甲	乙
子	丑	寅	卯	辰	巳	午	未

임수(壬水)가 신월(申月)에 태어나 가을의 수(水)가 그 근원에 통했다[秋水通源 추수통원]고는 하지만, 재와 살이 함께 왕하니[財殺並旺 재살병왕] 신금(申金)으로 용신(用神)을 삼는다. 하지만 천간의 병신(丙辛)과 지지의 사신(巳申)은 모두 합(合)을 하고 있다. 만약 이들이 합을 하여 화(化)를 이룬다면 일주를 도울 수 있지만[幫身 방신], 합을 했다 하더라도 화를 이루지 못한다면 도리어 기반(羈絆)이 되어버린다. 그리하면 자신이 용신이 되는 것을 일주가 반긴다[日主喜我爲用 일주희아위용]는 사실을 돌아보지 않게[不顧 불고] 된다.

이 사주는 금(金)은 당령(當令)하였고 화(火)는 통근(通根)을 했으니, 단지 사사로이 연모하려는 마음[貪戀之私 탐련지사]만 있고 합하여 화하려는 의도[化合之意 화합지의]는 없다고 하겠다. 묘한 것은 일주(日主)가 스스로 병화(丙火)를 극(剋)하여 이로 하여금 신금(辛金)과 합을 할 틈을 주지 않고, 인목(寅木)이 가서 신금(申金)을 충(沖)으로 움직이게 하여[沖動 충

^{동]} 신금(申金)으로 하여금 목(木)을 극하게[剋木 ^{극목}] 하니, 병화(丙火)의 뿌리가 오히려 뽑혀 나가 일주인 임수(壬水)는 사사로운 뜻에 의한 견제를 받지 않고[無牽制之私 ^{무견제지사}] 용신은 일주를 따라 내달리게 되는[馳驟 ^{치취}] 것이다.

계사(癸巳)운에 이르러 연달아 전시(殿試)에서 장원급제하고[聯登甲第 ^{연등갑제}], 벼슬은 관찰(觀察)에 이르러 마음에 품은 큰 뜻[大志 ^{대지}]을 이루었다.

심화학습

『적천수징의(滴天髓徵義)』 본문에서 언급한 '사주 중의 용신(用神)과 희신(喜神)이 다른 신(神)과 서로 탐하여 사랑에 빠진[貪戀 ^{탐련}] 경우, 일주(日主)가 능히 다른 신을 충극(沖剋)하여 보내버린'에 해당하는 사례로 든 것 같다.

이 논리에는 딱 들어맞는 사주이지만, 운(運)의 지지는 화목(火木)으로 흐르니 행운(行運)은 그다지 좋다고 볼 수 없다. 계사(癸巳)운에 잘 풀렸다는 데에는 이견이 없으며, 그 이후 임진(壬辰)운까지도 무난할 것 같으나 그 다음이 궁금하다. 물론 대운(大運)은 지지가 중요하지만 천간의 영향도 무시할 수는 없으니, 천간의 금수(金水)가 도와서 잘 풀릴 수도 있었으리라고 생각할 수도 있겠다.

15. 한신(閑神) - 용신(用神)·희신(喜神)·기신(忌神) 이외의 신(神)

적천수 원문

一二閑神用去麼　不用何妨莫動他
일이한신용거마　　불용하방막동타

半局閑神任閑着　要緊之場自作家
반국한신임한착　　요긴지장자작가

> 사주에 한두 개의 한신(閑神)뿐이라면 이들이 무슨 작용을 하겠으며[一二閑神用去麼]
> 작용하지 않는데 어찌 남이 움직이지 못하게 방해할 수 있겠는가[不用何妨莫動他].
> 사주의 절반을 차지하는 한신은 제멋대로 한가롭게 자리를 잡고 있지만
>
> [半局閑神任閑着]
> 요긴하게 쓰일 상황에 이르면 자기 스스로 제 할 일을 하게 될 것이다[要緊之場自作家].

적천수 해설 **한신(閑神)**

용신(用神)이 있으면 반드시 희신(喜神)이 있게 마련이다. 희신이란 격을 돕고 용신을 이롭게 하는[輔格助用 보격조용] 신(神)을 말한다. 다만 희신이 있으면 반드시 기신(忌神)도 있는데, 기신은 격을 깨뜨리고 용신을 손상시키는[破格損用 파격손용] 신을 말한다. 이들 용신과 희신 및 기신을 제외한 나머지는 모두 한신(閑神)인데, 오직 한신이 다수를 차지하고 있기 때문에 한두 개의 한신[一二閑神 일이한신] 또는 사주의 절반을 차지하는 한신[半局閑神 반국한신]이라고 칭하는 것이다.

　한신이 체용 즉 격과 용신을 손상시키지 않고[不傷體用 불상체용] 희신을 가로막아 방해하지 않는다면[不礙喜神 불애희신], 가히 다른 신들을 동하게 할 필요가 없으며[不必動他 불필동타] 제멋대로 한가롭게 자리를 잡고 있어도[任其閑着 임기한착] 괜찮다. 세운(歲運)에서 격을 깨뜨리고 용신을 손상시키는[破格損用 파격손용] 상황에 이르렀으나 희신이 격을 돕고 용신을 보호하지[輔格護用 보격호용] 못한다면, 이것이 바로 '요긴하게 쓰일 상황[要緊之場 요긴지장]'이라고 한다. 이때 한신이 세운의 흉신(凶神)과 기물(忌物)을

제하여 화합으로써[制化 제화] 격국과 희용신을 도와 바로잡거나[匡扶格局喜用 광부격국희용], 혹은 한신이 세운의 신과 합(合)을 하여 희용신(喜用神)으로 화(化)함으로써 격을 돕고 용신을 이롭게 한다면[輔格助用 보격조용], 나와 한 집안을 이루는[爲我一家人 위아일가인] 것이다.

　　이 장(章)의 『적천수(滴天髓)』 원문(原文)에서 중요한 부분은 끝 구절인 '요긴하게 쓰일 상황에 이르면 자기 스스로 제 할 일을 하게 될 것이다[要緊之場自作家 요긴지장자작가]'라는 말이다. 만약 목(木)을 용신으로 삼았는데 목(木)이 넉넉하다면[木有餘 목유여], 화(火)가 희신이고 금(金)은 기신(忌神)이며 수(水)는 구신(仇神)이고 토(土)가 한신이 될 것이다. 목(木)이 모자란다면[木不足 목부족], 수(水)가 희신이고 토(土)는 기신이며 금(金)은 구신이고 화(火)가 한신이 될 것이다. 따라서 용신은 반드시 희신의 보좌[喜神之佐 희신지좌]와 한신의 도움[閑神之助 한신지조]을 얻어야 하는데, 그리하면 용신은 세력이 넉넉하게 되어[用神有勢 용신유세] 기신을 두려워하지 않게 되는[不怕忌神 불파기신] 것이다. 목(木)을 이와 같이 논하였으니 나머지도 이와 같은 방법으로 생각해보면 될 것이다.

심화학습

'요긴지장자작가(要緊之場自作家)'가 『적천수천미(滴天髓闡微)』에는 '요긴지장작자가(要緊之場作自家)'로 되어 있으나 그 의미는 같다고 보면 된다. 이를 직역하면 '요긴하게 쓰일 상황에 이르면 자신의 집안을 이룬다'가 되겠으나, 여기에서는 의역하여 '자기 스스로 제 할 일을 하게 된다'라고 해석하였다.

　　『적천수징의(滴天髓徵義)』 본문 해석에서 목(木)이 모자란다면[木不足 목부족] 수(水)가 희신(喜神)이고 토(土)는 기신(忌神)이며 금(金)은 구신(仇神)이고 화(火)가 한신(閑神)이 될 것이라고 했는데, 기신과 구신이 뒤바뀐 감이 없지 않다. 그 앞의 해석에서는 기신이란 격을 깨뜨리고 용신을 손상시키는[破格損用 파격손용] 신(神)이라고 했는데, 여기서는 구신이 용신을 깨뜨리는 것이 되기 때문이다. 옮겨 적는 과정에서 잘못된 것인지 아니면 무슨 다른 의도가 있는 것인지는 잘 모르겠으나, 본문 앞부분의 해석을 따른다면 금(金)은 기신, 토(土)는 구신으로 바뀌어야 한다는 생각이다.

적천수 사례연구 **한신(閑神)**

❶ 한신의 도움을 받은 경우

丙	甲	戊	庚
寅	寅	子	寅

丙	乙	甲	癸	壬	辛	庚	己
申	未	午	巳	辰	卯	寅	丑

갑목(甲木)이 자월(子月)에 태어나니 갑병(甲丙) 두 양이 진기(進氣)가 되었다[兩陽進氣 양양진기]. 왕성한 인성(印星)이 일주(日主)를 생하고, 지지에 세 개의 인목(寅木)이 앉아 있으니 소나무와 잣나무의 몸[松柏之體 송백지체]과 같이 왕(旺)하고 견고하다 하겠다. 연간(年干)의 한 점 경금(庚金)은 절지(絕地)에 임하여 목(木)을 극(剋)하기는 불가능하니 도리어 기신(忌神)이 되었다. 추운 겨울의 나무는 햇볕을 향하는데[寒木向陽 한목향양], 시간(時干)에 병화(丙火)가 맑게 투출하여[清透 청투] 추위에 대적하고[敵其寒凝 적기한응] 왕(旺)한 목기(木氣)를 흘려보내니[洩其菁英 설기청영] 용신(用神)으로 삼는다. 겨울의 화(火)는 원래 허약하니 인목(寅木)이 희신(喜神)이 된다. 월간(月干)의 무토(戊土)는 능히 수(水)를 제어하고[制水 제수] 금(金)을 생하니[生金 생금] 한신(閑神)이 되겠다. 따라서 수(水)가 구신(仇神)이 된다. 용신인 병화(丙火)가 맑고 순수한[清純 청순] 것이 반갑다.

묘목(卯木)운에 이르러 수(水)를 설하고 화(火)를 생하니[洩水生火 설수생화] 일찍이 향시와 전시에 합격하였고[부登科甲 조등과갑], 임진(壬辰)과 계사(癸巳)운에는 한신의 제어와 합을 얻으니[得閑制合 득한제합] 벼슬길이 평탄했으며, 갑오(甲午)와 을미(乙未)운은 화(火)의 왕지(旺地)이니 벼슬이 상서(尚書)에 이르렀다.

인목(寅木)을 희신(喜神)이라고 했으나, 사주에 목(木)이 왕(旺)하여 화 (火)를 생해주니 그보다는 용신(用神)인 병화(丙火)를 극(剋)하는 수(水) 를 막아주는 토(土)가 희신으로 더 적합하지 않을까 생각한다. 그렇다면 한신이 도움을 준 것이 아니라 희신의 도움을 받은 결과가 되어버리니 당 초 이 명조(命造)를 예시한 의도와는 달라진다. 고민을 해보아야 할 문제 인 것 같다.

❷ 한신의 도움을 받지 못한 경우

庚	甲	丁	甲
午	寅	卯	子

乙	甲	癸	壬	辛	庚	己	戊
亥	戌	酉	申	未	午	巳	辰

갑목(甲木)이 봄이 한창[仲春 중춘]인 묘월(卯月)에 태어났다. 지지에 녹왕 (祿旺)과 양인(陽刃)을 만나고 연간(年干)에 비견(比肩)이 투출했으니 왕 (旺)함이 극에 달했다. 시간(時干)의 경금(庚金)은 뿌리가 없어 기신(忌 神)이 되고, 월간(月干)의 정화(丁火)가 용신(用神)이 되니 그 기운이 널 리 빛난다[通輝之氣 통휘지기]고 하겠다.

일찍이 벼슬길에 올라 관찰(觀察)에 이르렀으나, 애석하게도 한신(閑 神)인 토(土)가 없으니 임신(壬申)의 금수(金水)운에 이르러 격(格)과 용 신에 손상을 입어 재난을 피할 수가 없었다.

역시 앞의 사주와 같은 고민거리를 제공하고 있다. 통휘지기(通輝之氣) 란 목화통명(木火通明) 또는 목화통휘(木火通輝)와 같은 의미이다.

제 8 장

四柱總論

사주총론

1. 한난(寒暖) - 만물생성(萬物生成)의 원리

적천수 원문

天道有寒暖　發育萬物　人道得之　不可過也
천도유한난　　발육만물　　인도득지　　불가과야

> 천간에는 차가움과 따뜻함이 있어 만물을 자라나게 하니[天道有寒暖 發育萬物]
> 사람이 이를 얻되 너무 지나쳐서는 안 되고[人道得之 不可過也]

적천수 해설　　**한난(寒暖) - 만물생성(萬物生成)의 원리**

차가움과 따뜻함[寒暖 한난]이라는 것은 만물이 생겨나 이루어지는 이치[生成萬物之理 생성만물지리]를 말한다. 오로지 서북방과 금수(金水)가 차가움이고[西北金水爲寒 서북금수위한], 동남방과 목화(木火)가 따뜻함이라고[東南木火爲暖 동남목화위난] 고집해서는 안 된다. 생성만물(生成萬物)의 기틀이 변화하는 유래를 살펴보면 다음과 같다.

　기(氣)란 위로 올라가면 반드시 변하여 아래로 내려오고[上升必變下降 상승필변하강] 거두어들여 갈무리하면 반드시 변하여 펼쳐 드러낼 것이니[收閣必變開闢 수합필변개벽], 기질이 이루어지는[質之成 질지성] 것은 형상의 기틀[形之機 형지기]로부터 말미암은 것이고 양이 생겨나는[陽之生 양지생] 것은 반드시 음의 자리[陰之位 음지위]로부터 말미암은 것이다. 양은 만물의 생겨남을 주관하지만[陽主生物 양주생물] 음이 아니면 이루어짐이 없고 [非陰無以成 비음무이성], 형상이 이루어지지 못하면[形不成 형불성] 생겨나도 허무할[亦虛生 역허생] 것이다. 음은 만물의 이루어짐을 주관하지만[陰主成物 음주성물] 양이 아니면 생겨남이 없고[非陽無以生 비양무이생], 기질이 생겨나지 못하면[質不生 질불생] 어찌 형상의 이루어짐이 따르겠는가[何由成 하유성]. 오직 음양(陰陽)이 중화를 이루어 변해야[中和變化 중화변화] 능히 만물을 길러 자라게[發育萬物 발육만물] 할 수 있다. 만약 하나의 양이 있는데 음으로써 이루어줌이 없거나[一陽而無陰以成 일양이무음이성] 하나의 음이 있는데 양으로써 생해줌이 없다면[一陰而無陽以生 일음이무양이생] 이를 일러 환과(鰥寡) 즉 홀아비와 과부라고 하니, 생겨나 이루려는[生成 생성] 뜻이 없는 것이다.

이와 같이 미루어 살펴보면, 비단 음양의 배합뿐만 아니라 한난(寒暖) 역시 이러한 논리를 벗어나지 않는다[亦不過 역불과]. 하물며 사계절의 순서[四時之序 사시지서]는 서로 생하여 이루어지는데[相生而成 상생이성] 어찌 자월(子月)에 양이 생겨나고[子月陽生 자월양생] 오월(午月)에 음이 생겨난다[午月陰生 오월음생]는 고정된 논리만을 고집할 수 있겠는가. 『적천수(滴天髓)』 원문(原文) 맨 끝부분의 '지나쳐서는 안 된다[不可過也 불가과야]'는 말은 '치우치지 말아야 한다[適中 적중]'는 말일 뿐이다. 비록 차가움이 지나치다[寒雖甚 한수심]고 하더라도 따뜻함이 기운이 있거나[暖有氣 난유기], 비록 따뜻함이 지극하다[暖雖至 난수지]고 하더라도 차가움이 뿌리가 있다면[寒有根 한유근], 능히 만물이 생겨나 이루어지게[生成萬物 생성만물] 할 수 있다. 하지만 차가움이 지나친데[寒甚 한심] 따뜻함이 기운이 없거나[暖無氣 난무기], 따뜻함이 지극한데[暖至 난지] 차가움이 뿌리가 없다면[寒無根 한무근], 반드시 생겨나 이루어지게 하는 오묘함[生成之妙 생성지묘]은 없는 것이다.

따라서 차가움이 지나치면[過於寒 과어한] 오히려 따뜻함[暖 난]이 없는 것이 아름답고, 따뜻함이 지나치면[過於暖 과어난] 오히려 차가움[寒 한]이 없는 것이 마땅하다. 이는 대체로 차가움이 극에 달하면 따뜻함의 기틀이 되고[寒極暖之機 한극난지기], 따뜻함이 극에 달하면 차가움의 징조가 되기

[暖極寒之兆 ^{난극한지조}] 때문이다. 이른바 '음이 극에 달하면 양이 생하고[陰極卽陽生 ^{음극즉양생}] 양이 극에 달하면 음이 생한다[陽極卽陰生 ^{양극즉음생}]'는 것과 같으니, 이것이 바로 천지자연(天地自然)의 이치라 할 것이다.

유백온(劉伯溫)은 『적천수(滴天髓)』원주(原注)에서 음지(陰支)와 양지(陽支), 서북(西北)과 동남(東南), 금수(金水)와 목화(木火)를 한(寒)과 난(暖)이라고 단순하게 구분하여 설명하였다. 임철초(任鐵樵)는 여기에 융통성을 부여해야 한다고 주장하며 사주에서 음양(陰陽)의 배합뿐만 아니라 한난(寒暖)의 조화 역시 중요하다고 말하고 있다. 다시 말하면 조후용신(調候用神)을 포함하는 것으로 이해할 수 있겠다.

다만, 여기서 말하는 '차가움이 지나치면[過於寒 ^{과어한}] 오히려 따뜻함[暖 ^난]이 없는 것이 아름답고, 따뜻함이 지나치면[過於暖 ^{과어난}] 오히려 차가움[寒 ^한]이 없는 것이 마땅하다'는 것은 사주의 한난이 극단적으로 치우쳤을 경우에는 사주에 조후용신이 있더라도 차라리 한난 중 강한 것을 좇아 용신(用神)을 잡으라는 말이니, 앞의 〈제5장 6. 종상(從象)〉에서 언급한 종(從)의 논리와 일맥상통한다고 볼 수 있겠다. 하지만 이 논리는 뒤에서 제시하는 사례에서 볼 수 있듯이 임철초가 주장하는 종의 논리와 마찬가지로 논란의 소지를 담고 있다는 생각이다. 자세한 것은 뒤의 사례연구에서 알아보도록 하겠다.

조후(調候)에 의해서 사주를 해석하려고 시도한 책 중에서 가장 우선으로 꼽는 것이 『궁통보감(窮通寶鑑)』이다. 이 책에서는 여름이나 겨울철에 태어나면 무조건 조후에 해당하는 온도조절용 용신을 찾고 있다. 이 논리 또한 지나치게 한쪽으로 치우친 감이 없지 않다. 따라서 조후용신은 사주 해석을 위한 원리 중 하나로 삼되, 모든 것에 이 논리를 적용해서는 안 된다는 생각이다. 이 책의 저자는 여춘태(余春台)로 알려져 있으며, 원래 제목은 『난강망(欄江網)』인데 『궁통보감』은 서낙오(徐樂吾)가 붙인 이름이다. 이 외에도 『조화원약(造化元鑰)』, 『여씨용신사연(余氏用神辭淵)』등으로도 알려져 있으나 모두 『난강망』을 말한다고 이해하면 되겠다.

이 책에서 주장하는 논리 중에서 가장 유명한 것이 바로 경금(庚金)으로 갑목(甲木)을 쪼갠다는 '경금벽갑론(庚金劈甲論)'이다. 갑목(甲木)은 그 누구도 함부로 건드릴 수 없는 존재였던 당시로서는 획기적인 발상이었다고 할 수 있겠으나, 현재 상황에서 보면 너무 단편적인 사고가 아니었나 하는 생각이다.

적천수 사례연구   **한난(寒暖)**

❶ 차가움이 지나친데[寒甚, 한심] 따뜻함이 기운이 있는[暖有氣, 난유기] 경우

戊	庚	丙	甲
寅	辰	子	申

甲	癸	壬	辛	庚	己	戊	丁
申	未	午	巳	辰	卯	寅	丑

이 사주는 금(金)은 차갑고 물[水]은 얼어 있다[金寒冷水 금한랭수]. 목(木)은 시들고 토(土)는 차갑다[木凋土寒 목조토한]. 만약 인시(寅時)가 아니었더라면 연월(年月)의 목화(木火)는 그 뿌리가 없어 작용할 수 없었을 것이다. 이른바 '비록 차가움이 지나치다[寒雖甚 한수심] 하더라도 따뜻함이 기운이 있다[暖有氣 난유기]'는 것이다. 이렇게 본다면 이 사주에서 중요한 것은 인목(寅木)이라 하겠다. 지지의 기가 천간으로 올라가[地氣上升 지기상승] 천간의 목화(木火)가 죽을 곳에서 생을 만났으니[絕處逢生 절처봉생] 자월(子月)의 일양인 병화(丙火)가 추위를 해소한다[一陽解凍 일양해동].

다만 인목(寅木)이 움직이지 않으면[不動 부동] 병화(丙火)는 떨쳐 일어나지 않는데[丙火不發 병화불발], 묘하게도 인목(寅木)과 신금(申金)이 떨어져 충을 하니[遙沖 요충] 이를 일러 동(動)이라고 하고, 동했으니 병화(丙火)를 생하게 한다[動則生火 동즉생화]. 대체로 사주에서 바짝 붙어 충을 하면 극이 되지만[緊沖爲剋 긴충위극], 멀리 떨어져 충을 하면 동이 된다[遙沖爲動 요충위동]. 더욱 반갑게도 운(運)이 동남(東南)의 목화(木火)로 흘러 과거에 합격하여 벼슬이 황당(黃堂)에 이르렀다. 이른바 '사주의 기운이 차가우면[得氣之寒 득기지한] 따뜻함을 만나야 떨쳐 일어난다[遇暖而發 우난이발]'는 것이 바로 이것을 말한다.

경금(庚金)이 자월(子月)에 태어나 금(金)은 차갑고 수(水)는 얼었다. 금수상관희견관(金水傷官喜見官)이니 병화(丙火)를 용신(用神)으로 삼고 희신(喜神)은 목(木)이 된다 하겠다.

하지만 이것은 비록 사주의 차가움이 지나치다[寒雖甚 한수심]고 하더라도 일주인 경금(庚金)이 어느 정도 신약(身弱)하지 않고, 지지에 병화(丙火)의 뿌리인 인목(寅木)으로 인해 따뜻함이 기운이 있어[暖有氣 난유기] 가능한 일이라 하겠다. 만약 신약하고 지지에 인목(寅木)이 없다면 인성(印星)인 토(土)를 용신으로 삼아야 할 것이다.

앞에서 언급한 '대체로 사주에서 바짝 붙어 충을 하면 극이 되지만[緊沖爲剋 긴충위극] 멀리 떨어져 충을 하면 동이 되는[遙沖爲動 요충위동] 것이다'라는 말은 새겨볼 만하다. 과연 그런지는 지속적인 임상(臨床)을 통해서 증명해야 할 것이다.

❷ 차가움이 지나친데[寒甚, 한심] 따뜻함이 기운이 없는[暖無氣, 난무기] 경우

	甲	庚	丙	己		
	申	辰	子	酉		
戊	己	庚	辛	壬	癸	甲	乙
辰	巳	午	未	申	酉	戌	亥

이 사주 또한 금(金)은 차갑고 물[水]은 얼어 있다[寒金冷水 한금랭수]. 목(木)은 시들고 토(土)는 차가우니[木凋土凍 목조토동] 앞의 사주와 대동소이하다. 앞의 사주는 인목(寅木)이 있어 목화(木火)의 뿌리가 될 수 있었으

나, 이 사주는 지지에 인목(寅木)이 없으니 목화(木火)는 절지(絕地)에 임했다. 이른바 '차가움이 지나친데[寒甚 한심] 따뜻함이 기운이 없는[暖無氣 난무기]' 경우이니, 차라리 따뜻함[暖 난]이 없는 것이 아름답다고 하겠다.

초운(初運)인 을해(乙亥)운은 북방(北方)의 수(水)운이니 좋은 일만 있고 근심이라고는 없었으나, 갑술(甲戌)운에는 정화(丁火)가 암장되어 있어 병화(丙火)의 뿌리가 되니 고생이 많았으며[刑傷破耗 형상파모], 계유(癸酉)운에 들어 재산과 가업이 날로 늘어났고, 임신(壬申)운에는 병화(丙火)를 극해 보내버리니[剋去 극거] 나라에서 곡식을 하사받았다[食廩 식름]. 신미(辛未)운에는 운이 남방(南方)으로 바뀌어 병화(丙火)가 득지(得地)하여 뿌리를 얻으니 고통이 이만저만이 아니었으며[破耗多端 파모다단], 경오(庚午)운 인년(寅年)에 목화(木火)가 함께 오니 죽고 말았다[不祿 불록].

심화학습

경금(庚金)이 자월(子月)에 태어났으나 사주에 인성(印星)과 비겁(比劫)이 그득하다. 일주(日主)가 왕(旺)한데 천간의 목화(木火)가 기운이 없으니 따뜻함이 기운이 없어[暖無氣 난무기] 상관(傷官)인 수(水)를 용신(用神)으로 삼는다는 말이다. 본문의 사례로는 아주 적절한 사주이다.

하지만 금수상관희견관(金水傷官喜見官)의 논리를 적용한다면 병화(丙火)를 용신으로 삼는 것이 당연하고 희신(喜神)은 갑목(甲木)이 되어야 한다. 앞의 〈제7장 8. 가신(假神)〉의 세 번째 사례에서 이와 유사한 경우를 이미 접하였다. 그때는 일주가 약하니 인성을 용신으로 삼는다고 하여 그런대로 인정할 수 있었으나, 이 경우는 일주가 결코 약하다 할 수 없으니 목화(木火)를 용신으로 삼는 것이 요즘의 올바른 사주 해석법이다. 살아온 과정이 이렇다 하니 할 말은 없고 원문의 해석을 따를 수밖에 없으나, 쉽게 동의하기는 힘든 사주이다. 그렇다면, 겨울의 금(金)이 일주가 왕하고 재관(財官)이 뿌리가 약하면 식상(食傷)을 용신으로 삼아야 한다고 결론을 내려야 하는가. 사주의 용신을 알기 위해 공부하는 사람들을 너무 고민스럽게 만드는 사주이다.

❸ 따뜻함이 지극한데[暖至, 난지] 차가움이 뿌리가 있는[寒有根, 한유근] 경우

壬	丙	丙	丁
辰	午	午	丑

戊	己	庚	辛	壬	癸	甲	乙
戌	亥	子	丑	寅	卯	辰	巳

병화(丙火)가 오월(午月)에 태어나 사주에 비겁(比劫)과 양인(陽刃)이 중중(重重)하니 사주 전체가 불덩어리를 이루어 따뜻함[暖난]이 극에 달했다. 한 점 임수(壬水)로 이 맹렬한 화기(火氣)를 제압하기에는 너무나 부족하다.

반가운 것은 임수(壬水)가 진토(辰土)를 깔고 앉아 신고(身庫)에 통근(通根)했다는 것이고, 더욱 아름다운 것은 연지(年支)에 축토(丑土)가 있다는 것이다. 축토(丑土)는 북방(北方)의 습토(濕土)이니 능히 금(金)을 생하고 화(火)를 어둡게 만들며[晦火生金 회화생금] 수(水)를 저장한다[蓄水 축수]. 이른바 '비록 따뜻함이 지극하다[暖雖至 난수지] 하더라도 차가움이 뿌리가 있다[寒有根 한유근]'는 것이다.

향시와 전시에 합격한 출신[科甲出身 과갑출신]으로 벼슬은 봉강(封疆)에 이르렀으나, 약간 불만스러운 것은 운의 흐름에 순수함이 부족하여[運途欠醇 운도흠순] 인생의 기복이 심했다는 것이다.

청(淸)한 사주에 속한다 하겠다. 용신(用神)인 임수(壬水)가 습토(濕土)인 진토(辰土) 위에 앉아 있고 연지(年支)에 축토(丑土)가 있어 조후(調候)가 적절하다고 하겠다. 다만 화(火)나 수(水) 일주에는 조후의 의미가 그다지 크지 않다는 생각이다. 물론 상대적으로 금(金)과 목(木) 일주에 비해서 그렇다는 말이다. 신축(辛丑)운 이후 말년에 행복한 삶을 살았을 것으로 여겨진다.

❹ 따뜻함이 지극한데[暖至, 난지] 차가움이 뿌리가 없는[寒無根, 한무근] 경우

癸	丙	丁	癸
巳	午	巳	未

己	庚	辛	壬	癸	甲	乙	丙
酉	戌	亥	子	丑	寅	卯	辰

병화(丙火)가 사월(巳月)에 태어나 지지는 사오미(巳午未) 남방(南方)을 이루고, 사시(巳時)에 태어나 따뜻함이 지극하다 하겠다. 천간에 두 개의 계수(癸水)가 투출했으나 지지에 뿌리라고는 전혀 없으니 이른바 '따뜻함이 지극한데[暖至 난지] 차가움이 뿌리가 없는[寒無根 한무근]' 경우라 하겠으니, 차라리 차가움[寒 한]이 없는 것이 더 아름답다고 하겠다.

이에 초운(初運)인 병진(丙辰)운에는 부모의 음덕을 받는 복을 누렸으며[叨蔭庇之福 도음비지복], 을묘(乙卯)와 갑인(甲寅)운에는 수(水)를 설하고 화(火)를 생하니[洩水生火 설수생화] 가업(家業)이 나날이 새로워졌다. 계축(癸丑)운에는 차가운 기운[寒氣 한기]이 통근(通根)하니 부모의 돌아가심[椿萱竝逝 춘훤병서]을 한탄하고 자식의 손상을 슬퍼하였다[嗟蘭桂之摧殘 차란계지최잔]. 임자(壬子)운에 화재를 당해[祝融之變 축융지변] 가산을 모두 잃고 죽고 말았다.

심화학습

앞의 두 번째 사례와 정반대의 경우이다. 이 사주 또한 본문에 가장 적절한 사례라고는 할 수 있겠다. 천간의 계수(癸水)가 뿌리가 없어 약하니 차라리 화(火)를 따라 종(從)한다는 의미로 받아들일 수도 있을 것 같다.

하지만 아무리 힘이 없더라도 일단은 관성(官星)인 계수(癸水)를 용신(用神)으로 삼고 풀이를 해보는 것이 어떨까 한다. 살아온 과정이 이렇다 하니 할 말은 없다. 앞의 〈제5장 6. 종상(從象)〉에서 살펴보았듯이 임철초(任鐵樵)는 웬만하면 종(從)으로 보는 경향이 강하다. 이는 본인 나름대로의 확고한 논리가 있기 때문일 테니 함부로 반박할 수는 없으나, 그래도 한번쯤 되돌아볼 필요가 있을 것 같다는 생각은 버릴 수가 없다.

차란계지최잔(嗟蘭桂之摧殘)은 직역하면 난초와 월계수의 가지가 꺾임을 탄식한다는 뜻이다.

2. 조습(燥濕) - 수화상성(水火相成)의 원리

적천수 원문

地道有燥濕　生成品彙　人道得之　不可偏也
지도유조습　　생성품휘　　인도득지　　불가편야

> 지지에는 건조함과 축축함이 있어 만물의 성품을 만들어내니[地道有燥濕 生成品彙]
> 사람이 이를 얻되 한쪽으로 치우쳐서는 안 된다[人道得之 不可偏也].

적천수 해설　　　**조습(燥濕) - 수화상성(水火相成)의 원리**

메마름과 축축함[燥濕 조습]이라는 것은 수(水)와 화(火)가 서로 어울려 이루는[水火相成 수화상성] 원리를 말한다. 고로 일주에는 일주의 기운이 있어[主有主氣 주유주기] 안으로 오행에 감추지 않고[不秘乎五行 불비호오행], 국에는 국의 기운이 있어[局有局氣 국유국기] 밖으로 반드시 사주에 두루 통한다[必貫乎四柱 필관호사주]. 축축함[濕 습]은 음기(陰氣)인데 당연히 메마름을 만나야 이루고[逢燥而成 봉조이성], 메마름[燥 조]은 양기(陽氣)인데 당연히 축축함을 만나야 생겨난다[遇濕而生 우습이생].

따라서 목(木) 일주가 여름에 태어나면[木生夏令 목생하령] 일주(日主)의 정수(精髓)가 떨쳐 일어나 흘러 나가니[精華發洩 정화발설], 겉으로는 넉넉하다고 하더라도[外有餘 외유여] 내부의 실제 상황은 허탈하다[內實虛脫 내실허탈]고 하겠다. 그러므로 반드시 천간에서 임수(壬水)와 계수(癸水)의 힘을 빌어[藉壬癸 자임계] 일주인 목(木)을 생해주고[水以生之 수이생지], 지지에서 습토(濕土)인 축토와 진토[丑辰濕土 축진습토]로 목(木)을 배양해주어야 한다[土以培之 토이배지]. 그리하면 화(火)는 뜨겁지 않고[火不烈 화불렬] 목(木)은 시들지 않으며[木不枯 목불고] 토(土)는 메마르지 않고[土不燥 토부조] 수(水)는 잦아들지 않을 것이니[水不涸 수불학], 생겨나 이루어지는 뜻[生成之義 생성지의]이 있는 것이다. 만약 지지에서 조토(燥土)인 미토와 술토[未戌燥土 미술조토]를 만난다면 도리어 화(火)를 도와주고 그 불을 어둡게 하지는 못하니[不能晦火 불능회화], 비록 사주에 수(水)가 있다 하더라도 역시 그 힘을 발휘할 수 없을 것이다.

오직 금(金)은 백 번을 단련해도[金百鍊 금백련] 그 색을 바꾸지 않는다[不易其色 불역기색]. 금(金) 일주가 겨울에 태어나면[金生冬令 금생동령] 비록 기가 흘러 나가 휴수가 되더라도[洩氣休囚 설기휴수] 궁극적으로는 천간의 병화(丙火)와 정화(丁火)를 용신으로 삼아[用丙丁火 용병정화] 겨울의 차가운 기운에 대적하고[火以敵寒 화이적한], 지지에서 조토인 미토와 술토[未戌燥土 미술조토]로 사주의 습기를 제거해야[土以除濕 토이제습] 화(火)는 어두워지지 않고[火不晦 화불회] 수(水)는 미쳐 날뛰지 않으며[水不狂 수불광] 금(金)은 차갑지 않고[金不寒 금불한] 토(土)는 얼지 않을 것이니[土不凍 토부동], 생겨나 떨쳐 나가는 기운[生發之氣 생발지기]이 있는 것이다. 만약 지지에서 습토인 축토와 진토[丑辰濕土 축진습토]를 만난다면 도리어 수(水)를 도와주고 그 물을 제어하지는 못하니[不能制水 불능제수], 비록 사주에 화(火)가 있다 하더라도 역시 그 힘을 발휘할 수 없을 것이다.

이것이 바로 지지에서 기운이 생겨나 이루어지는[地道生成 지도생성] 묘한 이치인 것이다.

심화학습

앞의 목(木) 일주의 예는 천간의 수(水)를 용신(用神)으로 할 경우[木火傷官喜見印 목화상관희견인] 지지에서 습토(濕土)가 받쳐주어야 한다는 것이고, 뒤의 금(金) 일주의 예는 천간의 화(火)를 용신으로 할 경우[金水傷官喜見官 금수상관희견관] 지지에서 조토(燥土)가 받쳐주어야 한다는 의미로 이해하면 될 것이다.

조습(燥濕)

❶ 목(木) 일주가 여름에 태어나 지지에 조토(燥土)가 있는 경우

庚	甲	丁	癸
午	午	巳	未

己	庚	辛	壬	癸	甲	乙	丙
酉	戌	亥	子	丑	寅	卯	辰

갑목(甲木) 일주가 사월(巳月)에 태어났다. 지지에 사오미(巳午未)가 온전하여 조열함이 극에 달했다[燥烈極矣 조렬극의]. 천간의 금수(金水)는 뿌리가 없고 도리어 화(火)의 치열함을 자극하여 격하게 만든다[激火之烈 격화지렬]. 단지 화(火)의 기세에 순응함이 마땅하다.

초운(初運)인 목화(木火)에는 그 기세에 순응하니 재물이 자꾸 늘어나 반가웠으나[財喜頻增 재희빈증], 계축(癸丑)운에 이르러 가족이 죽음[刑喪 형상]을 한탄하고 좌절하는 등 고생이 극심했다[破耗多端 파모다단]. 임자(壬子)운에는 충하여 부딪침[沖激 충격]이 더욱 심하여 타인의 목숨을 해치고 화재를 만나[遭回祿 조회록] 가산을 탕진하고 죽고 말았다.

심화학습

해석상으로는 화(火)를 따라 종아(從兒)가 되었다는 말이다. 하지만 목화상관희견인(木火傷官喜見印)의 형상으로 천간의 계수(癸水)가 용신(用神)인데, 지지에서 습토(濕土)가 받쳐주질 못하여 잘 풀리지 않았다고 해석해보는 것도 가능하다는 생각이다. 다만, 수(水)운에서 망했다니 종아로 보는 수밖에 없을 것 같다.

❷ 목(木) 일주가 여름에 태어나 지지에 습토(濕土)가 있는 경우

	庚	甲	丁	癸
	午	辰	巳	丑

己	庚	辛	壬	癸	甲	乙	丙
酉	戌	亥	子	丑	寅	卯	辰

이 명조(命造)는 앞의 사주와 비교하여 단지 진축(辰丑) 두 글자만 바뀌었다. 축토(丑土)는 북방(北方)의 습토(濕土)이니 화(火)를 어둡게 하고 수(水)를 저장한다. 계수(癸水)는 연지(年支)의 축토(丑土)에 통근(通根)하였고 일지(日支)의 진토(辰土) 또한 습토이며 목(木)의 여기(餘氣)이니, 일주(日主)인 갑목(甲木)은 그 뿌리를 얻었다 하겠다. 경금(庚金)이 멀리 떨어져 있어 계수(癸水)를 생하지 못하니 비록 용신(用神)을 도울 수 없다 하더라도, 계수(癸水)는 연지의 여기에 앉아 있으니 마침내 용신으로 삼을 수 있다 하겠다.

초운(初運)에 목기(木氣)가 왕(旺)하여 일주를 돕고 용신을 보호하니 편안하고 길(吉)하게 보냈으며, 계축(癸丑)운에 이르러 북방(北方)의 수지(水地)로 들어가는 것을 시작으로 임자(壬子)와 신해(辛亥)운까지 30년 동안 사업을 경영하니 모든 것이 마음먹은 대로 따라주었다.

심화학습

목(木) 일주가 여름에 태어나 신약(身弱)하니 목화상관희견인(木火傷官喜見印)의 형상으로 천간의 계수(癸水)를 용신으로 삼았다는 말이다. 계수(癸水)는 지지에 진토(辰土)와 축토(丑土)의 습토(濕土)를 얻었고, 이들이 목(木)을 배양해주니 생겨나 이루어짐[生成 생성]을 얻어 북방(北方)의 수(水)운에 잘 풀렸다는 말이다. 본문의 예로 아주 적절한 사주라 하겠다.

```
        丙      庚      辛      丙
        子      辰      丑      辰


    己   戊   丁   丙   乙   甲   癸   壬
    酉   申   未   午   巳   辰   卯   寅
```

흔히 이 명조를 논하기를, '차가운 금(金)은 화(火)를 반기는데[寒金喜火 한금희화] 천간에 두 개의 병화(丙火)가 투출하여[干透兩丙 간투양병] 살이 홀로 맑게 머무르니[獨殺留淸 독살유청], 목화(木火)운 중에 명리를 모두 얻을 것이다[名利雙全 명리쌍전]'라고들 한다.

하지만 이는 지지에 습토가 그득한데[重重濕土 중중습토] 연간(年干)의 병화(丙火)는 신금(辛金)과 합을 하여 수(水)로 화하였고[化水 화수] 시간(時干)의 병화(丙火)는 뿌리가 없으니, 사주에 차갑고 습한 기운[寒濕之氣 한습지기]만 있고 생겨나 떨쳐 일어나려는 뜻[生發之意 생발지의]은 전혀 없음을 모르고서 하는 소리이다. 단지 수(水)를 용신(用神)으로 할 수 있을 뿐, 화(火)를 용신으로 삼을 수는 없다.

따라서 초운(初運)인 임인(壬寅)과 계묘(癸卯)운에는 토(土)를 제어하고 수(水)를 호위하니[制土衛水 제토위수] 먹고 입는 것이 자못 풍족했으나[衣食頗豊 의식파풍], 병오(丙午)와 정미(丁未)운에 이르러 20년 동안 처자식을 잃고 가업은 다 날아가니 머리를 깎고 중이 되었다.

심화학습

축월(丑月)에 태어난 경금(庚金)이 신왕(身旺)하여 상관(傷官)인 계수(癸水)를 용신으로 삼았다는 말이다. 본문의 논리에 의하면 천간의 병화(丙火)가 그 힘을 발휘할 수 없을 것이므로 일리가 있는 해석이라 할 것이다. 다만 구조상으로는 금수상관희견관(金水傷官喜見官)이니 병화(丙火)를 용신으로 삼는 것도 생각해볼 필요가 있을 것 같다. 하지만 화(火)운에서 망했다고 하니 그대로 따르는 수밖에 없겠다.

❹ 금(金) 일주가 겨울에 태어나 지지에 조토(燥土)가 있는 경우

丙	庚	壬	丁
戌	戌	子	未

甲	乙	丙	丁	戊	己	庚	辛
辰	巳	午	未	申	酉	戌	亥

이 명조는 수(水)의 세력을 따라 논한다. 경금(庚金) 일주가 한겨울인 자월(子月)에 태어나 수(水)가 왕(旺)하다. 반가운 것은 지지에 술미(戌未)의 조토(燥土)가 중중(重重)하다는 것이니, 족히 사주의 습기를 제거한다 하겠다. 자수(子水)와 미토(未土)는 서로 극(剋)하여 자수(子水)는 임수(壬水)를 도울 수 없으며, 임수(壬水)는 정임합(丁壬合)이 되어 병화(丙火)를 극할 수가 없다.

중운(中運)이 토금(土金)으로 흐르니 부서의 하급관리가 되어 공무를 담당했으나[入部辦事 입부판사] 운이 닿지 않아 뜻한 바는 이루지 못했고[運籌挫折 운주좌절] 형편은 마음과 같지 못했다[境遇違心, 경우위심]. 정미(丁未)운에는 남방(南方)의 화왕지(火旺地)로 돌아들어 계획한 바대로 벼슬길로 나갔고[議敍出仕 의서출사], 병오(丙午)운까지 20년 동안 뜻밖의 기회를 잡아[得際遇 득제우] 벼슬이 주목(州牧)에 이르게 되었다.

심화학습

겨울의 경금(庚金)이 지지에서 미토(未土)와 술토(戌土)의 난토(暖土)를 만나 사주의 습기를 제거하여, 생겨나 떨쳐 일어나는 기운[生發之氣 생발지기]을 얻어 남방(南方)의 화(火)운에 잘 풀렸다는 말이다. 금수상관희견관(金水傷官喜見官)이니 병화(丙火)를 용신으로 삼았다는 말이다.

다만, 사주에 습기가 그다지 많지 않아 오히려 메말라 보이니 조습(燥

濕)의 원리를 설명하기 위한 사례로는 조금 아쉬운 것 같다. 일주(日柱)가 경진(庚辰)이었다면 아주 완벽한 사례가 될 수 있었을 텐데 참으로 아쉽다.

3. 강유(剛柔) - 극설인종(剋洩引從)

剛柔不一也　不可制者　引其性情而已矣
강유불일야　　불가제자　　인기성정이이의

> 굳세다는 것과 부드럽다는 것은 한 가지로 말할 수 없으니[剛柔不一也]
> 제어할 수 없으면 타고난 본성을 이끌어 다스려야 하고[不可制者 引其性情而已矣]

　　강유(剛柔) - 극설인종(剋洩引從)

굳셈과 부드러움의 이치[剛柔之道 강유지도]는 음은 유순(柔順)하고 양은 강건(剛健)하다[陰陽健順 음양건순]는 것을 의미할 뿐이다. 하지만 굳셈[剛 강] 가운데 부드러움[柔 유]이 없을 수 없으며, 부드러움[柔 유] 가운데 굳셈[剛 강]이 없을 수 없다.

　대개 봄의 나무[春木 춘목], 여름의 불[夏火 하화], 가을의 금[秋金 추금], 겨울의 물[冬水 동수], 사계절의 마지막 달인 진술축미(辰戌丑未)월의 토[季土 계토]는 때를 얻어 월령을 차지한[得時當令 득시당령] 것인데, 사주원국에 이를 극하여 제어하는 신[剋制之神 극제지신]이 없다면 그 기세는 웅장하고 그 성정은 강건하다 할 것이다. 따라서 이를 설하지 않으면 맑지 못하고[不洩則不淸 불설즉불청], 맑지 못하면 빼어나지 못하며[不淸則不秀 불청즉불수], 빼어나지 못하면 완고하고 아둔한 물건[頑物 완물]이 될 것이다. 만약 부드러움으로 그 굳셈을 깎아내려고 한다면[以柔斲其剛 이유착기강] 이를 일컬어 '적은 숫자로는 무리에 맞설 수 없다[寡不敵衆 과부적중]'라고 하니, 오히려 무리의 노여움만 자극하여[反激其怒 반격기노] 더욱 강(剛)하게 만들게 된다.

봄의 금[春金 춘금], 여름의 물[夏水 하수], 가을의 나무[秋木 추목], 겨울의 불[冬火 동화], 사계절이 한창인 자오묘유(子午卯酉)월의 토[仲土 중토]는 월령을 차지하지 못해 기운이 없는[失時無氣 실시무기] 것인데, 사주원국에 생하여 도와주는 신[生助之神 생조지신]이 없다면 그 기세는 유연하고 그 성정은 지극히 약하다[至弱 지약] 할 것이다. 따라서 이를 다그치지 않으면 펼쳐 열지 못하고[不劫則不闢 불겁즉불벽], 펼쳐 열지 못하면 변화하지 못하며[不闢則不化 불벽즉불화], 변화하지 못하면 썩은 물건[朽物 후물]이 될 것이다. 만약 부드러움으로 그 굳셈을 이끌어 들이려고 한다면[以柔引其剛 이유인기강] 이를 일컬어 '허약하면 도움을 주어도 받지 못한다[虛不受補 허불수보]'라고 하니, 오히려 그 약함을 도와[反益其弱 반익기약] 더욱 유(柔)하게 만들게 된다.

이와 같이 설(洩)하는 것에는 생하고 생하는 오묘함[生生之妙 생생지묘]이 있고, 극(剋)하는 것에는 이루어 나아가는 공로[成就之功 성취지공]가 있으며, 인(引)하는 것에는 화합하고 기뻐하는 정[和悅之情 화열지정]이 있고, 종(從)하는 것에는 변화하는 오묘함[變化之妙 변화지묘]이 있다. 따라서 극설인종(剋洩引從)이라는 네 글자를 적용할 경우에는 자세히 살피는 것이 마땅하니 대충 살펴보고 함부로 정해서는 안 된다. 반드시 무에서 유로 들어가고[以無入有 이무입유] 실함에서 허함을 찾아야[向實尋虛 향실심허] 하는 것이니, 이것이 바로 강유(剛柔)의 원리의 심오하고도 오묘한 의미[元妙之旨 원묘지지]라 할 것이다.

만약 경금(庚金)이 칠월인 신월(申月)에 태어나면 임수(壬水)가 필요하고, 을목(乙木)이 팔월인 유월(酉月)에 태어나면 정화(丁火)가 필요하다고 한다면, 비록 제화(制化)의 뜻은 얻는다 하더라도 역시 효력을 잃은 법칙[死法 사법]이다. 설령 경금(庚金)이 칠월인 신월(申月)에 태어났다고 하더라도 사주원국에 이미 목화(木火)가 있고 임수(壬水)가 나타나 보이지 않는다면 어떻게 해야 하겠는가. 사주에 명확히 드러난 목화(木火)를 버리고 도리어 암장(暗藏)되어 있는 임수(壬水)를 쓸 것인가. 또한 을목(乙木)이 팔월인 유월(酉月)에 태어났는데 사주에 이미 비겁(比劫)과 인성(印星)이 있고 정화(丁火)가 나타나 보이지 않는다면, 나타나 보이는 겁인(劫印)을 버리고 도리어 형체도 없는 정화(丁火)를 찾아 구하겠는가.

대체로 일주가 때를 얻어 월령을 차지하고[得時當令 득시당령] 사주원국에 이를 극하여 제어하는 신[剋制之神 극제지신]이 없는데, 식신(食神)을 용신으로 삼아 그 기세에 순응하여[順其氣勢 순기기세] 빼어난 기운[秀氣 수기]을 설하고[洩其菁英 설기청영] 또한 암암리에 재성을 생하면[暗處生財 암처생재], 이를 일컬어 '무에서 유로 들어간다[以無入有 이무입유]'라고 한다. 또한 일주가 월령을 차지하지 못해 휴수가 되고[失時休囚 실시휴수] 사주원국에 일주를 도와주는 비겁이나 인성[劫印幇身 겁인방신]이 없는데, 식신을 용신으로 삼아 살을 극하여 제어하여[食神制殺 식신제살] 살(殺)이 극제(剋制)를 얻어 인성을 생하면, 이를 일컬어 '실함에서 허함을 찾는다[向實尋虛 향실심허]'라고 한다. 마땅히 잘 활용하되, 절대 한 가지 이론에만 집착하여 논해서는 안 된다.

심화학습

『적천수천미(滴天髓闡微)』에서는 '굳셈[剛 강] 가운데 부드러움[柔 유]이 없을 수 없으며, 부드러움[柔 유] 가운데 굳셈[剛 강]이 없을 수 없다'라는 말 다음에 "양(陽)은 남자로 하늘[乾 건]에 비유하니 건(乾)에서 세 딸인 손(巽), 이(離), 태(兌)가 생겨나므로[乾生三女 건생삼녀] 이것이 강(剛)에서 유(柔)를 얻은 것이고, 음(陰)은 여자로 땅[坤 곤]에 비유하니 곤(坤)에서 세 아들인 진(震), 감(坎), 간(艮)이 생겨나므로[坤生三男 곤생삼남] 이것이 유(柔)에서 강(剛)을 얻은 것이다"라고 부연설명하고 있다. 이해에 도움이 될 것이라는 생각에 언급해둔다. 또한 이무입유(以無入有)와 향실심허(向實尋虛)의 사례가 『적천수징의(滴天髓徵義)』에는 누락되어 있어 보완하였다.

'부드러움으로 그 굳셈을 깎아내리려고 한다면[以柔蹔其剛 이유착기강]'은 『적천수징의』 본문에는 '굳셈으로 그 부드러움을 깎아내리려고 한다면[以剛蹔其柔 이강착기유]'이라고 되어 있으나, 문맥상 적절치 않다고 판단되어 바꾸어 해석한 것이니 알아두기 바란다.

　강유(剛柔)

❶ 가을의 금[秋金, 추금]이 극하여 제어하는 신[剋制之神, 극제지신]이 없는 경우

甲	庚	戊	壬
申	辰	申	申

丙	乙	甲	癸	壬	辛	庚	己
辰	卯	寅	丑	子	亥	戌	酉

경금(庚金)이 신월(申月)에 태어나 지지에 신금(申金)이 셋이나 되니 왕(旺)함이 극에 달했다. 시간(時干)의 갑목(甲木)은 뿌리가 없으니 연간(年干)의 임수(壬水)를 용신(用神)으로 삼아 굳센 살기[剛煞之氣 강살지기]를 설(洩)해야 한다. 불만스러운 것은 월간(月干)의 편인(偏印) 무토(戊土)가 식신(食神)인 임수(壬水)를 극(剋)하는 것이다.

초운(初運)이 토금(土金)으로 흘러 일찍이 고통이 심했고 물려받은 가업도 유지하지 못했으나, 신해(辛亥)운이 되어 운(運)이 북방(北方)으로 바뀌자 사업에 큰 성과를 보았다. 이후 임자(壬子), 계축(癸丑)까지 30년 동안 십여만의 재물을 모았다. 어려서는 공부를 하지 못했으나 뒤늦게 학문에 재미를 붙였으니, 이 역시 운이 북방의 수(水)운으로 돌아 수기(秀氣)를 발설할[發洩菁華 발설청화] 수 있었기 때문이라 하겠다.

심화학습

경금(庚金)이 칠월인 신월(申月)에 태어나 사주원국에 극제지신(剋制之神)인 화(火)가 없고 임수(壬水)가 천간에 투출하여 이 식신(食神)을 용신(用神)으로 삼았다는 말이다. '무에서 유로 들어간다[以無入有 이무입유]'의 적절한 사례이다. 용신인 임수(壬水)의 위치가 마땅하지 않으나 운(運)의 흐름이 좋아 이 사람을 살렸다고 하겠다.

❷ 가을의 나무[秋木, 추목]가 생하여 도와주는 신[生助之神, 생조지신]이 없는 경우

丁	乙	丁	辛
丑	未	酉	酉

己	庚	辛	壬	癸	甲	乙	丙
丑	寅	卯	辰	巳	午	未	申

을목(乙木)이 유월(酉月)에 태어나 목(木)은 시들고 금(金)은 날카롭다[木凋金銳 목조금예]고 하겠다. 다행스럽게도 일주(日主)는 좌하(坐下), 즉 일지(日支)에 고근(庫根)인 미토(未土)를 깔고 앉았고, 천간에 투출한 두 개의 정화(丁火)는 뿌리를 내려 능히 살(殺)을 제(制)하고 있으니 물려받은 재산이 풍족하였고[祖業豊盈 조업풍영] 일찍이 반궁에 들어가 공부하였다[芹香早探 근향조채].

단, 이 명조(命造)의 병(病)은 살이 왕(旺)하다는 데 있는 것이 아니라 축토(丑土)에 있다. 축토(丑土)의 해(害)는 금(金)을 생하고 화(火)를 어둡게 하는[晦火生金 회화생금] 것에만 있는 것이 아니라, 축미(丑未)가 충(沖)을 한다는 것이다. 천간의 목화(木火)는 오로지 미토(未土) 속의 미약한 뿌리에 의존하고 있는 바, 충을 맞아 축토(丑土) 안의 금수(金水)에 의해 이 뿌리가 손상을 입기 때문이다.

이로 인해 추위(秋闈)에 합격하지 못하였다. 계사(癸巳)운에 이르러 지지가 사유축(巳酉丑)의 온전한 금국(金局)을 이루고 계수(癸水)는 정화(丁火)를 극(剋)하니 홍수를 만나 죽고 말았다.

심화학습

신약(身弱)한 을목(乙木)이 사주에 인성(印星)이 없어 식신으로 살(殺)을 제어하는 전형적인 식신제살(食神制殺)이라 하겠다. '실함에서 허함을 찾는다[向實尋虛 향실심허]'의 적절한 사례이다. 여러 사주 가운데 특히 가을에 태어난 을목(乙木) 일주가 이러한 경향을 보이는 경우가 많다. 앞의 〈제2장 3. 을목(乙木)〉에서 언급한 바와 같이 을목(乙木)은 불을 무척 좋아하는 모양이다[乙木不離坎離宮 을목불리감리궁].

4. 순역(順逆) - 나아가고 물러섬에 어그러짐이 없다 [進退不悖, 진퇴불패]

적천수 원문

順逆不齊也　不可逆者　順其氣勢而已矣
순역부제야　　불가역자　　순기기세이이의

> 순응한다는 것과 거스른다는 것은 한결같지가 않으니[順逆不齊也]
> 거스를 수 없으면 타고난 그 기세에 순응해야 한다[不可逆者 順其氣勢而已矣]

적천수 해설　　**순역(順逆) - 진퇴불패(進退不悖)**

순종함과 거스름의 기틀[順逆之機 순역지기]은 나아가고 물러섬에 어그러짐이 없다[進退不悖 진퇴불패]는 것을 의미할 뿐이다. '거스를 수 없다[不可逆 불가역]'는 것은 월령을 차지하여 세력을 얻은 신[當令得勢之神 당령득세지신]은 그가 하려는 생각을 좇아감이 마땅하다[宜從其意向 의종기의향]는 말이다. 따라서 사주에는 순종함과 거스름이 있으니[四柱有順逆 사주유순역] 그 기(氣)는 마땅히 구분되어지는 것이고, 오행에는 뒤바뀌어 거꾸로 됨[五行有顛倒 오행유전도]이 있으니 그 작용에는 각자 자기 나름대로의 법칙이 있는 것이다.

따라서 기가 원래의 세력을 타고[乘本勢 승본세] 다른 섞인 것들은 돌아보지도 않는 경우도 있고, 기가 다른 신을 빌려[借他神 차타신] 국(局)을 이루는 경우도 있다. 기가 왕신을 따라 종하므로[從旺神 종왕신] 극제(剋制)해서는 안 되는 경우도 있고, 기가 약한 것에 의지하여 도움을 받아야[依弱資扶 의약자부] 하는 경우도 있다. 이러한 까닭에 살을 제하는[制殺 제살] 것은 왕한 세력을 타는 것만 못하고[莫如乘旺 막여승왕], 살을 화하는[化殺 화살] 것은 바로 일주를 돕는 것이며[正以扶身 정이부신], 살을 따라 종하는[從殺 종살] 것은 권세에 의지하는 것이고[乃依權勢 내의권세], 살이 머무는[留殺 유살] 것은 바로 관을 맞이하는[正爾迎官 정이영관] 것이다.

그 기에는 음과 양이 있는데[氣有陰陽 기유음양], 양은 음을 생하는 조짐을 머금고 있고[陽含陰生之兆 양함음생지조], 음은 양으로 변화하는 오묘함을 머금고 있다[陰含陽化之妙 음함양화지묘]. 그 세(勢)에는 청과 탁이 있는데[勢有淸濁 세유청탁], 탁한 가운데 맑은 것은[濁中淸 탁중청] 귀함의 기틀이고[貴之機 귀지기], 맑은 가운데 탁한 것은[淸中濁 청중탁] 천함의 뿌리이다[賤之根 천지근]. 역으로 왔다가 순으로 가면 부유함의 바탕이고[逆來順去富之基 역래순거부지기], 순으로 왔다가 역으로 가면 빈곤함의 의미이다[順來逆去貧之意 순래역거빈지의]. 이상과 같이 것들이 바로 순역(順逆)의 미묘함이라 할 수 있으니 학자들은 마땅히 깊이 생각해야 할 것이다.

서(書)에서 이르기를 "남는 것은 제거해야 하고[去其有餘 거기유여] 모자라는 것은 도와주어야 한다[補其不足 보기부족]"라고 했으나, 비록 이것이 올바른 원리[正理 정리]라고는 하더라도 이 역시 얕음과 깊음의 기틀[深淺之氣 심천지기]을 연구하지 않는다면 단지 전반적인 것에 대한 개괄적인 이론[泛論 범론]에 불과할 뿐이다. 사주의 신을 모르고[不知四柱之神 부지사주지신] 재관(財官), 살인(殺印), 식상(食傷) 등의 종류에 상관 없이 월령을 잡고 세력을 얻었는데[乘權得勢 승권득세] 사주 중의 다른 신이 그 강하고 사나움[强暴 강포]을 도와준다면, 이를 일컬어 '두 사람이 한 마음이다[二人同心 이인동심]'라고 하며, 혹은 일주가 때를 얻어 월령을 차지했는데[得時秉令 득시병령] 사주 모든 신이 합심하여 이를 떠받든다면[拱合 공합] 이를 일컬어 '권력이 한 사람에게 있다[權在一人 권재일인]'라고 한다. 이런 경우에는 단지 그 기세에 순응하여[順其氣勢 순기기세] 이끌어 통하게[引通 인통] 해야만 기가 흘러[流行 유행] 복이 된다. 만약 강제로 제(制)하려 한다면 그 성질을 건드려 화나게 만들어 반드시 흉함을 당하게 될 것이니 모름지기 잘 살펴야 한다.

순역(順逆)의 의미가 새로운 것은 아닌 듯하다. 다만 앞의 〈제8장 3. 강유(剛柔)〉에서와 같이 사주의 기세(氣勢)에 순응하라는 의미로 받아들이면 될 것이라는 생각이다. 유백온(劉伯溫)은 『적천수(滴天髓)』 원주(原注)에서 순역을 강유지도(剛柔之道), 곤륜지수(崑崙之水), 권재일인(權在一人), 그리고 이인동심(二人同心)의 네 가지로 나누어 설명하며 이 모든 경우에 순응함이 마땅하고 거슬러서는 안 된다고 하였다. 임철초(任鐵樵)는 『적천수징의(滴天髓徵義)』에서 이를 복잡하게 설명했으나 단순히 이런 의미로 받아들이면 될 것이다.

　'역(逆)으로 왔다가 순(順)으로 가면 부유함의 바탕이고[逆來順去富之基 역래순거부지기], 순으로 왔다가 역으로 가면 빈곤함의 의미이다[順來逆去貧之意 순래역거빈지의]'란 말이 가리키는 정확한 의미가 무엇인지 잘 파악되지 않는다. 세력을 거스르지 않고 순종하면 부(富)의 기반이 되지만 세력에 순종하지 않고 거스르게 되면 가난하게 된다는 의미로 받아들이면 될 것 같은데, 정말 그렇게 되는지는 신중히 연구해보아야 할 과제라 하겠다.

적천수 사례연구　순역(順逆)

❶ 권력이 한 사람에게 있는[權在一人, 권재일인] 경우

庚	庚	庚	庚
辰	申	辰	辰

戊	丁	丙	乙	甲	癸	壬	辛
子	亥	戌	酉	申	未	午	巳

천간은 모두 경금(庚金)이고 일주(日主)는 녹왕(祿旺)에 앉았으며 인성(印星)이 당령(當令)했으니 왕(旺)함이 극에 달했다. 이른바 '권력이 한 사람에게 있다[權在一人 권재일인]'고 하겠다.

항오(行伍) 출신으로, 임오(壬午)와 계미(癸未)운에 수(水)가 천간을 덮어 지지의 화(火)는 금(金)을 극(剋)하기 어려우니 해(害)가 없었다. 서방(西方)의 금지(金地)인 갑신(甲申)으로 운이 바뀌고 아울러 을유(乙酉)운에는 합(合)을 이루어 금(金)으로 화(化)하니 벼슬이 총병(總兵)에 이르렀으나, 병화(丙火)운에 왕신(旺神)을 범하여 전쟁터[軍中군중]에서 죽었다.

심화학습

진월(辰月)의 경금(庚金)이 사주 전체가 토금(土金)으로 이루어져 왕(旺)함이 극에 달해 종강(從强)이 되었다는 말이다. 운(運)이 세력을 거슬러서 크게 발하지 못했다 하겠다.

항오(行伍)는 졸병을 말하고, 총병(總兵)은 이들을 거느리는 우두머리를 말한다고 한다.

❷ 두 사람이 한 마음인[二人同心, 이인동심] 경우

甲	庚	甲	癸
申	辰	子	酉

丙	丁	戊	己	庚	辛	壬	癸
辰	巳	午	未	申	酉	戌	亥

경진(庚辰) 일주가 지지에 녹왕(祿旺)을 만났으며, 수(水)가 월령(月令)을 잡고 수국(水局)을 이루었다. 천간의 메마른 목(木)은 뿌리가 없어 버려두고 논하지 않으니, 이른바 '금수(金水) 둘이 한 마음이다[二人同心이인동심]'라고 하겠다. 반드시 금수(金水)의 기세에 순응해야 할 것이다.

계해(癸亥)와 임(壬)운에 부모의 음덕이 넉넉하였다[蔭庇有餘음비유여]. 술(戌)운에는 수(水)를 제(制)하였지만, 오히려 신유술(申酉戌)의 온전한 금방(金方)을 이루어 고통은 겪었으나 큰 화(禍)는 없었다. 신(辛)운에 국학(國學)인 반궁(泮宮)에 들어갔고[入泮입반], 유(酉)운에 시험에 합격하여 식량을 하사받았으며[補廩 보름], 경(庚)운에 향시(鄕試)에 합격하였다[登科 등과]. 신(申)운에는 재산이 크게 늘어났으나[大旺財源 대왕재원], 마침내 기미(己未)로 운이 바뀌어 남방(南方)의 운이 되니 처자식을 잃고[刑妻尅子 형처극자] 가업이 점점 쪼그라들었다[家業漸消 가업점소]. 무오(戊午)운에 왕한 수(水)의 성질을 건드려 가업은 망하여 날아가고[家業破盡 가업파진] 결국 죽고 말았다.

심화학습

형상으로는 신왕(身旺)하여 상관생재(傷官生財)로 흐름을 타는 것으로 보인다. 하지만 '금수(金水) 둘이 한 마음이다[二人同心 이인동심]'라고 한 것으로 미루어 금수(金水)의 기운으로 종기(從氣)를 한다고 본 것 같다. 중운(中運) 이후에 세력을 거스르게 되어 망했다고 하겠다.

5. 은현(隱顯) − 길신태로(吉神太露)와 흉물심장(凶物深藏)

적천수 원문

吉神太露　起爭奪之風　凶物深藏　成養虎之患
길신태로　　기쟁탈지풍　　흉물심장　　성양호지환

> 길신이 천간에 투출하면 한바탕 서로 다투어 빼앗으려는 바람이 일고
> [吉神太露 起爭奪之風]
> 흉물이 지지에 깊숙이 감추어져 있으면 호랑이를 길러 화를 당하게 된다
> [凶物深藏 成養虎之患].

적천수 해설　　은현(隱顯) − 길신태로(吉神太露)와 흉물심장(凶物深藏)

길신이 천간에 투출하면[吉神太露 길신태로] 한바탕 서로 다투어 빼앗으려는 바람이 일어나는[起爭奪之風 기쟁탈지풍] 것은, 사주 천간의 기는 한 가지 성

분으로 이루어져 있으므로[天干氣專천간기전] 위협하여 빼앗기가 쉽기[易於 劫奪이어겁탈] 때문이다. 이는 재물이 담긴 창고를 자물쇠로 잘 채워두지 않으면[財物無關鎖재물무관쇄] 보는 사람마다 모두 가져다 쓰려고 하는[人人得而用인인득이용] 것과 마찬가지다.

예를 들어 천간의 갑을목(甲乙木)이 재성(財星)인데 세운(歲運)에서 경신금(庚申金)을 만나면 쟁탈(爭奪)의 바람이 일어나게 되니, 반드시 사주의 천간에 관성(官星)인 병정화(丙丁火)가 있어 이들을 극하여 돌려보내야만[回剋회극] 해(害)가 없을 것이다. 만약 관성인 병정화(丙丁火)가 없다면 혹시 식상(食傷)인 임계수(壬癸水)라도 있어 이끌어 화하면[引化인화] 이 또한 해가 없을 것이다. 따라서 길신은 지지에 깊숙이 감추어져 있어야[深藏地支심장지지] 마땅하니 그렇게 된다면 반드시 길(吉)할 것이다.

흉물이 지지에 깊숙이 감추어져 있으면[凶物深藏흉물심장] 호랑이를 길러 화를 당하게 되는[成養虎之患성양호지환] 것은, 지지의 기는 여러 가지 성분이 섞여 있으므로[地支氣雜지지기잡] 제어하여 변화시키기가 어렵기[難於制化난어제화] 때문이다. 이는 집안에 도적이 있으면 이들을 막아내기가 어려워[家賊之難防가적지난방] 재앙을 키우게 되는[養成禍患양성화환] 것과 마찬가지다.

예를 들어 지지의 인목(寅木) 중의 병화(丙火)가 겁재(劫財)인데 세운에서 신금(申金)을 만나 인신충(寅申沖)을 이루면, 신금(申金) 안의 경금(庚金)이 튀어나와 비록 목(木)은 극(剋)한다 하더라도 결국 병화(丙火)를 보내버리기는 불가능하다. 게다가 세운에서 해자수(亥子水)를 만나면 인목(寅木)과 합(合)을 이루거나 생(生)하여 오히려 병화(丙火)의 뿌리와 싹[根苗근묘]을 길러주게 된다. 따라서 흉물은 천간에 투출해야[明透天干명투천간] 쉽게 제어하여 변화시킬 수 있다[易於制化이어제화]. 그러므로 길신이 지지에 깊숙이 감추어져 있으면[吉神深藏길신심장] 일평생 복을 누릴 것이고[終身之福종신지복] 흉물이 지지에 깊숙이 감추어져 있으면[凶物深藏흉물심장] 시종일관 화(禍)가 되는 것이다[始終有禍시종유화].

결론적으로 말하면, 길신이 천간에 투출되어 있다고 하더라도[吉神顯露길신현로] 월령에 뿌리를 내렸다면[通根當令통근당령] 길신의 투출로 인한 해는 없을 것이고, 흉물이 지지에 깊숙이 감추어져 있더라도[凶物深藏 흉물심장] 당령하지 못하여 휴수의 상태에 놓여 있다면[失時休凶 실시휴수] 흉신의 암장(暗藏) 역시 무방하다는 것이다. 귀곡자(鬼谷子)가 말하기를 "음양의 이치[陰陽之道 음양지도]는 일월과 그 밝음이 부합하고[與日月合其明 여일월합기명] 천지와 그 덕이 부합하며[與天地合其德 여천지합기덕] 사계절과 그 순서가 부합한다[與四時合其序 여사시합기서]"라고 했는데, 삼명의 이치[三命之理 삼명지리]는 진실로 이것을 근본으로 삼는다[誠本於此 성본어차]. 만약 신중히 생각하여 명확히 가려내지[慎思明辨 신사명변] 않는다면 어느 누가 능히 그 요령을 터득할 수 있겠는가[孰能得其要領乎 숙능득기요령호].

길신태로(吉神太露)의 예를 들며 '식상(食傷)인 임계수(壬癸水)라도 있어 이끌어 화하면[引化 인화] 이 또한 해가 없을 것이다'라고 한 것에서 인화(引化)는 원래 『적천수징의』 본문에는 합화(合化)라고 되어 있으나, 누구와 어떻게 합화하는지가 분명하지 않다. 문맥상으로는 경신금(庚申金)과 합화를 한다는 것인데 어떻게 합화가 되는지 알 수 없다. 따라서 합화가 아니라 금(金)을 설(洩)하여 목(木)으로 화(化)하는 설화(洩化) 또는 인화의 의미로 해석함이 마땅하지 않을까 하여 인화로 바꾸어 해석하였다.

또한 귀곡자(鬼谷子)의 말 중에서 일월(日月)은 음양(陰陽)을, 천지(天地)는 간지(干支)를, 사시(四時)는 오행(五行)을 의미한다고 유추해볼 수도 있을 것 같다.

삼명(三命)이란 〈제7장 3. 쇠왕(衰旺)〉에서 이미 설명한 바와 같이 자신의 명(命)대로 복을 누리는 것[受命 수명], 선한 일을 하고도 해를 입는 것[遭命 조명], 선악에 대한 인과응보(因果應報)가 있는 것[隨命 수명]의 세 가지를 말한다.

❶ 흉물심장 시종유화(凶物深藏 始終有禍)인 경우

辛	丙	辛	己
卯	子	未	卯

癸	甲	乙	丙	丁	戊	己	庚
亥	子	丑	寅	卯	辰	巳	午

병화(丙火)가 미월(未月)에 태어나 화기가 바로 왕성하다[火氣正盛 ^{화기정}^성]. 일지(日支)의 관성(官星)인 자수(子水)는 미토(未土)에게 극(剋)을 받아 손상을 입어 다했으니[傷盡 ^{상진}] 단지 천간의 신금(辛金)을 용신(用神)으로 삼을 뿐이다.

불만스러운 것은 미토(未土)는 메마른 흙[燥土 ^{조토}]이라 금(金)을 생(生)할 수 없고, 그 속에 겁인(劫刃)인 정화(丁火)가 암장(暗藏)되어 있다는 것이다. 연간(年干)의 기토(己土)는 원래 금(金)을 생할 수 있으나 그 지지인 묘목(卯木)의 지장간에는 편인(偏印)인 갑목(甲木)이 암장되어 있으니, 이른바 '길신은 천간에 드러나고[吉神顯露 ^{길신현로}] 흉물은 지지에 깊숙이 감추어져 있다[凶物深藏 ^{흉물심장}]'고 하겠다.

초운(初運)인 기사(己巳)와 무진(戊辰)의 토(土)가 왕한 지지[土旺之地 ^{토왕지지}]의 운(運)에는 재물이 모두 한곳으로 모이고[財喜輻輳 ^{재희폭주}] 모든 일이 마음먹은 대로 이루어졌다[事事稱心 ^{사사칭심}]. 정묘(丁卯)운으로 바뀌자 토금(土金)이 모두 손상을 입어 연달아 화재를 당하기를[連遭回祿 ^{연조회록}] 세 차례나 하였고, 식구 중 일곱이 죽었다[傷丁七人 ^{상정칠인}]. 병인(丙寅)운에 들어 처자식을 모두 잃고 외지로 나가 소식이 끊겨 그 끝을 알 수 없었다[出外不知所終 ^{출외부지소종}].

병화(丙火) 일주가 늦여름인 미월(未月)에 태어나고 지지에 인성(印星)인 목(木)이 그득하니 신왕(身旺)하다 하겠다. 일지(日支)의 자수(子水)보다는 상관생재(傷官生財)로의 흐름을 타는 것이 더 바람직해 보인다.

여기서는 '길신태로 흉물심장(吉神太露 凶物深藏)'의 이치를 적용하여 해석했으나, 단지 용신(用神)과 희신(喜神)의 기세와 운(運)의 흐름으로만 본다 하더라도 용신인 신금(辛金)과 희신인 기토(己土)가 뿌리가 없어 너무 무력해 보이고 운마저 따라주지 않으니, 그 결과는 위와 같이 될 수밖에 없었을 것이라 생각한다.

만약 『적천수징의』 본문대로 길신(吉神)이 천간에 투출되어 있다고 하더라도 월령(月令)에 뿌리를 내려 통근(通根)했다면 길신의 투출로 인한 해는 없었을 텐데, 월령이 미토(未土)인 것이 너무도 아쉽다 하겠다.

❷ 길신심장 종신지복(吉神深藏 終身之福)인 경우

丙		丁		乙		壬	
午		丑		巳		午	
癸	壬	辛	庚	己	戊	丁	丙
丑	子	亥	戌	酉	申	未	午

정화(丁火)가 초여름[孟夏 ^{맹하}]에 태어나 사주에 비겁(比劫)이 왕성하고 월간(月干)에 편인(偏印)까지 만났으니 사주는 왕(旺)하다. 천간의 임수(壬水)는 뿌리가 없으니 버려두고 쓰지 않는다[置之不用 ^{치지불용}].

가장 반가운 것은 축토(丑土)의 지장간에 한 점 재성(財星)인 신금(辛金)이 있어 사유축(巳酉丑) 금국(金局)의 고(庫)에 들어 있다는 것이다. 축토(丑土)는 습토(濕土)이니 능히 화기(火氣)를 설(洩)하며, 지지에 길신(吉神)이 심장(深藏)되어 쟁탈의 바람이 없을 뿐만 아니라 도리어 화생토(火生土)→토생금(土生金)의 옳음을 얻었다.

초운(初運)이 병오(丙午), 정미(丁未)라 가난한 집안에서 태어나[身出寒門 신출한문] 학문을 계속할 수 없었다[書香不繼 서향불계]. 반가운 것은 중간에 운(運)이 30년 서방(西方)의 토금(土金)의 지지로 흐른다는 것이다. 비겁을 화(化)하여 재성을 생(生)해주어 재물이 십여만에 달했으니, 이른바 '길신이 지지에 깊숙이 감추어져 있으면[吉神深藏 길신심장] 일평생 복을 누릴 것이다[終身之福 종신지복]'라고 하는 것이다.

심화학습

일지(日支)의 축토(丑土)가 너무나 자랑스럽다. 길신(吉神)인 신금(辛金)이 심장(深藏)되어 있다는 것이 평생의 복의 근원이라고 했으나, 더욱 반가운 것은 이것이 일주(日主)에 가까이 붙어 있는 것이라 하겠다. 재성(財星)이 용신(用神)이니 재물을 얻을 수 있는 것은 당연할 터이지만, 운(運)이 토금(土金)으로 30년을 흐르지 않았다면 그만큼 재물을 모으는 것이 과연 가능했을까 생각해본다.

6. 중과(衆寡) - 일주(日主)와 사주(四柱)의 강약

적천수 원문

强衆而敵寡者　　勢在去其寡
강중이적과자　　세재거기과

强寡而敵衆者　　勢在成乎衆
강과이적중자　　세재성호중

> 강한 것이 무리를 이루고 이에 맞서는 적들이 적으면[强衆而敵寡者]
> 세력은 그 적음을 제거하는 편에 있고[勢在去其寡]
> 강한 것이 적고 이에 맞서는 적들이 무리를 이루면[强寡而敵衆者]
> 세력은 그 무리를 이루는 편에 있다[勢在成乎衆].

많음과 적음의 도리[衆寡之說 ^{중과지설}]는 강약(强弱)의 의미라 하겠으니, 모름지기 일주(日主)와 사주(四柱)를 구분하여 두 가지로 나누어 논해야 한다.

먼저 일주로 중과(衆寡)를 구분해보자. 예를 들어 일주가 화(火)이고 인묘사오월(寅卯巳午月)에 태어났다면 관성(官星)은 수(水)가 된다. 만약 사주에 재성(財星)이 없고 오히려 식상(食傷)인 토(土)가 있거나, 재성이 있다 하더라도 그 뿌리가 없다면[財無根氣 ^{재무근기}] 관성을 생(生)해주는 것은 불가능하다. 이것은 일주가 무리를 이루어[日主之黨衆 ^{일주지당중}] 소수인 관성에 맞서는[敵官星之寡 ^{적관성지과}] 것이다. 이때 세력은 소수인 관성을 완전히 보내버리는 것에 있으니[勢在盡去其官 ^{세재진거기관}], 세운(歲運) 또한 마땅히 무리인 일주를 돕고 소수인 관성을 눌러주어야[扶衆抑寡 ^{부중억과}] 길(吉)하다.

다음에는 사주로 중과를 구분해보자. 이것은 사주의 강약을 구분하는 것인데, 이 또한 일주와 서로 꼭 들어맞는[與日主符合 ^{여일주부합}] 것이 중요하며 일주를 배반하지 않아야 오묘한 것이다[弗反背爲妙 ^{불반배위묘}]. 가령 수(水)가 관성인데 휴수가 되어 무기력하고[休囚無氣 ^{휴수무기}] 토(土)는 상관(傷官)인데 때를 만나 월령(月令)을 차지했다면[得時當令 ^{득시당령}], 그 기세는 족히 관성을 보내버릴 수 있으니[去其官星 ^{거기관성}] 세운 또한 마땅히 관성을 극제(剋制)해야 아름다운 것이다[宜制官爲美 ^{의제관위미}]. 일주인 화(火) 또한 뿌리를 내려 기운을 얻어야[通根得氣 ^{통근득기}] 능히 토(土)를 생할 수 있고, 혹시 사주에 목(木)이 있어 토(土)를 극하려고 하더라도 일주가 스스로 목(木)을 변화시켜[自能化木 ^{자능화목}] 돌고 돌아 서로 생하게 되어[轉轉相生 ^{전전상생}] 이른바 사주가 일주인 화(火)와 서로 꼭 들어맞는다[日主符合 ^{일주부합}]고 하고, '강한 것이 무리를 이루고 이에 맞서는 적들이 적다[强衆而敵寡者 ^{강중이적과자}]'고 하는 것이다.

'강한 것이 적고 이에 맞서는 적들이 무리를 이룬다[强寡而敵衆者 ^{강과이적중자}]'고 하는 것은, 예를 들어 일주인 화(火)가 비록 당령(當令)을 하지는 않았지만 도리어 그 뿌리가 있고 일지(日支)에 비겁(比劫)을 깔고 앉아 있는데[有根坐旺 유근좌왕], 관성인 수(水)가 비록 당령은 하지 못했지만[不及時 불급시] 도리어 재성의 생조(生助)를 받고 있거나 재성이 당령을 했거나 지지에 재국(財局)을 이루었다면, 이것은 관성이 비록 소수라고는 하지만[官星雖寡 관성수과] 재성의 도움을 받아 강(强)하니 세운은 마땅히 소수인 관성을 도와 무리인 일주를 눌러주어야[扶寡抑衆 부과억중] 길한 것이다.

비록 재성과 관성을 예를 들어 설명했으나 나머지도 같은 원리로 논하면 되겠다.

임철초(任鐵樵)의 해석이 『적천수(滴天髓)』 원문(原文)과 다름을 알 수 있다. 원문에서는 '강한 것이 적고 이에 맞서는 적들이 무리를 이루면[强寡而敵衆者 강과이적중자] 세력은 그 무리를 이루는 편에 있다[勢在成乎衆 세재성호중]'고 했으나, 임철초는 오히려 '소수를 도와 무리를 눌러주어야 한다[扶寡抑衆 부과억중]'고 주장하고 있다. 유백온(劉伯溫)도 원주(原注)에서 임철초와 동일한 주장을 하고 있으니, 『적천수』 원문을 유백온이 아닌 다른 사람이 쓴 것이 아닐까 하는 생각이 더욱 강해진다.

일주(日主)를 기준으로 중과지설(衆寡之說)을 적용할 경우에 임철초는 일주가 당령을 하고 사주에 인겁(印劫)의 방조(幇助)가 많아 신왕(身旺)한 것을 '강중(强衆)'이라고 보고, 일주가 당령은 하지 못했더라도 사주에 인겁의 방조가 있어 신왕한데 사주에서 관성(官星)이 재성(財星)의 도움을 받는 것을 '강과(强寡)'라고 본 것 같다. 이것을 합리화시키려면 '세재성호중(勢在成乎衆)'을 '강과가 무리보다 더 큰 세력을 이루어야 한다'로 해석해야 하는데 일단 무리가 따른다 하겠다.

『적천수』 원문 해석상으로는 앞부분의 예는 종강왕(從强旺)을 의미하고, 뒷부분의 예는 종살(從殺)을 의미한다고 볼 수 있다. 하지만 『적천수징의(滴天髓徵義)』 본문의 해석으로는 앞부분은 종강왕 또는 식상생재(食傷生財)를 의미하고, 뒷부분은 종살 또는 재자약살(財滋弱殺)을 의미하는 것으로 해석된다.

❶ 강함이 무리를 이루고 맞서는 적들은 적은[强衆而敵寡者, 강중이적과자] 경우

辛	戊	乙	戊
酉	戌	丑	辰

癸	壬	辛	庚	己	戊	丁	丙
酉	申	未	午	巳	辰	卯	寅

이 명조(命造)는 두터운 토(土)가 사주에 그득한데[厚土重重 후토중중] 을목(乙木)은 뿌리가 없고 상관(傷官)이 또한 왕(旺)하니 그 세력이 족히 소수인 관성에 맞설 수 있다[敵官星之寡 적관성지과] 하겠다. 그러므로 초운(初運)인 병인(丙寅)과 정묘(丁卯)운에는 관성(官星)이 지지를 얻어 온갖 고생을 했으나[刑耗多端 형모다단], 무진(戊辰)운에는 기이한 좋은 기회를 얻어[得際遇 득제우] 돈을 내고 벼슬길에 올랐다[捐納出仕 연납출사]. 연이은 기사(己巳)운까지 20년 동안 토(土)가 금(金)을 생하여 왕하니[土生金旺 토생금왕], 좌이(佐貳)를 거쳐 금당(琴堂)에 올랐다. 오(午)운에 이르러 금(金)을 깨뜨려버리니 죽고 말았다[不祿 불록].

심화학습

일주인 무토(戊土)가 왕(旺)하여 약한 관성(官星) 대신 상관(傷官)을 용신(用神)으로 삼았다는 말이다. 하지만 임철초(任鐵樵)의 논리대로라면 종왕격(從旺格)에 식상(食傷)이 용신인 것으로 볼 수도 있다. 어찌됐던 상관이 용신인 것은 틀림없는 사실이다.

이 해석을 보면 강(强)은 일주이고 중(衆)이며, 적(敵)은 관성이며 과(寡)임을 알 수 있다. 따라서 '강중이적과자 세재거기과(强衆而敵寡者 勢在去其寡)'는 '일주가 왕한데 관성이 약하면 식상으로 그 관성을 제거해야 한다'라고 해석하면 이해하기 쉬울 것 같다.

금당(琴堂)은 한 고을의 현령(縣令)을 말한다.

❷ 강함이 적고 맞서는 적들이 무리를 이룬[强寡而敵衆者, 강과이적중자] 경우

庚				丙		壬		癸
寅				午		戌		丑

甲	乙	丙	丁	戊	己	庚	辛
寅	卯	辰	巳	午	未	申	酉

병화(丙火)가 술월(戌月)에 태어나 일주(日主)는 본래 당령(當令)을 하지 못했으나 일지(日支)에 양인(陽刃)을 깔고 앉았고, 지지가 인오술(寅午戌) 화국(火局)을 이루어 '강한 것이 적다[强寡 강과]'고 한다. 연월간(年月干)의 임계수(壬癸水)는 진기(進氣)가 되고 계수(癸水)는 수(水)의 여기(餘氣)인 축토(丑土)에 통근(通根)했는데, 축토(丑土)는 화국(火局)을 설(洩)하고 경금(庚金)은 임계수(壬癸水)를 생조(生助)하니 이른바 '적은 무리를 이루었다[敵衆 적중]'라고 한다.

'세력은 그 무리를 이루는 편에 있다[勢在成乎衆 세재성호중]'는 것이니, 신유(辛酉)와 경신(庚申)운에는 금(金)이 수(水)를 생(生)하여 왕(旺)하게 하니 물려받은 유산이 풍족하였고[遺業豊盈 유업풍영] 그 즐거움이 저절로 따랐다[其樂自如 기락자여]. 마침내 운이 기미(己未)로 바뀌어 화토(火土)가 함께 왕성해지니 부모를 모두 여의고, 무오(戊午)까지 20년 동안 가업은 깨어지고 처자식을 모두 잃었으며, 병진(丙辰)운에 이르러 외지를 떠돌다가 죽고 말았다.

이 사주는 강과이적중자(强寡而敵衆者)의 사례로 든 것이다. 하지만 본문 해설에서 예로 든 경우와 상충하는 점이 있어 공부하는 사람들을 혼란스럽게 만들고 있다.

즉, 본문에서는 이 사주와 같은 경우를 예로 들며 '관성(官星)이 비록 소수라고는 하지만[官星雖寡 관성수과] 재성(財星)의 도움을 받아 강(强)하니,

세운(歲運)은 마땅히 소수인 관성을 도와 무리인 일주를 눌러주어야[扶寡抑衆 부과억중] 길한 것이다'라고 했으나, 여기서는 일주를 강과(强寡)로 관성을 적중(敵衆)으로 풀이하여 '세력은 그 무리를 이루는 편에 있으니[勢在成乎衆 세재성호중]' 운(運)이 관성을 돕는 방향으로 흘러야 한다고 하였다.

비록 관성을 도와야 한다는 점에서는 둘이 일치하지만, 중과(衆寡)의 구분은 완전히 거꾸로 되었다고 보여진다. 『적천수(滴天髓)』 원문(原文)의 '세력은 그 무리를 이루는 편에 있다[勢在成乎衆 세재성호중]'에 충실하자면 후자가 맞다고 해야 하니 중과의 구분에 혼란을 불러일으킨다. 따라서 여기서는 단지 관성의 강약(强弱)을 구분하여 관성이 강(强)한 경우 이를 돕는 방향으로, 관성이 약한 경우 이를 누르는 방향으로 운이 흘러야 한다 정도로 이해하고 넘어가도록 하고, 자세한 것은 여유를 두고 고민해보는 것이 낫겠다는 생각이다.

7. 진태(震兌) – 목(木)과 금(金)의 생존원리

적천수 원문

震兌主仁義之眞機　勢不兩立　而有相成者存
진태주인의지진기　　세불량립　이유상성자존

> 진목(震木)과 태금(兌金)은 어짊과 옳음의 참된 기틀을 주관하는데[震兌主仁義之眞機] 두 세력은 함께 할 수 없다 해도 서로 뜻을 이루어 공존하는 경우가 있고
>
> [勢不兩立 而有相成者存]

적천수 해설　　**진태(震兌) – 목(木)과 금(金)의 생존원리**

진(震)은 양(陽)이며 동방(東方)의 목(木)에 속하고 갑을인묘(甲乙寅卯)가 바로 이것인데, 서로 응하여 따뜻하게 은혜를 베풀며[和煦 화후] 어짊[仁 인]을 주관한다. 태(兌)는 음(陰)이며 서방(西方)의 금(金)에 속하고 경신신

유(庚辛申酉)가 바로 이것인데, 상대를 엄중하게 처단하며[肅殺 숙살] 옳음[義 의]을 주관한다.

진과 태가 서로 이루는 이치[相成之理 상성지리]에는 다섯 가지가 있는데 공(攻), 성(成), 윤(潤), 종(從), 난(暖)이 바로 그것이다. 이른 봄[初春 초춘]인 인월(寅月)의 목(木)은 목(木)은 어리고 금(金)은 단단하니[木嫩金堅 목눈금견] 화(火)로써 금(金)을 공격해야[攻 공] 하고, 봄이 한창인[仲春 중춘] 묘월(卯月)의 목(木)은 목(木)은 왕하고 금(金)은 쇠약하니[木旺金衰 목왕금쇠] 토(土)로써 금(金)을 이루어야[成 성] 하며, 여름철인 사오월(巳午月)의 목(木)은 목(木)은 기운이 새어 나가고 금(金)은 메마르니[木洩金燥 목설금조] 수(水)로써 촉촉이 적셔주어야[潤 윤] 하고, 가을철인 신유월(申酉月)의 목(木)은 목(木)은 시들고 금(金)은 날카로우니[木凋金銳 목조금예] 토(土)로써 금(金)을 좇아야[從 종] 하며, 겨울철인 해자월(亥子月)의 목(木)은 목(木)은 쇠약하고 금(金)은 차가우니[木衰金寒 목쇠금한] 화(火)로써 따뜻하게 해주어야[暖 난] 한다. 이렇게 하면 각자 자신이 서려는 세력은 없고[無兩立之勢 무량립지세] 서로 이루게 해주려는 정은 있게 되는 것이다[相成之情 유상성지정].

심화학습

목(木) 일주가 사주에서 금(金)을 보았을 때 계절에 따라 대응하는 방법이 달라야 함을 보여주는 장(章)이다. 그렇다면 목(木) 일주의 사주에 금(金)이 있는 경우는 우선 위의 원리를 적용하여 용신(用神)을 찾아야 한다는 것으로 이해해야 하지만, 과연 그렇게 해야만 하는가는 의문이다. 아마도 팔괘(八卦)의 원리에 오행(五行)을 연결하여 사주를 해석하려는 심오한 뜻이 담겨 있는 것으로 짐작되지만, 그 논리가 자평명리학(子平命理學)의 기본원리와는 상충하는 점이 있어 자평명리학을 교본으로 삼아 사주를 공부하는 사람들을 혼란스럽게 만드는 것 또한 사실이다.

『적천수천미(滴天髓闡微)』에서는 선천팔괘(先天八卦)를 대입하여 진(震)과 태(兌)에 관해 설명하고 있으나 공연히 머리만 복잡하게 만드는데, 결론은 진과 태는 비록 양립할 수 없으나[雖不兩立 수불량립] 역시 서로 이루고자 하는 뜻[相成之義 상성지의]이 있다는 것이다. 따라서 뒤의 다섯 가지 사례를 통해 그 당위성에 대해 논해보도록 하면 이해에 도움이 될 것 같다. 천간 오행이 해당하는 팔괘는 앞의 〈명리학 기초이론 19 : 오행의 색(色)과 미각(味覺)〉에서 설명한 내용을 참조하기 바란다.

적천수 사례연구   **진태(震兑)**

❶ 갑목(甲木)이 이른 봄인 인월(寅月)에 태어나 금(金)을 본 경우

乙	甲	庚	丙
丑	申	寅	寅

戊	丁	丙	乙	甲	癸	壬	辛
戌	酉	申	未	午	巳	辰	卯

갑목(甲木)이 입춘(立春) 후 4일 만에 태어났으니 이른 봄의 목(木)은 어리고[春初木嫩 춘초목눈] 천간의 기운은 추위에 엉겨 붙었다[天氣寒凝 천기한응]. 일주(日主)는 신금(申金) 위에 자리잡고 월간(月干)에 경금(庚金)이 투출했으며 축토(丑土)는 옆에 붙어 신금(申金)을 생하니[貼生 첩생], 목(木)은 어리고 금(金)은 단단하다[木嫩金堅 목눈금견] 하겠다. 화(火)를 용신(用神)으로 삼아 금(金)을 공격해야[攻 공] 한다. 반가운 것은 연간(年干)에 병화(丙火)가 투출하여 인월(寅月)에 삼양이 활짝 열려[三陽開泰 삼양개태] 삼라만상에 봄이 다시 돌아오니[萬象回春 만상회춘] 이 어찌 묘한 일이 아니겠는가.

　초운(初運)인 신묘(辛卯), 임진(壬辰)운에는 병화(丙火)가 손상을 입어 과거에 합격하지 못하고 서재를 지켰으나[蹭蹬芸牕 충등운창], 계사(癸巳)운에 운(運)이 남방(南方)으로 돌아들자 병화(丙火)가 녹왕(祿旺)을 얻으니 재물을 바쳐 국자감에 들어갔고[納粟入監 납속입감], 연이어 전시(殿試)에 합격하였다[連捷南宮 연첩남궁]. 갑오(甲午)와 을미(乙未)운에는 벼슬길에 막힘이 없었으나[宦海無波 환해무파], 신(申)운에 죽고 말았다[不祿 불록].

진태(震兌)의 논리를 떠나서 해석해본다면 다음과 같이 할 수 있을 것이다.

앞서 〈제2장 2. 갑목(甲木)〉에서 '이른 봄에 태어난 목(木)은 아직 어리고 주변의 기세가 아직 추우니 따스한 온기를 얻어야 하며[脫胎要火 탈태요화], 목(木)을 극하는 것은 금(金)이지만 봄철의 금(金)은 갇혀 쉬고 있으므로[休囚 휴수] 이 쇠약한 금(金)으로 목(木)을 극(剋)하다가는 오히려 자신이 이지러지니[木堅金缺 목견금결] 이것이 바로 자연의 법칙이다. 따라서 봄의 갑목(甲木)은 강하니 금(金)을 써서 극(剋)하는 것은 불가능하다[春不容金 춘불용금]'라고 하였다.

위의 사주가 바로 여기에 해당하는 경우라 할 수 있다. 따라서 병화(丙火)를 용신(用神)으로 삼을 수밖에 없다. 하지만 본 장(章)에서는 '이른 봄인 인월(寅月)의 목(木)은 목(木)은 어리고 금(金)은 단단하니[木嫩金堅 목눈금견] 화(火)로써 공격해야[攻 공] 한다'라고 했으니, 결론은 같으나 그 원인은 서로 상충하고 있음을 알 수 있다. 두 이론이 모두 갑목(甲木) 일주가 약하지 않다는 것을 전제로 하여 용신을 구하는 방법을 알려주고 있으니 무엇을 따라야 할지 참으로 난감한 노릇이 아닐 수 없다. 결론이 같으니 다행이랄 수밖에.

다만, 둘의 차이는 목(木)과 양립(兩立)하고 있는 금(金)의 강약(强弱) 차이에 있다고 보면 되겠다. 따라서 목(木) 일주가 이른 봄에 태어나 강한 금(金)을 만날 경우는 진태의 원리를 적용하고, 금(金)이 약한 경우에는 앞의 원리를 적용하는 것으로 정리하는 것이 가장 바람직한 방법이 아닌가 생각한다.

❷ 갑목(甲木)이 봄이 한창인 묘월(卯月)에 태어나 금(金)을 본 경우

丁	甲	己	庚
卯	寅	卯	戌

丁	丙	乙	甲	癸	壬	辛	庚
亥	戌	酉	申	未	午	巳	辰

갑목(甲木)이 봄이 한창[仲春 중춘]인 묘월(卯月)에 태어나 비견(比肩)을 깔고 있고 양인(兩刃)을 만났으니 목(木)은 왕하고 금(金)은 쇠약하다[木旺金衰 목왕금쇠] 하겠다. 토(土)를 용신으로 삼아 이루어야[用土以成 용토이성] 비로소 화(火)를 인화하여 금(金)을 생할[火化生金 화화생금] 수 있으니, 이른바 나무를 깎아 그릇을 만드는[斲削以成器 착삭이성기] 것이다.

초운(初運)에 관청 일을 보는 곳 주위를 어슬렁거리다가 재물을 모아 벼슬을 사려고 돈을 헌납했는데[獲利納捐 획리납연], 계미(癸未)운에 이르러 벼슬길에 나아갔다. 갑신(甲申), 을유(乙酉)운에는 목(木)이 뿌리가 없고 금(金)이 지지를 얻으니 좌이(佐貳)를 거쳐 지현(知縣)에 오른 후 주목(州牧)에 천거되었다.

심화학습

바로 곁에 뿌리가 튼튼한 정화(丁火)를 두고 토(土)를 용신으로 삼아 멀리 떨어진 경금(庚金)을 찾는 것은 진태(震兌)의 논리로밖에 설명할 수 없다. 요즘 같으면 상관(傷官)인 정화(丁火)를 용신으로 삼는 것이 너무나 당연하게 여겨지기 때문이다. 혹시『궁통보감(窮通寶鑑)』에 나온 경금(庚金)으로 갑목(甲木)을 쪼개 정화(丁火)의 불쏘시개로 쓴다는 경금벽갑론(庚金劈甲論)을 말하는 것인지도 모르겠다. 서낙오(徐樂吾)도『자평수언(子平粹言)』에서 이 사주를 봄날에 경금(庚金)을 쓰니 가장 상격(上格)이며 경금(庚金)이 약하여 무기토(戊己土)로 용신을 돕는 재자약살격(財滋弱殺格)이라고 했으니, 옛 사람들은 식상(食傷)보다는 관살(官殺)을 쓰는 것이 더 타당하다고 보았음을 짐작할 수 있다. 하지만 요즘 이런 사주를 만난다면 양쪽을 모두 염두에 두고 풀이해보는 것이 바람직하다는 생각이다.

❸ 갑목(甲木)이 한여름인 오월(午月)에 태어나 금(金)을 본 경우

丁	甲	壬	庚
卯	辰	午	辰

庚	己	戊	丁	丙	乙	甲	癸
寅	丑	子	亥	戌	酉	申	未

갑목(甲木)이 한여름[仲夏중하]인 오월(午月)에 태어나고 시간(時干)에 정화(丁火)가 투출했으니 수(水)를 용신(用神)으로 삼아 적셔주어야[潤윤] 한다. 수(水)는 금(金)의 생(生)해줌에 의지하고, 금(金) 또한 수(水)의 보살핌[養양]에 힘을 얻는다.

더욱 묘한 것은 지지에서 두 개의 진토(辰土)를 만난 것이다. 이는 화(火)를 설하고 금(金)을 생하며[洩火生金설화생금] 수(水)를 그 안에 모아두고[蓄水축수] 있어 천지(天地)의 기운이 하나같이 서로 생하여[一氣相生일기상생] 오행이 함께 달리는[五行俱足오행구족] 형상이다.

일찍부터 반궁에 들어가 공부했으며[早遊泮水조유반수] 향시와 전시에 연달아 합격하여[科甲連登과갑연등] 벼슬은 관찰(觀察)에 이르렀다. 평생에 오직 병술(丙戌)운에만 금수(金水)가 손상을 입어 불리하였을 뿐, 나머지 운에서는 모두 순탄하게 흘렀다.

심화학습

앞서 〈제8장 2. 조습(燥濕)〉의 첫 번째 사례와 같은 형상으로 보아 목(木) 일주(日主)가 여름에 태어나 약하면 인성(印星)을 용신으로 삼는[木火傷官喜見印목화상관희견인] 것으로 풀이하면 간단한데, 진태(震兌)의 논리를 강조한 나머지 지나치게 세분화한 느낌이 없지 않다 하겠다. 진태의 사례를 접하면 접할수록 경금(庚金)의 역할을 지나치게 과대평가한 것은 아닌가 하는 생각이 든다.

이 사주는 용신이 힘이 있고 사주 또한 연주상생(連珠相生)의 구조를 하고 있으니 청(淸)하다고 하겠다.

❹ 갑목(甲木)이 가을인 신월(申月)에 태어나 금(金)을 본 경우

乙	甲	甲	庚
丑	戌	申	戌

壬	辛	庚	己	戊	丁	丙	乙
辰	卯	寅	丑	子	亥	戌	酉

갑목(甲木)이 초가을[孟秋 ^{맹추}]인 신월(申月)에 태어나고, 재성(財星)이 살(殺)을 생(生)하여 왕(旺)하게 하고 있다. 비록 천간에 갑을목(甲乙木)이 투출하여 일주(日主)를 도와주고 있으나, 지지에서 실어주지 못하여 목(木)은 시들고 금(金)은 날카로우니[木凋金銳 ^{목조금예}] 토(土)를 용신(用神)으로 삼고 이를 따라 종(從)해야 한다. 따라서 격(格)은 종살격(從殺格)을 이루었다.

술토(戌土)대운에 무과에 급제하여 벼슬길로 나갔다[武甲出身 ^{무갑출신}]. 정해(丁亥)운에는 목(木)을 생하고 금(金)을 극하니[生木剋金 ^{생목극금}] 온갖 고통을 당했으나[刑耗多端 ^{형모다단}], 무자(戊子)와 기축(己丑)운에는 재성이 살을 생하여 벼슬이 부장(副將)에 이르렀다.

심화학습

해석상으로는 종살격(從殺格)라 할 수밖에 없다. 운(運)이 그렇게 흘렀으니 할 말은 없으나, 천간에 비겁(比劫)이 둘씩이나 있고 특히 을축(乙丑)의 을목(乙木)을 지지에서 실어주지 못한다고 하는 것은 을목(乙木)의 특성인 '지지에 미토(未土)나 축토(丑土)를 만나도 뿌리내렸다 할 수 있고 [刲羊解牛 규양해우]'에 어긋나는 주장이 아닌가 한다. 따라서 신약(身弱)한 갑목(甲木)이 인성(印星)을 필요로 하지만 사주에 인성이 없으니 우선 비겁을 용신(用神)으로 삼고 운(運)에서 인성의 운이 들어오기를 기다리던 바, 다행스럽게도 운이 수목(水木)으로 흘러 잘 풀렸다고 해석해도 무리는 아니라는 생각이다.

다만 술토(戌土)대운에 무과에 급제했다니 해석상 모순이 생겨나지만, 세운(歲運)이 수목(水木)으로 흐르지 않았을까 생각해볼 수도 있지 않겠는가. 임철초(任鐵樵)는 종격(從格)을 너무 좋아하는 것 같다.

❺ 갑목(甲木)이 한겨울인 자월(子月)에 태어나 금(金)을 본 경우

丙	甲	庚	辛
寅	子	子	酉

壬	癸	甲	乙	丙	丁	戊	己
辰	巳	午	未	申	酉	戌	亥

갑목(甲木)이 한겨울[仲冬 중동]인 자월(子月)에 태어나 목(木)은 쇠약하고 금(金)은 차갑다[木衰金寒 목쇠금한]고 하겠다. 화(火)를 용신(用神)으로 삼아야 일주(日主)를 따뜻하게 해주고, 금(金) 또한 그 제(制)함을 얻을 수 있다. 하물며 일주인 갑목(甲木)은 시지(時支)에 녹왕(祿旺), 즉 비견(比肩)을 만나 병화(丙火)를 생(生)해주어 자월(子月)의 일양(一陽)이 얼었던 나무를 녹여 풀어주니[解凍 해동], 이른바 차가운 기운을 얻었을 때는[得氣之寒 득기지한] 따뜻한 기운을 만나야 발한다[遇暖而發 우난이발]고 하니, 차가운 나무는 반드시 불을 얻어야 살아난다[寒木必得火以生 한목필득화이생]는 것이다.

과거에 연달아 합격하고 벼슬은 시랑(侍郎)에 이르렀다.

긴 설명이 필요 없이 '한목향양(寒木向陽)'으로, 화(火)를 용신(用神)으로 삼아야 하는 것이 당연하다 하겠다. 게다가 오행(五行)의 흐름도 끊어짐이 없이 이어지니 사주가 청(淸)하다 할 수 있겠다.

이상과 같이 다섯 가지 사주를 사례로 하여 진태(震兌)를 살펴보았다. 그 중에는 논리가 자평명리학(子平命理學)의 원리에 그대로 부합하는 경우도 있고 그렇지 못한 경우도 있음을 알 수 있다. 하지만 이렇게 장(章)을 구분하여 설명하는 데에는 그만한 이유가 있을 것이라 생각하며, 필자의 짧은 지식으로는 감당하기 어렵다는 것 또한 솔직히 밝혀둔다.
  따라서 사주에 목(木) 일주(日主)가 금(金)과 양립하고 있는 경우는 진태를 한번쯤 생각해보고 넘어가라는 말로 끝을 맺는다.

8. 감리(坎離) - 수(水)와 화(火)의 생존원리

坎離宰天地之中氣　　成不獨成　　而有相持者在
감리재천지지중기　　성불독성　　이유상지자재

감수(坎水)와 이화(離火)는 천간과 지지의 중간 기운을 맡아 다스리는데

[坎離宰天地之中氣]

혼자서는 이룰 수 없다 해도 서로 지켜 지지하여 보존하는 경우가 있다

[成不獨成 而有相持者在].

　　감리(坎離) - 수(水)와 화(火)의 생존원리

감리(坎離)란 자오(子午), 즉 수화(水火)를 말한다. 천간의 위도(緯道)로 말하면 진사(辰巳) 사이가 황도(黃道)의 중간[中중]이 되고, 지지의 경도(經度)로 말하면 오미(午未)가 서로 합하는 곳이 하늘[天頂천정]의 중간이 된

다. 경도는 남북극(南北極)에서 일어나며, 오미(午未)가 합하는 곳이 남극(南極)이고 자축(子丑)이 합하는 곳이 북극(北極)이다. 따라서 자오(子午)는 천지(天地)의 중간 기운[中氣 중기]이 된다. 감(坎)과 이(離)가 서로 지켜 지지하여 보존하는 이치[相持之理 상지지리]에는 다섯 가지가 있으니 승(升), 강(降), 화(和), 해(解), 제(制)가 바로 그것이다.

'오른다[升 승]'는 것은 천간의 이가 쇠하고[天干離衰 천간리쇠] 지지의 감이 왕하면[地支坎旺 지지감왕] 반드시 지지에 목(木)이 있어야 지지의 기운이 상승할 수 있다[地氣上升 지기상승]는 말이다.

'내린다[降 강]'는 것은 천간의 감이 쇠하고[天干坎衰 천간감쇠] 지지의 이가 왕하면[地支離旺 지지리왕] 반드시 천간에 금(金)이 있어야 천간의 기운이 하강할 수 있다[天氣下降 천기하강]는 말이다.

'화해한다[和 화]'는 것은 천간은 모두 화(火)이고[天干皆火 천간개화] 지지는 모두 수(水)라면[地支皆水 지지개수] 반드시 운(運)에서 목(木)을 만나 서로 화해시켜야[和 화] 한다는 말이다.

'해결한다[解 해]'는 것은 천간은 모두 수(水)이고[天干皆水 천간개수] 지지는 모두 화(火)라면[地支皆火 지지개화] 반드시 운에서 금(金)을 만나 서로 해결시켜야[解 해] 한다는 말이다.

'제어한다[制 제]'는 것은 수화(水火)가 간지에서 서로 싸우면[水火交戰 수화교전] 반드시 세운(歲運)에서 그 강한 자를 눌러 제어해야[制 제] 한다는 말이다.

이 다섯 가지가 감과 이, 즉 수(水)와 화(火)의 작용원리이니, 어느 것도 홀로 이루려는 세력은 없고[無獨成之勢 무독성지세] 서로 지켜 지지하여 보존하려는 공로는 있게 되는 것이다[有相持之功 유상지지공].

감리(坎離)

❶ 천간의 이(離)가 쇠하고 지지의 감(坎)이 왕한 경우

戊	丙	己	丙
子	寅	亥	子

丁	丙	乙	甲	癸	壬	辛	庚
未	午	巳	辰	卯	寅	丑	子

병화(丙火)가 초겨울[孟冬 맹동]인 해월(亥月)에 태어나 지지에 두 개의 자수(子水)를 만났으니, 천간의 이(離) 즉 화(火)가 쇠하고, 지지의 감(坎) 즉 수(水)는 왕하다. 일지(日支)의 인목(寅木)을 용신(用神)으로 삼아 지지의 기운을 '오르게[升 승]' 해야 한다.

임인(壬寅)운에 이르러 동방(東方)의 목(木)의 지지로 되니 사는 데 걱정이 없이 반궁에서 공부하여 과거에 합격했으며[采芹折桂 채근절계], 묘(卯)운이 되어 벼슬길에 나섰는데 이후 운(運)이 동남(東南)으로 흐르니 벼슬은 관찰(觀察)에 이르렀다.

심화학습

한마디로 사주에 관살(官殺)이 많아 신약(身弱)하니 인성(印星)을 용신으로 삼는 살중용인(殺重用印)이라 하겠다. 이것을 감리(坎離)의 논리로 푼 것이라 보면 되겠다.

❷ 천간의 감(坎)이 쇠하고 지지의 이(離)가 왕한 경우

庚	壬	壬	壬
戌	戌	寅	午

庚	己	戊	丁	丙	乙	甲	癸
戌	酉	申	未	午	巳	辰	卯

임수(壬水)가 초봄[孟春 맹춘]인 인월(寅月)에 태어나 지지는 인오술(寅午戌) 화국(火局)을 이루었다. 비록 연간(年干)과 월간(月干)에 비견(比肩)이 투출했다고는 하지만 모두 뿌리가 없으니 천간의 감(坎)은 쇠하고, 지지의 이(離)는 왕하다. 경금(庚金)을 용신(用神)으로 삼아 천간의 기운을 '내려야[降 강]' 하겠다.

하지만 애석하게도 운(運)이 동남(東南)의 목화(木火)로 흐르니 밖으로 나가 뛰어다니기를 40년, 이룬 것이라고는 하나도 없었다. 오십이 지나 무신(戊申)운으로 바뀌어 경금(庚金)이 생(生)을 만나 왕해지니, 뜻밖의 인연을 만나 수만의 재물을 모았고 처를 얻어 세 명의 자식을 낳았으니 이때 나이는 이미 육십이었다. 술(戌)운에 이르러 죽음을 맞이하였다.

심화학습

지지에서 실어주지 못하니 신약하여 인성(印星)을 용신(用神)으로 삼는 사주를 감리(坎離)의 논리를 적용하여 설명했다고 이해할 수 있겠다.

❸ 천간은 모두 화(火)이고 지지는 모두 수(水)인 경우

丙	丙	丙	丙
申	子	申	子

甲	癸	壬	辛	庚	己	戊	丁
辰	卯	寅	丑	子	亥	戌	酉

이 명조(命造)의 지지는 두 개의 신금(申金)과 두 개의 자수(子水)로 이루어져 수(水)가 생(生)을 만나 왕(旺)하니, 금(金)이 수(水)를 이룬다고 하겠다. 천간의 네 개 병화(丙火)는 지지에 뿌리가 없으므로 이(離)는 쇠하고, 감(坎)은 왕하다. 반드시 운(運)에서 목(木)을 만나 서로 '화해하게[和화]' 해야 할 것이다.

하지만 안타깝게도 오행이 따르지 않아 50년을 서북(西北)의 금수(金水) 지지로 흐르니, 세상살이가 무척 힘들고 험난하며[艱難險阻 간난험조] 고생스러워 엎어지고 자빠짐[刑傷顚沛 형상전패]이 따르는 것은 가히 알 만할 것이다.

오십이 지나 운(運)이 임인(壬寅)의 동방(東方)의 목지(木地)로 달리자 재물이 모이고 가업은 번성하였고[財進業興 재진업흥], 아울러 계묘(癸卯)와 갑진(甲辰)운에 수만의 재물을 모으게 되었다.

심화학습

신약하여 인성(印星)을 용신(用神)으로 삼아야 하나 보이지 않으니 비견(比肩)을 용신으로 삼고 운(運)에서 인성이 오기를 기다리는 사주를 감리(坎離)의 논리를 적용하여 설명했다고 이해할 수 있겠다.

❹ 천간은 모두 수(水)이고 지지는 모두 화(火)인 경우

壬　　　壬　　　壬　　　癸
寅　　　午　　　戌　　　巳

甲　乙　丙　丁　戊　己　庚　辛
寅　卯　辰　巳　午　未　申　酉

임오(壬午) 일주가 술월(戌月)에 태어나 지지는 인오술(寅午戌)의 화국(火局)을 이루고 연지(年支)에 사화(巳火)까지 있으니, 천간은 모두 감(坎)이고 지지는 모두 이(離)인 형상이므로 반드시 운(運)에서 금(金)을 만나 서로 '풀어 해결하게[解해]' 해야 한다.

초운(初運)인 신유(辛酉)와 경신(庚申)에 수화기제(水火旣濟)를 이루어 재살(財殺)의 세력을 '풀어 해결하게[解해]' 하니 입고 먹는 것이 풍족했으나[豊衣足食풍의족식], 마침내 기미(己未)운으로 바뀌자 많은 고통이 따름이 정상이 아니었고[刑耗異常형모이상], 무오(戊午)운에 재살이 함께 왕하니 밖으로 나갔다가 도적을 만나 죽었다.

심화학습

앞의 사주에서 간지의 수(水)와 화(火)의 위치만 바뀌었다. 다만 앞의 사주는 말년에 운이 따라 재물을 모았으나, 이 사주는 초년 20년을 제외하고는 금(金)을 찾아볼 수 없으니 불행하게 끝을 맺었다고 이해하면 되겠다.

❺ 수화(水火)가 간지에서 서로 싸우는 경우

丙	壬	丙	壬
午	子	午	子

甲	癸	壬	辛	庚	己	戊	丁
寅	丑	子	亥	戌	酉	申	未

이 명조는 천간에서는 수화(水火)가 서로 싸우고[水火交戰 수화교전], 지지에서는 오화(午火)가 당령(當令)하여 수(水)는 휴수(休囚)인 형상이다. 사주에 토(土)가 없어 일주(日主)를 극하지 않는 것이 반가울 따름이다.

초운(初運)인 정미(丁未)대운의 무오년(戊午年)에 천간은 극을 받고 지지는 충을 당해[天剋地沖 천극지충] 재살(財殺)이 더욱 왕(旺)해지니 부모를 모두 여의고[父母雙亡 부모쌍망] 거지가 되어 흘러 떠돌다가[流爲乞丐 유위걸개], 신(申)운으로 바뀌어 좋은 기회를 만났다[得際遇 득제우]. 기유(己酉)운에 수만의 재물을 모았고 처(妻)를 얻어 자식을 낳고 집안을 이루었다.

심화학습

화(火)가 월령(月令)을 잡아 왕하여 일주는 약하니, 왕한 화(火)를 제(制)하기 위해서는 운(運)에서 일주인 수(水)를 도와주는 인성인 금(金)으로 흘러야 한다는 것으로 이해하면 되겠다.

9. 재덕(才德) – 군자지풍(君子之風)과 다능지상(多能之象)

적천수 원문

德勝才者　局全君子之風
덕승재자　　국전군자지풍

才勝德者　用顯多能之象
재승덕자　　용현다능지상

덕이 재능을 이기는 사람은 사주원국에 군자의 풍모가 그득하고

[德勝才者 局全君子之風],

재능이 덕을 이기는 사람은 용신(用神)이 다양한 능력을 지닌 형상으로 나타난다

[才勝德者 用顯多能之象].

적천수 해설　**재덕(才德) – 군자지풍(君子之風)과 다능지상(多能之象)**

사람의 착함과 악함, 간사함과 올바름[善惡邪正 선악사정]은 오행의 이치[五行之理 오행지리]에서 벗어나지 않으며, 사람의 학식과 덕행이 높음과 도량이 좁고 간사함[君子小人 군자소인]은 사주의 작용[四柱之情 사주지정]에서 벗어나지 못하는 것이다. 양의 기운은 동적이고 열리는[陽氣動闢 양기동벽] 성분이니 크게 빛나고 형통하려는 의지가 볼 만하고[光亨之義可觀 광형지의가관], 음의 기운은 정적이고 닫히는[陰氣靜翕 음기정흡] 성분이니 마음 속에 생각을 감추고 쉽게 드러내지 않는 것이 오묘하다[包含之理斯奧 포함지리사오].

　사주가 화평하고 순수하여[和平純粹 화평순수] 격이 바르고 국이 맑아[格正局淸 격정국청] 서로 다투거나 시기하지 않고[不爭不妬 부쟁불투], 합을 하여 떠나보낸[合去 합거] 것은 모두 치우친 기운[偏氣 편기]이고 변화하여 이끌어낸[化出 화출] 것은 모두 올바른 신[正神 정신]이며, 관성(官星)을 반기는데 재성이 능히 관성을 생해주고[財能生官 재능생관], 재성(財星)을 반기는데 관성이 능히 비겁을 극해주며[官能制劫 관능제겁], 인성(印星)을 꺼리는데 재성이 능히 인성을 극해주고[財能壞印 재능괴인], 인성을 반기는데 관성

이 능히 인성을 생해주며[官能生印 관능생인], 사주에 양기가 왕성하고 음기가 쇠약하여[陽盛陰衰 양성음쇠] 양기가 세력을 잡고[陽氣當權 양기당권], 용신이 되는 것[所用者 소용자]은 모두 양기(陽氣)이고 희신이 되는 것[所喜者 소희자]은 모두 양의 종류[陽類 양류]이면, 이러한 사주의 사람은 윗사람에게 아첨하지 않고 아랫사람에게 교만하지 않을 것이니[無驕諂於上下 무교첨어상하], 이 모두가 군자의 풍모[君子之風 군자지풍]라고 할 것이다.

사주의 기가 치우치고 섞여 혼란스럽고[偏氣雜亂 편기잡란], 약한 것은 버리고 강한 것만 쓰려고 하며[舍弱用强 사약용강], 서로 다투고 합하는 것이 많고[多爭多合 다쟁다합], 합을 하여 떠나보낸[合去 합거] 것은 모두 바른 기운[正氣 정기]이고 변화하여 이끌어낸[化出 화출] 것은 모두 사악한 신[邪神 사신]이며, 관성을 반기는데 비겁의 지지 위에 앉아 있고[臨劫地 임겁지], 재성을 반기는데 인성의 지지 위에 앉아 있으며[居印位 거인위], 인성을 꺼리는데 관성이 인성을 생하고[官星生印 관성생인], 인성을 반기는데 재성이 인성을 극하며[財星壞印 재성괴인], 사주에 음기가 왕성하고 양기가 쇠약하여[陰盛陽衰 음성양쇠] 음기가 세력을 잡고[陰氣當權 음기당권], 용신이 되는 것[所用者 소용자]은 모두 음기(陰氣)이고 희신이 되는 것[所喜者 소희자]은 모두 음의 종류[陰類 음류]이면, 이러한 사주의 사람은 권세와 재물을 좇아 여기저기를 기웃거릴 것이니[趨勢財於左右 추세재어좌우], 이 모두가 다양한 능력을 지닌 형상[多能之象 다능지상]이라 할 것이다.

다만 사주의 기세가 화평하고 용신이 분명하다면 이런 사람은 반드시 행하는 바가 올바르다[施爲必正 시위필정]고 할 것이다.

심화학습

『적천수(滴天髓)』 원주(原注)에서 유백온(劉伯溫)이 주장하는 바와 같이 임철초(任鐵樵)도 '다양한 능력을 지닌 형상[多能之象 다능지상]'을 약간 부정적인 의미를 내포하여 설명하고 있다.

다만 유백온이 주장하는 '덕승재(德勝才)는 월일주(月日柱)에 양(陽)이 있고 연시주(年時柱)에 음(陰)이 있는 것 - 예를 들면 병인(丙寅), 무진(戊辰) 월일(月日)에 기묘(己卯), 계유(癸酉) 연시(年時)인 경우 - 이고, 재승덕(才勝德)은 그 반대의 경우이다 – 예를 들면 기묘(己卯), 기사(己巳) 월일에 병인(丙寅), 무인(戊寅) 연시인 경우'라는 논리에는 동의하지 않는 모습이다. 임철초는 이를 달리 해석하여 사주 내 십성(十星)의 상호관계뿐만 아니라 음양도 중요시하되, 양기(陽氣)는 긍정적인 성향을 나타내고 음기(陰氣)는 부정적인 성향을 나타낸다고 보아 사람의 성품을 군자(君子)와 다능(多能)으로 분류하여 해석하고 있다.

하지만 이는 원문(原文)을 너무 확대해석한 것이 아닌가 하는 생각이다. 물론 본인이 다양한 임상을 통해 내린 결론일 테니 완전히 틀렸다고만 할 수는 없을 것이다. 하지만 맨 마지막에 '사주의 기세가 화평하고 용신이 분명하다면 이런 사람은 반드시 행하는 바가 올바르다[施爲必正 ^{시위} ^{필정}]'라고 결론을 내리는 것으로 미루어, 사주의 음양보다는 사주 내 십성의 상호관계와 용신을 더욱 중요시하고 있음을 알 수 있다.

또한 『적천수』 원문만으로 본다면 다능지상(多能之象)은 재주가 많고 본인의 능력을 발휘하여 새로운 방향으로 다양한 가능성을 추구하는 식상생재(食傷生財)의 사주를 말하는 것 같고, 군자지풍(君子之風)은 사주가 관성(官星)과 인성(印星)의 방향으로 흘러 옛날의 도의[古道 ^{고도}]를 존중하고 보수적인 성향의 사람을 말하는 것도 같다.

『적천수천미(滴天髓闡微)』에는 국전군자지풍(局全君子之風)이 국합군자지풍(局合君子之風)으로 되어 있다.

적천수 사례연구 **재덕(才德)**

❶ 사주에 군자의 풍모[君子之風, 군자지풍]가 그득한 경우

甲	己	庚	丙
戌	亥	子	寅

戊	丁	丙	乙	甲	癸	壬	辛
申	未	午	巳	辰	卯	寅	丑

기토(己土)가 한겨울인 자월(子月)에 태어나 일주(日主)는 차갑고 축축하다[寒濕한습]. 수(水)는 얼고 목(木)은 시들었으며, 월간(月干)의 경금(庚金)은 목(木)을 극하고 수(水)를 생하니 사주가 혼탁(混濁)해 보인다.

묘한 것은 연간(年干)에 병화(丙火)가 투출하여 하나의 양이 얼어붙은 수(水)를 녹이니[一陽解凍일양해동] 겨울의 태양이 가히 사랑스럽다고 하겠다[冬日可愛동일가애]. 병화(丙火)는 경금(庚金)의 탁함을 없애니 기토(己土)가 그 따뜻하게 됨을 반길 뿐만 아니라, 갑목(甲木) 또한 그 기운을 발하여 무성하게 됨[發榮발영]을 기뻐한다.

더욱 묘한 것은 시지(時支)에 메마른 흙[燥土조토]인 술토(戌土)가 자리를 잡아 탁하게 넘쳐흐르는 수(水)를 멈추게 하고, 시들어 말라버린[凋枯조고] 목(木)의 뿌리를 배양한다는 것이다. 따라서 일주의 뿌리가 견고하게 되고, 하물며 갑기합(甲己合)은 중화(中和)의 합(合)이니 세상을 살아감에 바르고 곧으며[處世端方처세단방] 항상 옛날의 도의를 존중하고[恒存古道항존고도] 겸손하고 온화하며 마음이 너그러워[謙恭和厚겸공화후] '사주에 군자의 풍모[君子之風군자지풍]가 그득하다'라고 하겠다.

약간 불만스러운 것은 수세(水勢)가 너무 왕하여[太旺태왕] 공명은 늠공(廩貢)에 머무르고 만 것이다.

심화학습

기토(己土) 일주가 자월(子月)에 태어나 사주에 인성(印星)과 비겁(比劫)의 도움이 약하니 신약(身弱)하다고 하겠다. 용신(用神)인 병화(丙火)가 멀리 있어 좋은 구조라 할 수는 없으나 사주가 청(淸)하고 바르다 하니 그대로 이해하면 되겠다. 운(運)의 흐름에 대한 언급은 전혀 없으니 사주 자체로만 해석한 것으로 보이지만, 운이 동남(東南)으로 흘러 용신을 도와주어 잘 풀렸다고 생각할 수도 있겠다.

늠공(廩貢)은 국자감 학생 중 시험에 합격하여 식량을 지원받던 사람을 말한다.

❷ 사주에 다양한 능력을 지닌 형상[多能之象, 다능지상]이 나타나는 경우

甲	己	辛	丙
子	卯	丑	戌

己	戊	丁	丙	乙	甲	癸	壬
酉	申	未	午	巳	辰	卯	寅

이 사주는 수(水)는 싸늘하고 금(金)은 차가우며[水冷金寒 수랭금한] 토(土)는 얼고 목(木)은 시들었다[土凍木凋 토동목조]. 연간(年干)에 병화(丙火)가 투출하여 하나의 양[一陽 일양]으로 얼어붙은 수(水)를 녹이니 사주가 아름다운 것처럼 보일 수 있으나, 병신합(丙辛合)이 수(水)로 화(化)하니 양(陽)이 음(陰)으로 변하여 오히려 차갑고 축축한 기운[寒濕之氣 한습지기]을 늘리고 있다. 따라서 양의 바른 모습[陽正之象 양정지상]을 하고 있던 사주가 음의 사악한 모습[陰邪之類 음사지류]으로 변하였다.

사람이 탐욕스럽고 염치가 없으며[貪婪無厭 탐람무염] 간사스럽고 교활하기가 이루 말할 수 없고[奸謀百出 간모백출], 재물을 따르고 권력을 좇아[趨財奉勢 추재봉세] 부자나 귀한 사람을 만나면[見富貴 견부귀] 아첨하는 모습을 보이고[生諂容 생첨용] 권력과 이익을 얻으면 교만하기 짝이 없었으니[勢利驕矜 세리교긍] 이른바 '사주에 다양한 능력을 지닌 형상[多能之象 다능지상]이 나타난다'고 하겠다.

심화학습

기토(己土) 일주가 늦겨울인 축월(丑月)에 태어나 사주가 한습(寒濕)하고 인성(印星)과 비겁(比劫)의 도움이 약하니 신약(身弱)하다 하겠다. 용신(用神)인 병화(丙火)가 합(合)을 하여 떠나가니 다능지상(多能之象)이라고 할 수 있겠다. 사람의 성품은 천박하기 이를 데 없으나 운(運)이 좋아 잘 풀렸을 것이라는 생각이다.

10. 분울(奮鬱) – 사주 생동감의 유무(有無)

적천수 원문

局中顯奮發之機者　　神舒意暢
국중현분발지기자　　신서의창

象內多沈埋之氣者　　心鬱志灰
상내다침매지기자　　심울지회

> 사주에 드러내 떨쳐 보이고자 하는 기틀이 나타나는 사람은[局中顯奮發之機者]
> 정신이 열려 그 뜻을 화창하게 펼 수 있으니[神舒意暢]
> 사주에 가라앉아 묻히는 기운이 많은 사람은[象內多沈埋之氣者]
> 마음에 맺힌 것이 많아 통하지 않으니 그 뜻을 펴지 못한다[心鬱志灰].

적천수 해설　　**분울(奮鬱) – 사주의 분울은 운(運)에서 풀어준다**

'눌리어 막힌 기운은 없고 열어 펼 수 있는 기운이 있다[無抑鬱而有舒暢 무억울이유서창]'는 것은, 사주에 너무 지나친 것도 없고[不太過 불태과] 부족하여 흠이 되는 것도 없으며[不缺陷 불결함], 용신으로 삼은 것[所用者 소용자]은 모두 기를 얻었고[得氣 득기] 희신으로 삼은 것[所喜者 소희자]은 모두 힘을 얻었으며[得力 득력], 기신이 되는 것[所忌者 소기자]은 모두 월령을 잡지 못해 세력을 잃었고[失時失勢 실시실세], 한신(閑神)은 기신과 한 무리를 이루지 않고[不黨忌物 부당기물] 오히려 용신과 희신을 이롭게 하며[有益於喜用 유익어희용], 그 합(合)을 꺼리는데 충(沖)을 만나 이를 해소하고 그 충을 꺼리는데 합을 만나 이를 해소하며, 체는 음이지만 용은 양[體陰用陽 체음용양]인 것을 말한다. 본래 일양은 북에서 생하고[一陽生於北 일양생어북] 음이 생하면 양이 이루어지는[陰生則陽成 음생즉양성] 것이니, 예를 들면 해수(亥水) 중 갑목(甲木)이 바로 이런 것이다. 만약 세운(歲運)에서 격과 용신을 도와준다면[輔格助用 보격조용] 반드시 드러나 떨쳐 보이게 됨이 많을[必多奮發 필다분발] 것이다.

　'열어 펼 수 있는 기운은 적고 눌리어 막힌 기운이 많다[少舒暢而多抑鬱 소서창이다억울]'는 것은, 사주에 너무 지나친[太過 태과] 것이 있거나 혹은 부족하여 흠이 되는[缺陷 결함] 것이 있으며, 용신으로 삼은 것[所用者 소용자]은 모두 월령을 잡지 못했고[失令 실령] 희신으로 삼은 것[所喜者 소희자]은 모두 힘이 없으며[無力 무력], 기신이 되는 것[所忌者 소기자]은 모두 월령을 차지하여 세력을 얻었고[得時得勢 득시득세], 한신은 희신을 강제로 차지하여[劫占喜神 겁점희신] 오히려 한 무리를 이루어 기신을 무리지어 도와주며[黨助忌神 당조기신], 그 합을 반기는데 충을 만나 깨지거나 합을 꺼리는데 합을 다시 만나며, 체는 양이지만 용은 음[體陽用陰 체양용음]인 것을 말한다. 본래 이음은 남에서 생하고[二陰生於南 이음생어남] 양이 생하면 음이 이루어지는[陽生則陰成 양생즉음성] 것이니, 예를 들면 오화(午火) 중 기토(己土)가 바로 이런 것이다. 만약 세운에서 다시 희신을 돕지 못하고 기신을 보내버리지 못한다면[不能補喜去忌 불능보희거기] 반드시 막혀서 곤란하게 됨이 많을[必多鬱困 필다울곤] 것이다.

그러나 사주의 국(局)이 비록 어둡고 축축하다[陰晦 음회] 하더라도 운의 흐름[運途 운도]이 밝고 따뜻한 방향으로 흘러 합친다면[配合陽明 배합양명] 이 역시 열어 펼 수 있게[舒暢 서창] 될 것이고, 사주의 형상(形象)이 비록 밝고 따뜻하다[陽明 양명] 하더라도 운의 흐름[運途 운도]이 어둡고 축축한 방향으로 흘러 합친다면[配其陰晦 배기음회] 이 역시 막혀서 곤란하게[鬱困 울곤] 될 것이다. 따라서 운의 흐름[運途 운도]은 자세히 살펴보아야 하는[審察 심찰] 것이 마땅하다.

예를 들어 해수(亥水) 중의 갑목(甲木)을 용신(用神)으로 삼았을 경우, 천간에 임계수(壬癸水)가 있다면 운(運)은 무인(戊寅)이나 기묘(己卯)로 흘러야 함이 마땅하고, 천간에 경신금(庚辛金)이 있다면 운은 병인(丙寅)이나 정묘(丁卯)로 흘러야 함이 마땅하며, 천간에 무기토(戊己土)가 있다면 운은 갑인(甲寅)이나 을묘(乙卯)로 흘러야 함이 마땅하다.

예를 들어 오화(午火) 중의 기토(己土)를 용신으로 삼았을 경우, 천간에 임계수(壬癸水)가 있다면 운은 무오(戊午)나 기미(己未)로 흘러야 함이 마땅하고, 천간에 경신금(庚辛金)이 있다면 운은 병오(丙午)나 정미(丁未)로 흘러야 함이 마땅하며, 천간에 갑을목(甲乙木)이 있다면 운은 경오(庚午)나 신미(辛未)로 흘러야 함이 마땅하다. 이것은 지장간(支藏干)에 암장된 신[藏神 장신]을 따라서 논한[從藏神而論 종장신이론] 것인데, 지장간이 아닌 드러나 있는 지지[明支 명지]도 이와 같이 논하면 될 것이다.

예를 들어 사주 천간의 목(木)을 용신으로 삼았을 경우, 지지에 수(水)가 왕하면 운은 병인(丙寅)이나 정묘(丁卯)로 흘러야 함이 마땅하고, 천간에 수(水)가 있다면 운은 무인(戊寅)이나 기묘(己卯)로 흘러야 함이 마땅하며, 지지에 금(金)이 많다면 운은 갑자(甲子)나 을해(乙亥)로 흘러야 함이 마땅하고, 천간에 금(金)이 있다면 운은 임인(壬寅)이나 계묘(癸卯)로 흘러야 함이 마땅하며, 지지에 토(土)가 많다면 운은 갑인(甲寅)이나 을묘(乙卯)로 흘러야 함이 마땅하고, 천간에 토(土)가 있다면 운은 갑자(甲子)나 을해(乙亥)로 흘러야 함이 마땅하며, 지지에 화(火)가 많다면 운은 갑진(甲辰)이나 을축(乙丑)으로 흘러야 함이 마땅하고, 천간에 화(火)가 있다면 운은 임자(壬子)나 계축(癸丑)으로 흘러야 함이 마땅하다.

이와 같이 사주의 배합(配合)이 이루어지면 비로소 서로 싸우고 다투는 환란[爭戰之患 쟁전지환]은 없을 것이고, 서로 제어하여 변화하는 정[制化之情 제화지정]만 있을 것이다. 이와 반대 경우가 된다면 그 사주는 아름답지 못할 것이니, 자세히 살펴보면 그 심오한 기틀을 알아낼 수 있을 것이다.

심화학습

『적천수천미(滴天髓闡微)』에는 마지막 예의 '지지에 금(金)이 많다면 운은 갑자(甲子)나……'의 갑자(甲子)가 갑술(甲戌)로, '천간에 토(土)가 있다면 운은 갑자(甲子)나 을해(乙亥)로……'의 을해(乙亥)가 을축(乙丑)으로, '지지에 화(火)가 많다면 운은 갑진(甲辰)이나 을축(乙丑)으로……'의 을축(乙丑)이 을사(乙巳)로 표기되어 있으나, 『적천수징의(滴天髓徵義)』가 더 적절하다는 생각이다.

또한 『적천수징의』 본문에는 '오화(午火) 중 기토(己土)가 바로 이런 것이다[如午中己土是也 여오중기토시야]'의 기토(己土)가 사토(巳土)로 되어 있으나 이는 잘못 씌어진 것으로 보아 고쳐 해석하였고, '눌리어 막힌 기운은 없고 열어 펼 수 있는 기운이 있다[無抑鬱而舒暢 무억울이서창]'를 '무억울이유서창(無抑鬱而有舒暢)'이라고 표기한 것은 이어지는 '열어 펼 수 있는 기운은 적고 눌리어 막힌 기운이 많다[少舒暢而多抑鬱 소서창이다억울]'와 대구(對句)가 된다고 보아 고쳐본 것이니 알아두기 바란다.

분울(奮鬱)

❶ 사주의 분발지기(奮發之機)를 운에서 도와주는 경우

辛	壬	甲	戊
亥	子	子	辰

壬	辛	庚	己	戊	丁	丙	乙
申	未	午	巳	辰	卯	寅	丑

임수(壬水)가 한겨울인 자월(子月)에 태어났고 지지에 세 개의 비겁(比劫)이 있어, 이른바 '곤륜의 물[崑崙之水 곤륜지수]은 그 기세에 순응하는 것이 마땅하며 거슬러서는 안 된다[可順而不可逆 가순이불가역]'는 것이 바로 이것이다.

반가운 것은 자수(子水)와 진토(辰土)가 합(合)을 하여 수국(水局)을 이루니 무토(戊土)의 뿌리가 견고하지 못하다는 것이다. 월간(月干)의 갑목(甲木)을 용신(用神)으로 삼아 범람하는 물[泛濫之水 범람지수]을 흘려보내니[洩 설], 이것이 바로 사주에 드러내 떨쳐 보이고자 하는 기틀이 나타난다[局中顯奮發之機 국중현분발지기]고 하는 것이다.

병인(丙寅)과 정묘(丁卯)운에 이르러 차가운 나무가 불을 만나[寒木得火 한목득화] 꽃을 피우고[發榮 발영] 축축하고 차가운 금토(金土)를 보내버리니, 일찌감치 전시(殿試)에 합격하였고[早登甲第 조등갑제] 한원(翰苑)에 그 이름을 높였다. 무진(戊辰)운에 들어 수(水)의 기세를 거스르게 되니 죽고 말았다.

임수(壬水)가 자월(子月)에 태어나 사주에 비겁(比劫)이 그득하고 인성

(印星)의 도움까지 있으니 신왕(身旺)하다 하겠다. 사주의 분발지기(奮發之機)인 갑목(甲木)을 용신(用神)으로 삼는데 운(運)이 목화(木火)로 흘러 도와주는 사례로서 아주 적절하다 하겠다.

❷ 사주의 분울(奮鬱)을 운에서 풀어주지 못하는 경우

癸	癸	乙	癸
丑	丑	丑	丑

丁	戊	己	庚	辛	壬	癸	甲
巳	午	未	申	酉	戌	亥	子

이 사주는 천간에 일주(日主)를 포함하여 세 개의 계수(癸水)가 있고 지지는 모두가 축토(丑土)로 이루어져 있다[地支一氣 지지일기]. 월간(月干)에 식신(食神)이 맑게 투출하였고[淸透 청투] 살인상생(殺印相生)을 하니, 모두들 명리가 모두 온전한[名利兩全 명리양전] 격(格)이라고들 하였다.

하지만 이는 계수(癸水)는 가장 지극한 음(陰)이고 늦겨울에 태어난데다 지지는 모두가 습토(濕土)이니, 토(土)는 축축하고 수(水)는 약한 형상[土濕水弱 토습수약]이라 이른바 개골창[溝渠 구거]임을 모르고서 하는 소리이다. 게다가 수(水)와 토(土)는 얼어붙었고[水土冰凍 수토빙동] 어둡고 축축하여 습기로 꽉 막혀버렸으니[陰晦濕滯 음회습체] 생하여 발하는 기운[生發之氣 생발지기]은 전혀 찾아볼 수 없으므로 명리가 모두 헛된[名利皆虛 명리개허] 것이라 하겠다. 대개 부귀를 누리는 모든 명조는 추위와 따스함이 중화를 이루고[寒暖適中 한난적중] 드러나 떨쳐 보이려는 정신이 있어야 하는데[精神奮發 정신분발], 차갑고 축축하며 습기로 꽉 막혀[陰寒濕滯 음한습체] 치우치고 메마른 형상[偏枯之象 편고지상]의 사주가 능히 부귀를 누린 경우는 아직까지 없었다.

임신년(壬申年)에 이르러 부모가 모두 사망하고 책을 읽어도 깨우치지 못하며 일정한 직업도 없었다. 사람이 어둡고 의지가 약해[陰弱 음약] 일을 해보고자 하는 의지[作爲^{작위}]도 없었으니 결국에는 거지[乞丐^{걸개}]가 되고 말았다.

심화학습

대운(大運)에 대한 언급은 전혀 없이 세운(歲運)인 임신년(壬申年)만 거론하였다. 추론해보면, 사주에 침매지기(沈埋之氣)가 그득한데 운(運)마저 금수(金水)로 흐르니 운에서 이를 해소해주지 못해 망한 사주라 하겠다. 당시에 이를 두고 살인상생(殺印相生)이라고 풀이한 사람들에 대한 격한 심정이 사주풀이에 잘 나타나 있다고 보여진다.

명리학 기초이론 25 **대운(大運)과 세운(歲運)**

이어지는 〈제9장 운세(運勢)〉에 들어가기 앞서 대운(大運)과 세운(歲運)에 대해 간단히 설명하기로 한다.

한 사람의 운명(運命)을 예측하기 위해서는 우선 그 사주(四柱)의 격국(格局)을 정하고, 그 다음으로 용신(用神)을 찾은 다음, 마지막으로 운(運)의 흐름을 보라고 하였다. (자세한 것은 이미 앞에서 언급하였으니 〈제7장 7∼8. 진신과 가신〉을 다시 한 번 되새겨보기 바란다.)

대운과 세운은 격국과 용신에 의해 정해진 그 사람의 부귀(富貴)의 흐름이 막히느냐 통하느냐[窮通, 궁통]를 보여주는 것이라 하겠다. (흔히들 사주를 자동차에 비유하는데, 그 원리에 대해서는 이어지는 〈제9장 운세〉에서 상세히 설명하기로 한다.)

하나의 대운은 그 작용기간을 10년으로 간주하고, 대운의 천간과 지지는 끊어서 보지 않는 것이 기본원칙이다. 그 이유는 개두(蓋頭)와 절각(截脚)의 원리가 적용되기 때문인데, 원칙은 그러하지만 『적천수징의(滴天髓徵義)』에서 사례로 든 사주를 풀이하면서 임철초(任鐵樵)도 종종 천간과 지지를 나누어 설명하는 경우를 볼 수 있으니, 이것은 '이론(理論)과 현실(現實)은 항상 일치하지는 않는 것'이라 편하게 받아들이고 원칙에 준거하여 풀이하되, 상황에 따라 그 적용에 융통성을 부여한다는 정도로 받아들이면 될 것이다. 하지만 대운에서는 지지가 중요하므로 지지의 흐름을 위주로 풀이하되, 자신의 천간 및 세운과의 상호작용을 항상 염두에 두고 있어야 한다. (대운 작성요령은 〈명리학 기초이론 13 : 사주명식 작성요령〉을 다시 한 번 살펴보기 바란다.)

매년(每年)의 운인 세운은 그 사람의 일년 동안의 삶이 편안한지 아닌지[否泰, 비태]를 맡아 주관하는 것으로 천간을 중요시하되 그렇다고 지지를 전혀 고려하지 않아서도 안 되며, 이 또한 대운과의 상호작용을 항상 염두에 두고 있어야 한다. 사주를 풀이하다 보면 대운의 흐름으로 보아서는 틀림없이 흉(凶)한 상황에 처했음에도 불구하고 이를 잘 모면하는 경우를 볼 수 있는데, 그 원인을 분석하다 보면 세운이 대운의 나쁜 흐름을 잘 막아주고 있음을 발견할 수 있다.

運勢

운세

休咎係乎運　尤係乎歲

휴구계호운　　우계호세

戰沖視其孰降　和好視其孰切

전충시기숙항　　화호시기숙절

재앙을 덜고 더하는 것은 대운(大運)에 달렸고, 특히 세운(歲運)에 달려 있다

[休咎係乎運　尤係乎歲].

충(沖)이 일어나 서로 싸움을 한다면 누가 항복하는지를 보아야 하고[戰沖視其孰降]

합(合)이 일어나 서로 화목하기를 원한다면 누가 절실한가를 보아야 한다[和好視其孰切].

적천수 해설 1　　**대운(大運)에서는 지지가 중요하다**

부유함과 귀함[富貴 부귀]이 비록 사주의 격국(格局)에 의해 정해진다고는 하지만, 그것이 이루어지느냐 막히느냐[窮通 궁통]는 전적으로 운의 흐름[運途 운도]에 달렸으니, 이른바 '사주가 좋은 것은 운이 좋은 것만 같지 못하다[命好不如運好 명호불여운호]'라고 한다. 일주(日主)는 나 자신[我之身 아지신]과 같고, 사주의 용신(用神)과 희신(喜神)은 내가 부리는 사람[我所用之人 아소용지인]이며, 운도(運途)는 내가 머물러 살아가는 곳[我所臨之地 아소임지지]이다. 그러므로 운도에서는 지지가 중요한 것[地支爲重 지지위중]이라 하겠다. 다만 천간이 등을 돌리지 않고[天干不背 천간불배] 서로 생해주고 서로 도와주어야만[相生相扶 상생상부] 그 사주는 아름답다 할 수 있다. 따라서 하나의 대운[一運 일운]은 10년으로 간주하고 절대로 위아래를 끊어서 보아서는[上下截看 상하절간] 안 된다. 그렇게 하면 개두(蓋頭)와 절각(截脚)의 원리를 적용할 수 없기 때문이다. 만약 대운(大運)의 간지(干支)를 끊어서 본다면 개두니 절각이니 하는 말은 그 의미가 없어지게 되어 길흉(吉凶)에 대한 예측이 맞을 리가 없게 된다.

이와 같은 논리에 따라 일주가 대운이 목(木)운으로 흐르는 것을 반긴다면 반드시 운(運)은 갑인(甲寅)·을묘(乙卯)로 흘러야 하고, 그 다음으로는 갑진(甲辰)·을해(乙亥)·임인(壬寅)·계묘(癸卯)의 운이다.

화(火)운으로 흐르는 것을 반긴다면 반드시 운은 병오(丙午)·정미(丁未)로 흘러야 하고, 그 다음으로는 병인(丙寅)·정묘(丁卯)·병술(丙戌)·정사(丁巳)의 운이다.

토(土)운으로 흐르는 것을 반긴다면 반드시 운은 무오(戊午)·기미(己未)·무술(戊戌)·기사(己巳)로 흘러야 하고, 그 다음으로는 무진(戊辰)·기축(己丑)의 운이다.

금(金)운으로 가는 것을 반긴다면 반드시 운은 경신(庚申)·신유(辛酉)로 흘러야 하고, 그 다음으로는 무신(戊申)·기유(己酉)·경진(庚辰)·신사(辛巳)의 운이다.

수(水)운으로 흐르는 것을 반긴다면 반드시 운은 임자(壬子)·계해(癸亥)로 흘러야 하고, 그 다음으로는 임신(壬申)·계유(癸酉)·신해(辛亥)·경자(庚子)의 운이다.

운도(運途)에서는 지지가 중요하다[地支爲重 지지위중]고 했으니, 차라리 대운 천간이 지지를 생해주면 좋겠지만[寧使天干生地支 영사천간생지지] 지지가 천간을 생하게 해서는 안 된다[不使地支生天干 불사지지생천간]. 그 이유는 천간이 지지를 생해주면 천간의 음덕(蔭德)이 지지를 두텁게 덮는다[蔭厚 음후] 할 수 있지만, 지지가 천간을 생하면 지지의 기가 천간으로 빠져달아나기[氣洩 기설] 때문이다.

여기서 말하는 운도(運途)는 대운(大運)의 흐름과 같은 의미로 해석하면 될 것이다. 이와 구분하여 뒤에 나오는 태세(太歲)는 세운(歲運)으로 이해하면 되겠다.

적천수 해설 2 　개두(蓋頭)와 절각(截脚)

개두(蓋頭)란 무엇인가. 목(木)운을 반기는데 경인(庚寅)·신묘(辛卯)를 만나거나, 화(火)운을 반기는데 임오(壬午)·계사(癸巳)를 만나거나, 토(土)운을 반기는데 갑술(甲戌)·갑진(甲辰)·을축(乙丑)·을미(乙未)를 만나거나, 금(金)운을 반기는데 병신(丙申)·정유(丁酉)를 만나거나, 수(水)운을 반기는데 무자(戊子)·기해(己亥)를 만나는 것을 말한다.

절각(截脚)이란 무엇인가. 목(木)운을 반기는데 갑신(甲申)·을유(乙酉)·을축(乙丑)·을사(乙巳)를 만나거나, 화(火)운을 반기는데 병자(丙子)·정축(丁丑)·병신(丙申)·정유(丁酉)·정해(丁亥)를 만나거나, 토(土)운을 반기는데 무인(戊寅)·기묘(己卯)·무자(戊子)·기유(己酉)·무신(戊申)을 만나거나, 금(金)운을 반기는데 경오(庚午)·신해(辛亥)·경인(庚寅)·신묘(辛卯)·경자(庚子)를 만나거나, 수(水)운을 반기는데 임인(壬寅)·계묘(癸卯)·임오(壬午)·계미(癸未)·임술(壬戌)·계사(癸巳)를 만나는 것을 말한다.

개두는 지지를 반기는데[蓋頭喜支 개두희지], 운에서는 지지가 중요하므로[運以重支 운이중지] 개두가 되면 길흉의 효력이 반감되어버리고[吉凶減半 길흉감반], 절각은 천간을 반기는데[截脚喜干 절각희간], 지지에서 천간을 실어주지 않으니[支不載干 지부재간] 절각이 되면 10년 모두가 좋지 않다[十年皆否 십년개부]고 하겠다.

예를 들어 목(木)운을 반기는데 경인(庚寅)·신묘(辛卯)를 만나 개두가 되면, 경신(庚辛)은 본래 흉운(凶運)이지만 금(金)이 인묘(寅卯)의 목(木) 위에 자리잡아 절지(絶地)에 임했으니 그 뿌리가 없다[無根 무근]고 하겠다. 따라서 비록 십분(十分)의 흉(凶)함이 있다 하더라도 그 흉함은 반으로 줄어들게 된다. 만약 사주원국의 천간에 병정화(丙丁火)가 투출하여 경신금(庚辛金)을 극(剋)해준다면 그 흉함은 다시 절반으로 줄게 되고, 혹시 세운(歲運)에서 병정화(丙丁火)를 만나 또 경신금(庚辛金)을 극해준다면 그 흉함은 없어지게 된다. 인묘(寅卯)는 본래 길운(吉運)이지만 개두로 인해 경신(庚辛)의 극을 받으니 비록 십분의 길함이 있다 하더라도 이 역시 그 길함은 반으로 줄어들게 된다. 만약 사주원국의 지지에 신유(申酉)의 충(沖)이 있다면 그 길함이 없어질 뿐만 아니라 오히려 흉하게 된다.

또 다른 예를 들면, 목(木)운을 반기는데 갑신(甲申)·을유(乙酉)를 만나 절각이 되면, 갑을목(甲乙木)은 신유(申酉)의 절지에 앉아 그 뿌리가 끊겼으니 이른바 '실어주지 않는다[不載 부재]'고 하여 갑을(甲乙)의 운이라도 길하지 못하다 하겠다. 만약 사주원국의 천간에 경신금(庚辛金)이 투출했거나 혹은 세운의 천간에서 경신금(庚辛金)을 만난다면 반드시 흉하게 될 것임은 의심할 여지가 없으니 10년 모두가 흉하게 된다. 만약 사주원국의 천간에 임계수(壬癸水)가 투출했거나 세운의 천간에서 임계수(壬癸水)를 만난다면 능히 금(金)을 설(洩)하여 목(木)을 생(生)해줄 것이니 화목하고 평온하며[和平 화평] 흉함이 없을 것이다.

이와 같이 운에서 길함을 만나도 실제로는 그 길함을 볼 수 없거나 운에서 흉함을 만나도 현실에서 그 흉함을 당하지 않는 것은 바로 개두와 절각 때문이라 하겠다.

심화학습

개두(蓋頭)와 절각(截脚)이 무엇인가에 대해서 그 예만 나열했을 뿐 명확한 정의는 내리지 않고 넘어갔다. 따라서 『적천수징의(滴天髓徵義)』 본문을 바탕으로 유추해본다면 다음과 같이 요약할 수 있을 것이다.

개두(蓋頭)란 운(運)의 지지에 사주의 희용신(喜用神)을 돕는 신(神)이 있는데 운의 천간이 이를 생하거나 도와주지[生助 생조] 않고 오히려 지지를 극(剋)함으로써 사주의 희용신이 원하는 지지의 좋은 기운을 반감(半減)시켜버리는 것을 말하고, 절각(截脚)은 운의 천간에 사주의 희용신을 돕는 신이 있는데 운의 지지가 이를 도와주기는커녕 오히려 천간을 극

(剋) 또는 설(洩)하거나 천간이 지지를 극함으로써 천간의 좋은 기운이 그 힘을 전혀 발하지 못하게 되어버리는 것을 말한다 하겠다.

'운도(運途)에서는 지지가 중요하다[運以重支 운이중지]'고 했으니 운세(運勢)를 풀이할 경우에는 지지를 중심으로 분석하되, 천간과의 상호관계를 면밀히 살펴야 할 것이다. 하지만 『적천수징의』의 사례 해석을 살펴보면 곳곳에서 대운의 천간과 지지를 분리하여 풀이하고 있어 여간 곤혹스럽지 않다. 하지만 이론(理論)과 현실(現實)은 항상 일치하지는 않는다고 편하게 생각하고, 이 이론을 기준으로 풀이하되 상황에 따라 그 적용을 달리해야 한다고 받아들이면 될 것이다.

적천수 해설 3 **세운(歲運)**

매년(每年)의 운세인 태세(太歲) 즉 세운(歲運)은 일년 동안의 삶이 편안한지 아닌지[否泰 비태]를 맡아 주관한다. 이는 '내가 만나는 사람[我所遇之人 아소우지인]'이라 할 수 있으니 세운에서는 천간이 중요하다[天干爲重 천간위중]고 하겠다. 그렇다고 지지를 전혀 고려하지 않으면 안 될 것이다. 비록 사주의 신[局中之神 국중지신]들과의 생극(生剋)은 있어도 괜찮다고 하더라도, 일주(日主)나 운도(運途)와는 서로 충전(沖戰)이 있어서는 안 된다. 가장 흉한 것은 천간에서 극을 하고 지지에서 충을 하는[天剋地沖 천극지충] 것으로 태세와 운도가 서로 충극하는[歲運沖剋 세운충극] 경우인데, 일주가 왕상(旺相)하면 비록 흉하다고는 하더라도 그것이 장애가 되지는 않겠지만[雖凶無礙 수흉무애], 일주가 휴수(休囚)가 되어 약하다면 반드시 재앙을 당하게 될 것이다[必罹凶咎 필리흉구].

일주가 세운의 천간을 극할 경우[日犯歲君 일범세군], 일주가 왕상하면 재앙이 없을 것이지만[無咎 무구], 일주가 휴수가 되어 약하다면 반드시 흉함을 당하게 될 것이다[必凶 필흉]. 또한 세운이 일주를 극할 경우[歲君犯日 세군범일] 역시 이와 마찬가지로 논하면 될 것이다. 따라서 태세는 일주와 화합을 이루어야 함이 마땅하고[宜和 의화], 대운과 더불어 논해야지 한 가지만 가지고 사주를 논해서는 안 된다.

예를 들어 대운에서 만난 목(木)은 길(吉)하게 작용한다 하더라도 세운에서 만난 목(木)은 오히려 흉(凶)하게 작용하는 경우가 있으니, 이 모두가 충극(沖剋)으로 인해 화합하지 못하기[戰沖不和^{전충불화}] 때문이라 하겠다. 사주를 해석할 때 이러한 논리를 바탕으로 하여 추론해 나간다면 그 사람의 길흉은 맞지 않는 것이 없을 터이다.

심화학습

『적천수(滴天髓)』 원문(原文)의 전(戰)은 극(剋)을 의미하고, 화(和)는 합(合)을 의미한다고 간주하고 해석하였다. 『적천수징의(滴天髓徵義)』의 해석상 전(戰)은 극(剋)이 확실하나, 화(和)가 합(合)이란 것은 그 의미의 해석상 무리가 없다고 보아 필자가 추론한 것인데 뒤의 '하위화(何爲和)'에서 이를 뒷받침해주고 있으니 그리 알고 참조하기 바란다. 또한 운도(運途)라는 말은 대운(大運)으로 해석하였고, '내가 만나는 사람[我所遇之人^{아소우지인}]'은 『적천수징의』 원문에는 단지 '소우지인(所遇之人)'으로 되어 있으나 맨 앞의 '내가 필요로 하는 사람[我所用之人^{아소용지인}]'과 대구(對句)가 된다고 판단하여 아(我)를 첨부하여 해석하였다.

흔히들 한 사람의 사주를 자동차에 비유하고, 운의 흐름[運途^{운도}] 즉 대운을 도로에 비유한다. 그 비유의 근원이 바로 여기에서 시작된 것은 아닐까 생각한다. 특히 이 장(章) 맨 앞부분에서 일주(日主)는 나 자신[我之身^{아지신}]이고, 사주의 용신(用神)과 희신(喜神)은 내가 부리는 사람[我所用之人^{아소용지인}]이며, 운도는 내가 머물러 살아가는 곳[我所臨之地^{아소임지지}]이라 할 수 있다는 말을 보면 더욱 그렇다.

사주의 일주는 나 자신이니 자동차를 모는 '운전자'이고, 나머지 다른 사주의 신(神)들은 나에게 좋게 혹은 나쁘게 영향을 미치는 요인들이니 내가 구입하여 내가 모는 '자동차'이며, 운의 흐름인 운도는 바로 이 자동차가 굴러가는 '도로'라 할 수 있을 것이다. 한 사람의 능력에 따라 구입하는 자동차의 종류는 천차만별일 것이고, 그 자동차가 달리는 도로 또한 고속도로에서부터 비포장 산골길에 이르기까지 다양할 터이니, 아무리 타고난 능력이 있어 비싸고 좋은 자동차를 구입했다고 하더라도 달리는 길이 산속의 자갈길이라면 그 차가 무슨 능력을 발휘할 수 있겠으며, 이와 마찬가지로 오래되어 낡고 유지보수를 등한시한 중고차를 구입했다면 달리는 곳이 아무리 독일의 그 유명한 아우토반(Autobahn)이라 할지라도 무슨 소용이 있겠냐는 말이다.

사람의 운명도 이와 같으니 사주가 아무리 좋다 한들 운이 따르지 않으면 소용이 없는 것이고, 또한 운이 좋다 한들 타고난 사주가 별 볼일 없으면 얼마나 잘 되겠는가 하는 뜻이니, 이보다 더 적절한 비유는 없다는 생각이 든다.

적천수 사례연구 **운세(運勢)**

❶ 세운(歲運)이 대운(大運)을 도운 경우

丁	庚	丁	庚
丑	辰	亥	辰

乙	甲	癸	壬	辛	庚	己	戊
未	午	巳	辰	卯	寅	丑	子

경진(庚辰) 일주가 해월(亥月)에 태어나 천간에 두 개의 정화(丁火)가 투출하였다. 진토(辰土)와 해수(亥水)에는 을목(乙木)과 갑목(甲木)이 암장되어 있으니 족히 정화(丁火)를 용신(用神)으로 삼을 수 있다 하겠다.

초운(初運)인 무자(戊子)와 기축(己丑)에는 화(火)를 어둡게 하고 금(金)을 생하니[晦火生金 회화생금] 원하는 것이 이루어지지 않았다. 경(庚)운 병오년(丙午年)에 경금(庚金)은 인목(寅木)을 깔고 앉아 절각(截脚)이 되니 천간의 두 개 정화(丁火)는 족히 하나의 경금(庚金)에 대적할 수 있으며, 또한 세운(歲運)에서 병오화(丙午火)를 만나 경금(庚金)을 완전히 극(剋)하여 없애버리니 그 해에 과거에 합격하였다. 연이어 정미(丁未)운이 따라와 지현(知縣)에 올랐으며, 인(寅)운에는 벼슬과 재물이 자못 풍성하였다. 신묘(辛卯)운 또한 절각이 되고 사주원국의 정화(丁火)가 극을 하니 벼슬은 군수(郡守)에 이르렀다. 임진(壬辰)으로 운이 바뀌자 임수(壬

水)가 고근(庫根)을 깔고 앉게 되고, 세운이 임신(壬申)이 되자 두 정화
(丁火)가 손상을 입어 세상을 떠났다.

앞서 〈제8장 2. 조습(燥濕)〉에서 언급한 금수상관희견관(金水傷官喜見
官)의 논리와도 일맥상통하는 이야기이다. 다만 지지에 정화(丁火)의 뿌
리가 암장(暗藏)되어 있고 미토(未土)나 술토(戌土)의 난토(暖土)가 보이
지 않아 천간의 정화(丁火)를 어둡게 할 가능성이 있고 진토(辰土)와 축
토(丑土)는 해수(亥水)를 도와 사주가 습(濕)해 보여 약간의 아쉬움은 있
지만, 그런대로 대운(大運)과 세운(歲運)의 관계를 보여주는 사주로서는
무리가 없다고 하겠다. 사주의 부족함을 운에서 도와주면 발복할 수 있다
고 이해하면 될 것이다.

　다만 위의 풀이를 보면 경금(庚金)이 인목(寅木)을 깔고 앉아 절각(截
脚)이 되고 신묘(辛卯)운 또한 절각이 되었다고 했는데, 절각을 개두(蓋
頭)로 바꾸어 해석해야 옳지 않나 하는 생각이다. 『적천수징의(滴天髓徵
義)』본문에서 개두는 운의 지지를 반기는 것이라 하였고 절각은 운의 천
간을 반기는 것이라 했으니, 본 사례에서 희용신(喜用神)을 목화(木火)라
고 한다면 경인(庚寅)과 신묘(辛卯)는 당연히 개두이지 절각이 아니기 때
문이다. 물론 경금(庚金)과 신금(申金)을 위주로 해석한다면 그렇게 된다
고는 하지만, 이는 본문의 의도와는 일치하지 않으니 세심히 살펴 고민해
볼 필요가 있다는 생각이다.

❷ 세운(歲運)이 대운(大運)을 돕지 않은 경우

丁	庚	戊	乙
丑	辰	子	未

庚	辛	壬	癸	甲	乙	丙	丁
辰	巳	午	未	申	酉	戌	亥

경진(庚辰) 일주가 자월(子月)에 태어나 미토(未土)가 자수(子水)를 극한다[穿破천파]. 천간의 목화(木火)는 모두 진토(辰土)와 미토(未土)의 여기(餘氣)를 얻었으니 족히 목(木)을 용신(用神)으로 삼아 화(火)를 생(生)할 수 있다.

병(丙)운에 반수(泮水)에서 공부하였다. 계유년(癸酉年)은 을(乙)운에 들었으니 무계합(戊癸合)을 이루어 화(火)로 화(化)하며 유금(酉金)은 정화(丁火)의 장생(長生)이니 그 해에 틀림없이 과거에 합격할 것이라고 했으나, 이는 을유(乙酉)는 절각(截脚)의 목(木)이므로 이미 목(木)이라 할 수 없고 실은 금(金)이라는 사실을 모르고서 하는 소리이다.

계유년(癸酉年)에 수(水)는 금(金)의 생(生)을 받고 겨울인 자월(子月)에 태어나 수(水)가 월령(月令)을 차지했으니 어찌 감히 무토(戊土)와 합을 하여 화(火)로 화한다 하겠는가. 틀림없이 정화(丁火)를 극할 것임은 의심할 여지가 없다. 또한 유금(酉金)은 순수한 금(金)으로 이는 정화(丁火)에게는 사지(死地)일 뿐이니, 음의 불이 장생한다는 이야기[陰火長生之說음화장생지설]는 속가에서 전해지는 잘못된 논리인 것이다. 같은 해 팔월이 신유월(辛酉月)이 되는 것은 더욱 두려운 것이었으니, 이는 사주의 목화(木火)를 모두 손상시키기 때문인데 예측하기 힘든 재앙이 발생하여 결국은 성안에서 죽고 말았다.

심화학습

음장생지설(陰長生之說)의 무용론(無用論)에 대하여 다시 한 번 언급하고 있다. 명리학의 기본 논리에도 합당하지 않고 현실적으로도 적용하는데 무리가 따른다면 폐지되어야 함이 마땅하거늘, 아직도 여기에 집착하는 사람들이 있는 것을 보면 선뜻 이해가 가질 않는다. 한번 각인되면 지워버리기가 그렇게도 힘든가 보다.

천파(穿破)는 육해(六害), 상천(相穿)과 같은 뜻이다.

❸ 대운(大運)이 사주를 도운 경우

丁	丙	乙	戊
酉	寅	卯	子

癸	壬	辛	庚	己	戊	丁	丙
亥	戌	酉	申	未	午	巳	辰

병인(丙寅) 일주가 묘월(卯月)에 태어나 목화(木火)가 함께 왕하여 토금(土金)이 손상을 입고, 수(水) 역시 휴수(休囚)가 되었다.

초운(初運)인 병진(丙辰)과 정사(丁巳)운에 물려받은 재산은 줄어들었고, 무오(戊午)와 기미(己未)에는 메마른 토[燥土 조토]가 금(金)을 생(生)하지도 못하고 화(火)를 설(洩)하지도 못하니 사업을 경영했으나 모두 탕진한 후 외지로 도피하였다. 운이 바뀌어 경신(庚申)과 신유(辛酉)운 20년 동안에는 쌓아둔 재물이 값이 올라 이익을 챙기니[居奇之利 거기지리] 재산이 십여만에 이르게 되었다.

심화학습

거기지리(居奇之利)란 기이한 재화를 쌓아두고 값이 오르기를 기다려 얻은 이익을 말한다고 한다. 무려 40년을 죽을 고생을 하다가 말년 20년 동안에 모든 것을 되찾았다니 믿기지는 않지만 사실이 그러하다니 할 말이 없다. 따라서 아무리 고생스럽더라도 인생을 포기하지 않고 때를 기다리다 보면 운을 만나게 되고 운을 만나면 성공할 수 있다는 것을 보여주는 사례이니, 세상을 살아가는 데 본보기로 삼을 만하다 하겠다.

❹ 대운(大運)이 사주를 돕지 않은 경우

甲	丙	癸	丙
午	午	巳	申

辛	庚	己	戊	丁	丙	乙	甲
丑	子	亥	戌	酉	申	未	午

병오(丙午) 일주가 사월(巳月) 오시(午時)에 태어나 사주에 중중(重重)한 비겁(比劫)들이 재성(財星)인 신금(申金)을 극(剋)하는 군비쟁재(群比爭財)의 형상을 하고 계수(癸水)를 말려버리고 있다.

　초운(初運)인 갑오(甲午)운에 양인(陽刃)과 비겁이 미쳐 날뛰니 부모를 일찍 여의고, 을미(乙未)운에는 양인을 도우니 가업은 완전히 깨어져 없어졌다. 병신(丙申), 정유(丁酉)운에는 화(火)가 개두(蓋頭)가 되고 사주의 사오화(巳午火)가 금(金)을 극하니 빈곤함을 견딜 수 없었으나, 무술(戊戌)운이 되자 발끝을 세우고 겨우 서 있을 수 있는 정도[稍能立足 초능립족]는 되었다.

심화학습

월간(月干)의 계수(癸水)를 용신(用神), 지지의 신금(申金)을 희신(喜神)으로 삼는데, 둘 다 너무 무력하니 운(運)의 도움이 없이는 도저히 발(發)하기 어려운 형상이라 하겠다.

　운이 금수(金水)로 흘러가니 일단은 도움이 된다고 여겨지지만, 병신(丙申)과 정유(丁酉)운은 개두(蓋頭)가 되어 그 길함이 반감되고 사주의 화(火)가 워낙 강렬하여 견딜 수 없었던 모양이다. 말운(末運)인 기해(己亥), 경자(庚子), 신축(辛丑)운에 대한 언급이 없으니 알 수는 없지만, 이 사람이 오래 살았다면 바로 앞의 사주와 같이 발복할 가능성이 없다고 하기는 어려울 것이다.

何爲戰　何爲沖　何爲和　何爲好
하위전　　하위충　　하위화　　하위호

무엇을 일러 전(戰)이라 하고[何爲戰]
무엇을 일러 충(沖)이라 하며[何爲沖]
무엇을 일러 화(和)라고 하며[何爲和]
무엇을 일러 호(好)라고 하는가[何爲好].

적천수 해설 1　　하위전(何爲戰)

전(戰)이란 극(剋)을 말한다. 예를 들어 병화(丙火)운에 경금년(庚金年)이라고 하면 '대운이 세운을 극한다[運剋歲^{운극세}]'고 한다. 일주(日主)가 세운(歲運)의 경금(庚金)을 반긴다면 당연히 병화(丙火)는 자수(子水)나 진토(辰土)를 깔고 앉고 경금(庚金)은 신금(申金)이나 진토(辰土)를 깔고 있어야 하는데, 다시 사주원국에서 무기토(戊己土)를 얻어 병화(丙火)를 설(洩)하거나 임계수(壬癸水)를 얻어 병화(丙火)를 극하면 길하다 할 것이다. 만약 병화(丙火)가 인목(寅木)이나 오화(午火)를 깔고 앉아 있고, 사주원국에 수(水)나 토(土)가 없어 병화(丙火)를 극하여 제(制)하거나 설하여 화(化)하지 못한다면 반드시 흉하다 할 것이다.

경금(庚金)운에 병화년(丙火年)이라고 하면 '세운이 대운을 극한다[歲剋運^{세극운}]'고 한다. 일주가 대운(大運)의 경금(庚金)을 반긴다면 흉하다 할 것이고, 일주가 세운의 병화(丙火)를 반긴다면 길하다 할 것이다. 경금(庚金)을 반긴다면 당연히 병화(丙火)는 자수(子水)나 진토(辰土)를 깔고 앉고 경금(庚金)은 신금(申金)이나 진토(辰土)를 깔고 있어야 하는데, 다시 사주원국에 수(水)나 토(土)가 있어 병화(丙火)를 극하여 제하거나 설하여 화한다면 길하다 할 것이지만 이와 반대 경우라면 반드시 흉하다 할 것이다. 병화(丙火)를 반길 경우도 이와 같은 논리에 의해서 추론하면 될 것이다.

전(戰)을 극(剋)이라고 한다면 대운(大運)과 세운(歲運)의 천간끼리 벌이는 싸움이라 생각하면 될 것이다. 다시 말하면 일주(日主)가 바라는 신(神)이 대운의 천간이든 세운의 천간이든 간에 그 신을 도와주는 방향으로 사주나 운의 지지가 형성되어 있어야 한다는 말이다.

적천수 사례연구　**하위전(何爲戰)**

· 세운(歲運)이 대운(大運)을 극하는 경우

	庚	丙	甲	辛		
	寅	辰	午	卯		
丙	丁	戊	己	庚	辛	壬	癸
戌	亥	子	丑	寅	卯	辰	巳

병화(丙火)가 오월(午月)에 태어나 왕성한 양인(陽刃) 즉 겁재(劫財)가 당령(當令)했고, 지지는 인묘진(寅卯辰) 목방(木方)을 이루니 진토(辰土)는 목(木)을 따라간다. 경금(庚金)과 신금(辛金) 모두 통근(通根)하지 못했다.

　초운(初運)이 계사(癸巳), 임진(壬辰)으로 흘러 금(金)이 생조(生助)를 받으니 가업이 넉넉했으며[家業饒裕 가업요유] 그 즐거움이 저절로 따랐다[其樂自如 기락자여]. 신묘(辛卯)운이 되자 금(金)이 절각(截脚)이 되어 재물은 흩어지고 고생이 많아[刑傷破耗 형상파모] 가업 중 십중팔구는 날아가버렸다. 경(庚)운 병인년(丙寅年)에 처를 잃었으니, 이는 경금(庚金)이 인목(寅木) 위에 앉아 절각이 되었기 때문이다. 병인년(丙寅年)은 세운이 대운을 극하고[歲剋運 세극운] 또한 경금(庚金)은 절지(絕地)가 되고 병화(丙火)는 생(生)을 받으며 사주원국에 병화(丙火)를 극(剋)하여 제(制)하거나 설(洩)하여 화(化)하는 신(神)이 없으니, 같은 해 갑오월(甲午月)에 목(木)이 화(火)의 세력을 따라가게 되어[木從火勢 목종화세] 재앙이 끊이지 않았고[凶禍連綿 흉화련면] 병을 얻어 죽었다.

심화학습

경금(庚金)운에 병화년(丙火年)을 만나 '세운이 대운을 극하는[歲剋運 세극운]' 사례이다.

이 사주는 일주(日主)인 병화(丙火)가 왕(旺)하여 금(金)을 용신(用神)으로 삼아야 하니 경금(庚金)을 반기는 형상인데, 세운(歲運)의 병화(丙火)는 인목(寅木) 위에 앉아 있고 대운(大運)의 경금(庚金)도 인목(寅木)을 깔고 앉아 있으며, 사주원국에 수(水)는 없고 토(土)는 목(木)이 되어 병화(丙火)를 극(剋)하여 제(制)하거나 설(洩)하여 화(化)하지 못하는 형상이니 흉할 수밖에 없었다고 하겠다.

적천수 해설 2　　**하위충(何爲沖)**

충(沖)이란 파(破) 즉 깨어짐을 말한다. 예를 들어 자수(子水)운에 오화년(午火年)이라고 하면 '대운이 세운을 충한다[運沖歲 운충세]'고 한다. 일주(日主)가 대운(大運)의 자수(子水)를 반긴다면 자수(子水)의 천간[干頭 간두]에는 당연히 경금(庚金)이나 임수(壬水)가 있어야 하는데, 이때 오화(午火)의 간두(干頭)에 갑목(甲木)이나 병화(丙火)가 있어도 역시 허물이 되지는 않을[無咎 무구] 것이다. 만약 자수(子水)의 간두가 병화(丙火)나 무토(戊土)라면 오화(午火)의 간두에 경금(庚金)이나 임수(壬水)가 있다고 하더라도 역시 허물이 될[有咎 유구] 것이다. 한편으로 일주가 세운(歲運)의 오화(午火)를 반기는데 자수(子水)의 간두가 갑목(甲木)이나 무토(戊土)이고 오화(午火)의 간두가 갑목(甲木)이나 병화(丙火)라면 길할 것이다. 만약 자수(子水)의 간두가 경금(庚金)이나 임수(壬水)라면 오화(午火)의 간두가 갑목(甲木)이나 병화(丙火)라 하더라도 흉할 것이다.

오화(午火)운에 자수년(子水年)이라고 하면 '세운이 대운을 충한다[歲沖運 세충운]'고 한다. 일주가 대운의 오화(午火)를 반긴다면 오화(午火)의 간두에는 당연히 병화(丙火)나 무토(戊土)가 있어야 하는데, 이때 자수(子水)의 간두가 갑목(甲木)이나 병화(丙火)라면 길할 것이다. 만약 오화(午

火)의 간두에 병화(丙火)나 무토(戊土)가 있다고 하더라도 자수(子水)의 간두가 경금(庚金)이나 임수(壬水)라면 반드시 흉할 것이다. 그 나머지도 이와 같이 추론하면 될 것이다.

마지막 단락 끝부분인 '자수(子水)의 간두가 경금(庚金)이나 임수(壬水)라면[子之干頭遇庚壬 자지간두우경임]'에서 임(壬)은 『적천수징의(滴天髓徵義)』에는 신(辛)으로 되어 있으나, 『적천수천미(滴天髓闡微)』에는 임(壬)으로 되어 있다. 앞뒤 문맥상 임(壬)이 더 적절한 것 같아 바꾸어 해석하였다.

전(戰), 즉 극(剋)이 천간의 이야기라면 충(沖)은 지지의 이야기라 하겠으니, 대운(大運)과 세운(歲運)의 지지끼리 벌이는 싸움이라 생각하면 될 것이다. 다시 말하면, 일주(日主)가 바라는 신(神)이 대운의 지지이든 세운의 지지이든 간에 그 신을 도와주는 방향으로 사주나 운의 천간이 구성되어 있어야 한다는 말이다.

적천수 해설 3 　　하위화(何爲和)

화(和)란 합(合)을 말한다. 예를 들어 을목(乙木)운에 경금년(庚金年) 혹은 경금(庚金)운에 을목년(乙木年)이 만나 합을 이루어 능히 화할[合而能化 합이능화] 경우에, 일주(日主)가 금(金)을 반긴다면 길할[喜金則吉 희금즉길] 것이다. 하지만 합하되 화를 이루지 못한다면[合而不化 합이불화] 오히려 재갈을 물려 얽어매는 꼴[羈絆 기반]이 되어 일주가 자기를 반기고 있다는 사실을 돌아보지 않을 것이니 길하지 못할[不吉 불길] 것이다. 목(木)을 반길 경우 또한 마찬가지다[喜木亦然 희목역연]. 따라서 경금(庚金)을 반길 경우에는 반드시 경금(庚金)이 지지에 그 뿌리를 얻어야[庚金得地 경금득지] 하고, 을목(乙木)은 뿌리가 없어야[乙木無根 을목무근] 한다. 이렇게 되어야만 합하여 화하는 것의 아름다움이 있는[合化爲美 합화위미] 것이다.

만약 지지의 자수(子水)와 축토(丑土)의 합(合)이라면 화(化)를 이루지 못한다고 하더라도 수(水)를 극(剋)하게 되니, 일주가 수(水)를 반길 경우라면 반드시 길하지 못할[不吉 불길] 것이다.

합이불화(合而不化), 즉 기반(羈絆)에 대하여 한 번 더 언급하고 있다. 기반에 대한 이해를 높이려면 앞으로 되돌아가 〈제7장 14. 기반(羈絆)〉을 한 번 더 되새겨보면 도움이 될 것이다.

맨 뒷부분에 자축합(子丑合)의 예를 든 것은 대운(大運)과 세운(歲運)의 천간끼리의 합인 을경합(乙庚合)에 대비하여 지지끼리의 합을 보여주기 위한 것으로 생각한다. 자축합(子丑合)은 화(化)를 하여 토(土)가 되거나 기반이 되거나 간에 일주가 수(水)를 반길 경우에는 좋은 영향을 미치지 못한다는 것을 보여줌으로써 기반이 용신(用神)을 묶어놓을 때 중요한 역할을 한다는 것을 알려주고 있다 하겠다.

혹자(或者)는 지지의 합은 전혀 고려하지 않는 경우도 있으나, 임철초(任鐵樵)는 지지의 육합(六合)도 상당 부분 고려하고 있음을 『적천수징의(滴天髓徵義)』에 등장하는 사례를 통해 확인할 수 있다. 따라서 이 이론을 적용할 것인가 말 것인가는 차후 부단한 임상을 통해 그 효력을 검증한 후 결정할 문제이므로 일단은 임철초의 이론을 받아들여 적용하는 것이 바람직한 방법이 아닌가 생각한다.

적천수 해설 4 하위호(何爲好)

호(好)란 무리가 서로 하나가 됨[類相同 유상동]을 말한다. 예를 들어 경금(庚金)운에 신금년(申金年) 혹은 신금(辛金)운에 유금년(酉金年)이라면 이것이 바로 참된 호[眞好 진호]라고 한다. 이것은 지지에 녹왕(祿旺) 즉 비겁(比劫)이 있어 나 자신의 본기가 담장 안으로 돌아오는[本氣歸垣 본기귀원] 것이니, 마치 한 가족이 함께 사는[家室之可住 가실지가주] 것과 마찬가지다.

만약 경금(庚金)운에 신금년(辛金年) 혹은 신금(辛金)운에 경금년(庚金年)이라면 천간끼리 서로 돕는 것이니, 마치 친구끼리 패거리를 만들어 돕는[朋友之幫扶 붕우지방부] 것과 마찬가지여서 끝까지 그 관계가 끊어지지 않을 만큼 두터운[究竟不甚關切 구경불심관절] 것은 아니다.

따라서 반드시 먼저 왕성한 운이 통근해야만[旺運通根 왕운통근] 자연스럽게 그것에 의지할 수 있으니 호(好)라 할[依附爲好 의부위호] 것이다. 만약 대운의 뿌리가 기운이 없다면[運無根氣 운무근기] 그 세력이 쇠약하므로 이를 보고 의지하고 싶은 마음은 생기지 않을 것이니 호(好)라 할 수 없는 것이다.

심화학습

일주(日主)가 반기는 방향으로 세력이 형성되어 있는 것은 같지만, 그 세력이 천간(天干)에 몰려 있는 경우는 그 뿌리가 없어 결속력이 약하니 깨어질 가능성이 크고, 간지(干支)에 분산되어 지지(地支)가 천간을 받쳐준다면 그 결속력은 강하여 쉽사리 깨지지 않는다는 것을 말하고 있다. 이 논리를 다시 한 번 살펴보려면 〈제7장 3. 쇠왕(衰旺)〉을 한 번 더 찬찬히 음미해보기 바란다.

명리학 기초이론 26 **연월일시주운(年月日時柱運)과 육친(六親)**

자평명리학(子平命理學)에서는 '한 사람의 부귀빈천(富貴貧賤)과 길흉수요(吉凶壽夭)는 사주(四柱)의 형상(形象)에 의해 정해지고, 그것이 막히느냐 통하느냐[窮通, 궁통]는 운(運)에 의해 정해진다'는 원리를 기본으로 하여 사주와 대운을 함께 놓고 사주를 해석한다. 따라서 사주의 연주(年柱), 월주(月柱), 일주(日柱), 시주(時柱)만을 가지고 그 사람의 운을 말한다는 것은 말 그대로 말도 안 되는 소리라 할 것이다. 하지만 당사주(唐四柱) 등에서도 이러한 방식을 적용하고 있고, 『적천수징의(滴天髓徵義)』에도 이를 적용한 것으로 판단되는 내용이 서술되어 있으니 바로 이 책 맨 끝부분에서 언급한 〈제18장 정원(貞元)〉의 원형이정(元亨利貞)의 논리이다. 이해를 돕기 위해 미리 간략하게 그 내용을 언급하면 다음과 같다.

'연월(年月)이 길(吉)하면 인생의 전반(前半)이 길할 것이고, 일시(日時)가 길하면 인생의 후반(後半)이 길할 것이다'인데, 운의 대입 없이 사주 자체만으로 그 사람의 길흉(吉凶)을 말하고 있다. 물론 같은 장(章) 다른 부분에 대운에 대한 언급도 있으니 원형이정의 논리 자체가 완전히 잘못된 논리라고는 할 수 없지만, 윗부분만 따로 떼어놓고 본다면 이는 분명 자평명리학의 기본 원리에 어긋난다. 다만 앞에서 언급한 〈제7장 11. 원류(源流)〉의 내용도 다시 한번 상기해보도록 하자.

"원두(源頭)가 흘러가 머무는 곳이 연(年)의 관성(官星)이나 인수(印綬)라면 그 사람의 조상은 청렴하고 고귀함[淸高, 청고]을 알 수 있고, 원두가 흘러가 머무는 곳이 월(月)의 재성(財星)이나 관성이라면 그 사람의 부모가 창업을 했음을 알 수 있고, 원두가 흘러가 머무는 곳이 일시(日時)의 재관(財官)이나 식신(食神)이나 인수라면 그 사람은 반드시 자수성가(自手成家)했거나 처(妻)는 현명하고 자식은 귀하게 될 것이다."

이렇게 본다면 연주는 조상이고, 월주는 부모이며, 일지는 처이고, 시주는 자식이 되어 각 사주의 운이 그에 해당하는 육친(六親)의 운을 나타낸다고 이해할 수 있다. 물론 연주가 조상인가 부모인가, 월주가 부모인가 배우자인가 등에 대해서는 지금도 학자들 간에 논란이 계속되고 있지만, 연월일시주운을 육친과 연계하여 풀이한 것에 대해서는 의견 일치를 보고 있는 것 같다. 따라서 사주의 각 기둥[柱, 주]을 육친과 연계하여 활용하는 것은 타당하지만, 사주주인공 본인의 운세를 알아보는 것으로 확대해서는 곤란하다는 생각이다.

그렇다면 육친을 사주의 각 기둥[柱, 주]과 어떻게 연계시킬 것인가. 그 방법은 궁성(宮星)의 논리를 적용한 것으로, 여기에서는 간단히 필자의 견해만 밝히고 넘어가도록 하고 나머지는 각자의 판단에 맡기도록 한다. 먼저 연주는 부모의 자리라고 하여 천간은 아버지, 지지는 어머니로 보고, 일주에 대한 부모의 역할을 보는 것으로 하되 자세한 내용은 부모의 명조(命造)를 보고 판단한다. 월주는 사회적 활동의 운(運)으로 보고, 전업주부인 여자에게 월지(月支)는 남편으로 보되 자세한 것은 남편의 명조를 보고 판단한다. 일지(日支)는 남자에게는 아내로, 직업이 있는 여자에게는 남편으로 보되 자세한 것은 상대방의 명조를 보고 판단한다. 이를 근거로 중년(中年)의 운으로 보는 것도 가능하겠다. 마지막으로 시주는 자식의 운이나 말년(末年)의 운으로 보되, 자세한 것은 자식의 명조를 보고 판단한다.

제 1 0 장

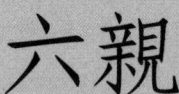

六親

육친 - 부부 · 자녀 · 부모 · 형제

1. 부부(夫婦) – 재성(財星)이 처(妻)

적천수 원문

夫妻姻緣宿世來　喜神有意傍天財
부처인연숙세래　　　　희신유의방천재

> 남녀가 혼인을 하여 인연을 맺는 것은 전생(前生)으로부터 오는 것인데[夫妻姻緣宿世來]
> 재성(財星)이 희신(喜神)으로 곁에서 돕는다면 하늘의 재물[妻福, 처복]을 얻으리라
> [喜神有意傍天財].

적천수 해설　　　**부부(夫婦) – 재성(財星)이 처(妻)**

육친의 법[六親之法 육친지법]을 살펴보면 다음과 같다. 나를 낳아주시는 것
은 부모이니[生我者爲父母 생아자위부모] 정인(正印)과 편인(偏印)이고, 내가
낳는 것은 자식이니[我生者爲子女 아생자위자녀] 식신(食神)과 상관(傷官)이
며, 내가 극(剋)하는 것은 아내와 첩이니[我剋者爲妻妾 아극자위처첩] 정재(正
財)와 편재(偏財)이고, 나를 극하는 것은 아버지를 돕는 조부모이니[剋我
者爲祖與父 극아자위조여부] 관살(官殺)이고, 나와 같은 것은 형제이니[同我者
爲兄弟 동아자위형제] 비견(比肩)과 겁재(劫財)가 이것이다. 이러한 이치가 바
로 육친(六親)의 바른 명칭을 따르는 것이니 바꿀 수가 없는 법[正名順不
易之法 정명순불역지법]이다.

대개 지아비[夫부]에게는 재성(財星)을 처(妻)로 논하니, 재성이 맑으면[財神淸재신청] 아내는 어질고 선하며 재간이 있을 것이나[中饋賢能중궤현능], 재성이 흐리면[財神濁재신탁] 하동의 사자 울음소리[河東獅吼하동사후]를 듣게 될 것이다. 맑다[淸청]는 것은 희신(喜神)이 곧 재성이고 서로 싸우고 질투함이 없는[不爭不妬부쟁불투] 것을 말한다. 흐리다[濁탁]는 것은 재성이 살을 생하고 인성을 극하여[生殺壞印생살괴인] 서로 싸우고 질투하여 정이 없는[爭妬無情쟁투무정] 것을 말한다. 예전의 서책(書册)에 따르면 일주(日主)의 쇠왕(衰旺)을 불문하고 모든 경우에 양인(陽刃)과 겁재(劫財)가 있으면 남편은 아내를 극한다[主剋妻주극처]고 했으나, 그 이치를 연구해보면 사실과 다르다는 것을 알 수 있다. 모름지기 일주의 쇠왕을 구분하고 이에 따라 사주의 희신(喜神)과 기신(忌神)을 구분한 다음, 사주의 신(神)들이 사주의 연월일시(年月日時)에 어떻게 배합되어 있는가를[四柱配合사주배합] 살아 있는 시각으로 관찰해야[活看활간] 한다.

만약 재성이 가볍고[財神輕재신경] 관성이 없는데[無官무관] 비겁이 많으면[比劫多비겁다] 남편은 아내를 극할[主剋妻주극처] 것이고(재성이 희신인데 약하고 기신인 비겁의 극을 받는 경우), 재성이 무겁고[財神重재신중] 일주가 약한데[身弱신약] 비겁이 없으면[無比劫무비겁] 남편은 아내를 극할[主剋妻주극처] 것이다(재성이 기신인데 이를 극해줄 희신인 비겁이 없는 경우).

관살이 왕하여[官殺旺관살왕] 인성을 용신으로 삼았는데[用印용인] 재성을 만나면[見財星견재성] 그 아내는 볼품없고 남편은 아내를 극할[主妻陋而剋주처루이극] 것이고(재성이 기신인데 용신인 인성을 옆에서 극하는 경우), 관살이 가볍고[官殺輕관살경] 일주가 왕한데[身旺신왕] 재성이 나타나고[見財星견재성] 비겁을 만나면[遇比劫우비겁] 그 아내는 아름답지만 남편은 아내를 극할[主妻美而剋주처미이극] 것이다(재성이 희신인데 기신인 비겁이 옆에서 재성을 극하는 경우).

양인과 비겁이 무겁고[劫刃重겁인중] 재성이 가벼운데[財星輕재성경] 식상이 있으나[有食傷유식상] 편인을 만나면[逢梟印봉효인], 그 아내는 흉사할[主妻遭凶死주처조흉사] 것이다(재성이 희신이고 식상이 용신인데 기신인 인성이 식상을 옆에서 극하는 경우).

재성이 미약하고[財星微 재성미] 관살이 왕한데[官殺旺 관살왕] 식상은 없고[無食傷 무식상] 인수가 있다면[有印綬 유인수], 그 아내는 병약할[主妻有弱病 주처유약병] 것이다(재성이 기신이고 약한데 용신인 인성을 극하는 경우).

양인과 비겁이 왕하고[劫刃旺 겁인왕] 재성은 없는데[無財 무재] 식상이 있으면[有食傷 유식상] 그 아내가 어질고 선하면 반드시 극하지만[妻賢必剋 처현필극] 그 아내가 미천하면 손상을 입히지 않을[妻陋不傷 처루불상] 것이고(재성이 희신인데 사주에 없어 용신인 식상의 흐름이 끊어진 경우), 양인과 비겁이 왕하고[劫刃旺 겁인왕] 재성이 가벼운데[財輕 재경] 식상이 있으면[有食傷 유식상] 그 아내가 어질고 선하면 극하지 않지만[妻賢不剋 처현불극] 그 아내가 미천하면 반드시 죽을[妻陋必亡 처루필망] 것이다(재성이 희신이고 약하지만 용신인 식상의 흐름을 이어주고 있는 경우).

관성이 약하고[官星弱 관성약] 식상을 만났는데[遇食傷 우식상] 재성이 있으면[有財星 유재성] 그 아내는 어질고 선하며 극하지 않을[妻賢不剋 처현불극] 것이고(재성이 희신인데 식상과 관성의 중간에서 그 둘을 이어주고 있는 경우), 관성이 가볍고[官星輕 관성경] 식상이 무거운데[食傷重 식상중] 인수가 있고[有印綬 유인수] 재성을 만나면[遇財星 우재성] 그 아내가 미천하지만 극하지 않을[妻陋不剋 처루불극] 것이다(재성이 기신으로 용신인 인성을 극하지만 흐름이 이어지는 경우).

일주가 강하고 살이 얕은데[身强殺淺 신강살천] 재성이 살을 불려주거나[財星滋殺 재성자살], 관성이 가볍고 상관이 무거운데[官輕傷重 관경상중] 재성이 상관을 화해주거나[財星化傷 재성화상], 인성이 중첩되어 있는데[印綬重疊 인수중첩] 재성이 기운을 얻었다면[財星得氣 재성득기], 그 아내가 어질고 선하며 아름답거나[主妻賢而美 주처현이미] 아내의 재물을 얻어[得妻財 득처재] 부를 쌓을[致富 치부] 것이다.

살이 무겁고 일주가 가벼운데[殺重身輕 살중신경] 재성이 살과 무리를 이루거나[財星黨殺 재성당살], 관이 많아 인성을 용신으로 했는데[官多用印 관다용인] 재성이 인성을 극하거나[財星壞印 재성괴인], 상관이 인성을 차고 앉았는데[傷官佩印 상관패인] 재성이 국을 이루었다면[財星得局 재성득국], 그 아내는 어질지 못하고 미천하거나[不賢而陋 불현이루] 아내로 인해 화를 당하거나[因妻招禍 인처초화] 몸을 상하게 될[傷身 상신] 것이다.

일주가 일지에 재성을 깔고 앉아 있고[日主坐財 일주좌재] 재성이 희용신이 된다면[財爲喜用 재위희용] 반드시 아내의 재물을 얻을[必得妻財 필득처재] 것이고, 일주가 재성을 반기는데[日主喜財 일주희재] 재성이 한신(閑神)과 합(合)을 이루어 재성으로 화(化)한다면 반드시 아내의 도움을 받게 될[必得妻力 필득처력] 것이다. 일주가 재성을 반기는데[日主喜財 일주희재] 재성이 한신과 합을 이루어 기신으로 화한다면 아내는 다른 남자와 바람을 피울[有外情 유외정] 것이고, 일주가 재성을 꺼리는데[日主忌財 일주기재] 재성이 한신과 합을 이루어 재성으로 화한다면 부부의 금슬(琴瑟)은 좋지 않을[不和 불화] 것이다.

이상과 같이 살펴본 모든 경우는 사주의 정세(情勢)에 따라 일주가 재성을 반기는지 꺼리는지[喜忌 희기]를 구별하여 논해야 한다는 것을 보여준다. 만약 재성이 둥둥 떠다니고 있다면[浮泛 부범] 재고(財庫)에 거두어 깊이 간직해야[收藏 수장] 함이 마땅하고, 재성이 깊이 숨어 있다면[深伏 심복] 충(沖)으로 동(動)하게 하여 도움을 끌어내야[引助 인조] 함이 마땅하니 모름지기 상세히 연구해야 할 것이다.

심화학습

먼저 이해를 돕기 위해 『적천수징의(滴天髓徵義)』에는 빠져 있으나 『적천수천미(滴天髓闡微)』에는 언급되어 있는 본문의 맨 앞부분을 짚고 넘어가도록 한다. 그 내용은 다음과 같다.

"자평지법(子平之法)에서는 재(財)가 처(妻)이다. 재는 내가 극(剋)하는 것이고, 사람에게 재물은 와서 나를 모시는[財來侍我 재래시아] 것이니 이 이치는 정론에서 나온[出於正論 출어정론] 것이다. 또한 재성을 아버지[財爲父 재위부]라고 하는 것은 후세 사람들의 잘못이다. 만약 이를 근거로 확고한 이론으로 삼으면 시아버지와 며느리가 같은 서열[翁婦同宗 옹부동종]이 되니, 이 어찌 인륜을 거스르는 것이 아니겠는가. 비록 편정을 구분하여[分偏正 분편정] 편재(偏財)를 아버지로 정재(正財)를 처라고 한다 하더라도, 결국은 억지로 끌어다 붙인 것에 불과할[究竟勉強 구경면강] 뿐이다. 또한 이 세상에 윗사람을 범하는 이치[犯上之理 ^{범상지리}]는 없으니 잘 분별하여 바로잡아야 할 것이다. 만약 재성이 아버지[財爲父 ^{재위부}]이고 관성이 자식[官爲子 ^{관위자}]이라면 인륜은 없어지게 되는 것이다. 시아버지와 며느리가 같은 서열[翁婦同宗 ^{옹부동종}]이라는 것뿐만 아니라 할아버지가 손자를 낳는[祖去生孫 ^{조거생손}] 것이 어찌 사리에 합당하다고 할 수 있겠는가. 따라서 육친의 법[六親之法 ^{육친지법}]은 다음과 같이 고쳐서 정함이 마땅하다."

이것으로 미루어 임철초(任鐵樵)는 이전부터 내려오던 자평지법(子平之法)을 부정하고, 새로운 육친지법(六親之法)을 주창한 것을 알 수 있다. 여기에 대해서는 다음 〈제10장 2. 자녀(子女)〉에서 상세히 설명하도록 한다.

이 장(章)은 제목이 '부부(夫婦)'이지만 그 내용은 처(妻)에 대해서만 언급되어 있고, 남편에 대해서는 단지 일주(日主)로만 표기하여 재성(財星)의 상황에 따라 어떤 처를 만나고 그 처는 일주에게 어떤 영향을 미칠 것인가에 대해서만 아주 상세하게 설명하고 있다. 이것은 아마도 그 당시는 남존여비(男尊女卑) 사상이 절대적인 것으로 통용되는 시대였으니 처를 일주로 하여 육친지법을 적용하는 것이 용납되지 않았기 때문으로 여겨진다. 따라서 여성을 일주로 하여 남편의 품질(品質)과 자신에게 미치는 영향에 대해 알아보기를 원한다면 위 내용에서 처를 부(夫)로, 재성을 관성(官星)으로 바꾸어 그 내용을 음미해보면 충분히 미루어 짐작해볼 수 있으리라 생각된다.

『적천수징의』본문을 찬찬히 읽다 보면 한 가지 독특한 원칙이 있음을 발견할 수 있다. 그것은 바로 처가 올바르려면 원칙적으로 재성이 희신(喜神)이 되어야 한다는 사실이다. 다시 말하면, 남자 사주에서 처는 재성인데 그 재성이 희신 역할을 제대로 해야만 좋은 처, 도움이 되는 처를 얻을 수 있다는 논리이다. 그렇다면 신약(身弱)한 사람은 좋은 처를 만날 수 있는 가능성이 전혀 없다는 말이 되어버린다.

과연 그러한가. 이에 대한 반론의 근거는 위에서 언급한 '사주의 신(神)들이 사주의 연월일시(年月日時)에 어떻게 배합되어 있는가를[四柱配合 ^{사주배합}] 살아 있는 시각으로 관찰해야[活看 ^{활간}] 한다'라고 한 것에서 찾아볼 수 있다. 그리고 그 예로 재성이 희신인데 약하고 기신인 비겁의 극을 받는 경우, 재성이 기신인데 용신인 인성을 옆에서 극하는 경우, 재성이 희신이고 식상이 용신인데 기신인 인성이 식상을 옆에서 극하는 경우, 재성이 기신인데 이를 극해줄 희신인 비겁이 없는 경우 등을 보여줌으로써 재성이 희신이 되어야 하는 것만큼 사주의 신들의 배합도 처의 품질을 결정하는 데 중요한 역할을 하고 있음을 설명하고 있다. 따라서 사주의 육친(六親)의 품질을 알아볼 때는 반드시 이 '활간(活看)의 원칙'을 적용해야만 올바른 육친 해석이 이루어질 것이다.

또한 궁성(宮星)의 논리를 적용하여 사주의 일지(日支)를 배우자의 궁(宮)으로 보고, 일지에 희신이 있으면 그 사주가 신약하여 재성이 희신이 되지 못하는 경우라도 처가 올바르다고 보기도 하는데, 이것 역시 일리가 있는 논리로서 사주 해석에 참고할 만하다 할 것이다. 바꾸어 말하면, 사주에 재성이 없을 경우 희신을 처로 삼아 해석하는 것이 가능하다는 논리가 성립한다는 것이다(앞의 〈명리학 기초이론 26 : 연월일시주운과 육친〉 참조). 이 궁성의 논리는 앞의 『적천수징의』 본문에서 언급한 '일주가 일지에 재성을 깔고 앉아 있고[日主坐財 일주좌재] 재성이 희용신이 된다면[財爲喜用 재위희용] 반드시 아내의 재물을 얻을[必得妻財 필득처재] 것이고'라는 말에서 유추해볼 수 있다. 일지가 재성이고 희신이면 처와 재물의 복이 있다는 말은 일지를 처궁(妻宮)으로 보고 있다는 의미이기 때문이다.

끝으로 위의 해설에서 '(재성이 희신인데 약하고 기신인 비겁의 극을 받는 경우)' 등과 같은 괄호 안의 문장은 『적천수징의』 본문 해석에 대한 이해를 돕기 위해서 필자가 임의로 덧붙인 것이니 참고하기 바란다.

하동사후(河東獅吼)란 중국 송(宋)나라 때 소동파(蘇東坡)의 친구인 진조의 고사(故事)에서 유래하였다. 소동파가 진조의 집에 놀러갔는데, 그의 아내 유씨(柳氏)의 성미가 어찌나 사나운지 남편의 친구들이 찾아와 밤늦도록 노는 것을 싫어하여 옆방에서 큰 소리를 지르면 진조는 겁에 질려 손에 들고 있던 물건을 떨어뜨릴 정도로 놀라 벌벌 떨며 어쩔 줄을 몰라 했으니, 이를 두고 소동파가 시를 지어 장난삼아 진조를 놀렸는데 "진조는 불쌍하다. 친구들과 담소하며 밤을 지새우는데 문득 하동의 사자가

울부짖으니 지팡이를 떨어뜨리고 넋을 잃는구나"에서 유래하여 표독한 아내나 악처(惡妻)를 의미하게 되었다.

적천수 사례연구　　부부(夫婦) − 재성(財星)이 처(妻)

❶ 재성이 희신(喜神)인 경우

	丁	庚	乙	癸	
	丑	申	丑	卯	

丁	戊	己	庚	辛	壬	癸	甲
巳	午	未	申	酉	戌	亥	子

이 명조(命造)는 겨울인 축월(丑月)의 차가운 경금(庚金)이 비견(比肩) 위에 앉아 있고 인수(印綬)가 월령(月令)을 차지했으니 정화(丁火)를 용신(用神)으로 삼아 족히 한기(寒氣)에 대적할 수 있다. 따라서 꺼리는 것은 연간(年干)의 계수(癸水)이며, 정화(丁火)를 극(剋)하니 병(病)이 된다고 하겠다. 오로지 월간(月干)의 을목(乙木)이 통근(通根)하여 계수(癸水)를 설(洩)하고 정화(丁火)를 생(生)하는 것에 의지하고 있으니, 여기서 희신(喜神)은 재성인 을목(乙木)이 된다. 더욱 반가운 것은 재성이 경금(庚金)과 합(合)을 하는 것인데, 이를 일컬어 '재가 와서 나를 돕는다[財來取我 재래취아]'라고 한다.

　이 사람의 처(妻)는 어질고 정숙하며 근면하고 능력도 있었으니[賢淑勤能 현숙근능] 아들 셋을 낳았는데 모두들 학문을 익히고 공부하였다.

심화학습

비록 처(妻)의 내조는 잘 받았다 하더라도 본인의 운(運)은 금수(金水)로 흘렀으니 그다지 좋지 않았으리라 생각된다. 하지만 처는 본인의 희신(喜神) 역할을 제대로 해냈으니 앞에서 언급한 대로 '일주가 강하고 살이 얕은데[身強殺淺 신강살천] 재성이 살을 불려주어[財星滋殺 재성자살] 처가 어질고 아름답다'고 하겠다.

 이 사례를 참고로 유추해보면 사주원국에서 재성(財星)이 희신(喜神)이면 운(運)의 흐름에 상관 없이 처의 덕(德)을 입는다고 볼 수 있겠다. 여기에 운마저 따른다면 재물을 얻어 부(富)도 쌓을 수 있을 것이라 생각할 수 있으니, 재물의 들고 나감은 운의 흐름이 더 큰 영향을 미친다고 보면 될 것이다.

❷ 재성이 기신(忌神)인 경우

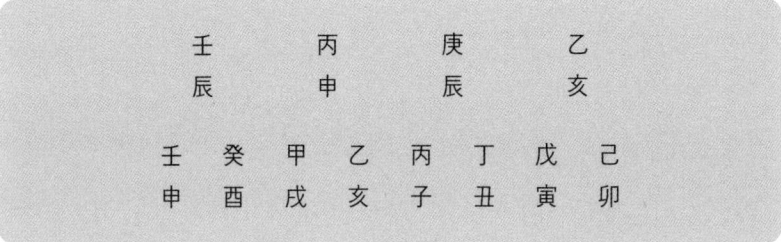

병화(丙火)가 늦은 봄인 진월(辰月)에 태어나고, 인수(印綬)인 을목(乙木)이 통근(通根)을 하여 일주(日主)를 생(生)하여 왕(旺)하게 해준다. 일주는 재성(財星) 위에 앉아 있고, 또한 시간(時干)에 임수(壬水)가 투출했으니 반드시 을목(乙木)을 용신(用神)으로 삼는다. 불만스러운 것은 을경합(乙庚合)을 이루어 금(金)으로 화(化)하여 살을 생하고 인성을 극하는[生殺壞印 생살괴인] 것이다.

 그 처는 어질지 못하고 질투가 심하고 사나웠으며[妒悍異常 투한이상] 자식이 없어 대가 끊어졌으니 재성의 해(害)가 이다지도 두려운 것이었던가.

심화학습

재성(財星)이 기신(忌神)인데 용신(用神)인 인성(印星)을 옆에서 극한 경우에 해당한다 하겠다. 게다가 재성이 용신인 인성을 합(合)으로 묶어버리니 더욱 상황이 악화되었다.

❸ 일지에 재성을 깔고 앉아 있고 재성이 희신(喜神)이 된 경우

癸	丁	乙	丁
卯	酉	巳	未

丁	戊	己	庚	辛	壬	癸	甲
酉	戌	亥	子	丑	寅	卯	辰

정화(丁火) 일주가 초여름인 사월(巳月)에 태어나고, 사주에는 인성(印星)과 비겁(比劫)이 세력을 잡으니 한 점 계수(癸水)가 이들을 제(制)하기에는 힘이 모자란다. 가장 반가운 것은 일지(日支)에 유금(酉金)을 깔고 앉아 묘목(卯木)을 충(沖)하여 보내버리고, 계수(癸水)를 생하여 일으킨다[生起 생기]는 것이다.

출신은 빈곤하고 미천했으나, 계수(癸水)운에 국학에 들어가[入學 입학] 학문을 하였고, 또한 처(妻)와 재물을 얻었다. 임수(壬水)운에 향시(鄉試)에 합격했으며[登科 등과], 신축(辛丑)운에 지현(知縣)에 선발되어 벼슬이 군수(郡守)에 이르렀다.

만약 이 사주에 유금(酉金)의 재성(財星)이 없었다면 처와 재물을 얻지 못했을 뿐만 아니라 명성을 얻지도 못했을 것이다.

심화학습

일주가 일지에 재성을 깔고 앉아 있고[日主坐財 일주좌재] 재성이 희용신이 된다면[財爲喜用 재위희용] 반드시 아내의 재물을 얻을 수 있다[必得妻財 필득처재]는 『적천수징의』 본문의 논리에 딱 어울리는 사주이다. 따라서 처궁(妻宮)인 일지(日支)에 희신(喜神)인 처성(妻星)이 있으면 아주 좋다는 것인데, 그 희신이 재성(財星)이 아니라 하더라도 처(妻)가 나쁘지 않은 사례를 많이 접할 수 있으니, 이는 처의 좋고 나쁨을 판단하기 위해서는 처성뿐만 아니라 처궁도 잘 살펴야 한다는 것을 의미한다고 볼 수 있다.

『적천수징의(滴天髓徵義)』의 육친지법(六親之法)과 현재 통용되는 육친지법의 차이점

육친(六親)이란 사주의 십성(十星)을 가족관계에 대입할 때 각 십성이 의미하는 가족관계를 말한다. 다만 임철초(任鐵樵)가 『적천수징의(滴天髓徵義)』에서 주장한 육친지법(六親之法)은 오행의 생극(生剋)에 기반을 둔 육친지법과는 차이가 있어 현재 기준으로 볼 때는 불합리한 측면이 보인다. 따라서 사주 해석의 오류를 막기 위해서는 그 차이를 미리 짚고 넘어가야 한다.

『적천수징의』의 육친지법을 들여다보면, 일주(日主)를 생(生)해주는 인수(印綬)가 부모이고, 일주가 생하는 식상(食傷)이 자녀이며, 일주가 극(剋)하는 재성(財星)이 처와 첩이고, 일주를 극하는 관살(官殺)이 조부모이며, 일주와 같은 기운을 가진 비겁(比劫)이 형제라고 정의하고 있다. 이는 임철초가 『명리약언(命理約言)』을 저술한 진소암(陳素庵)의 논리를 신봉하여 받아들였기 때문이다.

하지만 오행의 생극관계에 기반을 둔 현재 통용되는 육친지법을 살펴보면, 일주를 나[我]라고 가정할 때 다음과 같이 구분할 수 있다.

오행의 생극관계(일주 기준)	육친
나(男命·女命)를 낳아주신[生, 생] 분은 어머니	정인(正印). 생아자인수(生我者印綬)
나(男命·女命)를 물심양면으로 키워주신 아버지는 나의 재물	편재(偏財). 아극자처재(我剋者妻財)
나(男命·女命)와 다르지만 나와 같은 처지에 있는 것은 형제자매	비겁(比劫). 아비자비겁(我比者比劫)
내(男命)가 극(剋)하여 얻는 것이 처첩(妻妾)과 재물	재성(財星). 아극자처재(我剋者妻財)
내(男命) 어머니를 극하여 괴롭히는 것은 처(妻)	정재(正財). 재극인(財剋印) 예) 고부갈등.
나(男命)를 물심양면으로 괴롭히고 이용하는 것은 자식	관살(官殺). 극아자관살(剋我者官殺)
내(男命) 자식을 낳은[生, 생] 것은 처	정재(正財). 재생관(財生官)
내(女命)가 낳은[生, 생] 것은 자식	식상(食傷). 아생자식상(我生者食傷)
나(女命)를 극하여 괴롭히는 것은 남편	관살(官殺). 극아자관살(剋我者官殺)
내(女命) 남편을 괴롭히는 것은 자식	식상(食傷). 식극관(食剋官)

이러한 방법으로 유추하다 보면 육친뿐만 아니라 위에서 예를 든 것처럼 며느리, 시아버지 등도 십성으로 나타낼 수 있으니 잘 살펴보기 바란다.

2. 자녀(子女) – 식상(食傷)이 자식(子息)*

적천수 원문

子女根枝一世傳　喜神看與殺相連
자녀근지일세전　　　희신간여살상련

> 자식은 나무가 뿌리를 내려서 가지를 치듯 한 세대에 전해지는 것이니[子女根枝一世傳]
> 희신(喜神)이 관살(官殺)과 어떻게 연관되어 이를 돕고 있는가를 살펴야 한다
>
> [喜神看與殺相連].

*『적천수징의(滴天髓徵義)』의 해석에 논란의 소지가 있다.

적천수 해설　　자녀(子女) – 식상(食傷)이 자식(子息)

식신과 상관이 아들과 딸이 된다[食傷爲子女 식상위자녀]. 서(書)에서 이르기를 "사주에 식신이 있으면 그 사람은 오래 살고 아내는 자식이 많을 것이다[食神有壽妻多子 식신유수처다자]"라고 하고, "사주의 시(時)에서 칠살(七殺) 즉 편관(偏官)을 만나면 본래는 자식이 없을 것인데[本無兒 본무아] 식신(食神)이 있어 이를 극(剋)하여 제(制)하면 반드시 자식이 많을 것이다[定多兒 정다아]"라고 하였다. 따라서 이 두 가지 학설이 바로 식상(食傷)이 자식이 된다는 것을 확실히 증명해주는 근거가 되는 것이다. 하지만 이것 역시 그 효력을 잃은 법[死法 사법]이라 하겠으니, 만약 사주원국에 식상이 없고 관살이 없는 경우에는 또 어떻게 논할 것인가. 그러므로 한마디로 말하자면 명리는 한 가지 이론만을 고집해서는 안 되고, 모름지기 상황에 따라 융통성 있게 적용하는 것[變通 변통]이 중요하며, 이것이 올바른 육친 (六親)의 해석방법이라 할 것이다. 따라서 우선은 '식상을 자식이라 하는 것이 마땅하다'라고 인정해놓은 후, 그 다음으로 일주(日主)의 쇠왕(衰旺)을 다시 한 번 더 살펴보고 이에 따라 사주(四柱)의 희용신(喜用神)과 기구신(忌仇神)을 가린 후 적용해야 할 것이다.

'희신이 관살과 어떻게 연관되어 이를 돕고 있는가를 살펴야 한다[喜神看與殺相連 희신간여살상련]'는 것은 바로 통변(通變), 즉 상황에 따라 융통성 있게 적용하는 것[變通 변통]의 지극한 논리라 할 수 있다. 예를 들면 다음

과 같다.

일주가 왕한데[日主旺 ^{일주왕}] 인수는 없고[無印綬 ^{무인수}] 식상이 있으면
[有食傷 ^{유식상}] 반드시 자식이 많다[子·必多 ^{자필다}]. (식상이 용신인데 이를 극
하는 기신인 인성이 없다.)

일주가 왕하고[日主旺 ^{일주왕}] 인수는 무거운데[印綬重 ^{인수중}] 식상이 가벼
우면[食傷輕 ^{식상경}] 반드시 자식이 적다[子·必少 ^{자필소}]. (식상이 용신이고 약
한데 이를 극하는 기신인 인성이 많다.)

일주가 왕하고[日主旺 ^{일주왕}] 인수는 무거우며[印綬重 ^{인수중}] 식상이 가벼
운데[食傷輕 ^{식상경}] 재성이 있으면[有財星 ^{유재성}] 자식이 많고 어질다[子多
而賢 ^{자다이현}]. (식상이 용신이고 약한데 희신인 재성이 기신인 인성을 극해준
다.)

일주가 왕하고[日主旺 ^{일주왕}] 인수도 많으며[印綬多 ^{인수다}] 식상은 없는데
[無食傷 ^{무식상}] 재성이 있으면[有財星 ^{유재성}] 자식이 많고 재능도 있다[子多
而能 ^{자다이능}]. (식상이 없어 재성을 용신으로 삼아 기신인 인성을 극한다.)

일주가 약하고[日主弱 ^{일주약}] 인수가 있는데[有印綬 ^{유인수}] 식상이 없으면
[無食傷 ^{무식상}] 반드시 자식이 많다[子·必多 ^{자필다}]. (용신인 인성은 있지만 기
신인 식상이 없다.)

일주가 약하고[日主弱 ^{일주약}] 인수가 가벼운데[印綬輕 ^{인수경}] 식상이 무거
우면[食傷重 ^{식상중}] 반드시 자식이 적다[子·必少 ^{자필소}]. (용신인 인성이 있지
만 약하고 기신인 식상은 강하여 극하기가 버겁다.)

일주가 약하고[日主弱 ^{일주약}] 인수가 가벼운데[印綬輕 ^{인수경}] 재성이 있으
면[有財星 ^{유재성}] 반드시 자식이 없다[子·必無 ^{자필무}]. (용신인 인성이 있지만
약하고 기신인 재성이 인성을 극한다.)

일주가 약하고[日主弱 ^{일주약}] 식상이 무거운데[食傷重 ^{식상중}] 인수가 없
으면[無印綬 ^{무인수}] 이 또한 자식이 없다[亦無子 ^{역무자}]. (용신인 인성은 없고
기신인 식상은 강하다.)

일주가 약하고[日主弱 ^{일주약}] 식상이 가벼운데[食傷輕 ^{식상경}] 비겁은 없고
[無比劫 ^{무비겁}] 관성이 있으면[有官星 ^{유관성}] 반드시 자식이 없다[子·必無 ^{자필}

무]. (용신인 비겁은 없고 기신인 관성이 일주를 극한다.)

일주가 약하고[日主弱 일주약] 관살이 무거운데[官殺重 관살중] 인수는 가볍고[印綬輕 인수경] 재성이 미약하게 숨어 있다면[微伏財 미복재] 반드시 딸이 많다[必多女 필다녀]. (용신인 인성이 약하지만 기신인 재성이 직접 극하지는 않는다.)

일주가 약하고[日主弱 일주약] 칠살이 무거운데[七殺重 칠살중] 식상이 가볍고[食傷輕 식상경] 비겁이 있으면[有比劫 유비겁] 딸은 많고 아들은 적다[女多子少 여다자소]. (기신인 편관이 강하고 용신인 비겁을 극한다.)

일주가 약하고[日主弱 일주약] 관살이 무거운데[官殺重 관살중] 인성과 비겁이 없으면[無印比 무인비] 반드시 자식이 없다[子必無 자필무]. (기신인 관살이 강한데 용신인 인성과 희신인 비겁이 없다.)

일주가 왕하고[日主旺 일주왕] 식상이 가벼우며[食傷輕 식상경] 인수를 만났는데[逢印綬 봉인수] 재성을 만나면[遇財星 우재성] 자식은 적지만 손자는 많다[子少孫多 자소손다]. (희신인 식상이 용신인 재성을 도와 기신인 인성을 극한다.)

일주가 왕하고[日主旺 일주왕] 인수는 무거우며[印綬重 인수중] 관살이 가벼운데[官殺輕 관살경] 재성이 있으면[有財星 유재성] 비록 자식은 극한다고 하더라도 손자는 있다[子雖剋而有孫 자수극이유손]. (희신인 재성이 기신인 인성을 극한다.)

일주가 약하고[日主弱 일주약] 식상이 왕한데[食傷旺 식상왕] 인수가 있으나[有印綬 유인수] 재성을 만나면[遇財星 우재성] 비록 자식이 있다고 하더라도 없는 것과 다름없다[子雖有若無 자수유약무]. (용신인 인성이 식상을 극하나 기신인 재성이 용신인 인성을 극한다.)

일주가 약하고[日主弱 일주약] 관살이 왕한데[官殺旺 관살왕] 인수가 있으나[有印綬 유인수] 재성을 만나면[遇財星 우재성] 자식은 있으나 반드시 부모의 뜻을 거스를 것이다[子必逆 자필역]. (기신인 재성이 용신인 인성을 극하며 구신인 관살을 생조한다.)

또한 일주가 왕하고[日主旺 일주왕] 인수는 없는데[無印綬 무인수] 식상은 암장되어 있고[食傷伏 식상복] 관살이 있으면[有官殺 유관살] 반드시 자식이 많다[子必多 자필다]는 것이 있고, 혹은 일주가 왕하고[日主旺 일주왕] 비겁이 많은데[比劫多 비겁다] 인수는 없으며[無印綬 무인수] 식상이 암장되어 있으면[食傷伏 식상복] 반드시 자식이 많다[子必多 자필다]는 것도 있으니, 이 모두가 '어미가 많아 자식을 멸한다[母多滅子 모다멸자]'는 의미가 된다.

따라서 목(木)이 많으면 화(火)가 꺼지는데[木多火熄 목다화식] 금(金)으로 목(木)을 극하면 화(火)를 살릴 수 있고[金剋木卽生火 금극목즉생화], 화(火)가 많으면 토(土)가 말라 갈라지는데[火多土焦 화다토초] 수(水)로 화(火)를 극하면 토(土)를 살릴 수 있고[水剋火卽生土 수극화즉생토], 토(土)가 많으면 금(金)이 묻히는데[土重金埋 토중금매] 목(木)으로 토(土)를 극하면 금(金)을 살릴 수 있으며[木剋土卽生金 목극토즉생금], 금(金)이 많으면 수(水)가 새는데[金多水滲 금다수삼] 화(火)로 금(金)을 극하면 수(水)를 살릴 수 있고[火剋金卽生水 화극금즉생수], 수(水)가 많으면 목(木)이 떠버리는데[水多木浮 수다목부] 토(土)로 수(水)를 극하면 목(木)을 살릴 수 있으니[土剋水卽生木 토극수즉생목], 이것은 '관살이 자식이 된다[官殺爲子 관살위자]'는 것을 일컫는 말이다.

하지만 비록 겉으로는 관살이 자식이 된다[官殺爲子 관살위자]고 할지라도 속으로는 여전히 식상이 자식이 된다[食傷爲子 식상위자]. 이것은 오직 '역국에서는 도리어 극을 하는 것이 서로의 생을 도모하는 법이 된다[逆局反剋相生之法 역국반극상생지법]'는 것일 뿐이니, 결국에는 관살이 자식이 될 수는 없는 것이다[非竟以官殺爲子 비경이관살위자].

대체로 '일주가 왕하면 재성이 자식이 되고[身旺財爲子 신왕재위자] 일주가 약하면 인성이 자식이 된다[身衰印作兒 신쇠인작아]'는 논리를 따르고 있는데, 이 모든 것은 내가 시험해본 결과이므로 감히 고쳐서 정하는 바이다. 자세히 추론해보면 맞지 않는 경우가 없을 것이다.

심화학습

『적천수(滴天髓)』를 공부하면서 『적천수』 원문(原文)과 이에 대한 『적천수징의(滴天髓徵義)』의 해석상의 비연관성 때문에 이들 관계를 정확히 알아내기 위해 많은 시간을 소비한 곳이 바로 이 자녀(子女) 장(章)이다. 그 결과 유백온(劉伯溫)의 주장에 임철초(任鐵樵)가 완전히 동의하지는 않는다는 것을 알아낼 수 있었다.

유백온은 『적천수』 원문에서 '희신이 관살과 어떻게 연관되어 이를 돕고 있는가를 살펴야 한다[喜神看與殺相連 희신간여살상련]'고 하였고, 원주(原注)에서도 '대체로 관에 의거하여 자식을 살펴본다[依官看子 의관간자]'고 하여 분명히 관살(官殺)이 자식인 것으로 해석하였다.

하지만 임철초는 『적천수징의』 본문에서 맨 처음부터 '식신과 상관이 아들과 딸이 된다[食神傷官爲子女 식신상관위자녀]'라고 정의를 내려놓고 예를 들어가며 이를 증명해 나간다. 『적천수천미(滴天髓闡微)』에서는 앞 장에서와 마찬가지로 '관이 자식이다[官爲子 관위자]'라는 유백온의 논리를 '윗사람을 범하는 이치[犯上之理 범상지리]'라고 부정하며 열변을 토하는 임철초의 모습을 맨 앞부분에서 엿볼 수 있으나, 『적천수징의』에는 이 부분이 누락되어 있어 아쉽다 하겠다.

필자도 처음에는 '희신간여살상련(喜神看與殺相連)'의 희신을 식상(食傷)이라고 가정하고 식상과 관살의 관계가 자식운(子息運)에 미치는 영향을 설명하는가 하여 임철초의 논리에 대입해보았으나, 『적천수징의』의 사례 해석을 하다 보면 이 둘 사이의 관계에 대한 언급은 미미하고 작위적으로 식상을 자식으로 합리화시키려 한다는 느낌을 떨쳐버릴 수 없었다. 따라서 이를 규명하기 위해 『적천수천미』와 비교해본 결과, 임철초는 왜 식상을 자녀(子女)라고 했는지에 대한 설명을 발견하게 되었다.

그렇다면 임철초는 왜 식상이 자식이라고 이렇게도 강력하게 주장했을까. 이에 대해서는 이미 앞서 〈명리학 기초이론 27 : 『적천수징의(滴天髓徵義)』의 육친지법(六親之法)과 현재 통용되는 육친지법의 차이점〉에서 언급한 바 있다. 아마도 그것은 임철초도 진소암(陳素庵)과 같이 유교적 사고방식을 고수한 것에서 기인했으리라 여겨진다. 본 장(章)의 『적천수』 원문에 대한 『적천수징의』의 해석으로 미루어 보아, 이미 그 당시에 식상이 자식이 아니라 관살이 자식이라는 논리가 현실적으로 통용되고 있었음을 짐작할 수 있다. 하지만 임철초는 삼강오륜(三綱五倫)의 관점에서 도저히 일주(日主) 즉 아버지를 극(剋)하는 관살을 자식이라고 인정할 수 없었던 것 같다. 따라서 '식상이 자식이다'라는 본인의 논리를 증명하기 위해 그 근거로 무려 16개의 다양한 사례를 열거했으나, 자세히 들여다보면 이 모두가 용신(用神)이 자식이며 용신이 없거나 용신이 있더라도 약하거나 그 역할을 제대로 못하면 자식이 잘되지 못한다고 결론 내릴 수 있으니, 공연히 복잡한 공식만 만들어 후학들이 외우려다 지치게 만드는 것은 아닐까 우려된다. 따라서 이들을 참고로 할 뿐 일일이 암기하려고 애쓸 필요가 없다는 생각이다.

『적천수징의』를 자세히 들여다보면 임철초 본인도 자신의 논리를 주장하는 데 많은 부담을 느끼고 있음을 알 수 있다. 그 예로 '모다멸자(母多滅子)'를 언급하면서 반국(反局)의 논리를 대입하여 관살이 용신으로 자식이 된다는 것을 부정하며 식상이 자식인 것으로 유도하고 있는데, 여기에서 논리의 작위성을 엿볼 수 있다. 또한 맨 마지막에 인성(印星)과 재성(財星)이 용신이 되면 이들도 자식이 될 수 있다는 사실을 인정하고 있는 것으로 미루어 보아, 관살도 용신이 되면 자식이 될 수 있다는 여지를 남겨두고 있으니 더욱 그런 생각이 든다.

하지만 임철초라는 인물이 상당히 주관이 강하고 고집이 세다는 사실을 이 장을 통해 다시 한번 확인할 수 있는 좋은 기회인 것 같다(이미 앞의 〈제6장 3. 관살〉에서 합관유살격의 사례로 임철초 본인의 명조를 밝힌 바 있으니 참조하기 바란다). 그러면서도 한편으로는 '희신이 관살과 어떻게 연관되어 이를 돕고 있는가를 살펴야 한다[神看與殺相連 희신간여살상련]는 것은 바로 통변(通變), 즉 상황에 따라 융통성 있게 적용하는 것[變通 변통]의 지극한 논리'라고 하면서 관살을 자식으로 인정하지는 않지만 유백온의 이론을 완전히 부정하지는 않는 모습을 보여주니 합리적인 사고방식의 소유자라고도 하겠다.

이상에서 살펴본 바와 같이 상황에 따라 융통성 있게 적용하는 것[變通 변통]이 육친지법의 지극한 논리라고 한다면, 식상도 자식이 될 수 있고 관살도 자식이 될 수 있으며 심지어는 인성이나 재성도 그들이 용신이라면 자식이 될 수 있다. 다만 명리학(命理學)이 유교의 삼강오륜을 따라야 하는 것은 아니므로 오행생극(五行生剋)의 법칙에 따라 육친을 논한다면 남명(男命)은 관살을 자식으로 하고 여명(女命)은 식상을 자식으로 하되, 사주에 이들이 보이지 않을 경우에 한해서 용신과 희신을 각각 자식과 처로 간주하는 것이 타당하리란 생각이다. 또한 임철초는 아들과 딸을 구별하여 해석했으나 굳이 그렇게까지 할 필요는 없는 것 같다는 생각도 밝혀둔다.

적천수 사례연구 **자녀(子女) – 식상(食傷)이 자식**

❶ 일주가 왕(旺)한데 인수는 없고 식상이 있어 자식이 많은 경우

癸		戊		辛		辛	
丑		戌		丑		丑	

癸	甲	乙	丙	丁	戊	己	庚
巳	午	未	申	酉	戌	亥	子

이 사주는 일주(日主)가 왕(旺)하고 비겁(比劫)이 많은데, 연월(年月)의 천간에 상관(傷官)이 투출하여 지지에 통근(通根)하였다. 축토(丑土)는 습토(濕土)이니 능히 금(金)을 생하고 수(水)를 쌓아둘 수 있다[生金蓄水 생금축수]. 일주인 무토(戊土)는 인오술(寅午戌) 화국(火局)의 고(庫)인 술토(戌土)를 깔고 앉았으니, 비록 축월(丑月)의 겨울이라 할지라도 얼어붙지는 않을[不致寒凍 불치한동] 것이다. 따라서 가업은 부유하였다. 더욱 반갑게도 운(運)마저 서방(西方)의 금(金)운을 달렸으니 어그러짐이 없었다 [不悖 불패].

나이 열여섯부터 아들을 낳기 시작하여 매년 하나씩 연달아 모두 열여섯을 얻었고 이들 모두 별 탈 없이 잘 자랐으니, 이것은 사주가 아름다웠기 때문이라 하겠다. 사주에 인성(印星)이 없어 신금(辛金)을 극(剋)하지 않고, 신금(辛金)은 밝고 윤택하며[明潤 명윤], 묘하게도 사주에 목화(木火)가 섞이지 않았기 때문이라 하겠다.

'일주가 왕한데[日主旺 일주왕] 인수는 없고[無印綬 무인수] 식상이 있으면[有食傷 유식상] 반드시 자식이 많다[子必多 자필다]'는 논리의 사례로 든 사주라 하겠다. 사주에 관살(官殺)이 없으니 자식이 없어야 마땅한데, 임철초(任鐵樵)의 논리에 의하면 식상(食傷)이 자식이니 자식이 많은 것이 당연하다고 하겠다. 임철초가 이 사주를 맨 앞에 제시한 이유는 바로 관살을 자식이라고 하는 사람들의 논리를 이것 하나로 불식시킬 수 있다고 생각했기 때문일 것이다.

하지만 '사주에 관살이 없는 경우는 용신(用神)을 자식으로 한다'는 논리를 적용하면 용신인 상관(傷官)이 힘이 있으니 자식이 잘될 것이라 할 수 있으며, 이 논리는 임철초의 논리와도 들어맞으니 이것이 바로 통변(通變)의 지극한 논리가 아닌가 싶다. 운(運) 또한 용신의 운으로 흘렀으니 더욱 잘 풀렸다고 볼 수 있을 것이다.

❷ 일주가 약(弱)하고 인수가 가벼운데[輕, 경] 재성이 있어 자식이 없는 경우

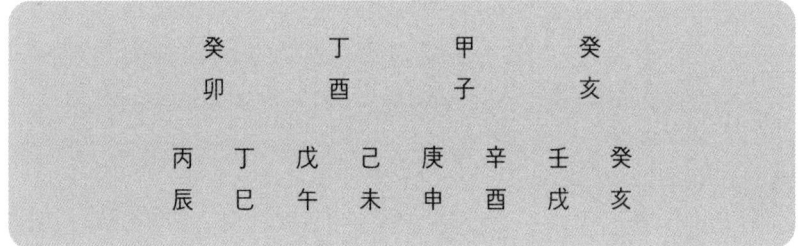

정화(丁火) 일주가 자월(子月)에 태어나 칠살(七殺)이 당령(當令)하였다. 불만스러운 것은 갑목(甲木)이 천간에 투출하니 종살(從殺)은 불가능하게 되고, 살이 많아 인성을 용신으로 삼게 된[殺重用印 살중용인] 것이다. 따라서 묘유충(卯酉沖)을 만나 갑목(甲木)의 왕지(旺地)인 묘목(卯木)이 가버리는[去 거] 것을 꺼리게 된다.

비록 천간끼리는 유정하여[天干有情 천간유정] 가업은 자못 풍성하였으나 [家業頗豐 가업파풍], 지지가 서로 협력하지 않으니[地支不協 지지불협] 처(妻)

에게서 딸 여덟을, 첩(妾)에게서 딸 여덟을 얻었으며 결국 아들은 없었다. 이른바 '신약하면 인성이 자식[身衰印作兒 신쇠인작아]'이라 하는데, 아들이 없는 것은 재성이 인성을 무너뜨렸기[財星壞印 재성괴인] 때문이라 할 것이다.

비록 '일주가 약하고[日主弱 일주약] 인수가 가벼운데[印綬輕 인수경] 재성이 있으면[有財星 유재성] 반드시 자식이 없다[子必無 자필무]'의 사례로 들었으나, 인성(印星)인 갑목(甲木)이 자월(子月)에 태어났으니 약(弱)하다고 하기에는 좀 어색한 분위기가 되어버린다. 하지만 정화(丁火)가 약하여 갑목(甲木)을 용신(用神)으로 하였으나 관살(官殺)인 수(水)가 너무 많아 목(木)이 떠버리게[水多木浮 수다목부] 되어 인성이 도리어 약해졌다고 할 수도 있으니, 이 사례로 적합하다고 할 수는 있겠다. 또한 임철초의 논리대로 '식상(食傷)이 자식'이라고 한다면 사주에 식신(食神)인 토(土)가 없으니 아들이 없다고 할 수도 있겠다.

다만 '관살(官殺)이 자식'이라는 논리를 적용한다면 사주에 관살이 이렇게 중중(重重)한데 어째서 아들이 없느냐고 반문할 수 있으나 딸도 자식이니 딸이라도 많은 것이 당연한 것이고, 단지 사주가 너무 습(濕)하여 아들이 없는 것이거나 요즈음 같으면 유전적 영향으로 볼 수도 있을 것이다. 따라서 이 사주를 신약하면 인성이 자식[身衰印作兒 신쇠인작아]이라 하는데 아들이 없는 것은 재성이 인성을 무너뜨렸기[財星壞印 재성괴인] 때문이라고 해석한다면 너무 작위적인 것 같다는 생각이 든다.

❸ 일주가 왕(旺)하고 인수는 무거운데[重, 중] 식상이 가벼워[輕, 경] 자식이 적은 경우

丁	戊	辛	乙
巳	戌	巳	未

癸	甲	乙	丙	丁	戊	己	庚
酉	戌	亥	子	丑	寅	卯	辰

무토(戊土) 일주가 사월(巳月)에 태어나고 사주에 화토(土)가 본래 왕(旺)하다. 신금(辛金)이 천간에 투출했으나 그 뿌리가 없으며[露而無根 노이무근], 겸하여 시(時) 또한 사시(巳時)이고 정화(丁火)가 홀로 천간에 투출하여 신금(辛金)을 극하는데[獨透剋辛 독투극신], 사주에 습기(濕氣)라고는 전혀 없다 하겠다. 더욱 불만스러운 것은 연간(年干)의 을목(乙木)이 화(火)의 맹렬함을 도와준다[助火之烈 조화지렬]는 것이다. 이에 두 명의 처(妻)를 여의고, 그들이 낳은 열두 명의 아들 중에서 열 명을 잃고 남은 것은 겨우 둘에 불과하였다.

심화학습

사주가 너무 메마른 것도 병(病)이 되는 모양이다. '일주가 왕하고[日主旺 일주왕] 인수는 무거운데[印綬重 인수중] 식상이 가벼우면[食傷輕 식상경] 반드시 자식이 적다[子必少 자필소]'의 사례이다. 여기서도 상관(傷官)인 신금(辛金)을 아들로 보고, 사주의 강한 인성(印星)이 약한 용신(用神)인 식상(食傷)을 극(剋)하여 아들이 어렵다고 해석하였다.

게다가 상관인 신금(辛金)은 천간에 드러나고 그 뿌리가 없으며 기신(忌神)인 정화(丁火)의 극을 받으니, 앞서 〈제8장 5. 은현(隱顯)〉에서 설명한 '길신이 천간에 드러나 뿌리가 없으면[吉神太露 길신태로] 한바탕 쟁탈의 바람이 일어난다[起爭奪之風 기쟁탈지풍]'는 말대로 용신은 자신의 역할을 제대로 수행할 수 없었을 것이 틀림없다.

다만 이 해석 또한 작위적이라는 느낌을 지울 수 없다. 오히려 상관인 신금(辛金)이 자식이 아니고 정관(正官)인 을목(乙木)이 자식이라고 한다면, 을목(乙木)은 을신충(乙辛沖)을 당하여 신금(辛金)에게 얻어터지고 일주(日主)인 무토(戊土)를 극하기에는 사주의 구조상 인성이 중중(重重)하여 불가능하니 자식이 힘들다고 해석하는 것이 더욱 이해하기 쉽다는 생각이다.

이 장(章)에서 사례로 든 사주가 이 밖에도 몇 개 더 있으나, 애초에 '식신과 상관이 아들과 딸이 된다[食傷爲子女 식상위자녀]'라고 선언한 후 이에 맞게 작위적으로 해석을 이끌어간다는 느낌을 주기 때문에 과감하게 생략하였다. 한편으로는 그냥 관살이 자식이라고 인정하면 될 것을 왜 이리 고생을 사서 할까 하는 안타까운 생각도 들지만, 그 논리는 그 논리대로 타당성이 있으니 그렇게 생각해볼 수도 있다는 정도로 이해하고 넘어가자는 생각이다.

3. 부모(父母) – 인성(印星)이 부모*

적천수 원문

父母或隆與或替　歲月所關果非細
부모혹륭여혹체　　　세월소관과비세

> 부모가 혹은 융성하거나 혹은 쇠퇴하는 것은[父母或隆與或替]
> 세월(연주와 월주)이 관계하는 바가 과연 적지 않다[歲月所關果非細].

*『적천수징의(滴天髓徵義)』의 해석에 논란의 소지가 있다.

적천수 해설　　**부모(父母) – 인성(印星)이 부모**

부모(父母)란 나를 낳아 이 세상에 있게 해주는 근본[生身之根本 생신지근본]이라 할 것이다. 따라서 사주의 연주(年柱)와 월주(月柱)가 관계하는 바[歲月所關 세월소관], 부모가 융성하거나 쇠퇴하는 것이 한결같지 않음을 알 수 있다는 것은 가히 바른 이치요 고칠 수 없는 법[正理不易之法 정리불역지법]이라 하겠다. 유백온(劉伯溫)은 원주(原注)에서 결국 재성(財星)과 인성(印星)을 부모로 구분하여 귀속시키고 또한 부모를 극한다는 설(說)을 논하였으나, 이는 이치를 전혀 파악하지 못하고[茫無把握 망무파악] 여전히 속세의 그릇됨에 미혹된 것이다. 부모에게 어찌 극(剋)이라는 글자를 함부로 쓸 수 있겠는가. 당연히 상친(喪親), 형처(刑妻), 극자(剋子)로 고쳐서 정의를 내리는 것이 지당한 이치이다.

만약 연월(年月)이 관성과 인성으로 서로 생하는데[官印相生 관인상생] 일시(日時)의 재성과 상관이 이들을 해치지 않는다면[財傷不犯 재상불범], 위로부터는 조상의 음덕을 입고[上叨蔭庇 상도음비] 아래로는 자식들이 영화를 누리게[下受兒榮 하수아영] 될 것이다.

연월이 관성과 인성으로 서로 생하는데[官印相生 관인상생] 일시에서 이들을 형으로 극하고 충으로 상하게 한다면[刑傷沖犯 형상충범], 조상의 업적을 망쳐버리고[破蕩祖業 파탕조업] 가문의 범절을 손상시킬[敗壞門風 패괴문풍] 것이다.

연(年)이 관성(官星)이고 월(月)이 인성이거나 월이 관성이고 연이 인성이면, 조상이 청렴하고 고귀[祖上淸高 조상청고]할 것이다.

일주가 관성을 반기는데[日主喜官 일주희관] 일(日)과 시(時)에서 재성을 만나거나[日時逢財 일시봉재] 일주가 인성을 반기는데[日主喜印 일주희인] 일과 시에서 관성을 만난다면[時日逢官 시일봉관], 반드시 조상보다 뛰어나 가문을 왕성하게 할[勝祖强宗 승조강종] 것이다.

일주가 관성을 반기는데[日主喜官 일주희관] 일과 시에서 상관을 만나거나[時日逢傷 시일봉상] 일주가 인성을 반기는데[日主喜印 일주희인] 일과 시에서 재성을 만난다면[時日逢財 시일봉재], 반드시 조상의 명예를 손상시켜 가문을 욕되게 할[敗祖辱宗 패조욕종] 것이다.

연이 재성이고 월이 인성이며 일주가 인성을 반기는데[日主喜印 일주희인] 일과 시에서 인성과 관성을 만난다면[逢官印 봉관인], 그 아버지를 도와 집안을 일으키게 됨[幇父興家 방부흥가]을 알 수 있다.

연이 상관(傷官)이고 월이 인성이며 일주가 인성을 반기는데[日主喜

印[일주희인] 일과 시에서 관성을 만난다면, 그 부모가 창업하였음[父母創業 부모창업]을 알 수 있다.

연이 인성이고 월이 재성이며 일주가 인성을 반기는데[日主喜印 일주희인] 시간(時干)에서 관성을 만난다면 그 부모가 가업을 망해 먹었음[父母破敗 부모파패]을 알 수 있고, 일과 시에서 인성을 만난다면 스스로 자수성가했음[自刱興家 자창흥가]을 알 수 있다.

연이 관성이고 월이 인성이며 일주가 관성을 반기는데[日主喜官 일주희관] 일과 시에서 재성을 만난다면, 부유하고 귀한 집안에서 태어나[出身富貴 출신부귀] 이를 이어나갈 명조[守成之造 수성지조]이다.

연이 상관이고 월이 비겁(比劫)이거나 연이 인성이고 월이 비겁이고 일주는 재성을 반기는데[日主喜財 일주희재] 일과 시에서 상관이나 재성을 만난다면, 가난하고 미천한 집안에서 태어나[出身寒微 출신한미] 가업을 만들어 일으킬 명조[刱業之命 창업지명]이다.

연이 비겁이고 월이 재성인데 일주가 재성을 반긴다면[日主喜財 일주희재] 남긴 가업이 풍성하여 넘칠[遺緖豊盈 유서풍영] 것이고, 일주가 비겁을 반긴다면[日主喜劫 일주희겁] 청렴하고 고귀하나 집안은 가난할[淸高貧寒 청고빈한] 것이다.

연이 관성이고 월이 상관이며 일주가 관성을 반기는데[日主喜官 일주희관], 일과 시에서 관성을 만난다면 반드시 자식이 아버지보다 뛰어날[必跨竈 필과조] 것이나, 일시에서 비겁을 만난다면 반드시 망해 먹을[必破敗 필파패] 것이다.

결론적으로 말하자면 재성, 관성, 인성이 연월에 있는데 일주가 이들을 반긴다면[日主之喜 일주지희] 그 사람의 부모가 귀하지 않으면 역시 부유할[不貴亦富 불귀역부] 것이지만, 일주가 이들을 꺼린다면[日主之忌 일주지기] 가난하지 않으면 천할[不貧亦賤 부빈역천] 것이니, 상세히 살펴보는 것이 마땅하다 할 것이다.

심화학습

유백온(劉伯溫)은 『적천수(滴天髓)』 원주(原注)에서 "자평지법(子平之法)

에서는 재성이 아버지이고[以財爲父 이재위부] 인성이 어머니인데[以印爲母 이인위모], 그 길흉을 판단해보면 열에 아홉은 징험이 있지만 연주(年柱)와 월주(月柱)를 살펴보는 것이 긴요하다[看歲月爲緊 간세월위긴]"라고 하였다. 이와 더불어 "연월(年月)의 재기(財氣)가 시간(時干)에 의해 손상을 입으면 우선 아버지를 극하고[先剋父 선극부], 연월의 인기(印氣)가 시지(時支)에 의해 손상을 입으면 우선 어머니를 극하지만[先剋母 선극모] 또한 모름지기 사주의 대세를 융통성 있게 살펴보아야[活看 활간] 하니, 전적으로 재성(財星)과 인성(印星)만으로 논해서는 안 된다"라고 하였다.

하지만 임철초(任鐵樵)는 이를 다시 부정하며, 부모(父母)를 모두 인성으로 보고 자식을 식상으로 보고 있다. 맨 앞 단락의 "유백온(劉伯溫)은 원주(原注)에서……고쳐서 정의를 내리는 것이 지당한 이치이다"까지는 독자들의 이해를 돕기 위해 『적천수천미(滴天髓闡微)』에서 발췌하여 추가한 내용임을 알려 드린다.

이 장(章)에서는 앞의 〈명리학 기초이론 26 : 연월일시주운(年月日時柱運)과 육친(六親)〉에서 이미 언급한 바와 같이 사주의 각 기둥[柱주]을 육친과 연계하여 활용함을 보여주고 있다. 이 논리는 〈제7장 11. 원류(源流)〉를 되새겨보면 알 수 있다. 즉, 원두(源頭)가 흘러가 머무는 곳이 연(年)의 관성(官星)이나 인수(印綬)라면 그 사람의 조상은 청렴하고 고귀함[淸高청고]을 알 수 있고, 원두가 흘러가 머무는 곳이 월(月)의 재성이나 관성이라면 그 사람의 부모가 창업(創業)을 하였음을 알 수 있으며, 원두가 흘러가 머무는 곳이 일시(日時)의 재관(財官)이나 식신(食神), 인수라면 그 사람은 반드시 자수성가(自手成家)했거나 처(妻)는 현명하고 자식은 귀하게 된다는 것이니, 연주(年柱)는 조상이고 월주(月柱)는 부모이며 일주(日主)는 본인이고 일지(日支)는 처이며 시주(時柱)는 자식이라고 해석한다.

여기서 임철초는 이 논리를 바탕으로 『적천수』 원문을 해석하고 있다. 다만, 연월에 관성과 인성을 놓고 사례를 제시하면서 관성은 조부모이고 이의 생(生)을 받는 인성은 부모라는 생각을 고집스럽게 유지하려다 보니 해석에 무리가 따른다는 느낌은 받지만, '연주가 조상인가 부모인가, 월주가 부모인가 아니면 아내 혹은 사회활동인가'는 차치하고라도 사주(四柱)의 네 기둥을 육친과 연관시켜 활용하는 것은 타당하다고 보아 그대로 이해하고 넘어가도록 한다.

그 이유는 임철초 본인도 연월을 분명히 구분하지 않고 재성, 관성, 인성이 연월에 있는데 일주가 이들을 반긴다면[日主之喜 일주지희] 그 사람의 부모가 귀하지 않으면 역시 부유할[不貴亦富 불귀역부] 것이지만, 일주가 이들을 꺼린다면[日主之忌 일주지기] 가난하지 않으면 천할[不貧亦賤 불빈역천] 것이라고 결론 내리며 재성 또한 부모(사실은 아버지이지만)가 될 수 있다는 가능성을 언뜻 비추었기 때문이다. 자신이 한번 내뱉은 말(부모가 정편인이고 자식은 식상이다)을 번복하기란 이렇게도 어려운 일인가 보다.

적천수 사례연구 ▸ **부모(父母) – 인성(印星)이 부모**

❶ 연(年) 관성, 월(月) 인성인데 시(時)에서 상관을 만난 경우

己	丙	乙	癸
丑	子	丑	卯

丁	戊	己	庚	辛	壬	癸	甲
巳	午	未	申	酉	戌	亥	子

이 명조(命造)는 관성(官星)인 계수(癸水)와 인성(印星)인 을목(乙木)이 천간에 투출했고, 재성(財星)인 신금(辛金)은 지지에 암장(暗藏)되어 사유축(巳酉丑) 금국(金局)의 고(庫)로 돌아갔으니 격국(格局)이 아름답다 하지 않을 수 없겠다. 불만스러운 것은 시지(時支)에서 상관(傷官)인 축토(丑土)가 방자하게 날뛰고 있는[肆逞 사령] 것이다. 축월(丑月)의 관성 계수(癸水)는 물러나는 기운[退氣 퇴기]이니, 일주(日主)는 쇠약하여 오직 인성인 을목(乙木)이 관성을 호위하고 자신을 생해주는[生火衛官 생화위관] 것에 전적으로 의지한다 하겠다.

연월(年月)이 관인상생(官印相生)이니 조상이 벼슬을 하는 집안에서 태어났다[出身官家 출신관가]. 해수(亥水)운에 이르러 국학에 들어가 학문을 익혔으나[入泮 입반], 임술(壬戌)운에는 수(水)가 통근(通根)하지 못하니 집 안이 기울고 재산이 줄어들어 고생이 많았다[破耗異常 파모이상]. 재물을 바치고 벼슬길에 올랐으나[加捐出仕 가연출사] 바른 법도를 지키지 못했다[不守淸規 불수청규]. 유금(酉金)운에 이르러 재성이 인성을 무너뜨리니[財星壞印 재성괴인] 결국 국법에 따라 처형되었다[竟伏國刑 경복국형].

'연월(年月)이 관성과 인성으로 서로 생하는데[官印相生 관인상생] 시(時)에 서 상관(傷官)의 극(剋)을 만나 조상의 업적을 망쳐버리고[破蕩祖業 파탕조업] 가문의 범절을 손상시킨[敗壞門風 패괴문풍]' 사주의 사례라 하겠다. 연월(年月)을 조상과 부모로 보고, 관성(官星)과 인성(印星)을 조부모와 부모로 간주했다고 보면 되겠다. 을목(乙木)을 용신으로 삼는 상관용인(傷官用印)이라 하겠다.

❷ 일주(日主)가 인성을 반기는데 일(日)에서 재성을 만난 경우

戊	戊	辛	丁
午	子	亥	巳

癸	甲	乙	丙	丁	戊	己	庚
卯	辰	巳	午	未	申	酉	戌

이 명조는 사주에 세 개의 인성(印星)인 화(火)와 두 개의 토(土)가 있어 일주(日主)가 왕한 것처럼 보인다[似乎旺相 사호왕상]. 하지만 그것은 해수(亥水)와 자수(子水)가 월지와 일지를 차지하여[亥子當權 해자당권] 인성인 사화(巳火)와 오화(午火)를 충하여 무너뜨리니[沖壞印綬 충괴인수] 천간의 화토(火土)가 허탈해짐을 모르고서 하는 소리이다.

그 조상은 큰 부자였으나 아버지 대에 이르러 집안은 망하고 재산은 다 날아가버렸으며, 게다가 초운(初運)마저 서방(西方)의 금지(金地)로 흘러 수(水)를 생하여 왕하게 하니[生助旺水 생조왕수], 반평생을 때를 만나지 못하고 불우하게 보냈다[顚連不遇 전련불우]. 정미(丁未)운에 이르러 운(運)이 남방(南方)으로 돌아들고 연이어 병오(丙午)운까지 20년 동안 사업경영이 바라는 대로 이루어져 재산이 십여만에 달했다.

연(年)을 조상으로 보고 월(月)을 아버지로 보아 월간(月干)의 신금(辛金)이 연간(年干)의 정화(丁火)의 흐름을 가로막고 있으니 부궁(父宮)이 흉신(凶神)이고, 월지(月支)의 해수(亥水) 또한 아버지인 인성을 극(剋)하니 아버지 대에 이르러 집안이 망한 것으로 해석했다고 보면 되겠다.

하지만 다르게 해석하여 인성(印星)이 용신(用神)이면 재성(財星)이 기신(忌神)이니 아버지가 기신이 되어 아버지 대에 망했다고 볼 수도 있다. 따라서 이 사주는 어떻게 해석해도 모두 같은 결론에 도달하니, 두 논리 모두 일리가 있다고 해야 하는지 참으로 난감하다.

❸ 연(年) 인성, 월(月) 재성에 인성을 반기는데 시간(時干)이 관성인 경우

癸	丙	辛	乙
巳	辰	巳	亥

癸	甲	乙	丙	丁	戊	己	庚
酉	戌	亥	子	丑	寅	卯	辰

이 명조는 월지와 시지에 녹왕을 만났고[支逢兩祿 지봉량록] 연간(年干)에 인수(印綬)가 투출하고 해수(亥水)에 뿌리를 내렸으니[印透通根 인투통근], 무릇 명리(命理)를 연구하는 학자들은 왕(旺)하다고 간주하여 재성(財星)을 용신(用神)으로 삼고 부와 명예를 모두 얻을[名利雙收 명리쌍수] 것이라고 단언하였다.

하지만 병화(丙火) 일주가 초여름인 사월(巳月)에 태어나 화기(火氣)는 진기(進氣)에 속하고, 연간의 인성(印星) 을목(乙木)은 월간(月干)의 재성 신금(辛金)에 의해 무너지며, 사해충(巳亥沖)으로 녹왕인 사화(巳火)를 무너뜨려 떠나보내니[破祿去火 파록거화], 오히려 금수(金水)는 생하여 도움을 받고[生扶 생부] 목화(木火)는 세력을 잃게 된다. 또한 일지(日支)의 진토(辰土)는 원신인 일주의 기를 훔쳐 떠나가고[竊去命主元神 절거명주원신], 시간(時干)의 계수(癸水)는 개두(蓋頭)가 되어 사화(巳火)를 손상시키니, 반드시 일주는 약(弱)하다고 해야 할 것이고 당연히 사화(巳火)가 용신이 되어야 할 것이다.

초운(初運)이 동방(東方)의 목지(木地)로 흘러 출신도 좋고 물려받은 재산이 풍요로웠으나, 축토(丑土)운에 들어 금(金)을 생(生)하고 화(火)를 설(洩)하니 가족은 죽고 재산은 줄어드는 등 고통이 심했다[刑耗異常 형모이상]. 병자(丙子)운에 이르러 병화(丙火)가 통근(通根)하지 못하고 관성(官星)이 득지(得地)하여 재산 손실이 이만저만이 아닌지라[定多破耗 정다파모] 가산의 열 중 아홉은 날아가고 부부는 모두 죽고 말았다[夫婦皆亡 부부개망].

심화학습

사주의 사례로 본다면 '연(年)이 인성이고 월(月)이 재성이며 일주가 인성을 반기는데[日主喜印 일주희인] 시간(時干)에서 관성을 만난다면, 그 부모가 가업을 망해먹었음[父母破敗 부모파패]을 알 수 있다'에 해당하지만, 여기서는 본인의 대에 망한 것이니 적합한 사례는 아니라고 생각한다. 또한 아버지를 재성이라고 해도, 재성이 기신(忌神)이니 어려서 물려받은 재산이 풍요로웠다는 해석과는 일치하지 않는다. 따라서 이 사주는 다른 명리가(命理家)들이 신왕(旺)하다고 주장하는 것에 대한 반론의 증거로 제시한 사례 정도로 보고 넘어가는 것이 낫겠다는 생각이다.

4. 형제(兄弟) - 비겁(比劫)이 형제*

적천수 원문

兄弟誰廢與誰興 提用財神看重輕
형제수폐여수흥   제용재신간중경

> 형[比肩, 비견]과 아우[劫財, 겁재] 둘 중에 누가 망하고 누가 흥하는가는
> [兄弟誰廢與誰興]
>
> 제강(提綱) 즉 월령에서 작용하는 재성과의 경중(輕重)을 살펴보아야 한다
> [提用財神看重輕].

*『적천수징의(滴天髓徵義)』의 해석에 논란의 소지가 있다.

적천수 해설　　**형제(兄弟) - 비겁(比劫)이 형제**

비견은 형이 되고[比肩爲兄 비견위형] 겁재는 아우가 되며[劫財爲弟 겁재위제] 녹왕(祿旺)과 양인(陽刃)도 이와 마찬가지로 논한다.

만약 살이 왕한데 식신이 없거나[殺旺無食 살왕무식] 살이 무거운데 인성이 없는[殺重無印 살중무인] 경우에, 겁재가 살과 합을 한다면[劫財合殺 겁재합살] 반드시 아우의 힘을 얻게 될 것이다. 살이 왕한데 식신이 가볍거나[殺旺食輕 살왕식경] 인수가 약한데 재성을 만난[印弱逢財 인약봉재] 경우에, 비견이 살과 대적한다면[比肩敵殺 비견적살] 반드시 형의 힘을 얻게 될 것이다.

관이 가볍고 상관이 무거운데[官輕傷重 관경상중] 비겁이 상관을 생하거나[比劫生傷 비겁생상] 살을 제어하는 식신이 지나치게 많은데[制殺太過 제살태과] 비겁이 식신을 돕는다면[比劫助食 비겁조식], 반드시 형제가 누(累)를 끼칠 것이다.

재성이 가볍고 비겁이 무거운데[財輕劫重 재경겁중] 인수가 상관을 극하여 제하면[印綬制傷 인수제상] 사마의 근심[司馬之憂 사마지우]을 면하지 못할 것이고, 재성과 관성이 세력을 잃었는데[財官失勢 재관실세] 비겁과 양인이 방자하게 날뛰면[劫刃肆逞 겁인사령] 주공의 걱정[周公之慮 주공지려]이 있음을 두려워할 것이다. 재성이 살을 생하여 무리를 이루었는데[財生殺黨 재생살당] 비겁이 일주를 도와주면[比劫幫身 비겁방신] 크게 형제의 도움을 받아 큰

이불에서 함께 잠들 수 있을 것이고[大被可以同眠 대피가이동면], 살이 무거운데 인성은 없고[殺重無印 살중무인] 일주가 쇠약한데 상관이 암장되어 있으면[主衰傷伏 주쇠상복] 할미새가 들판에서 일어나 노래하는 일은 능히 없는 것처럼 형제의 도움을 받을 수 없을[鶺原能無興歎 영원능무흥탄] 것이다.

살이 왕하고 인성은 암장되어 있는데[殺旺印伏 살왕인복] 비견도 힘이 없으면[比肩無氣 비견무기] 비록 아우가 형을 공경한다[弟雖敬 제수경]고 하더라도 형은 반드시 쇠약해질[兄必衰 형필쇠] 것이고, 관이 왕하고 인성은 가벼운데[官旺印輕 관왕인경] 재성이 힘을 얻으면[財星得氣 재성득기] 비록 형이 아우를 사랑한다[兄雖愛 형수애]고 하더라도 아우는 이루는 것이 없을[弟無成 제무성] 것이다.

일주가 비록 쇠약하다고 하더라도[日主雖衰 일주수쇠] 인수가 왕하고 월령을 차지하면[印旺月提 인왕월제] 형제가 무리를 이루어 도울[兄弟成羣 형제성군] 것이고, 일주가 왕하고 편인을 만났는데[身旺逢梟 신왕봉효] 비겁이 무겁고 관성이 없으면[劫重無官 겁중무관] 스스로 주인이 되어 모든 것을 유지할[獨自主持 독자주지] 것이다.

재성은 가볍고 비겁은 무거운데[財輕劫重 재경겁중] 식상이 비겁을 이끌어 변화시키면[食傷化劫 식상화겁] 한 말의 좁쌀도 찧을 수 있고 한 자의 삼베로도 옷을 만들 수 있다는 노래를 부르지는 않을[可無斗粟尺布之謠 가무두속척포지요] 것이고, 재성은 가볍고 비겁을 만났는데[財輕遇劫 재경우겁] 관성이 밝게 나타나면[官星明顯 관성명현] 콩을 삶기 위해 콩깍지를 불사른다는 노래를 짓지는 않을[不作煮豆燃箕之詠 부작자두연기지영] 것이다.

편인과 비견을 거듭 만났는데[梟比重逢 효비중봉] 재성은 가볍고 살은 숨어 있다면[財輕殺伏 재경살복] 날개가 부러져 우는 슬픔을 면할 수 없을[未免折翼之悲啼 미면절익지비제] 것이고, 일주가 쇠약하고 인성이 있는데[主衰有印 주쇠유인] 재성이 비겁을 만난다면[財星逢劫 재성봉겁] 오히려 산앵두나무가 빼어남을 겨루는 것을 허락할[反許棠棣之競秀 반허당체지경수] 것이다.

이상에서 살펴본 바와 같이 월령을 희용신과 기구신 중 어떤 신(神)이 차지했는가를 논하지 않고[不論提綱之喜忌 불론제강지희기] 오로지 일주가 반기고 꺼리는 신이 어느 것인가에 의거하여[全憑日主之愛憎 전빙일주지애증]

형제의 좋고 나쁨을 분별하되, 자세하고 정밀하게 살핌이 마땅하니[審察宜精 심찰의정] 그리하면 맞지 않을 일이 없을 것이다[斷無不驗 단무불험].

심화학습

이 장(章)에서는 유난히도 고사성어(故事成語)를 많이 사용하여 임철초(任鐵樵) 자신의 유식함을 드러내고 있다. 사마지우(司馬之憂)는 사마씨(司馬氏)의 근심이란 뜻인데, 사마염(司馬炎)이 세운 진(晉)나라 때에 팔왕(八王)이 가까운 혈족끼리 서로 해치고 죽이며 16년간 벌인 골육상잔(骨肉相殘)을 말한다고 한다. 주공지려(周公之慮)는 주공(周公)이 형제들의 반란을 염려한 것으로, 그는 무왕(武王)의 형제인데 무왕의 아들인 성왕(成王)을 도와 섭정을 하면서 형제인 관숙(管叔)과 채숙(蔡叔)의 난을 평정했다고 한다. 두속척포지요(斗粟尺布之謠)는 한 말의 좁쌀도 오히려 찧을 수 있고 한 자의 삼베로도 옷을 만들 수 있다는 노래로, 얼마 되지 않는 것도 형제 사이에 서로 나눈다는 의미이다. 회남려왕(淮南厲王) 유장(劉長)이 모반을 꾀하다 실패하여 촉군(蜀郡)으로 귀양을 가는 길에 굶어죽자, 백성들이 형제간의 불화를 풍자하여 불렀다는 노래라고 한다. 자두연기지영(煮豆燃箕之詠)은 콩깍지를 태워 콩을 삶는다는 노래로, 형제간의 불화를 풍자하며 위(魏)나라 조식(曹植)이 지은 칠보시(七步詩)에 나오는 말이라고 한다.

　사마지우(司馬之憂)는 인성(印星)이 상관(傷官)을 극하는 흉신(凶神)으로 작용하고, 주공지려(周公之慮)는 비겁(比劫)이 재성(財星)을 극하는 흉신으로 작용하여 형제가 도움이 되지 못한다는 것을 의미한다. 가무두속척포지요(可無斗粟尺布之謠)는 비겁이 기신(忌神)인데 식상(食傷)이 비겁을 이끌어 변화시키면[引化 인화] 형제간에 우애가 있다는 것을 의미하고, 부작자두연기지영(不作煮豆燃箕之詠)은 비겁이 기신인데 관성(官星)이 재성을 도우면 형제가 우애 있어 서로 도움을 준다는 의미로 받아들이면 될 것이다. 미면절익지비제(未免折翼之悲啼)는 비겁이 흉신으로 편인(偏印)을 만났는데 재성과 살(殺)이 약해 길신(吉神) 역할을 제대로 못하니 형제가 제대로 되지 못한다는 의미로 보면 되고, 반허당체지경수

(反許棠樣之競秀)는 재성이 기신으로 작용하나 비겁이 이를 극하는 길신으로 작용하여 형제가 도움이 된다는 의미로 보면 될 것이다.

이 장 후반부에서 말하는 '일주가 왕하고 편인을 만났는데[身旺逢梟 신왕봉효] 비겁이 무겁고 관성이 없으면[劫重無官 겁중무관] 스스로 주인이 되어 모든 것을 유지할[獨自主持 독자주지] 것이다'는 일행득기(一行得氣)에 일주를 따라 종왕(從旺)하는 것을 의미한다는 생각이다.

서두에 비겁을 형제라고 정의 내리고 중간에 여러 가지 예를 들어 이들의 길흉(吉凶)을 보여주고 있지만, '오로지 일주가 반기고 꺼리는 신(神)이 어느 것인가에 의거하여 판단하라[全憑日主之愛憎 전빙일주지애증]'는 한마디로 결론을 내리고 있다. 이 말은 비겁이 길신으로 작용하며 힘이 있거나, 흉신으로 작용할 때 이를 억제해 줄 길신이 제 역할을 다하면, 일주가 이를 반길 테니 형제가 도움이 된다는 의미로 받아들이면 될 것이다. 그래서 임철초의 『적천수징의(滴天髓徵義)』를 공부할 경우에는 항상 그 장의 끝부분에 주의를 기울여야 할 필요가 있는 것이다.

다만 예전과 달리 요즘은 형제에 대한 대우가 평등한 세상이 되었으니, 형제를 비견과 겁재로 나누어 해석하기보다는 비겁(比劫)을 형제로 뭉뚱그려 해석하는 것이 오히려 더 타당하지 않을까 하는 생각이다. 이것은 식상을 아들과 딸로 구별할 필요가 없는 것과 마찬가지라고 보면 될 것이다. 참고로 유백온(劉伯溫)의 『적천수(滴天髓)』 원주(原注)에서는 겁재와 비견, 양인이 모두 형제라고 하며 이들을 구분하여 설명하지 않고 있음을 알려 드린다. 또한 『적천수천미(滴天髓闡微)』에서는 겁재를 패재(敗財)라고 했는데, 이 둘은 같은 것을 의미한다.

형제(兄弟) - 비겁(比劫)이 형제

❶ 살은 왕(旺)하고 식신은 없는데 겁재를 얻어 살과 합을 한 경우

丁	丙	壬	丁
酉	子	寅	亥

甲	乙	丙	丁	戊	己	庚	辛
午	未	申	酉	戌	亥	子	丑

병화(丙火) 일주가 초봄인 인월(寅月)에 태어나 봄의 화(火)에 불꽃이 있다[相火有焰 상화유염]고는 하지만, 왕(旺)하다고 논하지는 않는다[不作旺論 부작왕론]. 월간(月干)의 임수(壬水)는 지지의 해자(亥子)에 통근(通根)하였고, 관살(官殺)인 해수(亥水)와 자수(子水)가 왕하고 제어하는 토(土)는 없는데[殺旺無制 살왕무제] 반갑게도 정임합(丁壬合)과 인해합(寅亥合)을 이루어 인성인 목(木)으로 화하니[合而化印 합이화인] 재앙이 오히려 은혜가 되었다[以難爲恩 이난위은]. 시지(時支)의 재성(財星)인 유금(酉金)은 관(官)을 생하고 인성을 무너뜨리려 하나[生官壞印 생관괴인], 또한 시간(時干)의 정화(丁火)가 개두(蓋頭)가 되어 유금(酉金)이 인목(寅木)을 극(剋)하지 못하게 한다.

한 어머니 슬하에 형제가 일곱이었는데[同胞七人 동포칠인] 모두가 학문을 했으며[皆就書香 개취서향], 형제간 우애가 좋아 형은 동생을 사랑하고 동생은 형을 공경하였다.

심화학습

일주(日主)가 월령(月令)을 잡고 천간에 두 개의 겁재(劫財)가 있으니 신왕(身旺)하다고 볼 수 있는 사주이다. 하지만 수(水)의 세력이 워낙 강(强)하여 신약(身弱)으로 봄이 타당하다 하겠다. 살중용인(殺重用印)에 겁재가 희신(喜神)이니 형제의 우애가 있었음에 틀림없다 하겠으나, 운(運)은 금수(金水)로 흘러 잘 풀리지는 못했으리라 생각한다.

❷ 재성과 관성이 세력을 잃었는데 겁재의 왕성함이 극에 달한 경우

庚	丙	戊	癸
寅	午	午	巳

庚	辛	壬	癸	甲	乙	丙	丁
戌	亥	子	丑	寅	卯	辰	巳

이 명조(命造)는 양인(陽刃)이 월령(月令)을 차지하고 인목(寅木)의 생조(生助)를 받아 세력이 왕(旺)하다. 더욱 불만스러운 것은 무계합(戊癸合)을 이루어 화(火)로 화(化)한다는 것이니, 재성(財星)이 중중(重重)한 비겁(比劫)들로부터 겁탈을 당하는 형상이다.

　형제가 여섯이나 되었지만 모두가 인품과 재주를 갖추지 못했고[皆不成器 개불성기] 서로 누가 됨이 이루 감당할 수 없을 정도였다[遭累不堪 조루불감]. 이는 한마디로 겁재와 양인이 지나치게 왕한데[劫刃太旺 겁인태왕] 재성과 관성이 기운이 없으면[財官無氣 재관무기] 오히려 형제가 적거나 있더라도 없는 것과 마찬가지[縱有不如無 종유불여무]라는 것이다. 또한 관살이 지나치게 왕해도[官殺太旺 관살태왕] 역시 형제를 해치게 된다[亦傷殘 역상잔]. 반드시 일주와 재성이 함께 왕해야 하고[身財竝旺 신재병왕], 관인이 뿌리를 내려야만[官印通根 관인통근] 형제의 우애가 돈독하다 할 것이다.

심화학습

무계합(戊癸合)을 이루어 화(火)로 화(化)하여 사주가 군겁쟁재(群劫爭財)의 형상을 띠게 되니, 형제가 서로 상대방의 재물을 탐하는 모습이 눈에 선한 사주이다. 게다가 초운(初運)이 목화(木火)로 흐르니 여간해서는 버티지 못했을 것이라 짐작할 수 있다. 이런 경우는 반드시 식상(食傷)이 있어 비겁(比劫)을 설(洩)하여 화해주는 것이 바람직한 방법이라 하겠다.

제 1 1 장

富貴貧賤
부귀빈천

1. 부빈(富貧) - 재성(財星)의 역할

적천수 원문　　　**부(富)**

何知其人富　財氣通門戶
하지기인부　　　재기통문호

> 그 사람이 부유한지 어떻게 알 수 있는가[何知其人富].
> 그것은 재성의 기운이 문호(門戶)를 통해야[生化流通, 생화유통] 함이고[財氣通門戶]

적천수 해설　　　**부(富) - 재기통문호(財氣通門戶)**

일주가 왕한데[身旺 신왕] 재성은 약하고 관성이 없으면[財弱無官 재약무관] 반드시 식상(食傷)이 있어야 하고, 일주가 왕하고 재성도 왕한데[身旺財旺 신왕재왕] 식상이 없으면[無食傷 무식상] 반드시 관살(官殺)이 있어야 한다.

　일주와 인성이 왕하고[身旺印旺 신왕인왕] 식상이 가벼운데[食傷輕 식상경] 재성이 국을 이루거나[財星得局 재성득국], 일주가 왕하고 관성은 쇠약하며 [身旺官衰 신왕관쇠] 인성이 무거운데[印綬重 인수중] 재성이 월령을 차지하거나[財星當令 재성당령], 일주가 왕하고 비겁이 왕한데[身旺劫旺 신왕겁왕] 재성과 인성은 없고[無財印 무재인] 식상이 있거나[有食傷 유식상], 일주가 약하고 재성은 무거운데[身弱財重 신약재중] 관성과 인성은 없고[無官印 무관인] 비겁이 있으면[有比劫 유비겁], 이 모두를 '재성의 기운이 문호를 통했다[財氣通

門戶 재기통문호]'라고 하는 것이다.

재성은 즉 아내가 되니[財卽是妻 재즉시처] 부(富)와 함께 거론할 수 있다 [可以通論 가이통론]. 만약 재성(財星)이 맑으면 아내가 아름다울 것이고[淸 則妻美 청즉처미], 재성이 흐리면 집안이 부유할[濁則家富 탁즉가부] 것이라고 한다면, 비록 그 이치는 바르다고 하더라도 깊이 있는 논리는 되지 못한 다 할 것이다.

만약 신왕하고 인성이 있어서[身旺有印 신왕유인] 관성의 기운이 새어 나 가는데[官星洩氣 관성설기], 사주에 식상이 나타나지 않고[不見食傷 불현식상] 재성이 관성을 생하면[財星生官 재성생관], 식상이 없으므로 재성 역시 약하 여 아내는 아름다울지 모르지만 재물은 적을[主妻美而財薄 주처미이재박] 것 이다.

신왕하고 인성이 없으나[身旺無印 신왕무인] 관성은 약하고 상관을 만났 는데[官弱逢傷 관약봉상] 재성을 얻어[得財星 득재성] 상관을 화하고 관성을 생 하면[化傷生官 화상생관], 재성은 통근(通根)을 하고 관성(官星) 역시 도움을 얻게 되니 아내가 아름다울 뿐만 아니라 재물 또한 여유로울[妻美而且富 厚 처미이차부후] 것이다.

신왕한데 관성은 약하고[身旺官弱 신왕관약] 식상이 거듭 나타났는데[食 傷重見 식상중현] 재성이 식상과 관성이 서로 통하게 도와주지 못하면[財星 不與官通 재성불여관통], 비록 집안은 부유하다 하더라도 아내는 반드시 미천 할[家富而妻必陋 가부이처필루] 것이다.

신왕하고 관성이 없으나[身旺無官 신왕무관] 식상은 기운이 있고[食傷有 氣 식상유기] 재성은 겁재와 연결되어 있지 않은데[不與劫連 불여겁련], 사주에 인성이 없다면[無印 무인] 아내와 재물이 모두 아름다울[妻財竝美 처재병미] 것이지만, 사주에 인성이 있다면[有印 유인] 재물은 많더라도 아내는 손상 을 입을[財旺妻傷 재왕처상] 것이다. 이상 네 가지는 자세히 궁구해보는 것 이 마땅하다.

심화학습

일단은 신왕(身旺)하여 재성(財星)을 용신(用神)으로 삼을 수 있어야만 재물을 일구어 부(富)를 누릴 가능성이 높다고 볼 수 있겠다. 다만, 이 재성이 사주 내에서 제 역할을 충실히 수행할 수 있도록 희신(喜神)이 잘 보필해야 하고, 또한 사주의 재성이 식상(食傷) 및 관살(官殺)과 생화유통(生化流通)을 하는 구조를 이루어 유정(有情)해야 이를 '재성의 기운이 문호를 통했다[財氣通門戶 재기통문호]'라고 하며 이로 인해 부를 축적할 수 있다는 것을 강조하고 있다.

하지만 신약(身弱)한 사주라 하더라도 인성(印星)과 관성(官星)은 없고 재성이 많은 경우에 비겁(比劫)이 재성을 적절히 극(剋)하여 제(制)해준다면, 이 역시 재기통문호(財氣通門戶)가 되어 큰 재물을 모아 부를 누릴 수 있다고 보고 있으니 잘 새겨두기 바란다.

또한 재성은 재물뿐만 아니라 처(妻)를 의미하기도 하니, 이 둘이 모두 잘되기 위해서는 용신인 재성을 보필하는 식상이나 관살이 희신 역할을 제대로 수행할 수 있는 사주 구조가 되어야 한다는 것을 네 가지 경우를 예로 들며 강조하고 있으니 충분히 음미해볼 만하다 할 것이다.

이에 덧붙여 혹자는 사주원국의 재성은 처로, 운(運)의 재성은 재물로 보는 경우도 있어 이 또한 고려해볼 만한 논리라 생각하는데, 이러한 논리들을 개별적으로 대입할 것이 아니라 복합적으로 적용하면 사주 해석의 정확성이 보다 높아지지 않을까 한다.

적천수 사례연구 **부(富) – 재기통문호(財氣通門戶)**

❶ 신왕(身旺)하고 재성이 약한데 식상이 돕는 경우

辛	壬	丙	甲
亥	寅	子	申

甲	癸	壬	辛	庚	己	戊	丁
申	未	午	巳	辰	卯	寅	丑

임수(壬水)가 한겨울인 자월(子月)에 태어나 양인(陽刃) 즉 겁재(劫財)가

당령(當令)하였고, 연월(年月)의 목화(木火)는 지지에 뿌리가 없으며 일지(日支)의 식신(食神)인 인목(寅木)은 충(沖)을 당하여 부서지니 평범한 사주라 할 것이다.

하지만 일지의 인목(寅木)과 시지(時支)의 해수(亥水)가 반가우니, 이들로 인해 연월(年月)의 목화(木火)가 생조(生助)를 받기 때문이다. 또한 인해합(寅亥合)을 이루어 목화(木火)의 기(氣)는 더욱 넉넉해지고[愈貫 유관], 신자(申子)가 수회국(水會局)을 이루어 식신은 오히려 생부(生扶)를 받으니, 이른바 '재성의 기운이 문호를 통했다[財氣通門戶 재기통문호]'가 되어 그 재산이 백여만을 넘었다.

대개 재물을 높이 쌓을 수 있는[鉅富 거부] 것은 단지 사주에 재성(財星)이 많아서가 아니라 재성이 다른 신(神)들과 서로 생화(生化)하고 유정하기 때문이라 할 것이니, 이것이 바로 '재기통문호(財氣通門戶)'이다. 만약 재(財)가 왕지(旺地)에 임했다면 관성(官星)이 나타나는 것은 마땅치 않고, 일주가 월령(月令)을 얻지 못해 신약(身弱)하다면 반드시 비겁(比劫)의 도움이 있어야 재기통문호가 되어 아름다운 것이다.

심화학습

앞에서 언급한 재기통문호(財氣通門戶)의 의미를 다시 한 번 더 확인시켜주는 사례라 할 것이다. 신왕(神旺)한 사주를 사례로 들고 맨 나중에 신약(身弱)하고 재성(財星)이 왕(旺)한 경우에는 어떤 구조의 사주가 되어야 하는가를 짚고 넘어가니 잘 기억해두기 바란다.

❷ 신약(身弱)하고 재성이 중(重)한데 비겁이 돕는 경우

戊	癸	丙	壬
午	亥	午	申

甲	癸	壬	辛	庚	己	戊	丁
寅	丑	子	亥	戌	酉	申	未

계수(癸水)가 한여름인 오월(午月)에 태어나 시(時) 또한 오시(午時)를 만났으니, 재성과 관성이 지나치게 왕하다[財官太旺 재관태왕].

반가운 것은 일간이 지지를 얻었다[日元得地 일원득지]는 것이고, 더욱 묘한 것은 연간(年干)의 겁재가 장생 즉 인성(印星) 위에 앉아 있다[劫坐長生 겁좌장생]는 것이다. 재성이 기운이 있으며[財星有氣 재성유기], 더욱 부러운 것은 사주 오행에 목(木)이 없어 수(水)를 설(洩)하지 않고 화(火)를 생조(生助)하지 않는다는 것이다. 따라서 임수(壬水)를 용신으로 삼는다[壬水可用 임수가용].

운(運) 또한 서북(西北)으로 달려 금수(金水)가 지지를 얻으니[金水得地 금수득지], 물려받은 가업은 풍성하지 않았으나[遺緖不豊 유서불풍] 스스로 사업을 일구어 재산이 수십만에 이르렀다. 본부인 외에 네 명의 첩을 거느리고 아들 여덟을 두었다.

심화학습

앞에서 언급한 신약(身弱)한 사주의 '재기통문호(財氣通門戶)'를 염두에 둔 사례가 아닌가 생각한다. 다만 이 사주에서는 관성(官星)과 인성(印星)이 보여 원래의 의도를 충분히 만족시켜주지는 못하는 것이 아쉬울 뿐이다.

또한 '물려받은 가업은 풍성하지 않았으나[遺緖不豊 유서불풍]'라고 한 것은 앞의 〈명리학 기초이론 26 : 연월일시주운(年月日時柱運)과 육친(六親)〉에서 언급한 바와 같이 연주(年柱)를 조상, 월주(月柱)를 부모로 보고, 연주인 임신(壬申)은 길신(吉神)이니 조상은 재물을 불렸으나 월주인 병오(丙午)는 흉신(凶神)이라 부모가 그 재물을 소모하여 그렇게 되었다고 해석한 것은 아닐까 하는 생각이 든다.

빈(貧)

何知其人貧 財神反不眞
하지기인빈   재신반부진

> 그 사람이 가난한지 어떻게 알 수 있는가[何知其人貧].
> 그것은 재성이 기신(忌神)이거나 용신(用神)의 역할을 잘 못하여 참되지 못함이다
> [財神反不眞].

빈(貧) – 재신반부진(財神反不眞)

재성이 참되지 못한[財神不眞 재신부진] 경우는 다음 아홉 가지가 있다.

재성이 무거운데[財重 재중] 식상도 많은[食傷多 식상다] 것이 첫 번째 부진
[一不眞 일부진]이고,

재성이 가벼워 식상을 반기는데[財輕喜食傷 재경희식상] 인성이 왕한[印
旺 인왕] 것이 두 번째 부진[二不眞 이부진]이며,

재성이 가볍고 비겁이 무거운데[財輕劫重 재경겁중] 식상이 나타나지 않
는[食傷不現 식상불현] 것이 세 번째 부진[三不眞 삼부진]이고,

재성이 많아 비겁을 반기는데[財多喜劫 재다희겁] 관성이 비겁을 극하는
[官星制劫 관성제겁] 것이 네 번째 부진[四不眞 사부진]이며,

인성을 반기는데[喜印 희인] 재성이 인성을 무너뜨리는[財星壞印 재성괴인]
것이 다섯 번째 부진[五不眞 오부진]이고,

인성을 꺼리는데[忌印 기인] 재성이 관성을 생하는[財星生官 재성생관] 것이
여섯 번째 부진[[六不眞 육부진]이며,

재성을 반기는데[喜財 희재] 재성이 한신과 합하여 화하는[財合閑神而
化 재합한신이화] 것이 일곱 번째 부진[七不眞 칠부진]이고,

재성을 꺼리는데[忌財 기재] 재성이 한신과 합하여 재성이 되는[財合閑
神化財 재합한신화재] 것이 여덟 번째 부진[八不眞 팔부진]이며,

관살이 왕하여[官殺旺 관살왕] 인성을 반기는데[喜印 희인] 재성이 국을 이
룬[財星得局 재성득국] 것이 아홉 번째 부진[九不眞 구부진]이다.

이상 아홉 가지 경우가 재신이 참되지 못한 바른 이치[財神不眞之正
理 재신부진지정리]라 하겠다. 그래서 가난한 사람은 많고[貧者多 빈자다] 부유한

사람은 적은[富者少 부자소] 것이다. 고로 가난함에도 그 등급이 있고 부유함에도 그 등급이 있으니 대충 얼버무려서 빈부(貧富)의 수준을 가려서는 안 되는[不可槪定 불가개정] 것이다. 이를테면 가난하지만 귀한 사람이 있고[有貧而貴者 유빈이귀자], 가난하지만 올바른 사람이 있으며[有貧而正者 유빈이정자], 가난하면서 천한 사람도 있으니[有貧而賤者 유빈이천자] 그 등급을 나누어 구분함이 마땅하다.

가령 재성이 가볍고 관성은 쇠약하여[財輕官衰 재경관쇠] 식상을 만나 반가운데 식상이 인성을 보는 경우나, 혹은 인성을 반기는데 재성이 인성을 무너뜨리지만[財星壞印 재성괴인] 관성을 얻어 이를 해소하는 경우[得官星解者 득관성해자], 그 사람은 귀하지만 가난할[貴而貧 귀이빈] 것이다. 관살(官殺)이 왕(旺)하여 신약(身弱)한데 재성이 관살을 생조(生助)하는 경우, 인성(印星)이 있으면 하찮은 벼슬이라도 쉽게 얻겠지만[一衿易得 일금이득] 인성이 없으면 이마저 얻지 못하고 선비로 늙을[老於儒冠 노어유관] 것이다. 이것은 청렴하지만 가난한 격[淸貧之格 청빈지격]의 사주로 그 사람이 행하는 바는 모두가 바르다[所爲皆正 소위개정] 하겠다.

사주에 재성이 많으면 그 사람의 마음 속에는 반드시 재물을 탐하는 욕심이 생길[心志必欲貪 심지필욕탐] 것이고, 사주에 관성이 왕하면 마음 속에 반드시 벼슬을 구하고자 하는 욕심이 생길[心事必欲求 심사필욕구] 것이다. 합이 아닌데도 합을 하려고 하고[非合而合 비합이합] 종을 하지 않는데도 종을 하려고 하며[不從而從 부종이종], 합을 해도 화를 이루지 못하고[合之不化 합지불화] 종을 해도 참되지 못하면[從之不眞 종지부진], 이러한 사주는 부귀(富貴)를 보면 안면몰수하여 아첨하고[生諂容 생첨용] 재물과 이익[財利 재리]을 얻기 위해서는 은혜와 의리를 저버릴[忘恩義 망은의] 것이니, 이런 경우를 가난하면서 천하다[貧而賤 빈이천]고 할 것이다. 설령 요행으로 재물을 모아 부자가 된다[僥倖致富 요행치부]고 하더라도 귀(貴)하게 되기에는 모자란다 할 것이다.

무릇 사업에 실패하고 집안을 망친[敗業破家 패업파가] 사주는 처음 볼 때는 아름다운 것처럼 보이지만 재성과 관성이 짝을 이루어 아름다운 것이 아니고[非財官雙美 비재관쌍미], 천간과 지지가 짝을 이루어 맑은[干支雙

淸^{간지쌍청}] 것 같지만 살과 인성이 서로 생하는 것이 아니며[非殺印相生^{비살인상생}] 천간의 재성이 왕지 위에 앉아 있다[財臨旺地^{재임왕지}]. 비록 재성과 관성이 가히 장수하도록 돌보아 기르고 일신의 영달을 가져다준다[財官可養命榮身^{재관가양명영신}]고 하더라도, 일단은 반드시 일주(日主)가 왕상(旺相)해야만 그 재성과 관성을 능히 감당할 수 있다[方能任其財官^{방능임기재관}]는 사실을 모르고 있는 것이다. 만약 재성과 관성이 지나치게 많거나 미치지 못한다면[太過不及^{태과불급}] 이는 모두가 참된 것이 아니어서[不眞^{부진}] 쉽게 흩어지고 쉽게 줄어들므로[能散能耗^{능산능모}], 사주에 재성과 관성이 있다고 하더라도 결국에는 부귀를 얻을 수 없는 것이다. 사주에는 이러한 격국(格局)이 가장 많아서 일일이 거론하기가 어려울 정도이니 자세히 궁구해봄이 마땅하다.

심화학습

앞부분에서 재성이 참되지 못한[財神不眞^{재신부진}] 경우를 아홉 가지로 나누어 구분했는데, 이를 간단히 요약하면 재성(財星)이 기신(忌神)인데 사주의 상황이 이를 더욱 악화시키거나 재성이 용신(用神)인데 희신(喜神)이 이를 잘 보필하지 못하고 다른 신(神)들의 방해로 제 역할을 제대로 수행하지 못하는 경우를 말한다고 할 수 있겠다. 물론 맨 마지막에 '사주에는 이러한 격국(格局)이 가장 많아서 일일이 거론하기가 어려울 정도'라고 결론을 맺었으니 대부분의 사주가 여기에 해당한다고 보면 되겠다.

하지만 '빈이정(貧而正)'과 '빈이천(貧而賤)'을 구분하여, 비록 가난하지만 올바르게 사는 것이 부당하게 돈을 벌어 마음이 가난하여 천(賤)하게 사는 것보다 낫고, 신약(身弱)한 사람이 재물과 벼슬을 너무 탐내면 이를 감당하지 못해 다친다는 것을 강조하니, 명리학(命理學)을 공부하는 궁극적 목적이 돈과 벼슬이 아니라 인생의 행복이라는 사실을 다시 한 번 일깨워주고 있다고 보면 될 것이다.

또한 마지막 부분 '재성과 관성이 가히 장수하도록 돌보아 기르고 일신의 영달을 가져다준다[財官可養命榮身^{재관가양명영신}]'에서 양명영신(養命榮身)은 글자 그대로 해석하면 '장수하도록 돌보아 기르고 일신의 영달을 가져다준다'이지만, 뒷문장과의 연관성을 생각하면 명(命)은 사주(四柱)로, 신(身)은 일주(日主)로 풀어보는 것도 가능하다는 생각이다. 따라서 이를 다시 확대하여 해석해본다면 '비록 재성과 관성이 사주에 있어 그 역할을 다해야[養命 양명] 그 사주의 주인인 일주가 귀하게 되고 그 이름이 세상에 빛나겠지만[榮身 영신], 일단은 반드시 일주가 왕상(旺相)해야만 그 재성과 관성을 감당할 수 있다'가 된다. 다만 이것은 필자의 생각일 뿐이니 그리 알고 넘어가기 바란다.

적천수 사례연구 **빈(貧) – 재신반부진(財神反不眞)**

❶ 재성이 무거운데 식상도 많은 경우

辛	戊	戊	壬
酉	戌	申	子

丙	乙	甲	癸	壬	辛	庚	己
辰	卯	寅	丑	子	亥	戌	酉

무토(戊土)가 초가을인 신월(申月)에 태어나 지지는 신유술(申酉戌) 서방(西方)의 방합(方合)을 이루어 식상의 빼어난 기운이 흐른다[秀氣流行 수기류행]. 본래 격국(格局)은 아름답다 하겠으니 큰 부잣집에서 태어났다.

불만스러운 것은 연간(年干)의 임수(壬水)가 신금(申金)과 자수(子水)의 회국(會局)으로 이루어진 수국(水局)에 통근(通根)하는 것이니, 재성이 오히려 참되지 못하다[財神反不眞 재신반부진] 하겠다. 게다가 운(運)마저 서북(西北) 금수(金水)의 지지로 달리니, 재물은 가볍게 여기고 의리를 중요시하여[輕財重義 경재중의] 재산이 흩어져 줄어듦이 보통이 아니었다[耗散異常 모산이상]. 오로지 술토(戌土)운에 국학에 들어가 공부를 하고[入泮 입반] 자식도 얻었을 뿐, 신해(辛亥)와 임자(壬子)운에는 그 가난을 견딜 수 없을 정도였다[貧乏不堪 빈핍불감].

재신반부진(財神反不眞)의 첫 번째인 '재성이 무거운데[財重^{재중}] 식상도 많은[食傷多^{식상다}] 경우'에 해당하는 사례라 하겠다. 신약(身弱)하여 인성 (印星)이 필요한데 사주에 화(火)가 없어 비견(比肩)을 용신(用神)으로 삼고 운(運)에서 인성이 오기를 기다려야 하는 사주이나, 운이 금수(金水)의 지지로 달리니 가난할 수밖에 없었을 것 같다. 그래도 사주는 청(淸)하니 의리를 중시한 것도 당연할 것이다.

❷ 재성이 가벼워 식상을 반기는데 인성이 왕한 경우

己	丁	甲	癸
酉	巳	寅	卯

丙	丁	戊	己	庚	辛	壬	癸
午	未	申	酉	戌	亥	子	丑

이 명조(命造)는 재성은 지지에 감추어져 있고 살은 천간에 드러나 있으며[財藏殺露^{재장살로}], 살과 인성이 서로 생하는[殺印相生^{살인상생}] 동시에 계수(癸水)에서 시작하여 유금(酉金)까지 서로 구슬을 꿰듯 이어져 서로 생하니[連珠相生^{연주상생}] 귀격(貴格)처럼 보이는 바, 조상이 물려준 재산이 이십여만에 이르렀다.

하지만 연간(年干)의 살(殺)은 뿌리가 없어 그 화려한 빛[菁華^{청화}]을 인수(印綬)에게 모두 도둑맞아 잃어버린다는[竊去^{절거}] 사실을 알지 못하는 것인가. 따라서 계수(癸水)를 용신(用神)으로 삼을 수 없음이 확실하며, 반드시 재성인 유금(酉金)을 용신으로 삼아야 한다. 유금(酉金)의 천간은 기토(土)가 덮고 있어 서로 유정(有情)한 것처럼 보인다. 다만 목(木)은 왕(旺)하고 토(土)는 허약하며 상(相)에 해당하는 화(火)는 생(生)을 만났으니, 사유(巳酉)는 금국(金局)으로 회합(會合)을 하지 못해 '재신반부진 (財神反不眞)'이 된다.

마침내 임자(壬子)운으로 바뀌자 금(金)을 설(洩)하고 목(木)을 생(生)하니 여지없이 패하여 다시는 일어설 수 없게[一敗塗地 일패도지] 되었고, 해수(亥水)운에 이르러 인성(印星)이 장생(長生)을 만나니 결국에는 굶어 죽고 말았다[竟遭餓死 경조아사].

재신반부진(財神反不眞)의 두 번째인 '재성이 가벼워 식상을 반기는데[財輕喜食傷 재경희식상] 인성이 왕한[印旺 인왕] 경우'에 해당하는 사례라 하겠다. 인성(印星)이 왕(旺)하여 희신(喜神)인 식신(食神)을 극(剋)하니 용신(用神)인 재성(財星)은 힘을 쓰지 못하는 것이 당연하고, 비견(比肩)까지 극을 하며 달려드니 안타까운 결말을 맞이한 것이 당연한 결과로 여겨지는 사주이다.

❸ 재성이 가볍고 비겁이 무거운데 식상이 나타나지 않는 경우

庚	丙	壬	庚
寅	寅	午	午

庚	己	戊	丁	丙	乙	甲	癸
寅	丑	子	亥	戌	酉	申	未

병화(丙火)가 여름인 오월(午月)에 태어나 금(金)을 만났다. 재성이 약한 살을 불리는[財滋弱殺 재자약살] 형상이다. 지지는 인목(寅木)과 오화(午火)가 두 개씩 차지하여 다른 신(神)이 섞이지 않으니[兩支不雜 양지부잡], 살과 양인이 쌍이 되어 맑다[殺刃雙淸 살인쌍청].

따라서 당연히 명예와 이익이 함께 따른다고[名利雙輝 명리쌍휘] 하겠지만, 이것은 지지의 목화(木火)는 천간의 금수(金水)를 실어주지 못하는[不載金水 부재금수] 것을 모르고 하는 소리이다. 한 잔의 물로 수레의 섶나무에 붙은 불을 끄려는[杯水車薪 배수거신] 것과 마찬가지이니, 화(火)를 극

(尅)하여 제(制)할 수 없을 뿐만 아니라 오히려 재성(財星)인 금(金)의 기운을 설(洩)하여 여름철의 경금(庚金)은 부서지고 끊어지니[敗絕^{패절}] 재성이 참되지 못함[財不眞^{재부진}]은 가히 알 수 있지 않겠는가.

초운(初運)인 계미(癸未), 갑신(甲申), 을유(乙酉)는 지지가 토금(土金)이니 먹을 것과 입을 것이 풍족했으나[豊衣足食^{풍의족식}], 마침내 병술(丙戌)운으로 바뀌자 지지는 인오술(寅午戌)의 완벽한 화국(火局)을 이루게 되니, 처자식을 잃고[刑妻尅子^{형처극자}] 재산은 부서지고 줄어듦이 도를 넘어[破耗異常^{파모이상}] 그 많던 재물을 동방(東方)의 강물에 다 실어 보냈다[盡付東流^{진부동류}]. 정해(丁亥)운에는 임수(壬水)와 인목(寅木)이 정임합(丁壬合)과 인해합(寅亥合)을 이루어 목(木)으로 화(化)하니 그 외로움과 고통을 감당하지 못하고[孤苦不堪^{고고불감}] 죽고 말았다.

심화학습

재신반부진(財神反不眞)의 세 번째인 '재성이 가볍고 비겁이 무거운데[財輕劫重^{재경겁중}] 식상이 나타나지 않는[食傷不現^{식상불현}] 경우'에 해당하는 사례라 하겠다. 비겁(比劫)이 중중(重重)하여 신왕(身旺)하니 식상으로 설(洩)해야 하지만 사주에 식상(食傷)이 보이지 않으니 살(殺)인 임수(壬水)를 용신으로 삼고 경금(庚金)을 희신으로 삼아[財滋弱殺^{재자약살}] 일주(日主)를 극하려고 하지만, 화(火)는 너무 강하고 금(金)은 뿌리가 없어 불가능하여 일단은 경금(庚金)을 용신으로 하고 운(運)에서 습토(濕土)가 오기를 기다려야 하는 사주라 하겠다. 사주원국에서 지지에 습토인 진토(辰土)나 축토(丑土)가 없는 것이 너무 아쉽다 할 것이다.

❹ 재성이 많아 비겁을 반기는데 관성이 비겁을 극하는 경우

```
        壬        庚        乙        乙
        午        寅        酉        卯

    丁   戊   己   庚   辛   壬   癸   甲
    丑   寅   卯   辰   巳   午   未   申
```

경금(庚金)이 가을인 유월(酉月)에 태어나 월령(月令)을 잡았고, 재와 관이 함께 왕하고[財官竝旺 재관병왕] 식신(食神)인 임수(壬水)가 시간(時干)에서 수기(秀氣)를 토(吐)하니, 넓게 보면 부귀를 누릴 명조(命造)라 하겠다.

하지만 재성(財星)이 지나치게 많고[太重 태중] 지지의 인목(寅木)은 관성(官星)인 오화(午火)와 인오(寅午)의 화국(火局)을 이루어 일주는 오히려 약해지니[日主反弱 일주반약] 이렇게 강한 재관(財官)을 감당하지 못한다 하겠다. 일주(日主)인 경금(庚金)은 양인(陽刃)인 겁재(劫財)의 도움에 전적으로 의지할 수밖에 없는 형상이나, 유금(酉金)은 묘목(卯木)과 충(沖)을 하고 오화(午火)의 극(剋)을 받으며, 시간의 임수(壬水)는 화(火)를 극할 수 없는 상황에서 오히려 일주의 기운만 설(洩)하니 재성이 참되지 못하다[財不眞 재부진] 하지 않겠는가.

초운(初運)인 갑신(甲申)운은 지지에 녹왕(祿旺)을 깔고 앉아 일찍이 반수(泮水)에 들어 공부했으나, 그 후 운(運)이 남방(南方)을 달려 가난과 빈곤을 견딜 수 없었다[貧乏不堪 빈핍불감].

심화학습

재신반부진(財神反不眞)의 네 번째인 '재성이 많아 비겁을 반기는데[財多喜劫 재다희겁] 관성이 비겁을 극하는[官星制劫 관성제겁] 경우'에 해당하는 사례라 하겠다. 신약(身弱)하니 운(運)이라도 금토(金土)로 흘렀다면 좋으련만, 운마저 도와주질 않으니 어쩔 수 없었던 모양이다. 『적천수징의(滴

天髓徵義)』 본문에서 언급했듯이, 비록 재성과 관성이 가히 장수하도록 돌보아 기르고 일신의 영달을 가져다준다[財官可養命榮身 재관가양명영신]고 하더라도, 일단은 반드시 일주가 왕상(旺相)해야만 그 재성과 관성을 능히 감당할 수 있다[方能任其財官 방능임기재관]는 것을 여실히 증명해주는 사주라 할 것이다.

❺ 인성을 꺼리는데 재성이 관성을 생하는 경우

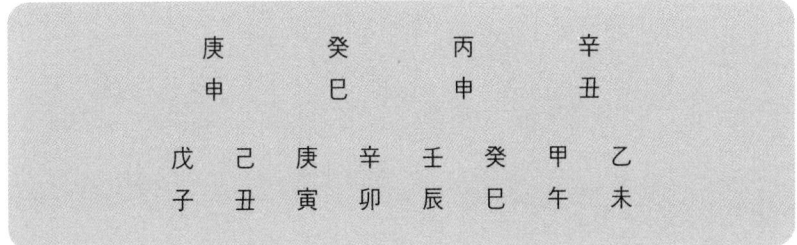

이 사주는 재성(財星)인 병화(丙火)가 지지에 비견(比肩)인 사화(巳火)를 두고 있고, 살인 축토(丑土)가 홀로 맑으니[一殺獨淸 일살독청] 아름다운 것처럼 보인다.

불만스러운 것은 인성(印星)이 너무 많다[太重 태중]는 것과, 축토(丑土)가 금(金)을 생하고 화(火)를 설하며[生金洩火 생금설화], 병화(丙火)는 신금(辛金)과 병신합(丙辛合)을 이루어 수(水)로 화(化)하여 재성이 겁재(劫財)가 되는 것이다. 또한 지지의 두 신금(申金)마저 사화(巳火)와 합을 하니 재성이 참되지 못하게[財不眞 재부진] 되는 것이다.

초운(初運)인 을미(乙未)와 갑오(甲午)운에는 목화(木火)가 함께 왕(旺)하니 조상이 물려준 재산이 자못 풍족했으나[祖業頗豊 조업파풍], 마침내 계사(癸巳)로 운(運)이 바뀌자 운과 사주원국의 사화(巳火)는 모두 신금(申金)과 합을 하니, 한 번의 실패로 모든 것이 한 줌의 재가 되어버리고[一敗如灰 일패여회] 결국 거지가 되고 말았다[竟爲乞丐 경위걸개].

재신반부진(財神反不眞)의 여섯 번째인 '인성을 꺼리는데[忌印기인] 재성이 관성을 생하는[財星生官재성생관] 경우'에 해당하는 사례라 하겠다. 신왕(身旺)하여 재성(財星)을 용신으로 삼는데 재성이 약하여 식상(食傷)을 희신으로 삼으려고 하나, 사주에 식상은 보이지 않고 약(藥)이 되어야 할 토(土)는 오히려 재성의 기운만 빼앗는 꼴이니 재물이 따르지 않을 수밖에 없다고 하겠다.

하지만 운(運)이 목화(木火)로 흐르니 견딜 만할 것 같은데 사화(巳火)운에 여지없이 깨어졌다고 하니, 혹자는 지지의 육합(六合)은 무효라고 하여 인정하지 않지만 여기서는 그것을 인정할 수밖에 없을 것 같다는 생각이다. 또는 어릴 때 너무 부유하게 자라 교만하여 물려받은 재산을 지키지 못했다고 볼 수도 있겠다. 마치 온실에서 자란 화초가 쉽게 죽는 것처럼 말이다.

❻ 재성을 꺼리는데 재성이 한신과 합하여 재성이 되는 경우

乙	丁	乙	庚
巳	丑	酉	辰

癸	壬	辛	庚	己	戊	丁	丙
巳	辰	卯	寅	丑	子	亥	戌

정화(丁火) 일주가 시(時)에서 왕지(旺地)를 만났고 천간에서 두 개의 인성(印星)이 일주(日主)를 생(生)해주니, 화(火)는 뜨겁고 금(金)은 쌓여 있어[火焰金疊화염금첩] 부자의 사주[富格부격]로 보인다.

하지만 이는 월간(月干)의 을목(乙木)이 경금(庚金)을 따라 금(金)으로 화(化)하고, 지지는 사유축(巳酉丑)의 금국(金局)을 이루어 사주 전체가 재성(財星)이 되어버리니, 오히려 재성이 참되지 못하게[財不眞재부진] 되는 것을 모르고 하는 소리이다.

조상이 물려준 재산은 풍족했으며[祖業亦豊 조업역풍], 초운(初運)인 병술(丙戌)과 정해(丁亥)운에는 비겁이 일주를 도와[比劫幇身 비겁방신] 재물이 마음먹은 대로 따랐으나[財喜如心 재희여심], 무자(戊子)와 기축(己丑)운에는 금(金)을 생하고 화(火)를 설(洩)하여 어둡게 하니[生金晦火 생금회화] 재물은 흩어지고 사람은 떠나가[財散人離 재산인리] 결국 추위에 얼며 굶주리다가 세상을 하직하였다.

재신반부진(財神反不眞)의 여덟 번째인 '재성을 꺼리는데[忌財 기재] 재성이 한신과 합하여 재성이 되는[財合閑神化財 재합한신화재] 경우'에 해당하는 사례라 하겠다. 앞의 사주와 마찬가지로 조상이 물려준 재물을 지키지 못하고 다 날려버렸으니, 어릴 때의 재물은 자신의 것이 아니며 너무 부유하게 자라 교만하여 물려받은 재산을 지키지 못했다고 볼 수도 있겠다. 또한 앞의 사주와는 달리 일주(日主)가 약하니 신약(身弱)하면 재성(財星)을 지키기가 어렵다는 사실을 다시 한번 여실히 증명해주고 있다.

2. 귀천(貴賤) - 관성(官星)의 역할

적천수 원문 **귀(貴)**

何知其人貴　官星有理會
하지기인귀　　관성유리회

> 그 사람이 귀한지 어떻게 알 수 있는가[何知其人貴].
> 그것은 관성이 다른 신(神)을 모아 다스리는 이치[理會, 이회]를 얻었음이요[官星有理會]

적천수 해설 **귀(貴) - 관성유리회(官星有理會)**

일주가 왕하고 관성은 약한데[身旺官弱 신왕관약] 재성이 관성을 생해주는 [財能生官 재능생관] 경우,

관성이 왕하고 일주는 약한데[官旺身弱 관왕신약] 관성이 인성을 생해주는[官能生印 관능생인] 경우,

인성이 왕하고 관성은 쇠한데[印旺官衰 인왕관쇠] 재성이 인성을 무너뜨리는[財能壞印 재능괴인] 경우,

인성이 쇠하고 관성은 왕한데[印衰官旺 인쇠관왕] 재성이 나타나지 않는[財星不現 재성불현] 경우,

비겁이 많고 재성은 적은데[劫重財輕 겁중재경] 관성이 비겁을 보내버리는[官能去劫 관능거겁] 경우,

재성이 인성을 무너뜨리는데[財星壞印 재성괴인] 관성이 인성을 생해주는[官能生印 관능생인] 경우,

관성을 용신으로 삼는데[用官 용관] 관성과 재성이 함께 지지에 암장된[官藏財亦藏 관장재역장] 경우,

인성을 용신으로 삼는데[用印 용인] 인성과 관성이 함께 천간에 투출한[印露官亦露 인로관역로] 경우,

이상 모두를 '관성(官星)이 다른 신(神)을 모아 다스리는 이치[理會 이회]를 얻었다[官星有理會 관성유리회]'라고 하며, 이에 그 사람은 지위가 높고 귀하며 이름이 빼어날[所以貴顯 소이귀현] 것이다.

만약 일주가 왕하고 관성도 왕한데[身旺官旺 신왕관왕] 인성 또한 왕하다면[印亦旺 인역왕] 격국이 가장 맑다[格局最淸 격국최청]고 할 것이다. 사주에 식상(食傷)이 한 점도 섞여 있지 않고[一點不混 일점불혼] 재성 또한 나타나지 않았다면[財星不現 재성불현], 관성의 마음은 인성을 따르고[依乎印 의호인] 인성(印星)의 마음은 일주를 따를[依乎日主 의호일주] 것이다. 다만 일주 하나에 모든 기가 집중되어 생함을 얻을[生得一箇本身 생득일개본신] 것이므로 벼슬은 하더라도 자식이 없을[有官無子 유관무자] 것이다. 설령 식상이 조금 섞여 있다[縱使食傷稍雜 종사식상초잡] 하더라도 역시 인성으로부터 극(剋)을 받게 되니 자식을 얻기란 또한 어려울[子亦艱難 자역간난] 것이다.

만약 일주와 관성이 왕하고 인성이 약한데[身旺官旺印弱 신왕관왕인약] 식상이 지지에 감추어져 있어[食傷暗藏 식상암장] 관성을 손상시키지도 않고[不傷官星 불상관성] 인성으로부터 극을 당하지도 않는다면[不受印星所剋 불

수인성소극], 그 사람은 자연히 귀하게 될 것이고 자식도 있을[貴而有子 귀이유자] 것이다.

반드시 일주가 왕하고 관성이 쇠약한데[身旺官衰 신왕관쇠] 식상이 기운이 있는[食傷有氣 식상유기] 경우에는, 인성이 있다면 재성이 능히 인성을 무너뜨려버리고[財能壞印 재능괴인] 재성이 없다면 운(運)에서 재국을 이루어야[暗成財局 암성재국] 귀하지는 못해도 자식이 많고 반드시 부를 얻을[不貴而子多必富 불귀이자다필부] 것이다. 만약 일주가 왕하고 관성은 쇠약한데[身旺官衰 신왕관쇠] 식상이 왕하고 재성이 없다면, 자식은 있어도 반드시 가난할[有子必貧 유자필빈] 것이다. 만약 일주가 약하고 관성이 왕한데[身弱官旺 신약관왕] 식상이 왕하고 인성은 없다면 가난하면서 자식도 없을[貧而無子 빈이무자] 것이며, 혹시 인성이 있더라도 재성을 만난다면 마찬가지 결과가 될 것이다.

심화학습

사람의 귀천(貴賤)은 사주에서 관성(官星)이 제 역할을 제대로 하느냐 못하느냐에 달렸다는 말이다. 다만, 귀함을 논하다가 갑자기 자식의 유무(有無)가 끼어든 것은 잘 이해되지 않는다. 여기서도 임철초(任鐵樵)는 식상(食傷)을 자식으로 보고 있음을 잘 알 수 있다.

관살(官殺)과 식상은 서로 극(剋)하는 성분이니 사주에 같이 등장할 경우 아무래도 서로 좋은 영향을 미치기는 드물 것이라 생각된다. 하지만 이 장(章)에서 언급한 바와 같이 관성이 사주의 다른 신(神)들을 잘 모아 다스리면 귀함을 얻을 것이 틀림없다. 따라서 마지막에 거론된 식상의 문제는 관성이 제 역할을 제대로 수행하지 못해 대타로 식상을 용신(用神)으로 할 경우에 발생하는 문제점이라고 이해하고 넘어가면 될 것이다.

귀(貴) - 관성유리회(官星有理會)

❶ 신왕(身旺)하고 관성은 약한데 재성이 관성을 생해주는 경우

甲	庚	辛	乙
申	辰	巳	巳

癸	甲	乙	丙	丁	戊	己	庚
酉	戌	亥	子	丑	寅	卯	辰

경금(庚金)이 입하(立夏)가 닷새 지난 후에 태어났으니 사화(巳火)의 지장간(支藏干) 중 무토(戊土)가 당령(當令)하였고, 사화(巳火) 중 병화(丙火)는 아직 당령하지 못했다. 경금(庚金)은 일지(日支)에 진토(辰土)를 깔고 앉아 생(生)을 받으니 실(實)하다 하겠다. 또한 지지의 진토(辰土)와 신금(申金)은 서로 생하여 도와주니 일주는 강하고, 살은 약하다[身强殺淺 신강살천].

불만스러운 것은 재성(財星)인 을목(乙木)이 천간에 투출했으나 뿌리가 없이 겁재(劫財)를 민난다는 것이다. 이에 빈한(貧寒)한 집안에서 태어났으나, 마침내 정화(丁火)운이 되어 관성(官星)의 원신이 천간에 나타나고[元神發露 원신발로], 무인(戊寅)과 기묘(己卯) 두 해 동안 재성인 을목(乙木)이 지지를 얻어[財星得地 재성득지] 희신과 용신이 함께 오니[喜用齊來 희용제래] 향시와 전시에 연달아 합격하고[科甲連登 과갑연등] 사림(詞林)에 들어갔다. 서(書)에서 이르기를 "살이 권세로 변하면[以殺化權 이살화권] 출신이 가난하고 문벌이 없는 집안에서 귀한 손님이 나온다[定顯寒門貴客 정현한문귀객]"라고 했으니 이를 두고 하는 말이다.

심화학습

관성유리회(官星有理會)의 첫 번째인 '일주가 왕하고 관성은 약한데[身旺官弱 신왕관약] 재성이 관성을 생해주는[財能生官 재능생관] 경우'에 해당하는 사례라 하겠다.

사월(巳月)에 태어나 신약(身弱)하다고 생각할 수도 있지만, 사화(巳火)의 지장간(支藏干) 중 무토(戊土)가 당령하고 일지와 시지의 비견(比肩)과 인성(印星)이 일주를 생조(生助)하니 신왕(身旺)하다 함이 마땅하다. 따라서 관성(官星)을 용신(用神)으로 삼고 재성(財星)이 희신(喜神)이 되어 이를 받쳐주는 재자약살(財滋弱殺)이라고 할 수 있겠다.

다만 사주의 천간에 관성이 투출하지 못한 것과 희신인 을목(乙木)이 신금(辛金)에게 극(剋)을 당하는 것이 너무 아쉽다 하겠으며, 초운(初運)의 지지가 목(木)으로 흘러 잘 풀렸다고 할 수는 있겠으나 정축(丁丑)운 이후의 삶이 어땠을까 무척 궁금하다. 정화(丁火)운 이후의 인생살이에 대해서는 언급이 없기 때문이다. 대운(大運)의 흐름을 보면 정화(丁火)운의 무인(戊寅)과 기묘(己卯) 두 해 동안에 인생의 모든 것을 이루었다 하더라도, 그 이후에는 고통이 따랐으리라고 추측할 수 있을 것이다.

❷ 관성이 왕(旺)하고 신약(身弱)한데 관성이 인성을 생해주는 경우

辛	丁	癸	癸
亥	卯	亥	卯

乙	丙	丁	戊	己	庚	辛	壬
卯	辰	巳	午	未	申	酉	戌

이 명조(命造)는 사주의 관살(官殺)이 권세를 잡았으니 원래는 가히 두렵다고 해야 할 것이다. 그러므로 반가운 것은 지지의 해수(亥水)와 묘목(卯木)이 인성(印星)인 목국(木局)을 이루어 서로 아름답게 빌려서 목(木)을 가꾸고 불려[巧借栽培 교차재배] 수(水)의 세력을 흘러 통하게 하는[流通水勢 유통수세] 것이다. 따라서 '관성이 다른 신(神)을 모아 다스리는 이치[理會 이회]를 얻었다[官星有理會 관성유리회]'라고 하겠다.

다만 불만스러운 것은 초운(初運)인 신유(辛酉)와 경신(庚申)운에 살을 생하고 인성을 무너뜨리니[生殺壞印 생살괴인] 공명을 얻음에 막힘이 많았다[偃蹇功名 언건공명]는 것이다.

기미(己未)운에 들자 지지가 완전한 인국인 목국(木局)을 이루고[支全印局 지전인국], 천간에 식신이 투출하여[干透食神 간투식신] 벼슬길은 가파르게 올라 상서(尙書)에 이르렀다. 이렇게 본다면, 사주가 좋으면 반드시 그 운(運)이 따라야 하는 것인데 만약 그 운을 얻지 못했다면 한낱 가난한 선비에 지나지 않았을 것이다.

심화학습

관성유리회(官星有理會)의 두 번째인 '관성이 왕하고 일주는 약한데[官旺身弱 관왕신약] 관성이 인성을 생해주는[官能生印 관능생인] 경우'에 해당하는 사례라 하겠다.

사주에 관살(官殺)이 많아 신약(身弱)하니 일지(日支)의 인성(印星)인 묘목(卯木)을 용신(用神)으로 삼는 살중용인(殺重用印)이라 하겠다. 일지의 묘목(卯木)이 매우 아름다워 보인다. 초운(初運)을 잘 버텼으니 말년(末年)운이 화목(火木)으로 흘러 좋은 일만 남았다 볼 수 있겠다.

❸ 비겁이 많고 재성은 적은데 관성이 비겁을 보내버리는 경우

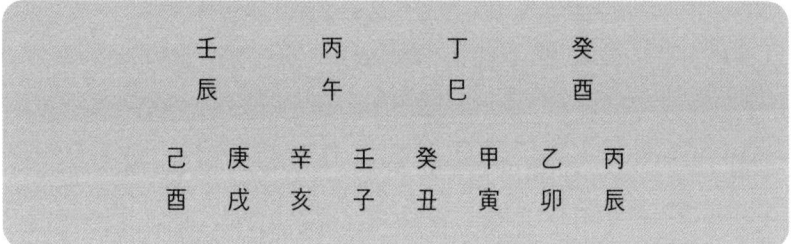

병화(丙火)가 초여름인 사월(巳月)에 태어나 일지(日支)에 녹왕(祿旺)을 깔고 앉았고, 비겁(比劫)이 옆에서 도와주니 신왕(身旺)하다 하겠다.

반가운 것은 사화(巳火)가 유금(酉金)과 합(合)을 하여 금국(金局)을 이루어 재성(財星)이 관성(官星)을 생(生)하고, 관성이 겁재(劫財)를 극(剋)하여 제(制)한다는 것이다. 더욱 묘한 것은 시간(時干)에 임수(壬水)가 투출하여 관성인 계수(癸水)를 도와 수화기제(水火旣濟)를 이룬다는 것이다.

나이 삼십이 지나 운(運)이 북방(北方)의 수지(水地)를 달리자 향시(鄕試)와 전시(殿試)에 합격하였고[登科發甲 등과발갑] 명리가 함께 빛나게 되었으니[名利雙輝 명리쌍휘], 사주에 관과 살이 섞이는[官殺混雜 관살혼잡] 것을 불만스럽게만 여겨서는 안 된다. 일주(日主)가 왕한 경우에는 반드시 관살혼잡(官殺混雜)이 되어야 발(發)하기 때문이다.

심화학습

관성유리회(官星有理會)의 다섯 번째인 '비겁이 많고 재성은 적은데[劫重財輕 겁중재경] 관성이 비겁을 보내버리는[官能去劫 관능거겁] 경우'에 해당하는 사례라 하겠다.

사주원국에 인성(印星)이 없는 것과, 임수(壬水)가 습토(濕土)인 진토(辰土)를 깔고 앉아 있는 것이 여간 반가운 일이 아니라 할 수 없다. 게다가 연간(年干)의 계수(癸水) 또한 지지에 유금(酉金)을 깔고 있으니 임수(壬水)로서는 금상첨화일 것이다. 삼십 이전에는 고통이 따랐을 것으로 짐작되지만, 그 이후 운(運)의 흐름이 매우 좋아 부러울 따름이다.

❹ 인성을 용신으로 삼는데 인성과 관성이 함께 천간에 투출한 경우

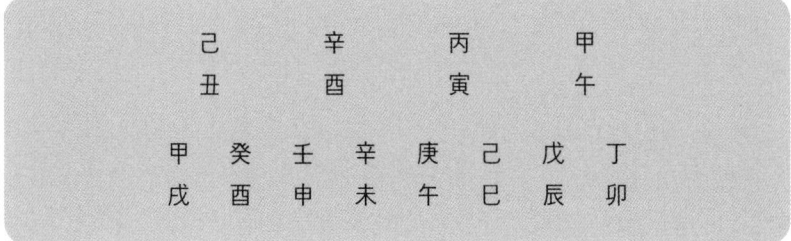

이 명조는 재성(財星)인 인목(寅木)이 월령(月令)을 차지하여 관성(官星)인 병화(丙火)가 장생(長生)을 만났다. 일주(日主)는 녹왕(祿旺)에 앉아 있고 인수(印綬)인 기토(土)는 축토(丑土)에 통근(通根)했으니, 천간의 네 글자가 모두 지지의 녹왕 위에 앉아 있는 셈이다.

사주의 오행에 수(水)가 없으니 사주가 맑고 순수하다[淸而純粹 청이순수]할 것이다. 일주인 신금(辛金)이 봄에 태어나 비록 약하다고 하겠지만, 반가운 것은 시(時)의 인성(印星)이 지지에 통근하고 용신(用神)이 된다는 것이다.

경금(庚金)운에는 일주를 도우니[幫身 방신] 계유(癸酉)년에 향시(鄕試)에 합격하였고[登科 등과], 오화(午火)운에는 살(殺)이 왕(旺)해지니 병이 걸려 쇠약해지고 형벌과 상(喪)을 치렀다[病晦刑喪 병회형상]. 신금(辛金)운 기묘(己卯)년에 전시(殿試)에 합격하여[發甲 발갑] 국학인 한림원[詞林 사림]에 들어갔으며, 이후 운(運)이 금수(金水)로 흘러 일주를 도우니[幫身 방신] 벼슬길이 이루 측량할 수 없었다.

심화학습

관성유리회(官星有理會)의 여덟 번째인 '인성을 용신으로 삼는데[用印 용인] 인성과 관성이 함께 천간에 투출한[印露官亦露 인로관역로] 경우'에 해당하는 사례라 하겠다.

사주가 참으로 청(淸)하다 하겠다. 이렇게 보면 귀(貴)한 사주는 대부분이 청하다 할 수 있겠으며, 시주에 오행이 모두 있어야 칭한 사주가 결코 아니며 사주의 청탁(淸濁)은 사주의 각 신(神)들의 유통생화(流通生化)가 큰 관건임을 다시 한 번 실감할 수 있을 것이다.

대부분의 경우 인성(印星)이 재성(財星)을 만나면 사주가 탁(濁)해지는데, 이 사주는 중간에서 유금(酉金)이 재성을 막아 인성을 보호하니 그 역할이 유난히 돋보인다. 또한 이 사주는 앞에 제시한 첫 번째 사례의 사주와는 달리 앞으로의 운(運)의 흐름에 대해서 명확히 해석하여 결론을 내리고 있다. 모든 사주의 해석을 이런 방법으로 해주었더라면 하는 아쉬움이 남는다.

何知其人賤　官星還不見
하지기인천　　　관성환불현

그 사람이 천한지 어떻게 알 수 있는가[何知其人賤].

그것은 관성이 다른 신(神)의 도움을 받지 못해 제 구실을 제대로 하지 못함이다

[官星還不見].

적천수 해설　　　천(賤) – 관성환불현(官星還不見)

부귀(富貴)한 가운데 천함이 없다고 할 수 없고[未嘗無賤 미상무천] 빈천(貧賤)한 가운데 귀함이 없다고 할 수 없으니[未嘗無貴 미상무귀], 천(賤)이란 글자 하나를 이해하기란 결코 쉬운 일이 아니다.

만약 일주가 약하고 관성은 왕한데[身弱官旺 신약관왕], 인성을 용신으로 삼아 관성을 이끌어 화하지 못하고[不用印綬化之 불용인수화지] 오히려 상관을 용신으로 삼아 강제로 관성을 극하여 제어하는[反以傷官强制 반이상관강제] 경우이거나,

만약 일주가 약하고 인성은 가벼운데[身弱印輕 신약인경], 관성이 인성을 생해주지 못하고[不以官星生印 불이관성생인] 오히려 재성이 인성을 무너뜨리는[反以財星壞印 반이재성괴인] 경우이거나,

만약 재성은 무겁고 일주는 가벼운데[財重身輕 재중신경], 비겁이 일주를 돕지는 못하고[不以比劫幇身 불이비겁방신] 오히려 비겁이 재성을 겁탈하는 것을 꺼리는[反忌比劫奪財 반기비겁탈재] 경우에 부합하는 격(格)의 사주는 성현(聖賢)들의 교훈을 잊어버리고 조상과 부모의 음덕(蔭德)을 생각하지 않음으로써 예상할 수 없을 정도로 재앙이 발생하고, 그 재앙은 자손에게까지 미치게 될 것이다.

만약 일주가 약하고 인성은 가벼운데[身弱印輕 신약인경] 관성이 왕하고 재성이 없거나[官旺無財 관왕무재], 일주가 왕하고 관성은 약한데[身旺官弱 신왕관약] 재성이 다시 나타난다면[財星又現 재성우현], 이런 경우에 부합하는 격의 사주는 가난해서 살림이 어렵더라도[貧困 빈곤] 그 절개를 굽히지 않을 것이고[不改其節 불개기절], 많은 재물과 높은 벼슬[富貴 부귀]이 유혹하

더라도 그 지조를 버리지 않을 것이며[不易其志 불역기지], 이치에 닿지 않으면 행하지 않을 것이고[非理不行 비리불행], 올바른 것이 아니면 취하지 않을 것이다[非義不取 비의불취]. 그러므로 원래 부귀를 탐하고 황금골짜기에 연연하는[貪富貴而戀金谷 탐부귀이연금곡] 사람은 끝내 한순간에 현륙(顯戮, 드러내놓고 죽은 시체에 다시 형벌을 가하는 참형)과 같은 비참한 경우를 당할 것이고, 대광주리의 밥과 표주박의 물을 즐기고 헌 솜으로 누빈 헤진 솜옷을 달갑게 여기는[樂簞瓢而甘敝縕 낙단표이감폐온] 사람은 마침내 천년만년[千載 천재] 그 이름을 휘날릴 것이라는 사실을 잘 알아야 할 것이다. 이에 다음과 같은 세 가지 등급의 관성이 나타나지 않는 이치[三等官星不見之理 삼등관성불현지리]가 있는 것이다.

만약 관성은 가볍고 인성이 무거워 일주가 왕하거나[官輕印重而身旺 관경인중이신왕], 혹은 관성이 무겁고 인성이 가벼워 일주가 약하거나[官重印輕而身弱 관중인경이신약], 혹은 관성과 인성이 균형을 이루었으나 일주가 휴수이면[官印兩平而身休囚 관인양평이신휴수], 이는 상등관성이 나타나지 않는다[上等官星不見 상등관성불현]고 할 것이다.

만약 관성이 가볍고 비겁은 무거운데 재성이 없거나[官輕劫重無財 관경겁중무재], 혹은 관살이 무거운데 인성이 없거나[官殺重無印 관살중무인], 혹은 재성이 가볍고 비겁이 무거운데 관성이 암장되어 있으면[財輕劫重官伏 재경겁중관복], 이는 중등관성이 나타나지 않는다[中等官星不見 중등관성불현]고 할 것이다.

만약 관성이 왕하여 인성을 반기는데[官旺喜印 관왕희인] 재성이 인성을 무너뜨리거나[財星壞印 재성괴인], 혹은 관살이 무겁고 인성이 없는데[官重無印 관중무인] 식상이 강제로 관살을 극하여 제하거나[食傷强制 식상강제], 혹은 관성이 많아 재성을 꺼리는데[官多忌財 관다기재] 재성이 국을 이루거나[財星得局 재성득국], 혹은 관성을 반기는데[喜官星 희관성] 관성이 다른 신과 합을 이루어 상관으로 변화하거나[官星合他神化傷 관성합타신화상], 혹은 관성을 꺼리는데[忌官星 기관성] 다른 신이 관성과 합을 이루어 관성으로 변화하면[他神合官又化官 타신합관우화관], 이는 하등관성이 나타나지 않는다[下等官星不見 하등관성불현]고 할 것이다.

따라서 사주의 관성의 동태를 자세히 살펴본다면 그 사람의 귀하고 천함을 확실히 알 수 있을[貴賤分明 귀천분명] 뿐만 아니라 현명한지, 어리석어 부모에게 누가 되는지도 역시 명백하게 알 수 있을[賢不肖亦了然 현불초역료연] 것이다.

심화학습

　　『적천수(滴天髓)』 원문(原文)의 '관성환불현(官星還不見)'을 그대로 해석하면 '관성(官星)이 도리어 나타나지 않는다'이니 사주에 관성이 없으면 천(賤)하고 있으면 귀(貴)하다고 착각하기 쉬울 것 같아 '관성이 다른 신(神)의 도움을 받지 못해 제 구실을 제대로 하지 못한다'로 바꾸어 표현하였다.

　　또한 『적천수징의(滴天髓徵義)』 본문 해석 중반부에 '일주가 왕하고 관성은 약한데[身旺官弱 신왕관약] 재성이 다시 나타난다면[財星又現 재성우현]'은 원래는 '일주가 왕하고 관성은 약한데[身旺官弱 신왕관약] 재성이 나타나지 않는다면[財星不現 재성불현]'이라고 씌어 있다. 하지만 앞 뒤 문맥의 흐름상 아무리 보아도 '재성우현(財星又現)'이어야 맞을 것 같아 필자가 임의로 고쳐 해석하였음을 밝혀둔다. 필자의 짧은 소견으로는 『적천수징의』를 옮겨 적는 과정에서 '우(又)'를 '불(不)'로 잘못 적었다고 생각하지만, 다른 모든 학자들이 그대로 표기한 것을 보면 필자의 생각이 짧을 수도 있을 것이다. 하지만 고민해볼 필요는 있을 것 같다.

　　금곡(金谷)은 중국의 전설적인 부호였던 석숭(石崇)의 별장을 말하는데 부(富)를 의미한다고 보면 될 것이다. 현륙(顯戮)은 육시(戮屍)와 관련된 단어라고 보아 드러내놓고 죽은 시체에 다시 형벌을 가하는 참형이라고 괄호 안에 적어두었고, 낙단표이감폐온(樂簞瓢而甘敝緼)의 단표(簞瓢)는 단사표음(簞食瓢飮)을 줄인 말로 청빈하고 소박한 생활을 의미하나 『적천수징의』 본문 그대로 직역하였다. 천재(千載)는 천세(千歲)와 같은 뜻으로 천추만세(千秋萬歲)를 줄인 말이며, 천년이나 되는 세월 즉 오랜 세월을 의미하는 것이나 천년만년으로 고쳐 적었다.

　　일단은 관성이 사주에서 제 구실을 제대로 못한다면 그 사람은 천할 가능성이 높다고 보면 될 것이다. 다만 그 천함에도 등급(等級)이 있다고 하여 이를 다음 세 단계로 분류하여 관성이 어느 정도 제 역할을 하지만 약간 미비할 경우를 상등관성불현(上等官星不見), 관성이 제 역할을 하도록 도와주는 희신(喜神)의 도움이 약한 경우를 중등관성불현(中等官星不見), 관성이 제 역할을 전혀 못하는 경우를 하등관성불현(下等官星不見)이라 한다. 이들을 일일이 암기하는 것도 좋겠지만, 다양한 사례연구를 통해 각각의 경우에 적용해보면서 자연스럽게 이해하고 익히는 것이 더욱 바람직하다고 본다.

적천수 사례연구 **천(賤) – 관성환불현(官星還不見)**

❶ 관성이 무겁고 인성이 가벼워 일주가 약한[上等官星不見, 상등관성불현] 경우

甲		丁		壬		丁	
辰		亥		子		丑	

甲	乙	丙	丁	戊	己	庚	辛
辰	巳	午	未	申	酉	戌	亥

정화(丁火)가 한겨울인 자월(子月)에 태어나 월간(月干)에 임수(壬水)가 투출했고, 지지는 완전한 해자축(亥子丑)의 북방(北方)을 이루었으니 관성(官星)의 왕(旺)함이 극에 달했다. 진토(辰土)는 습토(濕土)이니 수(水)를 극하여 제하지 못하고[不能制水 불능제수] 오히려 화(火)만 어둡게 할 뿐이므로[反能晦火 반능회화] 일주(日主)는 허약하다고 하겠다.

인성(印星)인 갑목(甲木)은 시들고 메말라[甲木凋枯 갑목조고] 스스로 자신을 돌볼 겨를도 없으며[自顧不暇 자고불가], 또한 축축한 나무[濕木 습목]이니 불꽃이 없는 화(火)를 생(生)할 수 없으므로 맑기는 하지만 메마른 형상[淸枯之象 청고지상]이다. 관성이 오히려 참되지 못하다[官星反不眞 관성반부진]고 하겠다. 반가운 것은 사주에 금(金)이 없다는 것이니 기세가 순수하

고 맑다[氣勢純淸 기세순청] 할 것이다.

그 사람이 배워서 익힌 지식은 참되고 순수하며[學問眞醇 학문진순] 세상을 살아가면서 구차함이 없었다[處世無苟 처세무구]. 아이들을 가르치는 것으로 세월을 보내고[訓蒙度日 훈몽도일], 고통을 견디며 가난하지만 청렴하게 살았으니[苦守淸貧 고수청빈] '상등관성이 나타나지 않는다[上等官星不見 상등관성불현]'라고 할 것이다.

이 사주는 상등관성불현(上等官星不見)일 뿐만 아니라 그 앞에서 언급한 '일주가 약하고 인성은 가벼운데[身弱印輕 신약인경] 관성이 왕하고 재성이 없는[官旺無財 관왕무재]' 경우에도 해당한다고 하겠으니, 가난해서 살림이 어렵더라도[貧困 빈곤] 그 절개를 굽히지 않았으며 많은 재물과 높은 벼슬[富貴 부귀]이 유혹하더라도 그 지조를 버리지 않았을 것이고 이치에 닿지 않으면 행하지 않고 올바른 것이 아니면 취하지 않으며 오로지 훈몽도일(訓蒙度日)하며 살았다 할 것이다. 간단히 말해서 살중용인(殺重用印)에 재성(財星)이 없는 사주인데, 만약 재성이 있어 살(殺)을 돕고 인성(印星)을 극한다면 하등관성불현(下等官星不見)이 되었을 것이다.

사주에 관살(官殺)이 너무 강해 비겁(比劫)의 운(運)은 도움이 되지 못한다고 보아 운에서 목지(木地)를 만나지 못한 것이 너무 아쉽다 할 것이다.

❷ 신약하고 인성이 가벼운데 재성이 인성을 무너뜨리는 경우

癸	辛	甲	丁
巳	亥	辰	卯

丙	丁	戊	己	庚	辛	壬	癸
申	酉	戌	亥	子	丑	寅	卯

신금(辛金)이 진월(辰月)에 태어나 봄은 저물고 불을 맞이하니[春暮逢

火 춘모봉화] 신약(身弱)하다. 이치대로 따지자면 마땅히 인성인 진토(辰土)를 용신으로 삼아 살을 이끌어 변화시켜야[用印化殺 용인화살] 할 것이나, 재성이 인성을 무너뜨린다[財星壞印 재성괴인].

계수(癸水)는 정화(丁火)를 극(剋)하고 해수(亥水)는 사화(巳火)를 충(沖)하니 마치 살을 제하여[食神制殺 식신제살] 유정(有情)한 것처럼 보이지만, 이는 봄철의 수(水)는 휴수(休囚)의 상태이니 무력(無力)하고 목화(木火)가 함께 왕(旺)하다는 것을 알지 못하고 하는 소리이다. 수(水)는 화(火)를 극할 수 없을 뿐만 아니라 오히려 목(木)을 생(生)하고 금(金)을 설(洩)하러 간다고 하겠다. 재관(財官)은 원래 일주(日主)를 영화롭게 하는 성분[財官本可榮身 재관본가영신]이지만, 일주가 이들을 감당할 수 없다면 비록 마음 속으로는 누리고 싶어하더라도 실제로 무슨 도움이 될 수 있겠는가 말이다.

미천한 출신으로 처음에는 이원(梨園)에서 연극을 배웠으나 목이 상해 말을 못하게 되자[失喑 실음] 벼슬아치를 따라갔다. 사람이 극히 영리하였고[人極伶悧 인극령리] 기회가 닿으면 재빨리 이를 잘 이용하였으며[極會趨逢 극회추봉], 벼슬아치를 따라가 모신 지 수년 만에 재물을 모은 후 주인을 배신하고[發財背主 발재배주] 마침내 돈을 내고[捐納 연납] 종구품의 벼슬자리를 얻었다. 사람들을 협박하여 재물을 모으고[作威作福 작위작복] 선악을 가리지 않고 권력을 휘둘렀으나[無所不爲 무소불위], 나중에는 법에 어긋나는 짓을 하여 벼슬을 잃고[犯事革職 범사혁직] 그로 인해 목이 달아나게 되었다[依然落魄 의연락백].

심화학습

관살(官殺)은 왕(旺)하고 신약(身弱)하여 인성(印星)을 반기는데 재성이 인성을 무너뜨리니[財星壞印 재성괴인] 인성을 용신(用神)으로 삼지 못하고, 식상으로 관살을 극하려 하지만[食神制殺 식신제살] 이 또한 어렵다는 말이다.

관성이 왕하여 인성을 반기는데[官旺喜印 관왕희인] 재성이 인성을 무너뜨리는[財星壞印 재성괴인] 경우로 보아 '하등관성불현(下等官星不見)'이라고

할 수 있을 것이다. 또한 그에 앞서 언급한 일주가 약하고 관성은 왕한데
[身弱官旺 신약관왕] 인성을 용신으로 삼아 관성을 이끌어 화하지 못하고[不
用印綬化之 불용인수화지] 오히려 상관을 용신으로 삼아 강제로 관성을 극하
여 제어하는[反以傷官强制 반이상관강제] 경우를 적용하여 성현(聖賢)들의 교
훈을 잊어버리고 조상과 부모의 음덕(蔭德)을 생각하지 않음으로써 예상
할 수 없을 정도로 재앙이 발생하고 그 재앙은 자손에게까지 미치게 되
는 사주로도 볼 수 있을 것이다. 다만 운(運)이 금수(金水)로 흘러주어 천
(賤)하지만 부(富)를 누리고는 살 수 있었다고 하겠다.

　　여기서 한 가지 짚고 넘어갈 것은 식상(食傷)의 역할이다. 이 사람이 영
리하고 기회를 잘 이용할 수 있었던 것은 사주에 식상이 있었고 이를 잘
활용한 때문이라고 볼 수 있다. 따라서 식상의 본질은 총명함, 사교성,
다재다능(多才多能) 등으로 나타낼 수 있다.

3. 길흉(吉凶) - 희신(喜神)과 기신(忌神)의 역할

적천수 원문　　**길(吉)**

何知其人吉　　喜神爲輔弼
하지기인길　　희신위보필

> 그 사람이 길한지 어떻게 알 수 있는가[何知其人吉].
> 용신(用神)이 희신(喜神)의 보살핌을 받고 있기 때문이며[喜神爲輔弼]

적천수 해설　　**길(吉) - 희신위보필(喜神爲輔弼)**

희신(喜神)이란 용신을 보좌하고 일주를 돕는[輔用助主 보용조주] 신(神)을
말한다. 무릇 사주팔자 중에는 우선 희신이 있어야 한다. 그리하면 용신
이 세력이 있게 되어[用神有勢 용신유세] 일생 동안 길함은 있되 흉함은 없
을[有吉無凶 유길무흉] 것이다. 따라서 희신은 곧 길신(吉神)이 된다. 만약
사주에 용신(用神)은 있으나 희신이 없는 경우 세운(歲運)에서 기신(忌

神)을 만나지 않는다면 해가 없을 것이지만[無害 무해], 일단 기신을 만나면 반드시 흉하게[必凶 필흉] 될 것이다.

예를 들어 무토(戊土) 일주가 인월(寅月)에 태어났는데 신왕(身旺)하여 살(殺)인 인중갑목(寅中甲木)을 용신으로 삼는다면, 기신은 틀림없이 식상(食傷)인 경신(庚辛)과 신유(申酉)의 금(金)이 될 것이다. 이때 일주의 원신인 토(土)가 두터우면[日主元神厚 일주원신후] 재성(財星)인 임계(壬癸)와 해자(亥子)의 수(水)를 희신으로 삼아야 할 것이니, 기신인 금(金)이 수(水)를 보게 되면 이를 탐하여 생하느라[貪生 탐생] 용신인 목(木)을 극(剋)하러 오지 않을 것이기 때문이다. 만약 일주의 원신인 토(土)가 엷으면[日主元神薄 일주원신박] 인성(印星)인 병정(丙丁)과 사오(巳午)의 화(火)가 희신이 될 것이니, 기신인 금(金)이 화(火)를 보게 되면 극을 받는 것을 두려워하여 이 역시 용신인 목(木)을 극하러 오지 않을 것이기 때문이다. 만약 무토(戊土) 일주가 인월(寅月)에 태어났는데 신약(身弱)하여 인중병화(寅中丙火)를 용신으로 삼는다면 천간에 화(火)가 투출하는 것을 반기는데[喜天干透出 희천간투출], 이때 재성인 수(水)는 기신이 될 것이며 희신은 비겁(比劫)인 토(土)가 될 것이다.

이와 같이 일주(日主)의 왕약(旺弱)에 따라 관성을 용신으로 삼느냐 인성을 용신으로 삼느냐가 구별되니[用官用印有別 용관용인유별], 이에 따라 희신도 구분되어 정해지게 된다. 관성을 용신으로 삼는[用官 용관] 것은 신왕하다는 말이니 가히 재성이 희신이 된다[財爲喜神 재위희신]. 인성을 용신으로 삼는[用印 용인] 것은 신약하다는 말이니, 관성이 있어도 용신 다음으로 비겁이 희신이 된다[有官而後用劫爲喜神 유관이후용겁위희신]. 그 비겁으로 하여금 재성을 극하여 떠나보내게[劫去財星 겁거재성] 하면, 곧 용신인 인성은 손상을 입지 않게[印綬不傷 인수불상] 되고 관성에도 도움이 없게[官星無助 관성무조] 하려는 의도이다.

만약 사주원국에 용신은 있는데[有用神 유용신] 희신이 없다[無喜神 무희신]고 하더라도 용신이 월령을 잡아 당령했다면[得時秉令 득시병령] 그 기상(氣象)은 웅장하고 대세(大勢)는 견고하며 사주가 편안하고 화평할[安和 안화] 것이며, 또한 용신이 일주 옆에 바짝 붙어 있으면서[用神緊貼 용신긴첩] 사주의 다른 신들과 서로 다투거나 시기하지 않는다면[不爭不妒 ^{부쟁불투}] 기신을 만난다고 하더라도[遇忌神 ^{우기신}] 흉하게 되지 않을[不爲凶 ^{불위흉}] 것이다.

　만약 사주원국에 희신은 없고[無喜神 ^{무희신}] 기신이 있는데[有忌神 ^{유기신}], 기신이 지지에 감추어져 있거나[暗伏 ^{암복}] 혹은 천간에 나타나 보이거나[出現 ^{출현}], 기신이 용신에 바짝 붙어 있거나[用神緊貼 ^{용신긴첩}] 혹은 기신이 사주의 다른 신들과 서로 다투고 시기하거나[爭妒 ^{쟁투}], 혹은 용신이 월령을 얻지 못했거나[用神不當令 ^{용신부당령}], 혹은 세운(歲運)에서 기신을 이끌어 나타내[引出 ^{인출}] 사주원국의 기신을 도와 일으킨다면[助起 ^{조기}], 이런 것들은 나라 안에 간첩이 있어[國家有內間 ^{국가유내간}] 바깥의 도둑들과 내통하여[私通外寇 ^{사통외구}] 안팎에서 협공해 오는[兩來夾攻 ^{양래협공}] 것에 비유할 수 있으니 그 흉함을 즉시 보게 될[其凶立見 ^{기흉입견}] 것이다.

　이상과 같이 무토(戊土) 일주를 예로 들어 설명하였으니 다른 것들도 이와 같은 방법으로 추론하면 될 것이다.

심화학습

사주가 길(吉)하려면 그 안에 있는 희신(喜神)의 역할이 매우 중요하다는 것을 역설하고 있다. 한편으로 희신은 용신을 보좌하고 일주를 돕는[輔用助主 ^{보용조주}] 신(神)으로 정의를 내리고 있다. 따라서 용신은 일주(日主)를 직접적으로 돕고, 희신은 용신을 통해 간접적으로 일주를 돕는 신이라고 기억하면 되겠다. 이와 마찬가지로 기신(忌神)은 용신을 직접적으로 해롭게 하는 신이고, 기신을 도와 간접적으로 용신을 해롭게 하는 즉 희신을 직접적으로 해롭게 하는 신을 구신(仇神)이라고 기억하면 될 것이다. 그러고 나면 사주 여덟 글자 중 나머지 신들이 한신(閑神)이 된다.

　이해를 돕기 위해 앞서 나온 『적천수징의(滴天髓徵義)』의 무토(戊土) 일주를 그대로 인용한다. 앞에서는 무토(戊土) 일주가 신왕(身旺)하여 관살(官殺)인 목(木)을 용신으로 삼아 금(金)이 기신이 되었을 경우, 희신은 일주인 무토(戊土)의 상황에 따라 재성(財星)인 수(水)나 인성(印星)인 화(火)가 된다고 하였다. 또한 무토(戊土) 일주가 신약(身弱)하여 인성인 화

(火)를 용신으로 삼았을 경우 이를 극(剋)하는 재성인 수(水)가 기신이 되며, 이를 극하여 인성을 돕는 비겁(比劫)인 토(土)가 희신이 된다고 하였다.

물론 지금은 지극히 당연한 말이라고 이해할 수 있다. 하지만 필자가 처음『적천수징의』를 접하면서 잘 이해되지 않아 수십 번을 읽고 또 고쳐 읽었던 곳이 바로 이 부분이다. 의문을 품게 한 논리는 다음 두 가지로 요약할 수 있다. 첫 번째는 신왕한데 일주의 원신인 토(土)가 엷으면[日主元神薄 일주원신박] 인성인 병정(丙丁)과 사오(巳午)의 화(火)가 희신이 된다는 것이고, 두 번째는 인성을 용신으로 삼는[用印 용인] 것은 신약하다는 말이니 관성이 있어도 용신 다음으로 비겁이 희신이 된다는[有官而後用劫爲喜神 유관이후용겁위희신] 것이다.

첫 번째 논리에 대한 의문은 신왕한데 어떻게 일주를 왕하게 해주는 인성을 희신으로 삼을 수 있는가이다. 두 번째 논리에 대한 의문은 신약하여 인성을 용신으로 삼았는데 이 인성 또한 약하다면 이를 생하여 도와주는 관성이 희신이 되어야지, 어떻게 사주에 관성이 있음에도 불구하고 이것으로부터 극을 받아 약해지는 비겁을 희신으로 삼는가이다.

첫 번째 의문은 '토(土)가 엷으면[薄 박]'을 신왕하되 식상과 관살이 겹쳐 있는 경우라고 가정하고, 이미 관살인 목(木)을 용신으로 삼고 이를 극하는 식상인 금(金)이 기신이 된다고 가정했으니 일주의 설기(洩氣)가 과다하면 박(薄)한 토(土)는 더욱 박해지므로 재성인 수(水)로 기신인 금(金)을 설(洩)하기보다는 오히려 인성으로 기신인 식상을 극하여 보내버리는 것이 더 바람직한 방법이라고 본다면 인성을 희신으로 삼는 것이 이해되었다.

하지만 두 번째 의문에 대해서는 필자가 잘못 해석하지 않았나 하는 의구심을 떨쳐버릴 수 없었다. 이를 '신약하여 인성을 용신으로 삼았을 경우, 관성이 있다면 우선 관성을 희신으로 하되 그 후에 비겁을 희신으로 하여'로 해석하면 논리에 더 부합하는 것 같았으나, 그렇게 해석하기에는 앞뒤 문맥의 흐름상 무리가 따른다는 생각이 들었다. 따라서『적천수천미(滴天髓闡微)』와 비교해본 결과 '관성이 있어도 용신 다음으로 비겁이 희신이 되는[有官而後用劫爲喜神 유관이후용겁위희신]'이 '비겁이 있어야 이후에 관성을 희신으로 사용할 수 있는데[有劫而後用官爲喜神 유겁이후용관위희신]'로 적혀 있어 관성과 비겁의 위치가 바뀌어 있음을 알 수 있었다. 하지만 앞부분의 '무토(戊土) 일주가 인월(寅月)에 태어났는데 신약(身弱)하여 인중병화(寅中丙火)를 용신으로 삼는다면 천간에 화(火)가 투출되는 것을 반기는데[喜天干透出 희천간투출], 이때 재성인 수(水)는 기신이 될 것이며 희신은 비겁(比劫)인 토(土)가 될 것이다'라는 논리와의 연관성을 기준으로 판단해본다면『적천수징의』의 내용이 올바른 것이라는 결론에 도달하게 되었다. 따라서 신약하면 인성과 비겁이 용신과 희신이 되는 것이 당연한 이치이지만, 희신을 '용신을 보좌하고 일주를 돕는[輔用助主 보용조주] 신(神)'이라고 정의한다면 인성이 약할 경우 이를 돕는 관성이 희신이 될 수 있다고도 볼 수 있다는 것이다. 다만 관성이 희신 역할을 제대로 하려면 사주에서 그 위치가 관인상생(官印相生)의 형상이어야 한다는 것이 전제되어야 한다. 그렇다고 하더라도 비겁이 나쁘게 작용하지 않을 것임에는 틀림없다고 하겠다. 특히 사주에서 재성이 용신인 인성을 바로 옆에서 극하고 있는 상황이라면 더욱 그러하다.

따라서 결론적으로 말하자면, 사주에서 용신이 처해 있는 상황을 세밀히 분석한 후 어느 것이 희신으로서 가장 적절한 역할을 할 것인가를 판단해야만 올바른 사주풀이가 가능할 것이니 세심한 주의가 필요하다.『적천수징의』에서는 비록 관살과 인성이 용신일 경우만을 예로 들어 설명하였으나, 이 장(章) 말미에서 강조한 바와 같이 다른 신들을 용신으로 삼은 경우라 할지라도 육신(六神)의 생극제화(生剋制化)를 기본으로 하여 이와 같은 논리를 적용한다면 사주의 용신과 희신을 찾는 데 큰 어려움은 없을 것이라 생각한다.

길(吉) – 희신위보필(喜神爲輔弼)

❶ 인성이 용신(用神)이고 비겁이 희신(喜神)인 경우

己	戊	丙	甲
未	寅	寅	子

甲	癸	壬	辛	庚	己	戊	丁
戌	酉	申	未	午	巳	辰	卯

무토(戊土)가 초봄인 인월(寅月)에 태어나 허(虛)하다. 살(殺)은 왕(旺)한데 재성(財星)인 자수(子水)까지 만났으니 인성(印星)인 병화(丙火)를 용신(用神)으로 삼는다.

　반가운 것은 이 재성이 인성과 서로 떨어져 있다는 것이니, 재생살(財生殺)→살생인(殺生印)→인생신(印生身)으로 생하고 생함에 어그러짐이 없다[生生不悖 생생불패]는 것이다. 더욱 묘한 것은 미시(未時)에 태어나 비겁(比劫)이 일주를 돕는[幇身 방신] 희신(喜神)이 된다는 것이니, 사주가 순수하여 주인과 부하가 마땅함을 얻었다[主從得宜 주종득의]. 따라서 일찍이 과거에 장원급제하였고[早登甲第 조등갑제] 일생 동안 길함은 있으나 흉함은 없었다. 벼슬은 관찰에 이르렀고 벼슬에서 물러난 후에도 자연을 벗삼아 여유롭게 이를 즐겼고, 아들 여섯은 모두 과거에 합격하였으며, 부부는 서로 존경하였으며[夫婦齊眉 부부제미] 수명이 팔순을 넘겼다.

심화학습

일주(日主)가 약하니 인성(印星)이 용성(用星)이 되는 것이 확실하고, 사주에 목(木)이 넘치니 살(殺)보다는 비겁(比劫)을 희신(喜神)으로 하여 재성이 인성을 무너뜨리는[財星壞印 재성괴인] 것을 막는다는 타당한 논리라 하겠다. 운(運)도 화토(火土)로 흘러 비교적 순탄하다고 하겠다.

❷ 살이 용신(用神)이고 재성이 희신(喜神)인 경우

```
戊       庚       己       丙
寅       辰       亥       申

丁   丙   乙   甲   癸   壬   辛   庚
未   午   巳   辰   卯   寅   丑   子
```

이 명조(命造)는 겨울의 차가운 금(金)이 화(火)를 반기는[寒金喜火 ^{한금희}화] 형상이다. 시지(時支)에 인목(寅木)이 있어 병화(丙火)가 생(生)을 얻으니 화(火)는 불꽃이 있다 하겠다. 따라서 살(殺)과 재성(財星)을 쓰려고 하지만, 이를 위해서는 우선 일주가 왕해야[身旺 ^{신왕}] 한다.

묘한 것은 연지(年支)에 녹왕(祿旺)인 신금(申金)이 있고 세 개의 인성(印星)이 일주(日主)에 바짝 붙어 있으며, 더욱 묘한 것은 해수(亥水)가 월령(月令)을 잡아 신금(申金)이 해수(亥水)를 생하느라 인목(寅木)을 충하는 것을 잊어버린다는[貪生忘沖 ^{탐생망충}] 것이다. 사주에 화(火)가 없다면 토(土)는 얼고 금(金)은 차가울[土凍金寒 ^{토동금한}] 것이고, 목(木)이 없다면 수(水)는 왕하고 화(火)는 허할[水旺火虛 ^{수왕화허}] 것이니, 화(火)가 용신(用神)이 되고 목(木)은 희신(喜神)이 되는데 이 둘 중 하나라도 없어서는 안 된다.

따라서 이 사람은 평생을 흉하고 험한 일을 당하지 않고 살았으니, 향시와 전시에 합격하였고[登科發甲 ^{등과발갑}] 벼슬길이 부침(浮沈) 없이 평탄하였으며[宦海無波 ^{환해무파}], 자식들도 잘되었고 수명은 팔순을 넘었다.

심화학습

신왕(身旺)하고 사주에 목화(木火)가 있으니 금수상관희견관(金水傷官喜見官)에 딱 어울리는 사주라 하겠다. 다만 재성(財星)인 목(木)이 관성(官星)인 화(火)와 너무 멀리 떨어져 있어 아쉬운데, 인생이 잘 풀렸던 것은 운(運)이 목화(木火)로 흘렀기 때문이 아닌가 하는 생각이다.

何知其人凶　忌神輾轉攻
하지기인흉　　기신전전공

> 그 사람이 흉한지 어떻게 알 수 있는가[何知其人凶],
> 기신(忌神)이 돌아가며 공격하기 때문이다[忌神輾轉攻].

적천수 해설 ■ 흉(凶) – 기신전전공(忌神輾轉攻)

기신(忌神)이란 일주와 용신에 손해를 끼치는[損害體用 손해체용] 신(神)을 말한다. 따라서 사주팔자 중에 우선 희신(喜神)이 있어야만 기신이 무력해진다. 기신은 병(病)이 되고 희신은 약(藥)이 되는 것이니, 병이 있는데 약이 있으면[有病有藥 유병유약] 길(吉)하고 병이 있는데 약이 없으면[有病無藥 유병무약] 흉(凶)하다. 일생 동안 길함은 적고 흉함이 많은[吉少凶多 길소흉다] 것은 모두가 기신이 세력을 얻었기 때문이다.

　예를 들어 인월(寅月)에 태어난 사람이 인목(寅木)의 지장간(支藏干) 중 갑목(甲木)을 용신으로 삼지 않고 무토(戊土)를 용신으로 삼으면, 갑목(甲木)은 당령(當令)한 기신이 된다. 일주(日主)의 의향을 살펴보아 혹시 화(火)를 희신으로 하여 목(木)을 설(洩)하여 화(化)하거나, 금(金)을 희신으로 하여 목(木)을 극(剋)하여 제(制)한다면, 사주가 안정되어 편안할[安頓得好 안돈득호] 것이다. 또한 세운(歲運)이 희신을 돕고 기신을 눌러준다면[扶喜抑忌 부희억기] 흉함을 길함으로 변하게 하는[轉凶爲吉 전흉위길] 것이 가능하지만, 세운이 희신을 돕고 기신을 눌러주러 오지도 않고[不來扶喜抑忌 불래부희억기] 기신과 무리를 이루지도 않는다면[不與忌神結黨 불여기신결당] 한평생을 평범하고 무능하게 살며[終身碌碌 종신록록] 발하여 이룰 여지는 전혀 없다[無所發達 무소발달] 할 것이다.

　만약 화(火)의 이끌어 변화함이 없고[無火之化 무화지화] 금(金)의 극하여 제함이 없이[無金之制 무금지제] 다시 수(水)의 생함을 만났는데[遇水之生 우수지생] 세운에서 목(木)이 무리를 이루어 기신을 돕는다면[黨助忌神 당조기신], 일주의 희신을 손상시키고[傷我喜神 상아희신] 돌아가며 공격해댈 것이니[輾轉相攻 전전상공] 재난이 겹쳐 발생할[凶禍多端 흉화다단] 것이고 늙어서까지 길한 일은 없을 것이다.

　이상과 같이 목(木)을 예로 들어 설명했으니 다른 오행(五行)들도 이와 같은 방법으로 추론하면 될 것이다.

사주에 기신(忌神)이 세력을 형성하여 강한데 이를 막아줄 희신(喜神)이 사주에 보이지 않으면 흉(凶)하다는 말이다. 희신의 유무에 따라 용신(用神)의 역할에 크나큰 차이가 발생한다고 이해하면 될 것이다. 또한 운(運)에서 희신이 도움을 받으면 사주의 흉함을 길함으로 바꿀 수 있다고 하여 운의 중요성을 한 번 더 강조하고 있음을 명심해야 한다.

　『적천수징의(滴天髓徵義)』 본문에서는 운을 시종일관 세운(歲運)이라고 표기하고 있으나, 이를 대운(大運)과 대비되는 세운으로 해석하기에는 무리가 따른다고 보아 그냥 대운을 의미한다고 간주했으니 참고하기 바란다.

적천수 사례연구　　　흉(凶) – 기신전전공(忌神輾轉攻)

❶ 사주에 병(病)이 있는데 약(藥)이 없는 경우

	甲		丙		戊		乙
	午		子		寅		亥

庚	辛	壬	癸	甲	乙	丙	丁
午	未	申	酉	戌	亥	子	丑

병화(丙火) 일주가 인월(寅月)에 태어나 인성(印星)이 당령(當令)했고, 시지(時支)에서 만난 양인(陽刃)은 왕(旺)하고, 천간에 투출한 갑을목(甲乙木) 모두 왕하다. 사주에 금(金)은 보이지 않고, 인목(寅木)과 해수(亥水)는 인해합(寅亥合)이 되어 목(木)으로 화(化)하며, 자수(子水)는 자오충(子午沖)을 당해 깨지니 관성(官星)은 쓸모가 없어진다. 반드시 월간(月

干)의 무토(戊土)를 용신(用神)으로 삼아야 한다. 따라서 기신(忌神)은 갑목(甲木)이 되며, 해수(亥水)와 자수(子水)가 오히려 왕목(旺木)을 생(生)하여 더욱 왕하게 만드니 이른바 기신이 돌아가며 공격한다[忌神輾轉攻 기신전전공]고 할 것이다.

초운(初運)인 정축(丁丑)운에 용신이 생조(生助)를 받아 물려받은 재산이 십여만에 이르렀고 그 즐거움이 원하는 대로 이루어졌으나, 마침내 병자(丙子)운으로 돌아들자 화(火)는 통근(通根)을 하지 못해 부모를 모두 여의었고 연이어 화재를 만났다[連遭回祿 연조회록]. 을해(乙亥)운에는 수목(水木)이 함께 왕하니 또 다시 화재를 만났으며[又遭回祿 우조회록], 세 명의 처(妻)와 네 명의 아들을 먼저 보내고 물에 빠져 죽었다.

심화학습

신왕(身旺)하여 관살(官殺)이나 식상(食傷)이 용신(用神) 후보가 될 수 있으나, 관살은 인성을 생(生)하니 식상인 토(土)를 용신으로 삼았다고 하겠다. 따라서 목(木)이 기신(忌神)이 되니 이를 막아줄 재성(財星)인 금(金)이 희신(喜神)이지만, 아무리 찾아봐도 사주에는 보이지 않는다. 하는 수 없이 약한 용신인 무토(戊土)를 생해주는 오화(午火)를 희신으로 삼았으나 자오충(子午沖)으로 날아가니 아쉽다 할 것이고, 화(火)가 희신이면 당연히 북방(北方)의 수(水)운은 좋지 않다고 보아야 할 것이다. 운(運)의 지지에 금(金)운이 들어온다 한들 이미 희신은 화(火)로 정했으니 좋다고 볼 수 없다. 이리저리 둘러봐도 흉(凶)할 수밖에 없는 사주라 하겠다.

❷ 운(運)이 희신(喜神)을 도와 기신(忌神)을 눌러주지 않는 경우

己	丙	庚	辛
丑	辰	寅	巳

壬	癸	甲	乙	丙	丁	戊	己
午	未	申	酉	戌	亥	子	丑

병화(丙火) 일주가 인월(寅月)에 태어나 화(火)는 상(相)에 해당하지만, 목(木)이 아직 어리니 일주(日主)가 왕(旺)하다고 할 수는 없겠다. 축시(丑時)에 태어나 식상(食傷)이 일주의 원신을 훔쳐 가니[竊去命主元神 절거명주원신] 인목(寅木)을 용신(用神)으로 삼는다. 불만스러운 것은 월간(月干)의 경금(庚金)이 인목(寅木)을 타고 앉아 기신(忌神)이 된다는 것이다. 어린 목(木)이 금(金)을 만나 화(火)는 허(虛)하고 설(洩)을 당하는 형상이다.

　초운(初運)인 기축(己丑)과 무자(戊子)운에 금(金)을 생하고 화(火)를 설하니[生金洩火 생금설화] 어려서 부모를 여의고 외롭고 고달프기가 이루 감당할 수 없을 정도였다[孤苦不堪 고고불감]. 정해(丁亥)와 병술(丙戌)운은 화(火)가 서북방(西北方)에 있으니 기신인 금(金)을 극(剋)하여 보내기가 불가능하여 온갖 고난을 다 겪었으나[歷盡風霜 역진풍상] 미약하나마 가업을 일구었다[稍成家業 초성가업]. 마침내 을유(乙酉)운으로 바뀌자 간지(干支)가 모두 기신인 금(金)으로 화(化)하여 처자식을 잃고 홍수를 만나[水厄 수액] 죽고 말았다.

심화학습

병화(丙火) 일주가 약하여 인성(印星)인 인목(寅木)을 용신(用神)으로 삼았으나 기신(忌神)인 금(金)의 극(剋)을 받아 화(火)를 희신(喜神)으로 정해야 하는데, 천간에 화(火)가 없고 지지의 사화(巳火) 또한 도움이 되지 못한다. 운(運)에서 도움을 받아 흉(凶)함을 길(吉)함으로 변하게 하는 것이 유일한 방법이다. 하지만 이 또한 서북방(西北方)의 화(火)이므로 힘이 없으니 흉할 수밖에 없다 하겠다.

4. 수요(壽夭) — 사주의 청순(淸純)·혼탁(混濁)

적천수 원문   **수(壽)**

何知其人壽　性定元氣厚
하지기인수　성정원기후

> 그 사람이 오래 살 것인지 어떻게 알 수 있는가[何知其人壽].
> 오행이 조화를 이루어 성품이 반듯하고 원기가 두텁기 때문이며[性定元氣厚]

적천수 해설   **수(壽) — 성정원기후(性定元氣厚)**

사주가 모두 지지를 얻고[四柱得地 사주득지] 오행이 고르게 머무르며[五行停均 오행정균], 합(合)을 하는 것은 모두 한신(閑神)이고 화(化)를 이루는 것은 모두 용신(用神)이며, 충하여 떠나가는[沖去 충거] 것은 모두 기신(忌神)이고 머물러 있는[留存 유존] 것은 모두 희신(喜神)이며, 모자라거나 불완전하여 흠이 되는 부분이 없고[無缺無陷 무결무함] 치우치거나 메마르지 않으면[不偏不枯 불편불고], 이것이 바로 성품이 반듯하다[性定 성정]는 것이다. 성품이 반듯하면[性定 성정] 사사로이 욕심을 채우려는 마음[貪戀之私 탐연지사]을 먹지 않고, 떳떳하지 못한 일[苟且之事 구차지사]은 하지 않으며, 그 사람 됨됨이가 너그럽고 두터우며 화평하고[寬厚和平 관후화평] 어질고 덕스러운 자질을 함께 갖추었으니[仁德兼資 인덕겸자], 부유하고 귀하게 복을 누리며 오래 살지[富貴福壽 부귀복수] 못하는 사람이 아직까지 있지 않았다.

　'원신이 두텁다[元神厚 원신후]'는 것은, 사주에 관성이 약한데 재성을 만나거나[官弱逢財 관약봉재], 사주에 재성이 가벼운데 식상을 만나거나[財輕遇食 재경우식], 신왕한데 식상이 수기를 드러내거나[身旺而食傷發秀 신왕이식상발수], 신약한데 인수가 월령을 잡아 힘을 얻거나[身弱而印綬當權 신약이인수당권], 일주가 반기는 신[喜神 희신]은 모두 제강 즉 월령을 차지했고[提綱之神 제강지신] 일주가 꺼리는 신[忌神 기신]은 모두 월령을 차지하지 못했거나[失令之物 실령지물], 월지와 시지가 서로 정이 있고[提綱與時支有情 제강여시지유정] 운의 흐름과 희신 및 용신이 서로 어그러지지 않는[行運與喜用不悖 행운여희용불패] 것을 말하니, 이것이 바로 원신이 두텁게 자리잡고 있다

[元神厚處 원신후처]는 것이다. 따라서 자세히 연구해보는 것이 마땅하다.

사주가 맑고 순수하면[淸而純粹 청이순수] 반드시 부유하고 귀하게 오래 살[富貴而壽 부귀이수] 것이고, 사주가 탁하고 혼잡스러우면[濁而混雜 탁이혼잡] 반드시 가난하고 천하게 오래 살[貧賤而壽 빈천이수] 것이다.

성정원기후(性定元氣厚)의 '원기(元氣)'가 『적천수천미(滴天髓闡微)』에는 '원신(元神)'으로 적혀 있다. 그리고 본문 맨 앞부분이 "인(仁), 정(靜), 관(寬), 덕(德), 후(厚)의 다섯 가지는 모두 장수할 징조이다[皆壽徵也 개수징야]", 즉 '성품이 어질고 맑고 너그럽고 덕스럽고 두터우면 모두가 오래 살 수 있다'로 시작하지만, 『적천수징의(滴天髓徵義)』에는 누락되어 있음을 밝혀둔다.

사주가 탁하고 혼잡스러워도 오래는 산다니 다행이기는 하지만, 가난하고 천하게 목숨을 오래 부지하는 것도 별로 바람직한 일은 아닐 것 같다. 『적천수징의』를 처음 대했을 때 빈천이수(貧賤而壽)는 바로 앞의 부귀이수(富貴而壽)와 대비되는 말이니 빈천이수(貧賤而壽)의 수(壽)는 혹시 요(夭)를 잘못 표기한 것이 아닐까 생각해보았으나, 다음 장(章)을 읽으면서 사주가 탁하고 혼잡스러운[濁而混雜 탁이혼잡] 정도로는 다만 가난하고 천할 뿐이지 요절(夭折)까지 하지는 않는다는 것을 알게 되었다. 자세한 것은 다음에 나오는 '그 사람이 일찍 죽을 것인지 어떻게 알 수 있는가[何知其人夭 하지기인요]'를 읽으면 이해가 갈 것이다. 따라서 이 경우는 사주의 원신이 두텁다[元神厚 원신후]는 것을 전제로 한다고 보면 될 것이다.

또 한 가지 흥미로운 것은 성품이 반듯함[性定 성정]이 장수(長壽)의 요인으로 작용한다고 한 것이다. 상식적으로 생각해보면 사주에 화기(火氣)가 넘쳐 성격이 불 같은 사람들은 사소한 일에도 참지 못하고 화를 잘낼 것이니 흥분하면 몸 안의 기(氣)가 흐트러져 혈압이 올라가는 등 여러 가지 건강상 좋지 않은 징후가 나타날 것이고, 사주에 음습(陰濕)한 기운이 넘치는 사람은 아무래도 내성적이 되어 모든 것을 속으로 삭히려 할 테니 조울증 등의 징후가 나타날 가능성이 있다고 한다면, 이 모든 병은 성품이 반듯하지 못한 데 기인한다고 볼 수도 있으므로 성정(性定)이 수명에 영향을 미치지 않는다고 할 수 없을 것이다.

　비록 의학에 대해서는 문외한이지만 의학적으로도 타당할 것 같다는 생각이 든다. 특히 사상의학(四象醫學)에서는 사람의 체질에 따라 발병 원인이 다르고 그에 따르는 처방도 달라야 한다고 하니, 체질이란 바로 그 사람의 기운(氣運)인데 기운은 사주의 오행(五行)이 어떻게 구성되어 있는가에 따라 달라지므로 이 논리는 어느 정도 타당성이 있다고 볼 수 있을 것이다. 따라서 사주의 오행이 치우쳐 있다고 하더라도 항상 너그럽고 편안한 마음으로 사물을 대하려고 노력한다면 부귀수복(富貴壽福)을 누릴 수 있다는 사실을 명심해야 하겠다.

적천수 사례연구　　**수(壽) – 성정원기후(性定元氣厚)**

❶ 사주가 지지를 얻고 오행이 고르게 머물러 성품이 반듯한[性定, 성정] 경우

丙	甲	癸	辛
寅	子	巳	丑

乙	丙	丁	戊	己	庚	辛	壬
酉	戌	亥	子	丑	寅	卯	辰

이 명조(命造)는 사화(巳火)를 원두(源頭)로 하여 축토(丑土)를 생(生)하고, 축토(丑土)는 신금(辛金)을, 신금(辛金)은 계수(癸水)를, 계수(癸水)는 갑목(甲木)을, 갑목(甲木)은 병화(丙火)를 생하고 있다. 인목(寅木)은 일주(日主)인 갑목(甲木)의 녹왕(祿旺)이고, 자수(子水)는 계수(癸水), 사화(巳火)는 병화(丙火)의 녹왕이다. 관성(官星)인 신금(辛金)은 재성(財星)인 축토(丑土) 위에 앉아 있고, 재성인 축토(丑土)는 다시 식신(食神)인 사화(巳火)의 생(生)을 만나니, 오행의 원신이 모두 두텁다[五行元神皆厚, 오행원신개후]. 사주는 모두가 지지에 뿌리를 내려[四柱通根 사주통근] 생기가 왕성하며[生旺 생왕], 상하좌우가 서로 유정(有情)하다 할 것이다.

그 사람의 성품은 강하고 부드러움이 서로 조화를 이루고[剛柔相濟 강유상제] 어질고 덕스러움을 겸한 자질을 갖추었으니[仁德兼資 인덕겸자] 그 귀함이 극에 달하였다[貴至極品 귀지극품]. 재산은 백만에 달하였고[富有百萬 부유백만] 슬하에 아들 열셋을 두었으며 수명은 백세에 이르러 병이 없이 삶을 마쳤다.

'성품이 반듯하다[性定 성정]'에 해당하는 사주의 사례라 하겠다. 사주의 오행(五行)이 연주상생(連珠相生)으로 생화유통(生化流通)하니 더 이상 바랄 것이 없을 정도로 사주가 맑고 순수하여[淸而純粹 청이순수] 부유하고 귀하게 오래 살[富貴而壽 부귀이수] 팔자임이 틀림없다 할 수 있겠다. 한마디로 무척 부러운 사주이다.

❷ 신약한데 인수가 월령을 잡아 원신이 두터운[元神厚, 원신후] 경우

戊	丙	乙	己
子	寅	亥	酉

丁	戊	己	庚	辛	壬	癸	甲
卯	辰	巳	午	未	申	酉	戌

이 명조는 유금(酉金)을 원두(源頭)로 하여 해수(亥水)를 생(生)하고, 해수(亥水)는 인목(寅木)과 합(合)을 이루어 일주(日主)인 병화(丙火)를 생하며 병화(丙火)는 무토(戊土)를 생하니 사주의 원신이 모두 두텁다[元神皆厚 원신개후]고 하겠다.

향방(鄕榜) 출신으로 벼슬이 관찰(觀察)에 이르렀으며 사람의 성품이 너그럽고 두터우며 바르고 곧았다[寬厚端方 관후단방]. 아들이 아홉에 손자 스물네 명을 두었으며 재산이 백여만에 백이십 세까지 살다가 병 없이 세상을 떠났다.

'사주의 원신이 두텁다[元神厚 원신후]'에 해당하는 사주의 사례라 하겠다. 신약(身弱)한데 인수(印綬)인 인목(寅木)이 월령(月令)을 잡아 힘을 얻고, 일주인 병화(丙火)를 일지(日支)에서 받쳐주고 있으며, 사주의 오행이 연주상생(連珠相生)으로 생화유통(生化流通)하니, 앞의 사주만큼이나 사주가 맑고 순수하다[淸而純粹 청이순수] 하겠다.

❸ 운의 흐름과 희용신이 어그러지지 않아 원신이 두터운[元神厚, 원신후] 경우

庚	戊	甲	癸
申	戌	寅	丑

丙	丁	戊	己	庚	辛	壬	癸
午	未	申	酉	戌	亥	子	丑

무술(戊戌) 일주가 경신시(庚申時)를 만나 식신이 힘이 있다[食神有力 식신유력]. 살(殺)이 왕하여 인성(印星)을 용신(用神)으로 하려 하나 사주에 인성이 보이지 않으니[殺旺無印 살왕무인], 식신으로 살을 강제로 극(剋)하여 제(制)하는 수밖에 없다[足以强制 족이강제].

여덟아홉의 자식을 낳아 서너 명이 지위가 높고 귀하게 되어[貴顯 귀현] 일품에 봉해진 것은[授一品之誥封 수일품지고봉] 토금(土金)이 서로 유정(有情)한 결과라 하겠다. 그 사람이 탐욕과 사악함을 모두 갖춘[貪惡兩備 탐악양비] 것은 사주에 인성이 없어 살을 설(洩)하여 화(化)하지 못했기[不能化殺 불능화살] 때문이고, 음란하고 무례한[淫靡無禮 음미무례] 것은 사주에 화(火)가 없고[火不現 화불현] 수(水)가 지지를 얻어[水得地 수득지] 살을 더욱 강하게 해주기 때문이다.

대개 인신충(寅申沖)을 하면 반드시 인목(寅木) 중의 병화(丙火)는 부서져버리고 축술형(丑戌刑)이 되면 술토(戌土) 중의 정화(丁火) 또한 손상을 입는데, 게다가 계수(癸水)가 천간에 투출했으니 일주(日主)의 마음은 반드시 계수(癸水)와 합을 하고자 하고[必欲合 필욕합] 인목(寅木)과 술토(戌土)의 지장간(支藏干)인 병화(丙火)와 정화(丁火)가 구하려는 것은 거들떠보지도 않을 것이니[求之不顧 구지불고], 인술(寅戌)에 암장된 화(火)는 그 안에서 극을 받아 명이 다할[暗中剋盡 암중극진] 것이다.

대저 오행 중 화(火)는 예를 맡아 다스리는데[火司禮 화사례], 사주에 화(火)가 없으니 어찌 예의가 있을 수 있겠는가. 예의에 벗어나[無禮 무례] 못할 것이 없고 안 되는 일이 없어 모든 것을 제 마음대로 하려고 하였다[無所不爲 무소불위]. 만약 연간(年干)의 계수(癸水)가 정화(丁火)로 바뀐다면 어질고 덕스러움[仁德 인덕]이 없다고 하지 못할 것이다.

이 사람이 부귀수복(富貴壽福)을 누릴 수 있었던 것은 모두가 신시(申時)에 태어난 덕분이라 할 것이고, 나중에 머리에 악성종기가 생겨 죽은 것은 못된 짓을 많이 하여[積惡多端 적악다단] 천벌을 받은 까닭이라[天誅之矣 천주지의] 하겠다.

심화학습

'사주의 원신이 두텁다[元神厚 원신후]'에 해당하는 또 하나의 사례라 하겠다. 사주가 모두 지지를 얻었으니[得地 득지] 성품이 반듯하다[性定 성정]고 하고 싶지만, 오행 중 가장 필요한 인성(印星)이 빠져버렸으니 오행이 고르게 머무른다[五行停匀 오행정균]고 할 수 없어 매우 아쉽다. 따라서 사주는 전형적인 '신약(身弱)한 식신제살(食神制殺)'의 형상을 하고 있다고 할 수 있겠다. 다만 다행스럽게도 중운(中運) 이후부터 운(運)이 토금(土金)으로 흘러 운의 흐름과 희신 및 용신이 서로 어그러지지 않아[行運與喜用不悖 행운여희용불패] 원신이 두터운[元神厚 원신후] 경우에 해당한다 할 수 있으니, 성품은 바람직하지 못하다 하더라도 부귀수복(富貴壽福)을 누릴 수 있었다고 본다.

일단 식신(食神)을 용신(用神)으로 삼았으니 운에서 인성을 보는 것은 반가운 일이라 할 수 없을 것이고, 사주의 원문 해석에서는 나중에 머리에 악성종기가 생겨 죽은 것은 못된 짓을 많이 하여 천벌을 받은 까닭이라 했으나 이를 논리적으로 풀어본다면 말년(末年)운이 화(火)로 돌아 인성이 용신인 식상을 극(剋)하여 보내버리기 때문이라고 생각해볼 수도 있을 것이다. 천벌을 받았다고 하니 그래도 하늘은 공평하다는 생각이지만, 옳지 못한 방법으로 재물을 모아 수복(壽福)을 누렸다 한들 과연 그 사람이 얼마나 행복했을까는 한번쯤 깊이 생각해보아야 할 숙제인 것 같다.

또한 임철초(任鐵樵)는 형(刑)에 대해서는 〈제3장 3. 사주원국 지지간의 형(刑)·충(沖)·파(破)·해(害)〉에서 '형, 천 즉 해 그리고 파는 그다지 중요하지 않다[刑與穿兮動不動 형여천혜동부동]'라고 하며 형은 믿을 것이 못 된다고 했는데, 여기서 축술형(丑戌刑)을 논하니 난감할 따름이다. 자신의 주장을 더욱 확고하게 뒷받침하기 위해 작위적으로 대입했거나 비록 본인이 그렇게 주장했다 하더라도 어느 정도는 형을 인정하고 있다고 이해하고 넘어가면 되겠지만, 『적천수징의(滴天髓徵義)』를 바탕으로 명리학을 공부하는 입장에서는 여간 고민스러운 것이 아니다. 임철초의 성격상 전자(前者)라고 생각하고 넘어가기로 하자.

적천수 원문　　요(夭)

何知其人夭　氣濁神枯了
하지기인요　　기탁신고료

> 그 사람이 일찍 죽을 것인지 어떻게 알 수 있는가[何知其人夭].
> 사주의 기운이 탁하고 사주의 신(神)이 메말랐기 때문이다[氣濁神枯了].

적천수 해설　　요(夭) - 기탁신고(氣濁神枯)

기운이 탁하고 신이 메마른[氣濁神枯 기탁신고] 사주의 해석은 쉬운 것 같지만 그 가운데 어려움이 있는데[易中之難看 이중지난간], 기탁신고(氣濁神枯) 이 네 글자를 나누어서 설명할 수 있다[可分言之 가분언지]. 탁(濁)이란 글자는 약(弱)이란 글자와 같은 것[濁字作一弱字 탁자작일약자]이라고 논할 수 있다.

'사주의 기운이 탁하다[氣濁 기탁]'는 것은, 일주가 월령(月令)을 얻지 못했는데[日主失令 일주실령] 용신은 뿌리가 얕고 엷으며[用神淺薄 용신천박] 기신은 뿌리가 깊고 무겁거나[忌神深重 기신심중], 월지와 시지가 서로 비추어주지 못하고[提綱與時支不照 제강여시지부조] 연지와 일지는 서로 화합하지 못하거나[年支與日支不和 연지여일지불화], 충을 반기는데 충을 이루지 못하고[喜沖而不沖 희충이불충] 합을 꺼리는데 오히려 합을 이루거나[忌合而反合 기합이반합], 운의 흐름과 희용신이 서로 정이 없고[行運與喜用無情 행운여희용무정] 오히려 운의 흐름이 기신과 결합하여 무리를 이루는[行運與忌神結黨 행운여기신결당] 것을 말한다. 이런 경우에는 비록 오래 살지는 못하더라도 자식은 있을[不壽而有子 불수이유자] 것이다.

'사주의 신이 메말랐다[神枯 신고]'는 것은, 인수(印綬)가 월일지(月日支)를 못 잡아 신약한데 사주에 인성(印星)이 지나치게 많거나[身弱而印綬太重 신약이인수태중], 신왕한데 관살(官殺)과 식상(食傷)의 극설이 전혀 없거나[身旺而剋洩全無 신왕이극설전무], 신약하여 인성을 용신으로 하는데[身弱用印 신약용인] 재성이 인성을 무너뜨리거나[財星壞印 재성괴인], 신약한데 인성은 없고[身弱無印 신약무인] 식상만 중첩하여 있거나[食傷重疊 식상중첩], 사주에 금(金)은 차갑고 수(水)는 얼어붙었는데 토(土)마저 축축하거나[金寒水冷而土濕 금한수랭이토습], 사주에 화(火)는 불길이 일고 토(土)는 메마른데 목(木)마저 마르거나[火焰土燥而木枯 화염토조이목고] 하는 것을 말한다. 이런 경우에는 모두 요절하고 자식도 없을[夭而無子 요이무자] 것이다.

심화학습

『적천수(滴天髓)』 원문(原文)에서는 '사주의 기운이 탁하고 사주의 신(神)이 메마르면[氣濁神枯 기탁신고] 요절(夭折)한다'라고만 하였으나, 『적천수징의(滴天髓徵義)』에서 임철초(任鐵樵)는 기탁(氣濁)과 신고(神枯)를 구분하여 사주의 기가 탁한[氣濁 기탁] 경우에는 일찍 죽더라도 자식은 있지만, 사주의 신이 메마른[神枯 신고] 경우에는 자식마저 없다고 하였다. 따라서 신고는 기탁보다 더 좋지 않은 사주의 형상이라고 할 수 있겠다.

이 장(章) 앞부분에서 탁(濁)이란 글자는 약(弱)이란 글자와 같은 것[濁字作一弱字 탁자작일약자]이라고 하였다. 또한 이미 〈제7장 10. 탁기(濁氣)〉에서 메마르다[枯 고]는 것은 뿌리가 없을 뿐만 아니라 썩어버린[無根而朽 무근이후] 상태이며, 메마르다[枯 고]는 것은 약하다[弱 약]는 것과 비교가 되지 않을 정도로 상황이 나쁜 것을 의미한다고 했으니, 기탁과 신고를 구분하여 사주를 해석하는 것이 당연하다는 생각이다.

적천수 사례연구 　요(夭) - 기탁신고(氣濁神枯)

❶ 인성이 용신인데[身弱用印, 신약용인] 재성이 인성을 무너뜨린[財星壞印, 재성괴인] 경우

辛	丙	乙	乙
卯	辰	酉	丑

丁	戊	己	庚	辛	壬	癸	甲
丑	寅	卯	辰	巳	午	未	申

이 명조(命造)는 세 개의 인성이 일주를 돕고 있고[三印扶身 삼인부신], 진유(辰酉)는 합(合)을 하여 묘목(卯木)을 충(沖)하지 않으며, 사주에 수(水)가 없으니 중격(中格)은 되는 것처럼 보인다.

하지만 지지의 토(土)는 모두 축축한 토[地皆濕土 지개습토]여서 화(火)를 어둡게 하고 금(金)을 생하며[晦火生金 회화생금], 진토(辰土)는 목(木)의 여기(餘氣)인데 재성(財星)인 유금(酉金)과 합을 하여 목(木)은 의지할 뿌리를 내릴 수 없고[不能托根 불능탁근], 합을 하여 금(金)으로 화(化)하니 오히려 목(木)은 손상을 입게 된다. 따라서 천간의 두 을목(乙木)은 지지에서 실어주지 못하니[地支不載 지지부재] 시들었음을 가히 알 수 있다[凋可知矣 조가지의]. 이렇게 추론해보면 사주에 인성(印星)은 많지만 일주는 허약하다[日元虛弱 일원허약] 할 것이다.

오화(午火)운에 이르러 유금(酉金)을 깨뜨려 묘목(卯木)을 보호하니 아들 하나를 얻었으나, 신사(辛巳)운에는 지지가 완전한 금국(金局)을 이루어 인성을 무너뜨리니[壞印 괴인] 일주의 원기가 크게 손상되고[元氣大傷 원기대상], 사유축(巳酉丑)은 재국(財局)으로 재성이 극에 달하면 반드시 뒤집어지니[財極必反 재극필반] 부부가 함께 죽고 말았다.

신약(身弱)하여 인성(印星)을 용신(用星)으로 하는데 재성(財星)이 인성을 무너뜨리니 사주의 신이 메마르다[神枯 신고]고 하겠고, 신약한데 월지(月支)와 일지(日支)를 차지하지 못한 인수(印綬)는 너무 많으니 이 또한 사주의 신이 메마르다[神枯 신고]고 하겠다. 신고(神枯)이면 요절하고 자식도 없어야[夭而無子 요이무자] 하는데 그나마 아들 하나라도 얻은 것이 다행이라 할 것이다.

❷ 용신은 약하고[用神淺薄, 용신천박] 기신은 무거운[忌神深重, 기신심중] 경우

戊	辛	戊	己
戌	亥	辰	丑

庚	辛	壬	癸	甲	乙	丙	丁
申	酉	戌	亥	子	丑	寅	卯

이 사주는 두터운 토(土)가 무겁게 겹쳐 있어[重重厚土 중중후토] 무르고 어린 금(金)을 묻어버리는데[埋藏脆嫩之金 매장취눈지금], 오행 중 목(木)이 없으니 토(土)를 뚫어서 올라 통하게 함[疏揚之利 소양지리]을 얻지 못했다.

한 점 해수(亥水)는 토(土)에게 극을 받아 기운이 끊겼고[剋絶 극절], 지장간(支藏干)의 갑을목(甲乙木)은 이끌어내 도움을 받을 길이 없다[無從引助 무종인조]. 다만 봄철의 토(土)는 그 기가 허약하니[春土氣虛 춘토기허] 지장간의 재성(財星)인 목(木)을 용신으로 삼을 수 있을 것이다[藏財可用 장재가용].

초운(初運)이 동방(東方)의 목지(木地)로 흘러 부모의 음덕이 여유로웠으며[蔭庇有餘 음비유여], 인목(寅木)운에 아들 하나를 얻었으나, 을축(乙丑)운에 토(土)가 다시 통근(通根)을 하니 요절하고 말았다.

용신(用神)은 약하고 기신(忌神)은 무거워 기운이 탁한[氣濁 기탁] 사주의

사례라고 하겠다. 지장간의 목(木)을 용신(用神)으로 삼는다고 했으나, 사주의 형태로 보아서는 일지(日支)의 해수(亥水)를 용신으로 삼고 목 (木)은 희신(喜神)으로 하는 것이 더 타당하지 않을까 한다. 따라서 기신 은 토(土)가 된다.

이 사주는 용신인 수(水)는 약하고[用神淺薄 용신천박] 기신인 토(土)는 무 거워[忌神深重 기신심중] '기탁(氣濁)'이 되었으니, 비록 요절했으나 자식은 있는[不壽而有子 불수이유자] 것으로 보면 되겠다.

❸ 신왕(身旺)한데 식상의 설(洩)이 전혀 없는 경우

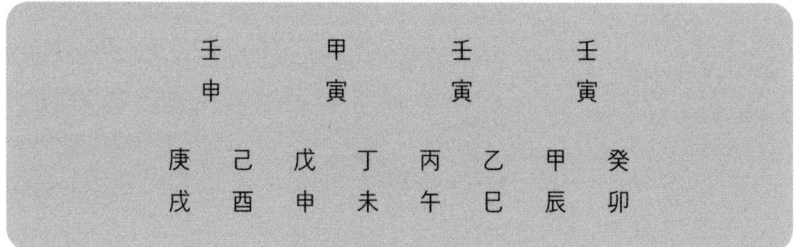

봄에 태어난 갑목(甲木)이 지지에 녹왕(祿旺)을 겹쳐 만나고 신시(申時) 에 태어나 시지(時支)의 살(殺)인 신금(申金)이 청하게 머물러 있는[時殺 留淸 시살유청] 것처럼 보인다.

하지만 이는 목(木)이 왕하면 금(金)이 이지러진다[木旺金缺 목왕금결]는 것을 모르고 하는 소리이다. 반드시 화(火)가 있어야만 아름답게 되는[有 火爲佳 유화위가] 사주인데, 천간의 세 개 임수(壬水)로 인해 인목(寅木) 속의 병화(丙火)는 극(剋)을 받으니 가히 신고(神枯)임을 알 수 있을 것이다.

병화(丙火)운에 이르러 천간의 세 개 임수(壬水)로부터 돌아가면서 극 을 받으니[回剋 회극] 가업은 무너져 없어지고[家業敗盡 가업패진] 자식이 없 이 요절하고 말았다[夭而無子 요이무자]. 대개 수목(水木)이 함께 왕한데[水 木並旺 수목병왕] 토(土)가 없는[無土 무토] 경우에 가장 꺼리는 것은 화(火)운 으로[最忌火運 최기화운], 몸이 손상을 입지 않으면[不傷身 불상신] 재물이 부 서져 없어지는 고통을 당하게 된다[刑耗異常 형모이상].

흔히들 말하는 대로라면 반드시 신금(申金)을 용신으로 삼아야 하는데 병화(丙火)가 극을 하여 그렇다고 하겠지만, 만약 병화(丙火)가 신금(申金)을 극한 것이 해(害)가 되었다면 바로 앞 을사(乙巳)운에서도 신금(申金)은 극을 받았고 게다가 인사신(寅巳申)의 삼형(三刑)까지 되었는데 어찌 오히려 아름다울 수 있었다는 말인가.

신왕(身旺)한데 식상(食傷)의 설(洩)이 전혀 없어 사주의 신이 메마른[神枯신고] 경우이다. 병화(丙火)운에 이르러 천간의 세 개 임수(壬水)로부터 돌아가면서 극을 받았다는 것은 당연한 말이라 하겠지만, 사주원국의 구조상 인목(寅木) 속의 병화(丙火)가 임수(壬水)에게 극을 받았다는 설명은 논리의 비약이 너무 지나친 것 같다는 생각이다.

봄에 태어난 갑목(甲木)이 너무 왕(旺)하여 이 사주의 용신(用神)은 시지의 살(殺)인 신금(申金) 또는 인목(寅木) 속의 식신(食神) 병화(丙火) 중 하나가 되어야 할 텐데, 그 당시 명리학자들 대부분은 신금(申金)을 용신으로 삼았고 병화(丙火)운에 자식이 없이 요절한 것은 용신인 신금(申金)이 극을 받기 때문이라고 했던 모양이다. 하지만 앞의 〈제2장 2. 갑목(甲木)〉에서 목기(木氣)가 강한 봄에는 금(金) 기운으로 극해서는 안 된다[春不容金춘불용금]고 했으니, 신금(申金)을 용신으로 삼는 것은 불가능하여 임철초(任鐵樵)는 인목(寅木) 속의 식신 병화(丙火)를 용신으로 삼았다고 보면 될 것이다.

또한 병화(丙火)운에 자식이 없이 요절한 것은 용신인 신금(申金)이 극을 받았기 때문이라는 당시 명리학자들의 주장에 대한 반론의 근거로 을사(乙巳)운의 사화(巳火)의 아름다움을 거론하며 인사신(寅巳申)의 삼형(三刑)까지 언급한 것은 "너희들이 주장하는 삼형까지 있는데 어찌 사화(巳火)의 작용이 아름다울 수 있었겠는가" 하는 다분히 감정이 섞인 반어법적 표현으로 이해하면 될 것이다.

여기서 반드시 짚고 넘어가야 할 것은 용신의 운(運)도 흉하게 작용할 수 있다는 사실이다. 사주를 처음 공부하는 사람들은 사주나 운에서 용신만 보이면 무조건 길(吉)하게 작용한다고 생각하기 쉬운데, 착각하지 않도록 유의해야 할 것이다. 이 사주가 그것을 여실히 증명해주고 있다. 비록 용신인 병화(丙火)가 운에서 돌아왔지만, 사주의 천간에는 강력한 수기(水氣)를 유통(流通)시켜줄 수 있는 목(木)이나 이를 극하여 보내줄 수 있는 토(土)가 보이지 않으니, 화(火)는 왕(旺)한 수(水)를 감당할 수 없어 용신의 역할을 제대로 수행하는 것이 불가능한 군겁쟁재(群劫爭財)의 형태가 되어 오히려 수(水)의 성질만 건드려 더욱 난폭하게 만들어버리기 때문이다. 자칫 잘못하면 흉함을 길함으로 해석하게 되니 주의를 기울여야 할 것이다.

❹ 사주에 금수(金水)가 많아 얼고 차가운데 토(土)마저 축축한 경우

癸	癸	辛	辛
丑	酉	丑	丑

癸	甲	乙	丙	丁	戊	己	庚
巳	午	未	申	酉	戌	亥	子

이 사주는 습토(濕土)인 축토(丑土)가 겹쳐 있고[重重濕土 중중습토] 차가운 금(金)이 거듭 포개져 있으니[疊疊寒金 첩첩한금], 계수(癸水)는 탁하고 또한 얼어 있다[濁而且凍 탁이차동]. 이른바 음기(陰氣)가 두텁고 한기(寒氣)는 지극하다[陰之甚寒之至 음지심한지지]고 할 것이다. 생기(生氣)라고는 털끝만큼도 보이지 않으니[毫無生發 호무생발] 사주의 기운은 탁하고 사주의 신은 메말랐다[氣濁神枯 기탁신고]고 하겠다. 사람이 어리석기 짝이 없었고[愚昧不堪 우매불감] 이루어놓은 일이라고는 하나도 없었다[一事無成 일사무성]. 무술(戊戌)운에 이르러 금(金)을 생(生)하고 수(水)를 극(剋)하여 요절하였다.

흔히들 말하기를, 이 사주는 두 개의 천간이 뒤섞이지 않고[兩干不雜 양간부잡], 금수(金水)가 짝이 되어 맑으며[金水雙淸 금수쌍청], 지지에 세 친구를 만났으니[地支三朋 지지삼붕], 살과 인성이 서로 생해주는[殺印相生 살인상생] 아름다움이 있어 귀격(貴格)이 틀림없다고 하고, 앞의 사주는 봄의 나무가 어린 금(金)을 차고 있어[春木帶嫩金 춘목대눈금] 나무를 깎아 큰 그릇을 만든다[斲削成大器 착삭성대기]고 하여, 두 사주 모두 명예와 이익이 다 갖추어진[名利兩全 명리양전] 사주라고 하지만, 이는 요절할 팔자의 사주[夭命 요명]는 모두 이와 같은 격[皆類此格 개류차격]임을 모르고 하는 말이다. 따라서 학자들은 깊이 있게 연구해야 함이 마땅하다.

심화학습

'사주에 금(金)은 차갑고 수(水)는 얼어붙었는데 토(土)마저 축축하여[金寒水冷而土濕 금한수랭이토습] 사주의 신이 메마른[神枯 신고]' 경우의 사례라 하겠다.

계수(癸水)가 늦겨울인 축월(丑月)에 태어나 사주에 인성(印星)이 중중(重重)하니 일주(日主)는 왕(旺)하여 수기(秀氣)를 발(發)하기 위해서는 식상(食傷)인 목(木)과 재성(財星)인 화(火)가 반드시 있어야 하고 조후로 보아도 목화(木火)가 필요하지만 눈을 씻고 찾아봐도 보이지 않고, 운(運)의 지지마저 금수(金水)로 흘렀으니 당연한 결과라 할 것이다.

하지만 무술(戊戌)운에 이르러 금(金)을 생하고 수(水)를 극하여 요절했다는 설명을 보면 종강(從强) 혹은 종기(從氣)로 본 것이라 생각된다. 그렇다면 운이 수금(水金)으로 흘렀으니 잘 풀렸어야 마땅한데 그렇지 못했다는 것은 오직 사주의 기운은 탁하고 사주의 신은 메말랐기[氣濁神枯 기탁신고] 때문이라고 결론지을 수밖에 없을 것 같다.

性情
성정 - 성격 및 심리구조

1. 성정(性情)이 이루어지는 기본원리

적천수 원문

五氣不戾　性正情和　濁亂偏枯　性乖情逆
오기불려　　성정정화　　탁란편고　　성괴정역

> 오행의 기운이 어그러지지 않고 순리에 맞게 흐르면[五氣不戾],
> 타고난 본성은 올바르고 표출되는 감정도 순리를 따라 중화할 것이지만[性正情和]
> 오행의 흐름이 탁하고 어지러우며 치우치고 메마르다면[濁亂偏枯]
> 타고난 본성은 어그러지고 표출되는 감정도 순리를 거스를 것이다[性乖情逆].

적천수 해설　　**성정(性情)이 이루어지는 기본원리**

오기(五氣)란 선천과 낙서의 기운(先天洛書之氣)인 목화토금수(木火土金水) 오행(五行)의 기를 말한다. 오행의 양(陽)은 동서남북의 네 방향을 차지하고[陽居四正 양거사정] 있고, 오행의 음(陰)은 동남·동북·서남·서북 네 모퉁이의 방향을 차지하고[陰居四隅 음거사우] 있으며, 오행 중 토(土)는 동북인 간방(艮方)과 서남인 곤방(坤方)에 덧붙어서 살고 있는데[土寄居於艮坤 토기거어간곤], 이것이 후천에서 오행의 위치를 정하는 순서[後天定位之序 후천정위지서]가 된 것이다.

　동방(東方)은 목(木)에 속하고 계절은 봄[時爲春 시위춘]이며 사람에게는 어짊[人爲仁 인위인]이다. 남방(南方)은 화(火)에 속하고 계절은 여름[時爲夏 시위하]이며 사람에게는 예절[人爲禮 인위예]이다. 서방(西方)은 금(金)에 속하고 계절은 가을[時爲秋 시위추]이며 사람에게는 옳음[人爲義 인위의]이다. 북방(北方)은 수(水)에 속하고 계절은 겨울[時爲冬 시위동]이며 사람에게는 지혜[人爲智 인위지]이다.

곤방과 간방은 토(土)가 되는데[坤艮爲土 곤간위토], 곤(坤)이 서남방을 차지한[坤居西南 곤거서남] 것은 화생토(火生土)하고 토생금(土生金)하여 오행의 흐름을 이어준다는 것이고, 간(艮)이 동북방을 차지한[艮居東北 간거동북] 것은 만물은 모두가 토(土)에서 생한다[萬物皆生於土 만물개생어토]는 것이다. 겨울이 다 지나면 봄이 오는데[冬盡春來 동진춘래] 토(土)가 아니면 수(水)를 막을 수 없고, 토(土)가 아니면 목(木)을 심을 수 없다[非土不能止水栽木 비토불능지수재목]. 이와 마찬가지로 사람의 어짊과 옳음과 예절과 지혜라는 타고난 본성[仁義禮智之性 인의예지지성]도 믿음을 얻어야 이루어지는[得信以成 득신이성] 것이니, 토(土)는 사람에게 믿음이 되는[土於人爲信 토어인위신] 것이다. 따라서 성인(聖人)이 역[周易 주역]을 지으면서 간을 동북(東北)에 배치한 것은 신(信)이 그것을 완성한다는 뜻이 담겨 있다.

오행이 사람에게 부여될 경우, 모름지기 오행의 어그러짐이 없고[五行不戾 오행불려] 중화되어 순수해야[中和純粹 중화순수] 상대방을 가엾고 불쌍히 여기고[惻隱 측은] 겸손히 양보할 줄 알고[辭讓 사양] 정성스럽고 참된[誠實 성실] 마음[情 정]을 지니게 될 것이다. 만약 오행이 치우쳐 메마르고 혼탁하거나[偏枯混濁 편고혼탁] 너무 지나치거나 미치지 못한다면[太過不及 태과불급] 말다툼을 걸고[是非 시비] 거슬러 배반하고[乖逆 괴역] 교만하고 무례한[驕傲 교오] 본성[性 성]을 지니게 될 것이다.

심화학습

『적천수천미(滴天髓闡微)』에는 성정정화(性正情和)가 성정중화(性情中和)로, 성괴정역(性乖情逆)이 성정괴역(性情乖逆)으로 적혀 있는데 의미는 같다고 보면 될 것이다.

『적천수(滴天髓)』 원주(原注)에서는 "오기가 어그러지지 않으면[五氣不

戾 오기불려] 그로 인해 존재하는 것이 성이고[存之爲性 존지위성] 그로 인해 표출되는 것이 정인데[發之爲情 발지위정] 이들이 중화(中和)하지 않음이 없다. 오기가 하늘에 있으면[五氣在天 오기재천] 원형이정(元亨利貞)이고, 오기가 사람에게 주어져 있으면[賦在人 부재인] 인(仁)·의(義)·예(禮)·지(智)·신(信)의 성(性)이고, 측은(惻隱)·수오(羞惡)·사양(辭讓)·시비(是非)·성실(誠實)의 정(情)이다'라고 하였다.

또한 『적천수징의(滴天髓徵義)』에는 '토(土)가 아니면 수(水)를 막을 수 없고 토(土)가 아니면 목(木)을 심을 수 없다[非土不能止水栽木 비토불능지수재목]'라는 말 다음에 '따라서 토(土)는 인(寅)에서 생하고[土生於寅 토생어인] 또한 신(申)에서도 생한다[亦生於申 역생어신]'라는 말이 있으나 오히려 혼란만 일으키는 것 같아 생략하고, 이해를 돕기 위해 『적천수천미』의 내용을 첨부하여 해석하였다.

사정(四正)은 자오묘유(子午卯酉) 즉 북남동서(北南東西)의 네 정방(正方)을 의미하고, 사우(四隅)는 네 귀퉁이 즉 서북(西北)·서남(西南)·동북(東北)·동남(東南)의 네 방향을 의미한다. 즉 선천낙서(先天洛書)의 팔괘(八卦)에서 오행의 방향이 정해지고, 이것이 후천팔괘(後天八卦)의 근원이 되었다는 말이다. 자세한 것은 〈명리학 기초이론 3 : 팔괘(八卦)〉를 참조하기 바란다.

임철초(任鐵樵)는 성정(性情)을 인예신의지(仁禮信義智)의 다섯 개로 구분하고 각 오행별로 이들을 나누어 주관하며 사주에서 오행이 배열된 상황에 따라 그 사람의 성정이 정해진다고 보았다. 따라서 오행의 기운(氣運)이 유통생화(流通生化)를 이루고 중화되어 순수하면[中和純粹 중화순수] 성정이 올바르고, 오기(五氣)가 탁하고 어지러우며 치우치고 메마르면[濁亂偏枯 탁란편고] 성정이 바르지 못할 것이라 했으니 일리 있는 논리라 하겠다.

다만 한 가지 아쉬운 것은 각 십성(十星)이 내포하고 있는 성정의 분석이 부족하다는 것이다. 물론 사주의 사례들을 해석하는 과정에서 각 십성들이 내포하고 있는 성향에 대해 언급하고는 있지만 역시 갈증을 해소하기에는 모자란다는 느낌이다. 하지만 각 십성의 생극(生剋)관계를 자세히 들여다보면 십성별 기본적인 성정을 깨달을 수 있으리라 생각한다.

성정(性情)이 이루어지는 기본원리

❶ 오기(五氣)가 어그러지지 않아 성정이 올바른 경우

戊	甲	丙	己
辰	子	寅	丑

戊	己	庚	辛	壬	癸	甲	乙
午	未	申	酉	戌	亥	子	丑

갑자(甲子) 일주가 초봄인 인월(寅月)에 태어나 목(木)이 당령(當令)했으나 지나치지는[太過 태과] 않다 하겠다. 인월(寅月)의 병화(丙火)는 상(相)에 해당하지만 화기(火氣)가 치열하지는 않고[不烈 불렬], 비록 토(土)가 많다고는 하나 메마르지 않았으며[不燥 부조], 수(水)는 비록 적으나 마르지 않았다[不涸 불학]. 사주에 본래 금(金)은 보이지 않지만 지지의 축토(丑土)에 암장(暗藏)되어 있어 화(火)의 극(剋)을 받지 않고 토(土)의 생(生)을 받으니, 싸움의 바람은 일지 않고[無爭戰之風 무쟁전지풍] 상생의 아름다움만 있을[有相生之美 유상생지미] 뿐이다.

사람됨이 구차하지 않아 교만하거나 아첨하지 않고 행동거지에 각박함이 없다 할 것이다. 자신을 낮추고 상대방을 높이며[謙恭 겸공] 어질고 후덕한[仁厚 인후] 성품을 갖추었다.

목(木)은 어짊[仁 인]을 의미하니 어질고 후덕한[仁厚 인후] 풍모를 갖추었다 하겠다. 일주(日主)가 왕(旺)하여 식신생재(食神生財)의 흐름을 타게 되어 사주는 청(淸)하다 하겠으나, 재물이나 벼슬에 대한 언급이 전혀 없는 것으로 미루어 대운(大運)이 수금(水金)으로 흘러 크게 발(發)하지는 못했던 것으로 보인다. 이 장(章)이 성정(性情)에 대해 다루니 성품에 대해서만 언급했다고 여기고 넘어가도록 하겠다.

❷ 오기(五氣)가 어그러져 성정이 올바르지 못한 경우 1

乙	己	丁	己
丑	卯	卯	酉

己	庚	辛	壬	癸	甲	乙	丙
未	申	酉	戌	亥	子	丑	寅

기묘(己卯) 일주가 봄이 한창인 묘월(卯月)에 태어나 토(土)가 허약하니 믿음[信 신]이 부족하다. 목(木)이 많아 금(金)이 이지러지고[木多金缺 목다금결], 음(陰)의 불[火]인 정화(丁火)는 습토(濕土)를 생(生)하는 것이 불가능하여 예절과 옳음[禮義 예의]이 모두 부족하였다. 또한 사주 여덟 글자가 모두 음으로만 이루어져[八字純陰 팔자순음] 오로지 화염을 좇아 권세 있는 자에게 아부하였다[趨炎附勢 추염부세]. 남에게 손해를 끼치더라도[衷懷損人 충회손인] 자신의 이익을 구하려는 마음을 품고[利己之心 이기지심] 남의 불행과 재앙을 즐기려는 생각이 싹트고 있다[萌幸災樂禍之意 맹행재락화지의] 하겠다.

심화학습

사주에 살(殺)이 중중(重重)하여 인성(印星)을 용신(用神)으로 삼는 살중용인(殺重用印) 또는 살인상생(殺印相生)의 형상을 하고 있으나, 살인 묘목(卯木)이 묘유충(卯酉沖)을 당해 정화(丁火)의 뿌리가 흔들리니 성정(性情)이 흔들린다고 하겠다.

사주팔자가 모두 음(陰)으로만 이루어져 있는 것을 음팔통(陰八通)이라고 하여 그 사람은 내성적이고 감정적이어서 상대방으로부터 한번 상처를 입으면 속으로 간직하고 있다가 기필코 앙갚음을 해야 직성이 풀리는 성격의 소유자가 많은 것을 볼 수 있다. 따라서 이 사주주인공도 이 영향을 더 받은 것이 아닌가 한다.

사주 자체만으로는 그렇게까지 성품이 나쁘다고는 할 수 없을 것 같은데 이렇게 혹평을 한 것으로 미루어 보아 임철초(任鐵樵) 본인이 잘 아는 사람의 사주인 모양이다. 이 사주 또한 운(運)에 대한 언급은 전혀 없으나 대운(大運)이 수금(水金)으로 흘러 크게 발하지 못했으리라 생각한다.

❸ 오기(五氣)가 어그러져 성정이 올바르지 못한 경우 2

甲	丙	乙	丙
午	子	未	戌

癸	壬	辛	庚	己	戊	丁	丙
卯	寅	丑	子	亥	戌	酉	申

병화(丙火) 일주가 늦여름인 미월(未月)에 태어나 화(火)는 불꽃이 강하고 토(土)는 메마르다[火焰土燥 화염토조]. 이미 말라서 죽은 나무[枯木 고목]인 천간의 갑목(甲木)과 을목(乙木)은 화(火)의 치열함을 돕고 있다. 더욱 불만스러운 것은 자수(子水)가 자오충(子午沖)으로 화(火)의 불길을 자극하는[沖激之炎 충격지염] 것이다. 따라서 오기(五氣)가 탁하고 어지러우며 치우치고 메마른[濁亂偏枯 탁란편고] 형상이라 하겠다.

성품은 사리에 어긋나고[性情乖張 성정괴장] 세상살이는 교만하고 건방지며[處世驕傲 처세교오], 성격이 급하기는 바람과 불 같아서[急躁風火 급조풍화] 자기 마음에 들면[順其性 순기성] 천금도 아까워하지 않지만[千金不惜 천금불석], 자신을 거스르면[逆其性 역기성] 티끌조차 나누어 가질 정도였다[一芥中分 일개중분]. 이런 성정(性情)으로 말미암아 가업은 남은 것이라고는 하나도 없이 다 부서져 날아가고 말았다[家業破敗 가업파패].

심화학습

사주가 뜨겁고 메마르며[燥熱 조열] 왕(旺)하여 화기(火氣)를 설(洩)해줄 수 있는 습토(濕土)가 절실한 상황이나, 사주에 습토가 보이지 않으니 자수 (子水)를 용신(用神)으로 삼을 수밖에 없다 하겠다. 관성(官星)을 용신으로 삼으면 희신(喜神)은 재성(財星)이 되는데, 이 또한 사주에는 전혀 보이지 않으니 말 그대로 '탁란편고(濁亂偏枯)'의 형상이라 하겠다.

이 사주 또한 운(運)에 대한 언급은 없이 오로지 성정이 바르지 못해 재산을 다 날려버렸다고 했는데, 아마도 무술(戊戌)운에 그 모든 일이 벌어지지 않았을까 하는 생각이다.

2. 사주화왕(四柱火旺) - 사주에 화기(火氣)가 넘칠 때

적천수 원문

火烈而性燥者　　遇金水之激
화렬이성조자　　우금수지격

> 사주에 화(火)가 강하여 그 사람의 성격이 메마르고 조급한 것은[火烈而性燥者]
> 금(金)과 수(水)가 화(火)의 기운을 거슬러 부딪치기 때문이고[遇金水之激]

적천수 해설　　**사주화왕(四柱火旺)**

사주에 화(火)가 많아 메마르고 불길이 세차면[火燥而烈 화조이렬] 그 사람의 성격은 불길이 위로 타오르는 것과 같을 터이니[炎上之性 염상지성] 오로지 그 기세를 좇아 습토를 용신으로 삼아 적셔주어야 할[用濕土潤之 용습토윤지] 것이다. 그리하면 예절을 알고[知禮 지례] 사랑을 베풀 줄 알게 될 것이다[成慈愛之德 성자애지덕]. 만약 금수(金水)의 기운이 화(火)의 강력한 기세를 거슬러 부딪치게 되면[遇金水之激 우금수지격], 이는 오히려 화(火)의 세력을 더욱 거세게 만들게 되어[火勢愈烈 화세유렬], 그 사람은 예절을 알지 못하고[不知禮 부지례] 반드시 재앙과 화[災禍 재화]가 생겨날 것이다.

여기서 습토(濕土)란 진토(辰土)와 축토(丑土)를 말하니, 지나친 화(火)의 빛을 어둡게 하고[晦其光 회기광] 그 치열함을 거두어들이므로[斂其烈 염기뢰] 오히려 밝고 예의바르게 되는 것이다.

흔히들 말하기를 '성격이 불 같다'고들 하는데, 그런 사람의 사주가 바로 이런 형태일 것이다. 그런 사람들의 사주의 용신(用神) 일순위는 습토(濕土)가 된다는 것도 기억해두면 좋을 것이다. 일단 일주(日主)가 화(火)이고 신왕(身旺)한 사주는 그럴 가능성을 열어두고 있다고 보면 되겠다.

적천수 사례연구 **사주화왕(四柱火旺)**

❶ 사주화왕에 습토(濕土)가 있는 경우

己	丙	甲	丙
丑	午	午	戌

壬	辛	庚	己	戊	丁	丙	乙
寅	丑	子	亥	戌	酉	申	未

병화(丙火) 일주가 오월(午月)에 태어나고 연월(年月)에 병화(丙火)와 갑목(甲木)이 투출했으니 화(火)의 맹렬함이 극에 달하지 않았는가. 가장 반가운 것은 축시(丑時)에 태어났다는 것이다. 간지(干支)가 모두 습토(濕土)이므로 능히 병화(丙火)의 세찬 열기를 거두어들이고 오화(午火)의 빛을 어둡게 하니, 그 성격에 순응하고[順其性 순기성] 그 마음을 기꺼이 따라[悅其情 열기정] 아랫사람을 업신여기지 않았다[不凌下也 불능하야]. 사람 됨됨이가 위엄은 있으나 사납지는 않으며[威而不猛 위이불맹] 명리가 모두 빛났다[名利雙輝 명리쌍휘].

앞 장(章)의 세 번째 사례인 '오기(五氣)가 어그러져 성정이 올바르지 못한 경우 2'는 사주에 습토(濕土)가 없어 관성(官星)인 자수(子水)를 용신으로 삼게 되니 성정이 올바르지 못했다 하겠으나, 이 사주는 상관(傷官)인 축토(丑土)의 덕을 톡톡히 보았다 하겠다.

사주에 관성이 보이지 않는 것도 무척 반가운 일이라 하겠다. 만약 관성이 있어 상관견관(傷官見官)의 형태라도 보인다면 아주 망하는 사주가 되어버리기 때문이다.

❷ 사주화왕에 습토(濕土)가 없는 경우

甲	丙	甲	辛
午	子	午	巳

丙	丁	戊	己	庚	辛	壬	癸
戌	亥	子	丑	寅	卯	辰	巳

병화(丙火) 일주가 오월(午月) 오시(午時)에 태어나 목(木)은 화(火)의 세력을 따라가니[木從火勢 목종화세], 화(火)의 맹렬함이 극에 달하지 않았는가. 사주에 습토(濕土)가 없으니 그 성격에 순응하여[順其性 순기성] 따르지도 못하고, 신금(辛金)은 그 뿌리가 없고 자수(子水)는 그 근원이 없으니 오히려 맹렬한 화(火)의 성질만 건드려 자극할 따름이다. 이에 어려서 부모를 여의고 형수에게 의지하여 살았는데, 싸움을 좋아하고 편안한 마음으로 제 분수를 지키지 못했다[不安分 불안분].

십오륙 세가 되자 이미 기골이 장대하여 힘은 남들을 능가하였고, 권술과 봉술을 배우기를 좋아했으며, 같은 마을의 무리들과 소득도 없이 사귀고 놀았다. 그 방탕함에 거리낌이 없었으며 형수도 이를 막지 못하였으니, 후에 호랑이를 잡으러 갔다가 호랑이에게 물려 죽었다.

심화학습

앞 장(章)의 세 번째 사례인 '오기(五氣)가 어그러져 성정이 올바르지 못한 경우 2'와 매우 흡사한 사례라 하겠다. 사주에 습토(濕土)가 없어 관성

(官星)인 자수(子水)를 용신(用神)으로 삼아 성정(性情)이 올바르지 못하였으며, 신금(辛金)은 희신(喜神)이 되지만 너무 멀리 떨어져 있어 별 힘이 되지 못한다 하겠다.

사주에 식상(食傷)이 없으니 머리를 쓰는 일은 전혀 못했을 것이고, 인성(印星)이 일주(日主) 옆에 붙어 있으니 남의 말을 잘 받아들였을 것이다. 일지(日支)의 자수(子水)는 자오충(子午沖)으로 흔들리니 법(法)을 무시하는 마음이 생겼는지도 모르겠다.

3. 사주수왕(四柱水旺) - 사주에 수기(水氣)가 넘칠 때

적천수 원문

水奔而性柔者　全金木之神
수분이성유자　　전금목지신

> 사주에 수(水)가 넘쳐 내달려도 그 사람의 성격이 화평하고 순할 수 있는 것은
> [水奔而性柔者]
> 오로지 금(金)과 목(木)을 온전하게 갖추고 있는 덕분이다[全金木之神].

적천수 해설　**사주수왕(四柱水旺)**

수(水)의 성질은 본래 유순하지만[水性本柔 수성본유] 그 부딪쳐 내달리는 기세[沖奔之勢 충분지세]는 굳세고 빠르기가 으뜸이라[剛急爲最 강급위최]고 하겠다. 만약 화(火)를 만나 충(沖)을 하거나 토(土)를 만나 그 흐름이 부딪치게[激 격] 된다면, 그 성격을 거스르게 되어[逆其性 역기성] 더욱 굳세게[剛 강] 될 것이다.

내달린다[奔 분]는 것은 그 기세가 왕함이 극에 달했다[旺極之勢 왕극지세]는 것을 의미한다. 이런 경우에 금(金)을 용신(用神)으로 하여 그 기세에 순응하거나[順其勢 순기세], 목(木)을 용신으로 하여 그 막힌 기운을 트이게 한다면[疏其淤塞 소기어색], 이른바 '그 왕한 세력을 좇아[從其旺勢 종기왕세]

미쳐 날뛰는 신을 거두어들인다[納其狂神 납기광신]'는 것이니 그 성질이 오히려 유순하게 되는데[其性反柔 기성반유], 굳셈이 가지고 있는 덕성[剛中之德 강중지덕]은 나아가기는 쉬워도 물러서기는 어렵다[易進難退 이진난퇴]는 말이다. 비록 지혜롭고 기교가 있으며 능력이 많지만[智巧多能 지교다능] 어질고 의로운 마음[仁義之情 인의지정]을 잃지 않을 것이다.

심화학습

왕(旺)함이 극에 달한 수(水)는 그 흐름을 거스르지 말고 식상(食傷)인 목(木)으로 그 수기(秀氣)를 흘려보내거나, 그 세력을 따라 금(金)을 용신(用神)으로 삼고 종(從)을 하라는 의미로 받아들일 수 있겠다. 앞의 〈제3장 4. 암충암회(暗沖暗會)〉에서 언급한 '왕자충쇠쇠자발(旺者沖衰衰者拔)'과도 일맥상통하는 말이라 할 수 있다.

　다만 현실적으로 임상(臨床)을 할 경우 사주에 금(金)과 목(木)이 함께 있거나 화토(火土)가 섞여 있을 때 무엇을 용신으로 삼을지가 문제이다. 임철초(任鐵樵)는 웬만하면 종격(從格)으로 간주하려는 성향이 강하여 전자의 경우 금(金)을 용신으로 삼아 종왕(從旺)으로 보는 것을 우선으로 하고 후자의 경우는 아예 용신으로 삼을 수 없다고 하지만, 요즘 같으면 식상(食傷)이나 관살(官殺)을 우선순위로 고려해보는 것이 더 타당한 사주 해석방법이 아닌가 한다. 다음 사례를 보며 연구해보자.

적천수 사례연구　사주수왕(四柱水旺)

❶ 사주수왕에 금(金)을 용신으로 하여 그 기세에 순응한 경우

庚	壬	甲	癸
子	申	子	亥

丙	丁	戊	己	庚	辛	壬	癸
辰	巳	午	未	申	酉	戌	亥

임신(壬申) 일주가 자월(子月)에 태어나 연시(年時)에 해자수(亥子水)를 만나고 천간에 경금(庚金)과 계수(癸水)가 투출했으니 그 기세가 왕(旺)함이 극에 달해 막을 수가 없다[沖奔莫遏 충분막알]. 월간(月干)의 갑목(甲木)은 시들고 메마른데다가[凋枯 조고] 경금(庚金)에 의해 베어져 나가니 [伐 벌] 물을 거두어들이지[納水 납수] 못한다 할 것이므로 오히려 경금(庚金)을 용신(用神)으로 삼아 수(水)의 기세에 순응하여 따르는 것이 낫다고 하겠다. 사람 됨됨이가 굳셈과 부드러움이 조화를 이루고[剛柔相濟 강유상제] 어짊과 덕을 함께 갖추었으며[仁德兼資 인덕겸자] 학문을 쌓고 행동이 신실하여[積學篤行 적학독행] 명예만을 구하지 않았다.

초운(初運)인 계해(癸亥)운은 왕신(旺神)인 수(水)를 좇아 부모의 음덕이 아주 좋았으나[蔭庇大好 음비대호], 임술(壬戌)운에 수(水)가 통근(通根)하지 못하고 술토(戌土)에 그 흐름이 부딪치게 되어[激 격] 재물은 부서져 날아가고 고통이 심했다[刑傷破耗 형상파모]. 신유(辛酉)와 경신(庚申)운에 반수(泮水)에 들어 학문을 쌓고 시험에 합격하여 식량을 지원받았으며[入泮補廩 입반보름], 아들 넷을 얻었고 가업은 나날이 불어났다[家業日增 가업일증]. 마침내 기미(己未)운으로 바뀌어 그 부딪쳐 내달리는 기세[沖奔之勢 충분지세]를 거스르니, 연달아 아들 셋을 잃고 재물도 깨어져 날아가버렸으며[破耗異常 파모이상], 무토(戊土)운에 이르러 죽고 말았다.

심화학습

사주에 수(水)가 많아 물 위에 떠 있는 나무[浮木 부목]가 되니 목(木)은 제 역할을 다할 수 없다고 보고, 오히려 경금(庚金)을 용신(用神)으로 삼아 수(水)의 기세에 순응하여 따르는 것이 낫다는 것은 그 나름대로 일리 있는 해석이라 할 수 있겠다. 하지만 갑목(甲木)이 경금(庚金)으로부터 극(剋)을 받는 위치에 있는 것도 아니고 그 뿌리가 약하다고도 할 수 없으니, 갑목(甲木)을 용신으로 삼는 것도 고려해볼 만하다는 생각이다.

그렇다면 금(金)운에 잘 풀린 것은 어떻게 된 일인가. 이것은 사주의 수(水)가 문제인데, 기운을 유통(流通)시켜 기신(忌神)인 금(金)이 용신인 목(木)을 극하는 것을 막아주었기 때문이라고 해석할 수 있다. 다만 대운

(大運)에 목(木)이 전혀 보이질 않으니 목(木)운에 이 사람의 인생이 어떠했는지 알아볼 수 없는 것이 아쉬울 따름이다.

❷ 사주수왕에 목(木)을 용신으로 하여 막힌 기운을 트이게 한 경우

壬	壬	壬	壬
寅	辰	子	寅

庚	己	戊	丁	丙	乙	甲	癸
申	未	午	巳	辰	卯	寅	丑

천간에 임수(壬水)가 넷이고 자월(子月)에 태어났으니 그 기세의 왕(旺)함이 극에 달했다[沖奔之勢 충분지세] 할 것이다. 무엇보다 반가운 것은 인시(寅時)에 태어났다는 것인데, 진흙탕인 진토(辰土)로 막힌 것을 트이게 하고[疏其淤塞 소기어색] 왕신인 임수(壬水)를 거두어들이니[納其旺神 납기왕신], 잘난 체하거나 건방지지[驕傲 교오] 않고 그 타고난 성품이 빼어나고 훌륭하였다[秉性穎異 병성영이]. 또한 책을 한번 읽으면 잊어버리지 않고[讀書過目不忘 독서과목불망], 문장은 말에 기대어 수만 가지의 글을 지을 정도였다[爲文倚馬萬言 위문의마만언].

갑인(甲寅)운에 반수(泮水)에 들었고 을묘(乙卯)운에 향시에 합격하여 벼슬길에 올랐으나, 배운 것을 써 먹을 운이 따르지를 않으니 이를 어찌할 것인가. 병진(丙辰)운에 이르러 왕한 물의 기세를 충하고 거스르니[沖激旺水 충격왕수], 비견(比肩)이 무리를 이루어 재물을 탐하는 형상이 되어[群比爭財 군비쟁재] 죽고 말았다[不祿 불록].

심화학습

사주도 청(淸)하고 운(運)도 목화(木火)로 흘러 식신생재(食神生財)의 흐름을 타니 잘나갔어야 할 팔자인데 병진(丙辰)운에 망해버렸다니 이해가 안 된다는 사람은 앞의 〈제11장 4. 수요(壽夭)〉 중 기탁신고(氣濁神枯)의 세 번째 사례인 '신왕(身旺)한데 식상(食傷)의 설(洩)이 전혀 없는 경우'를 되새겨보기 바란다. 그와 마찬가지 이유로 이 사주도 사주원국의 천간에 목(木)이 없어 운에서 화(火)가 들어왔을 경우 수기(秀氣)를 유통(流通)시키지 못해 군비쟁재(群比爭財)의 현상이 나타나니 좋을 리가 없는 것이다. 이 자리를 빌려 다시 한 번 강조하지만, 운에서 희용신(喜用神)을 만났으니 당연히 좋을 것이라고 기계적으로 판단해서는 안 되며, 사주의 형상(形象)에 따라 그 희기(喜忌)를 잘 구분해야 한다.

의마만언(倚馬萬言)은 글을 민첩하게 짓는 재능을 지녔음을 말한다. 진(晉)나라 환온(桓溫)이 북정(北征)에 나설 때 종군한 원호(袁虎)에게 노포문(露布文)을 짓게 했는데, 말에 기대서서 기다리는 동안 일곱 장의 명문을 완성했다는 고사에서 유래했다고 한다.

❸ 사주수왕에 토(土)가 흐름을 거슬러 자극한 경우

戊	壬	癸	癸
申	子	亥	未

乙	丙	丁	戊	己	庚	辛	壬
卯	辰	巳	午	未	申	酉	戌

임자(壬子) 일주가 해월(亥月)의 신시(申時)에 태어나 연월(年月)에 두 개의 계수(癸水)가 투출했으니 오로지 그 기세에 순응하는[順其勢 순기세] 수밖에 없다고 하겠으며, 그 흐름을 거슬러서는[逆其流 역기류] 안 된다.

불만스러운 것은 미토(未土)와 무토(戊土) 두 글자가 수(水)의 성질을 거슬러 그 흐름에 부딪치고 있다[激水之性 격수지성]는 것이다. 따라서 그의 사람됨은 옳고 그름이 뒤바뀌어[是非顚倒 시비전도] 일을 행함에 바른 것이 없었으며[作事不端 작사부단], 아무 것도 꺼리는 바가 없었다[無所忌憚 무소기탄].

초운(初運)인 임술(壬戌)운은 지지에 토(土)가 왕(旺)함을 만났으니 부모가 함께 돌아가셨다. 신유(辛酉)와 경신(庚申)운에는 토(土)를 설(洩)하고 수(水)를 생(生)하니, 비록 무뢰하고 법에 어긋나는 행동만 했으나 다행히도 흉한 일은 면했다. 기미(己未)운으로 바뀌자 토(土)를 도와 수(水)의 성질을 거슬러 그 흐름에 부딪치니[助土激水 조토격수] 한 가족 다섯 식구가 화재를 당해 타 죽고 말았다.

심화학습

수(水)가 왕(旺)한 사주의 성격 분석으로 적절한 사례라 할 수 있다. 강제로 그 강한 기운을 막으려 하니 부작용이 생기는 것이 당연하다고 본다. 다만 이 사주의 용신(用神)은 토(土)가 되어야 하겠고, 사주원국에 희신(喜神)인 화(火)가 없고, 미토(未土)와 무토(戊土) 또한 서로 멀리 떨어져 힘이 되지 못하니 토(土)는 약하여 강한 수(水)를 거스를 힘이 부족하다고 보아야 할 것이다. 사주의 구성도 기탁신고(氣濁神枯)에 가깝다는 생각이다.

사주 해석을 읽다 보면 금수(金水)를 희용신(喜用神)으로 삼은 것처럼 보인다. 『적천수징의(滴天髓徵義)』의 논리를 따르면 토(土)를 용신으로 삼아서는 안 되니 금(金)을 용신으로 삼고 종(從)을 함으로써 그 기세에 순응함이 마땅하다고 해석되지만, 용신운에서 그 정도밖에 풀릴 수 없었다는 것이 잘 이해되지 않는다. 따라서 재성(財星)인 화(火)의 도움이 없는 약한 용신인 토(土)가 왕신(旺神)인 수(水)의 성질을 건드려 흉함을 보게 되었다고 이해하는 것이 더 바람직한 방법이 아닐까 생각한다. '용신의 운이라고 모두가 길(吉)한 것은 아니다'라는 논리를 적용해서 말이다.

4. 목화상관(木火傷官)
– 약(弱)한 목(木) 일주가 여름에 태어났을 때

적천수 원문

木奔南而軟怯
목분남이연겁

> 목(木)이 남방(南方)으로 내달리면(火를 보면) 성격이 연약하고 겁이 많으며
>
> [木奔南而軟怯]

적천수 해설 **목화상관(木火傷官)**

목(木)이 남방으로 내달린다는 것은[木奔南 목분남] 사주에 화(火)가 많아 일주(日主)인 목(木)의 설기가 지나치다[洩氣太過 설기태과]는 말이다. 이런 경우 사주에 금(金)이 있다면 반드시 수(水)를 얻어 그 기운을 흘려보내야[得水以通金 득수이통금] 화(火)의 치열함이 수그러들 것이다[火不烈 화불렬]. 만약 금(金)이 없다면 반드시 진토(辰土)를 얻어 화(火)의 기운을 거두어들여야만[得辰土以收火 득진토이수화] 사주의 중화(中和)가 이루어진다[得其中 득기중]. 그렇게 되면 그 사람의 됨됨이는 공손하고 예절바르며[恭而有禮 공이유례] 온화하고 절도를 지킬 것이다[和而中節 화이중절].

만약 수(水)로 화(火)를 다스림이 없거나[無水以濟火 무수이제화] 토(土)로 화(火)를 어둡게 함이 없다면[無土以晦火 무토이회화] 목(木)의 기운은 지나치게 흘러 나가게 되어[發洩太過 발설태과], 그 사람은 스스로 총명하다고 믿고[聰明自恃 총명자시] 또한 수시로 마음이 변하는[多遷變不常 다천변불상] 아녀자의 어짊을 이루게[成婦人之仁 성부인지인] 될 것이다.

심화학습

『적천수징의(滴天髓徵義)』에는 맨 마지막 부분이 '수(水)로 토(土)를 다스림이 없거나[無水以濟土 무수이제토]'라고 되어 있으나, '수(水)로 화(火)를 다스림이 없거나[無水以濟火 무수이제화]'가 올바른 표현이라고 판단되어 토(土)를 화(火)로 고쳐 적었음을 알려드린다.

목(木) 일주가 여름인 화왕절(火旺節)에 태어나 신약(身弱)한 경우에 사주의 오행이 어떻게 구성되어 있는가에 따라 그 사람의 성격이 정해진다는 말이다. 여기서 특별히 주목해야 할 사실은 육신(六神) 중 인성(印星)과 식상(食傷)이 과연 어떠한 성향을 지니고 있는가를 알아볼 수 있다는 것이다. 인성은 자애, 총명, 공손, 배려 등의 성정(性情)을 나타내고, 식상은 총명, 궁리, 사교, 다재다능 등의 성정을 나타낸다는 것을 알 수 있다.

다만 신약한 경우에는 이런 면들이 부정적인 성향으로 나타나기 쉬워 식상의 경우 자기과시, 허영심, 이기심, 지구력과 추진력 부족[遷變不常 천변불상] 등의 성정이 나타난다고 하였다. 이를 '아녀자의 어짊[婦人之仁 부인지인]'이라고 표현하고, 특히 여름인 화왕절에 태어난 목(木) 일주[木火傷官 목화상관]에서 이러한 성향을 쉽게 찾아볼 수 있음을 의미한다고 보면 될 것이다.

적천수 사례연구 | **목화상관(木火傷官)**

❶ 목화상관에 금수(金水)가 함께 있는 경우

丙	甲	壬	庚
寅	午	午	辰

庚	己	戊	丁	丙	乙	甲	癸
寅	丑	子	亥	戌	酉	申	未

갑오(甲午) 일주가 오월(午月)에 태어나 목(木)이 남으로 내달리고 있다[木奔南方 목분남방]. 비록 시지(時支)에 녹왕(祿旺) 즉 비견(比肩)을 만났으나, 병화(丙火)를 생(生)해주고 인목(寅木)과 오화(午火)는 인오술(寅午戌) 화국(火局)의 반회국(半會局)을 이루니 일주(日主)에게 보탬이 된다고 할 수는 없지 않겠는가.

가장 반가운 것은 월간(月干)에 임수(壬水)가 투출하여 화(火)를 다스리고 있다[水以濟火 수이제화]는 것이다. 다만 임수(壬水)도 경금(庚金)이 생해주지 않는다면 병화(丙火)를 극(剋)할 힘이 없으니 용신(用神)으로 삼지 못할 것이고, 경금(庚金) 또한 진토(辰土)의 생(生)이 없다면 임수(壬水)를 생할 수 없을 것이니, 이 명조(命造)에서 가장 묘한 것은 진토(辰土)라 할 것이다. 진토(辰土)는 화(火)를 설(洩)하여 어둡게 하고[晦火 회화] 수(水)를 가두어 모아두고[蓄水 축수] 금(金)을 생해주니[生金 생금], 불은 치열하지 않고[火不烈 화불렬] 나무는 메마르지 않으며[木不枯 목불고] 쇠는 녹지 않고[金不鎔 금불용] 물은 마르지 않게[不涸 수불학] 되어, 이 모두가 진토(辰土) 한 글자의 힘으로 사주가 중화의 형상[中和之象 중화지상]을 이루는 까닭이라 할 것이다.

신금(申金)운에 임수(壬水)가 생을 만나고, 을유(乙酉)운에는 왕(旺)한 금(金)이 수(水)를 생해주니 반수(泮水)에 들어 학문을 쌓고 시험에 합격하여 식량을 지원받았으며[入泮補廩 입반보름] 고향에서 과거에 합격하였다. 병술(丙戌)운에는 화토(火土)가 함께 왕하여 줄초상을 치렀으나, 정해(丁亥)운에 임수(壬水)가 지지를 얻어 민나라의 재상이 되었으며[出宰閩中 출재민중] 덕을 베풀어 가르치고[德敎竝行 덕교병행] 바른 정치로 백성들을 교화시켰으니[政成民化 정성민화], 이른바 굳세고 부드러움이 서로 다스려[剛柔相濟 강유상제] 어짊과 덕을 겸비하였다[仁德兼資 인덕겸자]고 하겠다.

심화학습

연주상생(連珠相生)을 하여 오행이 유통(流通)되는 구조이다. 『적천수징의(滴天髓徵義)』의 논리대로라면 연약한 갑목(甲木) 일주가 사주에 경금(庚金)이 있으니 반드시 인성(印星)인 수(水)가 있어야 하는데, 임수(壬水)가 월간(月干)에 투출하여 바로 옆에서 일주(日主)를 생해주니 용신(用神)이 참되고 청(淸)하다 하겠다. 인성이 맑으니 그 사람됨이 자애롭고 총명하며 남에 대한 배려심이 강하여 백성들을 교화할 수 있었을 것이다. 게다가 일주도 갑목(甲木)이니 목(木)은 인(仁)을 나타내므로 사주 해석대로 어짊과 덕을 겸비했음이[仁德兼資 인덕겸자] 틀림없다 하겠다.

❷ 목화상관에 금(金)만 있는 경우

<table>
<tr><td>丙</td><td>甲</td><td>甲</td><td>丙</td></tr>
<tr><td>寅</td><td>申</td><td>午</td><td>戌</td></tr>
<tr><td colspan="4"></td></tr>
<tr><td>壬</td><td>辛</td><td>庚</td><td>己</td><td>戊</td><td>丁</td><td>丙</td><td>乙</td></tr>
<tr><td>寅</td><td>丑</td><td>子</td><td>亥</td><td>戌</td><td>酉</td><td>申</td><td>未</td></tr>
</table>

갑신(甲申) 일주가 오월(午月)에 태어나고 두 개의 병화(丙火)가 천간에 투출했으며, 지지는 인오술(寅午戌) 화국(火局)을 이루어 목(木)이 남으로 내달리고 있다[木奔南方 목분남방]. 메마른 토[燥土 조토]인 술토(戌土)는 화(火)를 어둡게 하고 금(金)을 생할[晦火生金 회화생금] 수 없다. 사주에 수(水)가 없으니 신금(申金)은 화(火)의 극을 받아 그 수명이 다하니[剋盡 극진] 무르고 약함이 극에 달했다[柔軟極矣 유연극의].

사람 됨됨이가 사사로이 입은 은혜는 중시하면서[暗私恩 일사은] 큰 예의 범절은 지킬 줄 모르며[不知大禮 부지대례], 일을 치를 때에는 여우처럼 의심하고[作事狐疑 작사호의] 결단력이 부족하니[少決斷 소결단], 이른바 타고난 마음씨가 의심이 많고[心性多疑 심성다의] 작은 이익을 탐하여[貪小利 탐소리] 대의를 저버리며[背大義 배대의] 한 가지도 이루는 일이 없었다[一事無成 일사무성].

심화학습

사주에 식상(食傷)이 많으니 인성(印星)을 용신(用神)으로 삼아야 하지만 인성이 보이지 않는다. 갑신(甲申)과 무인(戊寅)은 진정한 살인상생(殺印相生)이라는 〈제4장 11. 갑신(甲申)·무인(戊寅)·경인(庚寅)·계축(癸丑) 일주〉의 논리를 적용하여 일주가 약하니 신금(申金) 중의 임수(壬水)를 용신으로 삼을 것인지, 월간(月干)의 갑목(甲木)을 용신으로 하고 운(運)에서 수(水)가 돌아오기를 기다릴 것인지를 정해야 한다.

사주 해석대로라면 갑목(甲木)은 뿌리가 없어지니 신금(申金) 중의 임수(壬水)를 용신으로 삼는 것이 더 합당하다는 생각이다. 하지만 그것도 인신충(寅申沖)으로 흔들리고 지지의 화국(火局)으로부터 극(剋)을 받으니 사주는 탁(濁)하다 하겠다. 사주에 진토(辰土)라도 있으면 다행이겠으나 그마저 술토(戌土)이니 더 이상 해볼 도리가 없는 형상이다.

식상이 과다하니 자기과시와 허영심이 강하여 사적으로 은혜를 베풀려고 했을 것이고, 이기심이 강하여 상대방을 의심하고 이익을 탐했을 것이며, 지구력과 추진력이 부족하니 일을 끝까지 이루어낼 수 없었을 것이다. 식상의 부정적인 성향을 여실히 보여주는 사주라 하겠다.

5. 금왕우수(金旺遇水)·금쇠수왕(金衰水旺) – 금(金)일주가 수(水)를 만났을 때

적천수 원문

金見水以流通
금견수이류통

> 금(金)이 수(水)를 만나면 그 기(氣)를 흘려보내 통하게[流通, 유통] 된다[金見水以流通].

적천수 해설 **금왕우수(金旺遇水)·금쇠수왕(金衰水旺)**

금(金)은 굳세고 튼튼하며 모자라거나 넘치지 않고 치우침이 없이 올바른 주체[剛健中正之體 강건중정지체]이므로, 능히 큰일을 맡아 치르고[任大事 임대사] 큰일을 도모할[決大謀 결대모] 수 있다. 수(水)를 보면 굳세고 살기를 띤 성질[剛煞之性 강살지성]을 흘려보내 통하게 하니[流通 유통] 능히 지혜를 주관하는 수(水)를 쓸 수 있다[用智 용지].

기를 얻음이 치우침이 없이 올바르다[得氣之正 득기지정]는 것은 왕(旺)한 금(金) 일주가 수(水)를 만나는[金旺遇水 금왕우수] 것을 말한다. 이 경우 그 사람됨은 겉은 부드럽고 순한 것 같지만 속은 꿋꿋하고 곧으며[內方外圓 내방외원], 상황에 따라 일을 적절히 처리할[權變 권변] 줄 알고, 세상살이에서도 청렴함과 자애로움을 잃지 않고[處世不傷廉惠 처세불상렴혜] 행동은 감추면서도[行藏 행장] 스스로 중용(中庸)을 지킨다.

　기를 얻음이 치우친다[得氣之偏 득기지편]는 것은 쇠(衰)한 금(金) 일주가 왕한 수(水)를 만나는[金衰水旺 금쇠수왕] 것을 말한다. 이 경우 그 사람됨은 하는 일이 황당무계하고[作事荒唐 작사황당], 입으로는 옳다고 하면서 마음 속으로는 그르다고 생각하고 있으며[口是心非 구시심비], 교묘한 계략으로 사람을 속이려는[挾術待人 협술대인] 의도를 가지고 있다.

심화학습

금(金) 일주가 수(水)를 만났을 때 사주에서 일주(日主)가 처해 있는 상황을 두 가지 경우로 나누고, 그에 따라 그 성격이 달라진다는 것을 보여주고 있다. 금(金)의 강건(剛健)한 성질을 잘 기억하고 넘어가도록 해야 할 것이다.

　내방외원(內方外圓)은 외유내강(外柔內剛)과 같은 뜻으로 보면 되겠다.

적천수 사례연구 　**금왕우수(金旺遇水) · 금쇠수왕(金衰水旺)**

❶ 왕(旺)한 금(金) 일주가 수(水)를 만나는[金旺遇水, 금왕우수] 경우

乙	庚	癸	甲
酉	子	酉	申

辛	庚	己	戊	丁	丙	乙	甲
巳	辰	卯	寅	丑	子	亥	戌

경금(庚金)이 유월(酉月)에 태어나고, 또한 연지(年支)와 시지(時支)에 신금(申金)과 유금(酉金)이 있으니 가을의 금(金)이 날카롭고도 날카롭다[秋金 銳銳 추금예예]. 반가운 것은 일지에 자수(子水)를 깔고 앉아 있고[坐下子水 좌하자수] 천간에 원신(元神)인 계수(癸水)가 투출하여 금(金)의 날카로운 성질

을 유통(流通)시켜 그 강한 기운을 설해준다[洩其菁華설기청화]는 것이다.

　사람 됨됨이가 능히 큰일을 맡아 치르되[任大事임대사] 일을 처리하는 방식이 도리에 어긋나지 않았고[布置有方포치유방], 번잡한 상황에 처해서도[處煩雜처번잡] 자신의 주장을 굽히지 않았으며[主張不靡주장불미], 또한 성격이 호탕하고 베풀기를 좋아했고[慷慨好施강개호시], 자신의 욕심은 누르고 타인의 이익을 도모하였다[剋己利人극기이인].

심화학습

신왕(身旺)하니 식신생재(食神生財)로 흘러 일주(日主)인 경금(庚金)의 굳센 살기[剛煞之氣강살지기]를 유통시켜 기(氣)를 얻음에 치우침이 없어 성정(性情)이 바른 사례로 적합한 사주이다. 더구나 운(運)의 지지마저 수목(水木)으로 흐르니 더 이상 바랄 것이 없다 하겠다.

❷ 쇠(衰)한 금(金) 일주가 왕(旺)한 수(水)를 만나는[金衰水旺, 금쇠수왕] 경우

丙	庚	壬	壬
子	辰	子	申

庚	己	戊	丁	丙	乙	甲	癸
申	未	午	巳	辰	卯	寅	丑

경금(庚金)이 한겨울인 자월(子月)에 태어나 천간에는 두 개의 임수(壬水)가 투출했고 지지는 신자진(申子辰) 수국(水局)을 이루었으니, 금(金)은 쇠하고 수(水)는 왕하다[金衰水旺금쇠수왕].

　본래 사주 자체가 치우친 형상[偏象편상]에 속한다 하겠으며, 더욱 불만스러운 것은 시간(時干)에 병화(丙火)가 투출하여 국(局)을 혼탁하게 만들어버린다는 것이다. 금(金)은 옳음과 반듯함을 주관하고[主義而方주의이방] 수(水)는 지혜와 원만함을 담당하는데[司智而圓사지이원], 사주에 금(金)이 많고 수(水)가 적으면 지혜가 원만하며 행동도 반듯하겠지만[智圓行

方 ^{지원행방}], 사주에 수(水)가 넘치고 금(金)이 쇠약하면 바르고 반듯한 기운[方正之氣 ^{방정지기}]은 끊어지고 권모술수에 능하고 잔머리만 뛰어나게 [圓智之心 ^{원지지심}] 된다.

중년(中年)의 운에서 화토(火土)를 만나 임수(壬水)의 성질을 충하여 거스르게 되어[沖激 ^{충격}] 갖은 고통을 다 당했고[刑傷破耗 ^{형상파모}], 재물은 흩어지고 사람들은 떠나갔다[財散人離 ^{재산인리}]. 반평생 간사하였고[半身奸詐 ^{반신간사}], 남을 속이고 꼬드겨서 재물을 얻었으나[誘人財物 ^{유인재물}] 모두 강물에 흘려보내고 말았다[盡付東流 ^{진부동류}].

무릇 사람의 통하고 막힘과 가난하고 부유함[窮達貧富 ^{궁달빈부}]은 운명에 의해 이미 정해져 있는데[數己注定 ^{삭이주정}], 군자는 모든 것에서 즐거움을 얻으니 군자가 되지만[君子樂得爲君子 ^{군자락득위군자}] 소인은 스스로 간사하여 마음이 바르지 않으니 소인이 되는[小人枉自爲小人 ^{소인왕자위소인}] 것이다.

심화학습

신약(身弱)하고 사주에 식상(食傷)이 그득하니 인성(印星)을 용신(用神)으로 삼아야 하겠으나, 일지(日支)의 진토(辰土)는 신자진(申子辰) 수국(水局)을 이루어버렸으니 해석 그대로 편고(偏枯)한 사주의 형상이라 하겠다.

겨울의 금(金)이니 관살(官殺)인 화(火)를 용신으로 삼는 것도 생각해볼 수 있으나, 지지에 병화(丙火)의 뿌리는 보이지 않고 신약하니 이 또한 타당한 방법은 아니라는 생각이다. 따라서 일단 진토(辰土)를 용신으로 삼고 화(火)를 희신(喜神)으로 삼은 다음, 운(運)의 지지에서 메마른 흙[燥土 ^{조토}]인 술토(戌土)나 미토(未土)가 들어오기를 기다리는 것이 바람직하다는 생각이다.

다만 사주에 수기(水氣)가 워낙 강하여 토(土)로써 이 물을 멈출 수 있을지 의문스럽다. 오히려 『적천수징의』 본문의 해석대로 수(水)의 성질만 건드려 자극하는 결과를 초래하기 때문이다. 차라리 사주원국에 병화(丙火)가 없다면 수(水)를 따라 종(從)하는 것도 생각해볼 수 있으나, 이마저 여의치 않으니 안타까울 뿐이다. 본문의 해석대로라면 임철초는 웬만하면 종(從)을 하는 것으로 보는 경향이 있으니 수(水)를 따라 종하는 것으로 본 것이 아닌가 한다. 하지만 여기서는 이런 형상(形象)의 사주주인공은 어떤 성격의 소유자인지를 알아보는 데 비중을 두는 것이 타당하리라 본다.

원지지심(圓智之心)의 원래 원만하고 지혜로운 마음을 의미하지만, 여기에서는 부정적인 의미를 나타내니 '권모술수에 능하고 잔머리가 뛰어나다'라고 해석하였다.

6. 수왕우화(水旺遇火)
– 왕(旺)한 수(水) 일주가 화(火)를 만났을 때

적천수 원문

最拗者西水還南
최요자서수환남

> 성질이 가장 고집스럽고 비뚤어지는 것은[最拗者]
> 서방(西方) 즉 가을의 물이 남방(南方)으로 돌아가 화(火)를 만난 것이고[西水還南]

적천수 해설　　**수왕우화(水旺遇火)**

서방(西方) 즉 금왕절(金旺節)인 가을에 태어난 수[西方之水 서방지수]는 흐름의 근원이 곤륜산에서 시작되어[發源崑崙 발원곤륜] 그 세력이 크게 쓸어버릴 듯하니[其勢浩蕩 기세호탕] 감히 막을 수가 없다[不可遏 불가알]. 따라서 그 성질을 따르는[順其性 순기성] 것이 옳다고 하겠으니 목(木)을 이용하여 수(水)를 거두어들여야[用木以納水 용목이납수] 하는 것이다. 그리하면 수(水)의 성질인 지혜로움[智之性 지지성]이 목(木)의 성질인 어짊으로 나아가게 된다[行於仁 행어인].

만약 토(土)를 이용하여 강제로 수(水)를 억누르려[用土以制水 용토이제수]

하다가 수(水)의 마음을 얻지 못하면[不得其情 부득기정] 오히려 충(沖)하여 내달리는 걱정거리[沖奔之患 충분지환]만 생기니, 수(水)의 성질을 거듭 거슬러[仍逆其性 잉역기성] 고집스럽고 비뚤어지게[强拗 강요] 된다. 게다가 남방으로 돌아가 화(火)를 만나게 되면[至於還南 지어환남] 그 충하여 부딪치는 세력[沖激之勢 충격지세]은 더욱 막아 안정시키기가 어렵게[尤難砥定 우난지정] 될 것이다. 따라서 그 성질은 더욱 고집스럽고 비뚤어지게 되며[强拗異常 강요이상] 어질고 예절바른 성품[仁禮之性 인예지성]은 전혀 없을 것이다.

심화학습

한마디로 왕(旺)한 수(水) 일주가 원만한 성격을 유지하려면 사주의 오행이 흐름을 타고 흘러야 한다는 말이다. 이미 앞의 〈제2장 10. 임수(壬水)〉에서 언급한 바와 같이, 수(水) 특히 양의 물[陽水 양수]인 임수(壬水)는 '임수통하(壬水通河)'라고 하여 은하수[天河 천하]에 비길 만큼 큰물이며 천하를 드나드는 어귀[天河之口 천하지구]인 지지의 신금(申金)에서 장생(長生)하니, 수(水) 일주가 사주에 금수(金水)가 중중(重重)하여 신왕(身旺)하면 그 기세에 순응하여 흘려보내야 성격이 비뚤어지지 않는다는 것은 당연할 터이다.

또한 화(火)가 있다 하더라도 목(木)이 있으면 식신생재(食神生財)의 흐름을 타게 되니 그 성품은 더욱 평안함을 유지할 것이나, 다만 사주에 목(木)이 없이 화(火)만 있다면 그 세력을 흘려보내지 못하고 거슬러 부딪치게 되니 성격은 고집스럽고 비뚤어질 수밖에 없을 것이다.

수왕우화(水旺遇火)

❶ 가을의 물이 목(木)을 이용한 경우

```
    甲      壬      庚      癸
    辰      申      申      亥

 壬  癸  甲  乙  丙  丁  戊  己
 子  丑  寅  卯  辰  巳  午  未
```

임신(壬申) 일주가 계해(癸亥)년 경신(庚申)월에 태어났다. 해수(亥水)는 하늘의 문[天門 천문]이고 신금(申金)은 하늘의 빗장[天關 천관]으로 곧 천하를 드나드는 어귀[天河之口 천하지구]이니, 바로 서방의 물이 되어[西方之水 서방지수] 신월(申月)의 임수(壬水)는 그 흐름의 근원이 가장 길다[發源最長 발원최장]. 따라서 반가운 것은 시간(時干)의 갑목(甲木)이 시지(時支)에 진토(辰土)를 얻어 통근을 하고 목(木)을 배양하여[通根養木 통근양목] 족히 수(水)를 거두어들일 수[納水 납수] 있다는 것이다. 즉, 수(水)의 성질인 지혜로움[智之性 지지성]이 목(木)의 성질인 어짊으로 나아가게 되는[行於仁 행어인] 것이니, 이것으로 인해 예(禮) 또한 갖출 수 있게 되는 것이 아니겠는가.

그 사람됨이 놀랍고도 뛰어난[驚奇 경기] 품성을 갖추었으나 교묘하게 이익을 챙기는[巧利 교리] 재주는 없었다. 중운(中運)이 남방(南方)의 화(火)운으로 돌아 갑목(甲木)이 생하여 화함을 얻게 되니[得甲木生化 득갑목생화] 명예와 이익이 모두 온전하였다[名利兩全 명리양전].

심화학습

〈제2장 10. 임수(壬水)〉를 다시 한 번 더 상기하게 해주는 좋은 사례라 하겠다. 그 내용은 다음과 같다.

"통하(通河)는 천하(天河)를 말하며, 천하는 은하수를 의미한다. 임수(壬水)는 지지의 신금(申金)에서 장생(長生)하는데, 신금(申金)은 천하의 입구로서 곤방(坤方)에 위치한다. 이것이 임수(壬水)가 생겨나는 이치이다[壬水通河 임수통하]. 서방(西方) 가을 하늘의 강하고 살벌한 기운[秋天肅殺之氣 추천숙살지기]인 경금(庚金)의 기운을 능히 흘려보낼 수 있으니[能洩金氣 능설금기], 겉으로 강건하면서도 안으로 덕(德)을 겸비하고 있어 모든 강물의 근원으로서 두루두루 흘러 막힘이 없고, 한번 나아가면 절대 뒤로 물러서지 않는다[周流不滯 주류불체]."

이렇게 왕(旺)한 임수(壬水)의 성질을 다스리는 가장 적절한 방법은 목(木)으로 설(洩)하는 것임을 기억해두어야 하겠다.

❷ 가을의 물이 남방(南方)인 화(火)를 만난 경우

丙	壬	庚	癸
午	子	申	亥

壬	癸	甲	乙	丙	丁	戊	己
子	丑	寅	卯	辰	巳	午	未

임자(壬子) 일주가 계해(癸亥)년 경신(庚申)월에 태어났으니 서방의 물이다[西方之水 서방지수]. 하지만 그 크게 쓸어버릴 것 같은 세력[浩蕩之勢 호탕지세]을 거두어 돌아갈[歸納 귀납] 곳이 없다. 시(時)에서 병오(丙午)를 만나니 충하여 부딪쳐[沖激 충격] 수(水)의 성질을 거스르게 되어[逆其性 역기성], 사람됨이 고집스럽고 비뚤어져 무례하기 짝이 없었다[强拗無禮 강요무례]. 게다가 운(運)마저 남방(南方)의 화토(火土)를 달리니 가업은 부서지고 깨어져[家業破敗 가업파패] 남은 것이라곤 없었다. 오화(午火)운에 이르러 남의 아내를 강제로 취하려다[强人妻 강인처] 사람들에게 맞아 죽었다[被人毆死 피인구사].

흔히 '병화(丙火)를 용신(用神)으로 삼으니 운(運)에서 화토(火土)를 만나 아름답다'고들 하지만, 이는 금수(金水)의 마음은 하나이니[金水同心 금수동심] 수(水)의 흐름을 따라야 하며 거슬러서는 안 된다[可順而不可

逆^{가순이불가역}]는 것을 모르고 하는 소리이다. 모름지기 목(木)운을 만나야 생화유정(生化有情)하여 재앙과 화를 면하고, 사람 또한 예(禮)를 알았을 것이다.

가을에 태어난 임수(壬水)가 왕(旺)하니 목(木)으로 설(洩)해야 하지만, 사주원국에 목(木)이 없으니 일단 화(火)를 용신(用神)으로 삼고 운(運)에서 목(木)이 들어오기를 기다리는 형상이다.

 기인취재(棄印就財)이지만, 군겁쟁재(群劫爭財)의 형상을 하고 있어 사주의 오행(五行)이 흐름을 타지 못하고 일주(日主)인 수(水)의 성질을 거스르니[逆其性^{역기성}] 사주가 탁(濁)하다고 하겠다. 성격은 바르지 못하다 하겠고, 초중운(初中運)에서 비록 용신인 화(火)운이 들어왔으나 이를 유통시켜줄 목(木)이 사주에 없으니 비록 용신운이라고 하더라도 좋을 것이 없어 무례한 짓을 저지르다 목(木)운이 오기 전에 맞아 죽은 모양이다.

7. 화왕우수(火旺遇水)
– 왕(旺)한 화(火) 일주가 수(水)를 만났을 때

적천수 원문

至剛者東火轉北

지강자동화전북

> 성질이 지극히 굳센 것은[至剛者]
> 동방(東方) 즉 봄의 불이 북방(北方)으로 돌아가 수(水)를 만난 것이다[東火轉北].

적천수 해설　　**화왕우수(火旺遇水)**

동방(東方) 즉 목왕절(木旺節)인 봄에 태어난 화[東方之火^{동방지화}]는 화(火)가 목(木)의 세력을 믿고 방자하게 날뛰니[火逞木勢^{화령목세}], 그 타오르는 성질[炎上之性 염상지성]에 감히 맞서 감당할 수가 없다[不可禦也 불가어야]. 오직 그 굳세고 세찬 성질에 순응하여 따르는[順其剛烈之性 순기강렬지성] 것이 옳을 것이다. 따라서 습토를 이용하여 화(火)의 성분을 거두어들여야[用濕土以收之 용습토이수지] 그 굳세고 세찬 성질이 화하여 자애로움의 덕이 되는[化爲慈愛之德 화위자애지덕] 것이다.

일단 북방으로 돌아[一轉北方 일전북방] 수(水)를 만난다면 어찌 화(火)의 세차게 타오르는 기세[焚烈之勢 분렬지세]를 극(剋)하여 제(制)할 수 있을 것인가. 반드시 그 사람은 사납고 포악하며 무례할[剛暴無禮 강포무례] 것임에 틀림없다. 만약 사주에 토(土)가 없어 화(火)를 거두어들이지 못하는데 운(運)에서 재차 목화(木火)로 흘러 그 기세에 순응하여 따르면[順其氣勢 순기기세], 그 사람은 자애롭고 겸손하며 남을 가엾고 불쌍히 여기는 마음[慈讓惻隱之心 자양측은지심]을 잃지 않을 것이다.

왕(旺)한 화(火) 일주 역시 자애로운 성격을 잃지 않으려면 사주의 오행이 흐름을 타고 흘러야 한다는 말이다. 목(木)은 인(仁)을 주관하고 화(火)는 예(禮)를 주관하니, 목화(木火)가 서로 통하면 자애롭고 겸손한 마음을 간직할 것이 틀림없을 것이다.

적천수 사례연구 **화왕우수(火旺遇水)**

❶ 사주화왕(四柱火旺)에 습토(濕土)가 있는 경우

己	丙	甲	丙
丑	午	午	寅

壬	辛	庚	己	戊	丁	丙	乙
寅	丑	子	亥	戌	酉	申	未

병오(丙午) 일주가 인년(寅年) 오월(午月)에 태어나 연월간(年月干)에 병

화(丙火)와 갑목(甲木)이 투출했으니, 그 세차게 타오르는 기세[焚烈炎上之勢 분렬염상지세]를 감히 막을 수가 없다. 가장 묘한 것은 축시(丑時)에 태어나 습토(濕土)인 축토(丑土)가 화(火)의 그 사납고 세찬 성질을 거두어들인다[收其猛烈之性 수기맹렬지성]는 것이다. 그 사람 됨됨이가 아랫사람을 포용하고 윗사람을 잘 받들며[有容有養 유용유양] 교만하거나 아첨하지 않았다[驕諂不施 교첨불시].

운(運)에서 토금(土金)을 만나 거듭 축토(丑土)를 설(洩)하여 화(化)를 이루니, 향시와 전시에 연달아 합격하고[科甲連登 과갑연등] 벼슬은 군수(郡守)에 이르렀다.

심화학습

병화(丙火) 일주가 여름에 태어났으니 『적천수(滴天髓)』 원문(原文)의 해석을 돕기 위한 사례로서는 완벽하지 못하다고 하겠다. 단, 사주에 화기(火氣)가 넘치니 신왕(身旺)한 것은 같은 이치이므로 식상(食傷)인 습토(濕土)를 용신(用神)으로 삼아 식신생재(食神生財)의 흐름을 타야 하는 것은 마찬가지이다. 따라서 성격은 본래 불 같으나 식상으로 흘려보내서 너그럽고 품위 있는 모습을 유지할 수 있었다고 하겠다.

❷ 사주화왕(四柱火旺)에 습토(濕土)가 없는데 운(運)에서 수(水)를 만난 경우

庚	丙	丙	丁
寅	午	午	卯

戊	己	庚	辛	壬	癸	甲	乙
戌	亥	子	丑	寅	卯	辰	巳

병오(丙午) 일주가 오월(午月)에 태어나 연지(年支)와 시지(時支)를 묘목(卯木)과 인목(寅木)의 인성(印星)이 차지하여 시간(時干)의 경금(庚金)은 뿌리가 없으므로 버려두고 쓰지 않는다[置之不用 치지불용]. 따라서 사주의

격(格)은 염상격(炎上格)을 이루었다 할 것이다.

사주원국에 식상(食傷)인 토(土)가 없어 수기(秀氣)를 토해내지[吐秀토수] 못하니 학문은 잘하지 못했다[書香不利 서향불리]. 병졸[行伍 항오] 출신으로 묘목(卯木)운에 이르러 벼슬을 얻었으나, 임수(壬水)운에 관직을 잃었고, 인목(寅木)운에 군대에서 공을 세워 도사(都司)의 자리에 올랐다. 신축(辛丑)운에는 생화(生化)의 기틀이 있어 재앙이 없었으나[生化之機無咎 생화지기무구], 경자(庚子)운으로 바뀌자 양인(陽刃)인 오화(午火)를 충하여 부딪치고[沖激충격] 갑자(甲子) 세운(歲運)을 만나니 자수(子水)가 쌍으로 양인을 충하여 전쟁터에서 죽고 말았다.

심화학습

전형적인 군겁쟁재(群劫爭財)의 형상이라 하겠다. 따라서 습토(濕土)가 없는 경금(庚金)은 용신으로서의 역할을 제대로 수행하지 못한다고 하겠다. 하지만 임철초의 논리대로 한다면, 사주원국에 토(土)가 없어 화(火)를 거두어들이지[收수] 못하면 차라리 목화(木火)로 흘러 종(從)을 해야 그 기세에 순응하여 따르는[順순] 것이 되어 성품은 물론 명리(名利)도 얻을 것이다. 따라서 목(木)운에는 잘 풀렸으나, 금수(金水)운을 만나면서 흉함을 만나게 되었다고 볼 수 있을 것이다.

『적천수징의(滴天髓徵義)』에는 '신축(辛丑)운에는 생화(生化)의 기틀이 있어 재앙이 없었으나[生化之機無咎 생화지기무구]'라고 되어 있어 식신생재(食神生財)로 보고 있는 것이 아닌가 하는 생각도 들었다. 신축(辛丑)운에 큰 재앙이 없었다는 것은 시간(時干)의 경금(庚金)이 뿌리가 없다 하더라도 용신(用神)으로 삼고, 운(運)에서 희신(喜神)인 토(土)가 오기를 기다리는 것으로 해석할 수도 있기 때문이다. 하지만 앞뒤 문맥상 연결이 부적절하다고 판단되어 『적천수천미(滴天髓闡微)』를 살펴본 결과, '신축(辛丑)운에는 생화(生化)의 기틀에 기운이 없었다[生化之機無氣 생화지기무기]'라고 씌어 있는 것을 확인하고 염상격(炎上格)으로 본 것이라고 결론짓게 되었다. 목(木)운에 그나마 잘 풀렸다고 하니 그대로 따르는 수밖에 없을 것 같다.

8. 순생지기(順生之機)

적천수 원문

順生之機　遇擊神而抗
순생지기　　　우격신이항

사주가 흐름을 따라 생(生)하여 일주의 기운을 유통(流通)시키는 기틀에서[順生之機]
사주에서 이를 방해하는 신[擊神, 격신]을 만나면 이에 항거하게 되고[遇擊神而抗]

적천수 해설　　순생지기(順生之機)

흐름을 따라야 할 때는 따르는 것이 마땅하고[順者宜順 순자의순] 흐름을 거
슬러야 할 때는 거스르는 것이 마땅하니[逆則宜逆 역즉의역], 그리하면 타고
난 성품이 화목하고 평온하며 온순하다[和平而性順 화평이성순].

　예를 들어 목(木) 일주가 왕(旺)한데 화(火)를 얻어 그 기운을 흘려보내
통하게 되면[火以通之 화이통지] 이를 순(順)이라 하고, 다시 토(土)가 있어
흘러나가면[土以行之 토이행지] 이를 생(生)이라 한다. 이런 경우 금수(金水)
를 만나 부딪치게 되면[見金水之擊 견금수지격] 마땅치 않다. 목(木) 일주가
쇠(衰)한데 수(水)를 얻어 생하게 되면[水以生之 수이생지] 도리어 순이 되는
데[反順 반순], 다시 금(金)이 있어 수(水)를 도우면[金以助水 금이조수] 이를
거스르는 가운데 생을 한다[逆中之生 역중지생]고 한다. 이런 경우 화토(火
土)를 만나 부딪치게 되면[見火土之擊 견화토지격] 마땅치 않다.

　일주(日主) 즉 내가 생하는 것이 순이고[我生者爲順 아생자위순] 일주 즉
나를 생하는 것이 역이니[生我者爲逆 생아자위역], 일주가 왕하면 흐름을 따
르는 것이 마땅하고[旺者宜順 왕자의순] 일주가 쇠하면 흐름을 거스르는 것
이 마땅하며[衰者宜逆 쇠자의역], 그리하면 타고난 성품은 바르고 표출되는
마음은 화합을 이룰[性正情和 성정정화] 것이다. 만약 사주에서 이를 방해하
는 신[擊神 격신]을 만날 경우, 일주가 왕하면 그 성질은 과감하고 급하게
될 것이고[勇急 용급] 일주가 쇠하면 무기력하고 약해질[懦弱 나약] 것이다.

　만약 사주원국이 순역의 흐름을 얻으면[得順逆之序 득순역지서] 그 타고난
성품과 표출되는 마음은 본래 화평한데[性情和平 성정화평], 세운(歲運)에서

격신(擊神)을 만나면 앞의 경우와 마찬가지로 강하고 약하게 그 성질이 변할 것이니[變爲强弱 변위강약] 잘 살펴보아야 함이 마땅하다.

심화학습

일주(日主)의 왕약(旺弱)에 따라 생(生)해줄 것인지 설(洩)할 것인지를 정해야 하며, 사주 오행(五行)의 흐름이 이에 적합하게 구성되어 있으면 그 사람은 성정정화(性正情和)하다는 말이다. 또한 사주가 반듯하여 성정이 올바르다 하더라도 운(運)의 흐름에 따라 그 사람의 성격이 변할 수 있다는 말을 덧붙이고 있다. 임상을 통해 연구해볼 만한 과제라 하겠다.

적천수 사례연구   **순생지기(順生之機)**

❶ 순생지기의 사주가 격신(擊神)을 만난 경우 1

壬	甲	丙	己
申	寅	寅	亥

戊	己	庚	辛	壬	癸	甲	乙
午	未	申	酉	戌	亥	子	丑

갑인(甲寅) 일주가 인월(寅月)에 태어나 목(木)이 왕(旺)하고 병화(丙火)가 투출했으니 순생지기(順生之機)라 하겠다. 광채가 두루 미치는 형상[通輝之象 통휘지상]이라 하겠으니 책을 읽으면 그대로 다 외울 정도였다[過目成誦 과목성송].

불만스러운 것은 시(時)에서 금수(金水)를 만나 부딪치는[金水之擊 금수지격] 것인데, 연간(年干)의 기토(己土)가 허탈하여 수(水)를 극(剋)하여 제(制)할 수 없다[不制其水 부제기수]는 것이다. 게다가 초운(初運)이 북방(北方)의 수지(水地)로 흐르니 공명을 이루지 못할 뿐 아니라[功名難遂 공명난수] 온갖 고통을 당했다[刑傷破耗 형상파모]. 마침내 신유(辛酉)운에 들어 수(水)를 도와 병화(丙火)를 극하고, 신금(辛金)은 병화(丙火)와 합하여 떠나가니[合去 합거] 죽고 말았다.

갑목(甲木) 일주가 신왕(身旺)하여 병화(丙火)를 용신(用神), 기토(己土)를 희신(喜神)으로 하는 식신생재(食神生財)의 형상이다. 다만 사주원국의 형상은 나쁘지 않으나 운(運)이 금수(金水)로 흘러 원하는 바를 이루지 못하고 고생이 심했던 것으로 보아야 할 것 같다.

한 가지 아쉬운 것은 사주 해석에서 사주원국은 광채가 두루 미치는 형상[通輝之象 통휘지상]이라 하여 총명하다고 했으나, 사주와 운에서 금수(金水)의 격신(擊神)을 만나 성격이 어떻게 변했는가에 대한 분석이 미흡한 것이다. 본문대로라면 이 사람의 성질은 과감하고 급해야[勇急 용급] 할 것이다.

❷ 순생지기의 사주가 격신(擊神)을 만난 경우 2

壬	甲	戊	庚
申	午	寅	寅

丙	乙	甲	癸	壬	辛	庚	己
戌	酉	申	未	午	巳	辰	卯

갑오(甲午) 일주가 인월(寅月)에 태어나 무토(戊土)가 투출했고 인오(寅午)가 합(合)을 하여 화국(火局)을 이루었으니 순생지기(順生之機)라 하겠다. 그 사람됨이 어질고 너그러우며 호탕하고 시원스러웠으며[德性慷慨 덕성강개] 가슴 속에 품은 포부가 크고 넓었다[襟懷磊落 금회뢰락].

이 사주 또한 불만스러운 것은 시(時)에서 금수(金水)를 만나 부딪치는[金水之擊 금수지격] 것인데, 공부를 했으나 이루지 못했고[讀書未遂 독서미수] 고생이 심했으며[破耗多端 파모다단], 게다가 중운(中運)의 천간과 지지가 가지런하지 못하니[不齊 부제] 뜻은 있어도 펴질 못했다[有志未伸 유지미신].

오히려 반가운 것은 봄의 금(金)이라 왕(旺)하지 않고 화토(火土)가 통근(通根)을 하여 일주와 용신[體用 체용]이 손상을 입지 않았으니 후손들은 계속하여 잘된[後昆繼起 후곤계기] 것이다.

심화학습

성품은 의롭고 강직했으나 격신(擊神)의 방해를 받아 마음대로 되지 않고, 운(運)마저 받쳐주질 않으니 뜻을 이룰 수 없었다 하겠다. 식신생재(食神生財)의 흐름을 타야 하는데, 운의 지지는 화토(火土)로 흐르나 천간이 금수(金水)를 달리니 안타까울 뿐이다.

9. 역생지서(逆生之序)

적천수 원문

逆生之序　見閑神而狂
역생지서　　　견한신이광

> 사주가 흐름을 거슬러 생하여 일주의 기운을 유통시키는 구조에서[逆生之序]
> 사주에서 한신(閑神)을 보게 되면 그 사람은 거칠고 사납게 된다[見閑神而狂].

적천수 해설　　**역생지서(逆生之序)**

흐름을 거슬러야 할 때는 거스르는 것이 마땅하고[逆則宜逆 역즉의역] 흐름을 따라야 할 때는 따르는 것이 마땅하니[順則宜順 순즉의순], 그리하면 타고난 성품은 바르고 표출되는 마음은 화합을 이룰[性正情和 성정정화] 것이다.

예를 들어 목(木) 일주가 왕함이 극에 달했는데[旺極 왕극] 수(水)를 얻어 생하게 되면[水以生之 수이생지] 이를 역(逆)이라 하고, 다시 금(金)이 있어 이루게 되면[金以成之 금이성지] 역이 생하는 것을 돕는[助逆之生 조역지생] 것이다. 이런 경우 한신(閑神)인 기축(己丑)을 보게 되면 마땅치 않다. 만약

목(木) 일주가 쇠함이 극에 달했는데[衰極 쇠극] 화(火)를 얻어 그 기운이
흘러 나가면[火以行之 화이행지] 도리어 역이 되고[反逆 반역], 다시 토(土)가
있어 화(火)를 설하여 화하면[土以化之 토이화지] 이를 거스르는 가운데 따
른다[逆中之順 역중지순]고 하는 것이다. 이런 경우 한신인 진미(辰未)를 보
게 되면 마땅치 않다.

이것은 일주(日主)의 왕함과 쇠함이 극에 달했을 경우[旺極衰極 왕극쇠극]
에 생겨나는 종왕(從旺)과 종약(從弱)의 이치라 하겠으며, 일주의 쇠왕(衰
旺)에 따라 중화(中和)를 얻는[旺衰得中 왕쇠득중] 앞의 것들과는 의미가 다
르다고 보아야 할 것이다. 따라서 일주의 왕함이 극에 달했을[旺極 왕극]
경우 한신을 보게 되면 반드시 그 사람은 거칠고 사납게 될 것이고[必爲
狂猛 필위광맹], 일주의 쇠함이 극에 달했을[衰極 쇠극] 경우 한신을 보게 되면
반드시 당장에 탈이 없고 편안함만을 취하게[必爲姑息 필위고식] 될 것이다.
세운(歲運)에서 한신을 보게 되더라도 역시 마찬가지이고, 화토금수(火土
金水) 일주도 모두 이와 같다 하겠다.

심화학습

앞의 순생지기(順生之機)와 비교하여 일주(日主)의 쇠왕(衰旺)이 극에 달
한 사주에 대해 설명한다고 볼 수 있겠다.

다만 목(木) 일주를 예로 들며 한신(閑神)을 기축(己丑)과 진미(辰未)의
토(土)라고 했는데, 솔직히 말해서 이것은 잘 이해되지 않는다. '재성(財
星)이 한신이 된다'는 말이라면 무술(戊戌)도 있는데 왜 이 둘은 빠져 있
는가. 또한 '일주(日主)의 왕함이 극에 달하여[旺極 왕극] 종왕(從旺)을 할
경우'는 재성인 토(土)가 기신(忌神)이지 한신이 아니므로 기신을 만나면
마땅치 않다고 해야 하고, 여기에는 무술(戊戌)도 포함되어야 한다. 마찬
가지로 '일주의 쇠함이 극에 달하여[衰極 쇠극] 종약(從弱)을 할 경우'는 재
성이 한신이 될 수 없고 용신(用神)이나 희신(喜神)이 되어야 하는데 '토
(土)가 있어 화(火)를 설하여 화하면[土以化之 토이화지] 이를 거스르는 가운
데 따른다[逆中之順 역중지순]'고 해놓고 어찌 재성 중에서 진미(辰未)를 만
나면 마땅치 않다고 하는지 필자의 짧은 소견으로는 잘 이해되지 않는다.

하지만 『적천수징의(滴天髓徵義)』의 논리에 입각하여 심사숙고한 결론은 다음과 같다. 전자의 경우 무술(戊戌)은 양(陽)의 토(土)로서 그 힘이 강력하여 사주에 수(水)가 있더라도 능히 그 세력을 극(剋)하여 멈출 수 있으니 굳이 목(木)을 따라 종(從)할 이유가 없으나, 기축(己丑)은 음(陰)의 토(土)로서 그 힘이 약하여 수(水)를 멈추지 못하고 오히려 목(木)을 따라 종하는 데 방해만 되어 그 성질을 거스르게 되니 마땅치 않은 것이다. 후자의 경우 진토(辰土)는 목(木)의 여기(餘氣)이고 미토(未土)는 목(木)의 고(庫)이니 쇠약함이 극에 달한 목(木)이 지지에서 이들을 만나면 뿌리를 얻어 통근(通根)하게 되어 화(火)를 따라 종하는 것을 방해하게 되니 그 성질을 거스르게 되어 마땅치 않은 것이다.

어찌 보면 아전인수(我田引水) 식의 해석이라고 할 수도 있겠지만, 필자의 능력으로는 이 정도밖에 유추할 수 없으니 하나의 의견으로 받아들이고 각자 세밀히 연구해보기 바란다. 사람의 온화한 성격이 거칠고 사납게 변하는 이유는 오행의 흐름이 충격을 받았기 때문이라는 설명으로 이해하고 넘어가면 될 것이다.

적천수 사례연구　　**역생지서(逆生之序)**

❶ 목(木) 일주가 왕함이 극에 달해[旺極, 왕극] 역생지서가 된 경우

甲	甲	辛	壬
子	寅	亥	子

己	戊	丁	丙	乙	甲	癸	壬
未	午	巳	辰	卯	寅	丑	子

갑인(甲寅) 일주가 해월(亥月)에 태어나 사주에 수(水)는 왕하고 목(木)은 견고하니[水旺木堅 수왕목견], 일주(日主)의 왕함이 극에 달했다[旺極 왕극]. 한 점 신금(辛金)은 수(水)의 세력을 따라가[從水之勢 종수지세] 일주의 성질을 거스르지 않으니[不逆其性 불역기성], 편안하고 화평한 성품의 역생지서

(逆生之序)라 하겠다. 더욱 묘한 것은 사주에 토(土)가 없어 수(水)의 성질을 거스르지 않는다[不逆水性 불역수성]는 것이다.

초운(初運)이 북방(北方)으로 흘러 반수에 들어 과거에 합격하였고[入泮登科 입반등과], 갑인(甲寅)과 을묘(乙卯)운에 왕신인 목(木)을 따라가니[從其旺神 종기왕신] 중요한 지역을 다스리는 벼슬을 얻었다[出宰名區 출재명구]. 병진(丙辰)운에는 오히려 합(合)을 이루는 정(情)이 있어 비록 벼슬은 떨어졌어도 재앙은 면했으나, 정사(丁巳)운에 한신(閑神)을 만나 충하여 부딪쳐[沖激 충격] 수(水)의 성질을 거스르니[逆其性 역기성] 죽고 말았다.

심화학습

사주에 신금(辛金)이 있으나 쓰지 못하고[置之不用 치지불용] 인목(寅木) 중에 병화(丙火)가 있으나 이를 꺼내 쓰는 것도 무리라 하겠으니, 목(木)을 따라 종하는 종강격(從强格)이 된다고 보아야 하겠다. 또한 초중운(初中運)도 수목(水木)으로 흘러 잘 풀렸다고 하니 종강격이 틀림없다 하겠다. 흐름을 거스르지 않으니 그 사람됨은 온후하고 화평하여 백성들을 잘 다스렸으리라 짐작된다. 하지만 요즘 같으면 인목(寅木) 중의 병화(丙火)를 쓸 수 있는지를 임상을 통해 확인해볼 필요는 있다는 생각이다.

여기서 다시 한 번 짚고 넘어가야 할 것이 있다. 이 사주의 풀이를 보면 '사주에 토(土)가 없어 수(水)의 성질을 거스르지 않는다'라고 하여 모든 토(土)가 마땅치 않음을 의미한다고 해석되고, '정사(丁巳)운에 한신(閑神)을 만나'라고 하여 화(火)인 정사(丁巳)가 한신을 의미하는 것으로 해석된다. 그런데 이는 앞서 『적천수징의(滴天髓徵義)』 본문에서 목(木) 일주가 왕함이 극에 달했는데[旺極 왕극] 수(水)를 얻어 생하게 되는 경우 한신인 기축(己丑)을 보게 되면 마땅치 않다고 한 논리에 배치된다. 이 말대로라면 앞에서 필자가 내린 결론의 앞부분은 의미가 없어지게 된다. 사람을 너무 고민스럽게 만든다.

❷ 목(木) 일주가 쇠함이 극에 달해[衰極, 쇠극] 역생지서가 된 경우

己	甲	丁	戊
巳	寅	巳	戌

乙	甲	癸	壬	辛	庚	己	戊
丑	子	亥	戌	酉	申	未	午

갑인(甲寅) 일주가 사월(巳月)에 태어나 지장간(支藏干) 중 병화(丙火)가 당령(當令)했고, 비록 갑목(甲木)이 일지(日支)에 녹왕(祿旺)을 깔고 앉았으나 그 마음은 이미 설을 당해 수명을 다하였다[其情洩盡 기정설진]. 불이 너무 왕해 나무를 태워버리는[火旺木焚 화왕목분] 형상이므로 토(土)를 따라 흘러가는 것이[土以行之 토이행지] 반갑다 할 것이니, 이는 쇠함이 극에 달해 약함을 따라 가는 이치[衰剋從弱之理 쇠극종약지리]라 하겠다.

초운(初運)인 무오(戊午)와 기미(己未)운에는 화토(火土)의 성질을 따르니[順火土之性 순화토지성] 조상이 물려준 재산이 풍족하였고[祖業頗豊 조업파풍] 자그마한 벼슬도 했으나, 경신(庚申)운에 화(火)의 성질을 거스르고[逆火之性 역화지성] 토(土)의 기운을 설하는데[洩土之氣 설토지기], 계해(癸亥)년에 이르러 화(火)의 세력을 충하여 부딪치니[沖激火勢 충격화세] 죽고 말았다.

심화학습

사주 해석대로라면 종아생재(從兒生財)라고 하겠다. 다만 『적천수징의(滴天髓徵義)』본문에서는 진미(辰未)를 보게 되면 마땅치 않다고 했는데 기미(己未)운에 잘 풀렸다면 이 또한 서로 어울리지 않는 말이 된다. 따라서 『적천수징의』본문의 토(土) 한신(閑神)에 대한 논리는 더욱 세밀하게 연구해야 한다는 생각이다.

또한 일지(日支)에 인목(寅木)을 깔고 앉아 일주(日主)의 뿌리가 튼튼하다 하겠는데 어떻게 화(火)를 따라 종(從)을 하는지도 한번쯤 다시 생각해볼 문제이다. 일단은 인목(寅木)을 용신(用神)으로 삼고 운(運)에서 수(水)가 들어오기를 기다릴 수도 있기 때문이다. 계해(癸亥)년에 죽었다니 할 말은 없으나, 이는 경신(庚申)운의 강력한 금(金)이 천극지충(天剋地沖)을 이루니 약한 갑목(甲木)이 버티지 못하고 죽었다고 볼 수도 있을 것이다. 수(水)운까지 버텨내지 못했으니 검증할 방법은 없다.

성품에 대한 설명은 없으나, 사주 오행이 흐름을 타고 있으니 타고난 성품은 바르고 화합을 이루었다[性正情和 성정정화]고 할 수 있을 것이다.

10. 양명우금(陽明遇金)

적천수 원문

陽明遇金　鬱而多煩
양명우금　　울이다번

> 사주에 환하고 밝은 기운이 가득한데 금(金)을 만나면[陽明遇金]
> 그 사람은 우울하고 번민이 많으며[鬱而多煩]

적천수 해설　　**양명우금(陽明遇金)**

환하고 밝은 기운[陽明之氣 양명지기]은 본래 그 기(氣)를 활짝 펴서 성취함이 많은데[本多暢遂 본다창수], 그 지장간(支藏干)에 금(金)을 감추고 있는 습토를 사주에서 만나면[遇濕土藏金 우습토장금] 화(火)는 금(金)을 극(剋)하지 못하고 금(金) 또한 수(水)를 생(生)하지 못하니 답답하고 침울한 성격을 이루게 된다[而成憂鬱 이성우울]. 일생 동안 일이 뜻대로 이루어지는[得意 득의] 경우는 적고 의욕을 잃고 실망에 빠지게 되는[失意 실의] 경우는 많을 것이다. 따라서 그 사람은 우울하고 의기소침하여[心鬱志灰 심울지회] 속만 태우고 괴로워함이 많다[多煩悶 다번민]. 반드시 운이 축축하고 탁한 서북방(西北方)으로 흘러야만[純行陰濁之運 순행음탁지운] 습토(濕土) 안에 있는 금수(金水)의 성질을 이끌어내 유통시킬[引通 인통] 수 있으니 비로소 자신이 바라는 바를 이룰 수 있을 것이다.

내용상으로는 양명우금(陽明遇金)이 아니라 양명우습토장금(陽明遇濕土藏金)이라고 해야 옳을 것 같다. 또한 마지막 순행음탁지운(純行陰濁之運)의 순(純)은 순(順)으로 표현하는 것이 더 바르지 않을까 하는 생각이다.

여기서 습토(濕土)는 축토(丑土)를 의미한다고 보아야 할 것이다. 왜냐하면 지장간(支藏干)에 금수(金水)를 가지고 있는 습토는 축토(丑土)이기 때문이다. 차라리 금(金)이 사주의 지지에 드러나 있다면 이런 성격은 나타나지 않을 것이라고 볼 수 있을 것 같다. 하지만 운(運)이 서북방(西北方)인 금수(金水)로만 흘러준다면 이를 해결할 수 있다니 여간 다행스럽지 않다.

유백온은 『적천수(滴天髓)』 원주(原注)에서 인오술(寅午戌)을 양명(陽明)이라고 하며, 지지의 지장간에 금(金)이 암장되어 있으면 우울하여 번민이 많다고 하였다.

적천수 사례연구 양명우금(陽明遇金)

❶ 양명우금의 사주가 운(運)이 남방(南方)으로 흐른 경우

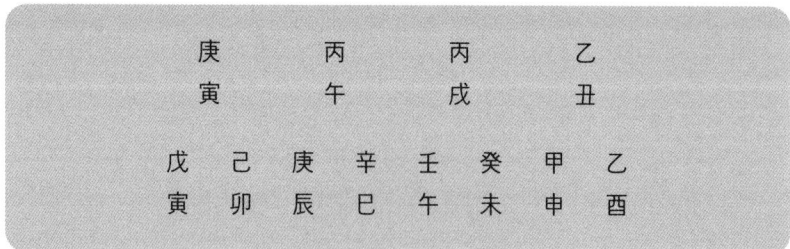

병화(丙火) 일주가 지지에 완전한 인오술(寅午戌) 화국(火局)을 이루어 식신(食神)인 축토(丑土)를 생(生)하여 왕(旺)하게 하여 진신(眞神)을 용신(用神)으로 삼으니, 격국(格局)은 매우 아름답다 하겠다.

초운(初運)인 을유(乙酉)와 갑신(甲申)운에는 지지의 금(金)이 축토(丑土)에 암장되어 있는 금(金)을 이끌어내 유통시켜주니[引通 인통] 가업이 매우 풍요로웠고 작은 벼슬도 했으나, 불만스러운 것은 사주의 지지가 화국(火局)을 이루고 있다는 것이다. 시상(時上) 즉 시간(時干)의 경금(庚金)은 절지(絶地)에 임했고 비겁(比劫)이 달려들어 서로 다투어 빼앗으려고 하니[爭奪 쟁탈] 용신이 될 수 없고[不能作用 불능작용], 축토(丑土) 안의 신금(辛金)이 그 안에 숨어 있으나 막혔으니[伏鬱 복울], 이에 10년을 무과에 응시했으나 합격하지 못했다[秋闈不第 추위부제]. 또한 젊은 시절의 운(運)이 남방(南方)인 화(火)를 달렸으니, 세 차례 화재를 당하고 네 명의 처를 잃었으며 아들 다섯을 미리 떠나보내고 늙어서는 혼자서 외롭고 가난하게 살아야만 했다.

심화학습

성격이 어떠하였는가에 대한 언급은 전혀 없다. 진신(眞神)을 용신(用神)으로 삼으니 격국(格局)은 매우 아름답다고 하였다. 하지만 양명우금(陽明遇金)이니 이 사람은 답답하고 침울한 성격을 갖게 되었을 것이다.

초운(初運)은 금(金)을 만나 그런대로 잘 풀렸으나, 중운(中運)에 들면서부터 운(運)이 화(火)로 돌아드니 그 후로는 일이 뜻대로 이루어지는 경우는 적고 의욕을 잃고 실망에 빠지게 되는 경우가 많았다고 보면 되겠다. 용신은 축토(丑土)이고 희신은 경금(庚金)이나 축토(丑土) 안의 신금(辛金)이 되겠는데, 경금(庚金)은 너무 멀리 떨어져 있고 신금(辛金)은 꺼내 쓸 수 없으니 화(火)의 기운을 제대로 유통시켜주지 못하고, 운마저 화(火)로 흘러 더욱 침울해지고 되는 일도 없었다고 보면 될 것이다.

여기서 기억하고 넘어가야 할 것이 '사주 좋은 것이 운 좋은 것만 못하다[命好不如運好 명호불여운호]'는 말이다. 사주 자체는 나무랄 데가 없다고 하겠으나 운이 받쳐주질 못해 바람직한 삶을 살지 못한 것을 두고 하는 말이다.

己	丙	丙	壬
丑	寅	午	戌

甲	癸	壬	辛	庚	己	戊	丁
寅	丑	子	亥	戌	酉	申	未

병인(丙寅) 일주가 오월(午月)에 태어나 지지가 완전한 화국(火局)을 이루니 양명한 형상[陽明之象 양명지상]이라 하겠다. 게다가 월주(月柱)에 비견(比肩)인 병화(丙火)가 월간(月干)에 붙어 있고 양인(陽刃)인 오화(午火)가 월령(月令)을 잡았는데, 임수(壬水)는 뿌리가 없으니 버려두고 쓰지 못한다[置之不用 치지불용] 할 것이다.

앞의 명조(命造)에 비하면 미치지 못하는 것이 많다. 축토(丑土)에 신금(辛金)이 숨어 있으나 막혔으니[伏鬱 복울] 양명우금(陽明遇金)이라 하겠으나, 반가운 것은 운(運)의 지지가 서북(西北)의 축축하고 탁한[陰濁 음탁] 방향으로 흐른다는 것이다.

이부출신(吏部出身)으로 십여만의 재산을 모아 과거를 치루지 않고 특별 채용[異路 이로]으로 벼슬을 하여 주목(州牧)까지 이르렀으며, 명리를 모두 얻고[名利兩全 명리양전] 기(氣)를 활짝 펴서 성취함이 많았다[多暢遂 다창수].

심화학습

이 명조 또한 성격이 어떠했는가에 대한 언급은 전혀 없으나, 양명우금(陽明遇金)이라 했으니 앞 사람처럼 답답하고 침울한 성격을 갖게 되었을 것이다.

여기서 다시 한 번 기억하고 넘어가야 할 것이 '사주 좋은 것이 운 좋은 것만 못하다[命好不如運好 명호불여운호]'는 말이다. 앞의 사주에 비해 사주 원국의 질은 떨어지지만, 운(運)이 받쳐주어 인생의 결과는 180도 달라졌으니 하는 말이다.

예부시(禮部試)에 합격하면 급제(及第)라고 하고, 이부시(吏部試)에 합격하면 출신(出身)이라 했다고 한다.

11. 음탁장화(陰濁藏火)

陰濁藏火　包而多滯
음탁장화　　포이다체

> 사주에 침침하고 탁한 기운이 가득한데 화(火)가 감추어져 있으면[陰濁藏火] 그 사람은 안으로 싸여 있어 내성적이고 막힘이 많아 답답하다[包而多滯].

음탁장화(陰濁藏火)

침침하고 어두운 기운[陰晦之氣 음회지기]은 본래 그 기(氣)를 떨쳐 일어나기가 어려운데[本難奮發 본난분발], 만약 지장간(支藏干)에 화(火)를 감추고 있는 축축한 목(木)을 사주에서 만난다면[遇濕木藏火 우습목장화], 어둡고 침침한 기운이 너무 왕성하게[陰氣太盛 음기태성] 되어 습목(濕木)은 불꽃이 없는 화(火)를 생하지 못하니[不能生無焰之火 불능생무염지화] 습하여 막히는 걱정거리[濕滯之患 습체지환]를 낳게 된다. 따라서 마음으로는 빨리 하고 싶어도[心欲速 심욕속] 뜻은 이에 미치지 못하고[志未逮 지미체], 매사에 태도가 애매하고 결단은 내리지 못하니[模稜少決 모릉소결], 이른바 의심이 많은 성격[心性多疑 심성다의]이라 하겠다. 반드시 운(運)이 환하고 밝은 남동방(南東方)으로 흘러야만[純行陽明之運 순행양명지운] 지장간에 감추어진 목화(木火)의 기운을 이끌어내 유통시킬[引通 인통] 수 있으니 훤하게 뚫려서 막힘 없이 통한다[豁然通達 활연통달] 하지 않겠는가.

바로 앞에서 언급한 양명우금(陽明遇金)과 대조되는 형상이라 하겠다. 앞의 경우는 사주에 화기(火氣)와 목기(木氣)가 넘치나 금수(金水)는 지장간(支藏干)에 묻혀 희용신(喜用神)으로서 제 역할을 제대로 수행하지 못하는 형상이고, 이번 경우는 사주에 수기(水氣)와 금기(金氣)가 넘치나 목화(木火)는 지장간에 묻혀 희용신으로서 제 역할을 제대로 수행하지 못하는 형상이다. 두 경우 모두 운(運)에서 받쳐주면 그 단점을 극복할 수 있다니 다행이라 하겠다.

유백온은 『적천수(滴天髓)』 원주(原注)에서 유축해(酉丑亥)를 음탁(陰濁)이라고 하며, 지지의 지장간에 화(火)가 암장되어 있으면 빛을 발하지 못해 막힘이 많다고 하였다.

적천수 사례연구　음탁장화(陰濁藏火)

❶ 음탁장화의 사주가 운(運)이 남동(南東)으로 흐른 경우 1

壬	癸	辛	癸
戌	丑	酉	亥

癸	甲	乙	丙	丁	戊	己	庚
丑	寅	卯	辰	巳	午	未	申

계수(癸水) 일주가 가을이 한창인 유월(酉月)에 태어나 지지는 해수(亥水), 축토(丑土), 유금(酉金)이 모여 있으니 침침하고 탁하게[陰濁 음탁] 되었고, 천간은 세 개의 수(水)와 하나의 금(金)으로 이루어졌다. 술시(戌時)에 태어나 시지(時支)의 지장간(支藏干)에 정화(丁火)가 감추어져 있으니 음탁장화(陰濁藏火)라 하겠다. 해수(亥水)의 지장간인 갑목(甲木)은 습목(濕木)이니 불꽃이 없는 화[無焰之火 무염지화]를 생(生)하지 못한다.

반가운 것은 운(運)의 지지가 동남(東南)의 환하고 밝은 곳[陽明之地 양명지지]으로 흘러가는 것이니, 지장간에 싸여 간직되어 있는[包藏 포장] 목화

(木火)의 기운을 이끌어내 유통시킬[引通 인통] 수 있다는 것이다. 과거에 삼등 이내로 합격하여[身居鼎甲 신거정갑] 오래 전부터 품은 뜻을 펼칠 수 있었다[發揮素志 발휘소지].

심화학습

음탁장화(陰濁藏火)를 모른다면 이 사주주인공은 정말 별 볼일 없는 인생을 살 사람이라고 해석할 수밖에 없을 것이다. 사주가 너무 침침하고 탁하니[陰濁 음탁] 성격이 안으로 싸여 있어 내성적이고 막힘이 많아 답답할[包而多滯 포이다체] 것인데, 운(運)이 살려주었다고 해야겠다. 용신(用神)은 술토(戌土) 안의 정화(丁火)가 될 것이며, 사주에 목(木)이 없으니 용신이 약해 사주원국은 별 볼일 없으나 운이 화목(火木)으로 흘러 막힌 기운을 유통시켜주는 덕분에 성격도 개조되어 품은 뜻을 펼칠 수 있었다고 한다면, 『적천수징의(滴天髓徵義)』 본문의 내용을 뒷받침해주는 사례로 아주 적절해 보인다.

정갑(鼎甲)에는 장원인 오두(鰲頭), 이등인 방안(榜眼), 삼등인 탐화(探花)의 세 등급이 있다고 한다.

❷ 음탁장화의 사주가 운(運)이 남동(南東)으로 흐른 경우 2

癸				癸		辛		丁
亥				亥		亥		丑

癸	甲	乙	丙	丁	戊	己	庚
卯	辰	巳	午	未	申	酉	戌

계수(癸水) 일주가 해월(亥月)에 태어나 지지에 해수(亥水)가 셋에 축토(丑土)가 하나 있으며 천간에 두 개의 계수(癸水)와 하나의 정화(丁火)가 있으니, 침침하고 탁한 기운이 극에 달했다[陰濁之至 음탁지지] 할 것이다. 연간(年干)의 정화(丁火)가 비록 지장간(支藏干)에 싸여 간직되어 있지는

[包藏^{포장}] 않지만 허약하여 불꽃이 없고, 해수(亥水) 중의 갑목(甲木)도 습목(濕木)이니 이를 이끌어내 도와줄 수 없다.

　반가운 것은 운(運)의 지지가 남방(南方)의 환하고 밝은 곳[陽明之地^{양명지지}]으로 흘러가고, 게다가 세운(歲運) 또한 병오(丙午)와 정미(丁未)년을 만나게 되니, 향시와 전시에 연달아 합격하여[科甲連登^{과갑연등}] 벼슬이 관찰(觀察)에 이르렀다.

심화학습

전형적인 군겁쟁재(群劫爭財)의 형상이라 하겠다. 사주 천간에 목(木)이 없으니 운(運)에서라도 목(木)이 들어와야 재성(財星)이 용신(用神)으로서 제 역할을 할 수 있을 텐데 운에서 화(火)가 들어와 잘 풀렸다는 말이 쉽게 이해되지 않는 것이 사실이다. 그래서 양명우금(陽明遇金)과 음탁장화(陰濁藏火)의 형상을 따로 분리하여 별도의 장(章)으로 설명하고 있다고 이해할 수밖에 없을 것 같다. 따라서 이와 유사한 명조(命造)를 접하는 경우, 그것이 양명우금 혹은 음탁장화에 해당하는지 면밀히 검토한 후에 결론을 내리는 것이 바람직한 사주풀이 방법이라는 말로 결론을 짓는 것이 타당하다는 생각이다.

　덧붙여 이 장을 계기로 사주풀이에서 운의 흐름이 차지하는 비중을 결코 간과해서는 안 된다는 사실을 다시 한 번 강조하고 싶다. 바로 '사주 좋은 것이 운 좋은 것만 못하다[好不如運好^{명호불여운호}]'는 말이다.

12. 양인국(陽刃局)

陽刃局 戰則逞威 弱則怕事
양인국　　전즉령위　　약즉파사

> 월지(月支)를 양인(陽刃) 즉 겁재(劫財)가 차지하여 국(局)을 이루고 있을 때[陽刃局]
> 일주(日主)가 왕(旺)한데 극(剋)을 받으면 더욱 방자하여 위협적이 되겠으나[戰則逞威]
> 일주가 약(弱)하면 그 사람은 일을 수행해 나가기를 두려워하게 된다[弱則怕事].

적천수 해설　　**양인국(陽刃局)**

월지(月支)를 양인 즉 겁재(劫財)가 차지하여 국을 이루고 있는데[陽刃局 양인국], 일주가 왕하면 그 사람은 뽐내길 좋아하고 오만할[旺則心高志傲 왕즉심고지오] 것이고, 극(剋)을 받으면 자신의 세력을 믿고 더욱 방자하여 위협적으로 될[戰則恃勢逞威 전즉시세령위] 것이다. 일주가 약하면 그 사람은 의심이 많아 일을 수행해 나가기를 두려워하게 될[弱則多疑怕事 약즉다의파사] 것이고, 합을 하게 되면 속마음과는 다른 감정을 내보이게 될 것이다[合則矯情立異 합즉교정입이].

　예를 들어 병화(丙火) 일주는 오화(午火)가 양인(陽刃)인데 천간에 정화(丁火)가 투출하면 양인이 드러났다[露刃 노인]고 한다. 지지에서 인술(寅戌)과 회국(會局)을 이루거나 묘목(卯木)의 생(生)을 만나고, 천간에 갑을목(甲乙木)이 투출하거나 병화(丙火)의 도움이 있다면, 이 모든 경우를 왕(旺)하다고 한다.

　양인국(陽刃局)인 병화(丙火) 일주가 지지에서 자수(子水)를 만나 충(沖)이 되거나, 해수(亥水)나 신금(申金)을 만나 제(制)가 되거나, 축토(丑土)나 진토(辰土)를 만나 설(洩)이 되거나, 또한 천간에 임수(壬水)나 계수(癸水)가 투출하여 극(剋)이 되거나 기토(己土)를 만나 설이 되면, 이 모든 경우를 약(弱)하다고 한다. 이런 경우 지지에서 미토(未土)를 얻어 합을 하거나, 사화(巳火)를 만나 양인인 오화(午火)를 만나 무리를 이루어 도와주면[幇 방] 중화(中和)가 되는 것이다.

양인국(陽刃局)에서 사주에 인성(印星)과 비겁(比劫)이 중중(重重)하면 왕(旺)하고 식상(食傷), 재성(財星), 관성(官星)이 중중하면 약(弱)하다는 말이다.

〈제9장 운세(運勢)〉의 하위전(何爲戰)에서 '전(戰)이란 극(剋)을 말한다'라고 했으니 여기서의 전(戰)도 극(剋)을 의미한다고 보는 것이 타당하다고 생각하여 전(戰)을 극(剋)이라고 해석하였다.

또한 앞의 〈명리학 기초이론 14 : 지지의 합(合)과 충(沖)〉에서 오화(午火)와 미토(未土)는 합(合)을 하면 화(和)를 이룬다고 했는데, 혹자는 지지의 합을 인정하지 않는 경우도 있으나, 임철초(任鐵樵)도 오화(午火)와 미토(未土)는 합을 하면 중화(中和)를 이룬다고 한 것으로 미루어 지지의 합을 인정하고 있음을 알 수 있다. 참고하기 바란다.

양인국(陽刃局)

❶ 양인국에 신왕(身旺)한 경우 1

壬		丙		甲		丙	
辰		申		午		寅	

壬	辛	庚	己	戊	丁	丙	乙
寅	丑	子	亥	戌	酉	申	未

병화(丙火) 일주가 오월(午月)에 태어나 양인국(陽刃局)을 이루었다. 지지에서 인목(寅木)을 만나 오화(午火)를 껴안아 생하고[生拱 생공], 천간에서 비견(比肩)과 인성(印星)의 도움을 만났으니 일주(日主)가 왕(旺)하다는 것을 알 수 있지 않겠는가.

가장 반가운 것은 진시(辰時)에 태어났다는 것이다. 시간(時干)에 임수(壬水)가 투출했고, 더욱 묘한 것은 신금(申金)과 진토(辰土)가 붙어 앉아 화(火)를 설하고 금(金)을 생하며[洩火生金 설화생금] 수국(水局)을 이룬다

[拱水 공수]는 것이니 올바른 기제를 이루었다[正得旣濟 정득기제] 할 것이다.

일찍이 향시와 전시에 합격하여[부登科甲 조등과갑] 벼슬이 연달아 올라 [仕版連登 사판연등] 병권을 쥐고 형벌을 다스리는 중책[兵刑重任 병형중임]을 맡았으니, 사람을 죽이고 살리는 커다란 권한[生殺大權 생살대권]을 가졌던 것이다.

기제괘(旣濟卦)의 준말인 기제(旣濟)는 64괘의 하나로 감괘(坎卦)와 이괘 (離卦)가 거듭된 것을 말하며, 수(水)가 화(火) 위에 있는 형상이다. 미제 괘(未濟卦)의 준말인 미제(未濟)는 64괘의 하나로 이괘와 감괘가 거듭된 형상을 말하며, 기제와 반대로 화(火)가 수(水) 위에 있는 형상이다. 따라 서 기제란 사주에서 수(水)가 화(火)를 잘 다스리고 있음을 의미한다고 보 면 되겠고, 미제란 수(水)가 화(火)의 기운을 적절히 통제하지 못함을 의 미한다고 보면 될 것이다.

수화기제(水火旣濟)를 이루어 시간(時干)의 편관(偏官)인 임수(壬水)를 용신(用神)으로 삼고, 일지(日支)의 신금(申金)을 희신(喜神)으로 하는 형 상이라 하겠다. 진토(辰土)는 습토(濕土)로 임수(壬水)의 뿌리가 되며, 식 상(食傷)의 극(剋)을 받지 않으니 용신이 청(淸)하다 할 것이다. 따라서 큰 벼슬을 할 수 있었을 것이고, 성격은 강직하여 모든 일을 법에 따라 합법적으로 처리했을 것이다. 수화기제는 사주풀이에서 자주 쓰이는 용 어이니 잘 기억해두어야 한다.

❷ 양인국에 신왕(身旺)한 경우 2

壬	丙	甲	丙
辰	寅	午	申

壬	辛	庚	己	戊	丁	丙	乙
寅	丑	子	亥	戌	酉	申	未

이 명조(命造)는 앞의 사례와 사주 여덟 글자가 모두 같은데, 앞의 사주는 좌하(坐下) 즉 일지의 신금(申金)이 임수(壬水)를 껴안아 생하니[生拱壬水 생공임수] 서로 유정(有情)하지만, 이 사주는 신금(申金)이 연지(年支)에 멀리 떨어져 있고[遠隔 원격] 비겁(比劫)들이 서로 빼앗으려 다투는 형상이다.

신금(申金)운에 이르러 살(殺)인 임수(壬水)를 생(生)하고, 다시 갑자(甲子)년에 신자진(申子辰) 살국(殺局)을 이루어 양인(陽刃)인 오화(午火)를 충하여 보내니[沖去 충거] 향시에 합격했지만[中鄕榜 중향방], 그 이후에는 한결같이 벼슬길이 험했다[一阻雲程 일조운정].

앞의 명조와 비교하여 하늘과 땅만큼 차이가 나는[天淵之隔 천연지격] 이유는 신금(申金)이 임수(壬水)와 붙어 있지 못해 수(水)의 기운을 살려주지 못했기 때문이라 하겠다.

심화학습

신금(申金)이 군겁쟁재(群劫爭財)의 처지에 놓여 있다는 말이다. 사주의 오행(五行)도 같고 운(雲)의 흐름도 같은데 인생의 여정이 이와 같이 큰 차이가 나는 것은 오로지 희신(喜神)인 신금(申金)이 제 역할을 했느냐 못했느냐의 차이라고 할 수밖에 없을 것이다.

여기서 짚고 넘어가야 할 것은 사주에 희용신(喜用神)이 있다고 해서 다 좋은 것이 아니고, 그들이 과연 제 역할을 제대로 수행하느냐가 중요하다는 사실이다. 사주풀이 과정에서 이러한 것들이 눈에 들어오기 시작하면 그 사람의 실력은 한 단계 올라섰음을 의미하는 것이니, 중간에 포기하지 말고 꾸준히 연구하라는 말씀으로 받아들이면 될 것이다.

❸ 양인국에 신약(身弱)한 경우 1

戊　　丙　　戊　　戊
戌　　辰　　午　　子

丙　乙　甲　癸　壬　辛　庚　己
寅　丑　子　亥　戌　酉　申　未

병화(丙火) 일주가 오월(午月)에 태어나 양인이 강하고 월령을 잡았으나 [刃强當令 인강당령], 자수(子水)가 충을 하고[子午沖 자오충] 진토(辰土)가 설 (洩)을 하니 약(弱)해졌음을 가히 알 수 있지 않겠는가.

천간의 세 개 무토(戊土)는 일주의 깨끗하고 순수함[精華 정화]을 훔쳐 달아나고[竊去 절거], 더불어 운(運)마저 서북방(西北方) 금수(金水)의 지지 로 내달리니 양인(陽刃)은 다시 그 적들을 만나게 되어 공을 세워 얻은 명 성이 흔들릴[功名蹭蹬 공명층등] 뿐만 아니라 재물의 근원도 깨끗이 말라버 린[財源鮮聚 재원선취] 것이다. 갑인(甲寅)년에 이르러 인오술(寅午戌)의 화 국(火局)을 이루고 사주의 두터운 토(土)를 트이게 하여[疏厚土 소후토], 경 사가 있어 임시로 시행한 과거에 합격하였다[恩科發榜 은과발방].

심화학습

어느 대운(大運)의 갑인(甲寅)년인지가 확실하지 않다. 이 장(章)의 의도 와는 관련성이 별로 없는 사례라 하겠다. 양인국(陽刃局)에 신약(身弱)한 경우 그 사람의 성격은 어떠어떠하다는 해설이 있어야 하는데 이에 대한 언급은 전혀 없이 길흉(吉凶)에 대해서만 언급하고 있으니 하는 말이다.

이 사람은 양인국에 식상(食傷)이 많아 일주(日主)가 약하니 남의 눈치 를 잘 보고 의심이 많아 일을 수행해 나가기를 두려워했을[多疑怕事 다의 파사] 것이라 생각된다. 또한 대운의 흐름이 전혀 아님에도 불구하고 갑인 (甲寅)년 한 해의 호운(好運)에 원하는 바를 이루었다니 이것이야말로 이 사람의 운(運)이라고 할 수밖에 없을 것 같다.

```
壬    庚    乙    庚
午    午    酉    午

癸  壬  辛  庚  己  戊  丁  丙
巳  辰  卯  寅  丑  子  亥  戌
```

경금(庚金) 일주가 가을이 한창인[仲秋 중추] 유월(酉月)에 태어났으나, 지지에 세 개의 관성(官星)인 오화(午火)가 있어 양인(陽刃)인 유금(酉金)을 극(剋)하여 제(制)하고, 오행 중 토(土)가 없으니 일주(日主)가 약해졌음을 알 수 있지 않겠는가.

반가운 것은 시간(時干)의 임수(壬水)가 일주를 보호해준다는 것인데, 일주의 빼어난 기운을 토해내어[吐其秀氣 토기수기] 설(洩)하니 총명하기 그지없고 권세가 등등하였다. 월간(月干)에 재성(財星)인 을목(乙木)이 투출하여 경금(庚金)이 재물을 그리워하여 이를 두고 다투어 합을 하니[戀財而爭合 연재이쟁합], 한평생 사랑한 것은 재물이었고 이를 얻기 위해서는 급류에 빠져서도 물러설 줄을 몰랐다[不知急流勇退 부지급류용퇴].

다만 재성이 지지에 양인을 깔고 있고 일주는 관성(官星) 위에 앉아 있어 관성이 능히 양인을 제(制)하고 재성은 반드시 관성을 생(生)할 것이니, 관성은 임금의 형상이라[官爲君象 관위군상] 할 것이다. 따라서 운(運)이 경인(庚寅)운을 달리자 금(金)은 절지(絶地)에 임하고 관성인 화(火)는 껴안아 생함을 얻으니[官得生拱 관득생공], 그 재성은 거듭 관성으로 돌아가게 되었다. 이것은 청나라 초기의 권상화(權相和)의 명조(命造)이다.

이로 말미암아 살펴보건대 재물은 사람을 해치는 것[害人之物 해인지물]이다. 이른바 욕심을 버리지 못하여[欲不除 욕부제] 부나방이 등불에 부딪쳐 가서[似蛾撲燈 사아박등] 몸을 불살라야 멈추는 것과 같고[焚身乃止 분신내지], 성성이가 술을 좋아하여[如猩嗜酒 여성기주] 채찍으로 몸을 때려 피가 나야 비로소 멈추는[鞭血方休 편혈방휴] 것과 같다는 것인데 후회막급이다

[悔不及矣 회불급의].

'그 재성(財星)은 거듭 관성(官星)으로 돌아가게 되었다'는 말은 역사상 최악의 탐관오리였던 권상화(權相和)가 천자(天子)로부터 사약을 받아 죽임을 당하고 모든 재물을 압수당한 것을 의미한다. 또한 마지막 단락인 '이로 말미암아 …… 후회막급이다[悔不及矣 회불급의]'는 『적천수천미(滴天髓闡微)』에 추가된 말인데 독자들의 이해를 돕기 위해 부연 설명하였다.

사주 해석으로 미루어 보아 이 사람은 영리하고 처세술이 강하며 재물에 상당히 집착했던 것 같다. 일주인 경금(庚金)이 월간(月干)의 재성과 합을 하니[乙庚合 을경합] 당연히 재물에 끌렸을 것이고, 연간(年干)의 경금(庚金) 또한 합을 하려고 하고 월지(月支)의 유금(酉金)까지 합세하니 군겁쟁재(群劫爭財)의 형상이 되어 서로 재물을 차지하려 악다구니하는 모습이 눈에 선하다 하겠다.

하지만 일지(日支)에서 관성이 받쳐주고 지지에 관성이 중중(重重)하니 법과 규범을 지키려는 성향이 강하여 자신에게 상당히 엄격했을 것으로 보이는데, 해석상으로는 그런 느낌을 전혀 받을 수 없어 아쉽다. 하지만 다음 사주를 보면 이해가 간다 할 것이다.

壬	庚	乙	庚
午	子	酉	午

癸	壬	辛	庚	己	戊	丁	丙
巳	辰	卯	寅	丑	子	亥	戌

이 명조(命造)는 앞의 명조가 잘못되었다 하여 서낙오(徐樂吾)가 바로잡은 것이다. 경오(庚午) 일주가 경자(庚子) 일주로 바뀌었다. 이렇게 보면 일지(日支)가 상관(傷官)이 되니 앞 해석의 성격 분석에 더 합당한 형상이라고 할 수 있을 것이다. 상관은 이기적이고 영리하며 자기과시적인 성

분이기 때문이다. 게다가 자수(子水)가 오화(午火)를 만나 상관견관(傷官見官)이 되니 자신의 목적 달성을 위해서는 물불을 가리지 않았을 것이란 생각이 더욱 강해진다. 하지만 본문의 해석은 지지에 오화(午火)가 세 개인 것으로 보고 한 것이니 그대로 두고 참고만 하는 것이 타당하다는 생각이다.

13. 상관격(傷官格) - 진가(眞假)와 청탁(淸濁)의 구분

적천수 원문

傷官格　淸則謙和　濁則剛猛
상관격　청즉겸화　탁즉강맹

> 상관(傷官)이 월령(月令)을 차지하여 격(格)을 이루고 있을 때[傷官格]
> 사주가 맑으면[淸, 청] 그 사람은 겸손하고 온화하며 예의바르나[淸則謙和]
> 사주가 탁하면[濁, 탁] 굳세고 사납고 오만하며 무례하다[濁則剛猛].

적천수 해설　　　**상관격(傷官格)**

상관격(傷官格)은 모름지기 진가(眞假)를 구분해야 한다. 상관(傷官)이 진실하고 일주가 약한데 인성이 있는[眞而身弱有印 진이신약유인] 경우에 재성이 나타나지 않으면 사주가 맑다[不見財爲淸 불현재위청]고 한다. 상관이 거짓되고 일주가 왕한데 재성이 있는[假而身旺有財 가이신왕유재] 경우에 인성이 나타나지 않으면 사주가 귀하다[不見印爲貴 불현인위귀]고 한다.

　진(眞)이라고 하는 것은, 상관이 월령(月令)을 잡거나 혹은 지지에서 상관이 국을 이루었는데[支會傷局 지회상국] 천간에 상관이 투출한 경우를 말한다. 가(假)라고 하는 것은 사주에 비겁이 그득한데[滿局比劫 만국비겁] 이를 극(剋)하여 제(制)하는 관성(官星)은 없거나, 비록 관성이 있다 하더라도 그 힘이 비겁(比劫)을 대적하기에는 불가능하여 사주에서 식신(食神)이냐 상관이냐를 가리지 않고 이들을 용신(用神)으로 삼는 경우를 말한다. 이런 경우 재성이 없어도 사주가 아름답다고 할 수 있지만[縱無財亦美 종무재역미] 단지 인성이 나타나는 것은 마땅치 않으니[不宜見印 불의현인], 이것은 인성이 나타나면 상관을 깨뜨려 흉하게 되기 때문이다[見印破傷爲凶 현인파상위흉].

　모든 상관격은 사주가 맑고 용신을 얻으면[淸而得用 청이득용] 그 사람됨이 공손하고 예의바르며[恭而有禮 공이유례] 중용을 지켜 화합을 이루고[和而中節 화이중절] 재능이 탁월하며[人才卓越 인재탁월] 학문의 깊이도 깊지만, 사주가 탁하고 용신을 얻지 못하면 오만하고 교만하며[傲而多驕 오이다교] 거칠고 무례하며[剛而無禮 강이무례] 강함을 이용하여 약한 사람을 능멸하고[以强欺弱 이강기약] 세력을 받들어 이익을 쫓게[奉勢趨利 봉세추리] 될 것이다.

　여름에 태어난 목(木)이 수(水)를 본다면[夏木見水 하목견수] 우선 사주에 반드시 금(金)이 있어야 수(水)의 원천(源泉)이 있는 것이고, 겨울에 태어난 금(金)이 화(火)를 만난다면[冬金遇火 동금우화] 반드시 일주가 왕하고 목(木)이 있어야[身旺有木 신왕유목] 화(火)는 불꽃을 일으키게 되니[火有焰 화유염], 부귀가 따름은 의심할 여지가 없다. 만약 여름에 태어난 수(水)가 금(金)이 없거나[夏水無金 하수무금] 겨울에 태어난 화(火)가 목(木)이 없다면[冬火無木 동화무목], 사주는 맑으나 메마른 형상[淸枯之象 청고지상]이 되니 명예와 이익이 모두 헛될[名利皆虛 명리개허] 것이다.

심화학습

맨 마지막 단락은 『적천수징의(滴天髓徵義)』 본문에서는 바로 뒤에 언급할 〈제12장 14. 다용신(多用神)·시지고(時支枯)〉의 '용신다자 성정불상 시지고자 호두사미(用神多者 性情不常 時支枯者 虎頭蛇尾)' 다음에 등장하지만, 문맥 흐름상 상관격(傷官格)에 적합한 내용이라고 판단하여 임의로 순서를 바꾸었으니 참고하기 바란다.

　여름에 태어난 목(木)이나 겨울에 태어난 금(金)은 모두 월지(月支)를 상관(傷官)이 차지하고 있는 것을 의미하므로, 일주를 설(洩)하여 약해지는 기운을 보충하기 위해서는 인성(印星)이 필요하지만 인성만으로는 부족하니 관성(官星)의 도움이 있어야 한다는 의미로 받아들이면 될 것이다.

❶ 여름에 태어난 목(木)이 수(水)를 본 경우 1

庚	甲	乙	辛
午	子	未	卯

丁	戊	己	庚	辛	壬	癸	甲
亥	子	丑	寅	卯	辰	巳	午

갑자(甲子) 일주가 미월(未月) 오시(午時)에 태어났으니 이른바 여름의 목(木)이 수(水)를 만났다[夏木逢水^{하목봉수}]고 하는데, 상관패인(傷官佩印)이라 하겠다.

반가운 것은 묘목(卯木)이 미토(未土)를 극(剋)하여 자수(子水)가 손상을 입지 않아 족히 오화(午火)를 충(沖)할 수 있다는 것이다. 사주에 병이 있으나 약을 얻었으니[有病得藥^{유병득약}] 탁함은 떠나가고 청함은 머무른다[去濁留清^{거탁유청}] 할 것이다. 천간의 갑을목(甲乙木)과 경신금(庚辛金)은 서로 떨어져 갈라서서 문호를 이루었으니[各立門戸^{각립문호}] 혼잡이라고 논하지 않으며[不作混論^{부작혼론}], 인성(印星)인 자수(子水)를 불려주는 희신(喜神)이라 할 것이다. 더욱 묘한 것은 운(運)이 동북(東北) 목수(木水)의 지지를 달리니, 체용(體用)이 합당하여 평생의 벼슬길이 평탄하고 순조로웠다[宦途平順^{환도평순}].

심화학습

상관(傷官)이 인성(印星)을 차고 있으면[傷官佩印^{상관패인}] 그 사람은 공손하고 예의바르다 할 것이다. 그것은 보수적이고 어른을 존중하는 성향의 인성이 자신이 잘났다고 뽐내는 성향의 상관을 극(剋)하여 다스려주기 때문이라 할 것이다. 여기서도 성품에 대한 분석은 없이 벼슬에 대해서만 언급하여 아쉽지만, 평생의 벼슬길이 평순한 것으로 미루어 보아 그 사람의 성격을 미루어 짐작할 수는 있을 것이다.

❷ 여름에 태어난 목(木)이 수(水)를 본 경우 2

```
    庚      甲      壬      庚
    午      戌      午      午

庚   己   戊   丁   丙   乙   甲   癸
寅   丑   子   亥   戌   酉   申   未
```

갑목(甲木) 일주가 오월(午月)에 태어나 지지는 세 개의 오화(午火)와 하나의 술토(戌土)로 이루어졌으니, 화(火)는 타오르고 토(土)는 메말랐다[火炎土燥^{화염토조}]고 하겠다. 상관이 방자하게 날뛰고[傷官肆逞 ^{상관사령}] 월간(月干)의 임수(壬水)는 뿌리가 없으니, 오로지 경금(庚金)이 수(水)를 불려주는[庚金滋水 ^{경금자수}] 것에 의지할 수밖에 없는 형상이다.

따라서 향시와 전시에 연이어 합격하였으나[科甲連登 ^{과갑연등}] 벼슬길이 평탄하지 못했던[仕路蹭蹬 ^{사로층등}] 것은, 지지가 모두 화(火)이고[地支皆火 ^{지지개화}] 천간이 금수(金水)로 이루어져[天干金水 ^{천간금수}] 목(木)이 의지할 수 있는 뿌리가 지지에 없으니[木無託根之地 ^{목무탁근지지}], 상관(傷官)인 신은 넉넉했으나[神有餘 ^{신유여}] 인성(印星)인 정이 모자랐기[精不足 ^{정부족}] 때문이라 하겠다.

심화학습

수(水)가 용신(用神)이고 금(金)이 희신(喜神)인 것은 앞의 사주와 같으나, 그 질(質)은 하늘과 땅만큼 차이가 있다고 하겠다. 대단히 조열(燥熱)한 사주가 되어 월간(月干)의 임수(壬水)를 간절히 기다리는 형상인데, 연간(年干)의 경금(庚金)이 도와준다고 하더라도 그 뿌리가 없으며, 사주 원국의 지지에 수(水)가 없으니 운(運)에서 금(金)이 돌아온들 무슨 소용이 있겠는가. 게다가 수(水)운마저 뒤늦게 돌아오니 운의 기복이 심했던 모양이다. 병술(丙戌)운을 어떻게 지냈는지가 무척 궁금해지는 사주이다.

❸ 겨울에 태어난 금(金)이 화(火)를 만난 경우 1

<table>
<tr><td>庚</td><td>庚</td><td>丙</td><td>甲</td></tr>
<tr><td>辰</td><td>辰</td><td>子</td><td>子</td></tr>
</table>

甲	癸	壬	辛	庚	己	戊	丁
申	未	午	巳	辰	卯	寅	丑

경금(庚金) 일주가 한겨울인 자월(子月)에 태어나 금(金)은 차갑고 수(水)는 얼었다[金水寒冷 금수한랭]. 월간(月干)의 병화(丙火)는 연간(年干)의 갑목(甲木)으로부터 생하여 도움을[生扶 생부] 받아서 사주의 차갑고 언 기운을 녹여주니[解其寒凍之氣 해기한동지기], 이른바 겨울에 태어난 금(金)이 화(火)를 얻었다[冬金得火 동금득화]고 하겠다.

다만 자수(子水)와 진토(辰土)가 쌍으로 합을 하여 수국(水局)을 이루니[子辰雙拱 자진쌍공], 일주는 틀림없이 허약할 것이므로[日元必虛 일원필허] 용신(用神)은 병화(丙火)에 있는 것이 아니라 진토(辰土)에 있고, 비견이 옆에서 돕고 있는[比肩佐之 비견좌지] 형상이라 하겠다. 따라서 운(運)이 경진(庚辰)과 신사(辛巳)운에 이르러 벼슬이 연이어 올랐다[仕版連登 사판연등].

심화학습

겨울에 태어난 금(金)이 약(弱)하여 화(火)를 용신(用神)으로 삼지 못하고 인성(印星)인 진토(辰土)를 용신으로 삼아 신약용인(身弱用印)이 된 것으로 보았다. 『적천수징의(滴天髓徵義)』본문 해석에 따른다면 '겨울에 태어난 금(金)이 화(火)를 만난다면[冬金遇火 동금우화] 반드시 일주가 왕하고 목(木)이 있어야[身旺有木 신왕유목] 화(火)는 불꽃을 일으키게 되니[火有焰 화유염]'라고 하여 화(火)를 용신으로 삼으려면 우선 신왕(身旺)해야 하는데, 이 사주는 신약하여 인성을 용신으로 삼았다는 논리이다.

하지만 운(運)의 지지가 목화(木火)로 흐르는데 벼슬이 계속 올라갔다면, 일주가 강하지는 않지만 약하지도 않다고 보고 화(火)를 용신으로, 목(木)을 희신으로 삼는 것도 고려해볼 만하다는 생각이다. 어느 것을 용신으로 잡을지 상당히 고민스럽게 만드는 사주라 하겠다.

❹ 겨울에 태어난 금(金)이 화(火)를 만난 경우 2

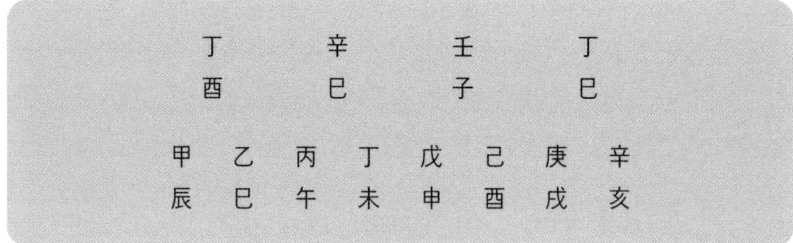

신금(辛金) 일주가 한겨울인 자월(子月)에 태어나 금(金)은 차갑고 수(水)는 얼었으며[金寒水冷 금한수랭], 설기(洩氣)가 지나쳐 오로지 시지(時支)의 유금(酉金)이 일주를 도와주는[扶身 부신] 것에 의지하고 있는데, 유금(酉金)은 사화(巳火)와 합을 하여 금국(金局)을 이루어[巳酉拱 사유공] 도움을 주고 있다. 천간의 정화(丁火)는 단지 추위를 녹이기 위해 의지하는[敵寒解凍 적한해동] 것에 불과하며, 정화(丁火)를 용신(用神)으로 삼는 것은 결코 아니다. 용신은 유금(酉金)에 있는 것이 틀림없다. 따라서 운(運)이 토금(土金)의 지지에 이르렀을 때 벼슬길이 빛이 나게 드러났으나[仕路顯赫 사로현혁], 정미(丁未)운으로 바뀌자 하는 일이 실패로 돌아간 것이 아니겠는가.

무릇 겨울에 태어난 금(金)이 화(火)를 반긴다[冬金喜火 동금희화]는 것은, 사주를 따뜻하게 하기 위하여 의지한다[取其暖局 취기난국]는 의미이지 용신으로 삼는다는 것은 아니다.

사주에 워낙 화기(火氣)가 중중(重重)하여 신약(身弱)하여 인성(印星)을 용신(用神)으로 삼는 것이 당연하지만, 사주에 인성이 보이질 않으니 일단 비견(比肩)을 용신으로 삼고 운(運)에서 인성이 오기를 기다려야 할 것이다. 앞의 사주는 일주가 웬만큼 버틸 힘이 있다고 하겠으나, 이 사주는 도저히 그럴 여력이 보이질 않는다. 본문의 해석이 타당하다 할 것이다.

14. 다용신(多用神)·시지고(時支枯)

用神多者　性情不常
용신다자　　성정불상

時支枯者　虎頭蛇尾
시지고자　　호두사미

> 사주에 용신이 많으면[用神多者]
> 그 사람은 성정이 흔들려 변덕이 심하고[性情不常]
> 시지가 메마르면[時支枯者]
> 그 사람은 시작은 거창하나 마무리가 아쉽다[虎頭蛇尾].

　　다용신(多用神)·시지고(時支枯)

사주에 용신(用神)이 많으면 한번 품은 뜻을 끝까지 밀고 나가지 못하고[少恒一之志 소항일지지] 변덕이 죽 끓듯 하게 된다[多遷變之心 다천변지심]. 시지(時支)가 메마르면 여우처럼 매사에 지나치게 의심이 많아 결단성이 없고[狐疑少決 호의소결] 시작은 거창하나 마무리는 흐지부지하게[始勤終怠 시근종태] 될 것이다.

앞 장(章)에서 언급한 바와 같이, 『적천수징의(滴天髓徵義)』 본문과는 다르게 이 장을 〈제12장 성정(性情)〉의 맨 뒷부분으로 옮겨 해석하였다.

용신(用神)이 많다는 것은 종격(從格)을 의미하는 것으로 해석되지만, 왜 변덕이 심한지[性情不常 성정불상] 그리고 시지(時支)가 메마른 사람이 왜 결단력이 부족하고 시작은 거창하나 마무리가 아쉬운지[虎頭蛇尾 호두사미]는 이해가 잘 가지 않는 것이 사실이다. 본문에 대한 사례도 없고 하여 그 내용을 증명할 방법이 없는 것 또한 아쉬울 따름이지만, 후세를 위한 숙제를 남겨둔 것으로 보고 임상을 해 나가는 과정에서 여기에 해당하는 사주를 만나게 될 경우 이 논리를 근거로 그 사람의 성격분석을 해본다면 이를 증명할 수 있는 좋은 기회가 될 것이라는 생각이다.

疾病
질병

1. 오행불배(五行不背) - 오행이 서로 배반하지 않을 때

五行和者　一世無災
오행화자　　일세무재

> 사주의 오행이 조화를 이루어 화목하다면[五行和者]
> 오장(五臟)이 온전하여 일평생 재앙이 없이 무병장수(無病長壽)할 것이고[一世無災]

　　　오행불배(五行不背)

오행(五行)이 하늘에 있으면 오기(五氣)가 되고, 땅에 있으면 오행(五行)이 되며, 사람에게 있으면 오장(五臟)이 되니 이것이 바로 간장(肝臟), 심장(心臟), 비장(脾臟), 폐장(肺臟), 신장(腎臟)이다. 사람은 만물의 영장(靈長)으로서 오행을 모두 얻었는데[得五行之全 득오행지전], 겉으로 드러난 머리와 얼굴[表於頭面 표어두면]은 하늘의 오기를 상징하고[象天之五氣 상천지오기] 속에 들어 있는 장부[裏於臟腑 이어장부]는 땅의 오행을 상징한다[象地之五行 상지지오행]. 따라서 사람의 몸은 하나의 소우주가 되는 것이다[人身爲一小天地 인신위일소천지].

　이에 장부(臟腑)는 각기 오행에 배치되어 음(陰)과 양(陽)에 속하게 된다. 무릇 하나의 장(臟)은 하나의 부(腑)에 배치되는데, 부는 모두가 양에 속하여 갑목(甲木), 병화(丙火), 무토(戊土), 경금(庚金), 임수(壬水)가 되고, 장은 모두가 음에 속하여 을목(乙木), 정화(丁火), 기토(己土), 신금(辛金) 계수(癸水)가 된다. 혹시 이들이 서로 조화를 이루지 못하거나[不和 불화] 혹 너무 지나치거나 미치지 못한다면[太過不及 태과불급] 병(病)이 되는 것이고, 이에 따라 풍(風), 열(熱), 습(濕), 조(燥), 한(寒)의 증세가 나타나게 된다. 반드시 오미로 조절하여 화합을 이루어야 하는데[必得五味調和 필득오미조화], 그리되면 역시 병을 해소할 수 있는 경우가 있는[亦有可解 역유가해] 것이다.

오미(五味)란 신맛[酸 산], 쓴맛[苦 고], 단맛[甘 감], 매운맛[辛 신], 짠맛[鹹 함]을 말한다. 신맛은 목(木)에 속하는데[酸者屬木 산자속목] 많이 먹으면 힘줄을 상하게 되고[多食傷筋 다식상근], 쓴맛은 화(火)에 속하는데[苦者屬火 고자속화] 많이 먹으면 뼈를 상하게 되며[多食傷骨 다식상골], 단맛은 토(土)에 속하는데[甘者屬土 감자속토] 많이 먹으면 살을 상하게 되고[多食傷肉 다식상육], 매운맛은 금(金)에 속하는데[辛者屬金 신자속금] 많이 먹으면 원기를 상하게 되고[多食傷氣 다식상기], 짠맛은 수(水)에 속하는데[鹹者屬水 함자속수] 많이 먹으면 피를 상하게 되는데[多食傷血 다식상혈], 이것은 오미가 서로 극하기[五味之相剋 오미지상극] 때문이다. 따라서 이르기를 오행이 조화를 이루어 화합하면[五行和者 오행화자] 평생 재앙이 없다[一世無災 일세무재]고 하는 것이다.

특별히 팔자에 있는 오행[八字五行 팔자오행]만이 조화(調和)를 이루어야 마땅한 것이 아니라 장부에 있는 오행[臟腑五行 장부오행] 역시 화(和)를 이루어야 마땅하다. 팔자오행(八字五行)의 화는 세운(歲運)으로 화를 이룰 수 있고, 장부오행(臟腑五行)의 화는 오미(五味)로써 화를 이룰 수 있다. 조화를 이룬다[和 화]는 것은 바로 해소한다[解 해]는 것을 의미한다. 만약 오행이 서로 화합하고[五行和 오행화] 오미로 조화를 이룬다면[五味調 오미조] 재앙이나 병이 없을 것이다[災病無矣 재병무의]. 따라서 오행이 조화를 이룬다[五行之和 오행지화]는 것은 오행의 생이 있고 극은 없는 것[生而不剋 생이불극]이나 오행이 모두 갖추어져 빠진 것이 없는 것[全而不缺 전이불결]을 말하는 것이 아니다. 그 중요하고 귀한 것은 사주의 왕신을 흘려보내고[洩

793
제13장 질병

其旺神 설기왕신] 그 남아도는 것을 쏟아버리는[瀉其有餘 사기유여] 데 있다. 남아도는 왕신을 쏟아버림으로써[有餘之旺神瀉 유여지왕신사] 모자라는 약신이 이익을 얻게 되는[不足之弱神受益 부족지약신수익] 것이니, 이것이 바로 화(和)라고 하는 것이다.

만약 사주의 왕신을 억지로 극하여 제하려 한다면[强制旺神 강제왕신] 적은 것이 많은 것에 맞설 수는 없으니[寡不敵衆 과부적중], 오히려 그 성질만 건드려 노하게 만들어버려[觸怒其性 촉로기성] 왕신(旺神)은 손실을 입지 않고 도리어 약신(弱神)이 손상을 입게 된다. 따라서 왕신이 너무 지나치면 설하는 것이 마땅하고[旺神太過宜洩 왕신태과의설], 너무 지나친 것이 아니면 극하는 것이 마땅하다[不太過宜剋 불태과의극]. 또한 약신이 뿌리가 있으면 도와주는 것이 마땅하고[弱神有根宜扶 약신유근의부], 뿌리가 없으면 오히려 손상시키는 것이 마땅하다[無根宜傷 무근의상] 할 것이다.

무릇 사람의 사주팔자에서 모름지기 한 신이 힘이 있어[一神有力 일신유력] 제하고 화함이 올바르게 이루어진다면[制化合宜 제화합의], 그 사람은 한 평생을 재앙을 당하지 않고 살아갈 것이다[主一世無災 주일세무재]. 오행이 모두 갖추어져 빠진 것이 없는 것이 아름답고[全而不缺爲美 전이불결위미], 오행의 생이 있고 극은 없는 것이 화를 이룬다[生而不剋爲和 생이불극위화]는 것이 아니라는 말이다.

독자들의 이해에 도움이 되도록 『적천수징의(滴天髓徵義)』에 빠져 있는 부분을 『적천수천미(滴天髓闡微)』에서 추가하여 보완하였다. 이를 간단히 정리하면, 오행(五行)의 기운이 그 제하고 화함이 올바르게 이루어진다면[制化合宜 제화합의] 그 사람은 무병장수할 것이지만, 그렇지 않으면 한 평생 질병과 재앙을 짊어지고 살아간다는 것이다. 이런 논리가 맞는다면 오행은 장부(臟腑)뿐만 아니라 오미(五味)와도 연결되어 있는 것이니, 사람의 치우친 오행을 바로잡아줄 수 있는 음식물을 섭취하는 것으로도 사주의 형상에 따라 그 사람이 걸리기 쉬운 질병을 예방하거나 치료까지 할 수 있다는 말이 된다. 필자는 비록 한의학에는 문외한이지만, 사상의학

(四象醫學)에서 사람의 체질에 따라 쓰는 약도 달라지는 것을 보면 그 나름대로 일리가 있다는 생각이다. 그러므로 한의학을 전공하는 사람들이 자평명리학을 공부한다면 환자 치료에 더 많은 도움이 되지 않을까 생각하게 된다.

오행과 이에 해당하는 장부(臟腑) 및 다섯 가지 미각[五味 오미]에 대해서는 이미 앞서 〈명리학 기초이론 19 : 오행의 색(色)과 미각(味覺)〉에서 설명한 바 있으니 다시 한 번 되새겨본다면 공부에 많은 도움이 될 것이다. 반드시 이해하고 알아두어야 할 내용이다.

적천수 사례연구 **오행불배(五行不背)**

❶ 왕신(旺神)이 지나치지 않아 극하는 것이 마땅한 경우[不太過宜剋, 불태과
  의극]

庚	戊	甲	癸
申	戌	寅	未

丙	丁	戊	己	庚	辛	壬	癸
午	未	申	酉	戌	亥	子	丑

무토(戊土) 일주가 인월(寅月)에 태어나 목(木)은 왕하고 토(土)는 허약하다[木旺土虛 목왕토허]. 반가운 것은 일지의 술토(戌土) 위에 앉아 뿌리를 얻었다는[坐戌通根 좌술통근] 것이다. 족히 금(金)을 용신으로 하여 살을 제어할 수 있다[用金制殺 용금제살]. 하물며 경금(庚金) 역시 지지에 녹왕(祿旺)을 깔고 앉았으니 그 힘이 능히 목(木)을 베어낼 만하다[力能伐木 역능벌목]. 이른바 너무 지나치지 않은 것은 극하는 것이 마땅한[不太過宜剋 불태과의극] 경우라 하겠다.

비록 연간(年干)의 계수(癸水)가 살을 생해주고 있지만[癸水生殺 계수생살], 미토(未土)가 극하여 제어하니[得未土制之 득미토제지] 목(木)을 생하는 것은 불가능하다[不能生木 불능생목]. 반기는 것은 도움을 받고[喜者有扶 희자

795

게다가 운의 흐름[運程 운정]과 일주 및 용신이 서로 어긋나지 않으니[體用不背 체용불배], 수명이 구십에 이르도록 눈과 귀가 밝았고 행동거지도 자유로웠으며[行止自如 행지자여] 자손이 번성하여 명리(名利)와 수복(壽福)을 모두 갖추었으니, 평생을 병과 재앙이 없이 살았다[一世無災無病 일세무재무병].

심화학습

신약(身弱)한 식신제살(食神制殺)이라는 말이다. 운(運)이 토금화(土金火)로 흘렀는데 화(火)운에도 잘되었다는 것을 보면 인성(印星)을 용신(用神)으로 삼고, 토(土)는 희신(喜神), 그리고 금(金)은 목(木)을 제거하는 약신(弱神) 역할을 한다고 볼 수도 있겠다. 임철초(任鐵樵)는 신약한 식신제살을 인정하고 있지만, 이를 인정하지 않는 학자들도 있기에 하는 말이다. 일단은 본문의 해석을 따르는 것이 바람직한 방법이라는 생각이다.

❷ 왕신(旺神)이 너무 지나쳐 설하는 것이 마땅한 경우[太過宜洩, 태과의설]

甲	戊	庚	甲
寅	寅	午	寅

戊	丁	丙	乙	甲	癸	壬	辛
寅	丑	子	亥	戌	酉	申	未

사주에 칠살 즉 편관이 다섯이나 보이고[局中七殺五見 국중칠살오현], 경금(庚金)은 오화(午火)에 앉아 뿌리가 없다[一庚臨午無根 일경임오무근]. 이른바 약신이 뿌리가 없으면 보내버리는 것이 마땅하고[弱神無根宜去 약신무근의거] 왕신이 너무 지나치면 설하는 것이 마땅하다[旺神太過宜洩 왕신태과의설]

고 하겠다. 오화(午火)를 용신(用神)으로 삼아 화(和)를 이루었다.

반가운 것은 오화(午火)가 월령(月令)을 차지했다[午火當令 오화당령]는 것과 사주에 수(水)의 기운이 전혀 없다는[全無水氣 전무수기] 것이니, 비록 운(運)에서 금수(金水)를 만났다고는 하지만 국을 깨기는 불가능하여[不能破局 불능파국] 거리낄 것이 없다[無礙 무애] 할 것이다.

운이 목화(木火)를 달려[運走木火 운주목화] 명리가 모두 온전했으니[名利兩全 명리양전], 이는 관살(官殺)인 신기가 넉넉하여[神氣足 신기족] 인성(印星)인 정기가 자연스레 생겨나기 때문이라[精氣自生 정기자생] 하겠다. 따라서 부귀수복(富貴壽福)을 누리고 일평생 재앙이 없었으며[一世無災 일세무재], 자식과 손자도 많고[子廣孫多 자광손다] 그 뒤를 잇는 자손도 계속 번성하였다[後嗣繼美 후사계미].

심화학습

살(殺)이 사주원국에 그득하니[重重 중중], 인성(印星)을 용신(用神)으로 삼아 살을 설(洩)하는 살중용인(殺重用印)이라 하겠다. 사주에 왕신(旺神)인 목(木)이 지나치게 많으므로[太過 태과] 극을 해서는 안 되며 설을 하여 흐름을 타야 한다는 말이다. 본문의 설명대로 사주팔자에 한 신이 힘이 있어[一神有力 일신유력] 제하고 화함이 올바르게 이루어져[制化合宜 제화합의] 한평생 재앙을 당하지 않고 살아갔다[主一世無災 주일세무재]고 보면 될 것이다.

다만 운(運)이 목화(木火)를 달렸다는 말은 수긍이 가질 않는다. 운의 지지는 금수(金水)로 달리고 단지 운의 천간만 목화(木火)로 달릴 뿐이다.

```
乙      癸      丙      甲
卯      亥      子      子

甲   癸   壬   辛   庚   己   戊   丁
申   未   午   巳   辰   卯   寅   丑
```

계해(癸亥) 일주가 연지(年支)와 월지(月支)에 자수(子水)를 깔고 있어 왕(旺)함을 가히 알 수 있다. 가장 반가운 것은 묘시(卯時)가 일주의 왕성함을 설하여[洩其菁英 설기청영] 속으로부터 겉으로 나가는 것[裏發於表 이발어표]이 된다는 것이다. 목(木)의 기운이 넉넉하니 허약한 화(火)는 용신(用神)을 얻어 이른바 '정이 넉넉하고 신이 왕하다[精足神旺 정족신왕]'고 할 것이다.

반가운 것은 사주에 토금(土金)이 섞여 있지 있지 않다는 것이다. 토(土)가 있다면 화(火)를 설하게 되고, 있다 하더라도 왕(旺)한 수(水)를 멈출 수는 없을 것이며 오히려 목(木)과 불화(不和)만 일으킬 것이다. 금(金)이 있다면 목(木)은 손상을 입을 것이고 게다가 수(水)의 넘쳐 흐름을 도울 뿐이니[助其汪洋 조기왕양], 일생 동안 재앙이 없었던[一世無災 일세무재] 것은 사주에 토금(土金)의 혼잡이 없었기 때문이다.

해가 지나 예순 일흔 여든이 되도록[年登耄耋 연등모질] 먹고 마시는 것이 더욱 왕성해지고[飮啖俞壯 음담유장], 눈과 귀는 더욱 밝아지며[耳目聰明 이목총명] 걸음걸이는 더욱 강건해지니[步履康健 보리강건], 보는 이들은 오십 정도 먹은 사람[五十許人 오십허인]으로 의심할 지경이었다. 명리가 모두 온전하였고[名利兩全 명리양전] 자손은 번성하였다[子孫衆多 자손중다].

심화학습

이발어표(裏發於表)와 정(精) · 기(氣) · 신(神)은 이미 앞에서 다음과 같이 설명하였다. "손익적중(損益適中)에는 다음과 같은 두 가지 방법이 있다. 왕한 것을 설하는 것이 마땅한[旺者宜洩 ^{왕자의설}] 경우에 설신이 기를 얻으면[洩神得氣 ^{설신득기}] 정이 넉넉해지니[精足 ^{정족}], 이는 속에서 겉으로 따라 나가는[從裏發於表 ^{종이발어표}] 것이고 신도 자연스레 넉넉해지는[神自足 ^{신자족}] 것이다." 자세한 내용은 〈제7장 2. 정신(精神)〉을 다시 한 번 되새겨보면 될 것이다.

　왕(旺)한 일주가 식신생재(食神生財)로 흘러 사주가 청(淸)하다 하겠고, 운(運) 또한 목화(木火)로 흘러 좋았다 하겠다.

2. 오행불순(五行不順)
　 – 오행이 순조롭게 이어지지 않을 때

적천수 원문

血氣亂者　生平多疾
혈기란자　　　생평다질

> 사주의 오행이 순리를 거역하여 혈기가 어지럽다면[血氣亂者]
> 오장이 해를 입어 평생 많은 질병에 시달릴 것이다[生平多疾].

적천수 해설　　**오행불순(五行不順)**

목숨을 유지하는 피와 기운이 어지럽다는 것[血氣亂者 ^{혈기란자}]은 사주의 오행이 순리를 거역하여 따르지 않는[五行背而不順 ^{오행배이불순}] 것을 말한다. 오행에서는 수(水)를 혈(血)이라고 하고, 사람의 몸에서는 맥(脉)을 곧 혈(血)이라고 한다. 심포(心胞)는 혈을 주관하므로 수족궐음경(手足厥陰經)으로 통하고, 심장(心臟)은 정화(丁火)에 속하고 심포는 혈을 주관하는데, 방광(膀胱)은 임수(壬水)에 속하고 정화(丁火)와 임수(壬水)는 서로 합을 이루고 있다[丁壬相合 ^{정임상합}]. 그러므로 심장은 능히 아래로 신장에 교류하는[心能下交於腎 ^{심능하교어신}] 것이다. 즉 정화(丁火)와 임수(壬水)가 합을 하여 목(木)으로 화하면[丁壬化木 ^{정임화목}] 신기가 자연스레 넉넉해짐으로써[神氣自足 신기자족] 수화기제(水火旣濟)를 얻어 상생(相生)을 이루게 되니 혈맥(血脉)이 유통하여 질병이 없게 되는 것이다. 따라서 팔자가 귀한 것은[八字貴乎 팔자귀호] 극하는 상황에서 생을 만나는[剋處逢生 극처봉생] 것인데, 거스르는 상황에서 순응함을 얻게 되어 아름답다[逆中得順爲美 역중득순위미] 할 것이다.

만약 좌우가 서로 싸우고[左右相戰 좌우상전] 상하가 서로 극하거나[上下相剋 상하상극], 역을 반기는데 순을 만나고[喜逆逢順 희역봉순] 순을 반기는데 역을 만나거나[喜順逢逆 희순봉역], 화(火)가 왕하여 수(水)를 말리고[火旺水涸 화왕수학] 화(火)가 많아 목(木)을 불사르거나[火多焚木 화다분목], 수(水)가 왕하여 토(土)를 쓸어버리고[水旺土蕩 수왕토탕] 수(水)가 넘쳐 금(金)을 가라앉히거나[水泛沈金 수범침금], 토(土)가 왕하여 목(木)을 꺾어버리고[土旺木折 토왕목절] 토(土)가 많아 화(火)를 어둡게 하거나[土重晦火 토중회화], 금(金)이 왕하여 화(火)를 허하게 하고[金旺火虛 금왕화허] 금(金)이 많아 토(土)를 설하거나[金多洩土 금다설토], 목(木)이 왕하여 금(金)을 이지러지게 하고[木旺金缺 목왕금결] 목(木)이 많아 수(水)를 스며 나오게 하면[木多滲水 목다삼수], 이것이 모두 오행이 전도되어 서로 극하게 되는 이치이다[五行顚倒相剋之理 오행전도상극지리]. 이렇듯 이치에 어긋나면[犯此者 범차자] 반드시 질병과 재앙이 많을[必多災病 필다재병] 것이다.

심화학습

심포(心胞)란 심장을 싸고 있는 살 주머니라고 한다. 한의학에 대한 지식이 부족하여 오장(五臟)과 육부(六腑)에 생긴 병이 인체의 표면에 나타나는 자리가 경락(經絡)인데 여기에는 12개의 정경[十二正經 십이정경]과 기경팔맥(奇經八脈)이 있다는 정도밖에 모르고, 그 경맥이 어떤 역할을 하는지 알 수 없는 것이 안타까울 뿐이다. 한의학 관련 서적을 살펴보면 도움이 될 것이다.

다만 십이정경(十二正經)과 기경팔맥의 명칭 정도는 알아두는 것이 도움이 될 것 같아 다음과 같이 정리해두었다. 또한 본문에서 사용한 맥(脉)은 맥(脈)과 동일한 글자임을 알려둔다.

※ 십이정경(十二正經)

1. 수태음폐경(手太陰肺經)

2. 수양명대장경(手陽明大腸經)

3. 족양명위경(足陽明胃經)

4. 족태음비경(足太陰脾經)

5. 수소음심경(手少陰心經)

6. 수태양소장경(手太陽小腸經)

7. 족태양방광경(足太陽膀胱經)

8. 족소음신경(足少陰腎經)

9. 수궐음심포경(手厥陰心包經)

10. 수소양삼초경(手少陽三焦經)

11. 족소양담경(足少陽膽經)

12. 족궐음간경(足厥陰肝經)

※ 기경팔맥(奇經八脈)

1. 독맥(督脈)

2. 임맥(任脈)

3. 대맥(帶脈)

4. 충맥(衝脈)

5. 음유맥(陰維脈)

6. 양유맥(陽維脈)

7. 음교맥(陰蹻脈)

8. 양교맥(陽蹻脈)

❶ 화(火)가 많아 목(木)을 불사르는[火多焚木, 화다분목] 경우

庚	丁	乙	丙
戌	未	未	申

癸	壬	辛	庚	己	戊	丁	丙
卯	寅	丑	子	亥	戌	酉	申

정화(丁火)가 늦여름인 미월(未月)에 태어났다. 미토(未土)와 술토(戌土)는 메마른 흙[燥土 조토]이니 화(火)를 설(洩)하여 어둡게 하고 금(金)을 생하는[晦火生金 회화생금] 것이 불가능하다. 병화(丙火)는 족히 목(木)을 불사르고 금(金)을 극하니[焚木剋金 분목극금] 토(土)는 더욱 메마르게 되어 화(火)를 설할 수 없게 되는 것이다. 신금(申金) 속의 임수(壬水)는 말라붙어 정(精)인 목(木)은 반드시 메말라버릴[精必枯 정필고] 것이다. 따라서 처음에는 담으로 인해 가슴이 답답한 병을 앓고 있었다[初患痰火 초환담화]. 해수(亥水)운에는 수(水)가 강한 화(火)에 맞서지 않고[水不敵火 수부적화] 오히려 목(木)을 생하여 화(火)를 도우니[生木助火 생목조화] 바로 한 잔의 물로 수레의 섶나무에 붙은 불을 끄는[杯水車薪 배수거신] 꼴이 되어버렸고, 화(火)의 세력은 더욱 치열해져서[火勢愈烈 화세유렬] 피를 토하고 죽고 말았다[吐血而亡 토혈이망].

심화학습

사주에 화(火)가 많다고 본 것은 여름인 화왕절(火旺節)에 태어난 점, 그리고 미토(未土)와 술토(戌土) 속의 정화(丁火)까지 염두에 둔 것으로 보인다. 따라서 신왕(身旺)하다고 보았고 사주에 수(水)도 없으니 강력한 화기(火氣)를 설(洩)하는 습토(濕土)를 용신(用神)으로 삼아야 하지만 보이지 않으니 용신은 경금(庚金)이 될 수밖에 없고, 운(運)에서라도 습토를 만나야 하지만 이마저 어려워 힘든 삶을 살 수밖에 없었다고 하겠다.

피를 토하고 죽은[吐血而亡 토혈이망] 것으로 보아 금(金)이 화(火)의 집중적인 극(剋)을 받아 폐장(肺臟)에 이상이 생기지 않았나 생각된다. 지금으로 본다면 폐결핵과 같은 종류의 질환이 아닌지 자못 궁금하다. 한의학에서 담화(痰火)란 담으로 인해 생겨나는 열병 혹은 가래가 심하게 나오는 병을 가리킨다고 하니 더욱 그럴 것 같은 생각이 든다.

❷ 화(火)가 왕하여 수(水)를 말리는[火旺水涸, 화왕수학] 경우

	甲		丙		丁		壬
	午		申		未		寅

乙	甲	癸	壬	辛	庚	己	戊
卯	寅	丑	子	亥	戌	酉	申

병화(丙火)가 늦여름인 미월(未月)의 오시(午時)에 태어났다. 연간(年干)의 임수(壬水)는 뿌리가 없고, 신금(申金)은 멀리 떨어져 있으니[遠隔 원격] 애초부터 수(水)를 생(生)할 수가 없다. 또한 신금(申金)은 인목(寅木)과 충(沖)을 이루고 오화(午火)로부터 극(剋)을 받으니 폐의 기운은 더욱 이지러지게 된다[肺氣愈虧 폐기유휴]. 더불어 정화(丁火)와 임수(壬水)는 서로 합을 이루어 목(木)으로 화하여[丁壬相合化木 정임상합화목] 화(火)를 따라가니[從火 종화], 심장의 화(火)는 더욱 왕하게 되고[心火愈旺 심화유왕] 신장의 수(水)는 반드시 말라붙어버릴[腎水必枯 신수필고] 것이다. 따라서 몸이 허약하여 잘 때 정액을 흘리는 병[遺泄 유설]에 걸렸고, 또한 담으로 인해 기침이 나는 증세[痰嗽 담수]가 있었다. 술토(戌土)운에 이르러 지지가 완전한 화국(火局)을 이루게 되니, 폐의 기운은 더욱 막혀버리고[肺愈絕 폐유절] 신장의 수(水)는 메말라버려[腎水燥 신수조] 피를 토하고 죽고 말았다[吐血而亡 토혈이망].

한의학에서 정액이 흘러나오는 병을 유설(遺泄)이라고 하고, 위 속의 습담(濕痰)이 폐로 올라올 때는 기침이 나고 가래가 나올 때는 기침이 그치는 병을 담수(痰嗽)라고 하는 모양이다. 두 경우 모두 신장(腎臟)과 폐(肺)에 이상이 생겼을 경우에 발생하는 질환으로 보이는데, 사주의 수기(水氣)와 금기(金氣)에 이상이 생겨 발생한다는 말이다. 운(運)이 금수(金水)로 흐르니 좋다고 보아야 하는데, 술토(戌土)운을 버티지 못하고 사망했으니 안타깝다고 하지 않을 수 없다.

❸ 목(木)이 많아 수(水)를 스며 나오게 하는[木多滲水, 목다삼수] 경우

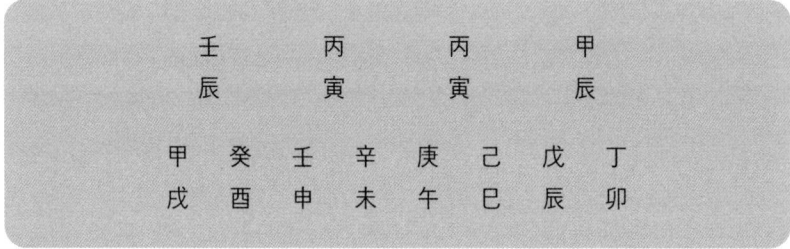

병화(丙火)가 인월(寅月)에 태어나 목(木)이 당령(當令)하고 화(火)는 생(生)을 만났다. 진토(辰土)는 본래 습토(濕土)이니 능히 수(水)를 저장할 수 있으나[蓄水 축수], 병인(丙寅)에게 극(剋)을 받으니 비장과 위장에 손상을 입게 되고[脾胃受傷 비위수상], 폐장이 속한 금(金)은 자연스레 막히게 되었다[肺金自絶 폐금자절]. 목(木)이 많아 수(水)를 스며 나오게 하여[木多滲水 목다삼수] 신장의 수(水) 역시 메말라버리게[腎水亦枯 신수역고] 된다. 경금(庚金)운에 이르러 목(木)이 왕하여 금(金)을 이지러지게 하고[木旺金缺 목왕금결], 금수(金水)가 함께 나타나자[金水竝見 금수병현] 목화(木火)가 방자하게 날뛰니[木火肆逞 목화사령] 피를 토하고 죽고 말았다.

이 명조(命造)는 목화(木火)가 한마음이니[木火同心 목화동심] 이에 순응해야 함이 마땅하지 결코 거스르려고 해서는 안 되는[可順而不可逆 가순이불가역] 것으로, 시간(時干)의 임수(壬水)가 도리어 기신(忌神)이 되어버렸다. 따라서 초운(初運)인 정묘(丁卯), 무진(戊辰), 기사(己巳)운에는 오히려 막힘이 없었던 것이다.

한마디로 목(木)이 화(火)를 따라 종(從)을 하여 종강격(從强格)이 되었다는 말이다. 하지만 진토(辰土)를 깔고 앉은 임수(壬水)를 두고 종을 한다니 여간 고민스러운 것이 아니다. 순리대로 한다면 사주에 인성(印星)이 중중(重重)하니 관성(官星)보다는 재성(財星)을 용신(用神)으로 삼아야 하지만, 사주에 재성이 없으니 식상(食傷)이나 관살(官殺)을 용신으로 삼는 수밖에 없는 형상이다. 하지만 진토(辰土)는 이미 임수(壬水)의 뿌리가 된 것으로 보아 용신으로 삼기에는 합당치 않아 보이니, 관성인 임수(壬水)를 용신으로 삼을 수밖에 없을 것 같다.

하지만 관성을 용신으로 삼는 것도 이와 같이 인성이 많은 경우에는 상당한 무리가 따른다 하겠으니, 『적천수징의』 본문의 목다삼수(木多滲水)의 논리를 입증하기 위한 사례로 채택된 것에 그 의미를 부여하고 넘어가도록 해야겠다. 다만 임상과정에서 이와 유사한 사례를 만나게 되면 두 가지를 모두 적용해보고 결론을 내리는 것이 마땅하다는 생각이다.

3. 음탁지기(陰濁之氣)
– 기신(忌神)이 지지에 암장되어 있을 때

忌神入五臟而病凶
기신입오장이병흉

기신(忌神) 즉 음탁지기(陰濁之氣)가 지지의 오장에 깊숙이 들어간다면[忌神入五臟] 그 병(病)은 아주 심하여 재앙이 될 것이고[病凶]

음탁지기(陰濁之氣)

기신이 오장에 깊숙이 들어갔다[忌神入五臟 기신입오장]는 것은 음의 탁한 기운[陰濁之氣 음탁지기]이 지지의 지장간에 묻혀 감추어져 있는[埋藏於地支 매장어지지] 것을 말한다. 음의 탁한 성분이 깊숙이 숨어 있으면[陰濁深伏 음탁심복] 극하여 제어하기도 어려울 뿐만 아니라 설하여 화하기도 어려우니[難制難化 난제난화] 그 병(病)이 가장 흉하게 될 것이다. 만약 깊숙이 숨어 있는 것이 희신(喜神)이라면 평생 재앙이 없을 것이지만[一世無災 일세무재], 만약 그것이 기신(忌神)이라면 평생을 병을 달고 살게 될 것이다[生平多病 생평다병].

토(土)는 비장(脾臟)과 위장(胃臟)이 되는데, 비장은 느슨함을 반기고[脾喜緩 비희완] 위장은 화평함을 반긴다[胃喜和 위희화]. 만약 기신인 목(木)이 토(土)에 들어가면[忌木而入土 기목이입토] 위(胃)는 화목하지 못하고 비(脾)는 느슨하지 못하게 되므로 병이 나게 되는 것이다.

금(金)은 폐장(肺臟)과 대장(大腸)이 되는데, 폐는 거두어들임이 마땅하고[肺宜收 폐의수] 대장은 막히지 않고 통함이 마땅하다[大腸宜暢 대장의창]. 만약 기신인 화(火)가 금(金)에 들어가면[忌火而入金 기화이입금] 폐의 기운은 위로 뚫고 나오고[肺氣上達 폐기상달] 대장은 통하지 않게[大腸不暢 대장불창] 되므로 병이 나게 되는 것이다.

수(水)는 신장(腎臟)과 방광(膀胱)이 되는데, 방광은 촉촉함이 마땅하고[膀胱宜潤 방광의윤] 신장은 단단함이 마땅하다[腎宜堅 신의견]. 만약 기신인 토(土)가 수(水)에 들어가면[忌土而入水 기토이입수] 신장이 야위어 비고[腎枯 신고] 방광은 메마르게[膀胱燥 방광조] 되므로 병이 나게 되는 것이다.

목(木)은 간(肝)과 담(膽)이 되는데, 간은 나뭇가지가 뻗듯 사방으로 통함이 마땅하고[肝宜條達 간의조달] 담은 편안하고 따스해야 함이 마땅하다[膽宜平 담의평]. 만약 기신인 금(金)이 목(木)에 들어가면[忌金而入木 기금이입목] 간은 급해져 화(火)를 생(生)하고 담은 차가워지게[寒 한] 되므로 병이 나게 되는 것이다.

화(火)는 심장(心臟)과 소장(小腸)이 되는데, 심장은 느긋하고 너그러워야 함이 마땅하고[心宜寬 심의관] 소장은 오그라듦이 마땅하다[小腸宜

收 소장의수]. 만약 기신인 수(水)가 화(火)에 들어가면[忌水而入火 기수이입화] 심장은 느긋하고 너그러움을 잃게 되고[心不寬 심불관] 소장은 늘어지게[小腸緩 소장완] 되므로 병이 나게 되는 것이다.

또 한 가지 중요한 것은 남아도는 것과 모자라는 것[有餘不足 유여부족]을 잘 살펴보아야 한다는 것이다. 만약 토(土)가 지나치게 왕하여[太旺 태왕] 목(木)이 토(土)에 들어가지 못하면 비와 위는 자연스레 그 기(氣)가 남아 돌아 생기는 병[有餘之病 유여지병]을 앓게 된다. 원래 비는 축축한[濕 습]한 것을 꺼리고 위는 차가운[寒 한] 것을 꺼리는데, 토(土)가 축축하고 남아 돈다면[濕而有餘 습이유여] 그 병은 봄과 겨울에 발생하되[發於春冬 발어춘동] 화(火)로 말려주는 것을 오히려 꺼리게[反忌火以燥之 반기화이조지] 되고, 토(土)가 메마르고 남아돈다면[燥而有餘 조이유여] 그 병은 여름과 가을에 발생하되 수(水)로 적셔주는 것을 오히려 꺼리게[反忌水以潤之 반기수이윤지] 될 것이다.

만약 토(土)가 모자라 허약하면[土虛 토허] 허약한 목[弱木 약목]이라도 족히 토(土)를 트이게[疏土 소토] 하는데, 토(土)가 축축하고 모자란다면[濕而不足 습이부족] 그 병은 여름과 가을에 발생하고[發於夏秋 발어하추] 토(土)가 메마르고 모자란다면[燥而不足 조이부족] 그 병은 겨울과 봄에 발생할[發於冬春 발어동춘] 것이다. 대개 모자라면서 축축한 토[虛濕之土 허습지토]가 여름과 가을의 메마름[燥 조]을 만나거나, 모자라면서 메마른 토[虛燥之土 허조지토]가 겨울과 봄의 축축함[濕 습]을 만난다면, 목(木)은 뿌리를 내려 더욱 무성해지고 토(土)는 그 극(剋)을 받아 더욱 허약해지기 때문이다. 만약 모자라면서 축축한 토[虛濕之土 허습지토]가 다시 모자라면서 축축한 때[虛濕之時 허습지시]를 만나거나, 모자라면서 메마른 토[虛燥之土 허조지토]가 다시 모자라면서 메마른 때[虛燥之時 허조지시]를 만난다면, 목(木)은 반드시 허하여 떠올라[虛浮 허부] 뿌리를 내릴 수 없게 되어 토(土)는 오히려 목(木)이 극하는 것을 두려워하지 않게 되는 것이다. 다른 경우도 여기에 준하여 생각하면 될 것이다.

다시 한 번 더 언급하지만 오행(五行)과 이에 해당하는 장부(臟腑)에 대해서는 이미 앞의 〈명리학 기초이론 19 : 오행의 색(色)과 미각(味覺)〉에서 설명한 바 있으니 이를 다시금 되새겨본다면 공부에 많은 도움이 되리라 본다.

비(脾)는 우리말로 지라를 말하는데 위(胃)의 뒤에 있어 백혈구의 생성과 노폐한 적혈구를 파괴하는 기능을 한다고 한다. 본문을 간단히 요약하면 다음과 같다.

첫째, 사주의 오행 중 하나가 기신(忌神)이 되어 지지의 지장간(支藏干)에 있고 각 장부(臟腑)에 해당하는 오행을 극하게 되면 그 장부에 병(病)이 발생하게 된다.

둘째, 사주의 오행 중 하나가 너무 지나치거나 너무 모자라도[太過不及 태과불급] 그 오행에 해당하는 장부에 병이 발생하게 되는데, 그 지나치거나 모자라는 오행이 어떤 상황에 처해 있는가에 따라 발병(發病)하는 계절이 달라진다는 것이다. 다만 여기서는 장부 중 비(脾)와 위(胃)를 예로 들어 이들이 반기는 것과 꺼리는 것을 설명한 다음, 이들이 속한 오행의 상황에 따라 발병 시기를 구분하였다. 그러나 나머지 장부들이 조습(燥濕)과 한난(寒暖) 중 어느 것을 반기는지 꺼리는지에 대한 명확한 설명 없이 이에 준하여 알아보라고 하니, 이들에 대한 계절별 발병 가능성을 판단하기에는 부족한 감이 있어 아쉬울 따름이다. 한의학 전공자는 쉽게 이해할 수 있겠지만 전문적인 한의학 지식이 없는 사람들에게는 참으로 난감한 일이 아닐 수 없을 것이다. 하지만 사주 중 오행의 상황이 발병과 관련이 있다는 것은 확실하고, 비록 계절별 발병 가능성에 대해서는 확실하지 않더라도 우리 몸의 어느 기관에 병이 생겨날 확률이 높은가에 대한 예측은 가능하므로, 사주를 알고 이 내용을 기억한다면 병에 대한 방비책을 미리 강구하여 발병률을 줄일 수 있으니 건강 유지에 많은 도움이 되리라 생각한다.

❶ 기신(忌神)인 신금(辛金)이 토(土) 속에 암장된 경우

乙	丙	己	庚
未	子	丑	寅

辛	丙	乙	甲	癸	壬	辛	庚
酉	申	未	午	巳	辰	卯	寅

병화(丙火) 일주가 늦겨울인 축월(丑月)에 태어나 일지(日支)에 자수(子水)를 깔고 앉았으니[坐下子水 좌하자수], 화(火)는 허약하고 불꽃이 없어[火虛無焰 화허무염] 목(木)을 용신(用神)으로 삼는다. 본래 목(木)은 시들어 메말랐는데[凋枯 조고], 비록 두 개의 양이 생을 시작하는[二陽始生 이양시생] 축월(丑月)에 태어났다 하더라도 새싹은 아직 움직일 기미를 보이지 않는다 [萌芽未動 맹아미동]. 경금(庚金)이 투출했으나 절지에 임했으니[臨絕 임절] 병(病)이 아주 얕다[甚淺 심천] 하겠다.

불만인 것은 월지(月支)를 차지한 축토(丑土)이다. 경금(庚金)이 여기에 통근(通根)하고 축토(丑土) 안에는 신금(辛金)이 암장되어 있으니, 바로 '기신이 오장에 깊숙이 들어갔다[忌神入五臟 기신입오장]'고 하는 것이다. 또한 기토(己土)는 경금(庚金)의 어머니[嫡母 적모]로서 화(火)를 어둡게 하고 금(金)을 생하니[晦火生金 회화생금] 경금(庚金)은 족히 인목(寅木)을 깨뜨려버릴 수 있다. 자수(子水)는 신장(腎臟)이 되는데, 축토(丑土)와 합(合)을 하니 목(木)을 생(生)할 수가 없고, 토(土)로 화(化)하여 오히려 금(金)을 돕게 되니 축토(丑土)가 병이라 하겠다. 금(金)을 생할 뿐만 아니라 수(水)를 억누르게 되니 병은 간(肝)과 신장(腎臟)이 이지러지는 것이었다.

묘목(卯木)운에 이르러 능히 축토(丑土)를 깨뜨리니 과거에 합격했으나 [名列宮牆 명렬궁장], 을목(乙木)운에 경금(庚金)과 합을 이루고 사화(巳火)가 축토(丑土)와 합을 하여 금국(金局)이 되니 몸이 허하여 약해지는 증세[虛損之症^{허손지증}]를 고치지 못하고 죽고 말았다.

간(肝)과 신장(腎臟)이 이지러지면 몸이 허약해지는 모양이다. 목(木)과 수(水)가 극(剋)을 받아 이지러지면 간과 신장에 병(病)이 나게 된다는 논리에 적합한 사례라 하겠다. 운(運)이 목화(木火)로 흐르니 명리(名利)는 얻었지만, 기신이 오장에 깊숙이 들어가[忌神入五臟^{기신입오장}] 건강은 유지하지 못했다고 보면 합당할 것이다.

❷ 기신(忌神)인 을목(乙木)이 토(土) 속에 암장된 경우

壬	辛	辛	丁
辰	未	亥	亥

癸	甲	乙	丙	丁	戊	己	庚
卯	辰	巳	午	未	申	酉	戌

신금(辛金)이 초겨울인 해월(亥月)에 태어나고, 정화(丁火)가 비견인 신금(辛金)을 극하여 보내버리니[剋去比肩^{극거비견}] 일주(日主)는 고립되어 도움을 받지 못한다[孤立無助^{고립무조}]. 상관(傷官)인 수(水)가 시간(時干)에 투출하고 월령(月令)을 차지하여 일주의 원신을 훔쳐 달아나니[竊去命主元神^{절거명주원신}] 신약(身弱)하므로, 용신(用神)은 인성(印星)인 토(土)에 있지 관성(官星)인 화(火)에 있지 않다.

미토(未土)는 목(木)의 고근(庫根)이고 진토(辰土)는 목(木)의 여기(餘氣)이니 둘 다 기신(忌神)인 을목(乙木)을 지장간에 암장(暗藏)하고 있고, 연월지(年月支)의 두 해수(亥水) 또한 목(木)의 생지(生地)인데 미토(未土)와 합(合)을 이루어 목국(木局)을 이루니, 이는 기신이 오장에 깊숙이 들어갔을[忌神入五臟^{기신입오장}] 뿐만 아니라 육부(六腑)에까지 미쳤다 할 것이다. 이렇게 논한다면 비장은 허하고 신장은 새게 된[脾虛腎泄^{비허신설}]

것이다. 그 병은 머리가 어지럽고 정액이 흘러나오는[頭眩遺泄 두현유설] 것이었다. 또한 위경련[胃腕痛 위완통]도 있었으니 한달 중 열흘을 편히 지내지 못했다.

기유(己酉)운에 이르러 일주가 녹왕(祿旺)을 만나니 반궁에 입학하였고[采芹 채근] 자식도 얻었으며, 무토(戊土)운에는 임수(壬水)를 극(剋)하여 보내니 시험에 합격하여 장학금을 받았으나[補廩 보름], 신금(申金)운에는 임수(壬水)가 생(生)을 만나 병세가 더욱 위중해졌고, 정화(丁火)운에 들어 일주가 손상을 입어 죽고 말았다.

이와 같이 두 개의 사주를 살펴보았는데, 그 병의 증상[病症 병증]과 팔자 오행의 이치[八字五行之理 팔자오행지리]는 서로 부합하는 것이 명백하다 하겠으니, 마음 깊이 그 원리를 궁구한다면[深心細究 심심세구] 오래 살고 일찍 죽는 것과 인생의 막히고 통함[壽夭窮通 수요궁통]의 이치를 어찌 미리 알아 정하지[預定 예정] 못하겠는가 말이다.

심화학습

토(土)가 용신(用神)인데 지장간(支藏干)에 있는 기신(忌神)인 목(木)으로부터 극(剋)을 받아 비장(脾臟)과 위장(胃臟)에 병이 생겼다는 말이다. 본문의 논리에 적합한 사례라 하겠다.

하지만 기유(己酉)운에는 잘되었는데 신금(申金)운에는 건강에 이상이 생겼다는 말에는 공감이 잘 가지 않는다. 유금(酉金)과 신금(申金)에 차이가 있다는 것으로밖에 해석되지 않는데, 토(土)가 용신으로 약(弱)하니 희신(喜神)은 화(火)가 되어야 한다는 논리인 것 같고, 그렇다면 금(金)은 한신(閑神)이 되는데 비록 수(水)가 많아 설기(洩氣)가 심하다고 하더라도 나쁘다고 할 수는 없을 것 같기 때문이다. 아마도 유금(酉金)운은 다음에 들어오는 무토(戊土)운이 막아주었지만, 신금(申金)운은 다음에 들어오는 정화(丁火)운이 막아주지 못했기 때문이 아닐까 생각되지만 개운하지는 않은 것이 사실이다.

맨 마지막 말은 깊이 새겨둘 필요가 있다. 다만 이것은 가능성을 말하는 것이지 모든 경우가 그렇다는 것은 아님을 명확히 해야 할 것이다. 이런 사주의 경우에는 이런 병이 생길 가능성이 높으니 사전에 조심해야 한다는 정도만으로도 많은 도움을 받을 수 있기 때문이다.

4. 양허지기(陽虛之氣) – 객신(客神)이 천간에 떠 있을 때

적천수 원문

客神遊六經而災小
객신유육경이재소

> 객신(客神) 즉 양허지기(陽虛之氣)가 천간의 육경(六經) 즉 육부(六腑)에서 노닌다면
> [客神遊六經]
>
> 그 병으로 인한 재앙은 그다지 심하지 않을 것이다[災小].

적천수 해설　　**양허지기(陽虛之氣)**

객신이 천간의 육경에서 노닌다[客神遊六經 객신유육경]는 것은 허약한 양의 기운[陽虛之氣 양허지기]이 천간에 뿌리가 없이 떠 있는[浮於天干 부어천간] 것을 말한다. 양(陽)의 기운이 천간에 허약하게 드러나 있다면[虛露 허로], 제어하기도 쉽고 변화시키기도 쉬우니[易制易化 이제이화] 반드시 재앙은 심하지 않을 것이다[災必小 재필소]. 이것은 마치 병이 겉으로 드러나 있는[病之在表 병지재표] 것과 같다. 외부에서 감염된 질병은 발산시키기 쉬워[外感易於發散 외감이어발산] 큰 병에 이르지는 않으므로[不至大患 부지대환] 재앙이 심하지 않다[災小 재소]고 할 것이다.

병의 근원을 궁구하되[究其病源 구기병원], 거듭 오행과 음양의 이치를 따라[從五行陰陽 종오행음양] 장부(臟腑)를 나누고 오장(五臟)을 논해야 하는 법이다. 또한 천간은 객신이니 허하다고 논해서는[天干爲客神論虛 천간위객신론허] 안 되고, 지지는 기신이니 실하다고 논해서도[地支爲忌神論實 지지위기신론실] 안 된다. 반드시 그 허한 가운데 실함이 있고[虛中有實 허중유실] 실

한 것 같은데 오히려 허한[實處反虛 실처반허] 이치를 궁구해야 한다. 그리하면 그 재앙과 상서로움[災祥 재상]을 명확하게 알아내는 데 효험이 있을 것이다.

심화학습

장부(臟腑)는 음양(陰陽)으로 나누어진다는 것을 다시 강조하고 있다. 장(臟)은 음(陰)에 속하고, 부(腑)는 양(陽)에 속한다는 사실을 한 번 더 상기하고 넘어가도록 하자.

또한 여기서 허(虛)하고 실(實)하다는 것은 일주(日主)의 기운을 말하는 것이 아니라 객신(客神)과 기신(忌神)의 기운을 말하는 것임을 잘 알아야 한다. 『적천수(滴天髓)』 원주(原注)에서는 객신은 기신에 비해 가벼워서 매몰할 수 없으니 육부(六腑)에서 떠돌아다니면 반드시 병이 된다고 하였다.

적천수 사례연구 **양허지기(陽虛之氣)**

❶ 허(虛)한 가운데 실(實)함이 있는 경우

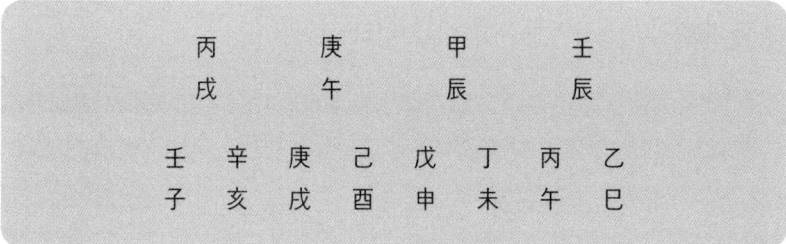

경오(庚午) 일주가 진월(辰月)의 술시(戌時)에 태어났다. 봄에 태어난 금(金)에 살(殺)이 왕(旺)하니 용신(用神)은 인성(印星)인 토(土)에 있다 하겠다. 월간(月干)의 갑목(甲木)은 본래 객신(客神)이라 하겠으나, 지지에서 두 개의 진토(辰土)를 얻어 수(水)를 저장하고 지장간에 목(木)을 감추고 있으니[蓄水藏木 축수장목], 객신이 육경(六經)을 떠돌 뿐만 아니라 오장(五臟)에도 깊숙이 들었다 하겠다. 게다가 연월의 임수(壬水)와 갑목(甲

木)은 서로 생을 하니[壬甲相生 임갑상생] 병화(丙火)를 극(剋)하지 못한다 하겠다.

초운(初運)은 남방(南方)의 화(火)가 토(土)를 생하니 비위(脾胃)에 큰 병은 없었으나, 수(水)를 졸아들게 하고 금(金)을 불리니[熬水煉金 오수련금] 몸이 쇠약해지는 증세[弱症 약증]를 앓았다. 무신(戊申)운에 이르러 토금(土金)이 함께 왕(旺)하니, 사주원국에서 목(木)이 병이 되는데 목(木)은 풍증을 주관하지만[木主風 목주풍] 금(金)이 능히 목(木)을 극했다. 연달아 이어진 기유(己酉), 경술(庚戌)운까지 30년 동안 재산을 십여만이나 모았다. 신해(辛亥)운에 들자 금(金)이 통근(通根)하지 못하고 목(木)은 장생(長生)을 얻으니, 갑자기 풍질(風疾)에 걸려 죽고 말았다.

심화학습

갑목(甲木)이 천간에 떠 있어 객신(客神)이라 허(虛)하다 할 수 있으나, 지지에 그 뿌리를 얻어 실(實)하게 된 경우의 사례라 하겠다. 다행스럽게 운(運)이 받쳐주어 그 병(病)이 힘을 발휘하지 못하다가 객신을 돕는 운으로 바뀌자 큰 병이 되었다는 말이다.

❷ 객신(客神)이 천간의 육경(六經)을 떠도는 경우

庚	丙	庚	乙
寅	子	辰	亥

壬	癸	甲	乙	丙	丁	戊	己
申	酉	戌	亥	子	丑	寅	卯

병자(丙子) 일주가 늦은 봄인 진월(辰月)에 태어나 습토(濕土)가 당령(當令)하여 수(水)를 저장하고 목(木)을 기른다[蓄水養木 축수양목]. 용신(用神)은 목(木)에 있다 하겠으니, 해수(亥水)의 생(生)을 받고 진토(辰土)의 여기(餘氣)가 있으며 인목(寅木)의 도움을 받는다. 을목(乙木)이 비록 경금

(庚金)과 합을 하지만 금(金)으로 화하지는 않는다[合而不化^{합이불화}] 할 것이다. 경금(庚金)은 천간에 뿌리가 없이 떠 있어[浮露 ^{부로}] 객신(客神)이라 하겠으니, 장부(臟腑)에 깊이 파고들지 못하고[不能深入 ^{불능심입}] 육경에서 노닌다[遊六經 ^{유육경}] 할 것이다.

용신인 을목(乙木)을 기준으로 한다면 수(水)는 정(精)이 되는데, 지지에 해수(亥水)와 자수(子水)가 보이고 진토(辰土) 또한 합을 하여 수국(水局)을 이루어 수(水)를 저장한다. 목(木)은 기(氣)가 되며, 봄에 태어났으니 그 기운이 넉넉하고[有餘 ^{유여}] 인해합(寅亥合)으로 목(木)을 생(生)하여 도와준다. 화(火)는 신(神)으로, 계절은 오양(五陽)에 해당하는 진월(辰月)이라 화(火)의 진기(進氣)가 되어 통근(通根)을 하니, 연월(年月)의 기운이 태어난 시에 통하여[氣貫生時 ^{기관생시}] 정기신(精氣神) 세 성분이 모두 넉넉하다[俱足 ^{구족}]. 병이 나게 하는 나쁜 기운[邪氣 ^{사기}]이 쫓아 들어오지 않았고, 운의 흐름 또한 어긋나지 않으니[行運不背 ^{행운불배}] 평생 동안 질병이 없고 명리가 넉넉하게 따랐다[名利裕如 ^{명리유여}]. 오로지 토(土)가 허하고 습한데[虛濕 ^{허습}] 다시 금(金)이 이를 설(洩)하기까지 하니, 비위(脾胃)가 허하고 차갑게 되어[虛寒 ^{허한}] 설사병을 면하지는 못했다.

심화학습

병화(丙火) 일주가 신약(身弱)하여 인성(印星)인 을목(乙木)을 용신(用神)으로 했다는 말이다. 설명이 너무 자세하여 별달리 토를 달 만한 것이 없으나 용신이 멀리 떨어져 있고 경금(庚金)과 합(合)을 이루는 것이 아쉬운 형상이다. 하지만 지지에 수(水)를 깔고 앉아 도움을 받는 것과 운(運)의 흐름이 도와주는 것은 다행이라 하겠다. 정기신(精氣神)에 대해서는 〈제7장 2. 정신(精神)〉을 다시 한 번 되새겨보길 바란다.

5. 목불수수(木不受水)
– 계절에 따라 목(木)이 수(水)를 받아들이지 못할 때

적천수 원문

木不受水者血病
목불수수자혈병

> 목(木) 일주가 수(水)를 받아들이지 못한다면[木不受水者]
> 이는 수기(水氣)와 관련된 혈병의 원인이 되고[血病]

적천수 해설 ## 목불수수(木不受水)

봄에 태어난 목(木) 일주(日主)가 수(水)를 받아들이지 못하는[春木不受水 춘목불수수] 것은 화(火)가 꽃을 피우는 것을 반기기 때문이고[喜火之發榮 희화지발영], 겨울에 태어난 목(木) 일주가 수(水)를 받아들이지 못하는[冬木不受水 동목불수수] 것은 화(火)가 추위를 녹여 풀어주는 것을 반기기 때문이다[喜火之解凍 희화지해동]. 여름에 태어난 목(木) 일주[夏木 하목]가 뿌리가 있어 수(水)를 받아들이는[有根而受水 유근이수수] 것은 치열한 화(火)를 보내버리고[去火之烈 거화지렬] 메마른 땅을 적셔주기[潤地之燥 윤지지조] 위해서이고, 가을에 태어난 목(木) 일주[秋木 추목]가 지지를 얻어 수(水)를 받아들이는[得地而受水 득지이수수] 것은 금(金)의 예리함을 흘려보내고[洩金之銳 설금지예] 살의 완고함을 이끌어 화하기[化殺之頑 화살지완] 위해서이다. 봄과 겨울에 태어나 왕성한 목[春冬生旺之木 춘동생왕지목]은 수(水)를 받아들이기 위해서는 쇠해야 하고[要其衰而受水 요기쇠이수수], 여름과 가을에 태어나 갇혀 쉬고 있는 목[夏秋休囚之木 하추휴수지목]은 수(水)를 받아들이기 위해서 왕해야 한다[要其旺而受水 요기왕이수수].

이와 반대의 경우는 수(水)를 받아들이지 못하는 것이며, 받아들이지 못하면 우리 몸의 피는 흘러 돌지 못하게 되어[血不流行 혈불류행] 이는 혈병(血病)을 얻는 지경에 이르게 된다.

또 다시 해석에 어려움을 겪게 된다. 본문 앞부분을 보면 목(木) 일주가 봄이나 겨울에 태어나 신왕(身旺)하면 식상(食傷)인 화(火)를 용신(用神)으로 삼아 목(木)의 기운을 설(洩)하는 것이 마땅하고, 목(木)이 여름이나 가을에 태어나 신약(身弱)하면 인성(印星)인 수(水)를 용신으로 삼는 것이 마땅하다고 해석할 수 있다. 즉, 왕(旺)하면 수(水)를 받아들이지 못하고[不受水 불수수] 약(弱)하면 수(水)를 받아들인다[受水 수수]는 것이다.

하지만 다음에 나오는 요기쇠이수수(要其衰而受水)와 요기왕이수수(要其旺而受水)의 해석이 앞부분과 매끄럽게 이어지지 않아 고민하게 만든다. 내용은 위에서 해석한 대로인 듯한데, 봄과 겨울에 태어나 왕성한 목[春冬生旺之木 춘동생왕지목]은 수(水)를 받아들이기 위해서는 쇠해야 한다[要其衰而受水 요기쇠이수수]는 말은 그대로 이해된다고 하겠으나, 뒷부분의 여름과 가을에 태어나 갇혀 쉬고 있는 목[夏秋休囚之木 하추휴수지목]은 수(水)를 받아들이기 위해서는 왕해야 한다[要其旺而受水 요기왕이수수]는 말은 이해하기 힘들다. 문맥상 연결이 원활하려면 비록 한문 해석상 오류는 있다 하더라도 전자는 '봄과 겨울에 태어나 왕성한 목[春冬生旺之木 춘동생왕지목]이 비록 월령(月令)을 차지했다고 하더라도 신약하다면 왕해지기 위하여 수(水)를 받아들이고'로 해석해야 하고, 후자는 '여름과 가을에 태어나 갇혀 쉬고 있는 목[夏秋休囚之木 하추휴수지목]은 약하니 왕해지기 위하여 수(水)를 받아들인다'로 해석해야 할 것 같다. 여름과 가을에 태어난 목(木)은 쇠약하다 할 수 있으므로 왕하게 하기 위해서는 인성인 수(水)가 필요할 것이기 때문이다.

다만, 목(木)이 여름과 가을에 태어나 월령은 잡지 못했지만 사주에 인성과 비겁이 중중(重重)한데도 인성인 수(水)를 용신으로 받아들여야 하는지 새로운 의문이 생겨나게 된다. 사주 임상과정에서도 이런 경우를 종종 접하게 된다. 물론 사주 오행의 배열을 잘 살핀 후 결론을 내려야 마땅하지만, 앞의 논리에 비추어 추론한다면 이 경우에는 수(水)를 받아들일 수 없다[不受水 불수수]는 것이 필자의 생각이다. 하지만 함부로 성급하게 판단하지 말고 사주에 비겁이 많은가 인성이 많은가, 이들의 배열이 일주(日主)에 어떤 영향을 미치는가 등을 세밀히 분석한 후 결론을 내려야 할 것이다.

이 장(章)은 목(木) 일주가 태어난 계절에 따라 수(水)를 받아들이게 되거나, 받아들이지 않게 되어 우리 몸의 혈액과 관련된 병이 생겨난다는 논리이다. 오행(五行)에서는 수(水)를 혈(血)이라고 말한다 했으니, 수(水)에 이상이 생기면 혈병(血病)이 걸리는 것은 당연해 보인다. 다만 여기서 말하는 혈병이 어떤 종류의 질환을 말하는지 잘 모르겠으니 답답할 뿐이다. 한의학에 대한 호기심을 자극한다.

적천수 사례연구　　**목불수수(木不受水)**

❶ 목(木) 일주가 여름에 태어나 뿌리가 있는 경우

己	乙	丁	丁
卯	亥	未	亥

己	庚	辛	壬	癸	甲	乙	丙
亥	子	丑	寅	卯	辰	巳	午

을목(乙木)이 늦여름인 미월(未月)에 태어나 갇혀 쉬고 있으며[休囚 휴수], 연월(年月)에 정화(丁火)가 투출하여 설기가 너무 지나치다[洩氣太過 설기태과].

가장 반가운 것은 시지(時支)에 녹왕(祿旺)인 묘목(卯木)이 있어 이에 통근(通根)했다는 것인데, 해수(亥水)의 생(生)을 받고 조렬(燥烈)한 미토(未土) 또한 촉촉하게 해준다. 더욱 묘한 것은 해묘미(亥卯未)의 목국(木局)을 이루어 일주를 돕는[會局幫身 회국방신] 것이니, 두루 통하여 빛이 나는 형상[通輝之象 통휘지상]이라 하겠다.

갑진(甲辰)운에 이르러 전시(殿試)에서 장원급제하여[虎榜居首 호방거수] 과거에 연달아 합격했으니[科甲連登 과갑연등] 격(格)은 식신용인격(食神用印格)이라 할 것이다.

여름에 태어난 을목(乙木) 일주가 신약(身弱)하여 인성(印星)인 수(水)를 받아들여[受水 수수] 용신(用神)으로 삼았다고 해석할 수 있겠다.

하지만 앞서 심화학습에서 언급했듯이 '목(木)이 여름에 태어나 월령(月令)은 잡지 못했지만 사주에 인성과 비겁이 중중(重重)한데도 인성인 수(水)를 용신으로 받아들여야 하는가'란 의문이 생기는 사주가 바로 이것이다. 비록 여름에 태어났다고는 하지만 지지가 목국(木局)을 이루고 인성과 비겁으로 가득 찼는데 과연 인성인 수(水)를 받아들여야 하는가. 본문의 풀이대로라면 여름에 태어난 목(木) 일주가 뿌리가 있는데도 수(水)를 받아들이는 것은 화(火)의 치열함을 보내버리기 위해서이니, 이 명조(命造)는 사주에 화(火)가 그득하여 치열하다고 본 것이라 하겠다.

다만 갑진(甲辰)운 이후 상황에 대해서는 언급된 바가 없어 확신할 수 없지만, 일주(日主)가 뿌리가 든든하니 약하지 않다고 보아 식상(食傷)인 화(火)를 용신으로 보고 운(運)이 화목(火木)으로 흘러 잘 풀렸다고 해석해도 무방하지 않을까 하는 생각이다. 운이 잘 풀려 병(病)도 없었는지 질병에 대한 언급이 전혀 없어 아쉽다.

❷ 목(木) 일주가 여름에 태어나 뿌리가 없는 경우

丁	乙	乙	丙
亥	巳	未	戌

癸	壬	辛	庚	己	戊	丁	丙
卯	寅	丑	子	亥	戌	酉	申

을목(乙木)이 늦여름인 미월(未月)에 태어나 천간에 병정화(丙丁火)가 투출했고 지지의 사화(巳火)와 술토(戌土)에 통근(通根)도 했으니 설기가 너무 지나쳐[發洩太過 발설태과], 수(水)가 생해주는 것을 받아들일 수 없으므로[不受水生 불수수생] 오히려 해수(亥水)는 병(病)이 되고 순국(順局)을 이루어 종아(從兒)를 하게 된다.

처음의 병신(丙申)과 정유(丁酉)운에는 병정화(丙丁火)가 개두(蓋頭)가 되어 평탄하게 보낼 수 있었고, 무술(戊戌)운에는 해수(亥水)를 극(剋)하여 없애버리니 명리가 모두 온전하였다[名利兩全 명리양전]. 기해(己亥)운에 이르러 지지가 수(水)가 되니 배가 부풀어오르는[膨脹 팽창] 병에 걸렸다. 이는 사주에 화(火)가 왕(旺)한데 메마른 토[燥土 조토]를 만나 수(水)가 돌아갈 곳을 잃었기 때문이니, 이로 인해 그러한 병에 걸려 죽고 말았던 것이다.

심화학습

임철초(任鐵樵)는 참으로 종격(從格)을 좋아하는 모양이다. 이렇게 본다면 『적천수징의(滴天髓徵義)』 본문에서 언급한 '여름과 가을에 태어나 갇혀 쉬고 있는 목[夏秋休囚之木 하추휴수지목]은 수(水)를 받아들이기 위해서 왕해야 한다[要其旺而受水 요기왕이수수]'라는 말은 수(水)가 왕하지 않으면 수(水)를 받아들이지 못하고 종(從)을 하게 된다는 의미로 해석할 수 있게 된다. 고민해볼 필요가 있다는 생각이다.

이 명조(命造)에서 해수(亥水)가 처해 있는 상황을 보면 사실 너무나 안타까울 뿐이다. 구석에 몰려 화(火)로 둘러싸여 있고 사해충(巳亥沖)을 받으며 사주에는 화(火) 성분만 득시글하니 아무런 힘을 쓸 수 없는 현실이라 하겠다. 물론 『적천수』 원문의 '수(水)를 받아들이지 못한다'를 이해시키기 위한 사례로 이 명조를 택하여 보여주는 것은 고마울 따름이지만, 이렇게 미약한 해수(亥水)라도 사주에 있으면 일단은 용신(用神) 후보로 등록은 해봐야 하지 않나 하는 생각이다. 처음 신유금(申酉金)의 운에서 평탄하게 살았다는 것은 신유금(申酉金)이 용신인 해수(亥水)를 생조(生助)해주었기 때문이라고 볼 수도 있을 것이다. 다만 무술(戊戌)운에 잘 풀렸고 기해(己亥)운에 죽었다니 할 말이 없다. 예전에는 지금처럼 시계가 있었던 것도 아니니 혹시 태어난 시(時)가 부정확할 수도 있을 것이다. 일부 사람들이 『적천수징의』를 폄하하는 이유가 종격을 너무 부각시키기 때문인데, 그래도 종격은 존재하는 것이므로 여기서는 목(木)이 수(水)를 받아들이지 않는[不受水 불수수] 사례로 보고 가볍게 넘어가는 것이 바람직하다는 생각이다.

그런데 해수(亥水)가 병이라면 혈액과 관련된 병에 걸려야 할 텐데, 배가 부풀어오르는[膨脹 팽창] 병에 걸렸다는 것은 소장(小腸)과 대장(大腸) 또는 위(胃)에 이상이 생긴 것으로 생각된다. 이것이 수(水)와 어떤 관계가 있는지 한의학 전공자에게 조언을 구해야 할 것 같다. 소화에 필요한 소화액(消化液)을 수(水)로 보았다는 말인지도 모르겠다.

•

6. 토불수화(土不受火) - 토(土)의 상태에 따라 토(土)가 화(火)를 받아들이지 못할 때

적천수 원문

土不受火者氣傷
토불수화자기상

> 토(土) 일주가 화(火)를 받아들이지 못한다면[土不受火者]
> 기(氣)가 이지러져 병이 된다[氣傷].

적천수 해설　　**토불수화(土不受火)**

메마르고 속이 찬 토[燥實之土 조실지토] 일주가 화(火)를 받아들이지 못하는[不受火 불수화] 것은 수(水)가 촉촉이 적셔주는 것을 반기기[喜水之潤 희수지윤] 때문이고, 축축하고 속이 빈 토[虛濕之土 허습지토] 일주가 화(火)를 받아들이지 못하는 것은 수(水)가 극하는 것을 꺼리기[忌水之剋 기수지극] 때문이다. 겨울에 태어난 토[冬土 동토] 일주가 뿌리가 있어 화(火)를 받아들이는[有根而受火 유근이수화] 것은 얼어붙은 천간을 녹여 풀어주고[解天之凍 해천지동] 지지의 축축함을 보내버리기[去地之濕 거지지습] 위해서이고, 가을에 태어난 토[秋土 추토] 일주가 지지를 얻어 화(火)를 받아들이는[得地而受火 득지이수화] 것은 남아도는 금(金)을 극하여 제하고[制金之有餘 제금지유여] 새어 나가는 토(土)의 기운을 보충해주기[補土之洩氣 보토지설기] 위해서이다. 지나치게 메마르면[過燥 과조] 지지는 축축하지 못하고[地不潤 지불윤] 지나치게 축축하면[過濕 과습] 천간이 서로 화합하지 못한다[天不和 천불화]. 따라서 화(火)를 받아들이지 못하고[火不受 화불수] 목(木)을 용납하지 못하게[木不容 목불용] 되는 것이다. 토(土) 일주가 지나치게 메마르면 반드시 기가 이지러지고[過燥必氣虧 과조필기휴] 지나치게 축축하면 반드시 비장은 속이 비게 되니[過濕必脾虛 과습필비허], 받아들이지 못하여 병이 되는[不受則病 불수즉병] 것이다.

심화학습

토(土) 일주가 사주에 화(火)와 조토(燥土)가 너무 많아 조열하거나 금수(金水)와 습토(濕土)가 너무 많아 습하면 화(火)를 용신(用神)으로 삼을 수 없어 병이 발생하게 된다는 말이다. 그 병의 형태는 사주의 형상에 따라 다른데, 너무 조열하면 기(氣)가 이지러지고[氣虧 기휴] 너무 습하면 비장(脾臟)에 이상이 생긴다는 논리이다. 토(土)는 비위(脾胃)를 주관하니 비장에 이상이 생기는 것은 당연한 일이라 하겠으나, 기가 이지러지면 어떤 병세가 나타나는지는 한의학 전공자에게 물어보아야 할 것 같다.

적천수 해설　　토불수화(土不受火)

❶ 메마르고 속이 찬 토[燥實之土, 조실지토] 일주가 화(火)를 받아들이지 못하는 경우

己	戊	辛	己
未	戌	未	巳

癸	甲	乙	丙	丁	戊	己	庚
亥	子	丑	寅	卯	辰	巳	午

무토(戊土) 일주가 미월(未月)에 태어나 사주에 두터운 토[厚土 후토]가 중첩되어 있다. 반가운 것은 천간에 화(火)가 없고 신금(辛金)이 투출한 것

이니, 이른바 '속을 좇아서 겉으로 나간다[裏發於表^{이발어표}]'고 하겠다. 그 깨끗하고 순수한 부분[精華^{정화}]은 모두 신금(辛金)에 있다고 하겠다.

운(運)이 기사(己巳)와 무진(戊辰)을 달려 금(金)을 생(生)하여 유정(有情)하니 명리가 넉넉히 따랐다[名利裕如^{명리유여}]. 정묘(丁卯)운에는 천간의 신금(辛金)이 손상을 입었고, 지지에는 화토(火土)가 함께 왕하여[火土竝旺^{화토병왕}] 막힌 토(土)를 트이게 할 수 없었고[不能疏土^{불능소토}] 오히려 화(火)의 세력을 좇아가게 되어[反從火勢^{반종화세}] 토(土)는 더욱 왕(旺)해졌다.

신금(辛金)은 폐(肺)에 속하니 폐가 손상을 입고, 혈맥 또한 흘러 통하지 못하게 되어[血脈不能流通^{혈맥불능류통}] 기와 혈이 모두 이지러지는[氣血兩虧^{기혈양휴}] 병으로 죽고 말았다.

심화학습

사주에 비겁(比劫)이 중중(重重)하여 상관(傷官)인 신금(辛金)을 용신(用神)으로 삼고, 재성(財星)인 수(水)가 희신(喜神)이 되는 구조라 하겠다.

하지만 용신인 신금(辛金)이 사주에서 처해 있는 상황을 보면 답답할 따름이다. 주위를 둘러보아도 조열한 토[燥土^{조토}]와 화(火)만 보이고 겨우 천간의 기토(己土)에게서 미약하나마 도움을 얻을 수 있을 뿐이다. 게다가 운(運)마저 도와주지 않으니 비록 무진(戊辰)운까지는 버텼다고 하더라도 목화(木火)운에 들면서 금수(金水)가 극(剋)을 받으니 폐(肺)와 신장(腎臟) 쪽에 병이 생겨 죽었다 하겠다.

이발어표(裏發於表)에 대해서는 앞의 〈제7장 2. 정신(精神)〉에서 '이발어표(裏發於表)와 표달어리(表達於裏)'를 참조하기 바란다.

❷ 축축하고 속이 빈 토[虛濕之土, 허습지토] 일주가 화(火)를 받아들이지 못하는 경우

	壬		己		己		庚
	申		亥		丑		辰
丁	丙	乙	甲	癸	壬	辛	庚
酉	申	未	午	巳	辰	卯	寅

기해(己亥) 일주가 축월(丑月)에 태어나 지지는 속이 비고 축축하다[虛濕 허습]. 진토(辰土)와 축토(丑土)는 그 속에 수(水)를 가두고 금(金)을 저장하고 있는데[蓄水藏金 축수장금], 경금(庚金)과 임수(壬水)가 천간에 투출하여 이에 통근(通根)하여 오로지 그 허습(虛濕)한 기운만 얻었으니, 화(火)를 받아들이지 못하고 오히려 수(水)를 용신(用神)으로 삼아 종재(從財)가 되었다 하겠다.

초운(初運)인 경인(庚寅)과 신묘(辛卯)운에 천간에서 금(金)을 만나 수(水)를 생하고[逢金生水 봉금생수] 지지에서는 목(木)을 만나 토(土)를 극하니[遇木尅土 우목극토] 물려받은 재산이 넉넉하였고[蔭庇有餘 음비유여], 임진(壬辰)과 계수(癸水)운에 재산이 날로 늘어났을 뿐만 아니라 또한 과거에 합격했지만[名列宮牆 명렬궁장], 사화(巳火)운에 들자 처를 잃고 재산은 날아가버렸다[尅妻破財 극처파재].

이 명조(命造)는 사주에 화(火)가 없고 신시(申時)에 태어나 임수(壬水)가 생(生)을 만났으니 격(格)은 가종재(假從財)를 이루었다 하겠다. 따라서 부모의 유산이 풍성하였고, 글공부를 하여 학교에 들어갔으며[讀書入學 독서입학], 처와 자식이 모두 온전하였으나, 만약 사주에 화(火)가 하나라도 있었더라면 재다신약(財多身弱)의 구조가 되어 되는 일이 하나도 없었을[一事無成 일사무성] 것이다.

갑오(甲午)운에 이르자 목(木)이 뿌리가 없어[木無根 목무근] 화(火)를 좇아 가버리는데[從火 종화], 기사(己巳)년에 화토(火土)가 함께 왕하여[火土

竝旺 ^{화토병왕}] 반드시 기혈(氣血)을 모두 상하게 되니 창자와 위장[腸胃 ^{장위}]에 혈증(血症)이 생겨 죽고 말았다.

심화학습

미월(未月)에 태어났더라면 한번 버텨볼 만하다 하겠으나, 추운 축월(丑月)에 태어나 사주가 너무나 한습(寒濕)하고 약(弱)하여 재(財)를 종(從)했다고 하더라도 할 말은 없다. 게다가 수(水)운에 잘 풀리고 화(火)운에 흉하게 되었다니 더욱 그렇다 아니할 수 없다.

그리고 사주에 화(火)가 없어 재다신약(財多身弱)의 구조가 되지 않아 오히려 다행이라고 하였다. 하지만 사주의 월지(月支)나 일지(日支)에 화(火)가 있다면 과연 이 사주를 재다신약이라고 할 수 있을까. 오히려 신왕(身旺)하니 상관생재(傷官生財)로 보아야 하는 것은 아닐까. 또한 이 사주 자체만 놓고 보더라도 일단 비견(比肩)인 기토(己土)를 용신(用神)으로 삼고 운(運)에서 인성(印星)인 화(火)가 들어오기를 기다려볼 수도 있을 것 같다는 생각도 든다.

다만 사주를 너무 자세하게 풀이해놓았기 때문에 달리 토를 달기가 어색하지만, 이와 유사한 사주를 임상하게 될 경우 양쪽을 다 고민해본 후 결론을 내리는 것이 바람직할 것이라는 생각이다.

7. 금수상관(金水傷官)
– 금(金) 일주가 겨울에 태어났을 때[冬金, 동금]

적천수 원문

金水傷官 寒則冷嗽 熱則痰火
금수상관　　　한즉랭수　　　열즉담화

> 수왕절(水旺節)인 겨울에 태어난 금(金) 일주가[金水傷官]
> 사주에 찬 기운이 지나치면 냉기침을 하는 병에 걸리고[寒則冷嗽]
> 사주에 뜨거운 기운이 지나치면 담으로 인해 가슴이 답답해지는 병에 걸릴 것이다
> [熱則痰火].

적천수 해설　　**금수상관(金水傷官)**

수왕절(水旺節)인 겨울에 태어난 금(金) 일주가[金水傷官 금수상관] 사주에 차가운 기운이 지나치다면[過於寒 과어한], 그 기(氣)는 매섭고 싸늘하여[辛凉 신량] 진기가 이지러지니[眞氣有虧 진기유휴] 반드시 그 사람은 냉기침을 하는 병[冷嗽 냉수]에 걸리게 될 것이다. 사주에 뜨거운 기운이 지나치다면 [過於熱 과어열], 수(水)는 화(火)를 이기지 못하고 화(火)는 반드시 금(金)을 극(剋)할 것이니, 수(水)가 화(火)를 이기지 못하면 심장과 신장이 서로 교류하지 못하게 되고[心腎不交 심신불교], 화(火)가 능히 금(金)을 극하면 폐장이 손상을 입게 되므로[肺家受傷 폐가수상], 겨울철의 속이 빈 화(火)가 위로 치솟아[虛火上炎 허화상염] 그 사람은 담으로 인해 가슴이 답답해지는 병[痰火 담화]에 걸릴 것이다.

심화학습

담(痰)이란 생리학적으로는 가래를 의미하고, 한의학적으로는 담병(痰病) 또는 담증(痰症)의 준말로 몸의 분비액이 큰 열을 받아 일어나는 병을 통틀어 일컫는다고 한다. 담화(痰火)란 담으로 말미암아 나는 열 또는 답답한 증세나 가래가 심하게 나오는 병을 의미한다고 한다. 본문의 담화(痰火)는 이 둘 중 무엇으로 해석해야 마땅한지 판단이 서지 않지만, 일

단은 폐(肺)와 관련이 있다고 하니 담으로 인해 가슴이 답답해지는 병으로 풀이하였다. 다만 사주에 화기(火氣)가 지나치게 강하여 금(金)을 극(剋)하여 생기는 병임은 확실하므로 폐(肺)가 손상을 입어 가래가 심하게 나오는 병을 의미한다고 볼 수 있음을 염두에 두기 바란다.

적천수 사례연구　　**금수상관(金水傷官)**

❶ 금수상관이 사주에 찬 기운이 지나친 경우

己	辛	壬	壬
丑	酉	子	辰

庚	己	戊	丁	丙	乙	甲	癸
申	未	午	巳	辰	卯	寅	丑

신금(辛金) 일주가 한겨울인 자월(子月)에 태어나 금수상관(金水傷官)이다. 사주에 화기(火氣)가 전혀 보이지 않아 금(金)과 수(水)는 차가우며[金寒水冷 금한수랭] 토(土)는 축축하고 얼어붙었으니[土濕而凍 토습이동], 초기의 질환은 냉기침을 하는 병[冷嗽 냉수]이었다. 다만 상관이 인성을 꿰차고 앉아 있으니[傷官佩印 상관패인] 격국이 순수하고 맑아[格局純清 격국순청] 글을 읽으면 그 즉시 깨우쳤고[過目成誦 과목성송] 일찍이 반궁에 들어가[早年入泮 조년입반] 학문을 익혔다.

갑인(甲寅)과 을묘(乙卯)운에 수기(水氣)를 설(洩)하니 가업을 크게 일구었으나, 병진(丙辰)운에 이르러 수화(水火)가 서로 극하니[相剋 상극] 질병을 얻었는데, 병인(丙寅)년에 화목(火木)이 더욱 왕(旺)하게 되어 수(水)와 더욱 세차게 부딪치니[遊擊 유격] 결국 몸이 쇠약해져서[竟成弱症 경성약증] 죽고 말았다.

심화학습

신금(辛金) 일주가 한겨울인 자월(子月)에 태어났으나 사주에 인성(印星)

이 중중(重重)하고 일지(日支)에 비견(比肩)을 깔고 앉았으니 신왕(身旺)하여 상관(傷官)인 임수(壬水)를 용신(用神)으로 삼아야 하겠다. 용신이 월령(月令)을 잡았고, 초운(初運) 또한 수목(水木)으로 흘러 처음에는 잘 나갔으나, 화(火)운으로 바뀌면서부터 일이 꼬이기 시작했던 것 같다. 금수상관(金水傷官)의 사주가 찬 기운이 지나치니 냉기침을 하는 병에 걸린 사례라 하겠다.

❷ 금수상관이 사주에 찬 기운이 지나친데 화(火)가 있는 경우

壬	辛	丙	己
辰	酉	子	丑

戊	己	庚	辛	壬	癸	甲	乙
辰	巳	午	未	申	酉	戌	亥

신금(辛金) 일주가 한겨울인 자월(子月)에 태어나 금수상관(金水傷官)인데 병화(丙火)가 천간에 투출하여 차갑게 엉겨 붙은[寒凝 한응] 기운을 보내버리니 냉기침을 하는 병[冷嗽 냉수]은 없다. 계유(癸酉)운에 국자감에 들어가 장학금을 받고 공부하여[入學補廩 입학보름] 향시에 합격하였다[擧於鄕 거어향].

어떤 사람들은 금수상관이면 관성을 반기는데[金水傷官喜見官 금수상관희견관] 어떻게 계유(癸酉)의 금수(金水)운에 공명을 얻었는지 묻곤 하는데, 이는 금수상관이 화(火)를 반기는 것은 단지 사주의 차가움을 따뜻하게 해주기 위한[要其煖局 요기난국] 것일 뿐, 용신(用神)으로 삼는 것이 아님을 모르고서 하는 소리이다. 화(火)를 용신으로 삼는 경우는 열에 한둘 정도에 불과하고, 수(水)를 용신으로 삼는 경우가 열에 여덟아홉이나 된다. 화(火)를 용신으로 삼기 위해서는 반드시 사주에 목화(木火)가 함께 와야 하고[木火齊來 목화제래] 일주 또한 왕해야 한다[日元旺相 일원왕상]. 이 명조(命造)는 비록 일주가 왕하다고는 하지만 사주에 목(木)이 적어 화(火)가 허약하고 뿌리가 없으니 반드시 수(水)가 용신이 되어야 한다.

임신(壬申)운에 학문을 익혀 지현(知縣)의 벼슬을 얻었으나, 신미(辛未)운 정축(丁丑)년에 화토(火土)가 함께 왕하게 되고[火土竝旺 ^{화토병왕}] 임수(壬水)를 합(合)하여 보내버리며 자수(子水) 역시 손상을 입으니 질병을 얻어 죽고 말았다.

심화학습

앞의 사주와 마찬가지로 신왕(身旺)하여 상관(傷官)인 임수(壬水)를 용신(用神)으로 삼는 구조라 하겠다. 다만 사주에 병화(丙火)가 있어 냉수(冷嗽)에는 걸리지 않은 것이 다행스럽고, 운(運)의 흐름이 훨씬 낫다고 하겠다.

여기서 꼭 기억하고 넘어가야 할 것은, 금수상관(金水傷官)의 사주가 관성(官星)인 화(火)를 용신으로 삼기 위해서는 사주에 목화(木火)가 함께 와야 하고 일주(日主) 또한 왕(旺)해야 한다는 것이다. 이 사주의 주인공은 운이 화(火)로 돌아들면서 죽어버렸으니 달리 할 말이 없지만, 만약 이와 유사한 사주를 접하게 된다면 화(火)운에 어떤 삶을 사는지 한번쯤 확인하고 넘어가는 것이 바람직한 사주풀이 방법이라는 생각이다.

❸ 금수상관이 사주에 뜨거운 기운이 지나친 경우

丙	庚	丙	甲
戌	子	子	戌

甲	癸	壬	辛	庚	己	戊	丁
申	未	午	巳	辰	卯	寅	丑

경금(庚金) 일주가 자월(子月)에 태어나 금수상관(金水傷官)인데, 천간에 병화(丙火)가 둘씩이나 투출하고 지지에도 메마른 토[燥土 ^{조토}]인 술토(戌土)가 두 개나 있어 병화(丙火)의 고근(庫根)이 되며, 갑목(甲木)이 병화(丙

火)를 생(生)해주니 사주에 뜨거운 기운이 지나치다[過於熱 과어열] 하겠다.

운(運)이 무인(戊寅)과 기묘(己卯)에 이르러 담으로 인해 가슴이 답답해지는 병[痰火 담화]에 걸렸다. 경진(庚辰)운에 들어 비견이 일주를 도와주고[比肩幇身 비견방신] 지지에서 습토(濕土)를 만나니 그 병은 약이 없이도 치유되었고, 기부금을 내고 벼슬을 얻었으며[加捐出仕 가연출사], 신사(辛巳)운은 장생(長生)의 지지이니 명리가 모두 온전하였다[名利兩全 명리량전]. 이 사주가 화(火)를 용신(用神)으로 삼지 않은 것은 일주가 쇠약하기 때문이라 하겠다.

대부분의 금수상관 사주에서 화(火)를 용신으로 삼으려면 반드시 일주가 왕하고 재성인 목(木)을 만나야 하며[身旺逢財 신왕봉재], 중화된 사주는 수(水)를 용신으로[中和用水 중화용수] 삼고, 일주가 약하면 인성(印星)인 토(土)를 용신으로 삼는다[身弱用土 신약용토].

심화학습

금수상관(金水傷官)의 사주에서 용신(用神)을 정하는 방법을 다시 한 번 강조하고 있다. 신왕봉재(身旺逢財), 중화용수(中和用水), 신약용토(身弱用土) 이 세 단어는 확실히 기억해두어야 할 것이다.

8. 화토인수(火土印綬)
– 토(土) 일주가 여름에 태어났을 때[夏土, 하토]

적천수 원문

火土印綬　熱則風痰　燥則皮痒
화토인수　열즉풍담　조즉피양

화왕절(火旺節)인 여름에 태어난 토(土) 일주가[火土印綬]
사주에 뜨거운 기운이 지나치면 풍증을 일으키는 담병에 걸리고[熱則風痰]
사주가 지나치게 메마르면 피부병에 걸린다[燥則皮痒].

화토인수(火土印綬)

화왕절(火旺節)인 여름에 태어난 토(土) 일주가[火土印綬 화토인수] 사주에 뜨거운 기운이 지나치다면[過於熱 과어열] 목(木)은 왕한 화(火)를 좇아가고 [木從火旺 목종화왕], 화(火)가 왕성하여 목(木)을 불사르게 된다[火旺焚木 화왕분목]. 본래 목(木)은 풍에 속하므로[木屬風 목속풍] 그 사람은 풍증(風症)을 일으키는 담병[風痰 풍담]에 걸리게 될 것이다. 사주가 지나치게 메마르다면[過於燥 과어조] 화(火)는 불타올라 토(土)를 그을리게 되는데[火炎土焦 화염토초], 토(土)가 물기를 머금어 촉촉하다면[土潤 토윤] 혈맥이 흘러 통하니 [血脈流行 혈맥류행] 원기를 왕성하게 하는 피와 몸을 호위하는 기운이 조화를 이룰[榮衛調和 영위조화] 것이다.

피부는 토(土)에 속하고[皮屬土 피속토] 토(土)는 따뜻함을 반기는데[土喜 煖 토희난] 따뜻하면 피부가 촉촉해진다[煖卽潤 난즉윤]. 따라서 지나치게 메마르면[過燥 과조] 피부가 가려운 소양증[皮痒 피양]을 앓을 것이고, 지나치게 축축하면[過濕 과습] 종기가 날[生瘡 생창] 것이다. 여름에 태어난 토(土) 일주는 촉촉해야 함이 마땅하고[夏土宜濕 하토의습] 겨울에 태어난 토(土) 일주는 메말라야 함이 마땅하니[冬土宜燥 동토의조], 그리하면 사람에게는 병이 없을 것이고[在人無病 재인무병] 사물에게는 생겨남이 나타날[在物發 生 재물발생] 것이다. 한마디로 말한다면, 사주에 화(火)가 많은 사람은 가래 [痰 담]가 많을 것이고[火多主痰 화다주담] 사주에 수(水)가 많은 사람은 기침 [嗽 수]이 잦을 것이다[水多主嗽 수다주수].

풍증(風症)이란 신경계통의 이상으로 생기는 온갖 병을 일컫는다고 한다. 목(木)은 풍(風)을 주관하고 풍은 몸의 근육과 신경계를 의미하니 사주 오행 중 목(木)에 이상이 오면 신경계통에 이상이 생겨 병이 발생하는 것은 당연하다는 생각이고, 목(木)이 이상한 원인은 화(火)가 너무 지나친 것에 있으므로 그 병이 담(痰)으로 연결된다고 생각하면 되겠다. 담에 대해서는 이미 앞에서 설명했으니 〈제13장 7. 금수상관(金水傷官)〉을 참조하기 바란다.

❶ 화토인수가 사주에 뜨거운 기운이 지나친 경우

丙	己	庚	己
寅	亥	午	巳

壬	癸	甲	乙	丙	丁	戊	己
戌	亥	子	丑	寅	卯	辰	巳

기토(己土) 일주가 한여름인 오월(午月)에 태어나 화토인수(火土印綬)이다. 기토(己土)는 본래 습토(濕土)이고 일지(日支)에 해수(亥水)를 깔고 앉아 있지만[坐下亥水 좌하해수], 병화(丙火)가 천간에 투출하여 인목(寅木)의 생(生)을 만나고 연지(年支)와 월지(月支)에서 녹왕(祿旺)을 만나니, 이것은 뜨거운[熱 열] 것이지 메마른[燥 조] 것이 아니라 하겠다. 해수(亥水)는 인해합(寅亥合)을 하여 목(木)으로 화(化)하여 화(火)를 생하니[化木生火 화목생화] 여름의 태양이 가히 두려울 지경이다[夏日可畏 하일가외].

게다가 운(運)마저 동남(東南)을 달려 목(木)의 지지로 흐르니, 풍(風)은 목(木)에 속하므로 신경계통의 이상으로 생기는 질환[風疾 풍질]이 있었다. 또한 사해(巳亥)는 체는 음이지만 용은 양으로[體陰用陽 체음용양], 사화(巳火)는 오화(午火)의 도움을 받아 심장(心臟)과 소장(小腸)은 더욱 왕(旺)해지나, 해수(亥水)는 인목(寅木)을 만나 기운을 설(洩)하는데 경금(庚金)은 아래로 내려가 수(水)를 생할 수 없으니[不能下生 불능하생], 신장의 기운은 더욱 이지러지게 되어[腎氣愈虧 신기유휴] 또 다른 병인 정액이 흘러나오는 병[遺泄 유설]도 있었다.

다행스럽게도 몸조리를 잘해[幸善調養 행선조양] 병세가 더 깊어지지는 않았다. 을축(乙丑)운에 이르러 운이 북방(北方)으로 바뀌자 앞의 병은 모두 치유되었고, 갑자(甲子)와 계해(癸亥)운의 지지는 수(水)가 되니 늙었지만 기운은 점점 좋아져[老而益壯 노이익장] 첩을 들여 자식을 낳았고 재산은 수만으로 늘어나게 되었다.

오월(午月)의 기토(己土) 일주가 신왕(身旺)하여 상관생재(傷官生財)가 되었다 하겠다. 음식물을 잘 조절하여[幸善調養 행선조양] 병세가 더 깊어지지는 않았다는 말로 필자가 〈제13장 1. 오행불배(五行不背)〉에서 음식물로 병(病)을 예방 또는 치료할 수 있다고 한 것은 증명된 셈이다.

또 한 가지 새로운 사실은 운(運)이 좋아지면서 병(病)도 치유되었다는 것이다. 하지만 이것이 운만 좋은 방향으로 흘러준다면 치유하기 힘든 병이 약을 쓰지 않고도 낫게 된다는 말은 아닐 것이고 모든 병을 운에 맡기는 것도 우스울 터이니, 한 가지 논리에만 너무 집착해서는 안 된다는 말을 다시 한 번 되새겨보아야 할 것이다.

❷ 화토인수가 사주가 지나치게 메마른 경우

	丁	戊	戊	辛
	巳	戌	戌	未

庚	辛	壬	癸	甲	乙	丙	丁
寅	卯	辰	巳	午	未	申	酉

무토(戊土) 일주가 술월(戌月)에 태어났다. 지지의 미토(未土)와 술토(戌土)는 모두 화(火)를 둘러 찬 메마른 토[帶火燥土 대화조토]이고, 시(時)에서 정사(丁巳)를 만나니 화토인수(火土印綬)이다. 술토(戌土)는 본래 조토(燥土)인데 인성(印星)의 도움까지 받으며 계절은 늦가을[季秋 계추]이니, 메마른[燥 조] 것이지 뜨거운[熱 열] 것은 아니라 하겠다. 연간(年干)의 신금(辛金)은 정화(丁火)로부터 극(剋)을 받는데 신금(辛金)은 폐(肺)에 속하고 조토(燥土)는 금(金)을 생할 수 없으니, 초기에 발생한 가래가 생기는 병[痰症 담증]은 폐가 손상을 입었기 때문이라 하겠다. 다만 큰 질환으로 이어지지 않은[不致大害 불치대해] 것은 운(運)이 병신(丙申)과 정유(丁酉)로 서방(西方)의 금(金)의 지지[金地 금지]로 흘렀기 때문이다.

을미(乙未)와 갑오(甲午)운에 이르러 목화(木火)가 서로 생하여[木火相生 목화상생] 토(土)가 더욱 메마르게[燥 조] 되자, 결국 피부가 뱀껍질처럼 변하는 병[蛇皮瘋 사피풍]에 걸렸으니 이른바 피부병[皮瘁 피양]을 앓은 것이다. 계사(癸巳)운에는 수(水)가 뿌리가 없어 화(火)를 극(剋)하지 못하고 오히려 그 불길에 부딪쳐 대드는 꼴이 되어[反激其焰 반격기염] 그 병으로 죽고 말았으니, 이것은 화토(火土)가 계수(癸水)를 말려버려[熇乾 픽건] 신장(腎臟)의 기운이 끊겼기 때문이라 하겠다.

심화학습

엄밀히 말해 이 명조(命造)는 화(火)가 월령(月令)을 차지하지 못했으니 화토인수(火土印綬)의 형상이라 할 수 없다. 하지만 본문에서 언급한 '사주가 지나치게 메마르면 피부병에 걸린다[燥則皮瘁 조즉피양]'의 사례로 든 것으로 보아 여기에서 언급하게 되었다.

무토(戊土) 일주가 비록 늦가을인 술월(戌月)에 태어났으나, 사주에 비겁과 인성이 중중(重重)하니 신왕(身旺)하여 상관인 신금(辛金)을 용신(用神)으로 삼고 운(運)에서 수(水)가 들어오기를 기다리는데, 사주에 습토(濕土)는 전혀 보이지 않고 운도 목화(木火)로 흘러 피부가 지나치게 건조하여 피부병에 걸리고, 운에서 수(水)가 들어온다 한들 사주의 메마름을 적셔주기에는 턱없이 부족하여 군겁쟁재(群劫爭財)의 형상을 띄면서 흉하게 되었다고 보면 되겠다.

❸ 화토인수가 사주가 지나치게 축축한 경우

乙	己	丁	己
丑	亥	丑	丑

己	庚	辛	壬	癸	甲	乙	丙
巳	午	未	申	酉	戌	亥	子

기토(己土) 일주가 늦겨울인 축월(丑月)에 태어나 지지에 세 개의 축토(丑土)가 있으니, 일주(日主)는 본래 왕(旺)한데 사주가 지나치게 차갑고 축축하다[過於寒濕 과어한습] 하겠다. 정화(丁火)는 뿌리가 없어 그 한습(寒濕)한 기운을 보내버리지 못하고, 을목(乙木)은 메말라 시들어버려[凋枯 조고] 버려두고 쓰지 못하니[置之不用 치지불용] 글공부를 이루기는 어려웠다[書香難就 서향난취] 하겠다.

　기토(己土)는 비장(脾臟)에 속하는데 차갑고 축축하여[寒濕 한습] 어릴 때 종기[瘡毒 창독]가 많이 생겼다. 계유(癸酉)와 임신(壬申)운에 비록 재물은 많이 모았지만 두 다리에 한습창(寒濕瘡)이 생겨 수십 년 동안 낫지 않았고 비장과 위장의 운동기능이 크게 이지러진[中氣大虧 중기대휴] 것은 을목(乙木)이 메말라 시들었기[凋枯 조고] 때문이라 하겠다.

이 명조(命造) 역시 앞의 사주와 마찬가지로 화토인수(火土印綬)는 아니지만 '사주가 지나치게 축축하면[過濕 과습] 종기가 난다[生瘡 생창]'의 사례로 든 것으로 보아 여기에서 언급하였다.

　사주가 왕(旺)하니 식상(食傷)이나 관살(官殺)을 용신(用神)으로 삼아야 하는데, 사주에 비견(比肩)이 중중(重重)하여 메말라 시들어버린 을목(乙木)을 용신으로 삼아봐야 왕(旺)한 토(土)를 당해낼 수가 없으니 식상으로 흐름을 타는 것이 타당하다는 생각이다. 계유(癸酉)와 임신(壬申)운에 재물을 많이 모은 것은 금수(金水)가 희용신(喜用神)이기 때문이었던 것 같다.

　하지만 사주가 지나치게 한습(寒濕)하여 이로 인해 생겨나는 병(病)은 어쩔 수 없었던 모양이다. 질병과 용신은 별개로 작용한다는 말이 되는데, 그렇다면 운(運)이 희용신의 지지로 흘러 병이 치유되었다는 앞의 논리와는 부합하지 않는다. 하지만 여기에서 또 다시 떠오르는 것이 한 가지 논리에만 너무 집착해서는 안 된다는 말이다. 통변(通辯)의 폭을 넓히기 위해서는 사고의 유연성을 키워야 할 것이다.

9. 화왕봉목(火旺逢木)
– 왕(旺)한 화(火)가 목(木)을 만났을 때

論痰多木火
논담다목화

> 담(痰)과 관련된 병[痰病, 담병]이 생기게 되는 것은[論痰]
> 사주에 목(木)과 화(火)가 많기 때문이고[多木火]

적천수 해설　　**화왕봉목(火旺逢木)**

사주에 목(木)과 화(火)가 많으면 담과 관련된 병[痰病 담병]이 생기는[木火多痰 목화다담] 것은 왕한 화(火)가 목(木)을 만나는[火旺逢木 화왕봉목] 경우라 하겠다. 그렇게 되면 목(木)은 화(火)의 세력을 좇아가므로[木從火勢 목종화세] 금(金)은 목(木)을 극(剋)할 수 없고 수(水) 또한 화(火)를 이길 수 없으니, 화(火)는 반드시 금(金)을 극하게 되어 폐(肺)가 상하게 되고 또한 폐기(肺氣)가 아래로 내려가 신장(腎臟)의 물기 혹은 정액[腎水 신수]을 생(生)할 수 없게 된다. 또한 목(木)은 다시 수(水)의 기운을 설(洩)하니 반드시 신장의 물기 혹은 정액[腎水 신수]은 메마르게 되어 정력은 허해지고 화(火)는 불타오르니[陰虛火炎 음허화염] 담병(痰病)이 생기게 되는 것이다.

심화학습

한의학에서 음허(陰虛)란 방사(房事)가 과다하여 정력이 허해지거나 날마다 오후에 춥고 정기적으로 몸에 열이 나는[潮熱 조열] 병을 일컫는다고 하는데, 여기서는 신수(腎水)가 메말라 생기는 병이라고 했으므로 정력이 허해진다고 해석하였다. 또한 신수는 신장의 물기 혹은 정액(精液)을 의미한다고 하며 정액은 다른 말로 음수(陰水)라고도 하니, 음허하다는 것은 정력이 허해지는 것으로 해석해도 무방하다는 생각이다.

10. 취금봉화(脆金逢火)
– 무르고 약한 금(金)이 화(火)를 만났을 때

生毒鬱火金
생독울화금

> 몸 안에 독(毒)이 생기게 되는 것은[生毒]
> 금(金)이 화(火)에 막혀 통하지 못하기 때문이다[鬱火金].

적천수 해설 **취금봉화(脆金逢火)**

금(金)이 화(火)에 막혀 통하지 못해 몸 안에 독이 생기게 되는[生毒鬱火金생독울화금] 것은, 화(火)의 기운이 치열하면 수(水)는 잦아들게 되고[火烈水涸화렬수학] 화(火)는 반드시 목(木)을 불살라버릴 것이므로[火必焚木화필분목], 목(木)은 화(火)로 인해 불타버리고[木被火焚목피화분] 토(土)는 반드시 그을려 메마르게[土必焦燥토필초조] 되니 마른 토(土)는 능히 금(金)을 무르고 취약하게 만드는데[燥土脆金조토취금], 이러한 금(金)이 지지의 지장간에 막힌 채[金鬱於內금울어내] 강한 화(火)를 만나는[脆金逢火취금봉화] 경우라 하겠다.

그렇게 되면 아래로 흘러야 할 폐의 기운이 거꾸로 위로 꿰뚫고 나오게 되고[肺氣上逆폐기상역], 폐기(肺氣)가 거꾸로 흐르면 간과 신장이 모두 이지러지고[肝腎兩虧간신양휴], 간과 신장이 이지러지면 혈맥(血脉)이 흘러 통하지 못할 뿐만 아니라 칠정(七情)이 막혀서 통하지 않게 되어 몸 안에 독이 생기게 되는[七情憂鬱而生毒칠정우울이생독] 것이다.

심화학습

칠정(七情)이란 사람의 일곱 가지 감정으로 희(喜)·노(怒)·애(哀)·낙(樂)·애(愛)·오(惡)·욕(欲) 또는 희(喜)·노(怒)·우(憂)·사(思)·비(悲)·경(驚)·공(恐)을 말한다고 한다.

화(火)가 금(金)을 극(剋)하면 폐장(肺臟)이 손상을 입게 된다는 것은 이미 앞서 〈제13장 7. 금수상관(金水傷官)〉에서 설명한 바 있다. 오행(五行) 중 금(金)은 폐(肺)를 주관하고, 목(木)은 간(肝)을, 수(水)는 신(腎)을 주관하니 폐기(肺氣)가 거꾸로 흐르면 금(金)이 목(木)을 극하고 수(水)를 생하지 못하게 되어 간과 신이 모두 이지러진다 하겠다. 그렇게 되면 칠정이 막혀 몸 안에 독(毒)이 생긴다는 것인데, 간은 해독작용을 담당하는 신체기관이니 그럴 듯한 논리라 하겠다.

적천수 사례연구 **취금봉화(脆金逢火)**

· 무르고 약한 금(金)이 화(火)를 만난 경우

庚	甲	己	丙
午	戌	亥	戌

丁	丙	乙	甲	癸	壬	辛	庚
未	午	巳	辰	卯	寅	丑	子

갑목(甲木) 일주가 해월(亥月)에 태어나 비록 인수(印綬)가 당령(當令)했으나, 사주에 토(土)가 많아 수(水)를 극(剋)하고 있다. 천간의 경금(庚金)은 뿌리가 없고 또한 해수(亥水)로부터 멀리 떨어져 있으며, 술토(戌土) 안의 신금(辛金)은 막혀서 극을 받고 있다[鬱而受剋 울이수극]. 오화(午火)와 병화(丙火)는 술토(戌土) 안의 정화(丁火)를 끌어내는데 해수(亥水)는 술토(戌土)에게 제압당하여 화(火)를 극하기는 불가능하니, 이른바 '금(金)이 화(火)에 막혀 통하지 못한다[鬱火金 울화금]'고 하겠다. 경금(庚金)은 대장(大腸)이 되는데 병화(丙火)로부터 극을 받고, 신금(辛金)은 폐(肺)가 되는데 오화(午火)의 공격을 받으며, 임수(壬水)는 방광(膀胱)인데 술토(戌土)에게 손상을 입으니, 소위 '화(火)의 독기가 안에서 공격한다[火毒攻內 화독공내]'고 하겠다.

갑진(甲辰)운에 목(木)이 화(火)를 다시 생하고 충으로 끄집어낸[沖出 충출] 술토(戌土) 안의 신금(辛金)은 오화(午火)에게 극을 받으니, 폐에 농양이 생겨[肺癰 ^{폐옹}] 죽고 말았다.

갑목(甲木) 일주가 신약(身弱)하여 인성(印星)인 수(水)를 용신(用神)으로
삼았으나, 이를 도와주어야 할 금(金)이 화(火)에게 극(剋)을 당해 제 역
할을 못하여 병(病)이 난 것이라 하겠다.

　여기서는 이 사주주인공의 길흉(吉凶)에 대한 언급은 없고 단지 병에
대해서만 논했으니 알 길은 없으나, 초중운(初中運)이 수목(水木)으로 흘
렀으니 잘 풀렸으리라 추측해볼 수 있다. 사주에서 목(木)도 나쁘지는 않
지만 수(水)가 약하니 이를 생조해주는 금(金)이 지지에서는 더욱 절실한
것이 아닐까 하는 생각이다.

11. 금수고상(金水枯傷)
  – 금(金)과 수(水)가 메마르고 이지러졌을 때

金水枯傷而腎經虛
금수고상이신경허

> 사주의 오행 중에서 금(金)과 수(水)가 이지러지고 메마르면[金水枯傷]
> 신장(腎臟)의 경락(經絡)이 허약해져 병이 생기고[腎經虛]

　　　금수고상(金水枯傷)

사주의 토(土)가 메마르면[土燥 ^{토조}] 금(金)을 생할 수 없고[不能生金 ^{불능생}
^금], 화(火)가 세차고 강하면[火烈 ^{화렬}] 그 스스로 수(水)를 말릴 수 있으니
[自能暵水 ^{자능한수}], 사주의 금(金)과 수(水)는 메마르고 이지러지게 되어
[金水枯傷 ^{금수고상}] 반드시 신장의 경락이 허약해져[腎經虛 ^{신경허}] 병이 생길
것이다.

신경(腎經)을 신장(腎臟)의 경락이라고 풀이하였다. 정확히 말한다면 신(腎)을 신장(腎臟)이라고 표기하는 것은 올바른 표현이 아니다. 심(心) 또한 심장(心臟)을 의미하는 것이 아니며, 폐(肺) 또한 우리가 흔히 말하는 허파를 말하는 것이 아님을 알아야 한다. 이 모든 것은 그 기관을 말하는 것이 아니라 그 장기(臟器)를 포함하여 이를 둘러싸고 있는 경락(經絡)을 의미하기 때문이다.

십이정경(十二正經)과 기경팔맥(奇經八脈)에 대해서는 이미 앞에서 간략히 설명하였다. 신경은 십이정경 중 족소음신경(足少陰腎經)을 말하는 것 같다. 흔히들 사람의 손과 발에 모든 장기가 들어 있다고 하는데 십이정경의 명칭을 보면 이를 짐작할 수 있고, 소양(少陽), 태음(太陰) 등의 말이 등장하는 것으로 미루어 사상의학(四象醫學)과도 관련이 있음을 알 수 있다.

다만 장기의 명칭과 상관 없이 심포(心包)와 삼초(三焦)라는 단어를 볼 수 있는데, 이 존재에 대해서는 여러 가지 설이 있어 한의학 전공자에게 물어봄이 확실할 것이다. 삼초는 육부(六腑)의 하나로 상초(上焦)는 횡경막 위에 있어 심장과 폐가 위치하며 음식의 흡수를 담당하고, 중초(中焦)는 심장과 배꼽 사이 위경(胃經) 속에 있어 음식의 소화를 담당하며, 하초(下焦)는 배꼽 아랫부분인 방광 위에 있어 배설을 담당한다는 정도로만 알고, 심포는 혈(血)을 주관한다고 앞에서 말했으니 심장 주변의 어떤 것을 말하는 것으로 알고 넘어가도록 한다.

적천수 사례연구 **금수고상(金水枯傷)**

· 사주의 금수(金水)가 이지러지고 메마른 경우

甲	甲	癸	庚
戌	午	未	寅

辛	庚	己	戊	丁	丙	乙	甲
卯	寅	丑	子	亥	戌	酉	申

갑목(甲木) 일주가 늦여름인 미월(未月)에 태어나 목화상관(木火傷官)이니 인성(印星)을 용신(用神)으로 삼는다. 경금(庚金)이 바짝 붙어 인성인 계수(癸水)를 생해주고 있으니 사주의 순수함이 볼 만하다[純粹可觀 순수가관] 하겠다. 글을 읽으면 보는 대로 외워버릴 정도였으나[過目不忘 과목불망] 아쉽게도 경금(庚金)과 계수(癸水)를 지지에서 실어주지 못한다[地支不載 지지부재].

더욱 불만스러운 것은 술시(戌時)에 태어나 지지가 화국(火局)을 이룬다는 것이니, 금수(金水)가 이지러지고 메마를[金水枯傷 금수고상] 뿐만 아니라 화(火)는 능히 목(木)을 불살라버리니[火能焚木 화능분목], 일주(日主)의 원신(元神)은 새어 나가 그 목숨을 다하게 된다[洩盡 설진].

어려서 몸이 쇠약해지는 병에 걸렸고[幼成弱症 유성약증] 폐와 신장이 모두 이지러졌다[肺腎兩虧 폐신량휴]. 병술(丙戌)운에 이르러 수(水)를 말리고 금(金)을 극하게 되니[熇水剋金 픽수극금] 죽고 말았다.

심화학습

사주의 순수함이 볼 만하다고는 했으나, 용신(用神)을 지지에서 받쳐주지 못하니 아쉽다 하겠다. 병술(丙戌)운에 인생을 마감한 것도 합당하다는 생각이나, 이것만 잘 버텼더라면 하는 아쉬움도 남는다.

12. 수목상승(水木相勝)
– 수(水)와 목(木)이 토(土)와 싸워 이길 때

水木相勝而脾胃泄
수목상승이비위설

> 사주의 오행 중에서 수(水)와 목(木)이 지나쳐 토(土)와 싸워 이기면[水木相勝]
> 비장(脾臟)과 위장(胃臟)의 기운이 새어 나가 병이 생긴다[脾胃泄].

수목상승(水木相勝)

사주의 토(土)가 허약하면[土虛 토허] 수(水)를 극하여 제어할 수 없고[不能制水 불능제수] 목(木)이 왕성하면[木旺 목왕] 그 스스로 토(土)를 극할 수 있으니[自能剋土 자능극토], 수(水)와 목(木)이 토(土)와 싸워 이기므로[水木相勝 수목상승] 반드시 비(脾)와 위(胃)가 상하여 병이 생길 것이다.

이상에서 살펴본 바와 같이 사주의 오행이 중화를 이루지 못해 생기는 병[五行不和之病 오행불화지병]은 자세히 살펴보면 반드시 그 징조가 맞는다는 것을 알 수 있을 것이다.

다만 사람의 일도 이와 서로 통하는 것이니[人事可相通 인사가상통] 오직 이 한 가지 논리에만 집착해서는 안 될[不可全執 불가전집] 것이다. 만약 병(病)의 해석이 서로 들어맞지 않는다면 육친(六親)의 길흉(吉凶)이나 일이 되어가는 형편[事體 사체]이 편안한지 아닌지[否泰 비태]를 연구해보는 것도 가능하니 드러난 징조가 틀림없이 맞을 것이다.

예를 들어 일주(日主)가 금(金)일 경우 목(木)은 재성(財星)이 된다. 사주에 화(火)가 왕(旺)하다면 일주는 그 재성을 감당할 수 없을 것이고, 목(木)은 반드시 화(火)를 생(生)하여 살(殺)을 도울 것이므로 오히려 목(木)은 일주의 기신(忌神)이 된다 하겠다. 혹시 사주에 수(水)가 있다면 수(水)는 거듭 목(木)을 생해주게 되고 일주인 금(金)의 기운은 더욱 허하게 된다. 금(金)은 폐(肺)와 대장(大腸)에 속하니, 폐가 상하고 대장은 막힘

없이 통하지 못해[不暢^{불창}] 아래로 신수(腎水)를 생해주지 못하는데, 목
(木)이 수(水)를 설(洩)하고 화(火)를 생하니 반드시 그 사람은 신장과 폐
가 모두 상하는 병에 걸릴 것이다.

하지만 이러한 병에 걸리지 않는 경우가 또한 있을 것인데, 그렇다면
그 사람은 반드시 재산에 큰 손실을 입을 것이고[財多破耗^{재다파모}] 먹고
입는 것도 넉넉하지 못하게 될 것이니[衣食不敷^{의식불부}], 이것이 병 대신
에 생겨나는 재앙이 된다[是其咎也^{시기구야}]. 하지만 이러한 병에도 걸리지
도 않고 재산에 큰 손실도 입지 않는 경우 또한 있을 것이니, 반드시 그
사람의 아내는 미천하고 추하며[妻必陋惡^{처필누악}] 자식은 아버지만 못할
[子必不肖^{자필불초}] 것이다. 단언하건대 이상과 같이 열거한 것들 중에서
틀림없이 하나가 맞을 것이다.

다만 그 중에 아내도 어질고 자식도 훌륭하며 병도 없고 재산도 넉넉
한 사람이 있다면, 이는 세운(歲運)이 하나같이 토금(土金)으로 흐르는[一
路土金^{일로토금}] 오묘함이 있기 때문이라 하겠다. 하지만 사주 중에 금수
(金水)가 있고 또한 목화(木火)와 더불어 균형을 이루고 있음에도 불구하
고, 신장과 폐에 병이 생기거나 재산에 큰 손실을 입거나[財多破耗^{재다파}
^모] 아내가 미천하고 자식이 못나거나[妻陋子劣^{처루자열}] 하는 경우 또한 있
을 수 있으니, 이는 역시 세운이 하나같이 목화(木火)로 흘러[一路木火^일
^{로목화}] 금수(金水)가 손상을 입었기 때문이라 하겠다. 따라서 자세히 연구
하고 상세히 살펴보는 것이 마땅하지만, 한 가지 논리만을 고집해서는 안
될 것이다.

심화학습

마지막 결론이 상당히 의미심장하다. 한마디로 말하면 한 가지 논리에만
집착하지 말고 살아 있는 눈으로 보라는[活看^{활간}] 말이다. 건강에 이상이
없으면 육친(六親)의 문제로 눈을 돌려보고, 그마저 맞지 않으면 물질에
대한 길흉을 예측해보며, 이마저 신통치 않으면 운(運)의 흐름으로 판단
해보면 맞지 않는 것이 거의 없을 것이라는 말이다.

현실적으로 사주풀이를 하다 보면 분명히 문제가 있어야 함에도 불구

하고 당사자는 그렇지 않다고 하는 경우가 종종 있다. 그렇게 되면 사주풀이를 하는 사람의 입장에서는 여간 난감한 일이 아닐 수 없다. 이럴 때 당황하면 실력 없는 돌팔이로 낙인 찍히게 될 것이니 그것이 두려워 이를 해결할 수 있는 방법을 나름대로 모색하게 된다. 그 중 한 방법이 각종 신살(神殺)이나 십이운성(十二運星) 등이라 하겠다.

하지만 이들은 논리성이 결여되어 있고, 어느 경우에라도 적용할 수 있는 보편적 기능을 상실했기 때문에 인정하기 어렵다. 명리학이 하나의 학문이라면 그 이론에 논리성과 보편타당성을 갖추는 것이 가장 중요한데 이들에게는 그것이 결여되어 있다는 것이다. 모든 학문에서 완벽이란 단어는 없다고 한다면, 이와 같이 불완전함을 인정하고 다양한 가능성을 열어놓은 임철초의 논리가 오히려 학문으로서의 명리학을 발전시킬 수 있는 바람직한 방법이 아닐까 하는 생각이다.

적천수 사례연구 **일주(日主)가 금(金)이고 목(木)이 재성인 경우**
· 수목상승(水木相勝) 중 목(木)이 토(土)를 극하는 경우

戊	庚	乙	癸
寅	戌	卯	酉

丁	戊	己	庚	辛	壬	癸	甲
未	申	酉	戌	亥	子	丑	寅

경금(庚金) 일주가 봄이 한창인 묘월(卯月)에 태어났으니 목(木)이 권세를 잡았다[春木當權 춘목당권]. 비록 묘유충(卯酉沖)을 한다고 하더라도 목(木)이 왕하니 금(金)이 이지러지고[木旺金缺 목왕금결] 토(土) 또한 손상을 입는다.

더욱 불만스러운 것은 묘술(卯戌)과 인술(寅戌)이 합을 하여 살로 화한다[拱合化殺 공합화살]는 것이다. 본래 이 사람은 비(脾)가 허하고 폐(肺)가 상하는 병이 있어야 하는데 일생 동안 아무 병이 없었다. 다만 유금(酉

金)이 약하고 묘목(卯木)이 강하여 비록 처(妻)를 극(剋)하지는 않았으나 규방에서의 음란함은 말로 하기 어려웠고[中口難言 중구난언], 아들 둘을 낳 았으나 모두 아버지만 못했고[不肖 불초] 무뢰한이 되었다[爲匪類 위비류]. 고 로 병에도 걸리지 않고 재산 역시 많았던 것이다.

심화학습

이 사주는 수목상승(水木相勝)의 사례 중 목(木)이 왕성하여[木旺 목왕] 그 스스로 토(土)를 극하는[自能剋土 자능극토] 경우라 하겠다. 경금(庚金) 일주 가 신약(身弱)하여 인성(印星)을 용신(用神)으로 삼으니 본문에서 언급한 재성(財星)인 목(木)이 기신(忌神)이 되는 경우이다. 그렇다면 이 사람은 틀림없이 비장(脾臟)과 폐(肺)가 모두 상하는 병에 걸려야 함이 마땅하고 그렇지 않다면 재물을 잃어야 함이 마땅한데, 평생 동안 아무 병 없이 재 물을 모을 수 있었던 것은 못난 처자식을 둔 덕분이라는 말이다. 말년(末 年)운이 토금(土金)으로 흘렀으니 무병장수했을 것으로 판단된다. 자세 히 연구하고 상세히 살피되 한 가지 논리에만 집착해서는 안 된다는 말을 기억하게 해주는 사례라 하겠다.

제 1 4 장

女命

여명

1. 여명(女命)을 보는 요령

論夫論子要安祥　氣靜平和婦道彰
논부론자요안상　　　기정평화부도창

> 지아비[夫星, 부성]를 논한 후에 자식[子星, 자성]을 논하되[論夫論子]
> 그들이 평안하고 상서로운가를 보아야 하고[要安祥]
> 사주의 기세(氣勢)가 고요하고 화평하면[氣靜平和]
> 아녀자의 나아갈 길은 밝게 드러날 것이다[婦道彰].

여명(女命)을 보는 요령

여성의 사주팔자[女命 여명]는 우선 남편[夫星 부성]이 왕성한가 쇠약한가[盛衰 성쇠]를 보아야 하는데, 그리하면 그 사람이 귀한지 천한지[貴賤 귀천]를 알 수 있게 된다. 그 다음으로 격국(格局)이 맑은가 탁한가[淸濁 청탁]를 살펴야 하는데, 그리하면 그 사람이 현명한지 어리석은지[賢愚 현우]를 알 수 있게 된다.

　여자가 음란하고 간사하며 시기하고 질투하는[淫邪嫉妒 음사질투] 것은 사주의 뜻에서 떼놓을 수 있는 것이 아니며[不離四柱之情 불리사주지정], 정숙하고 맑으며 단정하고 우아한[貞靜端莊 정정단장] 것도 모두가 오행의 이치에 들어 있으니[總在五行之理 총재오행지리] 세밀히 살펴봄이 마땅하다 할 것이다.

임철초(任鐵樵)의 주장은 여성의 사주를 볼 때는 우선 남편[夫星 부성]의 동향을 살핀 후, 그 다음으로 자식[子星 자성]의 동태를 알아보고, 마지막으로 사주의 청탁(淸濁)을 살펴야 한다는 것이다. 여기에는 다분히 여성을 폄하하는 의미가 내포되어 있다고 하겠다. (뒤에서 자세하게 설명하겠지만 우선은 관성이 남편을 의미하는 것으로 보고 이야기를 진행한다.) 물론 여성들의 사회활동이 용납되지 않던 당시 시대상황에서는 여성에게 관성(官星)은 남편에 국한시킬 수밖에 없었던 것이 사실이고 여성이 잘될 수 있는 방법은 남편을 잘 만나는 길밖에 없었으니, 이를 위해서는 여성의 사주에서 남편을 의미하는 요소인 관성이 맑아야만 하는 것이 당연했을 것이다. 하지만 지금과 같이 여성들의 사회활동 참여가 점차 늘어나고 있는 상황에서 관성을 남편에 국한시켜 사주풀이를 하면 오류를 범할 확률이 점점 높아지는 것 또한 당연한 일이다.

게다가 당시에는 천박한 요소로 치부했던 상관(傷官)을 활용하는 직업이 현재에 이르러서는 점점 증가하는 추세이고, 해당 직업 종사자들에게는 고소득이 보장됨에 따라 이들에 대한 선호도 또한 높아지고 있으니, 여성의 사주에서 관성이 맑아야 한다는 것은 이미 지나간 옛이야기가 되어버린 느낌이 없지 않다. 살펴보면 요즘은 남성상위시대가 아닌 여성상위시대로 되어가는 추세이므로 오히려 남성의 사주에서 식상이 맑아야[淸 청] 하는 경우가 많아진다고 해도 과언이 아니다. 시대 흐름에 따라 사주 해석의 방법도 달라져야 한다는 말이다.

2. 신살(神殺)의 부정(否定)

적천수 원문

三奇二德虛好語　咸池驛馬半推詳
삼기이덕허호어　　함지역마반추상

> 삼기(三奇)와 이덕(二德)은 말하기 좋아하는 사람들의 헛된 소리이며[三奇二德虛好語]
> 함지(咸池)와 역마(驛馬) 같은 신살(神殺)들은 그 반만 받아들여 살펴야 한다
> [咸池驛馬半推詳].

적천수 해설 1　　신살(神殺)의 부정(否定)

이덕(二德)이니 삼기(三奇)니 하는 것들은 모두가 일을 벌이기를 좋아하는[好事호사] 사람들의 허망한 짓거리[妄造망조]들이고, 함지(咸池)니 역마(驛馬)니 하는 것들도 후세 사람들의 그릇된 말[謬言유언]들일 뿐이다. 시부모에게 불효하는[不孝翁姑불효옹고] 것은 단지 사주에 재성은 가벼운데 비겁이 무겁기 때문이고[財輕劫重재경겁중], 남편을 공경하지 않는[不敬丈夫불경장부] 것은 모두가 사주에 관성은 약한데 일주가 강하기 때문이다[官弱身强관약신강]. 관성이 밝게 드러나면[官星明顯관성명현] 남편은 높은 산마루의 주인이 될 것이고[夫主崢嶸부주쟁영], 사주의 기세가 고요하고 평안하면[氣靜和平기정화평] 아내의 도리를 화평하게 이어갈 것이다[婦道柔順부도유순].

심화학습

본문 내용으로 미루어 보아 임철초(任鐵樵)는 여성의 사주에서 관성(官星)을 남편으로 대입하고 있다고 생각된다. 하지만 뒤에서는 또 다른 의견을 제시하고 있으니 이것은 다음 장에서 설명하기로 한다.

　함지(咸池)는 도화살(桃花殺)을 일컫는 말인데 여성의 사주에 함지가 있으면 음란하다고 한다. 역마살(驛馬殺)은 늘 여기저기를 떠돌아다니게 된다는 살(殺)이다. 이덕(二德)은 천덕(天德)과 월덕(月德)을 말하는 것 같다.

이덕, 삼기, 함지, 역마는 모두 신살(神殺)의 한 종류이다. 유백온(劉伯溫)은 이덕과 삼기는 무시하고 함지와 역마는 절반만 받아들이라고 했으나, 임철초는 이들 모두가 말도 안 되는 소리이니 완전히 무시해야 한다고 주장하고 있다. 왜냐하면 이들에게는 오행의 생극제화(生剋制化)의 논리가 적용되지 않기 때문이다. 따라서 명리학을 공부하는 사람들은 그 살들이 왜 그런 작용을 하는지 논리적인 이유도 모르면서 무조건 외워야 한다는 부담감을 느끼게 된다. 또 발을 잘못 들이게 되면 오행의 생극제화의 논리에 의거하여 용신(用神)을 찾으려 하기보다는 먼저 눈에 뜨이는 신살을 보고 경솔히 판단을 내려버리는 오류를 범할 수도 있다. 자신과 상관 없는 사람의 사주라고 깊이 연구하지 않고 함부로 감명해서는 안 될 것이며, 어떤 법칙을 적용하려면 왜 그것을 적용하는 것이 타당한지 알고 있어야 하는 것이 마땅하지 않을까 하는 생각이다.

적천수 해설 2 **용신(用神)이 남편**

관성이 매우 왕한데[官星太旺 관성태왕] 비겁이 없으면[無比劫 무비겁] 인성이 남편이고[印爲夫 인위부], 비겁이 있고[有比劫 유비겁] 인성이 없으면[無印綬 무인수] 식상이 남편이다[食傷爲夫 식상위부].

관성이 매우 약한데[官星太弱 관성태약] 상관이 있으면[有傷官 유상관] 재성이 남편이고[財爲夫 재위부], 재성이 없고[無財星 무재성] 비겁이 왕하면[比劫旺 비겁왕] 이 역시 식상이 남편이다[食傷爲夫 식상위부].

사주에 비겁이 그득한데[滿盤比劫 만반비겁] 인성도 없고 관성도 없으면[無印無官 무인무관] 이 역시 식상이 남편이고[食傷爲夫 식상위부], 사주에 인성이 그득한데[滿局印綬 만국인수] 관성도 없고 상관도 없으면[無官無傷 무관무상] 재성이 남편이다[財爲夫 재위부].

상관이 왕하고[傷官旺 상관왕] 일주가 쇠하면[日主衰 일주쇠] 인성이 남편이고[印爲夫 인위부], 일주가 왕하고[日主旺 일주왕] 식상도 많으면[食傷多 식상다] 재성이 남편이다[財爲夫 재위부].

관성이 가벼운데[官星輕 관성경] 인성이 무거우면[印綬重 인수중] 이 역시 재성이 남편이다[財爲夫 재위부].

앞에서는 여성의 사주에서 관성(官星)이 남편이라고 했으나 여기서는 용신(用神)이 남편이라고 주장하고 있다. 이와 유사한 논리는『궁통보감(窮通寶鑑)』에서도 찾아볼 수 있다. 참고로『궁통보감』에서는 남명(男命)의 경우 용신(用神)과 희신(喜神)을 자식과 아내로 보아야 한다는 주장이 자주 등장한다.

임철초(任鐵樵)가 여성의 사주에서 용신이 남편이라는 주장을 하게 된 것은 앞의 예로 미루어 짐작컨대 무수한 임상을 통한 결과에 의한 것으로 보고 따르는 것이 타당하다고 생각하지만, 한편으로는 이미 앞에서 관성을 남편이라고 해놓고 여기서는 용신을 남편이라고 하니 명리학을 배우는 입장에서는 여간 당혹스럽지 않을 것이다. 하지만 본문을 자세히 들여다보면 하나의 논리를 발견할 수 있다. 즉 관성이 매우 왕하거나[官星太旺 관성태왕] 혹은 매우 약하거나[官星太弱 관성태약] 혹은 사주에 관성이 없을 경우에 용신이 남편이 된다는 것이다. 따라서 앞에서 열거한 사례에 부합하는 명조(命造)를 접하게 될 경우 우선 용신을 남편으로 보고 사주풀이를 해보는 것도 하나의 해결책이 될 것이다.

다만 임상을 해보면 사주에 관성이 있으면 거의 모두가 그것이 왕(旺)하든 약(弱)하든 간에 남편의 역할을 수행하고 있는 것으로 나타나는 것이 현실이므로, 사주에 관성이 없을 경우에 한해서 용신을 남편으로 보고 그 외에는 일단 관성을 남편으로 보고 풀이를 해보는 것이 더 바람직한 방법이 아닐까 하는 생각이다.

　　부부관계(夫婦關係)

재성(財星)은 남편에게 은혜를 베푸는 성분[夫之恩星 부지은성]이다. 여성의 사주가 왕하고 관성이 없는데[身旺無官 신왕무관] 재성이 월령을 차지하여 국을 이루고 있다면[得令得局 득령득국] 상격(上格)이 된다. 만약 형과 상에 대해 왈가왈부한다면[若論刑傷 약론형상] 어찌 생하고 극하는 이치가 존재하지 않는다 하겠는가[有生剋之理存焉 유생극지리존언].

관성이 미약하고[官星微 관성미] 재성이 없는데[無財星 무재성] 일주가 강하고[日主强 일주강] 상관이 무거우면[傷官重 상관중] 반드시 남편을 극한다[必剋夫 필극부].

관성이 미약하고[官星微 관성미] 재성이 없는데[無財星 무재성] 비겁이 왕하면[比劫旺 비겁왕] 반드시 남편을 업신여겨 속인다[必欺夫 필기부].

관성이 미약하고[官星微 관성미] 재성이 없는데[無財星 무재성] 일주가 왕하고[日主旺 일주왕] 인성이 무거우면[印綬重 인수중] 반드시 남편을 업신여겨 속이고 극한다[必欺夫剋夫 필기부극부].

관성이 약하고[官星弱 관성약] 인성이 많은데[印綬多 인수다] 재성이 없으면[無財星 무재성] 반드시 남편을 극한다[必剋夫 필극부].

비겁이 왕한데 관성이 없거나[比劫旺而無官 비겁왕이무관] 인성이 왕한데 재성이 없으면[印旺無財 인왕무재] 반드시 남편을 극한다[必剋夫 필극부].

관성이 왕한데[官星旺 관성왕] 인성이 가벼우면[印綬輕 인수경] 반드시 남편을 극한다[必剋夫 필극부].

비겁이 왕한데[比劫旺 비겁왕] 관성은 없고[無官星 무관성] 상관이 있으나[有傷官 유상관] 인성이 무거우면[印綬重 인수중] 반드시 남편을 극한다[必剋夫 필극부].

식신이 많고[食神多 식신다] 관성은 미약한데[官星微 관성미] 인성이 있으나[有印綬 유인수] 재성을 만나면[遇財星 우재성] 반드시 남편을 극한다[必剋夫 필극부].

심화학습

'재성(財星)은 남편에게 은혜를 베푸는 성분[夫之恩星 부지은성]'이라고 한 이유가 재성이 관성(官星)을 생조(生助)해주기 때문이라고 한다면, 여기에서는 관성을 남편으로 보고 있다고 해야겠다. 관성이 용신(用神)이지만 힘이 없는 상황에서 기신(忌神)을 만나 제 역할을 제대로 수행하지 못하거나 사주에 아예 보이지 않는 경우에 남편을 업신여기거나 극한다[欺夫剋夫 기부극부]는 예들을 열거해놓은 것으로 보아 더욱 그러하다는 생각에 확신이 간다. 따라서 앞에서 언급한 바와 같이 관성이 용신이 된다면 더 말할 나위가 없겠으나, 관성이 용신이 아니라 하더라도 사주에 보인다

면 일단은 관성을 남편으로 보고 풀이를 해 나가는 것이 올바른 방법이라
는 생각이 강해진다.

자식(子息)의 유무(有無)

무릇 여성의 사주에서 남편[夫星 부성]은 용신(用神)이 되고 자식[子星 자성]
은 희신(喜神)이 되니 관성(官星)이 남편이고 식상(食傷)이 자식이라는
한 가지 논리에만 집착해서는 안 된다.

일주가 왕하고[日主旺 일주왕] 상관도 왕한데[傷官旺 상관왕] 인성은 없고
[無印綬 무인수] 재성이 있으면[有財星 유재성] 자식이 많고 귀하다[子多而
貴 자다이귀].

일주가 왕하고[日主旺 일주왕] 상관도 왕한데[傷官旺 상관왕] 재성과 인성이
없다면[無財印 무재인] 자식이 많고 강하다[子多而强 자다이강].

일주가 왕하고[日主旺 일주왕] 상관이 가벼운데[傷官輕 상관경] 인성이 있으
나[有印綬 유인수] 재성이 국을 이루고 있다면[財得局 재득국] 자식이 많고 부
유하다[子多而富 자다이부].

일주가 왕하고[日主旺 일주왕] 식상이 없는데[無食傷 무식상] 관성이 국을
이루면[官得局 관득국] 자식이 많고 어질다[子多而賢 자다이현].

일주가 왕하고[日主旺 일주왕] 식상이 없는데[無食傷 무식상] 재성이 있고
[有財星 유재성] 관살이 없다면[無官殺 무관살] 자식이 많고 능력이 있다[子多
而能 자다이능].

일주가 약하고[日主弱 일주약] 식상이 무거운데[食傷重 식상중] 인성이 있고
[有印綬 유인수] 재성은 없다면[無財星 무재성] 반드시 자식이 있다[必有子 필유
자].

일주가 약하고[日主弱 일주약] 식상이 가벼운데[食傷輕 식상경] 재성이 없다
면[無財星 무재성] 반드시 자식이 있다[必有子 필유자].

일주가 약하고[日主弱 일주약] 재성이 가벼운데[財星輕 재성경] 관성과 인성
이 왕하면[官印旺 관인왕] 반드시 자식이 있다[必有子 필유자].

일주가 약하고[日主弱 일주약] 관성이 왕한데[官星旺 관성왕] 재성이 없고[無
財星 무재성] 인성이 있다면[有印綬 유인수] 반드시 자식이 있다[必有子 필유자].

일주가 약하고[日主弱 일주약] 관성이 없는데[無官星 무관성] 상관과 비겁이 있다면[有傷劫 유상겁] 반드시 자식이 있다[必有子 필유자].

일주가 왕하고[日主旺 일주왕] 인성이 있는데[有印綬 유인수] 재성이 없다면[無財星 무재성] 반드시 자식이 적을 것이다[子必少 자필소].

일주가 왕하고[日主旺 일주왕] 비견이 많은데[比肩多 비견다] 관성이 없고[無官星 무관성] 인성이 있다면[有印綬 유인수] 반드시 자식이 적을 것이다[子必少 자필소].

일주가 왕하고[日主旺 일주왕] 인성이 무거운데[印綬重 인수중] 재성이 없다면[無財星 무재성] 반드시 자식이 없다[必無子 필무자].

일주가 약하고[日主弱 일주약] 상관이 무거운데[傷官重 상관중] 인성이 가벼우면[印綬輕 인수경] 반드시 자식이 없다[必無子 필무자].

일주가 약하고[日主弱 일주약] 재성이 무거운데[財星重 재성중] 인성을 만나면[逢印綬 봉인수] 반드시 자식이 없다[必無子 필무자].

일주가 약한데[日主弱 일주약] 관살이 왕하면[官殺旺 관살왕] 반드시 자식이 없다[必無子 필무자].

일주가 약하고[日主弱 일주약] 식상이 왕한데[食傷旺 식상왕] 인성이 없으면[無印綬 무인수] 반드시 자식이 없다[必無子 필무자].

화(火)가 불타올라 토(土)가 마르면[火炎土燥 화염토조] 자식이 없다[無子 무자].

토(土)와 금(金)이 축축하고 막히면[土金濕滯 토금습체] 자식이 없다[無子 무자].

수(水)가 범람하여 목(木)이 떠오르면[水泛木浮 수범목부] 자식이 없다[無子 무자].

금(金)이 차가와 수(水)가 싸늘하면[金寒水冷 금한수랭] 자식이 없다[無子 무자].

인성이 너무 많으면[重疊印綬 중첩인수] 자식이 없다[無子 무자].

재관이 매우 왕하면[財官太旺 재관태왕] 자식이 없다[無子 무자].

식상이 사주에 그득하면[滿局食傷 만국식상] 자식이 없다[無子 무자].

이상과 같이 자식이 없는 경우[無子 무자]를 살펴보았는데 만약 자식이 있다면[有子 유자] 반드시 남편을 극할 것이고[必剋夫 필극부], 남편을 극하지 않는다면 요절할[夭 요] 것이다.

간단히 요약하면 사주 오행의 생극제화(生剋制化)가 원활히 이루어지면 자식이 잘되고, 그렇지 않고 일주가 너무 왕(旺)하거나 혹은 너무 약(弱)하면 자식이 잘되지 않는다는 말이다. 다만 본문 해석상 의문이 몇 가지 있어 지적하고 넘어가도록 한다.

다섯 번째 '일주가 왕하고[日主旺 일주왕] 식상이 없는데[無食傷 무식상] 재성이 있고[有財星 유재성] 관살이 없다면[無官殺 무관살] 자식이 많고 능력이 있다[子多而能 자다이능]'에서 무관살(無官殺)은 유관살(有官殺)이 되어야 할 것 같다는 생각이다. 왜냐하면 일주가 왕한데 식상이 없으니 재성과 관성이 희용신이 되어야 할 것이며[財滋弱殺 재자약살], 재성은 있는데 관살이 없다면 자식은 있으나 남편이 없는 꼴인데 남편 없이는 자식이 생길 수 없기 때문이다.

일곱 번째 '일주가 약하고[日主弱 일주약] 식상이 가벼운데[食傷輕 식상경] 재성이 없다면[無財星 무재성] 반드시 자식이 있다[必有子 필유자]'에서도 일주가 약하려면 사주에 식재관(食財官)이 중중(重重)해야 하고, 식상이 적고 재성이 없는 상황이라면 관성이 많아야 하는 수밖에 없다. 그렇다면 관성이 기신(忌神)이 되므로 남편을 극하든지 해야 함이 마땅할 텐데, 이에 대한 언급은 없이 단지 식상이 적은데 재성이 없어서 반드시 자식이 있다는 말은 쉽게 이해되지 않는다. 억지로 해석을 해본다면 약한 식상의 기운을 설(洩)하는 재성이 없으니 반드시 자식이 있다는 뜻으로 볼 수 있다. 하지만 신약한 경우에 식상은 기신이고 임철초의 논리대로라면 희신인 비겁이 자식이 되므로, 자식이 있다고 주장하려면 무재성(無財星) 다음에 유비겁(有比劫)과 같은 말이 들어 있어야 하지 않을까 생각한다.

음사지설(淫邪之說)

여성의 음란함과 간사함[淫邪 음사]에 대한 것도 사주의 신(神)을 연구해보면 알 수 있다.

일주가 왕하고[日主旺 일주왕] 관성이 미약한데[官星微 관성미] 재성이 없어[無財星 무재성] 일주가 족히 관성에 맞설 수 있는[敵 적] 경우.

일주가 왕하고[日主旺 일주왕] 관성이 미약한데[官星微 관성미] 식상이 많고[食傷重 식상중] 재성이 없어[無財星 무재성] 일주가 족히 관성을 업신여길 수 있는[欺 기] 경우.

일주가 왕하고[日主旺 일주왕] 관성이 약한데[官星弱 관성약] 일주의 기운이 다른 신을 생하여 도와[生助 생조] 관성을 보내버리는[去 거] 경우.

일주가 왕하고[日主旺 일주왕] 관성이 약한데[官星弱 관성약] 관성의 기운이 일주와 합(合)을 하여 변화하는[化 화] 경우.

일주가 왕하고[日主旺 일주왕] 관성이 약한데[官星弱 관성약] 관성의 기운이 일주의 세력에 의지하는[依 의] 경우.

일주가 왕하고[日主旺 일주왕] 재성이 없는데[無財星 무재성] 식상은 있으나[有食傷 유식상] 인성을 만나[逢印綬 봉인수] 일주 스스로 그 주인이 되어 마음대로 하는[自專其主 자전기주] 경우.

일주가 왕하고[日主旺 일주왕] 재성이 없는데[無財星 무재성] 관성은 가볍고[官星輕 관성경] 식상은 많아[食傷重 식상중] 관성이 의지할 곳이 없는[官星無依倚 관성무의의] 경우.

일주가 왕한데[日主旺 일주왕] 관성이 뿌리가 없어[官無根 관무근] 일주가 관성을 돌아보지 않고[不顧官星 불고관성] 재성과 합하여 가버리는[合財而去 합재이거] 경우.

일주가 약하고[日主弱 일주약] 식상이 많은데[食傷重 식상중] 인성이 가벼운[印綬輕 인수경] 경우.

일주가 약하고[日主弱 일주약] 식상이 많은데[食傷重 식상중] 인성은 없고[無印綬 무인수] 재성이 있는[有財星 유재성] 경우.

식상이 월령을 잡고[食傷當令 식상당령] 재성과 관성은 세력을 잃은[財官失勢 재관실세] 경우.

관성이 재성의 보탬을 받지 못하고[官無財滋 관무재자] 비겁이 식상을 생하는[比劫生食傷 비겁생식상] 경우.

사주에 상관이 그득한데 재성이 없는[滿局傷官無財만국상관무재] 경우.

사주에 관성이 그득한데 인성이 없는[滿局官星無印만국관성무인] 경우.

사주에 비겁이 그득한데 식상이 없는[滿局比劫無食傷만국비겁무식상] 경우.

사주에 인성이 그득한데 재성이 없는[滿局印綬無財만국인수무재] 경우.

이상 위에서 열거한 바와 같이 꺼리는 것을 범하는 경우는 모두가 음란하고 천한[淫賤음천] 팔자가 되는 것이다. 한마디로 사주에 상관이 많은 것은 마땅치 않으니[傷官不宜重상관불의중], 상관이 많으면 반드시 얼굴이 예쁘고 경박스럽고 방정맞아 음욕이 왕성할[輕佻美貌而多淫경조미모이다음] 것이다. 상관이 많아 신약한데 인성이 있거나[傷官身弱有印상관신약유인] 상관이 있고 신왕한데 재성이 있는[身旺有財신왕유재] 경우는 반드시 총명하면서 얼굴도 예쁘고 지조를 지키며 품행이 바를[聰明美貌而貞潔총명미모이정결] 것이다.

무릇 여성의 사주를 살펴보면 이러한 관계가 적지 않다[關系匪小관계비소]고 하겠으니, 여성의 음란함과 간사함을 가벼이 판단하여[輕斷淫邪경단음사] 그 신을 깔보고 노하게 해서는[以瀆神怒이독신노] 안 되고, 한 가지 사례만 가지고서 사주를 판단하려고 해서는 더욱 안 된다. 음사(陰邪)의 원인은 첩의 자식으로 태어났기[祖宗遺孽조종유얼] 때문일 수도 있고, 가문의 운수[家門氣數가문기수] 때문일 수도 있으며, 남편이 못나서[丈夫不肖장부불초]일 수도 있고, 어머니와 시어머니가 잘나지 못해서[母姑不良모고불량] 어려서 규방의 법도를 배우지 못했기[幼失閨訓유실규훈] 때문일 수도 있으며, 기질과 습성이 선하지 못하여[氣習不善기습불선] 규방에서 경계하고 삼가함[謹飭閨門근칙규문]이 없기 때문일 수도 있다.

그리되면 자신의 방자한 성품대로 예의에 벗어난 일을 마음 내키는 대로 하고[任其恣性越禮임기자성월례], 절에 들어가 분향을 하며[入寺燒香입사소향], 연극이나 보고 노래나 들으러 놀러 다니며[游玩看戲聽詞유완간희청사], 남녀가 서로 섞여 어울리게[男女混雜남녀혼잡] 되는 것이다. 처음에는 섬돌 아래에서 속삭이다가[階下敷陳계하부진] 세월이 흐르면 내당에 들어와 떠들게[內堂演說내당연설] 되며, 시작은 어질고 효성스러우며 절개가 있고 올바른 사람에 대한 옛이야기[賢孝節義之故事현효절의지고사]로 하지만 나중

에는 점차 음탕한 남녀관계에 관한 더러운 이야기[陰邪苟合之穢詞 음사구합
지예사]에 이르게 되니, 어찌 그릇된 욕망을 자극하여 마음이 동하게 하지
않는다고 보장할 수 있겠는가[保無觸念動心 보무촉념동심].

　따라서 집안에 있으면서 해야 할 일 중 가장 큰일은 규문에 있을 때 엄
숙해야 하는[嚴肅閨門 엄숙규문] 것이다. 안채의 장막 안에서의 희롱하는 말
들이 밖으로 새어 나가지 않으면[不出戲言 불출희언] 예절로써 모범을 보여
교화시킴[刑于之化 형우지화]이 이루어지는 것이고, 방안의 휘장 안에서 희
롱하며 웃고 떠드는 소리[喜笑之聲 희소지성]가 들리지 않으면 서로 존경하
는 풍모[相敬之風 상경지풍]가 드러난다 할 것이니, 집주인은 신중히 삼가지
않으면 안 되는[主家者不可不愼 주가자불가불신] 것이다.

심화학습

일주(日主)가 왕(旺)하여 관성(官星)을 용신(用神)으로 삼는데, 관성이 약
(弱)하거나 사주에 없거나 합(合)을 하여 떠나거나 하면 일주가 제 마음
대로 하게 되니 그 사주주인공은 음란하고 간사하게[陰邪 음사] 된다는 말
이다.

　대부분이 신왕(身旺)한 경우이고, 마지막 두 사례만 신약(身弱)한 경우
인데 둘 다 식상과다(食傷過多)에 인성(印星)이 이를 제대로 극(剋)해주
지 못하는 경우로 보면 되겠다. 또한 뒷부분의 만국상관(滿局傷官) 등의
예는 사주의 유통생화(流通生化)가 제대로 이루어지지 않는 경우를 의미
한다고 보면 될 것이다.

❶ 일주가 약하고 식상이 많은데 인성이 가벼워 음사(淫邪)한 경우

丁	壬	甲	戊
未	寅	寅	申

丙	丁	戊	己	庚	辛	壬	癸
午	未	申	酉	戌	亥	子	丑

임수(壬水)가 초봄인 인월(寅月)에 태어났다. 토(土)는 허(虛)하고 목(木)은 성(盛)하니 살을 제함이 너무 지나치다[制殺太過 제살태과]. 인신충(寅申沖)은 원래 신금(申金)이 인목(寅木)을 극(剋)하는 것이지만 목(木)이 왕하면 금(金)이 이지러지는[木旺金缺 목왕금결] 것을 모른단 말인가. 오히려 신금(申金)이 손상을 입고 무토(戊土)도 뿌리가 없어 몸을 의지하여 맡길 수가 없으니, 일주(日主)인 임수(壬水)는 성적 욕구에 몸을 맡겨 달아나게 되고[可任性而行 가임성이행] 재성(財星)의 세력이 있는 것을 보면 자연스럽게 재물을 따라가게 된다[從財而去 종재이거]. 이에 남편이 죽고 가업이 무너지자[傷夫敗業 상부패업] 자식을 버리고 다른 남자를 따라가버렸다[棄子從人 기자종인].

심화학습

사주에 식상(食傷)이 지나치게 많은데[食傷過多 식상과다] 이를 극하여 제해주는 인성(印星)이 뿌리가 없어 약하니 용신(用神)으로서의 역할을 제대로 수행하지 못한 사주라 하겠다. 비록 본문 해석에서 재(財)를 따라간다[從財 종재]고 했으나, 이것이 종재격(從財格)을 의미한다고는 여겨지지 않는다. 사주에 중중(重重)한 식상을 충(沖)을 받은 인성이 감당하기에는 벅차니 타오르는 욕구를 주체하지 못해 성(性)에 개방적이었다고 볼 수 있겠고, 재물을 따라가는 것은 일주(日主)가 재성(財星)과 정임합(丁壬合)을 이루기 때문이 아닐까 하는 생각이다. 초중운(初中運)이 금수(金

水)로 흘러 좋은 남편을 만나 잘 살았으나, 뒤로 가면서 운(運)이 나빠지니 자식까지 버리고 다른 남자를 따라가게 된 것 같다.

❷ 일주가 약하고 식상이 많은데 인성이 없어 음사(淫邪)한 경우

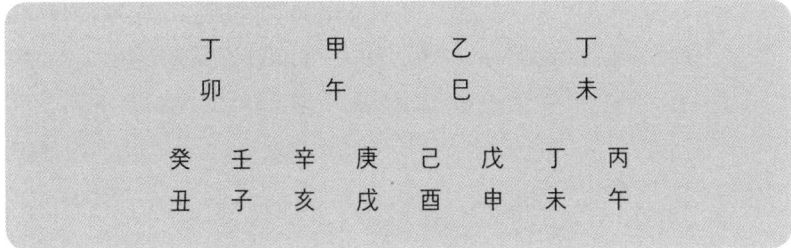

갑오(甲午) 일주가 사월(巳月)에 태어나 지지는 남방(南方)을 이루고 천간에 두 개의 정화(丁火)가 투출했으니 화(火)의 세력이 맹렬하여 일주(日主)의 설기가 너무 지나치다[洩氣太過 설기태과] 하겠다. 사주에 인성(印星)인 수(水)가 없으니 단지 겁재(劫財)인 을목(乙木)을 용신(用神)으로 삼을 수밖에 없다.

초운(初運)이 다시 화(火)의 지지를 달리니 일찍이 남편을 여의었다[早刑夫主조형부주]. 사람이 지극히 총명하고 예뻤으나[聰明美貌 총명미모] 경박하고 방정맞아 쉽게 도리를 그르치고[輕佻易常 경조이상] 정절을 지키기가 [守節 수절] 어려웠다. 무신(戊申)운에 이르러 목화(木火) 사이에 싸움이 일어나게 되니 그 상황은 이루 말할 수 없을 정도였다.

심화학습

상관(傷官)이 천간에 뜨면 예쁘다는 말이 그릇된 말만은 아니라는 사실을 보여주고 있다. 사주에 인성(印星)이 없으니 무슨 일이든 자신이 하고 싶은 대로 하면서 살았던 모양이다. 인성의 운이 뒤늦게 들어오지만, 그 전 무신(戊申)운에 이미 좋지 않은 일이 생겼던 것 같다.

❸ 사주에 상관이 그득한데 재성이 없어[滿局傷官無財, 만국상관무재] 음사(淫邪)한 경우

```
戊    丙    己    戊
戌    辰    未    戌

辛 壬 癸 甲 乙 丙 丁 戊
亥 子 丑 寅 卯 辰 巳 午
```

사주에 상관이 그득한데[滿局傷官 만국상관] 오행 중 목(木)이 없어 인성이 나타나지 않았다[印星不現 인성불현] 하겠으니, 격은 순국을 이루어[格成順局 격성순국] 종아(從兒)가 되었다. 따라서 사람이 총명하고 얼굴이 예뻤다.

사주에 금(金)이 없어 토(土)는 지나치게 메마르고 두텁다[土過燥厚 토과조후] 하겠다. 신금(辛金)이 남편[夫星 부성]인데 화고(火庫)인 술토(戌土)에 빠졌으니[投墓於戌 투묘어술] 이에 음란함을 참을 수가 없었다[陰亂不堪 음란불감]. 남편이 흉한 죽음을 당한 후[夫遭凶死 부조흉사] 다른 남자를 따라 도망쳤으나[又隨人走 우수인주] 이삼 년도 채 안 되어 그 사람도 죽었다. 을묘(乙卯)운에 이르자 왕한 토(土)를 극하여 건드리게 되어[犯土之旺 범토지왕] 스스로 목을 매어 죽었다[自縊而死 자액이사].

심화학습

사주 오행의 흐름이 막혀 유통(流通)되지 않으면 욕구가 쌓이는 모양이다. 아무리 종격(從格)을 인정하지 않는다고 하더라도 이 명조(命造)는 종아격(從兒格)으로 볼 수밖에 없을 것 같다. 그렇지 않다면 진토(辰土) 안의 을목(乙木)을 용신(用神)으로 삼아야 하는데, 사주에 토(土)가 너무나 중중(重重)하여 감당할 수 있을 것 같지 않다. 목(木)운에 죽었다고 하니 더욱 종아(從兒)가 아니라고 할 수 없겠다. 재성(財星)인 신금(辛金)을 남편[夫星 부성]이라 했으니 용신으로 삼아 종아생재(從兒生財)가 되어 흘러야 결과를 보는데, 지장간에 갇혀 흐름이 막히니 성적 욕구만 쌓이게 되었다고 보면 되겠다.

❹ 일주가 왕하고 관성이 미약한데 재성이 없어 일주가 관성에 맞서[敵, 적] 음사(淫邪)한 경우

丙	戊	乙	戊
辰	戌	丑	午

丁	戊	己	庚	辛	壬	癸	甲
巳	午	未	申	酉	戌	亥	子

무토(戊土)가 축월(丑月)에 태어나 왕(旺)한 토(土)가 월령(月令)을 잡았다. 목(木)은 바로 시들어 메말랐고[木正凋枯 목정조고], 게다가 축토(丑土)는 금국(金局)의 곳간[金庫 금고]으로서 신금(辛金)이 암장되어 있으니 목(木)이 뿌리를 붙일 수[託根 탁근] 없다. 더욱 불만스러운 것은 진술충(辰戌沖)으로 암장된 관성(官星)을 보내버리고[沖去藏官 충거장관] 인성(印星)을 만나 일주(日主)는 생(生)함을 받으니, 족히 남편인 관성을 업신여길 수[欺官 기관] 있어 남편을 두고 바람을 피웠다[置夫主於度外 치부주어도외]. 중운(中運)이 다시 서방(西方)의 금(金)의 지지로 흘렀으니 음란하고 천박함을 감당할 수 없었다[淫賤不堪 음천불감].

심화학습

신왕(身旺)하여 관성(官星)인 을목(乙木)을 용신(用神)으로 삼고, 재성(財星)을 희신(喜神)으로 삼았다는 말이다. 을축(乙丑)의 축토(丑土)는 그 자체로만 본다면 충분히 을목(乙木)의 뿌리가 될 수 있다. 다만 사주에 토(土)가 중중(重重)하니 이로 인해 을목(乙木)이 뿌리를 붙일 수 없게 되는 것이다. 또한 중운(中運)이 식상(食傷)의 운으로 흘러 음란한 마음을 참지 못했던 것 같다.

요즘 같으면 관성보다는 오히려 상관(傷官)인 축토(丑土) 안의 신금(辛

金)을 용신으로 삼고 결혼생활보다는 연예활동과 같이 식상을 활용하는 직업을 가질 수도 있을 것 같다. 그렇게 되면 운(運)도 수금(水金)으로 흐르니 그 계통에서 크게 성공하지 않았을까 하는 생각이다.

❺ 관성이 재성의 보탬을 받지 못하고 비겁이 식상을 생하여 음사(淫邪)한 경우

庚		丁		丙		己	
戌		亥		寅		亥	
甲	癸	壬	辛	庚	己	戊	丁
戌	酉	申	未	午	巳	辰	卯

정화(丁火)가 인월(寅月)에 태어나 목(木)이 바로 월령(月令)을 잡았고[木正當權 목정당권] 화(火)는 상과 왕을 만나니[火逢相旺 화봉상왕] 반드시 관성(官星)인 해수(亥水)가 남편이 될 것임이 분명하다.

　연지(年支)의 해수(亥水)는 인목(寅木)과 합(合)을 이루어 목(木)으로 화(化)하므로 일지(日支)의 해수(亥水)는 생하여 도움을 받는[生扶 생부] 것이 필요한데, 시간(時干)의 경금(庚金)은 떨어져 가로막혀[隔絕 격절] 있으니 생부(生扶)의 뜻이 없다고 하겠다. 또한 일지의 해수(亥水)는 술토(戌土)가 옆에 붙어 극을 하니[緊剋 긴극] 일주(日主)의 정(情)은 반드시 경금(庚金)으로 향하게 되어 음란하고 천박함이 극에 달했다 하겠다.

심화학습

인성(印星)이 당령(當令)했고 병화(丙火)가 옆에서 돕고 있으나 별로 신왕(身旺)해 보이지 않는데, 일주가 왕(旺)한 것으로 보고 일지(日支)의 해수(亥水)를 용신(用神)으로 삼아 남편이 된다고 하였다. 하지만 본문을 살펴보면 '관성이 재성의 보탬을 받지 못하고[官無財滋 관무재자] 비겁이 식상을 생하는[比劫生食傷 비겁생식상] 경우'는 앞에 일주왕(日主旺)이나 일주약(日主弱)이란 단서가 붙어 있지 않음을 발견할 수 있다. 이는 사주가 이런 구조를 하고 있다면 사주의 왕약(旺弱)에 상관 없이 그 여성은 음란하다고 판명하라는 의미로 해석할 수도 있다는 말이 된다. 다시 말하면, 일주의 왕약보다는 사주의 구조에 비중을 두라는 의미로 받아들일 수 있다는 말이다.

사주를 감명하는 사람에 따라 관점의 차이는 있을 수 있으므로 이 경우를 일주가 약하지 않다고 해석할 수도 있으니, 약하지 않으면 왕한 것으로 보고 재관(財官)을 희용신(喜用神)으로 삼았는데 재성(財星)은 별 도움이 되지 않고 남편인 관성(官星)은 식상(食傷)에게 극(剋)을 받아 음란하다고 볼 수도 있다. 또한 앞의 해석대로 일주의 왕약보다는 사주의 구조에 비중을 두어 관성이 쇠약한데 재성의 도움을 받지 못하니 일주의 마음은 재성으로 향하게 되고, 재성을 생조해주기 위해서는 식상이 필요한데 이 식상이 남편인 관성을 극하고 있으니 관성이 일주를 감당하지 못하게 되어 음란하다고 할 수도 있어서 그 결과는 같다고 볼 수 있다.

이 명조(命造)의 해석에서는 주인공이 음천(淫賤)하다는 것 말고는 다른 것에 대한 언급은 전혀 없으니 운(運)의 대입 등 다른 부분에 대해서는 언급을 삼가는 것이 바람직하다는 생각이다.

❻ 식상이 월령을 잡고 재성과 관성은 세력을 잃어 음사(淫邪)한 경우

丁	庚	癸	丁
亥	子	丑	未

辛	庚	己	戊	丁	丙	乙	甲
酉	申	未	午	巳	辰	卯	寅

겨울에 태어난 금(金)은 화(火)를 반기는데[寒金喜火 ^{한금희화}] 불만스러운 것은 지지가 해자축(亥子丑)으로 완전한 수방국(水方局)을 이루어 북방(北方)의 수(水)가 왕(旺)하다는 것이다. 또한 월간(月干)에 계수(癸水)가 투출하여 정화(丁火)를 극(剋)하고, 축미충(丑未沖)으로 정화(丁火)의 여

기(餘氣)를 보내버리니 사주 오행 중 목(木)이 없어 생하여 화해주는 정 [生化之情생화지정]을 얻지 못했다. 시간(時干)의 정화(丁火) 또한 뿌리가 없어 허탈하니 어찌 경금(庚金)을 극하여 제(制)할 수 있겠는가. 일주(日 主)의 정(情)은 정화(丁火)를 마음에 두고 있지 않음[不顧불고]을 알 수 있 으니, 마치 물결에 흔들리는 버드나무[水性楊花수성양화]와 같다 하겠다. 이에 바람기가 있어 조신하지 못한 여자였다.

심화학습

이 경우도 앞의 사례와 마찬가지로 일주왕(日主旺)이나 일주약(日主弱) 이란 단서가 붙어 있지 않다. 그렇다면 식상이 월령을 잡고[食傷當令식상 당령] 재성과 관성은 세력을 잃은[財官失勢재관실세] 경우는 일주(日主)의 왕 약(旺弱)을 떠나 무조건 음사(淫邪)하다고 해석할 수 있다는 말이다. 특 히 이 명조(命造)는 엄밀히 말하자면 축월(丑月)에 태어났으니 식상이 월 령을 잡은 것은 아니라 할지라도, 해자축(亥子丑)의 수방국(水方局)을 이 루었으니 '금수상관희견관(金水傷官喜見官)'이 된다고 보아 시간(時干)의 정화(丁火)를 용신(用神)으로 삼았다 하겠다. 『궁통보감(窮通寶鑑)』에서 말하는 조후용신(調候用神)으로 보아도 같은 결과가 된다. 따라서 남편 이고 용신이며 관성인 정화(丁火)가 허약하니 일주는 남편 알기를 우습게 할 것이 분명하다.

하지만 〈제13장 7. 금수상관(金水傷官)〉의 두 번째 사례를 보면, 금수 상관(金水傷官)이 화(火)를 반기는 것은 단지 사주의 차가움을 따뜻하게 해주기 위한 것일 뿐 금수상관의 사주라고 무조건 화(火)를 용신으로 삼 는 것은 아니며, 화(火)를 용신으로 삼기 위해서는 사주에 목화(木火)가 함께 와야 하고 일주 또한 왕(旺)해야 한다고 주장하고 있다. 그렇다면 이 명조는 신약(身弱)하니 인성인 토(土)를 용신으로 잡고, 화(火)는 이를 생조해주는 희신(喜神)쯤으로 잡아야 한다는 이야기가 된다.

이런 모순을 짚어낼 것이라고 예상해서인지는 몰라도, 임철초는 겨울 에 태어난 금(金)은 화(火)를 반긴다[寒金喜火한금희화]라고만 하고 용신이 라는 말은 사용하지 않음으로써 이런 모순점을 교묘히 피해 가고 있다.

하지만 전체 문맥으로는 화(火)가 용신이고, 목(木)이 희신임을 인정하고 있다는 것을 짐작하고도 남는다. 따라서 금수상관의 사주에서는 항상 화(火)를 용신 후보에 올려놓고 풀이에 임해야 한다는 사실을 다시 한 번 명심해야 할 것이다.

❼ 일주가 왕한데 관성이 뿌리가 없어 일주가 재성과 합하여 가버려 음사(淫邪)한 경우

乙		庚		癸		丁	
酉		子		丑		丑	

辛	庚	己	戊	丁	丙	乙	甲
酉	申	未	午	巳	辰	卯	寅

경금(庚金)이 늦겨울인 축월(丑月)에 태어났다. 겨울에 태어난 금(金)은 화(火)를 반길[寒金喜火 한금희화] 뿐만 아니라 시지(時支)에서 양인(陽刃)을 만났고 인성(印星)이 당령(當令)했으니, 족히 화(火)를 용신으로 삼아 추위에 맞선다[用火敵寒 용화적한] 하겠다.

월간(月干)의 계수(癸水)는 지지의 녹왕(祿旺)인 자수(子水)에 통근(通根)하여 정화(丁火)를 극하여 없애버리니[剋絶 극절] 일주(日主)의 마음은 족히 관성을 업신여긴다[欺官 기관] 하겠다. 시간(時干)에서 만난 을목(乙木)은 합(合)을 이루는 것을 반기니 일주의 정(情)은 반드시 재성(財星)을 향해 가버리지 않겠는가. 따라서 남편을 배신하여 떠나버렸는데 음탕하고 더러운 것을 감당하지 못했다[婬穢不堪 음예불감].

심화학습

앞의 사주 해석과 달리 이 명조(命造)에 대해서는 정화(丁火)가 용신(用神)이라고 분명히 언급하고 있다. 이 사주는 왕(旺)하고 목화(木火)가 함께 와 있기 때문이다. 그렇다면 앞의 사주와 같이 식상이 월령을 잡고[食

傷當令^{식상당령}] 재성과 관성은 세력을 잃은[財官失勢^{재관실세}] 경우는 일주 (日主)의 왕약(旺弱)을 떠나 무조건 음사(淫邪)하다고 해석할 수 있다는 말이 된다.

대운(大運)의 흐름을 보면 목화(木火)로 흐르고 있으니 이 여인은 비록 음사하다고는 하더라도 다른 남자를 만나 재물도 얻고 부귀영화를 누렸 을 것으로 보인다. 요즘 같으면 처음 남편에게 무슨 문제가 있지 않았나 하는 생각도 해볼 수 있을 것 같다.

❽ 사주에 합이 많아 음사(淫邪)한 경우

丙	辛	壬	丁
申	巳	子	丑

庚	己	戊	丁	丙	乙	甲	癸
申	未	午	巳	辰	卯	寅	丑

임수(壬水)는 살(殺)인 정화(丁火)와 합을 하여 떠나가고[合去^{합거}], 관성 (官星)인 병화(丙火)는 일지(日支)에 녹왕(祿旺)을 얻었으니 사주가 아름 다운 것 같구나[似乎佳美^{사호가미}]. 따라서 뼈대 있는 집안 출신으로[出身 舊家^{출신구가}] 그 미모가 매우 아름다워[菁媚^{청미}] 뭇 사람들이 양귀비에 견 주어 칭하였다. 네댓 살 때 용모가 수려하였고 열여넛에 이르러서는 더욱 요염해졌는데 성인이 되어서는 그림 속 미인 같았다. 나이 열여덟에 벼슬 을 하지 않은 선비[士人^{사인}]의 아내로 시집에 들어갔다[于歸^{우귀}]. 선비는 원래 학문을 좋아했으나 그녀에게 혹하여 해가 지나 학문을 그만두었으 며 마침내 폐결핵으로 죽고 말았다[癆瘵死^{노채사}]. 이때부터 음탕하고 더 러운 마음을 견뎌내지 못하여[婬穢不堪^{음예불감}] 몸은 망가지고 이름은 더 럽혀졌으며[身敗名裂^{신패명렬}] 의지할 곳이 없어 스스로 목을 매어 죽고 말 았다[自縊而死^{자액이사}].

이 명조(命造)는 합(合)이 많은 연유에서 그리된 것이라 하겠다. 십간

(十干)의 합 중에서 병신합(丙辛合)을 보면 관성이 상관(傷官)으로 화(化)하는데 이를 일러 '합을 탐하다 관을 잊어버린다[貪合忘官 ^{탐합망관}]'라고 한다. 또 사신합(巳申合) 역시 상관으로 화하고 정임합(丁壬合)은 슬그머니 재성으로 화하니[暗化財星 ^{암화재성}], 일주(日主)의 마음 속에는 마땅히 병화(丙火)는 내버려두고 문제 삼지 않겠다[置之度外 ^{치지도외}]는 생각이 들어 있음이 확실하다. 그 마음은 반드시 정화(丁火)와 임수(壬水)의 어느 한 쪽[丁壬一邊 ^{정임일변}]을 향하고 있을 것인데, 하물며 간지(干支)가 모두 합을 이루고 있으니 가는 곳마다 마음에 두고 있지 않는 사람이 없었다[無往不是意中人 ^{무왕불시의중인}]고 하겠다.

<h2>심화학습</h2>

이 사례는 『적천수징의』 본문에서 언급하지 않은 경우이다. 『적천수천미(滴天髓闡微)』를 참조하여 그 내용을 부연 설명하였다.

이 사주를 겨울에 태어난 금(金)은 화(火)를 반긴다[寒金喜火 ^{한금희화}]고 하여 화(火)를 용신으로 삼아서는 안 된다. 신금(辛金)이 자월(子月)에 태어나 신약(身弱)하고 사주에 이미 화(火)가 많아 조후(調候)를 고려할 필요성을 느끼지 못하기 때문이다. 따라서 인성(印星)인 축토(丑土)를 용신으로 삼아야 한다. 화(火)는 토(土)를 생조(生助)해주는 희신(喜神)으로 보면 되겠다. 단, 토(土)는 연지(年支)에서 멀리 떨어져 있고 중간에서 수(水)의 방해를 받으며 천간에는 토(土)가 없으니, 운(運)에서 화(火)가 온다 해도 별 도움이 되지 못한다 하겠다.

사주 해석에서 이 사주는 합(合)이 많아 음란하다고 하였다. 특히 병신합(丙辛合)은 '합을 탐하다 관을 잊어버린다[貪合忘官 ^{탐합망관}]'고 하니 남편을 우습게 알고 바람을 피울 가능성이 다분하다고 하겠다. 그럴 듯한 논리이니 잘 기억해두면 도움이 될 것이라는 생각이다. 다만 사주의 용신과 운의 흐름을 놓고 해석하더라도 초운(初運)이 목(木)을 달리니 그 중 어느 한 해에 자살했을 가능성은 충분히 있다고 보여진다.

戊			癸			戊		戊
午			酉			午		子

庚	辛	壬	癸	甲	乙	丙	丁
戌	亥	子	丑	寅	卯	辰	巳

계수(癸水)가 오월(午月)에 태어나 재성과 관성이 함께 왕하지만[財官竝旺 재관병왕], 일지(日支)에 인성(印星)을 깔고 앉아 있고 연지(年支)에 녹왕(祿旺)이 있으니 중화(中和)를 이루었다 아니할 수 없겠다. 천간에 세 개의 무토(戊土)가 투출하여 계수(癸水)와 합을 하려고 서로 다투니[爭合 쟁합] 일주(日主)의 마음은 어느 곳을 향할지 정할 수가 없다. 지지의 두 개 오화(午火)는 유금(酉金)을 극(剋)하니 재관(財官)의 세력은 그 강약을 구별할 수가 없어 일주의 마음은 자연스럽게 재(財)의 세력에 의지하여 가게 된다. 다만 연간(年干)의 정관(正官)은 재성(財星)이 없으니 그 역량이 월간(月干)과 시간(時干)의 정관을 당할 수 없어 마땅히 본남편은 버려두고 마음에 두지 않았다[置之不顧 치지불고].

을묘(乙卯)운에 이르러 목(木)이 화(火)를 생(生)하여 왕하게 되니 월(月)과 시(時)의 무토(戊土)는 거듭 생하는 도움을 받았으나[生扶 생부], 연간의 무토(戊土)는 생함을 받지 못하고 오히려 극을 받게 되어 남편은 병에 걸려 죽고 말았다. 이후에 음란하고 천박함이 보통이 아니었으니[婬穢異常 음예이상], 얼굴이 예쁘면 사람에게 재앙이 된다[尤物禍人 우물화인]는 말은 믿을 만한 것이라 하겠다.

심화학습

이 사례 또한 『적천수징의』 본문에서 언급하지 않은 경우이다. 사주에 재관(財官)이 왕하여 신약(身弱)하니 인성(印星)인 일지(日支)의 유금(酉金)을 용신으로 삼는 구조라 하겠다. 인성은 양쪽에서 재성(財星)의 극(剋)

을 받아 힘을 쓰지 못하고, 운(運)마저 화목(火木)으로 흘러 흉하게 되었다 하겠다.

사주 해석에서 천간에 있는 세 개의 관성(官星) 중에서 연간(年干)에 있는 관성을 남편으로 본 것이 독특하다 하겠다. 그 외의 관성은 요즘 상황으로 말하자면 애인이라는 말이 된다. 따라서 세 개의 관성 중에서 연간에 있는 관성만 힘이 없으니 남편을 우습게 알았다는 말인데, 그런대로 일리가 있어 저절로 고개가 끄덕여진다. 예나 지금이나, 남자나 여자나 자신의 인생 반려자가 탐탁하지 않으면 다른 곳으로 눈을 돌리게 되는 것은 인지상정인가 보다. 특히 잘난 남자나 여자는 더욱 그런 것이 아닌가 하는 생각이다.

❿ 시(時)를 잘못 만나 음사(淫邪)하게 된 경우

| 丙 | | 乙 | | 辛 | | 乙 | |
| 戌 | | 亥 | | 巳 | | 未 | |

| 己 | 戊 | 丁 | 丙 | 乙 | 甲 | 癸 | 壬 |
| 丑 | 子 | 亥 | 戌 | 酉 | 申 | 未 | 午 |

사주의 연월일(年月日) 여섯 글자만 본다면 을목(乙木)이 사월(巳月)에 태어나 상관(傷官)이 당령(當令)하였다. 가장 반가운 것은 일지(日支)의 인성(印星)인 해수(亥水)가 사화(巳火)를 충(沖)으로 제(制)한다는 것이다. 일주(日主)는 자신을 불리고 도와주는 것[滋扶 자부]이 반가울 뿐 아니라 신금(辛金)이 호위와 배양[衛養 위양]을 얻었으니, 이른바 상관이 인성을 꿰차고 있고[傷官佩印 상관패인] 홀로 있는 살(殺)이 맑게 머무르는[獨殺留淸 독살유청] 형상이라 하겠다.

얼굴이 예쁠 뿐만 아니라 재주도 뛰어나 글과 그림에 조예가 깊었으나, 불만스러운 것은 술시(戌時)에 태어나 바로 옆에서 해수(亥水)를 극(剋)하고 천간에 뜨거운 태양인 병화(丙火)가 투출하여 신금(辛金)이 손상을 받는다는 것이다. 이미 남편과 자식의 궁[夫子之宮 부자지궁]은 이롭지 못하게 되어버리고, 아울러 평생 동안 지켜온 성품을 손상시키게 되었다[損壞生平之性 손괴생평지성].

심화학습

한마디로 시(時)를 잘못 타고났다는 말이 되겠다. 일주(日主)가 약(弱)하니 인성(印星)을 용신(用神)으로 삼아 자유분방한 성분인 상관(傷官)을 통제해주는 것까지는 좋았는데, 시지(時支)의 술토(戌土)와 시간(時干)의 병화(丙火)가 그 좋던 것을 다 망쳐버렸다는 말이다. 운(運)의 지지가 금수(金水)로 흐르는 것은 좋으나 개두(蓋頭)가 되어 천간의 도움을 받지 못하는 것이 안타까울 뿐이다.

⑪ 오행이 두루 미쳐 머물러[五行停匀, 오행정균] 귀하게 된 경우

乙	癸	戊	丁
卯	丑	申	巳

丙	乙	甲	癸	壬	辛	庚	己
辰	卯	寅	丑	子	亥	戌	酉

이 명조(命造)는 관성(官星)과 식신(食神)이 녹왕(祿旺)을 깔고 앉았고, 인성(印星)이 당령(當令)하여 일주(日主)가 생(生)을 만났다. 재(財)는 관(官)을 생하여 왕하게 하고 인성을 손상시키지 않으니 족히 일주를 도울 수 있게 하며[足以扶身 족이부신], 식신도 지지를 얻어 하나의 기가 서로 생하여[一氣相生 일기상생] 오행이 두루 미쳐 머무르니[五行停匀 오행정균], 편안함을 두루 갖추어 사주가 순수하다[安詳純粹 안상순수] 하겠다. 남편은 영화롭고 자식은 귀하게 되어[夫榮子貴 부영자귀] 양대(兩代)에 걸쳐 일품의 품계를 받았다[受一品之封 수일품지봉].

지금부터는 여성들이 귀하게 된 사주의 사례이다. 본문에서는 음사(淫邪)하게 될 경우만 구분하여 나열하였으니, 그 밖의 경우는 귀하게 된다고 보면 해석에 무리가 없으리라는 생각이다. 귀하게 되기 위한 공통적인 요인으로는 사주 오행의 유통생화(流通生化)와 운(運)의 흐름을 들 수 있다. 이것은 앞서 살펴본 것처럼 남성의 경우도 마찬가지이다.

식신(食神)인 을목(乙木)이 시지(時支)에 묘목(卯木)을 두었으니 녹왕(祿旺)을 깔고 앉았다고 할 수는 있지만, 관성(官星)인 무토(戊土)는 월지(月支)가 신금(申金)인데 녹(祿)에 앉았다는 것은 약간 과장된 표현이라 하겠다. 다만 일지(日支)의 축토(丑土)로부터 도움을 받고 있을 뿐이다. 비록 인성(印星)이 당령했다고는 하나 사주에 금수(金水)의 기운이 약하니 신약용인(身弱用印)이라 하겠으며, 사주 오행도 그런대로 유통이 되고 운도 초중운(初中運)이 금수(金水)로 흘러 잘 풀렸다고 이해하면 될 것이다.

⓬ 오행이 어그러지지 않아[五行不悖, 오행불패] 귀하게 된 경우

丙	甲	癸	己
寅	辰	酉	亥

辛	庚	己	戊	丁	丙	乙	甲
巳	辰	卯	寅	丑	子	亥	戌

갑목(甲木) 일주가 유월(酉月)에 태어나 관성(官星)이 당령(當令)하였고 재성(財星)인 진토(辰土)가 유금(酉金)을 돕고 있다. 인시(寅時)에 태어나 연지(年支)와 시지(時支)에서 장생(長生)과 녹왕(祿旺)을 만났다. 병화(丙火)와 계수(癸水)가 천간에 투출하여 서로 극하는 세력은 없고[無相剋之勢 무상극지세] 생하여 화하려는 마음이 있다[有生化之情 유생화지정] 하겠다. 재성이 지지를 얻고[財星得地 재성득지] 사주가 모두 통근(通根)한 형상이니

오행이 어그러지지 않아[五行不悖 오행불패] 사주의 기운이 맑고 화평하며 [氣靜和平 기정화평] 순수하니 생하여 화하려는 마음이 있다[生化有情 생화유정] 하겠다. 남편은 영화롭고 자식은 귀하게 되어[夫榮子貴 부영자귀] 일품의 품계를 받았다[受一品之封 수일품지봉].

심화학습

비록 사주에 수목(水木)의 기운이 약하지는 않다 하더라도 일지(日支)와 월령(月令)을 잡지 못했으니 신약(身弱)하다고 보아 인성(印星)인 계수(癸水)를 용신으로 하여 관인상생(官印相生)이라 하겠다. 진토(辰土)에서 시작하여 병화(丙火)에 이르는 흐름이 좋아 보이고, 운(運) 또한 수목(水木)의 지지로 흘러 비록 천간의 구조는 마땅하지 않지만 전반적인 흐름은 도움이 되었을 것으로 생각한다.

⓭ 오행이 맑고 화평하여[氣靜和平, 기정화평] 귀하게 된 경우

甲	丁	壬	辛
辰	巳	辰	酉

庚	己	戊	丁	丙	乙	甲	癸
子	亥	戌	酉	申	未	午	巳

정화(丁火)가 진월(辰月)에 태어나 상관(傷官)이 비록 왕(旺)하다 하더라도 유금(酉金)과 합을 하여 금(金)으로 화하니[合酉化金 합유화금] 관성(官星)의 원신(元神)만 더욱 두텁게 할 뿐이다. 사화(巳火)는 금(金)을 껴안아[巳火拱金 사화공금] 금국(金局)을 이루었고, 진토(辰土)는 사화(巳火)를 이끌어 화하니[引化 인화] 재성(財星)의 원신도 더욱 견고해진다. 시간(時干)에 인성(印星)이 투출하여 일주(日主)가 환하게 빛나도록[光輝 광휘] 도와주고 상관인 진토(辰土)를 제(制)하니, 이른바 목(木)은 마르지 않고[木不枯 목불고] 화(火)는 치열하지 않으며[火不烈 화불렬] 수(水)는 말라붙지 않고[水不涸 수불학]

토(土)는 메마르지 않으며[土不燥토부조] 금(金)은 무르지 않다[金不脆금불취]고 하겠다. 사주의 기운이 맑고 화평한[氣靜和平기정화평] 형상이라 남편은 영화롭고 아내는 귀하게 되어[夫榮妻貴부영자귀] 일품에 봉해졌다[受一品之封수일품지봉].

심화학습

비록 늦은 봄인 진월(辰月)에 태어났다고는 하나 월지(月支)의 진토(辰土)는 임수(壬水)의 뿌리가 되는 것으로 보아 다소 신약(身弱)하다고 하겠다. 용신(用神)은 시간(時干)의 갑목(甲木)이 되겠고, 시지(時支)의 진토(辰土)는 갑목(甲木)의 뿌리가 되어 용신이 청(淸)하다 할 것이다. 천간 네 글자는 모두 뿌리가 튼튼하고, 사화(巳火)에서 시작하여 임수(壬水)까지 오행의 흐름에 막힘이 없어 사주의 기운이 맑고 화평하다[氣靜和平기정화평]는 말이 실감이 난다고 하겠다.

❹ **오행의 제하고 화하며 합을 이룸이 마땅하여[制化合宜, 제화합의] 귀하게 된 경우**

甲		壬		癸		己	
辰		辰		酉		巳	

辛	庚	己	戊	丁	丙	乙	甲
巳	辰	卯	寅	丑	子	亥	戌

임수(壬水)가 유월(酉月)에 태어나 가을의 물이 그 근원에 통했다[秋水通源추수통원]고 하겠다. 인성(印星)이 당령(當令)하여 비록 관살(官殺)이 왕(旺)하다고는 하나, 이를 제하고 화하며 합을 이룸이 마땅하다[制化合宜제화합의] 하겠다. 다시 묘하게도 시간(時干)에 갑목(甲木)이 투출하여 살(殺)을 제하고 일주(日主)의 빼어난 기운을 토해내니[制殺吐秀제살토수] 한 줄기 순수한 기운[一派純粹之氣일파순수지기]이라 하겠다. 따라서 이 여인의

인품은 곧고 가지런했으며[人品端莊 인품단장] 시와 문장에도 조예가 깊었다[精於詩書 정어시서]. 반가운 것은 운(運)에 화(火)가 없어 관성(官星)도 도움을 받지 못하고 인성도 손상을 입지 않는다는 것이니, 남편에게는 귀함이 나타나고[夫星貴顯 부성귀현] 자식도 대를 이어 빼어나고 아름다웠으며[子嗣秀美 자사수미] 이품(二品)의 영광을 받았다.

심화학습

비록 임진(壬辰) 일주가 유월(酉月)에 태어났다고 하더라도 사주에 관살(官殺)이 많아 신약(身弱)하다고 본 것 같다. 그렇다면 살중용인(殺重用印)의 형상이니 월지(月支)의 유금(酉金)을 용신(用神)으로 삼는 것이 당연한데, 사주 해석을 보면 식신제살(食神制殺)로 보아 시간(時干)의 식신(食神)을 용신으로 잡은 것이 아닌가 하는 생각도 든다. 하지만 뒷부분을 보면 운(運)에 화(火)가 없어 반갑다고 하며 인성(印星)이 손상을 입지 않아 좋다고 했으니, 인성을 용신으로 하고 식신은 관살을 제(制)해주는 약신(藥神)으로 보는 것이 바람직한 방법이 아닌가 한다. 운(運)의 지지가 수목(水木)으로 흘러 잘되었다는 것이 이를 뒷받침해준다.

  하지만 이 사주를 약하다고만 할 수 없는 것도 사실이다. 임진(壬辰) 일주가 계유(癸酉)월에 태어났으니 월지와 일지(日支)를 다 차지하였고, 겁재(劫財)인 계수(癸水)가 옆에서 도와주는 형상을 하고 있기 때문이다. 다만 기토(己土)와 사화(巳火)가 계수(癸水)와 유금(酉金)을 옆에서 극(剋)하고 있으니 신약한 것으로 보고 넘어가도록 한다.

⑮ 오행이 연주상생(連珠相生)하여 귀하게 된 경우

癸	乙	壬	庚
未	亥	午	辰

甲	乙	丙	丁	戊	己	庚	辛
戌	亥	子	丑	寅	卯	辰	巳

을목(乙木)이 화(火)의 세력이 맹렬하고[火勢猛 화세맹] 금(金)이 무르고 약한[金柔脆 금유취] 계절인 오월(午月)에 태어났다. 반가운 것은 임수(壬水)와 계수(癸水)가 일지(日支)의 해수(亥水)에 통근하여 화(火)를 제어하고[通根制火 통근제화], 진토(辰土)는 화(火)를 설하고 금(金)을 생하는[洩火生金 설화생금] 것이다. 따라서 화토(火土)는 메마르거나 세차지 않고[火土不燥烈 화토부조렬] 수목(水木)은 말라붙거나 마르지 않아[水木不枯涸 수목불고학] 연달아 서로 생해주니[接續相生 접속상생] 사주가 맑고 순수하다[清而純粹 청이순수] 하겠다.

여자 가운데 재주가 뛰어난 자식[女中才子 여중재자]이었다. 아들 셋을 낳고 남편은 중앙의 벼슬[京官 경관]을 했으니 집안의 살림형편은 맑으나 가난하였다[家道清寒 가도청한]. 집에서 자신이 직접 자식들을 가르쳐 둘은 향시(鄕試)에 합격하였고[登科 등과] 하나는 전시(殿試)에 합격하였다[發甲 발갑]. 남편은 낭중(郎中)의 직위에 올랐고 자식은 어사(御使)가 되었으니 양대에 걸쳐 영광을 누렸다.

심화학습

〈제2장 3. 을목(乙木)〉을 다시 한번 되새겨보면, 계절에 따른 을목(乙木)의 특성에서 '여름에 태어난 을목(乙木)이 수(水)를 반기는 것은 마른 땅을 적셔주기 위함이다[潤地之燥 윤지지조]'라고 하여 대부분의 경우 화왕절(火旺節)에 태어난 을목(乙木)은 인성(印星)인 수(水)를 용신(用神)으로 삼는다고 보았다. 다만 이 명조(命造)는 사주에 수기(水氣)가 워낙 강하여 비록 여름에 태어났지만 식신(食神)인 오화(午火)를 용신으로 삼은 모양이다. 이것은 하나의 기본규칙이 있다고 하더라도 이를 적용할 때는 상황에 따라 융통성을 부여해야 한다는 의미로 받아들여야 할 것이다.

용신인 식신이 당령(當令)하였고 월지(月支)의 오화(午火)에서 시작한 사주의 기운이 토금수(土金水)로 흘러 일주인 을목(乙木)에 이르니, 사주 오행이 생화유통(生化流通)하는 연주상생(連珠相生)을 이루어 귀(貴)하게 된 경우라고 보면 되겠다.

경관(京官)은 수도에서 근무하는 관리를 말하는데 재물을 모으는 데는 불리했다고 한다. 낭중(郎中)은 상서(尙書)를 보좌하던 벼슬이라고 한다.

⑯ 오행이 순수하고 편안하여[純粹安和, 순수안화] 귀하게 된 경우

壬	乙	戊	庚
午	酉	寅	辰

庚	辛	壬	癸	甲	乙	丙	丁
午	未	申	酉	戌	亥	子	丑

을목(乙木)이 초봄인 인월(寅月)에 태어나 목(木)은 어리고 금(金)은 단단하다[木嫩金堅 목눈금견]. 가장 반가운 것은 시지(時支)의 오화(午火)가 살(殺)인 유금(酉金)을 제어하여 일주를 보호하며[制殺衛身 제살위신] 추운 나무가 햇볕을 향하는[寒木向陽 한목향양] 것이라 하겠다. 관인이 함께 맑고[官印雙淸 관인쌍청] 재성은 관을 생하고[財星生官 재성생관] 인성을 무너뜨리지 않으니[不壞印綬 불괴인수] 사주가 순수하고 편안하며 화목하다[純粹安和 순수안화] 하겠다.

남편은 이품(二品)의 벼슬을 하였고 아들이 다섯에 손자가 스물세 명이었으며, 일생 동안 질병이 없었다. 부부가 서로 공경하며[夫婦齊眉 부부제미] 팔십을 넘겨 살다가 병 없이 삶을 마쳤으며 그 후손들도 모두 지위가 높고 귀하게 되었다[後裔皆顯貴 후예개현귀].

이상은 모두가 관성(官星)이 남편인 사주이다.

심화학습

여기서 다시 한 번 더 〈제2장 3. 을목(乙木)〉에서 계절에 따른 을목(乙木)의 특성을 상기해보자. 봄에 태어난 을목(乙木)은 복숭아나 자두나무[桃李 도리]와 같아 서리[金]가 내리면 시들어버리니[金剋則凋 금극즉조], 봄에 태어난 을목(乙木)이 화(火)를 반기는 것은 꽃을 피우기 위함이다[喜其發榮 희기발영]라고 하여 식상(食傷)을 용신(用神)으로 삼아야 한다고 하였다.

그렇다면 이 명조(命造)는 을목(乙木)이 초봄인 인월(寅月)에 태어나 바로 곁의 유금(酉金)으로부터 극(剋)을 받으니 오화(午火)를 용신으로 삼아 유금(酉金)을 극하여 보내버리게 되어 사주가 청(淸)하다고 보는 것이 마땅하다.

하지만 사주 해석을 보면 한목향양(寒木向陽)이라고는 하면서도 재성(財星)이 인성(印星)을 무너뜨리지 않아 사주가 순수하다고 하여 인성을 용신으로 삼는 것으로 풀이된다. 그렇다면 이 사주는 비록 인월(寅月)에 태어났다고 하더라도 신약(身弱)하다고 보는 것이 타당하겠고, 이 사주에서 오화(午火)의 역할은 금(金)을 제(制)하여 사주의 한습(寒濕)한 기운을 덜어주는 약신(藥神)으로 보면 되겠다는 생각이니, 이 또한 앞의 사례와 마찬가지로 하나의 기본규칙이 있다고 하더라도 이를 적용할 때는 상황에 따라 융통성을 부여해야 한다는 의미로 받아들여야 할 것이다.

하지만 해석에 작위적인 감이 없지 않다 하겠으니 아마도 잘 알고 있는 여인의 사주인 모양이다.

⑰ 인성(印星)이 남편인 경우 1

<table>
<tr><td>戊</td><td>癸</td><td>辛</td><td>丙</td></tr>
<tr><td>午</td><td>酉</td><td>卯</td><td>寅</td></tr>
</table>

<table>
<tr><td>癸</td><td>甲</td><td>乙</td><td>丙</td><td>丁</td><td>戊</td><td>己</td><td>庚</td></tr>
<tr><td>未</td><td>申</td><td>酉</td><td>戌</td><td>亥</td><td>子</td><td>丑</td><td>寅</td></tr>
</table>

계수(癸水)가 봄이 한창인 묘월(卯月)에 태어나 일주(日主)의 기운을 설(洩)하고 재관(財官) 또한 함께 왕(旺)하니, 일주는 여리고 약하다[柔弱유약] 하겠다. 따라서 용신(用神)인 인성(印星)이 남편이 되고, 용신이 맑아[淸청] 타고난 성품이 바르고 고르며[秉性端莊병성단장] 부지런하고 검소하게 길쌈을 하였다[勤儉紡織근검방직].

축토(丑土)운에 이르러 화(火)를 설하고 금국(金局)을 이루니[洩火拱

金 설화공금] 연달아 아들 둘을 낳았고, 무자(戊子)운에는 오화(午火)를 충하여 보내버리니[沖去午火 충거오화] 유금(酉金)이 손상을 입지 않게 되어 남편이 향시(鄕試)와 전시(殿試)에 합격했는데[登科發甲 등과발갑], 정해(丁亥)운으로 바뀌자 세상을 떠나고 말았다[西歸矣 서귀의].

이 명조(命造)의 병(病)은 사실 재성(財星)이 왕한 것이라 하겠다. 천간의 신금(辛金)은 병화(丙火)와 합(合)을 해버리고, 지지의 유금(酉金)은 오화(午火)가 부수어버린다. 더욱 불만스러운 것은 인목(寅木)과 묘목(卯木)이 월령(月令)을 차지하여 화(火)를 생해주고 있다는 것이다. 정해(丁亥)운에 들자 해수(亥水)가 인목(寅木)과 합을 이루어 목(木)으로 화(化)하여 왕신(旺神)인 화(火)를 돕고, 정화(丁火)는 신금(辛金)을 바짝 붙어 극하니[緊剋 긴극], 마땅히 죽을 수밖에[不祿 불록] 없지 않았겠는가.

심화학습

지금부터는 임철초가 『적천수징의』 본문에서 주장한 용신(用神)이 남편이 되는 사주들이 등장한다. 이 사주에서는 인성(印星)이 용신이니 인성을 남편으로 보고 있다. 사주 해석상 전혀 문제가 없어 보인다.

하지만 이 사례에서와 같이 여성의 사주를 가지고 남편의 운명을 논한다는 것은 어찌 보면 말이 되지 않는 황당한 논리라 하겠다. 따라서 시간(時干)에 관성(官星)인 무토(戊土)가 투출했으니 일단은 이를 남편으로 놓고 풀이해볼 필요가 있다 하겠다. 요즘으로 치면 자기밖에 모르는 남편을 얻을 가능성이 높을 것이라는 생각이 든다. 사주주인공인 여자는 그래도 싫어하지는 않은 모양이다.

癸	丙	辛	辛
巳	子	卯	丑

己	戊	丁	丙	乙	甲	癸	壬
亥	戌	酉	申	未	午	巳	辰

병화(丙火)가 봄이 한창인 묘월(卯月)에 태어나 화(火)는 상(相)이고 목(木)은 왕(旺)에 해당하는 시기이니 바로 중화(中和)의 형상을 얻었다 하겠다. 연월(年月) 모두에 재성(財星)이 투출했고 지지에서 사축(巳丑)이 금국(金局)을 이루니, 재가 왕하여 관을 생하고[財旺生官 재왕생관] 또한 관성은 녹왕을 얻었으니[官星得祿 관성득록] 인성(印星)이 남편이 되고 진신을 용신으로 얻었다[眞神得用 진신득용] 하겠다. 타고난 성품이 부지런하고 검소하여[秉性勤儉 병성근검] 길쌈을 하여 공부를 도왔다[紡績佐讀 방적좌독].

갑오(甲午)운에 이르러 일주를 돕고 인성을 지켜주니[幇身衛印 방신위인] 남편은 연달아 전시(殿試)에 합격하였고[連登甲榜 연등갑방] 본인은 의인에 봉해졌다[受誥封宜人 수고봉의인]. 수명은 유금(酉金)운까지 이르렀으나, 지지가 사유축(巳酉丑)의 금회국(金會局)을 이루어 묘목(卯木)을 충(沖)하여 죽고 말았다[不祿 불록].

심화학습

사주에 재성(財星)과 관성(官星)이 왕하여 신약(身弱)하니 인성(印星)을 용신(用神)으로 삼고 용신이 남편이 된다는 말이다. 이 사례 역시 여성의 사주를 가지고 남편의 운명을 논하고 있다. 본인의 사주가 흉(凶)하더라도 배우자를 잘 만나면 길(吉)하게 될 수 있다는 말에는 수긍이 간다 하겠으나, 여성 사주의 용신에 따라 남편의 운명이 정해진다는 논리는 그대로 따르기가 어렵다는 생각이다. 옛날에는 여자가 근검하고 길쌈 잘하는 것이 아내가 갖추어야 할 최고의 덕목이라 했겠지만, 요즘 같은 세상에 그런 논리를 주장한다면 아마 미친 놈 취급을 받을지도 모르겠다.

　사주가 탐재괴인(貪財壞印)의 형상을 하고 있어 썩 좋아 보이지는 않는다. 일단은 시간(時干)의 정관(正官)을 남편으로 보고 사주 해석을 하는 것이 바람직하다는 생각이다. 남편이 잘되었을지는 몰라도 아내에게 자상한 남편은 아닐 것이라는 생각이다.

　의인(宜人)은 육품 무관의 아내가 왕으로부터 받는 품계라고 한다.

⑲ 인성(印星)이 남편인 경우 3

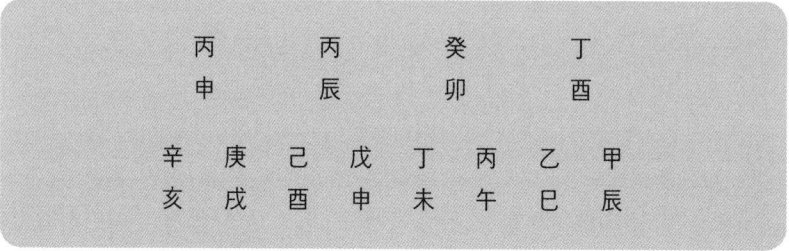

　병화(丙火)가 봄이 한창인 묘월(卯月)에 태어나 관성이 투출하고 재성은 지지에 감추어져 있다[官透財藏 관투재장]. 인성이 월령을 차지하고[印星秉令 인성병령] 비겁이 일주를 돕고 있으니[比劫幫身 비겁방신] 사주가 왕상(旺相)한 것처럼 보이지만, 불만스럽게도 묘유(卯酉)가 충(沖)을 만나고 계수(癸水)와 정화(丁火)가 서로 극(剋)하니 목화(木火)는 손상을 입고 금수(金水)는 남아 있게 된다. 비록 시간(時干)의 병화(丙火)의 도움에 의지한다고 하지만, 병화(丙火)는 시지(時支)에 신금(申金)을 깔고 앉아 있어 자신을 돌아볼 겨를도 없다[自顧不暇 자고불가] 하겠다.

　다행스러운 것은 진토(辰土) 속에 목(木)의 여기(餘氣)가 감추어져 있고, 남아 있는 이 한 점 작은 싹[微苗 미묘]이 봄날의 용신(用神)을 돕는다는 것이다. 앞의 사주에 비하면 훨씬 약(弱)하다 하겠으니, 또한 인성(印星)이 남편이 된다고 하겠다. 사람됨이 바르고 곧으며 우아하고[端莊幽嫻 단장유한] 글을 알고 그 이치에 통달하였다[知書達理 지서달리].

　병오(丙午)운에 유금(酉金)을 깨뜨려버리니 남편은 향시(鄕試)에 합격하였고[登科 ^{등과}] 아들 둘을 낳았으며 사품의 품계를 받았다[誥封四品 ^고 ^{봉사품}]. 사십이 넘어 운(運)이 무신(戊申)으로 달리자 화(火)를 설하고 금 (金)을 생하게 되어[洩火生金 ^{설화생금}] 죽고 말았다[不祿 ^{불록}].

앞의 사주에 비해 용신(用神)도 약하고 운(運)의 흐름도 좋지 않다 하겠 다. 항상 사주 해석의 마지막은 남편의 인생행로에 대한 언급으로 끝맺고 있다. 일단 남편은 월간(月干)의 계수(癸水)로 보고 여자 본인의 운명 위 주로 사주를 해석하는 것이 바람직하다는 생각이다.

⑳ 식신(食神)이 남편인 경우 1

己	戊	庚	癸
未	午	申	丑

戊	丁	丙	乙	甲	癸	壬	辛
辰	卯	寅	丑	子	亥	戌	酉

무토(戊土)가 초가을인 신월(申月)에 태어나 사주에 비겁(比劫)과 인성(印 星)이 중중(重重)하다. 월령(月令)을 얻은 식신(食神)을 용신(用神)으로 삼으니 남편이 되어 왕성한 일주(日主)의 기운을 설해준다[洩其菁英 ^{설기} ^{청영}]. 더욱 반가운 것은 계수(癸水)가 토(土)를 적셔 금(金)을 길러주니[潤 土養金 ^{윤토양금}] 일주의 빼어난 기운이 흘러 나가게 된다는[秀氣流行 ^{수기류} ^행] 것이다. 따라서 사람의 인품이 곧았으며[人品端莊 ^{인품단장}] 크고 올바른 것[大義 ^{대의}]이 무엇인지 알았다. 비록 농촌 집안에서 태어났으나 가난 속 에서도 편안한 마음을 지니고 살며[安貧 ^{안빈}] 길쌈을 하여 남편을 돕고[紡 績佐夫 ^{방적좌부}] 시부모를 공경하였다[孝事舅姑 ^{효사구고}].

계해(癸亥)운에 이르러 남편이 향시에 합격했고[夫擧於鄕 ^{부거어향}] 곧 전 시(殿試)에 합격했으며[旋登甲榜 ^{선등갑방}] 벼슬이 황당(黃堂)에 이르렀다.

아들 넷을 낳았는데 모두가 인물이 출중하였다[皆美秀 개미수]. 병화(丙火)
운에 이르러 식신을 빼앗기게 되니 죽고 말았다[奪食不祿 탈식불록].

심화학습

이 사주는 용신(用神)인 식신(食神)이 남편이라고 해도 과언이 아니라 하
겠다. 사주에 관성(官星)은 보이지 않고, 미토(未土) 속에 들어 있는 을목
(乙木)을 겨우 찾아낼 수 있으나 이를 남편이라고 하기에는 너무 미약하
기 때문이다. 따라서 사주 해석에는 전혀 무리가 없다 할 것이다.

식신생재(食神生財)로 흘러가는 사주의 구조가 매우 청(淸)하고 용신
또한 힘이 있으며 운(運)마저 금수(金水)로 흐르니 지금 같아서는 남편이
아니라 본인이 무언가 큰일을 이루어낼 수 있는 사주라 하겠다. 특히 연
지(年支)의 축토(丑土)가 매우 돋보이는 것은 무슨 까닭일까.

㉑ 식신(食神)이 남편인 경우 2

己	戊	庚	癸
未	戌	申	未

戊	丁	丙	乙	甲	癸	壬	辛
辰	卯	寅	丑	子	亥	戌	酉

이 명조(命造)는 앞의 명조에서 단지 술미(戌未) 두 글자만 바뀌었고 나
머지는 모두 같다. 미(未)와 축(丑)은 모두 토(土)이고 오화(午火)는 술토
(戌土)로 바뀌었으니 금(金)을 용신으로 하고 화(火)를 보내버리는[用金去
火 용금거화] 것이 마땅하다 하겠다.

일이 진행되어가는 형태[大勢 대세]를 보면 앞의 명조보다 나은 것처럼
보이는데, 오히려 그에 미치지 못하는 것은 무슨 까닭일까. 대체로 보아
축토(丑土)는 북방(北方)의 습토(濕土)이니 능히 금(金)을 생하고 화(火)
를 어둡게 하는[生金晦火 생금회화] 동시에 그 속에 수(水)도 쌓아두고 있지

만[蓄水 축수], 미토(未土)는 남방(南方)의 조토(燥土)이니 능히 금(金)을 무르게 하고 화(火)를 돕는[脆金助火 취금조화] 동시에 수(水)를 말려버린다[暵水 한수]. 또 한편으로는 비록 오화(午火)가 화(火)라고는 하더라도 축토(丑土)를 만나면 생해주려고 하는데[貪生 탐생] 반해, 술토(戌土)는 토(土)라고는 하지만 그 속에 화(火)를 간직하고 있어[藏火 장화] 더욱 메마르다[愈燥 유조]. 하지만 다행스럽게도 가을의 금(金)을 용신으로 삼으니 귀(貴)하게 된다.

비록 가난한 집안에서 태어났으나[出身貧寒 출신빈한] 인품이 곧고 부지런하여[人品端勤 인품단근] 가정을 부지런하고 검소하게 유지하였다[持家勤儉 지가근검]. 남편은 향방(鄕榜)에 붙어 현령(縣令)의 벼슬을 하였고 아들 둘을 낳았다.

왜 앞의 사주에서 축토(丑土)가 돋보이는지 알 수 있을 것이다. 사주 오행의 구성도 거의 비슷하고 운의 흐름도 같아 귀한 것은 마찬가지이나, 그 귀함에 큰 차이가 나는 것은 바로 축토(丑土)와 미토(未土)의 차이점 때문이라는 말이다. 토(土)라고 다 같은 토(土)가 아니란 사실을 항상 명심해야 할 것이다.

㉒ 식신(食神)이 남편인 경우 3

癸	辛	己	壬
巳	丑	酉	辰

辛	壬	癸	甲	乙	丙	丁	戊
丑	寅	卯	辰	巳	午	未	申

신금(辛金)이 가을이 한창인 유월(酉月)에 태어나 지지는 서방(西方)의 금국(金局)을 이루고 사주 오행에서 목(木)이 없고 사화(巳火)는 이미 금

(金)이 되어버렸다 하겠다. 반드시 관성(官星)을 용신(用神)으로 삼아야 할 이유는 없고, 임수(壬水)와 계수(癸水)가 천간에 나란히 투출한 것이 반가울 뿐이다. 식상(食傷)이 일주의 빼어난 기운을 설하니[洩其精英 설기정영] 사람이 총명하며 단정하고 공손했으며[聰明端謹 총명단근] 시와 예에도 자못 조예가 깊었다[頗知詩禮 파지시례].

안타까운 것은 십구 세에 운(運)이 정미(丁未)의 남방(南方)을 달리니 화(火)가 왕(旺)하여 토(土)를 생하고 수(水)를 말려버리는[生土熇水 생토픅슈] 것이다. 세운(歲運)인 경술(庚戌)년에 지지가 모두 수(水)를 극(剋)하니 자식이 없이 요절하고 말았다.

신금(辛金) 일주가 왕(旺)하여 식신(食神)인 계수(癸水)를 용신(用神)으로 삼아 일주(日主)의 왕(旺)한 기운을 설(洩)하는 구조라 하겠다. 희신(喜神)은 목(木)이 되는데, 사주가 식신생재(食神生財)로 유통(流通)되지 못하여 너무 아쉽다 하겠다. 게다가 운(運)마저 화목(火木)으로 흐르니 화(火)운을 버티지 못했던 것 같다. 남편은 시지(時支)의 사화(巳火)로 보아야겠는데, 이미 금(金)이 되어버린 상황이니 그에게서 무엇을 바랄 수 있었겠는가. 운(運)이 순운(順運)으로 흘렀더라면 아주 좋았을 텐데 남자로 태어나지 못한 것이 안타까울 뿐이다.

㉓ 식신(食神)이 남편인 경우 4

己	乙	壬	丁
卯	卯	寅	未

庚	己	戊	丁	丙	乙	甲	癸
戌	酉	申	未	午	巳	辰	卯

을목(乙木)이 인월(寅月)에 태어나 봄의 목(木)이 빽빽하니[春木森森 춘목삼

삼] 왕(旺)함이 극에 달했다. 시간(時干)의 기토(己土)가 뿌리가 없으니 정화(丁火)를 용신(用神)으로 삼아 남편이 된다. 정임합(丁壬合)이 되어 수(水)를 물리쳐 떠나보내는 것은 묘하나[去水却妙 거수각묘], 목(木)으로 화하는 것은 마땅하지 않다[化木不宜 화목불의] 하겠다.

가난한 집안에서 태어났으나[出身貧寒 출신빈한] 반갑게도 운(運)이 남방(南方) 화(火)의 지지를 달리니 남편을 도와 집안을 일으켰고[幇夫興家 방부흥가] 자식도 많았다. 수명은 신금(申金)운에 이르러 임수(壬水)가 생(生)을 만나니 끝을 맺게 되었다.

이 사주를 사례 ❷❻과 비교해보면, 사주 자체는 그에 미치지 못하나 대운(大運)의 흐름이 배신하지 않아[行運不背 행운불배] 그 결과가 사례 ❷❻의 사주보다 더 낫게 되었다. 따라서 사주 좋은 것이 운 좋은 것만 못하다[命好不如運好 명호불여운호]는 말은 남녀 모두에게 마찬가지로 적용된다 하겠다.

심화학습

『적천수징의(滴天髓徵義)』 본문에서는 이 명조가 사례 ❷❻ 다음에 나오지만, 식신(食神)이 남편인 경우를 한데 모아놓기 위해서 순서를 바꾸었다. 따라서 사례 해석에서도 앞의 사주[前造 전조]란 말을 사례 ❷❻으로 해석하였다. 대운(大運) 또한 『적천수징의』에는 역운(逆運)으로 적혀 있으나, 여성의 사주이니 순운(順運)으로 고쳐 적었다. 이 사주에서는 관성(官星)이 전혀 보이질 않으니 용신(用神)인 정화(丁火)를 남편이라고 해도 무방하다는 생각이다.

壬	戊	辛	己
戌	辰	未	酉

己	戊	丁	丙	乙	甲	癸	壬
卯	寅	丑	子	亥	戌	酉	申

무토(戊土)가 늦여름인 미월(未月)에 태어나 금(金)을 만나 일주의 빼어난 기운을 토해내고 있다[逢金吐秀 봉금토수]. 더욱 반가운 것은 사주에 목(木)이 없다는 것이니 부귀한 명조(命造)라 하겠다. 따라서 벼슬을 하는 집안에서 태어나[出身宦家 출신환가] 시와 글씨[詩書 시서]에 능통하였고 예절과 가르침[禮敎 예교]에도 통달하였다.

유금(酉金)운에 이르러 남편이 녹왕(祿旺)을 만나니 아들 하나를 얻고 남편은 과거에 합격하였다. 갑술(甲戌)운에 형충으로 정화(丁火)가 튀어나오니[刑沖出丁火 형충출정화] 규방 안에는 눈보라가 난무하여 남편이 죽고[閨中雪舞 규중설무] 집안 형편도 하루아침에 몰락하니[家道日落 가도일락] 젊어서 수절하여[靑年守節 청년수절] 자식을 가르쳐 명성을 얻게 하는 데[敎子成名 교자성명] 힘써 뜻을 두었다. 자수(子水)운에 이르러 아들이 등과(登科)하여 벼슬은 군수(郡守)에 이르렀고, 수명은 금(金)의 절지(絕地)인 인목(寅木)운까지 이어졌다.

심화학습

형(刑)은 인정하지 않는다고 선언해놓고 여기서는 '형충으로 정화(丁火)가 튀어나오니[刑沖出丁火 형충출정화]'라고 하니 당황스럽다. 그냥 충(沖)이라고만 표현해도 충분하다는 생각이다.

진술충(辰戌沖)으로 술토(戌土) 속의 정화(丁火)가 튀어나와 상관(傷官)을 극(剋)하여 남편이 죽었다는 말이니 용신(用神)을 남편으로 삼은 경우라 할 수 있겠다. 미토(未土) 속의 을목(乙木)이 과연 남편 역할을 할 수 있을까도 의문스럽다.

갑술(甲戌)운에 어려움을 겪은 것은 당연한 일이고, 그래도 버텨낼 수 있었다는 것이 다행스럽다 하겠다. 시간(時干)의 임수(壬水)는 꽉 막혀 힘을 쓰지 못하니 일주(日主)의 수기(秀氣)가 상관에서 막혀버린 형상이므로 이를 유통시켜주기 위해서는 운(運)에서 수(水)가 들어와야 하는데, 조토(燥土)인 술토(戌土)가 들어와버렸으니 어찌 견딜 수 있었을까 하는 생각이다. 모진 고초를 인내와 끈기로 버텨내는 모습이 눈에 선하게 떠오른다 하겠다.

㉕ 상관(傷官)이 남편인 경우 2

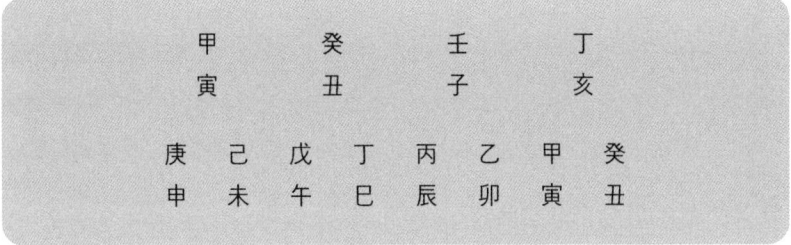

계수(癸水)가 한겨울인 자월(子月)에 태어나 지지는 해자축(亥子丑) 북방(北方)의 수국(水局)으로 이루어져 있어 그 세력이 넘쳐흐른다[泛濫 범람]하겠다. 한 점 정화(丁火)는 뿌리가 없는데 가장 반가운 것은 인시(寅時)에 태어나 수(水)를 거두어[納水 납수] 그 무성한 기운을 설한다[洩其菁華 설기청화]는 것이다.

남편인 갑목(甲木)이 녹왕(祿旺)에 앉아 있으니 사람이 총명하고 얼굴이 예뻤으며 인품이 가지런하고 바르며 자태가 우아하였다[端莊幽嫺 단장유한]. 더욱 반가운 것은 운(運)이 동남(東南) 목화(木火)의 지지를 달려 남편은 영예를 얻고 자식도 빼어났으니[夫榮子秀 부영자수] 복이 넉넉하였다[福澤有餘 복택유여].

계수(癸水) 일주가 신왕(身旺)하여 상관(傷官)인 시간(時干)의 갑목(甲木)을 용신(用神)으로 삼았는데, 용신이 힘이 있고 게다가 운(運)까지 도와주어 복을 누리게 되었다는 말이다.

식상(食傷)이 천간에 떴으니 미모를 갖추었고 총명하다는 것은 일리가 있지만, 남편은 일지(日支)의 축토(丑土)를 염두에 두어야 할 것이다. 여성 사주의 관성(官星)이 희용신(喜用神)이 되어 좋은 남편을 만날 수 있다고 하면 몰라도, 여성 사주의 용신이 힘이 있고 운이 좋아서 남편이 출세하고 자식이 성공한다는 논리는 요즘 상황에 비추어본다면 어폐가 있다는 생각이다. 남편의 운은 남편의 사주를 보아야 하는 것이 당연하지 않겠는가.

여자의 사주가 워낙 청(淸)하고 운의 흐름도 좋으니 남편은 가만히 앉아 있어도 행복한 생활을 누릴 수 있을 것 같다. 상관이 관성을 보고 있으니[傷官見官 상관견관] 남편을 우습게 알지도 모를 일이다.

㉖ 상관(傷官)이 남편인 경우 3

己	乙	丙	甲
卯	卯	寅	午

戊	己	庚	辛	壬	癸	甲	乙
午	未	申	酉	戌	亥	子	丑

왕(旺)한 목(木)이 화(火)를 만났으니 목화통명(木火通明)의 형상이라 하겠다. 묘한 것은 사주에 금수(金水)가 전혀 없다는 것으로, 순수하고 맑아 혼잡하지 않으니[純淸不雜 순청부잡] 사람됨이 바르고 가지런하며[端莊 단장] 남편은 병화(丙火)가 된다 하겠다.

안타깝게도 운(運)이 북방(北方) 수(水)의 지지로 흘러 수명이 길지 못했고[壽亦不永 수역불영], 아들 셋을 낳았으나 하나만 살아남았다. 임수(壬

水)운에 이르러 병화(丙火)를 극(剋)하니 죽고 말았다.

만약 이 사주의 운(運)이 순행(順行)했더라면 수명이 길었을 뿐이었겠는가. 이 사주의 주인공이 남자였더라면 명리가 모두 온전했을 것이고[名利兩全 명리양전], 여자였더라도 남편은 영예를 얻고 자식 또한 귀하게 되었을 것이다[夫榮子貴 부영자귀].

심화학습

을목(乙木)이 인월(寅月)에 태어나고 비겁(比劫)이 중중(重重)하니 일주(日主)는 왕(旺)하다 하겠다. 따라서 상관(傷官)인 병화(丙火)를 용신(用神)으로 삼아 상관생재(傷官生財)의 흐름을 타는 것이 바르다는 생각이다. 아쉬운 것은 재성(財星)이 상관으로부터 멀리 떨어져 있고, 운(運)이 금수(金水)로 흐른다는 것이다. 사주에 관성(官星)인 금(金)이 없으니 용신인 상관을 남편으로 보아도 무방하다는 생각이다.

㉗ 재성(財星)이 남편인 경우 1

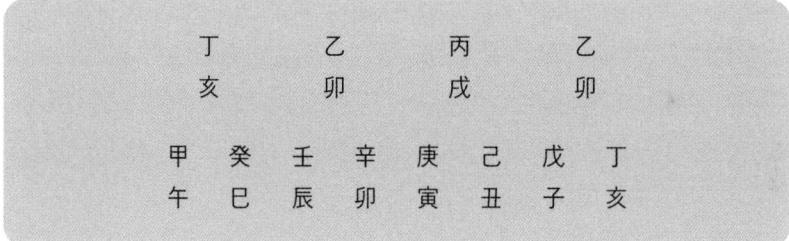

을목(乙木)이 늦가을인 술월(戌月)에 태어났고 천간의 두 을목(乙木)이 모두 녹왕(祿旺)인 묘목(卯木) 위에 앉아 있다. 또한 해수(亥水)와 묘목(卯木)은 합(合)을 하여 목국(木局)을 이루고, 사주에 금(金)이 없으니 일주(日主)는 왕(旺)하다 하겠다.

반가운 것은 병화(丙火)와 정화(丁火)가 천간에 투출하여 목(木)을 설하고 토(土)를 생한다[洩木生土 설목생토]는 것이니 재성(財星)이 남편이 된다 하겠다. 사람이 곧고 가지런하며[端莊 단장] 온화하고 유순하였다[和

順^{화순}]. 남편은 향방(鄕榜)에 합격하여 금당(琴堂)의 벼슬을 하였고, 아들 셋을 낳고 임수(壬水)운까지 살다 죽었다.

을목(乙木)이 왕(旺)하고 관성(官星)은 없으니 식신생재(食神生財)의 흐름을 타는 것이 바르다 하겠다. 사주는 청(淸)하다 할 수 있겠으나, 운(運)의 흐름은 그다지 좋다고 할 수 없겠다. 술토(戌土) 속에 신금(辛金)이 있으니 일단은 이를 남편으로 고려할 수 있겠으나, 워낙 일주(日主)가 왕(旺)하니 아내의 위세를 감히 거스르지 못했으리라는 생각이다. 남편의 사주는 어떠했을지 궁금해진다.

❷⑧ 재성(財星)이 남편인 경우 2

辛	丁	甲	戊
丑	未	寅	寅

丙	丁	戊	己	庚	辛	壬	癸
午	未	申	酉	戌	亥	子	丑

정화(丁火) 일주가 봄인 인월(寅月)에 태어나 사주에 인성(印星)이 너무 많다[太重^{태중}]. 가장 반가운 것은 재성의 곳간[財庫^{재고}]인 축시(丑時)에 태어나 미토(未土) 속의 비견(比肩)과 인성을 충(沖)으로 보내버리고 재성(財星)이 생을 받아 일어난다[生起^{생기}]는 것이다. 반드시 신금(辛金)이 남편이 되고, 축토(丑土)는 자식이 된다 하겠다.

초운(初運)이 북방(北方) 수(水)의 지지로 흐르니 금(金)을 설하고 목(木)을 생하여[洩金生木^{설금생목}] 가난하고 변변치 못한 집안에서 태어났다[出身寒微^{출신한미}]. 경술(庚戌), 기유(己酉), 무신(戊申)의 30년 동안 토금(土金)의 지지를 흐르니 남편을 이끌어 재물을 넉넉하게 모았고[裕夫發財^{유부발재}], 아들 셋을 낳아 모두가 귀하게 되고 공인에 봉해졌다[誥封

恭人 고봉공인]. 이른바 인성을 버리고 재성을 따라가니[棄印就財 기인취재] 남편을 얻어 자식이 도움을 받아[夫得子助 부득자조] 대를 잇는 자식들이 모두 영예를 얻어 발전했다 하겠다.

심화학습

정화(丁火) 일주가 왕(旺)하여 재성(財星)을 용신(用神)으로 삼아 식신생재(食神生財)로 흐름을 탔다 하겠다. 일단은 축토(丑土) 속에 계수(癸水)가 있으니 이를 남편으로 본다면 남편의 덕은 없다고 하겠는데 남편이 잘되었다니 그것은 남편의 사주를 따로 살펴보아야 할 것이며, 운(運)이 토금(土金)으로 흘러 잘된 것은 본인의 운이 좋았다고 보는 것이 마땅하다는 생각이다. 사주해석 내용 중 '남편을 이끌어'라는 표현으로 미루어 보아 그다지 잘난 남편은 아니었던 것으로 여겨진다. 공인(恭人)은 오품 문무관의 아내에게 임금이 내리던 품계라고 한다.

이상과 같이 여성의 사주를 살펴보았다. 하지만 거의 모든 사주를 남편이나 자식이 잘될 수 있는 하나의 도구로 보고 해석했다는 점에서 여성을 너무도 하찮은 존재로 본 것 같아 바람직한 사주 해석은 아니라는 생각이다. 요즘 관점으로 해석한다면 남편은 남편대로의 운이 있고 아내는 아내대로의 운이 있으니, 여자의 운이 좋다고 해서 당연히 남편이 잘되는 것은 아니라는 것이다.

　다만 사주에서 관성(官星)과 다른 신들과의 관계, 또는 관성이 없다면 용신(用神)과 다른 신(神)들과의 관계를 면밀히 분석함으로써 어떤 성향의 배우자를 맞이할 것인가에 대해 추론해보는 것이 올바른 사주 해석방법이 아닐까 한다.

小兒

소아

1. 유통불패(流通不悖)
- 사주가 흘러 통하여 어그러짐이 없다

적천수 원문

論財論煞論精神　四柱和平易養成
논재론살론정신　　　사주화평이양성

> 재(財)를 논하고 살(煞)을 논하며 정신(精神)을 논하지만[論財論煞論精神]
> 그 아이의 사주가 화평하면 기르기가 쉬우니[四柱和平易養成]

적천수 해설　　**유통불패(流通不悖)**

어린아이의 사주팔자[小兒之命 소아지명]는 사주가 맑고 뛰어나 사랑스러운 아이는 기르기가 어렵지만[淸奇可愛者難養 청기가애자난양], 사주가 혼탁하여 밉상스러운 아이는 쉽게 자라는[混濁可憎者易成 혼탁가증자이성] 것을 매번 보게 된다. 비록 그 아이가 태어난 가문의 기운이 어떠한가와 관련이 있다[關家門之氣數 관가문지기삭]고 하겠지만, 역시 사주 오행의 근원의 깊고 얕음을 살펴보아야[看根源之淺深 간근원지천심] 할 것이다. 그 절반은 잘 낳아 잘 기르는 것과 관련이 있고[關於培植者半 관어배식자반], 나머지 절반은 가문의 흥쇠와 관련이 있다[關於家門之興衰 관어가문지흥쇠]고 하겠다.

　어린아이의 사주팔자[小兒之命 소아지명]는 마치 열매와 싹[果苗 과묘]이 처음으로 세상에 나오는 것과 같으니, 심어서 기르기를 자상하게 해야 함[培植得好 배식득호]이 마땅한 것은 본래 말할 필요도 없다[固不待言 고부대언]. 그런데 태어나기 전[未生之前 미생지전]에 부모가 방사(房事)를 금하지 않아서 아이를 배고 있는 동안 독을 얻거나[毒受胎中 독수태중], 태어난 후[旣生之後 기생지후]에 지나치게 사랑하고 아끼거나[過於愛惜 과어애석] 음식을 가려먹지 않거나[飮食無忌 음식무기] 혹은 차고 따뜻함이 고르지 못하면[寒暖不調 한난부조], 그로 인해 질병이 끊이질 않게 되어[疾病多端 질병다단] 매번 성인에 이르지 못한다[每至無成 매지무성]. 또한 못된 짓을 많이 한 집안[積惡之家 적악지가]은 조상이 덕을 베푼 보답으로 자손들이 누리게 되는 복[餘慶 여경]이 없으니, 비록 어린아이의 사주팔자[小兒之命 소아지명]가 맑고 뛰어나며 순수하다[淸奇純粹 청기순수] 하더라도 기르기가 어렵다[難養 난양]. 분묘(墳墓)나 음양(陰陽)과 관련하여 꺼리는 것들도 있는데, 옮기고 고치거나 손상시켜 망가뜨림으로써[遷改損壞 천개손괴] 어려서 죽음에 이르는[以致夭亡 이치요망] 경우도 있다.

따라서 어린아이의 사주를 본다는 것은 쉬운 일이 아니다. 이러한 몇 가지 단서를 제외한 연후에 사주팔자를 논해야 하는데, 사주만 가지고서 논한다면 반드시 사주가 화평(和平)하고 치우치거나 메마르지 않아야 하며[不偏不枯 불편불고], 충(沖)이나 극(剋)이 없이 월지에 뿌리를 두고[通根月支 통근월지] 그 기운이 태어난 시로 이어져야 한다[氣貫生時 기관생시]. 사주에 살이 왕한데 인성이 있거나[殺旺有印 살왕유인] 인성이 약한데 관성이 있고[印弱有官 인약유관], 관성이 쇠한데 재성이 있거나[官衰有財 관쇠유재], 재성이 가벼운데 식상이 있으면[財輕有食傷 재경유식상], 서로 생하고 화하는 정이 있는 것이니[生化有情 생화유정] 사주의 기운이 흘러 통하여 어그러짐이 없게 된다[流通不悖 유통불패].

심화학습

두 번째 단락은 독자들의 이해를 돕기 위해 『적천수천미(滴天髓闡微)』의 내용을 첨부하여 보충 설명한 것이다. 『적천수천미』에는 『적천수』 원문의 살(煞)이 살(殺)로 표기되어 있으나, 같다고 보면 된다.

어린아이의 사주를 볼 때는 그 아이 본인의 사주가 물론 중요하지만, 양육과정과 가문의 배경도 영향을 미친다는 말이 되겠다. 요즘도 부모들이 자식을 위해 모든 것을 바치는 경우를 흔히 볼 수 있다. 불과 2~30년 전만 하더라도 개천에서 용났다는 말을 흔히 접할 수 있었으나, 요즘은 본인이 아무리 잘났다 하더라도 어떤 배경을 가진 부모에게서 태어났는가에 따라 그 자식의 미래가 결정되는 시대가 되어버린 것 같아 이 말이 더욱 실감난다 하겠다. 물론 이 책에서 의미하는 가문의 의미와 현재의 가문의 의미는 차이가 있겠으나, 부모의 능력에 따라 인생의 출발점이 달라진다는 것은 마찬가지라 하겠다. 다만 지금은 출신과 무관하게 본인의 능력에 따라 출세할 수 있는 길이 모든 사람에게 개방되어 있다는 차이는 있으니, 본인의 사주가 자신의 미래에 미치는 영향이 더욱 커졌다고 할 수 있겠다.

또 한 가지 여기서 짚고 넘어가야 할 것은 '그 기운이 태어난 시로 이어져야 한다[氣貫生時 기관생시]'에서 생시(生時)가 태어난 시간 즉 시지(時支)를 의미하는지 아니면 당령(當令)한 월지(月支)의 지장간(支藏干)을 의미하는지 불분명하다는 것이다. 뒤에 나오는 사례를 보면 시지를 의미하는 것 같아 일단 본문 해석도 그렇게 했으나, 생시를 태어난 절기(節氣)로 해석하기도 하니 양쪽을 모두 고려해보아야 할 것 같다는 생각이다.

적천수 사례연구 **유통불패(流通不悖)**

❶ 살이 왕한데 인성이 없어[殺旺無印, 살왕무인] 사주가 어그러진 경우

丁	丙	癸	辛
酉	子	巳	丑

乙	丙	丁	戊	己	庚	辛	壬
酉	戌	亥	子	丑	寅	卯	辰

병화(丙火)가 사월(巳月)에 태어나 비록 월지에 녹왕(祿旺)을 만났다[建

祿^{건록}]고는 하지만, 오행 중 목(木)의 생조(生助)가 없다. 천간에 이미 재관(財官)이 투출했으니 지지에서 다시 유금(酉金)과 자수(子水)를 보는 것은 마땅치가 않다. 게다가 사유축(巳酉丑) 금국(金局)까지 이루니 더더욱 마땅치 않다 하겠다. 따라서 녹왕인 사화(巳火)의 마음은 이미 일주(日主)에게 있지 않다고 하겠다. 비록 정화(丁火)가 곁에서 일주를 돕는다[幫身^{방신}]고는 하지만 계수(癸水)로부터 손상을 입으니 이른바 재성이 많아 신약한 형상[財多身弱^{재다신약}]이라 하겠다.

더불어 관성(官星) 또한 왕(旺)하니 일주의 허약함은 극에 달했다. 처음 임수(壬水)운으로 바뀌면서 살(殺)을 만나고 세운(歲運) 신해(辛亥)년에 천간의 임계수(壬癸水)가 병정화(丙丁火)를 극(剋)하고 지지의 해수(亥水)가 사화(巳火)를 충(沖)하여 녹왕을 깨뜨려버리니[破祿^{파록}] 일주의 뿌리가 연달아 뽑혀 없어져[連根拔盡^{연근발진}] 감질(疳疾)에 걸려 죽고 말았다.

심화학습

감질(疳疾)은 한의학에서 말하는 감병(疳病)으로, 젖이나 음식 조절을 잘못하여 어린아이의 얼굴이 누렇게 뜨고 배가 불러오는 병을 말한다고 한다.

신약(身弱)하여 인성(印星)을 용신(用神)으로 삼아야 하는데 목(木)이 보이지 않아 일단 겁재(劫財)인 정화(丁火)를 용신으로 하고, 운에서 목(木)이 들어오기를 기다린다 하겠다. 하지만 처음 임진(壬辰)대운을 못 넘기고 말았다. 이를 넘겼더라면 그래도 지지가 목(木)운으로 흐르니 버텨볼 수 있지 않았을까 하는 생각이지만, 대운의 천간이 개두(蓋頭)가 되어 덮어주질 않고 다시 수(水)운을 만나니 살아도 사는 것 같지 않았으리라는 생각이다.

辛	丙	己	癸
卯	寅	未	丑

辛	壬	癸	甲	乙	丙	丁	戊
亥	子	丑	寅	卯	辰	巳	午

앞의 사주는 재관(財官)이 너무 왕하여[太旺 태오아] 어려서 죽고 만[以致夭亡 이치요망] 경우라 하겠으나, 이 사주는 일주(日主)가 일지(日支)에 장생(長生)인 인목(寅木)을 깔고 앉아 있고 늦여름인 미월(未月)에 태어나 신왕(身旺)하니 재관을 용신(用神)으로 삼아야 하겠다.

상관은 희신(喜神)이 되어 재성을 생하고[傷生財 상생재] 재성은 다시 관성을 생하니[財生官 재생관] 생화유정(生化有情)한 것처럼 보인다. 하지만 이는 앞의 사주는 재성이 많아 신약한 형상[財多身弱 재다신약]이니 관성이 살이 되었고[以官作殺 이관작살], 이 사주는 재성은 절지에 임하고 관성은 휴에 해당하니[財絶官休 재절관휴] 반드시 두텁게 누리기는 어렵다[恐難厚享 공난후향]는 것을 모르고 하는 소리이다.

관성(官星)인 계수(癸水)는 미월(未月)에 태어나 화토(火土)는 메마른데[火土燥乾 화토한건], 수(水)의 여기(餘氣)인 축토(丑土)는 수(水)를 쌓고 금(金)을 저장하고 있다[蓄水藏金 축수장금]. 하지만 기토(己土)가 천간에 투출되어[己土當頭 기토당두] 계수(癸水)를 극(剋)하고 축미충(丑未沖)으로 금수(金水)의 뿌리는 날아가버리며, 시간(時干)의 신금(辛金)은 절지에 임하여[臨絶 임절] 비록 있다 하더라도 없는 것과 마찬가지니[雖有若無 수유약무] 어찌 멀리 떨어져 있는 수(水)를 생(生)할 수 있겠는가. 또한 기토(己土) 역시 떨어져 있는 금(金)을 생할 수 없으며, 운(運)마저 동남(東南) 목화(木火)의 지지를 달리니 성인으로 자라 가업을 지킬 사람[守業之人 수업지인]이 못된다 할 것이다.

용신(用神)이 뿌리가 약하고 사주의 유통생화(流通生化)가 제대로 이루어지지 않아 바로 자라지 못했다는 말이다. 운(運)이라도 좋았더라면 무언가 기대라도 해볼 수 있었을 텐데 이마저 목화(木火)로 흐르니 더 이상할 말이 없다 하겠다.

❸ 재관(財官)이 있으나 뿌리가 흔들려 사주가 어그러진 경우

	己	丙	壬	庚
	亥	寅	午	戌

庚	己	戊	丁	丙	乙	甲	癸
寅	丑	子	亥	戌	酉	申	未

병화(丙火)가 임수(壬水)를 용신(用神)으로 삼으니 일주는 강하고 살은 약하여[身强殺淺 신강살천] 살이 변하여 권세가 되었다[以殺化權 이살화권] 하겠다. 더욱 반가운 것은 재성이 약한 살을 불려주는 것이니[財滋弱殺 재자약살] 당연히 명리가 모두 온전하다[名利雙全 명리쌍전] 하겠다.

 아쉬운 것은 지지가 온전한 화국을 이루고 있는데다가[支全火局 지전화국], 해수(亥水)가 인해합(寅亥合)을 하여 목(木)으로 화하여 화(火)를 생한다[化木生火 화목생화]는 것이다. 연월(年月)의 경금(庚金)과 임수(壬水)는 뿌리가 없어 생하여 도와줌[生扶 생부]이 적다고 하겠다. 정사(丁巳)년에 이르러 사해충(巳亥沖)으로 임수(壬水)의 녹왕(祿旺)인 해수(亥水)를 떠나보내고, 정화(丁火)는 용신인 임수(壬水)를 합(合)하여 떠나보내니 천연두[痘症 두증]로 죽고 말았다.

정사(丁巳)년에 이르러 병으로 죽었다고 하는데 어느 대운(大運)에 속하는지 언급하지 않았으나 대운의 지지는 금수(金水)로 흘러 좋다고 하겠으니, 대운이 금수(金水)운으로 들어가기 전인 계미(癸未)운에 불행을 당하지 않았을까 하는 생각이다. 다만 사주의 지지가 천간의 희용신(喜用神)을 받쳐주지 못하고 개두(蓋頭)가 되어 대운의 지지와 천간의 조화가 자연스럽지 못하니 고비를 넘겼다고 하더라도 어려움은 있었을 것이라 여겨진다.

2. 기세유장(氣勢攸長) - 사주의 기세가 이어진다

적천수 원문

氣勢攸長無蹶喪   關星雖有不傷身
기세유장무착상   관성수유불상신

> 사주의 기세가 오래도록 길게 이어지고 중간에 운이 꺾여 죽지 않는다면
> [氣勢攸長無蹶喪]
> 비록 어떤 관련된 살[關煞, 관살]이 있다 해도 몸을 상하게 하지 못한다[關星雖有不傷身].

적천수 해설   **기세유장(氣勢攸長)**

만약 사주의 육신(六神) 중 어느 하나를 용신으로 얻어[一神得用 일신득용] 처음부터 끝까지 이에 서로 의지하거나[始終相託 시종상탁], 혹은 두 오행(五行)이 정으로 통하여[兩意情通 양의정통] 서로 감싸주고 보호해주거나[互相庇護 호상비호], 아직 대운(大運)에 들어가기 전의 세운(歲運)이 평탄하게 흘러 거스르지 않거나[流年平順 유년평순], 대운에 들어 운이 편안하게 흐른다면[運途安詳 운도안상], 이 모든 경우를 사주의 기세가 오래도록 길게 이어진다[氣勢攸長 기세유장]고 하는 것이다. 그리하면 그 아이는 자연스럽게 성인으로 자랄 수 있도록 기르기가 쉬울[易養成人 이양성인] 것이지만, 그렇지 않은 경우는 기르기가 어려울[難養 난양] 것이다. 그 외에 관련된 살이 많다[關煞多端 관살다단]고들 하지만 그 모든 것이 그릇되고 허망한 것으로[盡皆謬妄 진개류망] 사실을 왜곡하여 사람을 현혹시키는[造作惑人 조작혹인]

것에 불과하니 믿을 만한 것이 못된다 할 것이다.

『적천수천미(滴天髓闡微)』에는 『적천수』 원문의 '관성(關星)'이 '살관(殺關)'으로 표기되어 있다. 따라서 둘을 비교하여 해석해본 결과 『적천수천미』의 표현이 더 적절하다는 생각에서 관성(關星)을 '관련된 살[關煞^{관살}]'로 해석하였다. 여기서 말하는 살(煞)은 우리가 흔히 살이 꼈다고 할 때의 살로 보아 사람을 해치는 독하고 모진 기운 혹은 친족간에 좋지 않은 띠앗(형제나 자매 사이의 우애심) 정도로 해석하면 될 것 같다는 생각이다.

『적천수천미』에서는 사람들을 홀려 정신을 차리지 못하게 하기 위해 만든 신살(神殺)이라고 표현하며 쓸어 없애버려야 한다고 하였다. 따라서 살이든 신살이든 간에 이들은 무시하고 오직 운(運)의 흐름과 오행의 생극제화(生剋制化)를 중심으로 사주를 해석하라는 말로 받아들이면 될 것이다. 또한 『적천수』 원문의 기세유장(氣勢攸長)은 기세유장(氣勢悠長)으로 바꾸어 해석해야 '悠長(연원이나 역사가 깊고 오래다)'의 의미를 살린 원문 해석이 가능하다는 생각이다.

적천수 사례연구   **기세유장(氣勢攸長)**

❶ 일주가 용신에 의지하지 못해 사주가 어그러진 경우

戊	壬	戊	壬
申	申	申	申

丙	乙	甲	癸	壬	辛	庚	己
辰	卯	寅	丑	子	亥	戌	酉

임수(壬水)가 초가을 신월(申月)에 태어나 지지는 모두가 장생(長生)으로 이루어졌고, 천간은 두 무토(戊土)와 두 임수(壬水)로 이루어졌다. 사주의 기세를 살펴보면 지지가 하나의 기운으로 이루어지고[支全一氣^지

전일기] 천간은 두 오행으로 이루어져 다른 기운이 섞여 있지 않으며[兩干不雜 양간부잡], 게다가 살이 인성을 생해주기[殺印相生 살인상생]까지 하니 아주 귀하게 될 사주[大貴之格 대귀지격]이다. 하지만 이는 금(金)이 많으면 수(水)가 탁해지고[金多水濁 금다수탁] 어미가 많으면 자식이 병드는[母多子病 모다자병] 것을 모르고서 하는 소리이다.

사주에 왕(旺)한 금(金)을 극(剋)하는 화(火)가 없어 오히려 금(金)이 수(水)를 생(生)할 수 없게 되고, 무토(戊土)의 깨끗하고 순수함[精華 정화]은 금(金)에게 설(洩)을 당하여 그 목숨을 다하니, 사주가 치우치고 메마른 형상[偏枯之象 편고지상]이라 하겠다. 반드시 기르기가 어렵고[難養 난양] 명리는 모두 헛될 것이니[名利皆虛 명리개허], 세 살 되던 해인 갑술(甲戌)년에 죽고 말았다.

심화학습

신왕(身旺)하니 무토(戊土)를 용신(用神)으로 삼을 수밖에 없는 상황이다. 하지만 사주에 이를 생(生)하여 도와주는 화(火)가 없어 재성이 살을 불려주지[財滋弱殺 재자약살] 못하니 용신이 무력하여 일주(日主)는 처음부터 끝까지 여기에 의지할[始終相託 시종상탁] 수 없다. 게다가 운(運)마저 금수(金水)로 흐르니 사주의 기세가 꺾여 발(發)하지 못했다고 하겠다.

❷ 오행이 서로 감싸주고 보호해주지 못해 사주가 어그러진 경우

戊	壬	甲	壬
申	申	辰	申

壬	辛	庚	己	戊	丁	丙	乙
子	亥	戌	酉	申	未	午	巳

임수(壬水)가 늦은 봄인 진월(辰月)에 태어나 살인상생(殺印相生)이고, 지지에 장생(長生)을 셋이나 만나 일주(日主)가 왕(旺)하지만, 식신이 살

을 제하여[食神制殺 식신제살] 권세를 잡으니 귀하게 될 사주[貴格 귀격]라고
들 한다.

하지만 이는 봄의 토(土)는 약한데[春土氣虛 춘토기허] 월간(月干)에 갑목
(甲木)이 투출한 것을 모르고서 하는 소리이다. 진토(辰土)가 극(剋)을 받
을 뿐만 아니라 시간(時干)의 무토(戊土) 또한 갑목(甲木)의 극을 받는데,
사주에 화(火)가 없으니 생하고 또 생해주는 오묘한 이치[生生之妙 생생지
묘]를 얻지 못했다 하겠다.

이 사주 역시 어미가 많아 자식이 병들어[母多子病 모다자병] 사주가 치
우치고 메마른 형상[偏枯之象 편고지상]이다. 틀림없이 기르기가 어려울[難
養 난양] 것인데 나중에 천연두[痘症 두증]에 걸려 죽고 말았다.

심화학습

신왕(身旺)하여 월간(月干)의 식신(食神)인 갑목(甲木)을 용신(用神)으로
삼았다는 말이다. 사주에 화(火)가 없어 오행의 흐름이 막혀버리니 사주
가 치우치고 메마르다[偏枯 편고] 하겠다. 나중이 언제쯤인지는 모르겠으
나 지지의 화(火)운은 별 도움이 되지 못할 것 같고, 을사(乙巳)운에 사신
합(巳申合)을 이루어 죽지 않았을까 생각해볼 수 있겠다.

❸ 십이운성(十二運星)의 음장생설(陰長生說)에 대한 부정 1

壬	丁	壬	癸
寅	亥	戌	丑

甲	乙	丙	丁	戊	己	庚	癸
寅	卯	辰	巳	午	未	申	酉

이 사주는 음의 불로 약한 정화가[丁火陰柔 정화음유] 늦가을인 술월(戌月)
에 태어나고 사주에 관살(官殺)이 중첩되어 있으니 틀림없이 기르기가 어
려울 것이라고들 할 것이다. 하지만 이는 비록 관살이 왕(旺)하다 하더라

도 일주(日主)는 술월(戌月)의 신고(身庫)에 통근(通根)하였고, 술토(戌土)는 족히 수(水)를 제(制)할 수 있다는 것을 모르고서 하는 소리이다. 더욱 좋은 것은 사주에 금(金)이 없어 시지(時支)의 인목(寅木)이 손상을 입지 않아 그 기운이 태어난 시로 이어져[氣貫生時 기관생시] 수(水)를 거두어들이기[納水 납수]에 족하다는 것이니, 단지 기르기 쉬웠을[易養成人 이양성인] 뿐만 아니라 학문에의 뜻도 이룰[可遂書香 가수서향] 수 있을 것이다.

그런데 관살은 하나의 무리라 하겠으니[官殺一類 관살일류] 관이라고 해서 반기고[官爲喜 관위희] 살이라고 해서 미워해서는[殺爲憎 살위증] 안 된다. 신약(身弱)한 경우에는 모든 관이 살이 되고, 신왕(身旺)한 경우에는 모든 살이 관이 되는 것이다. 단지 중요한 것은 재성이 없고 인성이 있어야[無財有印 무재유인] 하는 것인데, 그리하면 바로 아름다운 사주[便爲佳造 편위가조]라 할 수 있다.

만약 정화(丁火)는 인목(寅木)에서 죽는다[丁火死寅 정화사인]고 말하면, 이는 그릇되어 이치에서 벗어남이 극에 달했다[謬之極 유지극] 할 것이다. 인목(寅木) 중의 갑목(甲木)은 정화(丁火)의 큰어머니[嫡母 적모]가 되는데 어찌 여기서 죽는다고 할 수 있겠는가. 무릇 음간(陰干)은 생지에서 죽고[生地爲死 생지위사] 사지에서 산다[死地爲生 사지위생]고들 하는데, 이는 올바른 논리가 아니다. 이러한 연유로 이 아이는 어려서 질병이 없었고 총명하고 슬기로움은 다른 아이들이 감히 따라오지 못할 정도였다[聰慧過人 총혜과인]. 갑술(甲戌)년에 반궁에 들어가 공부하였고[入泮 입반] 나중에 운(運)이 남방(南方)의 화토(火土)를 달려 살을 제어하고 일주를 도우니[制殺扶身 제살부신] 그 끝이 어디인지 헤아리기가 힘들다[未可限量 미가한량] 하겠다.

심화학습

어린아이의 사주를 이야기하다가 갑자기 십이운성(十二運星)의 음장생설(陰長生說)에 대한 부정으로 무게중심이 쏠리는 느낌이다. 아마도 누군가가 이 사주를 두고 음장생설의 논리를 적용하여 요절할 팔자라고 감명한 모양이다. 임철초 본인이 상당히 흥분한 것을 피부로 느낄 수 있다 하겠다.

정화(丁火) 일주가 신약(身弱)하니 인성(印星)인 시지(時支)의 인목(寅木)을 용신(用神)으로 삼았다 하겠다. 희신(喜神)을 화(火)로 할지 수(水)로 할지 선택하기가 무척 망설여진다. 본문 해석을 보면 나중에 운(運)이 남방(南方)의 화토(火土)를 달려 발(發)했다고 했으니, 화(火)를 희신으로 삼았다고 생각된다. 사주에 수(水)가 많아 목(木)이 약하지 않으니 기신(忌神)인 금(金)을 극(剋)해주는 화(火)를 희신으로 삼은 것은 적절하다 하겠다. 사주에 금(金)이 없어 다행이라고는 했지만 사주에 화(火)도 없으니 초운(初運)인 금(金)운을 어떻게 버텼는지가 궁금하다. 아마도 부모의 힘으로 버텨내지 않았을까 하는 생각이다.

❹ 십이운성(十二運星)의 음장생설(陰長生說)에 대한 부정 2

己	丁	甲	壬
酉	酉	辰	戌

壬	辛	庚	己	戊	丁	丙	乙
子	亥	戌	酉	申	未	午	巳

이 사주는 대부분의 사람들이 이르기를, 목(木)이 월간(月干)에 투출했고 봄의 목(木)은 족히 화(火)를 생(生)할 수 있으며 연간(年干)의 임수(壬水)는 목(木)을 생해주는데 정화(丁火)는 일지(日支)와 시지(時支)에 두 장생(長生)을 두었으니 일주(日主)는 왕(旺)하다고 한다.

하지만 애석하게도 지지에 토금(土金)이 너무 많아[太重태중] 틀림없이 천간의 수목(水木)은 그 뿌리가 얕을 것[淺천]이므로 수목(水木)은 기운이 없다 하겠다. 즉, 정화(丁火)를 덮어주는 나무그늘이 단단하지 못하다[蔭不固음불고]는 것이다.

이는 대개 갑목(甲木)이 늦은 봄인 진월(辰月)에 태어나면 갑목(甲木)은 그 수명을 다하여 물러나는 기운[退氣퇴기]의 신(神)이 되기 때문이라 하겠다. 진토(辰土)는 유금(酉金)과 합(合)을 하여 금(金)으로 화(化)하니 갑목(甲木)의 여기(餘氣)는 이미 끊어져버렸고, 술토(戌土)는 금(金)과 수(水) 사이를 떨어뜨려[隔격] 생하지 못하게 하고 수(水)를 제(制)하니, 임수(壬水)는 극(剋)을 받아 목(木)을 생하지 못한다. 따라서 진유합(辰酉合)이 금(金)으로 화하면 반드시 목(木)을 극하게 되니 일주의 뿌리는 단단하지 못하다[不固불고]는 것을 알 수 있을 것이다.

만약 유금(酉金)을 정화(丁火)의 장생이라고 한다면, 이는 오행 생극(生剋)의 이치를 뒤집어버리는[五行顚倒오행전도] 말이라 할 것이다. 유금(酉金) 안에는 순수한 신금(辛金)만 들어 있고 다른 오행은 섞여 있지 않으니, 금생수(金生水)는 있어도 화(火)를 생하는 이치는 없다. 화(火)는 유금(酉金)의 위치에 이르면 사절(死絕)의 지지 위에 있게 되는 것이다.

더욱 불만스러운 것은 시간(時干)의 기토(己土)가 일주의 원신을 훔쳐 달아나[竊去命主元神절거명주원신] 금(金)을 생하고 화(火)를 설한다[洩火生金설화생금]는 것이다. 그리하면 수목화(水木火) 세 오행은 모두 허(虛)하게 되는 것이 아니겠는가. 이러한 연유로 이 아이는 나중 계유(癸酉)년에 요절하고 말았다. 이와 같이 논한다면 어린아이의 사주팔자는 간명하기가 결코 쉬운 일이 아닌[不易看불이간] 것이라 하겠다.

심화학습

다시 한 번 더 음장생설(陰長生說)의 그릇된 논리를 비판하고 있다. 사주가 약(弱)하니 인성(印星)인 갑목(甲木)을 용신(用神)으로 하고, 사주에 금(金)이 많으니 화(火)를 희신(喜神)으로 삼아야 한다는 생각이다. 초운(初運)이 화(火)로 흘러 잘되어야 할 것 같은데, 아마도 을사(乙巳)운 계유(癸酉)년에 지지가 사유합(巳酉合)을 하여 금(金)으로 화(火)하고 일주(日主)는 계수(癸水)의 극(剋)을 받아 요절하지 않았을까 하는 생각이다.

제 1 6 장

出 身
출신

1. 원기존언(元機存焉) - 사주에 원기(元機)가 있다

적천수 원문

巍巍科第邁等倫　一個元機暗裏存
외외과제매등륜　　일개원기암리존

> 높고 높은 과거시험에서 같은 무리 중에서 빼어날 수 있는 것은[巍巍科第邁等倫]
> 하나의 근본이 되는 틀[元機. 원기]이 사주 속에 은밀히 존재하고 있기 때문이니
>
> [一個元機暗裏存]

적천수 해설　　**원기존언(元機存焉)**

사주를 논함에 가장 어려운 것은 그 사람의 출신(出身)을 가려내는 것이다. 따라서 그 안에 하나의 근본이 되는 틀[元機 원기]이 있는가를 알아보게 된다. 원기(元機)라는 것은 격국(格局)이 특별하게 맑거나 뛰어나게 남다른[淸奇迴異 청기형이] 것을 의미하는 것이 아니다. 용신이 참인가 거짓인가[用神眞假 용신진가]를 구분하여, 모름지기 지지 안에 암장되어 있는 신이 당령하여[藏神司令 장신사령] 용신(用神)과 희신(喜神)을 끌어안아 벌려놓음으로써[包羅 포라] 한신(閑神)과 기신(忌神)으로 하여금 싸우지 못하게 하고[不能爭戰 불능쟁전] 오히려 서로 합하여 생하려는 정[生拱之情 생공지정]이 있게끔 하는 것을 의미한다.

또한 격국에서는 본래 남보다 뛰어날 만한 곳을 찾아볼 수 없는데도[無出色處 무출색처] 이름과 벼슬이 무리들 가운데서 탁월한[名冠群英 명관군영] 경우가 있다. 이럴 때에는 반드시 먼저 조상이 대대로 쌓아온 덕이 아름다운지 추한지[世德之美惡 세덕지미악]를 궁구하고, 그 다음으로 그 사람이 태어난 산천의 정기(精氣)가 빼어났는지[山川之靈秀 산천지영수]를 논해야 한다. 이런 연유로 산천의 정기가 뭉쳐서 빼어나게 길러주고[鍾靈毓秀 종령육수] 조상이 대대로 쌓아온 덕을 좇아온[從世德而來 종세덕이래] 경우는 사주를 논하지 않는다[不論命 불론명]고 하는 것이다.

그리고 사주를 볼 때[看命 간명] 중요한 것은, 살과 인성이 서로 생하는 사주가 귀하고[殺印相生爲貴 살인상생위귀] 관성과 인성이 함께 맑은 사주가 아름다운[官印雙淸爲美 관인쌍청위미] 것이 아니라는 것이다. 가령 살(殺)과 인성(印星)과 재관(財官)이 뚜렷하게 드러나 사람의 눈과 마음을 움직이게 하는[動人心目 동인심목] 것은 반드시 좋은 사주가 아니다[必非佳造 필비가조]. 용신이 가볍고 미약한데[輕微 경미] 희신은 지지에 숨어 있으며[暗伏 암복] 빼어난 기운[秀氣 수기]은 깊숙이 감추어져 있는[深藏 심장] 경우라 하더라도 처음 볼 때는 좋은 곳이 전혀 없어 보이지만[初看竝無好處 초간병무호처] 두고두고 살펴보면 볼수록 정신이 들어 있고[越看越有精神 월간월유정신] 그 안에 반드시 근본이 되는 틀[元機 원기]이 있으니, 자세히 살펴 찾아보는 것이 마땅하다 할 것이다.

심화학습

『적천수천미(滴天髓闡微)』에는 본문 두 번째 단락 다음에 "세덕심전거일(世德心田居一), 산천거이(山川居二), 명격거삼(命格居三)"이라고 하여 그 사람의 출신(出身)을 볼 때는 세덕(世德), 산천(山川), 사주(四柱)의 순으로 보라고 했으나, 『적천수징의(滴天髓徵義)』본문에는 이 말이 생략되어 있다.

여기서의 심전(心田)을 그대로 해석하면 '마음의 밭'이라는 말인데, 심지(心地)와 같은 뜻으로 마음의 본바탕이라는 의미가 되겠다. 따라서 조상 대대로 쌓아온 덕행(德行)과 본인의 마음가짐이 그 사람의 출신을 가리는 데 가장 큰 역할을 한다는 뜻으로 받아들이면 될 것이다. 그 다음이 태어난 산천의 정기(精氣)이고, 맨 마지막으로 영향을 미치는 것이 본인의 사주라는 말이 되겠다. 바꾸어 말하면 본인의 사주보다 조상과 산천이 그 사람의 출신을 정하는 중요한 요인이 된다는 것이다. 요즘도 부모의 배경이 든든한 사람이 좋은 학교와 좋은 직업을 얻을 가능성이 높고, 어느 지방에서 태어난 사람들은 판검사가 많다는 등의 말들을 종종 들을 수 있으니, 이와 같은 논리에 대한 신뢰도가 더 높아지는 것이 사실이다. 그렇다면 여기서 말하는 출신의 의미를 무엇이라고 해석해야 할까. 사전을 찾아보면 출신(出身)은 출생 당시의 가정이 속해 있던 사회적 신분 또는 어떤 지방이나 학교, 직업 등으로부터 나온 신분이라고 정의되어 있다. 하지만 본문에서 말하는 출신을 그렇게 대입하면 해석이 원활하게 이루어지지 않는 것을 느끼게 된다.

지금부터 근본이 되는 틀[元機 원기]이 사주 속에 은밀히 존재하고 있는 [元機暗裏存 원기암리존] 사주의 사례들을 살펴볼 예정이다. 앞으로 등장할 사주의 해석을 보면 모두가 공통적으로 그 끝부분을 과거에 급제하여 벼슬을 하는 것으로 마무리하고 있음을 알 수 있다. 따라서 여기서 말하는 출신은 '벼슬길에 나아가는 것'이라고 해석해야 가장 적절하다는 생각이다. 그 당시에는 과거에 급제하여 벼슬을 하는 것 이외에는 출세할 방법이 없었기 때문이다. 하지만 현재의 우리가 사주 해석을 할 때 출신을 벼슬길에 나아가는 것에 국한하여 해석해서는 안 되며, 더욱 다양한 방법으로 사회적으로 성공할 수 있는 기회와 자격을 얻는다는 의미로 확대하여 해석해야 할 것이다.

원기존언(元機存焉)

❶ 원기(元機)가 사주 속에 은밀히 존재하고 있는 경우 1

戊	己	壬	壬
辰	未	寅	辰

庚	己	戊	丁	丙	乙	甲	癸
戌	酉	申	未	午	巳	辰	卯

기토(己土)가 초봄인 인월(寅月)에 태어나 관성(官星)이 당령(當令)했고 천간은 재성(財星)으로 덮여 관(官)을 생(生)하고 있으니 유정(有情)하다 하겠다. 다만 이른 봄의 기토(己土)는 습하고도 차가우며[濕而且寒 습이차한] 연월(年月)의 임수(壬水)는 수(水)의 신고(身庫)인 진토(辰土)에 통근(通根)했으니, 반가운 것은 인목(寅木) 안의 병화(丙火)가 당령하여 용신(用神)이 되었다는 것이다. 지장간에 숨어 생을 만나니[伏而逢生 복이봉생] 이른바 근본이 되는 틀이 사주 속에 은밀히 존재하고 있다[元機暗裏存 원기암리존]고 하겠다.

병화(丙火)운에 이르러 원신(元神)이 천간에 투출했고, 무진(戊辰)년에는 비견(比肩)이 시간(時干)을 도와서 임수(壬水)를 극하여 보내니[剋去 극거] 병화(丙火)는 극(剋)을 받지 않아 대괴천하(大魁天下)를 하였다. 속된 사람들은 이를 두고 관성이 천간에 투출하지 못했고 재성은 가볍고 비겁은 무거우니[財輕劫重 재경겁중] 평범한 사주라고 할 것이다.

심화학습

인월(寅月)에 태어난 기토(己土)가 인중갑목(寅中甲木)이 당령하여 신약(身弱)하니 인성(印星)인 인중병화(寅中丙火)를 용신(用神)으로 삼고, 희신(喜神)은 인중갑목(寅中甲木)이 된다는 말이다. 따라서 지지에 암장(暗藏)된 원기(元機)가 있어 과거에 장원급제하여 사회적 신분[出身 출신]을 얻게 되었다고 하겠다.

하지만 운(運)이 목화(木火)로 흐르지 않았더라도 그렇게 출세를 할 수 있었을까 의문이 생긴다. 사주 자체만으로는 아무리 원기암리존(元機暗裏存)이라고 하더라도 그다지 좋아 보이지 않기 때문이다. 토(土)는 비록 한신(閑神)이라고는 하지만 수(水)를 극(剋)하고 일주(日主)를 도와주니 희신에 가까운 한신이라 하겠다. 만약 입춘(立春) 직후에 태어났더라면 무토(戊土)가 당령하여 신왕(身旺)이 될 수도 있었으니, 운이 받쳐주지 못하므로 발(發)하지 못했으리라는 생각이다.

본문 중의 대괴천하(大魁天下)란 세 가지 과거시험인 향시(鄕試), 회시(會試), 전시(殿試) 중 제일 높은 등급인 전시에서 장원급제하는 것을 말한다고 한다.

❷ 원기(元機)가 사주 속에 은밀히 존재하고 있는 경우 2

庚	丁	丁	甲
戌	卯	丑	寅

乙	甲	癸	壬	辛	庚	己	戊
酉	申	未	午	巳	辰	卯	寅

정화(丁火)가 늦겨울인 축월(丑月)에 태어났으나 사주에 인수(印綬)가 중첩되어 있어 약한 가운데 왕으로 변했으니[弱中變旺 약중변왕] 족히 재성(財星)을 용신(用神)으로 삼는다 하겠다. 경금(庚金)은 천간에 허하게 떠 있으니[虛露 허로] 본래 출중한 형상은 아니라[本無出色 본무출색] 하겠다.

반가운 것은 축토(丑土) 속에 암장(暗藏)되어 있는 신금(辛金)이 용신이 된다는 것이니, 이 사주 역시 원기암리존(元機暗裏存)이라 하겠다. 축토(丑土)는 일주(日主)의 빼어난 기운[秀氣 수기]으로 능히 비견(比肩)을 이끌어 생(生)함을 받고, 또한 묘술합(卯戌合)을 얻어 축토(丑土)는 손상을 받지 않으니 정우(鼎右)를 차지하여 탐화급제(探花及第)하였다.

정화(丁火) 일주가 비록 월지(月支)는 차지하지 못했으나 사주원국에 인성(印星)과 비견(比肩)이 그득하여 신왕(身旺)하니, 시간(時干)의 경금(庚金)을 용신(用神)으로 하여 상관생재(傷官生財)로 흐른다는 말이다. 경금(庚金)이 정화(丁火)의 극(剋)을 받아 별로인 것 같으나, 월지를 차지한 축토(丑土)에 원기(元機)가 들어 있어 출세했다는 것으로 미루어 축토(丑土) 속 신금(辛金)의 역할이 더욱 돋보인다고 하겠다. 따라서 경금(庚金)보다 신금(辛金)이 용신으로 더욱 적합하다는 생각이다.

다만 운(運)의 흐름을 보면 써 먹을 수 있는 대운(大運)은 경진(庚辰)과 신사(辛巳)밖에 없는 것 같고, 이 20년 동안에 모든 것을 이루었는지는 알 수 없지만 운의 지지가 목화(木火)로 흐름에도 불구하고 출세할 수 있었다는 것은 왠지 석연치 않다. 그래서 사주를 논함에 가장 어려운 것은 그 사람의 출신 성분을 가려내는 것이라고 한 모양이다.

본문 중 탐화급제(探花及第)의 탐화(探花)는 명청(明淸)시대의 과거시험 중 가장 높은 등급인 전시(殿試)에서 세 번째에 해당하는 순위로 합격하여 진사(進士)가 되는 것을 의미하며, 그 앞의 정우(鼎右)와 같은 말이라고 한다. 참고로 오두(鰲頭)는 장원급제, 방안(榜眼)은 이등급제를 의미한다는 것은 이미 앞에서 밝힌 바 있다.

❸ 원기(元機)가 사주 속에 은밀히 존재하고 있는 경우 3

辛	庚	壬	丁
巳	子	子	亥

甲	乙	丙	丁	戊	己	庚	辛
辰	巳	午	未	申	酉	戌	亥

경금(庚金)이 한겨울인 자월(子月)에 태어나 상관이 너무 왕하여[傷官太旺 상관태왕] 설기(洩氣)가 지나치니, 용신(用神)은 토(土)에 있지 결코 화

(火)에 있는 것이 아니다. 사주 중의 화(火)는 사주를 따뜻하게 해주기 위한[暖局 난국] 것에 불과하다. 사주에 토(土)가 없으니 사화(巳火) 속에 암장(暗藏)되어 있는 무토(戊土)를 용신으로 삼는다. 수(水)가 왕(旺)하여 화(火)를 극(剋)하지만, 화(火)는 능히 토(土)를 생(生)하니 이 사주 역시 원기암리존(元機暗裏存)이라 하겠다.

무토(戊土)운에 이르러 병진(丙辰)년에 화토(火土)가 서로 생하여[相生 상생] 사화(巳火) 속의 원신(元神)인 무토(戊土)가 함께 튀어나오니[發露 발로] 전시(殿試)에서 세 번째에 해당하는 순위로 합격하여[鼎右 정우] 진사(進士)가 되었다.

심화학습

'금수상관희견관(金水傷官喜見官)'이라고는 하지만, 이 사주는 자월(子月)의 경금(庚金)이 신약(身弱)하니 인성(印星)인 토(土)를 용신(用神)으로 삼고 이를 도와주는 화(火)를 희신(喜神)으로 삼는다는 말이다. 앞의 〈제13장 7. 금수상관(金水傷官)〉에서 언급한 바와 같이, 대부분의 금수상관(金水傷官) 사주에서 화(火)를 용신으로 삼으려면 반드시 일주가 왕하고 재성인 목(木)을 만나야 하며[身旺逢財 신왕봉재], 중화된 사주는 수(水)를 용신으로[中和用水 중화용수] 삼고, 일주가 약하면 인성인 토(土)를 용신으로 삼는다[身弱用土 신약용토]는 임철초(任鐵樵)의 말을 다시 한 번 되새겨보기 바란다.

하지만 지장간에 숨어 있는 인성을 찾기에 앞서, 비록 멀리 떨어져 힘은 없지만 천간에 투출한 정화(丁火)를 용신으로 삼고 운(運)에서 화토(火土)를 기다리는 것도 하나의 방법이 될 것이라는 생각이다.

丙	甲	甲	壬
寅	戌	辰	戌

壬	辛	庚	己	戊	丁	丙	乙
子	亥	戌	酉	申	未	午	巳

갑목(甲木)이 늦은 봄인 진월(辰月)에 태어나 목(木)은 여기(餘氣)가 있고, 비겁(比劫)과 시지(時支)의 녹왕(祿旺)의 도움을 받는다. 시간(時干)에 병화(丙火)가 홀로 투출하여 빛나는 광채를 두루 미치니 순수하다[通輝純粹 통휘순수] 하겠다. 연간(年干)의 임수(壬水)는 연지(年支)에 조토(燥土)인 술토(戌土)를 깔고 앉아 극(剋)하여 제(制)함을 받고 옆에서는 비견(比肩)이 기운을 설(洩)하니, 굴러 변함으로 서로 생하여[轉輾相生 전전상생] 병화(丙火)는 다시 그 세력을 얻는다.

무토(戊土)운에 이르러 술토(戌土)의 원신(元神)이 투출하여 임수(壬水)를 제하니, 두 번의 과거에서 장원급제하고[兩冠群英 양관군영] 마침내 세 번의 과거에서 모두 장원급제하였다[三元及第 삼원급제]. 하지만 그 벼슬길은 높게 이르지[顯秩 현질] 못했으니, 이는 운(運)이 서방(西方)의 금지(金地)로 흘러 토(土)를 설하고 수(水)를 생했기[洩土生水 설토생수] 때문이라 하겠다.

심화학습

갑목(甲木) 일주가 왕(旺)하여 식신(食神)인 병화(丙火)를 용신(用神)으로 삼고, 목(木)을 희신(喜神)으로 한다는 말이다. 이 사주에서도 토(土)는 비록 한신(閑神)이라고는 하지만 수(水)를 극(剋)하여 도와주니 희신에 가깝다 하겠다.

원기(元機)가 지지에 숨어 있는 것이 아니라 천간에 투출했는데도 불구하고 크게 발(發)하지 못했던 이유를 운(運)의 흐름에서 찾고 있으니, 비록 사주에 원기가 존재한다고 하더라도 운이 돕지 않으면 크게 출세하기는 어렵다는 것을 보여주는 사례라 하겠다.

본문에서 말하는 양관군영(兩冠群英)은 향시(鄕試)와 회시(會試)의 두 번의 과거시험에서 장원급제하는 것을 의미하고, 삼원급제(三元及第)는 향시, 회시, 전시(殿試)에서 모두 장원급제하는 것을 의미한다고 한다.

2. 청기득진(淸氣得盡) – 사주에 청기(淸氣)가 있다

적천수 원문

淸得盡時黃榜客　雖存濁氣亦中式
청득진시황방객　수존탁기역중식

> 사주가 맑은 기운[淸氣, 청기]을 얻어 그 기를 다하면[淸得盡時]
> 그는 아주 귀한 사람이 되어 높은 벼슬을 누릴 것이고[黃榜客]
> 비록 그 사람의 사주 안에 탁한 기운이 함께 있다 하더라도[雖存濁氣]
> 아주 귀하게는 못 되어도 중간 정도의 벼슬은 할 수 있을 것이다[亦中式].

적천수 해설　　**청기득진(淸氣得盡)**

사주가 맑은 기운을 얻어 그 기운을 다한다[淸得盡 청득진]는 말은 사주의 형상(形象)이 하나의 오행으로 이루어진[一行成象 일행성상] 것을 의미하는 것도 아니고, 사주의 두 기운이 모두 함께 청한[兩氣雙淸 양기쌍청] 것을 의미하는 것도 아니다. 비록 사주에 오행이 모두 나와 있다고 하더라도 청기(淸氣)가 홀로 생왕(生旺)을 만나거나, 진신(眞神)이 용신(用神)이 되거나, 청기가 깊숙이 간직되어 있는[深藏 심장] 것을 의미하는데, 이 모두를 사주가 맑은 기운을 얻어 그 기운을 다한다[淸得盡 청득진]고 하는 것이다. 그렇게 되면 아주 귀한 사람이 되어 높은 벼슬을 누린다[黃榜標名 황방표명].

만약 청기가 월령을 잡았고[當權 당권] 한신(閑神)과 기신(忌神)은 당령도 못하고[不司令 불사령] 깊숙이 간직되어 있지도 않은데[不深藏 불심장], 세운(歲運)에서 이들을 제(制)하여 화(化)하게 되면 그 역시 향시와 전시에서 합격할[發科發甲 발과발갑] 수 있을 것이다. 청기가 월령을 잡았는데[當權 당권] 비록 사주에 탁기(濁氣)는 있으나 편안한 곳에 자리를 잡아[安放得所 안방득소] 희용신(喜用神)을 범하지 않는다면, 그 역시 발갑(發甲)은 못하더라도 발과(發科)는 할 수 있을 것이다. 비록 청기가 월령을 잡지 못했더라도[不當令 부당령] 한신과 기신이 탁기와 무리를 이루지 않고[不黨 부당] 청기를 구제하여 돕거나[匡扶 광부] 혹은 세운이 편안하게 정돈되어 있다면[安頓 안돈], 그 역시 중간 정도의 벼슬[中式 중식]은 할 수 있을 것이다.

심화학습

벼슬을 하는 것을 몇 개의 등급으로 나누고, 사주에서 청기(淸氣)가 어떤 상황에 놓여 있는가에 따라 사주의 등급도 나눠지게 되어 그 이루는 결과도 차이가 나타난다는 말로 이해하면 될 것이다.

본문에서 말하는 황방표명(黃榜標名)은 앞에서 언급한 세 가지 과거시험 중 가장 높은 등급인 전시(殿試)에서 합격하는 것을 말한다고 한다. 황방(黃榜)은 칙령(勅令)을 써놓은 방(榜)으로, 옛날 천자의 조서(詔書)는 누런 종이[黃紙 황지]에 기록한 데서 유래한 것이라 한다. 발갑(發甲) 또한 전시에 합격하는 것을 말한다. 발과(發科)는 향시(鄉試)나 회시(會試)에 합격하는 것을 말한다고 한다. 중식(中式) 또한 향시나 회시에 합격하는 것을 말한다고 한다. 하지만 『적천수(滴天髓)』 원문과 『적천수징의(滴天髓徵義)』 본문을 해석할 때는 독자들의 이해를 돕기 위해 황방은 높은 벼슬, 중식은 중간 정도의 벼슬로 약간의 의역(意譯)을 했음을 밝혀둔다.

❶ 사주가 맑은 기운을 얻어 그 기운을 다한[淸得盡, 청득진] 경우 1

丙	己	乙	戊
寅	卯	卯	辰

癸	壬	辛	庚	己	戊	丁	丙
亥	戌	酉	申	未	午	巳	辰

기토(己土)가 묘월(卯月)에 태어나 왕(旺)한 살(殺)이 월령(月令)을 차지하였다. 천간에 원신(元神)인 을목(乙木)이 투출했고, 지지는 동방(東方)의 목(木)이 무리를 이루었다[支類東方 지류동방]. 시간(時干)의 병화(丙火)는 생을 받아 왕하고[生旺 생왕] 사주원국에 금수(金水)가 섞여 있지 않으니[不雜 부잡], 사주가 맑은 기운을 얻어 그 기운을 다한다[淸得盡 청득진] 하겠다.

만약 사주에 금(金)이 하나라도 보인다면, 목(木)을 극(剋)할 수 없을 뿐만 아니라 왕신(旺神)을 건드린 꼴이 되어 오히려 금(金) 자신만 다치게 되고[自傷 자상], 무리를 이룬 목(木)과는 화합하지 못해[徒與木不和 도여목불화] 그 기운을 다하지 못한다[不盡 부진] 할 것이다.

심화학습

묘월(卯月)에 태어난 기토(己土)가 신약(身弱)하여 인성(印星)인 병화(丙火)를 용신(用神)으로 삼아 살인상생(殺印相生)이 되었다. 사주가 참으로 청(淸)해 보인다. 다만 경신(庚申)운부터는 무슨 일이 일어나지 않았을까 걱정된다 하겠다. 청득진(淸得盡)이라는 말만 있을 뿐 과거급제 등에 관한 언급이 전혀 없는 것으로 보아 더욱 그러한 생각이 강해진다.

사주가 본문에는 병진(丙辰)시로 표기되어 있으나, 내용상 병인(丙寅)시가 옳은 것 같아 병인(丙寅)으로 표기하였다.

甲	庚	己	癸
申	子	未	未

辛	壬	癸	甲	乙	丙	丁	戊
亥	子	丑	寅	卯	辰	巳	午

경금(庚金)이 미월(未月)에 태어났다. 본래 조토(燥土)는 금(金)을 생(生)하기가 어려운데, 일지(日支)에 자수(子水)를 깔고 앉아 있고[坐下子水 좌하지수] 연간(年干)에 원신(元神)이 투출했으니, 이른바 삼복더위에 추위를 탄다[三伏生寒 삼복생한]고 하여 토(土)를 적셔주고 금(金)을 길러준다[潤土養金 윤토양금]. 비록 토(土)가 왕(旺)하고 수(水)는 쇠약하지만[土旺水衰 토왕수쇠], 묘한 것은 시지(時支)의 신금(申金)이 자수(子水)를 껴안아 합하여[拱合 공합] 토(土)를 설하고 수(水)를 생하며[洩土生水 설토생수] 일주를 돕는다[扶身 부신]는 것이고, 더욱 묘한 것은 화(火)가 천간에 드러나 있지 않은[火不顯露 화불현로] 것이니, 사주가 맑은 기운을 얻어 그 기운을 다한다[淸得盡 청득진]고 하겠다.

초운(初運)인 무오(戊午), 정사(丁巳), 병화(丙火)운에는 토(土)를 생하고 물[水]을 말리니[生土熇水 생토픽수] 공명이 흔들렸고[功名蹭蹬 공명층등] 가업도 깨어져 기울었으나[家業破耗 가업파모], 진토(辰土)운에 지지가 완전한 수국(水局)을 이루니 향시에 합격하였다[擧於鄕 거어향]. 을묘(乙卯)운으로 바뀌자 기토(己土)와 미토(未土)를 극(剋)하여 제(制)하니 황갑에 이름을 올렸고[登黃甲 등황갑], 한림원에 들어가[入詞林 입사림] 문병을 장악하여[掌文柄 장문병] 벼슬길이 빛났다[仕路顯赫 사로현혁].

심화학습

미월(未月)의 경금(庚金)이 신왕(身旺)하여 상관(傷官)인 자수(子水)를 용신(用神)으로 삼고, 목(木)을 희신(喜神)으로 하였다는 말이 되겠다.

황갑(黃甲)은 전시(殿試)에 붙은 급제자들의 명단을 말하는데, 누런 종이[黃紙 황지]에 그 이름을 적었던 것에서 유래하여 전시에 합격한 것을 의미한다고 한다. 문병(文柄)은 문관의 자격을 심사하고 선발하는 권한을 말한다고 한다.

❸ 사주가 맑은 기운을 얻어 그 기운을 다한[淸得盡, 청득진] 경우 3

丁	甲	癸	癸
卯	午	亥	未

乙	丙	丁	戊	己	庚	辛	壬
卯	辰	巳	午	未	申	酉	戌

갑목(甲木)이 해월(亥月)에 태어나 계수(癸水)가 둘씩이나 투출하여[癸水並透 계수병투] 그 세력이 넘쳐흐른다[其勢泛濫 기세범람]고 하겠다. 겨울에 태어난 목(木)이 화(火)를 반기는데[冬木喜火 동목희화], 가장 반가운 것은 묘시(卯時)에 태어났다는 것이다. 정화(丁火)가 통근(通根)했을 뿐만 아니라 일주가 왕지(旺地)에 임했고, 지지는 합(合)을 하여 목회국(木會局)을 이루어 수(水)를 설하고 화(火)를 생하며[洩水生火 설수생화] 일주도 도와주기[扶身 부신] 때문이다. 더욱 묘한 것은 사주원국에 금(金)이 없는 것이니, 사주가 맑은 기운을 얻어 그 기운을 다한다[淸得盡 청득진]고 하겠다.

기미(己未)운에 이르러 계수(癸水)를 극(剋)하여 제어하니[制其癸水 제기계수], 같은 운(運) 병진(丙辰)년에 남궁에 이름을 올렸고[捷南宮 첩남궁] 한원에 들어가[入翰苑 입한원] 청렴함이 요구되는 높고 중요한 벼슬에 올랐다[官居淸要 관거청요].

심화학습

해월(亥月)의 갑목(甲木)이 사주에 인성이 많아 신왕(身旺)하니 재성을 용신으로 삼는 것을 생각해볼 수 있겠다[印重用財 인중용재]. 하지만 인성

(印星)인 수(水)가 너무 지나치고[太過 태과], 미토(未土)는 연지(年支)에 갇혀 왕성한 수(水)의 세력에 막혀 꼼짝할 수 없는 상황이다. 따라서 오히려 오행의 흐름에 순응하여 시간(時干)의 상관(傷官)인 정화(丁火)를 용신으로 삼고, 토(土)를 희신으로 하는 것이 바람직한 방법이라는 생각이다. 연지(年支)의 미토(未土)보다 시간(時干)의 정화(丁火)가 더 맑아 보이는 것이 사실이다. 다만 천간에 토(土)가 없는 것이 아쉽다.

남궁에 이름을 올린다[捷南宮 첩남궁]는 것은 세 종류의 과거시험 중 가장 높은 등급인 전시(殿試)에 합격한 것을 의미한다고 한다.

❹ 사주가 맑은 기운을 얻어 그 기운을 다한[淸得盡, 청득진] 경우 4

乙	癸	己	壬
卯	卯	酉	辰

丁	丙	乙	甲	癸	壬	辛	庚
巳	辰	卯	寅	丑	子	亥	戌

계묘(癸卯) 일주가 식신이 너무 많아[食神太重 식신태중] 일주(日主)의 기운을 설(洩)할 뿐만 아니라 살(殺)을 너무 지나치게 극하여 제하고 있다[制殺太過 제살태과]. 반가운 것은 가을의 수(水)가 월지의 유금(酉金)에 통근하여[秋水通源 추수통원] 홀로 있는 인성을 용신으로 얻었다[獨印得用 독인득용]는 것이다. 더욱 묘한 것은 진유합(辰酉合)이 금(金)으로 화하여[合而化金 합이화금] 금(金)의 기운이 더욱 견고해진다[金氣愈堅 금기유견]는 것인데, 사주에 화기(火氣)가 전혀 없으니 사주가 맑은 기운을 얻어 그 기운을 다한다[淸得盡 청득진]고 하겠다. 따라서 일찍이 벼슬길에 올라[早登雲路 조등운로] 명성이 국자감에서 드높았으나[名高翰苑 명고한원], 아쉽게도 중운(中運)에서 목(木)을 만나게 되어 높은 벼슬을 하지는 못했다[不能顯秩 불능현질].

유월(酉月)의 계수(癸水)가 식신(食神)이 많아 신약(身弱)하니 인성(印星)을 용신(用神)으로 삼는 상관용인(傷官用印)이라고 하겠다. 용신이 월령(月令)을 차지하고 토(土)의 도움을 받으며 사주에 화(火)가 없으니 청득진(清得盡)이라고 할 수 있겠다. 다만 운(運)이 끝까지 받쳐주지 못하여 아쉽다고 하겠다.

❺ 사주가 맑은 기운을 얻어 그 기운을 다한[淸得盡, 청득진] 경우 5

丙	庚	甲	己
子	子	戌	亥

丙	丁	戊	己	庚	辛	壬	癸
寅	卯	辰	巳	午	未	申	酉

경금(庚金)이 술월(戌月)에 태어나 지지에 두 개의 자수(子水)와 한 개의 해수(亥水)가 있고 천간에 병화(丙火)가 투출했으니[干透丙火 간투병화] 극과 설이 번갈아 더해진다[剋洩交加 극설교가]고 하겠다. 반가운 것은 인성이 월지를 잡아 왕하다[印旺月提 인왕월제]는 것이다. 비록 갑목(甲木)이 화(火)를 생하고 토(土)를 극하는[生火剋土 생화극토] 것이 불만스럽지만, 갑기합(甲己合)을 얻어 토(土)로 화하니[合而化土 합이화토] 사주가 맑은 기운을 얻어 그 기운을 다한다[淸得盡 청득진]고 하겠다.

기사(己巳)년에 이르러 인성이 도움을 받고[印星有助 인성유조] 갑목(甲木)의 장생(長生)인 해수(亥水)를 충하여 보내버리니[沖去 충거] 전시(殿試)에 합격하여 진사(進士)가 되었다[名題雁塔 명제안탑].

명제안탑(名題雁塔)은 진사(進士)의 벼슬을 한 것을 말하는데, 당시 과거에 합격하여 진사가 된 사람은 안탑(雁塔)에 이름을 올린 것에서 유래했다고 한다.

술월(戌月)의 경금(庚金)이 사주에 상관(傷官)이 많아 신약하여 인성(印星)인 토(土)를 용신으로 삼는다는 말이다. 다만 갑기합(甲己合)을 얻어 토(土)로 화했다[合而化土^{합이화토}]는 말은 좀 더 연구해보아야 할 것이다. 또한 사주에 극설교가(剋洩交加)가 이루어지고 있으니 다른 사례와 비교해볼 때 청득진(淸得盡)이라고 하기에는 부족한 감이 없지 않다 하겠다.

❻ 청득진(淸得盡)이지만 당령(當令)하지 못한 경우

辛			庚		丙		己
巳			子		子		亥
戊	己	庚	辛	壬	癸	甲	乙
辰	巳	午	未	申	酉	戌	亥

경금(庚金)이 한겨울인 자월(子月)에 태어나 지지에 두 개의 자수(子水)와 한 개의 해수(亥水)가 있고 천간에 병화(丙火)가 투출했으니 극설이 함께 나타난다[剋洩竝見^{극설병현}] 하겠다. 반가운 것은 기토(己土)가 천간에 투출하여 화(火)를 설하고 금(金)을 생하며[洩火生金^{설화생금}] 오행 중 목(木)이 없다는 것이니, 사주가 맑은 기운을 얻어 그 기운을 다한다[淸得盡^{청득진}]고 하겠다.

기사(己巳)년에 이르러 인성(印星)이 도움을 받아 명성이 한원(翰苑)에서 드높았으나, 부족한 것은 인성이 당령(當令)하지 못했고 기토(己土)가 일주(日主)에서 멀리 떨어져 있어 일주가 허(虛)한 것이니, 지현(知縣)으로 벼슬이 떨어져버렸다.

심화학습

앞의 명조와 비교해볼 수 있는 자료라 하겠다. 둘 다 신약하여 인성(印星)을 용신으로 삼았는데, 두 사주의 큰 차이는 용신이 월령(月令)을 잡앉는지 아닌지에 있다고 하겠다. 앞의 사주는 용신이 월지(月支)를 잡아 비교적 잘나갈 수 있었는데, 이 사주는 그렇지 못한데다가 위치도 적합하지 않아 관직이 흔들렸다는 말이다. 운(運)의 흐름도 앞의 사주가 낫다고 할 수 있겠다. 앞의 사주가 다른 사례에 비하여 청득진(淸得盡)이라고 하기에는 부족한 감이 있다고 했으니, 이 사주는 청득진이라고 하기에는 더욱 부족하다는 생각이다.

❼ 청득진(淸得盡)이지만 기신(忌神)의 방해를 받는 경우

	壬 辰	丙 子	壬 辰	丙 申	

庚 子	己 亥	戊 戌	丁 酉	丙 申	乙 未	甲 午	癸 巳

병화(丙火)가 늦은 봄인 진월(辰月)에 태어나 두 개의 살(殺)이 투출했고, 지지는 살국(殺局)인 수국(水局)을 이루었다. 반가운 것은 진토(辰土)가 당령(當令)하여 살을 제하고[制殺 제살], 진토(辰土) 중의 목(木)의 여기(餘氣)가 일주를 생해준다[生身 생신]는 것이다. 하지만 사주의 병(病)이 신금(申金)에 있으니 청득진(淸得盡)은 했으나 그 아름다움은 없다 하겠다[無此盡美 무차진미].

타고난 자질은 타인을 능가하였고[天資過人 천자과인], 정유(丁酉)년에 정화(丁火)는 살(殺)인 임수(壬水)와 합(合)을 하고 인성(印星)이 지지를 얻으니 향시에 합격하였다[中鄉榜 중향방]. 신미(辛未)년에는 자수(子水)를 극하여 보내버리고 목화(木火)가 모두 여기(餘氣)를 얻게 되어 춘위(春闈)에서도 합격했으나, 결국 불만스러운 것은 신금(申金)이었으니 벼슬을 얻어 크게 쓰일 기회[大用歸班 대용귀반]는 갖지 못했다. 더욱 불만스러운 것은 운(運)이 서방(西方)으로 달리는 것이니 술과 여자[酒色 주색]로 세월을 보냈다.

진월(辰月)의 병화(丙火)가 신약하여 진토(辰土) 속의 을목(乙木)을 용신으로 잡았다는 말이다. 목(木)이 약하니 수(水)를 희신으로 삼고 싶은데 사주에 수(水)가 중중(重重)하니 과연 희신이 될 수 있을지 의문스럽다.

이 명조는 보는 사람의 관점에 따라 희용신(喜用神)이 달라질 수 있는 구조이다. 목(木)이 용신이고 희신은 화(火)로 볼 수도 있을 것이고, 목(木) 용신에 수(水)를 희신으로 볼 수도 있을 것이며, 혹은 연간(年干)의 병화(丙火)를 무시하고 종살(從殺)로 볼 수도 있다는 생각이다. 본문 해석을 보면 임철초는 진토(辰土) 속의 을목(乙木)을 용신으로 하고 화(火)를 희신으로 잡았다고 여겨진다. 운(運)이 서방(西方)으로 달려 불만스러웠다 하니 금(金)이 기신(忌神)이고, 수(水)가 구신(仇神), 토(土)는 한신(閑神)이 된다는 말이다. 하지만 임진(壬辰)월의 진토(辰土)는 이미 신자진(申子辰) 수국(水局)의 신고(身庫)가 되어 인묘진(寅卯辰) 목방(木方)의 여기(餘氣)라고 하기에는 어려움이 따르는 것이 사실이니, 진토(辰土) 속의 을목(乙木)을 목(木)의 여기(餘氣)로 보아 청기(淸氣)라고 하기에는 무리라는 생각이 들지만, 청득진(淸得盡)은 했으나 사주에 병(病)이 있어 아름답게 되지 못한 경우로 해석하고 넘어가기로 한다.

본문의 '무차진미(無此盡美)'는 『적천수징의(滴天髓徵義)』에는 '회이진야(會而盡也)'라고 하여 사주의 병(病)이 신금(申金)에 있으나 회국(會局)을 이루어 청득진(淸得盡)이 되었다고 되어 있고, 『적천수천미(滴天髓闡微)』에는 '무차진미(無此盡美)'라고 하여 사주의 병이 신금(申金)에 있으니 청득진(淸得盡)의 아름다움은 없다 하겠다[無此盡美 무차진미]로 되어 있다. 따라서 『적천수천미』의 해석을 따르면 마치 청득진이 아닌 것으로만 착각하기 쉽고, 『적천수징의』의 해석을 따르면 청득진을 하여 사주가 좋은 것으로만 착각하기 쉽다는 생각이 들었다. 그러나 앞뒤 문맥상 그 둘 다 아닌 것 같아 '청득진(淸得盡)은 했으나 그 아름다움은 없다 하겠다[無此盡美 무차진미]'로 해석했으니 참고하기 바란다.

❽ 청득진(淸得盡)이지만 구신(仇神)의 방해를 받는 경우

戊	乙	辛	庚
寅	卯	巳	戌

己	戊	丁	丙	乙	甲	癸	壬
丑	子	亥	戌	酉	申	未	午

을목(乙木)이 사월(巳月)에 태어나 상관(傷官)이 당령(當令)했으니 족히 관살을 제하여 굴복시킬 수 있다[制官伏殺 ^{제관복살}]고 하겠다. 일지의 녹왕인[坐下祿支 ^{좌하록지}] 묘목(卯木)은 일주를 도와주고[扶身 ^{부신}] 시지(時支)에서 인목(寅木)을 만났으니 등라계갑(藤蘿繫甲)이라 하겠다.

경진(庚辰)년에 이르러 지지가 동방(東方)의 인묘진(寅卯辰)을 이루니 향시(鄕試)에는 합격했으나[中鄕榜 ^{중향방}] 전시(殿試)에는 합격하지 못했는데[不發甲 ^{불발갑}], 그 이유는 사주에 인성(印星)이 없고 술토(戌土)가 화(火)를 설하여 금(金)을 생해주기[洩火生金 ^{설화생금}] 때문이라 하겠다.

쌍둥이로 태어났는데[同胞雙生 ^{동포쌍생}] 그 동생은 묘시(卯時)에 태어났다. 그 역시 비록 시지에 비견(比肩)을 얻었다[得祿 ^{득록}]고는 하더라도 인목(寅木) 속에 갑목(甲木)이 간직되어 있는 것[寅中甲木 ^{인중갑목}]에는 미치지 못한다 할 것이다. 인중갑목(寅中甲木)은 힘도 있으며 지지에 암장되어 있어 아름다운 것이다[有力而藏之爲美 ^{유력이장지위미}]. 따라서 느지막이 기해(己亥)년에 이르러 인성(印星)이 묘목(卯木)을 껴안아 생해주어[生拱 ^{생공}] 비로소 향시에 합격하였다[中鄕榜 ^{중향방}].

심화학습

앞에서 언급한 〈제2장 3. 을목(乙木)〉을 보면, 사주의 천간에 갑목(甲木)이 투출하고 지지에서 인목(寅木)이 뿌리가 되어 받쳐준다면 이를 등라계갑(藤蘿繫甲)이라고 한다고 하였다. 하지만 이 사주는 천간에 갑목(甲木)이 투출하지 못했는데도 등라계갑이라고 하여 청득진(淸得盡)으로 보고 있으니 그 표현이 조금은 지나치지 않은가 생각한다.

을목(乙木)이 사월(巳月)에 태어나 신약(身弱)하니 인성(印星)이 절대적으로 필요한 상황인데[木火傷官喜見印 목화상관희견인] 사주원국에 수(水)가 없으니 일단 목(木)을 용신(用神)으로 하고, 운(運)에서 인성인 수(水)가 오기를 기다려야 한다는 말이라 하겠다.

다만 사주의 구신(仇神)이라 할 수 있는 술토(戌土)가 금(金)을 생(生)하여 용신인 목(木)을 극(剋)하니 크게 발(發)하지는 못했던 것 같다. 동생의 경우 상황은 더욱 불리하여 20년이 지난 기해(己亥)년에 이르러서야 겨우 향시(鄕試)에 합격한 모양이다. 나이로 따지면 51세라고 하니 그 나이에 과거에 합격하는 사주도 청득진이라고 할 수는 없을 것 같다는 생각이다.

이 사례는 태어난 가문, 낳아준 부모, 태어난 연월일(年月日), 자라난 환경 등 모든 조건이 동일하고 오직 태어난 시(時)만 불과 몇 분의 차이가 있다는 이유만으로 두 사람의 인생행로가 크게 달라질 수 있다는 것을 보여주는 사례라 하겠다.

❾ 사주에 탁기가 있음에도 벼슬을 한 경우[雖存濁氣亦中式, 수존탁기역중식]

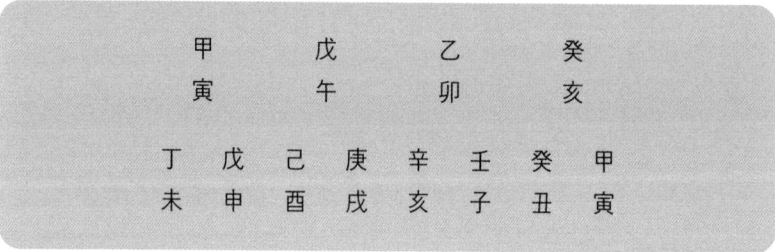

무토(戊土)가 봄이 한창인 묘월(卯月)에 태어나 관살이 함께 왕하고[官殺並旺 관살병왕] 모두 녹지(祿地)에 앉아 있다[臨祿 임록]. 또한 재성(財星)도 지지를 얻어 도움을 받고 있다[得地生扶 득지생부]. 비록 일지(日支)에 인수(印綬)인 오화(午火)를 깔고 앉아 있지만 허약한 토(土)가 화(火)를 받아들일 수 없으니[虛土不能納火 허토불능납화], 격(格)은 일주를 포기하고 살을

따르는 기명종살(棄命從殺)을 이루었다 하겠다. 이미 종살(從殺)을 했으니 관살은 하나의 무리로 보아[官殺一類^{관살일류}] 관살혼잡(官殺混雜)이라고 논하지 않는다.

　자수(子水)운에 이르러 오화(午火)를 충(沖)하여 보내버리는데[沖去^{충거}] 경자(庚子)년에 금(金)이 수(水)를 생(生)하여 왕하게 하고 오화(午火)를 충하여 없애버리니 향시에 합격하였다[中鄕榜^{중향방}].

심화학습

『적천수징의(滴天髓徵義)』에는 '허화불능납토(虛火不能納土)'라고 되어 있고, 『적천수천미(滴天髓闡微)』에는 '허토불능납화(虛土不能納火)'라고 되어 있다. 문맥상 『적천수천미』의 표기가 올바르다고 보아, 허약한 토(土)가 화(火)를 받아들일 수 없으니[虛土不能納火^{허토불능납화}]라고 해석하였다. 참고하기 바란다.

　이 명조(命造)는 탁기가 있음에도 벼슬을 한 경우[雖存濁氣亦中式^{수존탁기역중식}]의 사례로 든 것 같다. 이는 사주를 종살(從殺)격으로 보았다는 말이다. 사주에 관살(官殺)이 워낙 중중(重重)하니 일주(日主)는 이들을 거역할 힘이 없어 따라가게 되고, 그렇게 되면 일지(日支)의 오화(午火)는 탁기(濁氣)가 되어버린다 하겠다. 하지만 무토(戊土)가 인성(印星)을 일지(日支)에 깔고 앉아 있고 오화(午火)는 인목(寅木)과 합을 하여 화국(火局)의 반회국(半會局)을 이루고 있는데, 이를 무시하고 종살(從殺)로 보았다는 것은 아무리 종격(從格)을 중요시하는 임철초(任鐵樵)의 입장을 고려한다 하더라도 무리라는 생각이다. 이를 인정한다면 명리학(命理學)의 뿌리가 흔들린다고 할 수 있기 때문이다. 따라서 이 사주는 살중용인격(殺重用印格)에 일지의 오화(午火)를 용신(用神)으로 보아야 한다는 생각이다. 하지만 임자(壬子)운의 경자(庚子)년에 벼슬을 하게 되었다니 할 말은 없다. 조상을 잘 만났다고나 할까.

❿ 기신(忌神)이 청기(淸氣)를 도와 벼슬을 한 경우

	戊	辛	己	戊
	子	亥	未	子

丁	丙	乙	甲	癸	壬	辛	庚
卯	寅	丑	子	亥	戌	酉	申

신금(辛金)이 늦여름인 미월(未月)에 태어났다. 비록 사주에 조토(燥土)가 많다고는 하지만, 묘하게도 일지(日支)에 해수(亥水)를 깔고 있고 연(年)과 시(時)에서 자수(子水)를 만나 토(土)를 적셔 금(金)을 기를 수 있게 해준다[潤土養金 윤토양금]. 따라서 해수(亥水)로 하여금 미토(未土)를 맞아들여 목국(木局)을 이루게 하니 목(木)이 용신(用神)이 된다.

정묘(丁卯)년에 이르자 지지가 완전한 목회국(木會局)을 이루니, 병이 있으되 약을 얻게 되어[有病得藥 유병득약] 무과(武科)에 합격하였다[棘闈奏捷 극위주첩].

심화학습

신금(辛金) 일주가 늦은 여름인 미월(未月)에 태어났으나 사주에 인성(印星)이 중중(重重)하고, 비록 이들이 메마른 토[燥土 조토]라고 하더라도 지지에 막강한 세력을 형성한 수기(水氣)가 이를 해결해주니 신왕(身旺)하여 상관생재(傷官生財)로 흐른다는 말이라 하겠다. 용신(用神)은 해수(亥水) 안의 갑목(甲木)으로 삼았다고 이해되지만, 그보다는 상관(傷官)을 용신으로 삼고 운(運)에서 목(木)운이 돌아오기를 기다린다고 보는 것이 더 합리적인 방법이 아닐까 생각한다.

해수(亥水)와 미토(未土)가 합(合)을 하여 목국(木局)의 반회국(半會局)을 이루었다는 말은 이해는 가지만, 그대로 인정하기는 어렵다 하겠다. 반회국 중에서 인정하기 어려운 것이 왕지(旺地)가 빠진 반회국이기 때문이다. 다만 정묘(丁卯)년에 완전한 회국(會局)을 이루었다는 말은 그대로 수긍할 수 있다. 따라서 기신(忌神)인 미토(未土)가 해수(亥水)를 극하지 않고 합을 하여 도와줌으로써 사주가 청득진(淸得盡)하여 벼슬을 했다고 보면 될 것이다.

극위주첩(棘闈奏捷)이란 가시로 둘러친 과거시험장에 들어갔다는 말로 무과(武科)에 합격한 것을 의미한다고 한다. 정묘(丁卯)년은 이 사주주인 공이 40세가 된 해라고 하니 뒤늦게 발(發)하였고 운(運)이 수목(水木)으로 흘러 편안하고 행복한 말년(末年)을 보내지 않았을까 상상해본다.

3. 청기유 관불기(淸氣有 官不起)
– 청기는 있으나 관성의 역할이 아쉽다

적천수 원문

秀才不是塵凡子 淸氣還嫌官不起
수재불시진범자   청기환혐관불기

> 평생 글공부만 하고 벼슬을 못하는 사람[秀才, 수재]도 결코 평범한 사람은 아닌데
> [秀才不是塵凡子]
> 청기는 있으나 불만스럽게도 관성이 떨쳐 일어나지 못하기 때문이다[淸氣還嫌官不起].

적천수 해설　　**청기유 관불기(淸氣有 官不起)**

평생 학문만 하고 벼슬을 못하는 사람의 사주팔자[秀才之命 수재지명]는 과거 이외의 다른 방법으로 벼슬을 하거나, 부유하거나, 가난한 사람[異路貧富人 이로빈부인]의 그것과 별반 다를 것이 없다[無甚分別 무심분별]고 하겠다. 하지만 자세히 살펴보면 반드시 사주 안에 청기(淸氣)가 들어 있음을 알 수 있다.

관성이 떨쳐 일어나지 못한다[官星不起 관성불기]는 것은 관성이 천간에 투출하지 않은[官星不透 관성불투] 것을 의미하는 것이 아니다. 예를 들면 다음과 같다.

관성(官星)이 매우 왕하여[太旺 태왕] 일주(日主)가 그 관성을 용신(用神)으로 할 수 없는 경우, 관성이 매우 약하여[太弱 태약] 관성이 일주를 극(剋)할 수 없는 경우, 관성이 왕(旺)하여 인성(印星)을 용신으로 삼는데 재성(財星)이 나타나는 경우, 관성이 쇠(衰)하여 재성을 용신으로 삼는데 비겁(比劫)을 만나게 되는 경우, 인성이 많아서 관성의 기운을 설(洩)하는 경우, 관성이 많은데 사주에 인성이 없는 경우, 관성이 투출했으나 뿌리가 없는데 지지에서 실어주지 않는[地支不載 지지부재] 경우, 관성이 상관(傷官) 위에 앉아 있거나 상관이 관성 위에 앉아 있는 경우, 관성을 꺼리는데 재성을 만나거나 관성을 반기는데 상관을 만나는 경우는 모두가 '관성이 떨쳐 일어나지 못한다[官星不起 관성불기]'고 하는 것이니, 설령 사주에 청기가 있다 하더라도 평생 벼슬 한번 못하고 글공부만 하는 선비[一衿終身 일금종신]에 불과할 것이다.

집안이 부유하면서 수재[有富而秀 유부이수]인 사람은 일주도 왕하고 재성도 왕한데[身旺財旺 신왕재왕] 관성이 재성과 인성을 통하게 해주지 못하거나[官星不通 관성불통], 상관이 재성만 돌보고 관성은 돌보지 않기[顧財不顧官 고재불고관] 때문이다.

집안이 가난하면서 수재[有貧而秀 유빈이수]인 사람은 일주가 왕하고 관성이 가벼운데[身旺官輕 신왕관경] 재성이 겁재에게 극을 받거나[財星受劫 재성수겁], 재관이 매우 왕한데[財官太旺 재관태왕] 인성이 나타나지 않거나[印星不現 인성불현], 혹은 상관이 많아 인성을 용신으로 삼았는데[傷官用印 상관용인] 꺼리는 재성이 보이고 반기는 관성은 보이지 않기[見財不見官 견재불견관] 때문이다.

학문은 남들보다 뛰어남[學問過人 학문과인]에도 불구하고 결국 벼슬 한번 못하고[不能得一衿 불능득일금] 늙도록 글공부만 하는 선비로 남는[老於儒童 노어유동] 사람은, 사주에 청기가 있어 격국(格局)은 원래 뛰어나 발할 수[原可發秀 원가발수] 있는데 운의 흐름이 순탄하지 않아[運途不齊 운도부제] 그 청한 기운을 깨뜨려버리기[破其淸氣 파기청기] 때문이니, 죽을 때까지[以致終身 이치종신] 자라나 굽어지는 눈썹을 펼 날이 없는[不能稍舒眉曲 불능초서미곡] 것이다.

격국은 본래 등과발갑(登科發甲)할 수 있는 사람이 운의 흐름이 순탄하지 않아[運途不齊 운도부제] 보는 시험마다 떨어져[屢困場屋 누곤장옥] 평생을 벼슬 한 번 못한 선비로 늙어가는[終身一衿 종신일금] 경우가 있는 반면, 본래 그 형상에 뛰어난 곳이라고는 전혀 없는[本無出色 본무출색] 사람이 결국에는 향시와 전시에 연달아 합격하는[科甲連登 과갑연등] 경우도 있으니, 이는 운의 흐름이 마땅하여[運途合宜 운도합의] 사주의 청기와 관성을 도와 탁기(濁氣)와 기신(忌神)을 보내버리기 때문이다.

심화학습

수재(秀才)란 현재에는 머리가 좋고 재주가 뛰어난 사람을 말하지만, 원래의 의미는 나라에서 운영하는 학문기관인 부학(府學), 주학(州學), 현학(縣學)에서 공부하는 나이 많은 선비[生員 생원]를 가리키는 말로, 글공부에 재주는 있으나 벼슬을 하지 못한 선비라고 이해하면 될 것이다.

이로인(異路人)이란 과거를 거치지 않고 벼슬을 한 사람을 말한다고 한다. 옛날에도 가문의 권력이나 재력을 이용하여 벼슬을 사는 경우가 흔했던 모양이다.

본문에서 예를 들어 설명하는 '관성이 떨쳐 일어나지 못한다[官星不起 관성불기]'는 것은 관성(官星)이 희용신(喜用神)으로서의 역할을 제대로 못하거나, 관성이 기신(忌神)인데 이를 제대로 극하여 제어하지[剋制 극제] 못하는 경우를 말한다고 보면 될 것이다. 따라서 사주에 청기(淸氣)가 있고 관성이 제 역할만 제대로 한다면, 그 사람에게는 관운(官運)이 따른다고 보면 될 것이다. 다만 본문 맨 마지막에 언급했듯이 운(運)의 영향력을 결코 무시해서는 안 된다는 사실을 명심해야 할 것이다.

자라나 굽어지는 눈썹을 펼 날이 없다[不能稍舒眉曲 불능초서미곡]는 것은 평생 벼슬을 못한 선비로 늙어간다는 뜻으로 해석하면 될 것이다.

청기유 관불기(淸氣有 官不起)

❶ 관성이 매우 약하여[太弱, 태약] 관성이 일주를 극할 수 없는 경우

戊	乙	壬	癸
寅	卯	戌	巳

甲	乙	丙	丁	戊	己	庚	辛
寅	卯	辰	巳	午	未	申	酉

을묘(乙卯) 일주가 늦가을[季秋 계추]인 술월(戌月)에 태어나 인시(寅時)의 도움을 얻으니 일주는 약하지 않다[日主不弱 일주불약] 하겠다. 사화(巳火)의 빼어난 기운[秀氣 수기]을 용신(用神)으로 삼기에 족하다 하겠다. 술토(戌土)는 화(火)의 곳간[火庫 화고]으로서 화기(火氣)를 거두어들이고, 임계수(壬癸水)가 천간에 올라타고 앉아[當頭 당두] 극(剋)을 하니, 격국(格局)은 본래 그 형상에 뛰어난 곳이라고는 전혀 없다[本無出色 본무출색] 하겠다. 게다가 술토(戌土) 안의 신금(辛金)이 사령(司令)하여 진기(進氣)인 임수(壬水)가 그 근원에 통했는데[通源 통원], 다행스러운 것은 시간(時干)에 무토(戊土)가 투출하여[時透戊土 시투무토] 탁한 임수(壬水)를 제거하므로 청한 화(火)를 머물러 있게 해주는[去濁留淸 거탁유청] 것이다.

따라서 학문적인 명망[文望 문망]이 태산북두와 같이 높았고[高山北斗 고산북두], 품행은 아름다운 옥이요 정련된 금[良玉精金 양옥정금]과 같이 아름다웠다. 중운(中運)에 화(火)를 만나 병자(丙子)년에 우공(優貢)이 되었다. 아쉬운 것은 자수(子水)가 지지를 차지하는 바람에 높은 지위에 오르기에는[登龍 등룡] 어려웠다는 것이다.

을목(乙木) 일주가 신왕(身旺)하여 상관(傷官)인 사화(巳火)를 용신(用神)으로 하고, 토(土)를 희신(喜神)으로 삼았다는 말이다. 관성(官星)은 월지(月支)의 술토(戌土)와 연지(年支)의 사화(巳火)에 암장되어 있으나 쓸모가 없으니 관성불기(官星不起)가 되어, 남들은 벼슬에 발탁했지만 정작 자신은 큰 벼슬을 하지 못한 것으로 생각할 수 있겠다.

하지만 아무리 관불기(官不起)라고 하더라도 기미(己未)운부터 정사(丁巳)운까지 30년을 용신의 운으로 흘렀는데 오직 병자(丙子)년의 자수(子水) 세운(歲運) 때문에 벼슬에 어려움을 겪었다는 것은 이해하기 힘들다. 차라리 사주가 본무출색(本無出色)하여 그렇다 하고 넘어가는 것이 나을 뻔했다는 아쉬움이 남는다.

우공(優貢)은 3년에 한 번씩 나라에서 운영하는 교육기관인 국자감의 재학생 중 우수한 인재를 발굴하여 임관시키던 일이나 사람을 말한다고 한다.

❷ 관성이 매우 왕하여[太旺, 태왕] 관성을 용신으로 할 수 없는 경우

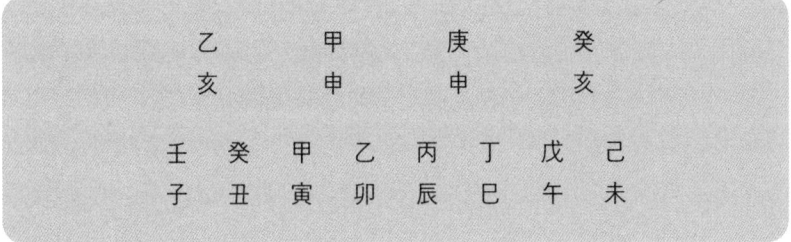

갑신(甲申) 일주가 초가을인 신월(申月)에 태어났다. 월간(月干)의 경금(庚金)은 지지에 두 개의 녹왕을 깔고 앉았다[兩坐祿旺 양좌록왕]. 반가운 것은 해시(亥時)에 태어나 일주(日主)가 절지에서 생을 만난다[絶處逢生 절처봉생]는 것이다. 살(殺)을 화(化)하여 유통시키니 유정(有情)하다 하겠고, 원신(元神)인 계수(癸水)가 천간에 투출했으니 사주가 맑다[淸 청]는 것을 가히 알 수 있겠다.

다만 불만스러운 것은 살의 세력이 매우 왕하여[太旺 태왕] 일주가 허약하니 살로써 용신을 삼는 것[假殺爲權 가살위권]이 불가능하다는 것이다. 따라서 관성(官星)이 떨쳐 일어났지만 일어나지 않은 것[起而不起 기이불기]과 마찬가지라 하겠다.

일생을 늠공(廩貢)으로 마쳤으며 과거에는 한 번도 붙지 못했다.

갑목(甲木) 일주가 관성이 많아 신약하니 인성을 용신으로 삼는다[殺重用印^{살중용인}]는 말이다. 인성(印星) 이외에는 별로 도움이 되지 않는다 하겠다. 사주는 무척 청(淸)하다 할 수 있겠으나 운(運)이 너무 늦게 들어와 아무런 벼슬도 할 수 없었으니 너무나 아쉽다 하겠다. 늠공(廩貢)은 나라에서 양식을 제공받던 수재(秀才)를 말한다고 한다.

❸ 관성이 투출했으나 지지에서 실어주지 않는[地支不載, 지지부재] 경우

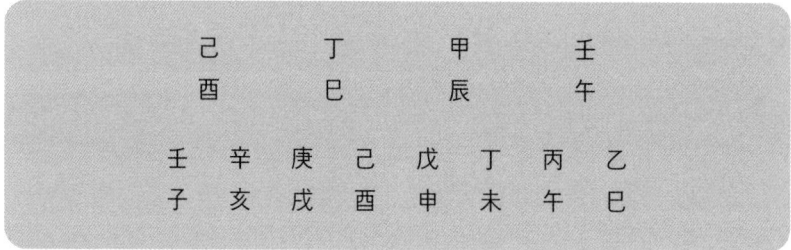

정화(丁火)가 늦은 봄인 진월(辰月)에 태어났다. 비록 관성(官星)인 임수(壬水)가 투출했다고는 하지만, 앉은 자리인 연지(年支)에는 뿌리가 없고 [坐下無根^{좌하무근}] 그 기운은 목(木)으로 돌아간다. 일주는 왕(旺)에 임했고, 시지(時支)의 재성(財星)인 유금(酉金)을 껴안아 금회국(金會局)을 이루어 유정(有情)하다 하겠으나 도리어 관성과는 통하지 않는다. 또한 중년의 운(運)이 토금(土金)으로 달리니 재성은 그득 차서 흘러넘치나[財星洋溢^{재성양일}] 관성은 손상을 입게 된다[官星有損^{관성유손}].

공명(功名)은 벼슬 한 번 못하고 글공부만 하는 선비[一衿^{일금}]에 불과했으나, 가업(家業)은 수십만에 이르렀다. 만약 이 사주가 유년(酉年), 오시(午時)로 바뀌었다면 명리가 모두 빛났을[名利雙輝^{명리쌍휘}] 것이다.

정화(丁火) 일주가 신왕(身旺)하여 재성(財星)을 용신으로 삼아 식신생재(食神生財)로 흘렀다는 말이라 하겠다. 관성(官星)이 투출했으나 지지에서 실어주지 않아 관성불기(官星不起)가 되어 벼슬을 하지는 못했지만, 재성이 용신이고 운(運)도 토금(土金)으로 흘러 재물을 많이 모았으니 요즘 같으면 아주 좋은 사주라 하겠으나 그 당시에는 별 볼일 없는 사주로 분류된 모양이다. 사주 해석도 시대의 흐름에 따라 그 방법이 달라져야 할 것이다.

❹ 관성이 상관 위에 앉아 있는 경우

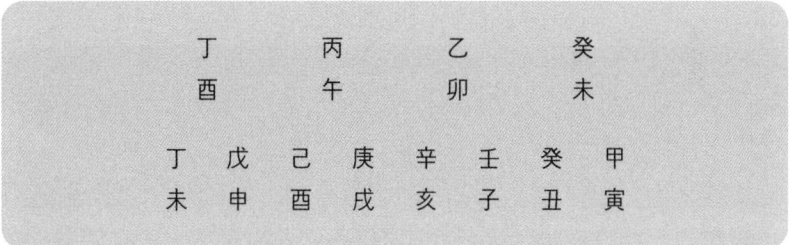

병오(丙午) 일주가 묘월(卯月)에 태어나 사주에 목화(木火)가 함께 왕(旺)하다. 관성은 상관의 자리 위에 앉아 있고[官坐傷位 관좌상위] 한 점 재성(財星)은 겁재(劫財)의 극(剋)을 받아 목숨이 다했으니, 재는 겁탈당하고 관은 손상을 입었다[財劫官傷 재겁관상]고 하겠다.

비록 임수(壬水)운에 과거에 합격하여 선비는 되었으나[得一衿 득일금] 가난은 이루 감당할 수가 없었다[貧乏不堪 빈핍불감]. 자수(子水)운에 자오충(子午沖)을 하고 미토(未土)의 파(破)를 만나니 아내를 잃었다[逢未破剋妻 봉미파극처]. 신금(辛金)운에 정화(丁火)의 극을 받아 겁탈을 당하니 자식을 잃었고, 해수(亥水)운에 해묘미(亥卯未)의 목국(木局)을 이루어 화(火)를 생(生)하니 죽고 말았다.

병오(丙午) 일주가 묘월(卯月)에 태어나 신왕(身旺)하여 관살(官殺)을 용신으로 삼고 싶지만, 상관(傷官)의 극(剋)을 받아 힘이 없다. 식상(食傷)으로 설(洩)을 하여 기운을 유통시켜야 하지만 미토(未土)는 설기(洩氣)를 할 수 없고, 재성 또한 군겁쟁재(群劫爭財)의 형상을 하고 있다. 본문의 해석대로 어찌해볼 도리가 없는 사주라 하겠다. 할 수 없이 상관생재(傷官生財)로 보아 금(金)을 용신(用神), 토(土)를 희신(喜神)으로 삼는다고 하겠지만, 운(運)에서 금(金)이 들어온들 사주에 습토(濕土)가 없으니 무슨 소용이 있겠는가.

❺ 운의 흐름이 순탄하지 않아[運途不齊, 운도부제] 청기(淸氣)를 깨뜨리는 경우

甲		壬		庚		戊	
辰		申		申		申	
戊	丁	丙	乙	甲	癸	壬	辛
辰	卯	寅	丑	子	亥	戌	酉

이 명조(命造)는 살이 인성을 생하고[殺生印 살생인] 인성은 일주를 생하며[印生身 인생신], 식신이 맑게 투출하여[食神淸透 식신청투] 오행이 구슬을 꿰듯 이어져 서로 생해주고 있으니[連珠相生 연주상생] 사주가 맑고 순수하다[淸而純粹 청이순수]. 학문이 남보다 뛰어났고 품행이 단정하고 발랐다.

아쉬운 것은 사주에 화(火)가 없으니 맑다고는 하지만 신(神)이 적다[淸而少神 청이소신]는 것이다. 토(土)를 용신(用神)으로 하면 금(金)이 많아 기를 설하게 되고[金多氣洩 금다기설], 목(木)을 용신으로 하면 금(金)이 날카로워 목(木)이 시들게 된다[金銳木凋 금예목조].

게다가 운(運)마저 서북(西北)의 금수(金水)의 지지로 달리니, 60년이나 글을 읽었지만 벼슬 한 번 못했다[不克博一衿 불극박일금]. 집안이 가난하여 집을 떠나 40년 동안 외부에서 남의 자식들을 가르쳤는데[出就外傳 출취외전], 수업을 받은 자들은 등과(登科)하고 발갑(發甲)했지만 정작 자신은 벼슬 한 번 못했으니 이 어찌 운명이라 아니할 수 있겠는가.

본문 중 청이소신(淸而少神)의 신(神)은 〈제7장 2. 정신(精神) - 정(精) · 기(氣) · 신(神)〉을 참조하기 바란다. 간략히 설명하면, 사주에 인성(印星)인 정(精)이 너무 많아 일주(日主)인 기(氣)가 넘치게 되니 이를 극(剋)하거나 설(洩)해주는 신(神)인 관살(官殺)이나 식상(食傷)이 필요한데 이 둘 다 모자란다는 말이다.

  여기서는 인성이 많아 신왕(身旺)하니 기인취재(棄印就財)로 보고 재성(財星)을 용신(用神)으로 삼고 식상을 희신(喜神)으로 하여 흐름을 타는 것이 바람직하지만, 사주에 재성인 화(火)가 없으니 흐름이 끊어지고 왕(旺)한 금(金)도 제어할 수 없어 아쉽다는 의미로 받아들이면 될 것이다. 따라서 일단 목(木)을 용신으로 삼고, 운(運)에서 화(火)가 들어오기를 기다려야 할 것 같다. 하지만 운마저 금수(金水)로 흘러 청기(淸氣)를 깨뜨리니 본인은 발(發)하지 못하고 남 좋은 일만 했던 모양이다.

❻ 운의 흐름이 마땅하여 청기(淸氣)와 관성을 도와준 경우

戊	壬	癸	己
申	申	酉	亥

乙	丙	丁	戊	己	庚	辛	壬
丑	寅	卯	辰	巳	午	未	申

이 명조는 관살(官殺)이 함께 투출했으나 뿌리가 없고[竝透無根 병투무근], 금수(金水)가 너무 왕하여[太旺 태왕] 앞 명조의 순수함에 비하면 크게 미치지 못한다 하겠다. 반가운 것은 운(運)이 남방(南方)의 화토(火土)로 달려 정이 넉넉하고 신도 왕하다[精足神旺 정족신왕]는 것이다.

미토(未土)운에 이르러 일찍이 반궁(泮宮)에 들어 학문을 익혔고[入泮^{입반}], 오화(午火)운에는 향시와 전시에 연달아 합격했으며[科甲連登^{과갑연등}], 기사(己巳)운과 무진(戊辰)운에는 벼슬길이 빛나고 형통하였다[仕路光亨^{사로광형}]. 앞의 명조와 비교할 때 하늘과 땅만큼 차이가 난[天淵之隔^{천연지격}] 것은 사주의 구조[命造^{명조}]가 아니라 운(運)이 아름다웠기 때문이라 하겠다.

심화학습

임수(壬水) 일주가 신왕(身旺)하여 토(土)를 용신(用神)으로 삼아 재자약살(財滋弱殺)로 가야 한다는 말이다. 희신(喜神)은 화(火)가 되겠으나 사주에 보이지 않으니 용신이 허약하다 하겠다.

앞의 사주에 비하여 사주원국의 질은 떨어지지만 운(運)에서 도와 오히려 더욱 발(發)했다는 의미로 받아들일 수 있겠다. 다시 한 번 '명호불여운호(命好不如運好)'란 말을 떠올리게 한다.

4. 일간득기 재관상통(日干得氣 財官相通) – 재성과 관성이 서로 통한다

적천수 원문

異路功名莫說輕　　日干得氣遇財星
이로공명막설경　　　일간득기우재성

> 과거를 치르지 않고 벼슬을 하여 공명을 얻었다고 함부로 말하지 말지니
> [異路功名莫說輕]
> 일간이 기운을 얻고 관성이 재성을 만나면 이 또한 가능한 것이다[日干得氣遇財星].

적천수 해설　　**일간득기 재관상통(日干得氣 財官相通)**

과거를 치르지 않고 벼슬을 하여 공명을 얻는다[異路功名^{이로공명}]는 것은,

도필(刀筆)로 종사하다가 공명을 이루거나[刀筆成名 도필성명] 돈이나 곡식을 상납하여 벼슬을 하는[捐納出身 연납출신] 경우를 말한다. 비록 이 둘은 서로 다르다[有分別 유분별]고는 하지만, 모두 일간이 지지에 뿌리를 얻어 기운이 있고[日干有氣 일간유기] 재성과 관성이 서로 통하는[財官相通 재관상통] 경우를 벗어나지 않는다고 하겠다. 예를 들면 다음과 같다.

재성이 용신인데[財星得用 재성득용] 암암리에 관성의 국을 이루는 경우[暗成官局 암성관국], 관성이 재성의 지지에 암장되어[官伏財鄕 관복재향] 서로가 뜻이 통하는 경우[兩意情通 양의정통], 관성이 쇠한데 재성을 만나[官衰逢財 관쇠봉재] 서로가 화합하여 협력하는 경우[兩神和協 양신화협], 인성이 왕하고 관성이 쇠한데[印旺官衰 인왕관쇠] 재성이 인성을 깨뜨리는 경우[財星破印 재성파인], 일주가 왕하고 관성이 없는데[身旺無官 신왕무관] 식상이 재성을 생하는 경우[食傷生財 식상생재], 일주가 쇠하고 관성이 왕한데[身衰官旺 신쇠관왕] 식신이 관성을 제하는 경우[食神制官 식신제관]는 반드시 일종의 맑고 순수한 기운[淸純之氣 청순지기]이 있는 것이니, 바야흐로 벼슬길로 나아갈 수 있다[方可出身 방가출신]. 다만 그 벼슬의 높고 낮음[仕路之高卑 사로지고비]은 모름지기 격국(格局)의 기세(氣勢)와 운의 흐름[運途 운도]의 손익(損益)을 살펴보아야 가히 알 수 있다.

벼슬길로 나아가지 못하는[不能出身 불능출신] 경우는 다음과 같다 하겠다. 일주가 너무 왕한데[日干太旺 일간태왕] 재성은 가볍고 식상이 없는 경우[財輕無食傷 재경무식상], 관을 반기는데[喜官 희관] 관성이 통하지 않거나[官星不通 관성불통] 관성이 없는 경우[無官 무관], 일주가 너무 약한데[日干太弱 일간태약] 재성과 관성이 함께 왕한 경우[財官竝旺 재관병왕], 재관이 비록 통하지만[財官雖通 재관수통] 상관이 관성을 겁탈하여 차지한 경우[傷官劫占 상관겁점], 재성이 용신인데[財星得用 재성득용] 암암리에 비겁의 국을 이루는 경우[暗成劫局 암성겁국], 인성을 반기는데 재성을 만나거나[喜印逢財 희인봉재] 인성을 꺼리는데 관성을 만나는 경우[忌印逢官 기인봉관]는 모두가 벼슬길로 나아가지 못한다[不能出身 불능출신] 하겠다.

이로(異路)란 과거를 치르지 않고 벼슬길에 나아가는 것을 의미하고, 도필(刀筆)은 중국에서 종이가 발명되기 전에 죽간(竹竿)에 글자를 새기거나 잘못된 글자를 파낼 때 쓰던 칼 혹은 문서의 기록을 담당하던 하급관리를 일컫는 말이라고 한다. 연납(捐納)은 돈이나 곡식을 상납하고 벼슬을 얻는 일을 말한다고 한다.

비록 귀하지 못한 집안에서 태어나 과거를 보지 못하는 사람도 벼슬을 할 수 있는 방법이 있었으니, 바로 도필과 연납이라 하겠다. 그 밖에 다른 방법은 없었던 모양이다. 하지만 그런 사람들도 그들의 사주 안에는 나름대로 청기(淸氣)가 있고 재성(財星)과 관성(官星)이 제 역할을 다해야만 벼슬을 할 수 있는 것이지, 무조건 맡은 일만 열심히 한다거나 돈이 많다고 해서 벼슬을 살 수는 없었다는 말이라 하겠다.

적천수 사례연구　　일간득기 재관상통(日干得氣 財官相通)

❶ 일간이 지지에 뿌리를 얻어 기운이 있는[日干有氣, 일간유기] 경우 1

戊	甲	壬	己
辰	寅	申	巳

甲	乙	丙	丁	戊	己	庚	辛
子	丑	寅	卯	辰	巳	午	未

갑목(甲木)이 초가을[孟秋 맹추]인 신월(申月)에 태어나 칠살(七殺)이 당령(當令)하였다. 식신(食神)인 사화(巳火)는 기토(己土)를 탐하여 생하느라[貪生己土 탐생기토] 신금(申金)을 극하는 것을 잊어버렸다[忘剋申金 망극신금]. 더불어 무기토(戊己土)가 함께 투출하여 인성을 깨뜨리고 살을 생하니[破印生殺 파인생살], 조상으로부터 물려받은 가업을 지키지 못하고[祖業難登 조업난등] 학문을 계승하지 못했다[書香不繼 서향불계].

반가운 것은 가을의 물이 통근하고[秋水通源 추수통원] 일주(日主)가 녹왕

(祿旺)을 깔고 앉은 것이니, 겉으로는 비록 서로 충하여 극한다 하겠으나
[明雖沖剋 명수충극] 속으로는 서로 생해준다[暗却相生 암각상생] 하겠다. 이로
인해 부서(部書)를 거쳐 벼슬길로 나아갔는데, 운(運)이 정묘(丁卯)와 병
인(丙寅)에 이르러 일주를 돕고 살을 제하니[扶身制殺 부신제살] 벼슬이 관
찰(觀察)에 이르렀다.

갑목(甲木)이 신약(身弱)하여 인성(印星)인 임수(壬水)를 용신(用神)으로
삼아 살인상생(殺印相生)이 되었다고 하겠다. 재살(財殺)이 기구신(忌仇
神)인데 운(運)이 도와 벼슬이 높아질 수 있었다는 말이다. 부서(部書)는
기록을 분류하는 일을 하는 곳으로 추측된다.

❷ 일간이 지지에 뿌리를 얻어 기운이 있는[日干有氣, 일간유기] 경우 2

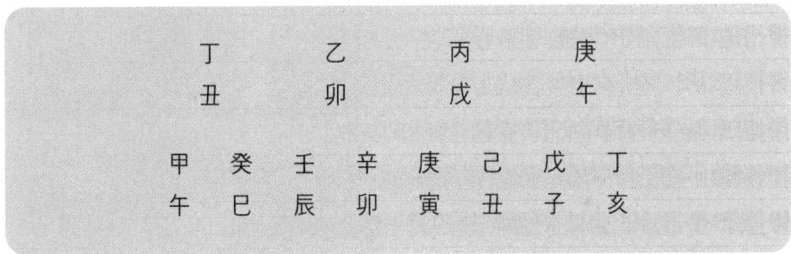

을묘(乙卯) 일주가 늦가을인 술월(戌月)에 태어났다. 천간에 병정화(丙丁
火)가 투출하여 통근(通根)하였고 오행의 수(水)가 없으니 경금(庚金)은
버려두고 논하지 않는다.

  가장 반가운 것은 재성이 고(庫)에 귀속하였고[最喜財星歸庫 최희재성귀고]
목화(木火)가 통해 빛을 발하는 것이니[木火通輝 목화통휘], 효성이 지극하
고 형제간에 우애가 있었으며[性孝友 성효우] 품행이 바르고 인정이 많았다
[尤篤行誼 우독행의]. 부서를 거쳐 벼슬길로 나아갔는데[部書出身 부서출신] 벼
슬이 주목(州牧)에 이르렀다. 학문에 불리했던 것은 경금(庚金)이 축토(丑
土)에 통근했기 때문이라 하겠다.

술월(戌月)에 태어난 을목(乙木)이 사주에 식상(食傷)이 중중(重重)하여
신약(身弱)하다 하겠다. 따라서 인성(印星)을 용신(用神)으로 삼는 것이
당연한데 사주에 수(水)가 보이지 않는다. 본문을 보면 목화통명(木火通
明)이 되어 종아생재(從兒生財)를 했다고 해석된다.

다만 '재성이 고(庫)에 귀속하였고[最喜財星歸庫 최희재성귀고]'에서 재성(財
星)이 술토(戌土)와 축토(丑土) 중 무엇을 가리키는지에 따라 해석이 달
라질 수 있다. 만약 그 재성을 술토(戌土)로 본다면 이는 화고(火庫)가 되
니 오화(午火)와 합(合)을 하여 화국(火局)을 이루고, 묘목(卯木)도 술토
(戌土)와 합을 하여 종아생재를 했다고 볼 수 있다. 만약 그 재성을 축토
(丑土)로 본다면 이는 금고(金庫)가 되니 수(水)를 극(剋)하지 않게 되므
로 축토(丑土) 속의 계수(癸水)를 용신으로 삼을 수 있다.

다만 축중계수(丑中癸水)는 너무 약하니 일지(日支)의 묘목(卯木)을 용
신으로 하고, 운(運)에서 수(水)가 들어오기를 기다리는 것이 오히려 바
람직한 방법이 아닐까 하는 생각이다. 따라서 이 사주는 일간유기(日干有
氣)가 되고, 운도 수목(水木)으로 흘러 도와주어 주목(州牧)이란 벼슬을
하게 되었다고 볼 수 있겠다.

❸ 일주가 기운을 얻고 재성을 만난[日干得氣遇財星, 일간득기우재성] 경우 1

癸	戊	庚	己
亥	申	午	丑

壬	癸	甲	乙	丙	丁	戊	己
戌	亥	子	丑	寅	卯	辰	巳

무토(戊土)가 오월(午月)에 태어나 인성(印星)이 월령(月令)을 잡았고 시
(時)에서 계해(癸亥)를 만났으니, 바로 일주가 기운을 얻고 재성을 만난
[日元得氣遇財星 일원득기우재성] 경우라 하겠다. 다만 금기(金氣)가 너무 왕

하고[太旺 태왕] 연지(年支)에 습토(濕土)인 축토(丑土)가 있어 불을 어둡게 하고 금(金)을 생하니[晦火生金 회화생금] 일주는 오히려 약해지고 인성도 암암리에 손상을 입게 되어 학문을 이루지 못했다.

돈을 상납하여 벼슬을 했는데[捐納出身 연납출신] 정묘(丁卯), 병인(丙寅) 운에 이르러 목(木)이 화(火)의 세력을 따라가니 생하여 화함에 어그러짐이 없어[生化不悖 생화불패] 벼슬은 황당에 이르렀다[仕至黃堂 사지황당]. 반가운 것은 진신(眞神)인 오화(午火)가 용신(用神)이 되었다는 것이다. 사람 됨이 충직하고 너그러우며 화평하였다[忠厚和平 충후화평]. 뒤에 오는 을축(乙丑)운에 불을 어둡게 하고 금(金)을 생하니[晦火生金 회화생금] 죽고 말았다[不祿 불록].

무토(戊土)가 오월(午月)에 태어났으나 식신(食神)과 재성(財星)이 왕(旺)하여 신약(身弱)하다 하겠다. 월지(月支)의 오화(午火)를 용신(用神)으로 삼고 희신(喜神)은 목(木)이 되겠다. 인성(印星)이 당령(當令)했으니 힘이 있다 하겠으나, 운(運)이 너무 일찍 끝나버린 것이 아쉽다.

❹ 일주가 기운을 얻고 재성을 만난[日干得氣遇財星, 일간득기우재성] 경우 2

丙	戊	甲	壬
辰	戌	辰	子

壬	辛	庚	己	戊	丁	丙	乙
子	亥	戌	酉	申	未	午	巳

무술(戊戌) 일주가 늦은 봄인 진월(辰月)에 태어나 시(時)에서 화토(火土)를 만났으니 일주가 기운을 얻었다[日元得氣 일원득기] 하겠으나, 본래 봄에 태어난 토(土)는 허약하다 하겠다[春時虛土 춘시허토]. 살(殺)이 투출하여 통근(通根)하였고 임수(壬水)는 득지(得地)하여 살을 옆에 붙어서 생해주니

[貼身相生 첩신상생], 이것은 일주와 살이 함께 머무른다[身殺兩停 신살양정]고 하는 것이지 일주가 강하고 살이 약하다[身强殺淺 신강살천]는 것이 아니라 하겠다.

천간의 임수(壬水)가 병화(丙火)를 극(剋)하니 학문에 불리했으나, 반가운 것은 초운(初運)이 남방(南方)으로 흐른다는 것이다. 돈을 상납하여 벼슬길로 나아가[捐納出身 연납출신] 이름난 지역에서 벼슬을 하고[仕名區 사명구] 큰 읍을 다스리는 관리가 되었다[宰大邑 재대읍]. 다만 재성(財星)이 천간에 노출되어 살을 생하는 것이 병(病)이라 하겠다.

장차 운이 서방(西方)을 달리면 수(水)를 생하여 화(火)는 절지(絕地)에 임하는데, 사람이 사치를 좋아하고 검소한 것을 모르니[好奢少儉 호사소검] 득세한 자리에서 과감하게 물러나 재앙을 멀리하고 자신을 지키지 않으면[急流勇退 급류용퇴] 예상치 못한 풍파를 면하기 어려울 것이다.

심화학습

무토(戊土) 일주가 득령(得令), 득지(得地), 득세(得勢)했으니 신약(身弱)하다고 하기에는 어려운 형상이라 하겠다. 다만 월간(月干)의 살(殺)인 갑목(甲木) 또한 목(木)의 여기(餘氣)인 두 개의 진토(辰土)에 뿌리를 내렸고 임자(壬子)의 생(生)을 받고 있으니 신왕(身旺)하다고 하기에도 어려운 상황이다. 여기에서는 봄에 태어난 토[春土 춘토]는 허약하므로 비록 늦은 봄인 진월(辰月)에 태어났다 하더라도 봄은 봄이니 신약하다고 보았다고 하겠다. 아마도 청명(淸明)이 막 지난 시점에 태어난 모양이다. 따라서 용신(用神)은 화(火)가 되겠고, 희신(喜神)은 목(木)이 된다고 하겠다. 만약 이 사주가 청명이 한참 지나서 태어났다면 신왕한 사주로 보아야 하지 않을까 하는 생각이다.

본문을 보면 사람이 사치를 좋아하고 검소한 것을 모른다[好奢少儉 호사소검]고 하여 서방(西方)의 금(金)운이 오는 것을 매우 걱정하고 있음을 알 수 있다. 이는 상관(傷官)이 관성(官星)을 만나면 상관견관(傷官見官)이 되어 이기적이고 사치스러운 성향의 상관이 관(官)을 치게 되어 법을 지켜야 하는 관리가 돈이나 받아먹어 법을 어기게 되지 않을까 우려하는 까닭이라 해석할 수 있겠다. 따라서 가장 좋은 해결책으로 득세한 자리에서 과감하게 물러나라[急流勇退 급류용퇴]고 권유하고 있다고 보면 될 것이다.

❺ 사주에 맑고 순수한 기운[淸純之氣, 청순지기]이 있는 경우

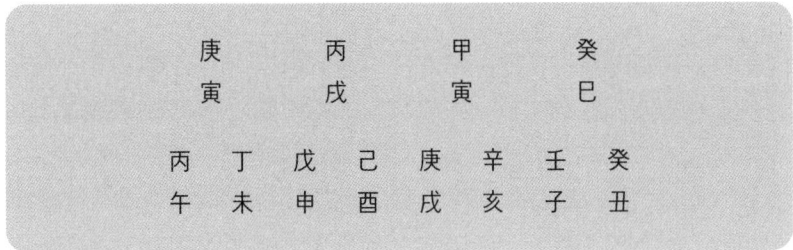

병화(丙火)가 초봄인 인월(寅月)에 태어나 관성(官星)이 투출하여 용신(用神)이 되었으니 사주가 맑고 순수하다[淸而純粹 청이순수] 하겠다. 아쉬운 것은 금수(金水)가 멀리 떨어져 있어[遼隔 요격] 서로 생해주려는 마음[相生之意 상생지의]이 없다는 것이다. 또한 목화(木火)가 함께 왕(旺)하고 금수(金水)는 뿌리가 없으니 학문을 이어 나갈 수 없었다[書香不繼 서향불계].

유막(游幕)을 거쳐 돈을 상납하고 현령이 되었으나[捐納縣令 연납현령] 결국에는 재관의 문호가 통하지 못했다[財官不通門戶 재관불통문호]. 술토(戊土)운의 정축(丁丑)년에 화토(火土)가 권세를 잡으니[當權 당권] 병을 얻어 세상을 뜨고 말았다.

심화학습

유막(游幕)은 자신의 고향이 아닌 타지방[外地 외지]에서 군사나 관직에 관련된 일을 하는 것을 말한다고 한다.

본문에서는 관성(官星)이 투출하여 용신(用神)이 되었으니 사주가 맑고 순수하다[淸而純粹 청이순수]고 하였다. 하지만 인월(寅月)에 태어난 병화(丙火)가 사주에 인성(印星)이 중중(重重)하여 신왕(身旺)하니, 요즘 같으면 재성(財星)을 용신으로 삼는 것이 더 바람직한 방법이 아닌가 한다.

물론 재성인 경금(庚金)도 절지(絕地)에 임했으니 힘이 없어 마땅치는 않은 것이 사실이다. 하지만 관성인 연간(年干)의 계수(癸水)도 인성을 생하느라 극하는 것을 잊어버리니[貪生忘剋 탐생망극] 이 또한 용신으로 삼기에는 마땅하지 않다 하겠다. 본문에서 재관의 문호가 통하지 못했다[財官不通門戶 재관불통문호]는 말이 이것을 의미한다고 보면 될 것이다.

희신(喜神)은 토(土)가 되는데, 그 중에서도 습토(濕土)만이 사주의 화기(火氣)를 식혀줄 수 있는 희신 역할을 제대로 수행할 수 있다고 하겠다. 수(水)는 비록 한신(閑神)이지만 사주의 화기(火氣)를 식혀주고 메마름을 적셔주니 나쁘지 않다 하겠다. 따라서 초운(初運)은 그럭저럭 버텨나갈 수 있었으나, 조토(燥土)인 술토(戌土)운에 정화(丁火)를 만나게 되어 더 이상 견뎌내지 못했을 것이라는 생각이다.

❻ 사주에 맑고 순수한 기운[淸純之氣, 청순지기]이 없는 경우

丁	辛	甲	壬
酉	酉	辰	辰

壬	辛	庚	己	戊	丁	丙	乙
子	亥	戌	酉	申	未	午	巳

신금(辛金)이 늦은 봄인 진월(辰月)에 태어나 지지에서 진유(辰酉)를 만나고 천간에 정화(丁火)와 임수(壬水)가 투출했으니 매우 아름다운 것처럼 보인다[似乎佳美 사호가미]. 하지만 그것은 지지의 습토(濕土)가 금(金)을 만났으니 정화(丁火)는 허탈하고 뿌리가 없는[虛脫無根 허탈무근] 것을 모르고 하는 소리이다. 비록 갑목(甲木)이 있어 화(火)를 생(生)해준다고 하더라도 지지의 진유(辰酉)는 합(合)을 하여 금(金)으로 화(化)해버리니 갑목(甲木) 역시 자신을 돌볼 겨를도 없다[自顧不暇 자고불가] 할 것이다.

돈을 상납하고 부속이 되고자 했으나[捐納部屬 연납부속] 돈만 다 날리고 빈 자리를 얻지 못했다[不能得缺 불능득결]. 비록 임수(壬水)가 갑목(甲木)을 생하여 물려받은 재산[遺業^{유업}]이 수십만에 이르렀다고는 하더라도 운(運)이 토금(土金)으로 달리니 가세는 기울고 자식도 얻지 못했다.

심화학습

신금(辛金) 일주가 신왕(身旺)하여 식재관(食財官) 중에서 용신(用神)을 찾아야 한다. 당시 상황에 비추어본다면 우선 관성(官星)인 정화(丁火)를 생각해볼 수 있다. 그렇다면 재자약살(財滋弱殺)이 되어 목(木)이 희신(喜神)이 된다 하겠다.

하지만 정화(丁火)는 절지(絕地)에 임하여 뿌리가 없고 금(金)에 둘러싸여 힘을 쓸 수 없는 상황이다. 따라서 뿌리가 있고 상관(傷官)의 도움을 받고 있는 갑목(甲木)을 용신으로 하여 상관생재(傷官生財)로 흐름을 타는 것이 오히려 바람직한 방법이 아닐까 하는 생각이다. 하지만 앞의 사주와는 달리 운(運)이 받쳐주질 않으니 어려웠다 하겠다.

제 1 7 장

地位
지위

1. 청기발기권(淸氣發機權)
   – 맑은 기운이 주도권을 잡는다

臺閣勳名百世傳　　天然淸氣發機權
대각훈명백세전　　　천연청기발기권

> 세상에 태어나 공적을 남기고 후세에 그 이름을 떨치는 경우는[臺閣勳名百世傳]
> 사주에 맑은 기운이 자연스럽게 일어나 사주의 주도권을 잡고 있을 것이며
> [天然淸氣發機權]

  청기발기권(淸氣發機權)

대각(臺閣)의 재상이나 이를 보필하는 자[宰輔 재보]로서 봉강(封疆)을 관리하는 지위에 오를 수 있는 것은, 사주에 맑은 기운[淸氣 청기]이 자연스럽게 일어나고[發乎天然 발호천연] 빼어난 기운[秀氣 수기]이 순수하게 나타나기[出乎純粹 출호순수] 때문이다. 그러기 위해서는 사주 안의 모든 오행이 희신(喜神)과 더불어 유정(有情)하고, 이와 함께 격국(格局) 가운데 가히 꺼릴 만한 흉신(凶神)이 없어야 한다. 또한 용신(用神)으로 삼는 것은 모두가 진신(眞神)이고 희신이 되는 것은 모두가 진기(眞氣)이어야 하니, 이를 일러 '사주에 맑은 기운이 나타나 사주의 주도권을 잡는다[淸氣顯機

權 ^{청기현기권}'고 하는 것이다.

　그런 사람은 마음이 너그럽고 생각이 깊어[度量寬宏 ^{도량관굉}] 능히 많은 것들을 포용할 수 있으며[能容物 ^{능용물}], 베풀되 반드시 올바르게 하여[施爲純正 ^{시위순정}] 사사로운 이익을 탐하지 않는다[不貪私 ^{불탐사}]. 또한 백성들의 삶을 윤택하게 하는[潤澤生民 ^{윤택생민}] 덕을 베풀고, 중책을 맡아[懷任重 ^{회임중}] 멀리까지 다스리는 재능[致遠之才 ^{치원지재}]이 있다 할 것이다.

심화학습

대각(臺閣)은 지금의 내각(內閣)과 같은 것으로 사헌부나 사간원 등을 통틀어 일컫는 말이고, 봉강(封疆)은 제후로 봉하면서 하사받은 토지를 의미한다고 한다.

　『적천수(滴天髓)』원문의 대각훈명백세전(臺閣勳名百世傳)을 직역하면 '대각에서 이룬 공훈과 명성이 백세 동안 전해진다'이지만, 대각이 무엇을 의미하는지 전혀 모르는 상황에서는 그 뜻을 이해하기가 무척 어렵다는 생각이다. 따라서 이를 '세상에 태어나 공적을 남기고 후세에 그 이름을 떨친다'로 바꾸어 표현하였다.

　또한 천연청기발기권(天然清氣發機權)을 글자 그대로 해석한다면 '자연스럽게 생겨난 맑은 기운이 최고의 권세를 누리게 하는 기능을 일으키고 있다' 정도가 되겠다. 하지만 그 의미가 자연스럽게 전달되지 않는 것 같아 '사주에 맑은 기운이 자연스럽게 일어나 사주의 주도권을 잡고 있다'로 의역했음을 밝혀둔다.

　대각훈명백세전(臺閣勳名百世傳)이 『적천수천미(滴天髓闡微)』에는 대각훈로백세전(臺閣勳勞百世傳)으로 표기되어 있다.

❶ 청기(淸氣)가 식신에 있는 경우

戊	戊	庚	庚
午	辰	辰	申

戊	丁	丙	乙	甲	癸	壬	辛
子	亥	戌	酉	申	未	午	巳

이 사주의 청기(淸氣)는 경금(庚金)에 있다.

심화학습

청기(淸氣)에 관한 사주들은 대운(大運)도 적어놓지 않고 사주원국의 상황만 설명하고 있다. 이미 앞에서 설명한 명조(命造)들이라 자세한 내용은 생략하고 청기에 관해서만 언급했다고 생각된다. 따라서 자세한 사주해석을 원한다면 앞으로 되돌아가 다시 한 번 그 내용을 음미해보면 될 것이다.

　이 명조는 〈제7장 4. 중화(中和)〉의 사례연구에서 두 번째로 언급한 것으로, 중화(中和)를 이룬 경우에 해당하는 사주이다. 『적천수천미(滴天髓闡微)』에는 동(董) 중당(中堂)의 명조라고 되어 있다. 동(董)은 이 사람의 성씨(姓氏)이고, 중당(中堂)은 재상의 벼슬로 이해하면 될 것이다.

　이 사주에 대해서는 다시 한 번 언급하지 않을 수 없다. 앞에서 임철초(任鐵樵)는 이 사주를 신약(身弱)하다고 하여 오화(午火)를 용신(用神)이라고 하였다. 그렇다면 이 사주의 청기는 경금(庚金)에 있지 않고 오화(午火)에 있다고 보아야 할 것이다. 하지만 이 사주는 무토(戊土)가 화(火)의 진기(進氣)인 진월(辰月)에 태어났고, 그 태어난 시간도 인성(印星)인 오시(午時)이며, 사주에 인성과 비겁(比劫)이 그득한 형상이다. 따라서 득령(得令), 득지(得地), 득세(得勢)했으니 신왕(身旺)한 형상임에 틀림없다 하겠다. 그렇다면 이 사주는 그 왕(旺)한 기운을 식신생재(食神生財)로 흘려보내는 것이 마땅하며, 그리되면 청기는 경금(庚金)에 있다고 할 수 있다. 참고로 서낙오(徐樂吾)도 『적천수보주(滴天髓補註)』에서 이 사주를 신왕으로 보고 경금(庚金)을 용신으로 하고 있음을 알려둔다.

❷ 청기(淸氣)가 인성에 있는 경우 1

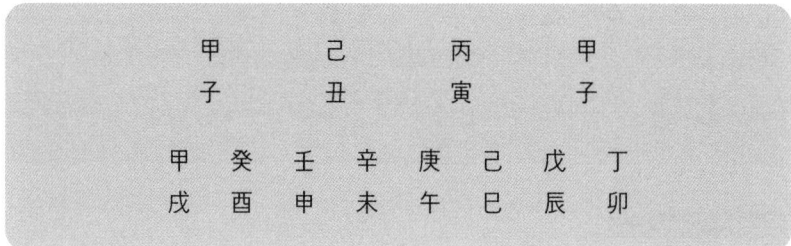

이 사주의 청기(淸氣)는 병화(丙火)에 있다.

심화학습

자수(子水)에서 시작하여 수생목(水生木) → 목생화(木生火) → 화생토(火生土)로 흘러 용신(用神)인 병화(丙火)가 자연스럽게 생(生)을 받아 약한 일주를 도와주니 관인상생(官印相生)이 되어 '사주에 맑은 기운이 나타나 사주의 주도권을 잡는다[淸氣顯機權 청기현기권]'고 하겠다. 이 명조(命造)는 〈제7장 7. 진신(眞神)〉의 사례연구에서 첫 번째로 언급한 것으로, 진신(眞神)이 월령(月令)을 차지한 경우에 해당한다. 『적천수천미(滴天髓闡微)』에는 유(劉) 중당(中堂)의 명조라고 되어 있다.

　인월(寅月)의 기토(己土)가 신약(身弱)하여 인성(印星)인 병화(丙火)를 용신으로 삼아 관인상생이 되었다고 하겠다.

❸ 청기(清氣)가 인성에 있는 경우 2

乙	丙	壬	壬
未	子	寅	申

庚	己	戊	丁	丙	乙	甲	癸
戌	酉	申	未	午	巳	辰	卯

이 사주의 청기(清氣)는 을목(乙木)에 있다.

심화학습

이 명조(命造)는 〈제7장 7. 진신(眞神)〉의 사례연구에서 두 번째로 언급한 것으로, 앞의 사주와 마찬가지로 진신(眞神)이 월령(月令)을 차지한 경우에 해당한다. 『적천수천미(滴天髓闡微)』에는 철(鐵) 상서(尚書)의 명조라고 되어 있다.

여기에서는 월지(月支)의 인목(寅木)이 아니라 시간(時干)의 을목(乙木)에 청기(清氣)가 있다고 하였다. 이는 인목(寅木)은 인신충(寅申沖)으로 손상을 입었으나, 을목(乙木)은 지지에 목(木)의 고(庫)인 미토(未土)를 깔고 앉아 뿌리를 얻었기 때문이라 하겠다. 병화(丙火)가 인월(寅月)에 태어났으나 사주에 관살(官殺)이 그득하니 신약(身弱)하여 인성(印星)을 용신으로 삼는다 하겠다.

❹ 청기(清氣)가 관성에 있는 경우

庚	庚	丁	己
辰	申	卯	亥

己	庚	辛	壬	癸	甲	乙	丙
未	申	酉	戌	亥	子	丑	寅

이 사주의 청기(淸氣)는 정화(丁火)에 있다.

이 명조(命造)는 〈제4장 2. 천복지재(天覆地載)〉의 사례연구에서 첫 번째로 언급한 것으로, '천간과 지지가 순리를 따라 순수한 사람은 창성할 것이다[天地順遂而精粹者昌 천지순수이정수자창]'에 해당하는 사주이다. 『적천수천미(滴天髓闡微)』에는 진(秦) 시랑(侍郎)의 명조라고 나와 있다.

용신(用神)인 정화(丁火)가 묘목(卯木)을 지지에 깔고 앉아 월령(月令)을 잡았고, 묘목(卯木)은 해수(亥水)로부터 생(生)을 받으니 정화(丁火)가 더욱 청(淸)해진다 하겠다.

2. 인살신청(刃殺神淸)
   – 양인(陽刃)이 왕(旺)하고 월령(月令)을 잡는다

兵權獬豸弁冠客　刃殺神淸氣勢特
병권해치변관객　　　인살신청기세특

> 병권을 잡거나 형벌을 담당하는 권력을 지닌 벼슬을 하는 것은[兵權獬豸弁冠客]
> 양인(陽刃)과 편관(偏官)의 기운이 맑고 그 기세가 특별한 경우이다[刃殺神淸氣勢特].

　　인살신청(刃殺神淸)

사람을 죽이고 살리는 큰 권한[生殺大權 생살대권]을 장악하고 병권(兵權)과 형권(刑權)의 막중한 임무[兵刑重任 병형중임]를 맡는 사람은 그 정과 신과 사주의 맑은 기운[精神淸氣 정신청기]이 자연히 남들보다 특별하다[自然超特 자연초특] 하겠다. 반드시 양인(陽刃)이 왕하여 살에 대적할 수 있고[旺刃敵殺 왕인적살] 그 기세가 드나들어야 한다[氣勢出入 기세출입]. 사주에 살이 왕하고 재성이 없는데[殺旺無財 살왕무재] 인성이 양인을 이용하는 경우나[印

綬用刃 ^{인수용인}], 인성이 없고 양인이 있는 경우를 양인과 살의 기운이 맑다[刃殺神淸 ^{인살신청}]고 한다.

기세가 특별하다[氣勢特 ^{기세특}]는 것은 사주에 양인이 왕하고 월령을 잡았다[刃旺當權 ^{인왕당권}]는 것을 의미하며, 반드시 문관(文官)으로서 사람을 죽이고 살리는 임무[生殺之任 ^{생살지임}]를 장악할 것이다.

양인이 왕하다[刃旺 ^{인왕}]는 것은 예를 들면 다음과 같다.

봄에 태어난 갑목(甲木)이 양인인 묘목(卯木)을 용신(用神)으로 삼거나, 을목(乙木)이 양인인 인목(寅木)을 용신으로 삼는 경우.

여름에 태어난 병화(丙火)가 양인인 오화(午火)를 용신으로 삼거나, 정화(丁火)가 양인인 사화(巳火)를 용신으로 삼는 경우.

가을에 태어난 경금(庚金)이 양인인 유금(酉金)을 용신으로 삼거나, 신금(辛金)이 양인인 신금(申金)을 용신으로 삼는 경우.

겨울에 태어난 임수(壬水)가 양인인 자수(子水)를 용신으로 삼거나, 계수(癸水)가 양인인 해수(亥水)를 용신으로 삼는 경우로, 음양(陰陽)을 불문하고 왕(旺)하면 모두 양인이 된다고 하겠다.

만약 양인이 왕하여 살에 대적할 만하지만[刃旺敵殺 ^{인왕적살}] 사주에 식신(食神)이나 인수(印綬)가 없고 재성(財星)과 관성(官星)이 있는 경우는 비록 기세가 특별하다[氣勢特 ^{기세특}]고는 하지만 신기가 맑지 않으니[神氣不淸 ^{신기불청}] 무장(武將)의 팔자라 할 것이다. 만약 양인이 월령(月令)을 잡지 못했다면[刃不當權 ^{인부당권}] 비록 살에 대적할[敵殺 ^{적살}] 수 있다 하더라도 병권을 장악할 수 없을 뿐만 아니라 귀(貴)하게 되지도 못할 것이고 악을 미워하여 지나치게 엄격할[疾惡太嚴 ^{질악태엄}] 것이다. 만약 양인이 왕하고 살이 약해도[刃旺殺弱 ^{인왕살약}] 마찬가지인데, 반드시 오만하고 남을 업신여기며 교만하게 될[傲物而驕慢 ^{오물이교만}] 것이다.

심화학습

해치(獬豸)는 해태라고도 하며, 옳고 그름을 판단하는 전설상의 짐승으로 사자와 비슷하게 생겼으며 머리 한가운데 뿔이 있는 모습이라고 한다. 광화문 앞의 해태상을 연상하면 될 것이다. 고대 중국에서는 이 모양을 본떠 법관(法官)의 관[弁冠 ^{변관}]을 만들어 썼으므로 해치는 사법관(司法官)을 가리킨다고 보면 될 것이다. 하지만 『적천수(滴天髓)』 원문(原文) 해석에서는 독자의 이해를 돕기 위해 형벌을 담당하는 권력을 지닌 벼슬로 풀어 썼음을 밝혀둔다.

또한 살(殺)과 편관(偏官)은 같은 것이니, 되새기는 의미에서 살(殺)을 편관으로 표기하였다. 양인(陽刃)은 『적천수천미(滴天髓闡微)』에는 양인(羊刃)으로 표기되어 있으나 같은 의미로 보면 될 것이다.

적천수 사례연구 **인살신청(刃殺神淸)**

❶ 가을에 태어난 경금(庚金)이 양인(陽刃)인 유금(酉金)을 용신으로 삼은 경우

丙	庚	己	壬
戌	午	酉	寅

丁	丙	乙	甲	癸	壬	辛	庚
巳	辰	卯	寅	丑	子	亥	戌

경금(庚金) 일주인데 시간(時干)의 병화(丙火)가 지지에서 생왕(生旺)을 만났다. 인목(寅木)이 임수(壬水)를 거두어들이니[寅納壬水 ^{인납임수}] 살을 제어하기가[制殺 ^{제살}] 불가능하여 전적으로 유금(酉金)에 의지하는데, 양인이 월령을 잡아[陽刃當權 ^{양인당권}] 용신(用神)이 되었다. 유금(酉金)은 인목(寅木)을 가로막아 떨어져 있게 하여[隔住 ^{격주}] 화국(火局)이 되지 못하게 하니, 이것이 바로 양인과 편관의 기운이 맑고 그 기세가 특별한[刃殺神淸氣勢特 ^{인살신청기세특}] 경우라 하겠다.

일찍이 향시와 전시에 합격하여[부登科甲 ^{조등과갑}] 여러 차례에 걸쳐 병권과 형권[兵刑 ^{병형}] 및 사람을 죽이고 살리는 권한[生殺之任 ^{생살지임}]을 장악하였고, 벼슬은 형부상서(刑部尚書)에 이르렀다.

경금(庚金) 일주가 유월(酉月)에 태어났으나 사주에 살(殺)이 왕(旺)하여 신약(身弱)하므로 겁재(劫財)인 유금(酉金)을 용신(用神)으로 삼았다는 말이다. 하지만 신약하다면 월간(月干)의 인성(印星)인 기토(己土)를 용신으로 삼는 것이 마땅할 텐데 이를 무시하고 월지(月支)의 유금(酉金)을 용신으로 삼은 것은 이해하기 어렵다고 주장한다면, 그 또한 일리가 있다 하겠다.

다만 앞의 『적천수징의(滴天髓徵義)』 본문에서 언급했듯이, 사주에 살이 왕하고 재성이 없는데 인성이 양인을 이용하는 경우[印綬用刃 인수용인]를 양인과 살의 기운이 맑다[刃殺神淸 인살신청]고 한다면, 이 원칙을 적용하여 비록 이 사주에 재성(財星)인 인목(寅木)이 있다고는 하지만 이를 제거하는 유금(酉金)을 용신으로 삼고 금(金)을 생(生)해주는 토(土)를 희신으로 삼는 것이 나름대로 타당하다는 생각이다.

그렇다면 대운(大運)이 흉신(凶神)인 수목화(水木火)로 흐르는데도 형부상서(刑部尙書)의 벼슬까지 한 것은 사주가 워낙 인살신청기세특(刃殺神淸氣勢特) 하기 때문인가. 운(運)의 흐름으로만 본다면 신왕(身旺)한 사주라야 할 것 같다는 정도로만 생각하고 넘어가도록 한다.

❷ 여름에 태어난 병화(丙火)가 양인(陽刃)인 오화(午火)를 용신으로 삼은 경우

壬	丙	壬	庚
辰	子	午	戌

庚	己	戊	丁	丙	乙	甲	癸
寅	丑	子	亥	戌	酉	申	未

병자(丙子) 일주가 월시(月時)에 두 개의 임수(壬水)가 투출하여 일주(日主)가 삼면(三面)에서 공격받고 있다. 사주에는 수(水)를 설하고 화(火)를 생해주는[洩水生火 설수생화] 목(木)은 없고 오히려 경금(庚金)이 수(水)

를 생하고 토(土)를 설하고[生水洩土 ^{생수설토}] 있으니, 전적으로 월령(月令)을 잡은 양인(陽刃)인 오화(午火)를 용신(用神)으로 삼아 의지하게 된다 하겠다. 더욱 반가운 것은 조토(燥土)인 술토(戌土)가 수(水)를 제어하고 화국(火局)을 이룬다[制水會火 ^{제수회화}]는 것이다. 향시에 합격하여 벼슬을 했는데[鄕榜出身 ^{향방출신}], 병술(丙戌)운에 벼슬이 안찰(按察)에 이르렀다.

심화학습

신약(身弱)한 병화(丙火) 일주가 사주에 인성(印星)인 목(木)이 없으니 월지(月支)의 겁재(劫財)를 용신(用神)으로 삼을 수밖에 없는 상황이라 하겠다. 이 사주 또한 대운(大運)의 흐름은 그다지 좋다고 할 수 없음에도 불구하고 발(發)한 것으로 미루어, 인살신청기세특(刃殺神淸氣勢特) 하면 운(運)이 받쳐주지 못한다 하더라도 병권을 잡거나 형벌을 담당하는 권력을 지닌 벼슬[兵權獬豸弁冠客 ^{병권해치변관객}]을 할 수 있다고 이해해야 할 것 같다는 생각이다.

❸ 겨울에 태어난 임수(壬水)가 양인(陽刃)인 자수(子水)를 용신으로 삼은 경우

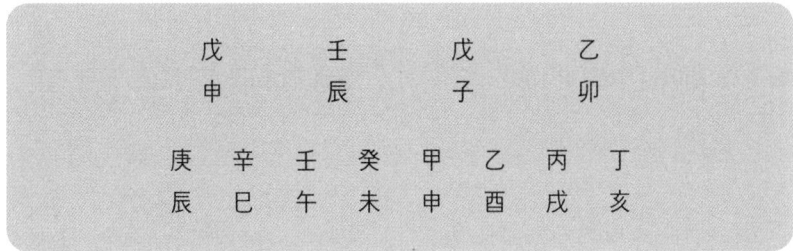

임진(壬辰) 일주가 천간에 두 개의 살(殺)이 있어 이들이 지지의 진토(辰土)에 통근(通根)하였다. 연간(年干)의 을목(乙木)은 시들어 메말라[凋枯 ^{조고}] 수(水)만 설(洩)하고 토(土)는 제어할 수 없으니, 이른바 극과 설이 일주를 번갈아 괴롭히는[剋洩交加 ^{극설교가}] 형상이라 하겠다. 가장 반가운 것은 자수(子水)가 월령을 잡고[子水當權 ^{자수당권}] 신자진(申子辰) 수국(水局)을 이룬 것이니, 양인과 살의 기운이 맑다[刃殺神淸 ^{인살신청}]고 한다.

유금(酉金)운에 이르러 수(水)를 생하고 목(木)을 극하며[生水剋木 ^{생수} ^{극목}] 이와 더불어 살을 설하여 화(化)하니 과갑에 연달아 합격하였다[科甲連登 ^{과갑연등}]. 갑신(甲申) 및 계수(癸水)운에 벼슬길은 더욱 빛나니[仕路光亨 ^{사로광형}] 벼슬은 안찰(按察)에 이르렀으나, 미토(未土)운에 양인이 극(剋)을 받아 죽고 말았다.

심화학습

사주에 살(殺)이 왕하고 재성(財星)이 없는데, 인성이 양인을 이용하여[印綬用刃 ^{인수용인}] 양인과 살의 기운이 맑아진[刃殺神淸 ^{인살신청}] 또 다른 사례라 할 수 있겠다. 임진(壬辰) 일주가 비록 자월(子月)에 태어났으나 사주에 살이 많아 신약(身弱)하니 인성(印星)의 도움을 받는 자수(子水)를 용신(用神)으로 삼는다는 말이 되겠다. 『적천수징의(滴天髓徵義)』 본문의 논리에 부합하는 사례라 할 것이다.

다만 관점에 따라 이 사주를 약하지 않다고 볼 수도 있을 것 같다는 생각이다. 임수(壬水)가 일지(日支)에 진토(辰土)를 깔고 앉아 통근(通根)하였고, 월지(月支)와 시지(時支)에 생왕(生旺)이 있어서 하는 말이다. 다만 미토(未土)운에 수명이 다했다니 더 이상 할 말은 없다.

❹ 봄에 태어난 갑목(甲木)이 양인(陽刃)인 묘목(卯木)을 용신으로 삼은 경우

庚	甲	辛	丙
午	申	卯	辰

己	戊	丁	丙	乙	甲	癸	壬
亥	戌	酉	申	未	午	巳	辰

갑신(甲申) 일주가 봄이 한창인 묘월(卯月)에 태어났다. 천간에 관살(官殺)이 함께 투출했고 일지(日支)와 시지(時支)는 사지(死地)와 절지(絶地)에 해당하니, 반드시 양인(陽刃)인 묘목(卯木)을 용신(用神)으로 삼아야

하겠다.

반가운 것은 병화(丙火)가 신금(辛金)과 합(合)을 하여 불만스러운 관살혼잡(官殺混雜)이 없어질 뿐만 아니라 묘목(卯木) 또한 극제(剋制)를 받지 않게 되는 것이니, 양인과 살의 기운이 맑다[刃殺神淸 인살신청]고 하겠다. 게다가 운(運) 또한 남방(南方)의 화지(火地)로 흐르니 과갑(科甲)에 합격하여 벼슬은 얼헌(臬憲)에 이르렀다.

심화학습

양인이 왕하여 살에 대적할 만하고[刃旺敵殺 인왕적살] 사주에 식신(食神)이 있어 기세가 특별한[氣勢特 기세특] 경우라 하겠다. 하지만 사주에 재성(財星)과 관성(官星)이 있어 신기가 맑지 않을[神氣不淸 신기불청] 수 있었으나, 식신인 병화(丙火)가 이를 해결해주어 신기청(神氣淸)까지 이루게 되어 무관(武官)이 아닌 얼헌(臬憲) 즉 안찰사(按察使)의 벼슬을 했다는 말이다. 『적천수(滴天髓)』의 인살신청(刃殺神淸)의 논리에 딱 들어맞는 사례라 하겠다.

하지만 생화유통(生化流通)의 원리만 가지고 풀어본다면, 갑목(甲木)일주가 신약(身弱)하니 인성(印星)인 수(水)를 용신으로 삼아야 하고 사주에 수(水)가 보이지 않으니 묘목(卯木)을 용신으로 삼고 운(運)에서 수(水)가 들어오기를 기다리거나, 갑신(甲申)은 살인상생(殺印相生)이니 신금(申金) 안의 임수(壬水)를 용신으로 삼는 것을 생각해볼 수 있을 것이다.

다만 여기서는 양인(陽刃)인 묘목(卯木)을 용신으로 삼는다고 했으며 운(運)이 남방(南方)의 화지(火地)로 흘렀을 때 발(發)했다는 내용으로 미루어, 화(火)를 사주의 관성을 제(制)해주는 희신(喜神)으로 삼은 것이 아닌가 생각된다. 또한 식신제살(食神制殺)에 병화(丙火)를 용신으로 삼는 것으로 생각해볼 수도 있다. 그렇게 되면 목(木)은 희신이 된다고 할 것이다.

3. 희용유정 정기신족(喜用有情 精氣神足)
– 사주에 막힘이 없다

적천수 원문

分藩司牧財官和　格局淸純神氣多
분번사목재관화　　　격국청순신기다

> 한 지역을 맡아 다스리는 사람은 사주의 재성과 관성이 서로 화합하고[分藩司牧財官和]
> 격국이 맑고 순수하며 정기신(精氣神) 세 가지가 두루 갖춰져 있다[格局淸純神氣多].

적천수 해설 **희용유정 정기신족(喜用有情 精氣神足)**

주(州)나 현(縣)의 관리에 이르기까지 한 지역을 맡아 다스리는 임무를 부여받은[方面之任 방면지임] 사람에게는 비록 재성(財星)과 관성(官星)이 중요하다고 하더라도 반드시 격국이 맑고 순수해야 한다[格局淸純 격국청순]. 이와 더불어 일주는 모름지기 생왕해야 하고[日元生旺 일원생왕], 신은 이어지고 기는 넉넉해야 한다[神貫氣足 신관기족]. 그런 연후에 재성과 관성이 정으로써 협력하면[財官情協 재관정협] 이것이 바로 정(精)과 기(氣)와 신(神)의 세 가지가 두루 갖춰지게 되는 것이다[精氣神足 정기신족].

이에 덧붙여 관성이 왕한데 인성이 있어[官旺有印 관왕유인] 관성을 설(洩)해주거나, 관성이 약한데 재성이 있어[官衰有財 관쇠유재] 관성을 도와주거나, 재성이 왕한데 관성이 없어[財旺無官 재왕무관] 일주(日主)를 극(剋)하지 않거나, 인성이 왕한데 재성이 있어[印旺有財 인왕유재] 인성을 극해주거나, 좌우가 서로 통하고[左右相通 좌우상통] 상하가 서로 어그러지지 않거나[上下不悖 상하불패], 연월에서 통근하여[年月通根 연월통근] 기가 일시로 이어지거나[氣貫日時 기관일시], 일주와 살의 두 세력이 짝을 이루어 머물러 있거나[身殺兩停 신살양정], 살이 무거운데 인성을 만나거나[殺重逢印 살중봉인], 살이 가벼운데 재성을 만나는[殺輕遇財 살경우재] 것이 모두 그런 경우인데, 이런 사주를 가진 사람에게는 반드시 백성을 이롭게 하고 만물을 구제하려는[利民濟物 이민제물] 마음이 있을 것이지만, 그렇지 않은 경우는 옳지 못할 것이다.

분번(分藩)이란 고대 중국에서 황제가 자신의 자식들에게 영토를 나누어 주고 제후(諸侯)로 봉함으로써 외세의 침략을 방어하는 울타리로 삼던 일을 말하며, 나중에는 중앙의 관리가 목민관(牧民官)으로 파견되는 것을 의미하게 되었다고 한다. 사목(司牧)이란 한 지역의 백성을 맡아서 관리한다는 뜻으로 목민관을 의미한다고 한다.

재성과 관성이 서로 화합한다[財官和 재관화]는 말의 의미는 용신(用神)과 희신(喜神)이 서로 유정(有情)하다는 뜻으로 이해하면 될 것이다.

적천수 사례연구 **희용유정 정기신족(喜用有情 精氣神足)**

❶ **좌우가 통하고[左右相通, 좌우상통] 상하가 어그러지지 않는[上下不悖, 상하불패] 경우**

壬	癸	乙	丁
子	酉	巳	丑

丁	戊	己	庚	辛	壬	癸	甲
酉	戌	亥	子	丑	寅	卯	辰

계수(癸水)가 사월(巳月)에 태어나 비록 화토(火土)가 왕(旺)하다고는 하지만, 묘한 것은 지지에 완전한 금국(金局)을 이루었고 재관인(財官印)이 모두 생조(生助)를 얻고 있다는 것이다. 더욱 반가운 것은 자시(子時)라는 것이다. 비겁(比劫)이 일주를 도와주니[幇身 방신] 정신이 왕하여 넉넉하고[精神旺足 정신왕족], 더더욱 반가운 것은 중년운이 북방(北方)으로 달린다는 것이다.

과거를 치르지 않고 벼슬을 하여[異路出身 이로출신] 벼슬은 군수에 이르렀으며[仕至郡守 사지군수] 명리를 모두 얻었고[名利兩全 명리양전], 아들 일곱을 두었는데 모두가 벼슬을 하였다.

중년운이 북방(北方)으로 달리는 것을 반긴 것으로 미루어 보아 계수(癸水) 일주가 신약(身弱)하다고 본 것 같다. 하지만 비록 사월(巳月)에 태어난 약점은 있다 하더라도, 지지가 사유축(巳酉丑) 금국(金局)을 이루었고 자시(子時)에 태어났으니 신왕(身旺)하다고 보아도 무리가 아니라는 생각이다. 그렇다면 식신생재(食神生財)에 정화(丁火)가 용신(用神)이 된다고 하겠다. 하나의 의견으로 보고 넘어가도록 한다.

❷ 재성과 관성이 서로 협력하지 못한[財官不協, 재관불협] 경우

乙	丁	戊	丙
巳	酉	戌	寅

丙	乙	甲	癸	壬	辛	庚	己
午	巳	辰	卯	寅	丑	子	亥

정화(丁火)가 술월(戌月)에 태어나 사주에 목화(木火)가 중중(重重)하다. 상관에 재성을 용신으로 하는[傷官用財 상관용재] 구조라 하겠다. 격국(格局)은 본래 아름다우니, 부서(部書)에서 일을 하다가 벼슬을 하여[部書出身 부서출신] 현령(縣令)에 이르렀다.

안타까운 것은 사주에 수(水)가 없다는 것이다. 술토(戌土)는 조토(燥土)이므로 금(金)을 생하고 화(火)를 설(洩)하여 어둡게 할[晦火生金 회화생금] 수 없는데 목(木)은 화(火)를 생하여 더욱 왕(旺)하게 만들어버리니, 사유(巳酉)는 합(合)을 할 생각이 전혀 없다 하겠다. 이에 처(妻)와 첩(妾)이 아들을 열 명이나 낳았으나 모두 죽고 말았다.

부서(部書)는 기록을 분류하는 일을 하는 곳을 말한다. 사주에 관성(官星)인 수(水)가 없어 재관(財官)이 협력하지 못하니, 초운(初運)인 금수

(金水)운에는 잘나갔지만 이후에 목(木)운으로 들며 자식의 인연은 약해 진다고 보면 되겠다. 사주에 관살(官殺)이 없으니 용신(用神)을 자식이라 고 보면 될 것이다.

❸ 관성이 약한데 재성이 있는[官衰有財, 관쇠유재] 경우

戊		辛		庚		丙	
子		巳		寅		子	
戊	丁	丙	乙	甲	癸	壬	辛
戌	酉	申	未	午	巳	辰	卯

신금(辛金)이 인월(寅月)에 태어났다. 재(財)가 왕(旺)한데 식신(食神)을 만났으며, 관(官)이 투출하여 재(財)를 만났다. 일주(日主)는 다시 겁재 (劫財)와 인성(印星)을 만나 도움을 받으니 사주는 중화(中和)되어 순수 하여 정(精)과 신(神)이 모두 넉넉하다 하겠다. 처음 보기에는 신약(身弱) 한 것 같지만, 자세히 살펴보면 목(木)은 어리고 화(火)는 허하며[木嫩火 虛 목눈화허] 인성이 투출하여 통근(通根)했으니 일주는 족히 관성(官星)을 용신(用神)으로 삼을 만하다 하겠다.

중년운이 남방(南方)의 화(火)운으로 흐르니 과거를 치르지 않고 벼슬 을 하여[異路出身 이로출신] 황당(黃堂)에 이르렀다.

심화학습

본문 해석을 보면, '처음 보기에는 신약(身弱)한 것 같지만'이라고 하며 이 명조(命造)를 관성이 약한데 재성이 있어[官衰有財 관쇠유재] 벼슬을 한 사주의 사례로 제시했으니 신왕(身旺)하다는 말이라 하겠다. 하지만 아 무리 자세히 살펴보아도 신약하다 하겠다.

중년운인 남방(南方)의 화(火)운에 벼슬을 한 것은 인성(印星)인 무토 (戊土)를 용신(用神)으로 하고, 화(火)는 토(土)를 생조(生助)해주는 희신

(喜神)으로 하는 관인상생(官印相生)이 되었기 때문이라고 보는 것이 타당하다는 생각이다.

❹ 인성이 왕한데 재성이 있는[印旺有財, 인왕유재] 경우

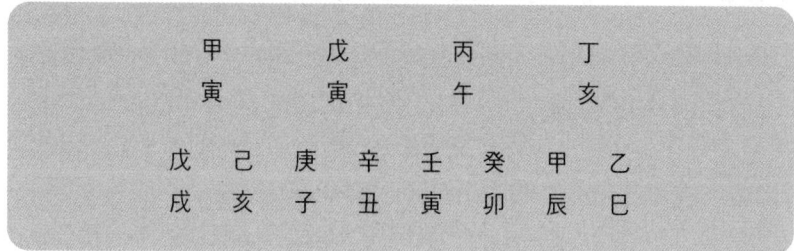

무토(戊土)가 오월(午月)에 태어났다. 비록 사주에 편관(偏官)이 왕(旺)하다고는 하지만 인성(印星)이 너무 많으니[太重 태중] 목(木)은 화(火)의 세력을 따라가게 되고[木從火勢 목종화세], 화(火)는 반드시 목(木)을 불살라버리게 될 것이다[火必焚木 화필분목]. 한 점 해수(亥水)로는 목(木)을 생해주고 화(火)를 극하는[生木剋火 생목극화] 것이 불가능하다 하겠다.

계수(癸水)운으로 바뀌자 정화(丁火)를 극(剋)하고 갑목(甲木)을 생하니 연달아 향시와 전시에 합격하였고[連登科甲 연등과갑] 재상이 되어 이름난 곳을 다스렸다[出宰名區 출재명구]. 신금(辛金)운에는 병화(丙火)와 합(合)을 하니 벼슬길이 순조롭게 이루어졌으나[仕路順遂 사로순수], 축토(丑土)운으로 바뀌자 수(水)를 극하니 병을 아뢰고 벼슬을 그만두었다[告病致仕 고병치사].

심화학습

치사(致仕)란 나이가 많아 벼슬을 사양하고 물러나는 것을 의미한다고 한다.

본문의 해석으로는 재살(財殺)을 희용신(喜用神)으로 삼은 것으로 보인다. 하지만 사주에 인성이 왕한데 재성이 있으니[印旺有財 인왕유재] 재성을 용신으로 삼고, 약한 재성(財星)을 생조해주는 식상(食傷)인 금(金)을 희신으로 삼는 것이 더 바람직한 방법이 아닐까 하는 생각이다.

❺ 인성이 약한데 재성이 있는[印衰有財, 인쇠유재] 경우

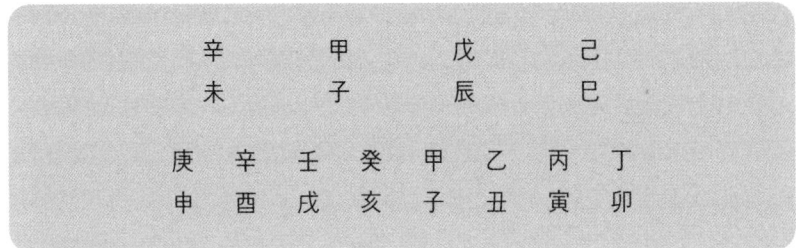

갑자(甲子) 일주가 늦은 봄인 진월(辰月)에 태어났다. 목(木)은 여기(餘氣)가 있고 일지(日支)에 인성(印星)을 깔고 앉았다. 관성(官星)이 천간에 맑게 투출했고[淸透 청투], 자수(子水)와 진토(辰土)는 합(合)을 하여 인수국(印綬局)을 이루니 유정(有情)하다 하겠다.

더욱 묘한 것은 운(運)이 동북(東北)의 수목(水木)의 지지로 달린다는 것이다. 전시(殿試)에 합격했으나[名登甲榜 명등갑방] 다만 불만스러운 것은 자미(子未)로 인성을 깨뜨려버리는[破印 파인] 것이라 벼슬길이 막히는 것을 면할 수 없었으니[未免有阻 미면유조], 늙도록 학생들을 가르치는 직무에만[老於敎職 노어교직] 종사하였다.

심화학습

갑자(甲子) 일주가 신약(身弱)하여 인성(印星)을 용신(用神)으로 삼았는데, 사주에 중중(重重)한 재성(財星)이 이를 극(剋)하여 깨뜨리니 벼슬을 하기가 어려웠던 모양이다. 다행스럽게도 운(運)이 도와주어 과거에는 합격하여 교직(敎職)은 유지할 수 있었다 하겠다.

4. 사주청탁 형영구분(四柱淸濁 形影區分)
– 사주의 청탁에 따라 지위가 정해진다

적천수 원문

便是諸司幷首領　也從淸濁分形影
편시제사병수령　　야종청탁분형영

제사(諸司)나 수령(首領)과 같은 모든 하급관리들도 그러한 것은 당연하겠으나
[便是諸司幷首領]

단지 사주의 청탁을 좇아서 그 형체와 그림자[形影, 형영]를 분별해야 한다
[也從淸濁分形影].

적천수 해설　　　**사주청탁 형영구분(四柱淸濁 形影區分)**

팔자[命 명]라는 것은 천지간의 음양(陰陽)과 오행(五行)이 모여 이룬 결실[所鍾 소종]이다. 따라서 사주가 청(淸)한 사람은 귀(貴)하게 되고 탁(濁)한 사람은 천(賤)하게 된다. 이런 연유로 잡직(雜織)이나 좌이(佐貳) 등의 하급관리 역시 하나의 영광을 누릴 수 있는 팔자[膺一命之榮 응일명지영]는 타고난 사람인 것이다. 비록 격이 바르지도 국이 맑지도[格正局淸 격정국청] 않고 진신을 용신으로 삼지[眞神得用 진신득용] 못했다고 하더라도, 기상(氣象)과 격국(格局)이나 충합(沖合)과 이기(理氣) 안에 반드시 한 점의 청기(淸氣)가 들어 있어야 한다.

　비록 청기(淸氣)와 탁기(濁氣) 중 어느 것이 형체이고 어느 것이 그림자인지를 분별하는 것이 어렵다[形影難辨 형영난변]고는 하지만, 이 모두가 천간은 청하고 지지는 탁하다는 이치[天淸地濁之理 천청지탁지리]를 벗어나지 않는다. 천간은 하늘을 상징하고[干象天 간상천] 지지는 땅을 상징한다[支象地 지상지]. 지지가 천간으로 상승하는[地支上升於天干 지지상승어천간] 것은 가볍고 맑은 기운[輕淸之氣 경청지기]이고, 천간이 지지로 하강하는[天干下降於地支 천간하강어지지] 것은 무겁고 탁한 기운[重濁之氣 중탁지기]이다. 천간의 기운[天干之氣 천간지기]은 본래 청하니 탁한 것을 꺼리지 않지만[不忌濁 불기탁], 지지의 기운[地支之氣 지지지기]은 본래 탁하니 반드시 청하게 되

어야[必要淸^{필요청}] 한다. 이것은 바로 명리에서 귀한 것은 변하여 통함[命理之貴乎變通^{명리지귀호변통}]이라는 것을 의미하는 말이라 하겠다.

천간이 탁하고[天干濁^{천간탁}] 지지가 청한[地支淸^{지지청}] 사람은 귀하게 되고, 지지가 탁하고[地支濁^{지지탁}] 천간이 청한[天干淸^{천간청}] 사람은 천하게 된다. 지지의 기운[地支之氣^{지지지기}]이 상승(上升)하는 것이 그림자[影^영]이고, 천간의 기운[天干之氣^{천간지기}]이 하강(下降)하는 것이 형체[形^형]이다. 따라서 기(氣)의 상승과 하강[升降^{승강}], 기의 형상과 그림자[形影^{형영}], 기의 충과 합[沖合^{충합}], 기의 제함과 화함[制化^{제화}] 가운데서 그 청탁을 분별하고[分其淸濁^{분기청탁}] 그 경중을 궁구한다면[究其輕重^{구기경중}] 그 사람의 지위나 신분의 높고 낮음[尊卑^{존비}]을 알아낼 수 있다.

심화학습

제사(諸司)와 수령(首領)은 각사(各司)와 각과(各科)의 장(長)이나 좌이(佐貳)나 잡직(雜織) 등의 하급 벼슬아치를 말한다고 한다.

서낙오(徐樂吾)는 『적천수보주(滴天髓補註)』에서 형영(形影)을 차등(差等)이라고 하여 형영은 사주의 청탁(淸濁)의 정도에 따라 그 사람의 귀(貴)하고 천(賤)함의 정도를 구분하는 것에 불과한 것이라고 하였다. 따라서 그림자가 형상을 따라다니듯 사주가 청(淸)하면 지위가 높고, 탁(濁)하면 지위가 낮은 것으로 보았다.

여기 지위(地位) 장(章)의 흐름을 보면 사주 청탁의 정도에 따라 그 사람이 차지한 지위의 높고 낮음이 결정된다는 논리에 따라 높은 벼슬을 한 사례부터 낮은 벼슬에 이르기까지 그 사주의 사례를 구분해놓고 있어 명리학을 공부하는 사람들의 안목을 높이는 데 상당한 도움을 주고 있다. 비록 그 중에는 적절하지 못하다고 여겨지는 사례, 즉 억지로 논리에 맞추기 위한 사례로 보이는 사주가 있기는 하지만, 큰 줄거리를 이해하는 데 도움을 주는 것으로 받아들이면 될 것 같다는 생각이다.

❶ 천간이 탁(濁)하고 지지가 청(淸)한 경우

丙	戊	壬	壬
辰	戌	寅	辰

庚	己	戊	丁	丙	乙	甲	癸
戌	酉	申	未	午	巳	辰	卯

무토(戊土)가 인월(寅月)에 태어나 목(木)은 왕하고 토(土)는 허약하다[木旺土虛 목왕토허]. 천간에 투출한 두 개의 임수(壬水)가 병화(丙火)를 극(剋)하고 인목(寅木)을 생(生)하니 천간의 기(氣)가 탁(濁)하다 하겠다. 재성이 인성을 무너뜨리니[財星壞印 재성괴인] 이에 글공부를 계속할 수 없었다[書香不繼 서향불계].

　반가운 것은 인목(寅木)이 능히 수(水)를 거두어들이고 화(火)를 생해준다[納水生火 납수생화]는 것이다. 일주(日主)는 조토(燥土)인 술토(戌土) 위에 앉아 임수(壬水)로 하여금 병화(丙火)를 극(剋)하러 내달리지 못하게 하니[不致沖奔 불치충분] 그 청(淸)함은 인목(寅木)에 있다 하겠다.

　과거를 보지 않고 벼슬을 하여[異路出身 이로출신] 병화(丙火)운에 현령(縣令)에 올랐다.

심화학습

무토(戊土) 일주가 신약(身弱)하여 병화(丙火)를 용신(用神)으로 삼았는데, 지지의 인목(寅木)이 희신(喜神)이 되어 병화(丙火)를 도와주는 청기(淸氣)로 작용한다는 말이다. 운(運) 또한 목화(木火)로 흘러 용신운인 병화(丙火)운에 벼슬이 오른 것으로 보면 되겠으니, 천간이 탁(濁)하고 지지가 청(淸)한 경우의 사례라 하겠다.

　혹자는 사주에 비견(比肩)이 중중(重重)하고 인성(印星)이 천간에 투출했으니 이를 신왕(身旺)하다고 볼 수도 있을 것 같다. 하지만 인월(寅月)

에 태어났고 진토(辰土)는 습토(濕土)이니 토(土)는 허(虛)한 것으로 보아 신약하다고 하는 것이 마땅하다는 생각이다.

❷ 천간이 탁(濁)하나 지지에 청(淸)이 머무르는 경우

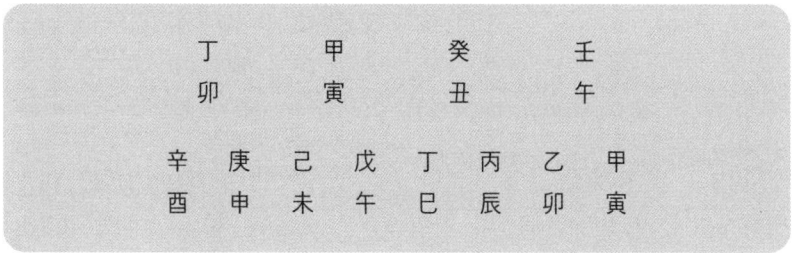

갑목(甲木)이 축월(丑月)에 태어나 수(水)와 토(土)는 얼어붙었으니[寒凝 한응], 본래 화(火)로써 추위에 대적하는 것[敵寒 적한]이 반갑다 하겠다. 더욱 묘한 것은 일지(日支)와 시지(時支)에 인목(寅木)과 묘목(卯木)이 있어 목기(木氣)가 왕(旺)한데, 시간(時干)의 정화(丁火)가 그 수기(秀氣)를 토해낸다는 것이다. 따라서 사주의 청(淸)함은 화(火)에 있다 하겠다.

불만스러운 것은 임수(壬水)와 계수(癸水)가 천간에 투출한[透干 투간] 것인데, 정화(丁火)는 반드시 손상을 입게 되니 학문에 대한 뜻을 이루지 못했다[書香難遂 서향난수]. 다만 지지에 수(水)가 없으니 천간이 비록 탁(濁)하다 할지라도 지지는 오화(午火)를 좇아 청(淸)이 머무르고 있다[留淸 유청].

과거를 보지 않고 벼슬을 하였고[異路出身 이로출신], 무오(戊午)운에 계수(癸水)와 합(合)을 하고 임수(壬水)를 극제(剋制)하니 병이 있으나 약을 얻어[有病得藥 유병득약] 지현(知縣)으로 승진하였다.

심화학습

갑목(甲木)이 신왕(身旺)하여 상관(傷官)인 정화(丁火)를 용신으로 삼아 상관생재(傷官生財)로 흐름을 탄다고 보면 되겠다. 천간에 재성(財星)인 토(土)가 없어 아쉽지만 운(運)에서 받쳐주어 다행이라 하겠다.

❸ 지지가 합을 하여 탁(濁)하게 된 경우

```
        己        丙        乙        壬
        丑        子        巳        辰

    癸   壬   辛   庚   己   戊   丁   丙
    丑   子   亥   戌   酉   申   未   午
```

병화(丙火)가 사월(巳月)에 태어나 천간과 지지에 살(殺)과 인성(印星)이 청하게 머물러 있다[留清 유청]. 불만스러운 것은 시지(時支)의 축토(丑土)가 자수(子水)와 합을 하여 떠나가는[合去 합거] 것이다. 따라서 임수(壬水)는 세력을 잃게 되고 토(土)로 화하여[化土 화토] 상관(傷官)을 돕게 되니 일주(日主)는 기운을 설하게[洩氣 설기] 된다. 한 점 을목(乙木)으로는 토(土)를 뚫기가 불가능하다[不能疏土 불능소토].

과거를 보지 않고 벼슬을 했는데[異路出身 이로출신] 비록 도적을 잡아 공적을 세웠으나[獲盜有功 획도유공] 윗사람과 화합하지 못해[上台不合 상태불합] 결국에는 승진할 수 없었다[竟不能升 경불능승].

심화학습

병화(丙火) 일주가 신약(身弱)하여 인성(印星)을 용신(用神)으로 삼고 편관(偏官)을 희신(喜神)으로 하는 살인상생(殺印相生)의 형상이라 하겠다. 지지의 자수(子水)가 축토(丑土)와 합(合)을 하여 탁(濁)하게 되었다는 말이다. 게다가 운(運)마저 나쁜 것이 더욱 상황을 악화시켰다는 말이 되겠다.

❹ 천간이 탁(濁)하고 지지가 청(淸)한 경우

```
      丁        癸        丙        乙
      巳        酉        戊        酉

   戊   己   庚   辛   壬   癸   甲   乙
   寅   卯   辰   巳   午   未   申   酉
```

계유(癸酉) 일주가 술월(戊月)에 태어나 지지에서 관인이 서로 생조하니 [官印相生 관인상생] 그 청(淸)함을 가히 알 수 있다. 불만스러운 것은 천간의 두 재성(財星)이 지지를 얻었다[得地 득지]는 것이다. 더불어 을목(乙木)이 화(火)를 도와 금(金)을 극(剋)하니 학문에 대한 뜻을 이루지 못했다[書香難遂 서향난수]. 반가운 것은 가을의 금[秋金 추금]이라 기운이 있으니 과거를 보지 않고 벼슬을 했다[異路出身 이로출신]는 것이다. 사화(巳火)운에 이르러 재성이 인성을 무너뜨려버리니[財星壞印 재성괴인] 부모상을 당해 고향으로 돌아갔다[丁艱回籍 정간회적]

심화학습

정간(丁艱)은 정우(丁憂)와 같은 말로 부모의 상사(喪事)를 만난다는 의미이다. 회적(回籍)은 관리가 말미를 얻어 귀향하는 것을 말한다고 한다.

사주 해석 중 '천간의 두 재성(財星)이 지지를 얻었다[天干兩財得地 천간양재득지]'는 『적천수징의(滴天髓徵義)』나 『적천수천미(滴天髓闡微)』 모두 '천간병재득지(天干丙財得地)'라고 되어 있으나, 병(丙)보다는 양(兩)으로 해석하는 것이 합당하다는 생각에 바꾸어 적었다.

계수(癸水) 일주가 비록 가을에 태어나 지지에서 인성(印星)이 받쳐주고는 있지만 재성(財星)이 너무 왕(旺)하여 신약(身弱)하다 하겠다. 따라서 용신(用神)은 일지(日支)의 인성인 유금(酉金)이 되겠다.

❺ 천간의 기(氣)를 설(洩)하여 화(化)한 경우

```
戊        戊        戊        甲
午        子        辰        申

丙   乙   甲   癸   壬   辛   庚   己
子   亥   戌   酉   申   未   午   巳
```

무자(戊子) 일주가 진월(辰月)의 오시(午時)에 태어나 천간에 세 개의 무토(戊土)가 있으니 신왕(身旺)함을 가히 알 수 있다. 진월(辰月)의 갑목(甲木)은 퇴기(退氣)에 해당하고 절지(絶地)에 임했으니, 용신(用神)이 될 수 없을 뿐만 아니라 오히려 극설(剋洩)의 혼잡(混雜)만 일으킨다 하겠다. 그 정기(精氣)는 지지의 신금(申金)에 있다 하겠으니, 토(土)의 빼어난 기운[精英정영]을 설(洩)해준다. 아쉽게도 봄의 금[春金춘금]이라 왕(旺)하지 않은데, 다행스러운 것은 자수(子水)가 오화(午火)를 충(沖)하고 토(土)를 적셔 금(金)을 길러준다[潤土養金윤토양금]는 것이다.

비록 돈을 상납하고 벼슬을 얻어[捐納연납] 좌이(佐貳)가 되었으나 벼슬길은 순조롭게 이어졌다.

심화학습

무력한 편관(偏官)을 버려두고 식신(食神)을 용신(用神)으로 삼아 식신생재(食神生財)로 흐른다는 말이다. 신금(申金)이 월령(月令)을 잡았으니 좋다고 하겠고, 아쉬운 것은 재성(財星)인 자수(子水)가 떨어져 있는 것이라 하겠다. 운(運)이 금수(金水)로 흘러 벼슬길이 평탄했다고 보면 될 것이다.

❻ 사주에 청기(淸氣)가 보이지 않는 경우

庚	壬	甲	癸
戌	子	子	巳

丙	丁	戊	己	庚	辛	壬	癸
辰	巳	午	未	申	酉	戌	亥

임자(壬子) 일주가 한겨울인 자월(子月)에 태어나 천간에 경금(庚金)과 계수(癸水)가 투출했으니 그 세력이 넘쳐흐른다[其勢泛濫 기세범람]고 하겠다. 갑목(甲木)은 뿌리가 없으니 물을 거두어 둘 수가 없고[不能納水 불능납수], 사화(巳火)는 무리를 이룬 수(水)에게 극(剋)을 당하니 이 역시 용신(用神)으로 쓰기에는 어렵다 하겠다.

이런 까닭에 누차 벼슬을 하기 위해 돈을 갖다 바쳤으나 재산만 날리고[加捐耗財 가연모재] 빈 자리를 얻지 못했다[不能得缺 불능득결]. 비록 시지(時支)에 술토(戌土)가 있어 넘쳐나는 물을 막아서 안정시킨다고는 하지만[砥定汪洋 지정왕양], 또 경금(庚金)이 있어 설기(洩氣)를 당한다. 아울러 중운(中運)이 경신(庚申)과 신유(辛酉)로 흘러 토(土)를 설하고 수(水)를 생하니[洩土生水 설토생수] 겁재(劫財)와 양인(陽刃)이 방자하게 날뛰어[肆逞 사령] 뜻은 있어도 펼치지 못했다[有志難伸 유지난신].

심화학습

사주 해석상으로는 임자(壬子) 일주가 신왕(身旺)한데 식신(食神)과 재성(財星)은 쓸 수 없어 관성(官星)인 술토(戌土)를 용신(用神)으로 삼는 것으로 보인다. 그렇다면 희신(喜神)은 사화(巳火)가 되어 재자약살(財滋弱殺)로 볼 수 있을 것이다.

하지만 그보다는 갑목(甲木)을 용신으로 삼아 이에 의지하여 막강한 수(水)의 세력을 설(洩)하여 식신생재(食神生財)로 흐르는 것이 바람직한 방법이 아닐까 하는 생각이다. 다만 용신뿐만 아니라 희신인 사화(巳火)

도 무력하고, 운(運)마저 서방(西方)의 금(金)운으로 흘러 뜻한 바를 이루지 못했다고 볼 수 있을 것이다.

　이 사주는 식재관(食財官)이 모두 무력하여 청기(清氣)가 보이지 않는 사례라 하겠다.

貞元−元亨利貞·生老病死

정원 − 원형이정 · 생로병사

적천수 원문

造化起於元　亦止於貞
조화기어원　　　역지어정

再造貞元之會　胚胎嗣續之機
재조정원지회　　　배태사속지기

> 만물을 창조하고 기르는 대자연의 이치[造化, 조화]는 원(元)에서 일어나[造化起於元]
> 정(貞)에서 멈추지만[亦止於貞]
> 다시 정원(貞元)의 만남이 시작되는 것이[再造貞元之會]
> 자식을 잉태하여 대를 이어가는 기틀이라 하겠다[胚胎嗣續之機].

적천수 해설 ### 정원(貞元) − 원형이정(元亨利貞) · 생로병사(生老病死)

역(易) 즉 원형이정(元亨利貞)이란 생하고 또 생하여 쉬어 가지 않으니 [生生不息, 생생불식] 돌고 또 돌아 그침이 없는 것[循環無端 순환무단]을 말한다. 불경(佛經)에서 이르기를 "세계(世界)는 이루어 살다가 무너져 다하는 것[成住壞空 성주괴공]이고 인생(人生)은 태어나 늙고 병들어 죽는 것[生老病死 생로병사]이다"라고 했으니, 만물을 창조하고 기르는 대자연의 이치의 기틀[造化之機 조화지기]은 반드시 이와 같은 네 가지의 정해진 순서[四程序 사정서]를 거치게 되는 것이다. 사주의 여덟 글자[四柱八字 사주팔자]로 말하자면 연주(年柱)는 원(元)이고, 월주(月柱)는 형(亨)이며, 일주(日柱)

는 이(利)이고, 시주(時柱)는 정(貞)이라 할 것이다. 따라서 연월(年月)이 길(吉)하면 인생의 전반(前半)이 길할 것이고, 일시(日時)가 길하면 인생의 후반(後半)이 길할 것이다. 대운(大運)으로 말하자면 인생의 처음 15년은 원(元)이고, 다음 15년은 형(亨)이며, 그 다음 15년은 이(利)이고, 그 뒤의 15년은 정(貞)이라 할 것이다. 따라서 원형(元亨)의 운(運)이 길하면 인생의 전반이 길할 것이고, 이정(利貞)의 운이 길하면 인생의 후반이 길할 것이다. 이 모두가 정원의 이치[貞元之道 정원지도]인 것이다.

순환(循環)의 이치란 왕성함이 극에 달하면 쇠약하게 되고[盛極而衰 성극이쇠] 막힘이 극에 달하면 형통하게 되는[否極而泰 비극이태] 것인데, 이것은 사람이 이 세상에 살아 있는 동안에만 적용되는 것이 아니다. 운에는 길하고 흉함과 순행하고 역행함[吉凶順逆 길흉순역]이 있어 목숨이 다한 후에도 운의 흐름[行運 행운]은 거듭되니, 죽은 다음의 운의 길흉(吉凶)을 잘 살펴보면 그 자손(子孫)이 잘되고 못됨[興替 흥체]을 알아볼 수 있다. 그러므로 그 사람이 죽은 다음에 그 집안이 왕성하게 일어난다면[其家興旺 기가흥왕] 죽은 다음의 운[身後運 신후운]이 반드시 길할 것이고, 그 사람이 죽은 다음에 그 집안이 기울어 망한다면[其家衰敗 기가쇠패] 죽은 다음의 운[身後運 신후운]이 반드시 흉(凶)할 것이다.

사람의 자식이라면[爲人子 위인자] 자기 아버지가 돌아가신 해를 몰라서는 안 되며[不可不知考之年 불가부지고지년], 아버지의 뜻과 가업을 올바르게 이어받아야[善繼述 선계술] 한다. 만약 아버지가 돌아가신 다음의 운[考之身後運 고지신후운]이 길하다면 자연스럽게 윗사람의 가업을 이어받아 후손을 인도할 수 있겠지만[自可承先啓後 자가승선계후], 만약 아버지가 돌아가신 다음의 운[考之身後運 고지신후운]이 흉하다면 역시 자신의 분수에 맞게 경영을 하여[安分經營 안분경영] 이치를 바로잡아 돌이킬 수 있는[挽回造化 만회조화] 것이다. (죽은 다음의 운에는 당연히 자손 본인들의 운이 더하여 간여할 것이니 모름지기 살아 있는 시각으로 관찰해야[活看 활간] 하며 결코 여기에 집착해서는 안 될 것이다. - 서낙오가 첨부한 글)

만약 조상의 부귀[祖宗富貴 조종부귀]가 시와 글을 통하여 공부하며 노력하여 자연스럽게 얻은 것인데[自詩書中來 자시서중래] 자손은 이어받은 부귀만 누리고[享富貴 향부귀] 학문은 포기하거나[棄詩書 기시서], 조상의 가업[祖宗家業 조종가업]이 부지런하고 검소하게 노력하여 자연스럽게 얻은 것인데[自勤儉中來 자근검중래] 자손은 이어받은 가업만 누리고[享家業 향가업] 근검함은 잊어버린다면[忘勤儉 망근검], 뽕나무 줄기를 베어[割扶桑之幹 할부상지간] 가래나무에 접붙이는[接以桑梓 접이상재] 것과 같아서 결국에는 말라죽지 않는 것이 없을[未有不槁 미유불고] 것이다. 이는 그 근본이 각자 서로 부합되지 않기[本源各自不相附 본원각자불상부] 때문이다. 따라서 명리학을 공부하는 사람들은 이 이치에 대하여 깊이 생각해봄이 마땅하다.

심화학습

『적천수(滴天髓)』 원문(原文)의 재조정원지회(再造貞元之會)의 '조(造)'가 『적천수천미(滴天髓闡微)』에는 시작한다는 의미인 '조(肇)'로 표기되어 있다.

한 사람의 사후(死後)의 운(運)의 길흉이 그 사람의 자손(子孫)의 길흉에 영향을 미친다는 말은 이해하기 힘든 논리이다. 사람에게는 각자 타고난 사주가 있어 이를 따라감이 당연한 이치인데, 하물며 죽은 조상의 남은 대운(大運)이 자손에게 영향을 미친다는 것은 그다지 합당한 논리는 되지 못한다는 생각이다. 서낙오(徐樂吾)도 위에서 괄호를 하여 언급한 것을 보면 더욱 그러하다는 확신이 든다. 물론 한번쯤 재미삼아 사주풀이에 적용해볼 수는 있을 것이다.

사주의 연주(年柱), 월주(月柱), 일주(日柱), 시주(時柱)만을 가지고 그 사람의 운을 말한다는 논리도 마찬가지이다. 앞의 〈명리학 기초이론 26 : 연월일시주운(年月日時柱運)과 육친(六親)〉에서 이미 언급한 바와 같이 자평명리학(子平命理學)에서는 '한 사람의 부귀빈천(富貴貧賤)과 길흉수요(吉凶壽夭)는 사주(四柱)의 형상(形象)에 의해 정해지고, 그것이 막히느냐 통하느냐[窮通 궁통]는 운에 의해 정해진다'는 원리를 기본으로 하여 사주와 대운을 함께 놓고 사주 해석을 하고 있으니, 이 장(章)에서 말하는 원형이정(元亨利貞)의 논리 중 위의 논리는 그대로 받아들이기에는 무리가 따른다는 생각이다.

『적천수천미』에서는 정원지리(貞元之理)란 하도(河圖)와 낙서(洛書)의 뜻에서 비롯된 것인데 하도와 낙서의 뜻은 곧 선천(先天)과 후천(後天)의 괘(卦)가 자리하는 역(易)이라고 하며 원형이정(元亨利貞)이 순환하는 이치[循環之理 순환지리]를 설명하고 있다. 하지만 오히려 명리학을 처음 접하는 사람에게 오히려 부담만 가중시키는 것 같다. 주역(周易)에 관심이 있는 사람들에게는 도움이 되리라는 생각이다.